中国统计工作年鉴

ZHONGGUO TONGJI GONGZUO NIANJIAN

1 9 9 2

国 家 统 计 局 编

中国统计出版社

(京)新登字 041 号

中 国 统 计 工 作 年 鉴

ZHONGGUO TONGJI GONGZUO NIANJIAN

1 9 9 2

国家统计局编

*

中 国 统 计 出 版 社 出 版
新 华 印 刷 厂 印 刷

*

787×1092 毫米 16 开本 31.5 印张 12 插页 120 万字
1992 年 12 月第 1 版 1992 年 12 月北京第 1 次印刷
ISBN 7-5037-0784-4/C·489
(京)工商广临字 123 号
定价：40 元

《中国统计工作年鉴》编辑委员会

吴家煌　海关总署综合统计司司长
何焕炎　国家统计局农村社会经济调查总队总队长兼农村社会经济统计司司长
余柏青　湖南省统计局局长
邸建凯　商业部规划调节司副司长
张　塞　国家统计局局长
张二力　国家计生委规划统计司副司长
张义国　山东省统计局局长
张本勃　辽宁省统计局局长
张沛中　海南省计划厅副厅长兼统计局局长
张泽厚　国家统计局统计科学研究所所长
陆达生　广西壮族自治区统计局副局长
陈元涛　内蒙古自治区统计局局长
陈继信　国家统计局统计干部培训中心主任
陈耀先　中国人民银行调查统计司司长
邵经方　福建省统计局局长
邵宗明　国家统计局副局长
范国柱　北京市统计局局长
茅连煊　国家统计局人事司司长
郑家亨　国家统计局副局长
项中德　中国统计信息咨询服务中心主任
赵纯豪　铁道部计划司副司长
赵恒伦　青海省统计局局长
姜道日　农业部综合计划司副司长
费建钧　河北省统计局局长
袁吉璋　甘肃省统计局局长
聂文权　吉林省统计局局长
夏锡益　新疆维吾尔自治区统计局副局长
黄　辉　国家统计局计算中心主任
黄启曦　江西省统计局局长
黄康仕　机械电子工业部信息统计司副司长
曹　楷　江苏省统计局局长
崔之康　安徽省统计局局长
章钟基　国家统计局综合统计司司长
梁兆新　天津市统计局局长
韩胜嘉　国家统计局机关服务中心主任
翟立功　中国统计信息报社社长兼中国统计出版社社长
翟锦云　广东省统计局局长
薛　军　山西省统计局局长
戴霞辉　建设部综合计划财务司副司长

《中国统计工作年鉴》编辑部

总　编　辑　郑家亨

副总编辑　叶长林　翟立功　吴戎　卢精诚　李　纲

编辑部主任　程子林

编辑部副主任　徐晓海　严建辉

编　　　辑　李天渊　刘　恒　曾德权　郭国云　冯春平　雷小武

技术编辑　徐晓海　张美华

封面题字　刘云龙

封面设计　张建民

特约编辑　（按姓氏笔划为序）

丁元顺　国家自然科学基金委员会处长
刁满庆　北京市统计局办公室主任
万质贵　国家统计局贸易物资统计司副处长
王　凯　地质矿产部直属单位管理局副处长
王书莉　物资部统计办公室处长
王国钧　南京市统计局综合处副主任科员
王秉科　机电部信息统计司处长
王宝乐　能源部综合计划司处长
王思彤　江苏省统计局办公室秘书
王续孔　山西省统计局办公室主任
王维祥　安徽省统计局办公室主任
王韶泉　西藏自治区统计局副局长
车建国　湖北省统计局主任科员
毛嘉文　卫生部卫生统计信息中心副处长
方世澄　广东省统计局法规制度处处长
孔凡国　交通部计划司副主任科员
叶树石　水利部计划司统计处副处长
冯育毅　贵州省统计局综合处处长
冯善唐　铁道部计划司综合统计处工程师
师爱平　西安市统计局干部
吕月华　轻工业部信息统计司处长
吕永来　林业部综合计划司统计处处长
朱元旦　大连市统计局办公室主任助理
朱昌延　黑龙江省统计局原副局长
朱鸿津　国家民委经济司统计处副处长
乔丽娜　哈尔滨市统计局秘书
华　丹　国家档案局一司综合处副处长
刘　健　甘肃省统计局办公室副主任
刘允端　重庆市统计局综合处负责人
刘东建　建设部计划财务司统计处副处长
刘汉珍　中国核工业总公司计划局副处长
刘成相　国家统计局平衡司副司长
刘学英　中国科学院计划局统计处副处长
刘期贵　成都市统计局办公室干部
江　欣　国家环保局计划司信息处副处长
安　京　中国社会科学院办公厅副主任
孙长健　宁波市统计局办公室副主任
孙桂林　浙江省统计局办公室正处级调研员
杜卫群　国家统计局外事司处长
杜兆顺　辽宁省统计局办公室副主任
杨永善　陕西省统计局总统计师
李　红　冶金部计划司统计研究处副处长
李公顺　国家气象局计财司处长
李绍芬　武汉市统计局办公室副主任科员
李晓军　中国船舶工业总公司综合计划局统计信息处干部

李淑芬　最高人民检察院副处长
何　勇　江西省统计局办公室业务秘书
何立名　中国石油化工总公司计划部副处长
余湘频　纺织工业部综合计划司统计处干部
谷　力　邮电部计划司计划统计处主任科员
谷常生　中华全国总工会政策研究室处长
沈长春　中国汽车工业总公司生产司副处长
宋跃征　国家统计局工交司综合处处长
张平路　国家原材料投资公司业务部处长
张兴旺　农业部综合计划司干部
张英华　中国统计信息咨询中心原副主任
张金岩　文化部计财司统计处
张济民　国家统计局干部培训中心副主任
陆锡元　劳动部综合计划司处长
陈　伟　河北省统计局干部
陈　冰　中国统计信息报社总编室副主任
陈　浩　公安部办公厅统计处科员
陈元金　深圳市统计局
陈志强　福建省统计局办公室副主任
陈克祥　湖南省统计局办公室副主任
陈利丹　广西壮族自治区统计局办公室副主任
陈炎芳　国家商检局信息中心工程师
陈根余　国家统计局办公室副主任
陈越良　民政部综合计划司统计处干部
苻国瑄　海南省统计局综合处副处长
林玉森　青岛市统计局副主任科员
林永明　厦门市统计局办公室副主任
林世能　云南省统计局政策法规处副处长
林志华　国家教委计划建设司统计处副处长
岳　钢　上海市统计局办公室副主任
金桂芳　国家统计局国际统计信息中心副主任
周鸿恩　宁夏回族自治区统计局法规处处长
孟庆普　国家统计局人口司副处长
赵　旋　国家计生委规划统计司统计处处长
赵桂芳　国家统计局人事司处长
胡　帆　国家统计局计算中心处长
胡敏谦　内蒙古自治区统计局综合处副处长
唐小早　交通银行管理处副处长
姜玉山　山东省统计局综合处处长
姚楚玉　广州市统计局副局级调研员
耿春普　国家统计局投资司处长
夏长山　沈阳市统计局办公室主任
钱光礼　国家统计局科技司正处级干部
徐正一　国家统计局综合司处长
徐学初　青海省统计局综合处副处长
徐美铸　新疆生产建设兵团统计局处长
高小平　广播电影电视部计财司副处长
郭其胜　国家物价局价格信息中心副处级
郭建楷　国家建材局信息统计司统计处处长
黄长林　河南省统计局办公室副主任
黄美珠　国家医药管理局计划司副处长
黄颂平　海关总署综合统计司干部
崔素兰　中国石油天然气总公司处长
梁　青　国家统计局财务基建司副处长
梁　蓉　商业部规划调节司统计处干部
彭寿山　长春市统计局副处长
董顺荣　天津市统计局办公室副主任
储雪瑾　中国粮农统计中心副主任
曾玉平　国家统计局农调总队副处长
窦淑荷　地矿部地勘行业管理司副处长
管凤岭　国家技术监督局计划司干部
熊小佺　中国人民银行调统司统计处负责人
熊祖辕　四川省统计局办公室主任
翟志宏　国家统计局制度方法司副司长
翟居彦　新疆维吾尔自治区统计局法规处处长
蔡跃玲　吉林省统计局办公室副主任
魏国旗　国家海洋局统计处干部

序

新中国成立四十多年来，特别是党的十一届三中全会以来，我国社会主义统计工作从无到有，从小到大，从低级到高级，逐步建立和发展起来，并取得巨大成就。广大统计人员辛勤地创造性地劳动，积累了丰富的统计工作经验。各级统计部门充分有效地发挥统计的信息、咨询和监督职能，统计对经济、社会、科技发展，特别是对国家的宏观决策和宏观调控发挥着越来越重要的作用，统计工作愈来愈焕发出勃勃生机。

但是，四十多年来，统计部门一直没有一部能够全面系统地记载统计工作发展历程的年鉴，许多珍贵史料散见于各地区、各部门、各单位、各报刊乃至个人手中，始终未能系统地收集、整理起来，致使现在很难准确全面系统地考察和研究统计工作的发展历程，因而给总结统计工作经验教训，探索统计工作发展规律，指导统计改革和建设带来很大困难。《中国统计工作年鉴》就是在这种情况下创办的，用以记载历史，昭示未来。

我们高兴地看到，现在展现在读者面前的这部《中国统计工作年鉴—1992》勾勒了1990—1991年的统计工作全貌，荟萃了各地区、各部门统计工作各个方面的新进展、新成就、新经验，具有较强的史实性、指导性、权威性，是新中国成立以来第一部全面系统反映统计工作各个方面、各个层次发展状况的全书，对指导我国统计改革和统计现代化建设必将发挥其应有的作用。

值此全国上下认真贯彻邓小平同志今年初南巡重要讲话精神，改革开放大潮汹涌澎湃，社会主义市场经济正在发育、成长、壮大，统计工作面临重大挑战和机遇的历史关头，这部年鉴的问世，对于加快统计改革开放步伐，进一步发挥统计整体功能，更好地为发展社会主义市场经济和建设有中国特色的社会主义服务，有着更为重要的作用。今后要形成制度，一年一鉴，知往鉴来。

这样，《中国统计工作年鉴》与《中国统计年鉴》就可以互为补充，相得益彰。《中国统计年鉴》是一部以统计数据为主要表现形式的全面反映国民经济和社会发展情况的资料性年刊。其内容不仅包括基本的国情国力状况，而且包括国民经济各个行业以及全国各个地区的发展状况。它是我国改革开放和社会主义现代化建设成就的真实写照，是我国统计工作的基本成果，其中凝聚的是全国200万统计人员的辛勤劳动。而《中国统计工作年鉴》所反映的正是统计工作本身的发展变化情况，从另一个侧面忠实地记载了这千千万万个统计数据所走过的历史轨迹。统计工作开展的好坏，直接关系到统计数据质量的高低，而统计数据质量的高低又直接决定着《中国统计年鉴》质量的高低。可以说，创办《中国统计工作年鉴》对于进一步提高《中国统计年鉴》的质量，充分发挥《中国统计年鉴》的作用，也具有极为重要的意义。

为了把《中国统计工作年鉴》办得更好，我想借此机会对编撰工作提出几点要求：一是既要鉴“得”，也要鉴“失”，即要实事求是。历史就是历史，不能有半点虚假成份。每个编撰工作者都要有严谨的科学态度，要对历史负责，对广大统计工作者负责，不能因人而废言，也不能因言而废事。所选资料一定要扎实可靠，经得起历史的考验。二是既要全面系统，又要侧重记大事、要事，抓住主要矛盾。不仅要记载政府综合统计系统的发展概况，而且要记载各业务主管部门和企事业单位的统计工作发展概况；不仅应有统计工作的实践经验，而且应有统计理论研究的成果，以全面系统地反映统计工作各个方面、各个层次的发展概况。同时还应注意，历史包罗万象，统计工作纷繁复杂，不可能面面俱到。对每年统计工作的重点，以及全局性的统计工作大事、要事，要浓墨重彩；对局部性但又不能不涉及的事情，则要简明扼要，突出重点。三是要求实用，忌空谈。内容上应以翔实可靠的资料为主，讲成绩应以取得成绩的具体方法和措施为主，陈言务去，避免空话、套话，真正使人感到工作必备，开卷有益。结构上应方便查阅与使用，逐步实现科学化和规范化编撰。四是在抓好社会效益的同时，要兼顾经济效益。《中国统计工作年鉴》的社会效益无疑是十分显著的，但还要开源节流，搞好经营管理，注意经济效益。要以质量求生存，以效益求发展。为此，要健全网络，充分发挥编委会和特约编辑的作用，认真做好宣传发行工作，不断扩大《中国统计工作年鉴》的影响，逐步建立起威望和信誉。各地区、各部门应切实加强组织领导，共同做好与《中国统计工作年鉴》有关的各项工作。

万事开头难。编撰《中国统计工作年鉴》尚属首创，千头万绪，困难很多，难度很大，编撰工作难免有沧海遗珠之憾，管窥蠡测之嫌。希望统计园地里这朵刚刚绽开的鲜花在未来的岁月里开得更大、更艳，更加馥郁芬芳。

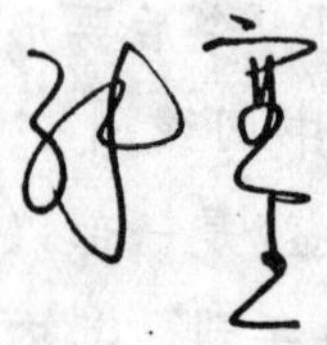

一九九二年十月六日

编 辑 说 明

一、《中国统计工作年鉴》是适应统计改革开放和建设的需要，用以全面记载统计工作重大事件，及时反映统计工作发展概况，系统总结统计工作成就和经验的资料性工具书。自1992年起，一年一部，公开发行。

二、《中国统计工作年鉴—1992》记载的是1990、1991年全国统计工作的发展情况，并以1991年为主。所刊资料一般都经过了有关单位负责人的审核。为增强指导性和实用性，重要统计工作文献部分的资料，延伸到了1992年3月。

三、本年鉴共分9个部分：重要统计工作文献、第四次全国人口普查、专题、专业统计工作概况、地方统计工作概况、典型经验选编、统计法规制度选编、统计论坛、附录，其中各部分又适当进行了分类。

四、重要统计工作文献、统计法规制度选编部分，重点收录了1991年的资料。专业统计工作概况部分的专业划分，以国民经济行业分类为基础，并按现行管理体制进行了适当调整。考虑到事件的完整性，典型经验选编部分的个别资料适当追溯到1990年以前或跨越到1992年。

五、本年鉴未包括台湾省和港澳地区的统计工作发展情况。

六、本年鉴在编纂过程中，得到了各地区、各部门统计机构和国家统计局各单位的大力支持，特致谢意。

《中国统计工作年鉴》编辑部

1992年11月

目　录

重要统计工作文献

党和国家领导人的重要讲话

党中央国务院重要文件

重要统计工作会议文件

工业交通统计工作概况

投资和建筑业统计工作概况

贸易物资统计工作概况

社会事业统计工作概况

科技统计工作概况

旅游统计工作概况

城市社会经济调查工作概况

国际统计工作概况

地方统计工作概况

典型经验选编

省级统计工作典型经验

地(市)级统计工作典型经验

县级统计工作典型经验

乡(镇)级统计工作典型经验

企业统计工作典型经验

统计法规制度选编

重要统计法规选编

重要统计制度方法选编

统 计 论 坛

附　　录

广　告

1990年7月1日中共中央总书记江泽民参加人口普查登记

1990年7月1日国务院总理李鹏参加人口普查登记

1990年7月1日全国人大常委会委员长万里参加人口普查登记

1991年1月26日国务院总理李鹏与全国统计工作会议代表座谈

1990年10月国际官方统计协会第二届会议在北京举行，中国国务委员王丙乾(左6)出席会议并致词

1991年11月国家软科学研究计划重大项目——《中国1987年投入产出模型研制及应用》通过国家级鉴定。

全国科技统计工作会议1991年8月在北京举行

全国城市统计信息网络建设和城市统计改革经验交流会1991年7月在大连举行

国家统计局局长张塞

国家统计局副局长郑家亨

国家统计局副局长于广沛

国家统计局副局长邵宗明

国家统计局副局长孙兢新

重要统计工作文献

党和国家领导人的重要讲话

□□

建立适合中国国情的统计体系 充分有效发挥统计的信息咨询监督作用*

——国务院总理李鹏与1991年全国统计工作会议代表座谈时的讲话

1991年1月26日

今天有机会与全国统计工作会议代表见面，我感到很高兴。统计部门和统计战线上的全体职工在各级党委和政府的领导下，努力克服各种困难，开拓进取，使统计工作取得了显著成绩。特别是在各级党委和政府的统一领导下，以统计部门为主，有关部门密切配合，高质量地完成了第四次人口普查，使我们进一步增强了对国情的了解，同时也锻炼了统计队伍，提高了统计的水平。统计部门为党和政府提供的大量统计信息和咨询建议，对中央和地方各级政府决策和管理发挥了重要作用，为社会主义现代化建设作出了贡献。我代表党中央、国务院向出席会议的全体代表，向在统计战线上辛勤工作的广大统计人员表示亲切的慰问和感谢!

统计是国家实行科学决策和科学管理的一项重要基础工作，是党、政府和人民认识国情国力、决定国策、制订计划的重要依据，在国家宏观调控和监督体系中，具有非常重要的地位和作用。我们讲决策民主化、科学化，民主化就是发扬民主，集思广益，广泛听取各方面的意见，但民主化只是手段，而不是目的，目的是为了使决策正确;科学化就是要求决策能够符合客观规律，促进国民经济持续、稳定、协调发展。而统计就是保证决策民主化、科学化的一个重要方面。因此，我们的各级领导干部都应充分认识统计工作的重要作用，要在工作中学会并

*标题为编者所加。

善于运用统计进行科学决策和管理。

关于统计工作职能，我同意这样的提法：统计工作要从单纯提供信息，发展到向党政机关提供咨询，同时对经济运行状况进行监督。即统计具有信息、咨询和监督三大职能。当然三大职能还是要以提供信息为主，同时提供咨询，实行监督。随着国民经济的发展和决策民主化、科学化的要求，统计咨询要定性分析和定量分析相结合，要更多地提出具有定量分析的咨询意见和对策建议。这样对经济工作的指导意义就更大一些。去年国家统计局在定性与定量分析相结合的基础上，向国务院提供了一个咨询建议，即要求增加400亿元的固定资产投资，以增加最终需求，促进生产的回升。这与当时不少人的观点不同。一般认为，在我们国家总是总需求大于总供给，经济上还不能说是需求不足。而当时的具体情况是，由于即期需求不足，致使市场疲软，生产下滑。针对这种情况，统计局及时作了定量分析，提出只有基本建设实物工作量保持上年水平，工业生产才能保持6%的增长速度。后来，国务院作出决定，增加基本建设投资。现在看来，统计局这个咨询建议是正确的，国务院的决策也是正确的，效果是好的。这个例子说明，统计除了提供信息以外，还要加强定性和定量分析，提供决策咨询，这样对指导整个国民经济发展有很大作用。

对统计工作的要求，我看周恩来同志讲的“准确、及时、全面”三条是很重要的，我再加一条“方便”，合起来就是“准确、及时、全面、方便”。所谓方便，就是使用起来很方便，不方便就没效率。特别是现在各级领导事情很多、很忙，希望能提供最主要的数据，使之一目了然。在这四条要求中，准确还是第一位的，如果数据不准确，决策也就不会正确。作计划留点余地是可以的，但余地留得太多也不行，留得太多，计划就失去指导意义了。而统计不能留有余地，因为虚报与少报对经济决策和管理都是非常有害的。例如粮食，象1958年报多了，害处极大。这一点大家都有深刻的体会。但是，对粮食少报所带来的危害，大家恐怕还没有体会。直接的一个影响就是，国家为了保持粮食的供需平衡必须进口，而进口粮食是要补贴的，这就会给国家造成很大的财政负担。所以，统计一定要实事求是，准确可靠。

我们实行的是计划经济和市场调节相结合的经济运行机制，要逐步建立适合中国国情的统计体系。完全照搬以前苏联那样一种统计体系是不行的，因为我国的经济情况已经变了，市场调节部分已经很大了。完全照搬资本主义国家的核算体系也不行。所以，确实需要逐步摸索建立起一套适合于中国国情的统计体系，以便真实反映我国经济、社会和科技的发展情况。总之，要按照计划经济与市场调节相结合的原则，来设计我国的国民经济核算体系、统计指标体系和统计调查体系。搞计划经济与市场调节相结合是非常需要宏观指导的。宏观指导不能完全用原来那种指令性计划的办法，况且即使指令性计划也要符合经济规律。现在有好几个经济杠杆，象金融杠杆、财政税收杠杆、价格杠杆等，都要把它们运用得当。这就要求我们进一步建立适合中国国情的、完整的统计体系，以反映我国国民经济和社会发展的实际状况。我现在感到有几个问题：一个是第三产业可能低估了，一个是国民生产总值可能也低估了，还有人民生活水平可能也低估了。所以建立起能真实反映中国国情的统计体系是个大问题，需要我们做长期的努力。

搞统计信息技术现代化我赞成。现在我们已经进入90年代，电子计算机正在普遍运用。我国已形成一定的电子计算机生产能力，为进一步普及计算机，特别为在统计工作中广泛运用计算机提供了条件。统计工作计算机化，并且进行联网，这是发展的必然趋势。因此要按照目前我国的国情和不同的省情，有重点、有步骤地进行。有了计算机以后，硬件的维护工作要跟上，使它能够正常运行。更重要的是要加强统计软件的开发工作，并加强预测，加快信息的传递速度。比如说可根据我国的国情和不同省情、不同部门的情况，开发一些象投入产出模型，国民生产总值、国民收入预测模型，宏观经济运行模型等软件，来进行预测和分析。

预测工作很重要。你们现在报给国务院的工业产值等数据，都是用来指导工作的。希望到月末这一天就能提供最重要的数据，虽然做起来会有困难，但我觉得还是有办法的。如果有软件和几个有关参数，就可以做预测快报，然后再报正式的统计数据，这也是对统计及时性的要求。现在，我每天都要看货币投放量这个数字，以便分析金融形势。你们可以根据几个能够及时掌握的主要参数，用科学的方法来预测国民生产总值等指标，以增强它的时效性。为什么我讲时效性非常重要呢，就是因为宏观调控效应有比较大的滞后性。如果我们能够进行科学预测，发现问题早一点，就可以及时决策，解决问题。去年整个经济工作中的最大不足，就是对物价的上涨幅度预测差得太远，使得好几步棋没有走出去。如果去年预测工作做得更好些，就可以适当增加一些调价措施，进行价格改革。

总之，统计工作肩负着非常重要的任务。因此，要建立起一支与统计任务相适应的统计队伍，要配备必要的现代化技术设备，这也是一个长期的任务，逐年有所提高，逐年有所发展。有些事情，比如说，有了一台很好的电子计算机，如果没有很好的专业人才，没有很好地利用，设备就和一堆废铁差不多，不能发挥什么作用，所以效率与人有密切的关系。要努力提高统计工作人员的业务水平，提高工作效率。

我同意你们关于改善统计部门工作和生活条件的意见，也主张在国家的十年规划和“八五”计划中要有基本的要求和打算。完成这些任务，要靠各级政府的努力，或者说三个方面的努力，即中央的努力，地方的努力，以及统计工作人员的努力。统计所需要的经费要靠国家和地方政府等多渠道来解决，光靠国家一个渠道是困难的。现在各级领导干部逐步地提高了对统计工作的认识，这对你们来讲是一个很好的形势。我们现在的经济运行机制就是计划经济和市场调节相结合，各级领导决策非常需要有准确的统计，而且要求统计能够提出决策咨询意见，这就为你们开展工作创造了良好的条件。但有一点很重要，就是首先你们要做好工作，工作做好了，各级党政领导觉得离不开统计，对他们的决策起了很大作用，他们就会支持你们的工作。

今天，大家还就进一步加强统计工作反映了很多意见。这些要求集中起来，一个是编制问题，一个是改善工作条件问题，再一个是适当提高统计工作人员的生活待遇问题。这些问题，请刘仲藜同志和国家计委等单位的同志一起研究一下，看有哪些是现在可以解决的，哪些要随着经济的发展来逐步解决。统计工作还有个需要其他部门配合的问题，如在通信方面，你们还是利用邮电部门的通信网络，请仲藜同志找邮电部谈一下，希望他们在可能的情况下给予支持。现在也有这个条件，随着邮电线路的增加，通信事业的发展，邮电部门应该为统计提供一些方便。

最后，祝大家在新的一年里取得更大的成绩，祝统计事业取得更大的进展！

□□

统计基础工作要常抓不懈*

——国务院副总理姚依林在听取1990年全国统计工作会议汇报时的讲话

1990年4月14日

今天听了张塞同志以及几个省市同志的汇报，我认为，统计工作是有很大成绩的。在国民经济调整、改革时期，特别是在去年困难的条件下，你们艰苦努力，做了大量的工作，对宏观决策起到了比较显著的作用。因此应该肯定，统计工作是有很大成绩的。这是第一点。

第二，在有计划商品经济发展中，统计是基础工作。统计工作面临着许多新的问题，但最重要的还是它的基础工作问题。基础工作做不好，其他问题就无从谈起，因为最后都要在基础数据上进行分析。所以，这是统计工作最重要的一条。

基础工作不是一年能建设好的，需要有一个长期的建设过程。因此，我赞成白美清同志讲的，统计的基础工作和基础条件要统盘规划，逐年改善。编制、经费要逐年增加一些；统计人员工作、生活中的困难，象住房、办公条件这些问题，要逐年改善。这些基础工作和基础条件虽不可能在一两年之内全部搞好，但我们始终要把它当作重要的工作来抓。着眼于今后10年经济的发展，对统计工作在10年左右达到什么样的规模要有个规划。规划要使统计工作逐年有所改善，但不可能要求过急。因为还有个与其他方面的比较问题。如刚才湖南的同志讲，审计与统计，是两个很重要的问题。但是，光重视这两个也不行，还要重视税收问题、财政问题、金融问题等。我们的国家是一个整体，总有个前后左右的比较问题。因此，在这种情况下，计委、财政、人事等部门，要树立这样一个观念，就是要使统计部门逐年有所加强，人员逐年增加一些，工作条件、生活条件逐年改善一些，基础逐年打得扎实一些。要把这种观念在中央各部门中，特别是综合部门中确立起来，同时也要在地方各级党政部门中确立起来。要把加强统计部门当成我们国家的长期建设事业来看待。但是，不可能一下子都上去，因为我们国家没有这样的国力，只能是逐年有所改善。建设统计信息自动化系统也是这样。关于建立城乡统计信息网络，这个想法很好，但也是一个比较长期的问题。总之，要建立这样一个观点：从现在起，要想方设法，逐年把统计基础工作和基础条件建设起来，把统计工作队伍稳住。

第三，要保证统计工作、特别是统计数据上报的独立性。从事统计工作的同志有权坚持自己的意见，有权独立上报统计数据。

*标题为编者所加。

但对统计部门上报的数据，其他部门也可以有不同的意见。可以说统计部门报少了，也可以说他报多了，或者说报得正好。对于其他部门的意见，如果统计部门的同志不接受，也可以据理再行上报，或者直接向中央反映。这是一种民主作风。但是，任何人不能用个人的意志去修改统计数据，干扰统计工作的独立性。任意修改统计数据，不管出于什么目的，都是违法行为。因此，《统计法》保证了统计系统能独立行使职权，不受各方面的干预。

对有的地方和单位存在的行政干预统计数据的问题，你们说统计人员单独解决不了，这是实际情况。但是，人为干预问题并不是统计人员不能发现的。在修改《统计法》时应规定一条，发现这样的问题，统计人员必须报告，如果不及时向上报告，也是违法的。这是从事统计工作的同志必须坚持的一个重要原则。上报以后如何处理，则要以法律为准绳，以事实为根据，区别对待。有的可以与地方协商处理，有的由监察机关来处理，有的可以提出诉讼。

修订《统计法》是必要的。修订后，要使《统计法》既能严格执行，又能使做具体工作的同志便于工作，也能使骗取荣誉的人受到制裁。统计工作人员应该负什么责任？其他部门(如监察部门)应该负什么责任？对这些问题，法律上都应有明确的规定。

这里还有一个问题，就是应该把统计上的弄虚作假和工作安排上的“留有余地”区别开来。有的地方在做粮食分配计划时留点余地，这是可以理解的。因为不留有余地，就难以应付各种突发事件。但是，“余地”必须留在明处，不能留在暗处。特别是不能因此而任意修改统计数据，搞得连中央和国务院都不知道实情。我们坚决反对在统计上弄虚作假、骗取荣誉和谋取私利，因为这同计划安排中的“留有余地”在性质上是完全不同的。所以，做统计工作的同志一定要坚持这样一个原则，就是在统计工作中必须坚持实事求是，统计不能“留有余地”。当然，为把情况搞准确，除要把统计部门的数据作为基准外，还应听取各方面的意见。我有这么一个建议，请同志们考虑。就是有些比较重要的东西，比如粮食、棉花等，可以允许有关部门有自己的数据，以便比较。其他次要的东西，也就没有这个必要了。比较而言，应该说统计部门的数据是公正的数据，确切的数据。所以，其他部门的数据可以作为内部研究时参考，但对外公布，则要以统计部门的数据为准。希望将来修改统计法规时，能够考虑到这些问题。

清理、精减统计报表，这个问题很复杂，因为部门也有难处。有些东西不是长期需要的，而是临时为了某种需要要的。因此，光取缔不行，要研究确定个原则。今年是否先搞些调查研究，做好准备工作，明年再考虑检查清理。

到现在为止，我感到有几个问题脑子里还不明确。一个是去年春天的煤炭很紧张，山西的煤炭一直调不出来，究竟是什么原因？有的同志说是四川的矿工回家过年了，有的说是山西的议价大米价格高，四川矿工吃不起，因此不干了，等等。讲了很多原因。我觉得这些原因是有道理的，但不是太踏实。因为出现问题的时候，一追问原因，大家就琢磨了，没有明确的根据，就搞一点典型调查，问上一两个人，找出几条原因来。但这些原因究竟是否科学？到现在我脑子里并不清楚。

另一个就是今年春天的卖粮问题。去年湖北、湖南、江西、安徽这几个省的粮食是丰收的。农民在那里卖粮。这里存粮占多少？新粮食占多少？如果有机会的话，你们可以搞一些典型调查，使我们心中有个数，就是老百姓手里存多少口粮是个安全线？如

国家统计局不仅要搞好自己本身的工作还要指导各行各业的统计工作*

——国务院副总理邹家华在听取国家统计局工作汇报时的讲话

1990年8月16日

第一，我认为统计工作是非常重要的，是指导国家经济正确发展的依据。最近，中央要求经济工作要从定性分析走向定量分析，没有统计部门这项工作是做不好的。所以，一定要加强统计工作。从国家来讲，各主要部门尤其是计委的工作，很重要的一个条件，就是要依靠统计局提供的情况。所以，国家计委和国家统计局必须密切联系。实际上，统计工作不仅仅是数据搜集，也包括分析和提供咨询建议，还有对全国整个统计工作的监督、推动。从这个意义上讲，国家统计局应作为国务院的职能部门，不仅要搞好自己本身的工作，还要指导各行各业的统计工作，包括进行必要的系列化、标准

果超过这个安全线，把粮食卖出了，发生了灾情，我们是要返销的。对这个问题，我们脑子里必须非常清楚，不能有盲目性。象这种问题，如果我们统计工作要搞预计的话，都需要逐步把它弄清楚。

还有一个货币发行量的问题，货币发行有个滞后期，每年受什么因素影响，票子可能多发一些；受什么因素影响，要少发一些。多发一些或少发一些，在一定限度内都是允许的。但这个限度在什么地方，则需要认真研究。保持经济持续稳定协调发展这个原则是完全对的。但持续稳定协调发展里面也必然是有波浪的。问题是什么波浪是合理的，什么波浪超出了我们的承受能力，这一点要搞清楚。要注意从长期来看，比如5年、10年发多少票子合适。在这期间，年度中多大的波浪是可以允许的，超过一定的限度就不行了。这些问题，是统计分析工作中需要进一步研究的，也是计划工作中需要进一步研究的。

要教育、帮助我们的同志认识统计工作的重要性。在治理整顿期间，以及整个国家的建设中，统计工作的任务是非常艰巨繁重的。在整个国家的现代化建设过程中，我们的统计工作会一天天发展，而且是必须一步步加强的。当然，现在我们的条件还很困难，同志们是很辛苦的。但我相信我们的广大统计工作人员，能够振奋精神，艰苦奋斗，勤俭办统计，坚持我们的优良传统，克服困难，锐意进取，努力为国民经济的持续稳定协调发展做出新的贡献。

*标题为编者所加。

没有基本的统计就无法进行科学的指导*

——国务院副总理邹家华在听取1992年全国统计工作会议汇报时的讲话

1992年2月22日

听了同志们刚才的汇报，我认为我们国家的统计工作有了非常大的进步。从1952年建立国家统计局到现在已经40年了，统计工作经历了我国经济发展的全过程，为国

化、规范化。当然，并不是说所有工作都要建立在“三化”的基础上，因为各个行业、各个部门还有其自身的特点，统计不是目的，目的是为了研究解决问题。因此，一个时期、一段时间或在一个方面，统计是可以不完全一样的。全国的统计工作怎么搞，国家统计局要负起责任来。对于统计工作本身的要求，就是要做到周总理过去讲的“准确、及时、全面”，这一指示仍有现实意义。

第二，关于直接统计和利用各方面统计的问题。国家统计系统要进行直接统计，同时也要充分利用各方面的统计，包括地方、部门、行业的统计力量。统计局的资料可以被其他部门应用，其他方面的统计资料，统计局也可以用。统计资料的搜集也是这样，一些基本情况的统计，统计局可以直接搞，也可以利用其他部门、行业的统计资料，假如完全靠统计局统计的话，那是很困难的。

第三，关于统计信息自动化的问题。统计工作既然是很重要的工作，当然就要有必要的手段，我是很赞成搞自动化的。这样大的国家，统计工作靠手工劳动是难以进行的，自动化问题要做为下一个计划期间的重要问题来考虑。国家统计部门本身需要搞自动化，同时也要利用其他部门的力量，要结合起来，要有先有后。总的来说，是要解决国家统计部门自动化的装备问题。国家统计局光靠微机是不行的，大型机是需要的，怎么实施要有个完整的规划，分年度分步骤实施。还要有个网络和其他部门联接。

还有投资问题，国家统计局目前确实有不少困难，任务也很重，投资是必要的，你们十个亿的需要，是不是再分一下轻重缓急，目前先解决国家这一级的问题，像办公条件、自动化、住房等等，列个次序，有条件的话，多解决几项，否则再分几步进行，但要是把整个系统都包括进来，是不得了的。国家统计局提出的投资要求，请计委投资司考虑，按照轻重缓急，安排一下。国家统计局信息自动化后，计委各个司局都要拉上终端，以便随时调用，如果坐等资料印刷出来，那就晚了。

*标题为编者所加。

家的经济建设作出了重要的贡献。特别是改革开放以来10多年，随着新的形势的变化，统计工作也在不断前进。统计工作是很重要的信息工作，从某种意义上讲，广大统计工作者是无名英雄。

在当前有计划商品经济的新形势下，宏观经济管理要做到计划经济与市场调节相结合。我国的经济结构是以公有制为主体，多种所有制并存。面对这种新的形势，统计工作怎样适应，是非常重要的课题。现在实行有计划商品经济，从计划上来讲，也在发生变化。计划有指令性的，有指导性的，还有市场调节部分。这么一个大的形势变化，要求我们所有的经济管理部门，都要根据新形势的要求来改进自己的工作。统计部门也要跟上变化了的形势，适应形势的需要。

关于如何指导、调控经济运行问题，江泽民同志讲过好几次，不能停留在定性的状态，必须要进行定量研究。愈是在新的经济形势下，国家指导上愈是需要定量。各级政府指导经济的运行，必须要有定量的概念，而不只是定性的概念。特别是在中央确定了“一个中心、两个基本点”的基本路线以后，具体指导经济运行更需要定量的概念。在这种情况下，统计工作就显示出特别的重要性。因为要定量反映宏观经济运行情况，没有基础的数据、基础的指标、基本的统计，是根本不可能的，也就无法进行科学的指导。要使我们的总路线和总方针真正能够在经济运行中实现，必须要有定量的指导才行。

当前经济工作不仅要有微观指导，更重要的是宏观指导。在有计划商品经济时代，更应该注意宏观问题。现在搞有计划的商品经济，要计划经济与市场调节相结合，经济运行中有市场调节部分，有指导性计划部分，宏观指导怎么进行，是需要认真研究的。宏观指导不可能指导到每一个具体的微观方面，就是指令性计划部分也不可能完全象过去产品经济那样，指导到微观。在这种情况下，特别重要的是要把宏观的大的布局弄清楚，能够指挥自如，这样微观也好工作。所以，当前的经济运行对宏观指导提出了新的要求。而要搞好宏观指导，就必须要有大量的信息，这就必然对统计工作提出更高的要求。因此，随着社会、经济、科技的发展，统计任务也必然是越来越重。

统计工作是项基础工作。做好统计工作也首先要做好统计基础工作，基础工作必须得到加强。如果基础工作没做好，基础不准确，统计核算、分析以及提出的各种咨询意见都不可能准确。所以，在新的形势下，第一件事情还是要把基础工作搞好。基础工作一定不能放松，到什么时候都不能放松。对搞好统计基础工作，我提出这么几个字的要求，即“准确、客观、迅速、及时”。首先是准确，正如刚才讲的，假如基础统计数据不准确，那么再好的核算方法，再好的模型，得出的结果也不可能准确，也很难起到决策依据的作用。之所以要求客观，是因为统计是已实现事物的反映，既然是这样，统计就一定要客观。客观是个什么样，就统计什么样。统计要客观，这说起来容易，可是要真正做到也不是很容易的。但是，我们既然要统计，就必须要求做到客观。迅速和及时，这与整个统计工作的装备和统计方法都有联系，用手工方式，要做到迅速及时太难了。因此，要根据实施新的国民经济核算体系等许多新的要求，用新的手段、新的装备，如用计算机等来装备统计部门是完全必要的。而且还要随着整个世界新技术的变化，以及各方面对统计工作的新要求，不断更新。总之，要根据这八个字的要求，不断地提高统计工作水平。

统计工作是为国民经济发展服务的一项工作，统计的内容非常广泛。统计工作要随着经济的发展而发展，统计的内容不可能是一成不变的。比如说，新国民经济核算体系就是随着经济发展变化提出来的。经济发展了，必然提出新的需要，所以要建立新的国民经济核算体系。只有用新的统计方法，才能反映新的情况。又比如说，过去我们只考虑用总产值、产量和速度来观察工业发展情况，可是现在要研究结构的调整，研究效益的情况，过去的指标不完全适用了，所以要改进工业经济评价考核指标体系。在实行有计划商品经济的条件下，只知道生产发展了，生产了多少产品还不够，还要看生产的产品到底卖出去没有。要从市场的角度，用整个经济运行和社会再生产循环的观念来认识我们的经济。这就要求有新的统计内容，所以现在提出要加强产品销售统计。有的统计指标现在重要，以后可能就不重要了，而到一定时候，那个指标又成重要的了。因此，统计工作本身也是变化发展的。这一点希望大家在工作中要加以考虑。现在，准备实施新的国民经济核算体系和改进工业经济评价考核指标，有的指标还没有，需要增加，这样统计的工作量增加很多，其他方面的困难也在增加，要采取新的措施来克服这些困难。

这里需要特别指出，建立新国民经济核算体系，这是一项非常重要的工作，应当充分肯定。这不只是与国际对比的需要，也是我们指导经济发展的需要。过去的核算只注意物质生产部门，整个经济发展中间漏了一块。用现在的眼光来看经济的运行，编制国民生产总值及使用表、投入产出表、资金流量表、国际收支平衡表和资产负债表都是非常重要的。刚才河北省的同志介绍的经验说明，运用这些核算方法和新的观念，会对指导经济的发展产生积极的作用。这就是说，实行新的国民经济核算体系不只是简单的指标转换问题，它的作用在今后经济指导工作中将更加显现出来。新国民经济核算体系的指标和内容，已经经过计划、财政、银行等有关部门专家的广泛论证，大家一致认为是可行的，是反映经济运行所必需的。确定了这些核算内容，就必须要有基础资料保证，没有基础资料就没办法核算，这是相互关联的。现在初步有了这样一个核算体系，今后各地区、各部门在相当长的时间里，都要按这个体系的要求来开展工作。大家都要为实施新国民经济核算体系作出贡献。你们关于建立新国民经济核算体系分两步走的计划，我认为是可以的。这项工作要在国务院的统一领导下，各个部门、各个地方来共同组织完成。

在向新国民经济核算体系过渡的过程中，要注意充分利用原来体系中的一些指标，不管是会计的、统计的，还是业务的，只要是跟新体系能够结合利用的，就应该尽可能把它利用起来。这样，一方面使得过渡能够快一点，另一方面也可以节约一些。

还要强调一点，现在不仅是统计部门搞统计，专业等部门也搞统计，很多渠道都伸到基层，都要他们报数据，基层的任务是很繁重的。当前，各个部门要的数据、指标，与统计部门不完全一样，但是其中也有一部分是一样的。对企业来讲，各部门都是上级，都要填报，这就造成了浪费，有点劳民伤财了。因此，要研究尽可能减少重复统计的问题。这需要各个部门与统计部门共同商量，哪些数据由统计部门来搜集，哪些数据由专业部门负责，搞好分工合作，互相提供资料。自从计算机运用以来，有不少部门建立了自己的数据库，一些数据库的内容也有重复，这就需要研究在已经建立的数据库的基础上，如何做到资料、资源共享，尽可能地减少重复的问题。现在是计算机信息时代，有这种可能性。这样做一方面是节约了经费，另一方面基层的负担也可以减轻一些。将来省与省之间、中央和地方之间也可以建立计算机网，财政、劳动、人事等部门与部门之间，除去涉及保密的问题以外，能够共享的资源，要采取适当的办法，使大家能够充分利用。

加强统计手段问题是非常重要的。李鹏同志去年就讲了，计算机化是统计工作发展的必然趋势。不搞计算机化，要完成现在交给你们的繁重任务是不可能的。所以，加强统计部门计算机系统建设，计委、财政和其他有关部门都要给予大力支持。既然统计工作十分重要，计算机又是必然的手段，而且是当然的手段，就一定要加强计算机化的建设。不仅是要配计算机，还要建立计算机网，这个方向必须肯定。全国统计系统计算机网到底怎么建，从国家统计局开始，需要什么样的计算机，统计系统的计算机网和专业部门的计算机网到底要建一个什么样的关系，应该搞个规划，分年度实施。计委、财政要安排一些经费，各级地方政府也要安排一些，中央和地方多渠道集资，逐步把它实现。希望大家从基础上把这个问题搞好。既然统计工作计算机化，国家统计局的计算机房就应该建设。这个问题请树仁他们研究安排。

同志们提出的加强舆论宣传和知识普及工作，这一点非常重要，我是同意的。统计工作对政府统计系统来讲是当然的任务，这是没问题的；但统计工作所牵涉的面相当宽，政府统计系统跟专业部门的统计之间既有一致的地方，又有不一致的地方，一致的地方是大家都在搞统计，不一致的是政府统计是最综合的统计。它的工作实际上跟国家计划部门的工作是密不可分的。我们平时说，国家系统分成两大块，一块是专业部门，叫专业综合，它是把这个行业综合起来，但是行业之间它很难综合。另一块是综合部门，叫职能综合，比如劳动就是综合部门，不管什么行业，只要是劳动方面，他统统综合。又如财政，不管是哪个行业，在财政职能方面它统统综合。而职能综合部门之间的综合，即最后的大综合，必须由国家来统一进行。也就是说，就国家计划来说，计委是个大综合；政府统计部门，在统计工作范围之内也是大综合。一方面统计部门要向各级政府、有关部门提供资料，提出咨询，供领导决策；另一方面，各个部门要向统计部门提供资料、信息或数据，统计部门才能做到大综合，这也是个互相合作的问题。会计、统计和业务三大核算系统之间，相互隔开肯定不行，必须是互相提供资料的关系。在新的国民经济核算体系中，这三方面互相提供资料的内容就更多了，这跟过去不大一样。所以，在这种情况下，加强舆论宣传和知识普及工作，就非常重要。国家统计局可以跟有关方面再商量一下，如何加强这一工作，作些具体的安排。通过加强宣传，使大家明白了这项工作的重要意义，就会自觉地支持这项工作。

关于成立新国民经济核算体系领导小组这样一个非常设机构问题，要向总理请示以后再定。大家提出请国务院对实施新国民经济核算体系发个文件，开个电话会议，来推动这项工作，我看是可以的。这样，对新的核算体系有了布置，各地区、各部门就可以去做了。

建立新的国民经济核算体系和改进工业经济评价考核指标，这两项工作都非常重要，统计任务增加很多，相应的工作条件也要跟上。所需的经费，中央和地方各级政府都要支持，中央拿一点，地方拿一点，大家都要为实施这两项工作创造必要的条件。

□□

推行新国民经济核算体系是我国核算制度的重大改革*

——国务院副总理邹家华在国务院关于实施新国民经济核算体系改进经济评价考核指标电话会议上的讲话

1992年3月10日

同志们:

今天国务院召开电话会议，主要是部署我国核算制度的重大改革工作。

大家知道，随着改革的深化和开放的扩大，以及国民经济的不断发展，我国现行的国民经济评价考核指标虽然做了不少改进，但仍然很不适应社会主义有计划商品经济发展的要求。比如，过去我们用来考核工业生产规模和发展速度的工业总产值指标，就不能适应提高经济效益的要求。为了加强和改善我国的宏观经济管理，1984年国务院就提出了建立统一的、科学的国民经济核算制度的要求，1990年党的十三届七中全会又提出:“要适应改革开放以后的新情况，建立健全国民经济的核算体系，建立健全科学的统计、监测方法和制度，更好地为调控经济运行服务。”最近一个时期，国务院又多次明确提出要改进经济评价考核指标，以发挥统计对国民经济运行的导向作用，促进经济工作真正转移到调整结构、提高效益的轨道上来。

近期考核是为长远发展服务的。近年来，国务院已经把衡量国民经济发展规模、结构、速度、效益的代表性指标转到了国民生产总值上来，并且将其作为我国经济发展的战略指标确定下来。最近，国务院又决定将国内生产总值、工业增加值、工业销售产值作为日常经济运行的考核指标，这对于促进经济工作指导思想的转变和经济发展战略目标的实现，无疑具有重大的作用。但是，要做到能够比较准确地评价和考核这些指标，就必须尽快建立健全新的国民经济核算体系。因为国内生产总值是物质生产和非物质生产各部门增加值的总和，涉及到整个国民经济的所有行业。而我国原有的以社会总产值、工农业总产值为核心指标的核算制度只侧重于反映物质生产，不能反映非物质生产部门发展的情况，同国家加快发展第三产业、提高人民物质和文化生活水平的要求不相适应，既不利于反映综合国力，也不利于全面反映产业结构；原有的核算制度侧重于反映实物流量，不能系统反映社会资金运动的情况，同国家转变经济管理职能的要求不相适应，不利于国家通过财政、金融、物价、税收等经济杠杆对经济运行进行调控；原有的核算制度侧重于物质生产核算，不能系统反映社会再生产各环节、国民经济各部

*标题为编者所加。

门之间的衔接情况，同国家对整个经济运行进行总体平衡的要求不相适应。因此，改革我国原有的国民经济核算制度，建立健全新的国民经济核算体系，已经是深化改革、扩大开放的一件势在必行的事情。

新国民经济核算体系，是对整个国民经济运行，也就是对社会再生产全过程进行计算、测定和描述的宏观经济信息系统。它通过一系列具有内在联系的指标体系和科学统一的核算方法，全面地反映社会再生产从生产、分配到交换、消费的全过程，科学地揭示国民经济各部门、各地区和国内外经济往来活动在社会再生产中的地位、作用和相互间的经济技术关系，因而是国家宏观经济决策的重要依据和宏观经济调控的有效工具，也是监测国民经济运行的“预警器”，可以测定和预报国民经济运行是否协调，比例是否恰当，结构是否合理；可以对整个国民经济运行进行定量分析和系统分析，通过外在的数量表现，发现其内在的规律。实行新的核算体系，使我们在贯彻计划经济与市场调节相结合的原则，以及宏观调控与管理中，能够更为清晰地从定性和定量的角度提高决策和管理的科学性。因此，各级党政领导同志都必须要有足够而清醒的认识，要将其列为重要议事日程，采取各种有效措施，切实抓紧抓好。

推行新国民经济核算体系，是我国核算制度的重大改革。由于它关系到各个方面，所以要充分认识到这项系统工程的复杂性和难度。在具体工作中，必须统筹规划，分步实施。根据目前宏观决策和宏观调控的需要，以及现实核算条件的可能，准备分两步实施：第一步，在今年先初步建立起新核算体系的基本框架，并相应改进经济评价考核指标，实现向新体系的初步过渡；第二步，力争到1995年编制出新体系的全部表式和帐户体系，实现向新体系的全面过渡。现在的关键是要走好第一步。这一步的主要目标，就是要把新核算体系的基本核算表初步建立起来，即通过运用1992年度的资料编制国内生产总值及其使用表、投入产出表、资金流量表、国际收支平衡表，从总体上系统地反映国民经济的运行情况。当务之急，是要按照国务院的要求，从今年二季度起，实行按季试算和考核全国以及各省、区、市的国内生产总值制度，按月考核工业增加值和工业销售产值制度，并相应建立工业企业经济效益综合评价考核指标，以及工业企业主要财务指标月度统计制度。为了搞好核算体系和考核指标，最重要的就是要把各项原始的基础数据统计清楚，要准确、及时地取得各项原始的基础数据。

鉴于这项工作涉及面广、工作量大、技术要求高、时间要求紧，因此，要求各地区、各部门必须切实加强对国民经济核算工作的组织领导，并在财力、人力、物力上给予必要的支持。

需要强调指出的是，国民经济核算既源于统计核算、会计核算、业务核算，又高于统计核算、会计核算、业务核算，是三大核算的综合。因此，推行新国民经济核算体系，改进经济评价考核指标，必须要有各有关部门的密切配合，通力协作。特别是财政、银行、工商、税务以及各有关业务主管部门要积极支持、全力配合统计部门，并相应改进有关的会计和业务核算制度，定期向同级统计部门及时提供财务核算资料和业务核算资料。各级计划部门也要积极主动地参与此项工作，以便共同把这项工作做好。基层企业事业单位的财务机构，也要向本单位的统计机构及时提供财务资料，以满足统计上报的需要。

这里还要提请各级党政领导同志和计划、财政、银行、体改、税务、物价等综合经济部门的同志们注意，国民经济核算体系

□□

国务委员兼财政部部长王丙乾在国际官方统计协会第二届会议开幕式上的致词

1990年10月16日

我代表中国政府，向前来北京参加这届会议的各国统计界的朋友们表示热烈的欢迎！

当3年前国际官方统计协会建议在中国召开这届会议时，中国政府很快同意了这一要求。这充分表明了中国在广泛的领域内，同世界各国相互交流、相互合作的真诚愿望。因为这也是中国政府全面贯彻改革开放政策的一个组成部分。

中国是一个发展中的社会主义国家。中国有11亿人口，社会经济情况十分复杂。发展国民经济，促进社会、科技事业的进步，实现四个现代化是一项十分艰巨的任务。在过去40多年中，我们取得了重大的成就，也有一些失误与教训。根据我们40多年的经验，掌握准确可靠的大量统计资料是建设和管理好我们国家的一个十分重要的条件。1949年中华人民共和国成立后，尽管当时存在许多困难，中国政府还是迅速作出决定，大力加强统计工作。40多年来，特别是最近10多年来，中国的官方统计工作进行了一系列改革，取得了长足的发展。统计工作由封闭半封闭逐步走向开放，统计部门的职能也逐步由主要为政府的决策和管理提供统计数据，向反馈信息、提供咨询、实施监督的整体功能发展。统计工作在监测和预警国民经济运行，促进政府决策与管理的科学化，促进有计划的商品经济的不断发展等方面，发挥了比较显著的作用。

中国政府目前正致力于国民经济的长期持续、稳定、协调发展，致力于建立计划经济与市场调节相结合的经济运行机制，并完善宏观调控体系，提高政府对国民经济运行的调控能力。这对中国的官方统计工作提出了更高的要求。在新的形势下，中国的官方统计工作还需要进一步改革和加强，也需要在广泛借鉴和吸收世界各国的先进统计工作经验的基础上进一步发展。这届会议在中国召开，正好给中国的统计工作者向世界各国同行们学习统计工作经验与技术提供了一个机会。

预祝本届会议取得圆满成功！

是宏观经济管理体系的重要组成部分，是一个比较完备的宏观经济信息系统，可以为制定国家经济计划和宏观经济政策提供比较科学的依据。因此，要求各级党政领导同志和各综合经济部门的同志，必须尽快掌握新国民经济核算体系的基本知识，以使自己的知识结构能够适应经济工作重点的转移，并力求做到能够较好地运用这些核算资料去改进我们的经济管理方式，提高我们的决策和管理水平。

□□

发展科学技术必须重视发展科技统计*

——国务委员兼国家科委主任宋健在全国科技统计工作会议上的讲话

1991年8月24日

同志们:

今天，全国科技统计工作会议就要闭幕了，我首先代表国务院对这次会议取得的成果表示祝贺，并借此机会向同志们，并通过大家向工作在科技统计战线上的同志们致以深切的敬意和慰问!

当前，世界正强烈地感受到科技革命的冲击，科学技术发展很快，日新月异，对人类生产力的发展起到了第一位的推动作用。小平同志归纳为科学技术是第一生产力的著名马克思主义的新论断，对全世界的经济、社会生活以至政治格局都产生着巨大的影响。这次规模空前的科技革命影响之大，涉及和震撼经济、社会等各个领域，人们的生产方式和生活方式也将随之发生深刻变革。这一世界范围内蓬勃发展的新科技革命，对我们来说是机遇，也是挑战。如果说，我们错过了一个多世纪以来的三次以科技革命为先导和动力的产业革命的机会，那么，这次机遇我们必须牢牢抓住，要敢于面对这场挑战，敢于投身到这场竞争之中。党的十三届七中全会全面分析了国内外形势，决定把经济建设真正转移到依靠科技进步和提高劳动者素质的轨道上来。国家科委根据国民经济社会发展十年规划和“八五”计划纲要，组织制定了科技工作十年规划和“八五”计划，已提交国务院审议。90年代是我国经济发展的关键10年，也是科技发展的关键10年。希望广大科技统计工作者牢记我们担负的历史使命，并从这一高度看待我们的科技统计工作。

作为科技工作者，我对统计不仅仅是寄予厚望，确实觉得这个“拐棍”还得再厉害一点，所以我想讲几点意见。我们现在经常需要数据来研究如何加强科技工作。从中国社会主义建设、今后的社会进步和经济建设的需要来看，科技统计对党中央、国务院和各级地方政府的决策将会起到重要的作用和影响。因此，整个科技界和经济界对此都十分关心。我们需要通过这次会议，对科技统计工作的重要性和科学性(作为科学嘛，还得讲科学上的合理性或叫科学性)，取得共识，这样才能统一思想、统一行动、统一政策。

中国情况比较复杂，没有统一的政策将一事无成。党的十一届三中全会以来，我们在各个方面取得举世瞩目的成绩，但是对一些最根本的问题，在一些根本的认识方面，并没有都取得一致的意见，还有很多的问题，比如说，关于企业的管理体制，这是当前最热门的，现在就有不同的意见，到底大中型企业怎么搞活？高技术产业怎么弄法？股份制到底是姓“资”，还是姓“社”？怎么样

---

*标题为编者所加。

解放科技第一生产力等等，还有相当大的争论。在科技统计方面也有不同的看法和作法。很多经济、科技问题的争论，最后还要靠数据来解决问题，就是说要有客观的、科学的、真正是从中国实践中归纳、集约成的数据，这是最有说服力的。因此，科技统计工作对于我们国家的决策，说的厉害一点，将会有决定性的影响。我非常赞成这次会议上几位同志及大家讨论过程中的意见，对于中华民族的未来，对于中国的经济建设，对于中国的社会主义建设，对于中国科学技术事业的发展，科技统计工作都将会起到十分重要的作用。这次会议非常重要，我希望通过这次会议，能把中国的科技统计工作推向前进，能够建立起科技统计体系，在过去几年工作的基础上，能把科技统计工作的制度建立起来，这是我对这次会议的希望。

下面我先就关于科技统计的重要性讲几点意见。

首先，讲一讲科技工作，特别是现代科技工作，它对我们国家的建设，对巩固社会主义制度，对发展中国的生产力具有第一等的重要作用。

关于科学技术的地位，小平同志已有很重要的论述，张塞同志在这次会上讲得也很生动，无需我作太多的重复。十一届三中全会以后，我们的经济建设、人民生活、社会进步，都取得了比较大的成绩，这是世界上有目共睹的。但是，要想建立巩固的、坚实的经济基础还要几十年的奋斗。我国的建设工作，十一届三中全会、十三大都作了明确的结论。按照小平同志的指示，我们要把科学技术工作和教育工作放在发展战略的首位。按照江泽民同志“七一”讲话的精神和后来在科协“四大”上讲话的精神，90年代就是要实现第二个转变，要把我们整个经济建设和社会发展转移到依靠科技进步和提高劳动者素质的轨道上来，这是党中央确定的一项基本方针。因此，我们对为党中央、国务院的决策提供依据的科技统计，对科技统计的发展及今后所起的作用，抱有很大的期望。

关于科技统计工作的重要性，张塞同志的讲话讲得很好。列宁有句名言：社会经济统计是认识社会的最有力的武器之一。并指出：“有许多问题，而且是涉及到现代国家的经济制度和这种制度的发展的最根本问题，过去是根据一般的估计和大致的材料加以解决的，现在如果不根据按某一个一定的纲要收集并经统计专家综合的关于某一国家全国情况的浩繁材料，就无法加以比较认真的研究。尤其是争论最多的农业经济问题，更加要求根据精确的和大量的材料作出回答。”列宁这段话，我觉得讲得很对。通过我们自己的经历也看到，世界的确是复杂的，每一个社会的内容也是复杂的。在任何一个社会进步的潮流中，总有人企图用偶尔找到的具体特例去把谬论说成真理，或者相反。但这绝不是科学方法，更不是科学结论。而最可信的，最能深刻反映社会实践的东西是统计数据。所以，统计数据，即科学的、正确的统计数据，是客观科学地、全面而深刻地反映社会现实的最重要的武器。科技工作也有很多困难，有些问题大家意见也是不一致，最后什么东西能够来判断呢，应该是统计数据。总之，统计学作为一门科学，能够全面地反映社会进步和整个社会建设的进程。

第二，讲一讲统计对现代科学的重要作用。

可以说所有的现代科学都离不开统计。从天文学、化学、物理学，都是以统计作为它最根本的基础。就拿现在最前沿的科学——现代物理学来说，现在获诺贝尔奖金最多的就是高能物理学。高能物理学的量子力学，最本质的是统计，量子力学所有结论都是在统计学的基础上发展起来的。量子力学里边最重要的方程式叫做薛定谔方程就是统计方程。它不说电子该在哪儿，或者中子该在哪儿，而是说电子在某一轨道的概率是多大？可以说量子力学全部是统计物理的产物。很多科学家在基本粒子方面的学说，也完全建立在统计学基础上。大家都知道，有一位意大利科学家卢比亚(Robia)，他是欧洲原子研究中心的主任，发现了一个ZO粒子，得到诺贝尔奖金。但是发现一个ZO粒子，必须观察数百万的粒子才能够做出结论。它要划出一条曲线，就是通过对几十万、几百万的粒子的散布统计划出一条线，这条线就是他的发明。因此，可以说，现代物理学的统计力学、物理力学、原子物理学，今天的高能物理学，新粒子的发现，粒子寿命和磁度宽度的测定，都是在大量观察的基础上，应用统计方法取得的成就。因而，无论是在自然科学中，还是在社会科学中，统计学已成为一门最基础的、最基本的须臾不能离开的学科。

第三，党中央、国务院十分重视科技统计工作。

发展科学技术，必须重视发展科技统计。在党中央召开的科学家座谈会上，江泽民总书记指示我们把科技统计工作搞好，为决策科学化提供准确可靠的数据。如关于科技投入，到底中国投入多少？与国际比较如何，说法不一。这件事情你们应该搞，应及早交卷。国家统计公报里边科技部分只有最简单的最低等的数据，如得了几个奖，而最基本的东西统计公报里却没有。我想，“八五”时期，这个状况应该改变。你们要认真贯彻江泽民同志的指示，尽快研究提出一个统一的意见来。

本世纪末的最后10年乃至下个世纪，我国科技事业面临的任务是很艰巨的。推进科技工作的发展与进步，要靠政策的正确、投入的增加、人才的成长和开放的环境。而政策的正确是决定性的，投入、人才、开放环境都要由政策去推动。从全社会全科学决策的高度看，要想保证决策的正确，就必须加强科技统计工作，这是广大科技统计人员的共同任务和肩负的重要职责。

总之，关于科技统计工作的重要性，我完全同意国家统计局领导同志在科技统计会议开幕式上的讲话精神，我补充这三个方面的意见。即一是对社会现象，复杂的社会现象只能靠统计来判断，判断它的是非曲直。从社会实践来说，要根据统计数据来确定自己的走向；二是从现代科学来说，统计学是现代物理学和所有基础科学的基础。因此，我们搞的科技统计工作就是建立在这样一个严密的、科学的基础之上的；三是国家需要，党中央需要，国务院需要，中央领导同志、国务院领导同志都督促我们把这项工作做好。这是我想讲的第一个问题。

关于科技统计工作，我想补充四点意见。

第一点意见，我认为至少在最近一段时间内，科技统计工作目的必须要十分明确。即要为完成中国的经济发展战略第二步目标服务，为经济建设服务，要为2000年我们经济建设能够再翻一番，达到小康水平这个总目标服务。指标体系的建立要与当代技术发展的主要任务相匹配，要抓主要矛盾。我们国家统计局科技司建立只有3年，科委统计处早一点，我一到科委就建议成立统计处，大概已搞5、6年了。统计局的科技统计司是1988年成立的(张塞同志插话：原来统计局社会司有一个科技处)，要建立一套全社会、全科技、全过程的科技统计调查体系，还需要时间，需要培养干部，逐步形成自己的系统。这个系统，很难在短期内就能马上建立起来。我建议分出轻重缓急，把当前最需要的指标确定下来，如科技对经济发展的贡献，对R&D的统计规则，横向比较，高技术产业的现状，生产总值、出口额、发展速度等等。就是在选择我们的工作目标时，要紧密地与全党全国人民的社会主义建设任务相配合。

中国统计工作，现已形成了一套科学的、严密的、实事求是的、非常好的作风。近几年国家统计局的工作是做得比较好的，不断得到党中央和国务院的表扬和赞赏，对党中央和国务院的各个方面的决策起到了重要的支撑作用。统计体系，特别是经济统计体系比较健全，数据比较可靠，方法比较科学，能够及时地提供信息和定量分析报告。还有重要的一点是敢于说话，敢讲别人不肯讲的科学结论。希望我们科技统计工作能够继承和发扬我们国家在过去几十年来逐步形成的、科学的、严密的、实事求是的工作作风，靠科学讲话。这就是陈云同志说的，不唯上，不唯书，只唯实。当前最要紧的是如何指导我们的经济建设、科技发展，在一些最要害的问题上，统计工作者应该是挺身而出，讲科学结论，这样才能够提高命中率。在这一点上我认为统计局的同志们还是不错的。每一次开经济形势分析会，统计局都有一篇报告。昨天国务院常务会上，又有一篇报告，都是比较恳切的、有根据地对当前的经济形势和对最近、将来的经济政策提出建议。我觉得科技统计工作也应该能够做到这一点，敢于在争论的焦点中提取关键参数，这样，统计工作就会对决策，对社会进步，对科技工作的发展发挥关键性的作用。

目前，全国的科技统计工作还缺乏非常科学、统一的规范，如对各地区的科学技术在经济发展中所占的份额，全国科技投入总量，发展与开发的口径等等，都需要有一个统一的测算方法。我觉得象这类当前最迫切需要解决的问题可以早一点定下来。由计委、科委、统计局一块，甚至报国务院，以国务院办公厅的名义发文，也不是不可以呀。又如，小平同志要求我们发展高技术。现在大家都说高技术产业很重要，是决定我们命运的，是世界竞争的焦点，是争夺的至高点。但是，我国高技术产业的现状如何，生产总值是多少，出口份额是多少，最近几年进步情况怎么样，都没有数据。

另外，科技体制改革以后，实现科技成果转化为生产力的速度是快了还是慢了？这10年来知识分子的待遇是低了还是高了？现在，知识分子，研究员和副研究员，工程师和助工人均多少，到底有多少？对这些情况我们非常需要了解，这对中央决策是十分重要的，希望统计局拿出这方面数据来。

我建议，在“八五”、“九五”期间，科技统计工作的起步和建设，要紧紧围绕我们经济建设这个中心。科技统计工作是我们科技工作的一部分，是科技管理工作必不可少的重要内容。中央多次申明，科技工作要为主战场服务，我们科技统计工作，也要以经济建设为中心，要以国家经济建设第二步、第三步战略目标为主攻方向，密切联系经济建设的实际，去建立科技统计工作体系，从统计数据中提供如何解放科技这个第一生产力的决策咨询建议，以提高命中率。否则，就会象列宁所说的：统计就变成“为统计而统计的儿戏”。

第二点意见，继续深入开展科技统计工作的基础研究和科学方法论的研究。这是非常重要的。因为科技要讲科学，科技统计不仅在理论上能站得住，而且方法也应该科学可靠，既然如此，就要深入地开展科技统计的理论和方法论的研究。

科技统计的理论和方法论的研究，应围绕党中央和国家以及社会各界最关心的、亟待解决的一些重要课题，研究建立科学的统计方法和参数提取方法。如能否建立大于10%的样本，核定数据的置信度；建立动态统计模型，以分析当前状态对长远发展的影响等等。从而为党中央、国务院和各级地方政府提供更为有远见、更富于科学性的评价和预测。

科技统计工作要开放，跟科学界建立密切的联系，以吸引更多的科学家来参与统计工作。这也是统计局历史上很好的传统，一些经济学家都经常介入统计工作。我建议把会上的这套科技统计方法、规范，拿到科学院学部去讨论，给他们做一个报告，听一下这些大科学家们的意见。再去中国科协找有兴趣的同志，请他们来讨论讨论。这样很有好处。第一，这一套指标体系的建立，基本理论的采用，参数的提取等等，都能够为科学界所理解，至少参加讨论的人都能理解，都能拥护，能够取得比较一致的意见，使思想统一。第二，我们现在的统计方法中，有些不够科学的，或者还缺乏科学的论据，还能发动他们去干，为我们的统计工作提供更好的理论研究。第三，统计是政府的行为。这样做可以密切政府和科学界的联系。有些工作，你们过去已经作过，开过不少会，但是能不能够更广泛地吸收科学家参与这个工作？有的科学家是搞概率论的，请他们来参加科技统计研究就会使科技统计基础工作更深刻地扎根于科学界。

第三点意见，国家统计局要依照法律和国务院的规定加强对全国科技统计工作的领导和指导，有关部门要大力协同，分工合作。国家统计局对科技统计工作负有最主要的责任，国家统计局和各个省市统计局应该负起主要的责任，这是《统计法》赋予你们的权利和义不容辞的职责。毫无疑问，各个部门之间要分工合作，大力协同，一方面为本部门、本地区的科学决策、科学管理工作服务。但是另一方面，也要服从大局，服从统计局的指导。上述要求是根据统计法规定的，也是国务院批准的在“三定”方案中规定的，大家要服从全局的利益。有时大家的利益不是都完全一致的，有些地方可能是冲突的。在这种情况下，国家统计局就应该从全局出发，从国务院、党中央管理全国科技统计工作的角度上来进行组织协调。当然，这件事没有各个部门、各省市同志的支持也办不好。国家统计局、各省统计局要当仁不让，负起责任。譬如说，各级科委和计委，现在还有生产办，大家对科技统计工作都很关心，都要努力，但是整个体系的建立，最后数据的公布，应该还是统计局归口、抓总，我觉得这点应该明确。

第四点意见，加强科技统计的组织建设和人员培训工作。我完全赞同这次会议讨论提出的意见，即各级政府和各个部门都要切实重视科技统计工作。首先，从大局出发，从本地区、本部门的实际情况出发，根据需要配备必要的科技统计人员，建立起一支与任务相适应的科技统计队伍。凡是没有机构、没有专职人员的部门和地区都要配人，我赞成兢新同志说的要有人管，希望国家统计局对这个问题要专门作出决定。譬如说，现在社会统计城乡调查队有几万个点，科技统计也要把样本定下来，样本定下来就有人管了。现在有5000多个研究所，1.2万个大中型企业，1 000所高等院校，就这么一点嘛，10%的样本，也就是千把个点。科技统计工作，没有人干不行，请各位同志回去以后要做工作。省、市的统计机构，还是省政府自己确定，中央不干预，但是这件事还是要办，要有人管。最近统计局发了个很好的材料，人均国民收入按省来排次序，震动很大，哪个是第一位，哪个是第二位，这在地方上引起强烈反响，都要找自己的地位。科技也是这样，科技统计搞不好，将来统计时排到后面去，这样你就着急了。

党和国家领导人有关统计工作的讲话摘录和批示

我们的目标仍然应该建立一套内外协调的统计办法。应该在治理整顿之年内理顺它，与统计局一道，建立一套既适合国情，又具有可比性的统计体系。这对90年代十分重要。例如，可设科技经费总开支一大项，下分R&D及其他。

（国务委员兼国家科委主任宋健1990年1月2日在国家科委关于我国科技经费的三个统计口径的报告上的批示）

生产委员会再建立一个庞大的信息系统没有必要，还是依靠统计局。我经常感到生产信息太迟缓，统计局每月到8号才出来，生产委能否想点办法，搞个快报性质的东西。如月报，希望月末就能看到。可以搞几个相关数字，如电、原材料等，相关数字掌握了，就可以进行推算。要早一点，供领导决策。

（摘自国务院总理李鹏1990年1月17日在国务院生产委员会第一次会议上的讲话）

进一步加强审计、统计、物价、工商管理和经济信息系统的建设，发挥它们在宏观调控中的作用。

（摘自李鹏总理1990年3月20日在第七届全国人民代表大会第三次会议上的政府工作报告。）

会上大家都提到科技经费问题，建议由宋健同志牵头，财政部、国家计委、国家统计局等参加，组织一个班子，研究一下同口径的比较，即既要能和外国比较，又要有一个统一的计算方法，否则你说你的，我说我的，大家都说不到一起，就很难解决问题了。

（摘自中共中央总书记江泽民1990年5月29日在科学家座谈会上的讲话）

由此可见，科技统计跟各个地区、各个部门的工作是紧密联系在一起的。在加强科技组织建设的同时，大家还要采取有效措施，搞好科技统计人员的培训，努力提高科技统计人员的水平，这也是提高科技统计水平的一个根本性问题，所以希望大家注意。

今后10年是我国科技、经济发展的最重要的、关键的时期，也是科技统计工作起步、发展的阶段。所以，广大从事科技统计工作的同志担负着光荣而艰巨的使命。希望大家在已经取得成绩的基础上，继续发扬我国统计工作的优良传统、科学精神、求实作风，勇敢地开拓前进，在科技统计这个新领域里取得新的成就，做出新的贡献。

社会和经济统计是决策的基础，必须提高统计工作的质量和准确性、及时性，发挥统计对正确制定计划的作用。今后，在重视定性分析的同时，要重视定量分析和系统分析，以提高我们的宏观决策能力。

（摘自国务院总理李鹏 1990 年 7 月 11 日在国务院全体会议上的讲话）

实行计划经济和市场调节相结合，既要有定性分析，也要有定量分析；各项经济工作特别是宏观经济决策，也都离不开定性分析、定量分析这两者的结合。决策科学化必须建立在准确的统计资料和定性、定量分析的基础上。这两年来有两件事情对我启发很大。一是关于粮食产量的估计。去年有一些灾情，我们开始对粮食产量估计偏低，后来逐渐加上来了。这个统计数字对我们的决策有很大影响。二是国家统计局今年 3 月底曾提出一份报告，根据计划确定的指标和当时市场的状况，提出如按当时确定的基本建设规模，那么今年的经济增长率为零；如果增加 10%，大体上可保持 5%的增长速度。据此，中央决定把基建规模增加到去年实物量的规模，这为我们的决策提供了一个定量分析的依据。今后，从中央到地方各级计划部门和经济部门，都应该重视统计工作，学会用定量分析作为依据来确定我们的宏观决策。

（摘自国务院总理李鹏 1990 年 9 月 19 日在全国经济工作座谈会结束时的讲话）

中央提出要从内涵上扩大再生产，防止搞大而全、小而全、重复建设、重复引进，这些话讲了多年，但是成效不大。究竟为什么呢？除了体制上的问题以外，恐怕很重要的原因，是同主要用产值和速度衡量经济工作的成绩有关，同有些地方和部门片面强调局部利益有关。发展有计划的商品经济，不能盲目追求产值，而要推动企业去研究市场，研究消费者的需要，开发适销对路的产品，合理地组织生产。要认真总结历史经验，增强效益意识。今后衡量经济工作的成绩，要重视采用综合性的考核指标，要看产值和速度，更要看是以什么代价获得的产值和速度，看生产出来的产品是否质量合格、适销对路。绝对不能追求不讲效益的速度。要下决心关停并转那些效益低下、没有前途的企业。

（摘自中共中央总书记江泽民 1991 年 9 月 27 日在中央工作会议上的讲话）

改进和加强国民经济综合平衡制度，尽快建立新的国民经济核算体系和计划指标体系。加强科学决策体系和制度的建设，发挥政策、咨询、研究机构的作用。

要淡化总产值指标，强化经济效益指标。总产值指标不能反映经济循环的优劣和效益的好坏，那种循环慢、效益差的产值增长速度，对经济发展不但无益而且有害。因此，从明年起要把销售收入、工业产销率、工业增加值、成本利税率、资金利税率、工资利税率、全员劳动生产率、综合能耗降低率、流动资金周转速度等作为主要指标，总产值只作为一般统计指标，不作为考核评价依据。

（摘自国务院副总理邹家华 1991 年 12 月 3 日在全国计划会议上的讲话）

要改进工业生产评价考核指标。今后要淡化总产值指标，强化经济效益指标，把销售产值、销售收入、产销率、资金利税率、成本利税率等综合指标，作为统计考核的重点。特别要强调销售指标。

（摘自国务院副总理朱镕基 1991 年 12 月 20 日在全国企业技术进步工作会议上的讲话）

明年考核经济工作的指标要作改进，产值可作为统计分析指标，主要考核国民生产总值等经济指标，以便把企业的注意力由速度型转到效益型上来。

从明年起，对工业的考核，要淡化工业总产值指标，增设销售产值、资金利税率、成本利税率等一组指标，但也要有个代表指标。国民生产总值是国际通用指标，好处是去掉了重复计算，但每月统计有困难，一个季度一次，缺乏及时性，大家可以提些意见。

（摘自国务院总理李鹏1991年12月21日在接见全国企业技术进步工作会议代表时的讲话）

加强国情研究，建设有中国特色的社会主义。

（全国政协主席李先念1991年12月为中国国情研究会题词）

准确掌握中国国情，为科学化决策服务。

（中顾委常委李德生1991年冬为中国国情研究会题词）

研究国情，坚定信念，建设有中国特色的社会主义。

（中顾委常委陈锡联1991年12月为中国国情研究会题词）

研究国情，提出建议，集思广益，不厌求详。

（全国政协副主席程思远1991年冬为中国国情研究会题词）

国情研究会的目标和任务：一是要为中央领导同志进行政治、经济的宏观决策服务，为领导决策提供资料、信息、研究成果和有关的建议，这对领导决策的民主化、科学化会大有帮助。二是为我国的经济发展和改革开放服务。我们发展经济、深化改革要根据我们国情国力各方面的情况决定方向，这样会减少失误，增加科学性、正确性。同时，可以通过各种方式，介绍中国的国情国力，使外国朋友了解中国，消除误解，增进感情、密切关系，有利于发展对外经济、贸易、科技、文化等的往来。三是为我们的精神文明建设服务。我们国家有五千年的文明史，新中国成立以后，在党中央领导下，全国人民进行社会主义建设，取得了伟大、辉煌的成就。通过对国情国力的宣传教育，可以鼓舞人民的斗志，激发人民的爱国热情，为建设社会主义，做无私的奉献。四是为书写中国未来的历史服务。新中国成立后的历史是人民的历史、光荣的历史、伟大的历史。现在又制定了“八五”计划和十年规划的宏伟蓝图，我们正在为这一伟大的经济建设目标努力奋斗。要书写我们未来的历史，国情研究会应该提供有用的资料、观点和建议，因为历史离不开国情国力。

（摘自国务委员兼财政部部长王丙乾1991年12月27日在中国国情研究会成立大会上的发言）

党中央 国务院重要文件

□□

关于研究加快实施我国新国民经济核算体系问题的会议纪要

1991年8月10日

8月10日下午，国务院副总理邹家华主持会议，听取国家统计局关于加快实施我国新国民经济核算体系工作情况汇报。国务院副秘书长刘仲藜、李世忠、安成信和国家计委、国家体改委、国家科委、财政部、人事部、人民银行、技术监督局、工商局、海关总署、税务局、中科院、社科院、发展研究中心等有关部门的负责同志参加了会议。国家统计局郑家亨同志作了汇报。

汇报说，国民经济核算体系，是对整个国民经济运行情况进行计算、测定和描述的宏观经济信息系统。我国建国以来所采用的国民经济核算制度基本属于过去苏联和东欧国家实行的“物质产品平衡体系”，随着经济体制改革和经济运行机制的变化，这一核算制度的缺陷日益突出，同计划经济与市场调节相结合的新情况越来越不相适应。从1984年开始，国家统计局在各有关部门的积极配合下，从我国社会主义有计划商品经济的实际出发，在总结我国多年实践经验的基础上，吸取国际上科学的核算方法和有益的经验，初步设计了一套适合我国国情的新国民经济核算体系(试行方案)，并已分批在部分省(区、市)进行了试算试编。汇报还就新核算体系方案的主要表式作了说明。

会议经过研究，议定以下意见：

一、加强宏观经济管理，实行科学决策，必须搞好国民经济的宏观核算。为适应我国发展社会主义有计划商品经济的需要，结合实际，建立和实施新的国民经济核算体系是非常必要的。要统一认识，加强领导，一定办好这件事。

中共中央纪律检查委员会办公厅关于纠正统计数据虚假现象的通报

1991年11月11日

统计数据是国家实行科学管理、科学决策的基础和重要手段。党的十一届三中全会以来，我国统计工作有了很大的发展。目前，在我国已建立了以各级政府统计部门为中心的、遍布全国城乡各业务部门的统计信息网络，建立了具有较高文化素质的统计队伍、比较完整的统计指标体系和比较科学的统计调查方法，颁布并实施了《统计法》及其实施细则，使我国统计资料的准确性有了明显的提高。总的看，目前各级政府统计机构所提供的国民经济主要统计数据是基本准确的。但是，在某些地方和单位，在统计数据上弄虚作假，“以权定数”、“以数谋私”的现象仍然十分严重。

一、统计数据存在严重的虚假现象

1989年国家统计局、国务院法制局、监察部共同组织的全国统计执法大检查，共查出并基本纠正的虚报、瞒报、伪造、篡改统计数据的违法行为共1.4万多件。最近，财政部组织辽宁、河北、河南、福建、湖北、吉林、江苏、重庆、西安9省市财政部

二、国家统计局提出的《中国国民经济核算体系(试行方案)》的总体方向和基本框架是可行的，今后的试行工作可按照这一基本方向继续搞下去，以取得实践经验。各有关部门都应按此方向开展工作，积极配合，及时提供《试行方案》所需的各种资料。

三、请国家统计局组织各部门、各方面有关专家对《试行方案》做出进一步论证评价，对其结构和各项指标的科学性、可行性进行认真的研究和认定，并使之更科学、更完善、更符合我国的国情。

四、关于新核算体系的实施问题，请国家统计局详细研究后，提出具体工作计划方案。待成熟后，要形成法规性文件，以便统一实施。当前，可在原有试点试算工作的基础上，总结经验，进一步抓好综合性扩大试点，比如在一个城市，从上到下都按《试行方案》办。同时，要特别注意做好各级有关人员的业务培训工作，逐步普及新核算体系的基本知识，为开展这项工作奠定基础。

五、为适应建立新核算体系的需要，应加强统计信息自动化系统的建设。这个系统具体怎么搞，请统计局研究。从全局角度来看，信息系统的建设和发展，要与已有的信息系统统筹考虑，要遵循“互补和共享”的原则。

六、关于成立国务院国民经济核算领导小组问题，待向总理汇报后再定。目前有关日常工作由国务院副秘书长刘仲藜同志负责联系。

门对257户预算内工业企业的潜亏问题进行了调查。调查结果，有潜亏的202户，占调查总数的78.6%。1990年末累计潜亏总额为13.65亿元，为同期帐面亏损7.5亿元的1.8倍。在13.65亿元潜亏额中，各种损失为6.92亿元，占50.7%；少摊少提费用为3.47亿元，占25.4%；库存商品成本高于现价为3.26亿元，占23.9%。从帐面上看，257户工业企业1986年至1988年利润年平均递增12.7%。如剔除潜亏，利润年平均递增只有0.4%。1990年帐面亏4.83亿元，实际已净亏损12.16亿元。

统计数据方面弄虚作假的问题，涉及到一些部门和行业。公安系统自1988年起采取措施，纠正刑事案件立案统计不实问题，1989年、1990年立案数都比1988年增加了一倍多。但从13个省区市抽样调查结果来看，1990年统计上报立案数也只占应立案数的60%左右。全国开展人口计划生育统计抽样调查的结果，大大高出一些省市上报出生率统计数字。一些地方的领导将统计部门用于抽样调查的商品、定点商场控制起来，强行规定这些商品不许涨价，使抽样调查的商品价格失真。农业部门有些单位为了少交农业税，瞒报耕地面积；为了少交义务粮，瞒报粮食播种面积和粮食产量；为了少出义务工，瞒报劳动力。

统计数据上弄虚作假，破坏了统计工作的正常秩序，影响了统计数据的准确性，首先会导致各级党政领导决策的失误。例如，由于企业潜亏体现不出来，使企业利润虚增，国家虚收，企业虚留，个人多得，加剧了消费膨胀、信用膨胀，掏空了家底，影响了企业发展后劲，同时，增加了国家信贷压力和企业利息负担。建立在虚假统计数据上的各级政府的国民经济计划是无法实现的。第二，一些领导干部在统计数据上弄虚作假，骗取政治荣誉和经济利益，以达到个人或小集团的各种私欲，这本身就是一种腐败现象，它导致一些人为了短期、局部和个人的利益而采取非法手段、甚至不惜触犯党纪国法，危害国家和集体的长远的、根本的利益。第三，严重损害了党和政府的形象，影响了党群、干群关系。这种腐败现象，使党的各项政策被曲解，法规制度被破坏，实事求是的优良作风被践踏，以致“说瞎话的升官发财，讲实话的挨批受罚”，从而严重损害党和政府在广大人民群众心目中的形象。因此，必须把统计数据上的弄虚作假现象，作为惩治腐败，端正党风和社会风气，密切党群、干群关系的一项重要工作抓紧抓好。

二、出现统计数据虚假现象的主要原因

统计数据上的虚假现象是违背党的实事求是思想路线的一种腐败现象，是损害全局利益、长远利益而谋取个人或小集团私利的不正之风，是触犯《统计法》、《会计法》和《关于共产党员违反社会主义道德党纪处分若干规定(试行)》等法规条例的违纪违法行为。其产生的主要原因有以下几点：

1、统计数据与个人或小集体的经济利益挂钩。在经济体制改革中，各种形式的承包责任制逐步建立起来，这对于调动干部群众的积极性，促进国民经济各项工作的发展起到了积极的促进作用。但是在承包时存在一些不切实际的层层压指标现象，为了完成指标，多发奖金，有些部门就在统计数据上弄虚作假。又如企业承包后，由于原材料涨价、商品滞销，企业难以承受，而企业完不成承包任务发生亏损，银行要回收贷款，职工拿不到奖金，于是一些人就采取少摊费用、多转成本、损失不处理等办法，搞潜亏，捞实惠。

2、统计数据关系到领导干部的荣誉和

职务升降。统计数据都是经过领导同意后上报的。这些统计数据有的并不直接与领导干部的经济效益挂钩，但却与他们的“政绩”、荣誉、职务升降相联系。有的地方规定连续完不成承包指标要降职、撤职，超额完成指标可评先进、晋级，致使一些干部在统计数据上弄虚作假，以至在个别地方搞出一些假劳模、假典型。

3、**执法不严与法制不健全**。搞准统计数据，应严格依照《统计法》办事，以法律武器维护统计工作的正常秩序，以减少统计数据上报过程中错误的行政干预。现在的问题一是统计工作中的违法行为往往因发生在领导干部身上，处理不下去。二是监督打击不力。如企业违反财经纪律，只要不进个人腰包，很少对违法者进行处罚。三是《统计法》不够完善，需要进一步修订。

4、**一些地方统计人员较少，素质不高，经费不足，缺乏现代化的统计设备，在客观上也影响了统计数据的准确性**。

三、坚决纠正统计工作中的弄虚作假现象

纠正统计工作中的弄虚作假现象不仅是统计部门的一项重要任务，而且是涉及各级党政领导机关、各行各业的一项重要工作。搞好这项工作需要运用思想的、行政的、经济的、法制的、教育的、纪律的各种手段进行综合治理，逐步实现统计管理法制化、科学化、现代化。

1、**切实加强党的实事求是思想路线的教育**。一切从实际出发，理论联系实际，实事求是，是马克思主义、毛泽东思想的精髓。实践证明，要避免和防止领导的失误，必须坚持在一切工作中贯彻实事求是的思想路线。各级党的组织要结合党风廉政建设对广大党员干部，特别是党和政府的各级领导干部进行实事求是的思想路线教育。正确处理国家、集体、个人三者利益关系，眼前利益、长远利益关系。要抓住统计工作中正反两个方面的典型，一方面大力表彰那些敢于实事求是、坚持党性原则的党员干部；一方面严肃批评教育那些弄虚作假、欺上瞒下的党员干部。提倡说老实话、做老实事、当老实人的优良传统作风。

2、**严肃党纪、政纪，建立健全各种必要的规章制度**。要严格执行《关于党内政治生活的若干准则》和《关于共产党员违反社会主义道德党纪处分的若干规定(试行)》，“不准以任何理由和任何名义纵容、暗示、诱使、命令或强迫下级说假话。凡是弄虚作假给党和人民的利益造成重大损失的；凡是说假话骗取了荣誉地位的；凡是用说假话来掩饰严重过失或达到其他个人目的的；凡是纵容或诱迫下级说假话的，都必须绳以党纪”。

3、**要逐步完善统计法规体系，把统计工作纳入法制轨道**。严格执行《统计法》、《会计法》等有关法规、条例，并不断在实践中加以完善。同时，要认真纠正违反国家法律、法规的行为和做法。

4、**在治理整顿、深化改革中进一步完善各种承包责任制**。各级领导在下达承包指标时，必须深入调查研究，分清哪些指标可以作为承包的内容，哪些指标不宜作为承包内容。与承包内容挂钩的经济手段和政治荣誉，一定要有利于去伪存真，使得说真话、干实事的能够受到表扬、重用，说假话、报假数据的则要受到批评,乃至党纪、政纪处分。

5、**深化统计管理体制、统计制度改革，改进统计方法**。要逐步完善保证统计数据准确可靠的统计管理体制。实行统一的统计标准,在粮食产量、农民收入、城乡居民家庭收支、物价指数等方面,采用科学的调查统计方法；一些专业可以运用电子计算机对统计数

□□

国务院批转国家计委 国务院生产办国家统计局关于改进工业生产评价考核指标报告的通知

1992年2月17日

各省、自治区、直辖市人民政府，国务院各部委、各直属机构：

国务院同意国家计委、国务院生产办、国家统计局《关于改进工业生产评价考核指标的报告》，现转发给你们，请认真贯彻执行。

改进工业生产评价考核指标，有利于促进经济工作的重点转移到调整结构、提高效益的轨道上来，也可以为逐步建立和完善我国新的国民经济核算体系打下基础。改进工业生产评价考核指标涉及面广，工作量大，各地区、各有关部门要切实加强对这项工作的组织领导，各有关方面要密切配合，共同做好这项工作。

关于改进工业生产评价考核指标的报告

国务院：

我国现行的国民经济评价考核指标基本上是50年代从原苏联引入的，以后虽做了不少改进，但仍然很不适应发展有计划商品经济的要求。为了加强和改善我国宏观经济管理，贯彻中央工作会议确定的1992年经济工作的指导方针，把经济工作的重点转移到调整结构、提高效益的轨道上来，拟从1992年起，逐步改进国民经济评价考核指标。考虑到当前经济管理的紧迫需要和统计工作基础尚不健全的实际情况，首先着重从改进工业生产评价考核指标做起，为逐步建立和完善我国新的国民经济核算体系打下基础。根据国务院的要求和全国计划会议的精神，我们在广泛听取有关部门和地方意见的基础上，提出了关于改进工业生产评价考核指标的意见，现报告如下：

一、建立工业增加值统计制度，完善反映经济循环和经济效益的工业生产评价考核指标

(一)为了更科学、全面地反映国民生产新创造的价值，克服现行总产值指标重复计

据实行超级汇总，以减少统计数据的上报环节。

6、加强统计队伍的建设。保证统计数据的质量，关键是各级政府要在人力、物力、财力等方面积极创造必要的条件，给予有力的支持，并不断加强统计人员的思想政治教育和业务技术培训，以模范地执行《统计法》，提高抵制和排除行政干预的能力。

算和国民收入指标覆盖面不全的缺陷，对国民经济发展规模和速度的评价指标需要将总产值指标改为国民(内)生产总值指标，并分别采用现价和不变价计算。鉴于目前统计基础工作的状况和农业生产难以按月计算产出，1992年除继续完善年度国民生产总值和国内生产总值的统计外，拟按季度试算国内生产总值，并建立工业增加值月度统计制度。工业发展速度改用“工业增加值”指标为主进行评价和考核。淡化工业总产值指标，不再将其作为评价考核工业生产规模和发展速度的主要指标，只作为一般统计指标。

(二)为反映一定规模和增长速度的工业生产实现产品的销售状况，在现行工业统计月报中增设“工业销售产值”指标，并采用不变价和现价两种价格同时计算；以“现价工业销售产值”指标与现价工业总产值相比计算产品销售率；以“不变价工业销售产值”指标计算销售增长速度。扩大工业企业销售收入等财务指标的月报统计范围，由目前只对预算内国营企业进行月度统计逐步扩大到对乡及乡以上全部独立核算工业企业进行月度统计。各地区、各行业要依据上述指标对工业生产的经济循环状况作出评价。

(三)改进工业经济效益评价考核指标。一是对月度分地区主要经济效益统计八项指标加以改进。为了从各种生产要素的投入产出关系来全面评价工业经济效益，以工业企业资金利税率和工业产品成本利润率作为评价、考核主要生产要素占用和耗费所创造的剩余产品状况的主要指标。工业全员劳动生产率改为按工业增加值或净产值计算，以反映新创造价值的劳动生产率。有些行业如煤炭、钢铁、石油等，还可以用实物劳动生产率作为辅助指标。以每百元销售产值占用流动资金和流动资金周转次数作为评价、考核流动资金运用效果的主要指标。二是加强对工业经济效益的全面综合评价。拟在建立和健全工业财务定期统计制度的基础上，逐步建立定期计算工业经济效益综合指数制度。同时，进一步研究年度全部工业生产要素利税率的计算方案，并开始试算，配合经济效益综合指数用于评价工业经济效益。

(四)鉴于减少长线产品库存积压、防止新的拖欠是今年调整结构、提高效益的一项重要工作任务，拟将现行定期统计的工业产成品资金占用扩大为三项资金(产成品资金、发出商品及应收预付货款)占用情况。同时，加强全社会库存统计和监测分析。主要是完善县及县以上单位产品社会库存的统计，并根据当前调整结构、限产压库的需要对一些产销矛盾突出的产品加强统计监测。

二、组织实施改进工业生产评价考核指标的工作分工和步骤

改进评价考核指标的工作，需要有关部门和各地区通力合作，有步骤地实施。

国家统计局负责制定建立和完善有关指标统计制度的具体实施方案，在今年2月底前布置到省级统计部门，争取从2季度开始实行。

国家计委要根据改进工业生产和整个国民经济评价考核指标的要求，在建立健全有关统计制度的基础上，于今年内研究提出相应改进计划指标体系的方案，争取从编制1993年计划起逐步实施。

国务院生产办要以改进后的工业评价考核指标作为指导调度工交生产的重要依据，并与有关部门共同研究如何将改进后的评价考核指标，运用到完善企业承包合同和工效挂钩的办法中去。

财政部门要积极支持、全力配合统计部门，加强企业财务统计基础工作，相应改进会计制度，并向统计部门及时提供有关的财务资料，以满足改进工业生产和整个国民经济评价考核指标的要求，有关财务资料提供的实施办法，由国家统计局会同财政部制

党中央 国务院有关统计工作的文件摘录

（二）我们党要密切同人民群众的联系，领导人民群众胜利前进，首要的问题是必须保证决策和决策的执行符合人民的利益。

十一届三中全会以来，我们党制定并执行了一条建设有中国特色的社会主义的路线和一系列重大方针政策，国家实力大为增强，人民生活明显改善，广大群众基本上是满意的。但在具体工作指导和某些具体政策措施上，也有缺点和失误。积多年正反两方面的经验，要保证决策正确，执行有效，必须坚持从群众中来到群众中去，建立和健全民主的、科学的决策和执行程序。

(1)制定政策措施，拟制工作计划，决定重大事项，务必以马克思主义为指导，走群众路线，充分调查研究，广泛听取各方面意见，反复比较、鉴别和论证。有的重大决策在实施前还需要经过试点。

(2)党委在决策过程中要严格执行民主集中制原则，充分发扬民主，认真倾听不同意见，在民主讨论的基础上实行正确的集中。重大问题的决定，要实行表决。个人有不同意见，允许保留，但必须服从和执行集体的决定。

(3)决策作出之后，领导机关和领导干部要结合实际情况带头贯彻执行，绝不能政出多门，各行其是。有关国家事务的重大决策，要经过人大和政府通过法律程序变成国家意志，党组织和党员都要严格依法办事。在决策执行中，要紧紧依靠群众，并不断接受实践的检验，及时总结经验，补充完善，纠正偏差，防止酿成大错误。遇有重大问题，应提出处理意见，及时向上报告。

要重视和加强决策研究、决策咨询机构的工作，发挥它们的参谋作用。

（三）各级领导干部必须经常深入基层，深入群众，扎扎实实工作，把党的路线、方针、政策落到实处。

正确的认识只能来源于群众的实践，正确的决策只有变成群众的自觉行动才能实现。现在，有的领导干部高高在上，满足于发号施令，工作飘浮，不务实事；有的对党的决定敷衍应付，做表面文章；有的弄虚作假，报喜不报忧，听喜不听忧；有的精神不振，无所用心，不去了解基层情况，不关心

定。银行、工商管理、税务及企事业主管部门也要及时向统计部门提供有关的财务资料和业务资料。

各级人民政府对统计部门要加强领导，并给予必要的支持，以保证及时、准确、完整地提供有关统计数据。地方各级计划部门和经委（生产办、委）也要结合自己的工作做好改进工业生产评价考核指标的实施工作。

以上报告如无不妥，请批转各地区、各部门执行。

国家计划委员会
国务院生产办公室
国家统计局
1992年1月29日

群众的疾苦。这些不良作风，严重脱离群众，贻误党的事业，必须痛下决心加以改变。

(摘自1990年3月12日中国共产党第十三届中央委员会第六次全体会议通过的《中共中央关于加强党同人民群众联系的决定》)

有关地区和部门要加强对“双保”企业完成国家计划、落实主要外部生产条件及供货合同执行等情况进行监督检查。请统计部门按季通报“双保”企业完成国家统配产品计划和落实主要外部生产条件的情况。对国家基本保证外部生产条件而完成国家指令性计划较差的企业，要点名通报，并由主管部门负责帮助其采取措施，保证完成国家指令性计划。有关地区和部门要按职能分工，各负其责，帮助“双保”企业及时解决生产中的问题。遇有重大问题，由国家计委和国务院生产委负责组织协调。

为了更好地试行“双保”办法，国务院生产委、国家统计局及有关部门和地区都要负责对“双保”企业进行跟踪服务，及时研究试行过程中遇到的新情况，解决新问题。“双保”企业也要加强内部管理，广泛深入开展“双增双节”运动，挖掘企业潜力，争取在1990年内把能源和主要原材料的消耗指标降到历史最好水平以下，提高经济效益，努力完成企业所承担的1990年国家指令性计划，为稳定经济全局作出贡献。

(摘自1990年4月21日国务院批转的《国家计委、国务院生产委员会对234户重点骨干企业试行“双保”办法的报告》)

企业要下大力量健全和完善定额管理、成本管理、资金管理、质量管理、设备管理、经济核算等各项基础工作和有关规章制度。切实抓好标准化工作，严格按照标准组织生产。大中型企业的主导产品要积极采用国际标准。要完善计量手段，以适应产品质量监控和经济核算的需要。做好统计信息工作，确保基础数据齐全、准确、完整、配套。各地区、各部门要根据行业和地区的特点，对企业进行分类指导，提出强化管理基础工作的具体要求，并搞好组织落实。

在应用电子计算机管理方面，要以建立健全企业管理信息系统为目标，在搞好总体规划的基础上，有步骤地组织实施，并创造条件逐步向开发计算机综合应用方向发展。

(摘自1990年5月23日国务院批转的国家体改委《关于在治理整顿中深化企业改革强化企业管理的意见》)

各级计划、财政、税务、统计、审计、银行等部门协助劳动部门进行集体企业职工工资收入管理。

集体企业以各种形式支付给全部职工的工资收入，应根据国家制定的财务制度进行核算，各级税务部门要加强对集体企业财务工作的管理和监督。集体企业应按照国家统计局的规定，填报劳动工资统计报表。统计、劳动、银行、税务部门和企业主管部门应当加强指导和监督，防止和纠正可能出现的虚报、瞒报、漏报、错报等问题。

(摘自1990年10月22日国务院批转的劳动部等部门《关于加强城镇集体所有制企业职工工资收入管理的意见》)

严格实行监督检查制度。各级林业主管部门每年要对采伐限额执行情况和森林资源消耗状况进行监督检查。要建立森林资源统计制度，统计资料由下而上逐级上报，经各省(区、市)林业主管部门汇总后报林业部。地方各级人民政府，每年要对各单位执行采伐限额情况进行严格监督检查，对森林资源消耗进行审计和追踪审计。林业部要对全国采伐限额执行情况进行通报，并组织抽查，将抽查情况报国务院。

（摘自1990年12月5日国务院批转的林业部《关于各省、自治区、直辖市“八五”期间年森林采伐限额审核意见的报告》）

经贸部要继续对出口商品实行分类和计划列名管理。第一、二类出口商品目录基本保持稳定。第一类出口商品目录的调整须经国务院批准；第二类出口商品目录的调整由经贸部确定；第三类实行计划列名管理的出口商品目录，经贸部应视国内外市场变化和购销秩序状况适时增减。第一、二类出口商品通过各地方经贸主管部门和各专业总公司实行双轨制计划管理和双轨统计；第三类出口商品中实行计划列名管理的商品，由各类外贸企业按经贸部批准的经营范围和出口计划经营，并负责统计。

（摘自1990年12月9日《国务院关于进一步改革和完善对外贸易体制若干问题的决定》）

逐步建立以国家计划为主要依据的经济、行政、法律手段综合配套的宏观调控体系和制度，特别要健全间接调控机制，更好地运用价格、税率、利率、汇率等手段调节经济的运行。为此，必须进一步理顺计划、财政、银行以及其他经济部门的关系，发挥计划部门进行综合平衡、执行国家产业政策和综合协调经济杠杆的作用，使计划、财政、银行之间合理分工、紧密配合、协调动作。加强和改进审计、统计、物价、税务、信息、计量、工商行政管理等部门的工作，特别要适应改革开放以后的新情况，建立健全国民经济的核算体系，建立健全科学的统计、监测方法和制度，更好地为调控经济运行服务。

（摘自1990年12月30日中国共产党第十三届中央委员会第七次全体会议通过的《中共中央关于制定国民经济和社会发展十年规划和“八五”计划的建议》）

要加强企业管理基础工作，搞好现场管理、各项专业管理和班组建设，健全规章制度，加强劳动纪律和工艺纪律，保障质量，安全生产；要组织和加强全面经济核算，在生产、经营的各个环节建立严格的计量验收盘点制度，健全帐表，完善核算办法，严格财务开支的审批手续和领报制度；要加强专用资金的管理，提高资金的使用效果，严禁把生产性资金挪用于奖励、福利等非生产性支出，特别是要注意用好国家贷款，力求少投入，多产出；要采取有力措施，加速资金周转，增产节约，增收节支；各级财政、金融和主管部门要加强对企业经济核算的督促检查，分类指导；企业要运用全面质量管理、市场调查预测、价值工程、营销技术以及计算机管理信息系统等各种行之有效的现代化管理方法和手段，及时调整经营策略，提高优质、适销产品的比例，减少废品损失，处理积压产品，降低生产成本，提高资金使用效率。

（摘自1991年2月1日《国务院关于开展“质量、品种、效益年”活动的通知》）

我国旅游业应贯彻一边建设、一边创收的原则。今后几年，要继续完善和开发旅游资源，加强配套建设，广泛招徕客源，提高服务质量，为我国国民经济进一步发展多做贡献。凡是“八五”和“九五”期间具有旅游开发价值的地方，各级政府要把旅游业作为一项产业，纳入国民经济和社会发展计划。旅游经营单位要按照隶属关系和行业归口关系，建立双重计划统计和考核管理制度。

（摘自1991年2月12日国务院批转的国家旅游局《关于加强旅游行业管理若干问题的请示》）

机电产品出口计划在国家外贸出口计划

中单列下达、统计、考核。

（摘自1991年2月21日国务院批转的国务院机电产品出口办公室《关于"八五"期间进一步扩大机电产品出口的意见》）

为了及时全面地掌握我国海外投资的情况，并为制定海外投资方针、政策和编制计划等提供重要依据，有关海外投资的统计工作由国家统计局归口负责，并定期向国务院和有关部门提供资料。

（摘自1991年3月5日国务院批转的国家计委《关于加强海外投资项目管理的意见》）

为加强民族贸易和民族用品生产供应工作，建议由国家民委牵头，商业部、轻工部、纺织部、国家计委、财政部、物资部、人民银行、农业银行、工商银行、税务局、物价局、医药局、中医药局等有关部门参加，建立民族贸易和民族用品生产联席会议制度，定期检查政策落实情况，制定发展规划和管理措施，研究、协调和解决工作中的重要问题。少数民族聚居的主要省（区）也可建立相应的联席会议制度。有关主管部门应完善专管机构，搞好生产、调拨计划衔接，加强市场调查和统计信息等工作。

（摘自1991年3月25日国务院批转的国家民委等部门《关于加强民族贸易和民族用品生产供应工作的意见》）

加强和改进审计、统计、监察、物价、税务、海关、信息、技术监督、工商行政管理等部门的工作，建立和健全国民经济的核算体系与监督管理体系，以及科学的统计、监测方法，更好地为调控经济运行服务。

（摘自1991年4月9日七届全国人大四次会议通过的《中华人民共和国国民经济和社会发展十年规划和第八个五年计划纲要》）

各级党委和政府应承担完成本地区人口计划的责任，实行和完善人口与计划生育目标管理责任制。要把做好计划生育工作和完成人口计划作为考核各级党委、政府及其领导干部政绩的一项重要指标，并制订科学的考核标准和监督措施。上级党委和政府要加强对下级党委和政府执行人口计划情况的督促和检查，确保统计数字的准确性，严禁瞒报和虚报。

（摘自1991年5月12日《中共中央、国务院关于加强计划生育工作严格控制人口增长的决定》）

进一步做好若干国营大中型企业的"双保"工作。要继续按照1990年试行的"双保"办法，落实"双保"企业的外部条件，并实行倾斜政策。能源和物资部门要及时将用电计划和主要生产资料分配计划专项下达；铁路、交通部门对"双保"企业的物资运输要给予优先保证；人民银行和工商银行对"双保"企业流动资金贷款要给予支持；统计部门要继续对"双保"企业实施跟踪考核。"双保"企业要保证上交国家利税和统配产品任务，千方百计提高经济效益，在行业中发挥带头作用。

（摘自1991年5月16日《国务院关于进一步增强国营大中型企业活力的通知》）

编制两年滚动计划，要认真研究国民经济和社会发展的重大方针政策，全面分析经济发展形势，以更好地指导计划编制工作。为了保证这项工作的顺利进行，并逐步使之制度化和规范化，各有关方面，特别是计划、财政、银行、物价等综合部门要密切配合，认真搞好财政、信贷收支计划及物价改革等各主要方面与整个国民经济和社会发展计划的衔接及平衡。各级统计、信息部门和有关经济研究单位，要大力协助和配合计划部门搞好经济监测、预测，为编制两年滚动计划提供科学依据。

编制两年滚动计划，比过去编制年度计划更需要信息和预测工作的支持。各级计划部门和统计、信息部门及有关经济研究单位要加强信息交流和工作配合。各级统计和信息部门要加强和完善各项宏观信息基础工作，密切配合各地区、各部门做好计划执行的监测、预测工作。

（摘自1991年7月13日《国务院批转国家计委关于试编两年滚动计划的暂行办法的通知》）

科技统计工作是对科技活动力量认识的主要手段，是制定政策、编制规划与计划、提高管理水平的基础和前提条件。省、自治区、直辖市高教主管部门和高等学校都必须充分重视这项工作，安排相对稳定的专人负责，确保统计数据的准确性和真实性，使科学管理和决策建立在坚实的统计基础上。

（摘自1991年9月30日国务院批转的国家教委、国家科委《关于加强高等学校科学技术工作的意见》）

根据国务院批准的国家技术监督局、国家土地管理局、农业部《关于改革全国土地面积计量单位的通知》（技监局量发〔1990〕660号）的要求，各省、自治区、直辖市要大力开展对土地面积法定计量单位的宣传、普及活动。在统计和对外签约中要采用我国土地面积的法定计量单位，并在有条件的地方，进行改革土地面积计量单位的试点，取得经验后，逐步推广。

（摘自1991年10月5日国务院办公厅转发的国家技术监督局《关于进一步实施法定计量单位的请示》）

为了纠正片面追求产值，忽视经济效益的现象，起到对国民经济运行的导向作用，需要进一步改进和完善国民经济统计工作。统计局要增加一项任务，逐月统计上报国民生产总值和销售产值。可以考虑从1992年1月起，每月15日预报、25日核报各省和全国的上个月国民生产总值、销售产值及工业、农业和第三产业的产值。为了做好准备工作，请刘仲藜同志负责协调。

（摘自1991年11月16日国务院第164次总理办公会议纪要）

企业集团不同于单个企业、联营企业和一般的松散联合体，企业集团内部又有着广泛的参股控股关系，政府对现有企业的管理办法已经不能适应实际需要，各有关部门要抓紧研究制定对企业集团的具体管理办法，主要有：国有资产授权经营办法，企业集团的登记管理办法，财务会计制度和管理办法，行政领导班子、劳动工资管理办法，企业集团的统计办法，财政、税收、物资管理办法等，并尽快发布实行。

（摘自1991年12月14日国务院批转的国家计委、国家体改委、国务院生产办公室《关于选择一批大型企业集团进行试点的请示》）

各级政府和教育主管部门要切实把残疾儿童、少年特殊教育纳入义务教育轨道，统筹规划、部署、实施和检查。

统计义务教育对象时，必须包括残疾儿童、少年，并将视力、听力、言语和智力残疾儿童、少年专项列出。

“八五”计划期间，还要完善残疾人事业的指标体系，加强信息、统计和科技工作，开展残疾预防，发展盲人按摩医疗，实施《方便残疾人的城市道路和建筑物设计规范》，开展国际交流与合作。

（摘自1991年12月29日国务院批转的《中国残疾人事业“八五”计划纲要》）

重要统计工作会议文件

□□

充分发挥统计整体功能
为国民经济的持续稳定协调发展服务

——国家统计局局长张塞在1990年全国统计工作会议上的讲话

1990年4月11日

这次会议，是步入90年代的第一次全国统计工作会议。会议开始时，家亨同志代表国家统计局，总结了过去一年的工作，部署了今年的主要任务。对此，我是完全同意的。

回顾80年代，我国广大统计工作者遵照党的十一届三中全会以来的路线方针政策，坚持四项基本原则，坚持改革开放，使统计工作从十年动乱的严重破坏中逐步得到恢复，并在恢复中改革，在改革中前进，取得了比较显著的成绩。

展望90年代，我们将继续坚持立国之本，走好强国之路，统计事业必将更加充满生机和活力，并一定能够以崭新的面貌迎接二十一世纪的到来。

当前，我们必须认真贯彻执行党的十三届五中、六中全会和七届全国人大三次会议精神，按照国务院批准的国家统计局《关于加强统计工作，充分发挥统计监督作用的报告》(以下简称国办39号文件)，以及统计发展规划的要求，进一步发挥统计信息、咨询和监督的整体功能，为治理整顿、深化改革和实现国民经济长期持续、稳定、协调发展作出贡献。

下面，我就如何贯彻执行国办39号文件，特别是进一步正确认识和充分发挥统计整体功能的问题，讲几点意见，供同志们研究、讨论。

一、统计整体功能在实践中不断发展，在认识上逐步深化

去年8月，国务院批准的国家统计局《关于加强统计工作，充分发挥统计监督作用的报告》明确指出：要“深化统计体制改革，切实加强对统计工作的集中统一领导，进一步把统计部门建设成为社会经济信息的主体部门和国民经济核算的中心，成为国家重要的咨询和监督机构。”这是在总结和概括我国四十年特别是近十年来统计实践经验，并借鉴国际先进经验的基础上而提出的。它既简洁明了地规定了统计部门的基本职能，明确了我国统计改革和统计现代化建设的方向，又比较充分地体现了统计工作在现代国家管理系统中的重要地位和作用。

(一)我国统计职能在实践中不断发展和丰富

纵观新中国统计工作的发展历程，我们对统计职能的认识大体经历了一个由不自觉到自觉，由感性认识上升到理性认识的过程。在实践中，统计工作也经历了一个由单一功能向整体功能发展的过程。

众所周知，新中国的统计工作是在建国初期，从国家实行计划管理的需要出发，逐步创建和发展起来的。因此，与国家实行高度集中的计划管理体

制相适应，为上级、为计划搜集和提供统计资料，就成为统计部门的基本职能和根本任务。这是从五十年代到七十年代我国统计职能的突出表现。在此期间，尽管也曾多次提出要逐步发挥统计工作在经济建设中的监督作用，但由于当时受到“左”的影响，因而统计的监督作用并未得到有效发挥。尤其是在“大跃进”以至后来的“文化大革命”中，统计的监督作用更是无从发挥。

党的十一届三中全会以来，随着改革开放政策的贯彻实施，我国传统的经济体制已经发生了深刻的变革。党和政府的宏观决策与管理，以及企业的经营管理和国内外社会公众，都对统计工作提出了新的要求。这就在客观上迫使我们必须解放思想，更新观念，并从理论与实践的结合上，全面认识统计部门的职能和作用，努力探索适合我国国情的社会主义统计发展之路。

1983年12月和1984年1月，全国人大常委会和国务院分别颁布了《中华人民共和国统计法》和《关于加强统计工作的决定》。《统计法》明确规定：“统计的基本任务是对国民经济和社会发展情况进行统计调查、统计分析，提供统计资料，实行统计监督。”《决定》明确指出：“统计信息所反映的是国民经济和社会发展的总体情况，是社会经济信息的主体。”这些规定，已经初步展示了统计整体功能的发展方向。此后，我们对统计整体功能的认识，就是在贯彻执行这两个重要文献过程中不断丰富和发展起来的。

回顾《统计法》和国务院《关于加强统计工作的决定》颁布实施以来，我国统计工作的发展历程，大体经历了两个战略阶段。在1984年，全国统计工作会议提出了大办“开放式”统计、实行“五个转变”、开展优质服务的目标，开始实施第一战略阶段的任务，主要是不断完善统计信息作为社会经济信息主体的职能。1988年制定的《全国统计改革和统计现代化建设规划纲要》，又明确提出要建设全国强有力的、集中统一的具有信息、咨询、监督等多种功能的现代化统计系统的目标。随后，这一战略目标即在国家编委批准的《国家统计局“三定”方案》中得到了确认，从而开始了实施第二战略阶段的任务。

长远的设想可以一次性地概括提出，而要从理论和实践的结合上把它解决好，却不是一蹴而就的事情。因此，1988年全国统计工作会议，提出了“四库、两步、一路”的战略构想，主要是解决统计的信息和咨询职能问题；1989年全国统计工作会议，提出了强化统计监督的任务，主要是解决统计监督职能的问题。综合前两年统计工作会议和统计工作实践的成果，我国的统计整体功能的发展，已经比较全面、比较完整了。

需要指出的是，统计整体功能的形成是一个逐步发展的过程，因而上述各目标的提出在当时并不是十分完善的。但全国统计工作者富有创造性的、丰富生动的工作实践，又为我们进行理论概括提供了永不枯竭的源泉。经过这几年统计实践和统计理论探讨的深入发展，我们在对统计整体功能的认识上，才达到了比较系统化、科学化的程度。现在要进一步解决的问题是，如何在加深人们对统计整体功能科学认识的基础上，切实有效地发挥统计工作在现代国家管理中的重要作用。

(二)进一步加深对统计整体功能的科学认识

按照现代管理科学的理论，国家管理系统应由科学的决策系统、高效的执行系统、灵敏的信息系统、完备的咨询系统和严密的监督系统所组成。统计部门作为国家管理系统的重要组部分，同时兼有信息、咨询、监督三种职能。

信息职能，是指根据科学的统计指标体系和统计调查方法，灵敏、系统地采集、处理、传递、存贮和提供大量的以数量描述为基本特征的社会经济信息。

咨询职能，是指利用已经掌握的丰富的统计信息资源，运用科学的分析方法和先进的技术手段，深入开展综合分析和专题研究，为科学决策和管理提供各种可供选择的咨询建议与对策方案。

监督职能，是指根据统计调查和统计分析，及时、准确地从总体上反映经济、社会和科技的运行状态，并对其实行全面、系统的定量检查、监测和预警，以促使国民经济按照客观规律的要求持续、稳定、协调地发展。

统计的上述三种职能，是相互作用、相辅相成的。其中，采集和提供信息是统计工作最基本的职能。如果没有准确、丰富、系统、灵敏的统计信息，统计的咨询和监督职能也就失去了坚实可靠的基础。因此，统计的信息职能，是保证统计咨询和监督职能得以有效发挥的基本前提。

统计的咨询职能，是统计信息职能的延续和深化。因为采集信息的目的就是为了应用，要使统计信息能够尽快对科学决策、科学管理和人们的社会实践产生作用，就必须通过去粗取精、去伪存真、由表及里、由此及彼的制作过程，以透过经济、社会和科技发展的数量表现，探求它们的内在联系和规律性。

统计的监督职能，是通过信息反馈来评判、检验决策方案是否科学、可行，并及时对决策执行过程中出现的偏差提出矫正意见。因而，统计的监督职能，是在信息、咨询职能基础上的进一步拓展。而统计监督职能的强化，又必然要对信息与咨询职能提出更高的要求，从而进一步促进统计信息和咨询职能的优化。

若从哲学认识论的意义上来理解统计三个职能之间的关系，那么，采集和提供信息就是对客观世界的"实事"性反映，属于感性认识阶段；提供咨询是对客观世界的"求是"性反映，属于理性认识阶段；而实施监督则是对认识和行为正确与否的一种检验和修正，是对认识世界和改造世界行为正确与否的判断，是更深层或更高级的"求是"。

再从哲学方法论的意义上来认识统计三个职能之间的关系，那么，就可以把信息、咨询和监督这三个职能都概括为统计服务。换句话说就是，这三个职能都是统计服务的具体内容或三种不同表现形式，而统计服务则是它们的总概括。从这个意义上说，服务是矛盾的一般，三种职能是矛盾的特殊。因而，按照矛盾的一般性寓于特殊性之中的原理，统计服务也就寓于统计信息、统计咨询和统计监督之中。

可见，统计的信息、咨询、监督职能，是一个有机整体。它们彼此依存，相互联系，彼此制约，相互促进。忽视或偏废任何一方，都将使统计的整体功能受到削弱。只有将这三种职能凝聚成一个合力，发挥其整体效应，才能够充分体现和发挥统计工作在现代国家管理中的重要地位和作用。因此，为了适应国家的科学决策和科学管理，促进国民经济长期持续、稳定、协调发展，我们必须继续加快统计改革和统计现代化建设的步伐，切实把统计部门进一步建设成为社会经济信息的主体部门和国民经济核算的中心，成为国家重要的咨询和监督机构。

二、将统计部门进一步建设成为社会经济信息的主体部门

如上所述，早在1984年国务院《关于加强统计工作的决定》中就明确提出："统计信息所反映的是国民经济和社会发展的总体情况，是社会经济信息的主体。"这已清楚地表明，统计信息之所以能够成为社会经济信息的主体，其前提是它反映了国民经济和社会发展的总体情况，是国家宏观管理和宏观决策所必需的基本依据。如果离开这个前提而泛论什么信息主体的问题，那是没有任何实际意义的。

具体而论，统计信息之所以能成为社会经济信息的主体，是由其质的规定性和量的广泛性所决定的。

从质的规定性来看，统计信息是对客观事物总体数量特征的综合反映。它是根据一整套反映社会再生产规律的、科学统一的国民经济核算体系和统计指标体系，采用大量观察和抽样推断等科学的调查方法，有组织、有目的地采集、加工而成的。故统计信息是有序的，而不是紊乱的；是规范、系统的，而不是零星、分散的。因此，运用它，可以及时对纷繁多变的经济、社会和科技现象进行全面、系统的定量监测，并综合分析和研究其数量表现、数量关系和数量界限，以正确地描述和揭示其内在联系和发展规律，预测和导向经济、社会和科技的发展。

从量的广泛性来看，统计信息覆盖了社会再生产的各个领域和国民经济的各个部门。分而观之，统计信息在内容上，既包括经济信息，又包括社会和科技信息；在时间上，既包括过去的信息，又包括现在和未来的信息；在空间上，既包括本地区、本部门、本单位的信息，又包括外地区、外部门、外单位以至外国的信息；在形式上，既包括数据信息，又包括文字信息、图表信息和音像信息，等等。因此，统计信息是一种覆盖面最广、综合性最强的信息。

由于统计信息是社会经济信息的主体，因而，作为负责采集、整理、管理、提供和发布准确、丰富的社会经济信息的统计部门，就理所当然地成为社会经济信息的主体部门。但目前与社会经济发展的客观要求还有较大的差距。因此，为了切实将统计部门建设成为更加健全的社会经济信息主体部门，必须重点抓好以下工作：

（一）深化以建立健全城乡统计信息网络为主要内容的统计体制改革

在全国范围内建设一个强有力的、集中统一的统计系统，是充分发挥统计部门的信息主体作用的重要组织保障。近几年来，我国的统计体制已经进行了一些重大改革，特别是许多市县建立了城市和农村社会经济调查队，基层乡镇和街道设置综合统计员、组建统计站，以及部分市县成立统计委员会的改革，对加强统计基础工作，建立健全城乡统计信息网络，科学有效地组织统计工作，已经发挥了积极的作用。因此，我们必须进一步深化统计体制改革，尽快健全一个以政府统计部门为主体，纵贯国家——省（自治区、直辖市）——市（地区）——县（市辖区）——乡镇（街道）和企业，横联各业务主管部门的，上下贯通、左右协调、运行高效的全国统计信息网络。当前的工作重点，是搞好县（区）及其以下城乡统计信息网络的建设。

由于政府统计部门在统计信息网络中处于主导地位，因此，必须在组织上逐步强化各级政府统计部门，解决好统计工作的统一领导、管理和协调问题。针对纵向管理中存在的问题，当前要依法尽快在市辖区建立独立的统计机构，推动乡镇和街道统计站建设，狠抓以建立综合统计机构为中心的企业统计改革和建设，实现统计基础工作规范化；针对横向协调中存在的问题，要切实按照集中统一和精简效能的原则，确立政府统计部门与各业务主管部

门之间统计工作的科学分工与协作，以克服重复调查，防止数出多门，提高统计工作的整体效益。按照国办39号文件的要求，对近几年已经开始统计机构改革的地方，当地人民政府和上级主管部门应积极支持，并帮助他们认真总结经验，不断巩固、完善和发展改革成果。有条件的地方，亦应大胆进行探索。

(二)加快国家统计信息自动化系统建设

在统计部门广泛采用现代信息技术，是提高统计工作效率，充分发挥统计部门的信息主体作用的重要技术保障。近几年来，在国务院和地方各级政府的重视和关怀下，全国统计系统认真贯彻执行"微机起步、由小到大、逐步发展"的建设统计信息自动化系统的方针，历经艰难困苦，已取得显著成效。目前正进入装备超级微机和大、中、小型机的发展阶段，基本具备了完成全国性大规模统计调查数据的综合处理能力。但是，从计算机应用的技术方面看，统计信息技术落后的状况仍未从根本上改观，国家宏观决策和管理急需的数据库还迟迟不能建立，严重地制约着统计部门作为社会经济信息主体部门作用的发挥。因此，我们必须继续加速统计信息自动化系统建设，并要尽快将其工作重点转移到统计信息数据库体系的建设上来，使计算机的应用提高到一个新的水平。

建立经济、社会和科技统计信息数据库体系，是当前国家统计信息自动化系统建设中的一项主体工程。从长远考虑，国家统计数据库系统的最终模式，应该是中央、省、地(市)三级统计数据库群体在计算机远程网络基础上的分布式系统。而从现实的可能出发，近期则要以建立国家统计数据库体系为中心，不断完善数据采集、传输、处理、分析和服务等各个环节的衔接与管理工作，为实现统计信息资源的深层开发做好准备。

今年，必须集中力量搞好地市以上各级统计部门的统计信息自动化系统建设，以确保第四次全国人口普查和其它各项统计数据处理任务的顺利完成。要组织力量，积极开展统计数据库建设试点，以及计算机局部网络和光盘存贮系统的应用试点。明后两年要在此基础上，重点进行国家和省级统计数据库建设，并逐步在地市一级展开。按照国办39号文件的要求，各级人民政府和国务院各有关部门，应在资金上给予适当支持。

(三)继续推进统计信息社会化的进程

随着人们信息观念的增强，各方面对统计信息的需求日益增大。现在，统计信息不仅是各级领导机关了解情况、进行决策所必需，而且也是企业改善经营管理、加强横向联系所必需，同时还是咨询机构、科研机构、大专院校进行咨询和科研活动所必需。因此，为满足多层次、多方面的需要，必须继续推进统计信息社会化的进程，更好地发挥社会经济信息主体的作用。

大力加强统计资料的加工整理和出版发行工作，是发挥统计信息主体作用的重要途径。因此，必须进一步加强统计年鉴等资料性书刊的出版发行工作，特别是要加快资料的加工、整理过程和出版、发行速度。要从用户的需要出发，合理编排内容，解决好指标与指标之间的相互衔接配套问题，把宏观资料与微观资料、横向资料与纵向资料结合起来，并适当增加指标解释，增加资料索引，为用户和公众提供更多的方便。

与此同时，还要进一步加强统计宣传工作，建立健全各种统计信息发布制度，增加信息发布量。对不属于保密范围的各种社会经济信息，要根据不同情况，通过各种报刊、电台、电视台等新闻媒介，及时向社会公众发布，充分发挥统计在深入进行形势教育和国情教育中的作用。各种统计信息报刊要进一步提高质量，办出特色，扩大社会影响。

需要特别强调指出的是，确保统计信息质量，是社会经济信息主体部门至关重要的职责。因此，我们一定要增强统计质量意识，牢固树立以质量求信誉、以信誉树权威的观念，始终如一地抓好统计信息质量，并使其植根于我们的每一项工作之中。对于外来的干扰，一定要据理排除，力求如实、准确地反映客观情况。为加强统计信息的质量控制工作，使质量控制工作规范化，国家统计局将在充分调查研究的基础上，制定《统计数据质量控制办法》，经过试点论证后颁发实施。

三、将统计部门进一步建设成为国民经济核算的中心

《国家统计局"三定"方案》和国办39号文件都提出，要把统计部门进一步建设成为国民经济核算的中心。这是由国民经济核算的特点和统计在国民经济核算中所处的主导地位决定的。

国民经济核算，顾名思义，就是以整个国民经济为对象的宏观核算，它系统地反映各部门、各行业在国民经济运行中的地位、作用和相互联系。从另一个角度看，国民经济核算的对象又是整个社会再生产，它系统地反映包括生产、分配、交换和消费在内的社会再生产全过程。由于它涉及到国民经济的各个部门和社会再生产的各个环节，因此，只有运用各种核算方式、综合各部门的核算，才能完成此项庞大而艰巨的任务。

就国民经济核算和部门经济核算的关系来说，国民经济核算是综合核算，而部门经济核算则是对国民经济的某一部门，或社会再生产过程中某一环节、某一侧面的经济活动所进行的核算，是国民经

济核算的组成部分。由于统计工作的一项重要任务，就是要在组织协调国民经济各部门以及基层单位核算的基础上，对整个国民经济或社会再生产的全过程进行宏观核算，所以，统计部门自然就成为国民经济核算的中心。

就核算的方式来看，国民经济核算又是以会计核算、业务核算为基础的综合核算。其中，会计核算主要反映和监督微观经济的资金运动，为企业的经营管理服务；业务核算主要是为专门的业务管理和技术管理服务；而统计核算则主要是从总体上系统地对国民经济进行全面观察和监测，侧重为宏观决策和管理服务。虽然三种核算都是国民经济核算所采用的方式，但由于统计核算更具有全局性和综合性等特点，能从国民经济错综复杂的有机联系中进行核算。因而，在核算国民经济的过程中，统计核算就在各种核算方式中处于主导地位。这也是统计部门成为国民经济核算中心的重要条件。

近几年来，为适应有计划商品经济的发展和加强宏观调控、促进决策科学化的需要，国家统计局会同有关部门和省、市统计局，在研究国际上两种核算体系和我国国情的基础上，设计了我国《国民经济核算体系方案》。该方案经过广泛征求意见和反复论证、试点，已经基本成熟，并且可以逐步推广、全面试行。因此，今后几年必须着重抓好以下工作：

（一）扩大试点、试算范围，尽快组织实施新的国民经济核算体系

今年，各地要在认真总结前两年试点经验的基础上，普遍在全国各省、自治区、直辖市深入开展核算体系的试点、试算工作。明后两年，要在巩固前期成果的基础上，初步建立起国家和省一级的新国民经济核算体系框架，能够按照新核算体系的主要表式对社会再生产的全过程进行核算。也就是说，到1992年，要把国民生产总值及其使用的核算建立在各项专业统计的基础上，并在全国及各省、自治区、直辖市正式推行资金流量核算，推广省级国际收支核算，进行第二次全国投入产出调查。然后，再用3年时间，巩固完善核算体系方案，力求在1995年之前，能够比较准确详尽地编制整个核算体系的全部表式，并建立起与之成龙配套的各级、各专业核算制度。

各地区、各部门都要从国民经济核算这个全局出发，全面规划，统筹安排，大力加强基础工作，努力作好各项配套改革，积极为《国民经济核算体系方案》的完善和全面实施创造条件。

（二）切实改革现行统计制度方法，进一步完善经济、社会和科技统计指标体系

随着客观形势的发展变化，近几年我们对统计制度方法虽然进行了一些初步改革，但总的来说进展不快，有些已经在一定程度上直接影响到统计数据的内在质量。因此，切实改革现行统计制度方法，已成为目前统计部门的一项刻不容缓的任务。各地区、各部门特别是国家统计局，一定要根据建立健全新国民经济核算体系的要求，按照需要与可能、长远与当前相结合的原则，对现行统计制度方法进行全面、系统的配套改革，并力争在1992年之前完成以下三项主要任务：

第一，建立一套适应新核算体系要求的，由经济、社会和科技统计指标体系组成的“三位一体”的总体系，并在总体系的统率下，建立健全紧密衔接、相互配套、彼此制约的各专业统计指标子体系；改革和完善各专业统计制度方法，特别是各项产值、财务收支、资产负债等统计制度方法，使新国民经济核算体系建立在可靠的基础上。

第二，制定一套适应国民经济核算和各专业统计需要的核算标准和编码体系，逐步实现国民经济核算和统计分类标准化。并在此基础上，进一步改造传统的以手工计算为基础的统计报表，设计并逐步推行一套便于计算机进行交叉分组和深层开发的统计报表。

第三，改革和完善统计调查方法，尽快从过去主要运用全面调查向综合运用多种调查方法转变。要积极稳妥地试行和推广基层单位“一套表”制度，以克服报表多乱，减轻基层负担，更好地为基层单位的经营管理服务。

在建立新国民经济核算体系和改革统计制度方法问题上，需要特别强调集中统一。任何地区、任何部门（包括统计部门内部的各个专业），都要顾全大局，统一步调，决不能借口自己的“特殊性”而各行其是。

（三）加强组织领导，做好统计与会计、业务等核算制度的协调与衔接

由于新核算体系中的价值量指标基本上是建立在会计核算的基础上，而现行会计制度还不能完全适应国民经济核算的需要。因此，各级统计部门要与财政部门一道，抓紧协调相互之间的核算，共同把建立国民经济核算体系的要求纳入各自的制度，并使其尽快落实到基层；同时，要按照国办39号文件的要求，尽快建立财政、银行、税务、工商行政等部门向统计部门报送资料的制度。

鉴于建立健全国民经济核算体系是一项综合性、理论性和技术性都比较强的系统工程，因此，为从组织上保证这一工作的顺利进行，去年经国务院批准，成立了全国国民经济核算协调委员会。作为部际专项工作协商和咨询组织，其主要任务是统一协调各种核算制度，促进建立健全新的国民经济核算制度。该委员会的日常工作由国家统计局负责。各省、自治区、直辖市，也要争取建立省一级国民经济核算协调委员会，以加强对国民经济核算工作的组织领导和协调。同时，还要宣传普及国民经济核算知识，大力加强人员培训，特别是司(省局)、处两级干部的理论培训工作，以提高其对国民经济核算体系的认识，确保各项工作的顺利进行。

四、将统计部门进一步建设成为国家重要的咨询和监督机构

《国家统计局“三定”方案》和国办39号文件中都明确规定，要把统计部门建设成为国家重要的咨询和监督机构。因为在当代社会经济的管理工作中，咨询和监督工作已日益显示出其重要作用。尤其是在我国这样一个处于社会主义初级阶段，拥有11亿人口的大国，其情况极其错综复杂。因而，要作出正确的宏观决策以科学地指导社会经济的发展，其难度之大是可想而知的。而宏观决策正确与否对社会经济发展的影响，往往巨大而深远。实践已经反复证明，脱离国情，超越国力，急于求成，大起大落，是四十年来我国社会经济发展过程中最重要的教训。因此，为努力提高决策的正确性和科学性，就必须重视和加强包括统计部门在内的决策咨询和监督机构。

(一)充分发挥统计在宏观决策与管理中的重要咨询作用

拥有信息资源是任何咨询工作的先决条件。统计部门之所以是国家重要的咨询机构，是因为统计部门具有其他部门无可比拟的信息资源的优势。而这种信息资源优势，又为统计部门搞好决策咨询工作提供了极大的方便，它可以通过加工提炼和分析研究，迅速将数据信息转化为决策信息和咨询方案，供领导者用于决策。

超脱的地位是任何咨询机构必备的条件。统计部门之所以是国家重要的咨询机构，还由于统计部门在社会经济活动中处于比较超脱的地位。一般来说，对社会经济活动的成败，统计部门是不直接承受物质利益和政治荣誉得失的，因而，它所提供的咨询意见也就比较客观、公正，没有部门偏见。

近些年来，各级统计部门为党中央、国务院和地方党政领导的决策和管理，及时提供了大量有科学价值的咨询意见，并为其进行决策和管理所采纳。统计在决策和管理中的作用，发生了质的飞跃。正是这一质的飞跃，才使我国统计工作的社会影响不断扩大，社会地位不断提高。

但是，还应当清醒地看到，未来任重而道远。要把统计部门建设成为名符其实的国家重要咨询机构，必须着重解决好以下几个方面的问题：

在指导思想上，必须坚持党的实事求是的思想路线，用马克思主义的立场、观点和方法，指导统计咨询实践。当前需要强调的是，每个统计工作者特别是领导干部，都要认真学习马克思主义哲学和政治经济学，学习党的路线、方针、政策，不断提高自身的马克思主义理论素养和政策水平。同时，还要理论联系实际，密切联系群众，充分调查研究，认真分析论证，实事求是地提出咨询意见。任何时候任何情况下，都不能为迎合某种需要而随波逐流。这是我们各级统计部门一项严肃的政治职责，也是每个统计工作者起码的职业道德。

在咨询方法上，必须坚持定量分析与定性分析相结合，以定量分析为主的原则。要十分重视预测方法的研究和应用，广泛吸收和采用国内外已经成熟的各有关学科的先进科学方法，特别是对近几年新出现的宏观经济分析方法，要努力学习，大胆应用，并使之与我们传统的分析方法结合起来，以提高我们的咨询水平。

在咨询的内容上，必须把重点放在那些关系国民经济和社会发展全局的战略性、综合性问题上。当前，要紧密围绕治理整顿各阶段的目标和任务问题，社会经济发展的主要矛盾及其对策问题，“双紧”方针的操作力度问题，以及促进国民经济持续稳定协调发展等问题，广泛深入地进行定量分析和研究，及时为党中央、国务院和各级党政领导提供科学可行的咨询意见。

在咨询的组织形式上，必须打破专业和部门的界限，外引内联，广泛合作。对外，要加强与其它有关咨询机构、科研机构和高等院校的联系与合作，以取长补短，开拓思路；对内，要密切综合平衡统计机构与各专业机构之间，上级统计部门与下级统计部门之间的协作关系，集思广益，同心协力，共同提高咨询水平。

与此同时，还要坚持有偿服务与无偿服务相结合的原则，进一步加强对国内外社会公众的统计信息咨询服务工作。要主动走向社会，特别要面向广大基层企业，积极接受用户委托，不断发展有偿服务业务，广泛开展统计信息和各种业务技术咨询服务活动，逐步提高统计信息的商品率。

(二)强化统计监督职能，加强统计法制建设

关于统计监督问题，去年的全国统计工作会议，已作了比较全面系统的研究。一年来，各地区、各部门在强化统计监督职能、发挥统计监督作用方面，已经作了大量工作，并在实践中又有许多新的创造。对此，我在这里就不再赘述了。需要再强调的是统计监督与统计部门的监督职能的区别和联系，以及加强统计法律监督的问题。

其实，统计监督与统计部门的监督职能是两个不同的范畴。如上所述，统计监督是从总体上反映经济、社会和科技的运动状态，并对其实行全面系

统的定量检查、监测和预警，主要目的是为了促使国民经济按照客观规律的要求协调发展。而统计部门的监督职能，则包括统计监督和统计法律监督两个方面。也就是说，统计部门在履行对经济、社会和科技活动的监督职能的同时，还必须对统计活动实行监督，其主要目的是为了保障统计活动的正常进行和统计监督职能的有效履行。它属于统计法律监督的范畴，是统计部门义不容辞的重要职责。

关于统计监督，目前的主要问题是，要敢于实施监督和善于实施监督。也就是说，各地区、各部门、各单位的统计机构和统计人员，必须自觉增强统计监督意识，并以对党和国家高度负责的精神，勇敢地担负起这一光荣使命，切实对经济、社会和科技运行实施严格的统计监督。同时，还要不断完善监督方法。近年来，有些地方统计部门建立双重约束机制，参与地方政府目标管理责任制考核的经验很好。希望各地区、各部门都能够在实践中认真总结经验，不断创造出行之有效的监督方法，使我国的统计监督水平有一个新的提高。

关于统计法律监督，关键是要进一步严肃统计法纪，加强统计法制。

统计法制，不仅是保证统计机构和统计人员有效履行统计职能，充分发挥统计整体功能的强有力武器，而且也是保证廉政建设的重要法律措施。因为统计违法行为的突出表现就是，弄虚作假、以权定数、以数谋私。因此，依法对这种严重的腐败现象进行查处，对于为政清廉也具有重大意义。

当前统计法制工作中还存在着两个比较突出的问题：一是由于统计法规体系不健全，使有的违法案件的处理无所遵循；二是由于统计法制观念淡薄，统计执法力量薄弱，特别是由于缺乏必要的执法手段，因而使统计工作中有法不依、执法不严、违法难究的现象仍屡有发生。针对第一个问题，要进一步健全统计法规体系，逐步形成一个由国家、地方和部门统计法规、规章所组成的健全的统计法规体系。为此，今年必须继续加快地方统计法规建设，争取基本完成各省、自治区、直辖市的统计立法工作。国务院各有关部门也要根据各自的实际情况，抓紧建立健全部门统计规章。对《统计法》实施过程中存在的问题，国家统计局正在会同国务院有关部门进行调查研究和论证，力争在年内提出修订草案，与有关部门协商。然后报国务院审定后，提请全国人大常委会审议。

针对第二个问题，必须继续加强统计法规执行情况的监督检查工作，尽快实现统计执法检查工作经常化、制度化。对于查出的各种统计违法案件，要坚决依法严肃处理，决不能不了了之。要进一步健全统计执法机构，充实统计执法人员，并尽快配备统计法规检查特派员，充分发挥其作用。同时，要进一步贯彻执行《统计违法案件通告制度》，继续做好统计法制的宣传教育工作，特别是要加强对各级领导干部的统计法制宣传和教育，努力增强全民的统计法律意识，逐步创造一个依法办统计、依法治统计的社会环境。

需要指出的是，《中华人民共和国行政诉讼法》将于今年10月1日起施行。这对统计法制建设，特别是对统计法规检查监督工作，提出了更高的要求。各级统计部门都应以此为契机，进一步提高统计法制工作水平。

五、为充分发挥统计整体功能提供智力支持和人才保障

统计的整体功能能否充分发挥，归根结底，在于人才。因此，未来的统计部门，特别是国家和省、市统计部门，必须造就一大批既是统计专家，又是经济专家或社会问题专家的复合型人才。同时，还要不断从社会范围内广泛吸收各方面的专家学者，在统计部门集聚成一个专家群体。这样，才能使统计部门真正成为国家重要的信息、咨询和监督机构。

(一)广泛开展科学研究，为充分发挥统计整体功能提供智力支持

科学研究是实际工作的先导，它对实践具有超前导向作用。但是，当前各级统计部门科研工作的状况，同我们正在进行的统计改革和统计现代化建设的要求相比，是很不适应的。各级统计部门的领导同志，都必须充分认识加强科学研究对充分发挥统计整体功能的重要意义，把科研工作提高到统计发展战略的高度来认识。

统计部门的科学研究工作，应包括两个方面：即统计科学研究和社会经济研究。与统计整体功能联系起来看，前者是要着重解决提高信息工作水平的问题，后者是要着重解决提高咨询和监督工作水平的问题。

统计科学研究工作，应当立足于统计工作实际，放眼世界，放眼未来，广泛吸取和总结国内外统计科学和其他一些相关学科的最新研究成果，努力把我国统计科研提高到一个新的水平。当前，要围绕统计改革和统计现代化建设提出的若干重大问题，深入进行研究，切实提出有实际应用价值的研究成果。

社会经济问题的研究，要紧密结合宏观调控的实际问题，着重围绕国民经济和社会发展的重大问题，揭示其规律性。并通过研究，加速提高统计部门的咨询和监督水平。

为此，必须尽快建立健全由统计科研机构、高等院校和实际工作部门组成的统计科研网络，广泛

适应决策管理科学化的需要 进一步提高统计工作水平

——国家统计局副局长郑家亨在1991年全国统计工作会议上的讲话

1991年1月24日

这次全国统计工作会议，是在全党、全国人民认真学习贯彻党的十三届七中全会精神的形势下召开的。全会确定了我国实现第二步战略目标的行动纲领，标志着我国社会主义现代化建设进入了一个新的发展阶段，意义极为深远。这次全国统计工作会议，就是要认真贯彻党的十三届七中全会的精神，研究讨论统计工作如何适应新形势的要求，努力提高工作水平，充分发挥统计信息、咨询、监督作用，进一步动员各级统计机构和广大统计人员为实现党中央提出的第二步战略目标作出应有的贡献。

关于进一步提高决策咨询水平，不断强化统计整体功能问题，张塞同志将从理论和实践的结合上作全面、系统的阐述。现在，我代表国家统计局就1990年全国统计工作情况和今年的主要任务作个发言。

1990年统计工作的回顾

1990年，我国安定团结的政治局面进一步巩固，治理整顿、深化改革取得明显成效，国民经济继续朝着好的方向发展。在这一年里，全国广大统计工作人员在各级党委和政府的领导下，紧跟形势，认真学习、贯彻中央领导同志关于加强统计基础工作、加强定量分析和系统分析的重要指示，积极落实国务院批准的国家统计局《关于加强统计工作充分发挥统计监督作用的报告》，积极推进各项统计改革和建设，努力开展统计优质服务，取得了较为显著的成绩。

开展合作研究，组织重大课题的联合攻关。中国统计学会和国家统计局统计科学研究所，应加强统计科研的组织指导工作。

为促进更多更快地出成果、出人才，国家统计局和中国统计学会已设立统计科研成果奖励基金，主要是对重大统计理论、改革和实践问题的优秀科研成果给予奖励。

(二)大力发展统计教育，为发挥统计整体功能提供人才保障

建设一支政治素质良好、文化结构和年龄结构合理、能够掌握并善于运用现代科学和多方面业务技能的统计干部队伍，是充分发挥统计整体功能的一个根本性问题。因此，必须大力发展统计教育。

统计教育要面向现代化，面向世界，面向未来。当前，要在抓好统计干部政治思想教育和统计职业道德教育的同时，贯彻培训与使用相结合的方针，按照岗位知识结构和知识规范的要求，采取多种形式，加强对在职统计人员的业务技术培训，争取在1992年底以前对在职统计人员普遍轮训一次。为此，从现在开始，各地区、各部门都要有计划、有步骤地进行统计人员岗位专业知识培训，建立健全持证上岗制度。目前，应结合统计员资格考试，重点抓好初级统计人员的培训，使干部培训工作早日实现规范化、制度化。

与此同时，还要抓紧建立适合我国国情的统计教育体系。几年来，我们已经通过电视函授教育培养了一批人才，锻炼了一支队伍，形成了一个网络，走出了一条新路。因此，希望各级统计部门都能够充分利用已经形成的电教网络，继续办好统计函授教育，争取在更广的领域发挥这一现代化教育手段的作用。同时，也希望各级统计部门能够加强与当地教育主管部门和高等院校、中等专业学校、职业高中的联系，在教学计划、教学内容和教材等方面，给他们以必要的协助和指导，以便更多、更快地培养既懂统计、又懂经济管理和其他相关科学，既有理论知识、又有较强实际工作能力和坚持社会主义方向的统计后备人才。

一、定量分析和系统分析迈出了新的步伐，统计在决策、管理中的作用更加显著

在过去的一年里，各级统计部门适应治理整顿、深化改革的新形势，根据中央领导同志关于加强定量分析和系统分析的指示，紧密围绕宏观经济调控目标，密切注视经济发展与改革开放中的新情况、新问题，大力开展统计分析和预测，积极主动地为各级党政领导提供了大量统计信息和分析报告，不仅数量增加，水平也有提高。一个突出的表现是，定量分析和系统分析迈出了新的步伐，有量化特点的咨询意见和对策建议不断增加，统计在决策、管理中的作用更加显著。

围绕国民经济总量控制和调控力度问题，开展统计分析，提出了一些具有重要参考价值的定量分析资料，为党政领导决策提供了重要依据。如去年2月，针对生产滑坡、市场疲软问题，国家统计局根据各地区、各部门提供的统计数据和信息，利用投入产出模型和社会总供需平衡测算方法，对1990年国民经济计划安排进行反复分析测算，发现生产量与使用量之间不成比例，有针对性地提出了在坚持“双紧”方针的前提下，适度扩大即期需求，有计划地增加400亿元固定资产投资，使固定资产投资的实际工作量保持上年水平，以启动市场促进生产的建议，被国务院所采纳。实践证明，提供的咨询建议是正确的，效果是好的。随着国务院调整宏观紧缩力度的一系列政策措施逐步落实，在有效地控制了通货膨胀的同时，促进了经济加快回升。在9月中旬党中央、国务院召开的全国经济工作座谈会上，国家统计局结合分析改革开放以来宏观调控三“松”、三“紧”的经验教训，对十年规划和“八五”计划中几个宏观调控指标的数量界限提出了看法，受到中央领导同志和有关部门的高度重视，关于治理整顿阶段划分等一些重要观点被吸收到有关文件中。

一年来，各级统计部门普遍加强了对一些重要调控目标的预测分析，加强了对国民经济发展情况的监测预警和系统分析，加强了对经济生活中热点、难点、疑点的研究。围绕农业形势、工业速度、经济效益、结构调整、市场疲软、控制物价、居民消费、资金周转以及社会发展和科技进步等一系列专题，提出了一批有重要参考价值的分析研究资料。同时，对“七五”时期经济和社会发展情况作了系统的分析研究，提出了一批成龙配套的专题分析资料，对各级党政领导研究、制定“八五”计划和十年规划发挥了咨询作用。

各省、区、市统计局紧密围绕当地治理整顿、深化改革的实际情况，根据地方党政领导加强科学决策、管理的需要，开展了很多分析研究工作，提供了大量分析研究资料，提出了不少具有重要参考价值的咨询意见和对策建议。辽宁省统计局题为《回顾·思考·判断·选择》的统计分析报告，对该省经济发展进行了全面、科学的定量分析和系统分析，对该省经济发展战略和发展道路提出了建议，受到省委领导同志的好评。河北省统计局题为《“治整目标综合实现值”评价及建议》的统计分析报告，提出了继续推进治理整顿需要把握好的10个力度值，受到省政府领导的好评。北京、陕西、江苏、上海、天津、山西、四川、广东、浙江、新疆、内蒙古等省、区、市和一些地(市)、县统计局在开展定量分析和系统分析，为党政领导决策、管理提供咨询意见方面，也取得了十分可喜的成绩。

还须强调指出，一年来，各部门统计机构在发挥统计信息、咨询、监督整体功能方面下了很大功夫，统计分析研究水平显著提高，为党中央、国务院和部门领导进行科学决策、管理提供了许多很好的咨询意见和对策建议。中国人民银行调查统计司，通过对货币、信贷增长情况以及宏观经济运行状况的监测，连续撰写了一系列统计分析报告，提出在经济逐步复苏的情况下，适当控制信贷规模的建议，对制定货币政策起了重要作用。铁道部统计中心，围绕“七五”期间改造东北及沿海地区铁路干线和打好铁路机车车辆工业翻身仗，系统整理了大量统计数据和定量分析资料，为部领导研究制定“八五”建设规划，及时提供了重要依据，受到部领导的表扬。机电部、轻工部、纺织部、冶金部、国家教委、海关总署等部门的统计机构所撰写的统计分析报告，数量比往年有所增加，质量也有所提高。

不少企业特别是大中型企业的统计机构，围绕着加强企业管理、提高经济效益等问题，提供了大量分析研究资料，发挥了重要作用。

一年来，经过各级统计机构和广大统计人员的努力，统计在决策、管理中的作用日益显著，统计工作也越来越受到各级党政领导的重视。国家统计局和地方各级统计部门负责人参加党政领导研究经济工作会议的次数明显增加，被党政领导要求在会上作有关经济形势的综合性发言也明显增多；许多省市的统计部门，成为省市政府宏观调控办公室或综合协调办公室的成员单位，有的还被指定为牵头单位；一些部门和企业的统计机构，被誉为加强行业管理和企业管理、实行科学决策的得力参谋部。实践证明，适应决策、管理科学化的要求，在重视定性分析的同时，积极开展定量分析和系统分析，是充分发挥统计整体功能特别是统计咨询和统计监督职能的一个重要途径。

二、在为社会公众服务、配合形势教育方面作出了新的成绩

一年来，各级统计机构在为社会公众服务、配合社会主义、爱国主义教育方面，做了大量工作，提供的统计资料广度和深度都有提高，形式更加多样。

统计新闻发布会和统计公报发布制度，已由国家和省两级推进到一些地(市)、县。机电部等一些部门发布了统计公报，不少部门也定期或不定期地举行新闻发布会。

通过各种新闻媒介播发统计信息的频率进一步提高。有很多省、市、区，全年在报纸、电台、电视台播发的统计资料，都在500篇以上。国家统计局由上年的616篇增加到720多篇。中央电视台在播放《共和国之最》后，去年又播出了国家统计局编撰的《看今朝》、《祖国一日》和“七五”建设成就系列资料，很受群众欢迎，中央主要领导同志也认为这些节目宣传了祖国的建设成就，搞得比较好。“七五”建设成就系列资料，同时在各主要报刊发布，引起了各方面的重视。《中国统计信息报》的社会影响有所扩大，去年连续发布的国内生产总值超百亿元的25个城市等排序统计资料，数据全面、系统，受到了社会各界的广泛关注，许多报刊纷纷转载。中国统计信息报社同新华社国内部共同举办的部分财政收入大县座谈会，交流传播了这些县发展经济、扩大财源的经验，受到了国务院有关领导的赞扬。各地区结合实际，编写了大量宣传教育材料，起到了较好的作用。新疆维吾尔自治区统计局撰写的题为《国家对新疆的支援，新疆对祖国的贡献》的分析材料，被自治区党委宣传部选定为乡以上干部学习材料，《新疆日报》分20多期连载，在全区引起了强烈反响，对促进新疆地区社会稳定、民族团结起了积极作用。

统计资料书的编辑出版工作进一步发展，初步实现了统计年鉴的系列化。各省、区、市的地区性统计年鉴和国民收入、工交、农业、贸易、投资、物价、社会、科技、人口、人民生活等方面的专业统计资料书初步实现了成龙配套。国务院有关部门也编辑出版了一批专业统计年鉴和统计资料书。统计资料书质量不断提高，《奋进的四十年》一书获“中国图书奖”二等奖，有一大批地方统计年鉴获国家统计局一、二、三等奖。随着统计资料出版物品种不断增多，对外公布的统计资料越来越全、越来越细，统计信息社会化程度有了较大的增进。

统计信息咨询服务水平进一步提高。统计信息对外咨询服务，已初步形成全国性网络，有28个省、区、市和13个计划单列市统计局成立了统计信息咨询服务机构。去年11月全国统计信息咨询工作会议，进一步明确了“努力开发信息资源，面向国内外用户，促进统计信息社会化，为发展有计划的商品经济服务，为对外开放服务”的方针，进一步明确了要把各级统计信息咨询服务中心建设成为信息型、智力型、经营型相结合的机构的奋斗目标。过去的一年，进一步拓宽了咨询服务领域，开始为基层企业服务；扩大了国际交往与合作，与20多个国家、地区的客户建立了联系。通过开展统计信息咨询服务，加深了社会各界对统计工作的认识，促进了统计信息的社会化，并取得了较好的社会效益和一定的经济效益。

统计为社会公众服务，紧密配合社会主义、爱国主义教育，是发挥统计作用的一个重要方面。只要各级统计部门高度重视，加强组织领导，主动与新闻单位取得联系，充分发挥统计宣传、出版、咨询等单位的作用，就可以把这项工作搞得有声有色。

三、高质量地完成人口普查的调查登记和主要数据的汇总公布工作

第四次全国人口普查是我国1990年的一件大事，也是统计部门的一项重点工作。在党中央、国务院和地方各级党政的统一领导下，全国各族人民群众积极支持，各有关部门通力合作，调查登记工作取得了圆满成功。《人民日报》以《一项伟大的成就》为题发表社论，对这次人口普查作了高度评价。

这次人口普查，是在我国社会主义有计划商品经济有较大发展的情况下进行的，新情况、新问题较多，调查登记难度增大。在各级人口普查领导小组的领导下，组织有关方面力量，精心设计了普查办法，组织了声势浩大的宣传动员，突破了许多技术上和组织上的难点，克服了时间紧、任务重、经费少等困难，顺利完成了全部调查登记任务。全国近700万普查人员兢兢业业，一丝不苟，勤奋工作，争创一流，有的甚至献出了宝贵的生命，表现了高度的政治觉悟、严密的组织纪律性和无私奉献的精神。对登记质量的抽样检查结果表明，这次人口普查的主要质量指标都达到了很高的水平，其中总人口的净差率只有0.6‰。目前，主要数据的手工汇总已陆续完成，并已分5次正式发布。原计划10%抽样资料汇总工作在今年5月份完成，100%资料汇总工作在1992年9月份完成，根据目前工作进展情况，都可望提前完成。这次人口普查的工作效率和工作质量，可以说都达到了一流水平。

人口普查是统计工作的重要组成部分，国际统计学界一般把人口普查的水平作为衡量一国统计工

作水平的标志之一。第四次人口普查调查登记工作的顺利完成，充分显示了社会主义制度的优越性，也显示出我国统计工作水平已经迈上了一个新台阶，达到了一个新高度。

四、统计基础工作有所加强，统计工作条件有所改善

一年来，各地区、各部门认真贯彻姚依林副总理关于加强统计基础工作、逐步改善统计工作条件的重要指示，在这两方面做了大量工作，取得了一定成效。

许多地区和部门结合实际情况，制定了本地区、本部门的《统计基础工作规范化检查验收标准》，并组织强有力的领导班子，对辖区内或所属企业进行达标验收。许多地区结合贯彻国办发〔1989〕39号文件，在省政府关于加强统计工作的决定中，突出了加强统计基础工作规范化建设的重要性。许多地区统计局结合企业达标升级工作，与经委、工交、商业等部门联合制定颁布基层企业统计基础工作规范化标准，把企业统计网络是否健全、基础工作是否规范、数据是否准确有据、统计是否在经营管理中发挥作用，作为企业达标升级的内容之一。很多地区、不少部门在开展这项工作中，注意抓好预检、验收和复检三个环节，切实做到成熟一个验收一个，验收一个合格一个。所有这些措施，都有力地推动了基层企业统计基础工作规范化建设。目前，全国大多数省和有关部门正在有计划地推进这项工作，湖北、湖南、山西、辽宁、广东、江苏、陕西、宁夏、黑龙江等省、区，县以上工业企业开展统计基础工作规范化活动的已占50%以上。有色金属总公司所属企业，统计基础工作达标验收合格的，已从上年的30%上升到70%。

在改善工作条件方面，各级统计机构都做了相当大的努力。他们积极向领导汇报，争取有关部门支持，解决了一些实际困难，工作条件和生活条件都有不同程度的改善。

五、统计制度方法改革取得新的进展

新的国民经济核算体系方案的试点试算取得了进展。全国已有18个试点省、区、市按照统一部署，分别完成了国内生产总值的生产与使用、资金流量、国际收支、国民财产等基本表的试编试算；有28个省、区、市按照统一方案组织开展了增加值统计的试点。试点试算的成功，为新核算体系的实施探索了途径。目前，新的国民经济核算体系论证、试点、试算工作已基本完成，即将在全国范围内逐步实施。

为逐步实现统计指标体系完整化和调查工作科学化，国家统计局对现行统计指标体系和调查方法进行了全面系统的清理，并开始研究拟订全国经济、社会、科技统计指标体系及各专业统计指标子体系。国家教委、国家海洋局和国家气象局分别研制了教育、海洋和气象统计指标体系。基层统计“一套表”的研制和推行工作稳步发展，农村基层“一套表”已在全国三分之一的省、区、市全面推行，工业企业“一套表”也在一些地区开展了试点。

根据治理整顿、深化改革和加强宏观调控的要求，国家统计局对现行统计制度方法进行了修订，调整和充实了部分内容，精简了一些报表和指标，初步做到了报表格式规范化。为加强对经济运行的监测，建立了“双保”重点骨干企业跟踪监测和工业总产值、商品零售额按月预测等统计制度，并改进了商品流转统计指标体系和商品房统计方法。为准确反映工农业生产速度，国家统计局组织有关部门和各省、区、市，编制了1990年工业产品和农产品不变价格目录，并已下达执行。为提高抽样调查网点的代表性，全国城市、农村社会经济调查队完成了抽样调查样本轮换。在统计标准方面，国家统计局颁布了《关于工资总额组成的规定》，会同人事部、劳动部、国家计委制发了《关于在劳动计划和统计中划分企业、事业、机关单位的暂行规定》。

为适应行业管理的需要，有关部门在建立行业统计方面进行了积极探索。交通、铁道、邮电等部门采用多种方法对系统外的运量和业务量进行了调查，机电、能源、冶金、轻工、建材、纺织等部门也通过多种渠道搜集全行业的统计资料，为行业管理和行业规划提供了基础资料。

去年7月召开的全国统计制度方法工作会议，进一步明确了改革的长远目标和近期任务，以及改革应遵循的基本原则和具体措施。统计制度方法改革已经有了良好的开端，今后还必须下大力气抓紧抓好。

六、其他各项统计改革和建设都取得不同程度的进展

（一）以建立健全城乡统计信息网络为主要内容的统计体制改革继续向前推进。农村统计信息网络建设初具规模，建立统计站的乡镇已发展到4.3万多个，占全国乡镇总数的74%，有17个省、区、市建站比重已达90%以上。实体型统计站的比重上升到11%。建立统计组或配有统计员的村已占全国行政村总数的72%。

城市统计信息网络建设也有新的进展。建立统计局的市辖区，已发展到430多个，区统计局的组织、业务、技术建设有所加强。北京、天津、山

东、福建、吉林、山西、陕西、甘肃、青海、宁夏、贵州、云南等省、区、市的全部市辖区都建立了独立的统计机构。街道统计站的试点，正在一些省、区、市逐步展开，湖南省的建站率达到70%以上。

建立统计委员会的试点县、市已在15个省、区发展到110多个，在加强统计部门的综合、协调、监督能力方面取得了新的经验。全国机构改革试点的地区，统计部门积极配合有关部门，做了大量工作，取得了一定成效。

(二)统计法制建设进一步加强，统计法规检查工作逐步走上经常化。各省、区、市在统计法规检查方面做了大量工作，取得了较好的效果。河北、福建、湖北三省的三个在全国影响较大的统计违法案件得到了较好处理。统计法规培训工作普遍开展起来，多数地区都举办了不同形式、不同层次的培训班、对提高统计检查员的素质发挥了重要作用。配合《行政诉讼法》的实施，各级统计部门普遍开展了宣传、培训工作。

地方统计立法做了大量艰苦细致的工作，又取得了新的进展。《浙江省统计工作监督管理规定》，已于去年5月12日由省人大常委会通过并颁布实施。辽宁省和内蒙古自治区在总结政府颁发的地方统计规章实施经验的基础上，重新制订了地方统计法规，由人大常委会通过并颁布实施。为修订好《统计法》，各级统计部门都做了大量调查、论证工作，在此基础上，国家统计局提出了一个《统计法》修订征求意见稿，请大家讨论修改。

(三)统计信息自动化系统建设取得了新的进展。通过承担第四次人口普查数据处理任务，地市以上统计部门的统计信息自动化系统建设取得了明显进展，计算机配备、机房建设都有较大改善，组织建设和业务技术建设得到了加强，软件开发也达到一定水平，数据处理能力有较显著的提高。

(四)统计教育、科研、国际交往等方面都取得了一些新成果。高等和中等统计教育进一步加强，电视函授教育增加了大学本科和中专班，受到广大统计人员的欢迎。再次组织了统计大专班学历考试，约有2万人取得了大专毕业证书和专业证书。结合执行全国统计员资格考试制度，培训了大约27万基层统计人员，有23万多人参加了统计员资格考试，合格者约占69%。这次考试，注重考前培训，严密组织，严格考试，基本上是成功的。这些工作，对于提高统计人员的业务素质发挥了重要作用。

统计科研工作进一步发展。统计科研机构逐步健全，27个省、区、市建立了科研所(室)，专职研究人员已达400余人。去年3月召开的全国统计科研工作会议，进一步明确了统计科研工作的“双重”任务，既要研究统计方法理论问题，也要研究社会经济问题，突破了统计科研仅仅研究方法论的框框，使统计科研的对象同方法论有机地结合起来。过去的一年，统计科研在继续搞好统计理论和方法研究的同时，加强了对社会经济问题的研究，发表的研究报告数量明显多于往年，质量也有所提高。

统计国际交流工作有新的发展。巩固和扩展了多边、双边合作交流的领域。中日两国今后十年统计合作交流协议的商定，在京举办的三次国际统计会议，尤其是我国首次接受委托承办的国际官方统计协会第二届会议的圆满成功，进一步扩大了我国在国际统计界的影响。

(五)社会主义精神文明建设取得了新成果。在各级党委领导下，省及一些重点城市统计机构的党员重新登记和干部考察工作顺利完成，加强了党的建设和各级统计机构领导班子建设，为贯彻落实党的路线、方针、政策增强了思想基础和组织保障。

在各级党委领导下，各级统计机构组织广大统计人员认真学习《关于社会主义若干问题学习纲要》和《马克思主义哲学学习纲要》，这对于进一步提高统计人员的政治理论水平，增强建设有中国特色的社会主义的信心和决心，将产生深远的影响。同时，统计职业道德教育逐步深入，坚持实事求是、如实反映情况、反对弄虚作假的道德风尚，在统计队伍中已逐步形成。

根据有关部门的部署，国家统计局和一些地方统计局进行了公务员制度的试点工作。这是人事制度的重大改革，对提高机关干部素质和办事效率，加强廉政建设，提高行政管理水平，具有重要作用。近年来，河南、内蒙古、浙江等地的统计部门积极推行目标管理责任制，也取得了较好的效果。

回顾过去的一年，我国统计工作在各个方面都取得了一定成绩，都有不同程度的进展，有些方面的成绩和进展还比较显著。其所以能取得这样的成绩，是党中央、国务院和地方各级党委、政府正确领导和全国广大统计人员在极其困难的条件下艰苦努力的结果。在工作实践中，大家体会最深的有三点：

(一)要有强烈的参与意识，才能不断提高统计分析研究水平，适应决策、管理科学化的需要。实践证明，参与意识强的，就能紧跟形势，积极开展统计分析，工作就有声有色，效果也较显著，统计的整体功能就能得到较好的发挥。

(二)要有勇于开拓、奋发图强的精神和知难而进、艰苦奋斗的作风，才能不失时机地打开工作局面。实践证明，许多地区、部门和单位的统计工作能够不断取得新成绩，在很大程度上靠的就是这种精神和作风。

（三）要善于抓住重点，领导亲自动手，深入调查研究，科学合理地组织力量，发挥集体智慧，才能提高统计的科学水平和服务水平。实践证明，重点任务完成得好，统计分析水平高，受到领导好评和各方面重视、赞扬的，就是依靠改进组织领导方法和工作作风取得的。

过去一年中，我国统计工作也存在一些问题，比较突出的是：各级统计部门特别是国家统计局在如何科学有效地组织统计工作，综合配套地搞好统计改革和建设方面，还注意不够，抓得不够有力；统计部门的工作条件和生活条件虽有改善，但仍难以适应工作发展的要求；统计内外关系尚未完全理顺，在一定程度上影响了统计的整体效益。这些问题，有的是多年未解决的老问题，有的是新问题，都影响着我国统计工作进一步发展，需要我们在新的一年里继续做好工作，采取有效措施，逐步解决。

1991 年统计工作的主要任务

1991 年，是执行“八五”计划的第一年，也是继续推进治理整顿、深化改革的重要一年。争取经济稳步发展，是全党全国今年要着力抓好的一件大事。要集中精力抓好经济工作，解决突出矛盾和关键问题，特别是搞活国营大中型企业、保持农业稳步发展和改善财政困难状况；要把全部经济工作切实转到提高经济效益的轨道上来，力争工业生产的质量、品种、效益有一个新的突破；要以调整结构、提高质量和效益为主，做好各项工作，基本完成治理整顿所规定的主要任务。在新的一年里，我们要认真贯彻党的十三届七中全会精神，按照中发〔1991〕1 号文件关于“加强和改进审计、统计……等部门的工作”、“建立健全国民经济核算体系，建立健全科学的统计、监测方法和制度”的要求组织好全国统计工作，认真落实中央领导同志关于加强统计基础工作、加强定量分析和系统分析的重要指示，继续狠抓统计数据质量，进一步提高统计分析研究水平，综合配套地搞好统计改革和建设，充分发挥统计信息、咨询、监督的整体功能，更好地为科学决策、管理和调控经济运行服务。为切实落实《1991 年全国统计工作要点》提出的各项任务，把统计工作推上一个新的台阶，下面我重点讲五个方面的问题。

一、关于狠抓统计数据质量，加强定量分析和系统分析的问题

努力提高统计数据质量，仍然是今年全国统计工作非常重要的任务。各地区、各部门特别是地、市、县等统计机构，要以高度的政治责任感，继续下大力量，抓好这项工作。提供统计信息是统计部门的主要工作，统计数据的准确性是统计工作的生命。必须充分认识，提高统计数据质量是一项长期的、艰巨的任务，要常抓不懈。要认真总结几年来统计数据质量管理的经验，针对影响统计数据质量的各种因素，采取各种有效措施，切实提高统计数据质量，使定量分析和系统分析建立在扎实的基础上。要重点抓好以下统计指标的数据质量评估：国民生产总值（特别是第三产业部分）、全社会固定资产投资中集体、个体部分，工业总产值中村及村以下部分，农业总产值及粮、棉产量，社会商品零售额中集体、个体部分，农民人均纯收入，城镇居民人均生活费收入，工资总额，人口出生率、死亡率等。今年，各地区、各部门统计机构要继续做好统计数据质量标兵评选工作，推广一些地区和部门开展“统计数据质量检查月”活动的好经验，实现统计数据质量管理工作的制度化、经常化。

加强定量分析和系统分析，是各级党政领导进行科学决策和管理对统计工作提出的更高要求。李鹏总理去年多次强调要重视、加强定量分析和系统分析。7 月，在国务院全体会议上指出：“在重视定性分析的同时，要重视定量分析和系统分析，以提高我们的宏观经济决策能力。”9 月，在经济工作座谈会上进一步指出：“从中央到地方各级计划部门和经济部门，都应该重视统计工作，学会用定量分析作为依据来确定我们的宏观决策。”李鹏总理的指示，充分阐明了定量分析和系统分析的重要性，为搞好统计分析研究工作，进一步提高统计咨询和监督水平指明了方向。我们要深刻领会，认真落实。

定量分析和系统分析是认识世界的科学方法，是实现决策和管理科学化的重要手段。所谓定量分析，就是要在把握事物本质特征的同时，注意分析研究事物的数量表现、数量关系及决定事物本质的数量界限。所谓系统分析，就是按照系统科学的原理，从整体上考虑问题，对事物的内在联系、相互关系和发展规律进行综合分析，找出各种可行方案，供领导抉择。要用从定性到定量和从定量到定性的综合集成方法，加强定量分析和系统分析。这是提高决策和管理水平的重要途径，也是改进统计工作，提高统计部门参与决策的能力，充分发挥统计整体功能的必由之路。

在新的一年，各级统计部门一定要充分利用占有大量统计数据和信息的优势，切实采取有效措施，把定量分析和系统分析进一步开展起来。不仅国家和省两级及大中城市统计机构要重点抓好这项工作，就是地、市、县和企事业单位的统计机构，也要在重点搞准统计数据的同时，注意搞好这项工

作。定量分析和系统分析要突出重点，要按照《1991年全国统计工作要点》的要求，组织力量集中搞好以下七个方面的分析研究：一是经济运行情况的监测和预警；二是治理整顿、深化改革中的热点、难点和疑点；三是宏观调控的目标、力度与措施；四是开展“质量、品种、效益年”活动的目标和措施；五是“七五”期间社会经济发展的重大问题；六是“八五”计划和十年规划中的重大课题；七是控制人口和发展经济、提高人民生活水平的关系。各地区、各部门、各单位要根据以上内容，结合自己的实际，制定出分析研究计划。省以上统计机构，分析研究的重点要放在关系国民经济和社会发展的全局性、宏观性、综合性问题上。地、市、县统计机构，要将重点放在影响本地区社会经济发展的突发性、敏感性问题上。企业要紧密结合“质量、品种、效益年”活动，从投入产出、经营管理、市场动向等各个环节上，深入进行调查研究，为促进企业科学管理和技术进步，深入开展“双增双节”，进一步提高经济效益作出新的贡献。

为搞好定量分析和系统分析，要注意以下几个方面：第一，要将定量分析和定性分析紧密结合起来。定性分析和定量分析是辩证统一的、相辅相成的，只有将定量分析与定性分析结合起来，才能得出切合实际的结论。第二，要广泛运用各种传统的和现代的统计分析方法和计算技术，包括系统论、控制论、信息论、经济计量学、投入产出模型和计算机技术等新兴学科的理论和方法，使定量分析和系统分析更加科学。第三，要做好分析研究的组织工作。各级统计部门负责人要亲自动手，深入实际进行调查研究，加强对这项工作的领导，组织好分析研究队伍，密切与经济管理、科研单位和院校的联系，共同探讨、反复论证。第四，要在提高定量分析和系统分析的深度上狠下功夫。在对现实情况和问题进行准确数量描述的基础上，注意对发展趋势进行预测、预警，在咨询意见和对策建议方面提出具有量化特点的、具有说服力的见解。

在狠抓统计数据质量、加强定量分析和系统分析的同时，要进一步搞好统计宣传工作和对外咨询服务工作。要建立健全统计新闻网络，完善统计信息发布制度，大力办好《中国统计信息报》、《中国统计》、《统计研究》和《统计译丛》等统计报刊，提高统计出版物的质量、水平，更好地发挥统计在形势教育和社会主义精神文明建设中的作用。为增强全社会的统计意识，要积极做好在中小学开展统计知识教育的研究和试点工作。要进一步建立健全国内统计信息咨询服务网络，逐步扩大国外统计信息咨询服务网点，努力提高统计信息咨询服务水平。

二、关于加强统计基础工作的问题

基层统计基础工作，是整个统计工作安身立命之本。它直接关系到全国调查统计工作的任务能否顺利完成，直接关系到统计数据能否准确、及时、全面，直接关系到统计整体功能能否有效发挥。各地区、各部门统计机构一定要继续深入贯彻落实姚依林副总理关于加强统计基础工作的指示，把加强基层统计基础工作作为一项长期的战略措施来抓。

今年，各级统计机构要在继续搞好农村乡镇统计基础工作的同时，重点加强企业统计基础工作。在全国计划工作会议上，李鹏总理强调指出：“各行各业要用很大精力，强化各项基础工作，严格管理，努力提高企业的管理水平。”统计基础工作是企业各项基础工作之一，加强企业统计基础工作，是提高企业管理水平不可缺少的一环。各级统计机构，要紧紧抓住这个大好时机，狠抓企业统计基础工作规范化建设。

国家统计局要在总结各地区、各部门经验的基础上，尽快制定全国统一的企业统计基础工作达标升级规定，并组织实施。要认真总结和积极推广一些地区和部门把企业统计基础工作规范化与企业达标升级挂钩，统计部门与业务主管部门共同制定方案、联合组织实施的成功经验。

企业统计基础工作规范化建设，重点要抓好组织建设和制度建设。大中型企业要搞好综合统计机构的建设，健全企业内部的统计信息网络；小型企业要积极推行综合统计负责人制度。同时，要加强企业统计工作的制度建设，建立健全计量检测制度、岗位责任制度、原始记录制度、统计台帐制度、报表审核报送制度、资料管理制度、分析报告制度和考核评比制度等。

三、关于综合配套地搞好统计改革和建设的问题

科学有效地组织统计工作，是《统计法》的基本要求，是充分发挥统计整体功能的重要条件。党的十一届三中全会以来，统计工作的各项改革和建设都有了较大发展。为了充分发挥统计的整体功能，我们要进一步强调从统计工作的整体出发，按照系统科学的原理，统筹兼顾，综合配套地搞好统计改革和建设。

当前，要妥善安排好五个方面的改革和建设，使之互相配套，协调发展。

（一）加快统计制度方法改革步伐，做好实施新国民经济核算体系的各项准备工作

统计调查的设计、协调和管理是搞好统计工作

的重要环节。统计制度方法要从完善统计信息、咨询、监督的整体功能，提高统计工作的整体效益出发，立足当前，着眼长远，按照需要和可能相结合的原则来进行改革。

建立适合中国国情的新国民经济核算体系的方向、方案已定，现在主要是抓紧组织实施。为此，要根据各省、区、市增加值试点经验，制定出全面推行的方案；同时，要改进投资统计、消费统计，适时地将核算体系的试算试编陆续转入实施，为1992年初步建立国家和省级国民经济核算体系框架做好准备。要根据治理整顿、深化改革和建立新国民经济核算体系的要求，改革和完善各项专业统计制度：按照“质量、品种、效益年”的要求改进有关统计；加强财务统计和价格统计；加强大中型工业企业、集团统计；要尽快会同国家科委、国家教委、中国科学院、国防科工委等有关部门制定全国统一的科技统计调查制度，以便取得全社会科技活动总量的数据。全国统一的经济、社会、科技统计指标体系以及统计分类标准和编码体系要抓紧制订，争取今年有个结果。要在大部分省、区、市全面推行农村基层“一套表”，并选择一些省的中、小城市进行工业企业“一套表”的试点。要有重点地开展统计报表的清理，针对统计报表管理中出现的新情况、新问题，修订好《统计报表管理办法》，报国务院批转执行。

为了加强对统计制度方法改革的领导，国家统计局已成立了领导小组。各省、区、市统计局和国务院有关部门也要相应加强对这项工作的领导，按照全国统一部署，切实抓好本地区、本部门统计制度方法改革工作。

(二)加强计算机的软件开发与应用，加快统计数据库建设

统计信息自动化系统的硬件建设已初具规模，要在进一步提高硬件水平、加强联网传输的同时，把工作重点转到软件开发与应用上来。1991年，既要高质量地完成人口普查数据处理任务，又要改进各项专业统计数据处理工作。要逐步统一统计数据汇总软件，有计划、有步骤地推进统计数据统一处理工作，以提高统计工作的整体效能。要积极组织筹建统计数据库，认真搞好综合、投资、商业、工业数据库的试点，加快建立人口普查数据库，尽快制定科学可行的《国家统计系统数据库建设规划纲要》。

(三)进一步健全和完善城乡统计信息网络，认真搞好地方统计机构改革

在城市，要进一步强化市统计局对全市统计工作的统一领导、管理和综合协调职能；进一步加快市辖区统计局的建设，健全机构，充实人员，完善职能。近几年来，很多城市在实践中创造了不少好经验，国家统计局拟在今年适当时候召开全国城市统计信息网络建设和城市统计改革经验交流会，希望各地认真做好经验总结工作。在农村，要继续搞好乡镇统计站的巩固、提高和完善工作。

在地方机构改革中，要注意主动配合有关部门搞好统计机构改革。这是关系到统计事业发展的一件大事，县以上各级统计部门一定要高度重视，认真做好地方统计机构“三定”的各项准备工作。特别是被列入国家和地方机构改革试点的单位，要切实按照中央领导同志关于加强统计工作的指示和国务院批准的国办发〔1989〕39号文件中关于“在地方政府机构改革中，要加强统计部门，保证其强有力地履行领导、管理和综合协调本辖区国民经济核算工作和统计工作的职能”、“各业务主管部门的统计工作也要切实予以加强”的要求，积极做好各方面的工作，密切配合机构编制管理部门，做好各级统计机构特别是省级统计机构改革工作，使各级统计机构得到应有的加强。为搞好地方统计机构改革，国家统计局成立了地方统计机构改革领导小组。希望各地区、各部门统计机构把地方统计机构改革作为加强统计工作的一件大事，加强组织领导，积极主动地抓紧抓好。

(四)加强统计法规执行情况的监督检查，进一步做好统计立法工作

要以保障统计资料的准确性、及时性和查处非法统计报表为重点，继续加强统计法规检查工作，逐步做到检查经常化、规范化；要做好贯彻实施《行政诉讼法》和《行政复议条例》的各项工作；要广泛开展统计法规知识的宣传普及活动，增强全社会的统计法制观念；国务院法制局已将修改《统计法》列入立法计划，我们要积极做好各方面的协调工作，争取尽快提交全国人大常委会审议，地方统计立法工作也要继续推进。要通过不断加强统计法制建设，从法律上巩固统计改革和建设的成果。

(五)切实加强统计后勤服务工作，积极改善统计工作条件

统计后勤服务工作，是搞好统计工作的重要保障，必须切实予以加强。要在努力筹措必要的统计事业经费的同时，厉行节约，强化财务管理，使有限的资金首先用于保障统计调查和改革试点工作的完成。

统计工作条件和生活条件比较差，这是目前各级统计部门比较突出的困难。国家统计局要根据姚依林副总理的指示精神，积极做工作，争取有关部门的支持，解决一些困难。地方各级统计部门，也要从当地情况出发，千方百计想办法，积极争取当地党政领导和有关部门的支持，力求使工作条件和生活条件逐步改善。

四、关于加强部门统计工作，提高统计工作整体效益的问题

部门统计工作，是我国统计工作的重要组成部分。部门统计工作担负着双重任务，一方面是为部门领导决策和管理提供统计服务，另一方面是向同级政府统计机构提供统计资料。为了科学有效地组织全国统计工作，不断提高我国统计工作的整体效益，必须切实加强对部门统计工作的组织指导，逐步理顺条块关系，进一步发挥部门统计的作用。

多年来，我们一直强调要发挥国家统计系统和部门统计系统“两个积极性”。实践证明，这个指导思想是正确的，效果也是好的。但是，这几年国家统计局在支持部门统计的发展上做得不够，在理顺条块关系方面下的功夫不多，因而部门统计的作用未能得到充分发挥，今后要加以改进。为了进一步发挥部门统计的作用，根据40多年来统计工作的实践经验，我们认为，要按照“共识、协力、互补、共享”的原则，来处理好各级政府统计机构与业务部门统计机构的关系。共识，就是大家都要认识到，部门统计具有重要的地位和作用，要创造条件加以支持。协力，就是政府统计机构和业务部门统计机构，要密切合作，齐心协力，共同为发展我国的统计事业做出贡献。当前，要在建立新国民经济核算体系，健全统计指标体系，制定和贯彻统计标准和统计制度方法，实行企业统计基础工作规范化，培训统计人员等方面，通力合作，以收事半功倍之效。互补，就是根据全国统一的经济、社会和科技统计指标体系，进行科学分工，互相补充，以便形成一套完整的、相互配套的统计资料，为建设有中国特色的社会主义服务。共享，就是不论政府统计机构的统计资料，还是部门统计机构的统计资料，都是国家的统计信息财富，应当共同使用，以便充分地发挥统计信息的整体效益。

目前，部门统计工作的发展很不平衡，总的来说还比较薄弱，需要进一步加强。我们希望各部门的领导同志按照李鹏总理的指示，进一步重视本部门统计工作的发展，加强对统计工作的领导，在人力、物力、财力上给予必要的支持，使部门统计工作水平得到进一步提高，更好地为部门、行业和国家管理服务。

五、关于加强精神文明建设，提高统计干部队伍素质的问题

统计干部队伍素质，是直接关系到整个统计事业发展的根本问题。当前，统计人才问题已经成为制约统计工作进一步提高的关键。因此，各级统计部门要从发展统计事业的战略高度来考虑统计人才问题，采取各种有效措施提高统计干部队伍的素质。

培养统计人才，重点是搞好在职统计干部的业务培训。要继续贯彻培训与使用相结合的方针，在去年大规模培训统计员的基础上，重点抓好助理统计师的业务培训，以带动统计人员的普遍轮训。同时，要继续办好在职统计人员的学历教育。今年国家统计局将举办第二轮统计专业电视函授大专班，各级统计机构要鼓励和支持在职干部参加学习。要认真搞好各级统计领导干部的培训和进修。国家统计局要继续办好省、区、市统计局长研究班，并积极创造条件搞好国务院各部门统计负责人的培训工作。各省、区、市统计局，要积极做好地、市、县统计局长的培训工作，争取每年培训三分之一。要进一步做好专业技术职务的考试、考核、评审和聘任工作，继续抓好统计员资格考试工作。统计系统的会计达标考核工作也要认真做好。

提高统计干部队伍素质，要以培养有理想、有道德、有纪律、有文化的统计队伍为目标。各级统计机构，要从战略高度认识当前开展科学社会主义理论学习的重大现实意义和深远历史意义，加强领导、切实抓好。要通过这次学习，使广大统计干部尤其是各级统计部门负责人，进一步坚定社会主义信念，坚持正确的政治方向，树立全心全意为人民服务的思想，提高建设有中国特色的社会主义的自觉性，发奋图强，克服困难，为我国社会主义现代化建设和改革开放事业，为统计事业的不断发展作出更大的贡献。

继续深入进行统计优良传统和统计职业道德教育，是提高统计干部队伍素质的重要方面。经过党的多年教育，在我们统计队伍中，长期形成的坚持深入调查、勤勤恳恳、兢兢业业、无私奉献、甘当无名英雄的优良传统，坚持实事求是、反对弄虚作假的统计职业道德风尚，是一个巨大的精神财富，也是统计系统的一个重要优势，我们要继续保持和发扬。

党的十三届七中全会强调指出，党的团结，特别是各级领导核心的团结，是压倒一切的重要问题，是社会稳定、事业发展的决定性环节。各级统计机构领导班子的团结是发展统计事业的重要保证。我们一定要高度重视，切实加强各级统计机构领导班子建设，把各级统计机构的领导班子建设成为坚持四项基本原则、讲团结、讲民主、开拓进取的领导集体。同时，要进一步深化干部人事制度改革，继续搞好国家统计局及一些地方统计部门的公务员制度试点工作，认真总结和推广一些地区实行目标管理责任制的经验。

近几年来，在各级党委和政府领导下，各地

进一步提高决策咨询水平
不断强化统计整体功能

——国家统计局局长张塞在1991年全国统计工作会议上的讲话

1991年1月25日

这次全国统计工作会议，是在我国治理整顿进入第二阶段并取得了明显效果，全党和全国人民正以昂扬的斗志跨入第八个五年计划时期召开的。会议开始时，家亨同志代表国家统计局总结了过去一年的工作，并根据党的十三届七中全会精神，部署了今年的主要任务。对此，我完全赞同。当然，在这两天的会议讨论中，同志们还提出了许多非常宝贵的意见。对于这些意见，我们都将认真研究，并力求在文件定稿时予以吸收。

大家知道，自从《统计法》及其实施细则和国务院《关于加强统计工作的决定》颁布实施以来，我国统计工作在战略部署上大体经历了两个发展阶段。第一发展阶段的主要任务，是实现统计工作由“封闭式”向“开放式”的战略转变，其理论和实践的初步完善，大体是到1988年完成的。从1988年起又开始实施第二发展阶段的战略任务，即要把统计部门建设成为强有力的、集中统一的具有信息、咨询、监督等多功能的智力型机构。

实践是检验真理的唯一标准。从这几年的统计工作实践中，大家已不同程度地体会到了上述战略部署的正确性，并基本上取得了共识。需要指出的是，按照辩证唯物主义认识论的原理，通过对这几年统计工作实践经验的不断总结，我们又进一步体会到，统计信息、咨询和监督职能的强化，是一个不断循环往复并“螺旋式”上升的过程，而每一个循环过程的完结，都将使统计工作跃上一个新的台阶，达到一个新的水平。如1988年我们提出了“四库、两步、一路”的战略构想，着重研究解决统计的咨询职能问题；1989年解决的是长期争论不休的、不甚明确的统计监督职能问题；到1990年终于从理论与实践的结合上，比较系统地、科学地阐明了统计的信息、咨询、监督职能及其相互关系，提出了充分发挥统计整体功能的问题。因此从今年起，统计整体功能理论与实践的完善将进入另一个新的“循环期”。这一“循环期”的主要任务就是，继续在统计工作的实践中不断丰富和完善统计整体功能，以切实有效地发挥统计在国家现代化建设中的重要作用。

为此，下面我着重就如何进一步提高决策咨询水平，不断强化统计整体功能的问题，讲几点意见，请同志们讨论。

一、提高决策咨询水平是客观形势对我们提出的更高要求

决策咨询是我国统计工作的一项重要职能。现在要求统计部门进一步提高决策咨询水平，无论是对促进决策的民主化、科学化，还是对继续丰富和完善统计整体功能，都是十分必要的。

(一)提高决策咨询水平，对于促进决策的民主

区、各部门根据各自的实际情况，开展学先进、表彰先进的活动，取得了显著效果。今年要继续深入开展这方面的活动，并逐步使之经常化、制度化，以鼓励广大统计人员积极进取、奋发向上，为发展统计事业不断作出贡献。

同志们：摆在我们面前的任务是十分艰巨的，面临的困难也比较多。但我们必须同时看到，统计事业在不断向前发展，这些困难是会逐步得到克服的。我们相信，在党中央、国务院和地方各级党委、政府的领导下，广大统计人员齐心协力、脚踏实地、勤奋工作，今年全国统计工作任务一定能够圆满完成，一定能够在国家的改革和建设事业中更好地发挥统计的信息、咨询和监督作用。

化、科学化，使国民经济逐步走上持续、稳定、协调发展的轨道，具有重要作用。

去年3月，党的十三届六中全会通过的《中共中央关于加强党同人民群众联系的决定》指出:“要保证决策正确，执行有效，必须坚持从群众中来到群众中去，建立和健全民主的、科学的决策和执行程序。”同时还提出“要重视和加强决策研究、决策咨询机构的工作，发挥它们的参谋作用。”同年9月，李鹏同志在中央经济工作座谈会上又指出:“我们常讲决策要民主化、科学化。民主化就是要畅所欲言，听取多方面不同的意见。但民主化不是目的，归根到底要使决策科学化，使决策能够符合客观规律。而科学化必须建立在准确的统计资料和定性、定量分析的基础上。”并且要求“从中央到地方各级计划部门和经济部门，都应该重视统计工作，学会用定量分析为依据来确定我们的宏观决策。”这不仅是对我国几十年来社会主义经济建设正反两方面经验的深刻总结，同时也是对决策和决策咨询工作提出的更高要求。

首先，从建国以来我国经济工作的经验教训看，如果忽视咨询工作，决策就有可能失误；而决策失误，经济建设就不可避免地要遭受挫折。如从“大跃进”到“洋跃进”，就当初决策者善良的愿望来说，是无可非议的。可是效果与愿望之间为什么会出现那样大的反差呢？原因固然很多，但由于忽视决策咨询工作，定量关系把握得不准，使指标定得过高，步子迈得太急，结果超越客观条件的许可，反而欲速不达，造成了人力、物力、财力的巨大浪费。这不能不说是其中一条很重要的原因。

其次，从改革开放以来的现实经济运行情况看，我国社会主义经济建设在取得重大成就的同时，宏观决策和宏观调控也曾发生过一些失误或不当。表现在国民经济运行上，可以概括为三次“松、紧”循环的过程。第一次，是1984年1月—1986年3月。由于在经济工作的指导思想上出现了急于求成的倾向，因而造成了1984年第四季度宏观经济的多方面失控，使社会总需求大大超过了社会总供给。针对这种严峻的经济形势，1985年国家决定“紧缩银根”，使社会总供求矛盾有所缓和。第二次，是1986年4月—1988年2月。由于“紧缩银根”后带来了流动资金紧张、工业生产下滑、经济效益下降等负效应，1986年第二季度国家又实行“双松”，即松动银根、扩大财政支出，结果又一次加剧了社会总供求矛盾，拉动了全国零售物价水平的上涨。为了扭转这种被动局面，国家曾采用“软着陆”的调控方式解决，但实践证明未能着陆。所以，不得不于1987年夏又一次实行“双紧”，从而使过热的经济有所控制，社会总供求矛盾又有所缓解。第三次，是1988年3月—1988年8月。在“通货膨胀有益论”和“财政赤字无害论”的影响下，曾试图加速物价改革，但结果事与愿违，使社会总供求状况恶化，市场物价飞涨，抢购挤兑风潮席卷全国。面对如此严重的局面，1988年9月中央果断地作出了进行治理整顿的决定。经过两年多的宏观紧缩，现在社会总供求矛盾已经大大缓解，通货膨胀得到了有效控制，经济秩序逐步好转。但是，由于经济生活中多年积累的结构失调、体制缺陷等深层次矛盾尚未解决，因而也付出了一定的代价，如工业增长速度回落过猛、停产半停产企业增加、市场疲软、经济效益下降、财政困难加剧等一系列问题。

再次，展望本世纪的未来十年，我们能不能有效地克服目前的经济困难，巩固和发展八十年代取得的成就，进一步促进经济振兴和社会进步，直接关系到国家的兴衰，民族的命运。因此，在我国社会主义现代化建设的历史进程中，本世纪最后十年是非常关键的时期。有鉴于此，前不久刚刚闭幕的党的十三届七中全会，在充分肯定十多年来的成就，科学总结十多年来的经验，正确分析国际国内形势的基础上，研究确定了我国今后十年和“八五”期间的主要奋斗目标和基本指导方针，确定了国民经济和社会发展的重点、任务和政策，以及深化经济体制改革的方向、任务和措施。但是，由于未来的国民经济和社会发展，是由国际国内政治、经济、社会和自然等诸多因素决定的，而且这些因素又处于经常的不断发展变化之中。因此，我们的各项工作特别是宏观决策和宏观管理工作，必须建立在科学的咨询研究基础上，通过科学决策和科学管理来保证国民经济的持续、稳定、协调发展，从而顺利实现我国社会主义现代化建设的第二步战略目标。

从上述历史的、现实的经验教训和未来的展望中，我们可以清楚地看到，科学的决策必然要求科学的咨询，而科学的咨询没有统计是不可设想的。

(二)提高决策咨询水平，对于促进统计工作的改革与发展，充分发挥统计整体功能，具有重要作用。

众所周知，信息、咨询、监督三位一体构成了统计的整体功能。统计部门进一步提高决策咨询水平，可收“抓中间、带两头”之效。

一般说来，统计部门的决策咨询工作是通过统计分析来实现的。而统计分析则是从数量入手，在量与质的密切联系中，全面、系统地分析和研究大量社会经济现象的数量表现，探求由量的积累到质的转变的数量界限，并揭示其发展变化的趋势和规律。可见，统计信息是统计咨询的源泉和基础，二者相辅相成，密不可分。例如，这几年随着统计咨询工作的不断发展，我们常常会听到这样的感叹:

"报表做时只嫌多，数到用时方恨少"。这里所说的"用"，当然主要是指分析研究问题时用；这里所说的"少"，当然不只是统计信息的数量少，而更重要的是信息的质和质的规定性不足。所以，随着决策咨询工作的加强和决策咨询水平的提高，必然会对统计信息工作提出更高的要求，并且能够为信息工作的改进指明方向。

统计咨询工作与统计监督工作也是紧密相联的。咨询工作的最终目的和最佳结果是要揭示客观规律，为科学决策和科学管理提供咨询建议。这样，必然会促使我们更深入、更科学地认识和掌握客观规律，而客观规律正是统计监督的最根本的标准。因此，进一步加强决策咨询工作，不断提高决策咨询水平，又可以帮助我们更有效地履行统计监督职能，提高统计监督水平，从而不断强化统计的整体功能。

二、决策咨询研究的基本指导原则

从上述分析中我们可以得出这样的认识，即加强统计部门的决策咨询工作是十分必要的。但要真正做好决策咨询工作，有效地履行统计咨询职能，则首先必须坚持正确的指导原则。

实事求是是我们党的思想路线，同时也是我们统计工作和决策咨询研究的基本指导原则。毛泽东同志曾经说过："实事"就是客观存在着的一切事物，"是"就是客观事物的内部联系，即规律性，"求"就是我们去研究。研究客观事物的规律，就是实事求是。因此坚持实事求是对于统计部门来说，就具有更为特别重要的意义。也就是说，统计部门首先要把"实事"搞清楚，即要按照客观事物的本来面貌如实地反映客观事物，特别是它的数量方面；然后再去"求"，即去分析、去研究，以探索客观事物的"是"。反之，如果"实事"搞不清楚，那么"求是"也就失去了正确的基础，"是"当然就"求"不出来了。所以我们的决策咨询研究工作，必须一切从实际出发，切忌主观臆断，唯意志论。

应当特别强调指出的是，实事求是作为统计工作者的职业道德，在通常情况下是能够做到的。但在遇到以下情况时，则决不能望而却步或畏而退缩。

一是在深化改革进程中，当遇到利益调整的时候，咨询工作往往难以超越地区利益或部门利益的局限，客观地提出没有地区或部门偏见的咨询建议。因为任何一项政策特别是经济政策的制定和调整，实质上都是利益关系的调整。但是在我国，中央和地方、沿海和内地、城市和农村、部门和部门、行业和行业，以及国家、集体、个人之间的根本利益是一致的。因此，统计部门的决策咨询研究工作必须高瞻远瞩，即要从全国人民的共同利益出发，统筹兼顾地考虑全局利益与局部利益、长远利益与眼前利益的关系，并尽可能地寻求能使各方面利益基本协调的咨询建议和方案。即使在各方面利益不一致时，也要按照局部利益服从全局利益、眼前利益服从长远利益的原则加以修正。

二是在认识上有严重分歧的时候，特别是：当我们的咨询建议和领导者意见相悖时，有时会言不由衷；当我们的咨询建议和大思潮相悖时，有时会随波逐流。而这正是决策咨询工作之大忌。因此统计部门的决策咨询研究工作，一定要本着对党、对国家、对人民、对真理负责的一致性原则行事。要摈弃个人私利，正确处理为领导决策服务与坚持决策咨询研究工作科学性之间的关系，提出积极可行的建议。与此同时，还要善于捕捉大思潮中某一瞬间出现的、能够影响事物发展方向的关键问题进行咨询研究。因为在一个正确的大思潮中，有时会因出现错误的萌芽而改变正确的方向；在一个错误的大思潮中，有时也会因为出现正确的萌芽而纠正错误的方向。所以我们要象鲁迅先生所说的那样，敢当"弄潮儿"。只要是正确的东西，就要敢于逆流提出咨询建议。

马克思曾把科学的入口处比作地狱的入口处，并且提出这样的要求：这里必须根绝一切犹豫；这里任何怯懦都无济于事。的确，在"求是"的问题上，如果没有科学家的探索精神和革命家的胆略勇气，是"求"不出"是"的。因此，我们的决策咨询研究工作，不仅需要有严谨求实的科学态度，而且更需要有服从科学和敢于坚持真理的勇气。

三、决策咨询研究的主要工作方法

人所共知，国民经济和社会再生产是一个极其错综复杂的有机整体。但要剖析这一庞大而复杂的有机体，并揭示其运行的规律，并不是一件轻而易举的事情。因此，我们必须用马克思主义的方法论即唯物辩证法，抓主要矛盾和矛盾的主要方面，用不同质的方法解决不同质的矛盾，以把握事物的主流和方向。同时，还要注意用联系的观点、发展的观点去观察和分析事物。

根据近几年来的实践经验，统计部门在决策咨询研究的具体工作中，必须注意妥善处理以下几个方面的问题：

一是综合性咨询与专业性咨询的关系。专业性咨询，是从国民经济和社会再生产大循环中的某一环节，或某一侧面来分析和反映国民经济和社会再生产的运行状态。综合性咨询是在专业性咨询的基础上，通过对各专业情况的概括而抽象出的整个国民经济和社会再生产的运行状态。统计部门是综合部门，其所掌握的信息资源具有综合性、系统性、全面性、整体性等特点。这是别的部门无法比拟的。但要把这种信息资源优势变为决策咨询优势，就必须加强综合分析研究工作。因此，统计部门应当把决策咨询研究工作的重点放在宏观经济方面。

相对而言，专业性咨询如果仅就专业本身而言，并非统计部门的优势。因为各级专业管理部门掌握着比统计部门更多、更细的信息资源。但如果专业性咨询也能根据统计部门所掌握的信息资源的特点，并将其纳入宏观经济之中，从专业之间的经济技术关系去分析研究问题，那么，统计部门的专业咨询优势就会显现出来。

可见，统计部门的综合性咨询必须建立在专业性咨询的基础上，而专业性咨询又必须纳入宏观经济中去。只有将两者结合起来，综合性咨询才能有深度，专业性咨询才能有高度。否则，综合性咨询就会成为表面的、浅层现象的拼凑；专业性咨询也会成为就事论事，人云亦云，甚至会陷入“门户之见”的泥坑。

二是当前对策性咨询与长远战略性咨询的关系。这是咨询研究工作中需要妥善处理的又一个重要问题。从本质上说，决策咨询研究都是属于未来范畴的动态研究，所不同的只是个时间长短的问题。统计部门应当将咨询工作的重点放在当前对策性问题的研究上，即要抓住当务之急，运用“短、平、快”战术，掷地有声，落地开花，从而起到“及时雨”、“雪中炭”的作用；要力戒时过境迁、“马后炮”、“雨后伞”的现象出现。

凡事预则立，不预则废。统计部门也要研究长远的发展战略问题。因为没有长远战略性研究的支持，当前对策性研究就会失去目标，出现偏差。因此，统计部门不仅自身要加强长远战略性研究，而且还应积极参与由政府或其它咨询机构组织的发展战略方面的咨询研究活动。

当然，就国家、省市统计部门与地、县等基层统计部门来说，在研究方向的选择上确应有所侧重。两相比较，前者在长期战略性问题的研究上可多一些，后者在当前对策性问题的研究上可多一些。一言以蔽之，只要能够正确处理好长期战略性研究与近期对策性研究之间的关系，我们就有可能做到未雨绸缪，应对裕如。

三是定量分析咨询与定性分析咨询的关系。一般说来，工作顺序总是先定量，后定性，从量的积累看质的变化。如果量的积累不足，或广度、深度不够，那么就无法定性。因此决策咨询研究工作一定要做到：用定量证明定性，用定性统率定量。所以，为了提高决策咨询的科学性和可行性，我们必须综合运用统计学、运筹学、计量经济学等现代科学知识和电子计算机等现代技术手段，广泛深入地开展定量分析，及时为党和政府的科学决策提供具有量化特点的可行性建议。当然，在我们强调定量分析咨询的同时还应当清醒地认识到，对于统计部门来说，定性分析咨询仍是我们的一大弱点。因此，我们必须加强马克思主义基本理论和党的方针政策的学习，不断提高学识水平，切实把定量分析咨询和定性分析咨询有机地结合起来。

四是单方案咨询与多方案咨询的关系。由于国民经济和社会再生产的复杂性决定着被咨询问题的复杂性，因而在对某一问题进行决策咨询时，一般都应多提几个方案供决策者选用。但因为任何方案都是利弊并存，所不同的只是有的利多弊少，有的弊多利少。因此，每当我们对一个问题提出多项咨询建议时，就要充分地考虑到各个咨询建议可能会带来的正负效应，并“多利相权取其重，多弊相衡取其轻”，提出倾向性意见。也就是说，要从利弊得失的多方案分析与比较中，提出能够取得明显经济效益和社会效益的决策方案，以使咨询研究成果具有较高的科学性和较强的适用性。

五是当前实际与历史经验的关系。这也是决策咨询研究工作中必须正确处理的一个重要问题。在这对矛盾中，一般说来当前实际是矛盾的主要方面，故应采用“厚今薄古”的原则，着重研究现实问题。而对待历史经验则应采取以下两种态度来处理：首先要借鉴历史经验。因为事物的发展具有一定的继承性和连续性，因而借鉴历史经验可以避免重蹈历史的覆辙。其次要不被历史经验所束缚。因为客观事物总是不断发展变化的，我们只有面对当前实际，解决现实问题，才能有所发明，有所创造，有所前进；否则，用历史的彼时彼地的方法，去解决现实的此时此地的问题，就会导致经验主义的错误。

由于决策咨询研究工作是一项跨度很大、综合性很强、科学价值很高的系统工程，因此，咨询研究的组织工作也必须系统化。分散、孤立的传统研究方式，无论在知识还是能力方面，都是远远不够的。这就要求各级统计部门必须合理配置研究力量，切实加强部门内部综合与专业、上级与下级之间的协作关系，依靠群体优势来达到分散、孤立研究所无法达到的广度和深度。同时，还必须面向社会，加强与其它有关的咨询机构、科研机构和高等院校的广泛联系与合作，实行全方位的开放式研究。只有这样，才能集思广益，博采众长，从根本上提高统计部门决策咨询研究的水平。

四、决策咨询研究的基本内容

在确立了决策咨询研究的基本指导原则和主要工作方法，解决了怎样进行咨询的问题之后，就要确定咨询研究的基本内容，解决咨询什么的问题。这里，我想着重从发展和改革两个方面，将当前或今后一个时期内需要统计部门深入研究探讨的几个问题提出来，供大家在本地区、本部门、本单位开展决策咨询研究工作中参考。

(一)统计部门要始终如一地把保持国民经济的持续、稳定、协调发展作为决策咨询研究的基本内容。

持续、稳定、协调发展的方针，不仅是四十余年来我国经济建设正反两方面经验的总结，而且也是到本世纪末实现第二步战略目标的重要保证。所谓持续，就是应保持经济在长时期内每年都有适当的增长速度；稳定，就是稳步前进，避免大起大落；协调，就是按比例发展。只有按比例协调发展，才能保持平衡，才能稳定发展；只有长期保持协调、稳定，才能实现经济的持续增长。在这方面需要我们咨询研究的基本内容，就是国民经济的总量控制和国民经济的结构调整。因为只有把总量控制在国力可以承受的范围内，把结构调整到有利于发挥最佳经济效益的比例上，才能保证国民经济持续、稳定、协调地发展。

在通常情况下，经济运行中总量与结构的关系往往会呈现以下三种状态：一是总量控制住了，经济结构合理。这是二者结合的最佳状态。既能合理配置资源，充分利用国力，也能使经济协调运行。二是总量控制住了，结构不合理。这种状态的有利之处是，不会造成经济的大起大落，但是经济效益差，财政状况不佳。三是总量控制不住，结构也不合理。这是最令人担忧的一种状态。因为总量失控，必然会造成社会总供求失衡，造成通货膨胀，使人、财、物全面紧张，集中反映到市场上，就是商品的严重短缺和库存的大量积压并存，因此必然导致经济环境恶化和经济秩序混乱，从而严重影响社会稳定。我国在治理整顿第一阶段所取得的显著成果，就是有效地抑制了二者的第三种结合状态，争取到了第二种结合状态。而第二阶段所要力争的则是第一种结合状态，即要在控制总量的前提下，加速结构的调整；在结构合理的基础上，不断加大总量，以保持二者的良性循环。

控制总量，主要是控制信贷总量(特别是银行贷款和流通货币的增加量)和固定资产投资在建规模总量。前者要依据生产增长、结构性物价调整和货币周转情况确定；后者要依据社会总供给情况确定。由于二者都是社会总需求的主要构成部分，而且受着社会总供给的制约，因此，统计部门特别是国家和省市两级统计部门必须审时度势，时刻注意观察和分析社会总供给与总需求的平衡状况，财政、信贷、物资、外汇各自的平衡状况和相互间的平衡状况，以及国民生产总值与国民收入的生产、分配、使用状况，并及时提出咨询建议。当前在总量控制上要注意防止的一种倾向是：看不到前期为启动经济，银行贷款规模急剧扩大，货币供应大大超过经济发展的正常需要，以及结构不合理、使用效果不好等带来的滞后影响，继续松动银根，造成社会需求再度膨胀，影响经济与社会的稳定。为此，应特别加强对财政、金融状况的监测和分析，以防止出现新的通货膨胀。

调整结构，是一项极为复杂的、长期的、永无止息的活动。因为经济结构要随着市场需求的变化而不断调整。因此，调整结构就是一项需要我们长期咨询研究的重要内容。国民经济的结构调整，主要是调整产业结构，特别是要注意保持：农业与工业，基础工业与加工工业，一、二产业与第三产业，经济建设与科技进步，经济建设与社会发展等重大比例关系的协调与发展。在当前和今后一个时期内，统计部门要着重围绕如何加强农业、基础工业和基础设施建设，改组改造加工工业，积极发展建筑业和第三产业，不断优化产业结构、产品结构和企业组织结构、技术结构等问题进行咨询研究。与此同时，还要根据资源优化配置和有效利用的原则，就如何正确布局生产力，积极促进地区经济的合理分工和协调发展，促进全国统一市场的形成和发展等问题进行咨询研究，以便根据国家的产业政策在地区之间合理布局生产力，避免地区间的收入差距过大，逐步实现共同富裕。此外，还要根据生产力的发展水平和改善人民生活的要求，深入研究如何调整消费结构、合理引导消费，以及严格控制人口增长、解决城乡劳动就业、健全社会保障体系等问题。

宏观经济分析不能离开微观经济分析。因此，我们还应当注意观察和分析微观经济活动，并将其与宏观经济分析有机地结合起来。因为如果企业原材料消耗过大，必然会加剧物资供应的紧张；如果企业效益低下，必然会影响国家财政收入，加剧财政困难；如果企业产品不适销对路，必然会过多地占用流动资金，造成信贷资金紧张。所以，要保持宏观经济的协调发展，还有赖于微观特别是企业经营管理的改善和经济效益的提高。反过来，如果宏观经济不平衡，或者某些调控措施不配套，也会影响微观经济效益。

(二)统计部门要善于抓住深化改革和扩大开放进程中的难点、热点问题有重点地进行咨询研究。

改革是经济和社会发展的强大推动力。发展必须依靠改革，改革必须为发展服务。检验改革成败的主要标准，是看它是否有利于促进社会生产力的发展，有利于社会经济效益的提高，有利于国民经济的持续、稳定、协调发展，有利于社会的安定和进步。因此，每当一项重大改革措施出台之前，我们都应当利用统计部门所掌握的信息资源，积极参与咨询和论证；出台之后，更要加强对其跟踪检查，并及时、准确而又全面、系统地将信息反馈回来，以便深入分析和正确判断它在实施过程中的正负效应，适时提出调整或修正的咨询意见。

实行计划经济与市场调节相结合，是我国经济运行机制的重大改革。我们要正确地总结历史经验，深入研究和探讨二者结合的具体方式和方法问题，积极提出整个国民经济和各行业、各主要产品实行指令性计划、指导性计划、市场调节的数量界限，以便于人们在实践中把握和操作。

社会主义和资本主义生产关系的根本区别在于生产资料的所有制形式。所以，如何维护社会主义公有制，切实增强企业特别是国营大中型企业的活力，也是深化改革的一项重大课题。国营大中型企业是我国社会主义现代化建设的重要支柱，是国家财政收入的主要来源。现在财政困难，问题主要就在国营大中型企业活力不够、效益下降。这里除企业本身的原因以外，关键是缺乏平等的竞争条件。因此，各级统计部门都应适当集中一定力量，着重就如何从外部环境和内部管理两个方面采取强有力的措施，以增强国营大中型企业自我发展、自我改造、自我约束的能力等问题，认真进行深入细致的研究和探讨，并力争能够在较短的时间内取得突破性进展。

理顺不合理的价格体系，是整个经济体制改革成败的关键，也是今后深化改革的关键。只有理顺价格，才能使各种商品的价格符合它的价值，才能使企业有科学的经济核算，从而能够自主经营、自负盈亏、公平竞争、优胜劣汰。因此，关于如何建立健全合理的价格形成机制和价格管理体制问题，仍然是亟待研究解决的一大课题。当前需要认真研究的是，怎样才能在保持物价基本稳定的前提下，区别不同商品的不同情况，有重点地解决生产资料价格双轨制问题，以及粮、油等主要生活资料购销价格倒挂问题，并同时兼顾消费者和生产者两个方面的利益。

贫穷不是社会主义。少数人富大部分人穷，也不是社会主义。社会主义制度最大的优越性就在于共同富裕。因此，关于如何实行以按劳分配为主体的多种分配形式，有效防止两极分化，逐步实现共同富裕的问题，也是我们今后的一个重要咨询研究课题。当前，首先应该通过对现有分配关系和利益格局的系统分析和深入研究，努力提出解决社会分配不公、逐步实现共同富裕的具体措施和办法。

五、切实为提高决策咨询水平创造必要的条件

从根本上讲，任何部门要提高决策咨询水平，都必须具备两个最为基本的条件：一是信息资源，二是人才。因此，我们必须继续坚定不移地推进以下各项改革和建设。

(一)以建立健全科学统一的国民经济核算体系为中心，继续加快统计制度方法的综合配套改革。

国民经济核算是以整个国民经济为对象的宏观核算，它是通过一系列具有内在联系的指标体系和科学的核算方法，全面、系统地核算包括生产、分配、交换和使用在内的社会再生产全过程，以及各部门、各行业在国民经济运行中的地位、作用和相互联系。因此，建立健全国民经济核算体系就能把决策咨询研究工作，特别是宏观决策咨询研究工作推向更高的层次。这无论是对于提高决策咨询水平，还是加强宏观调控体系的建设，都具有十分重要的作用。

经过几年来的努力工作，现在国民经济核算体系这一庞大的系统工程已经完成了方案的设计、论证，并进行了大量的试点试算。从今年起，要在把工作重点转移到实施方面来的同时，加强对国民经济核算资料的开发应用，以使之尽快在决策咨询工作中发挥作用。因此，无论是国家统计局还是各地区、各部门，都要按照提交这次会议的《国民经济核算体系实施方案》，继续扎扎实实地抓好统计制度方法的各项综合配套改革，把科学统一的国民经济核算体系建立在与之相适应的经济、社会和科技统计指标体系的基础上。为此，必须抓紧改革各专业统计指标体系和统计调查体系，以提高统计信息的科学性、系统性和适用性，更好地满足党和政府实行科学决策与管理，以及社会各界对统计信息的需求。

关于今年统计制度方法改革的具体任务，家亨同志在报告中已经作了安排，我就不再过多地赘述了。需要着重强调的是，为了科学灵敏地反映宏观经济的运行状态，从今年开始，国家和省市两级统计部门都要结合国民经济核算体系的试算和实施，逐步建立和完善这样几项制度：一是宏观经济动态监测预警统计指标体系，即选择与经济运行总体变动趋势紧密相关的，并且具有灵敏性的若干主要指标，按月进行监测分析，并计算宏观经济动态综合指数，以反映宏观经济的变动态势。二是宏观经济评价统计指标体系，即按照速度、比例、效益相统一的原则，选择经济运行中具有全局性、综合性的指标，按年、按时期对宏观经济的发展情况进行综合评价分析。三是社会总供给与总需求平衡测算制

度，即根据有关资料，对报告期的社会供给总量、需求总量、供需差额以及供需构成进行测算，并联系经济运行状况对供需态势进行分析。四是建立和健全包括生产、建设、流通、消费等各个领域的价格统计指标体系和经济效益统计指标体系。五是建立考核各地区经济、社会和科技发展成就的综合统计指数，以代替过去用产值、速度排位次的做法，鼓励发挥地区优势，促进经济效益的提高。

为了切实加强对这项工作的领导，统一组织和协调统计制度方法改革的各项工作，国家统计局最近成立了由主管副局长和各业务司司长组成的统计制度方法改革领导小组。各省、自治区、直辖市统计局和国务院有关部门，也要把这项工作摆到重要的位置上来，切实按照全国统一部署，抓好本地区、本部门统计制度方法的综合配套改革。

（二）以开发应用为重点，继续加速统计信息自动化系统建设，推进统计信息社会化进程。

现代决策咨询工作仅仅依靠人脑（当然这是首要的），即沿用传统的方法进行咨询研究，已难以解决日趋复杂的社会经济问题，因此必须人脑电脑并用。

通过承担第四次全国人口普查的数据处理任务，国家统计信息自动化系统的硬件配备已取得了新的进展。目前的系统建设要由主要抓硬件配备，尽快转到硬件配备和数据库建设并重阶段。所以，以软件的开发应用为重点，下大力气抓好统计数据库建设，逐步向现代统计信息管理系统过渡，无疑就是系统建设下一步的中心任务。

数据库技术是一种先进的、科学的现代数据管理技术。建立统计数据库，不仅可以更方便地查询和向外提供统计资料，实现统计信息资源共享；而且更重要的是可以深度开发统计信息资源，广泛使用多种经济数学模型，以更深入地研究和揭示社会经济问题之间的本质联系及其发展规律，提高决策咨询的科学性。考虑到统计工作发展的实际需要，并从现实的可能出发，“八五”期间要初步建成以国家统计数据库系统为主导的，国家、省（区、市）、地（市）三级统计信息管理系统，实现数据采集、传输、处理、分析、提供等各个环节的现代化、一体化。为此，国家统计局今年必须在深入研究和充分论证的基础上，提出《国家统计系统数据库建设规划纲要》，以明确数据库建设的总体目标、基本原则和具体方法步骤。

由于统计数据库系统建设涉及从中央到地方的各级统计部门及其内部的各个专业统计、综合统计和方法制度等诸多方面，所以必须实行统一领导、统一规划、统一标准，加强各有关方面的通力协作。首先，要与制度方法改革密切配合。一方面，要以数据库建设促进统计制度方法改革，加速实现统计指标体系和统计分类、统计编码的规范化，包括标准化、通用化、系列化；另一方面，统计数据库建设也要适应统计制度方法的改革，以满足运用计算机对统计信息资料进行复合交叉分组和深层加工及综合开发利用的要求。其次，统计业务人员要与计算机技术人员密切配合。计算机技术人员要学习统计业务知识，能够参加数据库具体方案的制定；统计业务人员要学习计算机业务知识，并能对数据库的逻辑设计提出意见。

为了切实有效地推动全国统计数据库系统建设，国家统计局已经从计算中心、制度方法司和各有关业务司抽调骨干力量，专门成立了数据库办公室（挂靠计算中心），具体负责全国统计数据库系统建设的组织、指导、管理和协调工作。各省、自治区、直辖市统计局的领导同志，也必须从思想上高度重视这一工作，并要组织专门力量具体抓好本地区的统计数据库建设。

（三）继续大力发展统计教育事业，不断提高统计干部队伍的素质。

统计干部队伍素质的高低，决定着统计部门决策咨询的水平。因此，我们必须继续大力发展统计教育事业，努力培养和造就一支具有优良的政治素质和合理的文化结构、年龄结构，并能掌握和善于运用现代统计知识、咨询知识和多方面业务技能的统计干部队伍。

统计教育要继续坚持面向现代化、面向世界、面向未来的方针。在教育的内容上，首先要加强政治思想教育，要使广大统计干部能够正确地、熟练地运用马克思主义的立场、观点和方法去认识问题、分析问题，正确理解党在各个时期的路线、方针、政策，自觉地与党中央在政治上保持一致，以保证统计工作的正确方向。其次要大力加强业务技术教育，努力培养和造就一大批学识渊博的，精通统计、计算机技术和经济管理以及其他相关科学的，既有扎实的理论基础知识、又有较强的实际工作能力的复合型人才。与此同时，还要尽快突破统计部门现有人才比较单一的格局，搞好人才的优化组合，做到人尽其才，才尽其用；要广泛吸收各方面的专家、学者，逐步在统计部门集聚起一个由多专业、多学科构成的专家群体，形成一个纵横交错的立体知识网络。

由于人才的培养是一项事关统计咨询工作、统计现代化建设成败的根本大计，因此，必须抓紧建立符合我国国情的统计教育体系。全国各有关高等院校，应根据统计现代化建设和统计咨询工作的需要，调整课程设置，更新教学内容，改革教育方法，并挖掘潜力，完善设施，逐步扩大统计专业的办学规模。同时，还应办好统计专业学校，兴办统计职业高中，培养和训练基层单位的统计人员。各

进一步加快城市统计改革和建设步伐 充分有效地发挥统计整体功能

——国家统计局局长张塞在全国城市统计信息网络建设与城市统计改革经验交流会上的总结讲话

1991年7月19日

全国城市统计信息网络建设与城市统计改革经验交流会，从7月15日开始，今天就要结束了。几天来，同志们围绕着如何进一步建立健全城市统计信息网络，综合配套地搞好城市统计工作的各项改革和建设，充分有效地发挥统计整体功能这样一个中心议题，进行了广泛的经验交流和深入的切磋探讨。通过总结、交流已经取得的经验，研究、探索未来的发展，大家普遍感到：提高了认识，开阔了视野；学到了经验，找到了差距；探明了路子，确定了目标。尽管前进的道路上还有许多困难，但克服困难的信心和勇气却更加坚定了。因此可以说，会议已经达到了预期的目的。

下面，我从总结经验的角度，着重就会议交流和探讨的几个主要问题讲几点意见。

一、认清形势，不断增强搞好城市统计改革和建设的自觉性

正确地认识我国城市统计工作所面临的形势，不仅是我们规划和制定城市统计发展战略的根本依据，而且也是我们继续深化以建立健全城市统计信息网络为重点内容的城市统计改革和建设的首要问题。只有在思想上有了正确认识，才能在战略上进行科学运筹，在工作上作出合理安排。

从各地经验和同志们讨论的情况来看，正确认识城市统计工作所面临的形势，需要着重把握以下几点。

（一）城市统计工作必须适应城市改革开放的需要。

大家知道，1984年以来，我国经济体制改革的重点已由农村转入城市。城市经济体制改革紧紧围绕着搞活企业这个中心，在计划、财政、税收、金融、物资、商业、外贸、价格、劳动工资等方面陆续铺开。同时还对科技、教育体制和政治体制进行了相应的改革。与此相适应，城市对外开放的规模和领域也不断扩大，并且形成了“经济特区—沿海开放城市—沿海经济开发区—内地”逐步推进的格局。实践证明，改革开放已经给我国的社会主义经济注入了新的活力，有力地促进了生产力的发展。但是我们还应当看到，原有体制的弊端不仅尚未完全消除，而且在发展过程中又出现了一些新的矛盾和问题。因此，要妥善解决当前社会经济生活中的诸多矛盾，顺利实现我国现代化建设的第二步战略目标，就必须坚定不移地继续推进经济体制改革，进一步扩大对外开放，逐步建立起适应社会主义有计划商品经济发展的、计划经济与市场调节相结合的新经济体制和运行机制。

随着城市经济体制改革的逐步深化和对外开放的不断扩大，必然要求为之服务的统计工作也进行相应的改革和开放。这对城市统计工作来说既是挑战，又是机遇。之所以说是挑战，是因为在传统的高度集中的计划经济体制下建立起来的统计管理体制、统计制度方法和统计信息运行方式，已经越来越不能适应深化城市经济体制改革和扩大对外开放

级统计部门都要充分利用已经形成的电教网络，按照岗位知识结构和知识标准的要求，采取多种形式，有计划有步骤地对在职人员进行培训。当前，应当在继续抓好初级统计人员培训的同时，按照分级负责的原则，加强对在职领导干部和业务骨干的培训工作，并且要把培训的重点主要放在：国民经济核算的理论与方法、统计信息技术的理论与方法、统计分析和统计预测的理论与方法，以及统计法规和统计行政管理等与统计改革和统计现代化建设密切相关的内容上来。

的需要，城市统计工作的任务和城市统计工作的难度比以往任何时期都空前地增大了，这是城市统计工作必须面对而不能回避的严峻形势。之所以说是机遇，是因为城市统计改革开放也是城市整体改革开放的一个重要组成部分，在城市改革开放的过程中，统计部门可以审时度势，因势利导，抓住有利时机，重新构造与新经济体制和运行机制相适应的城市统计管理体制、统计制度方法和统计信息运行方式。从参加这次经验交流会的城市看，其中一个最大的共同特点，就是能够在这种严峻的挑战面前，不失时机地大力推进城市统计改革和建设，从而收到了事半功倍之效，使城市统计工作比较好地适应了城市经济体制改革和对外开放的需要。山西省长治市就是善于抓住各种有利时机，不断推进统计改革和建设的突出代表。相反，如果错过有利时机，则会步履维艰，困难重重。

(二)城市统计工作必须适应城市社会经济决策和管理科学化、民主化的需要。

社会经济决策和管理的科学化、民主化，是发展社会主义商品经济和建设社会主义民主政治的需要。由于城市在国家政治和经济中具有极为重要的地位，所以，城市社会经济决策和管理的科学化、民主化则更为重要。特别是随着城市经济体制格局的变化，城市政府管理经济的职能也要相应地发生转变，即应由主要依靠行政手段直接管理企业，逐步向搞好统筹规划、掌握政策、提供服务、运用经济手段和加强检查监督等以间接管理为主的方向转变。这就要求城市的各级党委和政府进一步加强决策和管理工作，努力实现决策和管理的科学化、民主化。

众所周知，统计是国家实行科学决策和科学管理的一项重要基础工作，是党、政府和人民认识国情国力、决定国策、制订计划的重要依据，在国家宏观调控和监督体系中，具有非常重要的地位和作用。因此，我们只有进一步加快城市统计改革和建设步伐，充分有效地发挥统计信息、咨询、监督的整体功能，才能不断适应城市社会经济决策和管理科学化、民主化的需要。

(三)城市统计工作在整个统计工作中的地位日益重要。

党的十二届三中全会通过的《中共中央关于经济体制改革的决定》指出:“城市是我国经济、政治、科学技术、文化教育的中心，是现代工业和工人阶级集中的地方，在社会主义现代化建设中起着主导作用。”城市在我国现代化建设中的这种重要地位和作用，决定了城市的信息中心地位。也就是说，城市是调查采集、整理加工、分析研究、提供发布社会、经济、科技信息的中心。因而，作为社会经济信息主体的统计信息，就必然主要集中于城市。可见，城市统计工作在整个统计工作中具有十分重要的地位。各级统计部门特别是领导干部，无论是在思想认识上，还是在工作部署上，都必须高度重视城市统计工作，并且要不失时机地采取切实有效的措施，不断把我国的统计改革和统计现代化建设推向新的高潮。

二、勤于实践，不断探索城市统计改革和建设的路子

如上所述，加快城市统计改革和建设是新形势向我们提出的迫切要求。从这几天大家交流的情况来看，城市统计工作的重要性以及城市统计改革的迫切性，已经随着实践的发展而不断为人们所认识，而认识的提高又反过来有力地推动了城市的统计改革和建设。正是通过实践—认识—再实践—再认识，才使城市统计改革和建设不断地向着深度和广度蓬勃发展。

1984年9月，为贯彻落实《统计法》和国务院《关于加强统计工作的决定》，适应加快整个经济体制改革和对内搞活、对外开放的新形势，全国统计工作会议明确提出了以大办“开放式”统计、实行“五个转变”为核心内容的统计改革的指导方针，并且对包括城市统计改革在内的全国统计改革作了总体部署。后来全国统计工作的实践证明，这对推动我国统计工作的全面改革开放，起了非常重要的作用。

1986年12月，为了密切配合以转变政府管理经济职能为主要内容的城市机构改革试点，国家统计局在深入调查研究的基础上，在无锡市召开了16个机构改革试点城市统计工作改革座谈会。会议针对城市机构改革中分解出来的统计职能转移问题，适时地提出了应当遵循的基本原则和目标模式、过渡方式，以及保证实现其转移的基本条件。同时还特别强调，要通过机构改革试点城市的统计改革，积极为全国的城市统计改革探索道路。此后，黄石、天水、安阳、西宁、马鞍山等城市便根据无锡会议精神，结合本市实际，因地制宜地进行了许多大胆而有益的探索，从而大大丰富和发展了城市统计改革的内容，进一步拓宽了城市统计改革与建设的路子。

1989年10月，为总结无锡会议以后中等城市统计改革和建设的经验，国家统计局在黄石市召开了全国部分中等城市统计改革和建设经验座谈会。会议在总结各地经验的基础上，明确提出要通过深化城市统计体制改革，逐步建立健全以市统计部门为中心，上接国家—省(自治区)，下贯区(县)—街道(乡镇)和企业，横联各业务主管部门和有关城市的，纵横立体交错、上下层次贯通、左右关系协

调、运行方式高效的现代化城市统计信息网络，逐步把城市统计部门建设成为本辖区社会经济信息的主体部门和国民经济核算的中心，成为政府重要的咨询和监督机构。为此，还针对市统计部门组织协调乏力的问题，提出必须大力加强市级统计领导机构，切实保证其对全市统计工作实行强有力的组织领导和管理；针对纵向管理中存在的问题，提出要尽快依法在市辖区建立独立的统计机构，推动乡镇和街道统计站建设，抓好以建立综合统计为中心的企业统计改革和建设，实现统计基础工作规范化；针对横向协调中存在的问题，提出要切实按照集中统一和精简效能的原则，确立政府统计部门与各业务主管部门之间统计工作的科学分工与协作，以克服重复调查，防止数出多门，提高统计工作的整体效益。

根据上述目标和部署，近年来，全国各省、自治区和许多城市统计部门，都积极地、有计划有步骤地狠抓了城市统计信息网络建设和城市统计工作的综合配套改革，使城市统计工作的整体面貌发生了深刻变化，城市统计工作的整体水平有了明显提高。

那么，为什么在短短几年之内，我国城市统计改革和建设就能够取得如此显著的成效呢？从这几天大家所交流的基本情况和主要经验看，其中有以下几点是值得各地继续研究和借鉴的。

第一，各级党政领导必须重视和支持城市统计改革和建设。城市统计信息网络建设和城市统计工作改革，涉及到体制、机构、编制、经费、办公条件、纵向管理、横向协调等一系列问题。而要有效地解决这些问题，就必须有各级党政领导的重视和支持。这次会议上许多城市、城区和企业介绍的经验都证明：凡是党政领导高度重视城市统计改革和建设，并主动为其作指示、发文件，努力在人员、经费等方面给予大力支持的，其城市统计改革和建设的成果也就极为显著。如烟台市、三门峡市、淮南市、咸阳市渭城区、白银市白银区、赤峰市元宝山区，以及渤海造船厂的党政领导，就是其中的突出代表；反之，如果党政领导不予重视和支持，或重视支持不够，城市统计改革和建设也就必然困难重重，成效甚微。

第二，各级统计部门特别是领导干部，必须不断更新观念，以坚韧不拔、锲而不舍的精神，奋力开拓进取。城市统计改革和建设需要具备一定的条件，条件的取得固然与各级党政领导的重视和支持程度有关，但更重要的还是要充分发挥我们各级统计部门的主观能动作用，千方百计地去宣传、去争取、去创造。这才是推动城市统计改革和建设不断向前发展的内在动力。实践证明，哪个城市的统计部门特别是领导同志能够认定正确的方向，勇于克服困难，不达目的决不休止，哪个城市的统计改革和建设就搞得有声有色，富有成效。相反，如果在思想上因循守旧，在困难面前怨天尤人，在工作上不思进取，即使党政领导重视也很难取得应有的效果。

第三，必须统筹规划，分类指导，逐步实施。如上所述，城市统计改革和建设是牵动统计工作全局的一场深刻变革。因此，要搞好城市统计改革和建设，就必须善于发现典型、培养典型，并在认真总结经验、反复咨询论证的基础上，提出明确的总体规划和具体的实施步骤。这样，才能抓住重点，分类指导，一步一步地向着既定的目标迈进。

三、狠抓重点，进一步加快城市统计信息网络建设步伐

上述目标和经验都是在实践中产生的，并将继续随着实践的发展而不断完善。根据各地经验，在当前和今后一个相当长的时期内，我们都应将建立健全城市统计信息网络，作为城市统计改革和建设的重点工作来抓。现在的关键问题是，必须采取有效措施，进一步加快城市统计信息网络建设步伐。

(一)大力加强市级统计机构，从根本上解决其对全市统计工作和国民经济核算工作的纵向管理和横向协调问题。

市统计部门在城市统计信息网络中处于主导地位，发挥着领导核心的作用。因此，建立健全城市统计信息网络，必须首先加强市级统计机构，强化其对全市统计工作和国民经济核算工作的集中统一领导。为此，要着重抓好以下三个环节。

第一，要大力加强市统计部门的自身建设，不断增强其实力，树立其权威。一是充实力量、提高素质。即要通过国家和省、市多层次、多渠道地不断为市统计部门解决人员编制、经费等问题；同时，还要通过业务培训和实践锻炼，不断提高统计干部素质，建立促进统计人才成长的激励机制，充分发挥他们的积极性、主动性和创造性。二是加强领导班子建设。即要选拔德才兼备、富有求实创新和开拓进取精神的领导干部，不断充实和加强市统计部门的领导班子。三是从组织形式上提高其地位和规格。如三门峡等市通过建立统计委员会，有效地保证了市统计部门对全市统计工作实施强有力的统一领导、管理和综合协调。

第二，要切实加强市统计部门对城市统计信息网络的纵向管理工作。也就是说，要加强市统计部门对本市行政区域内各区(县)、街道(乡镇)和企业统计工作的统一组织领导和管理。各区(县)统计部门在行政上受区(县)人民政府和市统计部门的双重领导，业务上要以市统计部门的领导为主，其领导

人员的任免、调动、奖惩，须征得市统计部门的同意。有条件的城市，可以象北京那样，经市人民政府批准，在市辖区设置两块牌子、一套人马的统计机构，即区统计局作为区人民政府的职能部门，市统计分局作为市统计部门的派出机构。至于大中型企业综合统计负责人的任免、调动和奖惩，亦应事先征得市统计部门的同意。

第三，要切实加强市统计部门对全市统计信息网络的横向协调工作，按照统管而不包揽的原则，逐步理顺政府统计部门和业务主管部门的统计工作关系。所谓统管，就是市统计部门要行使统一组织领导和综合协调全市统计工作的职权，统一管理统计制度方法、统计报表、统计数据信息，并对统计法规的贯彻执行情况进行监督检查。所谓不包揽，就是要在理顺关系的基础上，科学合理地确定统计部门和部门统计的分工，以克服重复调查，防止数出多门，提高城市统计工作的整体效能。为此，市统计部门要注意协调与各业务主管部门的关系，在工作中加强联系、交流与合作，不断疏通统计信息渠道，逐步建立必要的统计法规、制度，使各项工作有法可依，有章可循。

（二）切实加强市属各业务主管部门的统计工作，继续有计划有步骤地实行“三个过渡”。

部门统计是完成城市统计工作任务的一支重要力量，是城市统计信息网络的一个重要组成部分。这一点在大中城市表现得尤为突出。因此，建立健全城市统计信息网络，必须切实加强部门统计工作。

当然，在新形势下究竟如何加强部门统计工作，才能适应部门管理职能转变的需要，则是一个需要认真研究解决的重要课题。从这次会上机电、劳动和有色金属等部门所介绍的经验看，1986年全国部门统计工作会议提出的“三个过渡”，仍然是今后加强和改革部门统计工作的方向。也就是说，部门统计只有由生产型统计逐步过渡到经营管理型统计，由联系比较松散的专业统计逐步过渡到各专业联系紧密的综合统计，由部门统计逐步过渡到全行业统计，才能不断适应部门管理职能转变和加强宏观调控的需要。因此，各地区、各部门都应该认真总结实践经验，继续有计划有步骤地在部门统计工作中实行“三个过渡”。

为了早日实现“三个过渡”，当前最重要的是要按照国办发〔1989〕39号文件中关于“各业务主管部门的统计工作也要切实予以加强”的要求，象天津、北京等市那样，在市属各主要业务部门建立健全独立的综合统计机构。即使近期不能建立机构的，也要充实和加强综合统计人员，并任命部门综合统计负责人，以统一组织管理和综合协调本部门的统计工作。同时，要按照政府统计部门的统一部署，尽快健全核算制度，大力加强基础工作。要和政府统计部门一起，按照“共识、协力、互补、共享”的原则，共同完成好国家、地方和部门的统计任务，提高统计工作的整体效能。

（三）依法在市辖区设立独立的统计机构，因地制宜地建立街道统计工作站（科）。

在市辖区设立独立的统计机构，是《统计法》第十五条的明确规定，也是城市统计信息网络建设中一个极其重要的环节。《统计法》颁布实施已经快八年了，但有些城市特别是一些大城市，竟然至今没有在市辖区建立起独立的统计机构。这是有关领导法制观念淡薄在城市统计工作中的表现。

当然，建立独立的区统计机构绝非是一件轻而易举的事情。尤其是在目前精简机构、压缩编制，以及各级财政状况普遍不佳的情况下，要解决机构、编制、经费和办公条件等一系列问题，其难度之大是可想而知的。所以每前进一步，都要付出艰辛的努力。从已经在市辖区建立了独立的统计机构城市的经验来看，绝大多数都是由于他们紧紧地抓住了城市经济体制改革这个有利时机，充分有效地运用了《统计法》这个强有力的武器，积极主动地争取到了各级党政领导的大力支持，以及编制、体改、人事、财政、计划等有关部门的密切配合。所以，这几年城区统计机构从无到有，由少到多，有了长足的发展。目前，全国651个市辖区中，已有460多个建立了独立的统计机构，占总数的70%以上。其中北京、天津、山西、吉林、山东、福建、云南、贵州、青海、宁夏、甘肃等省、自治区、直辖市的市辖区，已经全部建立了独立的统计机构；陕西、辽宁、湖南、四川等省，已有90%以上的市辖区建立了独立的统计机构。而许多已经建立起来的城区统计机构，又是在极端困难的情况下，奋力开拓，勇于进取，以自己出色的工作，赢得了城区党政领导和各方面的重视和支持，使区统计机构的力量逐步得到了加强，工作条件也有了明显改善。

实践证明，要想彻底改变过去区一级统计工作软弱无力的状况，就必须依法建立独立的统计机构，而区一级统计工作也只有在建立了独立的统计机构之后，才能不断发展状大，才能充分发挥其信息、咨询、监督的整体功能。因此，我们要求尚未建立独立统计机构的市辖区，必须按照《统计法》及其实施细则的规定，尽快建立独立的统计机构。已经建立起来的，要进一步健全机构、充实人员、完善职能。特别是要建立健全各项规章制度，切实强化其统一组织领导和综合协调本辖区统计工作和国民经济核算工作的职能。区统计机构原则上要直接面向街道和区属企业，统一采集、汇总和提供统计信息。有条件的市辖区，可进一步按照在地管理的原则，直接采集、汇总和提供在本行政区域内的中央、省和市属企业事业单位的统计信息。这样，一方面可以缓解市统计部门直接采集、汇总基层单位统计信息的压力，使其能将更多的精力用于调查研究、组织指导和开展咨询、实施监督等工作；另一方面又便于推行基层“一套表”，进一步丰富市辖区的统计信息量，更好地满足区党政领导和上级统计部门的需求。

这里还需要进一步指出的是，近年来，全国许多城市借鉴农村乡镇统计站的经验，在逐步建立健全区统计机构的基础上，根据街道社会经济发展的需要，在街道办事处设置了综合统计员，并联合其它有关人员组建了统计站(科)。统计站(科)行政上受街道办事处和区统计机构的双重领导，业务上以区统计机构的领导为主，负责统一组织管理整个街道的统计工作。实践证明，这对于建立健全城市统计信息网络，克服街道统计工作基础薄弱、力量分散乃至无人负责的状况，发挥了决定性作用。因此，各地都应当在认真总结经验的基础上，按照国办发〔1989〕39号文件精神，因地制宜地逐步予以推广。对于已经建立起来的街道统计站(科)，要继续健全各项规章制度，逐步完善统计职能，不断扩大服务领域，真正发挥其在街道社会经济管理中的作用。有条件的地方，可以象陕西咸阳市渭城区那样，经区人民政府批准，由区统计机构对街道统计站(科)实行垂直管理；或由区统计机构直接向街道委派统计驻在员。尚未配备综合统计员和建立统计站(科)的街道，要尽快配备综合统计员，并在此基础上，根据街道的发展情况，积极创造条件，逐步建立统计站(科)。

(四)大力加强企业统计改革和建设，积极促进企业统计工作实现转轨。

企业是整个统计工作和国民经济核算工作的最基层单位，是我国统计信息的主要源头。由于企业特别是大中型企业主要集中于城市，因此加强城市统计信息网络建设，必须大力加强企业统计改革和建设。

近年来，随着以增强企业活力特别是国有大中型企业活力为中心环节的城市经济体制改革的不断深化，我国的企业管理正在逐步实现由单纯的生产型管理向生产经营型管理转变。与此相适应，企业统计工作也要逐步由单纯的生产型统计向生产经营型统计转变。根据这次会上首都钢铁公司、渤海造船厂和潍坊塑料三厂等企业介绍的经验，企业统计必须逐步实现下述三项要求。

第一，企业的统计职能要转变。即要由单纯发挥信息职能转变为全面发挥信息、咨询和监督职能。这是企业统计转轨的核心。在发展社会主义有计划商品经济的条件下，企业作为相对独立的商品生产者和经营者，生产经营什么，生产经营多少，都要由企业自己根据市场的需要和企业的生产经营能力来决策。这样，过去那种以完成上级统计报表为主要任务的企业统计工作，就很难适应当前企业经营管理的要求。为了尽快改变这种状况，企业的统计职能必须实行转变，即要在高质量地完成上级统计报表任务的同时，积极主动地参与企业的经营管理，全面发挥统计的信息、咨询和监督职能。

第二，企业的统计内容要扩展。即要将企业统计的信息源由“狭窄型”转变为“宽广型”。与上述企业统计职能的转变相适应，必须将企业的统计内容从过去那种偏重于生产统计、实物量统计，扩展到包括企业产供销、人财物等生产经营活动的全过程上来。与此同时，还要积极开拓市场统计信息资源，调查研究市场状况。有条件的企业，还应将统计信息渠道延至国外，不断开拓国际市场的统计信息资源。

第三，企业的统计体制要改革。即要将分散的专业统计转变为集中统一的综合统计。这是前两个转变的必然要求。过去，企业的各项专业统计一般都分散在计划、生产、财务、劳资、设备、技术、质量、能源、供应、销售等职能科室，并由其分别对上级的主管部门负责，没有一个综合统计机构全面管理企业的统计工作，因而使企业统计工作形不成合力，很难反映生产经营活动的全貌。因此，根据《统计法》及其实施细则的有关规定，以及国办发〔1989〕39号文件关于“企业事业单位，特别是大中型企业，要加强综合统计机构和统计力量，搞好统计基础建设，健全各项统计制度”的要求，全国所有大中型企业，都要尽快建立健全综合统计机构，充实综合统计人员；即使小型企业，也要推行综合统计负责人制。企业的统合统计机构或综合统计负责人，要对企业的统计工作实行统一组织领导和管理，全面负责企业各职能科室、车间、班组的统计基础建设，统一组织企业的全部统计调查任务，统一管理企业的统计报表、统计资料。有条件的企业，可以对本单位各职能机构和下属机构的统计工作和统计人员实行集中管理，并配备计算机，在厂部建立集中统一的综合统计机构或统计信息中心，全面负责厂内外所有统计数据、信息的搜集、整理、分析、提供工作。

为深化企业的统计改革和建设，推动企业统计工作的转轨，国家统计局在全国总结各地经验的基础上，已经研究制定并于最近颁布了《企业统计工作达标升级暂行规定》。各省、自治区、直辖市统计局和有直属企业的国务院各部门，可根据这个暂行规定，结合本地区、本部门的实际情况，在国家统一标准的基础上制订相应的实施办法。方法上要先试点后推广，由点到面逐步铺开，切忌急于求成，搞形式主义。要坚持实事求是的原则，严禁弄虚作假，骗取荣誉。

需要指出的是，我们开展的企业统计工作达标升级，是保证国家企业升级工作顺利进行的重要前提。因为企业统计工作不仅是企业管理的重要组成部分，而且是考核企业能否升级的主要依据。所以，我们不仅应该而且必须将二者有机地结合起来。对于已经获得国家一级或二级的企业，其统计工作也应限期达到相应的等级；逾期达不到要求的，其上级统计部门有权对其提出通报批评，并建议有关部门取消其相应的企业等级。总之，各级统计部门都要把参与企业升级考核作为履行统计监督职能的重要工作之一。

四、统筹安排，综合配套地搞好城市统计改革和建设

城市统计信息网络建设和城市统计改革，是一项极其复杂的系统工程，其各个方面、各个环节互相联系、彼此制约，忽视或偏废任何一个方面，都必然会影响统计工作的整体效益。因此，今后无论是在制订城市统计改革和建设的总体方案时，还是在实施方案的过程中，都必须牢固树立整体观念，统筹安排各项工作，使之前后衔接、左右配套。只有这样，才能不断提高城市统计工作的整体水平，充分发挥城市统计的整体功能。

根据几天来大家的交流、讨论，要建立健全城市统计信息网络，将城市统计改革进一步引向深入，必须综合配套地抓好以下几个方面的工作。

(一)加快统计制度方法改革。

从这次会议上介绍的经验看，目前城市的统计制度方法改革，必须着力抓好以下两个方面的工作。

第一，要积极为实施新国民经济核算体系做好准备。经过多年的努力，新的国民经济核算体系已经完成了方案的设计、论证，并进行了广泛的试点试算。下一步的工作是要切实抓紧组织实施新的国民经济核算体系。由于国民经济核算要综合运用各种核算手段，因此城市统计部门必须努力协调好统计、会计、业务三种核算，理顺核算体系所需资料的报送渠道，将核算体系的各项要求逐步落实到各个业务部门和各个基层单位，使其真正建立在坚实的微观核算的基础上。由于国民经济核算需要建立在统计指标体系的基础上，因此，按照全国的统一部署，各地区、各部门都要尽快健全社会、经济和科技等统计制度，以全面地、系统地反映城市经济建设、社会发展和科技进步的全貌，保证新国民经济核算体系的顺利实施。

第二，要以推行企业“一套表”为突破口，加快统计制度方法改革。这是去年8月全国统计制度方法工作会议确定的部署。之所以选择“一套表”作为突破口，是因为统计制度方法改革需要解决的矛盾很多，千头万绪，抓“一套表”可以对现行统计制度方法中存在的各种弊病进行综合治理。因此，城市统计部门都要按照全国的统一部署，把企业“一套表”的试点和推行，作为一项重要工作来抓，力争今明两年能够取得突破性进展。在步骤上，既要积极，又要稳妥。目前，可以先从工业企业“一套表”抓起，然后再逐步扩展到其他行业，以便为今后全面推行企业“一套表”创造有利条件。

(二)加速统计信息自动化系统建设。

搞好统计信息自动化系统建设，是实现统计工作现代化的必由之路。多年的实践证明，统计信息自动化系统建设，不仅对于提高统计工作效率具有极为显著的作用，而且对于变革整个统计工作格局具有更为深远的意义。

近几年来，特别是在第四次人口普查的推动下，我国的统计信息自动化系统建设已经取得了长足进展。目前，全国绝大多数大中城市除已配备了HP386超级微机外，还配备了相当数量的微机。市统计部门一般都与省统计部门实现了远程通讯联网，有的城市还与区(县)和大中型企业实现了计算机联网。可以说，全国多数城市都已初步形成了一个以市统计部门为中心的，具有较强数据处理能力的统计信息自动化系统。

但是，我们也要清醒地看到，目前统计信息技术落后的状况仍未从根本上改观，特别是计算机的应用开发还很难满足统计工作的需要，自动化系统建设与统计业务工作相结合的问题还有待进一步研究解决。因此，城市统计信息自动化系统建设的任务仍然十分艰巨。各级统计部门都要在进一步提高计算机硬件装备水平，做好现有设备维修、保养、管理、更新工作的同时，切实把工作重点转移到计算机的开发应用上来。城市统计部门要在国家统一规划的基础上，做好统计应用软件的开发和标准化工作，抓紧筹建统计数据库体系，积极研制和推广各种常规的分析预测模型，以进一步搞好预测工作，满足党政领导决策和管理的需要。有条件的城市统计部门，要逐步与区(县)、部门以至大中型企业的计算机联网，以加快信息传递速度，提高其准确性。

需要指出的是，电子计算机技术在统计工作中的广泛应用，已经对统计制度方法的标准化、规范化，以及统计部门内部管理体制的改革与调整，产生了越来越强烈的要求。因此，城市统计部门在推进统计信息自动化系统建设过程中，要积极研究、探索其与统计制度方法和统计部门内部机构的配套改革办法，并将这三个方面的工作紧密结合起来，

统筹规划，妥善安排，真正实现科学有效地组织城市统计工作。

（三）加强统计法制建设。

几年来，经过全国广大统计人员的不懈努力，城市统计工作已经逐步走上了法治轨道。许多省（自治区）、市统计部门，不仅建立了统计法制机构，配备了专职检查人员，而且建立了地方统计法规或规章，普遍地、经常地开展了统计法规检查工作，统计法规的威力已经日益显示出来。更为可喜的是，越来越多的城市已经学会了正确运用统计法规这一有力武器，大力推动城市统计改革和建设事业的发展。如依据《统计法》的规定，推动了区统计机构的建设，根据地方统计法规或统计规章的要求，促进了街道统计站的建立和企业统计达标升级活动的开展。

实践证明，统计法规既是维护统计工作秩序，保护统计工作成果，特别是保障统计数据、信息准确可靠的有力武器，同时还是推进统计改革、加强统计建设的有力武器。一方面，要继续建立健全地方统计法规或规章，把统计工作中应兴应革的事情，尽可能用法律法规或制度的形式加以明确。另一方面，要敢于执法，善于执法，真正做到有法必依，执法必严，违法必究，使统计法规得到全面的贯彻落实。

当前城市统计法制工作中的突出问题是，一些“三资”企业和实行承包经营、租赁经营的企业，不认真履行统计法规所规定的义务，在统计数据上弄虚作假，以数谋私，逃避和破坏国家的统计监督。因此，各级统计部门特别是城市统计部门，都要严肃统计法纪，切实加强对现行统计法规执行情况的监督检查，坚决同各种违犯统计法规的现象作坚持不懈的斗争。

（四）加强统计干部队伍建设。

城市统计工作水平的高低，城市统计的整体功能能否得到充分发挥，关键在于人才。我们曾多次指出，由于统计工作覆盖国民经济的各个部门、社会再生产的各个领域，因而统计工作者需要具有渊博的学识和多方面的业务技能。

近几年来，各级统计部门在培养统计人才方面都下了很大功夫。一方面，通过鼓励在职干部参加统计干部电视函授教育，使许多统计人员的素质有了明显提高；另一方面，通过举办各种类型的培训班，对统计人员进行岗位知识培训，提高了业务技能。但总的说来，城市统计人员的素质，仍远不能适应城市统计改革和统计现代化建设的需要。因此，各级统计部门都要一如既往地把统计教育和干部培训工作放在战略位置，坚持不懈地抓紧抓好，抓出成效。

根据各地的经验和大家的讨论，当前要在抓好统计干部政治思想教育和统计职业道德教育的同时，认真贯彻培训与使用相结合的方针，采取多种形式，分级分层次地加强对在职统计人员包括统计领导干部的培训。重点加强计算机技术、国民经济核算体系、统计法律法规、统计行政管理等方面的培训，使广大统计干部掌握各种新的科技知识和业务技能，以适应统计现代化建设的需要。今明两年，国家统计局将组织助理统计师的培训和资格考试，并将继续组织统计员的培训和资格考试，希望各省、自治区和各城市统计部门密切配合，统一组织好本地区统计人员特别是基层单位统计人员的培训工作，以逐步提高统计干部队伍的整体素质，为充分发挥统计整体功能提供人才支持。

同志们！经过广大统计工作者多年来的辛勤工作，我国城市统计工作已经发生了令人欣喜的变化，目前一个以建立健全城市统计信息网络为重点内容的城市统计改革和建设，已在全国各大中小城市由点到面地普遍开展起来。我们相信，通过这次经验交流会的推动，城市统计改革和建设的步伐必将进一步加快，城市统计的整体功能必将得到更充分、更有效的发挥。预祝同志们夺取更大的胜利！

□□

认真贯彻八中全会和中央工作会议精神进一步发挥统计整体功能

——国家统计局副局长郑家亨在1992年全国统计工作会议上的讲话

1992年2月18日

这次全国统计工作会议是在全党、全国人民认真学习贯彻党的十三届八中全会和中央工作会议精神的形势下召开的。会议的主要议题是：总结交流1991年全国统计工作情况，研究探讨统计工作如何贯彻党的十三届八中全会和中央工作会议精神，进一步落实李鹏总理关于统计工作的重要指示，以建立新国民经济核算体系基本框架和统计信息自动化系统建设为重点，搞好各项统计改革和建设，更加充分地发挥统计的信息、咨询、监督职能等问题。

现在，我受国家统计局党组的委托，就1991年全国统计工作情况和1992年统计工作的主要任务讲几点意见，供大家讨论。

1991年统计工作发展的基本情况

1991年，在党中央、国务院的正确领导下，经过全国各族人民的共同努力，我国政治稳定、社会安定，经济进一步向好的方向发展。国民经济稳定增长，社会供求总量基本平衡，改革开放迈出较大步伐，结构调整取得进展，治理整顿的主要目标已基本实现，为实现“八五”计划和十年规划创造了一个良好的开端。

在这一年里，全国统计工作也呈现出喜人的发展形势。年初，李鹏总理对统计工作作了重要指示，为进一步开创统计工作新局面指明了方向。一年来，各地区、各部门、各单位认真学习、宣传和贯彻落实李鹏总理讲话精神，收到很好的效果。许多省(区、市)人民政府和部门召开常务会议或办公会议，讨论研究落实李鹏总理关于加强统计工作、发挥统计职能的指示，并采取措施帮助统计部门解决一些实际困难。各级党政领导对统计工作的重视、关心和支持，极大地鼓舞了广大统计人员，有力地推动了统计工作的发展。一年来，各级统计机构和广大统计人员锐意开拓，奋发进取，各项统计改革和建设又取得了比较显著的成果。在发挥统计的信息、咨询、监督作用，建设适合中国国情的统计体系，实现统计工作计算机化等方面，都有了重要的进展。

一、加强定量分析和系统分析，统计咨询水平进一步提高

一年来，各级统计机构和广大统计人员认真贯彻李鹏总理关于统计工作要“准确、及时、全面、方便”、“统计咨询要定性分析和定量分析相结合，要更多地提出具有定量分析的咨询意见和对策建议”的指示，积极开展定量分析和系统分析，提出了不少有份量的统计资料和分析报告。

(一)经济形势分析的时效性、灵敏性、科学性明显提高。伴随着宏观调控力度的调整，国民经济出现全面回升的新态势。各级统计机构适应新形势，采取了多种有效措施，组织力量开展调查分析，取得了明显的效果。一是提高了时效性。为使领导及时掌握经济运行情况，各地区、各部门对主要统计指标增加观察频数，缩短调查间隔，加强预计预测，做好超前服务。在全国广大统计人员的共同努力下，从5月份起，全国的商业、投资、劳动工资月报时间提前到月后7日以前，并相应建立了主要指标的预计预测制度，基本解决了长期存在的各专业进度统计报告时间不一致的矛盾。这不仅便于全面系统地观察与分析经济形势，还使报告时间比往年提前5—7天。二是增强了灵活性。各级统计机构密切注视经济运行中各种矛盾的变化，灵敏

地捕捉新情况、新问题，及时反映了产成品资金占用居高不下、“三角债”困扰、大中城市物价涨幅较高、新开工投资项目过多、集团消费增长过快、货币投放加速等问题，起到了预警的作用。三是提高了科学性。各地区、各部门紧密围绕控制总量、保持平衡、优化结构、提高效益这个主题，深入开展定量分析和系统分析，努力探求各个因素之间的数量关系、数量界限以及发展变化的规律性，注意提供有量化特点、便于操作的对策建议，发挥了咨询作用。去年上半年，在广泛吸收各地区、各部门意见的基础上，国家统计局及时向国务院提出了“只要按照年度国民经济计划进行微调，就可以做到保持国民经济稳定增长”的对策建议，得到了国务院的重视和采纳。

(二)贴紧现实生活，选准重大课题，做好重点分析研究。1991年是实施治理整顿方针的第三年，国内外对治理整顿以来国民经济的发展变化普遍关注。许多省(区、市)和一些部门的统计机构及时选准这一重大课题，组织力量进行深入系统的调查研究，提出了一批论据充分、观点鲜明的分析报告，为适时作出战略转移的重大决策提供了依据。国家统计局在组织上海、江苏、浙江、湖北、辽宁等省、市和沈阳市共同调查研究基础上，撰写了《成效·问题·启示——对三年治理整顿的回顾和思考》统计报告，得到了国务院主要领导同志的重视和好评，报告中的一些重要观点被纳入中央工作会议文件。

各级统计机构适应经济形势的发展逐渐由促进经济回升转到调整结构、提高效益上来的需要，紧密围绕“质量、品种、效益年”，还重点抓了搞好大中型企业，稳定农业发展，解决财政困难，以及外贸、分配、住房、社会保障、流通、价格、融资渠道、证券市场等一系列专题分析研究。其广度进一步拓展，内容更加丰富，受到了各级党政领导的重视。

需要强调指出的是，部门的统计分析水平有了显著提高，基层单位的统计分析工作也有新的进展。海关总署针对中美贸易不平衡问题，组织专门小组作了较为深刻的分析，提出了对策与建议，得到了国务院的肯定和经贸部的赞同。中国人民银行进一步加强了对金融状况的监测和分析，在宏观调控中发挥了重要作用。经贸部关于外贸体制改革成效的分析材料，卫生部关于医院社会效益和经济效益的评价材料，都受到部领导的重视和好评。机电、纺织、轻工等部门围绕产品的产销存等情况作了较为深入系统的分析，为加强调控、限产压库提供了依据。

(三)围绕“八五”计划和十年规划开展战略性研究。各级统计机构在做好“七五”计划执行情况系列实证分析的基础上，对新时期经济发展战略、宏观调控目标等作了深入的分析，提出了一批有量化特点的咨询建议。河北省撰写的《摆脱“病态”运转走向良性循环的战略抉择》，提出了该省“八五”计划和十年规划的战略对策和基本思路，引起了党政领导和有关部门的重视。辽宁省撰写的《我省调整投资方向的重点和对策建议》，指出了该省“八五”期间调整投资的方向和重点，得到了党政领导的好评。国家统计局关于“八五”期间国民生产总值增长速度的建议，也被国务院所采纳。

(四)积极参与社会经济课题研究，增强了统计咨询的深度。不少地区和部门的统计机构，独立承担或与研究机构共同承担的社会经济方面的研究项目增多。江苏、河北、湖北、上海、浙江、安徽、辽宁、吉林等省、市，先后完成了宏观经济模型、人口与社会经济发展、经济效益评价、产业结构调整、小康水平等方面的研究课题。研究成果具有较高水平，提出的咨询意见和对策建议具有较高的科学价值，各级党政领导和社会各界评价较高。

(五)积极承担目标管理考核，为加强科学管理做出了应有的贡献。直接承担目标管理统计考核任务的统计机构，在提高统计质量的前提下，既拓宽了统计服务领域，又发挥了统计监督作用。山东、青海、河南、江苏、浙江、山西等省和成都、重庆、大连等计划单列市，适应国民经济由“速度型”向“效益型”转变的新形势，改进了经济效益考核指标体系，并按月或按季公布考核结果，引起了各方面的重视。为切实贯彻中央关于严格控制人口增长的决定，许多地区积极承担了人口控制情况的统计考核任务。一些部门通过目标管理考核工作，找出了行业发展优势和存在问题，提出了不少改进建议，对加强管理、调整结构发挥了较好作用。

在过去的一年里，统计咨询的广度和深度进一步发展，参与高层次决策活动越来越多，并逐步走向经常化、制度化，统计在决策和管理中的作用更加显著。

二、统计宣传工作更加活跃，对外咨询服务取得新的成绩

一年来，各级统计机构进一步重视统计宣传工作和对外咨询服务工作，加强组织领导，采取有效措施，较好地发挥了统计宣传、出版、咨询等单位的作用，统计在社会主义、爱国主义教育和为社会公众服务方面做出了新的成绩。

许多省、区、市统计局成立了统计宣传报道组，举办了统计新闻报道培训班，建立了统计宣传评比和管理制度，加强了统计宣传工作的组织领导和制度建设。通过各种新闻媒介播发的统计信息数

量增加，内容更加广泛，水平也有提高。去年，新华社、《人民日报》社、《经济日报》社、中央电视台、中央人民广播电台等中央重要新闻单位和各地方新闻单位，在统计宣传方面高潮迭起：年初是一号统计报告，随后是统计公报、一季度和上半年统计新闻发布会，三季度是建国42年建设成就系列材料，11月份《人民日报》又以一个多版面转发了《三年治理整顿的回顾与思考》全文。

各级统计机构有计划地组织了两次较大的宣传活动。一是，为配合各级人大和政协会议的召开，组织了"80年代经济和社会发展成就"系列报道，宣传了我国社会主义现代化建设和改革开放的巨大成就。二是，为配合庆祝建国42周年，组织了反映建国以来社会主义建设伟大成就的宣传教育材料。许多报刊、电台、电视台都以专栏或专题形式作了连续报道，在社会上引起了强烈反响。

统计宣传工作的广泛开展，使得统计的社会影响进一步扩大。对此，新闻界给予高度评价，认为"统计信息系统已成为上至国家领导人下至普通百姓了解国情国力的权威信息机构，也是全国最大的信息系统。"

统计资料书刊的编辑工作进一步发展。全国统计年鉴已有70多种，初步形成了系列化，引起广泛的重视，并得到中宣部、新闻出版署的高度评价，认为统计年鉴是具有较强全面性、实用性、权威性的年鉴。《中国统计信息报》从周一刊发展为周二刊。完成了《中国国情国力》的创刊准备工作。各级统计机构还充分利用统计报刊，登载了一大批经济、社会、科技等多方面的信息，较好地发挥了统计宣传的作用。

统计信息咨询服务领域逐步拓宽，服务项目不断增加，服务水平进一步提高。特别是面向基层企业的信息咨询服务有所加强。开发利用统计信息，开展统计咨询服务，加速统计信息社会化进程，为发展社会主义有计划商品经济发挥了积极的作用。

三、综合治理统计数据质量取得较明显成效

提供准确的统计数据，是统计部门的首要职责，是党政领导对统计工作的最基本要求。1988年，姚依林副总理指出，统计部门首先要把"实事"搞清楚。去年1月，李鹏总理再次强调指出："统计一定要实事求是，准确可靠。"对搞准统计数据问题，各级统计机构一直是十分重视的。1989年全国统计工作会议就明确提出，在社会主义初级阶段，搞准统计数据的难度增大，存在着统计失实的潜在危险，要千方百计，努力搞准。几年来，特别是去年，各级统计机构把搞准统计数据当作一项头等重要的工作来抓，针对影响统计数据质量的各种因素，进一步采取多种行之有效的措施，进行综合治理。

一是，加强基层统计基础工作，努力确保微观统计数据的准确。许多省(区、市)和部门都投入了相当大的力量，广泛开展了城乡统计基础工作规范化建设，进一步加强了基层统计工作，从源头上为提高统计数据质量提供了必要的条件。

二是，认真开展统计数据质量检查，依法排除人为干扰。各地区、各部门普遍建立了统计数据质量检查制度，多数每年坚持进行两次数据质量检查，有的还开展了统计数据质量检查月活动。对查出的各种统计违法案件及其责任人员，依法进行严肃处理，在一定程度上遏制了人为干扰统计数据的现象。

三是，层层建立了统计数据质量责任制，加强审核，严格把关。各级统计机构和基层企事业单位比较普遍地建立了严格的统计数据审核制度，运用计算机进行逻辑审核，开展数据质量评比工作，从而减少了技术性差错。劳动工资统计年报实行联审制度，收到了较好效果。

四是，改进统计调查方法，提高主要指标的准确度。一些地区和部门对人口、个体商业、乡村工业、居民收入等点多面广、难以单纯用全面报表搞准的指标，灵活地运用多种调查方法和核查手段。河北省建立了人口调查队，北京市建立了商业调查队，力求取得比较符合实际的数据。

五是，坚持对主要统计数据进行质量评估，做到心中有数。多数地区经常对一些敏感性强、影响大的统计数据进行质量评估，认真检查分析统计数据流程中各个环节上出现的误差，据以计算出综合误差率，推断总体数据的准确程度和误差范围。通过开展统计数据质量评估，查清了一些发生差错的原因，并采取了相应的改进措施。

几年来，通过各级统计机构和广大统计人员的艰苦努力，采取各种有效措施，中观和宏观统计数据基本上能够反映经济运行的趋势，在这些统计数据基础上进行的分析研究和提出的咨询建议是基本符合客观实际的。但是，就微观统计数据来说，由于各种原因，在个别地方或单位确实有虚报、瞒报的问题，有的还相当严重，需要引起我们高度重视。

四、统计制度方法改革取得新进展

一年来，我们遵照李鹏总理关于"要逐步建立适合中国国情的统计体系"的指示，积极推进统计制度方法改革，取得了新的进展。

为有计划有步骤地实施新国民经济核算体系，

进行了一系列准备工作。在20多个省(区、市)开展了各专业增加值统计试点，组织7省、市进行综合性试点。在总结试点经验的基础上，对新国民经济核算体系试行方案进一步作了修订。去年8月，邹家华副总理主持会议，听取了国家统计局关于加快实施新国民经济核算体系工作的汇报，对方案的总体方向和基本框架给予了充分肯定。邹副总理强调指出：要统一认识，加强领导，一定要办好这件事；各有关部门都应按此方向开展工作，积极配合，及时提供《试行方案》所需的各种资料。今年1月，国务院副秘书长刘仲藜同志主持论证会，对新国民经济核算体系试行方案进行了论证。与会专家一致认为，研制工作指导思想正确，方案设计科学，内容系统，结构严谨，具有很强的实用性和可操作性，是适合我国国情的国民经济核算体系方案。这个方案经过论证被通过，这就为顺利实施创造了有利条件。

为促进经济工作切实转移到调整结构和提高效益的轨道上来，遵照国务院总理办公会议精神，国家统计局提出了《关于改进经济评价考核指标的报告》，业经国务院领导批准。在此以前，已将农业、工业、建筑业、运输业的增加值统计纳入1991年年报制度。

为配合“质量、品种、效益年”活动，国家统计局与国家技术监督局、国务院生产办共同研究提出了《全国工业产品质量指标体系总体方案》，并联合发出开展试点工作通知；国家技术监督局在75个重点城市建立了主要工业产品质量定期报表制度。同时，改进了大中型工业企业主要经济指标半年报，建立了主要工业产品单位产量综合能源消耗季报制度。

为系统反映科技发展情况，国家统计局召开了全国科技统计会议，会同国家科委、国家教委、国防科工委制定了统一的全国科技统计报表制度，使我国科技统计工作进入了新的发展阶段。为综合评价各地区社会发展水平，研究制订了《我国地区间社会发展水平评价试行方案》。

为推进基层统计规范化和改进调查方法，将农村基层统计“一套表”纳入年报制度，布置全国执行；工业企业定期统计“一套表”在本溪市、黄石市、洛阳市和湖北南漳县试点获得初步成功，年报“一套表”试点正在顺利进行；一些地区探索对个体经济、私营经济和“三资”企业采取抽样调查、重点调查和利用工商企业登记业务资料等方法，取得了经验。

五、国家统计信息自动化系统建设有了重要进展

去年，我们认真贯彻李鹏总理关于“统计工作计算机化，并且进行联网，这是发展的必然趋势”、“要有重点、有步骤地进行”的指示，在统计信息自动化系统建设方面取得了可喜的成果。

在国务院领导的直接重视和关心下，在国家计委、财政部等有关部门的支持下，统计信息自动化系统建设已列入了国家“八五”计划，为系统建设进一步发展提供了重要条件。特别值得一提的是，去年年底，李鹏总理再次强调：“为了加强统计工作，发挥对国民经济宏观调控提供准确及时的信息，使统计手段逐步现代化，是必要的。”亲自批准从总理预备费中给予一定的经费，用于加强统计信息自动化系统建设，并同意在“八五”期间，国家每年安排2 000万元的投资，加强统计信息自动化系统建设，这充分体现了国务院对统计工作的重视，必将对系统建设起到强有力的推动作用。

硬件配备有了新的进展，大型统计数据加工处理能力进一步提高。第四次人口普查数据处理工作，继1990年提前4个月完成10%抽样资料汇总工作后，100%资料汇总工作进展顺利。在这次人口普查中，采取“三级四步”的普查数据处理模式，在世界人口普查史上还是首创，受到联合国和一些发达国家专家的赞扬。

软件开发与应用工作取得了一批成果。人口普查数据处理软件和农业、工业、投资、建筑业等报表处理软件系统和应用程序都达到了一定的水平。数据库试点工作取得了一定的进展。国家统计局和一些省(区、市)及部分地市，积极开展数据库的建库试点，并开始在统计资料加工整理和分析研究中发挥作用。

统计信息自动化系统建设正逐步向印刷、出版延伸。国家统计局和山东、辽宁、青海、哈尔滨等地以数据库自动编辑系统转激光排版方式编辑出版《统计年鉴》，提前了出版时间，质量也有提高。一些省(区、市)和地、县统计局，先后建起了轻印刷系统。

1991年全国统计工作，在其他方面也取得了比较显著的成绩。

城乡统计信息网络进一步拓展，基层统计建设有所加强。去年7月，在大连市召开了全国城市统计信息网络建设和城市统计改革经验座谈会，对我国城市统计改革和建设起了重要的推动作用。在纵向网络方面，目前，建立统计局的市辖区已占全国区总数的3/4；建立街道统计站的工作，由点到面逐步推开，山西省基本普及了街道统计工作站，湖

南省建站率达到89%；企业综合统计机构得到了加强，有些大型企业试行总统计师制，不少地区在企业推广综合统计负责人制，都发挥了良好的作用。在横向网络方面，各级业务主管部门统计机构不同程度地得到加强，统计力量有所增加。去年，各级业务主管部门和政府统计部门本着“共识、协力、互补、共享”的原则，在企业统计基础规范化建设、统计制度方法改革、研究建立新国民经济核算体系、统计法规检查、经济形势分析等方面，进一步加强了联系和协作，对提高统计工作的整体水平发挥了重要作用。农村统计信息网络建设在巩固中进一步向前发展。全国乡镇统计站建站率已达80%以上，村级统计组也有较大发展。

统计机构改革试点工作有了新的进展。内蒙古、湖北、陕西等省(区)分别提出了地方统计机构改革初步方案，为下一步实行改革作了比较充分的准备。内蒙古自治区统计局以信息自动化建设为先导，进行统计配套改革，取得了初步成效。国家统计局和一些地方统计机构，积极推行公务员制度和目标管理责任制，加强了统计队伍的思想建设和组织建设，取得了重要经验，受到有关部门的重视。

统计法制建设成效显著。去年江西、福建、甘肃、新疆、黑龙江等省(区)做了大量工作，颁布实施了地方统计法规。目前，制订了地方统计法规的省(区、市)已增加到20个，体委、计生委、技术监督局、物价局、地震局等部门制发了部门统计规章。《统计法修正案》(送审稿)，已报送国务院审批。统计法规检查工作逐步深入，各省(区、市)和一些部门查处结案了一批影响较大的案件，有效地维护了统计机构和统计人员依法行使“三权”，对保证统计工作的顺利进行，提高统计数据质量起了重要作用。根据国家“二五”普法规划的要求，多数省(区、市)和不少部门都积极开展统计普法宣传，进一步增强了全社会的统计法制观念。

统计教育成绩喜人。去年又对基层统计人员进行了岗位专业知识培训，有16万人经考试合格；结合执行助理统计师资格考试制度，组织编写了《社会经济统计学原理》等13种岗位培训教材，开展了培训；举办了县级农业统计人员培训班，参加学习的有4 000多人；举办了第二轮统计专业电视函授大专班，有5万人参加学习。同时，各级都加强了对统计负责人尤其是县(区)统计局长的培训，收得了良好的效果。在加强培训的基础上，进一步开展了统计专业技术职务的评聘工作。在中小学普及统计知识的工作有了进展，组织编写了小学统计知识挂图，并在几个省(市)选定了若干中学进行统计选修课实验。

统计科研取得一些重要成果。《中国1987年投入产出模型研制及应用》于去年11月通过国家级鉴定，在模型设计与研制技术上处于国际领先地位。许多省(区、市)统计局积极承担国家和地方的科研课题，有一批科研成果通过鉴定并获奖，发表的论文和专著明显增加。首次全国统计科研优秀成果评选，涌现了一大批优秀科研成果，有些已转入实际应用，对推动我国统计事业发展起了积极作用。

统计国际交流工作有新的发展。去年我国先后向古巴、朝鲜派遣了统计技术专家，介绍国民经济核算和人口普查经验；为10个发展中国家培训了农业普查人员，为朝鲜培训了人口普查人员，扩大了我国统计工作在国际统计界的影响。

统计系统的思想政治工作显著加强。各级统计部门在各级党委的领导下，进一步加强了思想政治工作和统计职业道德教育，提高了广大统计人员从政治上观察和分析事物的能力，进一步坚定了社会主义信念，增强了统计事业心。在去年我国部分地区发生特大洪涝灾害期间，全国广大统计人员积极响应党中央、国务院的号召，踊跃捐款捐物，为灾区人民安定生活、恢复生产、重建家园贡献了自己的力量，表现出崇高的共产主义道德风尚。特别是安徽、江苏、河南、湖北、湖南、浙江、四川、贵州等受灾地区的广大统计人员，一面坚守岗位完成本职工作，一面积极投入抗洪抢险斗争，出现了许多可歌可泣的感人事迹，值得我们学习和发扬。

1992年统计工作的主要任务

90年代，我国国民经济和社会发展进入了新的发展时期，在注重量的增长的同时，更加注重质的提高。去年9月和11月，党中央先后召开了中央工作会议和十三届八中全会，确定了进一步搞好国营大中型企业、进一步加强农业和农村工作的方针、政策和措施，这是保证我国社会主义事业顺利发展，建设有中国特色社会主义的重要决策。最近，党中央明确提出了今年的工作重点：要坚定不移地全面贯彻党的基本路线，继续抓好发展经济、加强党的建设和维护社会稳定三件大事。关于经济工作任务，中央提出要进一步解放思想，深化改革和扩大开放，在巩固和发展治理整顿成果和坚持经济总量基本平衡的基础上，把经济工作转移到调整结构和提高效益的轨道上来，保持国民经济持续、稳定、协调发展。

90年代，我国统计工作面临着新的形势。从客观环境上看，随着各级党政领导科学决策和科学管理水平的提高，对统计工作的要求越来越高；其次，随着有计划商品经济的发展，社会、经济问题更为复杂，利益机制的作用更加明显，统计工作的难度越来越大，任务越来越重；第三，在信息时代，由于信息咨询产业的兴起，统计部门面临着很强的竞争局面。从统计部门目前的情况看，还存在四个不适应：一是，统计信息质量、咨询和监督水平尚不能适应党政领导科学决策、管理以及社会公众的需要；二是，统计制度方法不适应发展有计划商品经济和改革开放的新形势；三是，统计系统的计算机配备及其应用管理不适应统计信息处理、传输和分析需要；四是，统计人员素质不能适应统计工作发展的需要。可以说，当前统计部门面临着严峻的考验和挑战，但要看到，这也是促进统计事业发展的有利契机。只要各级统计部门的领导同志和广大统计工作者，认清形势，勇敢地迎接考验和挑战，把压力变成动力，就一定能把统计工作提高到一个新的水平。

在新的一年，我们要认真贯彻中央会议精神，进一步落实李鹏总理关于统计工作的重要指示，加快国民经济核算体系和统计信息自动化系统的建设步伐，深化统计改革，努力提高统计数据质量和分析研究水平，为搞好国营大中型企业，加强农业和农村工作，调整结构和提高效益，保持国民经济持续、稳定、协调发展，提供统计优质服务。下面我重点谈五个方面的工作。

一、进一步增强参与和服务意识，努力提高统计优质服务水平

在新的一年，各级统计机构要适应深化改革、扩大开放、调整结构和提高效益的新形势，进一步增强参与决策和管理的意识，增强为社会公众服务的意识，从着重反映规模、速度转向着重反映调整结构、提高效益方面来。

在为决策和管理服务方面，要努力搞好多层次、多环节、全方位的服务，增强针对性。既要做好为领导决策的服务，努力参与各种决策咨询活动，又要积极参与管理工作，发挥统计在加强社会经济管理中的作用；既要为制定和检查计划服务，又要为目标管理考核服务。

为进一步提高服务水平，要认真开展定量分析和系统分析，在上质量、上水平方面狠下功夫，努力为党政领导提供具有量化特点的咨询意见和对策建议。

统计分析研究的重点，今年的统计工作要点中提出了五个方面的内容，即围绕巩固和发展治理整顿的成果，保持经济总量基本平衡，促进国民经济持续、稳定、协调发展，搞好对国民经济运行状况的监测和预警；积极研究农业和农村工作的改革与发展问题；研究调整结构、提高效益和搞好国营大中型企业的对策和建议；研究进一步深化改革、扩大开放的问题；研究科技进步在国民经济增长中的作用，以及社会经济协调发展的问题。各地区、各部门、各单位的统计机构要结合各自的特点，针对党政领导的要求，安排好分析研究工作，力争提出高质量的、适时对路的统计资料和分析报告。为此，要重点抓好以下四方面的工作：

（一）搞好综合平衡分析，加强对国民经济形势的综合性、整体性研究。要用全面的观点、联系的观点和发展的观点来分析研究问题，将生产、分配、流通、消费等方面的情况联系起来，全面地分析，即使是局部的、专业的问题，也要放到整个经济中去考虑，从相互联系中把握住问题。要积极开发国民经济核算的资料，把分析研究的重点放在重大的宏观经济问题方面，进一步提高经济形势分析的准确性、科学性。

（二）组织好分析研究力量，加强集体联合攻关，发挥整体效益。对领导关心的重大课题，要采取综合与专业相结合、上级与下级相结合、条条与块块相结合、实际工作者与理论工作者相结合的研究方式，集思广益，博采众长，提高专题统计分析的深度。

（三）深入开展调查研究。对重点分析研究的专题，要深入实际、深入群众、深入基层进行调查，掌握第一手材料，加深对事物的认识。要积极推广一些地方行之有效的基层联系点制度，以掌握更多的活情况。

（四）进一步利用各种宏观经济模型开展统计分析。要完善和推广宏观监测与预警体系，建立宏观经济动态监测制度。同时，要利用各种模型，搞好经济预测，为科学决策、管理提供超前服务。

在为社会公众服务方面，要进一步搞好统计新闻宣传工作和对外咨询服务工作。统计宣传工作要坚决贯彻中央关于团结、稳定、鼓劲的方针，突出经济建设这个中心，加大改革开放的宣传力度，增强全国人民建设有中国特色的社会主义的信心和决心。要进一步搞好统计新闻、出版等方面的改革，加强集中统一管理，把各方面的力量组织起来，充分发挥综合优势和整体效能，进一步拓宽业务范围，扩大服务对象，提高社会和经济效益。为此，国家统计局拟在下半年召开全国第二次统计宣传工作会议，各地要认真做好准备工作。与此同时，要通过各种新闻媒介，进一步加强统计新闻和宣传、普及统计知识的工作，加强计划性，健全各项制度，在做好定期新闻发布工作的基础上，围绕党代会、人代会等重要会议和重大节日组织好统计宣传报导。要积极做好政府统计机构创立四十周年的宣传报导工作，创造良好的外部舆论环境，使社会各界进一步了解统计工作，理解和支持统计工作。

二、继续狠抓统计数据质量

搞准统计数据是一项长期、经常、艰巨的任务。特别是近年来，把统计数据作为目标管理责任制的考核依据以后，对搞准统计数据带来一些新的困难。对此，我们一定要保持清醒头脑，牢固树立常抓不懈的思想。

影响统计数据质量的因素是多方面的，必须针对各种因素，运用思想的、法制的、行政的、经济的、技术的各种手段进行综合治理，使统计调查和统计数据管理逐步实现法制化、科学化。

针对影响统计数据质量的统计部门内部各种因素，各地区、各部门要在继续搞好基层统计基础工作的同时，重点加强统计数据质量控制和主要统计数据质量评估工作，力求做到基层单位上报的微观数据能够切实反映客观实际，各级统计机构汇总上报的宏观和中观统计数据能够反映全国和各地区的社会基本运行趋势。

统计数据质量控制，就是要对统计活动的各个环节(包括统计设计、统计调查、统计整理)进行科学化、规范化、制度化的管理。根据多年来的实践经验，统计数据质量控制，必须针对设计误差、调查误差和整理误差采取科学方法进行控制。要针对各种误差产生渠道，按照立足基层、层层把关的原则，对每一个工作环节、工序采取“复查”和“验收”的质量控制措施。按照规定的质量标准，经过复查、验收合格的，才能逐级上报；凡是不符合标准的都要返工重做，直到验收合格。各级统计机构的主管领导对上报的统计数据质量负有直接责任，一定要认真抓好统计数据质量控制工作。

统计数据的质量评估，就是对调查、整理完毕的统计数据质量予以评价，对其准确性进行估计。统计数据质量评估，是为了掌握统计数据的可靠程度及误差范围，以便正确地加以使用，并有针对性地采取措施，进一步提高统计数据质量。根据各级党政领导决策、管理的需要，当前要重点评估反映国民经济和社会发展情况的15项统计指标的数据质量：即国民生产总值、国民收入、农业总产值、农业增加值、粮食产量、工业增加值、工业销售产值、固定资产投资额、社会商品零售总额、工资总额、农民人均纯收入、城镇居民人均收入、零售物价指数和生活费用价格指数、总人口数。要根据具体情况采取多种评估方法，并将不同方法评估的结果进行相互验证。要把反映社会再生产过程中生产、分配、流通、消费各个环节的主要统计数据联系起来进行评估，力求弄清数据的准确度。各省(区、市)和部门统计机构要及时将评估结果上报国家统计局。

统计数据质量控制和主要统计数据质量评估，是当前提高统计数据质量的两项重要措施，各级统计机构一定要高度重视，认真做好。

三、抓紧建立新国民经济核算体系基本框架，加快统计制度方法改革步伐

关于建立健全新国民经济核算体系问题，张塞同志将作全面论述，我着重从安排落实今年工作的角度，讲几点意见。

首先，建立健全新国民经济核算体系，是加强宏观经济管理的迫切需要。改革开放以来，我国经济体制格局和经济运行机制发生了深刻变化。国际经济技术交流日益扩大，原有的核算制度与发展有计划商品经济的要求越来越不适应。为从整体上掌握国民经济的运行状况，加强宏观管理，促进国民经济持续、稳定、协调发展，迫切需要建立适合中国国情的新国民经济核算体系。这是新的形势赋予统计部门的艰巨任务，也是把统计工作提高到一个新水平的机遇。对这项工作的必要性和紧迫性，我们要有充分的认识。

其次，建立新国民经济核算体系基本框架的条件已基本具备。1984年以来，在国务院领导下，国家统计局会同国务院有关部门及高等院校、科研单位，围绕新核算体系，进行了一系列研制和实施准备工作。一是，多次召开核算体系理论和方法论科学研讨会，完成了理论准备；二是，进行方案设计，经过广泛征求意见和反复论证检验，方案逐步趋于成熟；三是，近几年来，分批组织一些省(区、市)对方案的主要表式进行了试编试算，组织各省(区、市)进行了增加值统计试点，为全面实施探索了途径，培养了人才，积累了经验；四是，得到了国务院领导的重视和支持，邹家华副总理对实施新国民经济核算体系的必要性以及方案的总体方向和基本框架都给予了充分肯定；刘仲藜副秘书长主持的专家论证会，通过了新国民经济核算体系方案。这些都为新国民经济核算体系的实施准备了必要的条件。

第三，实施新国民经济核算体系，要按照全国统一部署，有计划有步骤地进行。今年要在国家和省两级把新核算体系的基本框架初步建立起来，对社会再生产过程中的实物流量和资金流量进行比较完整的描述，从总体上反映国民经济的运行情况。其具体要求是：要进一步完善计算国内生产总值的核算制度及与之配套的价格统计体系；做好1992年全国投入产出调查和编表的各项准备工作；制定和布置国家、省级资金流量表的试行方案；完善国际收支平衡表的核算方法；研究全社会资产存量的

统计渠道和方法。

第四，改进经济评价考核指标。这是把经济工作转移到调整结构、提高效益轨道上来的迫切需要。江泽民总书记、李鹏总理、邹家华和朱镕基副总理分别在不同场合多次强调，要建立一套能够准确、全面反映经济规模、速度、结构和效益状况的评价考核指标体系，使统计工作真正起到对国民经济运行的导向作用。从今年开始，要按照国务院批准的《关于改进经济评价考核指标的报告》的要求，建立按季测算全国和分省(区、市)的国内生产总值制度，建立工业增加值和工业销售产值月度统计制度，建立工业企业经济效益综合评价考核指标及工业企业主要财务指标月度统计制度。这些指标的统计范围扩大到乡及乡以上独立核算工业企业。

建立核算体系基本框架和改进经济评价考核指标，涉及面很广，任务非常艰巨，难度很大，但势在必行。各地区、各部门要在国务院的统一领导下，密切配合，大力协作，以坚韧不拔的精神，千方百计完成这一艰巨的任务。

请各地区、各部门加强对这项工作的领导，并在人力、物力、财力上给予必要的支持。各级统计机构要向党政领导做好请示、汇报工作，并从组织、制度、技术和条件等方面，统筹安排，抓紧落实；要组织协调好各专业统计之间的关系，搞好分工协作；特别是工业统计和平衡统计任务增加较多，要在人力和经费的安排上优先考虑，确保重点工作的需要。还要强调的是，建立新核算体系基本框架和改进经济评价考核指标，都要以会计核算和业务核算为基础，需要财政、银行、工商、税务及企事业主管部门给予大力支持，及时向统计部门提供所需的财务资料和业务资料。

四、大力加强计算机的开发应用，提高统计信息自动化系统的整体效能

关于统计信息自动化系统建设问题，广沛同志还要作专题报告。会上提出的《国家统计信息自动化系统建设“八五”规划》(征求意见稿)，请大家认真讨论修改。根据这个规划，“八五”期间的建设目标，是要以计算机开发应用为中心，以统计数据库建设为重点，逐步实现统计数据的采集、编辑、传输、处理、存贮和提供等环节的计算机化，提高统计信息自动化系统的整体效能和科学管理水平，初步建成国家统计信息自动化管理系统。

根据“八五”规划，今明两年，在计算机开发应用方面，要先从报表数据处理抓起，逐步实现统计系统内各专业统一使用一套规范的软件，实现常规统计报表数据处理的规范化，积极开发和推广统计分析软件包。在统计数据库建设方面，要在国家、省和地(市)三级统计局建立支持日常统计工作的综合统计数据库，在国家和省两级扩大专业统计数据库的试点和推广工作。在计算机设备的维修、配备和更新方面，要进一步加强省、地(市)两级统计局的设备维修能力，确保大的故障不出省、小的故障不出地(市)即可得到维修；对地(市)以下具备装机条件的单位，要继续补充配备；需要更新的设备要及时更新。在通信和网络建设方面，要支持数据处理流程目标模式和办公自动化，实现数据传输统一规程和网络化管理，开通国家——省——地(市)——县统计部门中心通讯系统，加快办公自动化系统建设。

实现“八五”规划的目标，完成今明两年的建设任务，关键的问题是要转变思想。要把统计信息自动化系统建设的重点切实从抓硬件配备转移到加强开发应用、提高效益和水平上来。要充分发挥自动化系统为统计工作服务的作用，各级计算中心(计算站)在高质量完成“四普”数据处理任务后，要及时把服务重点逐步转移到日常统计数据处理和统计分析方面来。同时，还要做好以下工作：

地方各级统计部门要把地方统计自动化系统建设问题主动向当地党政领导请示、汇报，争取列入地方“八五”计划中，进一步落实自动化系统建设资金和各种物质条件，发挥中央和地方两个积极性，把系统建设推向一个新水平。

要建立和健全各项管理制度。各级统计部门要在认真总结第四次人口普查数据处理工作经验的基础上，全面建立包括人事管理、经费管理、设备与维修管理、系统管理与维护、网络维护与管理、机房管理、项目管理、软件登记管理和行政管理等各项管理制度，把整个系统的管理工作提高到一个新水平。

要积极培养人才。努力培养一批既懂统计业务又熟悉计算机应用知识的复合型人才。要采取措施，充分发挥现有技术力量的作用，同时积极引进人才，充实技术骨干。

要加强领导，统筹规划，各方配合。计算机开发应用和数据库建设，涉及到计算机的硬软件环境和统计指标、分类、编码的规范化及数据的整理和分析等问题，涉及到人员的调配和经费的运用等问题，需要加强领导，统一认识，统筹规划，共同努力，协力办好。

五、加强统计队伍的思想建设和组织建设，努力提高统计人员的政治业务素质

进一步提高统计工作的科学水平，实现统计工作的现代化，关键是要建设一支政治思想过硬和业

务素质较高的统计队伍。各级统计机构一定要从发展统计事业的战略高度来认识这项工作，要增强紧迫感，积极采取有力措施，进一步加强思想政治工作和统计职业道德教育，切实搞好统计业务培训，努力提高统计人员的政治业务素质。

统计队伍建设的核心是领导班子建设。要搞好领导班子建设，最重要的一条是要加强思想建设和作风建设，提高各级统计部门领导干部的马克思主义理论素养、政策水平和组织领导能力。按照中央的要求，要努力提高各级统计部门领导干部五个方面的素质：第一，具有履行职责所需要的马克思主义理论功底，注意理论联系实际；第二，正确贯彻执行党的基本路线，自觉坚持四项基本原则和改革开放，经得起执政、改革开放和反和平演变的考验；第三，坚持实事求是的原则，坚定不移地沿着建设有中国特色的社会主义道路前进，有开创新局面的信心和决心；第四，全心全意为人民服务，廉洁奉公，发扬党的艰苦奋斗的优良传统；第五，贯彻民主集中制原则，善于团结同志一道工作，有领导和组织才能。要切实把各级统计部门领导班子建设成为政治合格、业务过硬、富有“团结、奋进、求实、创新”精神的领导集体。还要强调指出，中青年干部是跨世纪的一代，肩负着承前启后、继往开来的历史责任。各级统计部门要积极主动地配合组织、人事部门，做好中青年干部的考核、选拔和培养工作。

新的一年，要进一步组织广大统计人员认真学习马列主义、毛泽东思想以及党的十三届八中全会和中央工作会议精神，使广大统计人员进一步坚定共产主义信念。增强建设有中国特色的社会主义的信心，学会运用马克思主义的立场、观点、方法解决实际问题。

要进一步加强统计干部培训工作。重点要围绕建立国民经济核算体系和加快统计信息自动化系统建设，搞好业务培训。同时，按照统计专业人员岗位专业知识规范的要求，继续认真搞好助理统计师、统计员的岗位知识培训工作。要继续举办省(区、市)统计局长培训班，加强对地(市)、县统计局长的培训工作。要继续搞好助理统计师和统计员的资格考试工作，切实做好统计专业技术职务评聘工作。

要在统计系统积极推行目标管理责任制，进一步完善考核机制，引入竞争机制，以增强广大统计人员的工作责任心和积极性；要大力加强机关内部建设，建立健全各项规章制度，改进工作作风，提高办事效率；要继续发扬勤俭办事的优良传统，切实严明财经纪律，强化财务管理，提高资金使用效益。

今年是新中国政府统计机构创建40周年。国家统计局和人事部将联合授予一批全国统计系统模范工作者荣誉称号，并由国家统计局授予一批全国统计系统先进工作者荣誉称号。国家统计局还将组织开展评选先进集体的活动。各级统计机构要积极开展多种形式的纪念活动，认真组织好评选工作。各地区、各部门要充分利用这一时机，大力宣传统计系统先进人物事迹，采取各种形式，广泛开展热爱统计、献身统计的教育活动，激发广大统计人员献身统计事业的热情，为发展我国统计事业做出新的贡献。

1992年，除要做好以上五项重点工作外，还要统筹安排做好其它各项工作。城乡统计信息网络建设、省市统计机构改革、统计法制建设、统计科研工作等，都必须认真搞好。各级统计机构要积极争取党政领导和有关部门的支持，多渠道、多层次筹集统计经费，努力改善工作条件和生活条件，以保证各项统计任务的顺利完成。

同志们！过去的一年，各项统计改革和建设都有新的进展。新的一年，统计工作任务将更加繁重。我们相信，在各级党委、政府的正确领导下，只要全国广大统计人员振奋精神，知难而进，齐心协力，共同奋斗，就一定能够圆满完成这一光荣而又艰巨的任务，统计在社会主义现代化建设和改革开放中必将发挥更大的作用，让我们以优异成绩迎接党的十四大的召开！

□□

进一步动员起来
为实现统计工作计算机化而奋斗

——国家统计局副局长于广沛在1992年全国统计工作会议上的发言

1992年2月18日

这次全国统计工作会议的重点是讨论建立新的国民经济核算体系和加速统计信息自动化系统建设问题。这两个问题，既是今年全国统计工作的重点，也是整个"八五"时期统计工作的重点。现在，我仅就《国家统计信息自动化系统建设"八五"规划》(征求意见稿)作些说明，供大家参考。

一、统计信息自动化系统的现状和问题

国家统计信息自动化系统是从1985年开始有计划地进行建设的。建设初期，我们提出了"微机起步、人机结合、由小到大、逐步完善"的系统建设指导原则，经过"七五"时期的艰苦创业，现已粗具规模，初步实现了统计数据处理系统的目标。主要表现是：

(一)形成了一支经过锻炼的技术队伍

国家统计局和各省(区、市)统计局成立了计算中心，全国95%的地(市)统计局建立了计算站，约60%的县统计局配备了专职或兼职的计算机人员，有些县还成立了计算室。全系统共有计算机专职人员近4 000人，其中省级计算中心642人，平均每省超过20人，地(市)计算站1 745人，平均每个地(市)超过5人。这支队伍经过承担第四次全国人口普查数据处理工作经受了锻炼。同时由于统计人员直接利用计算机处理日常工作，统计系统内还形成了一支既懂统计业务，又熟悉计算机应用的技术队伍。

(二)装备了基本上可以胜任日常报表和大型调查数据处理工作的技术设备

目前全国各级统计局配备的微型计算机已近万台。除边远和较贫困的县以外，绝大部分县、全部地(市)和省(区、市)统计局配上了微机。其中95%的地(市)配备了386档次的超级微机。全国各省(区、市)统计局，除海南、西藏、青海、宁夏四省(区)外，都配备了或正在配备小型机。国家统计局配备了一台IBM 4381中型机、一台小型机。整个系统，包括国外援助在内，已约有2.7亿元的设备资产。

(三)统计数据基本上实现了计算机处理

目前统计系统内的统计报表和专项调查的数据，在地(市)以上各级统计局，已全部实现计算机处理，在县一级也绝大部分用微机处理。各省(区、市)统计局和国家统计局之间，已实现点对点的微机数据传输，部分省(区、市)统计局还实现了与地(市)统计局相互间的微机数据传输。特别值得一提的是，我们独立承担了第四次全国人口普查数据处理任务，其中10%提前抽样数据处理工作只用了三个月，100%的数据处理工作也将在一年零八个月内完成，不仅时间快，而且质量好，这在发达国家也是很少见的。

可以说，"七五"期间统计信息自动化系统建设取得的成绩是来之不易的，它是统计部门各级领导和全体工作人员克服重重困难，共同努力取得的成果。同时应该看到，国家统计信息自动化系统的现状，还远不能满足统计现代化的需要，目前存在的主要问题：

一是计算机的应用基本上停留在处理报表数据阶段，统计信息的管理仍采用手工方式，效率低、共享性差，严重影响分析研究工作的深入开展，计算机功能没有充分发挥。

二是常规统计报表的数据处理工作分别由各专业按系统分散进行，缺乏统一组织，规范化水平低，应用软件多乱，设备忙闲不均。

三是各级统计局目前使用的各档次的计算机一

般都是单机运行，没有形成网络，因而不能充分发挥现有软、硬件资源的功能，影响了统计信息资源的共享程度和传递速度。

四是统计标准化工作滞后，各专业的统计指标、统计分类、统计对象、统计计量单位以及编码等还不统一。有的甚至一个专业内部各年之间的指标、分类和编码等也不完全一致。因此影响了计算机应用水平的提高。

五是统计信息自动化系统的技术力量不足，水平也还不适应统计工作现代化发展的需要。

六是目前装备的设备主要是微型计算机，容量小、速度慢，并且已使用多年，多数已老化，急待更新和扩充。另外，虽然多数地(市)已安装了通讯用的调制解调器，但由于使用费用太高，不少单位没有开通使用，数据传输工作仍较落后。

上述问题，我们必须在"八五"时期的建设中有计划、有步骤、有针对性地逐一加以解决。

二、《国家统计信息自动化系统建设"八五"规划》的主要目标

根据《国家统计信息自动化系统建设总体规划》的要求和系统的现状，以及党和政府对统计工作的要求，并根据实际的可能，"八五"计划期间统计信息自动化系统建设总的指导思想是：以计算机开发应用为中心，以统计数据库建设为重点，逐步实现统计数据的采集、编辑、传输、处理、存贮和提供等统计信息流程各个环节的计算机化，提高统计信息系统的整体功能和科学管理水平。目标是：初步建成国家统计信息管理系统。要实现的几项主要的具体目标有：

(一)实现常规统计报表数据处理的规范化

常规统计报表的数据处理工作，要从目前由各专业司分别编制程序，按专业系统从下逐级向上汇总，改为各专业统一使用一套比较成熟的规范化的软件包，由各级计算中心(站)负责提供或规定软、硬件条件和技术支持，按统一设计的方案，由计算中心(站)和专业统计司(处)合作完成，逐步转移到由计算中心(站)独立完成。作为试点，1991年的投资和建筑业统计年报和农村一套表已采用了规定的软件，投资和建筑业年报是由计算中心(站)和投资统计司(处)共同组织，农村一套表则是由国家统计局计算中心规定统一的软、硬件条件，由农村统计专业人员组织进行。今年我们将在工业一套表试点和部分专业年报中推行统一软件，明年将在全部专业统计中采用统一的软件，实现数据处理工作规范化。

(二)初步建成国家统计信息数据库网

国家统计局和各省(区、市)统计局要建成支持日常工作的综合统计数据库和各主要专业统计数据库，各地(市)统计局要建成综合统计数据库，对各业务部门要提出建立统计信息数据库的技术要求，最后形成具有与其它同级各业务部门进行信息交换功能的国家、省(区、市)、地(市)三级统计信息数据库网。

建立统计信息数据库是统计工作现代化的必然要求，是统计工作科学化、规范化、自动化的必然结果，它是一项十分复杂的、巨大的系统工程。在建库工作中必须遵循两项原则。一要统一规划、共同组织、协同作战、集中试点、逐步推广。国家统计局将在今年提出《全国统计数据库系统建设技术规划》、统计指标总体系、各专业统计指标子体系、各种统计分类、统一的编码规则。各地区、各专业必须按照全国的统一规划、统一指标体系，统一分类、统一编码开展建库工作。为了避免重复劳动和无效劳动，应在统一的规划下，集中各地区的优势兵力，分工协作，以会战的方式进行攻坚，经过试点，成功后再逐步推广。这样可以达到少投入、广收益的效果。二是在每个数据库的建设中，必须坚持计算机技术人员和统计业务人员相结合，统一组织，协同作战，各负其责。从实际需要出发，从基础工作开始，由小到大，逐步完善。根据国内外的经验，数据库的建设必须面向应用，只有与业务工作紧密结合才有生命力，否则就会变成死库。

(三)加强网络建设，提高统计信息资源的共享程度和传递速度

在进一步完善目前的利用电话线路进行点对点传输的基础上，随着邮电部门公用数据传输网建设的开展，争取在"八五"后期实现各地(市)以上统计局利用公用数据传输网进行数据传输。在国家统计局和有条件的省(区、市)统计局建成计算机局部网络，并进行远程网络建设的试点和推广工作。

(四)加强技术队伍建设，提高科技管理水平

在一定的硬件环境条件下，计算机开发应用水平的高低，最终要取决于统计信息自动化系统技术队伍的整体素质的高低，取决于科学管理水平的高低。在这方面，"八五"时期要做好三件事：一要充实计算机技术力量。地(市)以上各级计算中心(站)要在两年之内按规划要求配齐人员。二要大力开展技术培训。计算机专业人员都应在精通本身业务的同时，学习钻研统计业务知识；统计业务人员都要能够比较熟练地应用一至二种统计数据处理和分析软件包。计算机培训工作要分级负责组织。国家统计局负责编写教材和培训本局职工和省(区、市)统计局教员；省(区、市)统计局负责培训本局职工和地(市)统计局教员，地(市)统计局负责培训本局和县统计局人员。国家统计局将在今年提出"八五"时期的计算机培训计划和培训大纲，并陆续编写出版

培训教材。三要建立、健全各项管理制度，提高科学管理水平。现代化的手段，只有和现代化的管理方法相结合才能显示出它的效益和威力。第四次全国人口普查数据处理工作取得成功的一个重要原因，就是有一套比较科学的管理制度。我们应该认真总结"四普"数据处理工作的成功经验，把这套管理制度进行必要的修订和完善，推广到全系统的各项工作中，使整个系统的管理工作提高到一个新水平。

(五)认真做好计算机设备的扩充、更新和维护工作

首先要充分发挥现有计算机设备的作用，在此基础上，国家统计局再装备一台大型计算机及其相应的配套设备；各省(区、市)统计局根据现有小型机的利用情况和资金的准备情况，进行扩充和配套，现有小型机使用已饱和的省(区、市)，可考虑装备第二台小型机或中型机，四个还未装备小型机的省、区，要抓紧筹资，先装备一台小型机；地(市)统计局，根据开发应用情况和资金准备情况，在"八五"期间逐步装备第二台超级微机，尚未装备超微机的地(市)，要先装备一台超微机，部分大城市，由于数据量较大，可考虑安装小型机；县级统计局应主要使用微机，并可根据工作量的大小和经济发展状况，增加微机配备数量，达到全国平均每县两台微机的水平。

其次要抓紧微型计算机的更新和换代工作。全系统的微机数量已经不少，不宜再过多增加。随着计算机技术的不断发展，国内生产的微机性能已相当高，价格也在不断下降。因此，微型计算机主要是靠更新来解决，并且通过更新实现技术性能的提高。

另外要加强自动化系统的维护能力，保障全系统计算机设备的正常运行。各省(区、市)都应努力做到大修不出省(区、市)，小修不出地(市)。为了保证设备的及时维修，要相应装备检测仪器，并考虑建立统筹维修制度。

三、"八五"期间统计信息自动化系统建设的基本原则和需要解决的几个问题

"七五"期间统计信息自动化系统建设之所以能够初步实现统计数据处理系统的目标，一条很重要的经验就是我们确定了符合统计系统实际情况的指导原则。"八五"时期要建成更为完善的统计信息管理系统，任务会更加艰巨和复杂，需要认真总结和吸取"七五"时期的成功经验，并确定相应的指导原则，来约束、规范、引导统计信息自动化系统的建设工作。初步考虑，有以下几项原则：

(一)统筹规划的原则

这一原则有两个含义，一是指要将统计信息管理系统建设放到整个统计大环境中，统筹考虑，全面规划。因为统计信息自动化系统是整个统计系统的有机组成部分，一方面它服务于统计工作，另一方面也需要统计工作的各组成部分为它提供必要的条件。二是指统计信息自动化系统建设内部的工作也要统筹考虑，全面规划。要在硬件配备、软件开发、人员培训、系统维护等方面有明确的要求，各地方、各专业不能各行其是。

(二)人机结合的原则

这一原则是指统计业务人员要与计算机紧密结合，充分发挥人脑的智慧和电脑的功能。人机结合是"七五"时期统计信息自动化系统建设中一项成功的经验，培养了一批既懂统计业务又熟悉计算机应用知识的复合型人才，大大提高了统计系统干部的业务素质。"八五"时期的统计信息自动化系统建设，一定要继续坚持这项成功的原则，要面向应用，要注意为统计业务人员直接使用计算机提供良好的环境，要倡导为统计工作提供优质服务。另一方面，统计制度改革要有利于计算机性能的充分发挥，统计业务人员要了解计算机知识，在一定的软、硬件环境下，能够直接使用计算机进行数据处理和分析研究工作。我们正在进行的国家统计信息自动化系统建设，就是要实现李鹏总理提出的"统计工作计算机化，并且进行联网"的目标。如果统计信息自动化系统建设脱离广大统计人员和他们所从事的工作，系统建设就必然要走进死胡同；反过来，如果统计业务人员不能直接使用计算机，脱离先进的统计手段，也就无法实现统计工作的现代化，这些已为国内外的实践所证实。

(三)多渠道集资的原则

这一原则是指统计信息自动化系统建设所需的资金要从国家和地方、国内和国外各方面筹措解决。去年李鹏总理与全国统计工作会议代表座谈时指出："统计所需要的经费要靠国家和地方政府等多渠道来解决，光靠国家一个渠道是困难的"。多渠道集资的原则在"七五"时期统计信息自动化系统建设中发挥了重大作用，"八五"时期要继续贯彻这项集资原则。根据去年12月10日李鹏同志的批示，"八五"时期国家用于统计信息自动化系统建设的投资比"七五"时期将有所增加。但是，这部分投资扣除国家统计局用于购买大型计算机及其配套设备和两支调查队再购置部分微机外，能够用到各地自动化建设的资金并不很多。因此，各地"八五"时期统计信息自动化系统建设所需资金仍要以地方投资为主，国家补助为辅，补助的比例初步考虑仍为1/3(具体办法将另行制订)。与此同时，各有关单位还要积极打通国际渠道，争取外援，国际多边和

双边合作项目要同国内自动化系统建设紧密配合，以外促内。

会后各地区要根据《国家统计信息自动化系统建设“八五”规划》(征求意见稿)，尽快制订本地区的统计信息自动化系统“八五”规划和“八五”时期的资金筹集使用计划以及有关论证报告，并根据李鹏总理去年1月份的讲话和12月份的批示，向当地政府汇报，争取把统计信息自动化系统建设列入本地区“八五”计划项目，并落实本地区“八五”时期统计信息自动化系统建设需要的资金。

(四)以任务带建设的原则

这一原则是指系统建设要面向应用，要通过完成具有较大影响的具体任务，来实现自身的发展。这也是“七五”时期统计信息自动化系统建设的一项成功经验。特别是通过完成第四次全国人口普查数据处理任务，基本上完成了地(市)统计局计算站的建设，并且培养了一批技术人才，为实现统计数据处理系统打下了基础。在“八五”时期的统计信息自动化系统建设中，各级统计局特别是地(市)以上各级统计局，都要把建立各级党政领导都极为关心的、能够支持决策的综合统计数据库作为工作重点。一方面我们要通过具有网络支持的统计数据库积极地为党政领导和社会提供统计优质服务；另一方面我们要通过统计优质服务，争取党政领导对统计信息自动化系统建设的支持。在“八五”期间我们还要进行一、二项大型的全国性的统计调查，我们要通过完成这些调查任务进一步完善统计数据处理系统。

(五)逐步完善的原则

这一原则是指系统建设要有计划、有步骤、循序渐进地进行，并在建设过程中逐步加以完善。一部有关管理信息系统的经典著作写到：那种把信息管理系统看成是单一的、高度整体性的系统，并把所有组织功能的作用都集中到一起来处理的想法，被证明是太复杂而不能实现的。统计信息管理系统也不例外，它不可能是一个绝对集中的并在各个方面都十全十美的系统，它应是符合规划要求，并需逐步完善的各个子系统的有机联合体。这就要求我们统计工作者，不能坐等万事俱备，而是要立足本地区、本部门的实际情况有计划有步骤地开展这一工作。

建立统计信息管理系统关系到统计改革和统计现代化建设的成败，是一项非常重要的工作。各级统计部门一定要采取切实有效的措施，积极开展统计信息管理系统的建设工作。在工作过程中还必须着力解决好以下几个问题。

(1)*提高认识，加强领导，为统计信息管理系统提供强有力的组织保证。*“七五”期间，由于统计信息自动化系统建设处于起步阶段，这一时期的工作以配备设备、设置机构、调配人员为主要特色，它是符合当时的统计工作实际情况的。但“八五”期间的统计信息管理系统建设，则必须以加强开发应用及提高统计信息自动化系统整体效能为主要目标。各级统计部门的领导同志的工作重点一定要由“上规模”转移到“上效益”的轨道上来，要树立自动化建设必须面向统计业务，统计事业的发展必须依靠自动化建设的思想观念。

几年来的经验表明，领导同志对于统计信息自动化系统建设的介入程度，对于系统建设的成功与否有直接的影响。特别是“八五”期间统计管理信息系统的建设，涉及统计系统的各个层次、各个环节和统计工作的全过程，工作量很大，更需要各方面的大力协同与配合。只有领导挂帅，亲自组织指挥才能办到。因为，只有领导同志才能站在全局的高度，根据统计工作的综合任务，对自动化系统建设提出恰当的战略目标，制定合适的策略，才能下决心在财力、物力、人力方面给予必要的保证；也因为，只有领导同志才有权力和权威及时有效地改革和调整一切不适应自动化建设要求的统计制度和组织机构，采取更加科学、合理的管理策略，搞好协调工作，疏通渠道，使系统建设顺利有效地发展。

(2)*加快统计制度方法改革的步伐，为统计信息管理系统提供良好的统计业务环境。*统计信息管理系统建设与统计制度方法改革是相互依存、相互促进、互为补充的关系，所以必须相互配合，同步进行。建立统计信息管理系统将为统计制度方法改革提供有力的技术支持，有利于促进统计指标体系、分类、目录和编码的规范化工作，也有利于促进“基层一套表”的推行。反过来，随着统计制度方法改革的深化，统计指标体系和分类等的规范化，又会给统计信息管理系统建设，提供良好的环境、创造有利的条件。因为这种良好的统计业务环境是自动化系统建设的基础和必不可少的条件。但是目前我们还没有一套科学统一的指标体系、统计分类目录和编码等，限制了信息的相互交换和传输，也无法实现信息资源的共享。所以，各级领导在抓自动化系统建设的同时，还要着力于创造比较好的统计环境，要把统计制度方法改革和自动化系统建设结合起来。只有这样，才会建成统计信息管理系统。

(3)*积极探索有利于统计信息管理系统建设的组织模式。*生产力的发展必然要带动生产关系的变革。在统计系统内全面采用现代化的生产手段——电子计算机之后，也必然需要考虑使统计工作的流程和组织形式如何更加适应电子计算机效能发挥的问题。在这方面，目前议论较多，主要涉及两方面的问题：

一是统计数据处理工作在国家、省(区、市)、地(市)、县各级统计局之间，是实行中央集中处理还是实行分级处理的问题。国外发达国家一般都是采用中央集中处理的方式，这显然不适合中国的国情。因为中国实行的是有计划的商品经济，各级政府分层决策，都需要及时地、全面地、准确地了解本地区的社会经济发展情况。因此必须采取象一些常规统计报表和人口普查等大型调查所采用的方式，即各级统计局不仅可以按全国的要求，向上级提供综合或原始数据，而且还可以按照自身的需要及时处理、提供统计信息的数据处理方式。实践证明，这种方式是成功的，是符合中国实际情况的。

二是统计数据处理工作是仍按照目前的由各专业分头组织实施，还是改由专业和计算中心(站)配合，以计算中心(站)为主统一实施的问题。这是个需要认真探讨的问题，在这个问题上还没有更多的实践经验。我认为这要根据各级统计局的不同任务和人员状况，采用不同的形式。不能上下一个样，一概而论。国家统计局和各省(区、市)统计局，人员较多，分工较细，统计制度的制订和贯彻、统计数据的收集和加工、统计信息的分析研究，一般都是由各个不同的主管机构或人员分别负责。这两级统计局基本上没有对基层基础工作的具体管理和对基层表的审核和录入任务。因此，可以考虑把统计数据处理工作的职能相对集中，由计算中心为主进行组织和实施。这样做有利于统计软件和统计指标、分类、编码等的规范化；有利于发挥现代化的计算机和通讯手段的作用；有利于加强统计信息资源的统一管理，实现资源共享；有利于统计专业人员摆脱单调、繁琐的数据处理工作，提高统计咨询和统计监督的水平，从而大大提高整个统计工作的效率和水平。当然，这样改变后，由于各统计业务单位不再直接处理统计数据，会感到使用数据不方便。实际上这是个习惯问题，就象手工业者改向大工业生产后，会感到不象过去生产工具和生产资料都堆在自己身边，使用起来那样方便一样。我想只要认真贯彻“人机结合”的原则，提高各计算中心的管理水平和优质服务精神，这个问题是可以解决的。三个直辖市同省、自治区的情况可能会有所不同，因为它们要承担相当数量的基层表的审核和录入工作以及大量的基层基础建设工作，因而自动化系统的组织形式会有些特殊性。

地(市)统计局和县统计局同国家统计局、省统计局的情况不同，它们人员较少，贯彻统计制度，收集和处理统计数据，抓基层的基础建设，实行统计监督的任务很重。往往一个业务科、股承担多项职能，一个人顶站多个岗位。相对说来他们的分析研究任务较少，基本上没有制订方法制度的职能，全局各科、股和计算站，都是围绕全面、及时、准确地完成各项统计报表任务而工作。因此，这两级统计局的数据处理工作，应该是全局的中心工作，所以要以全局为一个整体来安排这项工作，合理分工，协同作战，形成统一的数据处理和管理的组织模式。目前地(市)统计局除有一个超微机外，一般还有5—10台微机，有的还装备了电子印刷设备，能力是很强的。从全国来看，除个别地(市)外，各地(市)的计算机能力是比较整齐的。因此，我们应该加强地(市)统计局的建设，进一步巩固地(市)统计局在当地社会、经济信息工作中主体部门的地位。

统计信息自动化系统的组织模式，是涉及到整个统计机构改革的大问题，需要认真研究探讨。目前内蒙古自治区统计局正在进行以自动化为先导的综合配套改革试点，时间虽然不长，但已取得了成效。希望有条件的地方都能做些研究和试点工作，我们将在适当时间进行总结，提出全国的改革意见。

同志们，党中央、国务院对统计工作的发展和统计工作现代化问题极为关心，并且给予了我们极大的支持和鼓励，全国广大统计人员也都极为关心这项工作，我们一定要进一步动员起来，为实现统计工作的计算机化而努力奋斗！

□□

建立健全新国民经济核算体系
更好地为国民经济的持续稳定协调发展服务

——国家统计局局长张塞在1992年全国统计工作会议上的讲话

1992年2月19日

这次全国统计工作会议，是在我国的治理整顿任务基本完成，全党和全国人民正在认真贯彻落实党的十三届八中全会和中央工作会议精神的形势下召开的。会议开始时，家亨同志代表国家统计局总结了过去一年的工作，部署了今年的主要任务；广沛同志就统计信息自动化系统建设问题作了专题报告。对此，我都完全赞同。

大家知道，自从《统计法》和国务院《关于加强统计工作的决定》颁发实施以来，我国统计工作在战略部署上大体经历了两个发展阶段。从1984年起开始实施的第一发展阶段的战略，主要是实现统计工作由“封闭式”向“开放式”的转变。从1988年起又开始实施第二发展阶段的战略，即要把统计部门建设成为强有力的、集中统一的具有信息、咨询、监督等多功能的现代化统计系统。此后，每年一度的全国统计工作会议曾先后就统计的信息职能、监督职能、咨询职能问题进行了专题研究和部署。实践证明，实施这一战略部署，业已取得了明显的成效。大家也知道，为实施这一战略部署，曾制定了六项战略措施。实践也表明，只要坚定不移、锲而不舍地贯彻落实这些战略措施，就一定能够胜利实现战略目标。因此，我们设想从今年全国统计工作会议开始，要在总结实践经验的基础上，逐项深入地研究实施这些战略措施。经过深入调查研究和广泛征求意见，确定今年全国统计改革的中心任务是：建立健全新国民经济核算体系的基本框架，实现向新核算体系的初步过渡。

下面，我着重围绕建立健全新国民经济核算体系的问题讲几点意见，请同志们研究讨论。

一、建立健全新国民经济核算体系是当前统计改革的中心任务

国民经济核算是以整个国民经济或社会再生产为对象的宏观核算。国民经济核算体系，是对整个国民经济运行或社会再生产过程进行计算、测定和描述的宏观经济信息系统。它通过一系列具有内在联系的指标体系和科学统一的核算方法，全面地反映社会再生产从生产、分配到交换、消费的全过程，科学地揭示国民经济各部门、各地区和国内外经济往来活动在社会再生产中的地位、作用和相互间的经济技术关系，因而是国家宏观经济决策和宏观经济调控的重要依据。

建国以来，我国所采用的国民经济核算制度，基本上属于原苏联和东欧国家实行的物质产品平衡表体系(MPS)。由于它是与高度集中的计划管理体制相适应的，因而在过去的经济管理中曾发挥了重要作用。但是，随着社会主义商品经济的发展，特别是经济体制改革的深入和经济运行机制的变化，这一核算制度已越来越不能适应加强宏观决策和宏观管理的需要。

(一)原有的国民经济核算制度不能适应实现我国经济发展战略目标的要求

党的十一届三中全会以后，我国社会主义现代化建设的战略部署大体分三步走。第一步，以10年的时间，实现国民生产总值比1980年翻一番，解决人民的温饱问题；第二步，到本世纪末，使国民生产总值再翻一番，人民生活达到小康水平；第三步，到下个世纪中叶，使人均国民生产总值达到中等发达国家的水平，人民生活比较富裕，基本实现现代化。1988年国民生产总值实现的第一个翻

番和人民温饱问题的基本解决，标志着我国经济建设的第一步战略目标已经提前实现。但在90年代要实现第二步战略目标，不仅需要对经济增长的速度和数量提出明确的要求，而且要更加注重经济增长的质量和国民经济整体素质的提高。

众所周知，国民经济活动包括物质生产活动和非物质生产活动两个方面。物质生产活动是非物质生产活动发展的前提，非物质生产活动又是物质生产活动进一步发展的保证。二者彼此依存，互相促进，相辅相成。世界各国经济发展的实践表明，非物质生产活动在对促进产业结构现代化和资源配置合理化、提高国民经济整体效益和人民生活质量等方面，具有越来越重要的作用。

第二次世界大战以来，随着劳动生产率的极大提高和物质生产的急剧增长，大大地促进了以非物质生产活动为主要内容的第三产业发展。无论是在产值方面，还是在就业人数方面，第三产业的比重都在迅速上升，在一些发达国家已经大大超过了第一产业和第二产业的总和。在我国，随着经济体制改革的深入，随着社会生产力和商品经济的发展，第三产业正在迅猛地向前发展。面对这一客观事实，党中央、国务院已经把衡量国民经济发展规模、结构和速度、效益的核心指标转到了国内生产总值上来。最近，国务院又多次明确提出要改进经济评价考核体系，要求从今年起将国内生产总值指标作为全国和各地区的季度考核指标，以发挥统计对国民经济运行的导向作用，促进经济工作真正转移到调整结构和提高效益的轨道上来。

近期目标是为长远战略服务的。国务院决定将国内生产总值作为日常经济运行的考核指标，对于促进经济发展战略目标的实现无疑具有重大作用。但要做到精确考核这一指标，就必须尽快建立健全新国民经济核算体系。因为国内生产总值是物质生产和非物质生产各部门增加值的总和，涉及到整个国民经济的所有行业，因而必须有相应的国民经济核算体系才能予以精确核算。然而，我国原有的国民经济核算制度却主要是反映物质产品的生产与使用，不能全面反映第三产业特别是非物质生产部门的发展变化情况。因此，为了服从于和服务于我国经济发展的战略目标，我们一定要以较快的速度和较高的质量把新国民经济核算体系建立健全起来。

（二）原有的国民经济核算制度不能适应进一步深化改革的需要

随着经济体制改革的深化和社会主义有计划商品经济的发展，计划经济与市场调节相结合的经济体制和运行机制将要逐步建立起来。新经济体制和运行机制的建立，必然要求国家管理经济的方式由直接管理为主逐步过渡到间接管理为主，形成计划调控下的市场，市场基础上的计划。在这种新的经济体制和运行机制下，计划的对象，不再是社会统一分配的产品，而是通过市场交换的商品；计划的尺度，不再是直接的社会劳动时间，而是社会劳动的表现形式即价值；计划管理的重点，不再是单项平衡和个量控制，而是总量平衡和结构调整；计划管理的手段，主要不再是直接对企业下达硬性的指令指标，而主要是借助市场机制，运用经济杠杆和经济政策，间接引导企业的决策和经营方向。因此，为适应以间接管理为主的需要，国家将更加重视反映国民经济运行的以价值形式表现的总量指标体系。然而，我国原有的核算制度尤其是统计指标体系却是实物量指标偏多，价值量指标偏少，因而不能适应建立新的经济管理体制和新的经济运行机制的需要。

计划经济与市场调节相结合的经济体制和运行机制的建立，在客观上必然要求政府对经济的运行进行科学管理。所谓科学管理，就是要按照客观经济规律办事。但是，由于我国原有的核算制度是为适应高度集中的计划管理和部门管理需要而从专业核算逐项建立起来的，因而只注重于各个局部的自身平衡，不能全面反映社会再生产各个环节、国民经济各个部门之间的衔接和总体平衡状况，难以真实、完整、系统地描绘社会再生产和国民经济的逻辑结构和运行轨迹，从而也就难以科学地揭示并帮助人们认识和运用客观经济规律，严重地影响了国家宏观决策和宏观管理的科学性和有效性。因此，为了适应建立新的经济体制和经济运行机制的需要，我们必须及早地建立起能够全面系统地反映社会再生产和国民经济运行状况的新国民经济核算体系。

（三）原有的国民经济核算制度不能适应进一步扩大对外开放的需要

当今的世界是开放的世界。任何一个国家要摆脱落后，跟上时代的步伐，自立于世界民族之林，都必须全方位地对外开放。随着社会化大生产的不断发展，世界范围的贸易往来、资金融通和技术转让规模的日益扩大，国际经济关系的日益密切，我国的对外开放经过十多年的努力后已经全面铺开，一个由“经济特区—沿海开放城市—沿海经济开发区—内地”的逐步推进的对外开放格局也已经基本形成，从而使中国的经济摆脱了原来封闭半封闭的状态，大踏步地走上了世界经济舞台。这就需要统计部门及时提供可以科学地、方便地进行国际对比的社会经济指标，而我国原有的核算制度却很难满足这样的要求。特别是在今后国际政治经济环境更加复杂、更加变幻莫测，国际经济竞争日趋激烈的情况下，要进一步扩大对外开放则更须知己知彼，方能立于不败之地。所以，迫切需要我们建立健全具有较强国际对比功能的新国民经济核算体系，并要加强我国与其他国家或地区之间经济技术往来的核算，以综合反映我国的国际收支状况，分析影响国际收支平衡的基本因素，为制定对外经济政策、选择正确的国际竞争战略、进出口战略和利用外资战略提供重要依据，使我国的对外开放进一步向着广度和深度发展。

需要指出的是，近几年来，我们根据改革开放的需要，按照新国民经济核算体系的思路和框架，已经初步建立了国民生产总值统计制度，进行了投入产出表、国际收支平衡表的编制和社会总需求与总供给平衡状况的测算工作。尽管它们还很不完善，但已经在宏观决策和宏观管理中发挥了重要作用。如果新的国民经济核算体系能够全面地建立起来，其作用之大是可想而知的。

总之，改革我国原有的国民经济核算制度，建立健全新的国民经济核算体系，已经是深化改革、扩大开放的一件迫在眉睫、刻不容缓的事情。对此，作为国民经济核算中心的各级统计部门的领导同志首先必须要有足够而清醒的认识，进一步增强建立健全新国民经济核算体系的责任感和紧迫感，并且要将其作为当前统计改革的中心任务，切实在思想上引起高度重视，在行动上扎扎实实地干起来。

二、推行新国民经济核算体系的条件已经基本成熟

如上所述，改革国民经济核算制度，既是国家整个改革的配套改革，也是国家对外开放的配套开放。但由于是一项巨大的系统工程，因此必须遵照系统工程的原理统筹安排，稳妥行事。

1984年，在国务院《关于加强统计工作的决定》明确提出要建立统一的、科学的国民经济核算制度之后，很快就成立了国务院国民经济统一核算标准领导小组。国家统计局在这个领导小组的领导下，具体组织了新国民经济核算体系的理论研究工作，并在理论的指导下探索了方案的设计等工作。1988年，国务院在机构改革中虽然撤销了该领导小组，但是一些具体工作并未因此而停顿下来。1989年，国务院又批准成立了全国国民经济核算协调委员会，作为部际专项工作的协商和咨询机构，其主要任务是统一协调各种核算方式，促进建立健全新的国民经济核算体系。此后，国家统计局在有关部门的积极配合下，围绕建立健全新国民经济核算体系问题，继继深入地进行了理论研究，多次地修订了设计方案。

实践是检验真理的唯一标准。理论和方案是否科学、是否正确，需要通过实践来验证。为此，国家统计局又组织了由小面积到大面积的试点试算工作，并且普遍取得了成功，这就不仅为修改完善方案提供了重要依据，而且探索了全面实施的途径。总之，经过7年来的反复研究论证和不断实践、不断完善，《中国国民经济核算体系(试行方案)》已经研制出来，并且不断以新的日趋成熟的面貌出现。现在提交这次会议的方案，是国务院组织论证后正式通过的，并且认定是科学的、可以付诸实施的方案。

(一)新国民经济核算体系有坚实的经济理论为基础

不以理论为指导的实践是盲目的实践，不以实践为基础的理论是空洞的理论。7年来，为奠定新国民经济核算体系的理论基础，我们曾广泛深入地组织了理论探讨。事实上，如追溯得更远一些，这种理论探讨在80年代初就已经开始了。那时，我国曾开展了一次关于生产劳动和非生产劳动划分的大讨论，一些知名的经济学家都参与了这一次讨论，并且基本形成了宽、中、窄等三种关于生产劳动和非生产劳动划分的不同观点。这次讨论，对后来奠定新国民经济核算体系的理论基础是大有助益的。1984年以后，我们又在此基础上，先后召开了3次较大规模的理论研讨会，开展了更为广泛的理论研究活动。后来，随着改革开放的发展，各种不同的理论观点基本上都逐步取得了一致，并且确定了建立健全我国新国民经济核算体系的理论指导原则。这就是：从我国社会主义有计划商品经济的实际出发，既要坚持马克思主义又要发展马克思主义；对西方的经济理论，既要取其精华又要弃其糟粕。

根据上述原则，首先要坚持以马克思主义的经济理论为指导，其中主要有：关于社会再生产划分为生产、分配、交换、消费的理论；关于整个生产划分为物质生产和非物质生产的理论；关于劳动价值论中的转移价值和新创造价值的理论；关于再生产过程中的价值补偿和实物补偿的理论；关于分配中的初次分配和再分配的理论，初次分配中的必要劳动和剩余劳动的理论，再分配后形成的补偿基金、积累基金、消费基金的理论；关于交换中的第Ⅰ部类和第Ⅱ类关系的理论；关于消费中的生产消费和生活消费关系的理论，生产消费中的固定资产消费和流动资产消费的理论，生活消费中的基本消费和非基本消费的理论等等。

应当指出的是，建立新国民经济核算体系，还需要把马克思主义社会再生产的基本原理与我国社会主义有计划商品经济的实际相结合。例如，马克思在创立社会再生产理论时对当时条件下属于次要的、非本质的经济因素——非物质生产曾加以抽象而忽略不计，但我们今天在设计新国民经济核算体系时就没有再拘泥于这一假定条件，而是在坚持物

质生产与非物质生产划分这一历史唯物主义的基本命题的同时，将非物质生产核算与物质生产核算放到了同等地位。另外，在核算内容上，还加强了全社会资金流量的核算，使之更适合于我国建立计划经济与市场调节相结合的经济运行机制和加强宏观经济调控体系建设的需要，因而在核算功能上具有较强的适应性。

在设计新国民经济核算体系过程中，对西方的经济理论，我们并没有采取听而不闻、视而不见的态度，而是吸纳其合理的部分适当加以改造为我所用。例如，关于三次产业划分的理论；关于社会总供给与社会总需求关系的理论，总供给中关于国内供给、国外供给关系的理论，总需求中关于消费需求、投资需求和国外需求的关系的理论，中间需求和最终需求关系的理论；关于社会总生产中国民原则、国土原则的理论等等。

一言以蔽之，理论来源于实践，在建立新国民经济核算体系工作中，一切从我国改革开放的实际出发，并借鉴国际上的实践经验，首先坚持马克思主义。但是，实践是生动活泼的，是丰富多彩的，因而必须发展马克思主义的经济理论，而不能把马克思主义当成僵化的教条，被已有的原理所束缚。西方的经济理论，撇弃其所带有的阶级意识和庸俗的部分，也是社会主义大生产实践经验的概括和抽象，因而必须批判地并经合理改造地为我所用。这样，就为新国民经济核算体系奠定了较为坚实的理论基础。

（二）新国民经济核算体系有科学的方法论作指导

新国民经济核算体系不仅有坚实的经济理论为基础，而且有科学的方法论作指导。这种科学的方法论的灵魂和统率，就是马克思主义的唯物辩证法。唯物辩证法的核心是矛盾学说，而社会再生产和整个国民经济正是一个由数不胜数的矛盾构成的极其庞大而复杂的有机体，所以作为揭示这一有机体矛盾的国民经济核算体系就必然是一个巨大的系统工程。因此，我们在新国民经济核算体系的研制过程中，依据马克思主义的唯物辩证法，始终坚持了整体性原则、系统性原则和平衡性原则，并博采了国际上 SNA 和 MPS 两大核算体系之长。若用生物工程的语言来说，就是培育了一个“优质杂交”的体系。这一体系既非 SNA，也非 MPS，而是在中国这块土地上产生的具有中国特色的中国国民经济核算体系。为了适应国际交往的需要，可按中国国民经济核算体系（National Economic Accounting System of China）的英文字头缩写为 NEAS。

新国民经济核算体系采用平衡表、帐户、矩阵相结合的方法，不仅各个核算表之间相互联系、彼此制约，指标与指标之间排列有序、环环紧扣，而且各个帐户之间也有严格的对应关系，帐户与帐户之间紧密衔接、互为条件，构成了一个结构严谨、逻辑严密、层次分明的系统工程。

《中国国民经济核算体系（试行方案）》由社会再生产核算表和经济循环帐户两大部分组成。

第一部分，即社会再生产核算表，包括国内生产总值及其使用表、投入产出表、资金流量表、国际收支平衡表和资产负债表等五个基本表，以及人口、劳动力、自然资源、财政信贷资金、综合价格指数等八个补充表。前五个基本表以社会生产和使用核算为中心，分别从部门之间的实物流量、资金流量和对外经济交易等几个侧面展开，并与期初期末的存量联系起来，全面反映了一定时期内的社会再生产过程。后八个补充表有两种类型，一是不以价值量表现的社会再生产基本条件的核算；二是为便于从不同侧面反映我国国民经济核算的各种需要而对基本核算表的扩展和补充。通过这一部分核算，可以系统地反映社会再生产的条件、过程和结果。

第二部分，即经济循环帐户，包括国民经济帐户、机构部门帐户、产业部门帐户和经济循环矩阵。这一部分采用复式记帐方法，把社会再生产过程中不同环节、不同侧面的总量核算及部门核算联系起来，系统地记录了基本表中各自独立反映的各种流量和存量，从而形成一套结构严谨、逻辑严密的帐户体系，可以完整地描述社会再生产过程以及国民经济各部门之间的内在联系。

可见，基本核算表与经济循环帐户都是对社会再生产过程和国民经济运行状况进行系统核算的方法。前者的每一张表侧重于对国民经济某一方面的完整描述，后者侧重于对生产、分配、消费、积累各个环节的系统描述，二者结合起来，可以在资料来源上相互支持，在功能上相互补充。

（三）新国民经济核算体系具有较强的历史对比功能和国际对比功能

为了适应对外开放的要求，方便地进行国际比较，新国民经济核算体系从我国现阶段的生产力发展水平、经济管理方式和统计工作基础出发，在指标体系和帐户的确定、分类和标准的设立等方面，基本上采用了联合国 SNA 中国际通用的核算原则与核算方法，但同时也保留了原有 MPS 的核算口径和内容，并在有关核算表中采取积木式、板块化的结构，所以能够通过对“积木”和“板块”的拆卸、拼装、组合，完成不同核算体系的数据转换，既可以方便地与我国的历史资料进行对比，也可以方便地进行国际对比，具有较强的可操作性。国际对比在世界上是一项极其繁杂而艰难的工作，我国的新国民经济核算体系将此项工作化繁为简，化难为易，已创造性地找到了解决这一问题的途径，在国际上引起了较强的反响。

这里需要再次强调指出的是，以上所述已经不只是理论的推断，而是经过了实践的检验。如从1988年起，我们曾先后组织18个省、区、市统计局对新国民经济核算体系的主要表式和经济循环帐户进行了试编试算，并组织29个省、区、市进行了增加值的试点。这些试点试算都取得了成功，因而证明新国民经济核算体系是可行的。这是一个方面。另一方面，通过试点试算的实践活动，又为实现向新国民经济核算体系的过渡创造了许多有利条件，最关键的是两条：一是取得了党政领导的重视和社会各界的支持；二是培养和锻炼了一支基本掌握国民经济核算技能的骨干队伍，初步具备了人才条件。这两条都是保证我们建立健全新国民经济核算体系赖以成功的希望所在。

三、全面推行新国民经济核算体系将会引起统计工作的重大变革

推行新国民经济核算体系，是我国核算制度的重大改革，不可能一蹴而就，必须分步实施。为此，在1990年的全国统计工作会议上，我们曾确定了分两步走的战略部署：第一步，初步过渡：在1992年要建立起国家和省两级新国民经济核算体系的基本框架；第二步，全面过渡：到1995年要编制出新核算体系的全部表式，并基本完成统计指标体系的改革任务。从这两年的工作进度和已取得的经验看，这一部署既是积极的，速度和质量的要求都比较高；又是稳妥的，经过努力是完全可以实现的。

实现第一步目标，就是要按照新核算体系的主要表式对社会再生产全过程进行核算，通过编制国内生产总值及其使用表、投入产出表、资金流量表、国际收支平衡表，全面系统地反映社会再生产和国民经济运行状况。

实现第二步目标，就是要能够准确完整地编制整个核算体系的全部表式和帐户体系，并建立起与之配套的统计指标体系、统计分类标准体系和数据库系统。随着第二步目标的实现，即新国民经济核算体系的全面推行，将会引起我国统计工作的一系列重大变革。

纵观世界统计工作的发展史，统计信息技术共发生了两次革命性的变革。第一次发生于19世纪下半叶，概率论从纯粹数学的象牙之塔走了出来，发展为数理统计和抽样调查技术，并应用于统计工作实践，从而引起了统计调查技术的革命性变革，使人们找到了从量的方面反映和认识错综复杂的社会经济现象的有效工具。第二次发端于本世纪四五十年代，一方面是MPS和SAN两大核算体系的研制成功并付诸实践；另一方面是电子计算机的发明并应用于统计工作。这一革命性的变革使人们对社会经济现象从一般量的认识，飞跃到了对质的规定性的更深层次的认识，使部分抽象的难以把握的客观规律，变成了可以看得见摸得着的东西。目前，这一变革仍在继续向前发展。

可以预料，随着这两次统计信息技术革命性变革的进一步深化，将会从根本上引起传统的统计思想观念、统计设计思路、统计组织形式、统计工作程序等方面的变革。而国民经济核算体系作为第二次革命性变革的一个方面，对于发展统计事业的重要意义也是显而易见的。

（一）可以大大提高统计工作的集成化水平

统计工作是一个有机统一的整体，从整体上考虑和处理各种纷繁复杂的关系，是马克思主义世界观和方法论在统计工作中的体现。新国民经济核算体系所提供的反映社会再生产运行的具有严密逻辑关系和内在联系的框架结构，已经为设计科学统一的统计指标体系提供了新的思路和具体途径。这样，从国民经济核算的整体性出发去设计统计指标体系，就可以从根本上改变我们过去就专业统计论专业统计的设计思路，因而是统计设计思想的重大变革。

由于我国现行的统计制度是按照专业管理和计划管理的需要逐项建立起来的，所以基本上未来得及进行总体设计，因而各部门、各专业的统计指标自成体系，互不配套，整体效益很差。若按照新国民经济核算体系的统一要求，重新设计和构造统计指标总体系，以及与之相配套的各个专业、各个部门的统计指标体系，就可以大大提高统计工作的集成化水平。

（二）可以增大统计信息的容量，提高统计数据的质量

系统理论告诉我们，整体效能大于部分之和。正是由于推行新国民经济核算体系可以大大提高统计工作的集成化水平，因此，根据新国民经济核算体系的整套表式和帐户体系对原有统计指标进行加工整理和综合集成，就可以生成原有统计指标体系所无法提供的许多新的统计信息，从而增大了统计信息的容量。

不仅如此，运用新国民经济核算体系所采用的平衡表、矩阵和复式记帐等方法，还可以使统计指标组成一个严密的逻辑结构，使每笔统计数据的来龙去脉彼此衔接、相互验证。这样，又可以使我们比较容易地发现各个专业、各个部门的统计数据质量问题，进而找出问题的症结，提出解决问题的办法，提高统计数据的质量。

（三）可以进一步提高宏观决策咨询水平，更好

地为宏观管理服务

由于新国民经济核算体系能够完整地描述社会再生产过程和国民经济运行的内在联系和逻辑关系，因此，为进行定量分析和系统分析提供了一套较为理想的数据体系和分析结构，使定量分析和系统分析可以有机地结合起来，更好地为宏观经济决策和宏观经济管理服务。

凡事预则立。宏观经济预测是宏观经济决策和管理的前提。由于新国民经济核算体系本身就是一个巨大的宏观经济模型体系，因此，利用它展开各种模拟研究和分析预测，可以保证预测结果的协调一致和准确可靠，从而大大提高宏观经济预测的水平。

(四)可以统一协调统计核算、会计核算、业务核算

统计核算、会计核算、业务核算的协调问题，长期以来一直困扰着我国的核算工作者，大家都想尽早解决而苦于不得其法。因此有些从事会计核算、业务核算和统计核算的同志曾认为，要统一协调三大核算，就必须使其它核算向统计核算靠拢。其实，这是一种不确切的理解。这种理解的认识根源，就是将国民经济核算等同于统计核算。只要大家都能够认真地研究一下国民经济核算，就会发现国民经济核算并不等同于统计核算，这样误解就会自然消除。那么究竟怎样才能解决三大核算的协调问题呢？比较行之有效的办法就是，无论哪种核算都应该也必须在新国民经济核算体系的统率下，按照标准化、通用化、系列化的要求来协调、来统一。因为国民经济核算既源于三大核算，又高于三大核算，是三大核算的综合和升华。

(五)可以促进统计体制和统计部门内部的机构改革

推行新国民经济核算体系不仅要求协调统一三大核算方式，而且要求协调统一综合统计与部门统计、专业统计之间的关系。这样，作为主管统计和国民经济核算工作的统计部门的职能就须适当强化，统计管理体制也须逐步集中统一。至于采用什么形式进行强化、进行集中统一，目前人们的看法虽然还不尽一致，但对必须强化、必须集中统一的大方向确已形成了共识。因此，随着国民经济核算体系的推行，必然会促进统计管理体制的改革。

新国民经济核算体系的推行，电子计算机的广泛应用，是统计信息技术的一次重大变革。这种变革必然要求统计部门内部的业务机构进行相应改革。是否可以设想，今后统计部门内部机构的改革方向，应该按照统计工作的运行程序来进行。也就是说，可以按照“统计设计—采集加工—开发利用”这样三个主要环节来考虑内部业务机构的设置，以更充分更有效地发挥统计工作的整体功能。现在已经有些地区(如内蒙)开始了这种改革进程的尝试，望能不断总结经验，以便推广。

四、采取有效措施，精心组织实施新国民经济核算体系

上述国民经济核算体系方案，已经有部分实践为依据，但就总体来说，仍然是个理论方案。若以科学转化为生产力的过程做比喻，就是已经越过了中间试验阶段，即将进入大面积的推广阶段。完全可以预料，这种群众性的实践活动，必然会遇到许多困难，提出许多问题。但只要勇于探索，勤于实践，逢山开路，遇水架桥，新国民经济核算体系的实施就一定会节节胜利，这一科学的理论之花，就会结出丰硕的实践之果。

(一)切实加强组织领导

实施新国民经济核算体系，必然要涉及各专业统计、各部门统计，涉及统计核算、会计核算、业务核算等各种核算方式，以及为其服务的宣传、培训、自动化建设等各个方面的工作。因此，必须切实加强组织领导和协调工作，以保证新国民经济核算体系的顺利实施。

为切实加强对实施新国民经济核算体系工作的统一组织领导，全国国民经济核算协调委员会和国家统计局要更加深入有效地开展工作。各省、自治区、直辖市可否仿照天津、上海、山西、陕西、甘肃等省、市那样，成立以政府领导同志为负责人的国民经济核算领导小组或协调机构，或者其它加强领导的组织形式。这个问题，各地可酌情自定。

国民经济平衡统计机构是国民经济核算工作的主要承担者。随着新核算体系的逐步实施，国家统计局和各省、自治区、直辖市的平衡统计机构必须逐步予以加强。当前要尽快从有关单位及统计部门内部选调和调剂一批政治素质好、熟悉现实经济情况、掌握国民经济核算技能的优秀人才，充实到平衡统计机构中去。为使现有的平衡统计机构能够名实相符，国家统计局党组已经准备将国民经济平衡统计司更名为国民经济核算司，同时还准备按照建立新国民经济核算体系的要求，相应地改革或调整部分业务机构的职能和分工。

(二)大力加强宣传教育和业务培训

由于建立健全新国民经济核算体系是一项开创性的新工作，再加上新核算体系的理论比较深奥，技术性比较强，涉及的科学知识又多，因此，做好国民经济核算知识的宣传普及和培训教育工作，使党政领导和社会各界以及广大统计工作者都能充分地认识它，全面地了解它，以形成良好的环境和浓郁的气氛，对顺利实施新国民经济核算体系至关重要。

为此，要通过各种形式向各级党政领导汇报，通过各种新闻媒介向社会各界宣传。汇报和宣传的重点是，国民经济核算的基本常识，建立健全新国民经济核算体系的重大意义，以及试点论证和组织实施取得的成功经验、存在的问题等。统计部门要积极主动地向有关新闻单位提供通俗易懂的科普性稿件。《中国统计信息报》、《中国统计》和《中国国情国力》等报刊，要认真研究制定宣传报道计划，广泛组织形式多样的稿件，切实将宣传普及国民经济核算知识作为今后几年的一项重点工作来抓。

国民经济核算知识的培训要分为三个层次：一是面向统计部门的领导者即实施新国民经济核算体系的组织者的培训；二是面向直接从事国民经济核算工作人员的培训；三是面向广大统计干部和国民经济核算资料使用者的培训。其中尤其要高度重视面向统计部门领导者的培训。因为如果统计部门的领导者对新国民经济核算体系还一知半解，甚至一无所知，那就必然会发生"以其昏昏，使人昭昭"的现象，使自己自觉或不自觉地变成推行新国民经济核算体系的阻力。为此，国家统计局已经决定，从今年开始，要重点对局内司处两级干部和各省、区、市统计局的有关局、处级干部进行短期轮训，以使其掌握新国民经济核算体系的基本知识，明确其所从事的工作在新国民经济核算体系中的作用和位置。建议各省、自治区、直辖市统计局，也要加强对地市统计局长和局内处一级干部的培训。为使国民经济核算知识的培训工作经常化、制度化，今后要逐步将其列入统计干部岗位知识培训和统计专业职务考试的一项重要内容。各高等院校的统计专业乃至各个财经专业，也应将国民经济核算原理列为必修课。

需要指出的是，面向国民经济核算资料使用者的培训也十分重要。因为新国民经济核算体系的价值，最终要体现在对核算资料的开发应用上，而对核算资料的开发应用程度，则取决于使用者对新国民经济核算体系知识的掌握和认识程度。

为了做好培训工作，当务之急是要按照不同培训对象的特点，组织编写好不同层次的培训教材。

(三)加快统计制度方法改革的步伐

统计指标体系与国民经济核算体系有着密不可分的关系。从长期看，没有统计指标体系的改革，国民经济核算体系的建立是不可能稳固的；反之，没有国民经济核算体系所提出的范畴和框架，统计指标体系的改革也就无所遵循。所以，建立健全新国民经济核算体系，可以促进专业统计和部门统计水平的提高；而专业统计和部门统计水平的提高，又可以为完善国民经济核算体系创造条件。

因此，所有的专业统计和部门统计，都必须按照新国民经济核算体系的要求，进行相应的改革和完善。第一，要尽快建立和完善能够直接满足新国民经济核算体系需要的统计制度，如增加值统计、财务收支统计、价格统计等。第二，要适应新国民经济核算体系中科学地估算和匡算某些指标的要求，调整和改革某些统计指标及其口径和分类标准。如为了适应用支出法计算国内生产总值和编制投入产出表的要求，应适当调整城乡住户调查中支出项目的口径及分类。与此同时，还要坚决清理和废除那些过时的、不必要的、繁琐的统计报表、指标及分类。第三，要改进统计调查方法，灵活搜集新国民经济核算体系所需的各种资料，并建立一些必要的统计调查制度，如第三产业普查、国民财产调查等。第四，要在此基础上，建立科学、统一的经济、社会、科技统计指标总体系，及其分类标准和代码体系。

需要强调指出的是，进行国民经济核算必须善于利用有关部门的资料。要按照有关统计法规，建立财政、银行、税务、工商等部门定期向统计部门报送资料的制度规范，建立企业事业单位财务机构或会计人员向统计机构或统计人员提供会计资料的制度。各有关部门也要按照新国民经济核算体系的要求，对其统计制度和方法进行相应的改革和完善。

为了保证向新国民经济核算体系的初步过渡，今年内必须继续改进和完善工业、农业、建筑业、交通运输业的增加值统计；改进和加强商业经济效益统计；研究建立物资供销、外贸和旅游财务收支统计；通过试点尽快建立起社会、科技口的财务统计；扩大固定资产投资统计范围；调整城乡住户调查指标体系；建立和完善与国内生产总值使用额配套的价格统计；研究制定基本统计单位分类、机构部门分类等统计标准；修订完善有关行业分类、三次产业分类和经济类型划分标准，等等。

这里还要再次强调指出，改进经济评价考核指标是我们面临的一项非常紧迫而艰巨的任务。根据国务院的要求，从今年一季度起，要按季测算和考核各省、区、市的国内生产总值；从今年4月份起，要按月考核工业增加值和工业销售产值。要在现有的统计工作基础上迅速建立起这些统计制度，的确时间很紧，任务很重，难度很大。对此，我们必须引起高度重视，既要正视这些困难，更要勇于克服这些困难，切不可被困难所吓倒。各级统计部门都要充分调动一切积极因素，真抓实干，千方百计地把这件事情做好，确保一次运转成功。

(四)加强统计信息技术自动化系统建设

实施新国民经济核算体系与建设统计信息技术自动化系统是彼此促进、相得益彰的。一方面，实施新国民经济核算体系将大大促进统计指标体系、统计标准与编码体系的规范化和科学化，为建立和完善统计数据库体系创造了有利条件。可以说，没有国民经济核算体系的规范，统计信息技术自动化系统的高效能就不可能充分发挥出来。另一方面，统计信息技术自动化系统的建立和完善，又可以为实施新国民经济核算体系处理浩繁的数据、为建立宏观经济模型、为开展科学的分析研究提供坚实的物质技术保障。可以说，没有统计信息技术自动化系统的支持，要实施新国民经济核算体系是根本不可能的。

经过“七五”时期的建设，国家统计信息技术自动化系统已经粗具规模。现在系统建设正面临着转折阶段，即要由以硬件配备为主要特征的数据处理系统(TPS)建设阶段，转入以应用开发和数据库系统建设为主要特征的管理信息系统(MIS)建设阶段。前一阶段我们提出的“微机起步、人机结合、由小到大、逐步发展”的指导原则，对于推动我国统计信息技术自动化系统的建设曾发挥了重大作用，今后还将继续发挥作用。但随着工作重点的转移，则需要进一步提出统计管理信息系统建设阶段的指导原则。经初步考虑，可否将其表述为：“统筹规划、多方集资、软硬配套、人机结合”。

所谓统筹规划，就是要将自动化系统建设放到整个统计工作发展的大系统中，统盘考虑，全面规划，以避免盲目性，增强整体效能。这项主要任务要在今年内基本完成。所谓多方集资，是指系统建设所需的资金，要由国家和地方各级共同筹措解决。“八五”期间，国家已决定拨款1.5亿元用于自动化系统建设。按照过去的比例，如地方能筹措到两倍于此数的资金，那么整个系统建设的资金就有了保证。所谓软硬配套，是指软件与硬件、软件与软件、硬件与硬件之间要协调配套。这里所说的“软”是广义的“软”，不仅是指计算机的软件，而且还包括国民经济核算体系、统计指标体系和统计制度方法等。软硬配套主要有四层含义：一是计算机软件的开发应用与硬件能力的协调配套，除继续发挥好计算机的数据处理功能外，要开发应用好它的数据管理功能和综合集成分析功能；二是国民经济核算体系、统计指标体系和统计制度方法与数据库体系建设的协调配套；三是国家一省(自治区、直辖市)一地(市)三级统计数据库体系的协调配套，以及数据库体系中各个数据库之间的协调配套；四是数据库体系建设与统计资料的对外咨询服务、印刷出版和深层次开发研究的协调配套。所谓人机结合，是指统计工作与电子计算机的紧密结合。统计专业人员要能得心应手地使用电子计算机，电子计算机专业人员要能更多地熟悉统计业务，要依靠现代化的信息技术来共同开拓统计工作的新领域，实现统计工作的现代化。

当前，要根据实施新国民经济核算体系的要求，着手研究有关数据处理软件和国民经济核算数据库系统，并将其纳入整个统计数据库体系之中。

(五)要大力加强统计基础建设

实施新国民经济核算体系，涉及统计工作的各个方面。可以说，统计部门没有旁观者，没有局外人。因此，在实施新国民经济核算体系过程中，不仅国家和省级统计部门责任重大，而且地、市、县统计部门和基层企业事业单位的统计机构也责无旁贷。所以，各级统计部门和广大统计工作者，都要积极支持，密切配合，为建立健全新国民经济核算体系尽责尽力。

建立健全新国民经济核算体系需要巨量的基础资料，而这些资料都直接或间接地来源于基层统计部门和企业事业单位。如果基层提供的基础资料质量不高，不仅会增大国民经济核算的难度，而且会直接影响国民经济核算的精度。各级统计部门特别是基层统计部门和企业事业单位，一定要切实加强统计基础工作和统计信息网络建设，并在统计法规监督检查和提高统计数据质量上狠下功夫，为建立健全新国民经济核算体系奠定坚实的微观基础。

当然，从总体上说，我们并不要求各级统计部门都按照新国民经济核算体系方案，编制一整套核算表式和帐户体系，但有条件的地方，也可以根据需要编制部分表式。如编制国内生产总值及使用表、投入产出表等。即使基层企业，有必要也有可能通过编制投入产出模型，为本企业改善经营管理和提高经济效益服务。

同志们！建立健全新国民经济核算体系，是摆在我们面前的一项创业性工作。创业的过程是艰难的，创业的成功又是令人憧憬的。只要克服艰难困苦，就一定会玉汝于成。希望各级统计部门和广大统计工作者，继续发扬统计部门的优良传统，同心同德，不畏困难，努力为我国社会主义统计事业的发展谱写新的篇章！

统计公报和重要统计分析资料

□□

中华人民共和国国家统计局关于1990年国民经济和社会发展的统计公报

1991年2月22日

1990年，全国各族人民在党中央和国务院的正确领导下，进一步贯彻执行治理整顿和深化改革的方针，取得了明显成效。社会供需矛盾有所缓解，农业喜获丰收，主要比例关系有所调整，物价得到有效控制，国际收支状况改善，整个国民经济继续朝着好的方向发展，促进了政治和社会的稳定。科技、教育、文化、卫生、体育等各项事业取得新成果。初步统计，全年国民生产总值17 400亿元，比上年增长5%；国民收入14 300亿元，比上年增长4.8%。经济运行中的主要问题是：产成品积压增多，经济效益下降，财政困难加剧，潜在的通货膨胀压力加大。

一、农业

1990年，各地重视农业，大力开展农田水利建设，落实"科技兴农"措施，加之自然气候条件适宜，农林牧副渔全面发展。全年农业总产值7 382亿元，比上年增长6.9%。其中种植业产值增长8.3%，林业产值增长2.2%，牧业产值增长5.9%，副业产值增长3.4%，渔业产值增长6.7%。

主要农产品产量全面增产。粮食总产量43 500万吨，比上年增长6.7%，再创历史新水平，棉花、油料和糖料生产大幅度增长，蔬菜、水果生产又获丰收。但1990年农业丰收并不表明农业综合生产能力已经稳定在一个新的水平。

主要经济作物产量如下：

	1990年	比上年增长%
棉　花	447万吨	18.1
油　料	1 615万吨	24.7
其中：油菜籽	693万吨	27.5
甘　蔗	5 727万吨	17.4
甜　菜	1 453万吨	57.2
黄红麻	72万吨	9.5
烤　烟	226万吨	-6.2
蚕　茧	53万吨	9.4
茶　叶	53万吨	-0.3
水　果	1 876万吨	2.4

林业生产建设取得新的成绩，造林质量不断提高。速生丰产用材林基地建设步伐加快，"三北"防护林体系二期工程进展顺利，长江中上游防护林工程建设全面展开，平原绿化又有新的发展。森林防火工作成就显著，森林资源总消耗量开始下降，森林覆盖率呈上升趋势。但森林病虫害仍较严重。

畜牧业稳步发展，肉、禽、蛋、奶等继续增产。

主要畜产品产量和牲畜存栏数如下：

	1990年	比上年增长%
猪牛羊肉	2 504万吨	7.7
牛　奶	413万吨	8.2

绵羊毛	24万吨	1.8
肉猪出栏数	3.1亿头	6.2
猪年末数	3.6亿头	3.0
羊年末数	2.1亿只	-0.8
大牲畜年末数	1.3亿头	2.7

渔业生产持续发展。全年水产品产量1 218万吨，比上年增长5.7%，其中淡水产品产量增长6%，海水产品产量增长5.5%。

农业生产条件改善。1990年末全国拥有农业机械总动力2 854亿瓦特，比上年末增长1.7%；大中型拖拉机82万台，下降3.6%；小型和手扶拖拉机698万台，增长6.6%；载重汽车62万辆，下降1.3%；排灌动力机械706亿瓦特，增长3%；全年化肥施用量(折纯)2 607万吨，增长10.6%。农村用电量835亿千瓦小时，增长5.7%。农田水利建设进一步加强，农田有效灌溉面积有所扩大。

农村经济持续发展。1990年农村社会总产值16 253亿元，比上年增长8.8%。其中，农村工业、建筑业、运输业和商业、饮食业产值增长9.9%，占农村社会总产值的比重为54.6%。

二、工　业

工业生产保持增长势头。1990年工业总产值23 851亿元，比上年增长7.6%。不包括村及村以下工业为19 629亿元，增长6%。在工业总产值中，全民所有制工业增长2.9%，集体所有制工业增长9.1%(其中乡办工业增长12.5%)，个体工业增长21.6%，中外合资、中外合作和外商独资经营的工业增长56%。全民和集体所有制工业总产值占全部工业的比重为91.4%。

1990年轻工业产值11 799亿元，比上年增长9.1%；重工业产值12 052亿元，增长6%。一大批新产品投放市场，使消费者购买商品可选择性增强，主要原材料和能源生产情况较好，供应紧张的状况缓解。但受市场变化影响，多数高档耐用消费品、投资类的机电产品生产下降，工业结构调整进展不快，矛盾仍然突出。

主要产品产量如下：

	1990年	比上年增长%
纱	450万吨	-5.6
布	180亿米	-4.9
呢绒	2.8亿米	持　平
机制纸及纸板	1 330万吨	-0.2
糖	571万吨	14.0
原盐	1 984万吨	-29.9
卷烟	3 290万箱	3.0
合成洗涤剂	148.4万吨	1.2
日用精铝制品	7.27万吨	-11.6
自行车	3 141万辆	-14.6
电视机	2 662万部	-3.8
其中：彩色电视机	1 023万部	8.8
录音机	2 970万部	26.4
照相机	189.9万架	-22.6
家用洗衣机	652.6万台	-20.9
家用电冰箱	475.4万台	-29.2
能源生产总量(折标准燃料)	10.4亿吨	2.4
原煤	10.8亿吨	2.5
原油	1.38亿吨	持　平
发电量	6 180亿千瓦小时	5.7
其中：水电	1 260亿千瓦小时	6.5
钢	6 604万吨	7.2
钢材	5 121万吨	5.4
水泥	2.03亿吨	-3.3
木材	5 400万立方米	-6.9
硫酸	1 169万吨	1.4
纯碱	374.6万吨	23.3
化肥	1 912万吨	6.1
化学农药	22.93万吨	10.3
发电设备	1 143万千瓦	-2.7
金属切削机床	11.78万台	-34.1
汽车	50.91万辆	-12.8
拖拉机	3.9万台	-1.5
机车	655台	-3.7
民用钢质船舶	123万吨	-13.4

企业经济效益继续下降。1990年预算内国营工业企业实现利税1 271亿元，比上年下降18.5%，其中实现利润下降58%。产成品积压增多，定额流动资金周转天数由上年的109天延长到127天；平均每百元资金实现的利税，由上年的19.39元下降到13.76元；全员劳动生产率仅比上年提高0.8%；部分产品质量不够稳定，成本继续超支，亏损企业增加，亏损额上升。

企业承包进一步完善。1990年末全民所有制工业企业已续签了承包合同的有44 604户，占第一轮承包到期企业总数的88.6%。新一轮承包的工业企业，从承包基数的确定，到承包的内容都比上一轮有所改进。同时有关部门在部分地区进行了“税利分流，税后还贷，税后承包”的试点。

三、固定资产投资和建筑业

固定资产投资回升。1990年，为适应启动市场、促进生产增长的需要，国务院决定适当增加投资需求，全年全社会固定资产投资完成4 451亿元，比上年增加185亿元，增长4.5%。其中，全民所有制单位投资2 927亿元，增长10.5%；集体所有制单位投资550亿元，下降2.8%；个人投资974亿元，下降5.6%。在建项目得到控制，全年全民所有制单位基本建设和更新改造施工项目12.3万个，比上年减少3 536个；在建项目总规模11 554亿元，增长16%。但投资效益低的状况仍无明显改善。

投资结构进一步调整。在国家重点倾斜政策支持下，农业、能源、运输、邮电部门建设得到加强。全民所有制单位投资中，农业投资81亿元，比上年增长31.2%，所占比重由上年的2.5%上升到3%；能源工业投资814万元，比上年增长15.6%，所占比重由27.8%上升到29.9%；运输邮电通信业投资393亿元，增长46.1%，所占比重由10.7%上升到14.4%。

1990年，全民所有制单位基本建设投资1 703亿元(含车船购置费)，比上年增长12.3%。其中生产性建设投资1 230亿元，投资比重由68.6%上升到72.2%；非生产性建设投资473亿元，比重由31.4%下降为27.8%，楼堂馆所及其他非生产性建设得到有效控制。更新改造投资828亿元，比上年增长5.8%，其中用于节约能源、增加花色品种、提高产品质量的投资增长14.1%，投资比重由上年的23.3%提高到25.3%。

重点建设加快，一批项目建成投产。国家按合理工期组织建设的200个重点项目，全年完成投资426亿元，超额完成了年度计划。全国建成投产大中型基本建设项目95个，大中型项目内的单项工程71个；限额以上更新改造项目92个。建成投产的重大工程主要有：年采煤能力400万吨的山西古交矿区马兰矿井，装机容量120万千瓦的上海石洞口电厂，南京扬子30万吨乙烯工程，目前我国最大的化纤生产基地——江苏仪征化纤工业联合公司，全长410公里、具有现代化水平的双线电气化重载单元列车——大同至秦皇岛运煤专用铁路(一期)，375公里的沈阳至大连高速公路，规模宏大的北京亚运会建筑群工程和第一台具有国际水平的高能粒子加速器——北京正负电子对撞机等。

1990年，全国基本建设新增加的主要生产能力有：煤炭开采2 016万吨，发电机组容量912万千瓦，石油开采1 332万吨、天然气开采10.3亿立方米(均含更新改造和其他投资增加的能力)；纯碱60万吨，化肥25万吨，木材开采26万立方米，水泥169万吨，平板玻璃250万重量箱；新建铁路交付运营里程127公里，铁路复线里程349公里，铁路电气化里程551公里，新建公路2 141公里，沿海港口吞吐能力2 256万吨。

建筑业经济效益持续下降。1990年，全民所有制建筑施工企业完成建筑业总产值903亿元，比上年下降3.9%；施工面积1.97亿平方米，下降7.9%。全员劳动生产率为14 547元，比上年下降1.5%；亏损企业增多，亏损额扩大。

地质普查勘探工作取得新进展。新发现或证实为工业矿床的矿产地267处，取得进展的勘查矿区102处，完成机械岩心(石油)钻探工作量905万米。有57种矿产资源新增了探明储量。塔里木、东海油气地质勘查取得重要进展，松辽盆地南部的天然气勘查实现重大突破。

四、运输邮电

交通运输稳步发展，运输紧张状况和运输秩序有所好转。各种运输方式完成的货物周转量比上年有一定增长，远洋运输在世界航运激烈竞争的情况下，保持了良好的发展势头。

各种运输量完成如下：

	1990年	比上年增长%
货物周转量	26 322亿吨公里	2.9
铁　路	10 593亿吨公里	2.1
公　路	3 441亿吨公里	2.0
水　运	11 650亿吨公里	4.1
其中：远洋运输	8 190亿吨公里	6.5
空　运	8亿吨公里	17.4
管　道	642亿吨公里	2.1
旅客周转量	5 612亿人公里	-7.6
铁　路	2 616亿人公里	-13.9
公　路	2 600亿人公里	-2.3
水　运	178亿人公里	-5.3
空　运	218亿人公里	17.1
沿海主要港口货物吞吐量	4.6亿吨	-1.7

运输收入增加。铁路由于调整运价，运输收入比上年增长29.7%，但效率提高不快，铁路货运机车平均日产量85.9万吨公里，比上年仅提高0.7%。地方公路和水运企业经济效益不好的局面仍然存在。

邮电通信事业有较快发展。全年完成邮电业务总量80亿元，比上年增长24%。邮政快件、特快传递、传真、国际港澳电话等业务的增长幅度都超过20%。年末城市市内电话达到520万户，比上年末增长22%，程控电话已占市话总容量的43.5%。

五、国内商业和物资供销

国内市场销售逐渐向稳定增长的方向发展。1990年社会商品零售总额8 255亿元，比上年增长1.9%。消费品零售额7 220亿元，增长1.9%，其中售予社会集团的消费品零售额723亿元，增长4.3%；农业生产资料零售额1 035亿元，增长1.7%。

从城乡消费品市场看，城市全年零售额比上年增长6%，其中第4季度增长13.4%，已基本趋于正常；县及县以下市场从10月份开始回升，但全年零售额仍下降2.4%。

从主要商品销售数量看，吃的商品销售平稳，食用植物油、食糖、猪肉、水产品销量比上年增长；穿、用商品中，彩电增长39.9%、电风扇增长1.9%，棉布、呢绒、缝纫机、自行车、手表、录音机、黑白电视机、洗衣机等多数商品销售量较上年有不同程度下降。

在各种经济类型的商品零售额中，全民所有制单位增长3.2%；集体所有制单位下降3.5%，其中供销合作社下降0.7%；各种合营增长24.8%；个体增长5.8%。农民对非农业居民的零售额增长7.9%。

商业部门经济效益大幅度下降。1990年国营商业和供销合作社实现利润比上年下降85%；亏损企业亏损额增长45.5%，资金周转进一步减慢。

生产资料市场从9月份开始由降转升。1990年全国物资系统销售生产资料2 382亿元，比上年增长1.7%，其中第4季度增长21.8%。钢材销售3 497万吨，比上年增长3.8%；煤炭2.6亿吨，增长3.5%；木材1 978万立方米，下降10.2%；水泥2 756万吨，下降10.7%；汽车55.6万辆，增长0.4%；机电设备504亿元，增长4.6%。

1990年市场物价总水平继续上涨，但涨幅明显缩小。全年零售物价总水平比上年上涨2.1%，大大低于上年上涨17.8%的幅度。市场零售物价变化的主要特点是：大部分食品零售价格趋稳；集市贸易的农副产品价格下跌；第4季度各地集中调整了一些商品和服务项目的价格，部分大中城市物价上涨幅度较大。

城乡居民生活费用价格总水平比上年上涨3.1%。

各类商品和服务项目价格变动情况如下：

	1990年比上年上涨%	其中城镇12月比上年同月上涨%
食品类	0.3	1.8
粮　食	-4.8	-6.3
肉禽蛋	-2.1	-3.1
其中：猪肉	-4.0	-4.3
鲜　菜	-0.4	13.9
水产品	-0.7	5.7
烟酒茶	0.9	1.6
糕　点	7.8	9.8
衣着类	7.1	6.3
日用品类	1.9	1.4
药及医疗用品类	2.4	1.7
燃料类	8.2	32.0
农业生产资料类	5.5	—
服务项目	20.9	11.6

六、对外经济贸易和旅游业

进出口实现顺差。据海关统计，1990年进出口货物总额达1 154.1亿美元，比上年增长3.3%。其中出口总额620.6亿美元，增长18.1%；进口总额533.5亿美元，下降9.8%。扣除不收付外汇的进出口货物，出大于进131亿美元，改变了自1984年以来连年逆差的状况。国家外汇储备增加，对外支付能力增强。

利用外资稳步增长。1990年新签利用外资协议金额123亿美元，比上年增长7.4%；全年实际使用外资101亿美元，其中外商直接投资34亿美元，均比上年略有增长。

对外经济技术合作又获新成绩。1990年对外承包工程和劳务合作新签合同25亿美元，比上年增长13%；完成营业额17亿美元，增长0.8%。

国际旅游业逐步回升。1990年到我国游览、访问以及从事各项活动的国际旅游者达2 746万人次，比上年增长12.1%；旅游外汇收入22.2亿美元，增长19.2%。

七、科学技术

科技工作取得新成果。1990年共取得国家级科学技术成果2 914项。经国家批准的国家自然科学奖59项，国家发明奖224项，国家科技进步奖505项。

1990年，国家各项科技发展计划进展良好，成效显著。"七五"国家重点科技攻关合同有90%以上已完成计划任务，取得高分辨率地震勘探技术、30万千瓦机组批量生产和四次群光纤通讯具备工程总承包能力等一批重大成果。1990年又有11个国家重点实验室建成并通过验收，向国内外开放。

1990年国家自然科学基金委员会批准资助科研项目3 531个，资助金额1.35亿元，分别比上年增长11.4%和8.9%。

1990年大中型工业企业设有专门的技术开发机构9 156个，比上年增加1 941个；组织技术开发项目4.65万项，比上年增加1.15万项。

1990年末全国共有产品监督检测中心3 000个，其中国家级检测中心104个；全年制定、修改各类国家标准853个。1990年末，全国共有1 000个气象台站建立了天气警报系统；各类有人值守的地震台站876个，地震测报网点4 187个，区域和地方遥测地震台网20个；国家批准设立5个国家级海洋自然环境保护区，新建151个海洋监测站点。1990年测绘部门测绘了各种比例尺地图24 953幅，出版公开版地图430种。

专利事业发展较快。1990年受理国内外专利申请41 469件，比上年增长26%，其中工矿企业专利申请增长59.9%；批准专利22 588件，比上年增长31.9%。

科技队伍进一步壮大。1990年末全国共有各类专业技术人员2 432万人，其中自然科学技术人员1 097万人，比上年增长6.0%。全国县以上全民所有制独立的科学研究与技术开发机构5 410个，科学技术情报和文献机构410个，科学家和工程师42万人。全国高等学校从事科技活动人员78万人，其中科学家和工程师67.5万人，占86.5%。群众性科技活动又有所发展，厂矿科协已达7 600个。

八、教育、文化

适应提高教育质量的需要，普通高等教育办学规模有所控制。1990年全国招收研究生3万人，比上年增长3.9%；在学研究生9.3万人，下降8.2%。普通高等学校招收本、专科学生60.9万人，比上年增长2%；在校学生206.3万人，下降0.9%。

中等职业技术教育稳步发展。1990年各类中等职业技术学校在校学生604.8万人(含技工学校学生133.2万人)，占高中阶段在校学生总数1 322万人的45.7%。

义务教育普及程度进一步提高。1990年全国初中在校学生3 869万人，小学在校学生12 242万人。小学学龄儿童入学率达97.9%，比上年提高0.5个百分点；小学毕业生升学率达74.6%，比上年提高3.1个百分点。通过普及初等教育检查验收的县达到1 459个，比上年新增加70个。

成人教育整顿取得进展。1990年成人高等学校招收本、专科学生49.2万人，在校学生174万人，比上年下降0.1%。成人中等专业学校在校学生158.8万人，比上年下降6.9%；成人技术培训学校在校学生1 282万人，增长1.1%；成人中、小学在校学生2 369万人，增长15.7%。扫除文盲工作成效显著，共扫除文盲397.2万人。

1990年末全国共有艺术表演团体2 819个，文化馆3 000个，公共图书馆2 527个，博物馆1 012个，档案馆3 630个，广播电台640座，广播发射台和转播台673座，电视台510座，一千瓦以上电视发射台和转播台938座，各类电影放映单位14.5万个。1990年生产电影故事片100部，发行各种新片(长片)199.5部，有18部(次)影片在国际电影节上获奖。全国性和省级报纸全年出版158.7亿份，各类杂志出版19.1亿册，图书出版55.8亿册(张)。

九、卫生、体育

卫生事业继续发展，医疗条件进一步改善。1990年末全国医院共有病床262.4万张，比上年末增长2.2%；专业卫生技术人员389.8万人，比上年增长2.3%，其中医生176.3万人(含中、西医师130.3万人)，增长2.6%；护师、护士97.5万人，增长5.7%。

体育事业取得显著成就。1990年共有61名运动员在世界锦标赛、杯赛中获得54个世界冠军，有8人3队16次创造14项世界纪录，34人2队49次创造40项亚洲纪录，131人30队221次创造132项全国纪录。1990年我国成功地举办了举世瞩目的第十一届亚运会，我国运动健儿奋力拼搏，夺得金牌183块。亚运会推动了群众体育事业的发展。到1990年末共评出体育先进县259个，全年有7 478万青少年达到国家体育锻炼标准。全年共举办县以上运动会70 381次，参加运动会的运动员达2 188万人次。

十、人民生活

居民消费需求有所回升，据抽样调查，1990年城镇居民平均每人可用于生活费的货币收入为1 387元，比上年增长10%，扣除物价上涨因素，实际增长8.6%。农民人均纯收入为630元，比上年增长4.7%，扣除商品性支出价格上涨因素，实际增长1.8%。但各地区发展不平衡，有些居民家庭实际收入有所下降。

城镇就业继续增加。1990年全国城镇安置待业人员400万人。年末全国职工人数为13 989万人，比上年末增加247万人。其中，全民所有制单位实行劳动合同制的职工达1 352万人，增加162万人。年末城镇个体劳动者700万人，增加50万人。

1990年全国职工工资总额2 960亿元，比上年增长13%；职工平均货币工资2 150元，扣除物价上涨因素，实际增长9.7%。

城乡储蓄大幅度增加。1990年末居民储蓄存款余额达7 034亿元，比上年末增加1 887亿元，增长36.7%。

城乡居住条件又有改善。1990年城镇新建住宅1.8亿平方米，农村新建住宅6.6亿平方米。

社会福利事业继续发展。1990年全国各类社会福利院床位达76.1万张，收养58万人。城乡各种社会救济对象得到国家救济达4 481万人次。全国已有25.1%的乡镇建立了农村社会保障网络，城市社会服务网络也有较快发展，已建立起各种社区服务设施8.8万个。

保险事业进一步发展。1990年各类财产险承保总额25 749亿元，比上年增长12%。全国有54万户企业参加了企业财产保险，9 089万户居民参加了家庭财产保险，有21 736万人参加了人身保险。保险公司共处理国内财产险赔案278万件，支付已决赔款81.1亿元，为925万人支付人身保险赔款26亿元。

十一、人 口

1990年全国人口出生率为21.06‰，死亡率为6.67‰，自然增长率为14.39‰。年末全国总人口为114 333万人，比上年末增加1 629万人。

注：(1)本公报所列数据均为初步统计数，未包括台湾省。
(2)各项总产值绝对数按当年价格计算，增长速度均按可比价格计算。
(3)各项指标对比的基期数，除1989年末人口数按第四次人口普查数作了调整、固定资产投资按新的商品房统计口径作了调整外，其余均为《中国统计年鉴》发表的正式统计数。
(4)1990年农民人均纯收入630元，其自产自用产品价格是按原定的国家牌价计算的，与历年资料可比；如改用合同定购综合平均价计算，则农民人均纯收入为683元。

□□

中华人民共和国国家统计局关于"七五"时期国民经济和社会发展的统计公报

1991年3月13日

"七五"计划时期(1986—1990年)，全国各族人民在党中央和国务院的领导下，认真遵循对内搞活经济、对外实行开放的总方针，在建设有中国特色的社会主义进程中，克服各种困难，取得了新的成就。经济实力增强，国内市场供应充足，对外经济活跃，财政增收，居民生活进一步改善，科技、教育、文化、卫生、体育事业有了新发展。"七五"时期，国民生产总值平均每年增长7.8%，国民收入平均每年增长7.5%，工农业总产值平均每年增长11%，均超过"七五"计划的要求，提前实现了第一步战略目标。这一时期的主要问题是：一度忽视思想政治教育；在经济发展中求成过急，一度造成经济过热、通货膨胀；国民经济的某些方面过于分散，国家宏观调控能力减弱。

一、农 业

农、林、牧、副、渔业全面增长，基本完成了计划规定的目标。1990年，农业总产值7 382亿元，比1985年增长25.3%，平均每年增长4.6%，超过4%的计划指标。其中，种植业产值年均增长3.2%，林业产值年均增长0.2%，牧业产值年均增长6.5%，副业产值年均增长11.3%，渔业产值年均增长12.7%。

在主要农产品生产中，粮食生产前三年徘徊不前，后两年连续刷新纪录；1990年，棉花、糖料生产扭转连年的徘徊局面，超过"七五"计划指标；油料大幅度增产，但仍低于计划要求。肉、禽、蛋、奶、蔬菜、水果、水产品等连年增产。"七五"时期主要农副产品平均年产量，除棉花、黄红麻外，均比"六五"时期有较大幅度的增长。

主要农产品平均年产量如下(万吨)：

	"七五"时期	"六五"时期	"七五"比"六五"增长%
粮 食	40 622	37 064	9.6
棉 花	404	432	-6.5
油 料	1 446	1 205	20.0
甘 蔗	5 054	3 775	33.9
甜 菜	1 061	789	34.4
黄红麻	64.0	89.5	-28.5
烤 烟	200	158	26.6
蚕 茧	44.7	33.9	31.9
茶 叶	51.6	39.7	30.0
水 果	1 678	930	80.4
猪牛羊肉	2 185	1 463	49.4
水产品	1 042	569	83.1

林业和绿化工作取得新的进展。"七五"时期，

人工造林总面积超过4亿亩，造林质量不断提高。其中，用材林建设增长较快；经济林的主要产品产量大幅度增长，核桃、板栗、松脂等名特优产品均创历史最高纪录。全国900多个平原、半平原县，已有500多个接近或达到平原绿化标准。

科技兴农有了良好的开端。优良品种、模式化栽培、配方施肥、地膜覆盖等农业科技成果的推广应用已显示出巨大的生产潜力。在畜牧业生产方面，由于推广良种繁殖，进行科学饲养，疫病防治，使用配合饲料，畜禽生产技术水平明显提高。

农业物质装备水平有所提高。1990年末农村生产性固定资产原值达到3 886亿元，比1985年末增长82.4%；农业机械总动力达2 854亿瓦特，比1985年增长36.5%；化肥施用量增长46.8%，农药、塑料薄膜等使用量也均有所增加。但农业综合生产能力仍然较低。突出表现在：一是耕地大量减少，1990年末全国耕地面积比1985年末减少1 854万亩；二是有效灌溉面积、机耕地面积近两年虽然有所恢复，但还没有达到历史最高水平；三是水土流失、沙化碱化的情况仍在发展；四是农业抗御自然灾害能力依然薄弱。

农村经济全面发展。1990年农村社会总产值达到16 253亿元，比1985年增长87.8%，其中，农村工业、建筑业、运输业、商业、饮食业等非农业产值增长1.6倍，所占比重由1985年的42.9%上升到1990年的54.6%。"七五"时期，乡镇企业共吸收农村劳动力2 200万人。

二、工 业

工业生产增长较快但波动较大。1990年全国工业总产值23 851亿元，比1985年增长85.1%，平均每年增长13.1%，超过计划增长7.5%的目标，是继"一五"、"六五"之后，第三个高速增长时期。但是发展不平稳，出现了明显的起伏，前三年经济过热，工业生产年均增长16.7%，后两年进行治理整顿，宏观紧缩出现了市场疲软，速度明显趋缓，年均增长8.1%。"七五"时期，重工业年均增长12.2%，轻工业年均增长14.1%。分所有制看，全民所有制工业年均增长7.3%，集体所有制工业年均增长17.6%，中外合资、中外合作和外资独资经营的工业年均增长74%。全民和集体所有制工业总产值占全部工业的比重由1985年97.7%下降到1990年的91.4%。

列入"七五"计划的28种工业产品产量，有23种产品完成或超额完成了计划；汽车、家用洗衣机、家用电冰箱等因受市场需求制约，1990年控制了生产；原油、木材受资源限制，没有完成计划。"七五"时期主要工业品平均年产量，均比"六五"时期有较大幅度的增长。

主要工业品平均年产量如下：

	单位	"七五"时期	"六五"时期	"七五"比"六五"增长%
化学纤维	万吨	132	65.4	101.8
纱	万吨	445	331	34.4
布	亿米	179	146	22.6
机制纸及纸板	万吨	1 215	691	75.8
电视机	万台	2 265	897	152.5
家用洗衣机	万台	882	443	99.1
家用电冰箱	万台	506	46.8	981.2
原煤	亿吨	9.87	7.33	34.7
原油	亿吨	1.36	1.10	26.6
发电量	亿千瓦小时	5 390	3 552	51.7
钢材	万吨	4 623	3 142	47.1
木材	万立方米	6 066	5 585	8.6
水泥	亿吨	1.95	1.11	75.7
化肥	万吨	1 705	1 336	27.6
汽车	万辆	51.6	27.3	89.0

工业生产能力扩大，技术水平提高。到1990年底，全国独立核算工业企业拥有固定资产原值达14 000亿元，比1985年增长1倍。建成了一大批重要工业基础设施，平均每年有上百个大中型工业建设项目竣工投产，一些重要产品的生产能力逐年扩大。通过技术引进和加快对老企业的技术改造，我国工业生产的技术水平显著提高。为国民经济生产技术装备的机械工业，平均每年开发新产品达到上千种，基本上依靠国内的力量，为能源、交通、原材料、尖端科学等十几个部门提供了上百种高水平的成套设备。

但是，工业结构失衡、地区结构趋同的状况没有明显好转，经济效益低下问题日益突出。1989年和1985年相比，在全国重点企业考核的指标中，有48%的质量指标下降，52%的消耗指标上升。每百元资金实现利税由23.8元降至16.8元，每百元销售收入实现利润由11.8元降至6.3元。

三、固定资产投资和建筑业

固定资产投资增加。"七五"时期全社会固定资产投资完成额达到19 746亿元，超过计划指标，比"六五"时期增加11 749亿元。其中全民所有制单位投资12 502亿元，比"六五"时期增加7 172亿元；集体所有制单位投资2 771亿元，增加1 759亿元；个人投资4 473亿元，增加2 818亿元。

投资结构调整有一定进展，基础产业、基础设施建设和更新改造投资增加，比重上升。"七五"时期，全民所有制单位用于能源、原材料工业和运输邮电设施方面的投资6 514亿元，比"六五"时期增加4 030亿元，占全部投资的比重由"六五"时期的46.6%上升到52.1%。"七五"时期全民所有制单位基本建设投资7 348亿元，比"六五"时期增长1.2倍；更新改造投资完成3 976亿元，增长1.7倍，更新改造投资占的比重由"六五"时期的28%上升到31.8%。

重点建设步伐加快，取得一批新成果。"七五"时期，国家安排重点建设项目306个，总投资规模达2 955亿元。已建成投产项目121个，主要有：山西大同、古交、河北开滦和山东兖州矿区的4对年产原煤400万吨的矿井，总装机容量271.5万千瓦的湖北葛洲坝水电站，建成投产4台32万千瓦机组的青海龙羊峡水电站，装机总容量120万千瓦的山西大同第二电厂一期工程和上海石洞口一电厂，6条50万伏超高压输变电工程，年产纯碱60万吨的唐山碱厂，扬子、齐鲁、大庆、上海四大乙烯工程，宝山钢铁总厂一期工程，中英合资上海耀华玻璃公司的浮法玻璃生产线，大同至秦皇岛双线电气化铁路一期工程，年吞吐量3 000万吨的秦皇岛煤码头三期工程。此外，北京亚运会工程、北京图书馆、中央电视台彩电中心、中国科技情报中心、气象卫星资料接受处理系统等一批科学文化设施项目也相继建成投产。

新增一大批生产能力，增添了经济发展后劲。"七五"时期，全社会新增固定资产为16 400亿元，建成投产基本建设大中型项目532个，限额以上更新改造项目354个，全民所有制单位建成小型基本建设项目和更新改造项目各20多万个。"七五"时期，全国基本建设新增加的主要生产能力有：煤炭开采12 374万吨，发电装机容量4 628万千瓦，石油开采7 752万吨(含更新改造和其他投资增加的能力)，炼铁665万吨，炼钢512万吨，铁矿开采2 342万吨，化肥124万吨，塑料87万吨，水泥1 862万吨，机制纸28万吨，机制糖58万吨，新建铁路交付运营里程2 307公里，新建公路18 092公里，沿海港口吞吐能力13 740万吨。

建筑业施工力量增强，技术水平提高。1990年全社会建筑施工队伍达到2 400多万人，比1985年增长16%；建筑业技术装备进一步加强，设计施工技术有新的突破。如岩土工程技术、工程结构抗震技术、桥梁与隧道的设计和施工技术、大型结构与设备安装技术、高层建筑结构设计与施工技术等已接近或达到国际先进水平。但建筑企业经济效益持续下降的局面仍未扭转。

地质普查勘探工作取得新进展。"七五"时期完成钻探工作量共4 689万米，新发现或新证实为工业矿床的矿产地1 369处，取得重大新进展的勘察矿区1 015处。新探明储量：煤炭1 113亿吨，铁矿石21.8亿吨，天然气2 738亿立方米，石油勘探也取得新的突破。

四、运输邮电

"七五"时期，运输基础设施有所改善，运输能力增强，运输量全面增长。1990年末，铁路复线里程占营业总里程的比重，由1985年的19.2%提高到24.4%，其中主要干线复线率已达90%以上。新增电气化铁路里程2 790公里，铁路电气化里程占营业里程的比重达13%。公里质量不断提高，高速公路建设开始起步。沿海港口新增吞吐能力1.38亿吨。

1990年，各种运输工具完成的货物周转量26 322亿吨公里，比1985年增长45.3%；旅客周转量5 612亿人公里，比1985年增长26.6%。为减轻铁路负担，组织水陆运输合理分流，运输结构有所调整。在货物周转量中，铁路所占比重由1985年的44.8%下降到1990年的40.3%；公路所占比重由9.3%上升到13.1%，水运所占比重由42.5%上升到44.3%。

"七五"时期地方办交通积极性增强。1985年我国只有10个省、区、市拥有49条地方铁路，正线长2 934公里。1990年末，已有16个省、区、市拥有64条地方铁路，正线长4 454公里。地方航空公司从无到有，已形成一定的运输能力。个体运输得到较快发展。

邮电通信事业发展迅速。1990年完成邮电业务总量80亿元，比1985年增长1.7倍，平均每年增长22%。其中国际通信业务量年均增长50%，已有296个市县电话可直拨世界180多个国家和地区。传真、用户电报、特快专递等新兴邮电业务成倍增长。市内电话建设由于多渠道筹措资金，发展迅速，"七五"时期增加301万户，增长1.37倍。但运输邮电发展同经济和社会的需要相比，仍不适应。

五、国内商业和物资供销

"七五"时期，国内市场变化较大。前三年市场波动较大，后两年国民经济进行治理整顿，销售已基本趋于正常，商品供应比较丰富。1990年社会商品零售总额达8 255亿元，比1985年增长92%，平均每年增长14%，扣除物价上涨因素，实际增长3.4%。

从各种经济类型的商品零售额看，1990年与1985年相比，全民所有制增长86.4%，占社会商品零售总额的比重由40.4%下降为39.3%；集体所有制增长64.4%，所占比重由37.2%下降为31.9%；合营经济增长2倍，所占比重由0.3%上升为0.4%；个体经济增长1.4倍，所占比重由

15.3%上升为19%；农民对非农业居民的零售额增长1.7倍，所占比重由6.8%上升为9.4%。

市场物价前四年涨势较猛，由于采取有效措施，1990年市场物价相对平稳。“七五”时期各年物价变动情况如下(以上年价格为100)：

	1986	1987	1988	1989	1990
居民生活费用价格总指数	106.5	107.3	118.8	118.0	103.1
零售物价总指数	106.0	107.3	118.5	117.8	102.1

随着物资体制的改革，主要物资国家统一分配的比重明显下降。钢材国家合同供货量占当年生产量的比重，由1985年的49.7%下降到1990年的30.8%；煤炭由45.2%下降到42.1%；木材由29.7%下降到26.4%；水泥由16.4%下降到10.3%。

六、对外经济和旅游业

进出口贸易取得突破性进展。据海关统计，“七五”时期进出口总额4 864亿美元，比“六五”时期增长92.7%。其中，出口总额2 325亿美元，增长93.7%；进口总额2 539亿美元，增长91.8%。进出口商品结构有所改善，进口的高档耐用消费品大幅度下降，出口总额中工业制成品比重由1985年的49.4%上升到1990年的74.5%。

利用外资增长较快。“七五”时期我国实际利用外资460.9亿美元，其中对外借款300亿美元，外商直接投资141.7亿美元。到1990年末，外商直接投资项目累计达2.9万项，投产开业的企业已超过1万家。

对外经济技术合作有很大发展。我国已同129个国家和地区开展了承包劳务合作业务。“七五”时期，共签订对外承包工程和劳务合作合同11 219份，合同金额101亿美元，实际完成营业额70亿美元。

国际旅游业稳步前进。“七五”时期，前来我国的国际游客达1.33亿人次，比“六五”时期增长1.4倍；旅游外汇收入97.2亿美元，增长96.3%。

七、科学技术

科技事业有了新发展。“七五”时期我国共取得国家级科学技术成果14 139项，是“六五”时期的1.5倍。经国家批准的发明奖846项，自然科学奖237项，科学技术进步奖2 330项，星火奖261项。有44个国家重点实验室建成并通过验收。“七五”国家重点科技攻关合同已完成90%以上。在生物技术、农业科学、高能物理、计算机技术、运载火箭技术、卫星通讯技术、超导材料的理论研究等领域的某些科技成果已接近或达到国际先进水平。

“星火”计划项目取得明显成效。“七五”时期，“星火”计划累计完成项目1.4万项，为农村培训技术管理人才650万人。

“七五”时期，国家自然科学基金委员会批准资助科研项目16 504项，资助金额6.44亿元。

“七五”时期，高等院校共有35 400项科技成果通过鉴定和评审。

“七五”时期制订、修订各类国家标准10 346个。气象、地震、海洋、测绘等科技服务工作有了新的发展。

专利工作体系已初步形成。“七五”时期受理专利申请152 971件，批准专利61 499件。有一批专利项目付诸实施并取得较好的经济和社会效益。

科技队伍进一步扩大。1990年末全国共有各类专业技术人员2 432万人，其中自然科学技术人员1 097万人，比1985年增长40%。全国县以上全民所有制独立的科技机构5 820个，比1985年增加1 130个。

八、教育、文化、卫生、体育

“七五”时期大学本科、专科毕业生266.8万人，比“六五”时期增长73.8%。国内培养毕业研究生15.8万人，其中获得博士学位的6 927人，获得硕士学位的14.1万人。中等专业学校毕业生292.2万人，增长31%。培养农业、职业中学毕业生389.5万人，增长2.4倍。

人口文化素质提高。人口普查资料表明：我国平均每万人拥有大专以上文化程度的人口由1982年的62人增加到1990年的142人，高中文化程度的人口由678人增加到804人，初中文化程度的人口由1 789人增加到2 334人。全国文盲半文盲率由20.37%下降到15.88%。

基础教育得到进一步普及。全国小学学龄儿童入学率由1985年的95.95%提高到1990年的97.9%。普及初等教育验收合格的县由1985年的731个，增加到1990年的1 459个。全国在园幼儿比1985年增长33.3%。

成人教育稳步发展。1990年全国成人高等学校在校学生174万人，与1985年大致持平；成人中等学校在校学生1 529万人，增长1.8倍；成人初等学校在校学生2 282万人，增长1.7倍。

文化事业在整顿中保持繁荣。“七五”时期生产故事片674部，比“六五”时期增长10%；文化馆增加35个，公共图书馆增加183个，博物馆增加301个，广播电台增加342座，电视台增加287座，电视发射台和转播台增加10 565座。1990年广播覆盖率(包括中央、省、地、县四级)为73%，电视为78%，分别比1985年提高5个百分点和10个百分点。1990年出版图书、杂志、报纸种类比1985年增加较多，但总印数下降7.2%。

卫生事业继续发展，医疗条件进一步改善。“七五”时期卫生机构增加7 000个，医院病床增加39.5万张，专业卫生技术人员增加48.7万人，均达到计划目标。疾病防疫工作取得新的成效，但城市住院难等问题依然突出，农村医疗条件还比较落后。

体育事业发展较快，运动技术水平不断提高。“七五”时期我国体育健儿在世界锦标赛、杯赛中共夺得285个世界冠军，创造172次世界纪录。特别是1990年在我国成功地举办了第十一届亚运会，我国运动健儿取得了优异成绩，振奋了民族精神。群众体育运动不断普及，全国经常参加体育锻炼的人数占总人口数的35%。

九、人民生活

城镇就业继续扩大。“七五”时期安置待业人员2 070万人。全国职工人数增加1 631万人，其中全民所有制单位实行劳动合同制职工增加1 020万人，城镇个体劳动者增加250万人。

人民生活水平进一步提高。1990年全国职工平均货币工资2 150元，比1985年增加1 002元，扣除价格上涨因素，年均实际增长2.5%；如包括工资外收入和就业面扩大因素，城镇居民人均生活费收入年均实际增长4.1%。同期农民人均纯收入年均实际增长4.2%。居民消费水平年均实际增长3.1%。人民的健康状况、营养水平、平均寿命等生活质量指标，已接近或达到中等收入国家水平。但发展不平衡，还存在一些贫困户。

城乡储蓄大幅度增加。1990年末居民储蓄存款余额7 034亿元，比1985年末增长3.3倍。

城乡居住条件继续改善。1990年城镇居民人均居住面积7.1平方米，农村居民人均居住面积17.8平方米，比1985年分别增长36.5%和21.1%。

十、人口

1990年末，全国总人口为114 333万人，比1985年增加8 482万人，年均增长1.55%。

注：(1)本公报所列1990年数据为初步统计数，未包括台湾省。

(2)各项总产值绝对数按当年价格计算，增长速度按可比价格计算。

(3)各项指标对比的基期数除人口数根据1990年人口普查作了调整以外，其余均为《中国统计年鉴》发表的正式数。

□□

中华人民共和国国家统计局关于1991年国民经济和社会发展的统计公报

1992年2月28日

1991年，我国各族人民坚决贯彻治理整顿和深化改革的方针，取得了明显成效。整体经济形势明显好转，国民经济稳定增长，通货膨胀得到有效控制，改革开放迈出较大步伐，国际收支状况进一步好转，人民生活改善，科技、教育、文化、卫生、体育事业蓬勃发展，精神文明建设取得新的成绩，治理整顿的主要任务已基本完成，社会安定，为实现“八五”计划创造了一个良好的开端。初步统计，全年国民生产总值19 580亿元，比上年增长7%；其中第三产业5 331亿元，增长5.3%。经济运行中的主要问题是：结构调整进展较慢，经济效益不高，财政困难大。新的一年，巩固、发展治理整顿成果和深化改革的任务还相当艰巨。

一、农 业

1991年，我国部分地区遭受了严重的自然灾害，但经过举国上下一致抗灾救灾，仍夺得了农业生产的较好收成。全年农业总产值8 008亿元，比上年增长3%。其中，种植业增长0.9%，林业增长7.8%，牧业增长6.1%，副业增长1.8%，渔业增长6.7%。

主要农产品产量中，粮食略有减产，但仍是历史上第二个高产年，棉花大幅度增产，油料、糖料、烤烟产量再创历史最高水平；蔬菜、水果生产又获丰收。但农产品流通体制还不完善，农业发展不稳定问题依然存在。

主要农产品产量如下：

	1991年	比上年增长%
粮　食	43 524万吨	-2.5
棉　花	566.3万吨	25.6
油　料	1 638.3万吨	1.6
其中：油菜籽	743.6万吨	6.9
甘　蔗	6630.3万吨	15.1
甜　菜	1 632.7万吨	12.4
黄红麻	50.8万吨	-30.0
烤　烟	269.8万吨	19.4
蚕　茧	53.4万吨	持平
茶　叶	54.6万吨	1.1
水　果	2 158.4万吨	15.2

造林绿化事业成绩显著。1991年，全国造林面积8 260万亩，比上年增长5.8%。防护林体系建设继续深入展开，"国家造林项目"速生丰产林建设开始全面实施。森林覆盖率上升，林木蓄积量增加，实现了森林资源生长量大于消耗量的目标。

畜牧业持续发展。肉、禽、蛋、奶等畜产品产量继续增加。

主要畜产品产量和牲畜存栏头数如下：

	1991年	比上年增长%
猪牛羊肉	2 712.2万吨	7.9
牛　奶	462.6万吨	11.3
绵羊毛	24.1万吨	0.4
肉猪出栏数	3.27亿头	5.4
猪年末数	3.72亿头	2.7
羊年末数	2.06亿只	-2.1
大牲畜年末数	1.32亿头	1.1

水产品继续增产。全年水产品产量1 339万吨，比上年增长8.3%；其中淡水产品产量增长4.8%，海水产品产量增长10.9%。

农业生产条件有所改善。1991年末全国拥有农业机械总动力2.93亿千瓦，比上年末增长1.9%；大中型拖拉机78.8万台，下降3.1%；小型和手扶拖拉机729.3万台，增长4.5%；载重汽车62.6万辆，增长0.3%；排灌动力机械0.73亿千瓦，增长2.1%；全年化肥施用量(折纯)2 856万吨，增长10.3%；农村用电量939.7亿千瓦小时，增长11.3%。农田水利建设继续加强。

农村经济继续发展。1991年农村社会总产值18 931亿元，比上年增长11%。乡镇企业保持稳定发展，农村工业、建筑业、运输业和商业、饮食业产值增长20%；占农村社会总产值的比重由上年的53.9%上升到57.7%。

二、工　业

工业生产增长较快。1991年工业总产值28 225亿元，比上年增长14.2%。其中乡及乡以上工业总产值为23 121亿元，增长12.9%。在全部工业中，全民所有制工业增长8.4%，全民所有制工业新增产值占全部工业新增产值的比重由上年的37.8%提高到43.1%；集体所有制工业增长18%，个体工业增长24%，中外合资、中外合作和外商独资经营的工业增长55.8%。大中型企业生产开始摆脱前两年徘徊的状况，比上年增长9.2%。

1991年轻工业产值13 796亿元，比上年增长14.5%。主要轻工产品中，适销对路的产品生产保持稳定增长，长线产品生产有所控制。重工业产值14 429亿元，增长13.9%，主要重工业产品中，投资类机电产品生产增长较快，主要原材料和能源生产基本稳定。

主要工业产品产量如下：

	1991年	比上年增长%
化学纤维	186万吨	12.4
纱	450万吨	-2.7
布	175亿米	-7.3
呢绒	3亿米	1.7
机制纸及纸板	1 430万吨	4.2
糖	631万吨	8.4
原盐	2 353万吨	16.3
卷烟	3 199万箱	-3.0
合成洗涤剂	143万吨	-5.7
日用精铝制品	8万吨	2.2
自行车	3 627万辆	15.4
电视机	2 622万部	-2.3
其中：彩色电视机	1 194万部	15.6
录音机	2 935万部	-2.9
照相机	473万架	1.2倍
家用洗衣机	683万台	3.1
家用电冰箱	476万部	2.8
能源生产总量(折标准燃料)	10.47亿吨	0.8
原煤	10.9亿吨	0.9
原油	1.39亿吨	0.9
发电量	6 750亿千瓦小时	8.7
其中：水电	1 235亿千瓦小时	-2.5
钢	7 057万吨	6.4
钢材	5 547万吨	7.6
十种有色金属	252万吨	5.5
水泥	2.48亿吨	18.3
木材	5 500万立方米	-1.3
硫酸	1 314万吨	9.8

纯碱	389万吨	2.4
化肥(折纯)	1 988万吨	5.8
化学农药	25万吨	9.7
发电设备	1 129万千瓦	-7.9
金属切削机床	15.08万台	12.1
汽车	71.3万辆	38.7
拖拉机	5.27万台	33.8
机车	706台	7.8
民用钢质船舶	154万吨	9.4

“质量、品种、效益年”活动取得初步成效，经济效益下滑势头得到初步遏制。1991年全员劳动生产率比上年提高6.2%，预算内国营工业企业实现利税1 420亿元，比上年增长8%，其中实现利润下降14.2%，定额流动资金周转天数为124天，比上年加速6天；但企业经济效益低的问题依然突出，平均每百元资金实现的利税为13.28元，比上年减少0.52元；成本继续超支，亏损额上升，工业结构调整较慢。

三、固定资产投资和建筑业

固定资产投资明显回升。全年全社会固定资产投资完成5 279亿元，比上年增加829亿元，增长18.6%。其中，全民所有制单位投资3 558亿元，增长21.9%；集体所有制单位投资629亿元，增长18.7%；个人投资1 092亿元，增长9%。但在建规模偏大，新开工项目增长过快，全年全民所有制单位基本建设和更新改造新开工项目7.45万个，比上年增加1.8万个。

1991年，在全民所有制单位投资中，基本建设投资2 075亿元(含车船购置费)，比上年增长21.8%；更新改造投资997亿元，增长20.1%；商品房建设投资243亿元，增长31.1%；其他投资243亿元，增长22.2%。

投资结构进一步调整。全民所有制单位投资中，原材料工业投资533亿元，比上年增长24%，所占比重由上年的15.7%上升到16.1%；运输邮电通讯业投资468亿元，增长40.1%，所占比重由12.2%上升到14.1%；农业、林业、水利投资101亿元，增长31.2%，所占比重由2.8%上升到3.1%；但能源工业投资942.9亿元，增长14.4%，所占比重由30.1%下降到28.4%。

在更新改造投资中，用于节约能源，增加花色品种、提高产品质量、“三废”治理的投资298亿元，比上年增长32.8%，所占比重由上年的27.1%上升到29.9%；而用于增加产量的投资328亿元，增长12.5%，所占比重由35.2%下降到32.9%。

重点建设进展较快，一批项目建成投产。国家按合理工期组织建设的182个重点项目，全年完成投资440亿元，超额完成年度计划。投产大中型基本建设项目100个，大中型项目单项工程155个，限额以上更新改造项目115个。当年全国基本建设新增加的主要生产能力有：煤炭开采2 714万吨，发电机组容量1 184万千瓦，已连续三年超过一千万千瓦，石油开采1 491万吨，天然气开采11亿立方米(石油开采和天然气开采含更新改造和其他投资增加的能力)；炼钢396万吨，炼铁376吨万，纯碱60万吨，化肥96万吨，木材开采21.2万立方米，水泥292万吨；铁路复线里程309公里，铁路电气化里程849公里，沿海港口吞吐能力609万吨。

建筑业生产回升。1991年全民所有制建筑施工企业完成建筑业总产值1 030亿元，比上年增长1.5%；新开工面积0.9亿平方米，增长26.4%；全员劳动生产率为16 070元，提高2.1%。但经济效益仍无明显改善，亏损企业和亏损额较多。

地质普查勘探新发现矿产地231处，取得重大进展的勘查矿区138处，有50种矿产新增加探明储量。石油、天然气普查勘探工作在陕西、新疆及南海海域取得可喜的进展。水文地质、工程地质、环境地质工作在国民经济建设中继续发挥重要作用。

四、运输邮电

交通运输生产全面回升，重点物资运输完成情况比较好，但交通运输建设仍不适应经济和社会发展的需要。

各种运输量完成如下：

	1991年	比上年增长%
货物周转量	28 007亿吨公里	6.9
铁路	10 972亿吨公里	3.3
公路	3 398亿吨公里	1.2
水运	13 000亿吨公里	12.1
其中：远洋运输	8 854亿吨公里	10.3
空运	10亿吨公里	24.4
管道	627亿吨公里	持平
旅客周转量	6 077亿人公里	8.0
铁路	2 827亿人公里	8.2
公路	2 778亿人公里	6.0
水运	171亿人公里	3.6
空运	301亿人公里	30.4
沿海主要港口货物吞吐量	50 606万吨	9.4

运输收入增加。全年各种运输方式完成的总收入比上年增长8.4%。但地方公路和水运企业亏损面有所增加，经济效益不好的局面仍然存在。

邮电通信事业发展较快。全年完成邮电业务总量206.2亿元，比上年增长32.5%，特快专递、集邮等邮政业务的增长幅度都超过64%；无线寻呼、移动电话等电信业务的增长幅度均超过一倍。国际及港澳通信业务明显增多。全国进入长话自动交换网的市、县达1 046个，比上年增长17%。市内电话自动交换机容量为1 008万门，占市话交换机总容量的97%；其中市话程控交换机容量560.9万门，比上年增长55%。

五、国内商业和物资供销

国内市场稳定增长。全年社会商品零售总额9 398亿元，比上年增长13.2%；扣除零售物价上涨因素实际增长10%。消费品零售额8 227亿元，增长13.5%；其中售予社会集团的消费品零售额879亿元，增长18.6%。农业生产资料零售额1 171亿元，增长11.5%。

1991年，城市消费品零售额4 515亿元，比上年增长16.1%；农村消费品零售额3 712亿元，增长10.4%。

各种经济类型的商品零售额全面增长。全民所有制单位比上年增长13.9%；集体所有制单位增长7.6%，其中供销合作社增长6.7%；合营增长23.8%；个体增长18.1%；农民对非农业居民的零售额增长18.8%。从各类消费品销售数量看，吃的商品稳定增长，与上年相比，粮食增长10%，食用植物油、猪肉、鲜蛋销量分别增长0.9—4.7%；穿的商品中棉布、针织内衣裤销量下降一成多，但各种服装销量增长7.1%；耐用消费品除录音机销量减少、电风扇持平外，其余均有不同程度增长，彩色电视机、洗衣机、电冰箱销量增长2.6—9.1%。

商业企业经济效益有所好转。全年商业部系统国营商业企业亏损0.73亿元，比上年减亏0.84亿元；供销合作社实现利润15.3亿元，比上年增加2.7亿元，亏损企业亏损面由上年的27.9%下降到25.7%。

生产资料市场趋向活跃。1991年全国物资系统购进生产资料2 891亿元，比上年增长25.3%；销售3 129亿元，增长24.5%。

价格改革迈出了新的步伐。1991年年初以来，国家先后有计划地提高了原油、成品油、钢材、生铁等基础产品和铁路货运的价格，提高了城镇居民定量供应的粮食和食用油销售价格，价格结构性调整的力度较大。但市场物价总水平仍然保持基本稳定。全年零售物价总水平比上年上涨2.9%；城乡居民生活费用价格总水平(包括生活消费品和服务项目)比上年上涨3.4%，其中城镇上涨5.1%，农村上涨2.3%。存在的主要问题是大中城市物价涨幅较大，全年35个大中城市职工生活费用价格比上年上涨8%。

各类商品和服务项目价格变动情况如下：

	1991年比上年上涨%	其中：城镇12月比上年同月上涨%
居民生活费用	3.4	6.3
1.食品类	3.3	8.2
粮食	8.6	35.0
肉禽蛋	-2.3	-1.0
其中：猪肉	-1.4	4.1
鲜菜	6.1	4.6
水产品	1.5	4.3
烟酒茶	0.8	4.5
糕点	6.3	5.7
2.衣着类	4.1	4.2
3.日用品类	1.5	1.7
4.药及医疗用品类	3.4	6.2
5.燃料类	15.6	12.3
6.农业生产资料类	2.9	3.6
7.服务项目	8.7	9.5

六、对外经济贸易和旅游业

进出口全面增长。据海关统计，1991年出口总额719亿美元，增长15.8%，其中“三资”企业出口额120.5亿美元，增长54.2%；进口总额638亿美元，增长19.5%。扣除不收付外汇的进出口货物，出大于进124.5亿美元。外贸实行自负盈亏体制，促进了出口结构的调整，提高了经济效益。国际收支状况继续好转。

利用外资稳步增长。1991年新签利用外资协议金额178亿美元，比上年增长47.6%；实际使用外资113亿美元，增长9.6%。其中外商直接投资协议金额111亿美元，实际投资40亿美元，分别增长67.6%和13.8%。

随着投资环境改善和开放地区扩大，“三资”企业增加较多。截至1991年末，在我国注册的“三资”企业37 215个；注册资金460亿美元，其中外商投资262亿美元。

对外经济技术合作又有新进展。1991年对外承包工程和劳务合作新签合同金额32亿美元，比上年增长23%；完成营业额20亿美元，增长7%。

国际旅游业发展较快。1991年到我国旅游、访问以及从事各项活动的国际旅游者达3 336万人次，比上年增长21.5%；旅游外汇收入28.4亿美元，增长28.3%。

七、科学技术

科技事业取得新进展。全国共取得省部级以上重大科技成果23 000项；获国家奖励的成果958

项，其中国家自然科学奖53项，国家发明奖209项，国家科学技术进步奖502项。受理国内外专利申请50 040件，授权专利24 616件，分别比上年增长20.7%和9%。

1991年全国重大科技成果主要有：秦山核电站建成发电，标志我国和平利用核能取得重大突破；合肥同步辐射加速器及光束线实验站全部通过验收，已建成的5条同步辐射光束线和5个实验站的主要性能指标已达到国际水平；高产多抗性玉米杂交种——沈单7号增产效果明显；乙型肝炎基因工程疫苗填补了国内空白；KM₄太阳模拟器研制成功，其主要性能技术指标赶上了国际同类设备的先进水平；报关自动化系统工程达到了国际先进水平。

科技经费投入增加。1991年，全国科研机构、高等院校和大中型工业企业等单位用于科技的经费支出为409亿元，其中用于研究与发展的经费142亿元，占国民生产总值的比重为0.72%。

科技队伍进一步扩大。1991年末全民所有制企事业单位共有各类专业技术人员2 412.8万人，比上年末增长5.6%。全国县级以上全民所有制独立研究开发机构5 466个，高等院校办2 450个，大中型工业企业办9 525个，从事科技活动人员230.2万人，其中科学家和工程师149.1万人。

国家推行的各项科技计划成效显著。1991年，"八五"国家重点科技攻关计划已批准可行性报告145个，签定专题合同2 245个，国家拨款6.5亿元，其中5兆瓦低温核供热堆实现了热电联供，中宽度薄板坯连铸连轧技术等项目已取得可喜成果。高技术研究发展计划共批准了1 224个研究课题，国家拨款3.92亿元。国家自然科学基金资助科研项目3 495项，资助金额1.7亿元，分别比上年增长0.49%和25.3%。国家重点实验室建设取得新进展，1991年新建成16个重点实验室。火炬计划共安排国家级项目301项，当年完成投资额13亿元。到1991年末我国共有国家级高新技术产业开发区27个。国家直接支持的重点开发项目470项，当年完成投资6亿元。星火计划项目新增8 200项，培训管理人员和技术人员135万人。

企业、高校、科研机构的结合日趋紧密。1991年有6 582个预算内国营工业企业与高校、科研机构进行了对口交流，共向企业转让了4 965项科技成果，并设立了4 864个联合研究开发项目。

全国大中型工业企业共组织万元投资以上技术开发项目45 862个，比上年增长16.3%；新产品产值占工业总产值的比重已近10%。

1991年，全国共有产品质量监督检测机构3 100个，其中国家级检测中心229个，分别比上年增长3%和7.5%。全年制定、修订各类国家标准1 122个。全国共建立了超短波天气警报服务系统发射台1 621个，接收用户62 608个，分别比上年增长62.1%和56.5%；有人值守的各类地震台站929个，各类地震测报网点5 224个，分别比上年增长6.5%和24.8%；在971个海洋监测站点获得1 131.7万个海洋数据；测绘部门测绘各种比例尺地图32 531幅，公开出版地图545种。

技术市场稳步发展。全年全国共签订技术合同20.7万份，成交金额94.1亿元，分别比上年增长0.1%和25.4%。

群众性科技活动活跃。全国共有厂矿科协8 300个，会员184万人；农村专业技术研究会9.6万个，会员307万人。

八、教育、文化

普通高等教育规模基本稳定，专业结构继续改善。1991年全国招收研究生3万人，与上年持平；在学研究生8.8万人，比上年下降5.4%。普通高等学校招收本、专科学生62万人，比上年增长1.8%；在校学生204.4万人，比上年略有减少。1991年全国有320个长线专业点暂停招生，工科、医药、财经招生比例上升。

中等职业技术教育稳步发展。1991年各类中等职业技术学校在校学生633.2万人(含技工学校学生142.2万人)，占高中阶段在校学生总数1 356万人的46.7%。

普及义务教育又有新的进展。1991年全国初中在校学生3 960.7万人，小学在校学生12 164万人。7—11周岁小学学龄儿童入学率达97.9%；小学毕业生升学率达77.7%，比上年提高3.2个百分点。普通初中和小学学生辍学率分别降到5.38%和2.35%，是建国以来的最低点。办学条件继续得到改善。

成人学历教育调整取得进展，多种形式的岗位培训蓬勃发展。1991年成人高等学校招收本、专科学生44.7万人，在校学生140.3万人，比上年下降15.8%；成人中等专业学校在校学生168万人，增长5.8%；成人技术培训学校在校学生3 165.7万人，增长1.5倍；成人中、小学在校学生853.6万人。全年共扫除文盲548.3万人。

1991年末全国共有艺术表演团体2 774个，文化馆2 977个，公共图书馆2 536个，博物馆1 097个，档案馆3 579个，广播电台724座，中、短波广播发射台和转播台703座，电视台541座，一千瓦以上电视发射台和转播台974座，各类电影放映单位14.1万个。1991年生产电影故事片130部，发行各种新片(长片)189.5部，有16部(次)影片在国际电影节上获奖。全国性和省级报纸全年出版175.1亿份，各类杂志出版20.8亿册，图书出版

62亿册(张)。

九、卫生、体育

卫生事业继续发展，医疗条件进一步改善。1991年末全国医院共有病床268.9万张，比上年末增长2.5%。专业卫生技术人员398.5万人，比上年增长2.2%；其中医生178万人(含中、西医师131.1万人)，增长0.9%；护师、护士101.2万人，增长3.8%。

体育事业取得明显的成绩。全年在重大国际比赛中共获奖牌182块；86名运动员获得93个世界冠军，是历史上最多的一年。有25人1队50次创造31项世界记录，34人9队64次创造49项亚洲纪录，123人30队212次创造127项全国纪录。群众体育事业发展迅速，近70%的学校推行《国家体育锻炼标准》，80%的学生达到合格标准。

十、人民生活

居民收入增加。据抽样调查，1991年全国城镇居民人均生活费收入为1570元，比上年增长13.2%，扣除生活费用价格上涨因素，实际增长7.7%；农村居民人均纯收入710元，比上年增长3.5%，扣除价格变动因素，实际增长2%。

城镇就业继续增加。1991年全国城镇安置待业人员430万人。年末全国职工人数为14397万人，比上年末增加338万人。其中，全民所有制单位实行劳动合同制的职工达1535万人，增加163万人。年末城镇个体劳动者704万人，增加33万人。

1991年全国职工工资总额3350亿元，比上年增长13.5%；职工平均货币工资2365元，扣除生活费用价格上涨因素，实际增长5.1%。

城乡储蓄大幅度增加。1991年末居民储蓄存款余额达9110亿元，比上年末增加2076亿元，增长29.5%。

城乡居住条件又有改善。1991年城镇新建住宅1.1亿平方米，农村新建住宅7.2亿平方米。

社会福利事业继续发展。1991年全国各类社会福利院床位达81.2万张，收养63.4万人。城乡各种社会救济对象得到国家救济达4869万人次。全国已有26.3%的乡镇建立了农村社会保障网络，城镇建立起各种社区服务设施8.9万个。

环境保护事业有较大发展。1991年末全国环境保护系统共有7.1万人，环境监测站2199个，国家级自然保护区61个。全年完成环境污染限期治理项目6574个，总投资17.4亿元。到1991年末全国共在351个城市中建成了2199个烟尘控制区，面积达8897平方公里；在216个城市中建成了1098个环境噪声达标区，面积达1803平方公里。

保险事业进一步发展。1991年各类财产险承保总额28015亿元，比上年增长20%。全国有50.8万户企业参加了企业财产保险，10070万户居民参加了家庭财产保险，有23370万人参加了人身保险。保险公司共处理国内财产险赔案337.8万件，支付赔款76.5亿元，为1190万人支付人身保险赔款33.5亿元。

十一、人口

根据1991年全国人口变动情况抽样调查，人口出生率19.68‰，死亡率6.70‰，自然增长率12.98‰。据推算，1991年末全国总人口115823万人，比上年末增加1490万人。

注：(1)本公报所列数据为我国大陆30个省、自治区、直辖市的初步统计数。

(2)各项总产值绝对数按当年价格计算，增长速度均按可比价格计算。

(3)各项指标对比的基期数均为《中国统计年鉴》发表的年度统计数。

(4)农村居民人均纯收入计算中的自产自用产品价格过去按国家牌价计算，现按合同定购综合平均价计算。1990年按新方法计算的农村居民人均纯收入为686元。

□□

继续坚持"双紧"方针　及时调整操作力度

国家统计局

1989年，围绕治理整顿，坚持"双紧"政策，积极增加有效供给，社会总供需矛盾比前几年有所缓解。但是，多年积累的社会总需求大于总供给、产业结构不合理等问题，还没有从根本上得到解决。当前，又出现了市场疲软、工业开工不足、企业效益降低、社会就业压力加大等新的问题。新老问题的交织，使我们清醒的看到，既要坚持总量控制，从根本上完成治理整顿的任务；又要正视当前的问题，防止问题越积越多，拖长治理整顿的时间。这就要求我们在新的一年里，要继续坚持"双紧"方针，及时调整好操作力度，做到生产与使用（物与物）、供给与需求（物与钱）的基本平衡，保证国民经济持续、稳定、协调发展。

一、1990年国民经济生产与使用的平衡〔注1〕计划有待完善

我国实行有计划的商品经济，国民经济计划的正确制定与贯彻，对治理整顿目标的实现起着重要作用。但从1990年的计划情况看，国民经济生产计划与使用计划的平衡还有待于进一步完善。

（一）逻辑判断

1990年国民经济和社会发展计划中提出：

①农业总产值比上年增长4%（按可比价计算）；

②工业总产值比上年增长6%（按可比价计算）；

③国民生产总值比上年增长5%（按可比价计算）；

④全社会固定资产投资4 100亿元；

⑤社会商品零售总额9 300亿元；

⑥出口400亿美元，进口323亿美元；

⑦物价上涨幅度为14%，实际执行不超过16%。

上述安排，从生产方面看，工农业总产值和国民生产总值都是增长的；从使用方面看，全社会固定资产投资4 100亿元，略高于1989年（4 000亿元）的水平，但扣除价格上涨因素（预计为10%左右），工作量没有增长，反而有所下降；社会商品零售总额9 300亿元，虽比1989年增长13.4%，但计划物价上涨幅度为14%，扣除这一物价因素，实际没有增长或有所下降。出口虽有增加，但幅度较小。综观计划中的生产和使用安排，不难看出，生产正增长，使用负增长，两者似乎难以平衡。

（二）利用中国投入产出模型判断

把1990年国民经济主要计划指标，输入中国投入产出模型，测算结果表明：如果从使用出发安排生产，库存保持正常年份增长水平，生产速度将达不到计划要求；如果从生产出发安排使用，库存将严重积压，证实了上述生产计划与使用计划难以平衡的判断。

1、从使用出发安排生产，生产速度将达不到计划要求。首先固定资产投资，社会商品零售总额〔注2〕，进出口〔注3〕等因素以计划安排不变，再考虑居民劳务消费与农民自给性消费等因素增长，可变因素只有库存一项。按如下两个方案测算。

〈1〉假定库存增加1 500亿元（1989年新增库存为1 500亿元，已成积压），生产的增长为：

农业总产值增长：-0.06%

工业总产值增长：0.09%

国民生产总值增长：-0.62%

〈2〉假定库存增加1 000亿元（正常年份每年新增库存约为700-800亿元），生产的增长为：

农业总产值增长：-3.12%

工业总产值增长：-3.93%

国民生产总值增长：-4.02%

2.从生产出发安排使用，将会出现严重的库存积压。

根据计划安排的1990年农业总产值增长4%、工业总产值增长6%和国民生产总值增长5%测算，1990年总使用量约为15 290亿元（按1989年价格计算）。从测算的总使用量中，扣除计划安排的固定资产投资、社会商品零售总额、进出口差额以及农民自给性消费等项，新增库存将达到2 400亿元，比1989年新增1 500亿元的库存还多900亿元，显然库存将严重积压。

（三）根据历年平衡趋势判断

1984～1988年，国民经济增长较快，固定资产投资与社会商品零售总额扣除价格因素后，与国民经济基本同步增长，每年新增库存稳定在700～800亿元之间。1989年，由于治理通货膨胀，采取双紧政策，固定资产投资扣除价格因素比上年减少20%，社会商品零售总额扣除价格因素比上年降低8%，形成使用上的负增长。在这种情况下，国民生产总值能增长3.9%，主要是以库存积压来支持的。1989年新增库存约1 500亿元，比上年新增库存870亿元还超出600多亿元。1990年的使用计划同1989年实际使用结果差不多，依此分析，1990年可能会出现或生产负增长、或库存严重积压的状况。这些均不利于治理整顿的继续进行，不利于国民经济的稳定发展和社会安定。

历年生产与使用的增长（可比价格）情况如下表：

	1984	1985	1986	1987	1988	1989
国民生产总值增长%	14.6	12.7	8.3	11.0	11.2	3.9
社会固定资产	21.1	26.8	7.9	11.2	8.5	-20.4

〔注1〕生产与使用的平衡即：国民生产总值＝固定资产投资总额＋社会消费总额＋居民消费总额＋新增库存与储备＋出口－进口

〔注2〕测算时，已将社会商品零售总额转换为居民消费和社会消费。

〔注3〕测算时，已将进出口计划口径转换为海关统计口径。

投资增长%						
社会商品零售总额增长%	15.3	17.2	8.5	9.6	7.9	-7.7
出口总额增长%	17.6	4.6	13.1	27.5	20.5	10.4
新增库存（现价：亿元）	343	745	748	580	871	1 500

二、几点判断意见

(一)确定生产计划，调整使用计划

考虑社会安定、增加财政收入、治理通货膨胀等综合因素，计划安排的生产增长速度是需要的。同时，从资金和能源总量的计划安排看，也为达到生产增长目标创造了条件。1990年国家银行贷款规模计划为1 700亿元，比上年增长14%左右，既满足了实物量增长的需要，又注意到了物价上涨因素，与1990年国民生产总值的增长及综合物价水平增长之和基本同步。1990年能源生产总量计划增长2.8-3%，按此测算能源生产弹性系数为0.56，也基本适应了国民生产总值的计划增长幅度。但是，由于固定资产投资和居民消费计划偏低，势必造成企业库存商品大量积压，影响企业资金周转，制约企业生产发展，致使国民生产总值的增长计划难以实现，将在社会和经济生活中产生各种新的矛盾和困难，不利于社会的稳定和治理整顿的深入。因此，宜适当调整使用计划。

从生产出发，如何安排使用呢？如果把固定资产投资和社会商品零售总额的名义量计划数额视同为实物量计划数额来测算，那么，库存将接近正常年份的增长水平，当年新增库存830亿元左右，从而使生产计划同使用计划协调起来(如果考虑操作中的弹性，实际安排也可略低一些)。反之，从使用出发测算，如果把固定资产投资与社会商品零售总额的计划视作实物量计算，新增库存保持正常年份800亿元左右，那么，生产速度则比较接近计划目标。

农业总产值增长：3.94%

工业总产值增长：5.83%

国民生产总值增长：4.98%

从上述的测算不难看出，既使按实物量安排固定资产投资和消费，也只是做到了生产较低速增长下的实物平衡，而不是增加新的需求。

(二)坚持“双紧”方针，调整使用结构

前面已讲过，1990年的资金总量安排已能满足生产增长的需要，所以适当增加固定资产投资和社会商品零售总额，并不必增加货币总量，而是在坚持控制需求总量的同时，掌握操作力度，调整使用结构。即在严格控制在建投资总规模和新开工项目前提下，银行在1 700亿元贷款规模范围内，配合国家产业政策进行调整，适当增加技术改造贷款和农业、能源、交通等重点建设贷款；财政在严格控制支出的同时，采取有效办法，积极引导预算外资金向企业更新改造方面投资。

这里需要特别指出的是，调增固定资产投资和社会商品零售总额计划，是否会使前几年总需求大于总供给，高额累积的结余购买力冲击市场呢？如果单从市场商品货源与居民购买力二者比较来说，结余购买力确实是一个很大的、潜在的需求，但如果把研究供需矛盾的范围放大到整个国民经济，可以看出居民结余购买力的80%左右已转存银行，被银行转化为生产建设资金。同时，我们不能把所有的储蓄和手存现金都视为现实的购买力需求。因为，人们要考虑养老防灾，攒钱买大件等，相应会引起部分货币的沉淀。关键在于保持物价和社会的稳定。从历史情况看，居民在银行的储蓄存款的增长是比较稳定的。建国以来，除1961年、1962年特殊情况储蓄减少外，其他年份都稳步增长，其中1979—1989年近10年平均每年递增33.7%。从结余购买力与社会商品零售总额两项增长比较看，结余购买力的增长幅度都快于社会商品零售总额的增长，1988年抢购风泛滥，情况也是如此。1988年结余购买力比上年增加1 260亿元，增长29.8%，比社会商品零售总额的增幅还高2个百分点。具体情况如下：

	年末结余购买力	社会商品零售总额
1953—1989年递增%	15.8	9.6
1979—1989年递增%	30.7	19.8
1984—1989年递增%	29.9	11.0

(三)积极开拓市场，搞活贷款存量

在控制贷款总规模下，调增固定资产投资贷款，流动资金贷款的缺口怎样弥补？一方面，适当增加固定资产投资，会相应引发一部分生产资料需求和消费需求，企业可以相应减少一部份库存，向银行归还一部份流动资金贷款。另一方面在于搞活目前银行12 350多亿元的存量贷款。各级银行要在当地政府的统一领导下，督促企业清仓挖潜，对那些滞销积压的冷背残次商品，适当削价处理；支持地方和企业开办物资交流会，组织工业品下乡，疏通商品流通渠道；积极开拓国际市场，扩大商品出口。企业商品库存积压得到清理后，庞大的银行贷款存量的一部份，就能够重新投入生产过程，使流动资金周转速度加快，这样，在不增加贷款规模的情况下，流动资金的紧张状况也能得到缓解。

成效·问题·启示

——对三年来治理整顿的回顾与思考

国家统计局

背景与意义

党的十一届三中全会以来，在党的以经济建设为中心，坚持四项基本原则，坚持改革开放的基本路线指引下，中国人民在建设有中国特色的社会主义进程中，取得了举世瞩目的成就，开创了新中国成立以来经济发展最旺盛、国力增强最快、人民得到实惠最多、对外开放取得最大进展的新时期。

几个重要经济指标年平均增长速度(%)

	1953—1978	1979—1988
国民生产总值	6.1	9.6
人均国民生产总值	4.0	8.0
国家财政收入	7.2	8.7
预算外资金收入	15.1	20.7
进出口总额	9.5	17.4
城镇居民人均实际生活费收入	1.6	6.5
农村居民人均实际纯收入	2.6	11.8
全国居民实际消费水平	2.2	7.6
全国储蓄存款余额	13.1	33.5

在充分肯定80年代前期我国经济建设的巨大成就的同时，我们也应冷静地看到，由于指导思想上一度存在的急于求成，加上在复杂的建设与改革中经验不足，1984年第4季度以来，经济运行多次出现过热的趋向，当时国家曾设想以“软着陆”方式缓解经济生活中日趋严重的供求失衡矛盾，但实际上财政、信贷“双紧”政策却几度夭折，经济不断升温，通货膨胀矛盾逐步升级。经济环境和经济秩序出现了一些偏差。

一、社会需求膨胀。从1985年到1988年，全社会固定资产投资由2 543亿元急剧增加到4 497亿元，平均每年增长26.6%(按累计法计算)；当年社会商品购买力由4 855亿元增加到10 438亿元，平均每年增长22.2%；社会商品零售总额由4 305亿元增加到7 440亿元，平均每年增长21.8%。上述需求指标的增长均超过同期现价国民生产总值平均每年增长19.1%的速度。

二、工业发展速度，特别是加工工业增长过快。在过旺的社会需求拉动下，1984年以来工业生产呈现明显的加速势头，形成经济过热的主导因素。1985年至1988年，全国工业总产值平均每年递增17.8%，其中1988年达到20.8%。在工业的高速增长中，又以加工工业增长最快。1985年至1988年，全国轻工业产值年均递增19.1%，重工业中制造业产值年均递增17.3%，其中1988年两者分别增长22.1%和21.6%，均高于全部工业的平均增长速度。由于工业增长过快，使工业与农业、能源、原材料和交通运输等基础产业之间的比例关系失衡。

工业生产与基础产业增长速度之比

(以基础产业为1)

	1979—1984	1985—1988	其中：1988
工业比农业	1.25:1	4.34:1	5.33:1
工业比能源	2.57:1	3.36:1	4.16:1
工业比原材料	1.36:1	1.47:1	1.87:1
工业比运输邮电	1.07:1	1.32:1	1.64:1

三、信贷和货币投放过多。改革开放以来，随着国民经济货币结算范围扩大，信贷和货币的适度超前增长是必要的。但是1984年以来，信贷和货币的投放大大超过了经济正常发展和改革的需要，成为推动需求过旺的直接原因之一。1985年到1988年，银行各项贷款平均每年增加1 446亿元，增长22%；货币投放平均每年增加336亿元，增长28.1%，特别是1988年的货币投放量高达680亿元，是1979年到1984年平均投放量的7倍。

四、物价涨幅过高。伴随着供求失衡矛盾的加剧，加之物价管理体制不完善，市场零售物价总水平与上年相比的涨幅由1984年的2.8%急剧上升到1988年的18.5%。在1988年的物价涨幅中，除了8个百分点是由于国家主动调价带来外，其余大都为自发性涨价和上年涨价的滞后影响。从月度来看，1988年1月涨幅为9.5%，2月上升到11.2%，到7月已提高到19.3%，从8月起，伴随全国更大范围的抢购风和挤兑风，当月零售物价总水平涨幅急剧跃升到23.2%，到12月已创纪录地达到26.7%，严重影响到经济和社会的稳定。

五、经济秩序特别是流通秩序混乱。在新旧体制更替过程中，由于宏观调控体系尚不健全，法制体系和市场体系也不健全，加上利益主体多元化伴生的追求局部利益倾向的强化，以及一些人利用国家经济政策不完善而导致的各种真空环境，想方设法甚至不惜以违法乱纪手段牟取个人私利，使经济生活中一度出现了严重无序状态，全民经商风一浪高过一浪，公司林立，在极短的时间中，流通领域就冒出了十几万个各式各样的公司，倒买倒卖、乱收费、乱涨价现象日趋严重，仅1988年因价格管理混乱，就有上千亿元价差收入流失了。

正是由于经济生活中存在着上述矛盾和问题，并经多年积累，最终在1988年以剧烈的通货膨胀形式爆发出来，造成市场动荡、物价猛涨，整个经济处于严重的波动之中，到了非采取特殊的调整措施不可的关键时刻，这就是实行治理整顿的经济背景。

成效与评价

1988年第四季度开始的治理整顿可以大致分为三个阶段，每一个阶段的政策侧重点和经济形势的变化不尽相同，各有特点。第一阶段，从1988年9月至1989年8月，政策的侧重点主要在于多管齐下压需求、整秩序，使经济降温，遏制通货膨胀，稳定经济形势。第二阶段，从1989年9月至1990年8月，政策的侧重点在于坚持总量控制，适当调整紧缩力度，解决市场疲软、工业速度下滑过猛问题，在稳定中求经济适度发展。第三阶段，从1990年9月至1991年底，政策的侧重点在于保持经济的正常增长，提高经济效益，促进经济结构优化。

在党中央和国务院正确领导下，经过全国各族人民三年来的共同努力，经济生活的许多方面都发生了显著的变化，治理整顿已取得了明显的成效，集中表现在以下八个方面。

一、过热的经济明显降温，经济基本恢复正常增长

1989—1991年GNP年增长率分别为4%、5.2%和7.7%，三年平均5.5%，工业总产值增长10%左右。经济增长速度已基本恢复到与现有经济条件相适应的正常增长水平，达到了治理整顿的目标。

二、供求失衡矛盾明显缓解，通货膨胀得到控制

治理整顿以来，由于采取了紧缩信贷、清理固定资产投资项目、压缩投资规模、控制集团消费、加强税收等多管齐下的强力紧缩需求政策，有效地控制了社会需求的过快增长，促进了供求关系的改善。1989～1991年供需差率由1985—1988年的11.8%，缩小到8%左右。已处于基本正常范围。全国零售物价总水平比上年的涨幅，1989年回落到17.8%，1990年进一步回落到2.1%，1991年也只有2.9%，已进入各方面可承受范围，实现了治理整顿的要求。

三、市场供应充足，秩序明显好转，居民消费心态稳定

随着供求关系的改善，国内市场出现了喜人的变化。一是市场商品供应充裕，花色品种增多，消费者选择余地扩大，部分商品出现了有限的买方市场。二是市场秩序明显好转，坑蒙拐骗、以次充好、以假代真、乱涨价等现象大为减少，服务态度改善。特别是清理公司取得了明显进展。到1991年6月底，全国共有公司24.8万户，比1988年的30万户减少5.2万户，大多数公司已和国家行政机关脱钩，实行企业化管理，一大批兼职的国家机关工作人员从公司中退出，各种违法乱纪现象得到一定程度的纠正。三是居民消费心态稳定，由于市场物价基本稳定，商品货源充足，居民的购买行为趋向理性化，市场销售逐渐从过热转入疲软，又从疲软趋向基本正常。近三年社会商品零售总额分别比上年增长8.9%、2.5%和13.2%，其中1991年的增长幅度已进入基本正常范围。

四、基础产业得到加强，产业结构"瓶颈"矛盾有所缓解

在治理整顿期间，产业结构的调整逐渐起步，农业、能源、交通、原材料等产业部门均有不同程度的发展。与此同时，处于长线的加工业受到一定限制，基础产业与国民经济发展不相适应的状况有所改善。

一是农业生产连续两年获得丰收，粮、棉、油、糖等主要农产品产量有不同程度增产。1991年和1988年相比，粮食总产量增加4 116万吨，棉花总产量增加151万吨，油料产量增加318万吨，糖料产量增加2 076万吨，畜牧业、渔业生产稳定发展。

二是基础产业与国民经济增长之间的比例失调状况得到一定改善。1989年到1990年，工业与农业增长速度之比由1985年到1988年的4.34:1改变为1.55:1，工业与能源增长速度之比由3.36:1改变为1.95:1，工业与运输邮电业增长速度之比由1.32:1改变为1.19:1，经济发展的"瓶颈"制约有所松弛。

三是基础产业投资占固定资产投资比重上升，增量调整进展较大。1990年和1988年相比，全民所有制固定资产投资增长5.6%，而基础产业的投资增长均快于全部投资增长，所占比重提高。其中，农业投资增长26.8%，占全部投资比重由2.3%提高到2.8%；能源工业投资增长31.3%，所占比重由23.3%提高到29%；运输邮电业投资增长9.7%，所占比重由11.5%提高到11.9%。1991年继续保持这种好的调整形势。

五、进出口贸易由逆差转顺差，国家外汇储备大量增加，对外开放取得新进展

治理整顿以来，尽管我国受到西方主要国家的经济制裁和政治压力，但由于坚持独立自主的外交路线，继续贯彻对外开放的基本国策，使我国外经外贸工作取得了新的成绩。随着国内过大的社会需求得到有效压缩，国内市场供需状况发生了显著的变化，产品相对丰富，为发展出口提供了物质基础，加之连续调整汇率并进行外贸体制的改革，保证了出口的顺利发展。1989年到1991年，我国出口总额登上700亿美元台阶，平均每年增长14.8%；从1990年，我国对外贸易实现顺差，改变了1984年以来连续逆差的状况。国家外汇结存不断增加。到1991年底止，国家外汇储备已超过400亿美元。扩大了我国在对外经济贸易中的回旋余地。与此同时，我国的对外开放迈开了新步伐，上海浦东的正式对外开放，标志着对外开放进入了一个新的时期。特别是近三年，我国顶住了西方主要国家对我国的经济制裁，吸收利用外资取得新进展。1989年到1991年，我国实际利用外资319亿美元。全国批准的外商投资企业达26 030家，比前10年的总和还多，外商实际投资额达121.9亿美元。更重要的是，这两年外商投资在结构上也发生了明显变化，投资导向更加合理，技术先进型和出口创汇型项目增多。

六、人民继续得到了实惠

治理整顿虽然压缩了一些过快的消费需要增长，但城乡居民继续从经济发展中得到了实惠。1991年城镇居民实际人均生活费收入比1988年增长13.3%；农村居民实际人均纯收入增长2.2%；城乡居民储蓄存款增加5 309亿元。

七、宏观调控手段趋向多元化，积累了宝贵的经验

长期以来，我国实行指令性产品经济体制，以至缺乏在商品经济中利用经济杠杆调控经济生活的经验。这次治理整顿，是在改革开放十年后商品经济已经出现长足发展的情况下进行的，形势的变化要求我们在治理整顿中更多地使用经济手段，相应地也使我们接受了在有计划的商品经济中利用经济手段进行宏观调控的锻炼。

在治理整顿期间，我国宏观调控经历了由行政手段为主向以价格、利率、汇率、税率等经济杠杆和必要的法律法规为主的转变，取得了良好的效果，较好地体现了计划经济与市场调节相结合的原则，积累了宝贵的经验。实践表明，随着宏观调控手段的多元化和不断完善，必将为进一步提高我国宏观调控的科学性、有效性创造更为有利的条件。

八、改革取得了一定进展，对经济工作的转轨有积极意义

治理整顿期间，根据工作的需要和现实的可能，国家先后对能源、原材料、运输、农产品等基础产品价格和服务项目价格进行了较大幅度调整，特别是今年成功地调整了城镇居民的定量粮食、食用油的销售价格，对缓解购销倒挂矛盾、减轻财政负担起了积极作用。这几年价格改革步子大、效果好都是前些年所没有的。外贸体制改革也取得了突破性进展。大多数国营工业企业实行了第二轮承包。农村双层经营体制改革也不断完善。与此同时，在金融、财税、社会保险、住房、医疗等方面积极进行改革试点工作，取得了一定成效，对我国今后改革和建设的继续发展，都有重大意义。

综合起来看，三年的国民经济治理整顿工作取得了举世公认的成就，主要任务已经基本完成，创造了一个相对宽松的经济环境，基本的经济秩序正在改革中逐渐形成，为我们进一步解决经济生活中存在的矛盾和问题，推进改革开放，建设有中国特色的社会主义奠定了一个比较好的基础。

问题与结论

三年的治理整顿工作，使国民经济摆脱了剧烈波动的困境，促进了政治和社会稳定。但是，经济生活中的一些深层次问题尚未根本解决，前进中还面临着一些困难，突出的是经济效益还不高，财政依然困难，存量结构不合理，这是制约经济根本好转的主要因素。

一、经济效益还不高

治理整顿以来，虽然各级政府十分注意解决经济效益不高问题，采取了许多有力措施，取得一些成效，但并未使经济效益明显提高，而且在相当长的一段时间里，还出现了经济效益持续下降的局面，引起各方面的关注。经济效益不高，集中表现在生产流通领域的盈利水平大幅度下降，成本超支，费用增加，亏损上升。1990年和1988年相比，全民所有制独立核算工业企业实现利税总额由1 775亿元减少到1 503亿元，下降15.3%(其中利润由892亿元减少到388亿元，下降56.5%)；可比产品成本超支30.8%；亏损面由10.9%扩大到27.6%，亏损企业亏损额由81.9亿元增加到

348.8亿元，增长3.3倍。国合商业实现利润由123亿元下降到6.7亿元，下降94.6%；销售百元商品费用由6.45元增加到7.66元，提高18.8%；亏损面由9.9%扩大到26.7%，亏损企业亏损额由48亿元上升到100亿元，增长1.08倍。1991年以来，虽然速度型效益有所显示，但经济效益不高的局面没有明显改观。1～9月预算内国营工业亏损面还高达29.7%。

应该指出，经济效益不高，是我国经济发展中长期存在的一个痼疾。在治理整顿期间，经济效益依然不高且还出现继续下降趋势，其原因除了固有的资源配置不合理、价格体系扭曲、技术水平不高、企业管理水平低等因素外，还有一些特殊的新的因素。一是治理整顿期间，我国经济运行中长期存在的短缺矛盾有了明显变化，一些长期供不应求的商品出现了一定程度的宽松，特别是消费品市场，出现了较大范围的供大于求的态势。供求关系的改变，使不少企业习惯于产销两旺取得效益的局面难以维持，这必然导致企业经济效益出现下滑。二是前一时期经济过热的“后遗症”。大量重复建设、盲目建设，使加工工业生产能力增长超过了市场容量和基础产业的承受能力，形成不合理的存量结构。在治理整顿期间由于稳定高于一切，使存量调整进展不快，也影响企业效益提高。三是治理整顿抑制了通货膨胀，初步扭转了流通秩序混乱的局面，乱涨价、乱收费现象明显减少，使一些靠通货膨胀获得的“虚假效益”消失了。四是由于宏观调控一度在力度上偏紧，使一部分正常的消费和投资需求受到抑制，造成积压增多，也对企业的效益有一定制约。

从根本上说，经济效益不高，是经济体制和企业机制还不合理的必然反映。企业缺乏必要的经营自主权和约束机制，优胜劣汰机制不健全，分配上过份向个人倾斜，加上社会乱摊派，使企业效益大量流失。因此，提高经济效益，仅靠治理整顿措施还不够，还必须综合治理，特别是必须深化改革，使企业具有提高效益的内在动力，堵住效益流失的漏斗。

二、财政依然困难

治理整顿以来，针对国家财政困难局面，国务院和地方政府采取了不少增收节支措施，出台了一些必要的调整政策，整顿了财经纪律，使财政收入稳步提高，1989年和1990年分别比上年增长12.2%和12.4%，财政收入占国民收入比重不断下降的势头得到了遏制。但是，由于分配关系没有作大的调整，紧缩财政支出并没有到位，国家财政支出的摊子还比较大，1989年和1990年国家财政支出分别比上年增长12.2%和13.6%，与同期财政收入增长持平甚至超过财政收入增长，使财政困难不仅没有减轻，反而更加严重，财政赤字分别为92亿元和140亿元，1991年财政赤字进一步扩大，猛增到211亿元。

造成目前财政困难的原因主要是四个方面。一是财政债务负担加重。二是企业经济效益还不高，财政的亏损补贴负担重。三是分配关系不合理，财力分散，特别是过于向个人及预算外倾斜，使一部分财政收入转移了。四是财政支出结构不合理。一方面，经济搞活后，国家财政原先所承担的一些支出项目没有相应按照国家、集体、个人共同负担的原则而削减，使国家财政不堪重负。另一方面，机构臃肿、人员膨胀，“皇粮”支出不堪重负。此外，财经纪律松驰，违法偷漏税、有意拖欠税利现象较为普遍，也使财政收入流失了一块。

由此可见，当前财政困难，并不是社会财富没有创造出来，而主要是现行的财力分配不尽合理，经济管理漏洞较多，财政支出结构不合理等因素造成的，它的背后也有一个经济体制问题。因此，仅靠现行的治理整顿措施也是难以根本扭转目前财政困难局面的，而必须依靠深化改革努力发展经济。

三、存量结构不合理

经过三年的治理整顿工作，我们已初步扭转了产业结构严重失衡的状况，“瓶颈”矛盾有所缓解。但是，结构问题依然存在，主要表现为增量调整多，存量调整少，生产要素配置还很不合理，资源利用率不高。如彩电、冰箱、洗衣机、汽车、拖拉机、啤酒、卷烟、吸尘器、录音机等19种主要加工产品生产能力的利用率很低(1990年最高的电风扇为77.8%，最低的吸尘器只有17.7%)，企业的经济效益不好，但是，大多数企业仅仅是“停产半停产”，被动闲置生产能力，并没有真正进行优化组合。这说明过长的加工工业调整进展相当缓慢，存量结构不合理的矛盾依然比较突出。

存量结构调整进展迟缓，结构不合理的主要原因是经济体制不合理。一是缺乏一个灵活有效的调整机制。结构调整是一个复杂的运动过程，需要相应的机制做保障。由于商品品种多不胜数，市场需求变化不定，很难由国家具体掌握，全面调整，即使可能，也会在实践中由于从了解情况到制定政策和实施的滞后而不能适应新的变化。在缺乏必要的市场调节机制、计划调节功能又有所弱化的条件下，必然增加调整的难度，延长调整的时间。二是中央宏观调控能力弱化，增量调整手段有限，难以及时校正失调的结构。三是社会保障制度未健全，企业难以优胜劣汰，使许多该关、停、并、转的企业不能调整，另外，承包制的实施也包死了现有企业结构。这样，企业的存量调整也就难以顺利进行。

所以，在现有体制下，不仅企业缺乏主动调整的内在机制，而且社会也缺乏适宜的外部环境，期望短期内就把存量结构调整好是不现实的，加上结构问题受各方面利益机制牵制，难以孤军深入，还需要各方面的综合配套，更需要体制改革的深化。

以上经济问题，归结起来，有以下三个共同特点：

1、这些问题既是当前经济生活中存在的主要困难，有其现实性，也是长期困扰我国经济健康发展的老问题，有其历史性；

2、虽说这些问题在某种程度上与治理整顿期间某些宏观政策的调控力度不当有关，但是，从根本上说不是治理整顿所带来的，而且也不可能靠治理整顿这一非常措施来解决；

3、这些问题的背后都有一个体制问题和宏观调控政策取向问题，解决这些问题，既非常紧迫，也不可急于求成，需要综合治理。

因此，根据治理整顿的主要目标及其完成情况，根据遗留下来尚未解决的问题的特点，治理整顿作为非常时期的一种非常措施，基本上已完成了其历史使命，下一步应把经济工作的重点转到正常的改革与发展上来，并在改革与发展中逐步解决面临的这些难题。

启示与政策

回顾治理整顿以来我国经济改革与发展所发生的显著变化，以及我们所采取的各项行之有效的措施，它给我们进一步搞好今后的经济体制改革和促进国民经济健康发展提供了许多宝贵的经验和有益的启示。

一、我国的经济运行机制与治理整顿前相比发生了许多显著的变化，对此，我们在今后的宏观调控中必须引起足够的重视

首先，我国经济的商品化、货币化已达到了相当高的程度。经过10多年来的改革开放，高度集中的产品经济正在被有计划的商品经济模式所代替。由于经济利益主体多元化的格局已经形成，各种经济利益主体间的协调越来越多地依赖市场机制。传统计划管理手段需要更新和充实，财政、金融这两大经济杠杆对经济发展的调控作用越来越大。为此，我们应在继续做好计划管理改革的同时，积极推行以分税和复式预算为主要内容的财政体制改革，进一步理顺财政与金融的关系，强化中央银行的调控功能，逐步削弱各级政府对银行的行政干预。使银行确实把好货币和信贷的口子，在国民经济运行中发挥更积极的作用。

其次，经济发展的推动力发生了变化，需求对经济发展的制约作用开始显露。经过10多年来的改革开放，人民生活水平已达到温饱水平，工业化进程也达到了一定的水平。治理整顿期间，较大规模、较长时间的市场疲软，已充分说明，社会需求对经济发展的制约作用已开始显露。仅仅靠量上的扩张——注入大量贷款和货币，简单地扩大投资规模等等，已难以象从前那样顺利地推动经济增长了。无论是居民消费，还是经济建设，对生产的技术水平、对产品的质量和结构都提出了新的要求，社会需求者已经开始用挑剔的眼光对待供给了，传统的供给结构已不能满足需要。对加工工业的投资必须加强管理，避免重复建设、盲目建设。特别是市场疲软暴露出来的我国居民消费结构的趋同化，以及其背后的收入平均化，提醒我们要改革分配制度，真正实行按劳分配，严肃法纪，合理拉开收入档次，形成需求的递度结构，并通过这种需求梯度结构刺激供给结构的合理梯度化。

再次，国民经济发展需要新的经济成长点。1990年在市场稳定、居民消费心理正常的条件下，增加需求形成的大量货币未进入消费领域就通过储蓄形式回流到银行，消费循环断路，市场回升与生产增长不同步，这主要是过去10年，城市居民以家用电器为中心、农民以修建住房为中心，经历了一个消费水平迅速提高的过程。目前这一过程已接近尾声，而新的消费热点(如城市住房商品化、私人汽车、农村家用电器)还未形成。居民消费正处于“断层”阶段，城市消费领域难以拓展，农村消费难以升级，消费平稳增长可能形成今后一个阶段的消费特征。宏观调控应把握住这一变化，一方面，通过发展农业生产，解放农村生产力，加速城镇耐用消费品消费向农村的递推过程，减缓在经济成长点变迁过程中，结构调整过猛带来的损失；另一方面选准以住房为重点的新的经济成长点，加速发展能源、交通等基础设施，形成新一代的经济发展链。

最后，我国经济对国际经济的依存程度和可借鉴程度提高。治理整顿期间，我国进出口总额连续登上1 000亿、1 100亿、1 300亿美元三个台阶，其中特别是出口总额增长较快。进出口总额相当于国民生产总值比重已达1/3，对外依存程度已相当高了。因此，我们今后应注意利用国际经济、国际市场来调节国内经济和市场，用全球的眼光搞好调控。

二、企业发展后劲严重不足，必须尽快予以解决

治理整顿期间，经济波动较大，市场变化较快，对此，有许多企业经受住了考验，它们能够适应市场的变化，进行结构调整。但是也有相当一部分企业，特别是一些国营大中型企业，面对骤然变化的经济环境，应变能力严重不足，结构调整力不从心，陷入了困难境地，其中既有因体制原因形成的调整动力不足问题，也有因体制原因造成的企业“贫血”——调整能力不足的因素。一是企业的技术设备老化严重。二是企业盈利水平低，财力单薄。企业的自有流动资金占全部流动资金的比重已不足20%。因此，推进企业改革，增强企业活力，特别是进一步搞活国营大中型企业，将企业培育成具有自我调整、自我约束、自我发展、自负盈亏的经济法人已经刻不容缓。

三、居民金融资产的迅速积聚给国民经济发展带来了新的课题

治理整顿三年是我国居民结余购买力积聚最快的时期，1990年末结余购买力已高达9 123亿元，比1988年扩大了3 628亿元，扩大66%。从趋势上看，这是经济发展的必然结果，是人民生活水平由温饱向小康过渡的标志之一。宏观调控面临如何利用居民的金融资产为国民经济发展服务这一新的课题。现在，居民金融资产除少数用于购买国库券、金融债券和股票以外，80%以上是以储蓄存款的形式存在的，国家通过将储蓄贷出使居民金融资产发挥作用，但也加大了企业使用居民金融资产的成本，而且由于我国储蓄的灵活支用性，居民的金融资产极不稳定，成为引发市场波动的巨大压力。因此，我们除了继续稳住储蓄外，还应探索新的途径，有计划地发展金融债券、企业债券、股票，实行住房储蓄、保险储蓄、社会保障金、委托投资等多种金融形式，形成合理的金融资产结构，充分发挥居民个人金融资产在社会主义现代化建设中的作用。

四、必须进一步提高宏观调控的科学性

首先要建立一套比较灵活的宏观经济监测、预警和预测体系，掌握必要的数量界限，这是宏观调控科学有效的先决条件。

其次，要建立一个完善的宏观调控组织体系。需要做好计划、银行、财政调控的相互配套工作，在手段上应以间接调控和以经济手段调控为主，避免条块分割，减少调控的摩擦与错位，为宏观经济运行的有序和企业提高经济效益创造良好的外部环境，提高调控效应。

最后，要逐步完善科学的宏观调控程序。需要做到四个衔接，即决策过程的咨询、决策、执行、监督等四个环节要有机地衔接，做好前期的对宏观经济的监测、预警工作，避免调控的主观随意性，增强有效性和灵活性，决策后的执行过程中要做好检查监督工作，以增强决策的严肃性。

五、宏观调控应尽快从微观事务中摆脱出来

近三年的治理整顿，我们虽然采取了许多宏观措施，但也花费了大量的精力来处理微观事务，诸如企业产品结构不合理带来的产成品积压问题、企业效益问题、企业产品质量问题等等。这在经济发展中的特殊时期是难以避免的，但是如果长此以往，势必分散宏观决策的精力，影响宏观调控的质量，影响整个国民经济的健康发展。因此，宏观调控应尽快从微观事务中摆脱出来。

首先，必须明确宏观层次在计划经济与市场调节有机结合的国民经济运行体系中的地位和作用。我们认为，在这个运行体系中，宏观决策层应处在核心地位。为了发挥计划对全社会的指导作用，应明确宏观决策层的主要任务：(1)按照价值规律、有计划按比例发展的规律、社会主义按劳分配规律等客观经济规律，通过各项法规、法令的颁布和实施，建立起国民经济运行秩序和统一的社会主义市场体系，使整个国民经济运行有序化、规范化。(2)制订正确的国民经济发展规划和产业政策，并利用税率、利率、汇率、价格、待业率等各种经济和法律手段，引导社会各种资源的合理配置，保证国民经济发展规划和产业政策的贯彻执行。(3)直接经营和管理少数标准化要求较高、对国民经济运行起重大作用、具有垄断性质的行业和产品，如：铁路干线、邮电、通讯、核电、粮食、石油等等。

微观经济单元，如企业、劳动者个人等，在新的经济运行机制中，必须被构造成为具有自我约束机制、自我发展、自负盈亏能力的相对独立的经济法人，它们通过遵守国家的法律、法令和社会主义市场体系的秩序，接受国家计划的调节和约束，按照价值规律决定自己的生产经营活动，从而使微观经济单元的活力得以充分释放，宏观调控的目的得以实现。

其次，应通过不断改革，向这一目标过渡。当前，至少应进行两个方面的改革，一是建立社会保障体系，二是加快企业改革进程。我们认为承包制仅仅是权宜之计，要真正实现政企分开，两权分离还必须探求符合中国国情的其他途径。应继续进行以公有制为主，其他所有制形式为辅的企业股份制试点，以及国有资产管理方式更新的试点，结合企业法和破产法的实施，逐步建立起固定资产存量的调节机制。

六、要正确处理好调整、改革与发展三者之间的关系

这次治理整顿，我们不是象以前的经济调整那样，单纯“退够”，而是保持了经济的适度发展，使经济调整有了一个较宽松的环境；也没有就调整论调整，而是把调整和改革结合起来，把握有利时机，适时地推进了改革进程，取得了良好的效果，为我们今后更好地处理调整、改革与发展的关系积累了经验。鉴于调整和发展都属于长期性的问题，特别是经济结构调整是一个渐进和动态的过程，不宜采取剧烈的、破坏性的措施，否则，就成了经济危机，这就要求经济机制内部有这样一种自我调整机制，即调整的动力和积聚起来的调整能力。通过用经常不断的小调整避免伤筋动骨的大调整。为了形成这样的调整机制，就必须继续推进改革。只有这样，才能逐步消除现行体制中的一些弊端，为国民经济持续、稳定、协调发展创造坚实的体制基础。

第四次全国人口普查

中华人民共和国国务院令

现发布《第四次全国人口普查办法》，自发布之日起施行。

总理　李鹏

1989年10月25日

第四次全国人口普查办法

第一条　为了准确地查清第三次全国人口普查以来我国人口在数量、地区分布、结构和素质方面的变化，为科学地制定国民经济和社会发展战略与规划，统筹安排人民的物质和文化生活，检查人口政策执行情况，提供可靠的资料，定于1990年进行第四次全国人口普查。

第二条　人口普查的对象是具有中华人民共和国国籍并在中华人民共和国境内常住的人(指自然人，下同)。

第三条　人口普查工作，在国务院和地方各级人民政府的领导下进行。

国务院和省、自治区、直辖市人民政府，设区的市、自治州人民政府和地区行政公署，县、自治县、不设区的市和市辖区人民政府，设置人口普查领导小组及其办公室；乡、镇和街道办事处，设置人口普查办公室；村民委员会和居民委员会设置人口普查小组，分别负责人口普查的领导、组织和具体实施。

第四条　人口普查采取广泛动员社会力量的办法进行。

各级人民政府应当做好人口普查的宣传工作，充分利用各种宣传工具，采取多种形式宣传人口普查的重大意义，动员人民群众积极参加人口普查，做到家喻户晓，人人皆知。

第五条　人口普查应当划分普查区和调查小区。

农村以村民委员会所辖地域为普查区，市、镇以居民委员会所辖地域为普查区。

每个普查区，按照一个普查员所能担负的工作量，划分成若干个调查小区。

第六条　人口普查，以户为单位进行登记。户分为家庭户和集体户。

以家庭成员关系为主的人口，居住一处共同生活的作为一个家庭户；单身居住独自生活的，也作为一个家庭户。

相互之间没有家庭成员关系，集体居住在单位内集体宿舍及其他住所、共同生活的人口，一个单位作为一个集体户。上述单位分支机构集体宿舍的人口，单位驻地以外的集体宿舍的人口，作为另一个集体户。

第七条　人口普查，采取按常住人口登记的原则。每个人都必须在常住地进行登记。一个人只能在一个地方进行登记。

应当在本县、市普查登记的人口是：

(一)常住本县、市，并已在本县、市登记了常住户口的人；

(二)已在本县、市常住一年以上，常住户口在外地的人；

(三)在本县、市居住不满一年，但已离开常住户口登记地一年以上的人；

(四)普查时住在本县、市，常住户口待定的人；

(五)原住本县、市，普查时在国外工作或学习，暂无常住户口的人。

常住户口在本县、市，但已离开本县、市一年以上的人，在户口所在地只登记人数，不计入户口所在地的常住人口数内。

为防止重复和遗漏，对本条第二款第(三)项的人，由暂住地的乡、镇、街道人口普查办公室，于1990年5月31日前书面通知其常住户口所在地的村民委员会、居民委员会人口普查小组免予普查。

第八条 普查表的项目为二十一项。

按人填报的项目为十五项：

（一）姓名；

（二）与户主关系；

（三）性别；

（四）年龄；

（五）民族；

（六）户口状况和性质；

（七）1985年7月1日常住地状况；

（八）迁来本地的原因；

（九）文化程度；

（十）在业人口的行业；

（十一）在业人口的职业；

（十二）不在业人口状况；

（十三）婚姻状况；

（十四）妇女生育、存活子女数；

（十五）1989年1月1日以来妇女的生育状况。

按户填报的项目为六项：

（一）本户编号；

（二）户别；

（三）本户人数；

（四）本户出生人数；

（五）本户死亡人数；

（六）本户户籍人口中离开本县、市一年以上的人数。

第九条 1989年1月1日至1990年6月30日期间内有死亡人口的户，应当同时填报《死亡人口登记表》。登记的项目为：本户编号、姓名、性别、民族、出生时间、死亡时间、文化程度、死亡时的婚姻状况、死者生前从事的主要职业等九项。

第十条 1990年7月1日零时，为全国人口普查登记的标准时间。

1990年7月1日零时至普查登记期间内死亡的人口，仍须普查登记，不填报《死亡人口登记表》。上述期间内出生的人口不予普查登记。上述期间内迁移的人口，必须在原常住地普查登记。

第十一条 人口普查登记开始以前，各级人口普查机构，应当按照《中华人民共和国户口登记条例》及国家有关户口管理的其他规定，进行户口整顿。在做好户口整顿工作的基础上，按照普查区划分规则，明确各个普查区的地理界线和门牌号，并根据核对过的户口登记资料编制普查区各户户主姓名底册，作为普查登记时的参考。进行户口整顿时，应当注意防止漏掉户口在外县、市，但已在本县、市居住一年以上的人口。

第十二条 人口普查的登记工作，由普查员担负，普查指导员负责指导、检查，基层干部和群众积极分子协助进行。

普查员和普查指导员，由县、市人民政府从各级党政机关干部、企事业单位职工、中小学教师以及离退休干部中选调。被选调的人员应当是政治思想好、具有初中以上文化水平、为群众信任、认真负责、身体健康、能够胜任人口普查工作的人员。上述人员经过短期训练并测试合格后，由普查机构发给证件。在普查任务完成以前，不得调动普查员和普查指导员做普查以外的工作。

第十三条 人口普查登记的方法，主要采用普查员入户查点询问、当场填报的方式进行；必要时，也可采用在普查区内设立登记站的方式进行。普查员应当按照普查项目逐户逐人地询问清楚，逐项进行填写；申报人必须如实报告，做到不重不漏，准确无误。

一户填报完毕后，普查员应当将填报的内容，向本户申报人当面宣读，进行核对。

普查工作人员对各户申报的情况，必须保守秘密，不得向普查机构以外的单位和个人提供或泄露。

居住在机关、团体、企业、事业单位内的集体户和家庭户的普查工作，在当地人口普查机构的统一部署下，由各单位负责办理。

人口普查的登记工作，从1990年7月1日开始到7月10日以前结束。

第十四条 中国人民解放军的现役军人、文职干部、编内职工及军队管理的离退休人员，由军队领导机关统一进行普查。

在军队编内单位服务的编外职工以及家属、保姆等，居住在军队营院内的，由军队机关负责普查，人口普查表移交当地人民政府指定的人口普查机构；不在军队营院内居住的，由地方人口普查机构负责普查。

在军队所属的编外工厂、子弟学校、幼儿园等单位居住的非现役军人、文职干部和编内职工，由这些单位负责普查，人口普查表移交当地人民政府指定的人口普查机构；不在上述单位居住的上述人员，由地方人口普查机构负责普查。

第十五条 中国人民武装警察内卫（含武警新疆建设兵团指挥所）、边防、消防、警卫、水电、交通、黄金、森警部队，由驻在地的县、市公安局进行普查，人口普查表移交县、市人口普查办公室。

第十六条 驻外使、领馆人员，各驻外单位人员以及派往国外的专家、职工、劳务人员、留学生（包括公费和自费）、实习生、进修人员，由这些人员出国前居住的家庭户或集体户申报登记。

第十七条 依法被劳改、劳教和逮捕的人，由当地公安机关和司法劳改、劳教机关进行普查，人口普查表移交县、市人口普查办公室。

第十八条 普查登记结束后，普查指导员应当组织普查人员按照规定的方法进行全面的复查，发现差错，经核实后，予以改正。

复查工作，在1990年7月15日以前完成。

第十九条 乡、镇、街道人口普查办公室设置人口普查登记质量检查组，负责对所管辖各普查区登记的质量进行检查和控制。

第二十条 各地人口普查办公室在人口普查登记和复查工作完毕后，应当按照规定的抽样方法抽取样本，对抽中的样本，重新进行调查，并逐级汇总上报，以便对全国人口普查登记的质量作出评价。

抽查人员不得在原来参加普查的普查区进行质量抽查工作。

质量抽查工作，在1990年7月底以前完成。

第二十一条 人口普查机构对人口普查的几项主要数字，首先进行手工汇总。汇总单位分为六级：

居民委员会、村民委员会人口普查小组为一级，负责将汇总表于1990年7月底以前完成并上报；

乡、镇、街道办事处人口普查办公室为二级，负责将汇总表于1990年8月10日以前完成并上报；

县、不设区的市和市辖区人民政府人口普查领导小组办公室为三级，负责将汇总表于1990年8月20日以前完成并上报；

设区的市、自治州人民政府和地方行政公署人口普查领导小组办公室为四级，负责将汇总表于1990年8月底以前完成并上报；

省、自治区、直辖市人民政府人口普查领导小组办公室为五级，负责将汇总表于1990年9月10日以前完成并上报；

国务院人口普查领导小组办公室为六级，负责于1990年9月底以前，将普查数字汇总报送国务院，经国务院审批后发布公报。

第二十二条 人口普查表和各种汇总表式，由国务院人口普查领导小组办公室统一制定，省、自治区、直辖市人民政府人口普查领导小组办公室负责安排印发。少数民族地区印制表格和填写说明，应当加印当地民族通用的文字。

第二十三条 人口普查表经复查、手工汇总后，先由普查员对本调查小区普查表中的圈填项和数字项进行逐项编码。再由编码员在编码指导员的指导下，按照统一规定的标准，集中在县级进行编码，于1990年10月底以前完成。对编码应当全面进行复核，经检查验收合格后，方可交付录入。编码完毕后，应当按照规定的办法进行质量抽查。

第二十四条 人口普查表，以调查小区为单位装订成册。死亡人口登记表，以普查区为单位装订成册。数据录入结束后，全部人口普查资料转送省、自治区、直辖市人口普查资料库保存。

人口普查表在运送过程中，必须妥善包装，专人护送，保证完整无损。发运单位和接收单位应当按规定的程序办理交接手续。

第二十五条 台湾、澎湖、金门、马祖地区的人口数字，按台湾当局公布的资料计算。香港、澳门地区的人口数字，按香港、澳门当局公布的资料计算。

第二十六条 人口普查电子计算机数据处理工作分以下三步进行：

(一)提前抽样汇总。按规定的抽样方法，抽取一定比例的样本，提前进行汇总。国务院人口普查领导小组办公室于1991年5月底以前将汇总结果报送国务院。

(二)全面汇总。各省、自治区、直辖市人口普查领导小组办公室于1992年6月底以前将全部汇总结果报国务院人口普查领导小组办公室。国务院人口普查领导小组办公室于1992年9月底以前，将全国人口普查汇总资料报国务院，经审批后公布。

(三)建立人口数据库。

第二十七条 全国和各省、自治区、直辖市的人口普查汇总资料，由国务院人口普查领导小组办公室和各省、自治区、直辖市人民政府人口普查领导小组办公室负责编辑印刷。

第二十八条 国务院人口普查领导小组办公室和各省、自治区、直辖市人民政府人口普查领导小组办公室应当对人口普查汇总资料进行评价和分析研究，编制人口普查报告书，分别报送国务院和各省、自治区、直辖市人民政府。

第二十九条 人口普查所需经费，在保证高质量完成普查任务和厉行节约的原则下，由中央财政和地方财政共同负担，以地方财政为主。人口普查所需纸张、包装物料等，由各级计划、物资等有关部门，列入物资生产分配计划，专项使用，予以保证。

第三十条 各级人民政府人口普查领导小组及其办公室，必须认真执行请示报告制度。普查工作完成后，县、市以上人民政府人口普查领导小组，应当认真总结普查经验，逐级上报。

第三十一条 通过人口普查各有关部门应当进一步加强人口统计工作。统计部门应当改进和加强人口普查和人口抽样调查工作，做好有关部门之间人口统计工作的组织协调和人口数据的监督、公布工作。公安部门应当进一步健全与加强户籍管理机构和经常的户口登记管理工作。农村乡(未设派出所的)和村要指定人员，分别专管或兼管乡、村两级户口登记和人口统计工作。各地公安部门应当逐步建立人口信息计算机管理系统。计划生育部门应当进一步做好生育、节育调查统计工作。

第三十二条 西藏自治区和其他少数民族聚居地区，情况特殊的，普查办法可以变通，具体方案可由西藏自治区人民政府和其他少数民族聚居地区所在的省、自治区人民政府提出，报国务院人口普查领导小组备案。

第三十三条 第四次全国人口普查表由国务院人口普查领导小组办公室制定、发布。

□□

加强领导 广泛动员
认真搞好第四次全国人口普查*

——国务院总理李鹏在第四次全国人口普查工作会议上的讲话

1989年12月8日

同志们:

国务院已经决定，我国将于明年7月1日进行第四次全国人口普查。在拥有11亿人口的大国中进行人口普查，规模之大，涉及面之广，在我国历史上是空前的。这次普查，不仅为全国人民所关心，也为世界人士所瞩目。

一、进行第四次全国人口普查非常必要

人口普查是重大的国情国力调查，是一件大规模的、细致的社会调查工作，应该认真抓好。没有人口普查，我们国家很多方针、政策及发展战略的制定，就缺乏科学的依据。我们制定人口、教育、就业等政策，制定国民经济和社会发展计划，统筹安排人民的物质和文化生活，实现社会主义现代化经济建设的战略目标，都要以人口情况为重要依据。我国已经成功地进行过三次人口普查，尤其是1982年第三次全国人口普查，取得了许多重要的人口资料，对国家的经济建设和社会发展发挥了重大作用。建国40年来，我国的人口状况发生了很大变化。首先在人口数量控制上取得了显著成效，人口从无控制转变为有控制，从高速增长转变为较平稳地增长。70年代以来，我国实行了人口计划生育，尤其是党的十一届三中全会以后，国家总结了建国以来的历史经验和教训，把人口计划生育定为一项基本国策，注意制定和完善有关人口的方针、政策，提倡一对夫妇只生育一个孩子，人口数量得到进一步控制。但是，由于我国人口基数大，加上人口生育高峰的周期性影响和有些地区工作有所放松等原因，目前我国总人口每年仍在以1 500万—1 700万的数量增长着，实现2 000年人口控制在12亿5千万左右的任务十分艰巨，必须采取有力措施，进行严格控制。其次，近些年来，随着经济改革、开放的深入，我国人口的分布和构成状况也发生了很大变化。城镇人口有很大发展；农业人口加速向非农业人口转移；人口迁移流动量增加；人口的文化素质、就业构成、民族构成等都有不少变化。为了查清我国的人口状况，进行第四次全国人口普查是十分必要的。我们还应该认识到，进行人口普查也是实现社会经济发展战略目标和当前治理经济环境、整顿经济秩序的需要。我们党制定了社会主义现代化经济建设大体分三步走的战略目标：第一步，实现国民生产总值比1980年翻一番，解决人民的温饱问题；第二步，实现到本世纪末国民生产总值再翻一番，人民生活达到小康水平；第三步，到下个世纪中叶，基本实现现代化，人均国民生产总值达到中等发达国家水平，人民过上比较富裕的生活。这个战略目标的实现，要以一

---

*标题为编者所加。

定的人口控制目标来保证。如果人口发展过快，即使在总量上实现了较高的经济目标，而按人均的经济水平仍会很低，必将影响战略目标全面的实现。例如近年来，我国粮食总产量大大增长了，但人均粮食占有量却比过去降低了。因此，必须掌握人口的实际状况，并借以制定和完善有关政策，使我国的人口数量、人口分布、人口构成等等能够逐步加强有计划地调整和控制。总之，进行第四次全国人口普查的意义是十分重大的。

二、充分发挥社会主义制度的优越性，广泛动员社会力量进行人口普查

人口普查，是和平时期最大的社会动员。要充分发挥社会主义制度的优越性，广泛动员社会力量，搞好这次国情国力调查。国务院决定，这次人口普查的全部普查人员从党政机关干部、企事业单位职工、离退休干部和农村基层干部中选调，尽可能多地动员社会力量参加这项工作。这样不仅可以节约财力和物力，而且对参加这项工作的同志来讲也是一种锻炼。积极参加人口普查，为普查做贡献，是广大干部和职工的一项光荣的政治任务。请各级人民政府动员各有关方面积极组织各方面的力量参加人口普查工作，并保证被选调的人员的质量。国务院号召各级普查机构和普查工作人员，一定要热爱人口普查工作，要严格按照《第四次全国人口普查办法》办事，做到不漏登，不错登，不重复登记，切实消除瞒报出生人口的现象，确保普查工作的高质量，争当优秀的普查工作者，为搞好第四次全国人口普查做出贡献。

共产党员、共青团员、各级干部都要以身作则，模范地执行人口普查办法，并向周围群众有针对性地做好宣传动员工作。

三、各级人民政府要加强对人口普查工作的领导，把人口普查列入重要议事日程

人口普查工作必须在各级政府的统一领导下进行。各级政府一定要切实加强领导，并保证把这项工作搞好。要把人口普查列入政府的议事日程，各级政府中分管此项工作的负责同志应在人口普查工作的各主要环节亲自抓，解决普查工作中遇到的实际问题和困难。

各级领导同志应该认识到，通过人口普查得到的资料，对于了解国情、省情、县情和乡情都大有益处。各级政府要自觉地抓好这项工作。

明年上半年是普查准备的关键时期，也是治理整顿工作十分繁重的时期，各级政府要统筹兼顾，在科学地安排好工农业生产的同时也把人口普查工作抓好，特别是在人口普查登记的半个月左右时间里，一定要大力支持，保证人口普查登记任务的顺利完成。

现在距离明年7月1日人口普查登记只有六个多月了，时间非常紧迫，准备工作十分繁重。各级政府要根据全国人口普查工作总的部署和要求，组织各有关部门共同协作，密切配合，抓紧做好各项准备工作。工会、共青团、妇联等群众组织也应给予积极配合。

同志们，搞好11亿人口的普查工作是十分光荣又是十分艰巨的。我相信，只要各级党政领导给以足够重视，认真贯彻执行国务院的有关指示，政府各有关部门认真组织实施，普查工作人员积极努力，振奋精神，虚心学习，不断总结经验，有准备、有步骤、高标准、严要求地做好每一个环节的工作，第四次全国人口普查是一定能胜利完成的。

□□

克服困难　精心组织 认真搞好第四次人口普查工作*

——国务委员兼国务院第四次全国人口普查领导小组组长李铁映在第四次全国人口普查工作会议上的讲话

1989年12月8日

同志们：

刚才李鹏总理做了关于第四次全国人口普查工作的重要讲话。这是代表国务院做的动员。我们要按照这个精神，认真而坚决地把第四次人口普查的工作搞好。希望同志们回去以后，认真传达、学习和贯彻。

国务院关于1990年进行第四次全国人口普查的通知下发之后，各级政府非常重视。今年7月国务院成立了全国第四次人口普查领导小组和领导小组办公室，召开了全国电话会议，部署了第四次人口普查的准备工作。各省、自治区、直辖市和计划单列市也相继成立了第四次人口普查领导小组和办公室，并且在地址编码、行职业变化摸底、经费筹措、物资准备、试点工作、宣传动员等方面进行了卓有成效的工作。到目前为止，全国县级以上的人口普查领导机构均已建立，全国试点和省级试点已全部完成。《第四次全国人口普查办法》已由国务院颁布，户口整顿工作和人口普查宣传工作已陆续展开，其它各项人口普查的准备工作也正在按计划进行。

从今天到明年7月1日普查登记的标准时间，只有二百多天了。我们召开这次工作会议，就是要进一步统一对第四次人口普查工作的认识，检查和总结前一阶段的准备工作，全面部署下一阶段的各项任务，有针对性地解决一些普查工作中出现的问题，以保证完成我国有史以来规模最大、项目最多、任务最重的这次人口普查任务。

下面我讲三点意见。

一、第四次人口普查是一项重大的国情国力调查

国务院决定在1990年进行第四次人口普查是经过深思熟虑、反复研究的。曾经多次考虑，在当前国家经济紧张，财力有困难的情况下，是否有能力进行这样一次大规模的国情国力的调查。经过反复研究认为，尽管有困难，也要采取一切措施，尽最大努力来进行这次国情国力的调查。因为这次国情国力的调查，对我们制定国家的各项政策有重大的意义。经过反复研究，决定还是如期进行。任务一经确定，各地方、各部门就一定要做好。为什么我们在各方面工作都很繁忙、国家财政又很紧张的情况下，花费大量的人力、物力和财力进行这次人口普查呢？

首先，人口是国情国力的基本内容之一，我国是一个有11亿多人口的大国，人口众多是我国最基本的国情。搞好人口普查，查清我国的人口状况，是科学地治理我们这样一个人口大国的重要基础，这一点要反复宣传。

其次，1982年第三次全国人口普查以后，我国人口在数量、素质和结构方面发生了很大变化，取得系统、全面、准确的最新人口数据，能为当前科学地制定各项政策提供重要依据。

第三，从1990年到本世纪末只有十年了，第四次人口普查将要得到的人口数据，正是检验和制定我国社会主义经济建设分三步走的战略目标所不可缺少的。对于检验和制定其它的一些具体的社会经济发展计划，人口数据就更是不可缺少的了。

1982年我国成功地进行了第三次全国人口普查，取得了大量的人口数据。这些数据在国民经济和社会发展中发挥了重要作用，特别是为我国制定

---

*标题为编者所加。

人口政策和规划以及其他经济社会政策和规划提供了依据。我们正在准备进行的第四次人口普查，普查项目比第三次人口普查多，汇总出的结果也将比第三次人口普查丰富。可以预见，第四次人口普查所获得的丰富信息，必将在我国的社会主义建设的进程中，发挥十分重要的作用。

我们搞好第四次人口普查，不仅对我国的经济建设和社会发展有重要意义，它还有着更广泛的国际意义。第三次人口普查的成功得到了国际上的充分肯定，在我国的社会主义经济建设进一步发展、我国的改革、开放政策更加完善的时候，在我国平息动乱和反革命暴乱取得了决定性胜利不久，我们要以新的精神风貌，出色地完成第四次人口普查任务，为社会主义中国争光。

二、第四次人口普查的艰巨性和有利条件

第四次人口普查的任务是光荣的，也是艰巨的。

第四次人口普查的艰巨性首先在于任务重。这次普查共登记21个项目，是我国历次人口普查中最多的。这次普查所要登记的总人口比第三次人口普查时登记的人口增加了大约一亿人，在世界的普查史上是最多的。这次普查资料汇总的时间要求与第三次人口普查相比又缩短了，与许多发达国家相比，也是比较短的。要完成这样一个繁重任务，我们将会遇到许多预想不到的困难。我国幅员广大，各地地理环境、气候条件差别很大，在普查工作中难免遇到交通不便、气候不利等困难，还可能遇到自然灾害，这也增加了我们完成普查任务的难度。

第四次人口普查的艰巨性还在于取得准确的登记资料的难度增加了。主要有三个方面的因素：一是流动人口大量增加，人户分离状况日趋严重，增加了人口普查漏登、重登的可能性；二是农村出生不报的现象比较多，不利于查清出生人口；三是在实行火葬禁止土葬的地区，有些群众为隐瞒土葬而不报死亡人口，造成死亡人口漏登。上述各种情况在普查登记中应予以充分注意。

第四次人口普查的艰巨性还在于准备工作时间短。从今年4月国务院决定1990年进行第四次人口普查，到明年7月1日普查登记的标准时间，只有一年零两个月。国外的人口普查通常都有五至七年的准备时间，我国第三次人口普查也有二年半的准备时间。我们要在这样短的时间里准备这样一个规模大、项目多的人口普查，难度是显而易见的。

上面讲了一些普查工作的困难，目的是要大家对这些困难有足够的认识，对第四次人口普查的艰巨性有充分的思想准备。

我们还要看到克服这些困难，完成普查任务的有利条件。

我们有优越的社会主义制度。在我们的社会主义国家里，国家利益与人民利益是完全一致的，我国的人口普查能够得到全国人民的热情支持和密切配合，通过广泛的宣传教育，我们可以使人口普查家喻户晓，动员全社会的力量来共同完成这次人口普查任务。

我们有各级人民政府的高度重视。目前，县以上各级人口普查领导机构和办事机构均已建立，各级政府的负责同志担负着这次普查的领导工作。有了各级人民政府的坚强领导，我们可以协调各方面的力量共同参加普查工作。

我们有前三次人口普查的经验。建国以来的三次人口普查，特别是第三次人口普查，不仅给我们留下了丰富的工作经验，还培养了一批我国自己的人口普查专业人员。

我们建立了进行人口普查数据处理的电子计算机系统。这是完成人口普查任务的重要的物质基础和技术条件。

第四次人口普查还得到了联合国人口基金等国际组织和一些友好国家在经济、技术上的援助。这些援助表达了对中国政府和人民的友好，也是我们搞好这次普查的有利条件。

三、做好普查工作的基本要求

人口普查的根本目的是取得准确的人口数据。能否得到高质量的数据，将是评价我们这次人口普查成败的首要标准。人口普查数据的质量如何取决于我们能否高质量地完成各阶段、各环节的工作。各地要切实建立和实行质量控制岗位责任制度及质量检查制度。从准备阶段开始，就要把如何保证普查数据质量问题，作为一个中心环节来抓。如果不能高质量地完成各阶段、各环节的工作，就有可能使我们的普查达不到目的，得到的是不准确、不可信赖的数据，这就标志着普查工作的失败。所以，某些地区、某些部门或在某些环节上出现问题，将影响着整个普查工作的成败。各级人口普查领导小组组长是各地区人口普查工作质量的全面负责人，各级人口普查办公室主任是人口普查质量控制工作实际执行的负责人。国务院要求建立这样的岗位责任制，每个地区都要建立人口普查领导小组组长的岗位责任制，确保人口普查工作的质量。这要作为我们这次人口普查工作的一条纪律，一个要求。在普查工作中要形成一个以取得高质量的普查数据为荣的好作风。

为了取得高质量的普查数据，完成第四次人口普查任务，我们必须做好以下几个方面的工作：

第一，切实加强领导，建立明确的责任制。

第四次人口普查意义重大，任务艰巨，各级政府一定要高度重视，加强对人口普查工作的领导。各省、自治区、直辖市人民政府主管这项工作的负责同志，对普查工作的关键环节都要亲自抓，及时有效地解决普查工作中的实际困难。

这次会议后，请各省、自治区、直辖市人口普查领导小组主要负责同志到位，对各项普查准备工作做一次全面检查，对今后工作做一个全面部署和安排，各级普查机构没有建立的要尽快建立，需要充实的尽快充实，要选调有能力的干部组成强有力的工作班子，如果已建立的班子比较软弱和不适应，必须尽快调整和加强，并提供必要的工作条件，以便他们正常地开展工作。

第二，各有关部门要密切配合。

人口普查工作涉及面很广，现在普查准备的时间已经非常紧迫，要完成这项繁重的任务，各部门必须共同努力，通力协作，各有关部门要积极关心普查工作，主动承担普查任务，不推诿，不扯皮，在各级普查工作领导小组的统一领导下协同工作。

第三，大力做好宣传教育工作。

人口普查既是一项大规模的社会调查，又是涉及到千家万户每一个人的和平时期最大的社会动员，同时也是一项最广泛的社会宣传教育工作。要搞好普查工作，首先必须认真做好宣传教育工作，这样，才能动员全社会的力量支持普查工作，才能使人民群众深刻了解普查工作的重要性，配合做好普查工作。宣传教育工作的对象有各级领导、普查中选调的工作人员和广大人民群众，对不同对象都要有针对性的进行宣传教育。

对于各级领导同志，我们要讲清为什么要搞这次人口普查，它对治国、治省、治县和制定各项政策和规划有什么重要意义，只有各级领导理解之后，才能抓紧这项工作，真正解决工作中实际存在的具体困难。

对普查中选调的工作人员，不仅要搞好业务培训，而且要对他们进行深入的有关普查意义的教育。使广大普查工作人员充分地理解这次普查的重要意义，一方面有利于他们做好各自承担的任务，另一方面，也可以通过他们向广大人民群众做好宣传教育工作。每一位普查工作人员同时也是向人民群众进行教育的宣传员。在人口普查工作中，普查员和普查指导员与群众接触最多，他们不仅要承担起普查登记的任务，而且还要做好人口普查的宣传教育工作，做好群众的思想政治工作，帮助群众提高认识，解除顾虑。

对于广大人民群众，我们要做两方面的宣传教育工作。一是普及普查基本知识的宣传教育，要让群众知道人口普查的重要意义、基本内容、如何申报，这样，普查工作，特别是普查登记工作才能得到广大人民群众的积极支持和主动配合；二是结合人口普查进行人口意识的宣传教育，包括人口理论，人均意识，实行计划生育、控制人口增长的意义。通过这次人口普查使广大群众懂得我国人均资源不多，人口膨胀会带来不可设想的严重后果，增强人口意识，大力促进计划生育工作。

第四，要严格按计划规定的时间完成人口普查各个环节上的每一项工作。

人口普查是一个有几百万人参加的多工种、多工序、平行交叉作业的巨大的社会系统工程，普查工作千条万绪，而留给我们准备普查的时间又很短。在这种情况下，各部门、各地区、各个环节的工作都要严格按全国统一规定的时间保质保量地完成，只有这样才能取得高质量的普查数据。任何一个部门、任何一个地区的任何一个环节上的工作拖延、质量不高，都有可能影响整个普查工作的正常进行和普查的最后结果。不仅普查登记以前的工作是如此，登记以后的工作也是这样。登记取得的资料如果不能及时运输、录入和处理，就无法按规定的时间公布普查资料，普查结果就会失去或降低时效性。因此，我们参加普查工作的每一个同志，包括各级领导同志和普通工作人员，都要有强烈的时间观念、质量观念和全局观念，绝不能因为本部门、本地区的工作没有按规定的时间完成而影响整个人口普查的顺利进行。各级人口普查领导小组组长必须对本地区按计划完成工作任务全权负责。

第五，积极筹措人口普查经费，坚持勤俭办普查。

第四次人口普查是在国家财政比较紧张的情况下进行的，为了保证这项任务的完成，除了中央财政承担的一部分经费外，地方各级人民政府应积极筹措人口普查经费，力争在短期内落实，以保证这项任务的完成。尽管这次普查的经费是比较少的，但是我们也应该理解国家财政和地方财政拿出这么多钱来搞人口普查已经是很不容易的了。经费少，该办的事还得办。这就要求我们参加普查工作的全体同志树立节约办普查的思想，凡是能节省的费用一定要节省，能够不花的钱一定不花，处处注意精打细算，使有限的经费发挥最大的效益。普查工作中要多想一些办法，多开一些渠道，把我们的工作做得既好又省，坚决杜绝铺张浪费，一切工作从实际出发，不讲排场，不摆阔气。

第六，发扬优良传统和政治优势，搞好普查。

我国前三次人口普查为我们留下了许多宝贵经验和优良传统，在第四次人口普查工作中，我们要虚心学习前三次人口普查的经验，发扬前几次人口普查的优良传统，使我们的普查工作做得更好。同时，我们也要学习外国的先进技术和经验，结合我国的实际情况加以运用，努力使我国的人口普查赶上和超过世界先进水平。人口普查工作持续的时间较长，各级普查领导机构对普查工作一定要自始至终一抓到底，临时选调参加普查工作的同志也要善始善终地完成自己所承担的任务。这次普查的工作人员绝大多数要从各级机关、厂矿、企业、学校选调，要进行广泛的社会动员，充分发挥我们的政治优势和优良传统。

同志们，我们承担的是一项有重要意义的光荣任务。尽管我们面前的困难还很多，只要我们认真贯彻中央和国务院的有关指示，团结一致，充分利用各种有利因素，按计划、高标准地做好每一项工作，就一定能够胜利完成党和人民交给我们的第四次人口普查任务。

□□

国务院办公厅转发全国人口普查领导小组关于广泛动员社会力量搞好人口普查工作请示的通知

1990年4月9日

各省、自治区、直辖市人民政府，国务院各部委、各直属机构：

国务院第四次全国人口普查领导小组《关于广泛动员社会力量搞好人口普查工作的请示》已经国务院批准，现转发给你们，请结合实际情况认真贯彻执行。

关于广泛动员社会力量搞好人口普查工作的请示

国务院：

人口普查是一项大规模的社会调查。李鹏总理在全国人口普查工作会议的讲话中指出："人口普查是和平时期最大的社会动员。要充分发挥社会主义制度的优越性，广泛动员社会力量，搞好这次国情国力调查。""积极参加人口普查，为普查做贡献，是广大干部和职工的一项光荣的政治任务。请各级人民政府动员各有关方面，积极组织各方面的力量参加人口普查工作，并保证被选调的人员的质量。"

动员社会力量进行人口普查，涉及面广，工作难度大，须请各级人民政府出面做好组织领导和协调工作，解决人口普查所需的人力、物力、财力的问题，为普查工作开创必要的条件，保证这项工作的胜利完成。

一、人口普查是重大的国情国力调查，涉及到社会各个方面，各级人民政府要动员和组织各有关部门的力量，在各级人口普查领导小组的统一协调下，根据各自的职责承担任务，通力协作，搞好人口普查工作。统计部门要做好人口普查的业务指导工作；公安部门要做好户口整顿工作；宣传文化部门要做好人口普查的宣传工作；计划、商业、物资部门要做好普查的物资准备，保证纸张、油料的供应；财政部门要积极为人口普查筹措资金，保证必不可少的开支；民政部门要配合做好普查区的划分工作；交通运输和邮电部门要安排好人口普查文件、资料的传送工作；卫生部门要配合做好出生、死亡人口的核实工作；劳动、人事部门要做好人口普查人力的选调工作；民委要配合做好少数民族地区的人口普查登记工作；人民解放军领导机关，也要积极组织做好人口普查工作。

二、人口普查需要动员的普查工作人员，包括各级普查机构的工作人员、普查员、普查指导员、户口整顿工作人员、编码员等共约700万人。这些工作人员都要从党政机关干部、企事业单位职工、中小学教师、城乡基层干部，以及离退休干部中选调。各级人民政府应根据熟悉当地情况、节约经费、胜任工作的原则就地选调。在市区和设街道办事处的城镇，根据企事业单位的职工人数按比例抽调，选调人员由各单位推荐，经培训考核合格后，由区、县人口普查领导小组批准；在农村地区，从乡村基层干部、小学教员和其他具备条件的人员选调，被选调人员可由村人口普查小组推荐，经培训考核合格后，由县人口普查领导小组批准。

参加人口普查工作的人员必须是身体健康、政治思想好、责任心强的人员，为了确保被抽调的普查工作人员的质量，要做好普查工作人员及其所在单位领导同志的思想政治工作。参加人口普查工作的人员，其工资、福利及其他待遇均应与原单位工作人员一样，由原单位负责；对这些人员的技术职称评定、提拔任用、晋升工资、发放奖金、评选先进等问题，要与原单位其他工作人员一视同仁。

三、机关、团体、部队、企业、事业单位应共同承担人口普查工作任务。各单位可根据实际情况，成立人口普查领导小组和人口普查办公室，或指定专人负责人口普查工作，在当地人民政府人口普查领导小组的统一领导下，完成人口普查的有关任务。

人口普查是一项涉及千家万户的工作，要完成这项繁重的任务，全社会都要积极行动起来，共同努力，为第四次全国人口普查做贡献。

各省、自治区、直辖市人口普查领导小组，可根据当地的实际情况作出具体规定。

以上请示如无不妥，请批转各地、各部门贯彻执行。

国务院第四次全国人口普查领导小组

1989年3月31日

□□

积极行动起来　为圆满完成第四次全国人口普查而努力奋斗*

——国务委员兼国务院第四次全国人口普查领导小组组长李铁映发表的广播电视讲话

1990年6月20日

同志们、朋友们：

国务院决定以今年7月1日零时为标准时间，进行第四次全国人口普查。今天，距离普查登记的标准时间只剩十天了，时间十分紧迫，任务非常艰巨。现在，我代表国务院号召全国各族人民、各级干部和全体人口普查工作人员，积极行动起来，齐心协力，为圆满完成第四次全国人口普查做出贡献！

人口是一个国家最基本的国情。只有把人口情况查清楚，各项社会经济发展决策才能建立在科学的基础上。自改革开放以来，我国人口的状况发生了很大变化。要把这些变化情况搞清楚，需要做大规模的调查研究。通过第四次全国人口普查，可以查清我国人口总量、人口增长、人口分布以及人口性别、年龄、文化程度、婚姻、家庭和生育状况。通过第四次全国人口普查，还可以查清我国人口城乡间迁移情况、劳动力资源、在业人口的行业和职业构成、民族人口的数量等情况。人口普查获得的大量而丰富的数据、信息，对于我们了解国情、省情、市情、县情、乡情，有计划地进行社会主义现代化建设，统筹安排人民的物质文化生活，都具有十分重要的意义。

到目前为止，第四次全国人口普查的各项准备工作已基本就绪。中央和地方各级人民政府，都建立了人口普查机构，进行了人口普查试点，培训了普查骨干，整顿了户口，并安装调试了数据设备。各部门、各单位对普查工作人员的选调、物资的准备、交通、邮电的保障等给予了大力支持。广大普查工作人员辛勤工作，克服了重重困难，为人口普查做了大量工作。在此，我代表国务院，向各级党政领导干部、全体普查工作人员和广大人民群众，表示衷心的感谢和亲切的慰问！

我们对搞好这次全国人口普查是充满信心的。但是，我们也应看到这次普查的难巨性。第四次全国人口普查比我国已经进行过的前三次人口普查规模更大，调查项目更多，调查难度更大。为此，各

*标题为编者所加

级人民政府要进一步加强领导，广泛动员社会力量，千方百计地确保高质量完成这次人口普查工作。

同志们、朋友们，在一个拥有11亿人口的国家里进行人口普查，是我国也是人类历史上在和平时期一个国家内最大规模的社会动员，是一项巨大的社会系统工程，同时也是一项难巨的工作。这次人口普查工作，不仅是我国人民关心的一件大事，也是世界瞩目的一件大事。为了搞好这次人口普查，我们要提倡全民动员，艰苦奋斗，团结协作，确保质量的精神，牢固树立时间观念、全局观念和质量观念。我们相信，在国务院和地方各级人民政府的领导下，经过广大干部、全体普查工作人员和人民群众的共同努力，第四次全国人口普查任务是一定能够胜利完成的！谢谢大家！

人类历史上规模最大的一次人口普查

——中国1990年人口普查的组织与实施

国家统计局人口统计司

1990年中国进行了第四次全国人口普查。这次普查在党中央国务院的正确领导下，在各级地方党和政府的的支持下，经过广大普查员、普查指导员的艰苦努力和广大人民群众的配合，通过精心组织、精心施工，取得了圆满成功，充分显示了党和政府的领导能力和凝聚力，充分体现了广大人民群众的向心力和社会主义制度的优越性。

这次普查所取得的丰富的人口普查资料，为检验“七五”计划执行情况，制定“八五”计划和十年规划提供了重要依据。

中国1990年人口普查不但规模大，投入的人力、物力多，而且工作层次多，分工复杂，是一项庞大的社会系统工程。从普查的准备到结束共经历了以下几个阶段：

一、人口普查的准备阶段

从1987年底开始到1990年6月是人口普查的准备阶段。经过举国上下的共同努力，按照计划要求完成了各项准备工作，保证了1990年7月1日零时登记，并为以后各阶段工作奠定了坚实的基础。

（一）建立一个有权威性的人口普查指挥系统

新中国成立后，曾于1953年、1964年和1982年进行过三次人口普查，但中国并没有一个领导人口普查工作的常设机构。鉴于人口普查是一项涉及千家万户的社会调查活动，需要强有力的领导和严密的组织。因此，每次普查都是由各级人民政府出面，组成具有权威性的人口普查领导小组及其办公室，负责领导人口普查工作的组织实施。中国1990年人口普查，同样继承了这一传统做法。

从1988年开始，国家统计局按照国务院的有关指示，进行了周密的准备，同时各地统计部门在当地人民政府的领导下也积极做好筹建工作。1989年5月至10月，国务院和各省、自治区、直辖市以及各地（市）、县（市）的人民政府都成立了人口普查领导小组及其办公室；1990年初，各乡、镇、街道办事处成立了人口普查办公室，村民委员会和居民委员会成立了人口普查小组。

各级人口普查领导小组是各级人民政府负责实施人口普查的领导机构，在各级人民政府的直接领导下进行工作。实行各级行政首长负责制。各级政府的人口普查领导小组组长均由政府的主要领导担任，领导小组的副组长和成员由政府的一名秘书长以及统计、公安、计划、计划生育、民政、民委、教委、宣传、财政、人事、劳动等有关部门的负责人担任，组成一个有权威性的领导体系。这样，不但保证了政府对人口普查工作的坚强领导，而且有利于各部门的密切配合。在人口普查的各主要工作环节，都由领导小组作出部署，并协调各方面的工作，解决普查工作中遇到的实际问题和困难。

各级人口普查办公室是政府人口普查领导小组的办事机构，在领导小组的直接领导下，负责人口普查的日常工作。国务院人口普查办公室和各省、自治区、直辖市的人口普查办公室均设在统计局，同时吸收了其他部门的同志。县（市）普查办公室的人员从县(市)人民政府的有关部门选调。为了提高基层人口普查办公室协调指挥能力，根据国家安排，县、市级人口普查办公室主任均由一名副县长、副市长或政府副秘书长担任，乡、镇、街道办事处的人口普查办公室主任由一名副乡长、副镇长、街道办事处副主任担任。形成一个自上而下、组织严密的人口普查指挥系统。。

为了提高工作效率，各级普查机构从三个方面加强了工作：

1. 在领导机构内部建立明确的责任制。各级人民政府分管人口普查的领导人，对普查工作全面负责，注意抓人口普查工作的关键环节，及时、有效地解决普查工作中遇到的实际困难。参加人口普查领导小组和办公室工作的各单位领导都具体负责某项工作。许多省、地、县、乡、村采取了层层签定“责任状”的形式，把各项工作落到实处。

2. 加强各部门之间的协调工作，调动各方面的积极性。各级人口普查机构，主动与各有关部门联系，使他们积极关心人口普查工作，承担人口普查任务，不推诿，不扯皮，共同完成人口普查任务。

3. 实施有效的领导。在物资准备阶段，各级政府为普查办公室配备了各种交通工具和电话等通讯设备，国务院人口普查办公室为各省、自治区、直辖市人口普查办公室和部分地、市、县的人口普查办公室配备了传真机，从而加快了信息传递与反馈的速度，提高了工作效率。各种有价值的信息可以及时、准确地提供给决策机关，上级的文件、指令也可以及时传达到基层。这次普查还充分利用了电话会议这一节约、高效的形式，关键环节、重要工作可以马上布置，有些会议可以一直开到县，保证了上级指示的及时贯彻。

(二)制订科学、严密的普查方案

中国1990年人口普查的准备工作首先是从研制普查方案开始的。早在1986年，国务院就授权国家统计局着手进行第四次全国人口普查的筹备工作。国家统计局在1987年进行1%人口抽样调查时对1990年普查的某些环节和做法进行了试验。可以说，1987年的调查是1990年人口普查准备工作的一部分。第四次全国人口普查的方案就是在此基础上形成的。

其方案主要包括《人口普查办法》、《人口普查工作流程》和各项工作的《实施细则》。

为了使《第四次全国人口普查办法》的制定更符合各地实际情况，采取了以下步骤：

1. 广泛征求用户的意见。1987年底至1988年上半年，国家统计局采取“请进来、走出去”的方法，广泛征集对人口普查的建议。多次召开有关部门、科研机构、大专院校的座谈会、走访使用普查资料较多的单位和个人、发函征求用户对人口普查的建议。为使普查资料能尽量满足各方面的需要，还请各界提出对这次普查的需求、看法和希望。在此基础上，国家统计局提出对普查方案的初步设想。

2. 反复试验、集思广益、修订《普查办法》。1988年下半年产生了《普查办法》(草稿)，并继继进行修订，使其更加完善。这期间曾两次试点，验试《普查办法》(草稿)的科学性和可行性，还将《普查办法》(草稿)送各省、自治区、直辖市人口普查领导小组和有关部门，展开更广泛的讨论，充分听取意见。

3. 针对有关问题与有关部门反复协商。对《普查办法》中诸如：经费落实、物资保障，现役军人、出国人员、劳改、劳教人员的普查登记问题，户口整顿问题，宣传动员工作，冻结区划变动和普查区划分、行业、职业分类标准等问题，分别与有关部门进行了充分协商，共同拟定工作计划和安排，使《普查办法》更具可行性。

4. 拟定《普查办法》(修订稿)。1989年7月，国务院人口普查办公室在广泛征求意见、反复协商的基础上，拟定了《第四次全国人口普查办法》(修订稿)。8月21日经国务院人口普查领导小组会议讨论，形成《第四次全国人口普查办法》(送审稿)报国务院审批，10月25日李鹏总理以中华人民共和国国务院第45号令予以发布。

为了保证《第四次全国人口普查办法》的贯彻执行，国务院人口普查办公室还制定了各项具体工作的实施细则和详细的工作计划，并按照统筹原理绘制了《工作进度图》。根据总的工作流程，地方各级人口普查办公室分别制定了自己的工作计划，绘制了本单位的《工作进度图》。这样，使人口普查的全部工作安排更加科学合理，便于各级普查领导机关及时掌握工作进度，实施指挥调度，保证人口普查各项工作有条不紊地进行。

(三)组织一支高素质的普查员队伍

人口普查登记工作是依靠广大普查员去完成的。在一定程度上说，普查员的水平有多高，普查的质量就有多高。按规定的时间、质量完成普查登记任务，需在每一个调查小区(约300人左右)配备一名普查员，在每个普查区(或两个相邻的较小的普查区)配备一名普查指导员，全国共需选调普查员415.4万人，普查指导员105.8万人，共计521.2万人。

被选调的普查员、普查指导员必须具有较好的素质。能够胜任人口普查工作，国务院人口普查办公室规定了以下几个条件：1. 具有初中或相当于初中以上文化程度，能工整、清楚地填写普查表。2. 为群众所信任，作风正派，待人和气。3. 认真负责，工作细致，能独立工作。4. 身体健康，能坚持工作。

普查指导员除具备上述条件外，还要有一定的组织能力和群众工作经验。

由于从全国各地临时选调的普查员和普查指导员大部分没有做过人口统计工作，所以为了保证普查登记工作顺利进行，必须要按照统一的时间、统一的内容和统一的方法对他们进行培训，以使他们迅速掌握普查登记的技能。这次普查员的培训工作是安排在普查登记开始的前夕，即1990年6月中下旬进行的，时间一般为7天。这样，在普查员受培训后，就可以马上进入普查区，进行调查摸底、编制底册和普查登记工作。

普查员、普查指导员的培训工作由乡、镇、街道办事处或市辖区人口普查办公室举办，培训班的教员则由县、市统一派出。县、市人民政府从县、市各部门尽量选调有实际工作经验、参加过第三次人口普查或人口抽样调查的人员担任，由上一级普查机构进行专门培训，并要求他们参加上一级的普查试点实践。

完成520多万普查员、普查指导员的培训是一件非常困难的工作，必须采取层层培训的方法，每一级负责培训下一级的教员和业务骨干。数百万人员的分级培训最重要的是保证培训的内容口径一致。为此，国务院人口普查办公室统一编写了《普查员培训教材》，发至普查员、普查指导员人手一册。各级培训班的教员都以此为准进行讲授。同时，国务院人口普查办公室与国家统计局培训中心还共同录制了讲课的录像带供基层培训时使用，有条件的地方都充分利用了电化教学手段。各地培训中发现的问题，由各省、自治区、直辖市普查办公室根据普查的有关文件统一解答，重要问题则要请示国务院人口普查办公室，由国务院人口普查办公室编印"问题解答"。

普查员和普查指导员的培训班结束时，都要经过统一考试，考试合格后，由县、市人民政府发给普查员、普查指导员证件。考试不合格的要进行复训或撤换，否则不能上岗。这样做，不但严格保证了普查队伍的质量，而且增加了普查员、普查指导员的责任感，使他们更加认真负责对待人口普查登记工作。

(四)人口普查的试点工作

为检验普查方案的科学性、可行性，力求使普查项目、指标的设置更加科学合理，为正式普查做好技术准备，进行试点是非常必要的。1990年人口普查的试点工作主要分为三个层次。

1. 国家级试点。从1988年4月至1989年5月，共进行了两次。

第一次是1988年4月在河北省保定市举行的小型试点，这次试点主要研究在商品经济发展、流动人口增加的新情况下，如何查清总人口和出生人口、死亡人口。通过这次普查试点，产生了《普查办法》草稿。

第二次试点是1989年4月在河北省泰皇岛市举行的，同时召开现场会。这次试点，按照普查的全过程进行模拟。各个普查区和调查小区在摸底工作中都绘制了示意图。上面标明各种房屋建筑、道路和人员居住状况，方便普查员的登记工作，为1990年人口普查在城市、集镇和人口居住比较复杂的农村绘制普查区、调查小区示意图开创了先例。通过国家级试点，为修订《第四次人口普查办法》和各项工作细则奠定了基础。

2. 省、地两级试点。从1989年9月至1990年4月进行。主要目的是用正式的普查表模拟人口普查的登记工作过程，培训地区、县市两级人口普查办公室的业务人员和担任县级以下普查员培训的教员，以解决地、县两级普查人员的不足。全国省级试点共举办35个，试点规模为59万人，有近7千人参加了培训；地级试点举办327个，试点规模为177万人，有5万多人通过试点参加了培训。通过这一层次的试点，使全国各地、市、县人口普查办公室的工作人员和普查员培训班的教员都得到了实际锻炼。

3. 县以下的试点和试填。部分县进行了小规模的人口普查试点工作，但全国并没有安排县以下层层都要进行试点，只是为了理论联系实际要求普查员、普查指导员培训时在当地选择一定区域进行试填，以增加他们的感性知识。这种方法既减少了县以下试点经费的开支，又为普查员、普查指导员创造了实践的机会，有利于他们熟练掌握普查登记技能。广大普查员、普查指导员称这种方法是"种试验田"。

(五)实行最广泛的社会动员

人口普查是一项大规模的社会调查，涉及到全国所有的家庭、住户和个人，是和平时期最大的社会动员。中国1990年人口普查，正值经济治理整顿深入进行的时期，各方面的工作任务很重，为了取得全体公民对人口普查工作的支持与合作，就必须实行最广泛的社会动员。

我国政府对人口普查的社会动员工作非常重视。李鹏总理在全国人口普查工作会议上向各级政府、各个部门发出动员令，号召全社会积极关心和支持这项工作，要求各级干部以身作则、模范地执行普查办法，并向周围群众有针对性地做好宣传动员工作。李鹏总理的讲话使全体普查工作人员受到很大鼓舞。国务院办公厅转发了全国人口普查领导小组关于广泛动员社会力量搞好人口普查工作请示的通知。中央宣传部和国务院人口普查领导小组发出通知，对人口普查的宣传工作作了具体安排。

人口普查的社会动员工作主要是从两个方面进行的。一是政府各个部门的动员，充分发挥社会主义制度的优越性，利用各方面的积极因素，调动一切力量配合人口普查机构共同完成人口普查任务。这项工作主要是依靠各级政府的负责人去做，全力解决普查所需的人力、物力、财力问题，为普查创造必要条件。

人口普查的社会动员工作的另一方面是做好人民群众的宣传动员工作，使群众了解普查、支持普查。这一项工作由各级政府的人口普查领导小组和宣传部门共同负责，工、青、妇积极配合。从1989年下半年到1990年7月普查登记结束，在全国广大城乡开展了深入持久的宣传活动，并在1990年6月的人口普查宣传月中把这项宣传活动推向了高潮。

人口普查宣传的主要内容包括：

1. 进行人口普查伟大意义的宣传。在宣传中广泛地宣讲人口普查作为重大国情国力调查的重要性和必要性，准确的、系统的人口数据是决策的基础，结合群众的思想实际，具体生动地告诉人们，人口普查是科学治国和正确实行宏观决策所必需，与每个人都密切相关，全国人民都应该积极支持和参加人口普查。

2. 在人口普查宣传中把社会主义教育和国情教育贯彻始终。宣传人口普查对于建设社会主义重要意义，通俗地进行人口理论、人均意识的教育，宣传人口与经济、人口与资源、人口与优生优育、人口与生态环境的关系。使人们不仅认真负责地如实申报每个项目，自觉履行公民应尽的义务，保证普查的准确性，而且使广大群众了解我国人均资源不多，人口膨胀将会造成的严重后果，激发广大群众的爱国主义和艰苦奋斗精神。

3. 准确、细致地宣传人口普查的有关政策和做法，使千家万户都充分了解和积极支持人口普查工作。针对群众对普查的某些疑虑，讲清人口普查与现行政策的关系。宣传人口普查为群众申报的情况予以保密的原则。消除群众对个人情况和家庭隐私不愿公开的担心。使群众真正明白，人口普查只是向国家提供综合数据，并不影响现行政策的执行和群众的权力与义务。

4. 在宣传中注意宣讲人口普查的登记方法和指标口径，有针对性地讲解公民应当如何参加普查登记，在登记中如何正确申报个人的每个项目。特别是对流动人口、人户分离的人口和超计划生育的人口，告诉他们应如何如实登记和在何地参加普查，以减少普查登记的差错。

(六)认真做好户口整顿工作，为普查登记奠定良好的基础

中国1990年人口普查的户口整顿工作是在各级政府领导下，由各级人口普查办公室和公安机关负责具体组织实施的。全国参加这项工作的约有500余万人。由于人户分离的数量大，难见户多，工作的艰巨性是可想而知的。广大户口整顿人员付出了辛勤的劳动。户口整顿工作紧紧抓住了为普查登记摸清人口底数这个中心环节，集中主要精力，解决最主要问题。在工作实践中坚持了三个统一。

1. 户口整顿与普查区的划分相统一。在日常的户籍管理中“条条”与“块块”之间、不同行政区域之间都有交叉现象，特别是城镇，人口居住复杂，人口分离严重。而为了方便普查登记，克服重漏，普查区和调查小组是以行政区划为基础，按地理位置划分的，户口整顿的空间范围必须以普查区为准。通过户口整顿为人口普查提供各普查区的基本情况。

2. 户口整顿工作与普查对象相统一。人口普查是按常住人口的原则进行登记的，所以在户口整顿中不但要搞清户籍人口的底数，也要搞清普查办法规定的普查对象五款人的情况。

3. 户口整顿的内容与普查登记相统一。户口整顿重点解决了户口该落未落、该消未消，以及人口的出生、死亡、迁出、迁入和流动人口的基本情况。在户口整顿中发现的其它问题只要是与普查登记无关的，一律留待普查登记后，由有关部门按照国家有关规定解决。实践证明，这次户口整顿工作由于目的明确，方法得当，用的时间短，取得的效益大，同时也丰富了今后人口普查户口整顿工作的经验。

通过户口整顿工作，主要有如下收获：1. 查出跨县、市范围人户分离的1 630万人，其中“在本县、市居住一年以上，常住户口在外地”的1 479万人，“在本县、市常住不满一年，离开户口登记地一年以上”的151万人；查出县、市范围内人户分离的2 846万人。2. 全国共查出各种户口待定人员2 715万人，其中出生后未报户口的孩子有2 219万人，持各种证件未落常住户口的有257万人，其它常住户口待定的有239万人。在整顿户口期间，共为1 942万户口待定人员落了常住户口，其中解决出生孩子不报户口的1 659万人，解决持证未落户口及其它常住户口待定的283万人。3. 查出因参军、死亡、判刑等原因应销未销户口以及登记重复的有963万人，其中死亡未销户口的372万人。4. 根据实际情况，变更、更正户口登记内容6 835万项。这项工作为人口普查登记数据的准确性提供了可靠的保证，同时也进一步建立健全了户口登记制度，加强了户籍管理，为经常性人口统计工作奠定了基础。

二、人口普查的现场调查阶段

从1990年7月1日开始到10日进行人口普查登记，7月11日至15日进行复查，7月15日至7月31日，由居民委员会、村民委员会进行手工汇总过录和非专项编码，同时全国进行登记质量的抽样检查。这个阶段为时一个月。现场调查是整个人口普查的高潮，7月1日，江泽民、李鹏、万里等党和国家领导人在中南海以普通公民的身份参加普查登记，极大地鼓舞了全体普查工作人员。在此期间，全国城乡数百万普查员深入到群众家中，逐户进行登记，全国人民对普查热情支持，涌跃参加登记，保证了普查登记工作顺利完成。

中国的人口普查充分利用了户口登记的资料，但并不受户口登记资料的限制，普查登记并不是“照抄户口本”，而是按照普查办法的规定，每一个人都在实际常住地进行登记。从普查结果看，经过户口整顿以后全国人口中，跨县、市范围人户分离的(一年以上)仍有2 135万人，占1.89%，仍未登记户口的有816万人，占0.72%，本县、市范围内人户分离的2 352.3万人，占2.07%。如果不按常住地进行登记，这4.78%的人口很难做到不重、不漏，各种数据也很难准确。为了贯彻“不重、不漏、不错”的方针，在组织好普查登记的工作中坚持了以下几点做法：

1. 在划分普查区和调查小区时做到全面复盖。中国的各级行政区域一般是比较清楚的，但近年来随着住宅建设的发展，许多地方出现了相互交叉和渗透现象，不同区域的居民、居民户和村民户的住宅往往混合连在一起。因此，要求普查区和调查小区的划分原则上以基层居委会、村委会、居民小组、村民小组的范围为基础，以街道、胡同、院落、河流等明显的自然标志为界限，地域之间相互不允许有空漏，地域范围内不允许有重复。保证100%的复盖面，不留空白点。各地按照划分好的普查区和调查小区在行政区域地图上标好位置，按顺序编写地址码。

2. 普查员、普查指导员认真摸底，做到在普查区内的所有住户都要实地查到。这次普查，安排普查员提前一个星期进入普查现场，认真做好登记前的摸底工作。摸底工作按下面程序进行：边界▶建筑▶住户▶绘图▶底册。

首先是勘察边界。相邻普查区的普查指导员要一起沿普查区的交界处实地走一遍，然后在本普查区的普查指导员的组织下，所有普查员沿各调查小区的交界处实地走一遍，使普查员、普查指导员明确自己所负责的区域范围，做到界线分明，责任落实。

明确地域范围和界线以后，普查员对本调查小区内的房屋建筑进行实地考察，搞清有多少幢房屋及分布情况。考察中不但包括正式的房屋，也包括可以住人的简易房、工棚、窝棚等。

在基层干部和群众积极分子的协助下，结合户口整顿资料，摸清每幢房屋内有多少住户，每户有多少应普查登记的对象。特别注意了1989年1月1日以来的出生人口、死亡人口和流动人口情况。

在深入摸底的基础上绘制普查区、调查区示意图。这次普查各地绘制的示意图尽管不一定规范，但都标明了区域边界、道路、房屋公布、住户情况，并在图上标明了普查登记的路线和时间安排，这在中国人口普查史上是一个新的发展。

普查员、普查指导员都是临时选调的，如果仅靠登记期间每户平均十几分钟的时间，要保证登记质量是很难做到的，深入的摸底工作弥补了这一不足。

3. 认真访查，做好普查登记工作。中国1990年人口普查的登记方法采用了普查员入户访问填表的方式，这与1982年第三次人口普查采用的由申报人按照约定的时间到人口普查登记站登记的方法，有所不同，其主要目的是为了获得更准确的调查数据，因为有些普查项目，如婚姻状况、生育状况等，可能涉及到调查对象的隐私(如领养孩子、未婚先育)，在这种情况下，入户询问登记比设站登记更利于保密，更有利于消除申报人的顾虑，使其如实申报。访查的途径是多方面的，普查员不仅入户访问普查区内的住户，而且反复访查当地妇产医院、接生员、医生、计划生育干部，查看妇女怀孕登记本、婴儿防疫记录，召开知情老居民、老村民、居委会干部、学生座谈会等，多方寻找出生、死亡人口的线索，然后追踪调查登记。

如实登记近几年来超计划出生的人口，是保证普查数据质量的一个重大问题。为了消除基层干部和群众的思想顾虑并确保在这次普查中如实登记超计划出生的人口，对以下三种情况分别规定：1. 要求基层干部按照政府的有关规定，准许超计划出生的孩子进行人口普查登记。2. 对于因担心被惩罚而不敢申报超计划生育孩子的群众，加强宣传，使其配合普查，如实申报。3. 对于为了获取荣誉而瞒报超生人口的干部，要求他们如实申报和登记，如继续瞒报，一经查实，加重处理。

4. 对无固定居住地的流动人口和水上人口，采用了提前登记的方法。做好流动人口的普查，登记是人口普查的一个难点。凡是分散在居民家中居住的、自建简易住房或租房的、住招待所和旅社的以及在工地、工棚居住的，一律由所属普查区负责登记。

这次普查登记正值炎热的夏天，有些流动人口滞留在车站、码头、广场、街道、涵洞等地露天过夜。还有些人常年生活在河面、湖面的船上，在陆地上没有固定的住所，这两种人虽然人数不多，但普查员登记时查找困难，如若遗漏，也会影响普查数据的质量。因此在普查登记之前，根据各地掌握的情况和群众提供的线索，集中一部分人员对他们进行突击登记，登记后发给《已普查证明卡》。并在7月8日、9日两天对未持《已普查证明卡》的流动人口和水上人口进行补漏登记。

5. 认真复查，将差错消灭在基层。在普查登记期间和登记刚刚结束之际，利用11日—15日的五天时间，组织普查员对现场登记资料进行认真的复查，复查的形式有自查、互查、议查和逻辑检查，如发现问题由普查员立即回访校查，短线反馈，将差错消灭在基层。这样就大大减少了调查的原生性误差。

6. 认真搞好手工汇总过录和非专项编码工作。普查员的最后工作是完成手工汇总过录和非专项编码两项任务。这两项工作仍在基层进行，保证了发现逻辑性错误可以返回被调查户查询更正，所以也进一步起到了复查的作用。1990年普查的编码工作分为两步，绝大部分项目的编码工作比较简单，把圈填的标准答案号码编入编码栏即可，是由普查员完成的。地址码，迁移项目的行政区划码和行业、职业码由经过专门训练的专项编码员完成，这样做就大大缩短了编码工作的时间。

7. 普查登记质量抽样检查。人口普查登记结束以后，在全国范围内进行了事后质量抽样检查，用来评价人口普查登记的质量。抽查的样本是按分阶段随机等距整群抽样的方法抽取的，全国共抽中197个县、市的591个调查小区，共173 409人。样本抽取工作分两级进行，国务院人口普查办公室抽取县、市，省、自治区、直辖市抽调查小区。在国务院人口普查办公室的指导下，各省派出了质量抽查小组，重新组织了质量抽查员进行这项工作。抽样检查结果如下：

人口漏登率：0.7‰；
人口重登率：0.1‰；
人口数净差率：0.6‰；
性别差错率：0.14‰；
年龄差错率：3.07‰；
出生人口漏报率：1.03‰；
死亡人口漏报率：4.9‰；

8. 执行严格的质量控制，努力提高普查数据的质量。为了有效地控制人口普查登记的质量，省、地、县三级人口普查办公室和乡、镇、街道人口普查办公室设置了质量检查组。其任务是收集、整理、分析各种数据，巡回检查各地工作情况，及时向人口普查办公室领导反映。防止出现大范围的系统性误差，保证本地区人口普查登记工作的质量。登记结束以后，每个普查区抽取1/10的样本，选定主要指标进行质量验收。凡达到质量控制标准，误差在允许范围之内的，予以通过，误差超过允许范围的不予通过，重新复核，直至达到质量控制标准为止。质量不合格的坚决重新返工。没有经过验收的资料不得转入下道工序。由于进行了严格质量控制，大部分地区的普查登记资料都能一次验收合格，少数没有达到标准的，在返工后经过复查验收也都达到合格标准。

三、人口普查的数据处理和资料开发应用阶段

(一)普查数据的处理工作采取两种方式进行

1. 主要数字的手工汇总。

为了满足各级政府和有关部门的需要，从1990年7月16日开始，对总人口、性别、民族、文化程度、户口登记状况，人口自然变动、城乡人口构成等主要指标进行手工汇总。这项工作从基层的村民委员会、居民委员会开始，经过乡、镇、街道办事处；县(市)、地(市)、省、自治区、直辖市，直到国务院人口普查办公室，共分6级进行，逐级汇总上报。经过三个多月的努力，人口普查手工汇总工作如期完成。自1990年10月底开始，国家统计局连续发布了五期人口普查的主要数据公报。

2. 电子计算机数据处理。

中国1990年人口普查登记的总人口超过11亿人，原始记录超过600亿字符，汇总表式有500多种，比第三次人口普查增加4倍多。电子计算机数据处理分两步进行。第一步进行10%提前抽样汇总。按照预先规定的抽样方法，抽取10%的居民委员会或村民委员会，共2 790多万户，1.13亿人，对这部分登记资料提前进行处理，这项工作已顺利完成，并于1991年5月起又陆续发表了五期公报。第二步进行全部资料的汇总。这项工作正在紧张地进行，按计划1992年6月底前完成。

手工汇总和10%提前抽样汇总工作完成以后，国家统计局除发表了10期公报以外，还整理出版了《中国第四次人口普查的主要数据》和《中国1990年人口普查10%抽样资料》两套资料。各省、自治区、直辖市的资料也相继出版。

(二)认真做好普查资料的开发利用。

人口普查收集大量的人口信息资料的根本目的在于应用。政府为普查投入了大量的经费，如何开发利用普查数据，使之反馈于社会，发挥其应有的社会效益，把这种投入转变为丰硕的产出，是更加艰巨，更为长期的任务。

为了推动普查数据的分析研究工作，实现普查数据的应有价值，国务院人口普查办公室做了积极的努力。调查任务结束之后，1990年底立即召开专门的会议部署这项工作，提出要求，制定分析研究规划；对手工汇总的数据和10%机器汇总的数据分别整理出版了资料；提出了分析研究课题的参考提纲；举办各种学习班、培训班，提高普查队伍的分析研究能力；组织各种研究项目，充分发挥全社会的力量共同开展分析研究工作。通过国务院人口普查办公室和各界人士的共同努力，已经出现了一大批比较好的统计报告、研究论文和分析资料，可以说取得了初步效益。

这段时间各地在分析研究工作中着重抓了三项服务：

1. 为各级政府决策提供服务。各级普查办公室将普查的主要数据和预测及时提供国务院和地方各级政府，为政府检查"七五"计划、制定"八五"计划和十年规划提供了可靠的依据。同年还向各级政府领导提供了一批有数据、有分析、有建议的统计报告和统计资料，成为国家决策的重要参考依据。

2. 为更好地贯彻执行计划生育基本国策服务。利用人口普查数据分析整理的人口再生产状况为检查近年来计划生育规划执行情况提供了依据。"七五"期间人口增长速度的回升又一次为人口发展亮了"黄牌"，引起各级政府和全国各界的重视，为制定新的人口控制目标和完善计划生育政策措施起了积极作用。如河南人口普查办公室通过分析得出，河南省近几年人口增长高于全国平均水平，如不紧急"刹车"将会超过四川变为全国第一大省的结论，为省政府制定"八五"战略起了重要作用。

3. 为推动改革和发展经济服务。各级人口普查办公室利用四普资料对人均产值、人均收入、劳动生产率、人均生活水平、产业结构进行分析研究，并结合其它数据进行经济预测和市场分析，阐述在改革措施中人口因素的制约作用，这在推动改革和发展经济方面产生了积极的推动作用。

在人口普查资料的开发利用方面，国务院人口普查办公室和各地人口普查办公室组织全国各方面的人才进行了多种课题的研究，有些已取得较好的成果。在分析研究和课题攻关的基础上，1992年初在北京举办了第四次全国人口普查科学讨论会，会议提交论文96篇。论文的水平普遍较高，受到各界好评。目前正在积极筹备召开人口普查的国际讨论会。

四、第四次人口普查的数据评价

对普查数据进行评价是每一次人口普查不可缺少的工作环节。第四次人口普查是继1982年以来规模最大、资料最丰富的一次全国范围的人口调查。到目前为止，国家统计局已发表了10期人口普查主要数据的公报，手工汇总和10%提前抽样汇总数据也由国务院人口普查办公室分别于1991年2月、1991年8月公开发表。经采用人口分析技术和其他分析方法，对已发表的普查数据，特别是10%提前抽样汇总数据进行多方面的验证，证明1990年人口普查的数据质量是比较高的，从总人口的完整性来看，漏报率约在0.6～1.38‰之间，其中男性漏报约0.6‰，女性约2.2‰。男性漏报人口主要集中在青壮年流动人口年龄段，女性漏报主要是5岁以下婴幼儿和少量的婚育高峰年龄段；分年龄数据与1982年人口普查的年龄分布基本一致，各年龄人口没有明显的堆积现象；分年龄的性别比数据与1982年有较强的一致性。由于女性人口漏报稍多于男性，导致总人口性别比略高于实际水平，大约应在106.4左右；1989年育龄妇女年龄别生育可能略偏低，约低3%左右，总和生育率应在2.25—2.37之间；这次普查的死亡数据相对来讲质量差一些，人口普查事后质量抽查的结果也表明死亡人口的漏报率是最高的，主要因为回顾性调查困难较大；文化程度数据质量较高，反映了近年来教育发展的现状；少数民族人口增长较快，但估计在净增的人口中约有46%是由于更正民族成份造成的。

人口普查的成功必须要有先进的技术条件，即硬件保证；同时必须要有严密的组织系统，即软件保证。能否取得第四次全国人口普查成功的关健不仅取决于硬件，而更取决于软件。所以，中国人口普查全过程中广泛地运用了现代软科学方法，特别是系统论、控制论、信息论得到了最普遍、最成功的应用。这次普查既是一次大规模应用软件科学的尝试，又是一次成功应用软科学的范例。例如，为了使人口普查的决策、组织和管理建立在严密的科学基础之上，我们把普查工作作为一个大系统进行全面考察，特别是从系统的观点出发，用系统分析方法分析了普查工作的整体性和有序性。由于把握了整体性，各种规定和目标明确，各方面、各环节的普查工作做到了全国统一、步调一致，从而取得了普查工作的整体效益。由于把握了有序性，我们就能够在普查实践中运用系统方法对普查工作进行科学分解，使普查任务化整为零，许多工作可以平行作业，从而最大限度地调动各个层次、各个方面普查工作人员的积极性，缩短了人口普查工作的时间。

责编：**李天渊**

□□

一项伟大的成就

——祝贺第四次全国人口普查调查登记工作圆满成功

1990年10月31日《人民日报》社论

在党中央、国务院的统一领导下，在各界地方党委和政府及全国各族人民群众积极支持、通力合作下，规模空前的第四次全国人口普查调查登记工作业已取得圆满成功。国家统计局公布了第一批人口普查数据，并将陆续公布其它数据。这是我国人民在成功地举办了北京亚运会之后取得的又一个伟大的成就。

人口普查是一项极其重要的国情国力调查。它对于在科学的基础上制定国民经济和社会发展计划，制定人口、教育、就业等有关政策，统筹安排人民物质文化生活，实现社会主义现代化建设的宏伟战略目标，都具有十分重要的意义。可以预期，这次人口普查的成果必将推动我国经济建设和其它各项事业的发展。

中国是一个有11亿多人口的大国，中国的人口问题，是个举世瞩目的问题。我国进行的这次全国性人口普查是人类历史上规模最大的一次人口普查，是一项庞大的社会系统工程。在时间紧、任务重的情况下，这次人口普查调整登记工作能够顺利地、高质量地实施并如期完成，充分说明了社会主义制度是优越的，党的领导是坚强有力的。我们具有广泛动员社会力量并完成巨大工程的能力。在人口普查工作中，各级党委和政府，精心组织，精心指挥，显示了很高决策能力和领导艺术。由几百万人组成的人口普查员队伍，兢兢业业，一丝不苟，勤奋工作，争创一流，表现了高度政治觉悟、严密的组织纪律性和无私奉献的精神。各族各界群众响应党和政府的号召，以高度的爱国热情和主人翁责任感，积极支持和配合人口普查工作。这一切都为人口普查工作顺利进行提供了坚实的基础。在这里，我们向所有参加并支持这项伟大工程的广大干部、群众，尤其是为此而作出巨大努力的几百万人口普查员，表示深深的谢意。

这次人口普查对我国总人口作出了较为精确的统计。这是一个重要的数据。它表明，我国在控制人口增长，提高人口素质方面的工作是卓有成效的。特别是党的十一届三中全会以来，我们把计划生育定为一项基本国策，注意制定和落实有关人口的方针、政策，人口数量得到了进一步控制。这是个了不起的事情。但是普查数据也表明，由于我国人口基数大，加上人口生育高峰的周期性影响和有些地区计划生育工作抓得还不够理想，目前我国人口每年仍以约1 700万的速度增长。实现控制人口的任务还十分艰苦。对这个问题要有足够的认识。各级党委和政府，要充分利用这次人口普查的成果，大力进行人口基本国情的教育。要宣传控制人口的重要性和紧迫性，要进一步提高人口素质，要树立“人均意识”，把人口工作同整个经济和社会发展目标有机地结合起来。既不要因控制人口取得成效而松劲，也不能因为这项工作难度大而信心不足。

这次人口普查，既充分显示了党和政府的动员力量和领导力量，也充分显示了亿万各族人民群众的凝聚力和向心力。这就再次证明，有中国共产党及人民政府的正确领导，有优越的社会主义制度，有亿万人民群众支持和参加，再大的困难我们也可以克服，再大的事业我们也能够干好。

专　　题

统计制度方法改革

国家统计局制度方法司

自1988年以来，我国的统计工作开始实施第二发展阶段的战略任务，即把统计部门建设成为强有力的、集中统一的具有信息、咨询、监督等多功能的现代化统计系统。根据这一战略任务的要求，统计制度方法改革逐渐由治标转入治本的阶段。为适应改革开放的新形势和宏观经济管理的需要，1990～1991年开始对统计制度方法进行系统的综合配套改革，取得了明显的成果。

1990年7月，，国家统计局召开了全国统计制度方法工作会议。会议在总结1988年以来统计制度方法改革经验的基础上，进一步确定了全国统计制度方法改革的目标、实施步骤、应遵循的原则，以及1990～1992年的具体任务。

会议确定的改革目标是：建立科学、统一、协调、完整的国民经济核算体系，以此为中心，建立健全社会、经济、科技三位一体的统计指标体系以及与此相配套的调查体系、统计分类和指标编码体系。

实现上述目标的实施步骤是：1990～1992年为第一阶段，以建立新国民经济核算体系基本框架为中心，对整个统计制度方法进行初步的综合配套改革；1993～1995年为第二阶段，实现向新核算体系的全面过渡和统计制度方法改革的各项目标。

会议提出1990～1992年统计制度方法改革的任务是：

1、初步建立起国家和省级国民经济核算体系框架。为此要改进投资统计和消费统计，初步建立国民经济各行业增加值统计，把国内生产总值的生产与使用核算建立在各专业和部门统计的基础上，同时搜集和利用有关部门资料，开展资金流量的核算；建立省级对外经济往来的核算；按新核算体系的主要表式对社会再生产全过程进行核算。

2、初步建立起与国民经济核算体系相配套的社会、经济、科技统计指标总体系及国民经济价格指数体系，改革和完善各专业统计制度方法。

3、初步建立科学合理、多种调查方法综合运用的统计调查体系，将主要总量指标覆盖全社会。完成农村基层一套表的推广任务，在部分省市试行工业一套表，初步完成以基层一套表为中心的统计报表体系的改革。

4、初步建立一套适应建立国民经济核算体系框架和专业统计改革需要的统计标准和编码体系。

会议明确了在改革中应遵循的原则：长远目标与当前改革相结合；整体配套、系统改革；需要与可能相结合；精简、效能、统一。在工作步骤上实行“先上后下，先内后外，上下结合，内外结合”。在坚持集中统一的前提下实行“区别对待、分类指导”。

在这次会议的推动下，各级统计部门根据改革开放的新形势，围绕统计制度方法改革的第一阶段任务，积极组织，做了大量的工作，加快了统计制度方法改革的步伐。

一、围绕新国民经济核算体系的建立做好一系列准备工作

(一)对已拟订的新国民经济核算体系方案，在总结试点试算经验和广泛征求意见的基础上，进行全面修订，使之成为可以付诸实施的方案。

新国民经济核算体系的研制是从1984年底开始的。首先经过理论研究，明确了建立新核算体系的指导思想和目标模式。然后进行方案设计，于1987年2月提出了新核算体系的初步方案。此后经过广泛征求意见和专门会议讨论，并通过一些省市试点检验，前后作了七次修订。

1990年4月，全国国民经济协调委员会办公室和中国统计学会课题组在南京召开了国民经济核算体系研讨会，邀请国务院有关部门、科研单位、高等院校和试点省市的专家、学者和实际工作者，对新核算体系方案从设计、功能和实施三个方面进行了系统地研究和全面论证。与会代表认为：方案的设计具有科学性，其功能适合我国宏观经济管理的需要，具有重要的实用价值，方案经过试点试算实践的检验，基本上是可行的；但方案在设计上将东西方两个体系的表式混合排列，逻辑关系不够清晰，影响了整个方案的系统性。会议以后，国家统计局对方案进行了全面修订，针对原设计方案中的缺陷，合理地调整了整个体系的结构，改进了核算表式和指标的设计，增设了一整套经济循环帐户，并编写了简要说明。经过这次修订正式形成了《中国国民经济核算体系(试行方案)》。

《中国国民经济核算体系(试行方案)》由社会再生产核算表和经济循环帐户两大部分组成。前者包括国内生产总值及其使用表、投入产出表、资金流量表、国际收支平衡表和资产负债表等五个基本表，以及人口、劳动力、自然资源、财政信贷资金、综合价格指数等八个补充表；后者包括国民经济帐户、机构部门帐户、产业部门帐户和经济循环矩阵。试行方案结构严谨、逻辑严整、层次分明，

能够全面核算国民经济运行状况，系统反映社会再生产过程及其内在联系，以及国民经济发展的规模、速度、结构、比例和效益，为宏观经济决策和管理提供依据；同时还能正确地进行国际经济比较，协调统计、会计、业务等核算制度、核算方法和分类标准，逐步实现经济核算的规范化和系统化。

1991年8月，邹家华副总理主持会议研究加快实施我国新国民经济核算体系问题。会议认为，为适应我国发展社会主义有计划商品经济的需要，结合实际，建立和实施新的国民经济核算体系是非常必要的，并强调要统一认识，加强领导，一定要办好这件事。会议肯定了国家统计局提出的《《中国国民经济核算体系(试行方案)》的总体方向和基本框架是可行的，并决定组织各部门、各方面有关专家对试行方案作出进一步论证评价，对其结构和各项指标的科学性、可行性进行认真的研究和认定，使之更科学、更完善、更符合我国国情。

1991年底，国家统计局将《中国国民经济核算体系(试行方案)》及实施计划正式上报国务院。

1992年1月，国务院副秘书长刘仲黎主持召开有国务院各有关部门及各方面有关专家参加的论证会，对《中国国民经济核算体系(试行方案)》的基本结构和各项指标的科学性进行了认真研究和论证，一致认为“该方案指导思想正确，设计科学，内容系统，具有实用性和可行性，适合我国国情”。论证会正式通过了这一方案。

1992年3月，国务院召开电话会议，邹家华副总理在会上部署实施新国民经济核算体系，这标志着我国的核算体系已正式开始从旧体系向新体系过渡。

(二)组织开展新国民经济核算体系方案的试点试算工作，积极探索实施的途径，为方案的全面推行积累经验。

为了进一步检验新国民经济核算体系的科学性、实用性和可操作性，协调和衔接地区核算、基层核算与国民经济核算的关系，摸清资料的来源和渠道，探索统计、会计、业务三种核算相结合的办法，国家统计局和全国国民经济核算协调委员会在前几年组织试点试算的基础上，按照统一的部署和分工，进一步组织了各种试点和试算工作。主要是：

1988～1990年，国家统计局组织18个省、区、市，对新国民经济核算体系方案中的国内生产总值生产及使用、资金流量、国际收支、国民财产等基本表进行试编试算。

1989～1990年，国家统计局组织全国除西藏以外的29个省、区、市，按照统一设计的《增加值统计试行方案》，开展了增加值统计试点，并在总结经验的基础上，将农业、工业、、建筑业、运输邮电业增加值统计纳入了1991年的年报制度。

1991年，国家统计局组织辽宁省和天津市对新国民经济核算体系方案进行全面试编试算，组织福建、陕西、河南、贵州、黑龙江五个省对方案中的经济循环帐户进行试算。与此同时，国家统计局还围绕核算体系中的重大问题通过全国国民经济核算协调委员会办公室，组织九个课题组，分别就国民经济核算总体系、统计指标体系、资金流量核算、国际收支核算、非物质生产部门核算、价格指数、核算标准、会统协调及国家级帐户体系等问题开展专题研究，并组织了国家级核算表的试编试算。

上述试点试算都取得了初步成功，课题研究也取得了阶段性成果。这不仅为完善新国民经济核算体系方案提供了重要的依据，为方案的全面实施积累了经验；而且结合试点试算工作，还在国家统计局和各省、区、市统计局培养锻炼了一批骨干力量，较为广泛地宣传了新核算体系的知识，为1992年建立国家和省级新国民经济核算体系基本框架创造了十分有利的条件。

(三)围绕建立新国民经济核算体系，组织研究拟定了一系列的统计分类标准，并对现行的统计分类标准进行了修订。

我国的统计工作是从建立专业统计起步发展起来的，统计标准不统一的情况比较突出，同建立新国民经济核算体系和统计信息自动化系统的要求很不适应。为了提高我国统计工作标准化水平，1990～1991年国家统计局研究拟订了我国一、二、三次产业分类标准和物质、非物质生产部门的分类标准。对现行的《国民经济行业分类和代码》、《经济类型划分标准》，在广泛地征求国务院各有关部委及各省(区、市)统计部门的意见后，研究提出了修订稿。与此同时，还组织制订了《关于工资总额组成的规定》，经国务院批准，以《国家统计局令第01号》的形式发布。与人事部、劳动部、国家计委联合下达了《关于在劳动计划和统计中划分企业、事业和机关单位的暂行规定》，发各部门、各地区执行。

(四)为有计划、分步骤地对国家和省一级统计部门及各有关部门业务人员进行国民经济核算知识的培训，国家统计局组织局内外的专家编写了《国民经济核算业务知识培训教材》一书。

二、完善统计指标体系，研究拟订《经济、社会、科技统计指标体系》

完善统计指标体系，是改革开放，发展有计划的商品经济，促进科技进步和社会发展的迫切需要。长期以来，我国的统计指标体系是适应高度集中的产品经济要求和手工汇总的条件，从专业统计起步逐步建立起来的。1978年以来，虽然根据改革开放的需要做了不少补充和修改，但仍然存在着体系不完整，综合统计与专业统计之间指标不衔接、不配套的缺陷，以及指标的口径范围、分类标准、计算方法等方面不够统一等问题，不能适应全面反映经济、社会、科技发展情况和统计信息自动化处理的需要。

为了完善统计指标体系，经过了一个长期准备和研制的过程。根据1984年《国务院关于加强统计工作的决定》提出的统计指标完整化的目标，曾开展了一系列研究工作，取得了初步成果。1990年，国民经济核算协调委员会办公室设立了统计指标体系分类与编码课题组，吸收上海、山西、辽宁、广州等省市同志参加，以制定经济社会科技统计指标的国家统一分类编码标准为目标，进行研制工作，提出了《国民经济、社会、科技统计指标分类与代码(国家标准)征求意见稿》；与此同时，还设立了总量指标课题组，对我国现行统计指标体系进行了系统清理和研讨，提出了《国家统计指标体系》(征求意见稿)。1991年，国家统计局决定加快研制统计指标体系与编码工作，以总量指标课题组和以前各研究组的研究成果为基础，广泛征求部门和省、区、市的意见，制订了《经济、社会、科技统计指标体系》，作为征求意见稿提交1992年全国统计工作会议讨论。这一指标体系集中体现了近10年的研制成果。

《经济、社会、科技统计指标体系》(征求意见稿)，在设计中遵循的原则是：①以马克思主义理论为指导，并运用系统论的原理，科学地分析我国经济、社会、科技的状况及其内在的联系，据以对统计指标总体系及其子体系进行总体设计，力求综合统计与各专业统计、专项统计互相衔接配套；②以适应宏观管理为目标，以满足国民经济核算体系的基本要求为中心，以近期得以实现的改革要求为重点，对现行统计指标进行改革与充实；③在指标的设置上，坚持兼顾需要与可能的原则，在保证可行性的前提下，力求加强指标体系的完整性与系统性；④为适应统一编码的需要，强调了指标体系的逻辑性、层次性和指标的规范性、唯一性。

《经济、社会、科技统计指标体系》(征求意见稿)共分五个部分：①基本条件；②经济活动；③社会活动；④科技活动；⑤人民生活。与现行统计指标体系相比，这一指标体系主要在以下几个方面充实了内容，增强了功能：①调整充实了大量价值量指标，补充与完善了某些专业统计指标体系，增强了反映国情国力的功能；②按国民经济核算体系要求设置了系统的指标，并在各专业、专项统计中设置了有关的总量指标，增强了反映宏观经济运行状况的功能；③完善了物质生产部门的财务指标和经济效益指标，改进了工业经济评价考核指标，新增了职工收入指标，增强了指标体系适应计划与管理的功能；④调整了物质生产部门部分指标的口径范围，改进了指标的配套状况，增强了运用指标体系进行系统分析和综合分析的功能；⑤扩展了科技指标，增强了反映科技进步的功能；⑥为非物质生产各部门设置了系统的财务指标，增强了反映非物质生产部门的经济活动的功能。

《经济、社会、科学统计指标体系》(征求意见稿)还具有以下特色：①为了处理好专业统计指标子体系与专项统计指标子体系的关系，在原则上采取了以专业统计指标为经，以跨行业的专项统计(劳资、物资、能源等)指标为纬，进行纵横交织的办法来设计；但对科技和固定资产投资统计指标，由于它们自身的特点，未与专业统计指标交叉列示。这样既避免了专项统计与专业统计之间指标的重复列示，又保持了专项统计与专业统计指标子体系的完整，使有关专项统计建立在各专业统计的基础上。各专业统计都包括产供销、人财物等各项主要统计指标，体现了基层单位"一套表"的要求。②对各专业统计指标体系的分类，采取了求同存异的办法：对各专业统计共有的内容，如资产负债、投入产出、收入支出、机构人员与工资采用了比较统一的指标群列示；对其他一些各专业所特有的指标群，如建筑业统计中的"工程质量"、农业统计中的"四化水平"等，则在各专业统计指标体系中另设小的专题。这样，既维护了指标体系的规范性，又兼顾了各专业统计的特殊性。③为了完整地反映基层调查指标，适应信息编码的要求，对统计指标与分组，按照统一的原则作出了明确的规定。

三、进一步改革和完善现行的统计报表制度

1990年以前，由于新国民经济核算体系方案还处于研制试点阶段，现行统计报表制度的改革和完善主要是为适应经济管理近期的要求，整个现行的统计报表制度基本上未突破产品经济的模式，还缺乏根本性的改造。1990年以后，随着新国民经济核算体系方案逐步成熟，现行统计制度方法改革开始围绕建立新国民经济核算体系的目标，结合当前经济形势发展的要求，进行系统的治本性的综合配套改革。

1990～1991年现行统计报表制度修订、改进的内容主要是：

(一)为了从1992年年报起建立国家和省级国民经济核算体系的基本框架，从1991年年报开始，将农业、工业、建筑业、运输邮电业增加值等国民经济核算所需的基础数据纳入了年报制度。

（二）相应改进和完善了总产值统计，以便为计算总产出和增加值提供基础资料。在1990年的年报制度中，采取了新编的1990年不变价格目录计算工农业总产值，改进了农业总产值和农业经济收入中农民自产自用的农副产品价值的价格计算方法，修改了农村工业中的缝纫、碾米、磨粉、轧花、屠宰等五种加工业总产值的计算方法，在建筑业统计报表中增加了建筑企业总产值指标。在1991年的定期报表中，建立了以商业企业为核算单位的商品总流转统计。

（三）与按支出法计算国内生产总值相配套，研究建立了固定资产投资价格统计，正式纳入1991年年报制度。

（四）根据中央工作会议和李鹏总理关于改进经济评价考核指标的指示精神，制订了《季度国内生产总值试算方案》和《改进工业经济评价考核指标实施方案》。其主要内容包括：1、按季试算全国各省及分产业的国内生产总值，作为评价国民经济发展的规模、速度和分析结构、效益的依据；2、按月计算工业增加值，用于评价和考核工业生产最终成果及其发展速度；3、建立工业销售产值月度统计，用于反映工业企业产品销售的规模和速度；3、建立工业经济效益评价考核指标体系和主要经济指标月度统计制度，选择工业产品销售率、工业资金利税率、工业成本利润率、工业净产值率、工业全员劳动生产率、流动资金周转次数等6个指标按月进行评价考核。这一方案于1991年12月上报国务院，经批准从1992年第1季度开始执行。

（五）配合“质量、品种、效益年”活动，国家统计局与国家技术监督局、国务院生产办共同研究提出了《全国工业产品质量指标体系总体方案》，协助国家技术监督局在75个重点城市建立了主要工业产品质量定期报表制度。在科技统计中充实和完善了新产品生产情况统计。建立了“全民所有制独立核算大中型企业主要经济指标半年报”和“主要工业产品单位产量综合能耗季报”。对工业综合经济效益的评价方法进行了研究，提出了初步报告。

（六）适应宏观经济调控的需要，1990年建立了部分地区工业总产值和社会商品零售额的月度预测统计制度和234户“双保”重点骨干企业跟踪监测统计制度，加强对经济运行的统计监测。

（七）通过组织协调，在国家科委、国家教委、国防科工委和国家统计局四套科技统计报表的基础上，从1991年年报开始，统一制定了全国科技综合报表制度。

（八）为了定期综合测评各地区社会发展水平，统一评价指标体系和方法，提高对社会整体状况的综合评价能力，建立了《我国地区间社会发展水平评价方案》，印发各地区试行。

（九）为了提高劳动工资统计数据质量和工作效率，加强基础工作和部门之间的协作，与计委等有关部门一起共同拟定了《劳动统计年报联合审核暂行规定》，从1991年年报开始下达各省、区、市和计划单列市执行。

此外，国家统计局还根据中央领导同志指示精神和有关部门的要求，研究提出了关于职工个人收入的定义、组成内容和统计办法，私营企业统计办法，《企业集团统计工作实施暂行办法》等。

四、清理现行调查体系，积极推行农村基层和工业企业一套表的试点工作

1990年，国家统计局对本局制发的现行统计调查制度中的调查方法进行了系统的整理。通过清理表明，现行调查体系基本上是适用的，长期以来发挥了重要的作用，但也存在着很大缺陷，主要是过份偏重于全面调查，综合运用多种方法不够。在国家统计局制发的400多张调查表中，全面报表占71.5%，重点调查占10.7%，抽样调查占17.8%。主要依靠全面调查的专业统计，复盖面也不全面，特别是各专业统计报表之间互相交叉造成重复矛盾。

这次清理以后，国家统计局对部分专业统计报表制度的衔接问题进行了研究协调。例如1991年结合《改进工业经济评价考核指标的实施方案》的制定，将产品销售与库存统计从物资统计报表制度中调转纳入工业统计报表制度中，初步解决了长期以来存在的物资统计与工业统计之间不相衔接配套和交叉重复的问题。

但是，要从根本上解决各专业统计之间交叉重复的矛盾，还要靠实行基层单位“一套表”，即按照国民经济行业分类标准划分基本单位，确定各专业统计的调查对象和调查范围，分别制定农村基层“一套表”和工业、交通、邮电、建筑业、商业等企业单位“一套表”制度。

“一套表”的研制试点工作首先是从农村基层“一套表”和工业“一套表”开始的。1990～1991年这两个“一套表”的研制、试点和推行工作取得较大进展。

农村基层“一套表”已由试点转入全面推行。1990年，国家统计局多次召开会议，对部分地区在前几年试行农村基层“一套表”的经验进行了总结。会后根据调查研究和试点地区的经验，修改了农村基层“一套表”参考表式，印发全国各省、区、市和计划单列市，并在北京、天津、河北、山西、黑龙江、广西、贵州、甘肃、宁夏等9个省、区、市推行。1991年，又将现行农业统计报表制度和

农村经济综合统计报表制度合并为农村统计“一套表”制度，正式纳入1991年年报，布置全国执行。现行报表制度中的农村“一套表”，包括35张年报和4张定期报表。横跨5个部门(国家统计局、农业部、林业部、水利部、民政部)，纵向从国家一级部门一直到农村基层单位。与过去国家统计局制定的农村统计报表制度相比，增加了林产品、水产品和农村拥有情况的分组统计、农村自然灾害情况统计等内容。为了配合新国民经济核算体系的实施，还将农业增加值统计纳入了“一套表”。此外，在农村“一套表”中还列有农村经济增加值及纯收入分配、乡镇企业和部分农村社会科技等14张参考表式，为有条件的省、市进一步改革提供了参考。

农村“一套表”还具有以下的特色：①报表结构进行了调整，分为实物量调查表(发至乡镇一级)和价值量综合计算表(发至县、市、省一级)两类，既有利于计算机处理，也可以避免人为干扰，提高农村统计数据质量。②初步理顺了统计部门和业务部门之间以及各业务部门之间的关系。有关农村经济价值量指标，由统计部门负责计算和提供；关系国计民生的畜产品和主要农产品的产量，由统计部门和业务部门共同负责统计；其他的水产品、林产品、农机拥有量等实物量统计，由统计部门和业务部门共同布置，由业务部门负责统计。③农业增加值采用生产法和分配法两种方法。其中，生产法突破了过去产品法计算农业总产值的一些做法，采用了新的计算方法，如林业产出用活立木蓄积量计算，牧业产出只计算出栏产品等，既有利于操作，也更能反映实际。分配法将农业行业内部的生产、分配有机结合起来，拓宽了农业统计信息量，也有利于保证统计数据质量。此外，对农业中间消耗统计也按照新核算体系的要求进行了调整和补充。

农村“一套表”的全面推行，推动了农村统计报表制度方法的综合配套改革，取得了较大的成果。

工业企业“一套表”方案和实施方案，是根据1990年7月全国统计制度方法会议的要求，在总结过去河北、上海、辽宁、河南、湖北等地试点经验的基础上，于1991年4月研制提出的。1991年5月，国家统计局召开了部分省市工业企业“一套表”座谈会，研究部置了试点工作，确定在辽宁、河南、湖北三个省各选一两个市进行全面试点。1991年6月和10月，国家统计局将修订以后的工业企业“一套表”实施方案和定期、年报“一套表”表式印发各试点省，并抄送其他省、区、市。

根据国家统计局的统一部署，辽宁省在本溪市进行了定期报表和年报“一套表”试点，同时将定期报表“一套表”试点扩大到25个县区；湖北省分别在南漳县和沙市市进行了定期报表和年报“一套表”试点；河南省在洛阳市和信阳市进行了定期报表和年报“一套表”试点。此外，广西自治区桂林地区也参照国家统计局方案，开展了工业企业“一套表”的试点工作。

这些试点都取得初步成功。辽宁省部分县、区，河南省洛阳市和信阳市，湖北省南漳县和广西自治区平乐县试行定期报表“一套表”单轨运行，一步到位，取代了原有的有关专业统计报表；洛阳市试行年报“一套表”，单轨运行，一步到位，在全市范围内取代了有关专业报表；本溪市试点做到了部分表式单轨运行。上述情况表明，工业企业“一套表”的试点取得了重大的突破。

通过实施一套表，试点地区的统计工作取得了比较明显的效果：①能够搜集、整理、提供比较完整的系统反映工业企业产供销、人财物的资料，丰富了统计信息的内容，较好地适应了经济管理的需要，受到了各级管理部门和企业的欢迎。②对提高统计数据质量起了积极作用，一是便于各指标之间从逻辑关系和平衡关系上审核，互相验证；二是消除了由于统计部门内部重复矛盾引起的一门多数和一数多门的现象，同时为统计分类标准化创造了有利条件。④推动了企业和业务部门建立健全综合统计和加强统计基础工作。⑤加快了电子计算机的应用，推动了软件的开发，同时促进了统计人员和计算机人员的结合。⑥提高了试点单位统计人员的素质，增强了统计人员整体观念、系统观念和现代化大生产的意识，开拓了视野，提高了业务技能，锻炼了一批业务骨干。

此外，国家统计局还积极改进统计调查方法，在继续运用报表制度进行全面调查的同时，加强对非全面调查方法的研究。例如，1990～1991年，对小型工业企业技术开发情况，进行抽样调查的试点，对私营、个体商业统计研制提出了抽样调查方案，发各省、区、市统计部门征求意见等。

五、开展统计报表清理工作，拟订《统计报表管理条例》草案

1991年，国家统计局为了搞清统计报表多乱的情况，研究加强统计报表管理的措施，选择河北、内蒙古、吉林、福建、河南、湖北、湖南、贵州、甘肃等9省(区)以及冶金、机电、轻工、建设、农业、劳动、民政、教委等8个部门作为清理的重点单位，自上而下开展统计报表的清理。除了国家统计局选定的省(区)和部门外，国家科委、能源部等8个部(委、局)和山西、广东、陕西等5个省、市也根据国家统计局的部署开展了统计报表的清理。

这次统计报表的清理具有以下三个特点：①领导重视和有关部门积极配合；②在清理中坚持统计法制宣传，做好思想动员；③贯彻边整边改精神，

把清理与整顿结合起来。

清理结果表明，目前统计报表多乱的情况比较严重，统计报表管理中有法不依、有章不循的现象极为普遍，非法报表占有相当大的比重。而且各部门、各专业多头向基层布置统计报表，造成统计报表、指标交叉重复，极大地增加了基层的负担，与基层统计力量之间的矛盾十分突出。

造成报表多乱的原因主要是：①各方面对统计信息的需求猛增，而统计制度方法的改革落后于形势的发展；②综合统计机构放松了对统计报表的管理；③1980年国务院批转的《关于统计报表管理的暂行规定》已不能适应当前统计报表的管理；④统计法制宣传不够深入；⑤缺乏制止滥发统计报表的约束机制。

为了切实加强统计报表管理，针对清理报表中暴露的问题及其产生的原因，国家统计局对《关于统计报表管理的督行规定》进行了修订，提出了《统计报表管理条例》(征求意见稿)。这个条例对统计报表的概念和制发权限，统计报表管理的范围，统计报表管理机关和职责，统计报表的制定、审批及备案程序以及部门管理系统的划分等，都较以前作了更加明确和具体的规定。

六、企业统计工作升级达标

制定了《关于企业统计工作达标升级的暂行规定》，组织开展了企业统计工作升级达标的评审工作，并根据国务院生产办公室的通知，积极做好这项工作的收尾工作。

1990～1991年，统计制度方法改革取得了很大成绩，在某些方面有了突破性进展，但按实现统计发展战略目标的要求仍有较大的距离，还不能适应进一步改革开放和发展有计划商品经济的新形势的需要。以新核算体系为中心对统计制度方法进行的综合配套改革刚刚开始，经济、社会、科技统计指标体系有待于进一步改革和完善，相应配套的统计标准还有大量的缺口。统计调查体系改革方面，推行基层统计"一套表"和灵活运用各种非全面调查方法还须狠下功夫。总之，统计制度方法改革的任务仍然十分繁重，需要积极组织力量，千方百计地加快改革的步伐，以实现改革的目标，适应新形势的要求。

执笔：**翟志宏**　审稿：**龙　华**　责编：**徐晓海**

附．1991年统计年报和1992年定期报表目录

表　名　　表　号(报告期别)

国民收入

国收年综01表　社会总产值和国民收入生产、消费和积累平衡表(年报)
国收年综02表　社会总产值和国民收入表(年报)
国收年综03表　国民收入消费表(年报)
国收年综04表　居民消费水平表(年报)
国收年综05表　国民收入积累表(年报)
国收年综06表　国民收入消费和积累表(年报)

国民生产总值

国生年综01表　按当年价格计算的国民生产总值表(年报)
国生年综02表　按可比价格计算的国民生产总值表(年报)
国生年综03表　国内生产总值构成项目表(年报)
国生年综04表　按支出法计算的国民生产总值表(年报)

投入产出

国投年综01表　工业企业按产品计算的分行业工业总产值表(年报)
国投年综02表　固定资产投资构成表(年报)
国投年综03表　大中型工业企业总产值表(年报)
国投年综04表　大中型工业企业总产值构成表(年报)
国投年综05表　大中型工业企业(物资、成品)库存增减额表(年报)
国投年综06表　小型工业企业总产值价值构成表(年报)
国投年综07表　小型工业企业库存增减额表(年报)
国投年综08表　建筑业总产值价值构成和库存增减额表(年报)
国投年综09表　运输、邮电业总产值构成表(年报)
国投年综10表　运输、邮电业库存增加额表(年报)
国投年综11表　物资供销业总产值价值构成表(年报)
国投年综12表　物资供销业库存增减额表(年报)
国投年综13表　商业、饮食业总产值价值构成表(年报)
国投年综14表　居民服务业总产值价值构成表(年报)
国投年综15表　行政事业、金融保险业(劳务总值构成、设备购置费支出)表(年报)
国投年综16表　独立核算工业企业附属机构人员及收支情况表(年报)
国投年综17表　差旅费构成表(年报)
国投年综18表　流通费用率表(年报)

注：投入产出调查只有逢二、七年份有全部调查表，逢零、五年份有部分调查表，其它年份没有此项调查表。

人　口

国人年综01表　手工快速汇总表(年报)
国人年综02表　总人口(年报)
国人年综03表　自然变动和迁移人口(年报)
国人年基01表　人口变动情况抽样调查表(年报)

乡镇调查统计表

国农年综01表　农村基层组织情况(年报)

国农年综 02 表　农村劳动力资源及实有劳动力构成情况(年报)
国农年综 03 表　耕地面积(年报)
国农年综 04 表　农业机械年末拥有量(年报)
国农年综 05 表　主要农业机械按所有制分组(年报)
国农年综 06 表　主要农业机械化项目水平(年报)
国农年综 07 表　农村电气化和农业化学化情况(年报)
国农年综 08 表　灌溉面积(年报)
国农年综 09 表　机电井情况(年报)
国农年综 10 表　农作物播种面积和产量(年报)
国农年综 11 表　蚕茧、茶叶和水果生产情况(年报)
国农年综 12 表　热带、亚热带作物生产情况(年报)
国农年综 13 表　林业生产情况(年报)
国农年综 14 表　牧业主要产品产量(年报)
国农年综 15 表　主要牧畜年末存栏情况(年报)
国农年综 16 表　水产品总产量和养殖面积(年报)
国农年综 17 表　淡水产品产量(年报)
国农年综 18 表　淡水养殖面积和产量(年报)
国农年综 19 表　海水养殖面积和产量(年报)
国农年综 20 表　海洋捕捞产品产量(年报)
国农年综 21 表　农村自然灾害情况(年报)
国农年综 22 表　公报指标(农业部分)(年报)
国农定综 01 表　农作物播种面积(季节报)
国农定综 02 表　农作物产量(季节报)
国农定综 03 表　牲畜生产情况(季节报)
国农定综 04 表　大中城市肉、蛋、奶、菜产销情况(半年报)

县、市或省计算的统计综合报表

国农村年综 01 表　现价农村社会总产值(年报)
国农村年综 02 表　农业总产值(年报)
国农村年综 03 表　农业总产值计算表(年报)
国农村年综 04 表　农业商品产值(年报)
国农村年综 05 表　农业增产值(年报)
国农村年综 06 表　农业净产值(年报)
国农村年综 07 表　农业物质消耗分项目计算表(年报)
国农村年综 08 表　农业物质消耗分部门计算表(年报)
国农村年综 09 表　农村经济收入分配和效益(年报)
国农村年综 10 表　农村固定资产结构(年报)
国农村年综 11 表　县(市)农村社会经济卡片(年报)
国农村年综 12 表　沿海开放县和农副产品出口生产基地县农村社会经济卡片(年报)
国农村年综 13 表　牧业和半牧业(旗)农村社会经济卡片(年报)

农产量抽样

国农产定综 01 表　全年农作物播种面积安排调查表(季节报)
国农产定综 02 表　秋冬播农作物种植安排调查表(季节报)
国农产定综 03 表　夏收、早稻、秋收粮食实测产量(季节报)
国农产定综 04 表　夏收、早稻、秋收粮食实测作物情况(季节报)
国农产定综 05 表　夏收、早稻、秋收粮食作物生产情况调查表(季节报)
国农产定综 06 表　全年粮食、棉花、油料、糖料预测产量(季节报)
国农产年综 01 表　全年实测粮食产量(年报)

农村住户调查

国农户年综 01 表　农村住户基本情况(年报)
国农户年综 02 表　农村住户种植、林业、动物饲养业生产情况(年报)
国农户年综 03 表　农村住户出售产品情况(年报)
国农户年综 04 表　农村住户粮食收支平衡表(年报)
国农户年综 05 表　农村住户总收入和纯收入(年报)
国农户年综 06 表　农村住户总支出(年报)
国农户年综 07 表　农村住户现金收支平衡表(年报)
国农户年综 08 表　农村住户购买商品情况(年报)
国农户年综 09 表　农村住户主要实物消费量和耐用物品拥有量(年报)
国农户年综 10 表　农村主要指标预计表(年报)
国农户年综 11 表　农村住户公报指标(年报)
国农户定综 01 表　农村住户住户现金收支平衡表(季报)
国农户定综 02 表　农村现金收支预计(季报)
国农户定综 03 表　农村住户出售产品情况(季报)
国农户定综 04 表　农村住户购买商品情况(季报)
国农户年基 01 表　农村住户基本情况(年报)
国农户年基 02 表　农村住户种植、林业、动物饲养业生产情况(年报)
国农户年基 03 表　农村住户出售产品情况(年报)
国农户年基 04 表　农村住户粮食收支平衡表(年报)
国农户年基 05 表　农村住户总收入和纯收入(年报)
国农户年基 06 表　农村住户总支出(年报)
国农户年基 07 表　农村住户现金收支平衡表(年报)
国农户年基 08 表　农村住户购买商品情况(年报)
国农户年基 09 表　农村住户主要实物消费量和耐用物品拥有量(年报)
国农户年基 10 表　农村住户主要指标预计表(年报)
国农户年基 11 表　农村住户公报指标(年报)
国农户年基 12 表　农村住户基本情况分户卡片(年报)
国农户定基 01 表　农村住户现金收支平衡(季报)
国农户定基 02 表　农村住户出售产品情况(季报)
国农户定基 03 表　农村住户购买商品情况(季报)

农经基本情况

国农经年基 01 表　农村劳动力素质情况(年报)
国农经年综 02 表　农村劳动力转移情况(年报)
国农经年综 03 表　农村集体固定资金拥有及建设情况(年报)
国农经年综 04 表　农村集体生产资金情况(年报)
国农经年综 05 表　农村一、二、三产业发展情况乡村企业(年报)
国农经年综 06 表　农村一、二、三产业发展情况村以下企业(年报)
国农经年综 07 表　调查乡基本情况卡片(年报)
国农经定基 01 表　农村固定资产投资统计表(半年报)
国农经年综 01 表　农户固定资产拥有及建设情况(年报)
国农经年基 02 表　农户生产资金情况(年报)
国农经年基 03 表　农村一、二、三产业发展情况乡村企业(年报)
国农经年基 04 表　农村一、二、三产业发展情况村以下企业(年报)
国农经年基 05 表　调查乡基本情况卡片(年报)

工　业

国工年综 01 表　全部乡及乡以上工业企业和生产单位数及工业总产值(年报)
国工年综 02 表　全部全民所有制独立核算工业企业主要经济指标(年报)
国工年综 03 表　全部乡及乡以上集体所有制独立核算工业企业主要经济指标(年报)
国工年综 04 表　全部其他经济类型独立核算工业企业主要经济指标(年报)
国工年综 05 表　全部乡及乡以上独立核算工业企业主要经济指标(年报)
国工年综 06 表　全部独立核算乡办工业企业主要经济指标(年报)
国工年综 07 表　全部乡及乡以上独立核算工业企业按总产值分组主要指标(年报)
国工年综 08 表　全部乡及乡以上独立核算工业企业按固定资产原值分组主要指标(年报)
国工年综 09 表　全部乡及乡以上独立核算工业企业按利税总额分组主要指标(年报)
国工年综 10 表　全部乡及乡以上独立核算工业企业按职工人数分组主要指标(年报)
国工年综 11 表　全部工业企业和生产单位数及工业总产值(年报)
国工年综 12 表　工业企业主要工业产品产量(年报)
国工年综 13 表　村办工业企业主要指标(年报)
国工年综 14 表　城乡合作经营工业、城乡个体工业主要指标(年报)
国工年综 15 表　主要技术经济指标(年报)
国工年综 16 表　主要工业产品生产能力(年报)
国工年综 17 表　主要工业产品单位成本(年报)
国工年综 18 表　主要专业生产设备(已安装数)(5 年报 2 次)
国工年综 19 表　全部金属切削机床及锻压设备拥有量(5 年报 2 次)
国工年综 20 表　分行业金属切削机床及锻压设备拥有量(5 年报 2 次)
国工年综 21 表　动力设备(5 年报 2 次)
国工定综 01 表　工业生产、销售总量及主要产品产量(月报)
国工定综 02 表　分行业工业总产值(3、6、9、11 月报)
国工定综 03 表　独立核算工业企业主要经济指标(月报)
国工定综 04 表　主要工业产成品(实物量)库存(季报)
国工定综 05 表　农村乡村办工业企业总产值(1～6 月报 1～9 月报)
国工定综 06 表　重点工业企业主要技术经济指标(月报)
国工年基 01 表　工业企业(单位)基本情况(年报)
国工年基 02 表　独立核算大中型工业企业年报基层表(机器汇总用)(年报)
国工年基 03 表　独立核算小型全民所有制工业企业年报基层表(机器汇总用)(年报)
国工年基 04 表　独立核算小型集体所有制和其他经济类型工业企业年报基层表(机器汇总用)(年报)
国工年基 05 表　非独立核算工业生产单位和工业总产值(机器汇总用)(年报)
国工年基 06 表　主要工业产品产量(年报)
国工年基 07 表　主要技术经济指标(年报)
国工年基 08 表　主要工业产品生产能力(年报)
国工年基 09 表　主要工业产品单位成本(年报)
国工年基 10 表　主要专业生产设备(已安装数)(5 年报 2 次)
国工年基 11 表　金属切削机床及锻压设备(5 年报 2 次)
国工年基 12 表　动力设备(已安装数)(5 年报 2 次)
国工年基 13 表　大中型工业企业实物量指标(卡片)(年报)
国工年基 14 表　重点联合工业企业主要指标(年报)
国工年基 15 表　外资和华侨港澳投资经营企业(工业企业)
外资统基 1 表　基本情况(卡片)(年报)
国工定基 01 表　工业生产、销售总量及主要产品产量(月报)
国工定基 02 表　独立核算工业企业主要经济指标(月报)
国工定基 03 表　主要技术经济指标(月报)
国工定基 04 表　“双保”重点骨干企业生产经营情况检测表(月报、季报)

能　源

国能年综 01 表　地区能源平衡表(实物量)(年报)
国能年综 02 表　地区能源平衡表(标准量)(年报)
国能年综 03 表　工业、交通运输和邮电通讯业分行业能源消费量(实物量)(年报)
国能年综 04 表　工业、交通运输和邮电通讯业分行业能源消费量(标准量)(年报)
国能年综 05 表　工业企业能源加工转换情况(年报)
国能年综 06 表　能源加工转换企业基本情况表(年报)
国能定综 01 表　重点工业企业能源消费报表(季报)
国能定综 02 表　重点交通运输企业能源消费报表(季报)
国能定综 03 表　地区工业部门节能量(电讯季报)
国能定综 04 表　工业企业能源加工转换情况(季报)
国能定综 05 表　主要工业产品单位产量综合能耗报表(季报)
国能年基 01 表　工业企业能源加工转换情况(年报)
国能定基 01 表　重点工业企业能源消费报表(季报)
国能定基 02 表　重点交通运输企业能源消费报表(季报)
国能定基 03 表　工业企业能源加工转换情况(季报)
国能定基 04 表　主要工业产品单位产量综合能耗报表(季报)

运输邮电

国交年综 01 表　民用车辆拥有量(年报)
国交年综 02 表　民用运输船舶拥有量(年报)
国交年综 03 表　全社会客货运输(吞吐量)(年报)
国交年综 04 表　独立核算运输、邮电单位产值(年报)
国交年综 05 表　运输邮电业基本建设投资额(年报)
国交年综 06 表　运输邮电企业产值指标(年报)
国交年综 07 表　铁路线路里程(年报)
国交年综 08 表　营业铁路基本情况(年报)
国交年综 09 表　铁路机车实有数(年报)
国交年综 10 表　铁路客货车站实有数(年报)
国交年综 11 表　分地区客货发运量及周转量(年报)
国交年综 12 表　铁路货物运输量(按货分类)(年报)
国交年综 13 表　铁路主要干线客货运输量(年报)
国交年综 14 表　铁路主要站旅客发送量(年报)
国交年综 15 表　铁路主要站货物发送量(年报)
国交年综 16 表　行政区域间货物交流(年报)

国交年综 17 表 铁路平均每日装车数及净载量(年报)
国交年综 18 表 铁路运输集装箱货物运输量(年报)
国交年综 19 表 铁路运输主要技术经济指标(年报)
国交年综 20 表 地方铁路运营情况(年报)
国交年综 21 表 铁路运输财务收支情况(年报)
国交年综 22 表 公路线路里程(年报)
国交年综 23 表 全国民用机动车年末拥有量(年报)
国交年综 24 表 全国公路机动车私人拥有量(年报)
国交年综 25 表 公路部门营运机动车(年报)
国交年综 26 表 公路部门旅客运输量(年报)
国交年综 27 表 公路部门货物运输量(年报)
国交年综 28 表 公路运输主要技术经济指标(年报)
国交年综 29 表 国营公路运输企业主要财务成本指标(年报)
国交年综 30 表 交通运输部门集装箱货物运输量(年报)
国交年综 31 表 内河航道里程(年报)
国交年综 32 表 民用运输船舶拥有量(年报)
国交年综 33 表 水运部门机动运输船拥有量(年报)
国交年综 34 表 水运部门客货运输量(年报)
国交年综 35 表 分地区水运部门客货运输量(年报)
国交年综 36 表 公路水运分货类运输量(年报)
国交年综 37 表 水运主要技术经济指标(年报)
国交年综 38 表 直属水运企业主要财务成本指标(年报)
国交年综 39 表 沿海主要港口码头泊位数(年报)
国交年综 40 表 长江港口码头基本情况(年报)
国交年综 41 表 沿海主要港口吞吐量(年报)
国交年综 42 表 长江沿海主要港口分货类吞吐量(年报)
国交年综 43 表 沿海主要港口船舶在港停泊时间(年报)
国交年综 44 表 民用航空航线及飞机年末数(年报)
国交年综 45 表 民航航空主要机型运用情况(年报)
国交年综 46 表 民航运输生产及专业飞行指标(年报)
国交年综 47 表 民用航空主要财务成本指标(年报)
国交年综 48 表 输油、输气管道基本情况(年报)
国交年综 49 表 管道运输主要财务成本指标(年报)
国交年综 50 表 非交通单位民用载货汽车抽样调查总体推算表(年报)
国交年基 01 表 独立核算公路、水路运输企业基本情况报表(年报)
国交年基 02 表 非交通系统民用载货汽车抽样调查登记表(年报)
国交定综 01 表 铁路运输生产主要指标(月报)
国交定综 02 表 分品类铁路货运量及平均每日装车数(月报)
国交定综 03 表 港航企业运输生产主要指标(月报)
国交定综 04 表 民用航空运输生产主要指标(月报)
国交定综 05 表 铁路各路局生产完成情况(月报)
国交定综 06 表 公路水运部门运输生产完成情况(月报)
国交定综 07 表 公路水运部门运输生产完成情况(分地区)(月报)
国交定综 08 表 管道运输生产完成情况(月报)
国邮年综 01 表 邮电通信企业基本情况(年报)
国邮年综 02 表 邮电局所及邮电线路(年报)
国邮年综 03 表 邮政主要设备及长途电信线路(年报)
国邮年综 04 表 电信主要设备(年报)
国邮年综 05 表 邮电业务量(年报)
国邮年综 06 表 邮电通信服务水平(年报)
国邮年综 07 表 邮电通信质量(年报)
国邮年综 08 表 邮电通信企业主要财务指标(年报)
国邮定综 01 表 邮电业务量完成情况(月报)

商　　业

国商年综 01 表 社会商业商品购、销、存总额(年报)
国商年综 02 表 社会商业商品购、销、存数量(年报)
国商年综 03 表 社会商品零售总额(年报)
国商年综 04 表 社会消费品分类零售额及主要消费品零售量(年报)
国商年综 05 表 社会商品购买力总表(年报)
国商年综 06 表 非农业居民货币收支平衡表(年报)
国商年综 07 表 农业居民货币收支平衡表(年报)
国商年综 08 表 主要消费品生产与消费平衡表(年报)
国商年综 09 表 社会农副产品收购总额和收购量(年报)
国商年综 10 表 工业部门对集体、个体商业商品销售和零售(年报)
国商年综 11 表 全民所有制商业和供销合作社经济效益主要指标(年报)
国商年综 12 表 重点城市全民所有制商业和供销合作社经济效益主要指标(年报)
国商年综 13 表 商业机构、人员(年报)
国商年综 14 表 商业零售机构、人员(年报)
国商年综 15 表 饮食业、服务业机构、人员(年报)
国商年综 16 表 商业、饮食业、居民服务业经营情况(甲表)(年报)
国商年综 17 表 商业、饮食业、居民服务业经营情况(乙表)(年报)
国商定综 01 表 社会商业商品购、销、存总额(电讯月报)
国商定综 02 表 社会商业商品购、销、存数量(电讯月报)
国商定综 03 表 社会商品零售总额(电讯月报)
国商定综 04 表 全民所有制商业和供销合作社商品购、销、存总额(电讯月报)
国商定综 05 表 全民所有制商业和供销合作社商品购、销、存数量(电讯月报)
国商定综 06 表 工业部门对集体、个体商业商品销售和零售(月报)
国商定综 07 表 社会商品购买力(半年报)
国商定综 08 表 全民所有制商业和供销合作社经济效益主要指标(季报)
国商定综 09 表 重点城市全民所有制商业和供销合作社经济效益主要指标(季报)
国商定综 10 表 重点城市社会集团消费品分类零售额(季报)
国商定基 01 表 重点零售商店主要经济指标(月报)

物　　资

国物年综 01 表 产品销售与库存(年报)
国物年综 02 表 主要轻工产品销售与库存(年报)
国物年综 03 表 供货合同执行情况(年报)
国物年综 04 表 产品销售与库存总值(年报)
国物年综 05 表 全民所有制单位物资消费与库存(年报)
国物年综 06 表 全民所有制单位原材料消费与库存(年报)
国物年综 07 表 全民所有制单位能源消费与库存(年报)
国物年综 08 表 中央部全民所有制单位物资消费与库存(年报)

国物年综 09 表　集体所有制单位物资消费与库存(年报)
国物年综 10 表　集体所有制单位原材料消费与库存(年报)
国物年综 11 表　集体所有制单位能源消费与库存(年报)
国物年综 12 表　生产用主要物资使用方向(年报)
国物年综 13 表　生产用主要原材料按国民经济行业分组消费量(年报)
国物年综 14 表　生产用主要能源按国民经济行业分组消费量(年报)
国物年综 15 表　物资消费与库存总值(年报)
国物年综 16 表　新机电设备(产品)库存情况(年报)
国物年综 17 表　新机电设备(产品)使用情况(年报)
国物年综 18 表　供销机构物资购、销、存总值(年报)
国物定综 01 表　产品销售与库存(月报、季报)
国物定综 02 表　主要轻工产品销售与库存(季报)
国物定综 03 表　供货合同执行情况(季报)
国物定综 04 表　产品销售与库存总值(季报)
国物定综 05 表　全民所有制单位主要物资消费与库存(月报)
国物定综 06 表　中央部全民所有制单位主要物资消费与库存(月报)
国物定综 07 表　中央部全民所有制单位物资消费与库存(季报)
国物定综 08 表　集体所有制单位主要物资消费与库存(半年报)
国物定综 09 表　新机电设备(产品)库存情况(半年报)
国物定综 10 表　新机电设备(产品)使用情况(半年报)
国物定综 11 表　供销机构物资购、销、存总值(季报)

国际收支

国际年综 01 表　国际收支平衡表(年报)
国际年综 02 表　全国进出口货物总值表(年报)
国际年综 03 表　中国银行国外资金收支表(年报)
国际年综 04 表　国家外汇(部分项目)收支表(年报)
国际年综 05 表　我国对外运输费用收支表(年报)
国际年综 06 表　我国对外保险收支表(年报)
国际年综 07 表　进口商品远期付款表(年报)
国际年综 08 表　出口商品远期收款表(年报)
国际年综 09 表　无偿援助(现汇和技术、劳务)表(年报)
国际年综 10 表　我国在外国和港澳地区直接投资表(年报)
国际年综 11 表　我国在海外证券投资情况表(年报)
国际年综 12 表　我国对外援助性贷款执行情况表(年报)
国际年综 13 表　借用国外资金债务余额表(年报)
国际年综 14 表　商品贷款及其他应付款余额表(年报)
国际年综 15 表　外国和港澳地区在华直接投资表(年报)
国际定综 01 表　国际收支平衡表(季报)
国际定综 02 表　全国进出口货物总值表(季报)
国际定综 03 表　中国银行国外资金收支表(季报)
国际定综 04 表　国家外汇(部分项目)收支表(季报)
国际定综 05 表　我国对外运输费用收支表(季报)
国际定综 06 表　我国对外保险收支表(季报)
国际定综 07 表　进口商品远期付款表(季报)
国际定综 08 表　出口商品远期收款表(季报)
国际定综 09 表　无偿援助(现汇和技术、劳务)表(季报)
国际定综 10 表　我国在外国和港澳地区直接投资表(季报)
国际定综 11 表　我国在海外证券投资情况表(季报)
国际定综 12 表　我国对外援助性贷款执行情况表(季报)
国际定综 13 表　借用国外资金债务余额表(月报)
国际定综 14 表　商品贷款及其他应付款余额表(月报)
国际定综 15 表　外国和港澳地区在华直接投资表(月报)
国旅定综 06 表　旅游外汇净收入表(月报)

对外经济贸易

国贸年综 01 表　借用国外资金统计表(年报)
国贸年综 02 表　外国和港澳台地区在华直接投资统计表(年报)
国贸年综 03 表　外商其他投资统计表(年报)
国贸年综 04 表　我国在外国和港澳地区直接投资统计表(年报)
国贸年综 05 表　进出口贸易统计表(年报)
国贸定综 01 表　借用国外资金统计表(月报)
国贸定综 02 表　外国和港澳台地区在华直接投资统计表(月报)
国贸定综 03 表　外商其他投资统计表(季报)
国贸定综 04 表　我国在外国和港澳地区直接投资统计表(半年报)
国贸定综 05 表　进出口贸易统计表(季报)

海　关

国关年综 01 表　全国进出口货物总值(年报)
国关年综 02 表　全国进出口货物分类总值(年报)
国关年综 03 表　全国进出口货物分产销国别(地区)总值(年报)
国关年综 04 表　全国各经营单位进出口货物总值(年报)
国关年综 05 表　全国进出口货物分贸易方式总值(年报)
国关定综 01 表　全国进出口货物总值(月报)
国关定综 02 表　全国进出口货物分类总值(月报)
国关定综 03 表　全国进出口货物分产销国别(地区)总值(月报)
国关定综 04 表　全国各经营单位进出口货物总值(月报)
国关定综 05 表　全国进出口货物分贸易方式总值(月报)
国关定综 06 表　全国主要进出口货物数量和金额(月报)

旅　游

国旅定综 01 表　来华旅游人员入境情况表(月报)
国旅定综 02 表　来华外国旅游者入境情况表(月报)
国旅定综 03 表　旅行社接待过夜旅行者人数表(月报)
国旅定综 04 表　重点城市接待过夜旅游者人数表(月报)
国旅定综 05 表　接待外国过夜旅游者情况表(月报)
国旅定综 06 表　旅游外汇收入表(月报)
国旅定综 07 表　旅游部门经营情况表(季报)

建筑业

国建年综 01 表　建筑业生产完成情况(年报)
国建年综 02 表　施工产值构成表(年报)
国建年综 03 表　建筑业净产值和增加值(年报)
国建年综 04 表　工程质量及工期情况(年报)
国建年综 05 表　主要施工机械设备实有、完好情况(年报)
国建年综 06 表　建筑业技术装备情况(年报)
国建年综 07 表　财务成本情况(年报)
国建年综 08 表　工程成本构成(年报)
国建年综 09 表　固定资产和流动资金情况(年报)
国建年综 10 表　产品销售收入、劳务收入(年报)
国建年综 11 表　承包责任制推行情况(年报)
国建定综 01 表　建筑业生产完成情况(季报、半年报)
国建定综 02 表　承包责任制推行情况(季报、半年报)

国建定综 03 表 工程质量情况(半年报)
国建定综 04 表 财务成本情况(半年报)
国建年基 01 表 建筑业(施工部分)统计基层表标准表式(年报)
国建定基 01 表 建筑安装企业、自营施工单位生产情况(季报)
国建定基 02 表 职工人数及劳动生产率(季报)
国建定基 03 表 工程质量(季报)
国建定基 04 表 固定资产和流动资金(季报)
国建定基 05 表 财务成本(季报)
国建定基 06 表 工程成本构成(季报)
国建定基 07 表 承包责任制推行情况(季报)
国建定基 08 表 投标承包责任制效益情况(季报)

固定资产投资

国固年综 01 表 基本建设规模及新增生产能力(或工程效益)(年报)
国固年综 02 表 基本建设本年新增生产能力(或工程效益)(年报)
国固年综 03 表 更新改造建设规模及新增工程效益(年报)
国固年综 04 表 其他固定资产投资建设规模及新增生产能力(或工程效益)(年报)
国固年综 05 表 国防、人防基本建设完成情况(年报)
国固年综 07 表 基本建设大中型项目一览表(年报)
国固年综 08 表 限额以上更新改造项目一览表(年报)
国固年综 09 表 城镇和工矿区私人建房情况(年报)
国固定综 01 表 国防、人防基本建设完成情况(月报)
国固定综 03 表 基本建设投资统计表(月报)
国固定综 04 表 基本建设财务拨款情况(月报)
国固定综 05 表 投资完成额按资金来源分(月报)
国固定综 06 表 本月新开工及复工 100 万元以上基本建设、更新改造项目一览表(月报)
国固定综 07 表 更新改造投资统计表(月报)
国固定综 08 表 更新改造财务拨款情况(月报)
国固定综 09 表 投资完成额按资金来源分(月报)
国固定综 10 表 商品房建设投资统计表(月报)
国固定综 11 表 基本建设大中型项目一览表(季报)
国固定综 12 表 限额以上更新改造项目一览表(季报)
国固定综 13 表 其他固定资产投资统计表(月报)
国固定综 14 表 城镇和工矿区私人建房情况(半年报)
国固定综 15 表 城镇集体固定资产投资统计表(半年报)
国固年基 01 表 固定资产投资统计基层表标准表式(年报)
国固年基 02 表 固定资产投资完成情况一览表(年报)
国固年基 03 表 基本建设投资完成情况(年报)
国固年基 04 表 投资效果主要指标(年报)
国固年基 05 表 主要单项工程建设和生产情况(年报)
国固年基 06 表 按计划资金管理部门分的资金来源统计基层表标准表式(年报)
国固定基 01 表 固定资产投资统计表(月报、半年报)
国固定基 02 表 财务拨款统计表(月报)

劳动工资

国劳年综 01 表 全部职工人数和工资(年报)
国劳年综 02 表 全部职工人数和工资表补充资料(年报)
国劳年综 03 表 单位用工情况(年报)
国劳年综 04 表 单位用工情况表补充资料(年报)
国劳年综 05 表 工业全部职工人数和工资(年报)
国劳年综 06 表 全民所有制单位固定职工和合同制职工增加来源和减少去向变动情况(年报)
国劳年综 07 表 城镇集体所有制单位全部职工增加来源和减少去向变动情况(年报)
国劳年综 08 表 全部职工工资总额构成情况(年报)
国劳年综 09 表 全部职工工资总额构成情况表补充资料(年报)
国劳年综 10 表 城镇私营企业从业人员和个体劳动者人数(年报)
国劳年综 11 表 全民所有制单位按职工工资水平分组的职工人数(年报)
国劳年综 12 表 各类人员工资总额情况(年报)
国劳年综 13 表 城乡劳动力资源与分配平衡表(年报)
国劳定综 01 表 全民所有制单位全部职工人数和工资〔月(季)报〕
国劳定综 02 表 全民所有制单位固定职工和合同制职工增加来源和减少去向变动情况(第三季度报)
国劳定综 03 表 城镇集体所有制、其他各种所有制单位全部职工人数和工资〔月(季)报〕
国劳定综 04 表 城镇私营企业从业人员和个体劳动者人数(年报)
国劳年基 01 表 全部职工人数和工资(年报)
国劳年基 02 表 全部职工人数和工资表补充资料(年报)
国劳年基 03 表 全部职工的分类情况(年报)
国劳年基 04 表 固定职工和合同制职工增加来源和减少去向变动情况(年报)
国劳年基 05 表 全部职工工资总额构成情况(年报)
国劳年基 06 表 全部职工奖金构成情况(年报)
国劳年基 07 表 全部职工津贴和补贴构成情况(年报)
国劳定基 01 表 全部职工人数和工资(月报)
国劳定基 02 表 固定职工和合同制职工增加来源和减少去向变动情况(第三季报)

科　技

国科年综 01 表 科技活动统计年快报(年报)
国科年综 02 表 从事科技活动人员统计表(年报)
国科年综 03 表 科技活动经费筹集与使用统计表(年报)
国科年综 04 表 科技活动课题(项目)统计表(年报)
国科年综 05 表 科技成果与著作统计表(年报)
国科年综 06 表 科技活动机构概况(年报)
国技年基 01 表 企业概况(年报)
国技年基 02 表 新产品情况(年报)
国技年基 03 表 企业办技术开发机构情况(年报)
国技年基 04 表 企业从事技术开发人员构成情况(年报)
国技年基 05 表 企业技术开发经费总额(年报)
国技年基 06 表 技术开发项目情况(年报)

物　价

国价年综 01 表 省、自治区、直辖市生活费用价格总指数和零售物价总指数(年报)
国价年综 02 表 省、自治区、直辖市全社会生活费用价格指数和零售物价指数(年报)
国价年综 03 表 省、自治区、直辖市按国营商业价格计算的生活费用价格指数和零售物价指数(年报)
国价年综 04 表 市、县全社会综合平均价格和国营商业综合平均价格计算表(年报)

国价年综05表 市、县全社会职工生活费用价格指数和零售物价指数(年报)
国价年综06表 市、县全社会鲜菜零售价格指数计算表(年报)
国价年综07表 市、县按国营商业价格计算的职工生活费用价格指数和零售物价指数(年报)
国价年综08表 市、县国营商业鲜菜零售价格指数计算表(年报)
国价年综09表 县农民生活费用价格指数和农村零售物价指数(年报)
国价年综10表 省、自治区、直辖市集市贸易价格指数(年报)
国价年综11表 市、县集市贸易价格指数(年报)
国价年综12表 省、自治区、直辖市农产品与工业品交换的综合比价指数(年报)
国价年综13表 省、自治区、直辖市农副产品收购价格指数(年报)
国价年综14表 省、自治区、直辖市农产品与工业品单项比价(年报)
国价年综15表 省、自治区、直辖市主要商品零售混合平均价格(年报)
国价年综16表 省、自治区、直辖市主要农副产品收购混合平均价格(年报)
国价年综17表 城镇职工基本生活费用价格指数(年报)
国价年综18表 建筑业产值价格指数(年报)
国价年综19表 建筑业产值中主要材料费用价格指数(年报)
国价年综18表 固定资产投资价格指数(年报)
国价年综19表 建筑安装工程价格指数(年报)
国价年综20表 建筑安装工程价格指数(年报)
国价年综21表 建筑业产值中主要材料费用价格指数(年报)
国价年综22表 主要标准设备、工器具购进价格调查表(年报)
国价定综01表 省、自治区、直辖市全社会生活费用价格指数和零售物价指数(月报)
国价定综02表 省、自治区、直辖市按国营商业价格计算的生活费用价格指数和零售物价指数(月报)
国价定综03表 市、县全社会综合平均价格和国营商业综合平均价格计算表(月报)
国价定综04表 市、县全社会职工生活费用价格指数和零售物价指数(月报)
国价定综05表 市、县全社会鲜菜零售价格指数计算表(月报)
国价定综06表 市、县按国营商业价格计算的职工生活费用价格指数和零售物价指数(月报)
国价定综07表 市、县国营商业鲜菜零售价格指数计算表(月报)
国价定综08表 县农民生活费用价格指数和农村零售物价指数(月报)
国价定综09表 省、自治区、直辖市集市贸易价格指数(月报)
国价定综10表 市、县集市贸易价格指数(月报)
国价定综11表 省、自治区、直辖市农副产品收购价格指数(半年报)
国价定综12表 城镇职工基本生活费用价格指数(月报)
国价定综13表 省、自治区全社会生活费用价格指数和零售物价指数(月报)
国价定综14表 市全社会职工生活费用价格指数和零售物价指数(月报)
国价定综15表 市全社会职工生活费用价格指数和零售物价指数(月报)
国价定综16表 主要工业产品出厂价格指数(3、5、8、11月报)
国价定综17表 主要原材料、燃料、动力购进价格指数(3、5、8、11月报)
国价年基01表 建筑业产值汇总表(年报)
国价年基02表 材料费价格指数表(年报)
国价年基03表 材料费价格指数表(年报)
国价年基04表 人工费价格指数表(年报)
国价年基05表 直接费价格指数表(年报)
国价年基06表 间接费费率指数表(年报)
国价年基07表 建筑业产值价格指数表(年报)
国价定基01表 主要工业产品出厂价格(3、5、8、11月报)
国价定基02表 主要原材料、燃料、动力购进价格(3、5、8、11月报)

城市住户调查

国城户年综01表 城市住户基本情况调查表(年报)
国城户年综02表 城市住户现金收支调查表(年报)
国城户年综03表 城市住户消费支出调查表(年报)
国城户年综04表 城市住户居住情况表(年报)
国城户年综05表 城市不同收入水平的居民家庭综合调查表(年报)
国城户年综06表 城市住户实物收入调查表(年报)
国城户年综07表 城市住户调查主要指标调查表(年报)
国城户定综01表 城市住户基本情况调查表(季报)
国城户定综02表 城市住户现金收支调查表(季报)
国城户定综03表 城市住户消费支出调查表(季报)
国城户定综05表 城市不同收入水平的居民家庭综合调查表(季报)
国城户定综06表 城市住户实物收入调查表(季报)
国城户定综07表 城市住户调查主要指标调查表(月报)
国城户年基01表 城市住户情况调查表(年报)
国城户年基02表 城市住户现金收支调查表(年报)
国城户年基03表 城市住户消费支出调查表(年报)
国城户年基04表 居民家庭成员基本情况一览表(年报)
国城户定基01表 城市住户基本情况调查表(半年报)
国城户定基02表 城市住户现金收支调查表(半年报)
国城户定基03表 城市住户消费支出调查表(半年报)
国城户定基04表 居民家庭成员基本情况一览表(半年报)

城市基本情况

国市年综01表 城市基本情况统计表(年报)
国市年综02表 城市综合经济指标统计表(年报)
国市定综01表 沿海开放地区城市主要经济指标统计表(季报)

1991年统计年报和1992年定期统计报表制度修订的主要内容

农业统计

(一)根据建立农村基层统计一套表的要求，将现行农业统计报表制度和农村经济综合统计报表制度改为农村统计一套表制度，布置全国执行。内容包括：1. 乡镇调查统计报表(即原农业统计报表制度)，采取与有关部门“联合制定，统一表式，分工合作”的办法布置实施。2. 县、市或省计算统计综合报表(即原农村经济综合统计报表制度)，仍由国家统计局下达。这两部分报表制度的指标解释、编码和微机操作程序由国家统计局统一制定。3. 属于农村统计一套表内容，但暂不具备条件纳入制度的报表，作为参考表式，供各地参照执行。

(二)为理顺政府统计部门与部门统计之间的关系，消除重复矛盾，减轻基层负担，与农业、水利、民政等部门联合制发有关报表，按照现行报表报送渠道，由县级共同审核，分别上报。

1. 将“渔业生产情况”(国农年综15表)改为与农业部联合制发“水产品总产量和养殖面积”、“淡水产品产量”、“淡水养殖面积和产量”、“海水养殖面积和产量”及“海洋捕捞产品产量”等统计报表。

2. 将“农村电气化和农业化学化情况”(国农年综06表)中的乡办、村和村以下“水电站个数”和“发电能力”等四个指标改为乡村及村以下小水电站处数、装机容量和发电量等三个指标，与水利部联合布置。

3. 为全面反映农村自然灾害情况，与民政部联合制发“农村自然灾害情况”统计报表。

4. 与林业部联合制发的“林业生产情况”(国农年综12表)统计报表，在村及村以下合作组织和农民“木材采伐量”指标项下增列“培殖业用材采伐量”和“其他用材采伐量”等指标。在营林情况项下增列“当年造林作业面积合计”及细分组指标。

5. 对畜牧业统计报表和全年农作物预计产量表中的目录进行了个别调整。

(三)根据建立国民经济核算体系的要求，将农业增加值统计内容纳入农村经济综合统计报表制度。农业增加值由省、自治区、直辖市统计局根据有关部门业务资料和农村住户调查资料计算。

(四)将“农村基层组织情况”(国农年综01表)改为“农村基层组织情况”和“农村劳动力资源及实有劳动力构成情况”两张表，并增加乡镇、村级干部人数和农村劳动力资源等指标。

(五)统一贯彻执行国家法定计量单位及各种分类标准。

1. 将现行土地、耕地、种植面积及单位面积产量等的计量单位由“亩”改为按“亩”与“公顷”复合单位进行统计。

2. 根据《全国工农业产品(商品、物资)分类与代码》国家标准，统一有关农业产品和农机的名称和计量单位。

农村抽样调查

为提高农村抽样调查资料的时效性，在农产量抽样调查中，建立夏粮、早稻和秋季粮食产量预测制度；对“农村住户现金收支平衡季报”(国农户定综01表)、“农村住户出售产品情况季报”(国农户定综03表)和“农村住户购买商品情况季报”(国农户定综04表)，采取错综的办法，将报告期提前一个月，于季末月份的20日报送前三个月的资料。

工业统计

(一)为了加强和完善经济效益统计及满足计算工业增加值的需要，根据会计制度变动，对“独立核算大中型工业企业年报基层表”(国工年基02表)中的统计内容进行适当调整，增加有关企业收益分配、资产负债等方面的指标，精减合并了一些财务指标；对“工业净产值”季报(国工定基02表)内容相应进行了修改。有关综合报表也作了相应的调整。

(二)将“全民所有制独立核算大中型工业企业主要经济指标半年报”(国工定综08表)改为上报1—5月和1—11月份资料，上报时间为6月20日和12月20日前。

(三)根据《全国工农业产品(商品、物资)分类与代码》国家标准，统一有关工业产品的名称和计量单位，并根据经济管理的需要对工业产品目录进行了适当的调整。

(四)1991年年报综合表中，取消“非独立核算工业生产单位数和总产值”(国工年综07表)，将其中的部分指标合并到“全部乡及乡以上工业企业和生产单位数及工业总产值”(国工年综01表)中；取消“分月工业总产值”(国工年综23表)；停止报送“主要专业生产设备(已安装数)”(国工年综19表)、“全部金属切削机床及锻压设备拥有量”(国工年综20表)、“分行业金属切削机床及锻压设备拥有量”(国工年综21表)和“动力设备”(国工年综22表)四张报表。“外资和华侨港澳投资经营企业(工业企业)基本情况(卡片)”(国工年基15表、外资统基1表甲)继续免向国家统计局报送。1992年综合定期报表中，暂停报送“重点市工业企业主要经济指标”(国工定综04表)和“农村乡村办工业企业总产值”(国工定综06表)两张报表。

运输邮电统计

(一)为加强运输企业的统计，并适应计算运输业增加值的需要，将“非交通系统独立核算运输单位基层表”(国交年基01表)改为“独立核算公路运输企业基本情况报表”和“独立核算水路运输企业基本情况报表”，布置给独立核算运输企业填报。交通部系统内企业由交通部负责布置，各级交通部门负责汇总并向同级统计部门报送；非交通系统企业由各级统计局负责布置与汇总。各级统计局将交通部门汇总的系统内独立运输单位资料与统计系统汇总的非交通系统独立核算运输单位资料综合为全社会资料上报。

(二)根据邮电事业发展情况，扩充邮电统计的内容。增加“特快专递”、“邮政快件”、“长途直拨有权用户”、“寻呼电话”等指标，并在“市内电话总户数”中增加“其中：个体和私人”、“住宅电话用户”指标。

(三)五年进行一次的“铁路专用线和专用铁路”调查今年将进行。拟与铁道部联合发文共同布置。

（四）取消“重点城市交通运输企业经济效果指标”（国交定综01表）季报表。

能源统计

增加“主要工业产品单位产量综合能耗季报”（国能定综05表），布置年购入能源消费量1万吨以上工业企业填报，按季公布分地区27种主要工业产品的单位产量综合能耗降低情况。

固定资产投资统计

（一）为加强固定资产投资资金统计，将“固定资产投资统计基层表标准表式”（国固年基01表）中“财务拨款与支出”栏充实修改为“资金来源与运用”栏，系统地反映上年节余、本年资金来源、本年财务支出、年末节余的全面情况，表式另发。

（二）为了及时反映基本建设项目和更新改造项目资金落实情况，将统固字（1991）184号快速调查中的“各项应付款合计”、“其中：工程款”、“器材款”三项指标纳入“基本建设财务拨款情况”（国固定综04表）、“更新改造财务拨款情况”（国固定综08表）和“财务拨款统计表”（国固定基02表）。

（三）根据投资管理的有关规定，对以下计算方法问题作如下处理：

1. 投资方向调节税。从今年年报起，将投资方向调节税计入投资完成额，在按构成分的其他费用中列其中数，但不计入新增固定资产。

2. 国内贷款利息。国内贷款利息计入投资完成额，作为增加固定资产的费用。国内贷款利息是根据报告期内实际占有国内贷款、占有时间及利率所计算的应付利息。

3. 租赁固定资产的租金。融资租赁纳入固定资产投资统计，按当年发生租金计入投资额，到合同期满，一次计入新增固定资产。其余固定资产租赁不计入投资完成额。

4. 汇率。为反映投资实际情况，解决基层单位计算外资投资额使用的汇率不统一问题，从今年年报起在计算外资的投资额时，一律按收到外资时的汇率（浮动汇率）计算。

（四）“其他固定资产投资统计表”（国固年综13表）由季报改为月报，上报时间为月后七日前。

（五）取消建设银行报送的“建设银行几项主要基本建设贷款情况”（国固年综06表、国固定综02表）统计报表，但要按月向国家统计局提供“各种债券的发行额”和“各种债券的使用额”两项指标。

（六）为适应国家加强重点建设管理的需要，1992年拟建立“国家重点建设项目直接报告制度”，由各重点建设单位直接报送国家统计局，具体方案另行下达。

（七）为满足计划管理部门的需要，在投资年报基层表中增加“按计划资金管理部门分的资金来源”年报表（国固年基06表），按照“计划资金管理部门分类目录”填报，取消1990年年报制度中的“计划管理分类目录及代码”。

建筑业统计

（一）为适应建立新国民经济核算体系的需要，在今年统计年报中增加计算增加值所需要的部分统计指标。将“建筑业净产值”（国建年综03表）名称改为“建筑业净产值和增加值”表，增加“大修理基金”、“支付给非物质生产部门”、“支付给个人”、“支付给本企业”和“增加值”等指标。

（二）为准确地反映建筑业生产活动的总成果，调整建筑业总产值的计算范围，由原包括施工产值、建安附属生产产值、建安运输产值、其他产值四部分，修改为只包括施工产值、建安附属外销构件产值和建安附属勘察设计产值三部分。

（三）为完善建筑业财务统计和工程质量统计，将“固定资产和流动资金情况”（国建年综09表）年报表中的“期末流动资金占用额”改为“流动资金平均占用额”，将“大修理基金”改为“更新改造基金”；在“产品销售收入、劳务收入”（国建年综10表）中增加“拖欠工程款”指标；在“工程质量及工期情况”（国建年综04表）中，增加“一次交验合格的单位工程个数”和“一次交验合格的房屋建筑竣工面积”等指标。

（四）提前部分报表的上报时间。“建筑业生产完成情况”（国建定综01表）、“承包责任制推行情况”（国建定综02表），由季后12日提前到季后10日；城镇集体所有制“建筑业生产完成情况”（国建定综01表）半年报由8月10日提前到7月20日；“工程质量情况”（国建定综03表）、“财务成本情况”（国建定综04表）半年报由8月10日提前到7月31日。

（五）“主要施工机械设备实有、完好情况”（国建年综05表）年报表改为两年报送一次，今年年报免报。

商业统计

（一）调整表式，增加商品目录。“社会商业商品购、销、存总额”（国商年综01表）和“社会商业商品购、销、存数量”（国商年综02表）按国商定综01表和国商定综02表的格式进行调整。“社会商业商品购、销、存数量”（国商年综02表）的填报目录增加80余种，由省、自治区、直辖市统计局根据全民所有制商业和供销合作社系统的统计报表填报。

（二）增加“全民所有制商业和供销合作社商业购、销、存总额”（国商年综18表），表式同国商定综04表；增加“全民所有制商业和供销合作社商业购、销、存数量”（国商年综19表），表式同国商定综05表，商品目录同国商年综02表，均由有关部门于年后2月15日前报国家统计局。

（三）调整报告期别，提前报送时间。“社会商品购买力总表”（国商年综05表）、“非农业居民货币收支平衡表”（国商年综06表）、“农业居民货币收支平衡表”（国商年综07表）和“主要消费品生产与消费平衡表”（国商年综08表）等的上报时间，由年后四月底前，提到4月10日前。“全民所有制商业和供销合作社经济效益主要指标”（国商定综08表）和“重点城市全民所有制商业和供销合作社经济效益主要指标”（国商定综09表），由半年报改为季报，上报时间分别为季后35日、季后25日。“重点城市社会集团消费品分类零售额”（国商定综10表）由半年报改为季报，上报时间为季后10日。“重点零售商店主要经济指标”（国商定基01表），上报时间由月后10日提前到月后7日前。

（四）“商业、饮食业、居民服务业经营情况”（甲式、乙式）年报（国商年综16表、国商年综17表）继续免报，

物资统计

（一）取消“产品销售与库存总值”（国物定综04表）季报，将该表的主要内容合并到“产品销售与库存”（国物定综01表）季报中。“产品销售与库存”（国物定综01表）的填报目录同时作了调整。报送日期：省、自治区、直辖市统计局由季后25日提前到季后12日；重点市统计局由季后20日提前到季后10日（只填报目录中带※号的产品）；计划单列市统

计局根据省、自治区、直辖市统计局规定的日期，在报省、自治区、直辖市的同时，报国家统计局。

重点市填报的“重点市产品销售与库存”(国物定综02表)名称改为“主要轻工产品销售与库存”，表号不变，表式和填报目录根据新修订的“产品销售与库存”(国物定综01表)作相应的调整。取消重点市向国家统计局报送的“产品销售与库存总值”(国物年综04表)。

(二)为及时反映物资流通情况，“供销机构物资购、销、存总值”(国物定综11表)，省、自治区、直辖市的报送时间由季后25日提前到季后20日。1991年年报和1992年季报的报送方式由传真改为远程传输。

(三)“全民所有制单位主要物资消费与库存”(国物定综05表)拟进行必要的修订，修订方案另行下达。

旅游统计

为反映涉外饭店的经营情况，“旅游外汇收入表”(国旅定综06表)中，“本月”和“本年本月止累计”项下增加涉外饭店的分组。

劳动工资统计

(一)为了解各地区专业技术人员等工资情况，恢复并改进1988年统计制度中的“各类人员工资总额及收入情况”表(原劳年综4—4表)，由重点市选择若干工业、建筑业、商业、交通运输、科研、教育、卫生、国家机关等单位填报。为便于进行城乡劳动力资源与分配平衡统计，增加“单位用工情况表补充资料”(国劳年综04表)和“城镇私营企业人员和个体劳动者人数”(国劳定综04表)。

(二)调整部分报表的指标。对“全部职工人数和工资表补充资料”(国劳年综02表)、“全部职工工资总额构成情况表补充资料”(国劳年综09表)、“全民所有制单位固定职工和合同制职工增加来源和减少去向变动情况”(国劳年综06表、国劳定综02表)、“城乡劳动力资源与分配平衡表”(国劳年综13表)中的指标进行了调整。取消“全民所有制工业、建筑业全部职工分类情况补充资料”(原国劳年综06表)，将该表的内容分解到“全部职工人数和工资表补充资料”(国劳年综02表)和“工业全部职工人数和工资”(国劳年综05表)中。

(三)调整部分报表的分类目录。“全部职工人数和工资”(国劳年综01表)甲栏分组目录、“全民所有制单位固定职工和合同制职工增加来源和减少去向变动情况”(国劳年综06表、国劳定综02表)的宾栏分组，根据行业和经济类型及企业事业、机关划分的要求进行了调整。

(四)“全民所有制、城镇集体所有制工业、建筑业全部职工分类情况”(原国劳年综05表)和“全民所有制工业、建筑业职工年龄、工龄、文化程度和政治情况”(原国劳年综14表)今年停报。

人口统计

“人口变动情况抽样调查表”(国人年基01表)中，“迁入”和“迁出”项下增加“外省市镇”、“外省县”、“本省其他市镇”、“本省其他县”、“本市镇”、“本县”调查项目。

平衡统计

将国民收入和国民生产总值统计报表制度中的“按1980年可比价格计算”改为“按1990年可比价格计算”。将报告年度改为1991年，比较年度改为1990年。

科技统计

(一)统一制定全国科技统计年报制度。将国家科委、国家教委、国防科工委和国家统计局的现行科技统计制度，按照统一指标，统一分类，统一计算方法的原则，统一制定全国科技统计综合年报表，由四家分别制定基层表组织贯彻实施。国家科委、教委、国防科工委分别汇总本系统资料后报国家统计局；地方科委、教委在向上级主管部门报送科技年报资料的同时报送同级统计局；各省、自治区、直辖市统计局收集汇总本地区科技统计资料，并向国家统计局报送汇总资料。

(二)国家统计局会同国家计委、国家科委、财政部共同制定“科技攻关统计报表制度”，国家统计局负责组织实施，由国务院各有关部门及部分省、市有关部门组织填报。

城市社会经济调查

(一)“城市基本情况统计表”(国市年综01表)根据有关专业制度的变动进行适当的调整。表中的农业部分与现行“县(市)农村社会经济卡片”(国农村年综10表)重复，为减轻填报工作量，今年年报县级市免报农业部分指标，这部分资料由农调总队根据县卡资料提供。

(二)改进现行的物价统计。适当调整零售和消费物价统计中的个别代表规格品。工业品出厂价格统计的代表产品由原425种增加到900种左右；原材料购进价格统计的代表产品由原150种增加到250种左右。“主要工业产品出厂价格”(国价定基01表)和“主要原材料、燃料、动力购进价格”(国价定基02表)的报告期仍为三、五、八、十一月，报送日期由原来期后25日提前到期后18日。

(三)从今年年报起建立固定资产投资价格统计，并将现行制度中的建筑业产值价格指数改为固定资产投资价格指数中的分类指数。

(四)根据建立国民经济核算体系和适应国际对比的需要，1992年定期报表中，对城市住户调查方案中的分类进行了调整，增加了部分调查项目和指标。修订后的分类按消费的性质和用途划分，取消了商品与非商品的分类。为了保持历史资料的衔接，修订后的方案可以提供按原分类统计的数据。

(五)“沿海开放地区城市主要经济指标”(国市定综01表)统计表，将根据一年来填报情况及国务院特区办公室的要求进行补充修订。指标从60个增加到70个左右。

现行统计分类标准简介

我国统计分类标准的制定和实施，从建国之初就开始了，先是从专业起步，制定一些专业统计标准。1952年国家统计局成立之后，陆续制定了基本建设事业分类目录、新增生产能力目录、国内贸易统一商品目录、国民经济部门分类目录及其他目录。1979年以后，随着我国社会主义现代化建设的发展，统计分类标准化工作也开始向现代化迈进。当时，国家统计局会同国家标准局等单位制定我国第一批统计分类标准，还对各种专业统计分类目录作了充实和改进。

现将统计分类标准中几种最重要的、基础性国家标准简介如下：

一、国民经济行业分类和代码

1980年我国为适应第三次全国人口普查的需要，制定了《国民经济行业分类和代码》，在人口普查中应用成功，后来又经过修订，于1984年由国家统计局作为国家标准(GB 4754———84)布置，全国各部门各地区执行。

该标准以基层单位的主要活动性质作为分类标志，共分门类、大类、中类、小类四个层次。其中：门类13个、大类75个、中类310个、小类667个。13个门类是：(1)农林牧渔水利业；(2)工业；(3)地质普查和勘探业；(4)建筑业；(5)交通运输、邮电通信业；(6)商业、公共饮食业；(7)房地产管理、公用事业；(8)卫生、体育和社会福利业；(9)教育、文化艺术和广播电视事业；(10)科学研究和综合技术服务业；(11)金融、保险业；(12)国家机关、政党和社会团体；(13)其他行业。

该标准是我国第一部全国统一的行业分类标准。同过去的行业(部门)分类相比，有以下特点：

1. 结构科学合理。类目的排列次序是：先物质生产部门，后非物质生产部门；先农业，后工业和其他行业；先采掘业，后制造业；先轻工业，后重工业。这种结构便于研究国民经济再生产过程和生产资料、消费资料的生产、投入产出等比例关系。

2. 清除了“部门隶属关系”的影响，坚持按基层单位的主要活动性质分类。

3. 对重点行业和新兴行业作了较细的划分，同时考虑到今后行业结构的新发展。

4. 有统一的比较科学的编码，对今后新建立的行业留有必要的空码。编码采用二进制层次编码，第一、二位数字表示大类；第三、四位数字分别表示中类和小类。编码总长度为四位数字。

5. 吸收了《国际标准产业分类(ISIC)》的优点，并根据我国实际情况作了调整。有些类目与国际标准直接对应，有些类目经重新组合可以对应，彼此间具有较好的兼容性。

二、职业分类和代码

我国是劳动力量资源最丰富的国家，但过去长时期没有统一的职业分类标准，致使劳动力使用情况及就业构成缺乏详细的统计资料。1982年第三次人口普查前制定了《职业分类和代码(试行)》，应用成功后经过修订，由国家标准局于1986年作为国家标准(GB 6565——86)发布，在全国适用。

职业分类与行业分类不同。行业是按基层单位从事的主要活动性质划分的，职业按个人在工作中的职类和技能的性质划分的。同一行业中可以有不同的职业，如纺织行业中有纺织工、织布工、电工、医师、护士、汽车司机等。

我国的职业分类标准分为三个层次：大类8个、中类63个、小类303个。8个大类是：(1)各类专业技术人员；(2)国家机关、党群组织、企业事业负责人；(3)办事人员和有关人员；(4)商业工作人员；(5)服务工作人员；(6)农林牧渔劳动者；(7)生产工人、运输工人和有关人员；(8)不便分类的其他劳动者。本标准采用十进制的层次编码法，第一、二、三位数字分别表示大、中、小类。编码总长度为三位数字。

该标准有如下特点：

1. 分类的结构，原则上是按先脑力后体力劳动排列的。第1——3大类是脑力劳动者，第4大类是脑力与体力兼用者；第5——7大类是体力劳动者。当然，这种划分是相对的，例如，在生产工人中一部分操纵复杂自动化机械的工人在相当程度上也是脑力劳动者。

2. 在标准中把各类专业技术人员放在首位，并对其中的中类和小类作了详细划分，有利于掌握各类科技人员情况，推进现代化建设。

3. 与《国际标准职业分类(ISCO)》具有较好的兼容性。大类的划分与国际标准基本一致，中类和小类则吸收国际标准划分原则，根据我国情况作了较大的变更。

三、工农业产品(商品、物资)分类和代码

过去相当长的时期，我国虽编制过产品、商品、物资以及设备、仪器、仪表等分类目录，但各部门从本身要求出发，很不统一。同一物品在生产领域与流通领域的分类不同，在市场交换中与国家调拨中分类又有不同。从1984年开始经过国家统计局与国务院三十多个部门的共同努力，编制了《全国工农业产品(商品、物资)分类和代码》，于1987年经国务院批准，由国家标准局作为国家标准(GB 7635———87)发布。

该标准是根据物品的基本自然属性(原材料或工艺用途)，适当兼顾生产和流通领域管理的需要而进行分类的。分类为四个层次：大类87个、中类1143个、小类7612个、细类近3万个。采用十进制层次编码。由于类目繁多，大类、中类、小类、细类各有两位数字，代码总长度为八位数字。为了便于检索，并便于同《国民经济行业分类和代码》对应，设有以英文字母为序的23个门类。

该标准有以下特点：

1. 统一了全国工农业产品分类，改变了过去工业产品和农业产品分开编列的相互割裂和相互重复的现象。

2. 系统地进行了各方面的统一协调，改变了过去产品与商品、生产与流通之间相互脱节的现象，使大多数产品和商品在分类、定义、命名、计算单位和代码上取得了一致。

3. 整个分类采用四层、八位的编码方法，虽然位数较多，但含义性高，较充分地体现了产品的属性，便于识别使用，可延伸性也比较强，体现了“编码服从分类”的原则。

4. 该标准与《国民经济行业分类和代码》兼容性较好，许多产品的类目与行业的类目是相互对应的(如化工产品与化工行业对应)。

5. 该标准与《国际标准物品与劳务分类》中的物品部分兼容性较好。但国际标准中所包含的建筑业产品和各种劳务产品，在这一分类标准中尚待以后填补。

责编：**徐晓海**

城乡统计网络建设

国家统计局政策法规司

改革统计体制，建立建全城乡统计信息网络，使之适应经济体制改革和发展社会主义市场经济的要求，是统计改革和统计现代化建设的战略措施之一。党的十一届三中全会以来，我国统计管理体制陆续进行了一系列重大改革，并取得了比较显著的成效。1989年7月，经国务院批准的国家统计局《关于加强统计工作充分发挥统计监督作用的报告》，再次强调“要进一步深化统计体制改革，切实加强对统计工作的集中统一领导，进一步把统计部门建设成为社会经济信息的主体部门和国民经济核算的中心，成为国家重要的咨询和监督机构。”1990年全国统计工作会议进一步提出：“必须进一步深化统计体制改革，尽快健全一个以政府统计部门为主体，纵贯国家——省（自治区、直辖市）——市（地区）——县（市辖区）——乡镇（街道）和企业，横联各业务主管部门的，上下贯通、左右协调、运行高效的全国统计信息网络。”根据上述要求，1990年和1991年，各级统计部门结合实际，因地制宜，采取切实有力的措施，深化统计体制改革，狠抓城乡统计信息网络建设，取得了可喜的成绩。

一、城市统计信息网络建设取得重要进展

城市统计工作在整个统计工作中占有十分重要的地位。建立健全城市统计信息网络，是提高城市统计工作水平，充分发挥城市统计整体功能的重要基础。为适应城市经济体制改革不断深化的形势，1989年10月，国家统计局在黄石市召开了全国部分中等城市统计改革和建设经验座谈会。会议在总结1986年12月无锡会议以来城市统计改革和建设经验的基础上，明确提出要通过深化城市统计体制改革，逐步建立健全城市统计信息网络的目标。会议针对市统计部门组织协调乏力的问题，提出要大力加强市级统计领导机构，切实保证其对全市统计工作实行强有力的组织领导和管理；针对纵向管理中存在的问题，提出要依法尽快在市辖区建立独立的统计机构，积极开展街道统计站建设，狠抓以建立综合统计机构为中心的企业统计改革和建设，实现统计基础工作规范化；针对横向协调中的问题，提出要切实按照集中统一和精简效能的原则，确立政府统计部门与各业务主管部门的科学分工与协作，以克服重复调查，防止数出多门，提高统计工作的整体效益。为总结交流城市统计工作经验，进一步推动城市统计改革和建设，1991年7月，国家统计局又在大连市召开了全国城市统计信息网络建设和城市统计改革经验交流会，进一步明确了城市统计改革和建设的目标，提出了加快城市统计信息网络建设步伐的主要措施。

根据上述目标和部署，两年来，全国各省、自治区和许多城市统计部门，积极地、有计划有步骤地狠抓了城市统计信息网络建设，做了大量的工作，取得了明显的成效。

1. 作为城市统计信息网络核心的市统计局得到了显著加强。许多市统计局一方面加强自身建设，逐步健全了内部机构，充实了人员力量，配备了现代化的技术手段；另一方面，加强了对整个城市统计信息网络的纵向管理和横向协调工作，强化了组织领导全市统计工作和国民经济核算工作的职能。在纵向上，加强了市统计部门对本行政区域内各区（县）、街道（乡镇）和企业统计工作的统一组织领导和管理；在横向上，按照统管而不包揽的原则，逐步理顺了政府统计部门和业务主管部门的工作关系。如三门峡等市，通过建立统计委员会，有效地保证了市统计部门对全市统计工作实施强有力的统一领导、管理和协调。

2. 部门统计工作得到改善。部门统计是完成城市统计工作的一支重要力量，是城市统计信息网络的一个重要组成部分。这两年，各业务主管部门继续按照1986年全国部门统计工作会议提出的要求，有计划、有步骤地在部门统计工作中实行“三个过渡”，即由生产型统计逐步过渡到经营管理型统计，由联系比较松散的专业统计逐步过渡到各专业联系紧密的综合统计，由部门统计逐步过渡到行业统计，取得了良好的效果。北京、天津等市，在市属各业务主管部门建立了独立的统计机构；有些城市虽未成立独立的统计机构，也充实和加强了综合统计人员，任命了部门统计负责人，以统一组织管理和综合协调本部门的统计工作。

3. 区级统计机构逐步建立健全。全国651个市辖区，已有490多个建立了独立的统计机构，比1989年增加90多个。北京、天津、山东、福建、吉林、山西、陕西、甘肃、青海、宁夏、贵州、云南等省、区、市的全部市辖区都建立了独立的统计机构。区统计机构行政上受区政府和市统计局的双重领导，业务上以市统计局领导为主。其领导人员的任免、调动、奖惩，须征得市统计部门的同意。实践证明，区统计局对于彻底改变区一级统计工作软弱无力的状况，提高城市整体统计工作水平，发

挥了重要作用。

4. 企业统计改革迈出较大步伐。许多大中型企业，建立了综合统计机构，健全了企业内部统计信息网络，有些还推行了总统计师制度。山东潍坊等一些地区在小型企业推行了综合统计负责人制。企业统计基础工作规范化建设在全国各省（区、市）得到广泛开展。不仅工业企业，而且商业、建筑业、交通运输业也逐步开展了统计基础工作规范化建设。适应企业管理由单纯的生产型管理向生产经营型管理转变，企业统计也逐步由生产型统计向生产经营型统计转变。企业统计的职能由单纯发挥信息职能，逐步转变为全面发挥信息、咨询、监督职能；企业统计的内容从过去偏重于生产统计、实物量统计，逐步扩展到包括企业产供销、人财物等生产经营的全过程；企业的统计体制由分散的专业统计，逐步转变为集中统一的综合统计。

5. 街道统计站取得重大进展。两年来，许多城市借鉴农村乡镇统计站的经验，在街道设置综合统计员，并联合其他有关人员组建了统计站。统计站行政上受街道办事处和区统计机构的双重领导，业务上以区统计机构领导为主，负责统一组织管理整个街道的统计工作。目前，全国约有20%的街道建立了统计站。其中，山西省建站率达到100%，湖南省建站率达到89%。

此外，一些城市还根据本地区社会经济发展的需要，成立了地方社会经济调查队，北京市和河北省还分别成立了商业调查队和人口调查队。城市与城市之间、企业与企业之间多种形式的横向统计信息交流也普遍开展起来。所有这些，都构成了城市统计信息网络的重要内容。

二、农村统计信息网络在巩固中进一步发展

农村统计信息网络建设是农村经济体制改革和发展农村商品经济的迫切要求。早在1987年，国家统计局在潍坊市召开了农村统计信息网络建设和农村统计改革经验交流会，对全国各地农村统计信息网络建设进行了系统的总结，同时提出了新的要求，从而推动农村统计信息网络建设进入了蓬勃发展的新时期。1990年9月，国家统计局又在大连召开了全国农村基层统计建设会议，全面总结了潍坊会议以来农村基层统计建设的成就和经验，并对全国47个农村统计网络先进县和207个先进乡镇统计站进行了表彰，同时提出进一步推动农村基层统计建设向纵深发展，为农村统计全面发挥信息、咨询、监督职能打下更扎实的基础。

为贯彻落实大连会议精神，各省、自治区、直辖市统计局加强了对农村统计信息网络建设的组织领导，明确指导方针，采取切实措施，从而推动了农村统计信息网络的进一步发展。

1. 乡镇统计站建设取得重大进展。1991年，全国共建立各种形式的乡镇统计站46 393个，占全国乡镇数的比重由1989年的66.8%上升到80.9%；有三分之二的省（区、市）建站比重超过90%。一些原来发展比较缓慢的地区，由于领导重视，措施得力，取得了突破性进展。

2. 乡镇统计站组织形式进一步完善。1991年，全国共建立实体型统计站6 275个，比1989年增加3 308个，占全国乡镇统计站的比重上升到13.4%。其中，北京市达到85%，山东省也达到62%。

3. 网络逐步向村以下扩展。1989年以来，各地在建立健全乡镇统计站的基础上，进一步将统计网络向村以下扩展，在村一级设立统计组或设置专兼职统计员，在村民小组设辅助调查员，直接联系调查户。据统计，1991年建立统计组或配备统计人员的行政村已达58万多个，占全国行政村总数的80%。北京、天津、河北、山西、内蒙古、吉林、黑龙江、上海、江西、浙江、山东、湖北、湖南、广东、广西、甘肃等省（区、市）基本上在村级普遍建立了统计站或配备了统计员，从而建成了以乡镇统计站为核心，上联县统计局，下接村统计组，横联乡镇各部门的农村统计信息网络。

农村统计信息网络的建立健全，发挥了显著的作用：一是加强了农村统计工作的统一领导和管理，提高了农村统计工作的整体效能。乡镇统计站实行“一只手向下、一家对上”，把统计报表和统计数据统一管理起来，使报表多乱、数出多门、相互矛盾的情况有了比较明显的改观，统计数据的准确性也有了较大的提高。二是为农村统计体制改革和农村统计报表制度改革奠定了良好的基础。三是稳定了农村统计队伍。四是充分发挥了统计的信息、咨询、监督职能，提高了统计优质服务水平。许多乡镇统计站，紧密围绕乡镇党政领导的决策需要，根据乡镇企业搞好经营和农民脱贫致富的要求，积极开展调查分析，搜集、提供了大量适销对路的统计资料，逐步成为领导决策的参谋部、企业经营的咨询部、农民致富的信息部。

执笔：**刘　恒　冯春平**　审稿：**叶长林**
责编：**刘　恒**

统计信息自动化系统建设

国家统计局计算中心

1986年，国家统计局根据我国实际情况，提出了“微机起步，由小到大，逐步发展”和“人机结合”的系统建设方针，开始有计划地用微机装备各级政府统计部门，成立机构，配备人员。在“以任务带建设”和“多渠道集资”的建设原则指导下，通过全系统在“七五”期间特别是1990年、1991年的共同努力，目前国家统计信息自动化系统已初具规模，基本实现了“七五”期间系统建设规划所提出的目标，为“八五”期间的进一步发展奠定了基础。

一、统计信息自动化系统初具规模

1. 组织机构和技术队伍

到1991年底，国家和30个省(区、市)统计局都成立了计算机应用组织管理机构——计算中心，全国338个统计局有318个地(市)成立了计算站，约60%以上的县级统计局配备了专职或兼职的数据处理人员，有些县还成立了微机室，初步形成了国家、省(区、市)、地(市)和县统计局的计算机应用和管理系统。

各级统计局拥有的专职计算机人员已近4 000人。其中，省级统计局计算中心总人数达642人，平均超过20人；地(市)计算站总人数达1 745人，平均超过5人。相当比例的统计业务人员都能操作微机，一支既懂统计业务又熟悉计算机应用的技术队伍正在形成。

2. 计算机设备配备

自1986年开始有计划地在整个统计系统普及、推广微机，到1991年底全国县以上各级统计局已配备个人微机近万台(包括第四次全国人口普查中配备的录入微机)，超级微机500多台，小型机30台。全国有95%的地(市)配备了386超级微机，26个省(区、市)统计局计算中心配备了小型机。国家统计局计算中心配备了IBM 4381机。

3. 系统应用开发能力

①数据处理

地(市)以上统计局已全部使用微机处理年报、定期报表和抽样调查的数据，并且承担了全国1%人口抽样调查、全国投入产出调查以及第四次全国人口普查等大型统计调查的数据处理工作。

②远程数据传输

目前已实现了国家统计局——各省(区、市)统计局——地(市)统计局的统计数据点对点的远程传输，并延伸到部分县。农业、工业、物资、财贸、城调、人口等专业的部分月报、季报和少量的年报数据都通过微机远程传输上报。

③统计应用软件的开发

已具备独立开发各种统计数据处理应用软件包括象第四次全国人口普查这样大型的数据处理软件的技术能力。为规范统计系统内计算机应用环境，国家统计局专门组织开发了通用统计报表处理软件包SARP，成功地在国家统计局统一CCDOS环境下，在UNIX、XENIX操作系统的环境中移植并汉化了国际流行的中、大型统计应用软件包，引进推广了国际上流行的统计数据处理和分析软件包，如IMPS、TPL、SAS、SPSS等，于1990年和1991年进行了试点和实施。

④统计数据库建设试点工作取得初步成效

国家统计局统一组织了综合、商业、投资以及工业数据库试点，部分省、市也进行了统计数据库建设试点。辽宁、上海、江苏、重庆等省、市取得了阶段性成果。

⑤计算机硬件维护

大部分计算机硬件技术人员都先后接受了较为系统的技术培训，各级都建立了计算机设备定岗人员维护责任制，目前已初步形成了国家和省(区、市)二级微机维修网，基本做到微机、针式打印机维修不出系统，相当部分省做到维修不出省，从而确保了设备正常运行。

二、积极承担“四普”数据处理

1990年进行的第四次全国人口普查，是一项举世瞩目的巨大社会工程。这次普查的数据处理，具有以下特点：

1. 数据量庞大。11亿多人口的原始数据总计达600亿字节，比第三次全国人口普查增加50%。

2. 数据处理工作量大。由数据的录入、编辑、审核、汇总制表到人口统计分析以及人口数据库的建设，涉及大量的计算机硬件、软件技术工作。仅国家级人口汇总表就达852种，是第三次全国人口普查的4.3倍。

3. 组织管理难度大。根据我国的实际情况，这次数据处理采取地(市)、省、国家三级汇总、四步处理(简称“三级四步”)，分布在全国30个省(区、市)和300多个地(市)完成。在计算机硬件和软件管理、人员培训、介质管理和质量控制等方面都增加了很多困难。

4. **时间紧迫**。虽然任务量增加，但国内外有关方面都希望及早得到人口普查结果，数据处理的时间仍然要求在两年内完成。这是对年轻的国家统计信息自动化系统的计算机设备能力、系统管理能力、应用技术能力、组织管理能力的重大考验。

为了高标准、高质量地按计划完成这一光荣而艰巨的任务，各级统计部门付出了大量艰辛的劳动。从接受任务开始，始终把完成普查数据处理任务和系统建设紧密结合起来，坚持以任务促建设的方针，科学、合理地全面安排各项工作。具体做法和成效表现在以下几个方面：

第一，应用系统工程的方法，经过周密的调查研究和论证，制定了完整的数据处理总体方案并在全国统一组织实施，从而确保了分布在全国300多个地区的数据处理工作有条不紊地按计划进行，确保了第四次人口普查数据处理一次成功。第四次全国人口普查处理系统工程的成功实践，为我国大型调查项目数据处理的科学组织管理积累了丰富经验。

第二，根据国务院的统一布置，国务院第四次全国人口普查领导小组和国家统计局及时向各地区提出要求，限期装备完成任务必要的设备，各级政府给予了大力支持，不仅新建或改建了机房，而且购置了必须的辅助设备，从而显著地改善了国家统计信息自动化系统特别是地(市)一级的环境条件。

第三，为了确保普查数据处理任务按计划完成，各级政府邦助统计局解决了人员编制，及时调集必要的技术骨干。这些人员在繁重的人口普查数据处理工作中得到艰苦磨炼，技术水平有了显著提高，为进一步搞好应用工作打下了良好基础。

第四，借助第四次人口普查的机会，国家统计局经过多方努力，争取到了联合国人口基金的援助，基本完成了地(市)一级配备超级微机的任务。同时利用国家拨款，增配了4 000多台录入微机，绝大多数省(区、市)统计局还在当地政府支持下配备了小型机。可见，通过承担第四次全国人口普查数据处理任务，各级统计局的计算机设备能力得到了进一步加强。

三、主要成绩和存在的问题

国家统计信息自动化系统在支持统计业务工作方面，取得了如下成绩：

1. 极大地丰富了统计信息量；
2. 提高了统计信息的传递速度；
3. 提高了统计数据的管理能力和水平；
4. 提高了统计数据的分析能力和水平；
5. 提高了统计数据的直观表现能力；
6. 提高了统计数据的出版印刷能力和水平；
7. 促进了统计报表的标准化、规范化；
8. 创造了具有中国特色的统计调查及数据处理模式。

概括起来讲，通过"七五"期间的建设，国家统计信息自动化系统建设已初具规模。具体表现在：初步形成了计算机应用和管理的组织系统和技术队伍，初步形成了承担日常统计报表和大型统计调查数据处理的计算机设备能力，统计数据处理基本上实现了计算机化，统计业务人员比较普遍地得到了计算机应用知识的培训，业务素质有较大提高。

但是，从"七五"的实践上看，由于统计信息自动化系统的建设刚刚起步，并且不得不把有限的技术力量集中投入到接连不断的全国性大型调查项目的数据处理中，因此，作为这个系统的主要组成部分，各级计算中心的工作重心还难于放在对统计日常业务工作的支持上；全国统计系统大量的微机和应用人员分布在各专业统计部门，分布在统计信息自动化系统的其他组成部分中，系统建设和应用开发也是在各专业统计部门分散进行。由于缺乏统一的组织和协调，带来了三个方面的问题：

1. 技术规范不统一，表现在软件多乱，硬件档次较低，系统软件开发及管理水平不高；

2. 统计信息标准不够统一，表现在制度方法部门的协调管理没有足够的权威，各专业统计部门在报表的指标、口径上重复矛盾，在调查单位、统计范围、统计指标、分类编码、报送时间上不尽一致；

3. 统计工作的整体机制仍未脱离旧有的产品经济、以手工劳动为主的模式，统计工作的组织形式不适应统计信息自动化系统建设。

四、研究制定国家统计信息自动化系统建设规划

根据国家统计信息自动化系统"八五"期间的建设目标，"八五"初期要先从报表抓起，在做好日常统计报表的数据处理工作规范化的基础上，实现工作流程从分散的按专业进行的组织管理逐步向具有科学分工、标准规范意义下的统一的组织管理的过渡，工作重心从统计数据处理逐步向综合管理利用的过渡，提高系统整体效益，为初步建成集中统一的国家统计信息管理统系奠定坚实的基础。

"八五"初期，要重点做好以下工作

1. 加强统一领导，逐步理顺工作关系

强化统一管理，对目前分散的按专业进行的统计数据处理工作进行统一领导和协调；完善组织分工，探索新的组织管理模式；提高各专业统计计算机应用水平；保障自动化系统建设与统计改革协调发展。

2. 数据处理

实现系统内统一使用一套规范的软件，并按规范的工作流程来设计和组织数据处理工作。

配合"一套表"的试行、推广，分步实现常规统计报表组织实施工作流程规范化和计算机软件、硬件环境规范化。在二至三年内，逐步实现常规统计报表的数据处理都使用 SARP 或 IMPS 完成，消除目前存在的数据处理程序多乱的现象。

在现行的统计部门内部机构设置和职能划分进行调整前，常规统计报表的数据处理工作应从目前的由各业务部门分散组织逐步过渡到由各级计算中心(站)为主统一组织。按照统一设计的方案，各级计算中心(站)负责提供或规定软、硬件条件和技术支持，指导专业统计部门完成具体工作。

3. 数据库建设

国家统计数据库系统的模式是中央级、省级、地(市)级三级数据群体在计算机远程网络基础上的分布式系统。"八五"初期，在中央、省和地(市)三级统计局建立支持日常统计咨询工作的国情、省情、市情(综合)数据库，逐步开展统计专业数据库的建设工作。

4. 加强研究工作

加强先行技术的开发研究，增强系统建设的发展后劲；探索与统计体制改革和自动化系统建设相适应的新的组织管理模式。

5. 善始善终，完成第四次全国人口普查数据处理工作

按照国务院的要求，高质量地完成包括第四次全国人口普查人口数据库在内的第四次全国人口普查数据处理的各项任务。

6. 计算机设备的更新与维修

地(市)以下具备装机条件的单位，设备能力不足的，要继续补充配备。设备更新采取一台换一台，总数一般不能减少；地(市)及以上单位的设备规模，原则上不再扩充，可以在辅助设备方面做些"填平补齐"的工作。

微机配备规模要适度，通过更新，提高设备的档次和能力；对于办公自动化和统计数据处理设备的更新要分类进行；更新周期既要考虑设备的硬件生命周期，也要考虑它的技术生命周期。

要进一步加强省、地(市)两级统计局计算机设备维修能力，确保大的故障不出省，小的故障不出地(市)。同时，进一步做好消耗品的供应和管理工作。

7. 通讯和网络建设

通讯和网络建设要支持数据处理流程目标模式和办公自动化，积极开展局部网络建设的试点和推广工作，实现数据传输统一规程和计算机支持的统计业务工作网络化管理。

8. 人员培训

建立统计系统工作人员计算机技术培训制度，保证领导、管理岗位和技术岗位上人员的知识更新，保证各个岗位都具有合格的人才。

9. 加强领导，统一规划，提高领导水平和规范化管理水平，是实现国家统计信息自动化系统"八五"建设目标的关键

"八五"期间，国家统计信息自动化系统建设是在统计工作改革进入关键时期的背景下进行的。国民经济核算体系的转轨，新的统计指标体系、"一套表"的试行和推广，以及统计部门内部机构和职能的调整等，都要求各级领导要有开阔的视野和锐意革新的开拓精神，具备较宽的知识面和组织协调的能力，要了解日新月异的现代信息技术和现代管理知识，不断地学习，更新自已的知识，势力适应领导这项工作的需要。

执笔：**胡　帆**　审稿：**黄　辉**　责编：**刘　恒**

统计法制建设

国家统计局政策法规司

1990—1991 年，在各级领导的重视和支持下，我国统计法制工作有了重要进展，取得了比较显著的成绩。各级统计部门和统计法制工作人员，认真贯彻执行党和国家关于加强社会主义民主与法制的方针政策，以保障科学有效地组织统计工作、保障统计资料的准确性和及时性为出发点，充分发挥统计法制工作在现代统计管理中的作用，积极立法，严格执法，对我国统计改革和统计现代化建设起了重要的促进作用。

一、统计法规检查工作取得显著成绩

(一)1989 年，在国务院领导下，国家统计局与国务院法制局、监察部联合组织的全国统计执法大检查，取得了显著效果，对统计法规检查工作起了很大的推动作用。

在全国统计法规执行情况大检查之后，两年来，各级统计法规检查工作，以查处重大统计违法案件为突破口，狠抓结案工作、取得了比较显著的成果。据对 13 个制定有地方统计法规或规章的省

(区、市)的调查，这两年立案查处的统计违法案件连同1989年大检查中查处的案件，共有6 603件，查处结案6 505件。其中：行政处分92件，占全部查处结案案件的1.4%；通报批评2 553件，占39.2%；一般批评教育1 126件，占17.3%；根据地方统计法规或规章给予经济处罚的2 536件，占39%；给予撤销荣誉称号和追回奖金、奖品等其它处罚的198件，占3%。一些比较重要的典型案件得到了较好的处理，并已经结案。河北省的耿艳荣案件、福建省的兰淑萍案件、湖北省的雷淑华案件，是三起在全国影响比较大、数年未结的案件。经过这三个省各级统计法制工作人员的艰苦工作，在监察、法制部门及其他有关部门密切配合下，冲破错综复杂的关系，顶住各方面的压力，排除各种各样的干扰，终于使这三个案件得到了较好的处理。其他省(区、市)，也查处结案了一批影响比较大的案件。通过对这些重要典型案件的处理，严肃惩处了统计违法者，维护了统计机构和统计人员的统计调查权、报告权和监督权，发挥了统计法律、法规的权威作用，在全国产生了比较强烈的反响。这是统计法规检查工作的重要成果和重要突破。

(二)统计执法检查工作开始朝着经常化、规范化的轨道发展。

我国的统计执法检查工作经过8年多的实践，尤其是通过1985年、1987年和1989年三次全国统计执法大检查，取得了比较丰富的实践经验。各级统计部门在实践中注意认真总结经验，加强统计执法检查制度建设，逐步建立了比较健全的统计执法检查工作规章、制度、使我国统计执法检查工作逐步按照严格的程序有条不紊地进行。

经国务院批准，国家统计局于1987年2月15日发布的《统计法实施细则》明确规定："检查监督统计法规的实施"，是国家统计局和县级(含县和市辖区)以上的地方各级人民政府统计机构的一项重要职责；"贯彻并检查监督统计法规的实施"，是各级人民政府主管部门的统计机构(或统计负责人)、企业事业组织的统计机构(或统计负责人)和乡镇统计员的一项职责。这些规定，确定了国家统计局和县级以上地方各级统计部门为国家统计行政执法部门的法定地位、这就解决了《统计法》没有明确规定而统计执法检查工作中必须解决的一个关键性问题。为了有效地组织统计执法检查工作，国家统计局又于1988年11月制定了《统计法规检查暂行规定》、《统计违法案件通告制度》和《统计检查特派员委派办法》等三个程序性统计规章。《暂行规定》第三条进一步规定："国家统计局和县级以上地方统计局是国家贯彻并监督执行统计法规的机关，依法行使统计法规的检查监督权和查处统计违法行为"；"县级以上各主管部门在同级统计局组织指导下，负责贯彻并监督检查本部门法规的实施"。《暂行规定》对统计检查机构和统计检查员、统计法规检查、查处统计违法案件的范围和分工、查处统计违法案件的程序等统计执法检查中的一些重要问题，都作了明确具体的规定。

在总结多年来统计违法案件查处工作实践经验的基础上，国家统计局于1991年10月制定了《统计违法案件查处工作暂行规定》。与此同时，各省(区、市)紧密结合当地实际情况，相继制定了一系列配套的有关统计执法检查工作的规范性文件。河北、山西、辽宁、吉林、湖南、贵州等省，先后建立了办案程序、复议程序、诉讼程序和信访制度等一套程序性办案文件，并公之于众。同时，还逐步建立了案件管理制度、检查员管理制度、执法监督制度等一套内部管理监督制度，完善自我约束机制。完善与统计法律、法规相配套的统计执法检查工作程序和制度，是提高统计检查工作质量的重要保证。通过建立和完善各种规章制度，使统计执法检查工作特别是统计违法案件查处工作有章可循，按照严格的程序查处统计违法案件，做到"实事清楚、证据确凿、处理恰当、手续完备"，做到不枉不纵、不偏不倚，查处的案件都经得起历史考验。山西、湖南两省1990年的两起统计行政诉讼案件，统计部门之所以能立于不败之地，与这两省统计执法检查工作的规章制度比较健全有很大关系。据了解，不少部门也根据本部门统计执法工作的实际需要，逐步建立和健全了有关的规章制度。经过多年努力，目前我国已基本上建立和形成了一套比较健全的统计执法检查工作规章制度，在统计执法检查工作经常化、规范化方面，已经迈出了重要的一步。

二、统计立法工作取得较大进展

(一)《统计法》修订工作有了重要的进展。

《统计法》的颁布，使我国开始走上依法办统计的轨道、对于科学有效地组织统计工作，保障统计资料的准确性和及时性发挥了重要作用。但由于当时受到多种客观条件的限制，在立法内容上存在不够完备的问题。特别是随着改革开放的深入和有计划商品经济的发展，我国的实际情况发生了深刻的变化，现行《统计法》已不完全适应变化了的客观情况。统计数据的准确性、客观性受到一定的影响，个别地区造成决策、管理失误。归纳起来，比较突出的问题有四个方面：一是，缺乏保障统计机构和统计人员行使职权的有效法律措施，行政干预统计数据上报的现象仍然难以纠正和制止；二是，各级统计部门组织管理统计工作，缺乏必要的行政职权和法律手段，协调无力，影响统计工作的正常开展；三是，有关统计职能、基层统计机构和人员设置等的规定，落后于实际情况和需要；四是，法律责任条款有较大的疏漏，所规定的制裁措施不切实际，没有赋予统计部门必要的行政执法手段。

由于《统计法》自身不够完善，使其难以得到切实的贯彻执行，使统计数据的准确性、客观性难以适应各级党政领导加强科学决策和管理的需要，因此，必须尽快修订《统计法》。

1. 1989年11月，国家统计局就1989年全国统计执法大检查的情况向全国人大常委会财经委进行了专题汇报，在汇报中提出了现行《统计法》存在的主要问题，陈慕华副委员长及人大常委会财经委的各位委员在听取汇报后，要求尽快进行《统计法》的修订工作。为此，国务院把《统计法》的修订纳入了1990年和1991年的立法计划。1990年3月，国家统计局成立了《统计法》修订领导小组，制定了修订工作计划和工作步骤，并确定了“只对《统计法》的若干主要条款进行修订”的原则。经过大量的调查研究和论证工作，广泛征求了各地区、各部门的处理意见，经过多次修改，提出了较为成熟的《统计法修正案》(送审稿)，并于1991年7月5日报送国务院审议。

2. 《统计法修正案》(送审稿)主要在以下三个方面进行了修订：

一是关于统计基本职能问题。根据统计工作的实际和有关规定，《统计法修正案》第二条对统计职能作了明确规定。修改为“统计的基本任务是对国民经济和社会发展情况进行统计调查、统计分析，提供统计信息和咨询，实行统计监督”。同时，把第四条第二款修改为“国务院设立国家统计局，负责组织领导和协调全国统计工作，组织和协调国务院有关部门进行国民经济核算工作”。

二是关于统计机构和统计人员独立行使职权问题。鉴于实践中，一些领导人借口“统计数据计算或来源有错误”，干预统计工作，随意篡改统计数据。《统计法修正案》将第六条第二款修改为：“各地方、各部门、各单位的领导人对统计机构和统计人员依照本法和统计制度提供的统计资料，不得修改，也不得授意、强迫统计人员或其他有关人员修改”。

三是关于法律责任问题。《统计法修正案》将第二十五条作了修改，除了保留原有的行政处分处罚形式外，增加了警告、罚款两种处罚形式。当对一些违法主体或违法行为不能适用行政处分时，可以给予警告或罚款。

(二)地方统计立法工作取得了突破性的进展。

地方统计立法工作在1988年全国统计法制工作会议和1989年全国统计执法大检查的推动下，取得了突破性的进展。1989年有7个省(区、市)制定了地方统计法规或规章。1990年至1991年，又有浙江、辽宁、内蒙古、江西、福建、黑龙江6省(区)制定了地方统计法规；甘肃、新疆两个省(区)制定了地方统计规章。到1991年底，全国共计有20个省(区、市)制定了地方统计法规或规章。这些地方统计法规或规章对《统计法》及其实施细则作了重要补充和进一步具体化，比较突出的有以下三个方面：

1. 预防和排除行政干预，保证统计机构和统计人员独立行使“三权”。地方统计法规中普遍规定：行政负责人对统计机构和统计人员依照法律、法规提供的统计资料不得擅自修改，也不得授意、强迫统计人员进行修改；一切单位和个人对违反统计法律、法规的行为进行检举、揭发和控告受法律保护，任何人不得打击报复。明确规定，利用职权授意或胁迫统计人员弄虚作假的行为、侵犯统计机构和统计人员的法定职权的行为属统计违法行为；还规定了具体的处罚措施。从而保证了统计机构和统计人员依法独立地行使“三权”(即调查权、报告权和监督权)。

2. 增加“经济处罚”条款，强化统计执法手段。“经济处罚”是国内各种经济、行政法律中对违法行为普遍采用的法律责任形式。1985年颁布的《会计法》中虽然没有“经济处罚”条款，但在1987年国务院颁布的《关于违反财政法规处罚的暂行规定》中作了详细的“经济处罚”规定。唯独《统计法》没有“经济处罚”条款，这是《统计法》较为突出的问题。到1991年底，全国有13个地方统计法规和6个地方统计规章，都根据当地的具体情况和实际需要增加了“经济处罚”条款；并明确规定由县级以上统计部门决定和执行，使统计部门掌握了一定的执法手段，确保了统计执法的独立性、严肃性。这是地方统计法规对《统计法》的重要补充和完善，在我国统计法制建设上是一个突破性进展。

3. 明确统计执法机关，赋予统计部门较大的查处权。地方统计法规中明确规定，县以上各级统计机构是国家统计法律、法规的执行机关，负责统计法律、法规的宣传、监督、实施。并规定：统计检查机构和统计检查员，有权查询任何单位执行统计法规和统计制度的情况和问题；有权对违反统计法规和统计制度的行为进行调查处理；有权决定和执行对违反统计法规和统计制度者的罚款处罚；对违反统计法规和统计制度者给予行政处分的，有权提出具体意见；对违反统计法规和统计制度应予暂停营业或吊销营业执照处罚的，有权提出具体处理意见；统计部门依法提出对统计违法者的处理意见，有关部门拒不处理或处理不当的，有权向同级人民政府报告；上级统计检查机构有权对下级处理的案件进行复议裁决，等等。这些规定，为统计检查机构和统计检查员严格执法提供了法律依据。

同时，各省(区、市)根据当地的具体情况和实际需要，在地方统计法规中，对加强统计报表的管理、加强基层统计力量、加强统计人员管理、提高统计人员素质等问题，也作了重要的补充规定。

地方统计法规的制定，逐步完善了统计法规体系，保证了《统计法》及其实施细则的有效施行，推动了统计执法工作，促进了统计工作的发展。

三、统计法制宣传教育工作取得较好的效果

(一)根据1989年全国统计执法大检查暴露出的一些干部群众统计法制观念淡薄等问题，两年来，有针对性地开展了统计法制宣传教育工作。主要有三个比较突出的特点：

一是重点突出。各级统计部门在统计法制宣传教育中，都注意突出重点。针对绝大多数统计违法案件与行政干预有直接联系的情况，在宣传对象上以各地区、各部门、各单位的行政领导为重点。在宣传形式上以运用典型案例宣传为重点，将严重违法的典型案例，以多种方式进行通报，起到了“宣传一案，教育一片”的作用。在宣传内容上，以保障统计资料的准确性和及时性为重点。

二是形式多样。各级统计部门在统计法制宣传教育中，除了充分利用报纸、杂志、广播、电视等宣传媒介外，根据统计工作的特点，从当地的实际出发，还创造了很多行之有效的好形式。例如，编写统计普法宣传教材或统计法规知识问答，请领导宣传《统计法》，组织统计法规知识竞赛，编演宣传统计法规的文艺节目，上街开展统计法规知识咨询活动，通报典型案例，举办统计法规讲座或培训班等。

三是效果较好。通过广泛地、深入地开展统计法制宣传，从国家各部门到省、地、市、县及基层企事业单位和农村乡镇，凡是从事统计工作的各级统计人员和主管统计工作的各级领导干部，基本上都重新学习了《统计法》，受到了一次再教育；多数单位还进行了开卷答题和座谈学习体会等活动，认真组织统计法规宣传验收工作。各级领导干部和广大统计人员普遍反映，通过普法宣传教育增强了统计法制观念。

(二)1991年，按照“二五”普法《规划》中关于“各部门、各系统根据业务工作需要，有重点地学习同工作、生产相关的法律知识”的要求，国家统计局制定了《关于统计部门认真贯彻中央关于在公民中开展法制宣传教育第二个五年规划的实施意见》，并经中央宣传部、司法部批准，于1991年5月下发各地区、各部门统计机构贯彻执行；地方各级统计部门也根据当地实际制定了统计普法宣传实施办法。

为搞好“二五”统计普法宣传，各级统计部门积极做好准备工作。一是，按照分级动员的原则，各级统计部门采取多种形式，动员广大统计干部特别是领导干部和统计法规检查人员积极参加普及统计法律知识的学习；二是，国家统计局着手编写了《统计法制建设若干问题讲话》等两本统计普法宣传教材，作为统计系统“二五”普法统一读本；一些省(区、市)统计机构，根据各自的情况和条件，积极组织编写一些统计普法宣传资料；三是，按照分级组织培训的原则，采取多种形式对普法宣传骨干进行了基本培训，国家统计局培训了省一级的骨干，多数省(区、市)统计局对地、市、县的骨干进行了培训；四是，国家统计局选择辽宁等省进行了统计普法宣传试点，并取得了初步经验，不少省、区、市也搞了一些试点，为全面组织实施统计普法宣传工作提供了一些经验。

四、建立健全统计法规检查机构，提高统计检查队伍素质取得一定的成效

建立健全统计检查机构，充实统计检查人员，是开展统计执法检查工作的基本条件。两年来，多数省(区、市)统计局的领导重视和加强统计执法检查工作，在建立健全统计检查机构、充实统计检查人员方面，采取了一些比较有效的措施，并取得了一定的成效。目前，全国30个省(区、市)除青海、海南、西藏外都设置了统计检查机构，专职统计检查人员已增加到120多人。地市一级也开始设置统计检查机构，据北京、河北、山西、内蒙古、辽宁、吉林、江苏、安徽、河南、湖北、湖南、贵州、陕西等23个省(区、市)的统计，已有195个地市设置了统计检查机构，约占地市总数的61.7%。

为了提高统计检查队伍的素质，各级统计部门加强了统计检查员的培训工作。北京、山西、辽宁、吉林、河南、贵州等省、市，结合当地统计法规检查工作实际，先后编写了比较实用的培训教材。大多数省(区、市)，都举办了多种形式、不同层次的统计检查员培训班，经考试发给了结业证书的学员达1千多人。实践证明，经过培训的统计检查员，由于比较系统地学习了社会主义法律的基本知识、统计法规及其他有关法律和查处统计违法案件程序等多方面的知识，其素质都有一定的提高，办案能力有所增强。

我国统计法制工作的主要经验

两年来，各级统计部门和广大统计法制工作人员，积极探索，不断开拓，创造性地工作，取得了比较显著的成绩，积累了比较丰富的经验。根据各地总结，归纳起来，有以下四条主要经验：

（一）各级统计部门的领导要强化法制意识，重视统计法制工作。

加强统计法制工作，并不是人们的主观臆想，而是科学有效地组织统计工作的客观需要，是保障统计资料的准确性和及时性、充分发挥统计信息、咨询、监督整体功能的必然要求。各地的实践表明，搞好统计工作，发展统计事业，必须走“依法办统计、以法治统计”的道路。各地的经验还表明，统计法制工作的成效大小与统计部门领导的重视程度成正比例的关系。凡是在思想上重视统计法制工作，舍得在统计法制工作中下功夫、投力量的地区，那里的统计法制工作就大有起色，那里的统计工作就发展快、水平高。

（二）突出重点，从实际出发确定统计法制工作目标，采取切实可行的措施加强统计法制建设。

我国统计法制工作之所以能取得比较显著的成绩，有各种因素。在工作安排上，突出重点，明确目标，并采取切实可行的措施，是一个很重要的因素。就全国来说，就是紧紧抓住“立法、检查、宣传、队伍”四个方面八个字来开展工作。在每个方面，又突出重点。在立法方面，重点抓好地方统计立法和《统计法》的修改工作；在检查方面，重点抓好大案、要案的查处结案和统计法规检查工作规范化；在宣传方面，重点搞好“二五”普法宣传教育工作，提高全社会的统计法律意识；在队伍方面，重点抓好培训，提高统计检查员的素质。1990年和1991年的重点是推进地方统计立法和做好《统计法》修改工作。就各省（区、市）来说，情况不同重点也不同。还没有完成地方统计立法工作的，重点抓了地方统计立法工作；已经制定地方统计法规的，重点抓了统计法规检查工作和统计检查员的培训工作。实践说明，这种突出重点的做法是基本成功的，收到了较好的效果。

（三）振奋精神，知难而进，不断开拓统计法制工作。

统计法制工作没有现成的模式，每前进一步，都需要不断地去探索、去开拓。根据各地反映，每一个地方统计法规，在制定过程中都曾遇到过很大的阻力和困难，几经挫折，历尽磨难，正是由于这些省（区、市）的统计部门的领导和统计法制人员，知难而进，百折不挠，才使这些地方统计法规一个一个地颁布实施。各地在查处统计违法案件过程中，也是面临着来自各个方面的压力和阻挠，举步维艰，正是由于各级统计部门的领导和统计法制工作人员敢于碰硬，无私无畏，才取得了比较显著的成果。实践说明，只有振奋精神，勇于开拓，知难而进，百折不挠，统计法制工作才能不断发展，不断前进，不断取得成果。

（四）在统计法制工作中要坚持“两手抓”。

在统计立法方面，必须正确处理好地方统计立法与国家统计立法的关系，互相促进，相辅相成。两年来，国家统计局始终坚持国家立法与地方立法一起抓。实践说明，搞好地方统计立法工作，对完善我国统计法规体系，加强统计法规检查工作，具有重要的意义和作用，不能有丝毫的松懈和削弱。

统计法规检查工作，也必须坚持“两手抓”。一方面，要加强执法，敢于碰硬，坚决查处统计违法案件，做到“有案必查，违法必究”，以树法威、明法度；另一方面，要改善执法，通过建立健全统计法规检查的各项规章制度，提高统计执法人员的法律意识和执法水平，使统计法规检查工作逐步规范化。

执笔：**严家英**　审稿：**叶长林**　责编：**刘　恒**

附：

湖南省首起统计行政诉讼案胜诉

1989年冬天，湖南省澧县统计局查处了一起统计违法案件。这起案件辗转数月，几经反复，经过申诉、复议裁决，后被起诉到法院，成为发生在湖南的首起统计行政诉讼案。

在1989年全国统计法规执行情况大检查中，澧县统计局发现该县城关镇医药化工厂（以下简称澧县化工厂）在1988年统计年报中，严重违反统计法规，弄虚作假。1988年该厂实际工作总产值59.70万元，亏损8.45万元，而上报总产值256.66万元，盈利0.20万元。澧县统计局经过调查取证，核实了该厂的违法事实，根据《湖南省统计管理条例》（以下简称《条例》）的规定，于1989年11月5日向该厂发出罚款1 000元的通知书。澧县化工厂不服，向常德市统计局提出申诉。经市统计局复议，于同年12月9日作了维持澧县统计局处罚决定的裁决。

澧县化工厂仍不服常德市统计局的裁决。11天后，于1989年12月20日向澧县人民法院起诉。起诉状诉澧县统计局：一、超越查处范围。按照《关于湖南省查处和审理违反统计法规行为及案件若干问题的试行意见》（以下简称《试行意见》）规定，乡镇及其以下的企业的违法行为，应由乡镇人民政府统计机构会同本级有关部门查处。县统计局直接处罚城关镇下属企业是超越查处范围。县城关镇政府在检查之前已将原厂长调离降职，原会计撤销职务，县统计局再行罚款是多头处罚。二、超越管理权限。根据《条例》规定，县统计局只能对城关镇政府的统计资料进行监督检查，而不能直接对镇政府的下属企业直接处理。三、超越执行时间。《条例》规定，对违反统计法律法规的案件应在3个月内查明情况，向同级人民政府或上级人民政府统计机构提出报告。四、虚报产值是一个社会问题，对此应着重于批评教育，澧县统计局的罚款决定脱离了实际，作为一个小小的镇办企业难以承受。

澧县人民法院依照统计法律、法规和《中华人民共和国民事诉讼法(试行)》的规定，受理了此案，并通知常德市统计局作为被告应诉。

常德市统计局对此进行了认真准备。聘请了常德市法律顾问处律师杨梅初和澧县统计局长卢东甫为委托代理人，并与省统计局法规处共同研究撰写了答辩状，于1990年1月15日递交澧县人民法院。答辩状以《统计法》和《条例》为依据，对原告提出的四条理由逐条进行了答辩。一、起诉状所称"超越查处范围"是以偏代全。《试行意见》规定，乡镇及其以下企业的违法行为，由乡镇人民政府统计机构会同本级有关部门查处。同时又规定，属于下级统计机构立案查处的重大案件，上级统计机构可以直接立案。至于对原厂长、会计已作处理，是在案发之前，而且，根据《条例》规定，对违反统计法规的，除对直接责任人给予行政处分外，可对单位另处罚款。二、所称"超越管理权限"是没有根据的。根据《统计法》关于县级以上人民政府统计机构的职责、《条例》关于监督检查统计资料的规定，县统计局完全有权对全县范围内所有企事业单位的统计资料进行监督检查。同时还规定，对统计违法单位的罚款必须由县级以上人民政府统计机构批准执行。因此，澧县统计局完全是在履行职责，根本不是越权管理。三、所称"超越执行时间"是理解有误。《条例》规定的对违法案件应在3个月内查明情况，是指案件的调查时间，不是指追究违法行为的失效时间。四、经济处罚也是一种教育手段。答辩状最后严肃指出，如果都像澧县化工厂这样，虚报产值3.3倍，将亏损上报为盈利，全国的统计数字就会严重失实，给党和国家经济决策造成失误，给党和人民带来不可估量的损失。对这样严重违反统计法规的行为，如果不依法给予一定的处罚，就无法告诫人们遵守统计法规，实事求是地把统计数字搞准。

由于答辩入理入情、有理有据，使原告在诉讼中受到统计法规的深刻教育。澧县化工厂于1990年2月16日，主动向澧县人民法院提出《关于申请撤销起诉状的报告》，承认了虚报产值的违法行为，愿意接受处罚，并向澧县、常德市统计局表示歉意。

1990年2月16日，澧县人民法院发出(1990)澧法行裁字第01号《行政裁定书》指出："原告澧县医药化工厂不服被告常德市统计局统计行政管理处罚一案，本院依法受理后，进行了审理。在诉讼过程中，原告认为己方虚报产值的事实存在，确实违反了统计管理法规，被统计行政管理部门处以1 000元的罚款是恰当的。因此，原告向本院提出撤回诉讼请求的申请。本院经审查认为，原告的撤诉申请符合法律规定，为此，依照《中华人民共和国民事诉讼法(试行)》第114条、第112条第(3)项规定，裁定如下："准许原告澧县医药化工厂撤诉。本案的案件受理费70元由澧县医药化工厂缴纳。"至此，这起案件以统计局胜诉而告结束。

从这起案件的查处、诉讼过程看，我们认为有以下几点值得引起注意：

第一，查处统计违法案件是一项十分严肃细致的工作，不能马虎草率，必须严格按照法定程序，一环扣一环。特别是对违法的主要事实，证据材料要扎实，定性要准确。同时，要处理恰当，手续完备。稍有失误就会对当事人造成侵害，或被人钻我们工作中的空子而引起诉讼纠纷，造成人力、财力不必要的浪费。

第二，统计法规检查人员要刻苦钻研法律业务知识，不仅要学习好统计法规，而且要熟悉其他有关的法律法规，特别是要学好行政诉讼法。在这起案件的查办和诉讼过程中，也暴露了统计执法人员业务不够熟悉的问题。但是，常德市、澧县统计局能够从中汲取教训，向专业人员学习，在办案中学习，提高办案水平，终于取得了这起案件的胜诉。

第三，对违反统计法规的行为案件，要敢于执法，不循私情，特别是在《行政诉讼法》即将实施之际，不能因为可能"打官司"就不敢执法。避免宁愿不执法也不当被告，宁愿从轻处理也不愿上法庭的错误做法。只要我们各级统计执法人员有严谨的工作作风，精通熟悉的法律业务知识和大胆的执行精神，就能立于不败之地。

湖南省统计局

统计科学研究

国家统计局统计科学研究所

随着经济建设的迅速发展，我们的统计工作已进入了蓬勃发展的新时期。国家统计局统计科学研究所，在各级统计部门的大力支持下，在广大统计理论工作者和实际工作者的共同努力下，充分发挥统计科学研究的超前导向作用，加强自身队伍建设，开辟统计科研新领域，积极进行国际间的交流与合作，取得了显著成绩。

一、统计科研队伍得到充实，科研能力进一步增强

统计科学研究是人们探索统计运动规律的创造性活动，科研人员的素质、数量对科研能力的强弱和科研的整体水平具有决定性的作用。为使统计科研工作能够适应统计改革和经济建设的需要，统计系统加强科研力量、提高研究素质，科研能力明显增强。到目前为止，全国30个省、自治区、直辖市(除台湾省外)已有28个成立了研究所(室)，哈尔滨、沈阳、武汉、广州、重庆等计划单列市也相继成立了统计科研机构；全国专职统计研究人员达400多人，其中高级研究人员占30%左右，中级研究人员占25%左右。国家统计局统计科学研究所的人员也由1989年的30人发展到目前的44人，其中，高级研究人员的比例占20%，中级科研人员的比例达到45%。初步形成了高、中、初比例

适当的科研人员新格局。

机构的发展，力量的加强，为统计科研工作带来了新的活力，两年来，各地涌现出了一些基础理论扎实、研究水平较高，热爱统计科研事业的研究人员，科学研究也取得了一定成绩。《城镇居民贫困问题研究》、《试论统计信息在社会经济信息中的地位和作用》、《统计数据质量控制与评价》、《统计方法在工业企业现代化管理中的应用》、《宏观经济发展统计评价体系》、《我国人口老令化及其社会经济影响》、《九十年代经济工作的若干问题》等项研究工作。首次在全国统计科学研究优秀成果评选活动中获奖。《关于城镇居民贫困问题研究》，受到了党和国家领导人及国内外有关方面的重视；《统计数据质量控制与评价》，已经转换为统计工作制度得到了贯彻，并取得了明显的效果。同时，《居民生活水平的国际比较》、《地区统计评价比较体系》、《建立和完善社会主义经济信息系统的理论与方法研究》、《小康问题研究》、《宏观经济问题预警系统研究》、《劳动力与经济活动人口》、《国家反贫困决策支持系统》以及《北京市工业技术进步的对策与选择》等项目的研究工作，也取得了阶段性的成果。

二、统计科研走上了规范化的轨道

统计科研要在统计事业的发展中真正起到超前导向的作用，针对统计建设和改革中的重点难点问题进行深入细致的研究，充分发挥统计科研的整体优势，统计科研规范化势在必行。经过两年间的努力，统计科研在规范化的道路上迈出了可喜的第一步。

(一)科研网络建设与管理

为了调动广大统计科研工作者的积极性，发展统计科研的整体优势，组织、协调与指导好全国统计科研工作，国家统计局对全国统计科研机构及科研工作情况进行了大量的调查研究，先后在辽宁、北京、上海、湖北、陕西、广东召开了各地区统计科研所长座谈会，认真听取各地情况汇报和对科研工作发展的建议，加强了国家统计局科研所与地方统计科研机构的联系合作。初步形成了以统计科研人员为主体、专业统计队伍为骨干的，实际工作者和统计教学人员相结合的统计科研网络。各地统计科研机构通过网络作用，采取多种形式，共同研究，联合攻关，统计科研的群体优势得到了较好的发挥，取得了可喜的成就。如由国家统计局研究所与辽宁、山西、河北、上海等省市统计研究所共同进行的《宏观经济监测、预警、调控》课题的研究工作取得了较大的进展，监测和预警两个子系统已投入运行阶段，并取得了较好的效果，与国家城调总队共同研究的《中国城镇居民贫困问题研究》也获得了较大的成功。截止到1991年年初，由地方统计科研网络组织完成的研究项目达200项之多，其中多数科研成果在首次全国统计科研优秀成果评选活动中获奖。

为了加强统计科研网络的管理，在首次全国统计科研成果评选活动和各地统计科研机构工作全面总结的基础上，开展了首次全国统计科研先进单位的综合评比活动。评比内容为八个方面：1. 科研机构自身完成科研成果情况(课题研究、学术论文、统计专著、分析报告)；2. 科研成果获部(省)级奖励情况；3. 科研成果奖获省(局)级奖励情况；4. 获奖成果应用情况；5. 机构科研工作管理情况；6. 组织本地区科研成果完成情况；7. 本地区科研成果获部(省)级奖励情况；8. 本地区科研成果获省(局)级奖励情况。评比还结合平时掌握情况，进行系统、全面比较，综合打分，共评选出辽宁、北京、上海、湖北……等10个单位为首次全国先进科研单位。并在1992年全国统计科研工作会议上进行了经验交流。

(二)对全国统计科研工作的引导

为使科研工作适应统计发展战略和统计体制改革的需要，在有关领域形成系统的研究，充分有效地发挥统计科研的整体优势，国家统计局制订了(1989——2000年)，《全国统计科学研究重点课题规划》，为我国近期内统计科研提出了总体要求。为了有计划、有步骤地实现这一目标，突出各个时期的研究重点，有针对性地组织、指导全国的统计科研工作，于1990年和1991年先后两次发布了“全国统计科学研究课题指南”，对我国统计问题和社会经济问题的研究起到了导向的作用。“课题指南”的发布，为各地统计科研工作的开展指明了方向，提供了依据，使广大科研人员摸到了统计发展战略和统计体制改革的脉路，克服了过去那种盲目的、自发的、重复的、松散的研究格局，加强了统计科研工作的针对性和计划性。为使科研紧密结合统计工作的实际，在发布“课题指南”的同时，还鼓励广大科研人员可结合本地区实际情况，选择“课题指南”以外的研究项目，使研究的内容既立足于全国，又突出地方色彩，充分调动了广大科研人员积极开展统计研究工作的热情，从而保证了全国统计科研工作的顺利开展。

(三)加强了研究项目的申请立项管理工作

为了使研究项目的申请、立项工作规范化、制度化，做到有据可查，国家统计局科学研究所成立“全国统计科学研究成果评选奖励委员会”。据统计，两次“课题指南”发布后，各地仅在“全国统计科学研究成果评选奖励委员会”办公室立项、备案的课题研究项目达600项之多。为了加强对这些项目的管理工作，对诸多“课题研究项目申请书”按地区、项目名称、负责人等项进行了认真的登记，并对其研究项目进行了初审，从中选出重点，及时了解研究工作的进展情况，做到有计划、有目的的指导工作。1991年3月，又以“全国统计科学研究成果评选奖励委员会”办公室的名誉，向全国发布了《全国统计科学研究项目管理(暂行)办法》，进一步对课题研究项目的申报、立项提出了具体要求，使全国性的科研课题指南的发布，重大科研任务的组织落实，课题的审报与审批以及立项课题的管理工作有章可循，便于组织、易于管理，对提高课题的研究水平和完成率，起到了一定的保障作用。1990、1991年两次申报研究课题的完成率均达80%左右。

三、进行了首次全国统计科研优秀成果评选活动

为了调动广大统计科研人员努力开展统计科研工作的积极性和创造性，国家统计局和中国统计学会共同设立了全国统计科研成果奖励基金，并在各地区、各方面的支持下筹集近50万元作科研项目的奖励基金。1991年国家统计局和中国统计学会联合举办了建国以来首次全国统计科研优秀成果的评选活动。聘请了统计学界和经济学界的十几位专家、学者组成了全国统计科学研究优秀成果评选委员会(以下简称全国统计科研成果评委会)，并制定了全国统计科研优秀成果评选奖励章程和办法。

全国22个省、自治区、直辖市相继也成立了地区科研成果评委会，对本地区的科研成果进行了评选。除新建的海南和台湾省外，各地区都择优向全国统计科研成果评委会办公室推荐了参加评选的科研成果。全国共收到推荐的成果多达329项，其中课题成果146项，学术论文160篇，统计专著23部。申请评选成果的内容也十分广泛，涉及到统计整体功能、国民经济核算、统计指标体系、宏观经济监测预警系统、统计基本理论、数学方法应用、统计数据库、运用统计方法对社会重大经济问题的研究等等，较全面地反映了我国目前统计科研的水平。

为了切实做好首次全国统计科研优秀成果的评选工作，全国统计科研成果评委会办公室本着严肃认真，客观公正的态度，对众多的科研成果进行了初审和复审工作。在此基础上，向全国统计科研成果评委会提出了入选成果名单，并将入选成果分送评委进行终审。1991年6月，在北京召开了统计科研优秀成果评选委员会会议，评委们本着实事求是，宁缺勿滥的原则，对入选的科研成果从探索性、创造性、学术水平、研究难度、应用价值及实效性等方面进行了定量打分，横向比较，经过综合评价，反复讨论研究后，以无记名投票方式评选出了首次全国统计科研优秀成果85项，其中课题研究成果特等奖1项，一等奖5项，二等奖15项，三等奖30项；学术论文二等奖7篇，三等奖25篇；统计专著奖2部。这些获奖成果基本上代表了近年来我国统计科研的实际水平，同时也表明我国统计科研的领域在不断拓宽，水平在不断提高。举办全国统计科研优秀成果评选，标志着我国统计科研事业已进入一个新的发展阶段，并将对我国统计科研事业的进一步发展产生其深远的影响。

四、积极开展国内与国外的科研交流

科研工作是一项创造性的劳动，需要研究人员广开思路、视野开阔、思维敏捷、潜心研究、不断探索，才能有所发现、有所发明、有所创造。两年来为提高广大科研人员的研究水平，国家统计局研究所在开展国内与国际间的科研交流方面作了一定的努力。

(一)活跃国内研究空气，召开了形式多样的科学讨论会

1991年4月在湖南省岳阳市召开了第六次全国统计科学讨论会，会议就社会主义有计划商品经济条件下的统计理论和方法论，统计数字质量控制和质量评价的理论和方法，统计分析的理论和方法，统计科学研究的新开展等问题进行了研究和讨论，提出了一些新的思路和新方法。

1991年9月，国家统计局研究所与中国统计学会，江西财经学院联合召开了第三次全国中青年统计科学讨论会，会议就国民经济总量控制与结构调整的定量分析和我国国民经济发展与人民生活水平的评价方法进行了讨论。此外，根据统计科研领域的新情况，就统计科学学科体系建设，我国统计理论研究的现状，以及未来发展展望，国外统计研究的新动态和新成果等问题进行了讨论，提出了一些立意新颖、有代表性的学术观点。

中国统计学会所属的基本理论研究组，统计调查方法组、统计教育研究组分别召开了小型专题讨论会，对有关方面的问题进行了讨论。

(二)开展了国际间的学术交流

统计科研和国外交流与合作迈出了可喜的第一步。两年间，国家统计局研究所先后接待了日本统计局代表团、日本经济统计学会代表团，日本东京都立大学代表团、日本亚州经济研究所代表团、挪威统计局代表团、美国康奈尔大学代表团、意大利统计学会代表团，另外还与国外合作开展了中国宏观经济模型，微观模拟模型，中国工业企业规模研究等项目的研究。1991年底，还主动与日本兴业银行联系，组成了赴日考察团，就日本的经济景气

分析、宏观经济监测预警等问题进行了考察与交流，先后两次向挪威派遣了访问学者，向意大利派遣了学术代表团。通过相互间的交流与合作，不仅增长了学识，开阔了眼界，同时也增进了对各国统计机构、统计工作、统计职能、以及统计科研活动的了解，为我国统计科研工作的不断深化，提供了良好的条件。

执笔：**庆立志**　　责编：**李天渊**

附：

首次全国统计科研成果评选获特等奖、一等奖成果简介

一、中国1987年投入产出模型研制及应用(特等奖)

中国1987年投入产出模型研制及应用课题是国家统计局平衡司承担的国家软科学研究计划重大项目，该课题成果于1991年11月6日通过国家级鉴定，并获得全国统计科学研究优秀成果特等奖。中国1987年投入产出模型突破了我国传统的核算范围，不但包括了物质生产部门，而且包括非物质生产部门，以科学的态度把服务与物质产品放在同等位置上进行考察。在模型分组上设置了三次产业和物质部门与非物质部门的双重分组，使得整个模型转换关系和结构分明，即可以对整个国民经济进行综合分析，又能够对物质生产部门进行单独考察。为了便于进行国际间的比较，模型从我国经济运行的实际出发，充分吸收了国际上 SNA 和 MPS 两种核算体系投入产出模型的精华，科学设计，精心研制，采用了“积木式”、“板块化”的科学结构，通过模块之间的移动、拆装与组合，解决了中国式投入产出模型向 SNA 和 MPS 两种核算体系投入产出模型的转换问题。模型数据翔实可靠，精确度高，结构分明，设计科学，技术处理独特。应用效果表明，该模型在国家宏观经济调控和决策科学化方面发挥了重要作用，对我国核算体系的转轨有重大意义，在国民经济的宏观决策中发挥了极其重要的作用。

二、国民经济循环总矩阵模型

国民经济循环总矩阵模型，是从我国实际出发，按照国民经济循环规律，吸收了 SNA 核算体系的长处，应用了系统论、信息论和控制论的方法，利用了大量的实际统计、会计资料编制出来的。成果从研究技术、数据处理报告阐述了课题的提出、建模测算的组织方法与实施过程，研究意义、理论基础、模型体系、指标体系、帐户体系、平衡表体系、主要特色、基本功能、核算系统、科学性与可行性，以及课题数据的计算机处理流程，程序设计和使用方法，研究了反映国民经济循环的指标体系及主要指标之间的关系，国民经济实物循环资金循环的主要内容，生产、分配(再分配)、消费、积累、省级收支、资产负债等等子矩阵的方法，论述了该模型体系的六个子矩阵及反映社会再生产过程的总矩阵模型的形成，并设计了与此相适应的三类指标体系，同时以帐户体系作为矩阵模型体系的补充，成功地把社会再生产的全过程科学、简明地反映在一个矩阵模型上，以投入产出、国内生产总值、资金流量、省级国际收支、资产负债等五个核算系统从不同角度而又相互联系地描绘出整个国民经济的实物循环、资金循环、存量及流量的情况，使总矩阵模型具有组织严密、层次清楚、科学性强、核算全面、信息量大的特点。

三、通用统计报表处理软件 SARP

通用统计报表处理软件 SARP 课题研究成果，针对统计系统计算机的普及与应用而产生的各专业、各地区软件多乱的现象，从通用性、实用性、规范化入手，研究了通用统计报表处理软件，解决了在计算机软件开发使用上各自为政，重复劳动的问题，把手工报表处理融合于计算机的处理过程中。《SARP》采用C语言编制而成，整个系统采用结构化的模块设计方法，运行效率较高，具有良好的可扩充性和可移植性。在功能设计方面，《SARP》也具有显著的特点，通过设置专业路径来实现对不同专业报表的管理及数据处理，具有较好的用户界面，提供了较完备的汉字提示。从数据的录入、审核、计算、汇总、出表、以及编辑、维护等功能，构成了一套完整的数据处理系统，为多张报表同时处理，跨表核算、计算以及指标的拼装提供了方便。同时针对各种报表的不同特点，为用户提供了定长、不定长两种报表式的处理方式，有效地节约了存贮器的资源和叠加、条件叠加以及分组汇总等多种汇总方式。制表输出灵活多样，提供了行过录、列过录、二维式及连续二维式等方式的制表输出，用户可灵活地编辑各种表框进行排列输出，适用于各种专业的常规报表的数据处理工作。

四、中国城镇居民贫困问题的研究

中国城镇居民贫困问题的研究是国家统计局研究所与城调总队共同承担的研究课题。

课题研究在充分利用全国城市住户调查资料和其他有关资料的基础上计算出与课题研究相关的一系列数据，揭示了我国贫困问题虽然主要在农村，但城镇仍有少数居民生活处于贫困状态的现状，提出了城镇居民贫困问题不宜忽视的问题。借助于定量分析和定性分析，对城镇居民的生活状况作出了基本估计，得出了由于经济发展不平衡等原因，少数居民生活处于困难境地的结论，确定了贫困和贫困标准的概念。为使贫困的标准确定得更加合理化与科学化，利用1989年城镇住户抽样调查资料分别用比例测算法，恩格尔系数法，扩展线性支出系统法和基本需求法对城镇居民的贫困标准进行了测算、分析与比较，从而提出了博采众长的综合测算法，并确定了综合测算的操作程序，从而界定了贫困标准的结构。研究以大量翔实的表格、丰富具体的数据作为论述的依据，归纳出了不同规模家庭、不同时期、不同类型、不同地区对贫困标准的影响因素。在此基础上，推断了全国城镇居民贫困的规模，贫困的程度，贫困的分布及贫困的改善程度，透彻地分析了我国城镇居民贫困的特征及形成贫困的深层次原因，提出了扶贫的对策与措施，为领导部门解决城镇居民的贫困问题和拟定社会、经济计划有关问题，提供了切实可行的参考依据。此项研究成果受到了党和国家

领导的重视。

五、向新国民经济核算体系过渡问题的研究

向新国民经济核算体系过渡问题的研究，结合我国建立新国民经济核算体系的实际，着重研究了向核算体系过渡的途径和问题。研究成果消化吸收了国际两大核算体系的优点和长处。新核算体系扩大了抽样调查和重点调查等多种调查方法的应用范围，吸收了平衡表、矩阵、帐户等多种核算形式，增大了信息量，建立了适合我国国情的国民经济核算体系。研究成果阐述了研究的意义，理论基础，框架制定，物质产品与劳务的核算，商品货币的关系，资金往来关系以及价值量的核算。研究了微观核算与宏观核算的关系，会计与统计核算的关系及核算资料的来源，信息源的扩大和统计制度方法的改革。论述了实现微观核算一元化的战略意义，我国国民经济核算简化的必要性，非物质生产部门价值量及核算单位的确定。研究成果把生产核算——增加值帐户、分配核算——收入支出帐户、投资核算——资金筹集帐户和资产存量核算——资金负债帐户结合在一起，构成了一个价值运动的整体，从而把微观单位的收、支、盈、亏核算溶合在生产、分配、投资、负债核算之中，并以此为连接点，把微观核算与国民经济核算有机地结合起来。同时以“四个帐户”为核心，通过多种渠道，运用多种调查方法，采用逐步推进的步骤，成功地实现了统计与会计核算的协调、微观核算与宏观核算的衔接。

六、统计信息在社会经济信息中的地位和作用

统计信息在国家进行宏观与微观经济调控中具有重要的作用。它存在于社会、经济活动领域的各个方面。统计信息是社会经济信息的主体，决定了统计部门应作为社会经济信息管理的主体部门。但社会上对统计信息是社会经济信息的主体观点，还存在着不同的认识和看法，研究从理论与实践的结合上进行了全面的综合论述。从信息的产生与发展、信息的基本概念及其分类为出发点，揭示了统计信息的发展对整个信息理论的形成与发展的贡献，描述了统计信息与其他信息及有关学科之间的相互关系，研究了信息的整体功能，以及建立和完善统计信息与社会经济信息管理系统的必要性和可靠性。并着重对信息量规模、信息发展，统计工作的基本职能和在现实生活中的地位、作用进行了分析，研究成果对丰富统计信息的理论与统计事业的发展具有较为重大的现实意义。

中国统计学会简介

中国统计学会成立于1979年11月。历任会长，薛暮桥(1979—1983)；李成瑞(1983—1988)；岳巍(1989—)。

中国统计学会是全国研究统计科学的群众性学术团体。学会贯彻理论联系实际和百家争鸣的方针，研究统计科学理论和实践问题，以提高我国统计科学水平，为社会主义现代化建设服务。

中国统计学会的主要任务是组织、指导、推动会员积极参加统计学术活动；研究、总结、交流我国统计科学研究和统计工作经验；举办统计学术报告和统计科学讨论会，组织编译和推荐出版统计书刊；协助有关部门加强统计专业教育，积极开展统计干部培训工作；协助有关部门，开展统计咨询活动、统计学术国际交流活动，研究和介绍外国统计科学的研究成果和统计工作的发展情况，对在统计学术上有重要贡献的集体和个人给予一定的荣誉和鼓励。

中国统计学会现有个人会员3 200人，集体会员36个，其中26个为省、自治区、直辖市统计学会，7个为专业统计学会，分别为冶金、航空、卫生、化工、机械、电子、商业统计学会。此外，中国统计学会还设有8个专题研究组，即统计基本理论研究组、统计核算体系研究组、统计调查方法研究组、数理统计及应用研究组、统计教育研究组、国际统计研究组、农村统计研究组和统计史研究组。

自1979年以来，中国统计学会依靠全国广大统计理论、教育工作者和实际工作者的共同努力以及各级统计机构的积极支持，发展壮大了自己的组织，推动了全国的统计科学研究和统计科学普及工作，交流了统计理论工作者和实际工作者的学术研究成果，开展了国际交流活动，对提高我国统计科学水平和统计工作水平起了积极的作用。几年来，共召开三次代表会议和六次全国统计科学讨论会，学会的各个专题研究组分别召开了多次小型科学讨论会。

中国统计学会编辑的刊物有：《统计研究》(双月刊)，在全国公开发行。

中国统计学会1979—1988年先后四次派出代表团参加国际统计学会，还是42、43、44、45、46届国际统计学会的团体会员。

统计教育与干部培训

国家统计局统计干部培训中心

改革开放以来，特别是“七五”期间，统计培训与教育工作，认真贯彻党的教育方针，以加强统计队伍建设，推动统计改革和统计现代化建设为中心，坚持统计教育面向现代化，面向世界、面向未来的方针，普通教育与成人教育、职前教育与在职培训相结合，深化教育改革，全面提高统计干部队伍的政治素质和业务素质，为建设一支政治素质良好，文化结构和年龄结构合理，能够掌握并善于运用现代科学和多方面技能的统计干部队伍方面取得了显著成绩。

一、干部培训工作全面展开

近两年来，统计干部培训工作在原有的基础上又有了新的发展和进步，对于加速我国统计改革和统计现代化建设发挥了积极的作用。

(一)开展了岗位专业知识培训工作

1990年国家统计局提出了《关于进一步做好统计人员岗位专业知识培训的意见》，对培训的指导思想及目的要求、对象和内容、分工与工作安排、考试及发证、完成培训任务的措施等问题作了明确规定，要求在国家统计系统的统计人员中，有计划地按统计和经济、工程技术和行政管理三个系列分层次进行培训；两年中国家统计局在全国范围内首先组织进行了两轮统计员的岗位培训，开设社会经济统计学原理，统计法和专业统计三门课程，培训采取电视函授，面授和学员自学相结合的形式进行。两年参加培训的总人数共41万人，由于各级领导重视，办学人员精心组织，加上广大学员的刻苦努力，取得了较好的培训效果。在每轮培训结束后，学员都参加了统计员资格考试，1990年全国平均及格率为68.9%，1991年人事部在临考前改变了及格标准的情况下，全国平均及格率仍达55%。

其次是在总结统计员培训工作经验的基础上，通过调查研究，国家统计局于1991年11月下发了《助理统计师岗位专业知识培训实施办法》，同年12月在河南郑州召开了全国助理统计师培训工作会议，研究和部署了工作，经过深入宣传发动，参加培训的总人数达16万人。开设了统计学原理、政治经济学、会计学基础、计算机基础知识和专业统计五门课程。这标志着助理统计师培训工作已经起步。

再次是为了培养高层次的统计专门人才，培训中心先后举办了两期高级统计师培训班，培训对象为各省(区、市)及计划单列市的两支调查队和统计局事业单位的现职统计师。开设国民经济核算体系、统计分析、抽样调查和物价统计四门课程，两期参加培训的学员共97人。

除国家统计局组织进行了统计员、助理统计师和高级统计师的岗位专业知识培训外，各省(区、市)及计划单列市统计局，各地(市)、县统计局以及中央各部委业务主管部门，各大中型企业也都根据工作需要组织和开展了统计人员的岗位培训。

由于开展了大规模的岗位培训，统计队伍的政治与业务素质得到了明显的提高，为统计的改革开放和现代化建设做出了积极的贡献。

(二)组织进行了各种短期适应性培训

根据局长岗位职责和知识规范的要求，从统计工作当前的实际需要出发，以知识更新和补缺为重点，对省、地、县三级的统计局长进行短期轮训，根据三级统计局所处的层次和局长应具备的专业知识分别开设不同课程，对省局局长安排了现代组织学、统计分析、国民经济核算体系三门课程，同时进行了“经济形势和统计分析”的专题研讨；地区统计局长，开设社会经济统计学原理、统计分析、计算机应用、统计分析报告写作技巧和行政管理五门课程，经过培训，学习了新的统计理论和方法，提高了统计分析能力，增强了科学管理意识和领导艺术；对县统计局长培训开设经济理论概述、统计学概论、计算机基础知识和行政管理知识等四门课程，脱产学习时间为一个半月左右，考试合格后由各省(区、市)及计划单列市统计局发给岗位培训合格证书。县统计局长岗位培训的分工是：国家统计局负责制定岗位规范和要求，统一组织编写培训教材，各省(区、市)及计划单列市统计局具体组织实施。

专业统计培训由国家统计局各专业司和省一级统计局专业处负责举办。内容主要是讲解现行统计制度方法，进行知识更新。地、县统计局是负责对广大基层统计人员进行各种业务培训。在1990—1991年，国家统计局、省(区、市)和计划单列市统计局以及地、县统计局都开展了大规模的业务培训。仅国家统计局各专业司就举办了34期培训班，共培训了业务骨干1 925人。通过办班使参训者更新了思想观念，提高了理论水平，增强了业务能力。

(三)开展了国家统计局机关行政单位的公务员制度试点的培训工作

根据人事部公务员制度试点的部署和要求，国家统计局对机关行政单位人员先后进行了公务员制度试点工作的新录用人员初任培训和公务员过渡培训。其中公务员过渡培训，是机关行政单位现有人员向公务员过渡而进行的培训，全局参加培训的有503人。培训内容分为两大类：一是公务员通用基础知识，二是专业知识，培训结束后进行了考试，合格后方可过渡为国家公务员。

(四)组织了外语人才的培训

为了提高统计队伍的外语水平，进一步扩大和加强统计国际合作与交流，两年间，培训中心组织了外语强化培训班，参加人员共163人，其中英语149人，日语13人，德语1人。选派参加外语强化人员的条件是：拥护四项基本原则和党的改革开放政策，业务能力较强，有较好的外语基础，身体健康，有3年以上统计工龄，年龄在40岁以下，有培养前途的优秀干部。

(五)积极做好国外智力引进工作

为了贯彻党中央和国务院提出的“按需派遣、保证质量、学以致用”的选派方针，结合统计系统的实际情况，国家统计局于1990年6月制定下发了《关于改进和加强公派出国学习人员选派和管理工作的规定》，要求各级统计部门认真执行。两年间，共申报了69批，出国培训人员达266人。由于加强了对出国培训人员的管理工作，提高了派遣的质量。出国培训人员在国外所学的知识，多数同志回国后在自己的业务工作中得到了较好的消化和应用，对统计工作起到了积极的促进作用。

为了学习和借鉴外国先进的统计理论方法和实践经验，促进我国的统计改革和统计现代化建设。国家统计局先后与美国普查局、亚太统计研修所、意大利政府联合举办了微机数据处理软件培训班、社会统计培训班和粮农统计培训班，参加培训的业务骨干共126人。

二、后备人才的培养取得新进展

统计后备人才的培养是关系到我国统计事业后继有人，兴旺发达的大事，具有重大的战略意义。国家统计局对这项工作十分重视，采取了许多重大措施，加强统计后备人才的培养工作。

(一)推进高校统计专业教学改革，认真提高教学质量

为了推进高等院校统计专业的教学改革，提高教学质量，国家统计局干部培训中心，组成了高等院校统计专业本科培养目标和课程设置研究组，从1989年开始，用两年多的时间，进行了大量的调查研究工作，于1991年4月提出了研究报告，对十多年来我国高等统计教育做出了基本估计，指出了存在的主要问题，对高等院校统计专业的培养目标和课程设置提出了建设性的意见，并提出了设置高等学校统计专业主干课程的设想。5月，国家统计局干部培训中心和国家教委社科司召集全国主要高等院校统计系的负责人和部分专家，对研究组提出的报告进行了讨论。关于培养目标，大家认为，要把坚定正确的政治方向放在首位，要拓宽学生的知识面，加强能力培养；关于专业课程设置，提出压缩部门统计，加强经济理论，增加计算机应用知识的意见，并确定社会经济统计学原理、数理统计、国民经济统计、企业管理统计、电子计算机在统计中的应用等五门课程为高等院校统计专业本科的专业主干课程。10月，国家教委社科司向有关高等院校转发了这次会议的纪要。《纪要》的贯彻执行将进一步推动高等院校统计专业教学质量的提高。

(二)建立全国统计职业技术教育学会，促进统计职业技术教育的发展

1986年全国职业技术教育工作会议之后，国家统计局将发展全国统计职业技术教育提到重要议事日程。经过几年的努力于1990年7月，在四川统计学校召开了全国统计职业技术教育学会成立大会。参加这次大会的有21所学校的代表。会议推选于广沛为名誉会长，陈继信为会长，刘忠诚、李宗尧、周鼎权、张济民、廖启发为副会长。会议通过了学会章程，产生了第一届理事会和常务理事会。学会吸收团体会员21个，个人会员51名。章程规定，全国统计职业技术教育学会是在国家统计局指导下的群众性统计教育研究组织，它以马列主义、毛泽东思想为指导，坚持四项基本原则，贯彻理论联系实际的原则和“双百”方针，通过学会的各项活动促进统计职业技术教育的发展。

学会的成立受到统计界和统计职业技术教育界的热烈欢迎，组织迅速发展。1990年12月，学会召开第一次常务理事会，确定1991年的工作重点，新接纳20所中专学校为团体会员，通过了《学术论文评选办法》及评分细则。1991年7月，学会在吉林市举行了首届年会，全国22个省、区、市的62个会员单位的102名代表出席了会议，于广沛名誉会长到会讲话，陈继信会长做了工作报告。会议还决定出版《统计职业技术教育》会刊。

(三)加强国家统计局局属院校的建设，努力提高办学水平

国家统计局对两所直属院校的建设十分重视，先后采取了许多措施加强两校的建设。七年中，西安统计学院共投资1 526万元。学院建有全套的录音录像和视听设备，配有电子计算机73台。图书馆藏书从建院时的6万册增加到1991年的12万册。师资队伍不断扩大，教师素质不断提高，副教授以上教师人数占教师总数的23%。在校学生人数不断增加，1991年招收各类学生379人，在校生人数达到1 061人。其中1991年毕业326人。

四川统计学校建成了演播室，语言实验室，配置电子计算机53台。图书馆藏书10万册。1991年毕业中专生450名，招收新生450名，在校学生达到1 000人。

三、函授教育工作继续发展

1991年的统计函授教育，是在结束1985年以来统计专业第一轮大专函授教育的基础上，开办的第二轮大专班，同时继续组织了本科班和中专班的学习与考试，三个层次的统计函授教育都取得了很大的成绩。

(一)统计专业大专班的函授教育

第一轮统计专业大专班，从1985年开办到1991年，经历了7年时间，全国统一成立了中国统计干部电视函授学院，下属36个分院，共开设哲学、微积分、政治经济学、大学语文、财政与信贷、计划经济学、社会经济统计学原理、经济统计学、会计学原理、工业会计学、工业企业管理共11门课程，到1988年全部课程均已考过两次，有5万多名学员获得统计专业大专毕业证书。针对许多学员只差二、三门课程就可毕业的情况，1989、1990年两年对全部课程进行了重考，其中又有3万人获得了大专毕业证书。这样第一轮大专班总共有8万多人获得了统计专业大专毕业证书，6万人获得大专专业证书，使统计队伍的素质大为提高。

随着第一轮大专函授班结束，在总结经验的基础上，1991年开办了第二轮大专函授班，并调整了教学计划，增加了工业统计学和经济法学两门课程，工业会计学移到了本科段。在教学网络建设上，充实了基层机构，分院由原来的36个增加到40个。学员近万名。1991年开设《哲学》、《政治经济学》、《经济统计学》和《经济法学》四门课程。1992年将开设《会计学原理》和《微积分》两门课程。

为适应学员人数少，比较分散的状况，学院决定加强函授。从第二轮统计大专函授班开始，创办《统计函授》刊物，帮助、指导学员自学。目前，它已经成为学员自学中不可缺少的“良师益友”。

(二)统计函授本科教育

为了适应统计改革的需要，多层次、多规格地培训在职统计干部，1988年10月，中国统计干部电视函授学院开设了统计专业本科班。全国有20个省、市、自治区都相继地组织了在职统计干部进行本科段的电视函授教育。

统计专业本科段共招收17 000名学员，到目前为止，除自然淘汰和已经获得毕业论文写作资格的学员以外，还有10 000名左右的学员继续参加学习。

一年来，学院办公室聘请了厦门大学、东北财经大学、西南财经大学、辽宁大学、中国人民大学等高校的教授、副教授10名为各课程的主讲教师。各分院也相应地聘请了讲师以上的教师进行函授、面授辅导，从而在师资力量上保证了统计专业本科段的教学质量和辅导水平。

(三)统计中专教育函授

根据中组部、中宣部、国家教委《关于加强干部中等专业教育的意见》精神，从实际出发，加强对全国基层统计人员的专业知识培训，国家统计局与全国高等教育自学考试指导委员会商定：由全国考委协调，组织各省、自治区、直辖市考委，从1989年上半年开始，开考中等教育统计专业。

全国有29个省(区、市)和计划单列市统计局开设统计函授中专，共有学员36 100人。另外，上海市、山西省统计局与当地教育部门联合开办统计中专，有学员5 800人。全国参加统计函授中专学习的共计41 900人。

四、普及统计知识工作打开新局面

1989年7月26日国务院批准的国家统计局《关于加强统计工作充分发挥统计监督作用的报告》中明确提出：“要大力发展统计教育，广泛宣传普及统计知识，抓紧建立符合我国国情的统计教育体系”，为了贯彻报告的精神，1990年国家统计局统计干部培训中心把加强中小学统计教育作为重点工作亲抓。

(一)设计绘制了一套小学统计教学挂图

国家教委新颁布的《九年义务教育全日制小学数学教学大纲》(初审稿)吸取了国家统计局的意见，增加了统计内容。五年制小学的三、四、五年级和六年制小学的四、五、六年级，每年在数学课中都安排了一个单元的“统计初步知识”。为了帮助教师讲授好这部分统计科学知识，提高教学质量，国家统计局统计干部培训中心组织力量编绘了一套小学统计教学挂图。这套挂图是广泛听取各方面专家的意见反复修改而成。1991年4月10日这套挂图在北京经全国中小学教材审定委员会审定通过。由于这套挂图设计合理，能够有效地促进教学质量的提高，受到了使用单位的欢迎。1991年下半年就发行2万套，1992年的预订数已经超过5万套。

(二)确定在中学进行开设统计课程的实验

为在中小学加强统计教育“以渗透为主，适当开设统计选修课”。1991年5月24日，国家教委基础教育司和国家统计局统计干部培训中心联合发出了《关于在部分学校初中进行统计选修课实验的通知》，确定在北京、上海、湖北、山东、河北、辽宁等省市的部分中学进行实验。李铁映同志非常关心此事，提出要从小提高学生的统计意识，培养学生的统计知识，并同意先在小范围内实验，总结经验后再研究推广。在国家教委的支持下，6月份又确定北京、上海、浙江三省市的部分高中进行开设高中统计选修课的实验。

(三)编写出版初中、高中使用的统计教材

为了保证实验工作按时顺利进行，1990年12月国家统计局统计干部培训中心在北京召开了中小学统计教育工作研讨会。会议通过充分讨论，明确了开设中学统计课应以普及统计知识、培养统计意识、提高公民统计素质为目标，确定了根据培养学生具有最初步的用统计方法观察认识社会和指导自己工作与学习的能力为选择教材内容的基本原则。为以后编写教材奠定了基础。会议结束后国家统计局统计干部培训中心成立了有中国人民大学，上海财经大学和北京市教育局教研部人员参加的中学统计教材写作小组。在短短的四、五个月里编写了三本供中学使用的统计教材。其中高中选修课实验教材《统计》的主要内容有：什么是统计，统计资料的搜集和整理，平均数与离散程度，概率初步，抽样调查，统计比率和统计指数，社会经济统计常用指标等，总课时为17课时。初中选修课实验教材《统计》主要内容有：统计的几个基本概念，统计平均数，统计相对数，物价指数，概率及其应用，相关分析和相关系数等，总课时为12课时。中学选修课实验教材《统计》的主要内容：统计的基本概念，总量指标和相对指标，平均指标和标志变动度，时间数列，统计指数，统计分析的综合应用等，总课时为24课时。

为了使实验教师能胜任统计课的教学，1991年8月，国家统计局和国家教委联合在北京昌平国家高级教育行政学院举办了第一届中学统计选修课师资培训班，对参加实验的高中、初中任课教师和各实验区负责人(共计90余人)进行了培训。

(四)开设统计课程实验的情况和效果

开设统计选修课实验的工作于1991年9月开始，年底陆续结束。全国共有8个省市的154个教学班，8 000余名初、高中学生参加了实验。

各实验区都顺利地完成了教学任务，从对学生的测试情况看成绩普遍良好。参加实验的同志一致认为国家教委和国家统计局关于在中学开设统计选修课的决策是正确的。不少实验区反映开设统计选修课以后，学生的素质得到了提高。他们说："这些知识(指统计选修课的内容)具有很强的实用性和时代性，不仅拓宽了学生的知识领域，而且培养了学生认识问题与解决问题的能力。学生学习统计课以后，能够自觉地运用统计思想对现实问题进行分析，得出科学的结论，不少同学参与社会调查，写出了有一定水平的统计小论文。"这说明在中学开设统计课是既必要也可行。

五、教材建设工作取得新成绩

1991年的统计教材建设工作，在深入总结"七五"期间统计教材建设经验的基础上，制定了"八五"期间统计教材建设规划，在院校统计教材编审出版、优秀统计教材评奖、统计人员岗位专业知识培训教材的编审出版等方面都取得了明显的成绩。

(一)完成了1988—1990年统计教材建设规划

1988年国家统计局在北京召开了全国统计教材工作会议，成立了全国统计教材编审委员会，制定了《1988—1990年全国统计教材建设规划》，这是我国第一个全国统计教材建设规划。全国统计教材编审委员会的成立标志着我国统计教材工作进入了有组织、有领导地发展的新阶段。截止到1991年底，以全国统计教材编审委员会名义出版的教材共计10种，即《工业统计学》、《国民经济核算》、《工业统计习题与解答》、《工业统计案例分析》、《经济统计学》、《农村社会经济统计学》，职业高中用《社会经济统计学原理》、《工业统计学》及翻译教材《应用线性回归模型》、《决策统计分析》、《商业统计学》已交付印刷，将于1992年出版。

这一轮教材建设规划执行的最大特点是突破了过去统计教材编写的办法，在统计教材建设中第一次引入了竞争机制，通过招标评选的方式组编统计教材，调动了广大统计教师编写教材的积极性。在评选过程中坚持高标准、严要求和宁缺勿滥的原则，保证了教材评审质量。

(二)制订了"八五"期间统计教材建设规划

1991年12月，全国统计教材编审委员会在昆明市召开了第一届年会，总结了编委会成立以来的工作及"七五"期间统计教材建设的经验，审查、修订了有关统计教材建设的制度、方法，制定了《1991—1995年全国统计教材建设规划》。根据这个规划，今后一个时期，我国统计教材建设的总目标是：从我国统计改革的实际出发，深入总结统计教学改革经验，充分研究和吸收国内外统计科学发展的新成果，逐步建立一个符合我国国情、适应统计现代化建设需要、具有中国特色的统计教材新体系；"八五"期间统计教材建设的主要任务是：(1)组织编写高校本科用社会经济统计学原理、概率论与数理统计、国民经济统计、企业管理统计、计算机在统计中的应用五门专业主干课程和工业统计、商业统计、社会统计、投资统计、抽样调查理论与方法、农业统计、科技统计、管理统计方法、定量预测统计方法九门主要专业课程的教学大纲和教材。(2)组织编写中专用统计学、国民经济统计、计算机在统计中的应用、工业企业统计、商业企业统计、统计应用文写作、统计专业英语七门课程的教学大纲和教材。(3)组织编写一批创新教材，积极引进外国优秀统计教材。(4)加强教材建设研究。

(三)进行了第一届全国高等学校优秀统计教材评奖工作

为了全面检查高等学校统计专业教材质量，促进统计教材建设工作蓬勃发展，国家统计局于1991年7月向全国有关高等院校和出版社发出了《关于进行第一届全国高等学校优秀统计教材评奖工作的通知》，决定对1986年至1989年间新出版或修订的统计教材进行评奖。评选工作得到有关院校和出版社的积极响应，共收到申报教材37种。在聘请有关委员和专家进行评议、打分的基础上，1991年12月在昆明召开的全国统计教材编审委员会第一届年会经过充分讨论、酝酿，以无记名投票方式表决，评选出7本获优秀奖的教材。它们是：世界经济统计概论(戴世光主编)、工业统计学(王持位主编)、社会经济统计学原理(黄良文主编)、农业统计学(王广森主编)、基本建设统计学(徐衡主编)、统计分布(方开泰主编)、数理统计(上)(周光亚主编)。

(四)编辑出版了统计人员岗位专业知识培训系列教材

随着统计改革和统计现代化建设的不断发展，统计人员的业务培训工作愈益显得重要。国家统计局于1989年制定了《统计专业人员岗位专业知识培训暂行办法》及其实施方案，将在职统计干部的业务培训工作转入了正规化、系统化的岗位专业知识培训。为了满足统计人员岗位专业知识培训工作的需要，有必要编写一套充分反映我国统计工作改革的成功经验和实际发展，吸收国内外统计科学研究的先进成果，文字简明扼要，适合在职统计人员学习的岗位专业知识培训系列教材。为此，国家统计局于1989年成立了统计人员岗位专业知识培训教材编审委员会，明确了编写岗位专业知识培训教材的指导思想、编写任务及分工、编写进度和编写基本要求。供统计员培训用的岗位专业知识培训教材于1990年开始由中国统计出版社出版，1991年全部出齐，这些书籍共计16种：有社会经济统计学原理、统计法基础知识、工业统计、农村社会经济统计、商业统计、固定资产投资与建筑业统计、社会统计、交通运输统计、物资统计、实用统计分析方法与写作、价格统计、劳动工资统计，农村住户调查、对外经济统计、科技统计、城市住户调查。供助理统计师、统计师培训用的岗位专业知识培训教材共有12种，其中《国民经济核算体系》由经济科学出版社于1991年出版；其余11种在1991年交付印刷，将于1992年由地质出版社出版，它们是：社会经济统计学原理、政治经济学、会计学基础、计算机基础知识、工业统计、农村社会经济统计、商业统计、固定资产投资与建筑业统计、社会统计、物资统计、交通运输统计。

执笔：**张济民**　审稿：**陈继信**　责编：**李天渊**

统计干部队伍

国家统计局人事司

做好统计系统人事工作 加强统计干部队伍建设

党的十一届三中全会以后，随着改革开放和经济建设的深入开展，统计工作得到迅速恢复和发展，各级统计部门的机构和编制得到了加强，统计干部队伍不断壮大，素质不断提高。截止1991年底，国家统计系统人员编制由1985年编制上划时的43 175人增加到51 010人；全国城市和农村两支社会经济调查队人员编制由1984年组建时的8 800人增加到12 640人。全国统计工作出现了前所未有的蓬勃发展的新局面。

一、加强统计干部管理，提高统计队伍素质

1990、1991年各级统计机构积极贯彻落实《国家统计系统干部管理暂行规定》精神，狠抓统计干部管理，统计队伍素质明显提高。

(一)开展干部考核工作，调整充实领导班子。根据《国家统计系统干部管理暂行规定》的要求，按照分级负责，一级管一级的原则，国家统计局重视对各地统计局领导班子考核工作，分别在1990、1991年对除西藏外全国29个省(区、市)统计局、城乡调查队及统计院校领导班子普遍进行了考核，并在考核基础上，与当地组织部门共同研究解决了部分班子不健全、专业不配套、年龄老化以及个别班子不团结的问题，调整充实了部分领导成员，改善了一些领导班子的年龄结构和专业结构。山西、河北、安徽、湖北、青海、浙江、辽宁、新疆等省(区、市)统计局，由局领导带队，人事处参加，分别组成干部考核组，对地(市)统计局和城乡调查队领导班子进行了全面考核。吉林、广东等省统计局与当地组织部门联合制定了《加强各级统计干部管理的规定》。《规定》对主要领导干部调动及统计干部的录用、考试等方面都作出了明确规定。这些措施，对加强各级统计部门领导班子建设，保持干部队伍稳定，提高统计工作水平都起到了积极作用。

(二)引入竞争机制，大胆改革人事制度。国家统计局在1990年全国统计系统人事工作会议上提出，人事工作要引入竞争、淘汰机制，贯彻公开民主、平等竞争、注重实绩，择优选拔等原则，要克服论资排辈、拉关系、走后门等弊端，为优秀人才脱颖而出创造条件。两年来各地在人事制度改革中，积极探索，大胆尝试，取得了一定成效和经验。吉林省统计局率先试行处级干部见习制；北京

市统计局在选拔任用处级干部中试行竞选制；河北省统计局实行处级干部聘任制；上海市统计局实行了局长助理制；三门峡市、四平市、鸡西市等部分省市实行了目标管理责任制。另外，自1990年开始国家统计局还成功地建立和推行了统计员资格考试制度。这些改革措施，增强了选拔干部的透明度，有利于群众监督，有利于发现优秀人才，稳定和扩大了统计队伍。

(三)采取各种措施，培养年轻干部。随着统计工作的发展，大批青年干部充实到统计队伍中来，据1988年统计，我国专职统计人员中，35岁以下人员占61.1%。为培养和大胆使用青年干部，各地采取了许多行之有效的措施：一是加强政治理论培训。据内蒙古、山西、湖南、宁夏等省(区、市)不完全统计，1991年共选送150多名优秀中青年干部到省级党校学习，提高了他们马列主义水平；二是组织没有基层工作经历的年轻干部到基层任职锻炼。山西、四川、江西、福建等省市统计局选派了一批优秀中青年干部到市县政府挂职锻炼。他们勇于开拓，献计献策，深受当地政府的欢迎，同时，也大大提高了他们自己的组织协调能力和全面领导能力；三是开展干部交流和岗位轮换。1990、1991年，国家统计局从各地选调了63名优秀年轻干部到国家统计局工作，充实了领导骨干，改进了干部结构。各省(区、市)统计局也在行政机关和城乡调查队之间及各处室之间，进行了岗位轮换。这一制度的实行，对拓宽知识面，提高干部综合协调能力起到了积极作用；四是坚持大学毕业生下基层锻炼制度。根据中央统一要求，国家统计局和各省(区、市)统计局分别组织了近几年分配来的大学毕业生下基层锻炼。

二、加强机构编制管理，为发展统计事业服务

(一)贯彻机构编制管理暂行规定，不断充实统计力量。为了加强全国统计系统机构、编制管理工作，逐步理顺关系，1991年国家统计局制定下发了《国家统计局机关和直属事业单位机构、编制及地方各级统计局人员编制管理暂行规定》。使国家统计系统的机构编制管理工作走上了制度化、规范化的轨道。各地统计局人事部门按照《暂行规定》的要求积极工作，取得了一定成绩。吉林省统计局建立了一套包括机构、编制、人员情况的台帐。通过对地、县统计局编制进行认真的核定，解决了过去在机构编制上长期遗留的问题，搞准了编制人数，为加强机构编制和干部管理工作创造了条件，受到省编委的高度评价。西安市统计局按任务量重新核定并调整了局内各处室的人员编制，解决了各处室之间忙闲不均的问题。另外，1991年全国在统计系统还解决了近2 000人的空编，为缓解统计力量不足起了积极作用。

(二)深入调查研究，为地方统计机构改革作好准备。为了搞好国家统计系统的机构改革工作，1991年国家统计局成立了地方统计机构改革领导小组，领导小组成立后，积极配合各地机构改革试点单位，按照“精简、统一、效能”的原则，遵循转变职能，理顺关系，提高效率的指导思想，进行了大量的调研论证工作。各地统计部门对机构改革工作也都比较重视。武汉市统计局积极主动征得市编委的同意，成为全市机构改革的试点单位。他们从职能分解入手，抓住转变和强化统计职能这一关键，进行了大量的调研论证工作，对各项统计工作任务做了细致的量化分析。最后根据职能任务的需要，在对各项统计工作任务进行细致地量化分析基础上制定了武汉市统计局“三定”方案，并获市政府批准，该方案首先明确指导思想，从整体上确定了条块结合双轨运行的总体格局，确定了基本职能和机构设置方案，逐步理顺内、外部关系，通过对职能的分解，职位分析保证了基本职责的落实，并且明确事业单位机构规格。河北省、哈尔滨市的统计机构改革方案已进入实施阶段；湖北、上海、内蒙古、青岛等省市统计局也完成了对内设机构、职能和编制情况的调查摸底工作，制定了初步“三定”方案。其它没有试点的地区，也都对统计机构的职能、编制情况作了一些调查了解，为下一步地方统计局机构改革做了必要的准备工作。

三、加强精神文明建设，增强统计干部队伍的凝聚力

为了加强统计部门社会主义精神文明建设，提高广大统计干部的思想道德素质和科学文化素质，根据《中共中央关于社会主义精神文明建设的指导方针的决议》，1991年国家统计局制定了《统计系统“八五”期间社会主义精神文明建设规划》。《规划》要求广大统计工作者要坚定社会主义信念，牢固树立热爱统计工作的思想，遵守统计职业道德，增强统计法制观念。《规划》提出，要继续深入开展向优秀共产党员、模范统计干部邬兆定同志学习的活动，调动各方面的积极性，使整个统计系统精神文明建设深入持久地进行下去。一年来，各地统计局党组和人事部门在开展精神文明建设中做了许多工作，积累了不少好的经验。

(一)利用各种形式，加强思想政治工作。天津、上海、四川、青岛、成都等省市统计局利用召开演讲会、座谈会等形式，对广大职工进行热爱统计工作的教育。辽宁、吉林等省统计局，在全省统计系统内首次召开思想政治工作研讨会，引起了强烈的反响。各地通过多种形式的宣传教育和思想政

治工作，调动了广大统计人员的积极性，稳定了统计队伍，促进了统计工作。

(二)开展学习先进、争当先进的活动。1991年是优秀共产党员、模范统计工作者郇兆定同志逝世五周年。全国各地普遍开展了学习郇兆定同志的活动。河北、新疆统计局党组分别作出向获得省部级先进工作者称号的韩学莲、黄义雄同志学习的决定。号召广大统计人员学习他们热爱统计事业，甘当无名英雄的高贵品质，学习他们坚持实事求是原则，敢于同各种违反统计法规的行为作坚决斗争的革命精神。目前，绝大多数省(区、市)统计局开展了争当精神文明处室和争当精神文明个人的活动，陶冶了广大统计人员的精神情操，激励了大家奋发向上、开拓进取的精神风貌，极大地增强了统计队伍的向心力和凝聚力。

(三)认真贯彻落实《国家统计系统荣誉称号暂行办法》。为促进全国统计系统社会主义精神文明建设深入开展，使评选表彰先进活动规范化、制度化，国家统计局制定了《全国统计系统荣誉称号暂行办法》。各地积极贯彻落实《暂行办法》，相继开展评比表彰先进的活动，从而进一步调动广大统计人员的积极性和创造性，有力地推进我国统计改革和统计现代化建设的顺利发展。

积极试行国家公务员制度 增强统计队伍的生机与活力

1989年4月，经国家人事部批准，国家统计局机关开始了国家公务员制度试点工作，至今已三年，除人员过渡和工资制度外，大部分试点任务已基本完成。整个试点工作虽然还没有全部结束，却已显示出公务员制度的科学性和优越性，有力地推动了各项工作任务的顺利完成。

一、试点工作的基本情况

根据人事部的统一安排，国家统计局机关进行了以下试点工作：

(一)分类。国家统计局按照机构改革“三定”方案确定的机构和编制人数，根据职能任务的需要，合理设置职位，并将所有职位按照工作性质、责任轻重、难易程度和所需资格条件，分为不同的类别和等级，形成规范性文件，为公务员的考试录用、考核、晋升、培训、奖惩、工资待遇等各项管理提供依据。这样，使每个工作人员掌握了自己所在职位的工作性质、职责权限及所需资格条件，明确了努力方向，进一步调动了工作积极性。同时，也便于各级领导实行科学管理。

(二)考试录用。从1989年起，国家统计局面向社会，通过公开报名、资格审查、笔试、面试、体检、考核、政审、择优录用等程序，从报名的1685人中择优为局机关录用了128人，报名与录用人员的比例为13:1。对新录用人员还组织了初任培训，签订试用合同，实行试用期制度。目前，国家统计局事业单位进人也实行了考试录用制度。在考试录用中，坚持了“公开、平等、竞争、择优”的原则。公开，就是要做到报名公开、录用计划公开、录用职位公开、每个职位要求的资格条件公开、考试结果公开、合格分数线公开，凡是应让考生知道的，都要明明白白地告诉他们。要求各级干部都要做到“三不”，即：不批条子，不打招呼，不搞内定。平等，就是在分数面前人人平等。不论男女，不论有无熟人关系，都一视同仁。竞争，就是要择优录用，优中选优，把德才兼备的合格人才选到国家机关来。通过对考试录用进入国家统计局机关的工作人员的跟综调查，各司对新录用人员满意率在98%以上。

(三)考核奖惩。在总结1987、1988两年干部考核工作经验的基础上，按照《国家公务员考核暂行规定》中关于考核内容、标准、程序和方法，自1989年起，对国家统计局机关全体干部，进行年度工作考核。在考核中实行首长负责制，一级考核一级，根据各类人员胜任现职所具备的条件，从德、能、勤、绩四个方面进行考核。首先考德，重点是考核工作实绩。考核中采取领导与群众相结合；定性与定量相结合；平时与定期相结合。较好地克服了过去管人与管事相脱节，干多干少一个样、干好干坏一个样的弊端。从而起到了对各级干部的了解、激励、沟通、监督和导向作用。一是拓宽了知人渠道，加深了知人深度，为加强领导班子和干部队伍建设提供了客观依据。考评结束后，我们把考核形成的正式材料，按干部管理权限移交归档。并将考核结果编成程序输入微机，初步建立起滚动的、积累的干部考核档案，更加全面历史地反映干部面貌，为准确使用干部打下基础。二是有利于激励各级干部尽职尽责、积极工作。实行以考绩为主的考核方法，对被考核者具有较强的导向性，能引导干部注重创实绩、办实事。三是有利于上下级之间沟通思想，取长补短，强化了首长负责制。通过逐级考核，为上级了解下级的工作实绩和德能素质，下级了解上级的领导意图和工作方法，提供了很好的机会。上下交流了思想和工作，达到了双向沟通。四是有利于对领导干部的民主监督，增强了群众参与考核工作的责任感。在考核的基础上，对先进工作者进行表彰奖励、从而引导和激励干部奋发进取，开拓创新、忠于职守、做好工作。

(四)职务升降。按照德才兼备和公开、民主、竞争、注重实绩的原则，将各项程序公之于众，把职位空缺和任职资格条件向全局公布，发动各级干部当“伯乐”，欢迎“毛遂”自荐，鼓励竞争。在资格审查合格后，公开进行晋升答辩，并经全面考核和综合评价，择优晋升。由于选人视野宽，渠道畅通，使那些真正符合条件的优秀人才不致于被埋没。仅就1990年司级职务晋升为例，公布了13个空缺职位，推荐出预选对象85名，每个空缺至少有3至5名对象可供选择，而且大多比较优秀，这就为好中选优提供了前提。通过资格审查、答辩、考核的过程，不仅从静态上了解了晋升人选的基本素质，而且从动态上掌握了晋升人选的品格和潜在能力，通过公开选拔，所晋升人员的质量比较高，仅以晋升的10名司领导职务为例(有4名为见习副司长)，其中有4名同志连续三年考核为优秀，1名同志两年考核为优秀，2名同志两年称职一年优秀，有3名同志还是局级先进工作者。同时还发现和掌握了一批后备人才，充实了人才的储备量，为今后的选拔任用提供了资源。通过职务晋升试点，国家统计局晋升了一批政治思想好，努力钻研业务，工作成绩突出的年轻干部。其中一部分人由于资历浅，缺乏领导工作经验，先任见习副司长或见习副处长，行使副司长或副处长职权(工资等生活待遇不变)，经一年实践后，胜任者正式晋升，不胜任者，再见习一年，还不行的取消见习资格。对资历深的同志也不迁就照顾，必须合格才能任用。这种办法，保证了晋升人员的质量。从而使晋升者高兴、淘汰者服气，群众欢迎、领导满意。

(五)回避制度。公务员回避制度包括两个内容：(1)任职回避制，指凡有亲属关系，不得担任双方直接隶属于同一行政首长的职务或有直接上下级领导关系的职务，也不得在其中一方担任领导职务的单位的人事和监察部门工作。(2)执行公务回避制，指凡处理涉及自己或有亲属关系以及儿女姻亲关系的问题，必须回避，不得以任何方式进行干预或施加影响。由于实行回避制度难度较大，国家统计局机关采取分步实施的办法。首先将局领导和人事司负责人的亲属调离国家统计局，其他司级干部的亲属调出行政机关，将需要回避的在同一个司工作的处以下干部调往他司工作。同时在考试录用、职务晋升和执行公务中，严格实行回避制度。目前，已有14名干部调离国家统计局。

(六)过渡培训与考试。为现有干部向公务员过渡作好准备，先后组织了专业知识(含《统计法》和职位专业知识)及公务员通用基础知识(包括马列主义基本理论、行政管理学、公务员制度知识)的过渡培训与考试。由于各级领导重视、全体同志共同努力，取得了较好成绩。

二、试点工作成效显著

公务员制度是对公务员进行制度化、法律化和科学化的管理，以形成高效能的行政指挥系统，造就德才兼备的行政管理专家，提高国家公务的执行效益的一项新制度。它刚刚起步，尽管还有不完善的地方，外部环境也不配套，试点中也遇到了不少困难和问题，但经过两年多来的试点实践证明，这是一种科学的制度，是符合中国国情的可行的制度。对于改革机关人事制度，优化统计队伍，促进廉政建设，提高机关工作效率，起了积极作用，取得了可喜的成效。

(一)改革机关人事制度，有利于人事工作科学化。在试行国家公务员制度的过程中，建立健全了一套比较科学和完整的人事管理规章制度，诸如分类、考试录用、考核奖惩、培训、职务升降、回避等。这些规章制度不仅在试点中得到了验证和完善，而且在今后的人事管理中将转入正常运行。从而为国家统计局人事管理工作实现民主化、规范化、法制化、科学化打下了良好的基础。另一方面，通过试点，使机关各级领导和人事干部受到了比较系统的公务员制度和行政管理学知识的培训，提高了人事管理工作的水平。

(二)引入竞争机制，提高干部素质。经过公务员制度试点，机关干部的政治、业务素质普遍得到了提高。通过考试录用，把住了机关进人的大门，经过反复筛选，好中选优，选到了合格人才。坚持干部年度考核，实行功绩晋升，进一步激励了干部的进取精神。经过过渡培训与考试，增强了全体干部的统计法制观念和执法的自觉性，促进了更新业务知识的学习，从而进一步提高了各级干部的业务素质和管理水平。

(三)强化了监督机制，促进了廉政建设。建立和推行公务员制度的目的之一，就是解决政府机关的廉政问题。公务员制度试点，使各项人事工作有章可循，选人过程公开，群众积极参与，较好地克服了过去工作中的一些弊端。同时试行公务员纪律、奖惩及回避等各项制度，都有利于强化监督机制，促进机关廉政建设。

(四)调动了干部的积极性，提高了机关工作效率。由于实行干部考核奖惩和在考核的基础上进行民主推荐，答辩晋升制度，大胆选拔年轻优秀干部，从而调动了干部刻苦学习，钻研业务，努力工作的积极性。全局每年年初都要在总结上年工作的基础上制定本年工作计划。各司、处再根据全局计划和本单位的职责，分层制定本司、处的落实计划，并以此计划作为考核工作的根据。通过公务员制度试点，全局呈现出一种奋发向上的局面，工作效率有了提高，向外提供的统计信息和统计咨询不仅数量增加，质量也有很大提高，完成任务的时间不断提前。

推行目标管理 加强机关建设

1990年初，国家统计局机关为了进一步加强科学管理，调动职工的积极性和创造性，提高工作效率，根据局党组的要求，在学习、借鉴各地统计部门目标管理成功经验的基础上，在局机关的四个单位，试行目标管理，并把推行目标管理和国家公务员制度试点工作紧密结合起来。实践证明，目标管理对于改革机关人事管理制度，提高机关工作效率，起到了积极的作用。

一、目标管理的实践与探索

目标管理是一项系统工程。它有严格的运行机制和复杂的运行过程。其各个管理环节之间，紧密联系，互相配套，缺一不可。只有一环扣一环，严格认真地执行，才能充分发挥目标管理的综合效益。

(一)建立组织，健全各项规章制度。试行目标管理，必须以建立组织和健全各项规章制度为前提。为此，各试点单位都先后建立了目标管理领导小组，各处相应成立了考评小组，指派专人负责这项工作。使目标管理层层有人负责，一级抓一级，强化目标管理的组织领导。同时，各单位都普遍建立和完善了各项规章制度。如：《考勤制度》、《财务管理制度》、《归档制度》、《保密制度》、《会议制度》等等。外事司还根据本单位的业务特点，制定了《外宾接待工作程序》、《公派学习人员出国手续审办程序》等规范性的具体工作程序。这些规章制度的制定和工作程序的规范化，使各项工作有章可循，便于监督检查，并为目标管理的推行提供了组织和制度的保证。

(二)完善岗位责任制，层层制定目标。各试点单位在机构改革"三定"和职位分类的基础上，进一步完善了岗位责任制，作为目标管理的基础。如：农调总队8个处，设置82个岗位，并分别制定了明确的岗位责任。外事司重新划定了各岗位的职责权限。在此基础上，各试点单位根据自己的职责范围、上级要求和全局年度工作计划，制定有数量、质量、时限要求的各项目标，并层层分解到处，直至每个工作人员。做到了人人有目标，个个肩上有压力。如：机关服务中心和农调总队制定的目标管理指标体系中，包括政治思想工作、业务工作、组织纪律和其它工作等四个方面的目标量化标准。根据各项目标的难易程度、责任轻重分别规定了相应的分数。使过去的"软"指标，变成了硬指标。制度方法司还根据本单位各处业务联系紧密，协作性强的工作特点，各项工作目标都明确了主办单位和协办单位，各项目标都相应落实到主办人，协办人，并规定了严格的时限要求，保证了各项工作落到实处。

(三)建立考核记录，加强监督检查。为了更好地监督检查目标管理的运行情况，各试点单位率先实行了填写《效率手册》的制度。每位工作人员，每天都要将工作、政治学习及出勤情况等作详实记录。每月底个人对照月度目标，进行自我小结，主管领导审核评价。实行《效率手册》制度，有利于加强工作的计划性，有利于领导督促检查，更有利于提高自我约束能力。在总结试点单位经验的基础上，从1991年度开始，在局机关全面推行了填写《效率手册》的制度，促进了管理工作的经常化、制度化，为年终总结工作、干部考核、打下了良好基础。

(四)严格考核，奖惩兑现。从某种意义上说，目标管理关键在考核，成败在奖惩。四个试点单位在推行目标管理的过程中，都始终把认真考核、严格奖惩放在重要位置。机关服务中心在1990年就奖励160人次，惩罚149人次。他们总结出推行目标管理要坚持"五个结合"的经验。即：目标管理和奖惩相结合；目标管理和年终考核相结合；目标管理和公务员制度试点相结合；目标管理和晋职晋级相结合；目标管理和加强精神文明建设相结合。实践证明，只有严格考核，奖惩兑现，才能形成受奖者光荣，受罚者有压力的良好风气，并达到充分调动大家工作积极性和主动性的目的。

二、试行目标管理取得的成效

目标管理作为一种科学的管理方法，引进政府机关，时间还很短，缺乏经验。国家统计局四个试点单位在局领导的关心支持下，边实践，边总结，初步摸索出一套适合政府机关特点的目标管理办法，并取得了比较明显的成效。

(一)促进了干部思想观念的转变。目标管理的试行，促进了干部思想观念的转变，主要表现在两个方面：一是由过去只关心职务不考虑责任的"职责分离"观念，开始向"有职有责"的观念转变。如，机关服务中心规定：凡对目标管理工作组织领导不力的，年终考评不能评为优秀、称职的处长，其所任处不能评选为先进处。二是由安稳太平、旱涝保收的观念，向竞争意识转变，促使机关工作开始出现生机和活力。

(二)增强工作人员责任心，调动他们工作积极性。试行目标管理使每个干部工作目标明确，业绩公开，奖惩分明，从而促使大家以高度的事业心和责任感对待自己的工作，努力提高自已的政治业务素质。改变了过去工作上互相推诿，无人负责的现象，有力地推动了各项工作任务的完成，取得了显著成绩。

(三)建立了正常的工作秩序，提高了机关办事效率。由于职责明确，制度健全，程度规范，使工作人员能各司其职，各负其责，充分施展其才能。工作上基本做到忙而不乱，有条不紊，从而大大减少了工作中的失误，提高了工作质量和效率。如，外事司由于制定了一系列工作程序规范，在近两年的外事工作中，改变了过去经常出现差错的现象，工作的计划性和时效性明显提高，他们举办的几次国际性会议，组织得非常出色，受到国内外的好评。

(四)加强组织纪律性，改进了机关作风。试行目标管理后，各试点单位普遍加强管理，严格了考勤及各项规章制度。每天迟到、早退均有记载。制度方法司定期公布考勤结果，并在全司大会上公开表扬出勤好的同志，批评出勤差的同志。由于严格考勤考核，奖惩分明，其它各项规章制度等都能够得到贯彻执行，形成了令行禁止，雷厉风行的良好工作作风。

(五)提高干部素质，有利人才成长。实行目标管理后，目标明确，业绩公开，奖惩分明，使每位同志肩上都有一副实实在在的担子。同志们普遍感到既有压力，也有动力。如，制度方法司，推行目标管理前，多数同志在工作中都不愿意担任主办人的角色，认为压力大，责任重。推行目标管理后，由于把每位工作人员的业务水平高低，贡献大小，直接和奖惩、晋级晋职等紧密相连，激发了大家钻研业务，努力工作的自觉性。现在这个司大多数同志都愿意多承担一些主办人的工作，争取多出成绩。从而形成了积极工作，奋发进取的风气，有利于培养锻炼干部，有利干部成长。

深化统计职称改革
建立资格考试制度

职称工作是知识分子工作的重要组成部分，是关系统计队伍建设的一项重要工作。1990—1991年，国家统计局在深化统计职称改革工作中，坚持为稳定统计队伍，提高统计工作整体水平服务的方向，积极探索、勇于开拓，成功地建立和推行了统计员资格考试制度，取得了明显的成效。

一、资格考试制度的建立

国家人事部主管职称工作以后，提出了改变单纯评审，实行考试、考核、评审相结合，不同系列及同一系列不同层次各有侧重的设想。根据这一设想，国家统计局通过调查分析，认为，在员一级职务通过“以考代评”确定任职资格是可行的。员一级岗位对基本知识要求多，对研究能力和经验的要求相对少一些，而基本知识一般通过考试可以确定其水平；在这个层次工作，申请任职资格的人多数年轻，记忆力好，吸收新知识快，对考试的适应性强，而且大多数年轻人希望通过公开、平等的竞争来确定自己的职称。经过长达两个月的调查研究、分析论证，广泛征求意见，拟定了《统计员资格考试暂行规定》及其实施办法，由国家统计局和人事部联合印发，在全国推行。

文件下发后，根据各地的反映，国家统计局职改办就领导关系，职责分工、考试对象、组织实施、录用聘任等问题进一步调查论征，广泛听取意见，形成了《关于贯彻〈统计员资格考试暂行规定〉若干问题的意见》和《关于做好统计员资格考试具体组织工作的几点要求》、《监考人员守则》、《考场规则》、《应考人员违纪处理规定》、《评卷守则》等一整套具体制度方法，为《暂行规定》的实施创造了条件。

二、广泛动员，统一思想认识

资格考试制度是一项新生事物。为了广泛深入地进行宣传动员，统一思想认识，1990年5月，国家统计局和人事部在广州联合召开全国统计员资格考试工作会议。国家统计局于广沛副局长重点阐述了推行资格考试制度的基本内容、目的、意义及对加强统计队伍建设的重要性。人事部职位职称司司长王雷保同志介绍了全国职称改革发展的形势和人事部关于职称改革的总体设想以及资格考试制度在总体设想中的位置，使与会同志进一步统一了思想，提高了认识。会议以后，各地利用多种宣传媒介，多渠道、多形式向社会，重点是广大基层统计人员宣传推行统计员资格考试制度的意义、性质和特点。许多单位就资格考试涉及的政策问题通过简报、组织学习文件规定等方法进行宣传解释工作。湖北省考试办公室在《统计与决策》杂志上连续发表文章，介绍资格考试制度，解释有关政策。山西省要求各地市要利用各种会议和广播、电视、报纸等形式广泛宣传，特别要做好对厂矿企业的宣传工作。地处彝藏少数民族聚居区的四川凉山、阿坝、甘孜三州的职改工作人员，克服交通不便、单位分散的实际困难，不辞劳苦、跋山涉水，深入乡镇、厂矿，召集各种会议，针对统计人员的疑问，有的放矢开展宣传工作。强有力的宣传发动工作，使广大统计人员认识了资格考试制度，纷纷报名参试，接受国家检验。

三、科学地编写考试大纲，审慎地命题审题

考试大纲是确定考试内容，划定考试范围，实施资格考试的依据，是应考人员学习和准备考试的指南。通过考试确定应试者是否达到国家规定的任职资格的要求，命题就成了整个考试工作的关键环节。为了做好这项工作，国家统计局成立了统计员资格考试大纲编写暨命题委员会。大纲编写委员会经多次分析论证，按照统计员岗位应知应会的内容，和《统计专业职务试行条例》对统计员的要求以及目前统计工作的实际，确定考试科目为《社会经济统计学原理》、《统计法基础知识》和《专业统计》。为了使命题不脱离统计工作实际，提高命题质量，命题委员会吸收国家统计局和有关统计院校的教授、讲师共同参与命题的同时，确定试题的编制要达到对应试者知识、能力、素质及应考者之间的差距作出大体符合实际的客观测定的目标。要求试题既要考查应考人员的基础知识掌握的程度，又要考查其理解和分析问题的能力，以及运用知识从事统计工作的能力，了解其技能水平和业务素养状况。为此，命题原则为范围要广，覆盖面要宽；试题深浅、难易要适度，并保持一定量的难题以拉开成绩的档次；要考虑成人考试的特点，加大理解题的份量。经过国家统计局命题委员和西安统计学院、四川统计学校、河南计划统计学校的教授、讲师们一个多月的努力，共命出21套1 759道试题。通过严格的审定筛选，整理出15套1 185道题存入题库。

四、高标准，严要求，做好考务准备工作

1990年的统计员资格考试，在全国是首次，规模大，分布面广，情况复杂，组织体系庞大，又缺乏现成的经验可资借鉴。为了确保考试万无一失，考试办公室在山东省威海市、河北省易县组织了试考。在试卷制作、印刷包装、题型题量、难易程度、考试组织、监考巡视、考场纪律一系列环节上取得了经验，为安排全国考务工作，加强工作指导提供了经验。特别是针对试考发现的考场纪律问题制定了《关于严肃考场纪律，加强考试组织工作的规定》。武汉考务工作会议后，全国各地进入了紧张的考前准备工作。河南省在《河南省首次统计员资格考试组织工作办法》的基础上，又发出全面做好考试各项准备工作的通知，并对考试时可能发生的情况，出现的问题进行了全面周到的预想，制定出《实施考试若干情况的处理办法》。这个办法被转发全国后，各地纷纷印发，作为考试工作人员和监考人员的必读手册。内蒙古自治区提出抓好考试工作的16字方针：加强领导、谨慎从事，精心组织，万无一失。他们要求各盟市考试工作领导小组正副组长要全部到位，亲自挂帅，亲自出征，确保考试工作的高质量。各地积极采取强有力的措施，整顿考风考纪，并加强对应考人员的思想教育，通过召开会议宣讲动员、学习考试有关文件和规定，增加考生严格考试意识，强化正规考试观念，消除侥幸心理。黑龙江省从人事、组织、纪检、监察、公安、教育部门精心挑选思想好、作风正，敢于负责的同志担任监考，在监考时做到避案、避友、避嫌，并采取了考试工作人员相互监督机制，对监考人员实行奖惩制的办法，强化了考纪管理。西安市根据国家文件精神，结合当地情况，认真贯彻从严原则，在国家文件规定的基础上又制定了考试巡视职责，正副主考职责，考务工作人员奖惩办法，保证了考试的顺利进行。各地严格执行保密制度，把好考试安全保密关。试卷押送抵达各省区市后，各地人事职改和统计部门的同志一块办理交接手续，并采取严密措施妥善保管。实施考试是一项庞大的系统工程，各级考试机构精心设计、周密布置、认真组织。许多地方组织人力物力，建立临时机构，组成考务组、试卷保管运输组、安全保卫组、宣传组、后勤组、接待组，全力以赴完成考试任务。

五、全力以赴，精心组织，认真实施统计员资格考试

11月24日，各级考试机构实行了48小时的昼夜值班，各地派往地市县考场的检查巡视团对考试的全部准备工作进行了最后的全面检查。11月25日上午8点半，首次全国统计员资格考试正式开始。分布在祖国大江南北的10 074个考场秩序井然，23万应考人员精神饱满，以严肃认真的态度全神贯注地接受国家的检验。国家人事部副部长蒋冠庄、国家统计局局长张塞、副局长孙兢新等有关领导同志视察了北京考区的考场。江苏省副省长吴锡军、江西省副省长张逢雨、陕西省原副省长、省政府特邀顾问林季周、山西省政协副主席秦国栋等领导同志，也在考试当天巡视了省会城市的考场。首次考试组织严密、考场纪律好，得到了社会各界的普遍好评。考试结束后，天津市考试办公室曾进行了一次问卷调查，百分之百的人认为考试严格。山东省反映：这是一次真正象样的考试，是多年没有过的。

六、按照国家标准，认真评阅试卷

11月25日考试一开始，考试办公室即组织命题老师在题库答案的基础上制作全国统一的标准答

案。26日上午召开命题委员会议，对标准答案和评分标准进行审定，等二天即以特快传递寄往全国。各省、区、市为了做好评卷工作，采取了切实可行的多项措施。广东省制定了《统计员资格考试评卷工作规定》。河南省制定了《评卷工作方案》，确定了给分有据，扣分合理，宽严适度，始终如一的原则。各单位都注意认真挑选评卷人员，组成专家和学者相结合的评卷队伍，阅卷工作大量铺开前，普遍进行了试评。评卷工作始终坚持标准，把住阅卷关、审查关、复核关，保证了客观、公正、有效。为了严格保证评卷质量，全国考试办公室组织了大规模的评卷质量验收活动。经科学的检查测定，除一个省放宽标准令其重评外，其他各地都达到了国家要求的标准，经第三次全国统计员资格考试工作领导小组会议讨论确定，首次统计员资格考试成绩有效，可由各地予以公布。

（七）两年考试，成绩斐然

在总结1990年首次统计员资格考试经验的基础上，1991年又成功地组织了第二次全国考试。两年考试共有424338名统计人员报名，366 095人参加了考试，共有233 865人考试合格，获得了由国家人事部、国家统计局联合颁发的全国通用的资格证书。两年的统计员资格考试，大面积地解决了统计人员的职称问题，稳定和扩大了统计队伍。截止1988年9月30日，我国有统计员职称的统计人员1 370 000人，而1990、1991两年获得职称的人是前8年评审的170.7%。统计员资格考试，把国家对人才的需要和统计人员学习的愿望结合起来，把统计人员对职称的要求和统计岗位对专业知识的需求结合起来，以考促学，激发了广大统计人员的学习热情，改变了我国基层统计人员文化素质偏低，受过专业训练人员少的现状，提高了统计队伍的整体素质和统计工作的整体水平。

责编：**徐晓海**

中国统计信息报的创办和发展

中国统计信息报社

一、统计新闻的出现，是我国进行经济体制改革，实行对外开放的必然产物，是国家统计局和全国统计系统大办开放式统计的必然产物。

人类社会的生存和发展不能离开信息。然而，社会对信息的需求程度，是随着生产社会化程度和产品商品化程度的提高而不断发展的。实行改革开放以来我国有计划商品经济的迅速发展，尖锐地提出了经济信息社会化的要求。统计信息作为社会经济信息的主体，理所当然地应该尽快实现社会化。

然而，在计划经济体制下建立起来的我国统计工作，多年来处于封闭、半封闭状态。80年代以来，我国统计工作适应改革开放的新形势，大办开放式统计，使统计信息社会化的程度不断地提高。例如，发布统计公报已普及到县；建立了定期的新闻发布会制度；出版了中文版和英文版的《中国统计年鉴》及各种专业统计年鉴或统计资料汇编，等等。近几年，统计工作与新闻传播媒介的关系越来越密切，所谓“报上有文，广播有声，电视有影”便是这种情况的形象写照。总之，实现统计信息社会化的各种措施，对于推动我国统计新闻事业的发展，起了不容忽视的重要作用。

二、创办一张统计部门自己的报纸，是统计新闻事业发展的必然趋势，于是《中国统计信息报》应运而生，并把统计新闻事业大大向前推进了一步。

为了实现统计信息社会化，国家统计局和地方各级统计部门，借助社会上现有的各种新闻媒介来发布信息，这是完全必要的。但是，发展商品经济，中心是个市场问题，而市场犹如波澜起伏、风云变幻的海洋。因此，各级决策者和企业家进行经营决策，对信息的要求不但是“准”而“全”，而且是“快”而“新”。于是由国家统计局这样一个掌握大量系统的社会经济信息的权威部门，来办一张经常地、定期地发布统计信息的报纸，便势在必行。

三、《中国统计信息报》创刊及发展概要。

《中国统计信息报》于1988年7月4日正式创刊，每周一刊，对开四版。在此之前即从1987年9月30开始，进行了10个月的试刊。报纸一创刊便显得虎虎有生气。在最初出版的40期报纸中，中央人民广播电台的黄金时间节目——“新闻联播”“报摘”，几乎每期都要摘播一条《中国统计信息根》的消息。由此可见，在当今信息时代，一条新闻的价值的大小，首先是由其所包含的信息量的大小决定的。而由国家统计局主办，以实现统计信息社会化为宗旨的《中国统计信息报》恰恰拥有信息优势。

1991年1月，在《中国统计信息报》周一刊问世两年半之后，改为周二刊，使报纸的信息容量扩大1倍。报纸在发展过程中遇到的一个突出问题是：《中国统计信息报》所发布的信息综合性强，包括经济、社会和科技各个方面；复盖面广，包括各个部门各个行业和各个地区。但是，不少读者往往因报名中的“统计信息”而对这张报纸发生误解，以为《中国统计信息报》是一张反映统计工作的专业性报纸。为了消除这种误解，让这张报纸面对社会各方面的更广大的读者，让统计信息能在更大社会范围内实现共享，《中国统计信息报》在改办为周二刊一年多之时，报纸编委会一致通过，从1993年1月起更名为《中国信息报》，并同时改办为周三刊。这样，在组建报社仅5年的时间内，《中国统计信息报》走过了一条白手起家，艰苦创业，从试刊、创办周一刊、改办周二刊，到更名为《中国信息报》并改办周三刊的不断发展的历程。这段过程表明，《中国统计信息报》是通过“抓发展”来推动各项工作的，因而能在缺经费、缺经验、缺条件的情况下，不等不靠，凭着一种发展统计新闻事业，实现统计信息社会化的坚定信念，使这张报纸过一、二年上一个台阶。

为了充分发挥国家统计局以及全国统计系统的信息优势，中国统计信息报社在办好报纸的同时，还编辑出版了《统计资料》(内参版)、《中国社会经济统计快讯》；从1992年开始，创办了《中国国情国力》杂志；编辑出版了大型工具书《中国大中型工业企业》14卷；在北京中国革命历史博物馆举办了《中国工业的中流砥柱》大型影展。通过种种努力，力求全方位、多角度地利用好统计工作的信息成果，同时使统计新闻事业得到更全面的发展。

四、《中国统计信息报》的办报宗旨。

《中国统计信息报》是国家统计局主办的、以发布经济、社会和科技信息为重点的全国性综合报纸。为适应我国发展有计划商品经济的需要而创办的《中国统计信息报》，以党的改革、开放的方针为指导，充分开发和利用统计部门和社会各方面的信息资源，准确、及时、全面地向国内外读者提供各种信息，为各级领导机关、经济部门和企业的科学决策和管理提供可靠依据，为四化建设服务。在以经济信息为主体，全面发布经济、社会和科技各类信息的过程中，力求做到宏观与微观相结合，全局与局部相结合，中央与地区、企业相结合，使读者既能认识我国经济建设的总体和全局，又能了解商品供求、市场物价、企业状况及横向经济联合和发展中各方面的情况。作为以发布信息为主的全国性综合报纸，不能只是各类信息的简单拼凑，而应加强对重要信息，尤其是热点、难点问题的综合和分析，并发挥统计部门进行定量分析的优势，设置一些有特色的栏目，通过消息、通讯、社论、述评、短评、综述以及图片等形式，形成一个立体的、动态的、有深度的、大体能反映我国一定时期社会经济发展概貌的信息整体，使《中国统计信息报》成为一张信息量大、权威性高、可读性强的报纸。

五、《中国统计信息报》的版面安排及信息网络建设。

为落实以上办报思想，报纸的版面做了如下划分：

一版为要闻版：国民经济与社会发展的重大新闻和信息；统计系统的重大新闻和动态。以消息、述评、言论(社论、评论员文章及有关言论栏目)以及图片等形式为主。设“经济月评”、“热点透析”、“共和国之最”、“来自基层的呼声”、“一得之见”等栏目。

二版为经济版：有关经济建设和经济运行的信息及分析研究，包括企业微观经济信息、市场信息、政策及决策信息、地区及行业信息、对外经济贸易信息，对经济发展的预测及分析。设“调查报告”、“决策参考”、“行业信息”、“企业家论坛”、“未两绸缪”等栏目。

三版为统计、社会版：反映全国统计工作的重要消息和重要动态；反映社会经济发展和各种改革措施出台过程中，社会各方面的反应、心态及各种要求、各类问题。统计版设“地方统计局长笔谈”、“农调城调之光”、“凡人剪影”、“统计史话”等栏目；社会版设“社会经纬”、“文化长廊”、“随感录”等栏目。

四版为专版，包括：市场信息、理论信息、国际信息及副刊。分别设定一些相关栏目。

为保证4个版面及其所设各栏目有经常和可靠的信息来源，报纸在试刊时期即着手组织三个层次的信息网络。

一是国家统计局内部的信息网络。从局内各司的撰稿人中挑选成稿多且采用率高的同志担任本报通讯员，以保证各司业务范围内的重要信息能及时向报社提供。

二是在各省、自治区、直辖市和计划单列的省辖市统计局设立记者站，每年召开一次记者站工作会议，总结并布置工作，以保证各地经济、社会发展的重要信息能及时见报。

三是在驻京有关部、委、局及研究机构中物色通讯员或特约记者，就社会经济运行中的各种专门性问题进行较为具体而深入的报道。

六、《中国统计信息报》的特色及创刊四年来所取得的主要进展。

在一定意义上说，《中国统计信息报》的特色是与统计信息的特色紧密相关的。因此，与其他各类报纸相比，这张报纸具有以下两个较为明显的特色：

一是能够从总体和宏观上反映社会经济运行的趋势和轨迹。统计是通过大量观察来认识事物的本质和规律。统计信息是从总体、全局来反映事物的一定状态的。国家统计局及其各业务司所掌握的统计信息，大体均能从国民经济全局及各有关专业范围来反映社会经济的运行状况。《中国统计信息报》通过定期发布有关季度、半年以及全年社会经济运行状况的信息，并配之以“热点难点透析”、“经济月评”等专栏分析文章，或对重大问题组织专题讨论或连续报道，便能比较清楚地揭示一定时期我国社会经济运行的轨迹或趋势。《中国统计信息报》的这个特色，近几年差不多得到了从普通读者到专家学者以及中、高级决策人士的公认。

二是把新闻的用事实说话，进一步具体化为用带有确凿数据的事实说话，增强了新闻报道的说服力和权威性。从哲学上说，任何事物的发展都有一个从量变到质变的过程。从统计学和统计工作角度看，社会经济运行中的各种情况和各种问题，都有其特定的数量表现。如果说，改革开放之前我们经济工作存在着重视定性分析而忽视定量分析的弱点，那么自改革开放以来，尤其是最近几年来，我们的经济工作为提高宏观经济决策的能力，在重视定性分析的同时，强调了要重视定量分析。这反映在新闻报道上，便是有情况有数据，可信度高。不少读者反映，读《中国统计信息报》的主要感受是：内容实在，信息可靠，读后令人心中有“数”。

《中国统计信息报》以上两个特色，是在几年的办报实践中逐渐形成的。创刊以来，报纸在新闻业务上取得了以下几条主要的进展：

（一）在坚持正确的舆论导向的前提下，把正面宣传为主与如实反映社会经济的运行情况较好地结合起来。创刊以来的4年中，包括1989年春夏发生政治风波那段时期内，报纸始终坚持了正确的舆论导向，没有发生过任何不符合中央部署的报道。在中央提出了正面宣传为主的方针后，为贯彻这一方针，本报提出了报道的4条原则：一是在报道内容上着重反映改革开放和四化建设的成绩；二是在数量上应以报道成绩的新闻占多数；三是不能把正面宣传为主简单地理解为不反映现实生活中存在的问题，但反映问题的报道应从有利于改进工作的角度提出；四是一个时期的报道应能如实反映经济发展和社会进步的总趋势。这样，就使我们的报道大体做到了既坚持正面宣传为主的方针，又不是把报纸办得死板、枯燥，空话套话连篇，而是如实地向各界读者报道了社会经济运行中的成绩和问题。

（二）在开发独家信息方面有所前进。报纸贵在有独家新闻。统计系统拥有许多为社会各界所关注的独家信息，在开发这些独家信息方面本报不断地有所前进。例如1990年初，我们抓住各界读者在年末岁首希望了解过去一年社会经济运行的总体情况以及今后一段时期社会经济可能发生的变化这种心理状态，连续发表了一组对国家统计局几个主要业务司司长的专访文章，取得了较好的社会效果。

再如，从1989年9月开始，我们陆续刊发了我国以固定资产净值和利税总额排序的前500家大中型工业企业以及分行业分地区的前20名工业企业的排序材料，在社会各界引起强烈反响。1990年8月，运用最新资料按上述两个指标排序的首批100家大中型工业企业刚一发布，中央人民广播电台立即加以广播，新华社紧跟着发出电讯，《人民日报》及其海外版以报眼的显著位置加以刊登，《经济参考》等多家报纸亦加转载，之后索要资料者、要求咨询者更是纷至沓来，应接不暇。

在开发独家信息的过程中，我们逐步认识到，有关重大社会经济问题的排序信息，不但是国家统计局所拥有的独家信息，而且其开发过程往往还会引起相关信息深度开发的连锁反应。例如，1990年我们开发的粮、棉、油、肉一百强的信息见诸报端后，中央人民广播电台立即组织了对4个序列冠军县(市)的专题报道。该台新闻部主任形象地说：你们这个独家信息的开发，把整个新闻界都调动起来了。1992年开发的我国农业综合实力一百强的信息一发布，立即成了中央电视台、中央人民广播电台以及《人民日报》等全国性新闻媒介的头条新闻。

由此开发出来的独家信息，还通过召开新闻发布会的形式，在社会各界造成重大影响，使统计新闻事业的发展更加显得有声有色。

（三）报道的系统性有所加强。这几年通过组织报道的实践，我们逐渐认识到系统地组织报道的影响力远非零星、单项报道所能比拟。例如，1991年，我们利用统计系统在监测社会经济运行方面的特有优势，对广大读者所关注的社会经济形势进行了多种形式的系统报道。通过开辟“经济月评”栏目，及时地报道了各月经济形势的基本情况和主要问题；并对北戴河经济形势分析会进行了大规模的多角度的报道；之后，又对上半年经济形势发表了连续分析的系统文章。不少读者反映：读这样的统计新闻，就能系统地了解社会经济的运行状况，心里踏实。

（四）报道的深度有所加强。《中国统计信息报》在注重通过动态性信息来系统地反映社会经济运行状况的同时，又注重了对信息的深度开发，即在对动态性信息进行更深层次开发的基础上来组织报道。这种深度报道，着重抓3个标志：一是题材的重大性，二是内容的时效性，三是读者的关心度。由此组织了一系列的报道，例如，关于城市经济实力排序的报道，关于财政收入大县的报道等等，均在社会上引起强烈反响。其中有的在全国性的好新闻评选会上获一、二等奖。

在对统计信息进行深度开发的过程中，我们的认识也在不断深化，总结出以下三个步骤：1.有了对全国经济形势的全面报道，还应跟上专题性的报道；2.有了对某一专题的全面报道，还应跟上某些典型的地区性报道；3.有了综合性或资料性的报道，还应跟上有代表性的、有具体内容的报道。按照这个三部曲来组织报道，大体上能够加强统计新闻报道的系统性和深度性，从而强化统计新闻的社会效果。

（五）报道的可读性有所加强。新闻报道是否具有可读性，是其能否受读者欢迎的重要因素。统计新闻也不例外。然而，统计新闻往往是信息性有余，可读性不足。不解决这个问题，《中国统计信息报》就难以办好，统计新闻事业也难以得到长足的发展。3年来，我们在处理信息与新闻之间的关系时经常遇到几大矛盾，其中之一便是数据的枯燥性与新闻的可读性之间的矛盾。我们的解决办法大体是，抓住最能说明问题的少数几个主要数据，并把这些数据摆在一定的社会经济背景下来加以分析说明。由此写出了一些可读性较强的报道。例如，《地震预报在中国》、《洋货冲击波》、《税收咏叹调》，以及《"9.21"上海股市大揭盖》等等，在报社、局内和社会上均获好评。从实践中我们认识到，要加强统计新闻的可读性，必须抓好以下两个环节：一是题目的关心度高，最好能选择发生在人们身边的、与人们日常生活息息相关，甚至已成为街谈巷议的事情；二是要把握好一系列新闻手段，无论是素材的剪裁、语言的运用、角度的选择，还是层次的安排、内容的充实、信息的密集，均对作者提出了较高的要求。为了适应这一要求，就要相应提高编采人员及通讯网络的新闻素质。

（六）言论的战斗力有所加强。言论是新闻的三大文体之一。与消息、通讯相比，它有其特有的不可替代的地位和作用。作为报纸的旗帜和灵魂，它应富于战斗性。《中国统计信息报》在周一刊时言论较为薄弱。改办周二刊后，一方面加强了社论和评论员文章的撰写，同时又加强了短评、编辑点评及编者按的写作，同时还注意了配合形势开设必要的言论栏目。例如对于"两会"，过去因周一刊周期较长，难以进行任何报道。改办周二刊后，虽仍难以做动态性报道，但却及时开设了"两会漫议"言论栏目，对"两会"期间的一些重大题目进行了夹叙夹议的报道，受到报界同仁和各界读者的好评。为进一步加强报纸言论，拟在提高编采人员新闻素质的同时，大力提高理论、政策水平。

以上几方面的加强，扩大了报纸的影响力，提高了报纸的知名度。例如，1991年本报针对粮食丰收后仓储跟不上造成的一系列问题，派记者采写了《丰收之后储粮难》，受到农业部和商业部的好评，认为是各报同类报道中较有深度的。胡平部长甚至提出，希望本报能继《储粮难》之一、之二后，再发之三。另据在中央党校方面的省、部和地厅班学员反映，《中国统计信息报》是中央各部委所办报纸中最有看头的报纸之一，有的省、部领导把本报列为少数必读报之一。从理论界看，《中国统计信息报》成了中国社会科学院几个经济、社会研究所最抢手的报纸之一。从报纸在基层的影响看，在本报发表了一封揭露某地乡村不法分子欺压民众的群众来信后，该地司法机关以此为依据并经核实，采取了惩治村霸的行动，村民无不拍手称快。

总之，《中国统计信息报》在创刊4年的新闻报道中，把统计与新闻紧密地结合起来，这对于推动我国统计新闻事业的发展，起了应有的作用。

执笔：**郭道夫　陈　冰**　责编：**曾德权**

统计出版工作

中国统计出版社

1990—1991两年间，广大统计出版工作者，大胆探索，积极开拓，坚持"一手抓整顿，一手抓繁荣"的经营思想，进一步建立健全了各项规章制度，在宣传贯彻全国统计工作方针、政策，推广统计工作先进经验，普及和传播统计科学知识，提高广大统计工作者的政治思想水平、业务理论水平等方面作出了积极的努力，取得了很大的成绩。

一、统计期刊的出版日渐繁荣兴旺，针对性、时效性、准确性和可读性显著提高

（一）《中国统计》（月刊）是国家统计局指导全国统计工作的专业性刊物。它以各地区、各部门的统计工作者，特别是基层统计工作者为主要对象，内容以普及为主，兼顾提高。这几年，《中国统计》在如下几个方面得以进一步完善。

1.紧密配合全国统计工作的中心任务，及时地宣传报导统计工作的重大方针政策，促进统计工作改革的深入进行。这几年，《中国统计》紧密围绕全国统计工作会议、第四次全国人口普查、全国统计员资格考试、改革统计指标体系以及如何发挥统计整体功能等问题，通过综合报导、发表社论、人物专访等栏目和形式，让广大读者、尤其是统计工作者及时了解党和国家有关统计工作的方针、政策和国家统计局的工作方针和工作安排，充分发挥统计对全国统计工作的指导和推动作用。

2.立足统计系统，加强通联工作，丰富稿源，

提高刊物质量。几年来，《中国统计》全体采编人员除加强自身的编采能力和业务素质修养外，每年还分片召开全国通联工作会议，进一步密切编辑者同通联组和广大读者的联系，努力扩大《中国统计》的知名度和发行量。1991年，《中国统计》发行量达到了13.9万册。

3.挖掘内部潜力，增强刊物的适用性。"普及为主、兼顾提高、面向全国、重在基层"是《中国统计》的办刊方针。为更好地满足不同层次不同读者的需求，1991年《中国统计》辟有"经验交流"、"调查分析"、"统计战线"、"读者论坛"、"学习园地"、"信息指南"、"书评书讯"等栏目，力求反映广大基层统计工作者的心声，为广大基层统计工作者服务。

(二)《统计研究》是中国统计学会举办的学术性刊物，创办于1980年。它坚持以系统地介绍现代统计科学知识为主，为统计科学研究提供了一个"百花齐放、百家争鸣"的园地。其主要内容有：(1)马列主义经典作家有关统计方面的专题研究；(2)统计基础理论与统计发展历史的研究；(3)国民经济核算体系的研究；(4)统计法规的研究；(5)国民经济和社会发展情况统计资料分析与研究；(6)数理统计和数学方法的理论及其在社会现象研究中的应用；(7)联合国和世界各国重要统计制度、方法、技术的研究与介绍；(8)国内统计学术著作的评论与介绍；(9)国内外统计学术动态等。

(三)《统计译丛》是中国统计学会举办的学术刊物，创办于1991年8月。她坚持四项基本原则，贯彻"洋为中用"的方针，及时传播国外统计科学研究信息资料，以加强统计的对外联系，繁荣统计学术研究，为统计现代化和统计改革服务。

二、统计图书的出版有了长足的发展，形成以统计资料书和统计教科书为特色的统计图书系列

(一)为适应统计信息社会化的要求，加强了统计资料书的编辑出版和发行工作。在统计资料书出版方面，主要体现出如下三个特点：第一，保证重点统计资料书及时高质量地出版发行，为社会服务。《中国统计年鉴》、《中国统计摘要》、《国际经济和社会统计提要》的出版质量逐年得到提高。为配合社会主义和爱国主义教育，高质量出版了《奋进的四十年》这一大型综合性资料书。该书是建国以来公开发表的最全面、最系统、数据量最大、图文并茂的统计资料书，全面系统地反映了建国40年来的伟大成就。该书的出版发行，受到党中央、国务院和各级党政领导及社会各界的重视和好评。积极配合全国统计工作的开展，及时出版了多种专题性统计资料书，如《中华人民共和国1985年工业普查资料》、《中国1987年儿童情况抽样调查资料》、《中国第四次人口普查手工汇总资料》、《中国1982年人口普查10%抽样资料》、《中国1982年人口普查资料(电子计算机汇总)》、《中国人口地图集》、《"七五"期间国民经济和社会发展概要》等。

统计资料书出版的第二个特点是各专业统计资料书相继问世，品种逐年增加，为社会提供的信息量大增。主要有：《中国农村统计年鉴》、《中国分县农村概要》、《中国能源统计年鉴》、《中国物价统计年鉴》、《中国城镇居民家计调查资料》、《中国工业经济统计资料》、《中国贸易物价统计资料》、《中国建筑业统计资料》、《中国固定资产统计资料》、《中国社会统计资料》、《中国1982年全国投入产出表(试编)》等。

统计资料书出版的第三个特点是全国各地区统计年鉴的出版初步形成系列。随着统计优质服务的广泛开展和统计信息社会化的不断推进，各省、自治区、直辖市和计划单列的省辖市及一些重点城市统计局陆续编辑了本地区的统计年鉴，并交由中国统计出版社公开出版，向海内外发行。为搞好各地区统计年鉴的编辑、出版、发行工作，中国统计出版社做了大量工作：(1)制定《全国统计年鉴规范化方案》，对封面设计、框架结构与版式处理、文章撰写要求、统计表式的规范化及地方统计年鉴统一使用的基本指标等方面作了详细的要求。(2)召开了几届全国地方统计年鉴出版工作会议，对全国地方统计年鉴的编辑、出版和发行工作提出了一系列要求，并在会上举行了全国地方统计年鉴评奖活动，为统计年鉴的不断发展创造了一个激励机制和竞争环境，促进了各地统计年鉴之间的相互学习与交流。(3)坚持对各地统计年鉴的终审、终校原则，把好书籍出版的质量关。到目前为止，地方统计年鉴已覆盖全国30个省、自治区、直辖市以及部分计划单列的省辖市和重点城市，每年出版年鉴的数量在50种以上。这些地方年鉴的出版，为国内外提供了丰富的经济信息，成为当地党政领导和管理部门不可缺少的信息库和数据库，在本地区的社会经济发展中发挥了重大作用。

(二)积极配合统计教育和科研工作的开展，系统地有计划地出版了全国大中专统计教材和在职人员培训教材。这些教材大致可分为三类。第一类是高等学校统计专业试用教材和适用于大专院校的统计教学参考书，主要有《社会经济统计学原理教科书》、《社会经济统计学原理讲义》、《社会经济统计学原理习题汇编》及其《解答》、《工业统计学》、《商业统计学》、《物资统计学》、《统计平均分析》、《决策统计统计分析》等。第二类是中等专业学校统计专业试用教材和与之相应的教学参考书。第三类是

职业高中教材、电视函授用书以及在职人员培训教材。这些教材或教学参考书的出版，对传播统计科学知识、推动和促进我国统计教育事业的发展起到了较大作用。

(三)其他书籍的出版。根据我国统计工作者的实际情况，考虑到不同层次读者的不同需求，出版了统计普及读物，国内实用工具书，统计论著、译著，统计经验汇编等，包括《现代统计知识丛书》、《统计员自学丛书》、《统计分析与写作》、《英汉统计词汇》、《社会经济统计辞典》等，为普及统计科学知识、提高统计科研水平、促进统计工作的发展等起到了较好的作用。

三、统计出版制度更加完善，质量进一步提高，周期有所缩短，市场日益开拓

(一)建立健全各项规章制度，积极探索企业化管理。在国家出版方针政策的指导和国家统计局的领导下，中国统计出版社结合具体情况，实施定额目标管理的岗位责任制，详细制定了书籍编、印、发流程表，明确各部门岗位责任，密切各部门关系，使全社工作走上了制度化管理的轨道。与此同时，还注意加强全社人员的政治思想教育，重视员工业务理论的加强和实际工作能力的提高，充分调动全社人员的积极性，为定额目标的实现打下坚实的基础。

(二)以抓重点书为中心，狠抓优化选题，全面提高书刊质量。质量是出版社的生命，是一个出版单位取得声誉和社会地位的法宝。中国统计出版社在优化选题、调整结构、提高质量方面做了积极的努力。《中国统计年鉴—1992》首次采用激光照排，社领导重视，各环节的工作计划周密，并积极配合国家统计局综合司和印刷厂的先期录入工作，使该书仅用一个半月的时间就与广大读者见面了。

(三)抓印刷管理，缩短图书周期。加强印刷管理是提高书籍质量的重要环节之一。中国统计出版社出版部的同志从加强内部管理入手，积极配合各部门的工作，密切同印刷厂的联系，加强书籍印刷管理。在出书品种逐年增加的情况下，全社出书平均周期逐年缩短，质量提高。除上所述《中国统计年鉴—1992》仅用1个半月出书外，《“七五”时期国民经济和社会发展概况》和《中国统计摘要—1992》的出书时间分别为1个半月和1个月，其质量都在不同程度上有所提高。

(四)积极开展宣传工作，疏通统计书刊发行渠道。在充分发挥新华书店主渠道作用的同时，中国统计出版社采取自办发行、设点代销、上门服务以及参加有关展销活动等形式，极力开拓统计图书市场。通过召开统计图书发行座谈会等形式，依靠各地区统计局有关单位的支持与协作，中国统计出版社初步建立起了统计系统的发行网络。年图书销售额呈上升趋势，库存逐年减少。此外，为实现国家统计局提出的发行“两步曲”的目标，中国统计出版社积极扩大对海外的宣传，采取灵活多样的合作方式，几年来对外销售额逐年增加，为中国统计走向世界、为统计书刊广销海外打下了良好的基础。

执笔：**成义平**　责编：**曾德权**

附：

中国统计出版社新书简介

《中国统计年鉴—1991》

国家统计局编

《中国统计年鉴》是一部全面反映我国经济和社会发展情况的资料性年刊。该书创刊于1982年，《中国统计年鉴—1991》内容主要包括行政区划和自然资源，综合，人口，劳动力和职工工资，固定资产资产投资，财政，物价，人民生活，农业，工业，能源和物资，运输和邮电，建筑业，商业，对外经济贸易和旅游，金融和保险，城市概况，教育、科技和文化，体育、卫生、社会福利和其他共19个部分。另附有台湾省主要经济指标和我国经济、社会统计指标同世界主要国家和地区比较。各篇末配有“主要统计指标解释”，主要篇章还配有统计图表。为方便国外读者使用，从1991年起还编译了英文目录。从1991年起，《年鉴》采用数据库自动编辑系统编辑，激光照排，胶版印刷，提高了质量，缩短了周期。

《中国统计摘要—1991》

国家统计局编

《中国统计摘要—1991》是一本反映1990年我国国民经济和社会发展情况的综合性资料年刊。《中国统计摘要—1991》简要地列入了1978年以来国民经济各部门的主要统计指标数字，分为综合、人口和劳动力、固定资产投资、财政、物价、人民生活、农业、工业和能源、运输邮电业、建筑业、商业、外贸和旅游、教育科学文化卫生体育等部分。与《中国统计年鉴》相比，《中国统计摘要》具有出版及时，资料简明扼要，可操作性强的特点。这既便于广大读者及时了解掌握本年度国民经济和社会发展的基本情况，同时又可根据有关资料，进行历史对比，综合研究、分析国民经济各部门的运行情况，把握国民经济运行的总体趋势。

《“七五”时期国民经济和社会发展概况》

国家统计局编

《“七五”时期国民经济和社会发展概况》一书既是《“六五”期间国民经济和社会发展概况》的自然延续，也是“七五”时期国民经济和社会发展情况的缩影。本书对“七五”时期的经验教训进行了总结，内容基本上可以分为两类：一类是专

题报告，它以通俗易懂的文字和对各专题经济情况的深层次分析，展示了国民经济总体运行状况和各行各业发展情况；一类是统计资料，它以准确、全面的数字形式，向人们提供了国民经济方方面面的统计指标。

《中国1990年人口普查10%抽样资料》

国务院人口普查办公室编

《中国1990年人口普查10%抽样资料》共分11卷，汇集了第四次全国人口普查10%抽样的主要资料。其内容包括综合资料和分指标详细资料，共124张表。

本资料所编辑的是10%计算机提前抽样汇总数据，这次10%提前抽样是在全国各县(市)范围内，以普查区(居民、村民委员会)为样本单位，按照地址编码的排列顺序，采用随机、等距、整群的抽样方法，抽取10%样本单位，在大陆30个省、自治区、直辖市共抽取113187605人(未包括解放军现役军人和福建省的金门、马祖等岛屿)，人口抽样比为10.1%。对此，在资料书的附录部分有详细说明。

本资料包括了这次人口普查21个普查项目的交叉分组的详细资料，数据量大，内容丰富、详实，对全国和省级都有很强的代表性(所有数据均为10%抽样数据，未推算全国总数，请读者使用时注意)。但由于抽样误差所致，少部分表中交叉分组过细的项目和地区分布不均匀的项目的数据代表性较差。故请读者使用时慎重参考，不要对某一数据简单地扩大10倍就使用。另外，为读者使用方便，本资料还就某些指标按口径不同进行了分别汇总，如分市、镇、县表人口，就有含市辖镇和不含市辖镇两种，等等。

作为权威性的《中国1990年人口普查10%抽样资料》一书，充分体现了在党中央、国务院的正确领导下，我国在人口问题上所取得的巨大成就以及在控制人口增长方面作出诸多努力后的现状——人口问题仍是一个阻碍我国现代化发展的大问题，控制人口数量、提高人口素质需经几代人的努力，其重责的艰巨性和长远性是不容乐观的。

《治理整顿中的中国经济与统计》

郑家亨　著

《治理整顿中的中国经济与统计》一书是国家统计局副局长郑家亨同志在治理整顿期间对我国经济问题和统计问题讲话、文章的一个集子。就其内容而言，体现了作者对治理整顿的系统而深入的思考，具体包括对治理整顿必要性的思考，对加强和改善宏观调控的思考，对社会主义市场经济的思考，对发展农业问题的思考，对发挥统计整体功能的思考，等等。本书的特点在于具有很高的理论性和可操作性。作者把马列主义的基本原理和我国经济生活的实际结合起来，坚持以全面的、联系的、发展的观点来分析问题。言之有物，言之有据，言之有声，言之有理。

《经济统计学》

黄良文　林嗣明　编著

《经济统计学》是全国统计教材编审委员会审定的高等学校文科教材。内容主要包括：经济统计学的对象和方法，国民经济分类及其指标体系，社会人口和国民财富统计，社会生产总量统计，社会成本和价格统计，国民收入统计，财政信贷与资金流量统计，国际收支统计，国民经济综合平衡分析，国民经济结构与发展分析。

本书的特点在于作者经过广泛的调查研究，吸取了统计科研最新成果，根据我国统计工作的实际，同时又广泛征求专家、学者的意见，在试用成熟的基础上形成的。因此，体现了理论与实践的较好结合。本书以社会生产的各个环节为基本框架，以微观经济统计为起点，以宏观经济核算为归结，因此具有较强的适用性。

《决策统计分析》

[美]M·汉伯格　著　　谢鸿光等　译

《决策统计分析》(Statistical Analysis for Decision Making)是一本在美颇有影响的统计教科书，中译本是根据原著的第4版译出的，并由全国统计教材编审委员会确定为高等院校文科教学参考书。本书一是内容全面丰富。其内容可概括为描述统计、应用抽样方法、时间数列、非参数统计、决策统计分析以及古典统计学与贝叶斯统计学的比较。二是概念清晰明了。利用具体的实例和严密的逻辑推理来具体地刻画这些内容，并且对取得的统计结果赋予相应的经济含义。而且所举的实例都属于分析和管理决策问题。三是方法实用多样。本书的侧重点是统计方法的适用性。本书对统计的涵义就是这样概括的："统计既是一种理论，也是许多分析方法的总称"。在介绍统计方法方面，本书特别注意方法的多样性、适用性、适用条件以及可操作性。

《多指标综合评价方法的系统分析》

邱　东著

《多指标综合评价方法的系统分析》一书主要包括：(1)常规多指标综合评价方法的系统分析；(2)模糊综合评判方法应用的系统分析；(3)多元统计方法用于多指标综合评价方法的系统分析；(4)多指标综合评价方法综述。

该书首次将不同学科的不同方法应用于不同具体问题的多指标综合评价案例，从功能的角度归结为一个新的系统进行分析，把系统内的各种方法所具的共性抽象起来，升华为一般原理和原则，并构建了多指标综合评价方法系统的基本框架，填补了理论和实践发展的许多空白，是一部优秀的统计方法论著作。

《在沃土上》

《中国统计》编辑部　编

《在沃土上》汇集了《中国统计》几年来所刊载的部分优秀文章。该书编者从文章的理论价值、实际内容及文章的可操作性方面出发，对读者评出的佼佼之作进行了认真的筛选。从而使所列文章具有结构严谨、条理清晰、文笔流畅、可读性强的特点。对经济工作和统计工作能起到启发、借鉴和指导作用。

中国统计出版社部分新书目录

中国统计年鉴——1991

国家统计局　编　　定价：39.00元

中国统计摘要——1991
　　国家统计局 编　定价：3.90元
“七五”时期国民经济和社会发展概况
　　国家统计局 编
中国1990年人口普查10%抽样资料
　　国务院人口普查办公室　编
中国人口统计年鉴——1991
　　国家统计局人口司　编　定价：38.00元
中国工业经济统计年鉴——1991
　　国家统计局工交司　编　定价：38.00元
中国能源统计年鉴——1991
　　国家统计局工交司　编　定价：44.00元
中国国内市场统计年鉴——1991
　　国家统计局贸易物资司　编
　　定价：22.00元
中国农村统计年鉴——1991
　　国家统计局农村社会经济统计司　编
　　定价：13.40元
中国城市统计年鉴——1991
　　国家统计局城调队　编　定价：48.00元
中国物价统计年鉴——1991
　　国家统计局城调队　编　定价：23.00元
中国劳动工资统计年鉴——1990
　　国家统计局社会司　编　定价：9.50元
中国社会统计资料——1990
　　国家统计局社会司　编　定价：6.00元
中国儿童状况的调查与研究
　　中国儿童状况抽样调查办公室　编
　　定价：65.00元
中国投入产出表(1987年度)
　　国家统计局国民经济平衡统计司　编
　　定价：65.00元
1990年中国城镇居民家庭收支调查资料
　　国家统计局城调认　编　定价：19.50元
中国分县农村经济统计概要——1990
　　国家统计局农调认　编　定价：55.00元
商业统计学
　　刘都庆　主编　定价：3.60元
国民经济核算
　　徐向新　著　定价：4.20元
经济统计学
　　黄良文　林嗣明　编著
治理整顿中的中国经济与统计
　　郑家亨　著
中国八十年代统计改革与发展
　　郑家亨　主编　定价：22.00元
多指标综合评价方法的系统分析
　　邱　东　著
决策统计分析
　　谢鸿光　等译
中国城镇住房：理论、实践与改革新思路
　　蔡德容　著　定价：9.80元
常用统计数表
　　钟守洋　等编　定价：20.00元
在沃土上——《中国统计》优秀文章选编
　　《中国统计》编辑部　编　定价：6.30元
优秀统计分析报告与写作体会(1989—1990)
　　国家统计局综合司　编　定价：9.20元
统计分析报告写作纵横谈
　　钟沛然　著　定价：3.85元
统计新闻写作指南
　　国家统计局综合司　编　定价：4.70元
经济应用文
　　钟沛然　著　定价：1.90元

统计财务管理

国家统计局财务基建司

1990—1991年，是统计事业蓬勃发展的两年，统计工作的面貌发生了很大的变化，统计后勤保障也有一定加强。尽管这两年国家财政十分紧张，大力压缩各项行政事业经费，但国家拨付的统计事业费基本上维持了上年水平并略有增加。为了完成第四次全国人口普查，国家拨出专项资金。统计院校的教育经费也有较大幅度的增加。

在国家财政比较困难，仅靠中央支持统计工作条件一时难以改善的情况下，各级统计部门在开展优质服务的基础上，积极探索多层次、多渠道筹集统计业务经费和基本建设投资的路子，积累了一定的经验，取得了明显的效果，这是几年来统计工作的基本经验之一。李鹏总理在1991年1月26日与参加全国统计工作会议的代表座谈时指出，“统计所需要的经费要靠国家和地方政府等多渠道来解决，光靠国家一个渠道是困难的。”从实际情况看，解决统计事业所需资金的渠道主要有：财政部、国家计委每年核定的统计经费和基建投资，地方各级财政和计委拨给的各种资金；在自力更生基础上积极争取外援，解决了一些计算机等设备；与有关部门联合进行统计调查，分担一些统计经费；面向社会开展统计有偿咨询服务，收取少量费用；个人集资建房等。

建设统计信息自动化系统是统计事业发展中的

一个关键，面对建设资金严重不足的困难，国家统计局确定了“微机起步、由小到大、逐步发展”的建设方针，采取了多渠道筹集资金的办法，到1990年底，县以上各级统计部门基本上配备了微机；绝大多数地市一级配备了超级微机；部分省市配备了小型机；国家统计局配备了中型机，全国微机拥有量已达近万台，总价值两亿多元。这笔数额可观的建设资金中，有国家计委专项投资5 000万元，财政部专项拨款4 500万元，各级地方资金1亿元，第四次人口普查国际援助资金560万美元，以及其它资金。而机房建设和改造费用，基本上是靠各地方解决的。

统计部门职工住房和业务用房短缺十分突出。从1988年开始重点安排新增事业编制6 000人的用房，按人均1万元的水平安排基建投资，到1991年已全部拨付，经过各地多方面筹措建设资金，4年来实际建房49万平方米，其中住房42万平方米，累计完成投资1.8亿元，可解决8 000人的居住和部分业务用房。为改善县级统计部门职工的住房状况，探索国家补助少量投资帮助解决住房的办法，1991年在部分省进行了试点。从试点情况看，国家给予的少量补助投资普遍起到了“催化剂”的作用，调动了地方单位和个人的积极性，收到了投资少、效益高、速度快的效果。据辽宁、吉林、河北、山西、江西、陕西、甘肃等7省的统计，1991年对65个县补助投资115万元，筹集地方、单位和个人建房资金494万元，解决住房383套，平均投入国家资金1万元，调动各方面资金4.3万元，特别是与房改相结合，个人集资比例增大，是解决住房的行之有效的办法。

两年来，各级统计部门认真贯彻执行国家的财政方针和财务制度，加强财务监督检查，努力为统计事业的发展提供财力支持。

一、坚持多层次、多渠道筹集统计经费

统计事业费上划之初，一些同志认为统计经费靠上级统计部门解决有了保障，放松了多方面争取经费的努力。1986年全国统计工作会议，根据一些单位的经验，指出“有些地方在两个上划(编制和统计事业费)的基础上，探索多层次、多渠道解决编制和经费的路子，取得了良好的成效”。1988年全国统计工作会议，在总结党的十一届三中全会以来统计工作的经验时，进一步肯定了多层次、多渠道解决统计事业费的经验。1991年全国统计工作会议则把这一做法作为我国统计工作的基本经验之一。

回顾几年来统计工作的发展历程，可以说多层次、多渠道集资有其客观的依据。这是因为，现行统计管理体制是“统一领导，分级管理”，各级统计部门既是全国统一的统计系统的组成部分，又是当地政府的组成部分。从另一角度看，我国是一个大国，经济发展不平衡，各级党和政府都担负着管理和发展本地区国民经济的责任，需要统计部门提供多层次、多方位的优质服务，以满足分层决策的需求。随着改革开放和社会主义现代化建设的发展，统计在为社会公众服务方面发挥着越来越重要的作用，各种形式的统计咨询服务和委托统计调查不断增多。总之，统计部门担负着为中央、为地方、为社会公众服务的重任，三付担子一肩挑。因此，开展统计工作所需要条件，也必须而且应该多层次、多渠道地加以解决。国家实行的财政“分灶吃饭”和社会资金多样化，也为统计部门多层次、多渠道筹集资金提供了可能。

几年来的实践还告诉我们，大办开放式统计和开展优质服务是多层次、多渠道筹集经费的前提。李鹏总理在1991年初与参加全国统计工作会议的代表座谈时强调指出：“首先你们要做好工作，工作做好了，各级党政领导觉得离不开统计，对他们的决策起了很大作用，他们就会支持你们的工作。”李鹏总理的指示既高度概括了各地的实践经验，又指明了今后努力的方向。两年来，各级统计部门勇于承担任务，积极开展工作，搞好优质服务，受到了党政领导和有关单位的好评，为多层次、多渠道筹集经费创造了良好的条件。

二、落实计算机更新经费的筹集、管理和使用

经过几年的艰苦努力，全国统计部门初步建立了信息自动化系统，已拥有近万台微机和少量中小型机。为保证计算机的正常运转，急需解决现有微机的维护和更新，为此，1990年国家统计局和财政部联合发出《关于解决统计部门计算机更新经费问题的通知》。《通知》规定，统计部门计算机更新经费采取以地方财政为主，中央补助为辅和单位筹集相结合的办法解决。同时明确了“更新经费的管理办法”。《通知》发出后，多数省、区、市统计局与财政部门进行了商讨，有些与地方财政部门联合发文提出了解决办法和落实措施。一些已争取到更新经费的地区按照“管理办法”的规定，建立管理小组，明确有关部门的分工和职责，制造切实可行的管理使用实施细则，并根据现有计算机的实际运行情况，研究制定更新计划，逐步实施。计算机更新经费是专项管理经费，不用于扩大计算机的配置，也不向下平分资金，更不准挪作它用。否则，计算机设备的技术状况难以改善，机械故障将越来越多，从长远看，难以保证系统的正常运转。

三、建立统计事业周转金，探索预算资金有偿使用的新路

为了适应改革开放的新形势，支持多渠道筹集统计经费，1991年选择电子排版印刷系统试行预算资金有偿使用的办法。

国家统计局制定的《国家统计信息自动化系统总体规划》，要求运用现代化信息技术，逐步实现数据采集、处理、传输、存储、分析使用、输出等各环节的自动化。以计算机为依托，采用激光排版和胶版印刷，可大大缩短统计资料的出版周期，并能节约人力、物力、财力，提高质量。经过“七五”期间的建设，地市以上统计部门计算机的配套和技术力量，已有一定规模，基本上具备了实现统计资料编辑、排版自动化的条件。另一方面，随着统计资料印刷出版数量不断增多，特别是第四次人口普查资料的印刷出版数量巨大，在地市以上统计部门逐步实现联机输出照排出版也势在必行。

为了支持各地建立电子排版轻印刷系统，1991年国家统计局建立了统计事业周转金制度。即改变过去那种不论条件、不讲效益、吃“大锅饭”的办法，采取有偿使用的办法，低息借给具备条件的单位使用，取得效益后，分年偿还，本息收回后再借贷给别的单位。1991年共支持26个省和一批地市统计局建设电子排版轻印刷系统，取得了很好的效果。

四、继续做好固定资产的清理和管理

根据国务院《关于加强国有资产管理工作的通知》(国发[1990]38号)的要求，“八五”期间要在全国范围内有计划地开展清产核资工作，国有资产管理局准备对行政事业单位先行开展清查登记。为了做好准备，打好基础，1990年在全国统计系统布置了对固定资产的清查，取得了一定的成果。通过清查，初步摸清了家底，使固定资产得到了合理、有效的利用。山西、辽宁、安徽、宁夏等省在清查的基础上，建立健全了管理办法。但仍有一些单位的固定资产管理比较混乱，家底不清，帐、证、卡、实物不符的现象依然存在。为此，1991年国家统计局又发出了《关于进一步加强统计部门固定资产管理的通知》，对固定资产管理作了多方面的具体规定。要求各地深入宣传清理和加强固定资产管理的重要性和迫切感，克服“重钱轻物”的思想，把加强固定资产管理作为机关廉政建设的一项重要考核内容。同时必须完善固定资产管理制度，做到购进、调出、调入、报废都有严格的手续，使固定资产的管理科学化、规范化、制度化。

五、初步实现财会工作电算化

长期以来，会计核算一直是手工操作，效率低，时效性差，核算质量不高。在统计部门已普遍应用计算机处理数据的情况下，更增强了改革的必要性。1991年，首先在决算报表上实行电算化，经过论证选定UFO软件在微机上运行。为此，举办了两期培训班，对省级财会人员进行培训。1991年决算报表在省级以上统计部门已实现利用计算机处理上报软盘，摆脱了手工汇总的繁重劳动，深受广大财会人员的欢迎。数据的质量和及时性也都好于往年。当然，财会工作的电算化，只是一个开端，其深度和广度都有待提高。

六、开展会计工作达标考核

为了加强统计部门财会工作基础建设，逐步实现规范化、现代化、科学化，根据财政部的要求，结合统计部门的具体情况，拟定了《统计事业费二级预算单位会计工作达标考核试行办法》和《统计部门会计工作达标验收办法》。1990年4月召开的全国统计部门财务工作会议对此进行了具体部署，要求在三年或稍长一些时间内实现统计部门会计工作全部达标。会后，许多省(区、市)召开了会计工作达标会议和培训会议，认真开展达标活动。1990年国家统计局对山西、辽宁、江西三省的统计部门会计达标工作进行了考核验收。1991年又对8个省统计部门会计达标工作进行了验收。

1991年，国家统计局开始考核验收二级预算单位会议工作达标，将基本建设会计工作纳入考核范围。具体考核内容包括：各省(区、市)二级预算单位及计划单列市统计局要设有基本建设会计岗位，并要做到帐、证、表相符，报表及时、完整、准确，档案保管良好，符合会计工作达标要求。基本建设会计工作不符合会计达标要求的，省二级预算单位会计工作将不能达标。

为搞好统计部门二级预算单位会计升级工作，国家统计局下发了会计工作升级问题的通知。到1991年底，只有少数基层核算单位经当地财政部门考评上了等级，多数二级预算单位会计升级工作尚在进行中。

执笔：**梁 青** 审稿：**王济来** 责编：**刘 恒**

统计信息咨询服务

中国统计信息咨询服务中心

面向国内社会公众和国外客户提供信息咨询服务是有计划商品经济发展对统计工作的客观要求。广泛开展统计信息咨询服务，不仅可以促进统计信息社会化、商品化，使大量统计信息得到充分利用，产生良好的社会效益和经济效益；而且能密切统计部门与社会各界的联系，提高统计部门的社会声望，扩大统计工作的影响。

1990—1991年，统计信息咨询工作在进一步明确指导思想的基础上努力开发统计信息资源，面向社会、面向企业，提供了各种形式的信息服务，开始建立咨询服务数据库；承接与开发咨询项目调查和撰写调查报告；认真做好英文版《中国统计年鉴》、《中国统计摘要》、《中国统计月报》等统计书刊的编译、出版、发行工作；健全与发展全国统计信息咨询服务网络，发挥网络的群体功能；开展全国统计信息咨询人员培训工作，促进了统计信息的社会化、商品化进程。

一、进一步明确了指导思想，提出了发展目标

1990年11月国家统计局在湖北省宜昌市召开了第四次全国统计信息咨询工作会议。会议在总结前几年开展统计信息咨询服务工作经验的基础上，进一步明确了统计信息咨询服务工作的指导思想：努力开发信息资源，面向国内外用户提供多品种、高质量的统计信息产品，促进统计信息社会化、商品化的进程，为发展有计划的商品经济服务，为对外开放服务，为社会主义现代化建设服务。并提出了统计信息咨询服务工作的发展目标：通过统计信息服务和统计咨询服务，使各级统计信息咨询服务中心成为统计部门面向社会公众服务的窗口，成为信息型、智力型、经营型相结合的机构。统计信息咨询服务机构以国家统计系统掌握的大量的社会、经济、科技信息为基础，通过统计信息咨询服务网络，面向国内外社会公众提供统计信息咨询服务，承担各类专项调查，进行分析研究，提供高水平的可行性分析和预测报告。统计信息咨询还要提供统计制度方法和计算技术咨询服务。指导思想的明确和发展目标的确立，有力地促进了统计信息咨询工作的发展。

二、积极为企业提供统计信息咨询服务，受到企业欢迎

两年间，中国统计信息咨询服务中心除了继续做好固定服务户、对外开放资料室日常接待、有关用户的专项服务等工作外，重点抓了面向基层企业的《统计信息快讯》系列资料的编发。其内容包括：(1)家用电器，(2)电风扇、电冰箱、洗衣机，(3)电视音响，(4)自行车、缝纫机、钟表，(5)汽车，(6)建材，(7)纺织产品，(8)物价等共8本，按月或按季向用户提供，1991年用户达430户，比上年增加180户。资料内容包括产品产量、企业产品产销存、商业商品购销存、城乡居民商品消费量以及进出口数量等统计资料。而且还开设了综合分析、报刊摘编、国际动态、外电报导、产品介绍和用户反响等栏目。《统计信息快讯》沟通了与基层企业的联系，拓宽了咨询中心业务领域，受到了企业的欢迎。

咨询中心还与有关单位大力合作，共同攻关，“中国进出口统计资料查询服务数据库”终于建成并验收投入使用。该库按半年和年度收集、查询、调用中国进出口商品统计资料，具有灵活分类检索能力，即按进口国别、出口国别、全集的或子集的信息等文件分类实现检索功能，能够以报表式软盘形式提供服务，为提高统计咨询服务工作水平发挥了重要作用。

三、进一步开展咨询项目调查，并开始为用户撰写与提供咨询报告

1990年，4种家电产品10 800个住户抽样调查，基本上弄清了电视机、电冰箱、洗衣机、电风扇4种产品的拥有状况、市场需求以及用户的反馈信息，结合国际市场的动向提出了行业发展建议，受到了各界好评。1991年，为了配合“质量、品种、效益年”的活动，着重从销售角度进一步了解家电市场回升趋势与存在问题，为生产经营单位提供决策信息。在全国进行6种家用电器(电视机、电冰箱、洗衣机、电风扇、录相机、吸尘器)分月的销售状况调查，选定63个重点城市的105家大中型商店作为调查单位，运用调查资料进行分析研究，提出咨询报告，以此作为1990年家电住户调查的后续信息系列产品。

1991年利用统计信息咨询服务网络，组织全国办公自动化设备的市场调查，采用分层二相随机抽样方法，对微机、复印机、传真机3种产品的拥有量、用户使用情况以及市场需求趋势进行抽样调查分析研究。在调查数据处理的基础上，会同行业主管部门，聘请大专院校专家，进行分析论证，撰

写咨询报告，为有关的管理、科研、生产、销售以及维修部门，提供了市场信息咨询意见。

此外，还为用户提供了中国钢铁市场、中国食糖市场和中国染料行业市场等调研报告。

四、进一步拓宽统计资料领域

经过几年的工作实践，翻译质量不断提高，统计指标表述逐渐规范，受到广大读者欢迎。1991年统计年鉴中数据调整比较多，表式变动比较大，编译制作工作由原来的外方为主改由咨询中心为主，减少了中间环节，降低了制作成本，保证了时效，同时也锻炼和增强了自身的编译能力。《中国统计摘要》英文版的制作和发行比上年提早了1个月，保证了出国访问赠送的需要。1991年英文统计月报进行了计算机编辑处理，调整了售价，扩大了用户。当前，国内外用户对反映国民经济动态发展的信息需求日益增多。为了满足外商和驻华使馆的信息需求，咨询中心已着手论证采用数据库技术，除定期向用户提供英文《月报》外，还可向客户提供不同内容、不同形式(印刷品、传真、磁盘等)的月度信息，以扩大销路，争取为更多的用户服务。

1991年的各项专业统计年报编制工作大大改进。为了提高统计年报质量、降低成本、保证时效，开发和编制了自动排版软件，将有关专业司、队提供的以Lotus-123、Wordstar等软件形式的年报数据文件转化为华光激光照排系统使用的小样文件，自动生成年报版面，其日处理速度由原来的10—15页提高到100—150页，排版费用大大降低。

1991年还同香港DDB公司合作，编纂了《中国投资向导》一书，向台湾、港澳地区和外国工商企业人士提供资料，使读者对中国沿海开放城市、经济特区和经济技术开发区的现状、发展前景和投资环境有一个比较全面的了解，该书可作为对华投资、合作开发的论证依据。全书分为4部分：(1)概况，记载1978年以来中国对外经济开放工作大事以及对外开放地区的发展进程；(2)投资法规、条例；(3)有关统计资料，即利用外资、国际收支、对外贸易统计资料以及3 300多家投资额在百万美元以上的合资、独资企业名录；(4)附录，有涉外机构及通讯一览表等资料。

五、健全国内信息咨询网络，逐步建立国际信息咨询网络，扩大国外业务往来

在第四次全国统计信息咨询工作会议的推动下，各级统计部门领导进一步重视信息咨询服务工作，积极支持与扶助，建立机构，配备人员，因地制宜地指导工作。目前，除西藏外的29个省、自治区、直辖市和14个计划单列市统计局都成立了统计信息咨询服务中心或部，有些地市级统计部门也成立了信息咨询机构。一年来中国统计信息咨询服务中心积极发挥系统网络的优势，联合承担大型市场调查，加强了系统网络的发行功能，重点城市利用网络联合开发行业对比资料。各级统计信息咨询部门本着“自愿互利、团结协作”的精神，开展上述活动，增加了整个系统的凝聚力，互相间关系比较融洽。1991年咨询中心还组织北京、吉林、湖北、江苏4省市咨询中心负责同志去新加坡考察，洽谈合作项目，推动了有关省市开展对外信息咨询服务工作。

咨询中心的国外业务往来继续扩大，同美、日等20多个国家的老客户的合作关系得到巩固和发展。日本经济新闻社是咨询中心较早的固定客户，1991年又续签了合作协议。国际茶叶协会、国际羊毛局、美国菲利蒲能源公司、日本制钢株式会社、玛克瑞士公司、香港基金中国经济研究所及20多个国家驻华使馆商社等单位都是咨询中心按月提供统计信息的固定服务户。在北美、西欧地区正在寻找新的合作伙伴，有的通过接触，双方有进一步合作的意向。

六、采取多种形式，积极组织培训，提高咨询干部业务素质

澳大利亚统计局统计信息咨询服务工作开展较好，值得借鉴。利用澳大利亚统计局3位专家访华机会，国家统计局组织全国各地从事统计信息咨询服务工作的近90人与澳方3位专家共同研讨开展统计信息咨询服务工作的有关问题，澳方详细介绍了澳大利亚统计局统计信息产品销售与统计数据传播手段和方式，以及统计信息商品化和计算机应用水平与发展进程，从而使我们开阔了视野，拓宽了思路，增强了对统计信息咨询服务工作规律的认识。此外还邀请天津大学管理工程系教师讲述市场学基本概念与市场营销组合，分析介绍了产品策略、价格策略、销售渠道与促销手段等具体内容；邀请香港镭射电脑公司彭泓基先生讲授市场销售问题等。这些对大家增强市场意识，探索以市场需求为导向，结合现有信息资源开发利用，推出适销对路的信息产品，改进工作颇有启示，为提高咨询中心干部业务素质发挥了重要作用。

执笔：**张英华**　责编：**曾德权**

国际统计合作与交流

国家统计局外事司

1990—1991年，国家统计局不断加强同各国政府统计机构、民间团体之间的合作与交流，积极同联合国各下属机构等国际组织发展合作关系，有效地促进了中国统计事业的发展。

双边统计合作

国家统计局从1979年开始双边性质的国际统计合作与交流，到1991年底，已同日本、美国、加拿大、意大利、法国、挪威、德国、芬兰、匈牙利、古巴、巴西、澳大利亚和原苏联等13个国家的政府统计部门、民间团体、学校、研究机构达成了近20项统计合作协议或交流计划。其内容主要为交换统计资料，统计专家或代表团互访，邀请外国专家来华讲学，以及派遣人员出国学习或进修。1990年和1991年两年，通过双边交流渠道，共接待国外来访团组18个50余人，安排6批共11名外国专家来华讲学，派出出国考察和出席会议团组37批111人，派往国外接受培训和进修人员共22批，近100人。

一　日本

(一)日本第十次统计代表团访华

中日两国政府统计部门早在1980年就达成了每年互派代表团访问的协定。根据这一协定，由日本总务厅统计局统计调查部长小山弘彦先生率领的日本第十次代表团一行四人于1990年6月25日至7月7日来我国考察统计工作。

日本代表团的这次来访，主要是了解我国第四次全国人口普查和统计教育现状等问题。国家统计局人口司和计算中心负责人分别向日本外宾介绍了有关人口普查准备工作的情况，请他们观看了“人口普查宣传日”录相片。7月1日0点是我国第四次人口普查的标准时间，日本代表团于这天上午来到海淀区青龙桥街道，观察了普查员在居民家中进行人口普查登记的情况。日本代表团还听取了培训中心负责人对中国开展多条渠道、多种形式的统计培训工作的介绍，认为电视函授教育是一种好办法。

除北京外，日本代表团还在西安访问了西安统计学院，在桂林实地考察桂林市郊区的人口普查登记情况，在上海了解了人口普查情况。

(二)中国第十一次统计代表团访日

国家统计局局长张塞率领中国第11次统计代表团一行5人于1990年9月27日至10月6日访问日本总务厅统计局。这次访问的主要内容是中日统计局负责人总结10年来中日统计合作与交流的成果，磋商中日统计局之间进一步加强友好合作关系，考察日本国势调查、投资统计工作、统计政策、法规制定和实施。

国家统计局局长张塞和日本总务厅统计局局长井出满对过去10年间中日统计合作与交流取得的成果表示满意。双方就1990年至2000年中日统计合作达成一致意见如下：

中日统计考察团互访问题。双方原则上同意每年互访1次，除考察以外，对方尽可能安排专题性讲演和研讨。统计局将积极努力，促进中国省级和日本都道府的统计交流活动；待时机成熟后，地方统计交流列入中日两国统计交流活动计划之内。

统计工作人员进修问题。日统计局同意每年接收4名中国进修生(每半年2名)，国家统计局负责对进修生的专业和日语水平进行严格审核。进修结业后，日方向中方报告进修生在日期间学习成绩和表现，中方向日方报告进修生回国后工作的情况和进修效果。

统计资料交换问题。两国统计局将努力进一步充实统计资料的交流，定期交换统计出版物的目录。

两国的统计合作交流，初定每5年进行1次计划调整，遇到特殊情况随时协商。

(三)日本第十一次统计代表团访华

以日本总务厅统计审议官古口信一先生为团长的日本第11次统计代表团一行4人于1991年6月10日至6月22日来华访问。日本代表团此次访华主要目的是了解中国1990年人口普查数据处理工作及资料出版的计划和进展情况；商讨中国参加国际对比项目(ICP)的情况，并了解与此有关的城乡住户调查和价格统计工作；考察中国开展统计研究活动的情况。

国家统计局局长张塞同日本代表团就开展国际比较项目和中日双边比较问题交换了意见。代表团在北京期间，分别同国家统计局人口司、计算中心、平衡司、城调总队、农调总队、统计科学研究所、国际统计中心等单位进行了业务交流，访问了北京市统计局和中国人民大学计划统计学院。代表团成员总务厅统计中心数据处理课长川崎茂先生还为国家统计局部分工作人员作了题为“国际对比项目和日本的经验”的讲演。

代表团还先后访问了四川省统计局、成都市统计局、新都县统计局、四川统计学校和上海市统计局，重点考察地方统计工作的组织和实施、人口普查工作的经验和数据处理进展情况、统计教育和培训工作。

(四)中国第十二次统计代表团访日

根据中日两国统计局互访计划，以孙兢新为团长的中国统计考察团一行4人，于1991年11月6日至17日，对日本总务厅统计局进行了访问。

这次访问重点考察了日本人口普查的实施、制表、数据处理、资料开发利用情况。先后访问了总务厅统计局、东京都总务局统计部、三重县地域振兴部统计课、兵库县企划部统计课，参观了总务厅统计局和统计中心、电子计算机室和为纪念日本总务厅统计局创立120周年而刚刚开馆的统计展览馆。考察团还访问了东京都立大学，并根据日方安排与中国留学生代表进行了座谈。

(五)民间交流

由国家统计局牵头的全国国民经济核算协调委员会同日本京都大学经济研究所建立了在国民经济核算方面的交流计划。中日双方于1990年和1991年4月分别在北京和东京举办了2次“中日经济统计交流研讨会”，分别介绍了各自国家在进行国民经济核算统计及其他经济统计方面的经验。

国家统计局统计科学研究所也积极同日本兴业银行以及一些研究机构建立了合作联系。1991年12月该所组团访日，考察日本的景气分析研究活动。同年，国家统计局还接待了日本统计学会及日本经济统计学会来华交流访问的2个团组。

二 澳大利亚

(一)中国第二次统计代表团访澳

国家统计局同澳大利亚统计局于1987年建立了统计合作联系。1990年8月25日至9月1日，国家统计局副局长郑家亨率中国第二次代表团应邀访问了澳大利亚统计局总部及设在墨尔本的该局驻维多利亚州地区办事处，重点考察统计服务工作。代表团详细了解了澳统计局为政府服务及为一般公众服务的指导思想、服务方式和手段，以及许多具体的做法和经验，如有偿服务的计价标准等。澳大利亚统计局通过无偿与有偿两种方式，大力开展有针对性的统计服务，以此扩大统计工作在社会上的影响和统计机构的知名度，其有特色的各种做法给代表团留下了深刻的印象。代表团还同澳统计局负责人就今后一个时期内中澳统计合作内容进行了磋商，确定了一些具体合作项目，包括组织省统计局代表团访澳，邀请澳方官员和专家赴中国讲学，派遣国家统计局人员赴澳进行在职专业培训等。

(二)中国省市统计代表团访澳

应澳大利亚统计局邀请，国家统计局组织了由北京、辽宁、江苏3省市统计局局长和国家统计局2位干部组成的5人代表团于1991年8月24日至9月2日赴澳大利亚统计局总部和该局在昆士兰州的布里斯班地区办事处，考察澳局统计工作的职能与管理体制，统计服务的内容与形式，统计人员的培训与管理，同时也向澳大利亚同行介绍我国统计改革和统计建设的情况。代表团团长、北京市统计局局长范国柱向昆士兰州办事处的同行们作了题为《中国省市统计局统计服务情况》的演讲。

(三)澳统计代表团访华

1991年10月6日至10月14日，澳大利亚统计局副局长麦克莱伦一行3人在中国进行了为期8天的讲学和考察访问。

代表团于10月7日至9日在由中国统计信息咨询服务中心在天津举办的统计信息咨询服务工作研讨会上，分别作了关于统计产品的市场销售和以电子为媒介的信息传播的讲座，介绍了澳大利亚统计局在统计产品的开发和市场销售方面的经验和教训。来自全国各省市区及计划单列市从事统计信息咨询服务工作的80余名与会人员对讲座内容表示了很大的兴趣，普遍认为澳大利亚统计局在这方面的经验和教训对国家统计局利用统计资料开发适用产品，开拓统计信息市场有着重大的实际意义。

代表团一行3人10月10日上午拜会了张塞局长。随后，代表团同综合司、方法司、人口司、城调及农调总队进行了一系列工作会谈。会谈中，中澳双方均表示了进一步加强合作与交流的愿望。澳方还对国家统计局计划并正在实行的建立综合东西方两种核算体系之优点的有中国特色的核算体系的做法表示了浓厚的兴趣。

(四)赴澳培训

根据中澳统计局之间的安排，国家统计局派出2名青年统计人员于11月1日至12月7日在澳大利亚统计局进行了统计标准与分类方面的培训。

三 意大利

(一)赴意培训

中国国家统计局同意大利中央统计局于1988年在北京签订了统计合作议定书。1991年4月，国家统计局派遣4名青年统计学家赴意大利统计局进行农业统计和国民经济核算统计方面的培训。同年11月，国家统计局又利用联合国儿童基金项目援款，安排6名人员赴意大利统计局接受儿童抽样调查方法的培训。意大利统计局对这两项活动做了精心安排，使培训收到了较好的效果。

(二)中意统计局负责人商讨中意统计合作

1991年12月，国家统计局局长张塞赴罗马出席联合国粮农组织中国粮食及农业统计中心项目顾问委员会会议。会议期间，张塞局长同意大利统计委员会兼中央统计局主席桂多·雷商讨了中意统计机构之间的合作问题，同意在今后一段时间里，双方合作的领域应主要集中在以下几个方面：在中国的中央及省两级实施新的国民经济核算体系；科技统计；统计工作中计算机应用，尤其是数据库建设；应用现代化技术手段进行统计资料的印刷、出版和发布。

(三)意统计学会代表团访华

由意大利统计学会主任委员考彼率领代表团一行4人于1990年4月27日至5月7日访问我国。中意统计学会就两学会之间今后的学术交流和合作研究初步交换了意见。

代表团由国家统计局统计科学研究所所长、中国统计学会副秘书长张泽厚陪同，先后访问了中国统计学会、陕西和上海统计学会、中国人民大学、北京经济学院、上海财经大学等，同中国统计学界的同行们进行了广泛的接触和学术交流。

在华期间，代表团以“东西方国家两种核算体系的比较”、“人口的出生、死亡和人口老龄化问题”、“统计数据的收集与整理”以及“多元变量分析方法”等为题分别在上海财经大学、北京经济学院和国家统计局进行了讲学活动。

(四)国家统计局同佛罗伦萨大学签订备忘录

1990年6月7日，国家统计局城市和农村社会经济调查总队在北京同意大利佛罗伦萨大学统计系签署了合作备忘录。在备忘录中，双方确定在个人收入分配和价格指数体系两个领域进行合作研究。

合作项目的中期目标为：交流个人收入分配及价格指数体系方法和实验方面的经验；对青年中国统计学家进行培训；对中国数据进行描述分析，并为将来深入分析进行实验等。

长期目标为：在国家统计局内建立长期研究个人收入分配分析系统和物价指数体系；组织国家或国际研讨会。

根据该备忘录，国家统计局农调队的2名青年统计学家于1991年1月15日至4月15日，在佛罗伦萨大学进行了为期3个月的有关个人收入分配的合作研究。1991年10月，其中1人又参加了由意方组织的有关个人收入分配和贫困分析的国际研讨会。

四 挪威

合作研究

中挪两国统计局在80年代进行了多次以互访和培训为内容的合作活动，而进入90年代以后，双方的合作转入了以合作研究为主的阶段。

1990年10月，应国家统计局邀请，挪威统计局研究司司长奥莱夫·别尔霍特来华访问。双方确定在如下两个领域进行合作：

1、利用现代计量经济学方法和统计技术，对中国的微观数据进行分析(个人消费、收入等)；

2、建立宏观经济分析和模型。

国家统计局参加合作的单位有综合司、平衡司、研究所和城调队。

国家统计局1991年1月和9月两次共派4人，就宏观经济模型和微观经济模型(城市居民数据的开发利用)赴挪统计局进行合作研究，每期三个月。项目进行期间挪方派专家来华，同国家统计局工作人员一起工作，建立宏观经济模型。同年11月份，由别尔霍特先生率领的一个三人代表团对国家统计局进行了访问，对过去开展的项目进行了评估，同时选定下一步培训对象。合作中，双方经常保持通讯联系，及时解决合作中的问题，因而合作成效显著。

五　芬兰

根据国家统计局局长张塞1989年访芬时同芬兰中央统计局达成的协议，芬兰中央统计局从事科技统计和科学指标工作的高级研究官员米卡尔·阿克波姆于1990年11月9日至11月20日来华，与我国有关单位进行工作会谈，并为国家统计局科技司和西安统计学院开展有关科技统计方面的讲学活动。

讲学内容为：

1. 科技统计指标和芬兰的研究与开发(R&D)统计，以及其它国家在这方面的工作；

2. 技术创新的指标和在这方面有关国家的调查情况，如经济合作与发展组织(OECD)国家在这方面的调查；

3. 科技统计方面的其它指标，如专利、高技术产品、无形投资和OECD产业结构调整指标，以及具体的技术产品指标。

芬兰专家详细介绍了有关技术创新的统计，意大利、美国和北欧国家开展的技术创新调查，技术创新手册中的各种概念和定义等。

六　德国

(一)中国统计代表团第一次访德

应德国联邦统计局的邀请，国家统计局局长张塞率中国统计代表团一行4人，于1991年9月17日至9月26日赴德国考察统计工作。这是中德统计局第一次双边局长级的访问。德方主管统计局的内政部部长助理格罗斯会见了中国统计代表团，德国统计局局长霍尔德多次与代表团会谈，副局长伯尔根及有关司长、专家与代表团进行了座谈。代表团重点考察了德国统计工作的组织，联邦统计与州和地方统计的关系，德国的国内外贸易统计，旅游业统计和国际统计工作。为了使中方能比较全面地了解德国统计工作概况，代表团除访问联邦统计局外，还访问了北莱因—威斯特法伦州(简称北威州)统计局、柏林市统计局和联邦统计局驻柏林分部。

访问德国期间，代表团还就中德两国统计局开展统计合作的有关事项，同德统计局局长霍尔德及德国内务部部长助理格罗斯进行了会谈。双方一致同意逐步建立并发展双边的统计合作活动，其内容主要包括交换统计资料，互派专家代表团，派遣中国统计学家赴德培训以及将来开展合作研究活动等。通过数次会谈及事后的信函交换，双方签定了合作意向书。

(二)同诺曼基金会签订项目协议

为了促进并加强中国农业和经济的发展，国家统计局与德国弗里里希·诺曼基金会于1991年2月21日签订"提高中华人民共和国农业经济信息、分析及咨询能力"项目协议，通过该项目一系列活动，使国家统计局更好地满足各级与农业经济政策、区域发展及指导性计划相关的部门，如价格、生产、投入、经销、加工、贮藏及运输等部门日益增长的信息要求。

1991年，双方确定以建立种植业经济矩阵和进行农业综合生产能力分析为中心的工作目标，安排国外考察、学习、国内各项培训、设备引进等具体计划。

1991年完成的工作有：利用种植业物耗、净产值、农产品成本等资料建立了1980年至1989年的种植业经济矩阵表；农调队负责人应基金会的邀请，赴德进行了为期2周的农业政策和服务体系的考察；派遣2名青年统计人员赴德国吉森大学农经系，就有关种植业经济矩阵表的建立和使用等研究内容接受20天的培训；基金会为中方组织了一系列讲座和咨询。

七　美国

(一)《中美统计合作议定书》的正式延长

经国务院批准，《中华人民共和国国家统计局和美利坚合众国商务部普查局统计合作议定书》于1984年7月24日在北京签订，有效期5年。议定书下有统计信息的交换，专业、技术代表团的交换，大学统计教育和应用统计培训四个附件。1989年7月议定书到期后，双方曾多次商讨议定书延长事宜，但均由于中美两国政府间关于知识产权谈判进展缓慢而推迟，仅于1990年3月以换函方式办理了过渡性延长手续。以后，在中美两国政府就知识产权议定书达成一致意见后，两国政府于1991年4月换函，在延长中美科技合作总协定的同时，正式延长中美统计合作议定书等10个议定书。延长期与总协定同步为5年。

(二)中美团组互访

1984年《中美统计合作议定书》签订后，截至1991年底，国家统计局共派出统计代表团组访美10余次；美国普查局来访团组近10次。

1991年4月，美国普查局长芭芭拉·布莱恩特率团一行5人对国家统计局进行了为期10天的访问。在北京期间，张塞局长同代表团就中美统计合作方面的有关事宜交换了意见，双方均希望扩大和深入开展新的合作活动。国家统计局方法司、综合司、人口司、计算中心分别介绍了我国统计机构、统计调查方法、人口普查的实施、数据处理及统计资料发布等方面情况。代表团还访问了陕西、广东省和上海市统计局，考察地方人口统计、组织机构和人口普查机构的设置、普查方式以及资料发布的情况。

国家统计局副局长于广沛率省市统计局长代表团一行5人于同年6月赴美，主要考察美国普查局和下属的两个地方办事处的统计工作。同时还顺访了商务部经济分析局和劳工部统计局，就扩大两国统计交流合作有关事宜交换了意见。

(三)同东西方中心的交流

1990年12月10日至18日，孙兢新副局长一行2人赴美国夏威夷出席了由东西方中心人口研究所主办的第十三届人口普查会议。孙兢新副局长向会议提交了题为《关于中国

1990年人口普查资料开发利用的设想》的论文，并回答了代表们感兴趣的问题。

人口普查会议之后，孙兢新副局长同东西方人口所有关人员商谈了继续执行双边合作协议的问题。双方商定的主要内容如下：

1、合作形式：继续互派人员到对方工作机构参加课题研究。

2、合作研究课题：重建生育史、人口迁移、数据评价、死亡率、人口与经济发展、老年人问题、人口与环境、夫妇标志值的差异等。

1991年内，国家统计局已安排3批共5人赴东西方中心人口所进行了上述课题的合作研究活动。

八 古巴

(一)古巴统计委员会副主席访华

1990年10月20日至27日，古巴统计委员会副主席马丁内斯，在北京出席国际官方统计协会第二届会议之后，应邀访问了国家统计局及上海市统计局。这是中古政府统计部门间的第一次交流活动。张塞局长会见了马丁内斯副主席，古巴客人同国家统计局制度方法司、人口司、计算中心等部门进行了座谈，并拜会了国家计委。在上海期间，古巴客人除同上海市统计局座谈外，还参观了中德合资上海大众汽车公司。

(二)中国统计代表团访古

应古巴统计委员会主席菲德尔·巴斯科斯·冈萨雷斯的邀请，张塞局长率中国统计代表团一行4人于1991年2月16日至23日赴古巴进行了为期1周的访问。这是国家统计局对古巴统计委员会的首次访问。

访问期间，代表团考察了古巴统计工作的基本情况，参观了古巴统计委员会驻比利亚克腊省代表处、国家信息处理中心、古巴农业科研单位、医学研究单位、文化教育单位和革命博物馆等。古巴部长会议主席利昂内尔·索托接见了代表团成员并进行了亲切友好的交谈。张塞局长向古巴统计委员会介绍了我国统计事业的发展概况，以及我国第四次人口普查的情况，并与古巴统计委员会主席就中古两国在统计领域内的合作举行了会谈，双方对今后合作的内容和方式达成了一致意见。

双方合作领域包括行政注册统计的应用；数据处理；人口和住房普查；经济单位普查和调查；人口登记和人口统计学；宏观经济统计；统计研究；其它有关领域。合作主要是通过经验交流、古方选派少量人员来华培训、我方选派少量专家去古巴工作及交流科技情报等方式进行。

(三)中国国民经济核算统计专家访古

根据1991年2月张塞局长访问古巴时中古双方达成的双边交流计划，1991年9月23日，由我局平衡司刘都生和戚少成组成的中国国家统计局专家组赴古巴工作2周，以授课形式向古巴统计委员会有关人员介绍中国的新国民经济核算体系等方面内容，主要包括：中国的新国民经济核算体系、中国国民生产总值的计算工作、中国的投入产出工作。

此外，工作组还和古巴统计委员会第一副主席阿尔玛哥鲁进行了会谈，介绍了中国国民经济分组和一、二、三产业分类标准；中国保留物质生产部门和非物质生产部门的划分标准的原因及其主要用途；宏观经济指标和微观考核指标关系；中国统计系统的组织机构和主要任务。工作组还给古巴统计委员会的司长级干部作了有关中国经济发展的专题报告，介绍了中国建国以来，特别是改革开放以来中国在经济和社会方面取得的巨大成就。

九 巴西

农业统计代表团访巴

应巴西地理统计局邀请，以国家统计局农村司何焕炎司长为团长的国家统计局农业统计代表团一行三人于1990年1月28日至2月26日访问了巴西统计局。访问期间，代表团分别与巴西统计局主席、局长、主管调查研究的副局长和农业司司长进行友好的会谈；访问了圣保罗、米那·热拉斯和巴西利亚三个州的统计局以及米那·热拉斯州下属的一个统计办公室；参观了一个大豆研究所和一个农场，对巴西农业统计的组织机构、统计方法、资料处理和发行进行了深入的考察。代表团还就中巴统计合作协议(草案)同巴西统计局外事司进行了商谈。

十 第五届东盟国家统计局长会议

1990年1月23日至26日，第五届东盟国家暨日本统计局局长国际会议在日本东京举行。孙兢新副局长应邀以观察员身份出席了会议。

这次会议交流并讨论了1990年前后亚洲国家人口普查开展的情况，内容包括：1990年人口普查计划与执行情况；普查数据处理与资料的公布；普查的质量控制；普查资料的使用及人口预测等。

国际社会对我国进行的第四次人口普查工作较为关注。孙兢新副局长向会议提交了一份介绍我国第四次人口普查的准备工作的国家报告，收到良好的效果。

会议正式同意中国和南朝鲜从下届会议起为正式成员，同时建议将会议名称改为东亚国家统计局局长会议。

多边国际合作

1990年至1991年，国家统计局充分利用与各国际组织的合作项目资金，使其发挥了充分的效益。两年来，通过国际合作项目来华洽谈项目的国际组织官员、项目专家和咨询人员、来华为国家统计局举办各种培训班的专家和参加各种会议的各国专家共85批，197人，派往国外接受人口和人口统计学、抽样技术、自动化数据处理技术、数据库、经济分类、计算机维修技术、统计软件技术、国民核算等各种专业培训、讲习班和研讨会的共54批，233人。

一 联合国统计委员会第26届会议

1991年2月4日至13日，在美国纽约联合国总部召开了联合国统计委员会第26届会议。国家统计局局长张塞同志率4人代表团参加了这次会议。

参加这次会议的有24个联合国会员国的68名代表和副代表。联合国的一些下属机构、国际组织、政府统计组织和非政府组织也派代表参加了会议。

(一)关于提高用户对统计产出和服务的价值的认识

我国代表向大会介绍，中国统计的用户分为政府机构和社会公众两类，统计机构除提供统计信息外，还提供统计咨询服务。为提高用户对统计的认识，除通过统计出版物宣传外，还广泛利用各种新闻媒介传播统计信息，以及通过群众喜闻乐见的文艺形式宣传统计。随着改革、开放和有计划的商品经济的发展，用户对统计需求日益增多，中国国家统计机构通过大办开放式统计和发挥统计信息、咨询、监督的整体功能，尽力满足用户的需要。

(二)关于国民帐户体系和平衡表

我国代表认为MPS与SNA各有长短，是与不同的经济管理体制和经济运行机制相适应的。两种核算体系对我国都有适用的一面，也都有不足的一面。所以我们不同意用一种核算体系取代另一种核算体系。中国正在建立社会主义商品经济的新体制，实行计划经济与市场调节相结合的原则，我们的做法是从中国实际出发，博采众长，兼收并蓄，建立适合中国国情的国民经济核算体系，在一个新的总框架内，同时采用两种体系的主要总量指标并能互相转换，这样就能增强它的适用性和国际对比功能，比采用单一的MPS或过渡到单一的SNA要好得多。

(三)关于国际就业状况分类

就业状况分类反映了不同社会制度下的社会关系。中国是社会主义国家，在占主导地位的社会主义公有制经济中不存在"雇员"、"雇主"关系，因此不能执行国际就业分类。建议国际劳工局与联合国统计处对国际就业状况分类再作研究，考虑不同国家的情况，再统一制定分类标准。

(四)关于服务业统计

中国改革开放以来，服务业比过去有很大发展，但中国服务行业既庞大，又零星分散，在统计方法、数据收集渠道、组织工作和调查经费等方面都面临很多困难，所以服务业统计至今未全面建立起来。我们支持联合国统计处组织拟订服务业统计方面的国际建议和开展国际合作的计划。

(五)关于世界工业统计方案

我国赞同继续实施世界工业统计方案，并同意以1993年作为下一个世界方案的标准年。对方案的内容，我们同意包含工业基层单位的非工业活动以便工业调查SNA联结，但环境保护方面的内容可暂不纳入。我们希望在扩大世界工业统计方案的实施范围时将中国列入，并由有关国际组织提供技术援助。

(六)关于国家住户调查能力方案

我国代表赞同国家住户调查能力方案扩大范围继续实施。中国国家统计局从50年代就开始进行住户调查工作，后一度中断。国家统计局于1983年经国务院批准重新建立了城市和农村两支住户调查队伍，住户调查工作有很大发展。1991年进行的全国人口普查，又为扩大住户调查样本提供了重要条件。为了进一步提高住户调查能力和增强国际对比，我们希望尽快加入联合国国家住户调查能力方案，请联合国有关国际组织给予支持。

二　联合国人口基金

1、CPR/89/P07——加强国家统计局普查数据处理和分析的能力

为帮助我国开展1990年第四次全国人口普查，联合国人口基金投入了700万美元。这些资金购买了417台超级微机(HP 80386)，31台数据转换机，2 741个计算器和50套光盘存储设备。为了能使用现代化技术进行普查数据处理，国家统计局利用项目经费，培训了近100名软硬件和人口统计技术人员。人口基金还多次派专家来华进行技术咨询。

经过这次人口普查，我国从中央到地方初步形成了一个完整的统计数据处理系统，全国338个地区(市)的统计局成立了计算站，并配备了超级微机，数据处理能力大大加强，几乎所有的统计报表都能用计算机来处理。

2、CPR/91/P33——中国1990年人口普查资料评估和分析

中国进行的第三次全国人口普查，由于时间紧迫，又因多年未进行过人口普查，所以政府的重点和注意力主要放在数据的质量上。为促进1990年人口普查资料的开发和利用，联合国人口基金为1990年人口普查数据分析提供了30万美元的资助。这些费用主要用于专题研究和人员培训。

1990年人口普查数据分析主要使用三种数据，第一种是手工汇总数据，第二种是10%计算机汇总数据，第三种是100%计算机汇总数据。这些数据分为14个专题，专题研究工作主要由大专院校人口研究所、社会科学院和有关部委的人口研究单位来承担。

分析课题的分配采用投标竞争的方法。为了能更好地为该项目提供咨询和技术支持，还专门成立了一个课题研究专家小组。专家组的具体人员有：

组长：孙兢新　　国家统计局副局长
成员：游允中　　联合国统计司官员
　　　罗　伊　　联合国经济社会发展部官员
　　　曾　毅　　北京大学人口所教授
　　　翟振武　　中国人民大学人口所副教授
　　　王维志　　社会科学院研究员

1991年7月22日至26日，本项目在北京召开了课题招标答辩会议。一共有31个单位的37份标书的课题负责人列会进行答辩。经过5天紧张的答辩，专家组成员对整个答辩工作进行了讨论，最后采用无记名投票的方式选定了25份标书参加本项目的课题分析。具体评标结果如下：

中国人口普查数据分析课题招标答辩结果

课　题　名　称	中标单位	课题负责人
1. 家庭和婚姻状况分析	北京大学人口所	曾　毅
	民政部婚姻司	王德意
2. 年龄性别构成及地区分布	中国人民大学人口所	查瑞传
3. 中国人口适度增长与经济发展的分析和预测	国家计委社会司	刘　风
4. 生育分析	中国社科院人口所	田雪原
5. 中国人口老龄化研究及对策分析	中国人口老龄研究所	肖振禹
	中国人民大学人口所	邬沧萍
6. 文化程度状况分析	吉林大学人口所	董　辉
7. 户口状况、迁移及城镇化分析	南开大学人口所	李兢能
	公安大学人口所	张庆五

	武汉大学人口所	辜胜阻
	华东师范大学人口所	张善余
8. 生育政策与人口发展分析	中国人口情报中心	肖自力
9. 中国人力资源与经济发展的分析	国家统计局综合司	章钟基
10. 人口预测	航天部710所	于景元
	计生委规统司	张二力
11. 劳动力与经济活动人口分析	国家统计局研究所	张泽厚
	国家计委人力所	潘 烽
12. 死亡分析	中科院应用数学所	王寿仁
	西安交通大学人口所	蒋正华
13. 中国少数民族人口分析	国家民委	杨一星
	四川大学人口所	程贤敏
	北京经济学院人口所	张天路
	兰州大学人口所	原华荣
14. 人口分析软件的开发利用	国家统计局计算中心	藤若波

三 联合国儿童基金会

GC/89/YPOO5-21 社会统计项目

中国有3亿多儿童，接近全国人口的三分之一。当政府致力于国家现代化建设之时，需要具有一定素质的劳动者和各种专业人才。儿童是劳动者的后备军，是人才的源泉，发展儿童保健、教育事业，是提高劳动者素质、培养人才的重要基础。因此中国政府十分关心和重视有关儿童事业的发展状况，并计划于1992年6月在全国开展一次儿童情况抽样调查，样本量为56万户。联合国儿童基金会为这次儿童情况抽样调查投入120万美元。

1990年和1991年主要为儿童调查做准备。利用儿童基金资助购置了4 000台弹簧秤，4 016件测身板，13辆越野车，12台录像机，6台复印机，4台386超级微机，4台打印机，部分计算机配件和软件。国家统计局为这次调查从国外邀请了1名抽样调查专家来华，派往国外培训了22名抽样调查设计、程序设计和数据分析等专业人员。

1991年7月，在宁夏的西吉、青铜峡，黑龙江的黑河、阿城和浙江的余杭、东阳，进行了儿童调查的试点工作。试点内容有3个，一是调查表的试调查(400户)，二是抽样方案的试点(1 100户)，三是录入程序试验。试点调查结果表明，两个方案和程序基本上是可行的。

通过上述活动，提高了国家统计局在施行大规模抽样调查中的抽样设计能力，初步改善了省级统计工作条件。特别是通过试点调查，掌握了儿童调查等社会统计知识，为1992年6月的现场调查工作打下了坚实的基础。

四 亚太经社会(ESCAP)

1、概况

亚太经社会是联合国在亚洲太平洋地区唯一的政府间综合性经济社会组织。它是本区域内的国家在经济和社会发展方面加强联系、交流经验、进行区域合作的一个重要渠道，同时也是讨论本区域各国共同关心的经济和社会问题的论坛。

1990年和1991年，国家统计局利用亚太经社会的资金共派出8批12人参加各种类型的培训班和研讨会，具体包括经济活动分类、国民核算体系修订、购买力评价、小规模工业和住户经济活动统计、普查和调查、妇女统计、统计服务等。

2、住户调查方案设计与评估国际研讨会

1990年5月22日至28日联合国亚太经社会和国家统计局在中国北京联合举办了住户调查方案设计与评估国际研讨会。参加这次研讨会的有41名中外代表，主要来自亚太地区22个成员国和地区：阿富汗、澳大利亚、孟加拉、中国、斐济、香港、印度、印度尼西亚、伊朗、马来西亚、蒙古、缅甸、尼泊尔、巴基斯坦、巴布亚新几内亚、南朝鲜、菲律宾、新加坡、斯里兰卡、泰国、美国、越南以及联合国统计司、联合国儿童基金会、亚太统计研究所和国际劳工组织的代表。

这次研讨会主要讨论了以下4个议题：

(1)评估住户调查样本设计。

(2)住户调查方案设计。

(3)特征估计和抽样误差。

(4)调查结果的评估。

代表向大会提交了39篇论文，其中中国代表提交了11篇，介绍了各国住户调查活动的主要方法：(1)大规模住户抽样调查，描述了样本设计的详细情况，调查和组织，估计步骤，结果的评估；(2)专项调查早期样本设计的变化，变化的原因及其改进情况。(3)计划及实施住户抽样调查所面临的问题。

与会代表们交流了控制非抽样误差的经验，根据调查目的、经费和精度要求进行住户调查设计的方法，调查结果评价方法，多主题调查，普查与抽样调查的结合合作等，取得了较好的结果。

五 联合国粮农组织亚太地区农业统计委员会第13届会议

联合国粮农组织亚太地区统计委员会于1990年10月19日至11月2日在泰国曼谷举行第十三届会议。国家统计局农村统计司司长何焕炎率代表团一行3人出席了会议。

这次会议旨在交流各国农业统计经验。出席会议的有10个国家的30名代表。他们分别向大会提交了国家报告，介绍各自国家开展农业统计的情况，包括农业统计的组织、实施、调查方法、人员培训及农村社会经济指标。

我代表向大会提交了题为《中国农业统计工作》的报告。与会者对报告中提及的通过举办国际研讨会的形式培训农村统计人员活动颇感兴趣，认为通过此种形式可以直接了解到

一国的农业统计工作的实际开展情况。

六　国际统计学会

1、中国生育调查国际研讨会

由国家统计局和国际统计学会共同主办的中国深入的生育率调查国际研讨会于1990年2月13日至17日在北京举行。参加会议的14名国外代表中包括国际统计学会常设办公室主任利威斯莉，前世界生育力调查组织负责人吉里先生，世界著名人口学家、英国伦敦医学院教授布拉斯等人，另有包括北京大学、中国人民大学、上海医科大学著名人口学家在内的27名国内人口学家和人口统计学家参加了会议。

中国深入的生育率调查分两个阶段分别于1985年和1987年完成，收集了大量高质量的数据。这次研讨会上就调查表的设计与准备工作、调查方法、理论、模型、生育率及婴儿死亡状况、避孕及人工流产、婴儿喂养、社会活动与婚姻状况议题提交了35篇论文。

2、国际官方统计协会第二届会议

国际官方统计协会第二届会议于1990年10月16日至19日在北京召开。

国际官方统计协会是国际统计学会的一个分会，创建于1985年。尽管在国际统计学会的5个分会中它最年轻，但是由于得到各国统计机构的支持，它的发展却最为迅速，已拥有约600名会员。为实现其"促进有效的和高效率的官方统计服务的发展"这一宗旨，国际官方统计协会积极组织同国际统计学会配合召开的以及单独召开的学术会议。

为了开好这次会议，1989年6月，国家统计局成立了以郑家亨副局长为主席，吴辉、韩家骏为副主席的当地组织委员会，负责会议的筹备工作。1990年10月15日，国际官方统计协会执行委员会在北京召开会议。郑家亨副局长代表当地组委会向执委会介绍了会议的筹备情况及各项准备工作落实的情况。

国际官方统计协会会议开幕式于1990年10月16日上午在北京科学会堂报告厅举行，有来自40个国家的100余名外国统计学家和部分中国统计学家参加。

国务委员兼财政部长王丙乾到会致词，代表中国政府向前来北京参加这届会议的各国统计界的朋友表示热烈欢迎。中国国家统计局局长张塞、国际官方统计协会主席博丹、国际统计学会常设办公室主任利弗斯莉分别在开幕式上致词。国家统计局副局长、当地组委会主席郑家亨在开幕式上介绍了大会各项科学讨论会的主题、日程安排、组织方式等方面的情况。

大会的科学讨论会分为特邀论文会议和提交论文会议，特邀论文会议有4个专题。

第一个论文会议的议题是"中国官方统计在宏观经济管理中的作用"，这一会议由中国国家统计局吴辉主持，国家统计局局长张塞为特邀论文作者。作者在论文中介绍了中国官方统计在宏观经济管理中所发挥的信息、咨询和监督三种职能，讨论了中国政府统计部门在宏观经济管理中所采用的各种方法，以及官方统计在宏观经济管理中的作用。国际官方统计协会名誉主席尼特拉伊为特邀评论员。

第二个特邀论文会议的议题是"改变中的城市的作用——统计需求及分析"。会上共提交了2篇特邀论文，中国云南大学陈旭光的论文题目是中国的城市化进程及人口迁移。美国普查局国际研究中心班久蒂是该论文的特邀评论员。德国汉堡州统计局赫鲁什卡的论文题目是改变中的城市的作用——统计需求及分析。日本统计协会主席三浦由己及日本统计局一岛高如为特邀评论员。

第三个特邀论文会议的议题是"九十年代监测社会目标的统计问题"，由联合国统计司司长塞尔泽先生主持，特邀论文作者是联合国统计司特纳先生。联合国亚太经社会统计司前司长萨希布先生及瑞典统计局局长约翰森先生担任特邀评论员，对论文提出了评论意见。

全体与会人员共同出席了一个专题讨论会，议题是"国家统计机构在环境统计中的作用"。在这一专题会上，既介绍了国际上的做法，也介绍了中国、津巴布韦、挪威和荷兰等国家一级统计部门在环境统计中的作用。

除特邀论文外，会议还收到了60余篇提交论文，大会议程委员会根据其内容，组织了12次论文会议。这些会议的主题包括：民事登记及生命统计的新发展、国民经济核算体系与物质产品体系的联系与结合、经济普查与调查方法、人口普查组织与方法的新发展、发展中国家及小国家的人口普查、人口普查数据的经济应用、统计体系与统计信息系统的分析活动、政府统计机构的统计分析活动，以及涉及广泛内容的其他题目。

在会议期间，国家统计局负责人还分别同澳大利亚、芬兰、苏联、法国、联合国统计司等有关国家和国际组织统计机构的负责人进行了单独会谈。

3、出席国际统计学会第48届会议

国际统计学会第48届会议于1991年9月9日至9月17日在埃及首都开罗举行，张塞局长率领中国代表团一行8人出席了这一届会议，世界各国有700多名统计学家参加会议。

在这届会议上宣读的中国统计论文有国家统计局局长张塞与平衡统计司刘晓帆合写的《中国投入产出表的特点及其应用》、统计培训中心主任陈继信写的《中国统计教育与培训：回顾与展望》、城市调查总队副总队长黄朗辉与程学斌合写的《中国城市家计调查的样本设计》、国际统计中心吴辉和贸易物资统计司程达才合写的《中国的外贸统计》、广东省统计局前局长龚鉴尧写的《论多目的与多指标的抽样调查》。这些论文介绍了我国统计工作几个方面的特点与主要情况。

参加这届会议发展中国家青年统计学家论文竞赛的共有54篇论文，我国上海复旦大学统计运筹系青年教师印培华所写的《跳跃回归函数的统计》为3篇优胜论文之一，这是我国青年统计学家第2次获此荣誉。

七　亚洲开发银行

1、TA 950项目

随着社会主义商品经济的迅速发展，中国传统的核算体系越来越显示出其缺陷与不足。国民经济管理迫切需要吸收世界上先进的核算理论和核算方法，特别是国民帐户体系(SNA)的理论和方法，需要一批掌握这些理论和方法的人才，改革传统的核算体系。为此，亚洲开发银行经中国人民银行向国家统计局提供了35万美元的技术援助项目，主要用于人员培训。1981年，用项目经费派了7名专业人员赴菲律宾统计协调委员会接受国民核算体系的培训。

2、TA 5432项目

为了使我国的统计体系适应其市场经济增长的需要，使更多的统计人员熟悉市场经济体制下所使用的经济概念和数据要求，亚洲开发银行又提供了15万美元资助专门用于人

员培训。培训内容有以下四个方面：(1)资金流量；(2)价格统计；(3)经济分类标准；(4)宏观经济分析的先行指标。

1991年，国家统计局用该项目费用派4人赴菲律宾中央银行接受资金流量表编制方法的培训，派2人赴澳大利亚学习经济分类标准，派2人赴日本学习宏观经济分析。

通过派出去和请进来的方法，为国家统计局培训了一批人才，在一定程度上满足了新国民经济核算体系的理论设计和实际工作对国民经济核算人才的需要。参加过培训的人员，无论在新国民经济核算体系的理论设计方面，还是在实际核算工作方面，都发挥了重要的作用。它提高了新国民经济核算体系方案设计的科学性、先进性和可行性，并提高了核算数据的准确性和国际可比性。

通过这两个合作项目，增进了国家统计局同有关国际组织和各国统计机构的相互往来和相互了解，学到了别国有益的经验，对进一步提高我国国民经济核算工作水平奠定了一定的基础。

执笔：**杜卫群**　审稿：**王吉利**　责编：**曾德权**

中国粮食及农业统计中心

为适应我国农村商品经济的发展，弥补由于我国农村经济体制实行联产承包责任制后原有全面报表的不足，改革农村统计调查方法，提高统计调查人员的业务水平，完善农村统计调查指标体系，1987年11月6日由我国政府和联合国粮农组织、意大利政府三方代表在罗马粮农组织总部签署了一项多边合作项目。项目规定在1987年11月至1991年11月4年内由粮农组织和意大利政府提供无偿援助498万美元，建立中国粮食及农业统计中心(国家统计局下设的一个司级事业单位)，作为项目的执行机构，其任务是培训我国农村统计调查人员和农业普查人员，在项目执行期间由国际专家与我方人员配合，为我国培训省级农村统计调查业务骨干175名，县级农村统计调查人员4 000名，合计4 175名，以提高我国农村统计调查人员经常性统计调查能力和开展农业普查研究工作。

中国粮食及农业统计中心自1987年成立以来，在国家统计局的直接领导和农业部的支持下，在联合国粮农组织、意大利政府的援助下，在各省区市统计局和农调队的积极配合下，经过中心全体工作人员的努力，已于1991年8月底提前并超额完成项目所规定的培训省级农村统计调查人员(完成103.4%)、县级农村统计调查人员(完成101.8%)的任务，开展了河北省威县农业普查试点工作，经受了1990年9月由粮农组织、意大利政府和中国政府三方代表组成的对粮农中心项目执行情况进行全面评估的中期评审团的审查评价以及1991年9月项目终期评审团的最终评估。中期和最终评估团一致认为粮农中心在项目的执行期内园满地完成了项目协议上所规定的工作，是粮农组织和意大利政府援助的合作项目中执行最好的项目之一，三方继续进行农业普查领域的合作是完全必要的。并分别向第3次和第4次项目顾问委员会提出一年过渡期项目文件初稿和建立6—12个分中心进行全国农业普查的建议。

1990—1991年粮农项目执行情况概述

(一)成功地举办了第4期和第5期省级农业统计人员培训班，历时6个月，结业学员84名。根据培训计划，省级和国家级农业统计人员将是进行全国农业普查的组织者和设计人员。他们接受培训后要承担县级农业统计人员的培训任务。它是中国农业普查前准备工作中一种高层次培训活动。所以前3期(占总人数53.6%)的培训班主要是在项目高级顾问和统计顾问指导下，由国际专家进行授课，中心技术官协助兼做翻译完成的。在前2期培训班中，中国技术官员只做翻译和辅导。第3期培训班开始，中国技术官员承担了40%的课程。第4期培训班只有2名外藉专家对有关课程进行指导。第5期班的所有课程都是由中心讲师担任的。教员的教学质量和学员的学习成绩得到高级顾问们的认可和肯定。这标志着粮农中心完全有能力独立承担农业统计方面的培训任务。

(二)完成了4 000名县级农业统计人员的培训任务。培训的组织领导由各省、市、自治区统计局和农调队共同负责，具体组织工作委托各省、市、自治区农调队按照粮农中心统一的培训计划进行。1990年初教材组人员到河北省新城县对县级农村统计人员进行了实地考察、试讲，并讨论和修改定稿了教材；1990年4月在湖北宜昌召开了全国培训工作经验交流大会；1990年6月粮农中心在石家庄、合肥两地举办了试点培训班；6月下旬和9月上旬分别在石家庄和成都召开了北南方片教员研讨会，交流了教学经验。1990年6月至1991年8月，粮农中心共派出12批约30人次到全国12个培训点检查指导培训工作。国际专家共4批6人次到石家庄、合肥、太原、成都各培训点考察培训工作，帮助解决各地在培训中遇到的问题。截至1991年8月底止，历时1年零3个月，通过23个培训点的全体教员和管理工作人员的共同努力，共培训了来自全国30个省、市、自治区的县级农村统计人员78期，计4 073名学员。成功地举办这样大规模的农村统计人员培训，在我国农村统计历史上是第一次。

通过培训，绝大多数学员既得到理论上的提高，又学到了实用技能。(1)了解了世界农业普查经验及我国农业普查的总体设想；(2)深入了解了当前国际统计科学发展状况，学到了先进的高层次的统计分析方法；(3)懂得了如何操作计算机和如何利用DOS、DBASE Ⅲ和SAS系统处理统计调查数据；(4)进一步加强了地县级农村统计人员的现代化、科学化意识，增强了他们从事统计工作的事业心和学习统计知识的紧迫感。达到了提高我国地县级统计人员经常性农村统计调查能力和为农业普查作准备工作的目的。

(三)进行了威县农业普查试点工作。威县农业普查试点从1990年7月份开始，到1991年9月结束，历时15个月。全部的普查试点工作可分为四个阶段：

第一阶段是准备阶段。从1990年7月至1991年3月10日，其主要工作是：(1)设计农业普查试点方案。(2)制定农业普查试点各项工作细则。(3)编制处理普查数据的计算机程序。(4)建立县、乡、村各级农业普查试点工作组织机构。(5)选调培训3 200名普查员和普查指导员。(6)划分普查区和普查小区。(7)对10万多个经营单位摸底，按所在小区登记造册。(8)用各种方式宣传发动群众积极参加普查试点。(9)完成普查表、工作手册等印刷与分发工作。

第二阶段是普查登记阶段。从1991年3月11日至3月底，由普查员对全县所有农业生产经营单位逐个进行实地调查登记。

第三阶段是数据处理阶段。从1991年4月1日到5月20日，对各项普查数据进行计算机录入、逻辑审查、汇总并制成多种综合表式。

第四阶段是分析、出版和总结阶段。从1991年6月21日至9月30日，撰写分析报告，出版普查试点资料，写出工作总结报告。

河北省威县农业普查试点达到以下四个目的：(1)对我国开展农业普查进行了可行性研究，试点证明在我国开展农业普查是完全必要的也是可行的。(2)探索了在我国开展普查的经验。(3)为我国农村统计改革探索了一条新路。(4)为国际专家咨询会提供了在我国开展农业普查的经验。

(四)在我国召开了农业普查国际专家咨询会。根据项目协议和第四次顾委会安排，1991年10月4日至9日，由粮农中心组织在北京召开了农业普查国际专家咨询会。参加会议的代表共21人，分别来自阿根廷、孟加拉、埃及、印度、印尼、意大利、韩国、尼泊尔、巴基斯坦、菲律宾、美国、越南等12个国家和粮农组织及亚洲开发银行的专家共16人，中方代表5人，粮农中心4人，威县1人。

张塞局长、农业部国际合作司朱丕荣同志(项目顾委会中方成员)出席了开幕式并讲了话，意大利驻华使馆罗西大使作了书面发言。

会上21位代表宣读了论文，会议并就10个专题对农业普查的各个环节进行了探讨和交流。我方提交的威县农业普查试点情况和中国农业普查前大规模培训的设想等5篇论文引起了专家们极大的兴趣，与会专家提出了很多问题和建议，并对试点给予了肯定。这次会议扩大了粮农中心项目在国际上的影响，提高了国家统计局的知名度。

(五)在北京举办了农业普查国家示范中心国际培训班。国家示范中心是联合国粮农组织每年在世界各大区举办的面向发展中国家的培训班。它是联合国粮农组织的国际性培训活动系统的一个组成部分。目的是帮助发展中国家改善农村统计体系，提高他们对数据收集、处理和分析的能力。

1991年10月14日至11月8日，在中国北京举办了面向亚洲和环太平洋地区的发展中国家的关于农业普查的国家示范中心国际培训班。有10个国家的18名学员参加了培训。他们分别来自孟加拉、中国、印度、印度尼西亚、蒙古、尼泊尔、菲律宾、斯里兰卡、泰国和越南。培训的主题是农业普查，授课专题为(1)国家信息体系，(2)抽样技术，(3)数据处理，(4)中国农村统计体系和抽样方法，(5)世界农业普查知识，(6)中国威县农业普查试点经验，(7)制图和调查表设计。由粮农中心的5名讲师和1名粮农组织协调员用英语授课。培训期间，组织学员对中国农村进行了实地调查。

国家示范中心成功地在中国举办，表明粮农中心通过GCP/CPR/OO 6/ITA项目的4年执行，已顺利完成了由国际专家讲课到中方技术官独立授课的过渡，已经初步具备了独立承担国际性培训活动的能力。

(六)组织机构得到加强。1991年11月经国家统计局党组和人事部门批准粮农中心定编41人，下设5个处：教务处、农业普查研究处、总务处、声像设备技术处、数据处理分析处。

执笔：**储雪瑾　王国明**　责编：**曾德权**

专业统计工作概况

综合平衡统计工作概况

综合统计

国家统计局国民经济综合统计司

综合统计是统计部门对外提供统计信息的主要窗口。1990—1991年全国综合统计工作，在各级统计局加强领导和各单位的配合支持下，较好地发挥了参谋、组织、管理和深化的作用，促进了统计工作整体水平的提高。

一、经济形势分析进一步加强，对国民经济运行状况的宏观监测水平明显提高

90年代头两年，国民经济处在治理整顿期间，经济发展在紧缩调整中运行，新情况、新问题不断出现，党政领导和有关方面在经济工作中，对动态性资料的需求急剧上升。为适应这种形势，各级综合统计部门积极努力，大力加强国民经济运行状况的宏观监测，及时、准确报告运行情况，出现了三个明显变化。

(一)增加观察频率，进度分析由季度向月度发展。各级综合统计部门大都按月度提供经济运行分析报告，增强了时效性，为领导适时指导经济工作提供了简要的统计信息。

(二)加强预计预测，进度分析向实证分析与预计预测相结合的方向发展。改变过去综合报告只描述经济运行现状，对经济发展前景预测不多的状况。各地区在进度分析中基本做到一季度预计上半年，上半年预计全年，年末预测来年。

(三)加大对策份量，进度分析由单纯提供信息向决策咨询方向发展。这两年，各级统计局提高参与决策咨询的意识，努力研究经济发展规律，提高描述现状的准确度，同时在增强问题分析深度和加大对策建议份量上下苦功夫，产生了良好效果。1990年初国家统计局1号统计报告，明确提出适当增加投资，使1990年实际工作量保持上年水平的建议。这一建议经国务院采纳实施后，对启动经济起到积极作用。国家统计局为了增加咨询的政策性，充分利用当面向国务院领导汇报的好机会，在进度分析的对策建议上花大力气，加大份量，提高针对性，增强了资料的咨询作用。1991年，年初提出清仓利库，加大市场调节力度，解决投资浪费，健全企业机制等建议；年中提出的加大改革力度，解决现行经济体制和企业机制弊端，解决产成品积压的措施；下半年提出的深化改革要把握好重点的建议，宏观调控应注意解决好总量与结构问题的对策等等，在中央政策和措施中都先后体现出来了。对策建议具有量化特点和远近结合的特点，可操作性强，既表现了系统性，决策的参考作用也增大了。

二、专题分析的针对性增强，深度和广度有新的拓展

(一)加强对治理整顿、深化改革中的“热点”、“难点”的攻关研究。各地紧密围绕供需总量平衡、治理通货膨胀、经济结构调整、宏观紧缩力度、解决分配不公、摆脱财政困境、提高经济效益等问题，进行了大量的调查研究，考察过去、分析现状、寻求根源，应用联系、发展、综合平衡等观点，定量与定性分析相结合，使专题统计报告水平有新的提高。陕西统计局抓住社会分配不公这一“热点”，在大量调查研究的基础上，撰写了《社会分配不公的初步分析》，省政协依据此文提出了《切实解决分配不公问题》的议案。山西统计局编写的《对当前经济生活中若干问题的思考》一文，在寻求国民经济持续、稳定、协调发展的途径中，采用定量分析和系统分析的方法，揭示了山西经济发展所面临的矛盾和抉择，在党政领导及全省引起较大反响。国家统计局撰写的《我国经济效益的状况、症结和对策》一文，重点分析了原因和解决问题的对策，受到广泛关注和肯定。国务院研究室《决策参考》全文刊载，《人民日报》等10多家报刊转登。

(二)对地区发展战略等重大问题进行探讨，为宏观决策提供依据。如江苏省统计局编写的《80年代的前五年和后五年》、浙江省统计局编写的《浙江省十年(1979—1988)经济增长的周期分析》，以回顾、反思总结经验教训，提出90年代发展战略和“八五”计划应遵循方针和思路的基本观点和依据，都得到省领导的批示和有关部门的好评。

(三)对策研究突出量化特点，可操作性增强。综合分析加强事物现状的数量表现、数量关系、数量界限的描述和分析，提出具有数量特点的对策建议，受到各级领导欢迎。辽宁省统计局《回顾、思考、判断、选择》一文，对老基地改造和促使全省经济振兴的“钥匙”，进行了深入的定量分析。把近期和长远、治标和治本结合起来，提出两种方案，同时表明自己的倾向，供领导选择。省委书记阅后指出：本报告提出和研究的问题十分重要，特别是在今后经济态势和技术改造投资方面，提出了合理的数量界限、建议和比较令人信服的预测，可作为了解省情、制定计划的重要参考。

(四)计量经济分析方法和传统方法相结合，进一步提高分析的科学性、预见性。近两年，统计分析在坚持用好传统分析方法的同时，开始探索运用计量经济等分析方法，拓宽了分析研究的思路，提高了统计信息资源的开发深度，增加了分析研究的广度。

(五)及时提出治理整顿总结报告，为中央实施经济工作战略转变提供重要咨询意见。1991年国家统计局联合辽宁、上海、江苏、湖北、浙江、沈阳等省市的综合统计力量，开展调查研究，广泛听取意见，写出了题为《成效、问题、启示——对治理整顿的回顾与思考》的统计报告，李鹏总理审阅了全文，并批示给国务院研究室领导阅。《人民日报》用一版多的篇幅全文刊载，在国内外引起强烈反响，得到社会各界好评。此文无论在深度上，还是写作方法上，乃至工作方法上，都有所突破，为今后工作积累了经验。

三、宏观监测和预警指标体系投入试用，并取得初步成果

宏观监测体系经一段时间的研究，逐步走上轨道，取得可喜的成绩。两年间有15个省、区、市和单列市统计局的宏观监测体系已迈过研制阶段，进入研究与试用相结合阶段，开始提供监测预警报告，并预测下月经济情况。国家统计局从1990年下半年正式启用宏观监测体系，1991年宏观监测和预警工作转入了正常运转，按2月、5月、8月、11月的间隔提出监测报告，在为总理办公会议提供的汇报材料中，正式采用了灯号显示效果，给国务院领导留下了比较深刻的印象。河北、湖北、安徽等省统计局建立的宏观监测预警指标体系，在科技成果鉴定会上得到专家的好评。1991年国家统计局组织举办了综合统计系统宏观监测学习班，从研究和交流的角度，推广了宏观监测体系，培训了宏观监测干部，推动了宏观监测和预警工作的发展。

四、为统计局领导参与高层次决策咨询活动提供材料

随着领导决策科学化程度的提高，各级统计局领导直接参与决策咨询的机会增多。两年来，国家统计局领导在国务院全体会议、总理办公会和人大财经委员会上作了50多次经济形势汇报，并参与有关问题的决策咨询，每月向总理办公会和每季向人大财经委汇报当前国民经济发展情况已成制度。河北、安徽、河南、陕西、黑龙江等省的省委或省政府主要领导同志都亲临统计局听取经济问题的汇报。绝大多数省、区、市统计局领导，都参加省政府召开的经济形势分析会，并作了中心发言。在这些咨询活动中，各级综合统计部门在局领导组织下，同各专业统计密切配合，积极整理提供汇报材料，较好地发挥了综合统计的组织协调和深化材料的作用。有的综合统计部门的负责同志，还直接参加领导机关组织的咨询活动。

五、围绕人代会提供咨询，努力提高服务水平

1991年七届全国人大四次会议期间，国家统计局除了和往年一样向会议提供年度统计公报外，针对会议要讨论审议十年规划和“八五”计划，主动提供了《“七五”时期统计公报》和《80年代国民经济主要指标增长情况》，为代表们理解和讨论会议文件提供了帮助。山东统计局综合处同志向几十位人大代表介绍了山东经济发展的成就和问题，并讲解了主要经济指标的涵义和统计方法，回答了代表们有关经济问题的咨询，受到在场的省人大常委会主任、省顾委主任的好评。许多地方统计局也提供了类似材料，都取得了良好效果。

六、资料整理的基础建设和开发工作取得新进展

(一)基础工作得到加强，提高了时效性和准确性。一是积极搞好统计资料收集、提供、加工整理，逐步实现资料管理的规范化、档案化。二是加强资料整理工作的制度建设。如编委会制度，编辑规范、评比制度、质量控制制度、工作流程卡等一系列与责任制相配套的规章制度逐步建立起来，工作秩序进一步改善，计划性提高，资料的准确性、及时性有所保证。

（二）**资料内容有所创新，质量进一步提高。**一些单位为了使编印的《年鉴》等书刊尽量做到科学合理，使用方便，作了许多改进。《湖北统计年鉴》文字部分由板块式改为条目式，既节省版面，又突出分析的内容。《江西统计年鉴》除贯彻全国统一要求外，注意突出地方特色，增加了40个老区县市、18个改革扩权县、13个商品粮基地、"江西之最"等方面情况，以及重点文物保护单位和旅游风景区的介绍。

（三）**向多样化前进了一步。**各地统计部门大力挖掘统计信息源，积极开发统计资料新项目。为了给党政领导和部门及时了解本地区经济发展的横向比较情况，由江苏统计局综合处牵头，组织13省、市月度资料交流，成员单位共享资料成果。1990年，国家统计局与各省、自治区、直辖市统计局综合处通力合作，编辑出版了《全国各省、自治区、直辖市历史资料汇编》，第一次将各地区主要统计指标的历史资料按统一标准调整后汇编成册公开出版，填补了全国性地区资料的空白。1990年全国30个省、自治区、直辖市的《统计年鉴》（包括经济统计年鉴）全部出齐，初步形成了年鉴系列化。

（四）**综合数据库建设迈出可喜的一步。**建立综合统计数据库，不仅可以方便查询和资料提供，而且更重要的是可以深度开发信息资源，提高决策咨询的科学性。到1991年底，建成综合数据库的单位已发展到十三四个，为提高服务水平发挥了作用。辽宁已利用综合数据库整理编辑《统计提要》。国家统计局综合司的数据库，在计算中心和各专业司密切配合支持下，基本实现了建库的第一步目标，第一部以数据库自动编辑系统转激光照排方式，编辑出版了《中国统计年鉴》。这个数据库具有以下特点：一是起步高，功能比较多，除查询分析，资料整理外，还有制图、激光打印等功能；二是子系统庞大，涉及2 800个统计指标，300多项分组，每组分为5个层次，整理资料和加工能力比系统内其它综合数据库的能力高。三是发展余地大。这个库为板块式结构，指标与分组分开装配，互不干扰，拆装和增空比其它库容易。

上述成绩的取得，是各级统计局全局上下通力合作的成果，也凝结着全国综合统计人员辛勤劳动的心血。两年中，全国综合统计工作又前进了一大步，赢得了新的荣誉。这除了各级统计局加强领导和各专业统计的支持配合外，最基本的经验可以概括为以下4点：一是为适应加强宏观调控和决策民主化、科学化的需要，牢固树立优质服务的思想，增强参与决策咨询的意识。二是牢固树立团结、严谨、勤奋、创新的工作作风，创造生机勃勃向上发展的新局面。三是牢固树立人才第一的观念，花大力培养人才，保证综合统计事业的兴旺发达。四是牢固树立全局一盘棋思想，健全综合统计功能，努力成为局领导的称职参谋和得力助手。

执笔：**徐正一**　审稿：**邱晓华**　责编：**曾德权**

平衡统计

国家统计局国民经济平衡统计司

1990、1991两年，平衡统计机构积极推进我国新国民经济核算体系的过渡，开展宏观经济分析，充分发挥统计整体功能，使平衡统计工作不断开拓前进，登上了一个新的台阶。

一、适应改革开放形势，不断完善新国民经济核算体系

随着经济体制改革的不断深化，我国经济运行状况发生了深刻的变化，原有的核算制度越来越不适应需要，难以全面、系统地反映社会再生产的循环全貌。两年间，全国各级综合平衡统计机构积极主动地配合全国国民经济核算委员会的工作，立足于我国国情，借鉴经济发达国家的先进经验，勇于开拓进取，为建立我国新国民经济核算体系作出了应有的贡献。

（一）**积极开展国民经济帐户的试编工作。**国民经济运行和社会再生产是连续不断的。要正确反映某一时期经济发展的全过程，如实物的生产、分配、使用，资金的收支、流量、流向等，除编制相对独立完整的各种基本表式外，还应反映经济活动的来龙去脉。为此，1990年，以国家统计局平衡司为主，联合制度方法司、统计科学研究所和财政部综合计划司，组成了国民经济帐户课题研究组。在完成制定帐户体系方案，撰写编制说明的准备工作后，1991年9月在厦门召开了国民经济帐户试点会议，布置试编工作。试编的国民经济帐户分为国民帐户、部门帐户和附助表式3个层次。国民帐户包括国内生产总值帐户、国民可支配收入及使用帐户、投资帐户、对外交易帐户和资产负债帐户。部门帐户又分机构部门帐户和产业部门帐户两种形式。附助表式包括居民消费支出构成，国内的投资按所有制分类、按产品类型分类、按经济活动种类分类等。国民帐户是部门帐户的汇总帐户，附助表

式是对国民帐户和部门帐户的补充。试编工作在国家和辽宁、天津、福建、贵州、河南、黑龙江和陕西7个省、市同时开始；辽宁省和天津市对国民经济核算体系方案的基本表式及帐户进行了全面、系统的试点试算，进一步从总体上论证国民经济核算体系方案的科学性、可行性，并对其中需要从基层取得资料的重要指标，从县(区)级逐级进行试点论证，黑龙江、福建、陕西、贵州和河南5省利用专业和各部门现有资料，结合必要的重点调查，试编了经济循环帐户。

(二)联合开展资金流量核算方案的研制工作。国民经济的运行过程，一方面表现为实物商品的运动过程，另一方面表现为资金的运动过程。在商品经济条件下，资金的流向流量变化多端，对经济运行的影响十分显著。为了描述和反映各个部门的收入分配、消费支出、储蓄结余和投资状况，编制资金流量表就成为一项十分紧迫的任务。

1990年3月，以国家统计局平衡司为主，联合国家计委、财政部、人民银行及有关大专院校，共同组成了资金流量表编制及应用课题组，研究设计符合我国国情的资金流量表。与此同时，根据现有资料进行试编。经过两年的努力，确定了我国资金流量表编制基本方案，并纳入到我国新国民经济核算体系中。方案确定：我国资金流量表的核算范围，包括最终产品分配、转移现期收支与金融交易；核算形式采用"标准式"矩阵方式。机构部门定为6个部门，即居民部门、非金融企业部门、金融企业部门、行政事业部门、财政部门和国外部门。考虑到编制资金流量表涉及的资料比较复杂，任务比较艰巨，具体编制工作由人民银行和国家统计局两个部门负责，国家统计局承担"实物交易"部分的编制，人民银行负责编制"金融交易"部分，两个部门共同研究接口合成。目前这项工作正在顺利进行。

(三)社会总供需平衡测算的研究取得成果。经过几年的研究，国家统计局提出了适合我国国情的社会总供需测算方案。经过具体测算，其结果与我国实际经济运行相吻合。为此，1990年5月召开了有近20名经济专家、统计专家和教授参加的研究讨论会。大家认为，总供需测算是"四大平衡"的综合反映，是观察分析判断我国宏观经济运行的一种好方法，测算方法是可行的，测算结果是符合实际的，说明了一些国民收入生产与使用平衡表说明不了的问题。

社会总供需测算方案所提出的总供给概念与西方国家的概念是一致的，指一定时期内实际可以提供市场的商品和劳务总量，即国内生产总值扣除不可分配部分后与进口商品的总和。总需求的内涵与西方国家的则有所不同，指一定时期内实际形成的对市场商品和劳务的货币支付总量。具体包括财政、银行和企事业单位形成的货币支付能力与出口商品形成的货币支付能力两个部分。为了反映社会总供给与总需求的平衡状况，一般用总供需差额和总供需差率来表示。目前，社会总供需平衡测算方法已被运用于季度和年度宏观经济分析中。

(四)初步研究出"三者分配"的测算办法。为完善国家分配政策、调整分配格局提供系统的国家、集体和个人三者分配的基础资料，近两年国家统计局积极组织力量研究国内生产总值在国家、集体和个人三者之间分配的测算办法。经过两年的研究讨论和实际测算，形成了一套初步方法。目前，"三者分配"的测算和研究工作正在国家和省两级全面展开。

(五)投入产出模型研制及应用通过国家级鉴定。在按时保质完成了1987年全国投入产出表的调查和编制任务后，国家科委把《中国1987年投入产出模型及应用》列入国家级软科学重大研究项目，以国家统计局平衡司为主承担了这一项目的研究。1991年11月召开了由80多位国内外知名的投入产出专家、学者以及统计专家参加的鉴定会。鉴定委员会的专家、学者经过严格审定后，对该项研究及应用成果给以了充分肯定和高度评价，认为《中国1987年投入产出模型研制及应用》是一项重大的软科学成果，在我国是首创，并达到了国际先进水平；模型在设计与研制技术上处于国际领先地位。

二、开展定量分析和系统分析，为宏观经济决策提供依据

两年间，国家统计局平衡司在积极推进国民经济核算工作同时，利用现代化的统计分析手段，从国民经济宏观运行的角度出发，大力开展定量分析和系统分析。两年共编写统计专题分析报告60多篇，获得优秀统计分析报告一等奖1篇，二等奖4篇，有些报告得到党和国家领导人的批示。

(一)提出调整宏观紧缩力度的界限。在治理整顿中，如何掌握调控力度，是保证国民经济持续、稳定、协调发展的大问题。1990年初，国家统计局运用投入产出模型反复测算分析，证实了生产与需求之间不平衡状况，提出了在坚持双紧政策的前提下，适度扩大即期需求，有计划地增加400亿元固定资产投资，使固定资产投资的实际工作量保持上年水平，以启动生产、促进经济适度增长的建议。这一咨询建议被国务院所采纳。随着国务院调整宏观紧缩力度的政策措施逐步落实，在有效地控制通货膨胀的同时，促进了经济回升加快，使国民经济很快走出了低谷。对此，李鹏总理先后6次在全国性会议上给予了肯定。

(二)提出宏观调控中的几个数量界限。为避免

国民经济的大幅度波动，保持国民经济持续、稳定、协调发展，国家统计局提出了把握总量调控的数量界限。这就是：国民生产总值增长6～8%，物价涨幅5～7%，货币增长16%左右，积累率保持33%左右，社会总供需差率控制在±3%左右，流动资金贷款的增长控制在20～22%，固定资产投资增长控制在16～20%，银行工资性现金支出增长控制在15%左右，集团购买力增长控制在17%左右。这些宏观经济数量界限的提出，得到了国务院领导和综合部门的极大重视，成为宏观调控的重要参考值。当然，这些界限是根据前几年的经验教训而提出的，在指导未来经济的发展时，还要根据变化了的情况不断进行修正。

(三)研究探索新时期主要经济比例关系。 搞好综合平衡，把握宏观经济总量增长界限，是一个重要方面，同时还应掌握国民经济的主要比例关系，以保持经济的合理结构。国家统计局在认真总结建国以来特别是改革开放以来经济建设正反两方面经验教训的基础上，探索出新时期的9大比例关系。即三次产业间的比例关系，工农业间的比例关系，工业内部轻重工业间的比例关系，农业内部农林牧副渔业间的比例关系，消费与积累的比例关系，生产性投资与非生产性投资的比例关系，居民消费与社会消费间的比例关系，国内经济与对外贸易的关系，社会总供给与总需求间的平衡关系。这些经济关系在国民经济中起着举足轻重的作用，如果这些关系理顺了，合理了，就能保障新时期国民经济健康地发展。

执笔：**刘成相** 责编：**刘 恒**

农 村 统 计 工 作 概 况

农村社会经济统计

国家统计局农村社会经济统计司

1990—1991年，全国农村社会经济统计调查系统不断加强基础工作，深入开展优质服务，进一步强化农村抽样调查的快速、灵敏、准确、抗干扰的优势，充分发挥农村统计调查的整体功能，在条件比较困难的情况下，保持了农村统计调查工作的发展势头，在许多方面取得了新的进展。

一、基础工作向规范化迈进

两年间，各地紧紧抓住基础工作这一重要环节，定措施，抓落实，促使其不断巩固和发展。

(一)全面实施了《农村抽样调查网点基础工作规范化规程》和《农村基层统计工作规范化方案》。

1990年初国家统计局下发了《农村抽样调查网点基础工作规范化规程》，以下简称"规程"，其内容包括住户调查的记帐办法，产量调查的操作技术，基层调查资料的保管使用等一系列标准化的工作程序。各地保证《规程》的顺利实施，普遍制定了一系列配套制度，如报表考评制度、质量检查制度、资料保管和使用制度等，有力地推动了《规程》的全面贯彻落实。1991年，许多地方结合样本轮换，按照《规程》要求，全面规范化了调查点的工作，建立了标准化的基础工作样板点，对规程的实施情况进行量化考核和定期检查，使农村抽样调查基础工作开始走上了规范化、标准化的轨道。

为了加强农村基层统计工作的规范化建设，1990年底，国家统计局在认真总结各地规范化建设经验的基础上，制订下发了《农村基层统计工作规范化方案(试行)》。《方案》要求组织建设完善；任务职责明确；管理制度健全；工作流程规范；方法制度科学；资料档案完整；统计服务优质；业务培训经常；执法监督严格。据此，各地结合当地实际，制定了本地区的实施方案；不少省把《方案》的标准进行量化，制定了农村统计信息网络达标考核验收办法与评分标准，组织进行了乡镇统计站的达标升级考核试点，有力地促进了对处在不同发展水平的乡镇统计站的分类指导，为使农村基层统计工作沿着规范化的轨道发展奠定了基础。

(二)开展了农村抽样调查基础工作大检查。

基础工作大检查是强化基础工作、提高数据质量的一项重要措施。1991年，在总结1990年经验的基础上，分南北两片进行了第二次全国农村抽样调查基础工作大检查。检查结果表明农村抽样调查基础工作水平有了新的提高，突出体现在：(1)整体水平提高较快。住户两帐的“一类帐”比上年提高了5.9个百分点，产量调查的原始记录的“一类点”比上年提高了24.1个百分点，农村固定资产投资调查“一类表”达81.1%。(2)横向差距缩小。进入一类帐行列的省、区、市比上年有较大提高。(3)调查数据真实可信。住户、产量调查，漏记、混记、推算方法不规范的现象也明显减少。

(三)进行了粮食产量和农民人均纯收入的数字质量评估，建立了粮食产量、农民人均纯收入、农业总产值的数据质量评估制度。

1990年，针对各方面对粮食产量、农民收入数据的反映，各级农调队组织专门力量、深入基层进行核查评估工作。农调总队先后派出8个调查组赴各地调研，提出了《1990年粮食产量数据质量评估报告》，受到了国家统计局领导的好评，并上报国务院，发挥了很好的作用。在检查评估中不少省运用点中点调查资料进行超级汇总、历史资料对比分析、因素分析等方法，对抽样调查的工作质量、抽样误差进行了全面的评估、验证，其质量是可靠的，维护了抽样调查产量数据的法定地位和农民收入数据的权威性。

为了使数据质量评估工作制度化、规范化，1991年，在总结几年数据质量评估工作经验的基础上，初步建立了粮食产量、农民人均纯收入、农业总产值的数据质量评估制度。

二、适应改革需要，推进方法制度的科学化

为了适应农村社会经济改革和发展的需要，围绕提高数据质量这个中心，1990、1991年，农村统计调查方法制度进行了一系列改革，有效地推进了农村统计调查方法制度的科学化。

(一)全面完成了样本轮换工作

1990年底，全国农调系统进行了建队以来的第一次样本轮换工作。各地根据国家统计局下发的《农村抽样调查网点样本轮换方案》，结合实际，制定了切实可行的实施细则，并在实际抽选过程中严格执行，保证了新的调查网点的抽选方法的科学性和误差控制目标。通过样本轮换，使网点分布更加合理，代表性更强。

(二)全面试行了农村基层统计一套表

1988年北戴河完善农村统计信息网络建设，推行农村基层统计一套表座谈会，提出了以农村统计信息网络建设和推行农村基层统计一套表为核心的农村统计综合配套改革方向。几年来，各地紧紧围绕这一方向，网络建设和“一套表”研制推行相互促进、协调发展。特别是1990年大连全国农村基层统计建设会议以来，各地狠抓落实，不少省由政府出面召集有关部门进行了“一套表”的协调，有的省还成立了由政府领导挂帅的“一套表”推行领导小组，各级统计部门，在广泛调查研究的基础上，不断研究完善本地的农村基层统计一套表，有的地区专门召集了专家、乡镇领导进行论证，使农村基层统计一套表切实可行。由于各级领导的重视与支持，农村基层统计一套表的推行范围迅速扩展，1990年年报，全国有12个省、区、市全面推行了“一套表”。

从1991年年报开始，在全国范围内全面试行了农村基层统计一套表。

农村基层统计一套表的全面试行，取得了明显的成效，不仅达到了消除报表重复多乱、数出多门、减轻基层负担、提高数字质量的基本目的，而且在为党政领导服务、监测经济发展上取得了新的突破。许多县乡镇领导反映，由于一套表能综合地反映农村社会经济的概貌,统计信息系统全面，便于总揽全局，指导工作。不少县市实行乡级主要数据的反馈制度，乡级考核数据由县统计局依据一套表资料统一提供，有效地保证了考核的客观公正，真正起到了监测经济发展的作用。

(三)组织实施了粮食产量分季抽样调查方案

粮食产量分季分品种抽样调查是农产量抽样调查方法制度改革的一项内容。1990年底，农调总队在反复征求各地意见并实地试算的基础上，制发了《粮食产量分季分品种抽样调查方案》。1991年，各地据此制定实施细则，抽选了确定分季调查县，开展分品种调查的试点试算，保证了方案的贯彻落实。实施情况表明，粮食产量实施分季抽样调查，不仅增强了分季产量的代表性，而且在一定程度上减轻了基层调查队伍的负担。

(四)完善了农村经济基本情况调查

1990年，农调总队把完善农村经济基本情况调查作为方法制度改革的又一项重要内容来抓，组织专门力量对原调查方案进行了认真的研究，确定了完善方案的基本指导思想，并在广泛试点试算的基础上，提出了比较科学、切实可行、易于操作的调查方案。

为了保证新的调查方案的实施，采取了一系列措施。全国重新抽选了3 250个农经调查乡；各地规范了调查方式，改进了取材办法，明确了调查范围、推算方法；不少省农调队充实了农经调查力量，县农调队明确专人负责，乡级因地制宜，利用各种力量，初步形成了调查网络，提高了数据的质量和时效性，资料的利用率也明显提高，得到各级

党政领导和社会的承认。

(五)进行了基层用表、台帐的规范化建设

规范基层用表和台帐，是保证农村抽样调查数据来源可靠的一项基础措施。1991年，各地普遍抓了农产量抽样调查基层用表的规范化和农经调查台帐的建立。农产量抽样调查基层用表，总队制定了一套规范、简洁、适于基层使用的表式，下发各地使用。农经调查台帐，根据现实条件，在试点的基础上，制发了农村固定资产调查台帐参考表式。到1991年底，全国大部分地区建立了农村固定资产调查台帐。

三、统计信息自动化建设取得进展

1990、1991年，各级农调队狠抓统计信息自动化建设，提高了农调系统的信息自动化水平。

(一)开展了农村抽样调查数据超级汇总的研究、试点

调查数据实行超级汇总，是避免干扰、提高质量的有效措施。1990年农调总队组织有关省农调队研制了农村固定资产超级汇总程序，保证了1990年年报超级汇总的顺利进行。1991年，完成了农产量抽样调查超级汇总软件的研制，并在秋粮调查中全面试行，效果良好。农村住户调查帐页超级汇总软件，各地根据实际也进行了研究和探索，取得了比较成功的经验，1991年全国约有半数以上的省推行了帐页超级汇总。为了促进这一工作的顺利开展，1991年8月总队专门召开了座谈会，研究制定了全国全面推行帐页超级汇总工作的步骤、措施，并已组织专门力量研制全国的通用软件。

(二)建立了农村住户调查数据库

为了进一步加强对住户调查资料的深层开发利用，1991年农调总队重点进行了农村住户调查数据库的建设，成立了专门的数据库研制小组，解决了建库所需的硬件环境的配套，编制了一系列有原始数据进库、查询、改错、汇总、打印、按需提取数据等功能的程序，建立了人机对话界面，装入了1989、1990年的原始数据，基本建立了农村住户调查资料数据库应用系统。农村住户调查数据库的开发建立，不仅为其分析研究的深化奠定了基础，而且也为整个农村统计调查数据库的建立提供了经验，受到了有关专家的好评。

(三)完善了中国县(市)农村社会经济数据库

中国县(市)农村社会经济数据库是国家统计局第一个试点性质的数据库。经过几年的开发建设，1991年已完成了数据库由DOS系统向XEINX系统的移植，对原数据库的功能和界面进行了完善，重新审检了1980、1985、1990年240万笔分县(市)农村社会经济数据。

四、发挥整体功能，优质服务上新水平

1990—1991年，围绕治理整顿、深化改革的方针和中共中央、国务院关于争取农业丰收的决定，农调系统充分发挥整体功能，优质服务取得明显成效。仅农调总队1991年就编写统计分析资料68篇，其中《统计报告》8篇，《统计资料》17篇，《简明统计资料》21篇，《研究参考资料》20篇，专题分析报告2篇，《信息摘编》81篇。在这些资料中，被中央、国务院办公厅采用的有9篇，被中央及全国性报刊、电台等新闻单位采用的有140多篇项。

全国各地也采取多种形式，积极为各级党政领导和有关部门提供准确丰富的信息，受到了各级党政领导和有关部门的好评。1991年全年各地上报总队的信息材料1 000多篇，转发《信息摘编》60期，其中被中央办公厅采用4篇，国务院发展中心采用50余篇。各地搜集的信息还大量被新闻单位采用。特别是在特大洪涝灾害期间，很多省农调队利用报告制度，及时提供灾情情况，为抢洪救灾起了重要作用。

系统分析和量化分析是统计分析工作的深化，也是决策科学化向我们提出的新的更高要求。1991年，各地集中精力，进行了一系列与党政决策紧密相关、关系农村经济发展全局的重大专题、课题研究，取得了很好的效果。一是增加了直接满足党政领导需要的专题研究。农调总队根据八中全会内容组织的《农村经济发展成效显著，任务仍很艰巨》、《增强抗灾综合能力，稳定发展农村经济》以及《我国农户收入分配问题研究》三个专题研究报告，被中央办公厅采用，全文刊登在《综合与摘报》上，分送党和国家领导人参阅。二是重点抓了大型课题的研究。农调总队组织各地根据当前农村工作中的一些重大问题，开展了一系列研究，完成了《中国农民小康专题研究报告》、《东、中、西类型区域发展水平分类》、《中国儿童与世界儿童比较分析》、《中国农村食品消费及获取行为》等课题研究，取得了很好的社会效益。三是广泛组织横向协作，与有关部门联合开展研究。山西省农调队先后同省农办、农研中心、农科院等单位协作完成了由副省长主编的大型资料书《山西农村经济总览》和其它课题研究任务，并同时承担了联合国人口基金会、粮农组织和世界银行的援助、扶持项目的监测调查工作。

五、农村统计调查网络建设取得新的进展

农村统计调查网络包括农村统计信息网络和农村抽样调查网络。两年间，农村统计信息网络建设贯彻“分类指导、量化管理、以竞争促发展”的原

则，取得了重大的进展。

到1991年底，全国共建立了乡镇统计站4.9万多个，建站比重达到91.4%，比1990年增长了14个百分点。配备了乡镇统计人员6.7万多人，增长8.1%；其中国家干部占65%，专职人员已达60%。在已建乡镇统计站中，实体型占14.2%；以乡镇统计站为核心的网络延伸工作也有很大发展，村建立统计组47万多个，参加网络的人数达到110万人。农村网络的强化，使信息服务功能日益增强。1991年，全国乡镇统计站和村统计组共提供统计分析报告20多万篇；在这些分析报告中，有73%是提供给乡镇党委和政府的，为农村经济的发展发挥了积极作用。

1989年以来，为了加强对农调系统的管理，农调总队制定了《全国农村抽样调查目标管理达标考核评比办法》，每年对各省、区、市及计划单列市农调队进行考核。

1991年经过认真细致地逐项审查评定打分，获得总分前十名的省级农调队依次是：山西、黑龙江、河北、江苏、湖北、浙江、四川、河南、安徽、湖南。计划单列市农调队获总分前二名的是：武汉、成都。

自农调系统开展目标管理达标考核工作以来，系统的整体工作水平逐年提高。全国考核达标的单位1989年为31个(占79%)，1990年为32个(占82%)，1991年提高到38个(占97%)。1991年六项考核全达标的单位也由1990年的21个占(54%)增加到28个(占72%)，增长35%。

执笔：**曾玉平**　审稿：**何焕炎**　责编：**李天渊**

农业统计

农业部综合计划司

农业部门统计系统以种植业、畜牧、水产、农机、农村合作经济、农垦、乡镇企业七大行业统计为主，并兼有农业教育、科技、能源环保统计，由综合计划司负责综合协调统计工作。

为了适应改革开放后农村经济发展的新形势，农业部门在搞好全面统计工作的同时，及时引进抽样调查方法，创立以主要农作物面积产量预测调查为基础，以种植意向调查、多主题调查为重要补充的具有部门特色的农业基点调查体系，在农业早期预报体系中发挥着主要作用。1991年农业部门统计在继续完善农业基点调查体系，拓宽重点调查与典型调查的应用范围的基础上，进一步明确了农业部门统计工作的指导思想，协调了与政府统计的关系，强化报表管理，提高统计信息自动化水平。

一、全面清理统计报表，认真加强报表管理

报表的质量如何，直接涉及到统计功能的发挥。只有系统地组织下发统计报表，才能保证统计信息的连续性和信息间较好的衔接；只有科学地制发报表，才能增强统计信息的可用性。针对农业部门报表多乱，部分单位不按规定程序报批、随意制发报表的状况，根据国家统计局有关文件的精神，1991年6—9月，农业部对现行统计报表进行了全面清理。

(一)严密组织，认真清理。在组织上，成立了以陈耀邦副部长为组长、各有关主要司局领导同志为成员的部报表清理工作领导小组，在各司成立由司领导为组长的司报表清理工作领导小组。在部报表清理工作领导小组下设办公室，负责具体协调全部报表清理。在工作中，部内各司(局、办)根据部清理报表领导小组的部署，在清理办公室的组织协调下，在本司(局、办)报表清理领导小组的组织下，按照国家统计局规定的清理标准和范围，逐处室进行自查。部报表清理办公室在各司(局、办)自查的基础上，结合各司(局、办)不同的业务范围和管理状况综合分析，追查自查中个别遗漏了的报表，并全面抽查了农恳和农机化司。通过自查、追查、抽查、核对、登记、汇总，农业部18个司(局、办)、两个中心、一个学会共有统计报表734张、指标130 204个。其中有328张不符合要求的统计报表，占全部报表的34.5%。对不符合要求的统计报表，补办手续，继续执行的209张，取消的124张(其中属于合并舍去的有5张)，从而使报表总数从734张降为610张。

(二)强化报表管理意识，做到报表管理制度化。为了强化统计人员报表管理意识，防止滥制发报表，1991年10月农业部下发了《农业部门统计报表管理暂行办法》，对农业部各司(局、办)、直属企、事业单位，各省、自治区、直辖市、计划单列市农业部门制发统计报表的范围、应具备的条件、审批程序等做了较为详尽的规定。

(三)严格执行报表审批程序，建立统计报表档案，完善数据查询渠道。农业部制发报表已实现程序化。各处室制发统计报表先由本司(局、办)负责综合统计的处室把关，之后送交部综合统计机构(综合计划司)审核，经部长批准后下发，如果是发向系统外的则需报国家统计局审批，基本做到了已

有或经加工可得到数据的统计指标不再重复统计。建立统计报表档案，从而可以掌握农业部系统的各种报表制度及其变化情况，一方面有利于根据全部报表的结构，适时、适当地调整统计范围和内容；一方面可以掌握各种数据的统计来源，完善数据查询渠道。

二、统计信息自动化系统建设有了较大进展

根据部领导要求在3年内要分期分批为地(市)农业局配齐微机的指示，在1990年部分地(市)配备微机的基础上，1991年，农业部又为地市配备微机100台，使地市一级农业统计手段进一步得到改善。在重视硬件配备的同时，软件开发与应用工作也取得了一批成果。省一级已建立起卡片资料数据库，并开始在资料加工整理和分析研究中发挥作用。"任意两年的农作物产量对比分析程序"、"秋冬播面积及分析"、"夏粮预(实)产分析"等软件在应用中取得了较好的效果。开始着手研究在地区一级开展农村经济基础资料卡片计算机处理。

三、下发了《关于加强和改革农业部门统计工作的意见》

考虑到改革开放以来农业部门统计工作不断发展的形势及农村经济迅猛发展的客观情况，1991年农业部下发了《关于加强和改革农业部门统计工作的意见》。《意见》明确了现阶段农业部门统计工作的指导思想，即：适应农村改革和农村经济发展需要，积极创造条件，在推进农业统计体制改革的同时，大力加强农业部门统计工作的自身建设，为建设一个完整、高效、具有较强决策支持功能的现代化农业部门统计调查体系而努力。《意见》要求各地在科学、全面、充分地认识农业部门统计工作重要性的基础上，加强农业部门统计工作的组织建设，以保证工作的连续性；加强对统计基础工作的指导，充分调动广大统计人员的积极性，深入、广泛地开展统计分析；充分发挥中央和地方两个积极性，加快统计信息自动化建设步伐。文件的下发，有力地促进了农业部门统计工作的发展。

四、部门统计与政府统计的关系进一步得到协调

为了加强农业统计工作，1991年2月和7月农业部陈耀邦副部长和国家统计局邵宗明副局长就有关农业统计体制和农业统计工作合作问题进行了协商。通过协商，明确了各自的职责：有关农村经济价值量指标，由统计部门负责计算和提供；有关国计民生的主要农产品产量全面统计报表，由统计部门和农业部门共同负责、统一布置，县以上由统计部门和农业部门共同核定数据，分别上报；乡镇企业统计报表制度及基层调查表式，改由农业部和国家统计局联合制发，具体实施办法待修订报表制度时确定后执行；农业部现行的"农村经济收益分配统计表"经国家统计局批准后，仍由农业部负责实施；县和县以上各种农业统计数据和资料，双方要互相及时无偿地提供。职责的明确不但使双方的关系得到进一步协调，而且有利于提高统计数据质量，发挥统计整体功能。

执笔：**张兴旺**　审稿：**姜道日**　责编：**徐晓海**

林业统计

林业部综合计划司

1990—1991年，林业统计紧紧围绕林业发展的总体目标，积极推进统计制度方法改革，加强统计计算手段现代化建设，强化统计管理，扩大统计信息资源，进一步搞好统计交流与社会服务，充分发挥统计整体功能，促进了统计工作的发展。

一、建立重点防护林体系工程建设情况统计制度

改革开放以来，我国林业在抓重点防护林体系工程建设上取得了重大成就。为了及时、全面地反馈重点防护林体系工程建设的信息，满足管理和领导决策的需要，1990年林业部在总结"三北"地区林业生产情况统计制度实施经验的基础上，正式建立了重点防护林体系工程建设情况统计制度。这项统计制度的实施，对于及时反馈"三北"、长江中上游、太行山绿化、沿海防护林等重点防护林工程建设的信息发挥了重要作用。

二、建立人工造林面积核查制度

长期以来，由于种种原因，人工造林面积统计数字质量不高，不能真实反映实际情况，给林业的宏观决策带来较大的盲目性。为了改变这种状况，林业部在坚持搞好全面统计的同时，于1988年在全国范围内建立人工造林面积实绩核查制度，即采用多阶等距抽样调查方法，对上一年的人工造林面积实绩进行核查。这项制度的建立，对于加快造林绿化步伐、强化造林质量管理、提高造林面积统计数字质量有着重要作用。1990年以来，不少省、

区又把人工造林面积实绩作为实施领导任期绿化目标责任制的考核指标，实行造林任务、质量与经济效益的双重挂钩，从而有力地推动了造林绿化工作的健康发展。据核查结果统计，全国人工造林面积合格率，已由1987年的55.2%上升到1990年的75%，四年提高近20个百分点。

三、林业统计计算手段现代化建设取得重要进展

随着改革、开放的深入发展，国内外对林业统计信息的需求量日益增大，对林业统计工作的要求也就越来越高。面对这种现实，统计的手工操作方式极不适应。为了改变这种被动状况，1983年林业部机关统计，首先买了计算机，并采取部与省级林业部门共同出资的办法，由部与省级林业部门统一配备了微机设备，初步建立了部与省级林业部门计算机网络系统。目前有些省、区林业部门微机已配备到地区、重点县及森工企业。与此同时，先后开发了“林业统计年报汇总程序”、“林业统计报表处理及数据管理通用程序”。通过办微机班及讲习会的形式，先后培训省级林业统计微机人员120多人次，为省级林业统计全面应用微机创造了有利条件。到1991年，全国30个省级林业部门的统计年报已全部实现磁盘化，使全国林业统计年报审核汇总工作的效率大大提高。

四、完成了1990年不变价格的编制工作

根据国家统计局、国家计委、国家物价局联合发出的关于编制1990年工业产品、农业产品不变价格目录的两个通知要求，林业部成立了以徐有芬副部长为组长的林业部1990年产品不变价格编制领导小组并以部名义下发了关于编制1990年森工产品、林业产品不变价格的两个通知。通知发出之后，经过各省、自治区、直辖市林业部门统计人员的共同努力，到1990年8月底全部完成了这次不变价格的编制工作，并于9月初报到国家统计局。为了保证不变价格水平能与实际情况相符，不变价格初稿编制出来后还请有关专家与实际工作者进行了专门论证和认定工作。

五、积极开展林业统计的国际交流

开展林业统计国际之间的交流，对于沟通国际间林业统计信息，促进我国林业统计工作水平的提高有着重要作用。在这方面，林业部除了按联合国粮农组织的要求，提供我国主要林产品产量等统计数字资料外，还应邀派员参加了1990年10月29日到11月2日联合国粮农组织在泰国曼谷召开的第二届亚太地区林业统计研讨会，并向会议提交了题为《中国林业统计简介》的国别报告，受到了好评。回国后写出了《亚太地区林业统计研讨会情况的报告》。

六、积极开展林业统计学术研究活动

为了适应林业改革开放形势发展的需要，加强林业统计研究与交流，中国林业经济学会林业统计学会于1989年10月正式成立，并于1990年12月11日至12日在北京召开了第一次学术研讨会。参加会议的有提交论文的部分作者代表，部分省、自治区的林业统计工作者，中国林业经济学会、中国统计学会的有关负责同志，共50余人。会议交流了24篇论文。会上代表就林业统计指标体系改革、林业统计分析和电子计算机在林业统计工作中的应用等方面的问题进行了热烈讨论，并对今后林业统计研究的方向及重点提出了有益的建议。

七、成功地进行了林业系统国营林场普查工作

为了摸清全国林业系统国营林场的基本情况，林业部于1991年4月15日发出了林计字〔1991〕79号《关于对全国林业系统国营林场进行普查的通知》，并布置了普查方案与普查卡片。普查标准时间为1990年12月31日。经过半年多的辛勤工作，到1991年末园满地完成了全国林业系统国营林场的普查及其资料的审核、汇总工作。通过普查，基本摸清了全国林业系统国营林场的基本情况，取得了大量的普查资料，为制定林业系统国营林场的发展规划和建立国营林场数据库系统打下了良好的基础。

八、林业统计社会服务迈出了新的步伐

随着改革开放方针的贯彻，林业统计积极开发、利用统计信息资源，改变过去长期以来的封闭状况，走开放式的统计发展道路，并取得了初步成效。自1987年以来，每年由中国林业出版社公开出版《全国林业统计资料》，及时向《中国农业年鉴》、《中国林业年鉴》提供林业统计数字。为了满足社会各界对林业统计资料的需要，以《林业统计分析》、《当代中国林业之最》等形式分别在《中国林业年鉴》和《中国林业》杂志上公布林业统计信息。并编辑出版了《全国林业统计资料汇编(1949～1986)》一书。

执笔：**吕永来** 责编：**郭国云**

水利统计

水利部计划司

普及应用微机和开展统计分析是水利统计改革与建设的两项重要内容。改革开放以来，水利统计部门为解决统计与统计任务人员不相适应的矛盾，紧紧抓住微机技术的应用和统计分析，积极推进水利统计改革与建设，不仅顺利地完成了不断增加的水利统计任务，而且提高了统计人员的素质，开创了水利统计工作的新局面。

1985 年水利统计部门使用 PDP11/23 计算机，开发了统计年报应用程序，实现了应用电子计算机代替手工劳动，完成了水利统计年报数据处理。1987 年，水利部为各省(区、市)水利(水电)厅(局)及流域机构的计划统计部门配置了微机。经过逐步完善和提高，已初步形成了以省、地两级微机为骨干的微机应用管理系统，具备了水利统计年报数据处理的硬件环境，实现了部、省及部分地、市水利统计年报的计算机数据处理。1989 年，水利部与各省(市、区)和流域机构实现了微机双向远程数据通讯。进入 90 年代，水利统计系统紧紧抓住统计工作现代化，要求水利统计人员观念要更新，手段要改变，工作要改革，素质要提高，全面推进水利统计改革与建设。

一、制订了水利统计工作“八五”计划和十年工作安排

为了适应水利事业改革和发展的需要，根据水利是国民经济基础产业以及水利部职能转变对水利统计的要求，提出了水利统计“八五”计划和十年工作安排。

“八五”计划的主要内容包括：(1)强化水利综合统计部门的组织指导、综合协调职能，逐步将各级水利综合统计部门建设成为现代化的、准确、灵敏、高效的统计信息中心，充分发挥信息、咨询、监督的整体功能，真正成为领导决策、宏观调控，实施管理和监督的参谋机构。(2)提高统计数据质量，加强定量分析和系统分析。重点放在水利建设、运行、效益状况的监测与预警；水利经济良性循环、滚动发展等改革中的热点、难点；配合水利基础产业开展专题调查研究。(3)加强水利统计队伍建设，作好统计基础工作。针对普及微机，充实相应统计人员并提高现有统计人员素质，统计培训工作逐步实行规范化、制度化，逐步研究制定基层统计工作规范办法及实施细则。(4)加强水利统计现代化建设，充分发挥水利统计整体功能的技术保障。首先加强部一级水利统计信息自动化建设，编辑总体规划，逐步组织实施，不断完善统计数据采集、处理、传输、分析、检索、出版印刷和服务等各个环节的计算机应用，发挥微机的整体功能。争取在两年内建成部、省(区)、地(市)三级水利统计信息自动化系统。

二、编制水利统计信息自动化总体规划方案

为了将统计工作的各个环节全面纳入现代化管理之中，真正实现水利统计信息自动化的目标，加快自动化建设步伐，在认真总结前几年微机应用的经验教训的基础上，编制了水利统计信息系统总体规划方案，并经杨振怀部长审定批准后开始实施。水利统计信息自动化总体规划方案，分析研究了水利统计信息分类与结构、信息供需关系、信息汇总流程。进行了系统设计，包括系统建设目标、系统结构与功能，数据库建设技术规范。完成了物理结构设计，对小型机和微机局域网络两种方案进行了论证，提出了设备配置规划。提出了系统实施步骤与经费预算。

在实施总体规划过程中，针对前阶段微机应用与统计标准化工作脱节的状况，努力探索统一报表制度、统一表式、统一代码规则。在广泛征求各地意见的基础上，修订了水利统计指标体系，制订了统一的县级标准表式和基建项目标准表式。根据国家标准和部颁标准，制定了水利统计代码体系，统一了数据格式和文件命名规则。为今后软件开发作了大量基础工作。

在统计软件开发中，积极进行了统计整体配套改革的探索，确定其目标模式是改变数据上报方式，分期分批地实施微机远程数据传输及传真上报，形成了一套新的数据处理工作制度和工作流程。委托信息中心开发了水利综合年报软件。该软件以县级标准录入表式为基础，统一软件，省级或省、地两级汇总上报。除标准输出格式外，研制了自由组表功能，为各级统计部门和用户提供了方便，也有利于开展统计分析。为了缩短统计年鉴出版周期，初步实现了汇总的年鉴资料可以胶片形式交付印刷厂。在统计服务方式上，开始研究为各级领导等高层次的用户，提供以微机终端为媒介，有良好的用户界面，能根据用户需求，灵活生产各种统计表式和分析研究成果的微机网络服务，逐步实现灵敏、方便、功能齐全配套的水利统计信息系统。

三、提高统计分析水平，发布水利统计公报

从1986年起，.水利部每年开展水利统计分析报告评比，推动了水利统计工作的开展。近年来，水利统计分析报告数量不断增加，质量提高，各单位的统计分析报告有的在广播电台、报纸和杂志上发表，还有的作为会议文件印发，统计分析已初步形成制度化。

1991年，我国淮河、太湖地区发生特大洪涝灾害，引起党中央和全国人民的关注。水利部结合对1990年水利投入资金来源和使用方向调查，提出了《水利基础产业投入现状、规模、结构》的专题研究课题，列入水利部政策研究中心课题研究计划。为了进行该专题研究，水利部计划司组织了各省、市、区开展大规模的调查研究，写出调查报告，并开发了微机软件，对大量数据进行全面系统研究，还召开了专题研讨会。专题研究成果在部文件上引用。通过开展专题研究，有利于统计数据的深层次开发利用，也有利于提高统计人员素质。

1991年水利部统计部门参与组织并参加了水利40年经济效益计算。该项专题研究包括防洪、灌溉、水电、水保、城市供水等各专业经济效益计算，从计算方法的研究与评审，各省、市、区、各流域机构水利经济效益计算，到各专业计算成果的审核、编辑、汇总，前后历经4年，总成果约200万字，是建国以来首次进行的大规模经济效益计算，受到各级领导的支持与关注，计划1992年总成果可报部领导审定。

根据部领导要求，1991年第一次发布了水利统计公报。主要内容包括水利基本建设、农村水利、防洪抗旱、水力发电、水土保持、水利经营管理、外事、劳资、科研、教育、水文等11个方面的内容。

四、成立水利统计研究会

为了加强水利统计科学方法论的研究，开展水利统计学术研究，经中国水利学会理事会通过，成立了中国水利学会水利统计研究会。1991年召开了成立大会，通过了研究会章程，审议通过了近期工作计划，聘请了王守强副部长等为研究会顾问。并召开了第一届学术讨论会，到会代表交流了学术论文。

执笔：**叶树石** 审稿：**郭学恩** 责编：**徐晓海**

工业交通统计工作概况

工业交通统计

国家统计局工业交通统计司

改革开放以来，我国企业的经营机制发生了很大变化，为了适应这些变化，国家统计局不断对工业、交通统计指标体系、调查方法、工作内容等多方面进行充实和完善。特别是1990—1991年，工业、交通统计工作加快进行适应性改革，为从1992年开始进入导向性改革阶段创造了条件。

一、研究建立增加值统计指标

增加值是新国民经济核算体系的一项基础指标，建立增加值统计将为计算国内生产总值和建立资金流量核算提供可靠的依据。鉴于我国目前工业统计的状况，为了保证统计的时效性和数据的准确性，在不过多增加企业负担的情况下，决定采用在现行工业统计基层报表中增加若干必要的指标，在工业净产值的基础上调整计算出工业增加值的方法，并从1991年工业统计年报开始组织实施。考虑到工业企业核算基础的差异，为确保数据的准确性，1991年计算工业增加值的统计范围，暂定为全部大中型和全民小型独立核算工业企业。由于工业企业中附属单位的财务核算资料取得比较困难，工业增加值暂时只计算工业企业中工业生产活动部分，待条件成熟后，逐步过渡到计算工业企业增加

值。

在交通统计中，由于运输邮电业统计过去没有建立或健全财务成本统计，净产值统计基础也很差。在这种条件下，根据新国民经济核算体系的要求，交通统计部门一方面积极研究制定运输邮电业增加值的统计方法，并进行试点，另一方面不断改革和完善交通统计的指标体系和调查方法等。经过几年的研究准备，在1991年初步建立了运输邮电业增加值统计。具体做法是：统计基础较好的铁路、民航、管道、邮电等主管部门按照增加值的统计要求建立健全有关统计，并向政府统计部门提供资料，公路、水运的增加值统计主要由政府统计部门承担建立，全行业增加值由政府统计部门负责计算。

二、加强行业统计

在工业统计方面，进一步改进和完善财务成本统计指标体系，新增了一些反映工业资金来源和占用、工业投入消耗、产出及分配，以及反映企业经营状况等方面的指标。对原有的财务成本指标也作了系统的改进。同时，积极研究采用各种统计调查方法，为经济管理和改革提供服务。1990年为监督全国234家“双保”工业企业的经营状况，国家统计局与国务院生产办联合建立了“双保”企业监测系统。1991年，为便于研究和观察社会各方面十分关注的搞活大中型国营工业企业的问题，建立了大中型工业企业财务成本半年报，同时，对1987年建立的800家重点工业企业的跟踪调查制度作了进一步的改进和完善。此外，各地区、各部门的工业统计机构，为满足各级政府和经营管理部门制定政策与措施的需要，以及社会各方面研究经济问题的需要，也积极引进和研究采用了专题调查、重点调查、典型调查等多种统计调查方法，初步改变了过去工业统计中基本上是全面调查一统天下的状况。

在交通统计方面，过去基本上无财务成本方面的统计指标，从1990年开始研究准备，1991年正式建立了财务成本统计制度。除已能在一定程度上满足新国民经济核算体系建立的需要和有利于加深运输邮电行业的统计分析外，对于今后逐步完善和扩大运输邮电的财务成本统计范围、进一步改革和完善交通统计指标体系也有着十分重要的实际意义。近两年，在交通统计中还重点加强了行业统计。1990年对相当于全国邮电通讯线路50%左右的邮电通讯专用网进行了专项统计调查。为了取得全社会的空运信息资料，鉴于地方航空公司的陆续成立，部门统计难以取得全社会的空运统计资料的情况，政府统计部门于1990年建立了地方航空统计制度。从1991年开始，将交通运输基本概况统计调查从系统外扩大到系统内，并建立了统一的基层财务统计报表制度，将有关公路、水运的统计抽样调查范围扩大到全社会范围。1991年还组织进行了对相当于全国铁路通车里程50%左右的铁路专用线和专用铁道的一次性统计调查。所有这些工作，都对建立和完善行业统计打下了坚实的基础。

三、研究工业发展速度计算方法，编制不变价格

30多年来，我国一直采用工业总产值指标，通过编制全国统一的工业产品不变价格来计算工业发展速度的方法。但是，随着改革开放的发展，现行计算方法固有的弊端充分暴露，给准确计算发展速度带来了不利影响。为此，国家统计局从1987年上半年开始组织各地对这一问题进行研究试算，于1989年1月在北京召开了有科研教学、经济管理、统计等部门的专家学者参加的全国工业发展速度计算方法科学讨论会。经过这次大规模的研究讨论，明确了改革的目标模式——以工业增加值作为反映工业生产的总量指标，以生产指数作为计算工业生产发展速度的基本方法；确定了过渡措施——在进度统计中增加现价总产值，以限制不变价工业总产值的作用范围，编制1990年工业品不变价格(同时研究改进管理办法)，在省、市、区一级试算工业生产指数。

根据上述研究结果和国家统计局据此作出的改革工业发展速度计算方法分两步走的决定。鉴于1980年编制的全国工业产品不变价格目录已经执行了近10年，我国的工业生产结构和产品的比价关系发生了很大变化，而1980年工业产品不变价格目录，不论在内容上、编排形式上，还是在管理方面都暴露出不适应新形势发展要求等问题。为此，国家统计局、国家计委、国家物价局研究，并征求了有关部门意见，于1989年9月12日发出通知，决定编制1990年工业产品不变价格目录，并于编制1990年工业统计年报时开始执行。在各部门、各地区的共同努力下，经过短短1年多的时间，胜利完成了1990年工业产品不变价格目录的编制、印发工作。《1990年工业产品不变价格(全国通用)》全套共45个分册，计4 700多页，700万字以上，包容产品20多万种；另有7册系统内执行本和20多册(套)地方补充本，总发行量近200万册。

四、建立统计数据库，加强资料开发

近几年，工业、交通统计广泛应用电子计算机技术，在制度设计、数据加工与整理、统计分析和文字处理等方面都已全面采用了电子计算机。1990年进一步加强了统计数据库的建立工作，工业统计综合数据库、大中型工业企业统计数据库和其他专

项统计数据库已开始建立，使工业统计资料的加工整理和开发利用迈上了一个新的台阶。其中大中型工业企业统计数据库已发挥了良好的作用，为深入开发利用统计资料创造了条件。如近两年统计部门与《管理世界》、《企业管理》、《工业经济年鉴》等多种杂志、报刊、年鉴联合进行的多种多样的工业企业排序工作，不但对进一步扩大工业统计资料的社会化程度起到了很好的作用，而且也收到了良好的社会效果。

五、倡导和引导工业企业统计改革

企业统计，不但是取得工业、交通统计资料和进行国民经济核算的重要基础，也是企业进行生产经营管理的重要工具。近几年，随着我国改革开放的不断发展，对工业企业统计工作的要求逐步提高，原有的一套做法已不适应新形势的要求。也有一些企业追求短期效益，不适当地削弱了企业的统计力量和统计基础工作。有鉴于此，一些省(市、区)、企业主管部门和工业企业，就新形势下如何加强和改革工业企业的统计工作做了积极的探讨与实践，取得了许多好的经验。这些经验既有加强基础工作，实现统计基础工作规范化方面的；也有积极拓宽统计工作领域，强化统计监督职能方面的；还有加强企业统计机构，从过去的分散型生产专业统计转变到综合型生产经营统计方面的；以及广泛采用现代电子计算机技术，提高企业统计工作水平方面的。为了推广这些经验，促进企业统计工作的改革和统计基础工作的加强，按照企业统计工作改革成效显著、加强基础工作成绩突出、完成统计报表任务和为企业经营管理服务好、计算机应用成绩明显等四个方面的标准要求，国家统计局工业交通统计司在1988年和1989年组织进行了全国工业企业统计工作先进单位的评选活动，分别评选出200家和300家先进单位。在此基础上，1990年编印了《工业企业统计工作经验选编》一书，向全国推广先进单位的好经验和好做法，并在全国统一组织进行企业统计工作达标升级工作。1991年在国务院决定暂停各种企业工作达标升级的情况下，为了使企业统计工作继续得到加强与提高，结合加强企业基础工作，狠抓企业统计基础工作规范化，以保证企业统计基础工作继续得到巩固和提高。

在改革开放的新形势下，基层企业统计工作，必须改变过去主要完成上级统计报表，对内主要是加工整理和提供统一数据的状况，改进和加强企业统计分析工作这一薄弱环节，多提供有观点、有情况、有数据的统计分析报告，更好地为企业经营管理提供优质服务。为了提高基层企业统计分析水平，工业交通统计系统各级统计机构，采取了多种措施和办法，收到了一定的效果。1990年下半年，国家统计局工业交通统计司、中国统计出版社、中国统计信息报社联合组织进行了我国首次全国范围内的工业企业优秀统计分析报告的评选活动，经过评委会认真的筛选和审评，最后评出了一等奖2名，二等奖5名，三等奖15名，优秀奖10名。之后，国家统计局工业交通统计司将这32篇报告汇编成册，印发各地，对推动工业企业统计分析的开展和水平的提高起到了积极作用。

六、加强统计分析研究

1991年，工业经济运行中存在的结构不合理、经济效益不好、“三角债”严重、产品积压严重和如何搞活国营大中型工业企业等“热点”和“难点”问题，已严重影响工业经济的健康发展，引起党中央、国务院和社会各方面的严重关注。工业统计部门一方面利用所掌握的统计资料进行分析研究和测算，另一方面进行了大量的多种形式的实际调查研究，撰写和提供了有针对性的统计分析报告和材料，为国务院和有关经济管理部门研究制定政策和采取措施提供了参考依据。特别是国家统计局工交司配合国务院办公厅完成的关于工业经济效益情况的分析报告，受到国务院领导的重视。在国家统计局工交司撰写的《对当前工业生产的初步分析》的统计报告中，有关产品积压和企业资金拖欠的测算数值(即1991年8月末县以上工业企业超储产品830亿元，预算内国营工业企业9月末超储产品近700亿元和1990年末仅发出商品一项就超正常占用资金约600亿元，1991年再度扩大到800亿元)，对国务院确定的压库数额和清理“三角债”数额起到了重要的依据作用。

责编：**曾德权**

能源工业统计

能源部综合计划司

能源部的统计工作是在1988年能源部组建时同时建立的。多年来，能源部以提高劳动生产率和经济效益为中心，结合全国统计工作的部署，安排本部门的统计工作。这两年认真贯彻李鹏总理关于统计工作的重要指示，以加强统计工作的规范化、标准化，提高统计服务水平为重点，积极整理出版统计资料，开展统计制度方法研究，加强统计信息自动化系统建设和统计基础工作。

一、积极编辑出版统计资料，搞好统计分析研究

(一)积极编辑出版各种统计资料。能源部成立以来，我们在完成各项定期统计工作的同时，每年坚持整理出版《能源工业基本情况》、《能源工业统计提要》、《电力工业统计资料汇编》和《电力工业500千瓦及以上电厂统计资料》。根据不同时期的工作中心，有针对性地编辑出版专题统计资料。1990年集中力量编辑出版了第一本系统反映能源工业的《中国能源工业40年统计资料汇编》；对建国以来发电设备的具体情况和煤炭工业资料进行整理，编辑出版了《1949～1989年全国6000千瓦及以上发电设备资料汇编》和《1949～1989年煤炭工业统计资料汇编》；为系统反映“七五”时期能源工业生产建设成就，1991年整理编辑出版了《“七五”时期能源工业统计资料汇编》。同时委托中国统配煤矿总公司和地方煤炭联合公司每年编辑出版《煤炭工业统计年报》、《煤炭工业统计提要》、《统配煤矿矿井(露天)洗煤厂基本情况》、《地方煤矿矿井(露天)基本情况》和《1949～1990年地方煤炭工业统计资料》等。

(二)广泛开展电力工程工期和造价分析。为准确、系统地了解电力建设工程单位能力投资和建设工期，分析、研究投资和工期的变动原因和经济效益，为制定电力工程单位能力投资和建设工期的定额提供基础数据。1991年，我们对“六五”和“七五”两个时期电力工业全部或部分投产的大中型发、送、变电工程单位能力投资和建设工期统计资料进行了整理和分析。这次开展工期和造价资料整理和分析有三个特点，一是资料搜集的范围较大，如发电工程从2.5～60万千瓦；二是资料整理的分组较细，以满足各种层次分析研究的需要；三是要求各单位从不同侧面广泛开展分析研究。现在，资料整理已全部完成，并已付印，总报告已提交，许多单位也提交了分析报告。

(三)积极开展统计分析工作和统计竞赛评比活动。1990年，我们将能源部成立以来比较优秀的31篇统计分析和经验交流材料编辑成《统计分析和统计工作》(第一集)。1991年，又将1990和1991两年的统计分析文章和统计制度方法研究成果，筛选出57篇文章编辑成第二集(煤炭专集)，筛选出52篇文章编辑成第三集(电力专集)。同时对收入专集中的文章进行评选。第一集评出一等奖6篇，二等奖10篇；第二集评出一等奖15篇，二等奖18篇，三等奖21篇。对于获奖文章的作者，颁发证书和奖品。通过编辑出版统计分析文章和开展统计分析文章评优活动，推动了各单位统计分析工作的广泛开展，东煤公司要求所属21个矿务局的专业统计人员每人每年至少撰写5篇统计分析文章，江苏、广西等省区电力局坚持每年编印一本统计分析专集。许多统计人员积极搜集资料，踊跃撰写统计分析报告。

我们坚持两年评选一次先进集体和先进个人。1990年，对能源部成立以来的先进集体和先进个人进行了评选，共评出7个先进集体和54个先进个人，先进个人中分为荣誉奖、一等奖和二等奖。各单位每年也都开展不同形式的评优活动，从而调动了广大统计人员的工作积极性。

二、深入开展统计方法制度研究

结合我国第一台核电机组即将投产，1991年5月，我们在认真调查秦山、大亚湾两核电站的基础上，提出了《核电生产统计指标体系管理暂行办法》(初稿)，并组织专家进行论证。该暂行办法为解决现行计划与统计按日历月份或年度进行计算和考核，与核电站燃料周期时间不一致的矛盾，解决核电站燃料消耗按日历时间进行统计考核和核燃料折成一次能源(即标准煤量)及电力的一次能源消耗等问题，提出了一套统计办法，填补了核电统计和核能折算一次能源的空白。该暂行办法经国家统计局审查已发文试行。

根据抽水蓄能电站的特点，经广泛调查研究提出：抽水蓄能电站不是能源开发而是能源转换；抽水蓄能用电量和发电量，从使用价值看是相同的，即都是电量；从价值看却不相同，高峰电量和低谷电量是价值差异很大的两种电量，其经济效益和社会效益就是体现在这种使用价值与价值的差异上。从经济和统计角度论述了抽水蓄能电站抽水用电量和发电量的性质和统计方法，提出抽水蓄能电站产品产量应为发电量，商品产量为厂供电量，抽水蓄能用电应作为能源转换用电；在电量平衡中应分为用户消耗电量、电力工业自身消耗电量和电力转换消耗电量三部分；在进行电量平衡和计算线路损失率时，采用“线路损失电量＝供电量－售电量－转换消耗电量”公式计算。这些为我国电力工业统计增添了抽水蓄能统计的内容。现在《抽水蓄能统计管理暂行办法》已发文试行。

实事求是地进行水能折算一次能源的研究。根据国家统计局的要求，我们委托国家计委能源研究所和北京水利电力经济研究所开展水能折算一次能源的研究。根据研究结果，提出了水能折成一次能源应按等价热值计算，即应以化石燃料电厂中化石燃料转换为电能的效率或一近似标准值作为折算系数(通常在0.2～0.4间)，或以化石燃料生产电量所消耗标准煤量(即发电标准煤耗)作为等价值，把

水电量折算成一次标准能源量。这既符合能源转换的实际情况，国际上也比较通行。

根据国家统计局等单位关于制定1990年工业产品不变价格的要求，能源部承担了《电力及水利电力机械产品不变价格》目录(第三分册)的编制。这项工作已于1990年底全部完成，所有目录已在年底全部发行完毕。1990年全国电力不变价格为1 170元/万千瓦时，与1990年全国售电平均单位价格1 180元/万千瓦时相差不到1%，低于国家统计局允许的5%的误差。委托中国统配煤矿总公司编制的第二分册不变价格目录也如期完成。

根据经济和统计工作发展的需要，重新修定了《煤炭工业计划与统计常用指标计算办法》，已在全行业使用。

三、普及计算机运用，加强计划统计信息系统建设

(一)煤炭工业以实现统配煤矿报表汇总自动化为主要目标，计算机人员和统计人员密切配合，短时间内开发出包括录入、审核、编辑、汇总等上百种处理程序。到1991年，15个系列的186张报表，均使用微机处理，另有23个统配矿实现省与总公司的远距离传输。山东、山西、河南、河北、云南等省的煤炭厅局做到"四级数据不落地"。

(二)根据原国务院生产办和国家统计局关于建立"'双保'重点骨干企业跟踪监测统计系统"的要求，1990年10月12日，我们与部信息中心联合建立并部署能源部"电力生产管理信息系统"。该系统的建立，加快了信息的流通和反馈，促进了信息系统的建设和完善，使过去分散在各部门的零星的统计信息，逐步向综合的集中的统计信息过渡。现在系统运行的设备和手段已基本落实，各单位能及时进行数据远程传输。在此基础上，1991年8月对系统进行了扩展。即由原来只有5个网局、2个省局扩展到5个网局、6个省局和华能集团，包括了整个电力系统的统计范围。

(三)根据司内信息系统建设的整体设想，先从统计处开始进行数据流程的梳理，以统计处的数据为基础建立全司的信息系统，并逐步实现与各省网局的数据远程传输和联网。现在，统计处内的发电、供用电、基本建设和发电设备几个数据库在原有数据库的基础上进行的优化改造工作已经完成并开始运行。

在建立信息系统的同时，加快了办公自动化进程。目前仅综合计划司统计处就有compaq-386机两台、长城386/20和AST386/33各一台，IBM-PC/XT机两台、复印机和传真机各二部、文豪打字机一部等。

(四)为了尽快普及推广计算机，煤炭系统、电力系统每年坚持举办一、二期计算机学习班，结合统计工作实践进行培训，同时利用年报集中会审的机会进行"单兵教练"。经过多年的普及和培训，省一级统计人员基本都能上机操作。

执笔：**王宝乐**　审稿：**周小谦**　责编：**刘　恒**

机电工业统计

机电部信息统计司

机电部对信息统计工作十分重视。机电部成立后组建了信息统计司，由信息统计司集中统一管理全行业的信息统计工作，负责制定机电工业统计制度和规定，负责收集、整理、储存、分析生产、财务、劳资、外贸、基建等统计数据，负责制定机电工业信息系统建设的规划、计划，并组织实施。1990—1991年，机电工业信息统计工作紧紧地围绕着部的中心任务，把加强行业管理和为宏观调控提供服务作为工作的宗旨，积极推进完善统计制度的改革，加强统计基础工作，提高统计数据质量，开展统计分析、预测，加强信息统计与办公自动化建设，取得了一定的成绩。

一、调整和完善了统计报表制度

机电部刚成立时，为了适应体制的变化，本着既满足行业管理需要，又尽量精减统计报表、减轻基层单位负担的精神，研究制定了机电工业统一的报表制度。几年的实际操作证明这套报表制度是可行的。1991年根据机电工业经济形势的发展，机电部对这套制度做了适当的调整，调整后的报表制度基本能够反映机械、电子两大行业的特点。

为了加强对机电工业经济运行的监测，加强生产调度，为搞活大中型企业服务，机电部不断增加了有关统计报表，如部系统外贸公司出口统计快报，产品销售统计快报，国家"双保"机电工业企业主要经济指标快报等。这些报表制度的建立，进一步充实和完善了机电工业统计报表制度，为及时掌握机电工业经济运行，了解机电产品销售、库存、出口情况，为部领导和有关部门分析机电工业形势，制定政策，发挥了重要作用。

二、统计优质服务迈出新步伐

机电部统计工作紧紧跟踪工业生产发展形势，对工业生产中的一些重大问题和突发性、带有规律性的问题及时进行分析研究，积极主动地向部领导及有关部门提供许多有参考价值的统计分析报告。

围绕机电工业生产情况，信息统计司与合肥工大共同完成了《机电工业经济运行规律》的研究，成果经有关专家鉴定后受到好评，获机电部软课题研究三等奖。1990 年初，信息统计司针对国家提出的紧缩政策，及时研究了机电工业全年生产发展趋势，提出预测。对 1989 年下半年以来机电工业生产下滑，随后又逐步转向回升，但产品大量积压、库存居高不下，经济效益大幅度下降等问题，对机电工业历年发展速度，机电工业产品库存界限等课题，信息统计司都进行了较为深入的分析。

积极开展信息优质服务，通过报刊、杂志等媒介广泛传播统计信息。从 1989 年开始，机电部连续四年在机电报上发布统计公报，每月在机电报、中国电子报上公布当月生产情况，公布机电工业主要经济指标。几年来，部信息统计司在全国各种报刊杂志上发表文章、消息、资料数百篇。从适应行业管理需要出发，信息统计司主动地到国家统计局、海关等部门搜集全行业统计资料，编写全行业统计资料和统计年报提要本，连续四年编印了机电产品海关进出口统计资料。

三、统计基础规范化工作得到加强

为了切实加强统计基础规范化工作，机电部制发了《机电工业加强企业统计工作的若干规定》，对企业统计工作的组织机构、统计制度、指标体系等基础工作都作了具体的规定。

各省市厅局和企业为努力做好企业统计基础工作，也制定颁布了本地区、本单位的统计基础工作规范化标准。北京农机总公司把加强统计基础工作放在重要位置，着重从车间统计建立制度入手，举办车间统计工作现场会，介绍先进车间统计工作经验，建立了车间报表考核等四项统计工作制度，数字质量有很大提高，月年报都能按要求报送，企业基本情况卡录入计算机一次成功率达 94%。

四、信息系统建设取得较大进展

机电部对信息系统办公自动化建设极为重视，成立了部信息系统办公自动化领导小组，制定了发展规划。

一是制定了《机械电子工业信息系统建设总体方案》，于 1990 年通过专家评审，目前部分项目正在组织实施。

二是全系统内基本上实现了统计年报数据处理计算机化，省市厅局用微机录入，报送软盘，部采用计算机进行汇总，提高了年报的质量。

三是系统内机电工业传真通信网和微机远程通信网建设步伐加快。各省厅基本上都配备了微机和传真机，入网单位 300 家。

四是计算机在统计日常工作中得到广泛应用，统计报表、数据处理实现计算机化。辽宁省机械委从 1988 年开始用计算机处理各类统计报表，研制了综合统计信息计算机处理系统，并在其所属 1 025个企业内进行布置，推广使用。国营七一四厂列为国家计算机二级管理系统的试点企业，这个厂开发的 35 项应用软件广泛应用于企业的编制统计报表、测算经济效益、成本核算等工作。

执笔：**王秉科**　责编：**郭国云**

航空工业统计

航空航天工业部综合计划司

航空工业统计，实行以综合统计部门为核心，统一管理，分部门、分级负责的管理体制。在各级综合统计部门集中统一指导下，综合统计与专业统计相结合；专业统计人员与其他业务人员相结合地开展统计工作。部计划司信息统计处具体负责对全行业的统计工作的组织协调。1990—1991 年主要开展了如下工作：

一、加强规章制度建设

《统计法》是统计工作根本大法，统计工作的准绳。为了保证贯彻执行《统计法》及《统计法实施细则》，1990 年 8 月，航空航天工业部结合航空工业的实际制发了《航空工业贯彻〈统计法〉及〈统计法实施细则〉的实施办法》(以下简称《统计法实施办法》)。对航空工业统计工作内容、统计管理体制、统计基础工作、统计资料管理和公布、统计分析、统计机构和统计人员、奖励与惩罚等七个方面，作了全面系统和具体的规定。为保证文件的贯彻实施，采取了以下措施：

(一)建立健全各单位的统计组织系统。根据航空航天部的要求，各单位任命了一批单位和部门统计负责人。对各业务部门，按统计任务的大小确定了专职和兼职统计人员，并普遍实行了定岗定责。在此基础上，对各单位统计负责人进行培训。1991

年共举办了四次统计负责人培训班，培训统计负责人120名，对于提高统计负责人业务水平起到了明显作用。

(二)结合企业升级工作，制定了以《统计法实施办法》为内容的统计工作达标升级办法，将统计升级达标作为企业升级的一部分，在全行业深入开展起来了，从而推动了《统计法实施办法》的贯彻执行并深入人心。

(三)结合统计宣传周活动，对宣传的重点、活动方式、组织领导等作了具体规定，还组织编印了100道统计问答竞赛题，生动活泼地开展了宣传活动，取得了较好的效果。人们的统计法制观念进一步增强了，有关统计规定也更加深入人心，统计工作的知名度普遍提高了。

航空工业《统计法实施办法》的颁布，推动了各企、事业单位的统计制度建设。目前各企业的统计制度，如原始记录管理制度和检查标准、统计报表制度和统计指标计算方法、经济指标考核办法、统计资料供应关系、统计人员岗位责任制等制度比较健全，基本做到统计人员工作有章可循，有法可依。

二、狠抓统计数据质量

统计数据的准确性，是统计工作的生命。统计数据质量是统计人员时刻不能掉以轻心的问题。为保证统计数据的质量，除提高职工和统计人员的思想认识外，还要从组织领导上加强对统计数据质量的控制。

(一)1989年11月，航空部下达了《航空工业统计法规检查暂行规定》。明确了各级综合统计机构是《统计法》检查机关；在全行业任命了37位部级统计检查员，确定了他们的权力和责任；对统计违法案件的范围和管辖，奖励和处罚都作了明确规定。这个规定文件的实施，提高了综合统计部门的地位，也提高了人们对统计数据严肃性的认识。对于维护统计数字真实性的行为是一个保护，而对于干扰破坏统计数据真实性的行为有一定的限制作用，从而保障了统计人员能如实反映情况。

(二)为防止统计人员由于业务水平等原因出现的技术上的差错，还规定了统计数据质量控制三级审查办法。即：本单位自查；地区互审；部终审。为使统计年报资料统一和准确，航空部为企业编制了审查数据质量的软件，有检查及利用平衡关系等控制程序等，对统计数据质量起到一定的保证作用。

(三)对数据质量好的单位作了通报表扬。1991年全行业评出35个数据质量优胜单位。对一部分数据有问题的单位也作了处理。

三、改进航空工业统计指标体系，建立历史资料台账

1990年在全行业组织了一批专家，对航空工业原有的指标体系，进行了修订和补充，形成了全行业10个方面682个指标组成的航空工业指标体系和全行业统一的人工数据库(即历史资料台帐)等。目前这项工作正继续向纵深方向发展：航空部一面组织专家开发计算机软件，一面组织编写统计指标解释，为将人工数据库顺利向计算机管理过渡打下基础，推动全行业计算机应用水平的提高。

四、做好为行业管理和基层服务工作

部门统计任务既要为国民经济宏观管理服务，又要为行业管理、基层管理服务。航空部强调在保证完成国家和上级任务的同时做好本部的“三报”、“两预计”、“两分析”工作。三报：即月报、季报、年报工作。月报是以反映和检查生产、科研计划完成情况为重点，月后5日内出报表，发机关各部门及有关上级单位；季报是以经济效益指标完成情况为重点，反映企业经济发展状况，一般在季后15日内出报表，发至各有关单位；年报是反映全行业的人、财、物、产、供、销等全面性的综合统计资料，具有重要的历史价值，一般于年后七、八月完成。几年来航空部坚持计算机软件的开发和应用，目前“三报”工作已完全实现计算机处理。两预计：即每年分别于六月、九月对全年计划完成情况进行全年预计分析。第一次预计分析主要是为有关部门及早组织完成全年计划服务的；第二次预计是为有关部门组织协调全面完成全年各项任务及安排明年任务服务的。两分析：即半年和全年对经济运行情况，做出较系统的分析研究，以充分发挥统计占有大量资料的优势，为部领导决策服务。

五、积极开展统计科研工作

统计科研是统计工作的先导。为了全行业统计工作的发展和进步，航空部注意应用各方面的力量，包括发挥部机关、航空工业统计学会及大专院校三种力量，对现行统计工作中存在的问题及发展中的课题，进行广泛的研究。先后编著了《航空工业经营统计学》、《航空工业教育统计学》等。1991年完成了国防科工委下达的国防工业综合经济效益评价办法的重大课题。研究解决了统计方法制度中存在的具体难题，为提高航空工业统计工作水平打下了基础。航空工业统计学会，每季出版一期《航空统计》杂志，为探讨和研究统计理论和提高统计人员业务素质，提供了学习和探讨园地。

执笔：**王绪文** 审稿：**徐仲奎** 责编：**郭国云**

冶金工业统计

冶金部计划司

改革开放以来，冶金工业迅速发展，对各项管理工作包括统计工作都提出了更新、更高的要求。1990年和1991年，冶金统计工作围绕冶金工业生产、建设与管理的需要，加强自身业务建设，在专业统计方法制度等方面进行了一系列改革。

一、全面实施冶金统计现代化建设

冶金系统统计工作应用计算机较早，但进展慢、效果不理想。1990年，冶金部在总结经验的基础上，为确保统计工作现代化的顺利实施重新制订了实施方案，重点放在硬件配置、软件开发和人员培训等三方面。在硬件配置上，首先在部机关配置较高档次的计算机，同时运用各种手段督促冶金系统的企事业单位限期配置。至1991年，已有29个省、自治区、直辖市冶金厅(局、公司)，106个重点、骨干钢铁企业配置了档次较高的计算机。在软件开发上，1991年完成了冶金统计年报重点部分——产品产量和技术经济指标年报的软件开发。整个年报软件开发工作也将于1992年底完成，届时将实现企业—省厅—部机关三级软件汇总。在人员培训上，明确所有统计人员必须具备基本的计算机应用知识和操作技能，一方面开展专项培训，另一方面配合软件应用进行培训，取得了较好的效果。

二、加强统计网络建设

随着有计划商品经济的发展，企业在经营管理中迫切需要得到相关单位的信息，企业领导强烈希望统计机构能及时得到有关信息的反馈，便于决策和管理。为此，相继建立了“全国重点普钢企业网络”和“全国重点特钢企业网络”。这种企业间统计网络的产生和发展，作为对传统的自下而上的垂直统计方式的一种补充，甚至起到了一些行政统计不能取代的作用。两年来，在冶金部统计主管部门的支持和帮助下，企业统计网络活动更加活跃。1990年4月，全国重点特钢企业网络举办了首届特钢杯统计知识大奖赛，起到了普及统计知识、锻炼统计队伍和激发统计人员热爱本职岗位的作用，受到国家统计局有关领导的高度评价。

三、改革统计制度方法

目前，冶金统计工作面临着三个不适应：首先，传统的产品经济统计体系不能适应有计划商品经济的管理需要，特别是冶金工业作为国民经济基础产业，长期以来严格实行计划经济管理，在改革的大潮中经常遇到“需要的统计数据无法提供，而提供的统计数据往往不需要”的矛盾；其次，1991年我国产钢7100万吨，居世界第四位，而在技术装备水平、产品品种质量和管理等方面与发达国家相比差距较大，但统计指标体系或因未执行国际统一标准，或因分类不科学，而不能提供这类基础数据，使得对比的科学性受到严重限制；再次，由于统计工作缺乏规范化、标准化，不仅影响统计工作现代化的顺利实施，而且造成了许多浪费。正因为如此，近二年，冶金部已着手这方面的研究探讨工作。目前采取的主要改革措施包括：1.在专业统计指标中增列一百个关键钢材品种，作为冶金生产、质量、技术、科研、规划管理部门重要的决策依据。2.修订完善专业生产指标计算方法，积极研究建立新的指标体系，如质量指标体系、科技进步指标体系等。3.着手研究专业统计指标分类科学化，并参考国外的分类，制定新的专业统计指标体系，研究建立统计信息代码。

四、搞好统计优质服务

长期以来，统计部门满足于提供数据，优质服务开展不够。所谓优质服务，就是指扩大统计信息覆盖面，搞好统计分析研究。两年来，我们大力改进了统计资料的汇编工作，重新整理了《冶金工业统计年报提要》、《中国钢铁统计》、《冶金企事业单位概况》，使这些资料更加全面系统，受到各应用部门的好评。特别是在努力使统计信息更及时、更准确地服务于领导、服务于管理、服务于社会方面倾注了大量精力。我们主办的《冶金计划统计》已成为全行业计划统计部门沟通信息、了解情况的窗口。

伴随着改革开放的深入发展，企业自主经营意识不断增强，统计部门如是仍然单纯地提供统计数据，已不能适应这一发展变化。

1990年，冶金部还在重点钢铁企业中建立了统计分析报告制度，要求企业更广泛地开展统计分析研究，并使之制度化。目前已涌现出一批统计分析开展得较好的企业，如上钢五厂、涟源钢铁总厂、太钢、马钢、鞍钢等。这些企业的统计机构在企业经营管理方面较好地发挥了统计的整体功能。

责编：刘　恒

轻工业统计

轻工业部信息统计司

1990—1991 年，轻工业统计工作紧紧围绕“为宏观决策服务，为企业服务”的指导思想，在深化部门统计改革，狠抓业务建设，开展统计分析和预测，提高优质服务水平方面取得了一定的成效。

一、改革与发展

1988 年轻工业部在机构改革中组建了信息统计司，将分散在各司局的生产、劳动工资、固定资产投资、产品销售、经济效益等统计工作相对集中，部计算中心划归信息统计司，统计人员编制由原来的 13 人增至 24 人。不仅使力量得到了合理配置，而且，对方法制度的制定、数据的采集和加工处理、经济运行情况的分析与预测等建立了系统化管理，逐步实现了统计资料加工汇总计算机化。

(一)对统计报表制度、计算方法实行了集中统一管理，做到了分类方法统一、口径范围统一，改变了过去那种报表多、数据乱、口径杂的现象。过去由于统计工作分散在几个部门，各种指标的分类方法不一致，口径范围不一致，数据相互矛盾，无法进行宏观比较。因而实行集中管理后，统一了行业分类标准，明确了各专业的统计指标解释不得与部规定的统计指标计算方法有矛盾，而且，必须经过信息统计司审核同意后方可下发轻工系统。1991 年为进一步加强报表管理，轻工业部起草制定了《轻工业统计报表管理的暂行办法》，明确了统计报表的管理部门，以及统计报表的制发权限和审批程序。为加强部内统计资料的管理，防止出现“数出多门”、使用混乱的现象，又制定了《轻工业部统计数据管理的暂行办法》。使统计工作向法制化管理迈进了一步。

(二)协助建立了各行业协会的统计制度，迈出了行业统计新步伐。针对部机构改革后，原来各专业局撤销，成立了近 30 个行业协会的新情况，为加强轻工业行业统计工作，先后协助建立了保温瓶、玻璃瓶罐、自行车、缝纫机、牙膏、油墨、日用搪瓷、电光源、文教体育等 9 个行业统计制度。由于协会是跨地区、跨部门的组织，这一工作的开展，不仅弥补了轻工业部在行业统计方面的不足，拓展了统计的广度和深度，而且对加强各轻工行业的宏观指导，调整产品结构，深化企业改革和提高企业的经营管理水平起到了积极作用。

二、业务建设

(一)把提高统计数字质量放在首位。为提高数字质量，加强统计报表审核工作，轻工业部曾先后制定了《年报统计指标取位规定》和《大中型企业主要指标审核要点》。1991 年轻工业部在过去工作的基础上，又在年报汇总过程的中间控制上狠下功夫，强化各种统计年报的审核工作，组织制定了《轻工业生产统计年报审核要点》，进一步明确了生产统计年报各报表之间和指标与指标之间的平衡关系、逻辑关系的审核。该审核要点针对性强，使用方便，特别对刚走上统计岗位的同志有很大帮助，起到了专业培训所达不到的效果。

(二)坚持开展评比，使统计工作做到准确、及时、全面。数字质量是统计工作的生命，而及时、全面是统计工作时效的重要体现。几年来轻工业部围绕“准确、及时、全面、明确”，制定了各项评比办法，坚持每年开展评比。通过评比，增强了统计人员的责任心，报表的质量有了明显的提高。

(三)加快统计手段现代化建设。机构改革后，统计处都配置了计算机，月报、年报数据的质量和时效性都有了提高。开发了微机通用统计软件和通讯软件。建立了轻工业大中型企业、引进项目等数据库，为有效使用统计数据创造必要的条件。目前，轻工业部正筹备在全国省、自治区、直辖市、计划单列市轻工业厅局之间实施计算机联网。

三、统计分析

1990—1991 年积极开展统计分析，分析水平有很大提高。

(一)组建了一支专业化的统计分析预测队伍。信息统计司分析预测室拥有数理统计、数量经济、计算机、系统分析和轻工等方面的人员。无论是知识层次，还是人员结构上都比较合理。

(二)积极开展统计分析。一是利用丰富的统计资料，在开展专题性分析的同时，定期将生产、销售、出口、效益等联系起来进行综合分析，并按季公布分析研究报告，总结经验，找出问题，提出对策建议，便于领导掌握全面情况，正确地进行决策。1990 年二季度，针对轻工业生产急剧上升的状况，将生产情况与市场需求、企业效益和产品库存情况联系起来分析，指出二季度的生产回升有片面追求产值的倾向，是靠大量贷款刺激起来的，建议在下半年重点要开拓市场，按需生产，减少库存，为部领导的决策提供了依据。二是运用电子计算机，建立数学模型，开展定性分析与定量分析。运用生产函数定量地计算出轻工业系统的技术进步水平和技术进步贡献率；采用了主成分分析法和聚类分析法，研究不同地区和不同行业经济效益比较问题，推动了经济效益的提高；定量分析研究了轻工业发展与国民经济发展的相互关系；分析研究了消费水平的变化对轻工业生产的影响；根据设计的数学模型找出了轻工业在90年代的最佳发展速度；另外还对轻工业的行业结构、技术水平、经济效益、进出口贸易做了全面的、系统的评估，为“八五”计划的编制提供了依据。三是在对全年轻工业经济形势进行定量预测的同时，紧紧围绕提高轻工业品市场的有效供给这一工作主题，先后对一些人民生活耐用消费品(例如钟表、电冰箱、自行车等)进行了中长期市场需求预测，对人民生活必需品的销售量做了年度预测，这些预测结果基本是可靠的。1990年初，对市场的复苏时间和农村市场进行了预测，认为市场的全面复苏至少在9、10月份以后，农村市场的复苏将滞后于城市市场。事实证明，这一预测也是符合实际的。

近两年来，共发布分析预测成果30多项，提供给部领导内部参考材料4篇，1篇被推荐为全国轻工业工作会议的参阅文件，编写了《信息统计分析》30期。曾宪林部长在第1期《信息统计分析》上写到：“信息统计司工作有了一个良好的开端，走出了决定性的一步，对同志们取得了初步成果表示祝贺，为同志们付出的辛勤劳动表示感谢，望同志们再接再厉，把《信息统计分析》办成轻工及消费市场的‘天气预报’，应该有统计(数字)、有分析、有结论、有预报、有建议。”肖永定副部长看了《信息统计分析》第8期，指出“从简单的统计走向预测，这是信息统计司工作的质的变化，是宏观调控的重要依据，希望信息司再接再厉，把这项工作坚持下去，抓好。今后的预测，要考虑轻工倾斜政策这一重要影响因素，预测表中应加入完成年度计划的百分比，这样可使我们的预测和分析更精确。”

(三)推动轻工业系统的统计分析工作的开展。多次要求各单位重视统计分析工作，并要求各级统计人员在向部报送各种统计报表的同时，要附有分析，并作为考核评比的一项内容。1991年结合“七五”轻工业发展情况，在全国轻工系统县以上综合统计人员中，组织了一次统计分析报告的评选活动，评出部级优秀分析报告8篇。在此基础上编辑下发了《轻工业统计分析报告选编》一书，促进了统计分析工作的开展，提高了广大统计人员分析水平。

四、优质服务

部门统计工作，一定要围绕本部门各个时期的中心工作，及时调整自己的工作重点，与本部门的工作主题合拍，才能充分显示统计工作在经济活动中的重要作用。

在“治理整顿”和“质量、品种、效益年”活动中，为反映轻工企业的经济效益情况，加工整理了《轻工业部分企业主要经济效益资料》，该资料分行业对近2 000多个轻工企业，按主要经济效益指标排列名次，孰好孰坏，一目了然。不仅使部领导和各部门及时了解到了各行业经济效益情况，而且使企业知道了自己在同行业中所处的位置，以便确定努力的方向。曾宪林部长对该资料很重视，在他赴各地进行经济效益调查研究中，随身携带，每到一个企业都要对照查看。该资料最近几年均被列为轻工业厅局长会议的主要文件。

充分发挥统计资料丰富的优势，向部领导提供“短、平、快”的服务。例如：根据最近消费品市场销售平淡的问题，信息统计司及时整理出主要轻工产品的产、销资料提供部领导，为他们及时掌握生产和销售情况，制定决策提供科学的依据。

1991年参与研究和撰写了“轻工业十年回顾与未来十年的发展”课题；编写了《全国厨房设备行业“八五”计划、十年规划》。在对全国轻工业以及主要行业的发展方面发挥了作用。

执笔：**朱建利**　审稿：**吕月华**　责编：**徐晓海**

纺织工业统计

纺织工业部综合计划司

1990年和1991年，纺织工业统计工作通过广大纺织统计工作者的努力，在完成了大量的日常工作的同时，又在统计工作的基础建设、法制建设以及统计改革等方面取得了一系列进展。

一、召开全国纺织统计工作会议

1991年为了贯彻落实李鹏总理关于统计工作的讲话精神及全国统计工作会议所确定的各项任务，纺织工业部于六月份在呼和浩特，专门组织召开了一次由各地区纺织主管部门主管统计工作的处长参加的全国纺织统计工作会议。王曾敬副部长亲自到会讲话，指出“纺织统计是纺织工业实行科学决策、科学管理的一项重要基础工作，在纺织工业的宏观调控中具有不可忽视的地位和作用。”同时也提出了“随着产品经济逐步向有计划的商品经济的过渡，指令性计划逐步为指导性计划所代替，由部门管理逐步转向行业管理，纺织统计应该怎么办？怎么转变？”的问题。综合计划司刘春年副司长以李鹏总理提出的“准确、及时、全面、方便”的八字方针为准绳全面分析了纺织统计工作已经取得的成绩，以及存在的差距，并指出了今后仍需努力的方向。会议还邀请了国家统计局工交司赵岷山副司长到会作了重要讲话并强调“统计部门在搞准基本统计数字的基础上，努力开展分析研究，提高统计资料的利用率，充分发挥统计的整体功能，是统计改革与发展的必由之路。非如此，就没有完成统计的基本任务。”这次会议的重点是讨论纺织统计工作今后发展的重大方向问题，明确了要加快纺织统计手段现代化的建设，要根据纺织工业主要是面向市场的特点改革统计内容，加快实现由部门统计向行业统计的转变。这次会议也是纺织统计工作有史以来规格最高的一次，对纺织统计工作今后的发展将具有深远的意义。

二、加快统计基础建设

在完成大量的统计月报和年报等日常工作的基础上，近两年来各级纺织统计部门大多将工作重点放在统计基础建设上，并取得了一定成绩。

（一）加快统计手段的现代化建设。纺织工业统计工作从80年代初开始使用计算机，但步伐一直比较慢。从1989年开始部、司两级领导决定要加快步伐，实行部对各省、市、自治区一级纺织主管部门统计的计算机点对点远程通讯联网，列入部基建项目，规划规定力争在三年内建成。费用由纺织工业部和各省、市、自治区各承担50%，配备一台计算机和调制解调器，由部里统一机器选型以及人员培训，并帮助指导软件开发，到1991年仅纺织部作为基建项目投资累计已达187万元，三年内共开办各种计算机基础知识和通讯培训班11期，培训人员220多人次。到1991年9月底各地通讯全部开通，年底整个通讯网络进入了稳定运行状态，从而大大提高了年报和月报的及时性和准确性，月报比以前靠手工录入时的时间提前了10天左右。

不少地区在与部里实现联网的同时，也在着手建立本地区对地市一级主管部门和大中型或直属企业的网络，如浙江丝绸公司从1990年10月开始用3个月时间完成了部—省—地市和部分直属企业的三级计算机网络工程。四川纺织工业厅计划投资56万元，建立“全省纺织系统信息管理计算机网络系统”，另外北京、湖南等地区在这方面也取得了一系列成绩。

在进行全国性网络建设的同时，在综合计划司内又建成了司内各处信息资源共享网，全司共7个处加上司长室，都配备一台计算机，将各处的信息全部输入计算机进行联网。通过一年多的建设，到1991年11月份基本建成，初步实现了信息共享。

（二）编制了1990年纺织工业产品不变价格。根据国家统计局的要求，在全部工业产品不变价格中，纺织品、服装、鞋帽以及纺织机械和器材类产品不变价格由纺织工业部承担编制。为此纺织工业部专门成立了领导小组和办公室进行组织协调和开展日常工作。整个工作从1989年10月开始到1990年底结束，历时一年多。这期间先后召开了两次部长办公会议进行专题研究，部领导对各阶段的工作都作了指导，并提出了要求，召开了两次部领导小组会议和一次有关人员座谈会，分专业多次召集部分地区及企业的代表进行反复研究和修订，动员了20个省市不同行业的近3 000个企业进行了测算，从而保证了新的不变价格比较客观地反映了纺织工业产品的价值，也较好地体现了各行业之间的比价关系。

（三）《纺织工业统计主要指标解释及计算方法》修改意见讨论稿已经脱稿。《纺织工业统计主要指标解释及计算方法》自1980年修订执行以来，到1990年已经10年了，在这10年中纺织工业在各个方面都发生了深刻的变化，特别是国家统计局于1987年正式对工业统计指标解释作了一次大的修改调整，纺织工业统计主要指标解释及计算方法的修订已势在必行。为此纺织工业部在1989年曾专门发文征求各地纺织主管部门的意见，1990年又选定60多家大中型企业专门发文征求意见，在这两次征求意见的基础上，经与部内有关单位研究协商，从1991年年初开始由综合计划司统计处着手进行系统的修订。经过近9个月的努力，一个较为系统的由17个部分组成近20万字的“计算方法”讨论稿，基本上脱手了，并在10月中旬的全国纺织工业统计工作座谈会上发给了各地，要求各地在结合当前有计划的商品经济的特点，特别是企业经营管理的需要提出进一步的修改意见。

三、搜集全行业资料，办开放式统计

为了满足行业管理的要求，近两年来各级纺织工业统计部门不断扩大和完善全行业统计。由于目前管理体制和纺织工业统计本身力量的限制，使得除专业生产设备和能力及主要产品产量统一由纺织工业主管部门统计外，对其它指标纺织工业主管部门既无权向系统外企业发统计调查表，也很难独立完成所有的这些调查和汇总。鉴于这种情况各级纺织统计部门在不断完善主要专业设备和能力及主要产品产量全行业统计的同时，对其它诸如企业个数、产值、经济效益、职工人数、购销及出口创汇情况等指标的全行业数据则采用横向(即向其它各有关部门)搜集汇总的方法取得，通过几年的实践，证明这一方法在目前的体制下是可行的。

为了进一步将统计推向社会，为社会服务，各级纺织工业统计部门在遵守国家保密规定的前提下，采取不同的方式定期和不定期地向社会，特别是企业发行一定数量的统计信息资料。如纺织工业部将每年的年报改为两种版本，一种仍在内部发行，另一种将有些需要保密的资料抽掉后作为《纺织工业统计资料》向社会公开发行，受到了社会特别是企业的欢迎。

四、增强统计法制观念

为了彻底查清广西南宁绢麻纺织厂1988年虚报产值一案，1991年4月份，国家统计局和纺织工业部组成了联合调查小组赴南宁对该厂进行了详细的调查和检查，在排除各方面的阻力后，认定该厂1988年实际虚报产值达2 963万元，占其当年实际产值的42%，属于严重的统计违法行为。根据有关法律和制度，调查小组在向有关领导请示汇报后向广西区人大、政府及有关部门提出了四条处理建议，引起了有关各方面的高度重视。该案的调查和处理不仅在纺织工业统计法制建设中产生了较深刻的影响，同时在一定范围内对有关领导和广大统计人员进行了一次生动的普法教育。

随着经济的搞活，现行的纺织工业统计方法和统计内容已很不适应纺织工业发展的需要。需在统计改革中进一步加以完善。

执笔：**余湘频**　审稿：**刘仲鑫**　责编：**李天渊**

铁路运输统计

铁道部统计信息中心

随着铁路事业的发展，铁路统计也有较大发展。目前，全国铁路系统共有专职统计人员6 200多人，铁路统计系统实行“集中管理、分级负责”的管理体制，各级统计部门归口管理各单位统计工作。1989年中央国家机关“三定”中，根据铁道部政企合一和铁路具有高度集中、大联动机、半军事化的特点，将原计划统计局改为计划司，成立统计中心，为部直属事业单位，行使政府行政管理职能，归口计划司管理。现设综合、运输、基建工业、劳资统计处和统计监察处，定员37人，统一管理全路统计工作。

党的十一届三中全会以来，铁路统计系统适应改革开放、铁路全行业经济承包需要，按照实行由封闭式统计向开放式统计转变、由生产型统计向生产经营型统计转变的要求，不断深化改革，全面贯彻落实国务院和国家统计局历次关于加强统计工作的方针、政策及重要指示，为调控铁路经济运行提供优质服务，进入了发挥统计信息、咨询、监督整体功能的新阶段。

一、准确及时地提供统计信息，不断提高服务质量

铁路各级统计部门始终把完成统计报表任务、提供优质信息服务作为统计工作的基本要求，坚持加强统计基础工作规范化建设，努力向各级领导和业务部门提供准确、及时、全面、方便的统计信息，不断提高信息服务质量。

(一)及时、准确地上报统计报表。无论定期报表，还是年报，专业多、任务重，为此各单位精心组织，合理安排，保证了年年优质、高效地完成各项报表任务，多次受到国家统计局的表扬。

(二)组织编撰形式多样、内容丰富的统计资料。为满足各级领导和业务部门日益增长的信息需求，积极编撰历史的、年度的、分专业的、袖珍式的统计资料，深受各方面的欢迎。

(三)按期发布统计信息。为不断扩大统计信息服务领域，提高社会化服务水平，1991年开始在《人民铁道报》定期发布《铁路运输生产建设统计公报》。

二、坚持把统计分析放在重要位置

1978年，铁路统计系统即开始抓统计分析工作，经过多年来的尝试和探索，全路统计分析工作不断向纵深发展，统计分析的深度和广度日益扩大，质量逐年提高，取得了可喜的成果。1991年，全路共撰写统计分析13 166篇，比上年增长41.6%。其中，定期分析11 385篇，专题分析1 781篇，分别比上年度增长40.4%、49.3%。

统计分析质量显著提高。各级铁路统计部门不断增强主动参与意识，从多层次、多角度开展定性分析与定量分析相结合的专题分析和系统分析，加强预测分析，写出了一批有情况、有分析、有观

点、有建议的高质量的统计分析报告，受到领导和有关方面的重视。许多决策咨询建设被采纳，在铁路宏观调控和运输生产建设中发挥了积极的作用。如1990年，统计中心围绕“打好强化改造繁忙干线和机车车辆工业两个翻身仗”，分别进行了定量分析和系统分析，为总结铁路“七五”经济承包、制定“八五”规划提供了决策依据；年中对全年铁路工资总额进行了预测，准确率达99.9%，并据此提出了调控建议。又如1991年，统计中心对“七五”铁路工资包干进行分析，提出了职工人数、工资总额双控的对策建议。沈阳、广州铁路局分别剖析了本单位增固不增效、总效增单效降等重要问题，对搞好“八五”铁路第二轮经济承包提供了很有价值的决策咨询意见。

统计分析咨询水平之所以明显提高，主要是由于采取了以下几项措施：

(一)提高认识，统一思想。通过学习和分析实践，在认识上逐步明确了统计分析是《统计法》规定的统计工作的基本任务之一，是统计工作的重要组成部分，在宏观调控和微观搞活、转换企业经营机制等方面具有重要的决策咨询作用。“只报报表不搞统计分析，不算完成统计工作，不是一个好的统计干部”已成为铁路各级统计机构和广大统计干部的共识。

(二)明确职责。规定各单位在完成统计报表的同时，要开展统计分析，并把统计分析当作一项主要任务纳入各级岗位责任制和竞赛评先活动。

(三)制定计划，确定重点。统计中心每年年初在《年度统计工作要点》中提出当年全路统计分析重点课题，各单位据此确定分析专题，制定调查计划，组织分析队伍，做到任务、组织、时间三落实。

(四)组织交流评比。1986年起，组织开展优秀统计分析报告评选活动。每年召开全路优秀统计分析报告讲评与经验交流会，向获得一、二等奖的作者颁发荣誉证书。1990年建立了《统计分析报告登记与评比制度》，推动统计分析工作走向制度化、正规化。

三、加强统计法制建设

《统计法》颁布后，铁道部也于1987年10月发布了《关于实施统计法和统计法实施细则的规定》，铁路统计系统坚持把加强统计法制建设作为重要工作抓紧抓好，逐步走上了依法治理统计的轨道。各级领导和广大统计人员统计法制观念逐步增强，有法必依、违法必究已成为统计工作的准则。

几年来，围绕提高统计法制水平，主要开展了以下几个方面的工作：

(一)大张旗鼓地学习宣传《统计法》和有关法规。每年5月，组织开展“统计法宣传月”活动，运用报刊、影视、幻灯、板报、标语等形式进行广泛宣传，有的还举办统计法规知识竞赛，大大提高了各级统计人员学法、知法、守法、执法的自觉性。

(二)坚持开展以检查统计数据质量为重点的全路统计法规执行情况大检查。自1988年开始，每年组织一次，实行全面自查与重点抽查相结合，边检查边整改，对统计违法行为严肃处理，坚持奖罚兑现。1991年，全路有9 800多个单位进行了自查，自查率98.2%；统计中心对3个铁路局进行了重点抽查；全路共查出违法违章行为560件，其中虚报、瞒报、漏报等421件，拒报、迟报101件，已处理548件。

(三)搞好规章制度建设。适应国家统计改革和铁路经济承包的需要，改革统计制度方法，修订、完善了《铁路客货运输统计规则》等一系列规章，新增了工业生产与固定资产投资宏观效益等一整套反映经济效益的统计指标，进一步统一、明确了统计指标及其计算方法、口径。各铁路局还普遍制定了《运输统计质量考核奖惩办法》。

(四)加强监察工作，健全监察体系。根据国家统计局关于健全统计检查机构，充实法规检查人员的要求，加强对全路统计监察工作的统一管理。统计中心于1990年5月增设了统计监察处，定员4人，作为铁道部的统计执法机构，负责在全路组织贯彻执行统计法规，组织查处统计违法行为、案件和检查重点统计数据质量。各铁路局普遍配备了专职统计监察人员，并选配了兼职统计监察，有的还成立了统计监察科。

四、加快统计信息自动化系统建设的步伐

铁路统计应用电子计算机起步较早，经过多年努力，目前已建立起比较完整的统计报表电子计算机处理系统，并在各专业统计中实现了多种形式的数据网络传输，从而促进统计工作质量、水平、效率不断提高。到1991年底，全路统计有小型机38台，微机793台。统计专业人员与有关院校密切合作，开发了一批质量较高的应用软件，其中通过部、铁路局、分局三级科技成果鉴定的有69项，形成了一支统计部门自己的应用开发队伍，实现了统计报表处理计算机化。计算机网络建设取得了长足进展。运输统计中，机车统计实现了部、铁路局、分局、站段四级网络传输，货车统计实现了部、局、分局三级网络传输，客货运输统计实现部、局二级网络传输；客货票据信息共享方面也取得了进展；其他许多专业统计实现了传真或话路网络传输。统计自动化系统现正在向高层次——即以建立统计数据库为核心的统计管理信息系统发展。

五、积极开展统计科学研究与学术交流活动

1990年成立了铁道学会经委会统计学组，并召开了首届学组会和首次铁路统计学讨论会，确定了学组的工作方针、任务，征集论文79篇，有18篇被评为优秀论文。广大统计工作者就深化统计体制、制度方法、指标体系和统计手段改革及控制统计质量等问题作了较深入的研讨，提出了许多有益的意见和建议，创造了铁路统计学术研究与交流的良好开端。

六、存在的问题

当前铁路统计组织机构、力量薄弱，与国家对统计工作的要求越来越高、统计任务越来越重的形势很不适应。

开放式统计服务的步子不够大，统计社会服务领域不够广，统计咨询服务水平不够高。

铁路统计分析工作虽然质量有提高，但按发挥整体功能的要求来衡量，仍是一个薄弱环节，与其他部门的进展情况相比，差距拉大了，有待今后进一步加强。

执笔：**冯善唐**　审稿：**黄显详**　责编：**刘　恒**

医药统计

国家医药管理局计划司

为适应国民经济治理整顿、深化改革的新形势，医药部门的统计机构根据行业的实际情况，克服了人力少、任务重等困难，从改革统计方法制度入手，积极进行统计基础建设，努力开展统计优质服务，开创了医药统计工作的新局面。

一、积极开展统计优质服务

随着人们信息观念的增强，各方面对统计信息的需求日益增大。统计信息不仅是各级领导了解情况、进行决策所必需，而且也是企业改善经营管理、加强横向联系所必需，同时还是咨询机构、科研机构、大专院校进行咨询和科研活动所必需。为适应形势的发展，满足多层次的需要，医药统计工作者积极开展统计优质服务，在提供统计资料方面，力求做到形式多样化，并逐步提高医药统计资料的广度和深度。

进一步加强医药统计书籍的编辑出版发行工作，加快资料的加工、整理和出版发行速度。国家医药管理局根据省级医药主管部门和基层企业的需要，扩大了医药工业统计年报的内容，并合理编排，把宏观资料与微观资料、横向资料与纵向资料结合起来，方便了各级领导、医药主管部门及其医药企业、科研单位的使用。同时，组织编辑了《医药经济40年资料汇编》，搜集了建国以来医药工业、商业、固定资产投资、对外经济贸易、物价、科技开发、教育、质量以及相关的医疗卫生发展情况和国民经济发展的基本情况等内容，并适当增加了指标解释，为研究医药经济发展的规律提供了充分的医药统计资料。

二、医药统计信息自动化建设取得明显成效

在医药统计工作中采用现代化信息技术，是提高统计工作效率，充分发挥统计部门的信息主体作用的重要技术保障。面对全国医药统计岗位人员普遍不足，工作任务却越来越重的情况，我们根据国家统计局"微机起步、由小到大、逐步发展"的建设统计信息自动化系统的方针，已取得明显成效。目前从国家医药管理局到省(市、区)级医药管理局，基本上实现了用微机处理日常医药统计信息业务，初步形成了一套医药统计信息采集、传输、汇总处理系统，具备了完成全国信息的综合处理能力，为开通国家、省、地(市)及大中型企业的微机通讯网奠定了基础条件。1991年第一次成功地采用软盘输送数据的方式，完成了1990年全套(价值量、实物量)医药工业统计年报的超级汇总，并开展了远程数据传输的试点工作。使医药统计工作人员从传统的报表手工汇总中解放出来，有力地促进了统计工作的全面发展。

三、调整充实了统计报表制度

1989年"三定"后，为适应管理职能的转变，便于统计资料的汇总整理，国家医药管理局本着既要满足行业管理和宏观调控的需求，又要尽量精简统计报表的精神，按照国家统计局的有关规定，研究制定并于1989年实施了统一的医药统计报表制度。这套报表制度，充分体观了国家统计局有关报表制度改革的精神，又适当反映了医药行业的特点。在表式、指标、目录的设置上，凡能统一的就尽量统一，确实不能统一的就采用不同的表式、指

标进行补充，尽量做到报表表式规范化。实践证明，这套报表制度基本上是可行的。

为满足加强宏观调控，加强生产调度和狠抓提高经济效益工作等需要，1990—1991年国家医药管理局新增了一部分统计报表，如系统内对外经济技术合作情况统计，仓储运输情况统计、重点工业企业主要经济指标报表等。这些报表制度的建立，进一步充实和完善了医药行业统计报表制度的内容，为及时了解医药生产、经营情况，为领导和有关部门分析医药工业生产经济形势，及时制定有关的政策措施，发挥着重要作用。

四、加强统计法制建设，提高统计数据质量

不断提高统计数据质量，是统计人员的一项经常性工作。近几年来，统计工作的重要性逐步被人们所认识，各级医药管理部门的领导对统计工作也越来越重视，把提高统计数据的准确性摆到了比较重要的位置。为提高统计数据的准确性，各级医药管理部门采取了多种措施，进行综合治理。有的开展统计工作评比竞赛，以促进统计数据质量提高；有的开展统计数据质量检查活动，通过自查、互查、联查、发现问题，及时纠正，保证了统计数据的准确性，提高了统计人员的业务水平。

为加强统计的基础工作，建立医药统计工作的新秩序，国家医药管理局在修改、完善医药统计制度的基础上，拟定了《医药统计工作管理暂行规定》讨论稿，经过反复征求意见，多次修改，现已定稿，准备以"局长令"的形式颁布。另外，还拟写了《医药统计资料保密管理办法》讨论稿，准备利用适当的机会再广泛地征求意见。在统计工作的统一管理方面，国家医药管理局根据有关规定，布置了清理医药统计报表工作，并要求从1991年开始，全局内部制发的各种统计报表均由统计部门统一编号、统一协调、统一布置，逐渐消除多头向下，在行业内滥发报表的现象。

五、编制了1990年工业产品不变价格目录

在全国医药工业产品不变价格目录编制小组的领导下，经有关各单位的共同努力，在人力少、时间短、任务重的情况下，集中力量进行制定、审核。终于在1990年底完成了全国医药工业产品不变价格目录的编制和印发任务，保证了1991年新不变价格目录的顺利执行。

两年来，医药统计工作在各方面都有不同程度的进展，有些方面的成绩和进展还比较显著，之所以取得这样的成绩，是靠各级领导对医药统计工作的重视、支持，是各级医药统计工作者在极困难的条件下共同努力的结果。

执笔：**黄美珠**　责编：**徐晓海**

建筑材料工业统计

国家建材局信息统计司

一、机构设置与主要业务

1988年，为适应信息工作发展的需要，国家建筑材料工业局成立了信息统计司，并在信息统计司内设置了统计处负责全局的综合统计工作。根据机构变化情况，局内具体统计业务工作采取了主要专业统计集中、一般专业统计分散，即大集中、小分散的原则。统计处所承担的统计任务包括：（一）建材行业生产与劳资统计；（二）建材行业基本建设投资统计；（三）建材行业财务成本统计；（四）建材行业产品进出口统计；（五）国家统计局布置的有关任务。

（一）建筑材料工业行业生产统计。（1）按月编制县以上全民、集体独立核算企业工业总产值月报和行业的主要建材产品产量月报；（2）按月编制重点水泥、平板玻璃、玻璃纤维企业主要技术经济指标月报；（3）按年编制建材行业和重点企业的工业总产值、产品产量、生产能力、主要专业生产设备（五年两次）、主要技术经济指标、职工人数与工资等内容。

（二）建筑材料行业财务成本统计。（1）按月编制重点企业主要财务成本指标统计；（2）按季编制建材工业系统内企业主要财务成本指标统计；（3）按年编制建材行业、系统内企业、重点建材企业主要财务成本指标与主要产品单位成本统计。

（三）建材工业基本建设统计。（1）按月编制建材工业系统内基本建设投资完成情况统计；（2）按年编制建材工业系统内完成基本建设投资、施工竣工面积及造价、施工项目进度、新增固定资产、施工规模和新增生产能力（或效益）等统计。

（四）建材工业产品进出口统计。（1）按月编制主要建材产品进口、出口实物量与价值量统计；（2）按季编制主要建材出口产品发货地和到达世界主要国家（地区）情况统计。

二、1990年和1991年的主要工作

(一)完成了1990年工业产品不变价格编制工作。根据国家统计局的部署，重点抓了1990年工业产品不变价格编制工作，按期完成了编制、印刷、发送任务，为1990年工业年报的顺利进行打下了基础。从使用结果看，用1990年不变价格计算的工业总产值与用现行价格计算的工业总产值的差距，没有超出国家统计局的规定幅度，符合建材工业大宗产品的实际状况。

(二)1991年开展的主要工作。

1. 做好资料整理，加强统计服务。1991年国家在经济工作中开展了质量、品种、效益年活动，建材企业因受国家压缩投资影响，产品销售不畅，各部门和各级领导非常关心企业的经营活动情况。我们利用统计部门掌握大量统计资料的优势，编发工业生产和财务成本等各种月季统计资料，反映各地克服困难、发展生产以及建材各行业产品销售趋势和盈亏情况。当"三角债"严重困扰企业生产时，我们及时向领导提供了建材主要企业"三角债"的统计资料，受到了好评。

当局领导提出积极开拓建材产品的国际市场时，我们利用已有的进出口统计资料，初步整理了建材主要产品"六五"、"七五"时期进出口统计资料，便利了各方面的使用。我们还及时编印了1990年建材主要出口产品发货地及到达国别和地区的统计资料，使局领导及时掌握建材产品出口的来龙去脉，为制定出口工作的方针政策提供了依据。

1990年是我国"七五"计划的最后一年，统计年报内容比较丰富，是总结建材工业执行国民经济计划和建材工业发展的重要依据。我们精心进行汇总整理，编成了《1990年国家建筑材料工业局统计资料汇编》，内容包括工业生产、固定资产投资等，其中既有行业的综合指标，也有重点企业和重点建设项目的基本情况，同时还编成了《1990年国家建筑材料工业局财务指标资料汇编》，主要反映建材系统内企业和重点建材企业的主要财务指标。这两种统计资料编印完毕后，除供给各部门外，还反馈给省市的建材主管部门和重点建材企业。

搞好预测，使局领导心中有数。1991年底，我们根据各项进度统计资料，提前一个月对建材工业总产值、主要产品产量、实现利税、出口金额、主要产品出口量等指标作出全年预计，使局领导及时了解建材工业主要指标可能实现情况，安排明年工作。

2. 加强统计制度方法建设，适应行业管理需要。建材行业，按照国民经济行业分类标准，跨越了两个行业大类。即：建筑材料与其他非金属矿采选业，建筑材料与其他非金属矿物制品制造业，在这两大行业中，又与其他行业管理部门的产品有所交叉。有关部门和具体工作人员在使用资料时，经常产生分歧，同一名称的指标往往有几种口径，互相矛盾，使人无所适从。为此，我们反复宣传国民经济行业分类标准的优越性，统一了各方面的认识，确定了指标口径，提高了统计资料的权威性。

确立建材产品进出口统计指标目录。海关的进出口商品目录与我们使用的国民经济行业分类目录不一致，难以直接利用海关统计资料。经过研究，我们编制了适于需要的进出口商品目录，并相应建立了微机拷贝程序软件，从而能够按月掌握建材产品进出口情况，和其他相关的进出口统计资料。

改革报表制度，充实统计内容。1991年以前，建材工业一部分统计指标，统计范围比较狭小，只有全民所有制和部分集体所有制企业。在技术经济指标方面，只有少数重点企业的指标，例如水泥，只有大中型回转窑水泥企业的技术经济指标，没有立窑水泥企业的，经过广泛征求意见，反复进行讨论，对1991年统计年报制度作了多方面修订，充实了过去缺少的内容。

编制《建材工业产品分类代码标准》。原国家标准局1987年颁布了《全国工农业产品(商品、物资)分类代码》，由于这个代码分类较粗，不适应各工业管理部门的需要，国家编码部门又组织各部门在上述分类代码基础上进行延伸细化。这项任务我们正在组织力量，力争早日完成编制工作。同时，我们结合建材工业实际，制定了国家建材局统计年报管理办法，并已正式发布执行。

3. 加强统计培训，开展统计科研。为了提高在职统计干部的业务素质，我们在1990年试办统计人员培训班的基础上，1991年又组织了培训班，邀请大专院校和有实践经验的统计干部进行讲课。两年内共培训了450余名统计人员，受到统计人员的广泛欢迎。

建材是一个大行业，但建材局的统计干部却很少，统计处干部只有8人，却要组织全国30个省市和14个计划单列市的建材主管部门开展统计工作。为了调动广大统计人员的积极性，我们在1988年组织了建材统计学会，1991年内分别按专业进行了有关水泥、平板玻璃、玻璃纤维、城市建材等方面的学术讨论会，编辑了学术刊物和论文集。同时搞好企业间的信息交流，企业从这些活动中获得了工作经验的信息，有的企业，还获得了可观的经济效益。这些活动得到了企业的好评。

执笔：**郭建楷**　审稿：**于小兰**　责编：**刘　恒**

石油天然气统计

中国石油天然气总公司计划局

中国石油天然气总公司(以下简称总公司)是从事全国陆上及浅海海滩的油气勘探、开发生产、管道运输、部分油气加工综合利用及共生矿藏的开发利用工作的经济实体。随着我国统计工作前进的步伐，总公司系统的统计工作也不断向新的目标前进。

一、制发了统计工作“八五”计划

根据1990年全国统计工作会议精神，为使总公司的统计工作跟上国家统计改革和现代化建设步伐，总公司计划局在广泛吸收石油企业和有关司局意见的基础上，于1991年制发了《总公司统计工作“八五”计划》。要求实现如下计划目标：(1)在组织建设方面，企业综合统计机构、统计人员和对统计工作的领导力量得到明显加强，基本上适应发挥企业统计整体功能的需要；(2)在基础工作方面，实现统计基础工作三化：统计工作制度规范化、统计指标体系完整化、各种统计分类编码标准化；(3)在信息自动化建设方面，建成综合统计信息管理系统；(4)在基本统计和分析方面，实现基本统计报表质量全优，统计分析经常化、制度化，统计参与生产经营决策，并发挥重要作用；(5)统计培训和统计科研方面，专职统计人员五年轮训一次，在完善统计指标体系、统计核算改革等方面拿出新的成果。

各油田根据总公司统计工作“八五”计划，已制定了本企业“八五”统计工作计划。

二、统计工作目标管理取得新进展

从1980年起，原石油部对系统内单位开展了统计报表评比活动，达到规定分数线者为报表优胜单位。这一活动调动了统计人员的积极性，使统计报表质量不断提高。为适应全面提高统计优质服务水平的需要，从1988年起在石油企业开展了统计目标管理。目标管理包括三个方面的内容：一是统计报表质量，对年报、定期报表、月电报的质量分别检查，达到规定质量要求分别记30分、10分、10分。如月电报几百个指标，及时准确无误，检查得分100分，目标管理的月电报记为10分。二是统计分析，对统计分析的组织领导、计划性，统计分析报告的数量质量有明确的要求，分小项记分，满分为30分。三是其它统计工作，根据本单位的情况实事求是地制定几项工作，达到则记相应分数，这项满分为20分。年初制定统计目标管理计划，把当年各项主要统计工作纳入目标计划之中，年终总结检查考核评比。

1991年的统计管理目标计划是以统计工作“八五”计划为依据，紧密围绕当年统计工作的重点而制定的，突出了统计分析、加强统计工作制度建设及充实统计力量等三个方面的内容。如在充实统计力量方面，要求各单位达到总公司(89)中油计字第764号文“建议特大型油气田的统计部门应配备9—12人，一般大中型油气田、物探局、管道局配备6—9人”的要求。各个单位都努力按目标实施，新疆、胜利、大庆、河南、辽河、中原等石油单位总分达98.6分以上，被评为总公司统计工作先进单位，对统计报表或统计分析获满分的单位给予单项优胜奖励。有力地推动了统计工作的发展。

统计目标管理工作的开展，不仅调动了广大统计人员的积极性，而且也引起了有关领导对统计工作的关心和重视。关心统计工作的领导越来越多了。各石油单位的统计工作年年有新目标，年年干几件实事，年年有新提高，在各油田中形成你追我赶争创一流的好势头。

三、完善了统计工作制度和标准

(一)规范了11项统计工作制度。1991年总公司根据统计法和国家统计局关于企业统计工作达标升级的暂行规定等有关文件，在有关油田提出的统计工作制度样板的基础上，下发了《关于石油企业统计工作制度的通知》，统一规范了11项工作制度：(1)统计岗位责任制；(2)统计目标管理制；(3)统计法规执行情况检查制；(4)统计例会制；(5)原始记录、统计台帐、统计报表管理制；(6)统计资料管理制；(7)统计数据质量控制检查制；(8)统计分析制；(9)统计人员培训制；(10)计算机应用、维护、保养制；(11)统计评比、考核、奖惩制。大庆、吉林、新疆、辽河等油田已根据11项工作制度的内容，完善修改本单位的制度。

(二)下发了《关于石油企业统计工作达标升级标准的通知》。它紧密地结合了石油企业统计工作的情况，提出了石油企业统计工作标准。石油企业统计工作标准的制发，对加强统计基础工作，发挥统计整体功能将产生积极作用。

四、完善了石油系统增加值统计

1985年在石油系统实施了基建、更改、其它投资(油田维护工作量、石油基金工作量)、地质调查等一套表，同时建立了石油企业增加值的统计制度。1990年修改印发了《石油工业生产勘探建设统计指标解释》，规范了石油系统净产值、增加值计算方法，并在原有石油企业增加值基础上，又建立了集体经济的增加值统计。1991年又建立了石油科研文教、物资供应等单位的增加值统计，至此石油系统各单位都建立了增加值统计。

五、搞好统计分析，增加参与意识

1990年各油田在目标管理中都规定了统计科长抓分析，统计科内有人侧重搞分析。使统计分析工作做到了组织落实、任务落实、措施落实。全年上报总公司114篇分析报告。1991年统计分析工作紧密围绕“七五”计划执行情况，本着“成绩要讲够，问题要讲透，建议要对路”加强组织指导，深入开展分析，取得显著成效。

1991年初，总公司在举办统计分析研讨班的基础上，下发了《关于做好“七五”计划执行情况分析工作的通知》，并就分析内容进行了分工。各单位接到通知后采取多种措施努力把统计分析工作落到了实处。从总公司机关到各油气田，不仅统计人员写分析，勘探、开发、钻井、人教、财务、科技、劳资等专业部门的同志，以及计划处长、计划人员也都参与了统计分析工作，使统计分析工作达到了高潮。全年共编写统计分析2 800多篇，上报给油气田局级1 090份报告中，领导批示采纳的有500多篇，被总公司评为优秀分析报告的有32篇。

拓展了统计分析服务领域，充分发挥其效益。许多油田印发了《统计服务与监督》、《统计资料》、《统计分析》、《统计信息》，总公司统计处印发了17期《统计资料》，及时将分析成果提交给领导和业务部门，成为与领导联系的重要桥梁。许多单位在电视台、报纸及有关刊物上发表统计分析报告，召开分析研讨会、发布会等。

统计分析制度化，各单位都做到了分析有计划、有检查、有总结评比。1991年印发了《总公司1991年统计分析集锦》。总公司经济师在集锦的序言中讲:“大家都很高兴的看到了一批有一定水平，有实用价值的统计分析报告。它受到各级领导、业务部门的赞赏。因为这些报告不是空洞的，而是实在的；它不是一般的理论，而是让人信服的。”

六、统计科学研究取得新成果

1991年在总公司科研课题中，第一次列入了统计方面的题目《石油工业经济效益评价指标体系及方法》，总公司《计划统计系统指标体系标准编码》列入了科技局标准工作项目，大庆、胜利、中原油田承担了有关科研任务。大港、华北等油田在本地区、本单位参加了科研课题的研究工作。上述课题均已取得阶段性成果。

七、充实综合统计力量

1991年初，总公司计划局与人教局、企管局联合发文《关于贯彻1991年全国统计工作会议精神的通知》，提出加强对统计工作的领导，油气田企业计划处要有一名处级领导专管统计工作；在统计力量上，要达到总公司(89)中油计字第764号文的要求，进入油气田局级综合统计部门的人员应以具有大学本科学历为主。对此，绝大多数单位领导都比较重视，1991年各油气田局级综合统计增加了21人，二级单位统计力量也有所加强，部分油田已配有处级干部专抓或以主要精力抓统计工作，有的在计划处内设有统计室或两个统计科，负责综合统计工作，有力地推动了统计工作的发展。

执笔：**崔素兰**　审稿：**沈柳芳**　责编：**徐晓海**

石油化工统计

中国石油化工总公司计划部

中国石油化工总公司是从事以石油、天然气为原料的炼油和石油化工生产、经营业务，直属国务院领导的跨行业、跨地区的经济实体。

1990—1991年，为了适应总公司的宏观决策和管理的需要，统计工作增加了参与和服务意识，狠抓统计数据质量，提高统计信息自动化效能，为石化工业改革做出了贡献。

一、加强参与和服务意识，提高服务水平

1990—1991年石化统计工作者在为各级领导提供统计资料的同时，积极为企业服务，服务水平进一步提高。配合开展“质量、品种、效益年”活动，为各级领导提供了质量、消耗、新品种和有关经济效益方面的大量统计资料。配合总公司编制“八五”规划的需要，编印了《石油化工统计提要(1983—1990年)》内容包括总公司系统的石化产品

产量、能力，全行业的产品产量、能力，总公司成立以来的历年工业总产值、净产值、销售收入、利税总额、职工人数、年末固定资产、施工和竣工房屋面积，附有国民经济主要指标，深受总公司及有关部门的各级领导欢迎。在为企业服务方面，打破了统计资料只是由一级一级往上报的单一流向，使统计工作的局面进一步拓宽。一是把全国、总公司的生产统计数字即时反馈给企业，使企业了解了全国石化工业生产形势。二是把炼油企业主要技术经济指标按季汇总发到各企业，使企业了解总公司系统内的主要技术经济指标。按照国家统计局关于《改革工业经济考核指标实施方案》的要求，利用1991年年报数据对经营状况每月进行测算、考核，并把考核情况上报总经理、下发各部门、企业，促进考核指标的实施，指导企业的管理。

二、加强统计基础工作，提高统计工作质量

(一)坚持开展统计评比，表彰先进

总公司于1991年在高桥石油化工公司召开了统计工作会议。这次会议传达了上级有关统计工作方面的指示精神，布置了年报工作，交流了工作经验，并对评比出的26个生产、固定资产投资统计报表的先进单位进行了表彰。为了鼓励统计人员更好地开展统计分析，对50篇优秀统计分析报告和论文的作者，进行了通报表彰并颁发了奖品。通过组织评比表彰先进，调动了广大统计人员的工作积极性，促进了统计报表的及时、准确，提高了统计工作质量和统计分析的水平。

(二)按照国家统计局制定的企业统计工作达标升级标准，深入开展统计基础工作达标活动，要求企业结合本企业实际情况，根据缺什么补什么的原则，加强统计基础建设促进了统计工作的规范化、制度化。

(三)积极开展统计业务培训，提高统计人员的业务素质。为了提高统计人员的业务水平，贯彻落实《石化企业工业统计指标解释》、《固定资产投资统计指标解释》和搞好统计分析，举办了两期培训班。经过培训，提高了统计业务水平和对开展统计分析的重要意义的认识，学会了运用统计分析的基本原则和方法。为了提高电子计算机应用水平，举办了三期培训班。为了检查通过培训提高了知识水平和业务水平，深得有关企业领导的好评。

三、提高统计信息自动化效能

随着改革开放的进行，统计信息处理量大量增加，只是依靠传统的手工方式，进行汇总计算，已不能适应工作的要求，因此，必须采用电子计算机，才能提高工作效率，增强数据处理能力，提高统计数字质量，提高数据资料的综合利用率。1991年对统计处的微机进行了换代，新进了386微机，提高了运转速度，并为总公司机关各专业统计部门配备了专用计算机。为了提高计算机应用水平，先后开发了“中石化统计信息系统”、“炼油企业交换资料统计”、“固定资产投资统计”等软件，“中石化统计信息系统”软件能把各分厂的统计资料用计算机连网传到公司(总厂)进行汇总处理，生成上报统计局和石化总公司的统计报表，并能满足厂内的各类分析报表。上报总公司的统计报表采用远程通讯传到总公司，总公司用这套软件汇总出统计月报、年报。“炼油企业交换资料统计”软件能减轻统计人员的工作强度，能预测、分析统计数据，并能直接制出分析图形。“固定资产投资统计”软件采取数据一次输入，打出统计报表，同时能打印台帐，并把数据转入企业历史资料库。这就使石化总公司与各企业的统计数据形成了网络。

执笔：**何立名**　责编：**徐晓海**

船舶工业统计

中国船舶工业总公司综合计划局

船舶生产涉及机械、电子、建筑等众多行业、因此船舶工业具有很强的综合性。船舶产品价值量大，单件生产，生产周期长，技术难度大，经营风险大，配套设备种类繁多，因此要求高度的计划性。近几年，特别是1990年以来，针对船舶生产特点，中国船舶工业总公司设计和修订了一系列报表，建立了一套基本适应船舶工业特征的统计指标体系和工作体系，在提供信息，进行咨询，实施监督等方面做出了贡献。

一、努力反映船舶工业特征

(一)船舶工业生产统计

船舶生产进度统计。船舶生产周期长，为统计工作和企业经营管理带来了困难。为了改变上述状况，公司首先建立了“跨、开、完”统计，即统计上期转入本期的在建船舶量；本期新开工的船舶量；本期完工的船舶量。其次，围绕船舶生产周期的几个关键点，建立船舶生产进度月报，按月反映船舶开工、上船台、下水、完工时间及当月进度，从而

全面掌握从开工到完工的逐月进程，并核算该船的各种生产周期。

生产结构统计。主要是军品与民品，造船与修船，国内产品与出口产品，船舶产品与非船舶产品等统计。通过这些统计，可以反映生产发展速度，规模、水平、相互间的比例关系变化等情况，便于领导追踪公司经营方针的贯彻落实情况及调整产品结构。

(二)船舶工业经营统计

经营规模统计。"手持订货合同金额"和"手持船舶订单"反映企业在报告年度可组织生产的总价值量和总工程量，直接反映企业的经营规模。用这两个指标分别同计划总产值和船舶生产能力进行比较，可以说明计划产值任务的落实情况及船厂生产能力的负荷情况。前者叫"生产计划保证系数"，后者叫"船舶生产保证系数"。根据船厂生产特点和生产技术水平，"生产计划保证系数"一般应在1.5(修船厂除外)以上，"船舶生产保证系数"一般不应低于2，以此为标准判断企业经营状况是否正常。

经营条件统计。主要选择一些影响较大而又便于数量化的因素进行统计观察。具体有船舶生产专用设备和设施统计；各种专用款借、还余额统计；引进技术设备国产化统计；主要原材料购进价格指数统计。

经营状况和水平统计。主要有"合同履约率"、"出口净创汇"、"配套产品出厂价格指数"等统计。"合同履约率"可以说明企业信誉，履行社会义务情况；"出口净创汇"可以综合反映出口产品的经营水平；"配套产品出厂价格指数"可以反映企业对原材料价格变动的适应能力，从而可以判断企业经营状况和水平。

二、努力反映科技进步水平

现代船舶对设备的机械化、自动化要求很高，更新换代较快。为反映这种变化，追踪世界先进水平，公司建立了科技进步指标体系，具体有：

(一)产品水平统计。产品水平(或称产品等级)及其所占比重，可以反映生产技术的进步。因此，公司除了加强新产品产量与产值统计以外，还开展了八十年代国际水平产品产量及产值，引进技术产品产量与产值的统计，通过对比分析，可以观察生产技术进步的状况。

(二)出口船、远洋船全船设备国产化率统计。这项指标反映国产船用设备在出口船上所占比例，它直接影响船舶出口净创汇率，反映企业对引进技术的消化吸收能力。

(三)主要技术经济指标统计。技术经济指标可以从一定侧面反映技术进步水平，因此公司选择了一些能反映船舶工业特点的专业性技术指标，建立了主要技术经济指标体系，如钢材利用率、船台船坞时间利用率、船舶焊接X光一次合格率、船舶制造的船台周期和建造周期、修船的周期等指标。

三、努力完成国家下达的任务

(一)编制船舶产品不变价。

船舶产品品种多，更新快，技术复杂，可比性极差，因此，编制船舶产品不变价的工作十分棘手。1990年公司接受任务后，立即组织人力调查研究，多次同船厂进行协商，寻找解决问题的办法。在充分论证的基础上，将船舶按用途分门别类，然后在每一类型船舶中按吨位进行分档。例如分1—3万吨，4—63吨等几个档次，每个档次取有代表性的船舶，确定基准价，推算其他船舶的不变价，从而较好地完成了国家交给的任务。

(二)完成为企业划型工作。

船舶工业涉及行业较多，大致可分为造船、造机、仪表、电池、水声、武备等六个行业。但由于企业开展多种经营、产品结构已发生显著变化，因此，在划分企业类型时，需要重新审核的任务很重，特别是一些企业的行业特征不很明显时，对这些企业进行划型就变成十分敏感的问题，因为这涉及企业切身利益。目前大型企业划型已报国家审批，同时着手对中小型企业进行审批。

四、统计队伍在改革中不断成长

船舶工业统计队伍在改革中，特别是在由生产型统计向生产经营型统计的转变中受到了锻炼，在提供信息、进行咨询、实施监督、参与决策、促进企业管理水平提高等方面发挥了自己的作用，受到各级领导的重视和好评。

(一)船舶工业统计队伍现状

据初步统计，1991年底中国船舶工业总公司所属92个企业共有统计人员2 612人，占职工总数的1.03%。其中专业统计人员1 624人，占62.3%，兼职人员988人，占37.7%。职能部门统计人员总数为1 199人，占企业统计人员总数的45.9%。

在职能部门统计人员中，专业统计人员占84.5%，综合统计人员占15.5%；男女比例为1:2.3；平均年龄为40岁，其中35岁以下占26.1%。按初中、高中、中专、大专、大学本科排序，各种文化程度所占比例分别为17.8%、14.8%、32.4%、28%、7%，其中中专以上文化程度的共计809人，占总数的67.5%。从职称上看，有职称者占总数的87.7%，按统计员(或与此相当者，以下类推)、助理统计师、统计师、高级统计师排序，各种职称所占比例分别为24.2%、

40.2%、21.4%、1.9%，其中中级职称以上者共计279人，占总数的23.3%。

(二)统计人员积极参与企业管理

船舶总公司重视统计人员的作用，鼓励他们积极参与企业管理，使他们在提供信息，进行咨询，实施监督等方面发挥越来越大的作用。总公司要求企业统计人员按月(季)进行统计分析，供企业领导参考。例如渤海造船厂统计人员编写的《渤海造船厂生产能力汇编》，对企业领导了解企业状况，参与企业外部竞争起了相当大的作用。此外，他们还承担企业内部承包经营管理。该厂领导认为，该厂之所以没有在重大决策方面出现失误，在很大程度上归功于准确的统计信息。

(三)重视统计队伍建设

船舶总公司要求所属企业设置与任务相适应的统计机构和统计人员，要求统计队伍相对稳定。对上岗人员要求具有一定的学历或经过在职培训。为保证统计人员素质，船舶总公司每年都拨出一定款项用于统计人员培训。此外每年还购买一定数量的学习资料分发给企业，以利于统计人员的知识更新。

五、船舶工业统计正逐渐步入现代化轨道

船舶总公司主要专业统计报表已基本实现软盘报送、计算机处理。所属企业大都开始使用计算机，一些骨干企业还建立了自己的信息处理中心，如江南造船厂、沪东造船厂、渤海造船厂、汉光机械厂等。有的企业还实现了内部联网。如渤海造船厂信息中心开发了15个计算机子系统，其统计计算机子系统以IBMAS/400为中心主机，各分厂、处室配备仿真智能终端，这样不仅分厂可以直接利用统计信息，中心也可将信息传输给各有关处室，做到了信息共享，各取所需。而且分厂只需完成一张报表，输入所有信息，经过处理，就能产出符合需要的各种报表，避免了各分厂重复报表的现象。针对目前存在的软件水平低，硬件不配套，报送不及时等问题，船舶总公司已着手进行跨地区的计算机局部联网工作。

执笔：**李晓军** 审稿：**朱华章** 责编：**郭国云**

核工业统计

中国核工业总公司计划局

1990—1991年，核工业统计在改进、完善统计制度和统计方法，加强统计基础工作，提高统计人员素质，发挥统计的整体功能等方面都有了长足的进步，使统计工作迈上了新台阶。

一、完成了同位素产品不变价格目录的编制和发行工作

1990年，为完成同位素产品不变价格的编制工作，公司专门成立编制小组，制定实施方案，发挥各局职能作用，会同总公司所属的中国同位素公司一起完成编制任务。定购单位涉及全国29个省、自治区、直辖市，共1.8万册，在时间紧、任务重的情况下，突击完成了发行工作。

二、适应改革需要，完善制度方法

改革快报和定期报表制度。过去的快报内容偏重产值进度，以产值大小评价企业，不注重产品的销售和库存情况，不能全面反映企业的生产经营状况。因此，公司建立起反映生产、销售、库存情况的一套电讯快报制度。定期观察的民品生产量过去只统计10种产品，已不能反映核工业"军转民"的实际情况，1991年已增加到30种。民品库存、产品销售统计也从无到有地建立起来，定期反映38种民用产品的产、销、存情况。公司还建立了劳务收入和社会总产值季报，从总体上反映核工业生产经营动态，并对这些指标进行分析，为领导指挥和调度生产起到参谋作用。定期报表制度重点加强了工业企业的经济效益指标、净产值指标、产品产量和技术经济指标的统计与分析。

改进了一些主要专业的统计制度。固定资产投资统计，除坚持定期和年报制度外，还进行典型调查。制订了固定资产新开工和投产项目报告卡片，对534个项目的资金运用、达产情况、投产后效益、安置职工及原材料供应等情况进行调查统计，收集了10万多个数据，掌握了大量信息，为总公司制订规划及领导决策提供了统计资料。制订了对外经贸统计制度，使外经外贸统计开始走向正轨。总公司制订了劳动工资统计统一台帐，1990年印发各单位执行，保证了常用资料的及时积累和完整统一。

三、加强统计基础工作，提高统计数据质量

1991年根据国家统计局《关于企业统计达标升级的暂行规定》的要求，核工业总公司制订了实施细则，并召开了工业、建筑业系统达标升级座谈

会，制订规划和评分标准。后来，由于国家统计局转发了国务院办公厅国生企〔1991〕17号文件《关于暂停对企业的评优升级活动和清理整顿各种对企业检查评比的通知》，暂停了达标升级活动。但是，继续加强统计数据质量，加强统计基础规范化工作并没有停止。根据总公司的要求，许多企业抓了统计规范化。做到统一格式，统一编号，统一填写记录说明，统一报送传递时间和程序，制订有关的统计管理制度，并纳入经济责任制考核，提高了统计信息资料的准确性和科学性。目前，总公司系统共有原始记录11 970种，统计台帐3 975种/5 083册，内部报表2 494种，逐步走向规范化。

四、加强统计队伍建设，提高统计干部素质

大力提高统计人员的思想和业务素质是统计工作顺利发展的重要保证。公司采取多层次、多渠道培训统计人员。1991年，总公司举办了两期计划统计班，即计划统计证书班和计划统计大专班。由计划局牵头，教育培训部批准，委托核工业管理干部学院培训。1991年计划统计证书班有33名学员毕业。计划统计大专班已进入招生、考试、录取阶段。另外还抓了岗位培训。据统计，1990年总公司系统参加各类培训899人，其中岗位培训444人，电视函授91人，院校代培32人，各类培训班236人，统计职务考试96人。

根据学以致用原则，公司结合实际举办了四期微机学习班，普及了微机理论知识和操作方法。通过培训，有些企业利用微机采集、处理、储存、分析统计数据，有的还在企业内部联网，提高了统计信息的时效性和准确性。经过不断的业务培训，加强了统计队伍建设，提高了统计干部的业务素质。目前核工业统计人员共2 338人(除总公司机关外)，其中专职1 286人；具有专业统计职务的共772人(高级25人、中级124人、初级623人)。按文化程度分组，大学占4.4%，大专占18.9%，中专和高中占54.5%，初中占22.2%。按年龄分组，25岁以下占10%，25—35岁占44.9%，36—45岁占25.3%，46岁以上占19.8%。这支队伍为核工业发展和振兴发挥了重要作用。

五、大力开展统计分析，提高统计优质服务水平

1990年以后，公司统计分析的意识增强，迈出新的步伐。基本采取专题分析和定期分析，对于经济问题的热点、难点和领导关心的问题有针对性地进行分析，提出建议、措施。例如：公司利用年报资料，确定了13个指标，用以反映经济效益的综合情况，并进行分析，对企业进行名次排序，还发了通报，使各企业了解本身对国家所作的贡献和所处地位。有些单位见到总公司通报后，对本系统、本单位的经济效益指标也进行层层排队、深入分析，对基层起到促进作用，为总公司领导了解企业经济效益情况提供了参考资料。除对年报资料进行各种专题分析以外，公司统计处还对“七五”期间的生产、建设等情况进行统计分析，回顾“七五”，展望“八五”，为总公司召开的各种大型会议提供了综合性的统计资料。还利用简报抓了日常的统计分析工作，做到按月、按季分析，对生产、建设中存在的问题能够及时反映，提出建议和措施，并在《核工业通讯》、《核工业报》上及时发布统计信息、统计新闻和统计分析文章。1991年新创建了《统计资料》专刊，为统计资料开发和利用开辟了新园地。1991年，总公司统计处4人共编辑《统计资料》12期，《简报》15期，《统计工作通讯》2辑。基层单位编写统计分析文章436篇，提出措施建议397项，被采纳182项。

执笔：**刘汉珍**　审稿：**杨宝龙**　责编：**郭国云**

投资和建筑业统计工作概况

投资和建筑业统计

国家统计局固定资产投资统计司

1990—1991年，固定资产投资和建筑业统计，进一步加强基础工作，深入开展定量分析和系统分析，继续狠抓统计数据质量，积极推进统计改革和统计自动化建设，努力开展统计优质服务，取得了新的成绩。

一、加强基础工作，提高数据质量

国家统计局固定资产投资统计司和各地区投资统计机构，认真贯彻落实中央领导同志关于加强统计基础工作的指标，把加强基层统计基础工作作为一项长期的战略措施来抓，努力开展工作。

(一)继续狠抓了建设项目统计工作。在继续巩固和完善前几年建立的项目台帐、卡片等制度的基础上为搞准新开工项目统计，1991年3月国家统计局会同国家计委、建设部、建设银行联合制发了《关于建立固定资产投资项目新开工统计报告制度的通知》，各地区接到通知后，结合本地实际情况作了布置。这项制度的建立提高了新开工统计数据的准确性。据1991年上半年对四川、江苏两省新开工的总投资100万元以上的基本建设项目检查，基本上做到准确无误。

(二)加强建筑企业基础规范化工作。许多地区在国家统计局的统一布置下，制定了建筑企业统计基础工作规范化检查验收标准，并对部分企业进行了验收。河南省结合年报工作开展建筑企业基础工作规范化，从机构设置、岗位职责、原始记录、统计台账、统计制度和资料管理、统计计算技术及网络建设等八个方面，制定了具体规范和要求，从而使基层统计基础工作有章可循，保证了基层统计资料的系统、完整和准确性。

(三)为了推动基层统计建设，组织开展了评选建筑施工企业优秀统计单位活动。根据各地区、各部门推荐的单位和材料，评出51个统计先进企业予以表彰，并把他们的经验和作法汇编成册印发各地进行推广，收到很好效果。

(四)加强统计数据质量管理和考核。许多地区对基层单位上报的月(季)、年报建立了严格的管理制度，并作为考核工作成绩的内容，定期开展数据质量检查。如吉林省制定了数据质量管理和评比办法，作为考核地(市)州的工作成绩内容。通过上述各方面的工作，1991年，建设投资统计数据质量有了明显提高。各地区上报的1990年年报审查结果，投资年报的13.3万张基层表，共填报统计数据约1 000万笔，差错率为万分之二；建筑业年报的1.4万张基层表，共填报统计数据250万笔，差错率仅为万分之零点五。全国有17个省(市)的年报数据差错率在万分之零点五以下。

二、定量分析和系统分析迈出新步伐

1991年，适应进一步治理整顿和深化改革形势，对建设领域经济运行状况，积极开展定量分析和系统分析，紧密围绕宏观调整目标，密切注视投资和建筑业经济活动的新情况、新问题，进行调查研究和统计分析，主动为党政领导和有关部门提供了大量统计信息和咨询建议。国家统计局固定资产投资统计司全年编写各类统计分析资料40多篇，其中有不少被中央和国务院办公厅采用，有些国务院领导同志还作了批示，发挥了较好的作用。例如《对"八五"期间固定资产投资规模的思考》一文，邹家华副总理阅后批示："这样研究的方法和思路比较好，有道理有比较"。

各地区的统计分析，也出现了可喜现象。据不完全统计，1991年一至八月，固定资产投资司共收到各地区报送的各类统计分析报告229篇，比1990年同期增加49篇。不仅数量增加，分析水平也有提高。一是有一定深度的专题分析增多。在上述各地区撰写的分析报告中，属于专题分析共120篇，所占比例由上年的33%上升到43%。二是有

份量的分析报告增多。如辽宁撰写的《八五期间投资方向的调整与对策》，得到省政府、省人大、省顾委和省政协等主要领导同志的重视，并作了指示，责成有关部门研究；湖北省撰写的《适当松动“控规”力度，适度增加投资需求》，引起省委、省政府高度重视，作为向国务院汇报工作的重要材料之一，并根据所提观点对全年投资计划作了调整；上海市撰写的《本市住宅建设面临困难与对策建议》，为市人代会讨论住房问题及时提供了重要材料。三是采用率提高。除了报本地区有关领导和部门采用的以外，我司转发为国家统计局的《统计资料》、《研究参考资料》和《信息摘编》共有 15 份，这些材料的选题和分析观点，都对全国具有指导意义或参考价值。如河北省的《大力调整小啤酒厂》、江西省的《十年重点建设》、沈阳市的《沈阳市城市建设 10 件事基本完成》、陕西省的《上半年我省建筑业经营中面临的困境与对策》、辽宁的《辽宁“八五”时期投资结构调整重点与建议》、甘肃的《“七五”时期地方工业建设项目投资效益分析》等。

三、统计制度方法改革取得新的进展

根据《1991 年全国统计工作要点》的要求，固定资产投资和建筑业统计 1991 年进行了如下改革：

为适应新国民经济核算体系的需要，投资统计制度充实财务拨款与支出指标，逐步向投资资金平衡表过渡；建筑业统计制度，从今年年报起，在全国试行建筑业增加值统计，与此同时，完善企业总产值和适当加强财务资金统计。

根据国务院领导同志的要求，为了进一步提高进度统计及时性，根据国家统计局制发的《关于提前报送部分定期统计报表的通知》(统制字[1991]101 号)的规定，对投资统计月报的上报期提前，并将其他固定资产投资季报改为月报。这项工作，在各地区的大力支持和配合下，执行情况是好的。

为了加强投资项目统计工作，进一步保证数据质量，会同国家计委、建设部建立了新开工和竣工项目报告制度，从源头上解决了统计范围中存在的问题。

修订了 1991 年年报和 1992 年定期报表，及有关几个重要的计算方法问题。

四、完成了基本建设和更新改造项目资金落实情况快速调查工作

根据邹家华副总理的指示，国家统计局会同国家计委、财政部、中国人民银行联合制发了《关于布置基本建设项目和更新改造项目资金落实情况快速调查的通知》。根据这次调查任务和时间要求，调查范围确定为在建的大中型基建项目、限额以上更新改造项目和总投资在3 000万元以上的小型基建项目和更新改造等等。1991 年 9 月上旬全部工作结束。

通过这次调查，一是摸清了在建项目建设现状和资金落实情况底数。为国务院进行决策提供了重要依据。二是加强了同有关部门的联系，锻炼了队伍，培养了人才。三是为进一步搞好统计服务探索了新经验，针对领导中心工作需要进行一次性调查，可补充定期统计报表的不足，是提高统计服务水平的重要途径。

五、统计信息自动化建设迈出新的步伐

集中力量进一步完善了统计年报处理程序。1990 年投资年报，将原来单用户使用的程序移植到磁盘容量大、可运行 XENIX 多用户操作系统为 386 超级微机上，使程序既能适应 M 24、M 28 微机，也能适应 386 微机的多用户操作系统。自 1986 年开始使用微机汇总年报以来，第一次做到了直接汇总全国基层数据库，实现了完全超级汇总，为广泛开发原始数据和深加工，创造了条件，目前国家统计局投资司 386 微机装载的 1990 年年报数据已达到 150 万个数据。建筑业年报，对 1989 年使用的 SAPP 程序进行了修改，比原来的功能大为提高，既提高了工作效率，又保证了数据质量，自动化建设也迈出了可喜的一步。

根据投资年报制度和微机处理程序内容，编写了《投资统计年报数据处理工作手册》，确立了数据处理规范，对指导年报数据处理工作，提高数据质量，起了积极作用。建立了大中型基建项目及限额以上更新改造项目数据库工作。

按照国家统计局的安排，为了统一各专业计算机应用程序，逐步走向规范化、标准化，承担了在投资和建筑业统计进行试点工作。

六、主要体会

第一、要有强烈的参与意识。实践证明，增强参与意识，是在新形势下搞好统计工作的前提。凡是参与意识强的地区，工作进步就快，成绩也愈大，反之，工作就起色不大，成绩也不显著。

第二，要有大胆开拓精神。为了充分发挥统计的整体功能，必须扩大视野，创造性地开展工作。实践证明，工作成绩突出，受到党政领导重视的地区，在很大程度上是依靠这种精神得来的。

第三、要善于抓住重点。工作千头万绪，必须根据客观需要抓重点工作。实践证明，工作任务完成得好，水平提高得快，受到领导好评和各方面重视、赞扬的，抓好重点工作是重要一环。

执笔：**刘 钧** 责编：**徐晓海**

建设事业统计

建设部综合计划财务司

1990—1991年，建设事业统计工作，在统计管理体制、统计制度和方法、统计服务和监督、统计信息处理等方面进行了一系列改进。

一、积极推进统计制度方法改革

1990—1991年，建设部对建设事业统计方法制度进行了改革，建立了全行业的统计指标体系。

城市建设统计方面改革和完善的主要内容是：

(一)扩大统计范围。市政公用事业统计中，按全社会口径，较为全面地反映了我国城市市政公用事业发展的全貌和水平。1991年建设部会同国家统计局联合颁发了《建设系统以外市政公用设施统计报表制度》，布置城建系统以外单位填报。

(二)恢复和增加部分效益和质量指标。为进行比较分析，增加了市政公用设施人均水平指标和密度指标；为便于微观管理，增加了城市公用事业考核指标。另外还增加了节水、房改等报表内容，以满足各级领导和有关部门管理的需要。

(三)提高指标的规范化水平，统一计算口径。为使城市建设统计指标更具真实性和可比性，对新的指标体系建设部确定了统一的统计口径。对1987年颁发的《城市建设计划统计指标解释》作了修订，从1991年年报开始颁发执行从而进一步提高了统计指标规范化水平。

在建筑业统计方面，对工程勘察设计和职工伤亡事故统计，也按行业的管理要求，把原来只统计县以上全民所有制单位，扩大为全行业统计。1991年还对建筑业统计报表制度，进行了修订，按照国家统计局报表制度的要求，结合建设部业务管理特点制定了一套报表，精简了指标数量，减轻了企业负担，也增强了统计报表的实用性。

1991年，根据国家统计局开展统计报表清理整顿工作要求，建设部组织部机关及直属单位进行了统计报表的清理整顿，查清了统计报表的现状，本着求实的精神，对各专业统计报表进行了清理整顿，将一些不必要、重复的统计报表和指标作了适当的调整和精减，进一步提高了统计工作的质量。

两年间，各级建设事业统计单位，在建设事业统计工作有关的标准制订与改革中，积极探索，对《国民经济行业分类和代码》提出了有关修订意见；完成了1990年工业产品不变价格《城市公用产品》和《建筑工程机械产品》部分的编制工作，经有关部门批准，从1990年起统一在全国工业统计年报工作中开始执行。在参与《城市公共交通技术经济指标计算方法》等行业技术经济指标和统计标准的制订中，各级建设事业统计人员也作出了富有成效的工作。

二、加强建设事业统计现代化建设

为改变统计数据手工汇总的落后局面，自1990年以来，建设系统统计部门陆续配备了微机，一些专业统计报表实现了计算机操作汇总。

建设事业的发展，对建设事业统计信息的需求量迅速增加。为了加强统计工作，保证准确、及时地提供统计信息，使统计手段逐步现代化，建设部信息中心先后开发了MDET、VDET通用统计数据软件包，举办了各种类型的培训班，在全国30个省、自治区、直辖市和部委机关进行推广。目前全国大部分省、自治区、直辖市建设主管部门，建设系统大多数企事业单位和建设部大部分司(局)已实现了用微机处理日常统计业务，初步实现了统计报表处理计算机化。建设部信息中心除了能处理统一制定的综合性报表外，还具备处理全国性大规模统计调查数据的能力，较好地完成了1991年全国建设事业人才调查数据处理等任务，并完成了建设部职工信息库的建设，该软件在国内同类软件中处于先进行列，建设部机关和30多个直属单位已开始应用，实现了对部属两万多名职工进行直接的计算机管理完成了通用电子公文处理系统的开发和推广应用，该系统已在部机关内推广使用，同时也引起了国务院其它各部委及有关单位的关注，目前已有部分部委和单位使用该系统。另外，1990年在全国各省、自治区、直辖市和计划单列市推广了城市建设统计年报处理软件，应用情况表明效果良好，实现了城建统计年报数据处理机算机化，加速了统计工作现代化的进程。

统计信息管理自动化系统建设的发展，必将对建设事业统计工作的现代化管理起到强有力的推动作用。

三、加强统计基础工作

李鹏总理指出："各行各业要用很大精力，强化各项基础工作，严格管理，努力提高企业的管理水平。"根据一些地区建筑企业统计基础工作规范化开展情况，在集思广益、总结经验、反复论证的基础上，结合建设部行业管理的需要，1990年10月建设部颁发了《建筑企业统计基础工作规范(试行)方案》。《规范》颁发以后，各地积极响应，认真贯彻实施。全国有18个地区转发了这一方案，14个地区制订了实施细则和验收标准，对加强统计基础工作起了积极作用。

四、开展统计分析与预测，提高统计服务水平

1990—1991年，各级建设统计部门根据中央领导同志关于加强定量分析和系统分析的指示，密切注视本行业经营管理中遇到的问题和情况，积极开展统计分析和预测工作，为制订建设事业十年规划和"八五"计划提供了依据。两年里共写出有观点、有数据的分析报告和资料200多篇，为各级党政领导和业务主管部门提供了有量化特点的咨询意见和对策建议。如1990年编写的《关于县镇供水发展途径的探讨》、《十四个沿海开放城市城市建设发展迅速》，1991年编写的《"七五"时期我国的城市建设》、《建国42年城市建设与建筑业成就显著》、《建筑施工让利对国家、企业弊多利少》等分析资料，分别被《中国建设报》、《中国市容报》、《城市规划》等报刊杂志和国务院办公厅信息处采用。建设部综合计划财务司和各地建设部门不定期编发《建设统计资料》，在建设事业行业管理中发挥了积极作用。

五、积极开展统计人员培训和表彰先进工作

据不完全统计，1990—1991年，各级建设统计部门开展多层次、多形式、多渠道的培训，共培训统计人员3 000多人次。建设部综合计划财务司委托浙江省建筑业协会统计研究会，举办了四期建筑业统计员岗位专业知识培训班和一期建设机械统计员岗位专业知识培训班，共培训统计人员1 500余人，使建设事业统计人员的素质和水平有了一定程度的提高。

在此期间并开展了表彰统计工作先进单位活动。对1988至1990年度城市建设、建筑业统计工作，按照统计报表及时、准确、完整程度和统计分析的数量和质量，认真考核打分，最终评选出先进单位。共奖励了19个省、自治区、直辖市城建、建筑业统计单位，表扬了16个单位。调动了广大统计干部的积极性，掀起争当先进的热潮。1991年城建、建筑业统计年报报送时间和质量明显提高，大多数省、自治区、直辖市都附有统计分析报告。

执笔：**刘东建**　审稿：**戴霞辉**　责编：**郭国云**

贸易物资统计工作概况

商业统计

国家统计局贸易物资统计司

1990～1991年，各级商业统计人员根据全国统计工作会议精神，解放思想、克服困难、锐意进取，奋力开创商业统计工作新局面，在加强商业统计基础建设、提高统计数据质量、发挥商业统计的信息、咨询、监督作用等方面做了大量工作，取得了新的进展。

一、商业统计基础工作进一步加强

(一)抓商业统计队伍建设。为了改变商业统计力量薄弱的状况，近两年许多地区做了大量工作，全国商业统计队伍有了新的发展。北京市统计局通过大量的疏通工作，取得市领导和有关部门的支持，成立了170人建制的商业经济调查队。

(二)普遍开展了商业企业统计基础工作规范化活动。两年中，全国近20个省、市、区在不同的范围开展了商业企业统计基础工作规范化活动。许多地区结合本地实际情况，制定了商业企业统计工作规范化条例，把企业统计基础工作是否规范作为企业达标升级的标准，从而有力地推动了基层商业企业统计基础工作建设。

(三)进一步疏通和理顺商业统计渠道。经过各级商业统计机构的努力，目前商业统计已形成了纵

横交错、宏观微观兼容的统计信息网络。从横向看，各级政府商业统计与同级的商业、粮食、供销、医药、烟草、水产、新华书店等商业部门建立了商品流转统计资料的报送关系。从纵向看，形成了国家、省(市、区)、地市之间商业统计资料的报送与反馈关系。为及时获得企业商品的购销信息，各级商业统计正普遍直接选择了不同类型的商业企业作为信息联络点。

(四)建立和完善了商业统计工作管理制度。各级商业统计机构狠抓了商业统计工作管理制度的健全和完善，包括商业统计岗位责任制、目标管理制、统计数据审核制度、统计数据检查制度、重要统计数据评估制度、统计工作考核、评比表彰制度等等。商业统计工作管理制度的完善，保证了整个商业统计工作有章可循、有据可依、有条不紊地开展。

二、商业统计微机应用程度大大提高

一是利用微机处理报表逐年扩大。目前国家统计局和省一级的各种商业统计报表全部利用微机处理，地市县商业统计报表80%以上用微机处理。二是商业统计数据远程传输范围进一步扩展。1989年国家统计局商业统计电讯月报开始远程传输，经过两年的努力，到1991年实现了全部定期报表和年报的远程传输。同时一些省与本省所属地市商业统计也实行了微机联网传输。三是筹建了商业统计数据库。经过两年多的努力，国家统计局商业统计数据库即将建成。一些省也筹建了“社会商品零售额”、“社会商业商品流转”统计数据库。

三、开展社会商品零售额预测工作，提高统计数据的时效性

为了提高市场统计资料的时效性，国家统计局于1990年在11个省市区建立了社会商品零售额预测制度，规定在每月27日上报当月社会商品零售额预测数。1991年这一制度又扩大到20个省市区。目前国家统计局在每月28日即可向国务院提供当月全国社会商品零售额预测数，且准确度较高，与当月实际零售额误差不足1%。

四、千方百计提高商业统计数据质量，取得明显成效

(一)坚持严格的统计报表审核制度。从层次上，做到国家统计局审省区市，省审地市县，县审基层填报单位；从程序上，做到自审、互审，领导把关，经过查询，订正，最后上报和提供，从而使商业统计数字差错大大减少。

(二)广泛开展商业统计数据质量检查。1990年仅省一级检查次数就达30余次。1991年国家统计局又组织了全国性的商业统计数字质量检查活动，在自查的基础上，各大行政区组织省与省之间的互查、抽查和重点调查。通过检查活动，使商业统计数字的差错得到及时纠正。

(三)深入基层，帮助和指导搞准统计数据。各级商业统计机构注意加强了对统计工作薄弱的基层单位的指导，帮助基层解决疑难问题，搞清统计制度、指标口径和计算方法以及资料来源等，从而推动了基层商业统计数字质量的提高。

(四)相继开展商业统计报表评比表彰活动。国家统计局于1990年开始对省一级商业统计报表进行考核评比。省以下各级商业统计机构也对商业统计报表的及时性、准确性也进行了逐级的考核评比。有的地区还对部门商业统计报表进行考核评比。

此外，各级商业统计部门还对重要的商业统计数据如社会商品零售额进行多方面、多方法的论证、验证和评估，发现差异，找出原因，及时修正。

由于采取了以上措施，商业统计数据质量得到了保证。从1991年的一些地区数据质量检查结果看，商业统计数字准确率达95%以上。国内市场的变化也表明，当前商业统计数据基本符合实际，能够反映市场趋势。

五、积极开展统计分析研究，商业统计的咨询监督作用得到进一步发挥

两年来各级商业统计人员紧密围绕治理整顿目标，密切注视市场运行中的新情况新问题以及热点难点，积极开展统计分析研究，撰写统计分析报告，较好地发挥商业统计的咨询和监督职能。

(一)及时反映治理整顿的进程和效果。压缩需求，逐步缓解需求大于供给的矛盾是治理整顿的目标之一。对此，国家统计局和许多地区及时开展调查研究，利用统计数据对本地及全国市场需求变化及供求平衡状况进行了分析，并提出了许多对策建议，得到有了部门的高度重视。

(二)对国内市场运行中的热点、难点问题分析研究更加深入。1990年市场疲软制约着整个国民经济的发展，为此，各级商业统计就市场疲软的成因、后果以及对策写出了大量统计分析报告。《近几年市场波动浅析》、《市场疲软面面观》、《市场疲软对策思考与选择》等报告都得到有关部门和领导的好评，起到了咨询作用。

(三)反映商业体制改革情况。近两年中，国家统计局及许多地区编写了大量关于商业体制改革的统计报告，对国合商业实行承包后的商品销售、资金的使用、费用水平、经济效益、社会效益等方面进行了剖析，实事求是地指出了承包后存在的问

题，提出了进一步完善的对策。这些报告对进一步深化商业体制改革具有重要的参考价值。

责编：刘　恒

物资综合统计

国家统计局贸易物资统计司

1990年和1991年，全国物资统计人员认真贯彻全国统计工作会议精神，坚持改革，开拓进取，在加强统计基础建设，提高统计数据质量，强化统计监督职能，提高统计服务水平等方面做了大量工作，取得了新的成绩。

一、进一步加强物资统计基础建设，确保统计数据质量

(一)广泛开展物资统计培训。为了加强培训，国家统计局组织编写了全国物资统计员和助理统计师培训教材，并修订了《物资统计工作手册》。培训的内容涉及基础理论、统计制度方法、分析研究和计算机开发应用等。据不完全统计，仅1991年间各地区就举办了62期物资统计培训班。

(二)进一步加强统计基础规范化建设。一是制定统计基础规范化标准。如，1991年湖北省统计局在总结1986年以来部分地市物资供销企业统计基础规范化建设经验的基础上，制定了《湖北省物资供销企业统计基础工作规范化验收标准》(草案)。二是建立健全统计台帐。如，山西省统计局于1991年恢复了一度中断的一级综合单位统计台帐，并要求基层企业设置统计台帐，提高了统计数据的准确性。

(三)普遍开展数据质量检查。近两年来，数据质量检查已成为绝大多数地区的一项经常性常规工作。贵州等一批省市将每年的5月、11月确定为数据质量检查月，每年5月着重检查统计年报的数据质量；每年11月着重检查定期报表的数据质量，为提高年报的数据质量打下基础。

(四)开展评比竞赛。各地区把评比竞赛活动作为促进统计基础建设的一项重要措施来抓，开展了年报、进度分析等单项或综合评比竞赛活动，调动了广大物资统计人员的积极性，促进了物资统计工作质量的进一步提高。如1990年各项年报数据经严格审核评比，辽宁、吉林、黑龙江等13个省市的年报得了满分。进度统计中的数据差错和迟报情况也有明显减少。

二、积极开展分析研究，充分发挥物资统计整体功能

1990、1991年，各地区紧密围绕治理整顿、深化改革，积极开展物资统计分析研究，充分发挥物资统计信息、咨询、监督的整体功能。据统计，1991年度全国各省、区、市统计局共撰写物资购销方面的统计分析报告222篇，另外还编发了物资统计信息快讯260篇，采用率达48%。

(一)配合“质量、品种、效益年”活动，积极开展物资使用效益分析。1991年是国务院确定的质量、品种、效益年。各地区围绕这一中心，积极开展统计调查，进行跟踪反映。如吉林省统计局针对产品物耗居高不下的问题，撰写了《要把提高效益的着力点放在降耗上》的分析报告，揭示了吉林省产品物耗高、浪费大是影响全省经济健康发展的重要因素。

(二)结合经济运行情况，积极开展工业品产销和主要物资供需平衡分析。国家统计局贸易物资司撰写的反映工业品产销情况的分析报告受到邹家华副总理的重视，撰写的反映主要物资供需平衡情况的分析报告受到了李鹏总理和朱镕基副总理的批示。四川统计局撰写的《产品产销率有所回升，产成品积压仍严重》，新疆统计局撰写的《工业企业产品销售回升、产品库存仍积压严重》等分析报告，也受到省、区领导和有关方面的重视和好评。

(三)围绕深化物资体制改革，积极开展反映生产资料市场发展情况的分析研究。1991年，浙江省统计局撰写了《正在复苏阶段的我省物资流通市场》，天津市统计局撰写了《整治生产资料市场疲软对策的研究》，湖北省统计局撰写了《我省生产资料市场疲软的现状、原因及其对策》，都引起了有关部门领导的重视并被有关刊物转载。

(四)总结历史经验，积极开展反映“七五”计划完成情况分析。1990年是“七五”计划的最后一年。各地区从总结历史经验的角度出发，于1991年上半年针对“七五”计划完成情况和执行中存在的问题进行了深入的分析研究，系统反映了“七五”时期主要物资供需情况和生产资料市场情况，为制定“八五”计划提供了重要参考依据。

三、积极探索物资统计改革，开展物资统计科研

为了适应新时期国民经济管理和统计改革的要求，从1990年起，辽宁、吉林、黑龙江、北京、上海、甘肃等12个省市根据国家统计局制度方法司的布置进行了《物资购进、消费、库存总值》报表

的试点。1991年6月国家统计局制度方法司和贸易物资司在甘肃省敦煌市召开了试点工作总结会。在总结经验的基础上，对原方案进行了修改。如上海、北京、云南、山东等省(市)统计局与计经委等有关部门联合进行了物资节约和综合利用统计的试点。湖北、河南、山西、内蒙古、广东等省(区)统计局还根据国家统计局的部署进行了物资供销业增加值的试点工作。

为了进一步发挥物资统计的整体功能，一些省市还积极开展了物资统计和物资经济科研工作，并取得了一定成果。如1991年云省省统计局提出的《云南物资市场转机因素与科学决策》论文被选送参加了西南地区物资经济科学论文讨论会；《运用科学分析方法，提高统计分析的科学水平》论文被选送参加第六次全国统计科学讨论会。陕西省统计局参与了有关部门组织的《陕西省节约钢材潜力调查研究》、《市场透视及陕西工业适应市场变化对策研究》、《省级经济决策支持系统》等三项课题的研究论证。

四、加快计算机开发应用步伐

近两年来，各地区把计算机开发应用工作当作物资统计基础建设的一项重要内容来抓。

一是部分地区进一步优化了原有程序。如上海市统计局于1991年将原来只能完成简单上报任务的工业品产销汇总程序优化成能完成统计分析、数据比较、生成台帐等多种功能的综合程序，使数据分析和资料积累计算机化；河南省统计局依靠自己力量对原有年报程序进行了修改、完善，使各地市年报上报时间普遍提前。

二是部分地区进一步扩大了计算机程序使用范围。如辽宁省统计局1991年编制了全省产销统计年报超级汇总程序，并在全省推广使用；上海市统计局在连续三年原材料报表超级汇总的基础上，进一步扩大了超级汇总面，超级汇总单位由50个扩大到65个，超级汇总的基层企业由3 500个扩大到4 600个；四川省统计局自1987年开始应用计算机处理部分报表，1990年发展到使用计算机处理全部报表，并实现了全省微机联网传输。

责编：刘 恒

物资统计

物资部统计办公室

1988年，物资部成立以后，为了加强全社会重要物资的综合管理，发展生产资料市场，搞活物资流通，适应物资流通体制改革的需要，组建了统计、信息、计算机应用三位一体的中国物资信息中心和统计办公室，实行一套机构两块牌子，并充实了统计信息人员。1989—1991年，按照物资部提出的“负责物资统计和市场价格，供需信息的汇集反馈，引导企业的生产和经营”，即搞好为宏观管理和企业经营决策“两个服务”的方针，物资系统的统计工作发展很快，取得了显著的成绩，统计工作在整个物资工作中的地位发生了较大变化。

一、加强了物资形势的分析预测，充分发挥统计咨询和参谋作用

各级物资部门针对物资形势及生产资料市场的变化，物资流通和经营中出现的问题，积极开展综合分析和专题研究。统计分析水平逐年提高。1991年，重点加强了物资形势分析预测。一是由部统计办公室牵头，每月编写形势分析综合报告，对物资形势及发展趋势进行分析预测，并提出建议，为国务院研究经济形势及时提供了大量的资料和情况。二是物资部和省级物资部门、公司广泛建立了定期分析预测制度，要求各地按月上报分析资料。物资统计系统积极分析，写出了一批有数据、有观点、有预测、有建议的分析文章。部统计办公室全年提出分析报告170篇，半数以上都刊登在各种报刊、杂志上，不少报告得到部领导的好评。1991年上半年，针对当时工业回升较快，有人认为已经出现过热的观点，部统办发表了《当前工业生产并未出现过热》的文章，阐明了回升较快的原因主要是1990年生产基数偏低，增幅大是经济疲软后的回升，供应宽松的格局没有改变，经济发展是正常的，引起了国务院的重视。1991年下半年，随着物资需求上升，部统计办不仅分析了物资供需形势，而且研究了主要品种的平衡情况，发表了《1—8月物资形势综述和预测》，部领导批示：按产品进行预测很重要，要坚持下去。

二、建立指标考核通报制度，强化统计监督职能

1989—1991年，根据国务院决定，物资部和有关部委联合，建立了按季公布全国钢材等重要物资国家合同执行情况通报制度，受到各地区各部门和企业领导的重视。为了促进物资企业更好地贯彻

执行党和国家的方针政策，坚持为生产建设服务，充分发挥物资流通的主渠道作用，从1990年开始，在物资系统开展了物资企业重要经济指标考核制度，建立了销售、资金、费用、利税等10项指标按月通报制度。1991年，物资部制定了《关于当前壮大国营物资企业实力的若干意见》。地方各级物资部门也加强了指标考核工作，根据实际情况建立考核指标体系。沈阳市物资信息中心系统整理提供“六五”时期以来物资企业的国拨资金、自有资金、销售额、利润、人均利税、百元销售收入工资含量等重要经济指标；江苏省物资局考察了各级企业的市场占有率，浙江、江西、长春、西安等物资部门建立了各项经济指标考核体系。所有这些，对加强物资经营管理深化物资体制改革起到了重要的作用。

三、健全生产资料价格统计，不断改革和完善统计制度

为适应发展有计划的商品经济，物资部逐步建立和健全了生产资料价格统计，1991年，按月建立销售价格统计，1.编制全国生产资料销售价格指数，包括计划价和市场价以及价格总水平的各种指数，涉及黑色、有色、燃料、机电等七大类和50种主要物资的价格指数；2.各省市物资部门按月编制各地区销售价格指数；3.加强了国内、国际市场价格行情的信息工作，按旬、按月搜集、整理、上报和反馈，为各级领导分析和掌握生产资料价格动态、变化趋势发挥了积极作用，为研究生产资料价格结构、差价、比价，制定价格政策提供了重要依据。

1991年，为了全面掌握物资部管理的直属供销公司的经营管理情况，制定了统一的统计制度，形成了全国物资系统较为完整的一套制度。

四、开展多种调查，满足领导需要

1989—1991年，根据国务院领导需要，物资部有针对性地开展了三次全国性的大型调查。1988年7月，为了满足研究制定价格政策的需要，采取“短平快”办法，在30个城市126个企业，对钢材的30个主要品种规格的购进价格，进行了一次抽样调查，及时地取得了各个流通环节的价格资料，为价格体制改革提供了依据。1988年下半年，根据国务院布置，在全国进行了钢材消费库存普查，深入分析了100多个钢材品种规格分析业、分地区的消费库存情况，受到国务院和有关部门的重视和好评。

为了加强对物资行业的管理和指导，从1989年开始，物资部开展了全国物资系统基本情况调查，搜集全系统的经营、机构、人员、网点、仓储、财务状况以及计算机拥有量等七个方面的数据，再一次填补了物资统计资料的许多空白。特别是首次掌握了分省市、地市、县及所属各级公司，分层次、分行业的基础数据，并根据1990年资料，排出了经营规模最大的100家物资企业和196个亿元县级物资局名单，为深化物资体制改革，提供了大量的翔实资料。

五、加强对统计人员的培训

1991年，物资系统认真贯彻了国务院领导同志对统计工作的指示及全国统计工作会议精神，狠抓了对基层统计人员的培训，集中了一批专家和有经验的实际工作者，编写出版了《物资经济统计》作为培训教材，实行分级培训，物资部统计办公室举办了全国骨干人员培训班，分别培训了部属公司和省、自治区、直辖市及计划单列市物资局的统计、计算机骨干人员。部属公司和省市物资部门逐级对下属单位的统计、计算机人员进行了培训，大大提高了统计及计算机人员的素质。

六、加快了统计手段现代化建设，提高了统计的及时性和准确性

目前，物资系统已配置微机6 800多台，中小型计算机200多台，从1989年起，组建了以物资部为中心结点，省、自治区、直辖市和计划单列市、部分重点城市物资局在内的52个二级结点的全国生产资料市场信息系统网络，运行了全国生产资料市场价格信息旬报和统计报表，作数据搜集、整理及传输实现了计算机化并联网。许多省市如上海、江苏、黑龙江、贵州、河南、浙江等省都实现了与地市的联网，不少基层物资企业和县级物资部门，从统计业务入手，开发了管理信息系统，建立了基层数据库，大大提高了统计报表的时效性。三年来，物资企业购销存月快报，报送时间提前了二次，由月后12日到8日，1991年7月1日起，又提前到4日，其余报表也大大提前，使部统计办公室每月初能适时地提供有数字、有分析、有建议的统计分析报告，满足了国务院每月研究经济形势，制定政策和决策的需要。

七、进一步加强了对统计信息工作的领导

物资部成立以来，对统计信息工作很重视，将加强和搞好统计信息工作，列为物资部主要工作之一，柳随年部长多次主持部务会议研究如何加强统计信息工作问题。1989年10月，蔡宁林副部长亲自主持召开全国物资系统统计信息工作会议，各省市物资局局长都到会。这次会议，大大提高了对统计信息工作重要性的认识，明确了统计具有“信息、咨询、监督”的功能，确定了统计工作要充分发挥

政策跟踪、预测预报、提供咨询、实施监督、辅助决策五个方面的作用，为全面提高物资统计信息工作水平奠定了基础。1991年10月，柳随年部长给全系统的统计工作人员致信，进一步指出统计信息工作要做好为宏观调整和微观管理“两个服务”。1991年，物资部继1989年发布了《关于充实统计力量加强统计工作的通知》之后，5月再一次发布了《关于进一步加强统计工作的通知》。领导的重视，使统计工作有了明确的方向和奋斗目标，是物资系统的统计信息工作取得成绩的根本保证。

执笔：**王书莉**　责编：**徐晓海**

对外经济统计

国家统计局贸易物资统计司

一、加强外经统计力量

(一)政府外经统计力量逐年加强。国家统计局贸易司外经处成立于1982年，当时仅有5人。随着对外经济的飞速发展，逐年增加力量，到1991年底，外经统计在编人员已达9人。各地区外经统计力量也得到逐步加强。到1991年底，全国共有8个省市、6个计划单列市和沿海开放城市的统计局成立了外经统计处(科)，其他省市统计局也都配备了2～3人专门负责外经统计工作。辽宁省各地市统计局均成立了编制3～4人的外经科。

(二)部门外经统计机构逐步充实和扩大。1980年恢复海关统计工作，海关总署成立了统计处，到1991年发展成拥有3个处的统计司；国家外汇管理局在原有计划统计处基础上，1991年也成立了国际收支统计处。其他涉外经济部门除计划统计机构有专门统计处外，也配备了专人负责外经统计。

二、完善外经统计制度

(一)支持海关总署完成统计目录改革工作。为满足国内各部门需要，国家统计局多次向海关总署提出修改系统商品统计目录和对应的海关统计商品目录编码，并配合其完成海关进出口货物统计表式设计。为配合争取恢复我国在关贸总协定中的地位，国家统计局一方面积极参加部门协调工作和有关谈判的准备活动，提供和审核有关统计数据，另一方面积极支持海关总署税则目录和统计目录合一的改革，使该新目录在1991年完成定型和全面培训工作。与此同时，国家统计局还积极配合海关总署进行新、旧目录的转换工作，以保证统计历史资料的连续和完整。

(二)协助旅游部门，搞好旅游收汇统计。1991年底，国家统计局批准了国家旅游局制定的体现行业归口的旅游统计制度。鉴于地方旅游部门统计基础薄弱，实行行业归口统计存在诸多困难，国家统计局要求各地统计局积极配合，主动开展有关统计，且向同级旅游部门提供旅游外汇收入统计数据，从而支持了旅游部门的行业管理。

(三)加强外贸经济效益统计。为配合外贸体制改革，加强外贸经济效益的分析，国家统计局联合经贸部下发了布置外贸企业向政府统计部门提供财会资料的文件，以利于各级政府统计部门开展对外贸易经济效益分析工作。

(四)探索完善利用外资统计的途经。国务院授权外贸部进行的利用外资统计是反映我国对外开放的一项重要统计。这项统计制度从建立到修订，国家统计局均给予了积极支持，但由于经贸部门不管生产，利用外资统计特别是“三资”企业经营情况统计就成了薄弱环节。几年来，国家统计局一直积极建议地方统计局开展这项统计工作，并大力推广有关省市的经验，现已取得一定成绩。到1991年底，北京、上海、天津、江苏、浙江、广东、福建等沿海省市统计局已开展了对全部或部分“三资”企业经营情况的统计工作。

(五)研究建立海外投资统计制度。海外投资是我国一个崭新的对外经济领域，但经贸、财政、外汇、计划等管理部门对海外投资情况均不能全面掌握。根据国务院批准的国家计委关于《加强海外投资项目管理意见的通知》报告的要求，1991年国家统计局开始研究建立海外投资统计制度。

三、加强统计基础建设，提高统计数据质量

(一)加强外经统计业务培训。为提高外经统计工作水平，1990年10月，国家统计局举办了全国外经统计培训班，并编辑出版了《对外经济统计》一书。两年来，国家统计局还多次派员参加地方统计局和海关总署、对外经济贸易部等部门举办的外经统计培训的授课。

(二)加强数据质量控制。国家统计局贸易物资司两次召开了全国商业外经统计工作会议，提出了加强外经统计基础、提高统计数据质量和开展优质服务的要求。坚持对各地外经统计报表，按季进行评比，取得了良好效果，外经统计报表的数据质量和及时性均有较大程度提高。

执笔：**王克臣**　审稿：**高　翔**　责编：**刘　恒**

海关统计

海关总署综合统计司

海关统计是国家制定对外经济贸易方针、政策、计划，检查、监督其执行情况，进行宏观调控的决策依据之一；是研究对外经济贸易发展和国际经济贸易关系的重要资料。

1990年和1991年，海关系统各级统计机构和广大统计人员在海关总署的领导下，在国家统计局的指导和支持下，认真贯彻落实全国海关关长会议、全国统计工作会议和李鹏总理对统计工作指示的精神，切实加强统计基础工作，积极推进统计改革和建设，发挥统计工作的整体功能，为改革开放服务，取得了显著成绩。

一、搞好基层建设，加强基础工作

(一)适应进一步改革开放的需要，海关统计的方法制度也在不断变革。为了保证海关统计数字的质量，每一次统计方法制度和指标的修订，综合统计司领导总是带队深入到基层海关，特别是一些边远地区海关，开展调查研究，详细了解统计基础工作情况，针对工作中存在的薄弱环节，研究采取改进措施，并对一些新建海关的统计工作进行具体的业务指导。帮助基层海关解决工作中遇到的困难，提高基层海关对统计重要性的认识。

(二)为了保证统计数据的准确性，在全系统推广了逻辑检查和价格控制两个程序。先进手段的应用，不但可以从海关统计的进出口商品、经营单位、贸易方式、原产和消费国别之间，数量、价格之间的逻辑关系方面进行检查，而且减轻了统计人员的工作程度。确保了统计数字的质量。

(三)坚持抽查报关单制度，组织各关进行统计质量互查。进出口报关单是海关统计的依据，为了掌握统计质量情况，1991年综合统计司抽查了六个地方海关的报关单，以检查各关对各项统计指标和统计是否正确，然后将抽查结果反馈给有关海关。同时，组织五个海关进行统计质量互查。一些地方海关在本关区内也组织了统计质量检查。抽查制度的实施把统计数据的准确性落实到了最基层。

(四)口岸统计作业和报关填报统计项目是海关统计的重要环节，为了保证数字的准确性和规范化，综合统计司编发了《海关统计数据工作作业流程规范》、《填报报关单项目须知》，和《海关统计实务手册》第二版等书籍，使广大海关统计工作人员做到有据可查，从而保证数据的可靠性。

(五)成功地进行了统计日报，快报数据的计算机联网传输试验。在科技部门的配合与支持下，1991年，向海关总署报送统计数据磁带(盘)的38个地方海关，均可以联网传输快报统计数据。其中23个海关可联用传输月服统计数据。实行联网传输避免了重新录入所带来的数字差错，更重要的是使报送快报时间由每月5日提前到3日，月报由每月8日提前到5日，海关总署向地方海关反馈的统计数据磁带(盘)也相应提前了七天，这有利于各地海关为地方党政领导和有关部门提供统计服务。

基础工作的加强，上述各项使海关统计数据更加准确、灵敏、完整，从而为保证全面发挥统计信息、咨询和监督职能提供了前提条件。

二、改革统计制度

为了充分发挥海关统计的宏观监控职能，将原《海关统计商品目录》所采用的联合国《国际贸易标准分类》第二次修订本的商品分类体系改为国际通行的世界上已有90多个国家采用的《商品名称及编码协调制度》(以下简称《协调制度》商品分类体系，国务院于1992年1月1日批准，在海关征税、统计、货管同步实施，海关各作业环节采用同一商品目录，统一编码，统一商品名称，统一商品范围，统一解释。《协调制度》的实施有利于海关充分运用经济、行政、法律和信息的手段，加强对进出口货物的宏观调控，有利于全社会节约和提高工作效益，有利于发展国际交往，在国际贸易谈判和信息分析交流中可以取得更为准确的语言，对我国的改革开放具有积极意义。

按期实施《协调制度》，是加强对进出口货物宏观管理的重要措施。综合统计司从1990年开始着手准备，首先组织业务骨干班子，与兄弟部门共同研究新旧目录的转换，并确定统计子目。在此基础上编制和印发了《协调制度》海关统计商品目录和培训讲义，对全国海关50%的统计人员进行了直接培训，从而为按期实施《协调制度》海关统计商品目录创造了良好的条件。

两年来，海关统计还对报表和指标进行了若干修改。如：在报表的进出口总值中，表明了“收付外汇部分货物”的进出口值及差额情况，使海关统计数字既具有国际可比性，又可以更好地满足国内各方面的需要，这项改革措施得到了总署领导的赞扬。

三、开展统计分析，提高服务水平

1990年四月，综合统计司根据形势需要召开了第一届全国海关统计分析工作经验交流会，这次会议对基层海关深入广泛地开展统计分析工作起了很大的推动作用。各级统计机构在搞准基本统计数据的前提下，进一步加强了统计分析工作，许多海关积极采取措施，妥善安排力量，落实机构、人员，将统计分析工作当作一项重要任务来抓。各地方海关除对我国进出口情况定期做好进度分析外，还就机电产品、工业原材料、消费品、经济特区、三资企业以及我国的主要贸易伙伴等进出口和出口情况进行了专题分析。综合统计司还配合国家领导人出访和我对外贸易谈判编写了有关统计分析资料。两年来，统计分析报告的数量显著增加，分析水平进一步提高，各单位写出了一批各方面反映较好的优秀统计分析报告。总署综合统计司《关于对中美贸易问题的几点看法》一文，将中、美和香港三方的进出口统计数字进行对比分析，透彻地揭示了中美贸易统计数字存在差异的原因，为我国在对美谈判中争取最惠国待遇提供了重要的依据，得到了经贸部门同志的好评；大连海关的《卫生筷子出口秩序混乱亟待整顿》的报告，国务院副总理邹家华同志阅后作了重要批示，国家采取相应措施，使问题很快得到解决；上海海关的《“七五”期间上海对外贸易的新发展》，选题准确、时效性强，对国家宏观决策具有一定参考价值，被上海电视台新闻联播节目采用；黄埔海关的《棕榈油进出口猛增亟待加强管理》得到有关部门的重视。据初步统计，两年中各地海关共撰写统计分析报告420篇，综合统计司在各关报送数据的基础上，共编写统计分析报告75篇，其中被中央办公厅和国务院办公厅采用34篇。海关统计分析工作的深入广泛开展，对加强国家宏观调控，促进改革开放发挥了一定作用。

四、海关统计信息社会化程度不断提高

开展统计新闻宣传工作是统计工作更好地为社会公众服务，扩大社会影响的重要途经。两年来，海关统计部门加强了与新闻单位的合作，通过新闻媒介向社会提供我国进出口统计信息，不仅扩大了海关统计的知名度，而且使社会公众能及时了解我国改革开放的形势。两年中，仅总署综合统计司向新闻单位提供的稿件就达140多篇，与此同时积极为国内外有关部门提供统计咨询服务，每年接待咨询人数均超过一千人次，现在有近二十个地方海关也开展了这项业务。根据国务院的有关批示，1991年海关总署首次公开在国内和香港出版发行了1990年度中文版和英文版《中国海关统计年鉴》。海关统计新闻、咨询、出版工作受到了各界的普遍欢迎。

五、加强与国际组织的交流与合作

1991年7月，综合统计司邀请联合国两位专家在青岛举办了国际贸易统计研讨班。通过学习和经验交流，使海关统计干部开扩了眼界，进一步明确了我国海关统计与其他先进国家统计的差距，增进了我国海关统计与国际组织的合作。国际统计专家对我国海关统计月报的及时性、统计刊物的出版发行和参加研讨班人员的素质状况给予了较高的评价。

两年来，海关统计遵循“准确及时、科学完整、国际可比、服务监督”的工作方针，积极为改革开放服务，取得了显著成绩。综合统计司将继续加强海关统计建设，充分发挥海关统计信息的咨询服务监督作用，为我国经济建设和改革开放做出更大的贡献。

执笔：**黄颂平**　审稿：**吴家煌**　责编：**李天渊**

社会事业统计工作概况

社会统计

国家统计局社会统计司

1990—1991年，社会统计工作认真贯彻落实全国统计工作会议精神，广大社会统计工作者发扬开拓进取精神，以提高统计数据质量为核心，加强统计分析，拓展社会统计领域，开展多种形式的专项调查，使社会统计工作取得新的进展。

一、健全制度，提高统计人员的素质

统计数据质量，过去、现在、将来都是统计工作的核心。近年来，国家统计局社会司抓住干扰统计数据的各种因素，在总结以往搞准统计数据经验的基础上，采取有力措施，提高统计数据质量，收到很好的效果。

(一)组织全国劳动统计年报的联合审核工作。

1991年国家统计局会同国家计委、财政部、劳动部、人事部、人民银行等六个部门联合制定了《劳动统计年报联合审核暂行规定》，下发全国各省、自治区、直辖市和有关部门贯彻执行。各地区、各部门充分发挥积极性和创造性，千方百计争取领导和社会舆论的支持，在有关部门的通力合作下，精心组织，严格把关，使"联审"工作取得了十分可喜的成绩。联审使年报工作变被动为主动，不但提高年报的时效性，而且数据质量不断提高。通过联审"促进了部门之间的联系和合作，强化了对劳动统计工作的认识，加强了基础工作，从而保证了统计数据质量，也扩大了社会影响。

(二)建立健全社会统计数据质量检查制度。

1991年在坚持劳动统计数据评比工作的同时，按国家统计局领导的要求，重点对工资总额进行了数据质量评估工作，全国各省、市、区和有关部门都采取了相应的措施。四川省每年坚持两次数据检查；青海省建立了较为严格的数据质量控制流程；广东、广西进行了经常性的质量考核和评比制度；安徽省利用微机对各地上报的资料层层把关。文教、卫生、政法各部门在狠抓数据质量工作中，普遍采取了质量评比、质量检查，建立健全统计台帐和计算机程序控制措施；民政部的统计数据差错率已下降到万分之六；公安部已对火灾、刑事案件等月报采取计算机传输汇总；国家体委已开发了优秀运动队信息库，力求使数据质量控制工作规范化、制度化。通过大家的努力社会统计数字的质量不断提高。

(三)着力于提高基层统计人员素质，确保统计数据质量。针对基层统计工作薄弱，人员调动频繁等特点，国家统计局社会司在1991年举办了两期劳动统计培训班，并参与了一些省市和部门的培训工作。培训的内容除了从理论上讲解劳动统计的对象、意义、范围、作用，以及在整个统计工作中的重要地位，还联系劳动统计中各项指标包括的口径范围、计算方法进行讲解，并结合工作中出现的新情况、新问题，运用各种统计分析方法，进行定量分析和系统分析，为各级党政领导提供服务，使参加学习的同志既从理论上加深了对社会统计工作的认识，也提高了分析问题和解决问题的能力。

二、加强定量分析和系统分析

劳动经济现象具有量化概念强、关联性广等特点。1991年，国家统计局社会司根据解放以来我国各个时期城镇待业率变动情况与经济社会发展状况，并结合研究有关失业率情况，重点对我国社会主义初级阶段城镇待业率变动对社会稳定及城镇居民生活水平的影响进行分析，提出了全国拟维持在3%左右为宜的观点。这个比例在统计资料和统计报告中公布后，得到社会的承认。经过科学测试和大量实证材料验证，也是符合我国特点的，社会经济也是能承受的。

社会分配不公的问题，是当前社会经济生活中若干难点、热点问题之一。国务院决定成立分配制度改革委员会，下设机关与事业、企业及社会分配

不公三个小组，社会司也参与了此项工作，并及时地整理了有关改革开放以来分配制度改革的研究参考资料，对职工工资外收入情况进行了重点研究，提出了职工工资外收入的界定范围，即职工工资外收入应是职工在工资总额以外，从单位内外得到的现金收入和实物收入。其构成：一是支付给职工个人的劳保福利费用，包括职工生活困难补助、上下班交通补贴、洗理卫生费、丧葬抚恤费、计划生育补贴等；二是职工在工资总额以外，从单位内外得到的其它劳动收入，包括第二职业收入，兼职收入，稿费、讲课费、咨询费、各种劳务费、各种实物折款等；三是资产性收入，包括职工个人从银行和企业获得的存款利息、债券利息和股息收入等。按以上范围，根据有关资料匡算：职工工资外收入，1990年比1985年增长2.72倍，五年平均每年递增30%，快于职工工资总额平均每年增长16.4%的速度。1991年匡算，职工工资外收入总额比1990年增长22.9%，又快于职工工资总额增长12.6%的速度。从而，得出了职工工资外收入快于职工工资总额增长的结论。

文教、卫生、政法方面的统计分析更是成果累累。国家统计局社会司整理的教育、文化、体育、卫生系列统计分析报告，先后被中央各报刊采用，有的还得到中央领导同志高度重视。各地区、各部门也紧紧抓住当前突出的新情况、新问题进行专题研究和重点分析。如四川省统计局编写《令人担忧的骤增现象——对青少年刑事犯罪的分析》、《我省医疗费用上涨》、《我省群众对"八五"计划和十年规划的看法》等；北京市统计局的《我市教育事业在巩固、完善、提高中又有新发展》；江苏省统计局反映社会治安、公证、教育等方面情况，均得到省、市领导同志的高度重视，并在省、市党委、政府主办的快报、要情、政务、信息等刊物上刊登。

三、建立适合我国地区间社会发展水平的评价指标体系

为合理评价各省、区、市的社会经济发展状况，统一评价指标体系和方法，国家统计局在1991年经过局办公会议的反复讨论研究，并征求各地区及有关部门的意见，建立了《我国地区间社会发展水平评价方案》(试行)。试行方案包括：环境、人口、经济、居民生活、劳动、社会保障、卫生保健、科技教育、文化体育、社会治安等十个领域(方面)，每个领域均分存量、质量、结构、变动度4个方面，共130多个指标。指标体系量化后，既可以进行综合测评与考察，也可以进行各领域发展状况的测评考察，有利于促进各地区社会经济的全面协调发展。目前，试行方案正在运用1991年的统计资料进行试编。

四、开展非物质生产部门核算试点工作

根据实施新的国民经济核算体系的要求，社会司在有关部门的密切配合下，组织黑龙江、山西、上海、浙江、湖南五省、市，就教育、卫生、文化、民政机关等对行业的增加值统计进行了试点。试点工作取得了显著成绩，积累了丰富的经验。

1991年8月，国务院副总理邹家华同志主持会议，听取国家统计局关于加快实施我国新国民经济核算体系工作的汇报。根据会议精神和加快建立我国新国民经济核算体系的要求，国家统计局社会司与有关司共同进行了研究，确定了非物质生产核算的目标、核算范围及调查方法，提出社会口各行业要在前几年增加值试点的基础上争取在今后两三年内逐步建立起财务统计，在满足社会统计需要的同时提供国民经济核算所需的基本总量指标。按上述要求，在广泛征求有关部门意见的基础上，提出了财务统计的基层调查表式初稿，并选择一个县、一个中等城市开始全面试填。

五、积极组织多种形式的专题社会调查

专项调查是社会统计的重要组成部分。1991年社会专题调查呈现多形式、多内容、多部门合作的新特点。围绕党政领导关心和事业发展中突出的问题，有重点、有针对性地开展专项调查，仅较大规模的全国性专题统计调查就有：与全国妇联合作的《中国妇女社会地位调查》；与国家环保局、农业部合作的《乡镇企业工业污染源调查》；与国务院纠正行业不正之风办公室合作的《关于行业风气的问卷调查》；接受中国科技促进发展中心委托组织的《生活质量问卷调查》，还组织了群众对"八五"计划和十年规划反映的社会调查。这些调查都受到了用户的一致好评。

各地区、各部门的调查形式与内容更为多样化。如黑龙江省配合侨办开展了全省侨情普查，湖南省协助工会开展了职工社会生活问卷调查等。

积极组织专项社会调查，对扩大信息、深化专题分析，了解社会动态，锻炼基层队伍，都起到了积极的作用。

执笔：**吴 军** 责编：**李天渊**

民政统计

民政部综合计划司

民政统计是社会经济统计中的一个部门统计，它的前身是内务统计。按照民政部的职能范围，民政统计内容包括基层政权建设和群众自治组织建设、行政区划和地名、优抚、安置、社会福利、农村社会保险、救灾救济、社团管理、婚姻管理、收容遣送、殡葬事业、社会福利有奖募捐、民政财务、固定资产投资、科技、劳动工资、人事教育等统计。近年来各级民政部门从民政工作的实际出发，确立了立足民政，面向社会，实行优质服务的指导思想，对民政统计工作进行了一系列的改革，使民政统计服务、咨询监督职能得到充分的发挥，取得了很大成绩。

一、提高数据质量是民政统计工作的生命

民政部综合计划司以民政统计的规范化建设为基础，以开展民政统计年报质量评比活动为手段，狠抓薄弱环节，提高了民政统计数字质量。

(一)继续进行民政统计台帐规范化建设。民政工作种类繁多，项目复杂。十年动乱期间，民政统计工作中断，统计资料散失，基础十分薄弱，基层民政助理员调动频繁，统计资料得不到积累，民政统计存在"统计加估计"的现象。1983年，民政部在河南洛阳召开了全国民政计财工作座谈会，推广了辽宁省在全省范围内统一建立民政统计台帐的经验。经过各级民政部门的共同努力，1991年全国已有75%以上的乡镇建立了规范化的统计台帐，为民政统计数字质量提高打下了坚实的基础。

建立民政统计台帐，只是强化基层民政统计工作的一种手段。科学地、规范地管理民政统计台帐，才能发挥其效益。1990年，民政部通报了黑龙江省绥化地区制定《民政统计台帐管理办法》，加强民政统计台帐管理的经验，并在山西进行了民政企事业单位台帐规范化建设的试点工作；1991年又转发了安徽安庆市民政局加强对民政统计台帐管理工作的领导经验，通报了江苏省泰县民政局建立民政统计台帐管理制度、湖北省武昌县全面开展民政统计台帐检查评比表彰活动的经验，并在江苏泰县进行了应用微机管理民政统计台帐的试点，推进台帐管理工作的现代化。通过抓强化领导，完善制度，开展评比表彰活动，使民政统计台帐管理向科学化、规范化迈进，工作水平登上了一个新台阶。

(二)开展民政统计年报质量评比活动。为进一步提高民政统计数字的质量，民政部制定了《民政统计年报和事业费决算质量评比办法》，从1990年年报起对各省、自治区、直辖市民政部门报送的民政统计年报进行质量考评，并建立民政统计年报质量通报制度，使评比工作规范化。实践证明，民政统计年报质量评比活动取得了较好的效果，提高了年报的质量。

(三)针对薄弱环节，采取有力措施。民政业务统计中，自然灾害统计虚报现象较为严重。为如实反映我国自然灾害状况，民政部于1991年发出了《关于做好农村自然灾害情况统计工作的通知》，督促各级民政部门，特别是县级民政部门，要切实抓好核灾工作，不漏报、虚报，确保灾情统计数字实事求是，为各级政府救灾提供准确、可靠的依据。

二、民政统计工作服务优质化

统计工作的重要作用之一是为领导和业务部门提供科学的决策依据。民政部综合计划司从开放民政统计资料入手，加强民政统计分析，缩短信息反馈周期，提高了服务质量。

(一)对外开放民政统计资料。对外开放民政统计资料，是让社会了解民政工作的最好形式。1990年开始，民政部综合计划司为了适应商品经济和信息社会的需要，决定将不属保密范围的民政统计资料，以《年鉴》的形式向社会公开出版，改变了以往民政统计数字不能对外提供的状况。1991年，民政部综合计划司开始编辑《中国民政统计提要》，丰富了民政统计内容，受到了欢迎。

(二)加强民政统计分析工作。为强化民政统计分析工作，民政部综合计划司每年定期向社会发布民政事业发展统计公报；向其他部门重要《年鉴》提供民政统计分析报告；配合制定《民政事业十年规划和"八五"计划》以及第三产业政策研究，进行统计分析，其中《改革开拓，稳步发展》成为新闻发布稿。

(三)改革民政统计报表报送时间。从1990年开始实施民政统计半年报制度，缩短信息反馈周期。

三、进行了民政统计手段的现代化建设

民政统计人员要做到高效优质服务，首要前提就必须从繁重的手工计算中摆脱出来，加强统计手段现代化建设。否则，民政统计工作的发展必然受到限制。从1986年起民政部开始应用电子计算机

进行统计年报汇总。1991年，地、市民政部门基本上配备了微机。目前，民政部计算中心为基层研制的民政统计软件包基本能满足汇总、逻辑审核、基本情况分析的需要。

四、报表制度趋向科学化

1990年，民政部为了贯彻十三届六中全会关于密切联系群众的精神，根据崔乃夫部长关于"精减民政统计报表，减轻基层负担"的指示，民政部综合计划司确立了统计概念不准确的不要、重复统计的不要、数据准确性太差的不要"三不要"原则，删减民政统计指标一百多个，占总指标的四分之一，并修订了民政事业统计指标解释、报表格式、填报说明，使民政统计年报制度趋向合理化与科学化。

1991年，根据民政工作改革状况，改进了民政事业半年报(年报快报)制度；配合国家统计局农村报表制度改革，将农村自然灾害统计纳入农村一套表，共同贯彻实施，为进一步改进报表管理做了有益的尝试。

五、依法管理统计报表

依法管理民政统计报表，1990年通报批评了民政部内部个别司违法滥发统计报表的做法，刹住了滥发报表之风。1991年，按照国家统计局的布置，在民政部进行了清理统计报表的工作，历时两个多月，并向国家统计局报送了清理报表的工作总结。从总的情况上看，除一个司发生违法报表外，民政部统计报表管理工作是好的。

执笔：**陈越良** 审稿：**李荣时** 责编：**李天渊**

劳动统计

劳动部综合计划司

随着劳动、工资、社会保险制度改革的不断深入，劳动部门为制定政策必须掌握劳动统计资料。1985年，经与国家统计局协商，劳动工资统计工作由统计部门与劳动部门分工负责，国家统计局负责反映国情国力的劳动工资统计，劳动部负责专业性的劳动工资统计。同年，经部领导批准，在综合计划司设立了统计处，编制7人；另设劳动部信息中心，编制50人。北京市劳动局、内蒙古劳动人事厅成立了统计处，其它省(区、市)在计划处设统计科或配备专职统计人员；地(市)、县劳动局配有专职或兼职统计人员；各省还注意加强了县以下基层单位的统计力量。目前全国劳动系统的专职劳动工资统计人员已达3000多人，初步形成了适应工作要求的统计队伍。

一、建立统计工作制度

依照《中华人民共和国统计法》和《统计法实施细则》，劳动部制定了《劳动部门劳动统计工作管理办法》，明确了劳动统计工作的内容、任务、职责、权力等，并规定各级劳动部门的劳动统计工作要根据本地区的实际情况，逐步实行统一管理、分级负责的统计管理体制。要求各级劳动部门统计机构在制定统计报表制度、指标体系及统计调查时必须按照《统计法》的有关规定办理备案或审批对统计报表的报送、统计资料的公布和管理也都提出了相应的要求和规定，这样，既较好地解决了报表多乱的现象，也避免了数出多门和资料失密问题。

二、加强劳动统计工作管理

一是制发了《劳动部门劳动统计工作考评办法》。1990年有12个，1991年有14个省、自治区、直辖市及计划单列市的劳动厅(局)被评为劳动统计工作先进单位，受到了劳动部的表彰和奖励。开展统计考评工作，对全国劳动统计工作产生了很大的促进作用，提高了统计报表的及时性、准确性，增加了统计工作的严肃性，进一步调动了统计人员的工作积极性，使劳动统计工作出现了新的局面。二是为充分发挥统计资料的作用，提高统计分析的深度和广度，印发了《关于加强劳动部门劳动统计分析工作的几点意见》，提出了广开信息源、扩大信息网络、加强纵向和横向联系等建议，并要求各省(市)每年写出4至8篇针对性强、水平高的统计分析资料，为各级领导和社会公众提供优质服务。三是制定并印发了《劳动部统计工作制度》，使部内有关司、局的专业统计由原来的分散型逐步向"统一管理、分工负责"的方向转变，即对部内的统计工作管两头：一头是对常规统计报表的管理，规定凡是印发统计报表要经综合计划司审核，属于系统内的，审核后送国家统计局备案，属于系统外的，要报经国家统计局批准后再下发，使报表向标准化、正规化发展；另一头是对统计资料发布的管理，凡是统计资料的发布，都要经综合计划司审核，必要时要经主管部长批准后统一对外。另外，综合计划司承担组织劳动部的统计资料发布会，自1990年起，每季度召开一次劳动统计分析交流会，参加会的有部、局的领导和各司、局的统计人员，参加人员的范围逐步扩大到有关部委，从而提高了统计资料的利用率，扩大了社会影响，受到各方面的好评。

对统计调查的管理，要求部内各单位年初做出统计调查计划，由综合计划司进行综合协调，并制定出《统计工作协调方案》，做到从实际需要出发，合理安排，使统计调查的内容不重复，又能满足业务工作需要。年终时，由综合计划司写出执行协调方案情况的总结，对好的进行表扬，差的进行通报，使工作做到有布置，有检查，有始有终。

三、建立了统计信息自动化系统

由劳动部信息中心编制了自动化报表处理系统软件，实现了从基层表到综合表的各级统计数据自动化处理，最大限度地保留了原始信息，并开始向一体化采集过渡。1991年该系统软件已推广到全国省级劳动部门，进行统计汇总和分析工作。

四、制定了劳动统计工作“八五”计划和十年规划

“八五”期间，劳动统计工作要贯彻深化改革的方针，建立健全劳动统计指标体系，完善劳动统计管理体制，加强统计调查和统计分析工作，发挥统计监督作用，更好地为各级领导机关决策服务。

通过制度建设，明确了劳动部门统计工作的内容、任务、职责、权力等，理顺了统计工作管理体制，使劳动统计工作开始走上正轨，并取得了一些成绩。

(一)初步建立起劳动系统的劳动统计报表制度。现由劳动部负责的劳动统计报表共有44张，其中年报表18张，半年报表4张，季报表7张，月报表3张。报表内容分为职工、工资、保险福利、培训、待业、劳动服务公司、劳动安全、劳动争议仲裁等八类。

(二)开展统计调查，加强统计分析工作。1990年至1991年，由综合计划司提供给部领导、各业务司(局)的统计分析资料约80篇。围绕劳动部中心工作，针对在劳动、工资、保险福利三大制度改革中出现的新情况、新问题，开展了11次专门统计调查，提供分析报告10多篇。

(三)建立劳动统计信息数据库集，开展统计信息咨询服务。目前该数据库集包括劳动经济、劳动安全和相关经济等11类86个数据库，加载了88年至91年多期数据，并已在劳动部机关内上网运行，为部领导和业务司局人员提供服务。

(四)编辑出版劳动统计资料，积极为各级领导和业务单位提供服务。1990年至1991年，与国家统计局社会司联合出版了《1990年中国劳动工资统计年鉴》、《1991年中国劳动统计年鉴》，与国家统计局制度方法司联合出版了《劳动工资统计问题解答》、《劳动统计主要指标解释》。

(五)开展对外统计合作，促进国际统计合作与交流。1986年和1987年，国际劳工组织在意大利都灵为中国举办两期劳动统计培训班；与国际劳工组织亚洲促进就业组织合作，在湖北省沙市进行劳动力资源抽样调查；参与老龄人口国别研究调查；定期向国际劳工组织统计局报送统计报表和十月调查表。

劳动部门的统计工作作为一项专业性统计业务，刚刚起步，统计调查、统计分析工作还不能适应劳动工作的需要，统计预测尚未起步，统计人员、编制、经费没有妥善解决。今后要在总结经验教训的基础上，坚持改革，逐步完善劳动统计指标体系，采用科学的调查方法，加强统计分析，使统计工作迈上新的台阶。

执笔：**陆锡元**　审稿：**王东岩**　责编：**刘　恒**

文化统计

文化部计划财务司

1990—1991年，文化统计部门根据全国统计工作会议的精神，结合本部门实际工作，不断完善统计信息职能，强化咨询、监督职能，取得了一定的成绩。

一、修订统计报表制度，改进统计原始记录和台帐制度

随着改革开放的不断深入，文化事业发展迅速，出现了很多新情况和新问题。原有的统计报表制度已不能适应新形势的需要。对此，文化统计部门对一些过时的、繁琐的、用处不大的报表和指标进行了精减。同时，补充和增加了一些新表和指标，并对整个报表制度的表式、表间关系及指标做了重新调整和补充说明，使新制度更加系统化、科学化和实用化。为充分发挥统计整体功能，提高统计数据质量，丰富统计信息奠定了基础。

为了提高年报数据的质量，在制定新报表制度的同时，分别设计出文化部门各行业较适用的统计原始记录和台帐。在试点基础上，向各地区推广，并要求各地区根据各自的具体情况设计出具体的、

切合实际的统计原始记录和统计台帐。

二、加快统计信息技术现代化建设

文化统计部门在长期的统计实践工作中认识到，统计信息技术现代化是提高统计服务水平，充分发挥统计信息、咨询和监督职能的必由之路。只有加快统计信息技术现代化建设，文化统计工作才有可能从单纯提供数据的初级阶段发展到充分发挥统计信息、咨询、监督整体功能的高级阶段，从根本上提高统计工作的水平。经过两年的努力，在多方的支持和协助下，文化部门统计信息技术现代化建设取得了较为显著的成果。

(一)计算机硬件建设初具规模。在全国30个省、自治区、直辖市文化厅(局)配齐微机的基础上，统计信息技术现代化正向地市级发展。文化部门经费紧、家底薄，地市级配微机困难大。但是，地市级配微机热情高，积极筹措资金，在省厅支持帮助下，目前全国有近半地市配上了微机，而且配备的多是386高档机。

(二)统计系统计算机应用软件的开发初见成效。随着新报表制度的制定，与之相配套的新的文化事业统计年报软件的开发工作也同时起步。针对以前软件中存在的问题，新软件在操作上和功能上都有了很大的改进和提高。它具有数据录入、审核检错、汇总、打印、查询等多项功能，而且操作简便。经过试运行，首次对1990年统计年报进行全国汇总，取得了成功，开辟了文化统计汇总工作的新纪元。

(三)建立统计信息数据库。文化统计部门在开发文化事业统计年报计算机软件的基础上，建立起全国的文化事业“七五”数据库。通过这个数据库可以查询到每一个单位“七五”期间的基本情况。同时，也可以对全国的数据进行加工，反映出“七五”期间全国文化事业发展的情况。“七五”数据库的建立，为进一步开展统计分析和研究，预测文化事业发展的趋势创造了条件。

文化统计信息技术现代化建设工作虽然起步时间不长，但它已显示出强大的生命力，为文化统计事业的发展注入了活力，开辟了新天地。可以说它是文化统计事业发展道路中的一个里程碑。它一改过去费时、费力和繁琐的手工汇总方式，增强了提供资料的时效性，提高了数据质量和统计信息的综合利用水平，丰富了统计信息，促进了文化统计事业的发展。

三、发挥统计整体功能，提高统计优质服务水平

发挥统计整体功能，搞好统计优质服务是文化统计工作近几年的中心任务。围绕这个中心任务，文化统计部门做了大量细致的工作，并取得了一定的成效。

(一)丰富调查手段，扩大信息量。文化部除了制定年报报表进行全面调查外，还根据形势发展的需要，采取了半年报、快报和定期调查等统计调查手段，扩大信息面，丰富信息量，以弥补年报的不足。半年报和快报改变了年报反馈信息间隔时间长，及时性和灵活性差的不足，为领导及时了解文化事业发展情况创造了条件。人员构成定期调查，它改变了过去年报中几个简单的人员数字，由几个指标扩展为一张二维表，对文化部门不同行业的人员的年龄、职称和专业构成情况进行全面调查，大大丰富了文化队伍情况的信息资料。

(二)汇编和提供各种统计资料，既是搞好优质服务的基础，也是优质服务的重要形式之一。文化统计部门通过统计年报把大量反映文化事业发展状况的信息收集起来，编辑成《文化事业统计资料》和《文化事业简明统计资料》，并提供给各级领导和有关部门作为研究和制定文化经济政策的依据，同时向各地区进行信息反馈。《文化事业统计资料》现已成为领导了解文化事业发展状况，制定文化事业发展方针、政策的重要依据，它在制定文化经济政策和“八五”计划过程中发挥了重要作用。为了能加强对比，更直观地反映文化事业发展的情况，文化统计部门挖掘、整理了一些历史资料，编辑成了《文化事业统计提要》。该提要内容详实，资料丰富，受到了有关方面好评。

(三)加强统计分析，充分发挥统计咨询和监督职能。文化统计部门在加强对文化统计工作基础建设和现代化建设的同时，努力提高统计分析的深度和广度。通过对统计信息的综合分析和研究，及时、准确地反映文化事业发展的状况，为决策部门提供了大量的信息、建议。1990年创刊的《文化事业统计资料》针对艺术表演团体、图书馆、群众文化以及整个文化事业发展中出现的新情况、新问题，做了大量的分析，做到了数据准、情况明、信息快。1990—1991年共编发了几十期分析资料，一些分析材料还在报刊上登载，不少建议引起了有关部门重视，取得了较好社会效益。文化部还组织全国各地区之间的统计分析交流，以扩大信息的交流、扩大宣传，更好地发挥统计咨询和监督职能。

执笔：**张金岩** 审稿：**金一伟** 责编：**刘 恒**

教育统计

国家教委计划建设司

1990—1991 年，教育统计工作坚持改革开放，努力适应经济、社会发展，特别是教育发展的新形势和新要求，在改革教育统计指标体系、加强统计基础建设、提高统计信息综合服务水平、发挥统计信息、咨询、监督作用，实现统计工作现代化等方面都取得较大进展。

一、实施了新的教育统计指标体系

随着教育战略地位的确立，从中央到地方，出现了全社会关心教育、支持教育的新局面。如何加强教育、发展教育、管好教育、成了党和政府以及社会备界共同关注的问题。1989 年 3 月 2 日，李铁映同志在八省市教育经费研讨会上说，“正确地衡量和认识教育，建立起它的发展机制，有一个重要的前提，就是确立指标体系”。“现在……几个部门坐下来讨论问题，大家各说各的，没有一个对教育的共识，因为没有一个科学的评价指标体系。这是我们当前教育工作决策指导上的一个很大的难题。”国家教委副主任何东昌同志在一个批文中说：“没有统计数字，教育宏观研究也是定性的，随意性太大。”根据李铁映和何东昌同志的批示，国家教委开始进行教育统计指标体系的改革。1990 年 12 月，经国家教委领导同意，以计划建设司和信息中心为骨干，吸收了七个有关司局，成立了“教育统计指标体系设计小组”。经过半年多的研制，到 1990 年 8 月初，新的教育统计指标项目和统计报表格式(征求意见稿)全部设计完毕，并开始在北京地区进行全面试点。试点取得成功后，1991 年 2 月国家教委组织教育统计专家、教授以及长期从事教育统计工作的统计人员，召开了鉴定会。1992 年学年初在全国各级各类学校正式实施新的教育统计指标体系。到 1991 年底，新的教育统计指标体系统计结果已正式向社会公布。这套指标较好地适应了经济体制改革和教育体制改革的要求；有利于加强教育的宏观管理和宏观决策；体现了统计职能的转变；有利于进行国际比较研究。它的设计成功，对认识教育现状、制定教育发展战略、编制教育发展计划、指导教育改革都有一定的作用。

二、积极建设国家教育管理信息系统

统计工作实行计算机化、并在教育系统进行联网，这是发展的必然趋势。1989 年 10 月国家教委颁发了《国家教育管理信息系统总体规划纲要》。从国家教委到省、自治区、直辖市教委、教育厅、局以及不少高等学校，积极贯彻落实《规划纲要》的精神，先后为统计信息工作配备了计算机设备，并开发了相应的计算机软件。在国家、省、地、县，以及一些高校、中等专业学校之间，已基本上实现了教育统计信息数据存贮、处理的计算机和软盘转输。在一些经济较发达地区为教育部门(如上海)已实现了计算机区县联网。目前，教育统计信息工作已初步实现了计算机化。这两年里，国家教委还开发和有步骤地推广了“中小学教职工数据库”，“高等学校教职工数据库”，“高等学校学生数据库”。一些省区和高等学校也结合统计和管理工作，建立了教务、科技、财务、图书、教学器材等管理数据库。分布全国各地、覆盖不同类型地区的 278 个县级教育发展动态观测网点正在积极建设。此外，随着大批微机的配备，有力地推进了教育系统各级机关和学校办公自动化的进程。

三、教育统计服务水平有所提高

加强统计分析，实行统计监督，努力实现教育统计信息服务工作的优质化，是教委统计工作职能转变的重要标志。两年来，教育系统各级统计信息部门和统计人员，围绕教育战线中心工作，针对教育发展、改革中出现的新情况、新问题，积极拓宽服务领域，改进服务方式，为各级政府、管理机关、研究单位、学校提供了大量的统计信息资料和咨询建议，对教育管理和决策工作的科学化、民主化起了积极作用。主要有三个方面：一是配合教育事业“八·五”规划的制定工作，提供了大量系统的统计资料。江西、内蒙古、成都市等教育统计部门还为制订规划编印了“七·五”期间本地区教育发展的统计资料和建国四十年教育统计资料，受到各方面重视和欢迎。二是针对发展教育中，特别是发展义务教育中存在的热点问题开展统计分析。1990 年国家教委根据统计结果，对中小学生的缀学问题和校舍改造问题提出了专题分析报告，由委领导出面就中小学校舍改造问题召开了新闻发布会。1990 年在全国进行的中小学校长调查，为制订中小学校长培训计划提供了参考依据。1991 年西安市莲湖区教育局两位统计人员写出了题为《神圣的职责、危险的信号》的统计调查报告，反映了该区在 1990 年前三个季度，中小学教师因身体健康状况恶化而导致死亡的情况及其原因，受到区政府和教育局的高度重视，很快制定了保护教师身体健康的相应措施。三是扩大了向社会进行教育改革和发展情况的宣传。统计信息部门抓住有利时机，采取多种手段，向社会介绍了建国四十年来，特别是改革开放十年来教育事业所取得的伟大成绩。1991 年国家教委首次正式向社会发布了全国教育事业发展年度统计公报，河南、云南等省也发布了本地区教育事业发展年度统计公报。国家教委在坚持按年度出版《中国教育统计年鉴》的同时，还编发了《教育管理信息系统通讯》和《教育统计报告》等不定期刊物。各级教育统计信息部门还为各级决策部门、管理机关和研究人员提供了大量数据服务。绝大多数省、市也都坚持一年一度编印统计资料汇编，通过各种方式开展统计宣传和服务。

四、统计人员的政治业务素质有所提高

为了提高广大教育统计人员的理论水平和专业技术知识，1991 年国家教委组织编印了《教育统计工作规程》和《中国教育统计学》等培训教材。为了搞好教育统计指标体系的实施和年报工作，各级教育统计部门抓紧统计人员进行专业技术知识培训。国家教委先后举办了“教育统计指标体系培训班”和“教育事业发展统计数据处理程序技术培训班”。各省、自治区、直辖市教育统计部门也积极组织本地区统计人员培训。1989—1990 年，全国省、地级普通高等学校统计工作人员，基本参加了一次或一次以上的统计和计算机知识的培训。有些省份还对县级统计人员进行了全面培训。辽宁省教委在全省教育统计人员中成功地举办了教育统计知识大竞赛活动。

两年来全国教育统计信息工作取得了成绩，同时在实践中也积累了有益的经验。

(一)领导重视是搞好统计信息工作的关键。实践证明，只要领导重视，统计信息机构、人员、设备就能得到加强，统计信息工作在管理和决策中的作用就能得到发挥，存在的实际问题就容易得到解决，统计信息工作人员的积极性就能够得以发挥。所以，领导重视，有人负责抓，是各地把统计信息工作搞上去的一条重要经验。

(二)积极为教育决策和管理服务是开创统计信息工作的成功之路。统计信息工作属于软科学范畴，要使人们认识它的重要性，在实际工作中自觉地利用它，除了加强宣传教育，转变观念外，更重要的方面，是直接从事统计信息工作的同志，一定要开阔视野，善于学习，创造性地进行工作，积极主动地开展各项业务活动，做好统计信息资源的科学开发工作，努力为管理和决策服务，并扎扎实实地收到实效，使领导和群众从切身的实际工作中感受到统计信息的作用。这样才能真正使统计信息事业形成良性循环，并获得生机勃勃地发展。

执笔：**林志华**　审稿：**李仁和**　责编：**李天渊**

档案统计

国家档案局综合科教司

随着档案工作作为一项全国性的科学文化事业得到发展，档案统计工作体制也不断发展、完善起来，成为部门统计工作体系的一个组成部分。档案事业的迅速发展，对档案统计工作不断提出新的、更高的要求。为适应新形势，1991 年 12 月和 1992 年 2 月，国家档案局召开了第三次全国档案统计工作会议(各省、自治区、直辖市档案局分片会和中央、国家机关分片会)。这次会议回顾和总结了“七五”期间全国档案统计工作的发展历程，肯定了档案统计工作所取得的成绩，同时也深刻分析了制约档案统计工作进一步发展的各种因素，提出了更好地开展档案统计工作的方法和要求。会议决定从加强档案统计工作的制度化和现代化建设入手，从两个方面抓好“八五”期间的档案统计工作：一是在“八五”期间开始实施新的《全国档案事业统计年报制度》；二是与新制度的实施相配套，在全国档案系统逐步推广应用“全国档案事业统计年报计算机管理系统”。新的年报制度采用基层表和综合表相结合的两套表制度，由 5 张基层表、7 张综合表有机结合而成。基层表是针对各级各类档案机构编制的较为详尽、反映其全面情况的一览表式的报表，综合表是供计算机进行综合汇总使用的，即把基层表的数据录入计算机，由计算机汇总出相应的综合表，其内容综合反映各级档案事业发展的整体状况。“全国档案事业统计年报计算机管理系统”的使用推广，则是提高档案统计工作现代化水平的强有力手段。这两项措施将使档案统计工作制度得到进一步完善，同时也将使档案统计工作由手工处理方式向计算机管理方式过渡，是我国档案统计工作的重大改革。

一、全国统一的档案统计工作制度不断得到加强，已基本形成从上到下、纵横相联的档案统计信息网络

国家档案局指定由综合科教司负责全国性的档案统计工作，30 个省、自治区、直辖市档案局也都指定由办公室或业务处室分管档案统计工作，并具体落实到人。其它行业和专业主管部门的档案机构也基本能做到每年的年报工作由专人负责。同

时，档案统计年报自身的指标体系经过几番演变，也更加完善，统计指标由早期统计年报的76项增加到目前新年报制度的306项，基本上覆盖了档案事业各方面的情况。档案统计已由被动的、简单的数据收集过渡到主动的、功能多样化的档案事业统计。

二、注重数据质量，提高统计年报数据的准确性，为提供统计信息服务打下良好的基础

首先在年报的表式设计上力求做到逻辑关系明确、科学、规范。“八五”期间实施的新的档案事业统计年报增加了反映我国档案事业建设最新情况的一些统计指标，并结合以往档案统计工作的实际，修改、增加了一些指标解释。与被取代的年报制度相比，新的年报制度无论在在形式方面，还是在内容方面，均有较大程度的改进，为收集完整、准确、系统、适用的档案事业统计数据提供了科学可行的手段。二是加强数据收集。不少地区和部门通过建立健全统计台帐制度，开展数据质量检查和质量评比，采用计算机技术等方式，确保了统计年报的数据质量逐年有所提高。北京、广西等市、区还把统计年报质量的高低纳入档案工作综合考核指标体系，奖优罚劣，有效地促进了档案统计数据质量的提高。

三、开展多种形式的数据整理和统计分析工作，为档案事业的科学管理服务，为有关方面提供档案统计信息

一些地区每年编写统计分析报告，有针对性地提供统计咨询服务，为制定档案事业发展规划、加强宏观管理等提供了重要的依据。与此同时，档案统计工作者还将经过整理的档案统计数据提供给有关方面，为社会各界了解我国档案事业的发展开辟了窗口，《国务院公报》、《共和国之最》、《中国大百科全书·图书馆情报 档案》分卷以及一些档案工作年鉴、工具书中介绍和反映档案事业建设情况的数据均来自于档案事业统计。

四、档案统计干部队伍素质不断提高，初步形成了一支既懂档案专业、又熟悉统计知识的档案统计干部队伍

目前，省、地、县级档案局和中央、国家机关的档案统计工作基本做到了有固定人员负责。档案事业统计作为一种专业性统计，要求统计人员具备档案专业和统计业务两方面的知识技能。几年来，各级档案部门结合各自的实际情况，举办了形式多样的统计知识讲座、计算机培训班等，提高了档案统计工作人员的业务素质。

五、档案统计工作的现代化建设开始起步

档案统计工作的现代化始于1987年，由于使用了计算机程序，大大缩短了全国统计汇总的时间。1991年，在全国档案系统中推广应用统一的“全国档案事业统计年报计算机管理系统”，这套微机管理系统是针对新年报表式多、指标对应关系复杂的特点研制开发的，已经通过了由国家档案局组织的技术鉴定。该管理系统能为用户提供录入、汇总、检索、分析、备份、盘交换、打印等诸多功能，特别是采用以软磁盘作为年报数据交换介质的方式，大大提高了数据传递的速度和准确性。1991年度，全国有29个省级档案局、80多个中央国家机关报送了统计数据磁盘。北京、天津、辽宁、黑龙江等在全省、市范围内逐级推广使用，不仅分解了数据录入、汇总的劳动强度，而且明显提高了统计年报的数据质量，使汇总单位的统计人员从繁杂的手工劳动中解放出来，有更多的时间从事统计分析和统计信息服务，提高了档案统计工作的效率。

执笔：**华 丹 李 翔** 审稿：**郭树银**

责编：**徐晓海**

检察统计

最高人民检察院办公厅

1990—1991年，最高人民检察院认真贯彻落实《中华人民共和国统计法》、国务院《关于加强统计工作的决定》，结合检察机关统计工作的特点，制定了相应的制度和措施。主要做法如下：

一、完善检察统计制度方法

根据检察业务发展的需要，为了完善检察系统统计指标体系，建立科学的统一的统计制度，高检院于1989年9月召开了全国检察统计工作座谈会，研究如何加强和改进检察统计工作。按照精减和统一的原则，取消了一部分繁琐的和重复的统计报表，并根据检察机关内部实行侦诉分开、互相制约的需要，增加了部分统计报表和指标，制定了相应的统计报表管理制度，统一了全国各级检察机关的各类报表。从1990年开始，全国各级检察院实行一套表，其中月报表14种20张，季报表2种2张，半年报表2种2张，年报表6种18张。

二、搞好计算机配置和管理

根据各地在配备微机和使用过程中出现的问题，高检院先后于1990年4月发了《关于对购置微机实行统一管理的通知》，1990年9月发了《关于切实加强微型电子计算机管理的通知》，1990年12月发了《关于防治计算机病毒的通知》，从而加强了计算机管理，提高了检察统计数据处理的时效性和准确性。

经过两年的努力，全国检察机关在经费紧张的情况下，各省级检察院统计部门已全部配齐微机，分、州、市级检察院配机率达50%，部分县区院也已配备了微机，使统计手段落后、统计时效性差的问题有了很大改进。

三、加强基础工作，搞准统计数字

统计优质服务是以准确的统计数字作为立论依据的，统计数字准确与否，直接关系到统计服务的质量，关系到领导决策的正确与否。为了提高检察统计数据的质量，更好地发挥统计的信息、咨询和监督的职能，做好统计服务工作，高检院统计处于1990年12月印发了《检察统计报表质量评比办法》，从1991年起对各地检察统计报表的质量开展定期的检查评比。各地检察院都把这项工作作为首要工作来抓，逐步建立了岗位责任制、案件登记、统计台帐、报表管理、数据审核、面报面审、通报评比等制度，为提高统计数据的质量打下了良好的基础。

四、加强检察统计队伍建设

检察统计工作是一项专业性很强的工作，从事检察统计工作的人员既要了解统计基础知识，又要掌握各项检察业务的专业知识，还要有一定的计算机操作或管理水平，因此统计人员的素质如何，直接关系到统计服务的水平。近几年高检院统计处加强统计干部的培训作为一项定期任务来抓，坚持每年举办一次结合工作实践的培训班。对检察统计培训班高检院领导十分重视，在1990年和1991年举办的两次培训班上，院党组副书记、常务副检察长张思卿同志和副检察长肖物同志分别到培训班接见大家并讲了话。

五、提高统计分析水平和统计资料时效性

1990年5月，高检院召开了各省、自治区、直辖市人民检察院办公室主任会议，重点研究了信息和统计工作。刘复之检察长到会就如何加强和改进统计工作讲了话。他指出，各级检察院的统计部门要充分发挥占有大量的统计信息的优势，积极开展统计分析。1990—1991年，各级统计部门在努力做好统计信息的搜集、汇总的同时，积极开展统计分析。高检院统计处从1991年起，紧紧围绕反贪污、贿赂斗争，对统计信息进行分析研究，坚持每月按时向中共中央、高检院领导提供统计分析报告，发挥统计咨询、参谋助手的作用；坚持每季度在检察系统内通报各地查处贪污、贿赂案件情况，促进此项斗争深入持久地开展。1990年9月，高检院统计处还专门制发了《大中型企业派出检察机构情况调查表》，对大中型企业派出检察机构情况进行专项调查，尽可能更好地满足领导对检察统计信息的需要。

如何提高统计资料的及时性，也是一个很重要的问题。过去由于统计手段落后，统计制度不健全，高检院的统计月报一般要在隔月后的六、七日才能提出，刘复之检察长曾于1989年6月严厉批评"时过境迁的统计报表等于一张废纸"，1990年1月刘复之检察长又批示："我们的信息工作、统计工作，有不小进步，但还是比兄弟部门迟缓一拍或半拍。请研究改进措施，力求有新面貌"。按照院领导的指示，统计处根据高检院目前办公楼拆迁，专线没有开通，不能联网的情况，采取了一些补救措施：一是对检察工作的主要项目采取电传快报，制定了快报表(5张)，争取主要情况快报、快汇，尽快作出反映；二是省级院全部报盘，机要快递。从1991年起，检察统计工作的时效，有了显著的提高，比1989年前平均提前近一个月时间。

执笔：**李淑芬**　审稿：**张德利**　责编：**郭国云**

科技统计工作概况

科技综合统计

国家统计局科技统计司

为适应科学技术迅速发展的需要，在1985年全国科技普查的推动下，我国分别对科研单位、大中型工业企业、高等院校的研究与开发机构的科技活动进行了全面统计。随后建立了中国专利、技术市场、科技成果、科技论文著述、自然科学基金等科技统计制度。1988年，国家编委根据科技工作发展形势的需要和加强科技统计综合归口管理的迫切要求，批准在国家统计局设置科技统计司，负责全社会综合的科技统计工作。在国务院各部门的紧密配合下，科技统计已经开始比较有效地以多种形式为科技政策和规划的制定，为管理的科学化提供服务。各部门、各地区已初步建立起科技统计工作体系，形成了一支具有一定业务素质的科技统计队伍，科技统计工作已开始走上稳步协调发展的轨道。

一、科技统计调查制度的建设

1.研究制订了国家科学技术统计指标体系。 1988年—1990年国家统计局等单位从我国科技活动的实际出发，广泛汲取国内外的研究成果，研究制订了符合我国实际，又与其他国家基本可比的科技统计指标体系，构造了我国科技统计业务的基本框架。该体系按照科技发展的投入、活动、产出过程，采用模块式结构，包括人员、经费、机构、物质基础、课题(项目)活动、合作交流、成果专利、技术转移、增加值和科技进步10部分。并在1991年获得统计科学研究成果二等奖。

2.全国科技统计全面调查制度。 为了满足宏观决策与管理的需要，反映全国科技活动的规模、结构和发展水平，为制定科技政策和进行科技管理提供系统的基础数据，国家统计局、国家科委、国家教委、国防科工委等有关部门根据《国家科学技术统计指标体系》，在协调《科学研究与技术开发机构统计年报》、《全国普通高等学校科技统计年报》和《技术开发统计报表制度》三套现行年报基础上，1991年制定了全国科技统计年报制度，基本构成全社会科技活动统计调查的主体。

3.布置两项科技统计调查。 1991年10月国家统计局发出《关于开展重点行业科技活动调查和小型工业企业技术开发抽样调查试点工作的通知》，《通知》说，为了取得全社会科技活动的统计数据，决定在贯彻实施《全国科技统计报表制度》的同时，1991年对农业、建筑业、交通运输、邮电通讯、商业及物资供销、地质勘探和卫生等7个行业和小型企业技术开发活动进行调查(试点)，以补齐缺口。基本上覆盖全社会的主要科技活动。1992年7月，在对上述试点工作认真总结的基础上，确定把小型工业企业和农业正式纳入1992年统计调查范围，基本上形成全工业和工农业的整体概念，并将逐步扩大覆盖面，以求最终实现覆盖全社会。从而大大提高了科技统计工作的集成化水平，向全社会综合的科技统计迈出了重要的一步。

4.开展专项调查。 1990年对科技体制改革状况、软科学、公众对科学技术态度、高技术产品进出口，高新技术产业开发区、专利实施、国家重点试验室等情况进行专项统计调查。调查结果得到有关部门的肯定和关注。

二、《“八五”时期全国科技统计工作规划纲要》

1991年10月国家统计局印发《“八五”时期全国科技统计工作规划纲要》。这是国家统计局第一部关于科技统计发展的中期规划。《规划纲要》提出了“八五”时期全国科技统计工作的指导思想、基本目标、主要任务和保障措施。其基本目标是：(一)在全国范围内建立并实施全国科技统计调查制度，到1995年，基本完成科技统计科学化、标准化、规范化工作；(二)积极开展科技分析和综合评价分析，为党和国家科学决策和管理提供优质服务；(三)推动科技统计队伍建设和组织机构建设；在全国初步形成一个能够充分发挥统计信息、咨询、监督多功能的、综合的科技统计体系。“八五”时期科技统计主要任务有10项，主要有：1.完善科技统计指标体系；2.建立健全并实施科技统计调查制度，包括全国科技统计年报制度和国家重点科技攻关项目统计调查、小型工业企业科技活动抽样调查和重点行业科技活动调查；3.建立科技活动增加值核算统计；4.建立科技进步综合评价指标体系；5.建立工业企业科技活动监测系统；6.制定统一的全社会科技投入总量测算方法；7.研究制定科技进步促进国民经济增长作用的计算方法；8.研究全面反映我国软科学发展状况的统计方法。

三、首次召开全国科技统计工作会议

1991年8月20至24日，全国科技统计工作会议在北京召开。会议的主要议题是，讨论研究“八五”时期全国科技统计调查任务，总结交流科技统计工作经验，研究如何把科技统计工作推向前进。国务委员宋健到会作了重要讲话，全国政协副主席、著名科学家钱学森写信对这次会议表示关心。国家统计局局长张塞、副局长孙兢新，国家计委副主任盛树仁，国务院生产办副主任杨昌基，国家教委副主任朱开轩、国防科工委副主任谢光、中国科协书记处书记王治国，分别在会上讲了话。

会议认为，“七五”时期，科技统计工作在国家统计局和有关单位共同努力下，初步建立起全国科技统计制度，并取得了一定成绩。但是，由于我国科技统计工作发展的步伐。根据党中央关于把经济建设真正转移到依靠科技进步和提高劳动者素质上来的战略方针和全国科技蓬勃发展新形势的要求，会议提出：1.要充分认识科技进步伟大意义和巨大作用，增强科技统计工作的使命感；2.充分认识科技统计在科技发展中的重要作用，增强科技统计工作者的责任感；3.充分认识科技统计工作在整个统计工作的重要地位，进一步增强对全面加强科技统计工作的紧迫感；4.要采取有效措施，切实加强科技统计工作，努力把科技统计工作提高到一个新水平。会议强调，全社会综合的、基本的科技统计，由国家统计局负责组织并统一协调，各有关部门合作完成。

会议部署了1991、1992年科技统计工作7项主要任务，即1.认真抓好全国科技统计调查制度的落实；2.强化统计数据质量管理，加强科技统计基础建设；3.加强定量分析和系统分析，提高统计信息、咨询、监督整体功能；4.加强科技统计组织建设；5.积极主动抓好业务培训；6.加强科技统计基本理论和方法论研究；7.搞好“八五”时期科技统计工作规划纲要制定工作。

此次会议后，全国各地区、各部门广泛宣传、贯彻落实全国科技统计会议精神，科技统计开始受到各级政府和部门领导的重视，广大科技统计工作人员的积极性被调动起来，开创了科技统计工作的新局面。

四、科技统计数据发布和分析

1990年6月，国家统计局编辑出版了《中国科学技术四十年》，宋健同志亲自为这本资料题写书名。1991年国家统计局和国家科委合作首次编撰了《中国科技统计年鉴》。这些统计资料较为系统、全面地反映了中国科技活动的规模、布局、构成和发展，是研究科技政策、分析科技经济问题的工具书。统计数据已经开始为制定重大科技政策和规划提供依据。国家统计局提供的《效益的必由之路》、《“七五”科技攻关计划圆满完成》等统计分析资料被《人民日报》、《经济日报》和中央电视台、中央广播电台等新闻单位采用，并及时为国家“七五”科技攻关成果展览和新闻发布会提供了数据。为了加强科技统计工作的领导，促进科技经济信息情况的横向交流，及时满足各级领导决策和管理的需要，1991年8月在省、自治区、直辖市统计局、国务院有关部门正式建立科技经济信息网络。

五、科技统计工作基本经验

科技统计在宏观决策和管理服务中取得成效，是近年来抓源头、综合治理，发挥整体功能的结晶。1.领导重视和部门配合是搞好科技统计基础工作规范化的关键环节。在重大统计调查方案出台前，统计部门与有关业务部门相互配合，做到共同制定工作计划，步调一致，形成上下贯通，左右呼应，互相支持，同心协力解决工作中的困难。2.强化关键综合机构。在科技统计的综合机构中配备素质较高的领导干部和业务骨干。重点放在更新科技统计人员的知识结构上，通过不同途径，多种手段培养造就人才，提高队伍综合素质。3.引进现代化的分析方法，如对比分析法、因素分析法、平衡分析法、相关分析法、纵横结合分析法，取得一定效果。4.制定考核制度，注重将社会效益与经济效益有机地结合起来。在鼓励统计人员积极撰写统计分析报告的同时，将统计分析报告的篇数、质量进行量化，实行任务硬化。5.以点带面，逐步推进，促进科技统计信息网络建设的全面发展。为不断推进科技统计信息网络建设，在整个工作进程中，根据不同发展类型，采取抓典型，树样板，促中间，带后进的办法促进工作全面发展。

执笔：**李 坚** 审稿：**温 烈** 责编：**徐晓海**

技术监督统计

国家技术监督局计划司

国家技术监督局，是1988年组建起来的。负责统一全国标准化、计量、质量监督工作，并对质量管理进行宏观指导。近几年，技术监督统计工作，紧紧围绕以质量为中心，以标准化、计量为基础的工作方针，主要抓了以下工作。

一、建立和完善技术监督统计指标体系

技术监督统计工作专业性很强，是一项很重要的基础工作。国家技术监督局组建后，统计工作面临任务新、人员和工作范围新的局面。一切都得从头做起。按照国家统计局的部署要求，结合技术监督自身实际，首先着手统计指标体系、统计方法制度的建立。经过一年多的研究、讨论、修改，新的技术监督统计指标体系于1989年在全国进行实施。其内容共有十二个方面，包括机构和人员、经费和固定资产、基本建设、标准制修订、计量管理、质量监督、质量管理、纤维检验、科技成果、职工教育、法制管理、计量工厂等31种表，500多项指标。随着技术监督工作的不断发展，统计指标体系不断完善。近两年，又增加计量、质量监督、质量管理等专业统计的动态指标。经过实践，这套指标体系对认识行业现状、制定发展规化、编制计划、进行科学决策发挥了一定的作用。

二、抓好统计基础工作，提高统计数字质量

准确的统计数据是统计工作的生命。随着技术监督统计指标体系的逐步完善，近几年，狠抓了统计数据的准确性和报表的及时性，针对影响数据质量的突出问题，采取综合配套措施。

(一)打基础、建立各级统计网络。任何一项工作都有它的基础性工作，技术监督统计的信息源，也是来源于基层。因此，着力从源头抓起，把建立各级统计网络做为主攻点。

国家技术监督局《关于建立技术监督统计制度的通知》，要求各地区、各单位，根据实际情况，在计划处配备专职或兼职统计人员。各单位很重视，抓紧机构和人员的配备。目前初步形成省、地(市)、县(区)级与各职能专业机构纵横交错的统计网络。从组织上保证了统计信息渠道的畅通，做到有章可循，保证了统计资料的准确性、及时性。

(二)完善统计规章制度，促进统计基础工作。根据《中华人民共和国统计法》，结合全局情况，建立健全了统计工作制度。先后制定和颁发了技术监督统计报表制度、统计指标解释、统计范围及计算方法等。1990年，经过反复讨论、修改、征求意见，制定《技术监督统计管理办法》。从而强化了技术监督统计法制建设、有力推动了统计工作的进展。

国家技术监督局《技术监督统计管理办法》的颁布实施，为加强统计管理，强化统计的整体功能提供了可靠保证。国家技术监督局组建后，局内综合统计与专业统计不衔接，不协调和不配套的现象十分突出。计划司从最基础入手，积极主动地协助解决各专业统计在口径、范围、方法、时间上的不一致，并对专业统计报表进行整顿和完善，实行统一管理、分级负责的制度。凡是下发的专业报表，必须由计划司统一注册编号，才能下达执行，以保证数字来源的一致，避免数出多门。加强了综合统计与专业统计的协调，保持和谐的工作环境，促进统计基础工作的开展。

(三)建立统计年报会审汇编制度。技术监督综合统计工作是一项细致的工作，从搜集资料，到加工整理，分析研究，一环扣一环。计划司从本身实际出发，每年三月中旬，召开统计年报会审汇编会。会议内容主要三项，一是学习统计业务基础知识，采用长会短训和专题培训的形式，举办统计分析方法和统计预测培训班，还进行法律知识的学习和培训等。二是会议代表携带统计年报资料，现场自审、互审、分组会审汇编，发现问题及时解决，保证年报数据的准确。三是总结交流统计工作经验，布置统计工作。通过交流，大家及时沟通各单位开展工作情况，互相学习，取长补短，开阔了眼界，又明确任务及努力目标，从而起到稳定统计队伍的作用。自1988年，连续四年，已形成制度。大家反映，每年召开年报会审汇编会，使综合统计人员既提高了业务素质，又按时按质完成任务。

(四)统计资料档案化。国家技术监督局的前身，是国家标准总局和国家计量总局(又称国家标准计量局)，自建国以来，几经分合，使统计资料管理混乱，丢失现象严重，查询困难。坚持统计资料建档工作，按年份，按类别，登记、装订、造册。为使建档资料规范、整齐、美观，地方上报国家的报表，国家局统一铅印。就目前已建档的统计资料，按大类分有100多册(包括综合和基础册)。这样不仅方便了工作，同时为实现统计基础工作规范化奠定了基础。

三、推广应用微机，狠抓统计现代化管理

微机在统计工作中的应用，是实现统计现代化管理的一个重要组成部分，也是统计基础工作规范化的综合反应。随着技术监督统计指标体系的规范统一，为使用微机创造了条件。

由于国家技术监督局是新组建单位，与其他部门相比，微机应用起步较晚。自1990年起，是摸索应用阶段。这期间，首先在综合统计中推广使用《技术监督信息系统综合统计分析系统》微机软件。我们认为，要使这项工作快速和高质量地顺利完成，不仅靠领导重视，还要提高统计业务人员的认识和素质，需要所有统计人员积极主动，热情配合，这是微机应用于统计管理工作中的一个前提。因此，根据多数统计人员没接触过微机，计划司及时举办两期短期培训班，学习期间，每人配一台微机，让学员反复实践。通过学习，统计人员提高了业务能力和技术水平；提高了对微机应用的认识，消除部分统计人员思想上的畏难情绪。经过两年的试应用，已有95%的统计人员掌握了微机操作技术，并能独立工作。1991年，各省统计人员克服重重困难，第一次报送微机软盘，使技术监督统计工作在微机应用上率先迈出了第一步。为数据的深加工，创造了有利条件。这样既扩大了微机在技术监督统计系统的应用领域，也提高了统计的现代化水平。目前，微机在统计工作中的应用，还存在不少问题，管理人员对微机应用还缺乏应有的认识，对微机操作的规律性东西还没完全掌握，需在实践中进一步改进和提高。

执笔：**菅凤岭**　责编：**李天渊**

环境统计

国家环境保护局

环境问题，是当今人类面临的最重大的问题之一。我国政府十分重视环境保护，把它定为一项基本国策，采取种种措施，控制环境污染和生态破坏。为反映我国的环境状况和环境保护工作情况，1980年建立了环境统计制度。在国家统计局的指导下，在各地区、各部门的不懈努力下，环境统计从开创、完善进入当前的发展阶段，已成为我国社会经济统计体系的重要组成部分，成为我国环境保护的重要基础工作。到1991年底，全国从事环境统计工作的人员(包括兼职的)近9万人，每年提供大量信息，有力地支持了环境决策、规划、计划、管理、科研和宣传教育等项工作的开展，同时，也通过发布"统计公报"、"环境状况公报"等形式向全社会提供环境信息，促进了环境保护事业的发展，促进了环境决策和管理的科学化。

1991年，全国广大环境统计人员认真学习和贯彻《中华人民共和国统计法》(以下简称《统计法》)及其《实施细则》，坚决执行(85)环政字104号文件，积极推进环境统计工作的建设和改革，取得新的进展。

一、健全统计调查网络，改进统计方法制度

我国现已形成以国家统计局为业务指导、国家环保局为龙头、纵向统计调查为主体的国家、省、地(市)、县和企业五级环境统计调查网络。1991年，各地区、参部门在继续完善五级环境统计调查网络的同时，积极实施国家环境统计调查方案，建立健全原始记录和台帐、加强人员培训、建立数据检验制度，不断提高数据的准确性和及时性。

辽宁省实行了"三废"排放季报制度，及时掌握污染物排放情况；山东省制定了"环境保护业务统计报表制度"，在业务信息系统建设方面进行了大胆尝试；冶金、化工、轻工等部门，结合部门特点制定并实施部门环境统计调查方案。通过以上工作，目前环境统计数据基本上能够客观地反映环境状况及环境保护工作情况，环境统计信息已成为环境保护不可缺少的主要信息源之一。

为适应"八五"期间环境决策和管理的需要，1988年至1990年国家环保局在组织环境科研部门开展了环境统计指标体系研究(包括国家级、省级和大城市级)的基础上，对"七五"环境统计指标进行了评价和筛选，设计了"八五"指标体系，经全国试点，确定了"八五"环境统计指标体系，并根据"八五"环境统计指标体系的要求，制订了1991年环境统计报表制度，并在全国实施。

二、统计资料的应用范围不断扩大，统计分析工作有所加强

统计活动的目的在于取得统计成果。1991年，各地区、各部门的环境统计人员整理并提供了大量环境统计资料，使统计服务水平和统计信息的社会化水平有较大幅度的提高。国家环保局在完成"环境统计年报"、"环境统计资料汇编"、"环境统计提要"和"环境统计公报"等固定资料以及"中国统计年鉴"和"中国环境年鉴"所需资料的同时，首次将环

境统计数据纳入中国统计公报。大部分省份和城市在将环境统计数据纳入当地统计年鉴、环境年鉴和地方志等的同时，积极开展统计分析，有些地方已形成制度。

内蒙环保处陆续在报刊上发表统计分析文章，并举办培训班，把统计分析作为日常统计工作来抓。湖南环保局汇编了《环境统计分析选编》，提供领导和管理人员使用，很受欢迎。环境统计资料和分析工作的加强，不仅使环境统计资料广泛应用于环保系统各个层次的决策、管理、科研等方面，而且为各级政府制定经济与社会发展计划、国土规划、城市总体规划等方面，提供了大量的环境方面的依据和咨询建议。

三、发挥统计监督的作用，促进环境管理定量化

1991年，广大环境统计人员的参与意识进一步提高，不仅参与规划、计划的制定，而且为制定和检查执行情况提供依据。各地区、各部门在推行八项环境管理制度和措施的过程中，以环境统计数据为依据，不仅促进了定量化管理，而且监督了环境管理制度和措施的实施情况。如：在城市环境综合整治定量考核的二十次指标中，有五项环境统计指标反映城市环境综合整治情况，占考核指标的四分之一。

四、加强统计教育，提高统计人员素质

由于地市级以下的环境统计人员中兼职的居多且不够稳定，加强人员培训、提高队伍素质至关重要。1991年，国家环保局举办了第二期省级统计人员培训班，并组织编写了培训教材——《工业行业的环境统计手册》。大部分地区和部门都举办了培训班，有的一直培训到基层单位。培训的内容除例行的环境统计报表制度外，还增加了《统计法》、统计分析、微机应用等。吉林省实行了环境统计人员培训合格持证上岗制度。上海市环保局与电视台联合录制了环境统计电教片。通过层层培训，业务素质有明显提高。

五、加速统计信息自动化建设

“七五”期间，国家环保局积极组织微机配备和研制环境统计软件并推广应用，1989年实现各省上报软盘，全国进行软盘汇总。到1991年底，全国已有11个省、自治区、直辖市的地市配齐了微机，北京、河北、辽宁、吉林、上海等省份已实现微机汇总。有7个省份正在建设地市微机网络。有的地区和部门还组织开发了适应本地区、本部门需要的环境统计软件。北京市研制和应用了《北京市环境统计信息管理系统》，每年将约1 700个单位的基础统计信息录入计算机，建立了超级汇总的动态数据库，为领导和各个方面提供了丰富的统计信息，荣获市统计科学成果三等奖。上海市开发了《环境统计数据管理系统应用软件》数图形软件，在环境计划和管理工作中充分发挥了环境统计的信息和咨询作用，并为统计分析和预测提供了技术手段。

环境决策科学化和环境管理向纵深发展，对环境统计信息的需求日益迫切，目前的环境统计任务与力量的矛盾仍很尖锐，只有加快建设和改革的步伐才能充分发挥环境统计的信息、咨询、监督等功能，更有效地办决策和管理提供服务。为此，1991年9月，国家环保局召开了全国环境统计工作会议，对“八五”期间的环境统计工作进行了布署，提出：“提高统计意识，充实统计力量；加强基础工作，提高数据质量；加强法制建设，建立法规执行检查制度；加强统计教育、提高人员素质；加速统计信息自动化系统建设，提高统计信息的开发利用水平；深化统计制度方法改革，提高环境统计科学水平”等六项任务。各地区、各部门目前正在贯彻落实。

执笔：**江　欣**　责编：**徐晓海**

海洋统计

国家海洋局综合计划司

国家海洋局的海洋统计工作分为两部分，一部分为全国海洋统计工作，另一部分为局内系统统计工作。全国海洋统计工作是国家海洋局统计工作的重点。1990—1991年全国海洋统计工作取得了很大进展。

一、建立健全国家海洋统计指标体系

1988年5月，国家海洋局致函国家统计局，提出了建立全国海洋统计制度的建议。此建议得到了国家统计局的大力支持，国家统计局还就如何开展这项工作作了具体指导。建立海洋统计指标体系是开展海洋统计工作的基础。从1989年6月开始，国家海洋局抽调专门人员，集中力量成立了海洋统计指标体系设计组，负责指标体系的研究、设计工作。经过一年多的调查、研究，在国家统计局指导下，取得了各有关部门、地区、单位的大力支持，

完成了指标体系的设计。1990年11月召开了有各有关部门，沿海省、区、市、计划单列市的统计局，以及海洋机构的专家、代表出席的海洋统计指标体系评审会。该体系通过了由国家统计局总统计师龙华任主任的评审委员会的评审，评审委员会认为该体系设计科学，基本思路正确，内容比较完善，结构比较合理，可行性，实用性强，填补了我国海洋统计的空白，丰富和充实了国家社会经济统计的内容，具有创新意义。海洋统计指标体系通过评审，标志着海洋统计工作完成了指标体系设计阶段任务，将转入实施阶段。

二、建立国家海洋统计信息网，搞好海洋统计年报和年鉴的编制工作

1991年国家海洋局对海洋统计指标体系中的指标进行分解和归类设计，按照可行性原则，整理出了海洋统计年报所用的指标。我们还带着上述年报指标走访各有关部门征询意见，得到了各部门的热情支持，许多部门提出了很好的意见并提出增列指标等建议。在汇集各方面意见的基础上，国家海洋局提出了中国海洋统计年报框架结构和《中国海洋统计年鉴》编写大纲(讨论稿)。编发海洋统计年报是我们工作的重点，能否向有关部门、地区发送海洋统计年报对海洋统计工作影响极大。因而，年报中拟列的指标都具有较强的综合性，注重反映整体情况。

为顺利编制中国海洋统计年报和《中国海洋统计年鉴》，国家海洋局联络国务院各有关部门，积极组建全国海洋统计信息网。根据国家统计局有关领导意见和国家现行统计管理体制和各部门统计工作现状，采用成立信息网、走联合办统计的路子是海洋统计的最佳途径。海洋统计信息网是涉海各部门、各地区交流海洋统计信息的联合组织，是实现海洋统计目标的组织保障和依托，是沟通不同部门、地区海洋统计信息的渠道。本着自愿、互利原则，各成员单位提供、交流有关信息，提供部分数据，获得全部数据，各个局部汇成整体，信息共享，资料互补。依靠这个组织所获得的信息是任何一个单个部门的信息所无法比拟的，它具有超越个体的优势。经过近一年的准备工作，1991年10月底国家海洋局召开了海洋统计工作协调会，国家计委、国家科委、国家教委、交通部、地矿部、水利部、国家环保局、气象局、旅游局、地震局、海洋石油总公司、盐业总公司等部门、单位统计部门的代表出席了会议，国家统计局总统计师龙华等有关领导出席了会议。经过充分讨论，与会代表一致同意成立全国海洋统计信息网，确定在国家统计局、国家计委的统一指导下，由国家海洋局负责，海洋统计信息网各成员单位参加，每年编发一期中国海洋统计年报，先暂定每三年编发一部《中国海洋统计年鉴》，以后逐步向每年编发一部过渡。成立了《中国海洋统计年鉴》编委会并举行了第一次扩大会议，审议、通过了年鉴编导大纲，确定立即着手编辑1992年版《中国海洋统计年鉴》。

1991年11月底，国家海洋局、国家统计局、国家计委联合发出了《关于开展海洋统计工作的通知》。它标志着海洋统计工作迈上了一个台阶，走上了新的起点。在各有关部门、地区的共同努力下，1990年中国海洋统计年报已编制完成并送各有关部门、单位，得到了较高的评价。

三、改进国家海洋局系统内部统计报表制度

1991年5月国家海洋局召开了局系统统计工作会议，总结了两年来的统计工作情况，交流了经验，修改了局系统延用了七年之久的统计报表制度，调整了报表结构，增设了一部分直接反映海洋工作成果的指标，去掉了过时、陈旧的指标，使之更能反映海洋局内各项工作成果，并与全国海洋统计指标体系相联系，为国家有关部门直接提供服务。新的报表制度从1991年年报起使用，效果良好。

执笔：**魏国旗**　审稿：**王锦康**　责编：**郭国云**

气象统计

国家气象局

1990—1991年，是气象部门统计工作现代化建设中的一个重要阶段。其主要标志是：以用户需求为导向，完善统计指标体系并给以科学、严谨的解释；以提高统计服务效益为中心，开展"统计数据质量年"活动；不失时机地在全部门范围内进行统计资料加工整理工作以获取一大批用得着、信得过的数据；抓紧统计信息源的规范化建设；统计分析在全部门起步；实行有效服务。这些建设使气象部门统计工作在科学化、规范化、正规化建设进程中又迈出了一大步。

一、掌握用户需求，完善指标体系

随着气象事业的发展，各部门对气象统计信息提出了更高的要求——统计数据要“广”而“实”(实用、真实)。为适应这种变化，掌握用户对气象统计信息的需求，建立科学、实用的统计指标体系和严谨、规范的指标解释，以提高统计数据的准确性、适用性，1990年5月气象部门成立了以国家气象局副局长李黄为主任国家统计局总统计师龙华同志为顾问的《气象部门统计指标解释手册》(以下简科《手册》)编委会，着手进行调查用户需求和调整、完善统计指标体系并进行规范的、统一的解释工作。1990年10月，审定通过了《手册》编写方案。其主要内容包括十个部份：①指导思想，②目标要求，③全书内容，④词条范围，⑤编辑原则与方法，⑥词条解释要求与方法，⑦《手册》与统计报表，统计台帐关系，⑧工作组织及工作流程，⑨任务分工与进度，⑩经费预算。在对现行报表进行清理的同时，调查用户需求变化，对指标进行分析、筛选、确认、分类，到1990年底已初步确定了整个指标体系框架，绘制了结构图，初步形成了由专业体系和综合体系经、纬交织的部门指标体系(约1 300个指标)。该指标体系既包括了为上级各领导部门、业务主管部门服务的指标，又包括了气象部门内部各职能部门的需要指标，还包括某些行业管理。1991年，集中力量按要求进行编写解释，重点强调了“三要素”(指标概念、统计范围、计算方法)和“两附和”(指标作用、历史沿革)的统一技术规范。经过对初稿的专业、综合修改，1991年底已形成了《手册》第一稿，下发到全国气象部门广泛征求意见。《手册》的编辑明确了各种概念，提高了统计数据的准确性、权威性、可比性，深得广大用户和统计人员的好评。

二、组织开展了“统计数据质量年”活动

这一活动不但被列入了国家气象局的目标管理之中，而且在1991年全国气象部门计划财务工作会议上作为一个主题予以强调：要联系气象部门实际，全面、认真落实李鹏总理关于统计数据“准确是第一位的”，“统计一定要实事求是，准确可靠”的指示，要求领导带头、全员参加，扎扎实实地进一步提高统计信息的可信度。会议决定以房屋专项统计数据为突破口，计财司专门组织力量现场进行检查验收。同时明确规定，检查、评价的质量优劣与基建奖励投资分配直接挂钩，如发现有意作假的，除通报批评外，已取得先进称号的要正式撤消其资格。1991年，在各地自查基础上，已对部份基层单位在现场进行了“三对照”(图、实物、数据对照)，达到“三吻合”。整个工作1992年还在继续。“统计数据质量年”活动的具体实施对进一步健全统计基础加强统计质量意识、改进统计工作方法，提高统计工作地位和获得可靠数据等方面效果都是十分明显的。

三、抓紧收获，扩大成果，及时服务

1990、1991年，是两个五年计划的转换期，也是对统计信息需求的旺季。1990年，国家气象局统计归口职能单位以《一九九〇年气象部门统计工作要点》形式要求各单位认真做好“七五”计划期间统计资料整编分析的前期准备工作。1991年初组织制订了《全国气象部门“七五”统计资料整编工作实施方案》，《方案》提出了五统一，即：统一整编项目、统一整编方法、统一整编表式、统一培训布置、统一审查验收。各单位都成立了以单位领导为主任的编委会，做到“三落实”——组织落实、技术规定落实、经费落实。从1991年6月起，整个气象部门从上到下都是积极实施这项大型工作。“七五”统计资料整编内容涉及气象事业发展的各个方面，约830多个统计指标。它在很大程度上保持了与“六五”统计资料的连续性、可比性，从而使原有统计资料系列得以延伸，便于分析使用。到1991年底，全国气象部门省、地、县三级已经获得了一整套全面、系统、配套、翔实的基本统计资料，共约1 000多万个数据，为各级总结“七五”计划，编制“八五”计划及时提供统计服务，受到好评。

四、规范统计信息源头建设，制订统计基础台帐

气象部门是以部门领导为主的“条条”管理体制，有中央、省、地、县四级气象部门，根据气象统计分布辽阔、种类较多的特点，为保障信息渠道畅通统一，防止“数出多门”，1987年确定地级气象部门作为统计信息源地，并建立了基础统计台帐，作为沟通原始记录与统计报表的桥梁。在几年实践的基础上，结合管理职能的转变及其需求变化，按照“统一方案、急用先建、分期分批、逐步到位”的原则，设计了一套系统性较强、复盖面较宽、利于微机加工处理的通用基础统计台帐，并在一九九一年全国气象部门计财工作会议上经讨论原则通过。并已在人事、科研、通信等专业统计上按照综、专结合以综为主的方式着手建立综合性台账和专业性台帐。

五、创造条件，促进统计分析全面进步

统计分析是沟通统计工作与领导关系的桥梁，是统计服务的一种良好方式，也是深化统计工作的一条重要途径。为提高分析水平，1990年国家气

象局综合统计部门提出统计分析要全面起步，并从三个方面积极创造条件：一是出大题目——综合结构调整、气象事业发展轨迹作分析；二是抓典型、抓示范，从书本上学，从同行中学；三是给出鼓励措施，造就一个齐学共写的气氛。从实践结果看，有一些单位写出了较好的统计分析报告，有的综合性分析（如云南省气象局）已在报刊上发表。

六、改善服务手段，提高日常统计服务效益

为进一步办好《气象统计年鉴》，提高年鉴质量，1991年在全部门范围内征求广大用户意见予以改进，增强综合功能，扩充信息量，加强应用性和比较性。《气象统计年鉴》保持图、资、解释三位一体的格局，使用方便。《气象信息参考》（内部领导层阅）成为提供统计信息服务的又一可利用的方式，在不同时期通过此窗口提供新闻式、综合式、专题式统计服务。为掌握分析用户动态及需求，建立了统计日常服务单。1990年，组织撰写了17篇反映气象事业之最的稿子，入选到国家统计局编辑的《共和国之最》中。紧密配合“七五”计划总结和“八五”计划编制，及时提供统计服务，使气象部门统计数据直接参与各种预算、预测模型中运转。

执笔：**李松顺** 审稿：**嵇启武** 责编：**徐晓海**

中国科学院的科技统计

中国科学院计划局

中国科学院的统计工作，最早可追溯到建院初期，但真正受到重视，则是在改革、开放以后。特别是近年来，受科技体制改革大形势的推动，统计工作进一步得到加强和完善，获得了较大的进展。现在，全院已基本形成了一支从事综合统计工作的骨干队伍和多层次的统计网络体系；制订了近40种统计代码，建立了一套比较适用、科学的科技统计指标；建设了人事、课题、成果、文献情报、财务、固定资产、开放实验室、物资、大型仪器等十几个专门数据库；初步具备了统计信息自动化处理的软、硬件环境。

在实际工作中我们体会到：一方面，科技统计工作必须适应形势发展的需要，为科技体制改革和科技事业的发展服务；另一方面，要搞好科技统计工作，必须坚持改革，不断创新，以使统计指标体系逐步完善、内容逐步充实，使科技统计在改革中不断得到发展。

一、建立机构，健全规章

中科院统计机构设在计划局内，为计划局统计处，编制四人。1985年科技普查之后，基层统计队伍也逐渐建立。目前12个分院全部配备了综合统计人员，其中广州、上海两个分院设了统计科；123个研究所基本上都设置了综合统计人员，建立了统计信息网。全院已形成了三级统计网，从组织上较好地保证了各项任务的完成。

统计工作的顺利开展，必须走向制度化、法制化。1986年，我们依据《中华人民共和国统计法》和《统计法实施细则》（征求意见稿），着手制定了《中国科学院统计工作暂行规定》，并于1987年1月1日起试行。1988年，又制定了《综合统计人员和专业统计人员岗位责任制》。依据这些法规，逐步加强了统计与报表的协调和管理。目前院机关下发的统计报表都经过统计处会签，统一编号制发。

二、紧跟形势，认真搞好统计改革

为了贯彻科技工作“面向”、“依靠”方针，中科院过去几年积极推进技术转移，促进横向联系，鼓励部分科研人员创办高技术企业。针对这些科技开发活动的发展，1987、1988年，我们连续两年进行了“科技开发公司概况”的跟踪统计，1989年又组织了“科技开发公司统计指标体系研究”课题组，经过两年的深入调研，提出了科技开发公司统计指标总体设计，并提出一套中国科学院科技开发公司综合统计年报，共五个部分十六张表格，对统计调查范围、指标定义、数据生成等做了统一规定，于1989、1990年连续两年组织了实施。1991年结合开发公司的发展情况，编写了分析报告和发展态势研究调查报告，并根据管理的需要，对数据进行系统分析和效益综合评价排序。此项研究工作不仅为中科院的开发工作建立了实用的统计体系，而且已成为建立全国高新技术产业开发区统计指标的重要依据。此项成果被评为中科院科技进步三等奖。

三、积极开展统计科研

1982年，中科院成立了科学技术统计指标体系研究专题组，经过三年多的研究，编著出版了《科学技术统计》一书，率先在国内提出了科技统计指标体系的总体设计。该著述在国内被广泛引用，获中科院科技进步二等奖。

1987年，我们组织完成了国家科委委托的“全国自然科学和工程技术领域学科分类研究”课题。

这个学科分类体系的分类比较合理、层次清晰、实用性强，满足了国家科委编制全国科技统计年报的急需，对我国科技统计工作的标准化、规范化也起到了积极的作用。

1989年至今，我们参加了国家技术监督局与国家科委联合组织的"学科分类和编码"国家标准的制定工作。

科技统计工作从1985年科技普查以来，仅走过几年的历程，科技统计工作的标准化、规范化还很不完善；从科研管理需要出发，不同层次的统计指标设置还要在广度与深度上做大量的工作，面临着这些问题，有待我们研究的课题很多。我院统计队伍大多数是新兵，面临着开发热潮的冲击，管理工作的清苦，为了能吸引这支队伍，提高统计人员的业务素质，我们以统计研究课题为纽带，达到增强凝聚力，稳定队伍的目的。1990年，为加强统计基础工作，我们委托沈阳分院进行"研究所综合统计台帐"设计及贵阳地化所编写"中国科学院统计工作实用手册"工作。在统计信息自动化方面，我们委托长春分院进行"研究所综合统计信息系统"软件研制工作，该课题于1991年验收，现已进入推广与培训阶段。为提高统计数字质量，委托兰州分院进行《统计数据全面质量管理》的研究。

四、加强统计分析，为决策、管理服务

准确、全面的统计数据是搞好科研决策和管理的重要信息资源，应该充分开发、利用，以发挥统计工作的信息、咨询、监督作用。几年来我们就人员流动、职工结构、人员老化、年龄断层、职工工资、开放实验室、开发公司等方面写出了一系列分析预测报告，引起了院领导和各业务局的重视。对各分院和研究所，我们要求统计人员在完成年报汇总上报任务后，结合统计数字反映出来的情况，运用数理统计和其它分析方法，写出综合或专题分析报告，为决策、管理服务。1988年以来，我们先后召开了全院及分地区的统计分析与信息自动化研讨会六次，并组织了统计分析及统计研究论文的评选，编辑出版了5本统计论文集。

1991年，为促进边远地区统计工作，在新疆召开了西北地区首届统计分析与统计工作交流会议；随后又召开了华东与京区北郊片统计协作组"科技统计与信息自动化学术研讨会"。会上各单位统计人员针对科研管理中存在的问题，提交了近40篇统计分析。

五、搞好统计培训与自动化建设，提高统计工作水平

建设一支素质好、具有现代统计科学知识和业务技能的统计干部队伍，是做好统计信息工作的前提。中科院统计人员中，大专以上学历，占85%，具有中级职称的占50%。但大多数是从事其它业务管理，兼搞统计工作，统计专业知识涉猎不深。为了提高统计人员的业务水平，几年来我们有计划地开办了统计人员培训班，重点学习统计基础知识及数理统计分析方法。1988至1991年连续组织举办几十期计算机知识普及和提高班，学习DBASE Ⅲ和FOxbase应用软件系统，组织实用性工具软件交流研讨，参加培训的综合、专业统计人员上千人次。1991年，请有关专家专题讲"国外科技统计发展趋势"开阔了统计人员的眼界和思路。

中科院领导非常重视统计信息自动化系统建设，几年来按照统一规划，先后完成了全院机构、人员、科研项目、成果、国际合作交流、财务、物资、大型仪器、进出口贸易、开发公司、人员工资、科技统计年报等多个软件系统和统计软件包，建立了院、分院、研究所三级统计数据库。现已开始在机关逐步推进了微机网络化建设，进一步从技术环境上保证数据的可靠性、及时性。

责编：**刘 恒**

中国社会科学院的科技统计

中国社会科学院办公厅

在国家统计局和国家科委具体指导下，中国社会科学院于1986年开始开展科技统计工作。经过大家的努力，几年来积累了大量珍贵统计资料和宝贵经验，为院领导决策提供了可靠的依据。

1991年起，为进一步加强对科技统计工作的领导，发挥科技统计的信息、咨询、监督职能，中国社会科学院决定由院办公厅综合计划处组织实施科技统计工作。为保证1991年度的科技统计质量，召开了由全体统计人员参加的1991年度科技统计工作会议。院领导参加了会议，并在会上反复强调了科技统计工作在社会科学研究中的重要性。由于院领导的重视和办公厅的组织领导，1991年度科技统计工作得以高质量地完成。《科学研究与技术开发机构年报表》按期报出，各项统计数据均符合要求。同时，根据年报表中的课题情况、科技著述及获奖情况等各项数据，首次编发了《中国社会科学院统计公报》。《统计公报》为院领导决策和各职能部门领导协调全院工作发挥了作用，并为编制

《中国社会科学院1992年度综合计划》提供了依据。

一、制定完善科技统计规范

为使科技管理和科技统计更加规范，在国家科委指导下，借鉴国际组织分类方案中的合理部分，于1986年开始编制《人文与社会科学分类》。这一分类被广泛地运用于科技统计与科技档案等工作中。根据形势的需要，1989年在国家科委指导下，中国社会科学院又组织了新的研究班子，制定《社会科学学科分类与代码》，这项工作已取得重要的阶段性成果。这些成果为科技统计工作的科学化与规范化，为取得全面、系统、准确的科技统计数据奠定了基础。

1988年5月，受国家科委委托，由中国社会科学院科研局，综合计划处和国家科委信息中心组成课题组，对社会科学研究的分类问题进行了研究。经过两年多的调查研究，先后四易其稿，于1989年10月形成了《人文与社会科学科研活动分类及案例集》。这个研究成果参考了国际上通行的人文科学和社会科学的划分标准，借鉴了联合国科教文组织的界定标准，并结合我国社会科学与人文学科的研究状况，明确了科研活动的分类标准。《人文与社会科学科研活动分类及案例集》对人文与社会科学的各个学科的典型课题进行了具体分析，使基础研究、应用研究和开发研究的划分更加明确、具体。1990年和1991年度的科技统计工作严格遵循了这一分类标准。

二、健全组织，培训人才

为了搞好统计工作，中国社会科学院重点抓了组织建设。先是广泛宣传科技统计工作的意义和在科学管理中的作用，使各级领导逐步重视这项工作。在此基础上，各研究所基本上设置了相对固定的科技统计人员。同时，还加强了统计人员培训，明确了科技统计规范，并结合具体统计工作讲述了科技统计实施中应注意的问题。从而使科技统计资料质量逐年提高，比较准确地反映了中国社会科学院的科研工作静态或动态状况，形成了一套十分珍贵的基础资料。

基于统计工作专业性较强，中国社会科学院开展科技统计工作的时间不长，因此在1990年和1991年科技统计工作中也有不足之处：

一、中国社会科学院学科门类较多，现有30个研究所和一个情报文献中心参加年度科技统计工作。列入科研计划的项目有520余项，实际在研项目约460项，涉及几百个分支学科或专业。由于项目较多，部分院属单位对统计工作不够重视，因此科技统计报表数字与实际科研课题还有一定的差距。这就需要进一步完善院内科研统计机制，以提高统计工作的质量，保证统计资料的准确性。

二、到目前为止，各研究所没有设置专职统计人员，包括科技统计工作在内的各项统计工作由于有关业务人员兼职进行。这种状况在一定程度上影响了统计工作的质量。为适应统计工作发展的需要，迅速提高现有兼职统计人员的素质已是当务之急。为此中国社会科学院已拟定兼职统计人员培训计划，以提高这部分人员的业务水平，更好地适应统计工作的发展需要。

三、目前科技统计指标体系的设置与人事统计、财务报表体系不尽一致，有关部门要求报送的指标也不相衔接，给科技统计工作造成一定的难度。因此，现行科技统计指标体系也需要逐步完善。

总之，科技统计工作是科技管理的基础，是一项必不可少的工作，几年来的工作实践表明，搞好这项工作对提高管理水平有着重要意义，可以形成有形或无形的社会经济效益。我们将进一步加强领导，提高统计队伍素质，完善统计指标，把科技统计工作做得更好。

执笔：**陈建义**　审稿：**安　京**　责编：**李天渊**

旅游统计工作概况

国家旅游局

旅游业是我国国民经济中的新兴产业。我国的旅游统计工作从80年代开始起步，经过近十年的努力，有了比较大的发展。统计网络已覆盖全国，统计指标体系已比较齐全，技术手段有了明显加强，并为各级领导提供了大量的统计信息资料。1990、1991年旅游统计改革制度方法，强化网络建设，开展抽样调查，为加强管理、制定计划、辅助决策发挥了重要作用。

一、改革旅游统计报表制度

旅游统计报表制度是旅游统计工作最重要的基础建设。80年代以来，国家旅游局曾几次修订了旅游统计报表制度，使之逐步系统、规范。为进一步加强旅游经济效益的统计，反映行业发展全貌，在国家统计局的支持下，国家旅游局于1990年12月再次对旅游统计报表制度进行了全面的修订。这次修订的主要内容是：1.加强经营情况与经济效益指标的统计。一是对旅游涉外饭店、旅行社的经营情况报表，在原有的营业收入、税金、利润、外汇收入等指标的基础上增加了利税总额、结汇指标，以反映企业创造的纯收入和上交国家外汇结存的情况。二是将旅行社经营情况季报改为月报，缩短统计资料间隔时间，提高灵敏度。三是大大扩展了旅游涉外饭店统计年报的内容，将原来的6项指标扩展到包括营业收入、成本、费用、税金、利润、外汇、结汇、职工人数、固定资产、设施规模、接待人数等26项指标，全面反映旅游涉外饭店的接待与经营情况。2.强化行业归口统计。全国旅游涉外饭店、旅行社共有几千家企业，分属100多个不同的行政主管部门，实行行业归口统计的难度很大。原报表制度仅对部份统计报表实行了行业归口统计，但对旅行社经营情况（季报）、饭店经营情况（月报）在统计范围上仅局限于部份省会城市的一、二类旅行社和200家主要旅游涉外饭店。为了全面的反映行业发展情况，国家旅游局下决心进一步加快行业归口统计的步伐，新的报表制度要求对所有统计报表实行全行业统计，在制度上做出了明确、统一的规定。3.反映行业发展全貌，新设置了地方旅游综合情况年报。为全面反映行、住、食、游、购、娱等旅游六大要素的发展情况，对原有的部份年报表进行了合并修改与扩充。对旅游行政管理机构、旅行社、旅游涉外饭店、旅游车船公司、旅游服务公司等企事业单位，建立了包括职工人数、汽车车辆、游船、固定资产、经营收入、利润、税金、外汇收入、结汇等指标的统计年报，并在随录中增加了开放城市、主要景点、定点餐馆、定点商店、定点游乐设施、旅游系统多种经营企业数和年产值的报表。依据这张报表，可以基本上掌握全国旅游业的发展规模与结构。

新研制的旅游统计报表制度，从总体上已比较齐备、规范，基本上满足了各级旅游管理部门的需要。该制度于1991年二季度开始实施，经过广大旅游统计人员的努力，实现了新老统计报表制度的圆满过渡，提供了更为全面和详细的旅游统计资料。

二、组建全国旅游统计计算机网络系统

全国旅游统计的计算机管理系统，是全国旅游计算机管理系统的重要组成部份，也是实现旅游统计现代化的最重要的技术保障。组建这一系统，已成为我国旅游统计工作面临的一项十分重要而紧迫的任务。为此，国家旅游局下决心在近几年内建成这一系统、按照注重实效、分期建设、逐步完善的指导思想，该系统一期工程的基本任务，是为省（区、市）和计划单列市旅游局配备计算机，实现汇总方式由手工汇总向计算机汇总的转变，上报方式由邮寄资料向计算机远程通讯传输的转变。在国家信息中心数据库部的大力支持下，1991年上半年开始系统调研，1991年10月底研制出系统软件程序，同年11月份举办了培训班，对各省（区、市）、计划单列市旅游统计人员进行了计算机基础知识、旅游统计计算机系统操作应用的培训，并征求了他们对该系统的意见。经进一步修改后，于1992年2月份将旅游统计计算机系统软件发至各省（区、市）、计划单列市旅游局。

旅游统计计算机系统软件共分编码、数据录入、数据汇总、系统维护、通讯传输5个部份。为满足多种统计分组的需要，对企业的经济类型、规模、级别、隶属关系、所参加的企业集团等特征情况分别设置了编码标识。并根据地方旅游局的实际情况，设置了超级汇总和逐级汇总等不同的汇总方式。

三、开展来华旅游者抽样调查

为弥补定期统计报表资料的不足，全面了解海外旅游者在华期间行住食游购娱方面的活动情况，为“八五”期间我国旅游业的发展提供更为全面、丰富的资料，国家旅游局于1990年8月至10月着手组织了第四次来华旅游者抽样调查。抽样调查表包括了国别、年龄、职业、来华旅游的目的、来华方式（团体、散客）、花费构成、停留时间、对中国旅游服务质量、价格的评价等11类83项指标。调查采用向在华期间全部旅游活动结束、即将离境的海外旅游者发放调查表、即时收回的方式进行。这次调查共发放调查表1万余份，回收8 000多份，其中合格表5 000多份。抽样调查人数占当年来华旅游入境总人数的万分之二，其中外国人占入境外国人的万分之二十，华侨占当年入境华侨的万分之七，台胞占当年入境台胞的万分之二十，港澳同胞约占当年入境并过夜的港澳同胞的万分之三。抽样调查由中国人民大学人口所计算机室协助处理，共汇总整理出进行多种分组、包括海外旅游者人数构成、游览城市座数、停留天数、平均花费水平及花费构成，对我国旅游服务质量、和价格的评价等5个方面的大量资料。这次调查取得了满意的结果，根据调查表所推断出的各种平均值误差均在规定的范围之内。调查资料已汇编整理成近50万字的《1990年来华旅游者抽样调查资料》一书，现已正式出版发行。这是改革开放后我国旅游业十几年来对来华旅游者各方面情况最全面、最详尽的反映，不仅对研究我国旅游客源市场具有重要的作用，而且资料本身就具有较高的学术价值，受到了各方面广泛欢迎和好评。

四、提供大量的统计信息资料

各级统计人员十分重视向各级领导和有关方面反映旅游发展的动态和情况。近年来，仅据初步框算，各省(区、市)旅游局、计划单列市旅游局每年提供的统计信息与资料都在600份以上。一些优秀的统计分析得到了各级领导的好评。1991年，国家旅游局上报并经国务院办公厅采编整理后提供给中央领导同志的旅游方面的信息共35条，其中统计部门提供的就有28条，占采编总数的70%。

1991年下半年，各地区的旅游统计人员积极参加了中国旅游信息库基础资料的搜集、采编工作。该信息库是由国家计委、国家旅游局、国家信息中心联合开发的巨型旅游信息系统工程。包括了旅游业行住食游购娱6大类21个亚类的信息资料，内容之全面、详尽居世界先进水平。全部信息量超过2 000万汉字，其建成将对我国旅游促销和旅游管理发生重大而深远的影响。

执笔：**石书国** 审稿：**段毅勇** 责编：**徐晓海**

城市调查统计工作概况

国家统计局城市社会经济调查总队

城市社会经济调查队在全国550个市县设有自己的调查网络(含各地方自己建立的城调队)，拥有8千多人的专业调查队伍，2万多名兼职调查员活跃在基层调查单位。其主要任务是从事物价调查统计、居民家庭现金收支调查、城市基本情况全面统计，以及社会经济和民意调查。

一、为改革开放献计献策

1990—1991年，各级城调队紧紧围绕改革开放这个中心，坚持为党政领导服务，为社会各界服务，充分发挥其机动灵活、快速准确的特点，逐步拓宽调查领域，提高服务水平，为改革开放献计献策。

(一)为中央领导及时提供准确的城市社会经济信息。1990、1991年，城调总队撰写的各种统计分析资料中，分别有47和51篇(次)被中央办公厅、国务院办公厅采用，占国家统计局被采用数的三分之一左右，两年均名列全局之首。有些资料受到中央领导同志的好评。

(二)为中央领导决策提供有针对性、有深度的统计调查资料。1990年城调总队撰写的《关于现行居民粮食供应办法与消费状况的调查与建议》一文，被国务院办公厅采用，中央办公厅的《信息参考》也予以转发。此材料为中央拟上调城镇粮食零售价格提供了有力的证据。1991年城调总队在对大量的调查汇总数据进行加工处理后，撰写完成了“7 500亿储蓄存款的分布”分析资料，以翔实的数据论证了“笼中虎”不会在近期出笼，为中央增加对最终需求的投入，大胆启动市场的决策，提供了有力的依据，引起江泽民同志、李鹏同志等中央领导同志的高度重视，李贵鲜同志做了批示。

(三)为中央有关部门改革措施出台提供有价值的参考资料。1991年，国家物价局制定了一系列价格出台方案。城调总队在人员紧、任务重的情况下，对物价局交来的几套方案进行了反复测算，拿出了翔实的数据，受到物价局同志的好评。城调总队还围绕这两年粮油调价的市场动态和居民心态，进行了连续跟踪调查，撰写了4篇系列调查报告，为中央有关部门反馈了改革措施出台后社会反响的大量信息。针对国家拟准备实行粮食购销价格联动的方案，经过深入调查研究和反复论证，撰写了“对1992年实行粮食购销价格联动的测算和分析”的报告，受到中央有关部门的赞赏。

(四)为社会各界提供大量统计调查信息。几年来，连续编辑出版了《中国城市统计年鉴》、《中国城镇居民收支调查资料》、《中国物价统计年鉴》等定期统计调查资料，将这些信息向社会公布，为社会各界服务。根据城市社会经济发展情况，不失时机地撰写一批有参考价值的统计分析报告，受到社会各方面的欢迎。如连续撰写的4篇系列统计分析文章，较全面、系统地反映了近年来我国沿海城市对外开放发展情况，被新华社、中央电视台、电台、人民日报海外版和经济参考等全国性新闻单位采用，香港有关报刊也予以登载，引起社会各界较大的反响，纷纷来函来电咨询有关详细数据。

(五)对一些理论性问题进行了探索。为使国民经济核算体系有配套的价格指数，城调总队组织力量对价格统计指标进行了研究攻关，撰写出了《建立和完善我国价格统计指标体系的研究报告》，研制出了一系列配套的表式，确立了我国价格统计指标体系的基本框架，为使价格统计适应经济体制改革的需要奠定了基础。通过对历年的城镇居民贫困线问题进行深入研究，具体拟定了我国城镇居民贫困的标准线，并提出了解决贫困问题的决策措施和补助标准。对城镇居民的“小康标准”问题进行了研究和测算，撰写出了我国城镇居民达到“小康”水平的具体标准的研究报告。

**(六)与有关部门合作，进行了烟草、城镇居民营养、城镇儿童等大型专项抽样调查。弥补了日常调查数据量的不足，为有关方面制定改革政策和措施，提供了必不可少的依据。

二、在改革开放的洪流中发展状大

城调工作适应了改革开放的需要，改革开放的不断深化，给城调工作提出了更高的要求，统计调查范围和内容迅速扩大，广大城调干部在改革的洪流中经受了锻炼，城调系统组织机构也随之不断加强，统计调查方法制度不断完善，统计自动化建设不断增强，城调系统这支统计战线上的新生力量逐步成长状大起来。

(一)统计调查范围不断扩大、内容大量增加。建队之初，城调队仅承担零售物价及职工生活费用价格统计和城镇住户调查这两大项统计调查任务。伴随着经济体制改革的深入进行，宏观决策对统计工作的要求也越来越高。国家统计局相继建立和加强了国民经济核算统计和投入产出表的计算。为适应新的形势，从1988年开始，城调队扩大了价格统计的范围，增加了工业的价格统计、固定资产投资价格统计，同时，根据中央领导指示和有关部门的要求，对原有的零售物价和职工生活费用价格统计进行了改造，充实了新的调查统计内容，新增了35个大中城市价格指数、城镇职工基本生活费用价格指数、保值储蓄价格指数等。新增加了城市基本情况统计的任务；沿海开放地区基本情况统计季报。城镇居民住户调查进行了样本轮换，增加了部分指标，提高了样本的代表性，满足了全国投入产出表计算所需要的有关指标。1988年农副产品收购价格调查统计进行了重要改革，由原来收购部门层层上报价格统计报表，改为调查员直接去收购点采价，并搜集其他相关数据。同时，将年报改为季报，使农副产品收购价格调查统计适应了自1985年以来，农副产品收购市场价格逐步放开、收购渠道不断增多的形势，调查数据的准确性明显增强，时效性显著提高。

(二)调查队伍不断扩大，基础工作明显加强。城调队成立之初，全国城调系统仅有2 700名干部，同志们齐心协力，艰苦创业，使城调工作越来越红火。随着城调队承担的任务越来越多，城调干部队伍不断充实扩大，到1991年底，已达4 470人，再加上地方政府增加的编制，总计达8 000多人，其中具有中高级技术职称的专业人员有3 000人。城调总队针对全系统青年干部较多的特点，经常举办各类培训班，使青年干部的业务素质迅速提高。为保证数据质量，各级城调队狠抓基础建设工作。总队起草完成了《价格统计调查工作规范化条例》和《住户调查工作规范化条例》。各级城调队根据本地区的特点，制定了一系列工作制度。各级城调队十分重视对基础工作的检查。总队每年有重点地进行检查，经常是总队领导带队，深入到市县基层调查队，亲自抽查各类台帐和调查帐本。不少地区城调队已经建立了自查、互查、抽查等不同形式的检查制度。通过检查肯定成绩，发现问题，促进基础建设工作逐步完善起来，保证了调查统计数据的上报质量。

(三)统计自动化建设进一步完善。建队时，数据汇总手段完全是手工化。从1985年开始，城调系统陆续配备微型计算机，截止到1988年底，全国城调系统已配备432台，基本做到了每个调查市县都保证有1台计算机，从而改变了手工计算汇总的局面。1988年以来，城调系统计算机配备工作又有了较大发展，一些先进的机型也开始进入各级城调队。到1991年底，全国城调系统已拥有各种微机654台，比1988年增长51%。传输手段也有了飞跃发展。开始时，大部分地区采取送软盘和邮寄打印报表的办法向上一级传送汇总数据；后来，与邮电系统建立固定联系，全部采取了邮寄软盘的传送方式，加快了数据的汇总速度；从1991年4月份开始，经过各方面的积极努力和通力会作，总队与各省(区、市)城调队全面实行了微机联网传输，迅度大大加快，质量明显提高。

执笔：**任才方**　责编：**曾德权**

国际统计工作概况

国家统计局国际统计信息中心

近两年来，随着市场经济的逐步发展，从中央到地方，从部门到企业都越来越认识到国际信息在决策中的重要作用，对国际统计信息的需求越来越多。特别是在世界局势出现急剧变化和我国改革开放步伐进一加快的情况下，更需要仔细地审时快势，慎重决策。同时，广大人民群众也需要了解世界发展形势和中国社会主义建设形势，充分认识和发挥社会主义制度的优越性，坚定建设社会主义的信心。在这种形势下，国际统计工作得到了较快的发展，在社会主义建设中发挥了积极的作用。

一、国际统计工作沿着专业统计的道路发展

1990—1991年，国际统计工作在调查和资料收集、整理加工、分析研究、理论研究等方面都有了较大的进展。在实践的基础上，进一步明确了国

际统计信息中心的职责，主要是：收集、整理、提供世界经济和社会发展和世界各地区、集团和一些国家的经济、社会统计信息；同国家统计机构进行业务联系；掌握国际统计工作发展的主要动向；组织推动国内的国际统计科学研究活动。

二、广泛开辟资料来源

资料收集是国际统计的一项重要基础工作，国际统计信息中心在1988年组建后就与有关国际机构，如联合国统计司、国际货币基金组织、世界银行、国际劳工组织、联合国粮食和农业组织、工业发展组织、贸易合作和发展组织、民用航空组织等联系，及时收集它们出版的统计年鉴、统计月报、统计制度和统计方法、统计刊物等。此外，还与一些地区性的国际构，如亚太社会、经济和合作发展组织，欧洲共同体及一些国家和地区，建立了统计资料交换关系。目前，中心已与30多个国家和地区建立了统计资料交换关系。通过国际交换以及订阅和购买国内外出版的有关报刊，不但拓宽了国际统计信息的来源，而且能使更多人了解中国。

三、改进资料整理工作

经过近几年的实践，国际统计信息中心基本须成了国际统计资料整理的框架，其主要内容包括：国土面积、人口、宏观经济、农业、工业、建筑业、交通运输和通讯、劳动工资、财政金融、国际收支、债务、物价、贸易、旅游、科学技术、教育、文化、卫生、家庭收支、生活消费等，并建立了数据库。在资料整理过程中，根据国内经济决策和管理工作的需要，结合了解国外情况，有针对性地选择一些专题编辑较系统和详尽的资料，如社会发展的统计资料，亚洲“四小龙”统计资料，外国城市统计资料，等等。为了配合我国统计工作改革的需要，及时收集国际机构的国际统计工作情况，包括统计法制、统计体制、统计行政、统计制度建立和统计资料的出版和传播情况，为统计改革提供了有价值的参考资料。

四、出版了一批国际统计资料

为了使国际统计信息社会化，中心除了每年出版《国际经济和社会统计提要》外，还陆续出版了《世界主要国家和地区社会发展比较统计资料》、《外国城市统计资料》、《外国国民核算统计资料汇编》、《世界工业统计资料汇编》、《亚洲发展中国家统计资料》等。创办了《国际统计信息》，每月两期，它是以反映国外当前的经济和社会发展新动向为主的资料，受到有关部门的欢迎。

五、开展国际统计分析

国际统计分析研究主要是围绕以下几方面内容进行：1.世界经济情况；1.专门领域的研究，如，部分国家的发展情况、产业结构情况、部门或产品的生产和贸易情况、居民生活消费情况、通货膨胀情况、社会发展情况；另外，结合国内的一些热点问题进行分析研究，如小康水平、食物与农业的发展关系；3.我国在世界上的位置及经济和社会发展的差距。受到了各方面的好评。

六、国际比较

近几年来，随着改革开放的深入发展，国际统计比较越来越多。为了反映外部世界环境情况及世界的格局，从不同经济发展水平国家之间的比较中了解各国发展的规律，为我国的发展战略服务和使广大人民群众了解世界、了解自己的国家，更好地建设社会主义。国际统计信息中心着重进行以下几方面的国际统计比较工作：

①经济发展水平的国际比较。包括国民生产总值及其分组指标，主要工农业产品产量、人均工农业产品产量等指标，农业、工业、第三产业的比例以及其结构等对经济水平及其发展产生的影响、

②部门经济的固际比较。包括工业的国际比较，农业的国际比较，贸易的国际比较，等等，涉及生产指标和投入产出、劳动生产率、开工率、销售、财务、投资、物耗、分配、科技、破产和兼并等方面的指标。

③社会发水平的国际比较。如人口、生活、消费、生活质量到社会安定等。近年来，对小康目标、消费消费发展的研究做了初步尝试，取得了一定效果。

七、提供国际统计咨询服务

咨询内容包括宏观经济、国际价格动向、产品贸易、城市发展、第三产业、居民消费、统计方法制度等。咨询的单位既有业务部门，也有企业；既有中央机关，也有地方省市。通过咨询服务的开展促进了国际统计工作的加强。

八、组织推动国际统计科学研究活动

近年来，国际统计信息中心与中国社会科学院世界经济和政治研究所联合组织了一些国际统计和世界经济统计的科学研讨活动，不少学者、教授、科学工作者、统计工作者踊跃参加了这些活动，发表了不少有价值的研究成果，为推动国际统计和世界经济统计的发展作出了贡献。1. 探索学科的基础建设。国际统计学和世界经济统计学分别作为统计学的二级学科和三级学科。根据国内外有关理论和实践，初步界定了国际统计学科的研究对象、目的、方法等。2. 交流国际统计比较方法研究成果。这方面的研究动向主要是国际统计比较的意义及其发展历史. 国际统计比较的内容和方法，也涉及到一些理论问题。3.了解国外统计工作的动向，为我国统计改革提供借鉴。

执笔：**江健桐** 责编：**徐晓海**

地方统计工作概况

北京市统计工作概况

北京市统计局

1990—1991年，北京市各级统计部门坚持党的“一个中心、两个基本点”的基本路线，认真学习贯彻李鹏总理关于加强统计工作的指示精神，结合北京市统计工作实际，不断解放思想，深化统计改革，经过广大统计人员的奋力开拓，统计工作实现了三个新发展，三个新提高，三个新加强，统计信息、咨询和监督功能得到进一步发挥。

一、统计网络建设取得新发展

(一)政府统计部门的专业统计机构建设取得重大突破。为适应首都商业经济发展的需要，经市政府批准，建立了市、区县两级商业经济调查队，配备170名工作人员，有力地加强了市、区县统计局的商业统计调查机构建设，较大地充实了区县统计部门的技术力量，并为进一步探索北京市统计管理体制改革积累了经验，开拓了思路。

(二)街道办事处建立综合统计机构的工作经多年努力奋斗取得重大突破。海淀区17个街道办事处率先建立了统计科，配备统计专业干部39人，为街道办事处建立统计组织提供了较好的发展模式。

(三)农村统计网络建设有较大进展。全市296个乡镇于1990年底全部建立了实体型统计科；1991年重点加强了乡镇统计科，充实完善和加强了村统计网络建设。全市4 170个村到1991年底已有90%建立了统计组。农村统计网络同时向村办企业延伸，村办骨干企业都基本设立了专兼职统计人员，有的骨干企业还建立了统计小组。

(四)各专业部门和一些新兴地区也建立了相应的综合统计机构。1991年底北京市已有13个专业部门建立了信息统计处；海淀区新技术开发试验区建立了编制6人、副处级单位的统计信息中心。

二、统计信息自动化建设取得新发展

研究制定了北京市统计信息自动化建设发展规划，召开了首次统计系统信息自动化工作会议，明确了今后统计信息自动化建设的发展目标、实施步骤和主要措施，使北京市统计信息自动化建设工作，从微机起步、分散管理正式走上统一规划、分级管理、联网并用、信息共享的良好发展之路。

(一)经多方努力，市政府批准用3年时间(1991～1993)在乡镇及街道统计系统建立微机通讯网络。1991年已开始在100个乡镇统计科配置100台微机，其中海淀区和通县所属乡镇、街道统计科的微机配置任务已全部完成。

(二)区县统计局均已建成计算机室，分别配有微机5～9台，并与市统计局实现了联网通讯；同时还加强了计算机的管理和开发应用工作。

(三)完成了第四次人口普查数据的资料汇总工作；进行了北京市大中型工业企业数据库和全市国民经济和社会发展基础数据库的研制工作。

三、统计制度方法改革取得新发展

(一)围绕实施新国民经济核算体系积极开展工作。北京市统计局继1990年在怀柔县进行增加值统计试点之后，又选择了4个区县按属地原则进行了增加值统计的试点，继续探索了计算国民生产总值的计算方法和计算精度，为建立全市新国民经济核算体系的基本框架作了进一步的准备工作。

(二)结合各专业统计实际对现行统计方法进行了一些改革。主要内容有：1. 配合“质量、品种、效益年”和搞活大中型企业的工作，建立并实行了大中型工业企业主要经济指标季报统计制度，设计了涉及人、财、物、产、供、销等方面的75项指标；2. 建立了120个大中型商业企业经济效益指标体系，并建立了定期考核制度；3. 完成了固定资产投资效益考核指标体系的研制；4. 设计完成了资源综合利用统计报表制度；5. 配合外贸体制改革工作，建立了外贸公司经营情况报表制度，增加了出口商品理赔数字资料；6. 与科委共同完成了“全社会实用描述型科技统计指标体系”的课题研究，整理编印了“七五”期间大中型技术开发统计资料等等。

(三)在京郊农村推行了农村基层统计一套表制度，工业企业一套表的研制工作也取得了阶段性成果。

(四)研制并运行了国民经济运行评价、监测与预警、经济发展预测等统计指标体系和数学模型。根据模型基本做到了一季度预计上半年、上半年预计全年、年末预计来年，为提高统计工作的科学性和统计服务工作水平打下了良好基础。

四、统计数据质量有了新提高

北京市各级统计部门遵照李鹏总理关于统计工作要做到“准确、及时、全面、方便”的指示，把搞准统计数据当作一项重要工作来抓，针对影响统计数据准确性的各种因素，进行了有效的综合治理。

(一)加强统计数据源头的质量控制。由市计委牵头，统计局会同劳动局、人事局、财政局和人民银行及各专业银行，拟定了北京市工资基金管理办法。在市、区县统计部门的共同努力下，对北京地区3.5万多个单位进行了劳动工资联合审核工作。通过联审，共核出以往漏报漏统基层填报单位4000多个，涉及职工30万人，工资总额约7亿元；在联审的基础上及时在全市范围内推行和普及了统一的《劳动工资统计台帐》，保证了数据质量。

(二)坚持对主要的统计数据进行质量分析审核。市统计局坚持每月召开经济形势分析会，对专业处主要统计数据进行核查、对比、分析，发现问题及时纠正。从1989年开始，一直坚持了每月28日由市计委、统计局、物价局联合召开物价形势和物价指数研究会议，在共同分析市场及物价变化情况的基础上，进一步核实了物价统计数据，提高了物价指数的质量。

(三)建立了商业计划单列企业的经济和社会发展统计数据直报统计局的制度。制度的建立，为市政府及时掌握和了解全市商业计划单列企业的经营活动情况发挥了积极作用。

五、统计信息、统计分析水平有了新提高

1991年市统计局向市委、市政府报送统计分析报告和资料229篇、统计信息679条，综合采用率(含重复采用)141.8%，净采用率90%，其中被中央办公厅采用12条，国务院办公厅采用33条。这些分析报告和信息为各级党政领导和综合管理部门检查政策落实情况、制定经济决策提供了良好的服务。北京市统计局连续4年被市委、市政府评为优秀信息单位。

1990～1991年北京市统计局在统计分析工作中，坚持了定性分析与定量分析相结合，紧密围绕治理整顿、深化改革中的重点问题开展统计分析，提出了一批有参考价值的专题分析报告。市统计局撰写的《从科技进步的影响看北京工业的发展途经》、《财政补贴增长应引起高度重视》的分析报告分别被评为1990年、1991年全国优秀统计分析报告一等奖；另有2篇分获三等奖。市统计局撰写的7篇搞活大中型企业的系列分析报告，以及《居民家庭室内装饰蔚然成风》和《北京市人口死亡率进入国际大城市低水平行列，人口平均预期寿命达到世界长寿水平》等分析报告，都受到市领导和有关部门与社会各界的高度重视，尤其是《居民家庭室内装饰蔚然成风》一文，受到市领导陈希同、张百发、徐惟成等同志的重视并作了批示，为建委决策组建居民家庭室内装饰公司起了重要作用。

六、统计科研教育水平有了新提高

初步完成了列入北京市社会科学院“七五”规划重点科技项目的“北京市统计改革和统计现代化发展战略课题”研究总课题框架设计，8个分课题的研究均已通过专家鉴定；列入全国重点统计科研项目的3个课题均已完成，其中《北京地区固定资产合理规模》、《我国宏观经济效益统计系统研究》获得全国首届优秀统计科研成果奖。研究制定了“八五”时期全市统计教育工作发展规划。进行了教育培训工作的统一管理，逐步实现了统计教育工作由学历教育向岗位培训的重心转移。1990～1991年有14 000余人参加了统计岗位知识的培训；本科班第二轮招收学员206名，毕业大专生250人；中专班毕业学员430名，又招收学员317名；到1991年年底，统计函授教育学院在校生总数已达6200人。

七、统计法制建设得到新加强

北京市各级统计部门围绕贯彻落实《统计法》和市政府发布的《北京市统计工作管理暂行规定》，促进提高统计工作质量，不断加强了统计法制建设。

(一)制定《关于北京市开展统计法制宣传教育五年规划的实施计划》，广泛开展了统计法规宣传教育活动。在全市范围内进行了统计法规知识竞赛，全市2万余人参加了竞赛，收到了较好的宣传效果。编印了《北京市统计法规手册》，并组织全市统计人员进行深入的学习。

(二)加强统计执法工作，认真查处统计违法案件。根据群众举报，北京市统计局抓了两个影响较大的案件：一是关于北京市××厂打击报复统计人员案件；二是北京市××场虚报统计数据的案件。对其进行了调查核实工作。大兴、昌平两县统计局克服重重阻力，对违反统计法的大兴县绒毛厂和昌平县衡器修配厂及其主要负责人进行了处罚。

八、统计宣传工作得到新加强

为配合北京市十年规划和“八五”计划纲要的学习和贯彻，北京市统计局与北京市委宣传部共同编写了学习《纲要》参考资料系列文章10篇，刊登在《北京日报》“学习与生活”栏目。对群众关心的住房问题，为北京人民广播电台提供了1990年北京市房屋建设情况的宣传材料。为反映建国42年来北京市社会经济发展的伟大成就，在国际广播电台录制了反映人民生活可喜变化的专题节目。为宣传“七五”期间人民群众在衣、食、住、行的变化，在市委刊物《宣传手册》上发表了5篇专题系列文章。为配合搞活大中型企业，以北京市统计局为主，与市委宣传部、市经委等单位共同承办了“中国工业

发展的中流砥柱摄影展览”的北京参展部分的组织工作。

开展了定期新闻发布会工作。两年中坚持召开了有首都26家新闻单位参加的季度、年度和“七五”期间北京市国民经济运行情况的新闻发布会，并与10个新闻单位建立了固定联系，及时报导了经济运行中的成绩和热点问题。由主管区县长主持，部分区县统计局召开了定期新闻发布会，勾通国民经济情况，促进了各项工作的进展。

九、机关的思想作风建设得到新加强

各级统计部门在抓好统计业务工作的同时，高度重视机关的思想作风建设，不断地教育全体职工牢固树立全心全意为人民服务的思想，大力开展了共产主义理想和党的基本知识的教育，加强了统计职业道德教育，狠抓了各级领导班子的建设。同时建章建制，加强管理，认真考核，严格奖惩，机关队伍的思想作风建设得到了进一步加强。广大统计干部的政治思想素质有了较大提高，为进一步发展北京市的统计事业打下了较好的思想基础。

执笔：**刁满庆**　审稿：**范国柱**　责编：**徐晓海**

天津市统计工作概况

天津市统计局

1990～1991年天津市统计工作紧紧围绕改革开放和经济建设，以提高统计数据质量为核心，以推进新国民经济核算体系和提高统计咨询水平为重点，不断加强自身建设，深化统计改革，促进了统计事业的进一步发展。

一、以提高统计数据质量为核心，大力加强统计基础建设

提供准确的统计数据是统计部门的重要职责，两年中，市统计局针对统计难度加大，统计数据失实等问题，坚持把搞准统计数据作为首要任务来抓，大力加强统计基础工作，建立了一系列自下而上、自上而下的数据保障和质量评估制度，并采取多种行之有效的措施，促进了统计数据质量的提高。

(一)制定统计基础工作规范，使基层企业基础工作向规范化迈进。为了从源头保证统计数据的准确、及时，市统计局联合市经委、建委、商委、农委、交委等部门共同制定并在全市基层企业推行《天津市基层企业统计基础工作规范》，对全市基层企业统计工作提出了统一的规范和准则。在市统计局内部制定了《关于加强统计基础建设工作的几项规定》，健全了各类基础统计台帐，建立了提供数据登记制度，做到审核有记录、差错有登记、责任有奖惩。并连续两年进行了综合评比，设立流动红旗等。从而，促进了局内基础工作水平的提高，使统计数据质量有了可靠的保证。

(二)建立了全市统计数据质量控制评估办法。为保证全市主要统计数据的准确，对国民生产总值、城乡居民收入等14个主要指标制定了数据质量评估办法，并在统计调查、审核汇总、上报等重要操作环节，制定了相应的控制办法。通过每半年一次的评估和数据控制，大大减少了技术性误差。

(三)加强了统计法规检查工作。在市人大常委会的支持下，在全市范围内组织了近3万个单位参加的统计法规执行情况和统计数据质量大检查，有效地增强了各级领导和广大统计人员的法制意识，目前从市领导到各部门都有了要以统计部门的数据为依据的思想。市统计局通过对3 000个单位数据质量抽查表明统计数据差错率逐年下降，统计数据质量普遍提高。

二、进一步完善统计网络

(一)加强部门统计机构建设，在主要业务局设置了独立的统计机构。在市政府和各业务主管局的大力支持下，通过两年的努力，全市已有十几个业务主管局成立了综合统计处或统计信息中心。一些公司、大中型企业设置了综合统计科。综合统计机构设置后，各局普遍增加了统计人员，充实了统计力量。同时，统计的职能也有了重大转变：由主要完成统计报表任务，转向在完成报表任务同时又开展调查研究；由主要为上级服务，转向既为上级服务又为本部门领导服务；由主要从事专业统计逐步转向综合统计和行业统计。

(二)完善了区县政府统计机构，充实了统计力量。在12个区县建立了统计局，在市内6个中心区建立了统计办公室。1990年给区、县统计部门增加了50个行政编制，1991年解决了34名人口普查临时编制。

(三)健全了农村统计网络。经过两年的努力，全市建立乡镇统计站已达200个，占乡镇总数的90.5%，配备乡镇统计员785人。村一级也大都配备了专职或兼职统计人员，有的还建立了村统计组。农村统计网络在天津市已基本形成。

三、以推进新国民经济核算体系为重点，不断深化统计制度改革

实施新国民经济核算体系是统计工作的重大转轨，是40年来统计工作的重大改革。两年中市统计局把推进新国民经济核算体系，作为统计改革的龙头，集中力量，锐意进取，大胆实践，取得了初步成果。

(一)初步完成了国家统计局部署的新国民经济核算体系的全面试点任务，建立了天津市新国民经济核算体系的基本框架。1990年度的国内生产总值及其使用、投入产出、资金流量、国际收支四大核算表及八个补充表和经济循环帐户已全部试编完成。这项工作得到天津市委、市政府的重视和支持并纳入1992年全市工作重点之中。

(二)完成了第二次全市国民生产总值普查，为制定全市十年发展规划和“八五”计划提供了正确依据。1991年市统计局与市计委、市财政局、市人民银行共同组织了在全市经济调查史上规模最大的普查。普查涉及18万个有经济活动的单位，有10万人参加，直接填报普查表的有4.3万个单位。历经半年的努力，全面完成了普查任务，得到市委、市政府的好评。经过普查不仅摸清了改革开放以来天津的经济建设上所取得的成果，搞清了国民生产总值的分布、构成等状况，为建立按口考核增加值的目标，提供了详细的资料；而且，也使天津市国民生产总值核算工作有了更加可靠的依据。

(三)与建立新的国民经济核算体系相配套，连续3年在全市400多家大中型企业进行了企业经济循环的调查，并编制出了天津市大中型企业经济循环帐户。为全局评价大中型企业生产、收入、支出、资产负债情况提供了依据，也为推动新国民经济核算体系奠定了基础。

(四)将新国民经济核算体系中的部分内容逐步纳入了正常专业统计报表体系。1991年，将增加值统计纳入了各专业的年报制度；工业企业经济循环帐户纳入工业年报；并将编制投入产出延长表需要的V表资料和投资构成资料也相应地纳入了专业报表制度。明确了国际收支、资金流量表的编制也纳入正常工作。在全市74个主要业务局和124个中央在津单位实行按季度报送国民生产总值(约占全市国民生产总值的80%以上)，并在此基础上推算全市国民生产总值。

(五)开发利用新核算体系资料，为市领导决策提供翔实的咨询建议。通过对国民经济资料的开发，为市领导和社会各界提供了大量日常统计所不能提供的统计资料，解答了日常统计工作不能解答的难题，在宏观管理和宏观决策中发挥了独特的作用。如：针对“七五”期间天津资金紧张、缺口大的问题，利用资金流量表，对天津资金运行状况进行了全面的分析，提出了天津资金运行的六大特征，从宏观上需要理顺四大关系，受到市领导的重视。

(六)积极改进现有的统计方法制度。为适应改革开放的需要，在经济开发区实施了三资企业“一套表”制度，将过去近200项指标，缩减为50项指标，大大减轻了三资企业的负担，深受企业的欢迎。工业企业“一套表”、农村经济“一套表”已着手实施。

四、加快统计信息自动化建设的步伐

制定了《天津市统计信息自动化建设规划》，采取逐步建立网络，形成了全方位的统计信息自动化系统。一是形成了市内工业、农业、商业、基建等主要专业局微机数据通讯传输。二是实现了统计数据微机处理自动化。市局配置了CD 4360小型机，各区、县增配了微机，并建立了相应的机房设施，满足了统计数据处理的需要。三是建立完善了1949—1988年历史资料数据库。四是进行了计算机人员培训。五是建立了计算机维修站，负责对区、县统计部门计算机及打印机的维修。

五、进一步提高了统计咨询水平

两年间，市统计局在统计优质服务方面，贴紧经济建设和改革开放，积极为领导、为社会、为企业服务，促进了统计咨询服务水平的提高。在为经济服务方面，通过狠抓统计数据质量，提高统计分析的针对性和时效性，拓宽了决策咨询服务领域。在为社会各界服务方面，通过新闻媒介在报纸、电台、电视台广泛宣传统计成果，发布统计信息，对重点行业和企业进行经济效益排队，受到社会各界人士的欢迎。在为企业服务方面，先后完成了联合国奶类专项调查，全国“八五”期间电梯需求量的调查，承接了国际羊毛局纺织品调查和澳大利亚在津举办咨询培训班。

六、统计队伍整体素质有了明显提高

在统计队伍建设上，注重提高广大统计人员的政治、经济理论水平和职业道德教育；积极开展创建文明处室活动，提倡文明礼貌的办公用语；引进竞争机制给干部创造一个平等竞争机会，使人才脱颖而出；坚持每两周的局长接待日开展广泛谈心，做好思想政治工作；做好干部的后勤保障工作，解决职工生活困难，创造一个良好的外部工作环境。这些都及大地调动了广大干部的工作积极性和创造性。

执笔：**董顺荣**　审稿：**梁兆新**　责编：**徐晓海**

河北省统计工作概况

河北省统计局

1990—1991年，河北省各级统计部门认真贯彻落实中央领导同志关于加强统计工作、发挥统计职能的指示精神，努力克服困难，勤奋工作，为各级党委、政府提供了大量的统计信息和咨询建议，较好地发挥了统计的信息、咨询和监督职能，为全省深化改革、发展经济和促进社会进步做出了积极贡献。

一、统计改革向深层次发展

体制改革试点进入成熟阶段。河北省县级统计管理体制改革试点是从1985年开始的。经过几年的探索，出现了联合型、实体型、集中管理型等统计管理体制改革的不同模式。为进一步探讨县级统计体制改革的最佳模式，根据省政府领导的指示，于1990年8月，由省体改委和省统计局联合召开了《全省县级统计体制改革研讨会》，研讨会后县级统计体制改革步伐进一步加快，试点范围进一步扩大。到1991年底，全省已有4个省辖市和7个地区的31个县(市)进行了统计体制改革。以柏乡县为代表的“集中管理型”模式受到国家统计局和省委、省政府领导同志的高度评价。国家统计局局长张塞同志专程去柏乡考察后认为“统计体制改革在县级有了解决的途径”。省委书记邢崇智要求组织各地、市统计局长学习柏乡经验，每个地市先搞若干试点，逐步推广，3年内在全省基本铺开。常务副省长叶连松同志到柏乡考察后，认为柏乡的统计改革“从体制上是集中统一的，从职能上是健全的，从方法上是科学的”，“体现了精简、效能、综合、统一、节约的原则”。

为检查实行统计体制改革县的工作实绩，省统计局于1991年9月对已建立的县级实体型统计委员会从服务监督、网络建设、业务建设、计算手段、法制建设、内部管理等6个方面进行了联合检查。联查表明，体制改革促进了这些县(市)县、乡、村三级统计机构的建设，其内部管理机制比较健全，基础工作更加扎实，规范化建设初步形成，统计服务效果显著，法制建设纳入正常管理渠道。

1991年，河北省在巩固农村统计体制改革的基础上，继续扩大战果，相应把体制改革探索引向城市。在召开部分省辖市区统计局长座谈会的基础上，组织8个省辖市统计局长赴外省学习考察城市统计工作的经验。还分别召开了全省城市及部门统计网络建设和改革会议，对城市的统计改革做了部署。

统计制度方法改革进一步深化。1990年在全省范围全面推行了农村基层统计一套表，经过两年的完善、提高，带动了农村统计改革的配套进行，有效地解决了报表多乱、指标重复、数出多门等问题，形成了良好的社会效益和经济效益。开展了工业企业一套表的试点工作，唐山市在陶瓷、造纸行业，石家庄市在纺织行业开展了一套表试点。增加值试点经过保定市、秦皇岛市的全面试点和各地市组织少量企业的试点，取得了经验，为年报增设增加值指标的统计奠定了基础。另外，新国民经济核算体系的试点工作进展也比较顺利。

二、统计基层和基础建设迈出新步伐

经过近两年的努力，河北省农村基层统计组织网络初具规模。截止1991年底，全省农村已建乡镇统计站3 355个，建站率达99.7%；参加乡镇统计站工作的人数已达18 253人，其中专职统计人员3 936人。全省有34 126个行政村建立了统计组或配备了专职统计人员，乡镇企业统计力量也不断得到加强。一个以乡镇统计站为中心，上联县统计局、下联村统计组，横联乡镇企业统计的农村统计网络已初步形成并逐步趋于完善。

城市统计网络建设进展迅速。截至1991年底，全省34个省辖市的市辖区。已有31个建立了统计局，在全省10个省辖市中已有120个街道办事处建立了统计站，占办事处总数的76%。

为加强统计基础业务建设，保证数据源头质量，省局于1991年7月颁发了《河北省农村乡镇统计基础工作规范化建设暂行规定》。各地、市都把加强统计基层组织建设、基础业务建设作为一件大事来抓，建立了考核、验收等约束机制，确保了统计数据的真实、客观。廊房市对统计历史台帐进行全面验收。沧州地区针对统计基础业务建设薄弱的状况，由局长带队，深入到全区督促检查。全省大部分县分专业、设专柜对统计资料妥善保管。行唐县从基础工作入手，县、乡、村统一设计了“统计网络示意图”、“基层统计人员档案”，印刷了《国民经济历史资料台帐》、《育龄妇女台帐》等。迁西县档案管理统一、整齐、规范，被评为“河北省档案管理二级合格单位”。

三、统计整体功能发挥再上新台阶

1990—1991年河北省的统计服务工作进一步向高质量、高层次、高水平发展，较好地发挥了统计的监督、监测作用。在1990年3—4月，根据省领导提出的“提启示、出主意、深层次、讲具体”的要求，省统计局及时组织了10个调查组，深入各地调查研究。宋叔华副省长带领有关部门负责同志连续用4个半天的时间，亲自到省统计局听取对全省经济发展情况，特别是市场情况的分析和建议。同年七、八月间，根据省委书记邢崇智的批示，省统计局对全省国民经济运行状态及对策，为省委常委、副省长准备了书面汇报材料。为编好全省“八五”计划和十年规划，使省委、省政府把握住今后宏观调控适当的力度，省统计局于第4季度提出了《对河北“八五”后十年宏观调控主要力度值的建议》及《河北经济运行趋近“绿灯”区》的研究报告，均受到省委、委政府领导同志的高度评价。

1991年，全省各级统计部门根据李鹏总理提出的统计要“准确、及时、全面、方便”，“统计咨询要定性分析和定量分析相结合，要更多地提出具有定量分析的咨询意见和对策建议”的指示精神，积极开展统计优质服务，始终如一地坚持一个中心(经济建设)、搞好两个服务(为领导服务、为基层服务)，建立三个体系(宏观体系，即省二级宏观调控体系；中观体系，即地市级中观调控体系；微观体系，即编制大中型企业投入产出表)、强化四个意识(超前、竞争、创优、实效)，贴紧政治、经济现实，围绕党政领导宏观决策需要，在信息、咨询、监督的时效性，灵敏性、科学性上做文章，使河北省的统计服务水平进一步提高，多次受到省委、省政府领导的肯定和好评。

1991年，省局运用1990年研制成功、1991年通过省级技术鉴定的《河北省二级宏观经济动态统计监测与预警系统》，围绕全省“八五”计划和十年规划发展战略，撰写了《经济进入“绿灯”区，更需把握调控力度》、《摆脱病态运转，走向良性循环的战略抉择》、《抓住机遇，把握重点，促进经济良性循环》、《速度、效益、后劲——1991年经济形势评估及1992年经济警情预测》等7篇有份量的统计分析研究报告，受到省领导的高度评价。其中《抓住机遇，把握重点，促进经济良性循环》一文，其观点被省政府所采纳，并以此为蓝本和基调，规划了1992年全省经济工作；《速度、效益、后劲》一文中的观点、内容、思路，被程维高省长在全省计划工作会议讲话中全面吸收。

1991年，河北省统计部门首次参与政府有限目标统计考核，并在全国率先建立了省、地、县三级人口调查队，承担了人口和计划生育目标考核任务，新增编制880余人，三级调查队边组建边开展了人口抽样调查工作，使统计的监督职能得到加强。

为落实中央工作会议精神，帮助全省大中型工业企业实行科学管理，调整结构、提高经济效益，统计工作要面向基层、为企业服务。经省政府同意，省局决定从1992年起在全省大中型企业推行投入产出一张表，并设计完成了《河北省工业投入产出总体方案》。为保证这一工作顺利进行，省局组织了全省投入产出技术巡回报告团，专员、市长主持会议，政府经济管理部门负责同志、企业(公司)厂长、经理听会，反响良好。在1991年省局共培训了624个大中型企业和55个重点企业的技术骨干1 845人。此举在1992年初全国统计工作会议上受到邹家华副总理的肯定，他说“河北由于掌握新的观念，采取新的技术而起到积极作用”。

四、统计法制建设成效明显

1990年是《河北省统计检查监督条例》颁布一周年，省、地、市各级统计部门抓住这一有利时机，普遍进行了统计执法宣传和统计执法检查，查处了一批违法案件，各地市还积极制定和完善了地方性法规。

全省的统计检查网络已经形成。截止1991年底，全省18个地市都设立了统计检查科，25个县(市)设立了统计检查股(室)，全省配备专职统计检查员1 400多人。全省统一建立了报表审批、季报评比等制度，制定了“二五”普法规划；颁发了有关的法律文书，举办了6个不同形式的培训班，组织了两次全省统计执法大检查活动，较好地完成了国家统计局部署的清理报表工作。各地市都把统计法制建设列入重要议事日程，作为一件大事来抓，建立健全了规章制度。衡水地区分解责任，联合组建了统计违法案件审查机构、统计行政复议机构、“二五”普法宣传机构，充实了检查科的力量。唐山市按照“层层分解、分工负责、落实到人”的原则，把有关法律、法规、行政规章等分解到各科室，由主管局长分工主抓，实行执法责任制。张家口地区规定：凡未开展执法检查的县，一律取消全年统计工作评比资格。邢台市举办了统计普法宣传周。各级党政领导尊重统计、依法治数的观念进一步增强，拖了4年之久的省粮食局和青龙县粮食局违反《统计法》，统计员耿艳荣受打击迫害的案件已经处理，省政府为此向全省发了通报。

五、胜利完成“四普”任务

按照全国及省人口普查领导小组的部署和要求，开展了普查的各项工作，按时、高质量地完成全省1 537万户、6 108万人的调查任务，经抽查，差错率大大低于国家规定的标准。在完成手工汇总的基础上，发表了两次“四普”公报。“四普”100%资料的微机录入、复查、验收、汇总、打印制表工作均按期完成。在“四普”工作中，由于宣传工作成绩突出，河北省获得国家"组织金奖"。

1990—1991年，全省统计工作在其它方面也取得了较大的成绩。统计宣传工作，各地、市围绕经济建设这个中心，开展了多种形式的统计宣传活动，做到"报刊有名、电台有声、电视有影"。有的地、市建立了"稿酬双付"等激励机制，极大地调动了统计人员的积极性。统计报告文学《投入真情、产出硕果》、《特种雷达兵》在中央、省级报刊发表。统计诗词、文艺作品日益生动活泼显现。人口普查电视喜剧《真真假假》在中央电视台先后播出4次。省局配合承德话剧团编演的反映统计人员工作和生活的话剧《女人》获得了华北话剧汇演一等奖，在文化部主办的第二届全国"文华奖"评奖中，又荣获"文华新剧奖"，并被中央电视台选中，拍成电视连续剧《秋天的呼唤》(六集)。

统计科研工作也有新的进展，1991年《科技经济社会宏观控制数据库系统》已列为省级科技进步课题，《河北省工业科技投入调查》已提出初步方案，并举办了全省第一届统计科研成果评选活动。

执笔：**陈　伟**　审稿：**费建钧**　责编：**徐晓海**

山西省统计工作概况

山西省统计局

1990—1991年，山西省各级统计部门认真贯彻落实李鹏总理和姚依林副总理关于统计工作的重要讲话精神，全省的统计工作在前几年综合治理的基础上稳步发展，取得了进一步成果。

一、统计改革进一步深化，基层基础建设迈出新步伐

全省各级统计部门坚持以加强协调、强化基层为核心的配套改革，取得了成果。认真总结和完善了已成立的34个统计委员会。到1991年底，市辖区统计局已全部组建完成；全省12个城市的149个街道已全部成立统计工作站，每个站都达到了有房子、有牌子、有章子、有制度的"四有"要求；有210个乡镇成立了实体型统计工作站，配备了2—3人的专职统计人员。通过开展达标创优活动，已有一半以上的乡镇统计工作站达到了优秀标准。按照有计划普及地方农调队、有重点建立地方城调队的原则，积极开展了工作。在全省118个县(市、区)中，到1991年底，地方农调队已发展到57个、地方城调队26个。为了加强企业统计工作，在基层企业，特别是工业企业中开展了统计基础工作规范化活动。1991年在全省范围内开展了工业企业统计工作评比表彰活动，通过层层评比，对64家统计工作先进企业进行了表彰。

统计制度方法改革迈出了新步伐。经过设计、论证，在12个县(市)对建立地区国民经济核算体系作了全方位试点的基础上，1991年成立了由分管统计工作的副省长为主任，统计、计划、财政、银行等部门参加的国民经济核算协调委员会及其办事机构，确定了27个典型调查市(县)，开始了国民经济全行业转轨，为在1992年实现全面转轨奠定了坚实的基础。为配合搞活大中型企业，从1991年6月起建立了全省大中型企业主要经济效益指标季报，并已正式纳入年报制度，对全省266个大中型企业实行了定期的效益考核。山西省还进一步完善了村级农产量、农民收入抽样调查制度，推行了农村统计一套表制度，制定了分级开展人口考核的方案。

二、统计职能进一步强化，统计服务水平迈上新台阶

近两年，山西省开展了对统计职能的讨论研究和宣传教育，从而进一步提高了充分发挥统计整体功能的认识和自觉性。

全省各级统计部门紧紧围绕一系列影响国民经济和社会发展的深层次问题，开展定量分析和系统分析，为科学决策和宏观管理提供了大量依据。1990和1991年，全省乡以上统计部门编写的统计分析报告均超过15 000篇，省统计局撰写的分析文章都在400篇左右，采用率达到60%以上。分析的内容和题材触及到社会生活的各个方面和各个层次，时间涉及过去、现在和将来。省、地、县各级都有相当数量的统计分析报告受到了党政领导的重视和好评，在宏观经济决策中起到了较大作用。省统计局承担的《企业技术开发对经济发展影响的统计分析研究》课题，在1990年获山西省科委软件科学二等奖。全省各级统计部门始终把搞准统计数据当作头等大事来抓，针对影响数据质量的各种因素，通过强化基层统计力量，加强业务培训，建立健全各专业台帐，进行计算机逻辑检查，开展数据质量评估，层层签订数据质量责任书，进行数据质量大检查，开展评比竞赛，并把统计报表工作列入考核全面工作的首要依据等手段，有效地提高了数据质量。在1990和1991年全国统计年报综合评比中，山西省均获得优秀奖。本着提高标准和实现"规范化、系统化、多样化"的要求，近两年山西省

统计局继续出版了《山西经济年鉴》《山西统计年鉴》，并获得国家奖励。另外还编辑出版了《山西能源经济》、《山西财贸经济》、《山西建设经济》等大型系列资料丛书以及《山西农村经济览要》、《山西市县经济》、《山西姓氏大全》等书籍。

三、统计教育和科研工作蓬勃发展

遵循提高与普及相结合的原则，加强了在职干部的业务培训，建立了一套时间上以业余为主，学制上以中短期为主，层次上以大中专为主，方法上以岗位强化为主的本科、专科、中专、职业高中、定向培训、专题培训和以会代训的培训体系。到1991年年底全省在职统计干部已有2 030人获大专毕业证书、2 500人获大专水平专业证书、1 300人获中专毕业证书。1991年又进行了统计员培训与资格考试，有2 900余人参加了培训，5 220人参加了资格考试，合格率为45.5%。助理统计师岗位培训工作已全面铺开，按期完成了农业普查人员的培训。同时还举办了国民经济核算、人口统计分析、科技统计等方面的专业培训。全省统计人员的素质有了新的提高。

近两年山西省统计人员联系实际，在统计体制、统计法制、统计职能以及小康标准、农民负担界限、科技进步等方面进行了专题研究，取得了一批科研成果。1990年，有1项获山西省政府软科学研究成果荣誉奖，1项获山西省科委软科学二等奖，1项获山西省社会科学研究优秀成果三等奖。在1991年进行的首次全国统计科成果评选中，山西有3个课题、2篇论文获奖。

四、统计法制建设迈入新阶段

1990—1991年，全省统计部门以强化统计法制建设、提高执法水平为中心，积极开展统计执法检查和法制培训工作，狠抓统计法制工作的组织建设和基础建设，特别是在统计执法的规范化、制度化和科学化建设方面进行了大胆的尝试，收到了较好效果，山西省人大、省政府给予了多次表彰和奖励。据不完全统计，1990年，全省各级统计部门共检查和纠正统计违法行为360多起，其中立案查处98起，共计罚款1.5万元。在1991年进行的全省统计执法情况大检查中，全省共查出各种违反统计法规行为960余起，其中立案查处369起，罚款16万元，行政处分21人。1991年底，全省12个地、市以及相当一部分县(市、区)都设立了统计检查机构，共配备了近千人的检查员，初步形成了一支强有力的统计执法队伍。山西省的地方统计立法工作的影响已越出了国界，两年中，山西省与德国、荷兰等国同行进行了互访、交流，在国际上初步打开了学术交流的窗口。

五、统计信息自动化系统走向整体配套

山西省各级统计部门一直把统计信息自动化建设作为一项战略任务来抓，硬件网络和软件开发都有了长足发展。1991年省计算站新购置了小型机，扩建了机房，各专业实现了微机化；各地、市新建或改建了高标准的计算机房，面积最大的约250平方米，最小的也有160平方米，超微机故障率低于其他省市区，多次受到国家统计局的表扬；全省各县(市、区)都配备了微机，全省城调系统也实现了队队有微机；全省已有10余个乡镇统计站使用上了微机。微机应用和软件开发也取得了新的成绩。山西省农调认研制的“农经年报处理程序”已推广到全国统一使用，山西省统计局研制的“计算机病毒解除软件”在全国评比中获奖，“人口普查数据处理逻辑检查程序”、“统计事业费季报程序”也受到了好评。不少地、市结合实际研制出了一批方便实用的统计报表软件，有些地、市还装备了与计算机相配套的轻印刷系统，统计信息自动化系统正朝着配套化、正规化方向发展。

山西省统计局被国家统计局授予全国先进单位称号，连续4年被评为太原市精神文明单位，1990年在山西省直厅局中唯一被省劳动竞赛委员会记了集体二等功，并且还被省委授予山西省廉政建设先进单位称号。仅1991年，全省地、县两级统计部门就受到各种表彰120余次。

责编：**徐晓海**

内蒙古自治区统计工作概况

内蒙古自治区统计局

1990—1991年，内蒙古自治区统计工作在自治区党委、政府和国家统计局的领导下，认真贯彻中央和国务院领导同志对统计工作的重要指示和全国、全区统计工作会议确定的主要任务，积极推进以信息自动化建设为先导的统计配套改革，较好地发挥了统计信息、咨询、监督的整体功能及其导向作用，取得了较为显著的成绩。

一、统计配套改革取得了突破性进展

1991年，内蒙古统计局以改革总揽全局，紧

紧围绕统计改革和建设如何适应有计划商品经济的发展和各级领导宏观决策需要这一主题，在国家统计局的支持下，制定并实施了《以信息自动化建设为先导，推进统计配套改革方案》。(详细情况请参阅350页《以信息自动化建设为先导推动统计配套改革》)围绕方案，内蒙古统计局采取“统一思想、协调关系、积极稳妥、分步推进”的办法，使这项工作取得了突破性进展：一是思想认识得到统一；二是组织和措施得到落实，建立了局计算中心集中处理报表数据的规则和程序，完成了“三定”(定人员、定设备、定报表任务)、“三转移”(调微机程序、、操作人员8名，微机)。

内蒙古统计局在加紧实施信息自动化建设的同时，还抓紧进行与此配套的统计改革。一是加快了新国民经济核算体系和“一套表”的转轨和试点工作。在继续完善国民生产总值核算、投入产出应用和编制1990年投入产出延长表的同时，资金流量核算在两年试编的基础上，已纳入了年报制度，地区国际收支核算在原有培训的基础上，拟以课题组的形式编制1991年度地区国际收支表。在搞好建筑业、农业、工业、商业、物资、外经的增加值试点的基础上，农业、工业、建筑业增加值计算已纳入年报制度。工业“一套表”的试点工作正在按国家统计局的统一要求在呼和浩特市进行。二是建立国民经济综合效益考核指标体系。内蒙古统计局与计委、经委共同制定了国民经济综合效益考核指标方案，经自治区人民政府批准实施，采用分步实施的办法，从1992年起与国家配套先对全区工业企业进行评价考核，然后再逐步扩大到商业和建筑业。三是加快了综合统计数据库的建库工作。建库工作已完成总体设计和指标体系、代码设计，完成部分历史资料的录入，并从数据库系统编辑了《统计提要》和《统计年鉴》。四是制定了与统计信息自动化建设衔接配套的内设机构改革方案。总体设想是加强综合、平衡、制度方法、社会科技、政策法规和计算机人员的力量，并将进一步按统计设计、数据处理、分析应用、行政管理四大系统来设计、改革统计局的机构。

二、统计法制建设迈出了新步伐

(一)是统计立法有了新进展。1990年12月自治区人大常委会颁布实施了《内蒙古自治区统计管理条例》，1991年7月又经自治区人民政府批准实施了《内蒙古自治区统计检查监督办法》。在1991年全国统计法制工作评比中，内蒙古统计局被评为全国统计地方立法工作先进集体。

(二)是统计检查机构及人员得到加强。1991年年底，全区已有10个盟市设置了统计法制检查机构。100个旗、县、市、区99%配备了专兼职统计检查员，其中有7个旗县建立了统计检查站(所)。全区已配备统计检查员703人，基本上形成了自治区、盟市、旗县三级统计检查网络。

(三)是统计执法检查取得了一定成效。内蒙古统计局在大力宣传统计法律法规的同时，积极开展统计执法大检查。据初步统计，1988年以来，全区共查处和纠正各种统计违法行为2 541起；立案处理291起；125个单位和个人受到处罚；6人受到行政处分；793个单位被通报批评；共计罚款6万多元。通过统计法规检查工作，使内蒙古自治区统计工作逐步走上了依法治理统计的轨道。

三、统计数据质量明显提高

1990—1991年，内蒙古自治区各级统计部门，始终把提高统计数据质量作为统计工作的首要任务来抓，使统计数据质量有了明显提高。

(一)建立健全了统计数据质量管理和控制办法。内蒙古统计局先后制定了《提高统计数据质量办法》和《统计报表管理规定》以及三级审核把关制度，并在全区实行数据质量目标管理责任制，进行检查评比，形成了一整套有效的竞争、激励机制。

(二)其次，抓源头、批基层统计规范化建设。全区各级统计部门按照区局统一要求，加强原始记录、台帐和各种核算管理等项基础工作，抓出了成效；大部分地区开展了统计基础工作规范化试点。

(三)开展了统计数据质量大检查。内蒙古统计局每年结合年报工作进行一次全区范围的统计数据质量大检查。通过检查，对违反统计法规、虚报、瞒报、篡改统计数据的案件进行处理；对数据质量好的单位和个人进行表彰，促进和鞭策各级统计部门和各级统计人员重视统计数据质量。

通过上述一系列措施，进行综合治理，收到明显成效。不仅圆满完成了国家各项定期报表和年报任务，而且统计数据质量有了明显提高。

四、统计决策咨询水平又有新的提高

据不完全统计，两年中全区盟市以上共撰写统计分析报告2 000余篇，其中大部分被各级党委、政府和决策部门采用，采用率达80%左右。

(一)统计分析的时效性、灵敏性、科学性明显提高。两年中，内蒙古统计局与自治区党委、政府信息机构建立了密切关系，特别是与自治区政府办公厅采用两家合搞综合统计月报、工业统计月报的做法，使统计信息以最快的速度提交给党政领导。同时，坚持当月预计下月，半年预计全年的做法，做好超前服务，提高了时效性。在做法上：一方面密切注视经济运行中的各种矛盾，灵敏地捕捉新情况、新问题，提供适时的统计信息，起到预警作用；另一方面，通过在全区建立宏观监测快讯和投入产出模型等，努力探求经济发展的数量界限和规律性，注意提供有量化特点，便于操作的对策建议，发挥更高水平的决策咨询作用。如，利用投入产出模型就铁路、煤炭涨价以及提高粮油统销价格等对全区经济波及影响的测算，都受到了自治区党政领导和有关决策部门的好评。内蒙古统计局投入产出模型应用成果，也被国家统计局评为全国首届统计科研成果二等奖和自治区科技进步二等奖。

(二)积极为"八五"计划和十年规划的编制提供决策依据。利用投入产出模型，对自治区提出的"八五"计划草案，进行定量测算，提出了内蒙古自治区"八五"期间各项经济指标增长速度界限，被自治区党委、政府采用，有效地发挥了统计决策咨询作用。

(三)紧密围绕经济生活中的"热点"和"难点"进行决策咨询。1990年5月20日《人民日报》刊登了全国各地城镇居民收入资料，内蒙古自治区城镇居民人均生活费收入在全国位次排列倒数第一。根据这一新情况，内蒙古统计局及时撰写了《对我区城镇居民生活费收入在全国位次后移的分析与对策》专题分析报告，引起了党政领导的高度重视，并责成自治区有关领导和部门，提出解决问题的具体措施，最后根据自治区财力为职工适当增加了肉补和煤补，受到了广大群众的普遍好评。自治区统计局撰写的《成绩、困难、出路》《内蒙古经济增长"滞后"的原因及对策》和《1991年全区经济运行情况及1992年展望》，自治区党政领导都做了批示。

(四)召开了人口科学研讨会，积极开发"四普"资料。1991年，内蒙古自治区人口办会同统计学会、人口学会召开了人口科学讨论会，共提交大会论文123篇，其中55篇被评为一、二、三等奖，在《内蒙古日报》上发表了18篇文章，对开展自治区人口统计分析研究起到了积极的作用。

(五)统计新闻发布更加活跃。两年中，内蒙古自治区各级统计部门，还十分重视统计宣传工作，仅1991年，全区盟市以上在各种报刊、电台、电视台上发布各类新闻共1570条，平均每天4.3条，不仅大大提高了统计部门的知名度和社会影响，而且产生了良好的社会效益。

五、统计基础建设取得了新进展

(一)是城市统计信息网络逐步建立健全。内蒙古自治区呼市、赤峰、乌海三市都在市辖区建立了统计局，包头市也正在抓紧建立。各市辖区街道办事处已基本建立了统计工作站。与此同时，各业务主管局和大中型企业综合统计机构也逐步建立健全起来。

(二)是乡镇(苏木)统计工作站也逐步得到巩固、完善和提高。两年中，自治区各级统计部门狠抓了乡镇(苏木)统计工作站的建立，并在建站的基础上，由松散型向实体型转变。如内蒙古准格尔旗对乡镇统计工作站实行了"一垂三统"，人员、经费、业务统一由旗统计局管理，这在全国尚属少有。卓资县的统计体制改革在全国引起重视，在全县20个统计站配备了统计人员63名。其中专职统计人员35名，平均每个乡镇2—3名统计人员。经费由乡镇列入预算，从财政经费列支。

六、机关建设得到加强

两年中，针对国际、国内的政治形势以及统计事业的发展，内蒙古自治区各级统计部门在一手抓业务的同时，狠抓了统计队伍的思想建设、作风建设、班子建设和廉政建设。自治区统计局党组先后研究制定了《关于加强机关建设，改进工作作风的决定》、《加强政治思想工作，提高全局职工政治素质的意见》、《加强专业学习，提高全局职工业务素质的意见》、《加强政务工作，建立良好工作秩序的意见》等文件，使机关建设从制度上得到了保证。通过加强思想政治工作、加强业务学习、加强政务工作、实行目标化管理以及坚持为基层办实事等，使机关作风明显改变，不仅使广大统计人员提高了政治、业务素质，而且坚定了社会主义信念，增强了统计事业心，使全区统计队伍出现了勇于开拓、积极向上的可喜局面。

执笔：**胡敏谦**　审稿：**陈元涛**　责编：**徐晓海**

辽宁省统计工作概况

辽宁省统计局

1990—1991年，辽宁省的统计工作在省委、省政府的领导下，认真贯彻落实李鹏总理对统计工作的重要指示和全国统计工作会议精神，密切结合全省的实际，紧紧围绕调整经济结构、提高经济效益、改善经济环境这个中心，创造性地开展统计工作。在理论研究上，经过全面、深入地论证，提出了《我国新时期社会主义统计基本职能》总报告，被国内专家鉴定为具有国内先进水平，为新时期统计工作实施丰富了理论基础。在统计实践上，继续加强了统计基层基础建设，提高了统计数据质量；加强了对经济运行情况的系统和定量分析，提高了统计分析水平和咨询能力；加强了对统计人员的业务技术培训，提高了干部队伍素质；进一步完善和推进各项统计改革和综合配套建设，充分发挥了统计信息、咨询、监督三大职能作用。全面完成了国家和地方的调查统计任务，为促进全省经济与社会发展做出了积极的贡献。

一、狠抓统计基础建设，确保统计数据质量

按照李鹏总理提出的"准确、及时、全面、方便"的八字方针，全省统计工作在继续坚持提高统计数据质量八项综合治理措施的同时，狠抓统计信息网络建设的巩固与健全。

八项综合治理措施为：1、始终把搞准统计数据，做为衡量各地区统计工作水平的重要尺度；2、坚持从实际出发，大胆改革调查方法，保证源头数据准确，用科学方法加强质量控制；3、建立健全统计数据质量分析评估制度，实施逐级综合分析判断，作出准确的评价；4、完善各种规章制度，落实责任制，严格把好审查验收关；5、积极开发应用现代化技术手段，省市县充分利用计算机进行汇总，提高工作效率和数据质量；6、强化依法治统计，开展经常性的以保证统计数据质量为重点的统计执法检查活动；7、加强基层统计人员培训，强化基础工作规范化、制度化、程序化，层层抓好典型经验总结和推广工作；8、加强思想政治工作，大力倡导和发扬无私奉献、埋头苦干、锐意开拓、奋发进取、严格细致和一丝不苟的优良作风。

1991 年在网络建设上取得新进展：

强化了自身基础工作建设。省统计局制发了《统计资料加工、管理办法》，各级统计部门按照《办法》规定分别采取了一系列措施，对各项专业统计基础工作建立了层层管理、专人负责的各项责任制度，加强了对统计报表和资料的审核、验收、整理、传递、管理以及对主要统计数据的评估等配套的综合治理，将横向和纵向间全面开展的统计工作检查和评比活动列入责任目标考核，使基础工作基本达到了工作制度化、资料档案化、管理规范化。

强化了城乡网络建设。按照省政府《关于强化统计监督确保统计数据准确的决定》要求，省统计局进一步制发了《关于加强统计基础建设的意见》，在继续巩固发展农村统计信息网络建设的同时，为落实国家统计局在大连召开的"全国统计改革和统计信息网络建设经验交流会"精神，重点抓了健全城市基层网络工作。在组建区、街道统计机构和建立健全企业综合统计机构中，依据《统计法》、《辽宁省统计监督条例》、《辽宁省统计工作管理办法》等法规把基层建设和基础工作纳入到法制轨道，使统计信息网络建设得到发展，统计数据质量得到保障。目前，全省农村 1 254 个乡镇全部建立了统计办公室(站)，其中实现"三化两全"的有 1 053 个；全省 169 31 个村有 13 053 个建立了村级统计组，形成了以乡镇统计站为轴心的农村基层统计网络；全省 56 个市辖区中，已有 51 个建立了区统计局；458 个街道办事处全部配备了专兼职统计员，其中专职的占 2/3；还有 76 个街道建立了统计站；有相当一些企业，尤其是大中型企业，在逐步实现统计基础工作规范化前提下，建立起以综合统计为中心的企业内部统计信息网络。全省基本形成了以市、县(区)统计局为中心，以业务主管部门为侧翼，以企业为基点的城市统计信息网络。同时，与信息网络相适应的计算机网络、统计法规检查网络、统计宣传报道网络、统计电化教育网络也逐步建立起来。全省城市和农村两支社会经济调查队地方又增加 86 个编制，队伍更加稳定、壮大，成为全省城乡统计信息网络中异常活跃的实体力量。

由于基础工作细致扎实，全省 1990 年统计年报在全国评比中获得优秀奖，名列全国第 2 名。

二、增强参与意识，积极为改善经济状况献计献策

面对近年来辽宁出现的经济异常态势，按照省委"一抓三带"，搞活大中型企业，调整结构，提高经济效益的要求，各级统计部门和统计机构，充分利用统计资料开展积极的统计咨询。仅 1991 年，省、市统计局就写出统计分析报告和统计信息资料 3 200 多篇，采用率近 70%。特别是密切注视改革开放中的新情况、新问题，着意加强统计咨询的时效性、灵敏性和科学性，取得显著效果。1990 年末以省统计局局长张本勃在参加省委、省政府秘书长座谈会上的发言为基础，向省委写出《对我省今年经济工作的若干建议》的报告，引起省领导的高度重视，报告的主要观点和四项建议均被写进省委《1991 年工作要点》和省七届人大四次会议《政府工作报告》中。针对全省技改投资下降等问题写出的《我省调整投资方向的重点和对策建议》报告，岳岐峰省长在批示中给予高度评价，指出所提建议好，分析深透，符合中央精神；省长办公会作了专题讨论；省政府办公厅加编者按转发各市。《流通不畅对全省经济的影响》的报告，岳省长作了长篇批示，指出该报告对制定全省经济决策起了重要作用，弥补了过去决策中缺少的一个重要环节(流通)。针对工业滑坡、市场疲软，亟待寻求走出低谷的出路等重大问题，及时写出了一批象《回顾·思考·判断·选择》、《我省工业结构及近期调整应采取的对策》、《辽东半岛开放形势与战略调整》等分析报告，这些报告都被省领导和有关经济工作部门用作研究辽宁经济发展战略和对外开放的参考资料。《回顾》和《投资方向》两篇还分别获得 1990、1991 年度全国

优秀统计分析报告一等奖。

通过强化开放意识，在统计为社会服务中既保证提供，更注重效果。一是不断拓宽统计信息渠道。在加强对外各方面联系的同时，建立了统计系统内部的政务信息网络，使统计信息来源充实，推动统计工作向多方位的信息主体发展。二是适时编印提供适应社会需要的统计资料，诸如数字快报、资料卡片、专辑汇编、实用手册、统计提要、以致统计年鉴等大型书籍。三是有针对性地开展“乡镇企业调查”、“居民对房改承受力调查、“外向型企业调查”、“居民供应粮价放开跟综调查”、以及各种题目的问卷调查等等。从多角度提供各种类型的统计信息。

三、制定统计发展规划，推进统计配套改革

搞好各项统计工作的配套改革和建设，是充分发挥统计整体功能的重要保证。省统计局本着从实际出发，立足当前，着眼长远的原则，把需要和可能结合起来，根据全国统计改革与发展战略目标的要求，制定下发了《统计信息自动化战略发展思路》、《辽宁地区新国民经济核算体系建立和实施规划》、《全省统计教育发展规划》、《辽宁省统计普法五年规划》等具有明确战略目标和战略重点的、相互配套、互为支持的具体规划方案。围绕这些战略部署，积极有重点地开展工作。(1)积极推进制度方法改革。突出开展了各个专业统计的增加值试算试点工作，并将其纳入1991年年报制度；在国家统计局的支持下开展了改进国民经济循环账户体系的试点工作，同时完成了编制说明；全面进行了省级资金流量表、资产负债表等5个表式的编制年限划一工作；总结了投入产出事前统筹试点经验，编制了投入产出延长表，开展了东北经济区投入产出联结模型研究；完成了投入产出模型同资金流量模型、总供给和总需求模型相连接的辽宁货币—商品循环系统新技术研究，首次进行了货币流与物资流相互循环运动的数量描述；继续推进工业企业和农村基层两个统计一套表的改革和试点工作，并以农村统计一套表代替农村统计年报。(2)加快统计信息自动化建设。在重点抓好硬件设备配置、更新和上档次的同时，并使其向县级倾斜；大力抓好综合数据库建设和高层次软件应用开发；完善计算机通讯网络建设，以此实现从事务处理系统向信息管理系统的转移。经过独立完成第四次人口普查数据录入、汇总任务和检验，全省计算机处理能力已经达到一定的水平。省统计局研制的国民经济综合数据库管理系统，也获得了全国首次统计科研成果评选二等奖。(3)为了健全和完善地方统计法规体系，省人大常委会制定了《辽宁省统计监督条例》，省统计局下发了《经济罚款划分标准若干规定》、《统计检查队伍管理若干规定》等4个规范性文件，使全省统计法制工作进入程序化、规范化、制度化，被国家统计局评为先进单位。(4)全省统计科研队伍不断强化，统计教育网络逐步形成，统计队伍的政治和业务技术素质不断提高。1991年全省有2项科研成果获全国统计科研成果二等奖；省统计局参与研制的《辽宁省宏观经济监测、预警、调控系统》已经完成。经过培训和考试，全省有14 000多名基层统计人员取得了专业职称资格；层层举办各种短期岗位专业知识培训班，共有11 000多名统计员受到培训；按国家粮农统计中心要求，全省培训农业普查员102人，得到国家好评；经省教委批准，由省统计局办的统计大专专业证书班在营口市、本溪市分别开班。1990年全系统开展了“热爱统计，献身统计”的活动，树立《赤心向党志不移，开拓进取献统计》、《志在统计，献身统计，把理想植于祖国统计事业上》、《不计名利尽职守，兢兢业业做“黄牛”》、《时刻铭记党培育，愿将毕生献统计》、《扎根山区满腔挚爱干“农调”》等5个典型，在全省巡回报告。1991年召开了“弘扬统计精神，发展统计文化”研讨会和思想政治工作经验交流会，使统计和统计文化不断发扬光大。省和多数市统计局在同级政府系列评比中，连年被评为先进单位。

执笔：**杜兆顺**　审稿：**张本勃**　责编：**徐晓海**

吉林省统计工作概况

吉林省统计局

1990—1991年，吉林省各级统计机构和广大统计人员，大力推进各项统计改革和建设，全面强化统计信息、咨询、监督的整体功能，使统计工作整体水平有了进一步的提高，取得了较为显著的成绩，得到了国家统计局和省党政领导的充分肯定。

一、统计数据质量得到全面提高

(一)完善和严格执行各项数据质量监控制度。一是通过层层建立和严格执行“三级审核制”，把好数据质量审核关，强化制约机制；二是通过建立和执行每年两次的统计数据质量检查，强化监督机

制；三是通过对主要的统计数据进行质量评估，强化数据质量信息反馈机制；四是通过建立和完善数据质量评比、通报、奖励制度，强化激励机制。五是充分利用计算机进行逻辑审核，杜绝技术性差错和逻辑性差错。

(二)强化统计基础工作。各级统计部门在巩固完善农村统计信息网络、加快城市统计信息网络建设的同时，与各业务主管部门通力协作，进一步加强了企业统计基础规范化工作。

(三)大力加强对各层次统计人员的业务培训。各级统计部门主动联合有关业务部门坚持以经常性的短期培训和岗位知识培训为主，开展了全方位、多层次、多形式的统计岗位培训。1990—1991年共举办各类业务培训班1 013期，培训统计人员3.4万多人(次)。

通过采取以上措施，切实有效地提高了统计数据质量：一是各类统计年报和定期报表质量普遍得到提高，在国家统计局组织的年报质量综合评比中，吉林省连续两年获得全国年报质量综合评比优秀奖。二是国民经济主要指标的统计数据真实地反映了客观经济运行趋势，置信度明显提高，得到各级领导的认可。

二、统计咨询能力显著增强

全省各级统计部门共编发统计分析报告5 200多篇，得到各级领导批示的400多篇，采用率达50%以上。除以文字形式提供统计咨询外，还向各级党政领导当面汇报经济情况1 268次。统计咨询水平有了明显提高，参与决策能力有了显著增强。

(一)加强进度分析，提高对现实经济问题的观察频率和宏观监测水平。为满足各级领导决策和管理的需要，各级统计部门密切注视经济发展的态势，加强了进度分析，做到既反映各项政策措施落实情况，摆出成绩和问题，又着力对问题产生的原因及其解决的办法进行深入分析研究，提出科学性、操作性较强的咨询意见，得到了省领导的好评。

(二)加强定量分析和系统分析，增加了统计咨询的深度。各级统计部门紧密围绕党政领导及社会各界所关心的“热点”、“难点”问题，应用联系的观点、发展的观点、综合平衡的观点进行定量分析和系统分析，提出了一些具有重要参考价值的统计分析报告。如省统计局撰写的《经过三年整顿，我省工业已步入复苏阶段，要把握时机抓好1992年工业生产》一文，省长主忠禹阅后批示：“这一材料写得很好，有数据，有分析，尽管分析面还不够宽，但是一篇值得看，并加以研究、指导工作的材料。请印发给各位省长、秘书长、计经委主任阅。”

(三)从宏观角度加强预测分析，为党政领导决策提供超前服务。各级统计部门普遍加强了对一些重要调控目标的预测分析，从而使领导在决策中及时、准确地把握经济的未来走向，更好地掌握宏观调控力度。

(四)开展系列分析。省和各地区统计局还开展了经济效益、“七五”时期经济和社会发展情况的系列分析，为各级领导研究制订“八五”计划和十年规划提供了咨询建议。

(五)参与高层次经济研究活动增多。省和一些地、县统计部门多次在政府召开的经济形势分析会上作专题发言，或参加由党政领导主持召开的各种经济形势研讨会、论证会等，参与了重要文件和重要会议材料的起草工作。一些地县统计局、乡镇和街道统计工作站已成为当地党政领导研究经济问题必不可少的参谋部；一些部门和企业的统计机构已成为加强行业管理和企业管理、实行科学决策的有力助手。

三、统计宣传综合效能得到有效发挥

(一)充分利用统计书刊和新闻宣传媒介，宣传统计成果。除编发统计提要本、公报、年鉴、统计快报等常规的“产品”外，还编印了各类统计书刊达5.7万册；在党政部门内部刊物上和电台、电视台、报刊等新闻媒介播发统计信息达6 400条(篇)，其中有1/3以上被党政部门采用。

(二)积极宣传统计自身工作，增进社会对统计工作的了解。一些地区和部门专门召开了有企业、部门领导参加的统计工作会议，省及一些地县统计部门的负责同志多次就统计法制问题、“四普”等工作发表广播、电视讲话，答记者问；《中国统计》杂志1990—1991年连续开辟了地方专页，集中宣传了吉林省统计改革、建设和服务工作的情况。

四、统计改革和建设稳步发展

(一)进一步强化了城乡统计信息网络建设和企业统计基础规范化建设。在1990年8月召开的全省农村统计工作会议的推动下，全省乡镇统计工作实现了“双百”(100%地配备了专职统计人员，100%地建立了统计站)，实体型统计站占20%以上；在全省1万多村民委员会中，98.3%的行政村设立了统计小组或配有专兼职统计人员；全省已基本上形成了纵横贯通、扇面幅射的农村统计信息网络。在城区统计局力量不断增强，条件有所改善，职能作用逐步发挥的基础上，各省辖市及城区加强了街道统计站的建设，并及时对试点经验进行总结和推广。1991年4月全省城市统计工作座谈会之后，这项工作步子迈得更大。目前，6个省辖市已建立街道统计站52个，占全部街道总数的1/3左右。企业统计基础规范化建设已步入科学化、制度化、经常化轨道。各级统计部门同业务主管部门密切协作，科学地设置和组织实施全省统一的规范的原始记录和统计台帐，并通过召开会议、检查评比、树立典型、以点带面，层层狠抓落实，使企业统计基础规范化建设收到了明显效果。在国营大中型企业中，进一步建立健全了综合统计机构，配备了专职统计人员，一些小型企业也配备了综合统计人员或推行综合统计负责人制。

(二)配合新国民经济核算体系的建立，统计方法制度改革取得了成绩。由省统计局自行研制的农村基层统计"一套表"，经过试点取得经验后，1990年经省政府批准由省统计局等8个部门联合发出通知，在全省已全面推开。此外，在建筑业统计"一套表"、工业统计"一套表"、农业增加值、投入产出事前统筹、统计系统人事管理数据库、非物质生产增加值等方面都积极进行了试点，并总结了经验。

(三)统计法制建设成效显著。各级统计部门联合有关部门，共查出各类统计违纪案件2 048起，其中经过法院强行制裁的24起，罚款金额达28万元。全省已建立了500多人的专兼职统计执法检查队伍，涌现出了一大批先进执法单位和个人。省统计局印发了《统计法规监督检查文书》，使统计执法工作更加程序化、法律化。1991年在《吉林省统计管理条例》颁布三周年之际，配合第二个五年普法宣传活动。省、地和一些县统计局、业务主管部门和企业层层举办统计法规知识竞赛，大力宣传和普及统计法规知识，在此基础上，举办了"吉林省首届统计法规知识竞赛"，收到了较好的普法效果。

(四)统计信息自动化建设有了新发展。目前，省统计局已建立了计算中心，地区统计局也都建立了计算站，全省政府统计系统拥有各类计算机297台，每个县配备微机1—2台。已建立了省地县三级统计信息自动化体系，初步具备了承担日常报表和大型调查数据的处理能力。开通了省、地两级远程通讯联网，省地县三级通讯网覆盖面已达74%以上，率先实现了与国家3B机远程通讯；省统计局完成了小型机安装调试工作，已进入正常运行；积极开展了计算机软件开发和建立数据库工作。省统计局研制了工业、综合统计数据库，并与省委、省政府信息自动化系统相联结。

(五)统计科研、统计教育取得了新成果。省统计局与有关部门共同承担的吉林省软科学重点课题《吉林省社会资金流量核算研究》通过专家鉴定，一致认为这项成果在国内目前同类研究中具有领先水平；与吉林工大研制的《吉林省依靠科技进步，促进经济协调发展的预测、决策支持系统》通过省科委鉴定，也被认为达到了国内同类研究先进水平。统计教育逐步走上正轨，为发展统计教育，各级统计部门努力办好电视函授中专、本科及第二轮统计专业电视函授大专班，加强了函授辅导，提高了教学辅导质量和单科结业率。1991年结合统计员资格考试，有3 700多名基层统计人员参加了培训。

五、精神文明建设得到加强

吉林省各级统计部门的领导针对国际国内形势的发展变化，自觉坚持两个文明建设一起抓，组织广大统计人员学习政治理论，广泛开展了党的基本路线教育、四项基本原则教育、爱国主义教育、廉政教育以及坚持实事求是、反对弄虚作假的统计职业道德教育。为了推动思想政治工作的开展，1991年8月召开了吉林省首届统计部门思想政治工作座谈会，交流了经验，研究探讨了新形势下思想政治工作的特点、内容和形式。同时，结合统计业务工作的特点，还在全省统计系统广泛开展了争先创优的评比活动。通过加强精神文明建设，广大统计人员进一步坚定了社会主义信念，增强了反和平演变的能力，提高了思想政治觉悟。

执笔：**蔡跃玲**　审稿：**聂文权**　责编：**徐晓海**

黑龙江省统计工作概况

黑龙江省统计局

1990—1991年黑龙江省各级统计部门认真贯彻中央领导同志关于加强统计基础工作、加强定量分析和系统分析的重要指示，按照全国统计工作会议的部署，紧紧围绕党的中心工作，采取积极措施，努力提高统计数据质量，搞好优质服务，深化统计改革，发挥了统计整体功能。

一、加强统计分析，提高决策咨询水平

(一)以研究调整产品结构为突破口，分析如何推进经济结构的合理化。一是从产业部门方面，完成了对黑龙江省石油化工、机械电子、冶金建材、轻工、纺织、医药等重点行业的系列统计分析；二是从产品结构调整的配套措施方面，对工业品市场占有率、能源开发利用和深度加工、出口产品结构

调整、投资结构调整、“双停”(停产、半停产)企业的现状与出路、建立社会保障体系促进生产要素优化组合等问题分别作了综合性的专题分析。并采用层次分析法，分析了黑龙江省工业品的强项和弱项。受到了省领导的重视和新闻单位的关注。

(二)围绕“科技兴省”战略的实施，分析科技进步的作用。以国民生产总值为总产出，采用索络余值法增长速度方程，建立数学模型，进行数据测算分析，由省科委组织了成果鉴定会，为制定经济技术发展规划提供了参考依据。

(三)针对经济运行中的“难点”“热点”问题，及时分析研究。针对大中型企业活力减退、效益下滑状况，对全省433户大中型企业的活力值(通过产品销售率、积累率等17项指标加权平均计算)逐户测定，邵奇惠省长阅后责成有关部门研究解决措施。针对黑龙江省财政吃紧，撰写了《发展经济，提高效益，争取财政状况的好转》的分析。针对黑龙江省农业增产不增收的问题，对各种作物的成本和收益作了比较分析，提出在粮食综合生产能力达到450亿斤的基础上，调整作物构成的实证分析，被省领导和有关部门采纳。

(四)围绕宏观经济运行，开展形势分析。通过加强综合平衡分析，建立了宏观监测预警体系，使进度分析具有一定深度，越来越受到外界的重视。省委、省政府领导多次听取统计局经济情况汇报。在省委常委扩大会上，首先安排统计局作了《我省经济效益下滑原因及解决的出路》的发言，反映良好。

(五)利用统计优势，开展统计宣传。省政府办公厅的《当日信息》采用统计信息120条，居省直单位前列；省统计局通过新闻媒介发布信息80多条；在黑龙江日报和省委的《调查研究》刊物上开辟了宣传统计信息的专栏。

二、加强统计基础工作

1991年8月召开了全省农村基层统计建设经验交流会，陈云林副省长和杨德彬副秘书长出席会议并讲话，会议交流了35个典型经验。全省1 157个乡镇到1991年已建成各种形式统计信息办公室(站)1 127个，占97.4%；全省14 490个行政村，已建立统计组或配备统计员的有13 558个，占93.6%。农村统计实行了“三统一、三共同”制度，即统一组织人员，共同完成农村统计任务；统一制定农村“一套表”，共同搜集统计资料；统一提供统计数据，共同审核把关。同时坚持建立乡、村两级统计台帐。1987年全省只有22个实体型的统计信息办公室，到1991年已发展到124个。海林、呼兰、讷河、肇东4个县的全部乡镇建立了实体型的统计信息办公室。农村统计队伍不断壮大，全省乡、镇已配统计人员1 368人，平均每个乡镇1.18人，其中专职统计人员占87.4%，并普遍进行了培训。全省已连续四年推行农村“一套表”，进一步加强与业务部门的协调配合，充实和完善指标体系，制定分类和编码标准，设计了微机处理程序，同时加强了资料的开发应用。与此同时，在全省28个国家农村抽样调查县之外，到1991年又在25个县和5个地、市建成地方农调队，编制105人。通过开展农村抽样调查，使农村的全面统计与抽样调查相结合，进一步发挥农村统计的整体功能。

1991年8月召开了全省城市信息网络建设经验交流会，交流了39个市(区)和基层企业的典型经验。城市统计信息网络日趋完善，在全省63个市辖区中，已有51个区建立了统计局，占81%，增配统计人员264人，有的区统计局达到12人，改善了工作条件，配备了微机。伊春市下发了《关于建立区级统计局，实施地域统计管理》的文件，15个区成立了统计局，共配统计人员97人，工作已进入正常运行，区统计局成为区一级的统计信息综合部门，发挥了决策咨询作用。一些大中型企业进一步健全统计信息网络，部分企业运用微机处理原始数据并开展分析，实现了统计过程的自动化控制。在一些商业企业，加强基层核算管理，实现了销售量“日清日结”，及时掌握消费动向，对市场要求的瞬息变化及时反馈，克服了“以销挤存”，反映情况晚的弊端。

三、完成了地方统计立法

《黑龙江省统计检查监督条例》(简称《统计条例》)在1991年10月30日经省七届人大常务委员会第23次会议通过，从1992年1月1日起施行。《统计条例》是为了保证《统计法》及其实施细则的贯彻，结合黑龙江省实际情况制定的地方性统计法规，共分总则、检查监督的内容，检查监督的分工、奖励与处罚、附则，5章26条。其内容有四个主要特点。一是突出了检查监督的主题，把加强检查监督统计违法行为地方统计立法的主要内容。二是完善了制裁机制，增加了经济处罚条款，扩大了统计执法的复盖面。三是强化了执法手段，规定：县以上政府统计部门是国家授权的统计执法机关，依法独立行使统计检查监督职权。四是明确了法律关系，规定了哪一类社会组织的统计活动，由哪一级统计部门或主管部门实施检查监督。1991年12月6日周铁农副省长召开电话会议，提出贯彻实施《统计条例》的要求。

四、高质量完成了年报和“四普”数据处理任务

以抓年报质量为重点，全面推动统计数据质量

的提高。全省提出"保证时间、减少差错、提高质量、争创一流"的年报工作目标，经各级统计部门的共同努力，1990年全国年报质量评比，获优秀奖，进入全国先进行列。同时，对定期统计建立分专业的重要数据质量评估制度，加强了统计数据质量管理的制度建设。

圆满完成了第四次人口普查数据处理任务，锻炼了队伍，培养了人才，促进了信息自动化系统建设。为完成人口普查数据处理任务，全省共投入录入微机92台，386超微机16台，打印机71台。对近400名计算机人员组织了12期技术培训。全部录入工作于1991年6月30日完成，上报国家的原始数据磁带于10月16日一次验收合格，取得质量合格证。

五、综合配套地搞好统计改革与建设

为实施新国民经济核算体系做准备，完成了工业增加值和非物质生产部门增加值计算的试点，对改进专业统计和会计、统计核算的协调问题提出了建设性意见。为促进企业经营机制的转换，在工业、商业部门建立了以经济效益为中心的新的考核指标体系。为了反映社会、经济、科技的协调发展，充实了社会统计指标体系，建立健全了科技统计。1991年11月由省政府召开首次全省科技统计工作会议，进一步理顺了同社会、科研部门的工作关系。

统计信息自动化系统建设向更高层次发展。围绕完成第四次人口普查数据处理任务，各行署、地、市成立了计算站，配备了386微机，各县(市)统计局全部配齐了微机，省统计局计算中心安装了DEC 5810超小型计算机，速度快、存储量大、功能齐全，标志着黑龙江省统计自动化系统建设进入一个新的阶段。

继续抓好统计教育。重点抓了统计员岗位专业知识培训，全省培训6 100人，结业考试及格率达89.4%。参加培训人员在全国统一统计员资格考试中，及格率达70%。招收电视函授大专班学员853人，建立了12个电视函校工作站，培训质量有所提高。全省还举办专业和外语培训班10多期，培训学员1 000多人。省商业系统组织全省3 500名基层统计人员，学习基本统计知识269题，举办了统计知识大奖赛。

增强统计科研意识。依托统计学会联系各级统计部门，大专院校和广大统计人员，积极开展统计科研，既研究统计理论方法问题，又研究社会经济问题。为推动统计科研，研究制订了《黑龙江省统计科研课题立项管理办法》和《统计科研课题指南》，筹集了统计科研奖励基金。全省共组织了21个立项课题，向全国推荐了3项。向新国民经济核算体系过渡问题的研究、宏观经济预警系统的研制等课题，取得一定成果。1991年11月召开了全省第5次统计科研讨论会，提交论文58篇，展示了近二年全省统计科研水平。

六、加强统计队伍建设

各级统计部门普遍建立了工作目标管理责任制，层层分解，落实到人，保证了各项工作有条不紊，落到实处。本着两手抓的方针，进一步加强精神文明建设，进行统计职业道德教育。在统计部门树立"团结、公正、廉洁、求实、进取"的良好风尚，倡导"热爱统计事业，甘当无名英雄"的精神，树立不受干扰、实事求是的品格，坚持精雕细刻、精益求精的作风；提倡积极主动、不甘落后的风貌；树立清正廉洁、艰苦奋斗的风气。统计战线出现了许多默默无闻的无名英雄和好人好事。许多统计部门和基层统计单位成为本地区或本部门的先进单位。

执笔：**朱昌延**　审稿：**王德祜**　责编：**徐晓海**

上海市统计工作概况

上海市统计局

1990年和1991年，上海市认真贯彻中央领导同志的指示和全国、全市统计工作会议精神，在加强统计基础建设，加快统计自动化建设步伐，发挥统计整体功能等方面均取得了一定的成绩。

一、加强统计资料开发，提高优质服务水平

(一)注重信息的有效性，更好地为经济建设和地方中心工作服务。两年来，上海市各级统计部门围绕治理整顿、深化改革和国民经济运行状况，围绕"质量、品种、效益年"、制止企业效益滑坡、清理"三角债"，围绕调整结构、提高效益、搞好国营大中型企业，围绕加快浦东开发开放，以及控制人口发展等重大决策，积极开展调查分析，向各级领导提供了大量的统计信息和分析报告。市统计局每年向市委、市政府提供各类统计分析报告360余篇，各县、区统计部门提供的总量近千篇。市统计局提供的统计信息和分析报告中有1/3被市委、市

政府办公厅采用。

(二)开展多样化的统计调查，努力开拓信息源。一是充分利用现有统计报表超级汇总所掌握的数据，运用计算机搞好资料深加工。二是通过抽样网点，先后开展几十项专题调查，围绕改革开放中的一些"难点"，如粮油调价、房改、放开蔬菜豆制品价格、中小学生和幼儿实行住院医疗保险、城市大面积交通改造等政策措施，及时进行跟踪调查，反映政策效应；对人民群众关心的一些"热点"，如失业人员生活状况、离退休干部收入水平、公交服务质量、市民"菜蓝子"问题等，积极组织调查，提供决策咨询。三是积极开发第四次人口普查资料。市人普办已编印 7 本人口资料汇编集，市和区、县统计部门撰写人口分析资料 400 余篇。四是积极参与有关体制改革和社会经济问题的重要课题研究，增强了统计咨询的深度。市统计局撰写的专题分析报告《上海人民生活研究》，获 1991 年度全国优秀统计分析报告评比一等奖。

(三)配合形势教育，做好统计信息发布工作。市统计局每周向《解放日报》提供 1 000 多字的信息资料在该报"经济信息专栏"上刊登；每月在《新闻报》上发布月度上海经济统计数字；每周在《中国日报》"上海经济专栏周刊"上发布反映上海经济动态的资料。1991 年 12 月连续提供 20 余篇"七五"以来上海经济、社会发展的系列报导稿，由电台，电视台每天播发，宣传上海改革开放的成果。据不完全统计，1991 年市统计局通过新闻媒介发布的统计信息达 400 多篇次，各县统计局少的有几十篇次，多的达 200 多篇次。统计年鉴(汇编)的编辑、出版、发行趋于规范化，市统计局编印了包括浦东新区统计年鉴在内的各种专业年鉴(汇编)10 余本，市、县统计局和部分主管局编印的年鉴、汇编内容不断充实，质量进一步提高。《1991′上海统计年鉴》在全国地方统计年鉴评比中获一等奖。

二、大力加强统计基础，提高统计数据质量

(一)加强基层统计基础工作规范化建设，从源头上保证统计数据的质量。经国家统计局批准，上海市从 1990 年初开始在工业、交通、商业、建筑业选择 40 个单位开展企业统计工作达标升级试点。试点工作已按期全部结束，为今后进一步开展企业统计基础工作规范化建设积累了有益的经验。市郊各县认真贯彻 1990 年 11 月市农委和市统计局联合召开的上海市农村统计工作会议精神，根据《上海市农村基层统计基础工作规范化标准试行办法(草案)》，在 22 个乡镇开展规范化试点。

(二)加强城乡统计信息网络建设，从组织建设上保证统计数据的质量。农村乡镇组建实体型统计机构的工作已得到市政府主管部门和大部分县政府的支持，一半以上的县以县政府名义发文要求各乡镇成立统计站(室)。全市已有 1/4 的乡镇成立了统计站(室)，其中南汇和青浦县的全部乡镇都成立了统计站(室)。

(三)加强统计执法，抓好统计数据质量检查。1991 年，先后对 1990 年工业产品不变价格执行情况，主要物资统计数据质量，商委系统统计数据质量和住宅竣工面积统计数据质量等开展了检查。1990 年工业产品不变价格执行情况的检查，各区、县、局(公司)组织基层企业自查互查的面达到 70%以上，在此基础上，全市组织了 7 个检查组深入到 32 个工业企业进行抽查；商业统计数据质量检查，在各区商委系统企业自查的基础上，市、区统计机构和商业主管部门又对 1 153 个企业进行了抽查，抽查面达 18.2%。市统计局还认真查处了几起非法统计报表，维护了统计报表的严肃性。同时，配合市政府法制办对《上海市统计管理暂行规定(送审稿)》进行了修改。

三、按照新国民经济核算体系的转轨要求改革统计制度方法

(一)经市政府批准，成立了上海市国民经济核算协调小组，并根据国家统计局的部署，研究安排了新国民经济核算体系试点工作。1990 年，在全市国民经济各行业抽选一部分单位和一个县组织开展了物质生产部门增加值统计的试点试算。在此基础上将各专业增加值统计内容纳入了 1991 年统计年报。1991 年又进行了非物质生产部门增加值统计的试点，用抽样调查方法在全市电影、文化艺术、出版、文物、广播电视和机关社会团体中调查了 200 多个单位，并以此资料为基础进行了增加值试算，为今后正式开展这项工作从方法上作了尝试。同时试编了国内生产总值的生产与使用表、资金流量表、地方国际收支平衡表和 1990 年投入产出延长表等核算帐户。

(二)结合上海市实际，对统计制度方法作了充实、改进。农村统计试行了"农村一套表"月报制度；工业统计建立了企业集团(公司)按季统计制度；物资统计建立了能源节约量定期统计制度；投资统计建立了重点、重大建设项目按月统计制度以及 494 项工业投产达产项目、120 项工业结构调整项目按季统计制度；外经统计研究提出了浦东新区统计指标体系，并已分步实施；科技统计开展了全社会科技投入情况调查。

四、统计信息自动化建设开始向信息管理系统发展

(一)政府统计系统计算机硬件建设初具规模。

至1991年底，县以上政府统计系统已配备各类电子计算机186台，平均每个县(区)统计局(科)配备3台，其中HP—386型微机1台；市统计局配备了一套VAX—6220型超小型机网络设备。政府统计系统计算机应用软件向通用化和模块化发展，大大提高了数据处理和加工能力。

(二)统计报表实行计算机分布式超级汇总工作进一步完善。1991年各项专业统计年报的报送(各主管局、区、县报市统计局)实现了盘片化。实行年报分布式超级汇总后，信息量成倍增加，数据处理时间则大大缩短，较好地满足了各个方面的需要，特别是满足了各主管局及时掌握本系统(行业)各种分组信息的需要，对推动部门统计加速自动化进程起了积极作用。分布式处理的成功经验，参加了国家统计局组织的自动化建设成果展览。

(三)统计数据库建设开始起步。经国家统计局批准，上海承担了以数据库建设为核心的统计信息管理系统的试点。1991年完成了系统调研任务，正着手设计上海市统计信息管理系统总体方案和实施规划。与此相适应，抓紧开展统计标准化工作，在地方统计系统内颁布实施了13项统计分类(组)和代码标准。

(四)按时完成第四次人口普查数据处理工作，数据处理进度名列前茅。在全国率先研制开发了第四次人口普查宏观数据库，该数据库覆盖了全部人口普查信息，而总存贮量仅占全市人口资料的1.5%，从而实现了人口信息的快速查询。该系统得到国家统计局和国务院人口办的肯定，已向各省(区、市)推广。

五、加强统计教育事业，开展岗位专业知识培训

1990年上海市统计干部函授教育，有160人获大专毕业证书，696人次获大专单科结业证书，1 000余人获中专毕业证书。1991年开办了第二轮统计大专班，招收学员370名。市统计局与教育局联办的成人统计中专学校有300余名学员毕业。统计职业技术学校迁址后办学条件有了很大改善，已被市政府批准为市重点职校。1990年和1991年，统计业务培训的形式和内容更趋多样化。有“以考代评”的培训，对参加全国统计员资格考试和不具备规定学历的专业技术人员申报助理统计师、统计师的9 800余名报考者，分别组织培训和考试，其中统计员资格考试及格率1990年为75%，1991年为55.9%；有各专业的岗位业务培训，部分主管局对所属企业培训面达到90%以上；有计算机和统计分析知识培训；有企业、乡镇统计基础工作规范化培训；市统计局还对全市850家“三资”企业的统计人员进行了业务培训。

六、适应统计事业发展需要，加强统计部门自身建设

两年来，上海各级统计部门在积极推进各项统计改革和统计建设的同时，进一步加强统计部门的自身建设，组织干部学习党的十三届七中全会精神和社会主义理论，联系东欧演变事实开展坚持社会主义道路、反和平演变的教育。区、县、局统计机构的干部转变作风，深入基层单位调查研究，帮助指导基层单位加强统计基础工作规范化建设，提高统计工作水平。市统计局和各县统计局还实行了机关目标管理，使各项业务工作落到实处，从而保证了统计任务的顺利完成。

执笔：**岳 钢** 审稿：**李懋欢** 责编：**刘 恒**

江苏省统计工作概况

江苏省统计局

1990—1991年，江苏省各级统计部门和广大统计工作者认真贯彻落实李鹏总理对统计工作的重要指示和全国统计工作会议部署的各项任务，努力强化基础，优化信息，深化服务，依法治理统计工作，积极推进各项统计改革和建设，不断改善统计工作环境，全省统计工作呈现出新的气象。

一、统计服务迈上新台阶

(一)深入开展调查研究，加强资料的开发利用，统计分析研究水平进一步提高。各地在准确、及时、全面地完成各项统计报表任务的同时，紧紧围绕中心工作，围绕各级党政领导关心和需要解决的重大问题，进一步加强了对统计分析工作的领导，积极开展调查研究，努力拓宽分析研究的领域，撰写了大量内容丰富、数字准确、观点实在、形式多样的分析报告，为各级领导研究问题、指导工作、科学决策，提供了许多有重要参考价值的资料。据统计，1991年全省县以上统计部门撰写统计分析5 000篇左右，较好地满足了党政领导的需要。统计分析的质量也普遍提高。1991年，有10多篇统计分析被国家统计局《统计资料》(内参版)选

用。在1991年度全国优秀统计分析报告评选中，江苏选送的3篇报告全部获奖，在全国独此一家。省城调队与总工会本着“优势互补、共同提高”的原则，就关系职工切身利益的热点问题，如房改、医疗制度改革、搞活大中型企业等，开展了广泛深入的调查，及时反映广大职工心声，为领导决策提供了许多点面结合、具有量化特点的资料。1991年，统计部门与妇联在全省开展了“江苏妇女社会地位调查”。这是建国以来江苏省首次大规模的妇女状况调查，比较系统地搜集了江苏妇女社会地位的基本资料，为分析研究江苏妇女社会地位发展变化规律，确定符合省情的妇女工作近、中期目标提供了科学依据。

(二)全方位、多层次地及时提供统计信息取得明显成效。1991年全省县以上统计部门共提供短小精悍的统计信息5 800多条，被党政内部刊物采用1 500多条次。其中，省统计局编发信息383条，累计被国务院、省委、省政府内刊采用372条次，综合采用率达97.1%。省统计局1990年双获省委、省政府信息工作先进集体评比第一名后，在1991年度评比中，又分获第二名和第一名。

(三)健全统计信息咨询服务网络，加强资料的整理开发，推进统计信息社会化。建立了省、市、县三级统计信息咨询服务网络。建立健全了规章制度；以统计年鉴为代表的资料整理趋向标准化、系列化、规范化。制定了《新闻报道管理办法》，加强了对新闻报道工作的管理；加强了《中国统计信息报》江苏记者站的建设，在全省组建了通讯员队伍，积极宣传江苏改革开放和经济建设的成就，宣传江苏统计工作。

二、统计法制建设取得新突破

(一)地方统计立法取得重大突破，法制宣传教育向纵深发展。1990年1月7日，江苏省第一部地方统计法规《江苏省统计管理条例》由省人大颁布施行；1991年11月9日，与《条例》配套的《江苏省统计管理奖惩办法》又经省政府批准施行。《办法》既有奖励措施，又有处罚规定，并明确规定统计部门和其他行政执法部门一样，拥有相应的行政处罚权。在颁布地方统计法规的基础上，制定奖惩结合的规章。这两个法规的颁布施行，大大强化了统计行政管理手段，为依法治理统计工作提供了重要保证。

各地把统计法制宣传教育当作重要工作来抓，突出重点，讲求实效，不断深入。除通过会议、简报、宣传车、黑板报、广播电视、报刊等广为宣传外，一些地区还举办了统计宣传月、统计法知识竞赛，努力扩大统计法规的影响。

(二)统计执法检查工作进一步加强。目前，省、市、县三级统计检查网络已基本形成，省、市、县统计部门主要专业都配有专兼职统计检查员，省级机关23个业务主管部门和无锡、扬州等市的业务主管部门也配备了兼职统计检查员。省统计局制定了《江苏省查处统计违法案件试行办法》和《统计检查文书》，制定了一系列执法工作制度和《统计检查工作评比办法》，使执法检查工作开始走上制度化、规范化轨道。各地普遍开展了统计执法检查工作，做到一般检查与重点检查相结合，普遍检查与专项检查相结合，使数字质量检查始终贯串于整个统计工作中。

三、统计基础建设取得新进展

全省11个省辖市已有8个市相继组建了区统计机构，区级统计工作逐步得到加强。1991年2月，省政府办公厅批转了省统计局《关于进一步加强农村基层统计工作的意见》，就农村统计基础建设提出了具体要求。经过努力，全省已有92.9%的乡镇建立了统计站，其中实体型所占比例已达16.9%。结合农村统计“一套表”的推行，开展了乡镇统计站达标考核活动，使乡镇统计站逐步从报表型向综合职能型转变。为切实加强企业统计工作，在工业、建筑业、商业系统广泛开展了企业统计基础规范化活动，并把统计基础工作规范化作为企业目标考核和管理升级的基本标准之一，使企业统计基础工作有了很大改善。

四、统计制度方法改革取得新成效

1990年，省统计局成立了国民经济核算体系领导小组，并在泰州市开展了增加值统计核算试点。1991年，无锡市统计局根据市领导的要求，率先建立了工业经济效益指标考核体系。省统计局根据现有的工业统计资料和当前统计基础工作实际状况，与有关部门共同提出了全省工业经济效益指标考核方案，由省政府批转各地执行。

农村统计“一套表”的推行工作进展顺利。1991年10月，以省政府名义召开了由省委农工部、省农林厅等八个厅局负责人参加的全面推行农村统计“一套表”协调会议，并会签了《关于贯彻农村统计一套表的通知》。随后，省统计局召开了全面推行农村统计“一套表”工作会议。

为适应国民经济发展需要。1991年省统计局与省交通厅联合在常州进行交通运输全行业统计试点并取得成功，随后在全省11个省辖市推广，填补了全行业统计的空白，拉开了行业统计工作的序幕。

五、统计信息自动化系统进一步发展

(一)硬件环境与软件环境进一步改善。全省统计部门现有各种微机523台，平均每县(市)、区2台以上。其中17个县(市)统计局达4台以上。省统计局配备了一台HP 9000／850 S超级小型机，并选定了先进的大型数据库ORCLE—RDBMS软件。统计信息自动化系统基本形成，已达到第一步数据处理系统的战略目标，开始向第二步信息管理系统战略目标迈进。"四普"数据处理的各项质量技术指标大大超过国家规定标准，国家一次验收合格。

(二)积极开发高层次应用软件，微机应用水平进一步提高。微机应用队伍不断壮大。除计算机专门人才外，专业人员基本能独立上机操作，并能研制开发应用软件。年定报数据处理充分利用国家统计局统一推广的标准化应用软件，走上了规范化轨道。

数据库软件开发取得初步成果。1991年完成了"江苏省大中型工业企业统计信息管理系统"、"江苏省三资企业信息管理系统"、"江苏省月度经济数据库及经济景气循环监测系统"和"第四次人口普查县级综合表排版系统"，均已通过省科委主持的鉴定，受到专家好评。"国家统计系统人事信息管理系统"已由国家统计局在全国推广应用。

六、统计队伍建设进一步加强

各地采取各种有效措施，加强对广大统计人员的思想政治教育和职业道德教育，加强廉政、勤政建设，切实转变工作作风，重视发挥领导班子的作用，重视提高全体党员和团员的凝聚力和战斗力。许多市、县统计部门层层制定目标管理岗位责任制及考核奖惩办法，广泛开展了考核奖惩活动，努力建立良好的激励机制和约束机制，目标到岗，责任到人，有效地促进了工作面貌的改观。

为提高统计队伍素质，各地采取多种形式对统计人员进行培训。统计干部电视函授教育进一步加强；第一、第二轮统计员资格考试工作顺利完成，参考人数分别为10 800和7 500多人，合格率分别为68%和55.1%。统计教育工作在全省职业教育评比中获奖。

1991年，江苏发生了百年未遇的特大洪涝灾害，全省各级统计部门积极参与抗洪救灾工作，克服办公室积水、微机受潮、住房进水等各种困难，坚持搞好正常的业务工作，主动联合有关部门开展灾情调查，为恢复生产、重建家园提供了第一手可靠的资料。

统计科研活动日趋活跃，社会经济研究和统计制度方法研究并举。在全国首次统计科研成果评比中，江苏有4项获奖。《江苏省宏观经济模型》课题，被列入省"七五"哲学社会科学规划项目，作为"江苏社会科学文丛"之一，公开出版发行。省统计学会队伍不断壮大，1991年成功地召开了第四次会员代表大会及多次专题研讨会。

1990年和1991年，在全省各级统计部门的共同努力下，较好地完成了第四次人口普查工作，调查、登记、手工汇总等各个项目的差错率均低于国家规定标准，被国务院人口普查领导小组授予先进省称号。

1991年，各地认真贯彻落实李鹏总理对统计工作的重要指示，许多市、县党政领导对统计工作的重视程度明显增强，并积极帮助统计部门解决具体困难和问题，统计工作条件明显改善。

审稿：曹　楷　责编：刘　恒

浙江省统计工作概况

浙江省统计局

1991年，浙江省统计工作取得了令人鼓舞的新进展。这一年，是各级政府颁发加强统计工作文件，政府领导人参加统计工作会议最多的一年；是统计信息咨询受到中央、省委、省政府及市地县领导批示次数最多的一年；是加强企业统计基础工作规范化建设初见成效，城乡统计信息网络建设步子迈的最大的一年；是主动开展统计数据质量评估，有效提高统计数据质量的一年；是率先开展工业经济效益综合评价考核工作，发挥统计导向作用的一年。

一、增强参与意识，进一步提高统计咨询水平

1991年全省各级统计部门围绕"八五"计划和十年规划的制定，围绕治理整顿、深化改革以及集中力量搞好大中型企业和加强农业等重大方针政策，针对改革和发展中出现的新情况、新问题，根据领导决策和管理的需要，积极开展定量分析和系统分析，适时提供统计信息和咨询资料，共向各级党政领导提供了7 000多篇统计资料和分析报告，其中1 500多篇被党政部门的刊物刊用，160多篇得

到党政领导批示。至1991年，省统计局的党务、政务信息工作，连续6年被省委、省政府评为先进单位。省统计局根据省委书记李泽民和省长葛洪升的指示，承担了80年代和“七五”时期浙江社会经济发展情况回顾总结的撰稿工作。通过定量分析和系统分析，既总结了过去，又提出了90年代和“八五”期间浙江经济发展的战略设想，得到了省领导的充分肯定。省农调队撰写的《少数农户拥有多数结余货币倾向明显》一文，在新华社《国内动态清样》刊出后，引起了中央领导的高度重视，宋平同志在浙江视察时，过问了此事，中央政策研究室专门下文要求进一步探讨。舟山市多渠道向日本出口冰鲜鱼，为了争夺市场竞相压价，造成严重经济损失。为此，舟山市统计局及时编写了《舟山的冰鲜鱼出口中亟待解决的问题》，在省委《信息通报》刊出后，葛洪升省长批示舟山市政府解决，不久市政府就制定出了统一出口、统一价格、统一管理的规定。在搞好决策咨询的同时，通过新闻媒介传播的统计信息逐年增加，1990年全省各级统计部门通过新闻媒介发表的统计文章共3 163篇，1991年提高到3 284篇，其中在省级以上新闻单位发表的由1990年的460篇提高到600多篇。

二、狠抓统计基础建设，加强统计基础工作

近两年，全省开展统计基础工作规范化建设试点的企业有884家，其中已被确认等级的有375家。通过这一活动，提高了企业统计工作水平，促进了企业管理。农村统计信息网络建设通过“抓建站、促配员”，在全省3 172个乡镇中，已建统计办公室(站)的有2 026个，建站率达64%，其中湖州、舟山两市建站率为100%。温州市1991年实现“零”的突破，全市503个乡镇中有335个建立了统计办公室(站)，占67%。全省已配区乡镇专(兼)职统计人员3 363人，配备率达95%；参加统计办公室(站)的人员共达12 187人，平均每个办公室(站)为6人。一些较早建立的乡镇统计办公室(站)，已做出显著的成绩。临安县和湖州市道场乡、桐庐县瑶琳镇、余姚市城北乡、平湖县曹桥乡、舟山市白泉镇统计站分别被评为全国农村网络建设先进县和全国先进统计站。全省19个市辖区，已有17个建立了统计局，占89.5%；118个街道，已配备统计人员153人，其中专职的50人；杭州、金华和温州市的部分街道建立了统计站。

三、加强综合治理，进一步提高统计数据质量

一是开展统计数据质量的经常性检查。查填报范围，看汇总单位有否重漏；查各项指标与上年对比，看数据有否大起大落；查现价工农业产值，看计算是否符合实际；查表表之间的逻辑关系，看同一指标数据是否一致。二是普遍开展以统计数据质量为中心的考评竞赛。三是开展数据质量评估。四是建立联审制度。如劳动工资统计年报经过联审有效地提高了数据质量。五是列入岗位目标，把数据质量作为干部考绩的重要指标。由于采取了这些措施，浙江省主要统计数据是可信的，基本上能反映浙江省国民经济和社会、科技发展的实际，许多专业的统计数据质量得到了国家统计局有关司的肯定。

四、加强统计法制建设，走依法管理的轨道

1990年5月12日省人大常委会审议通过了《浙江省统计工作监督管理条例》，并于当年7月1日实施。《条例》突出监督管理这一主题，使之规范化、制度化；完善了制裁机制，增加了经济处罚条款。为了与《条例》相配套，又制定了《浙江省查处统计违法案件若干规定》。1991年7月，《条例》实施一周年，全省各地采取多种形式，广泛开展宣传教育活动。期间，省统计局与省监察厅、省政府法制局联合组织了一次全省统计执法重点检查。全省共抽调检查人员3 801人，组成683个检查组，重点抽查了1 787个企事业单位和乡(镇)村，共查处了统计违法案件56起，维护了统计法规的严肃性。

五、率先建立工业经济效益综合评价考核制度

1991年，完成了余姚市国民经济核算试点工作；继续开展了国际收支试算，编制了1988年至1990年国际收支平衡表；建立了“三资”企业经营情况报告制度；扩大了旅游报表的填报范围；增加了小型工业企业技术开发活动抽样调查和全社会科技投入调查；省统计局和部分市、地统计局首次进行了国民生产总值和国民收入的季度测算工作；农村基层统计“一套表”在17个县(市)全面推行。特别值得一提的是，为适应经济发展的战略转变，把经济工作的重点转移到调整结构和提高效益的轨道上来，省统计局从1991年5月份开始与有关部门一起研究建立全省工业经济效益综合评价考核制度，9月份由省计经委、省财政厅、省统计局联合向省政府提出了《关于建立工业经济效益综合评价考核制度的意见》，当月省政府批转全省执行；从10月份开始对全省1万多县及县以上独立核算工业企业实行了工业经济效益综合考核制度。

六、统计信息自动化建设有了新的发展

浙江省统计信息自动化建设，1985年起步，1988年普及，到1991年底已拥有各种微机370台，省局还安装了一台小型机。省统计局建立了计算中心，8个市、地统计局建立了计算站。全省已配备专职计算机技术人员130人，通过技术培训，有818名统计业务干部能上机操作，占统计干部总数的40%。各专业的月、季报表和年报，以及第四次人口普查的数据，全部运用计算机处理。部分月报采用了微机通讯，实现了由市、地向省和国家传输。第四次人口普查县级数据资料编印排版软件，不仅在浙江省应用，还在全国10多个省(市、区)推广。数据库建设也已起步，省局已完成综合数据库建设的前期工作。计算机的开发应用还向轻印刷方向发展，全省有21个市、地、县统计局利用计算机创办了轻印刷，取得了较好的社会效益和经济效益。临安、海宁、温岭等县(市)统计局计算站(室)，正向全县(市)计算中心的方向发展。

七、重视统计队伍建设，不断提高干部素质

为了不断提高广大统计人员的素质，各级统计部门狠抓了业务培训。一种是专题培训。1990年和1991年共办了994期，参训人员达52 909人次。一种是统计电视函授教育。至1991年底，统计电视函授教育中专层次已基本结束，1 088人毕业；第一轮大专也已结束，2 484人毕业，又有2 300多人参加了第二轮大专班学习。一种是进行统计员岗位知识培训和资格考试。1990年11月首次进行的统计员资格考试，参加考试的有13 270人，有10 483人成绩合格，及格率为79.0%，居全国前列。1991年又组织了第二批统计员岗位知识培训和资格考试，参加培训的有6 850人，参加考试的有5 950人，考试合格的有3 243人，合格率为54.9%。同时开展了统计干部技术职称的评定，全省已评出高级统计师50人，统计师1 500人，助理统计师6 100人，统计员23 000人。为提高统计干部水平，还广泛开展了统计科研活动。1990年以来，先后举行了5次全省性的统计科研讨论会，完成了省统计立项课题9个、经济立项课题6个，有3个获得省社会科学奖。1991年7月在全国率先召开了“四普”资料科学讨论会，并编辑出版了《转变中的浙江人口》一书，在全国产生了一定的影响。省统计局组织编制的1984年投入产出模型，获得省科技进步二等奖。

八、坚持两手抓，切实加强政治思想工作

1991年，全省各级统计部门在各级党委统一部署下，普遍开展了机关思想作风的教育整顿，进一步确立了为基层服务的思想，大搞调查研究，转变工作作风。这一年各级统计部门干部下基层搞调查研究达1.7万人次，累计3.9万天，其中县局(队)以上领导干部每人平均下基层64天。1991年浙江省北涝南旱灾情严重，灾区统计人员积极投入抗灾斗争；全省统计干部纷纷捐款捐粮，共计捐款31 379元，还捐献了大量的粮票和衣被。在深入学习全国模范统计干部郐兆定的基础上，1991年在全省范围内开展了评比统计工作先进集体和先进统计工作者的活动，共评出省级先进集体66个、先进工作者325名。

执笔：**孙桂林**　审稿：**叶长法**　责编：**刘　恒**

安徽省统计工作概况

安徽省统计局

1990—1991年，安徽各级统计部门和广大统计工作者，紧密围绕省委、省政府和国家统计局的工作重点，认真贯彻落实李鹏总理关于统计工作的重要指示，努力开拓，奋力拼搏，克服各种困难，较好地完成了各项统计调查任务及第四次人口普查任务，充分发挥统计信息、咨询和监督的整体功能，努力为改革开放服务，为党政领导决策服务，为发展有计划商品经济服务，取得了可喜的成绩。在国家统计局组织的专业评比中，1990年共获21项奖，1991年获得25项奖。

——**做好全方位的统计服务**。以提供统计信息为手段，做好全方位的统计服务，既为各级党政领导服务，又为社会各界服务。其一，抓好常规资料的提供。省局每年为省委、省政府和社会各界提供《安徽省月度统计资料》6 000多册，为省里召开的各种会议提供参阅材料3 000多份，较好地满足了领导、有关部门和社会各界的需要。其二，开发统计信息资源。充分利用月报、季报、年报和各种调查资料，及时对外提供信息服务，并创办了向省领导直报的《重要信息专报》。省局自1987年以来，连续五年被省委、省政府评为信息工作先进单位。蚌埠、芜湖、淮南等地与兄弟省市结成信息网络，

拓宽了信息渠道。其三，做好统计资料的整理编印。各级统计部门普遍加强了年度资料和历史资料的加工整理。省局在整理编印"七五"时期各专业统计资料、《县级经济研究资料》的同时，编辑出版了《安徽大中型企业》和1990、1991年《安徽统计年鉴》，受到社会各界欢迎。其四，扩大统计宣传。省和地市都建立健全了统计新闻发布会制度。两年来全系统通过地市以上新闻媒介发布各类社会经济信息和宣传统计工作的文章3 000余篇。

——**提高统计决策咨询水平**。一是紧密围绕社会经济热点和领导决策难点、疑点，开展专题调查和分析研究，提出决策建议。如，针对搞好大中型企业、加快县级经济发展、灾后安徽经济恢复与发展等重大课题，利用丰富的统计资料进行定量分析，受到省委、省政府的重视。省主要领导几次听取省局的专题汇报，并采纳了咨询建议。两年间共有500余篇统计分析和信息被各级领导批示，20多篇被党中央和国务院有关部门采用。其中4篇在全国评比中获奖。二是加强横向联系，开阔分析研究视野。通过参加有关单位组织的经济研讨会和邀请专家学者进行座谈交流，提高研究问题的深度。三是以科研促分析。1990—1991年承担的30多个科研课题，多数是与统计分析相结合。统计分析和统计科研相结合，相互促进，相得益彰，既使统计科研直接加入社会经济问题的分析之中，又通过统计科研来改进和完善统计分析方法和手段。已通过专家鉴定的《安徽宏观经济监测预警系统》就是经济研究分析方法上的一个突破，成为安徽宏观经济运行的"监测仪"。实践证明，该系统对安徽宏观经济运行态势进行的模拟预测分析，是符合实际的。

——**改革统计方法**。随着社会经济结构的日益复杂，传统单一的统计方法已不适应时代发展的要求。全省各级统计部门注意在统计业务中推广应用现代数学、经济计量学、经济预测学、计算机科学等，变全面统计调查为抽样调查、意向调查、问卷调查等多种方式相结合，努力使统计方法灵活多样。在完成国家规定的调查任务的同时，还成功地组织进行了全省95万人口的定点定期人口变动抽样调查，完成了省市有关部门委托的大中型企业厂长(经理)意向、妇女社会地位和钟表市场行情等20多种调查，较好地满足了社会各界的多层次需要，大大提高了统计的社会地位。

(一)加强统计队伍建设。一是加强政治理论学习。组织广大统计人员认真学习马列主义理论和党的路线、方针、政策，运用苏联和东欧和平演变的事实，教育大家坚持四项基本原则，坚定共产主义信念。

二是加强党的建设。省局和部分地市局进行了党员重新登记和民主评议工作，开展了优秀党员、先进党支部和先进党小组的评选活动，并在业务骨干中发展优秀分子入党，从而增强了党组织的凝聚力和战斗力。

三是加强干部管理和培养。省局会同地方组织人事部门对部分地市县的局、队领导班子进行了考核。省和部分地市县局、队领导力量得到了充实加强。按照干部"四化"要求，培养和选拔了一批处级、科级干部，逐步使德才兼备的中青年骨干脱颖而出。同时，根据中央和省委要求，组织22名大学毕业生下基层锻炼，抽调部分干部到农村开展社教和扶贫工作。

四是强化业务培训。统计电视函授教育和岗位培训齐头并进，全省两年共有15 500人参加统计员岗位培训，2 077人获得《统计员专业技术资格证书》，1 100名学员从统计电视函授大、中专毕业。各类短期业务培训工作也日趋活跃。1990年和1991年全省统计系统共举办大中型工业企业统计、商业外经统计、简易抽样调查、统计法规等培训班600多期，培训3万多人次。

(二)加强基层统计网络和规范化建设。各级统计部门按照"分类指导、分步实施"的原则，把城乡统计网络建设作为重点工作来抓。全省有50个地、市、县(区)政府发文要求加强统计基础建设，24个市辖区成立了统计局，70多个街道配备了专职统计员。经省政府批准，1990年在阜阳县召开了农村统计网络建设现场经验交流会，提出了"一年建站，两年联网"的奋斗目标。经过一年多的努力，全省新建统计站1 851个，建站率由25.6%上升到75%。其中淮南市和六安地区建站率达100%，阜阳、池州、芜湖、铜陵等地市建站率均在90%以上。为发挥农村统计信息网络的整体功能，池州、蚌埠和砀山等地、市、县全面推行了农村"一套表"，为在全省推行积累了经验。与此同时，各地区、各部门通过开展统计基础工作规范化来加强统计数据质量的综合治理。省局制订了《企业统计基础工作规范化试行方案实施细则》和《农村基层统计工作规范化方案》，省城乡社会经济调查队分别制订了加强基础工作的具体措施和数据质量检查与验收评比制度，有效地强化了对报表资料的审核与管理。在协助有关部门做好全省大中型企业划型审定复核工作的同时，省局重点抓了100个工业企业统计基础工作规范化，合肥钢铁公司等12家企业被评为"全国企业统计工作先进单位。"

(三)加强统计自动化建设。统计计算技术现代化是统计工作现代化的基础。通过承担"四普"数据处理任务，安徽省统计信息自动化建设有了重大突破。全省16个地市局全部建立了计算站，省局和地市局计算机设备、业务技术骨干普遍得到充实和加强，已初步具备了大型数据处理能力。"四普"数据处理继1990年提前完成了10%抽样资料汇总后，1991年又提前4个月完成了100%资料汇总。在全国“四普”数据录入比赛中，安徽省荣获团体赛优秀奖。在抓好硬件设备配套完善的同时，狠抓了软件的开发应用，日常统计报表数据处理软件和应用程序都达到了一定水平，并成功地编制了定点定期人口变动抽样调查数据汇总软件和“四普”数据转换排版印刷软件。为充分利用现有计算机设备，各地市以“四普”资料印刷为契机，积极推进统计轻印刷系统建设。1991年，全省有15个地市统计局建立了轻印刷系统，并取得了较好的社会效益和经济效益，在全国居领先水平，多次受到国家统计局的表扬。

(四)加强统计法制建设。《安徽省统计管理监督条例》经省人大审议通过，于1990年2月正式施行，全省上下开展了以《条例》为主要内容的统计法规学习宣传活动。1900年全省各级统计部门共印发统计法规宣传材料12万份，举办统计法规座谈会、报告会403场，出动宣传车204辆。通过声势浩大的宣传教育活动，不仅增强了各级领导和广大群众的统计法制观念，而且提高了统计工作的知名度。经省政府同意，将每年9月定为“全省统计法规宣传月”。1991年，省人大决定将《统计法》列入全省“二五”普法教育内容中。为此，省局制定了“二五”统计普法教育规划，并在安庆市进行了试点。各地还将统计法规的宣传同执法检查结合起来，及时查处了一批统计违法案件。统计执法检查机构和队伍也得到了加强，全省已建10个统计法规科和检查所，聘任统计法规检查员1 000多人。

特别值得一提的是，1991年夏，安徽省遭受了特大洪涝灾害。其范围之广、时间之长、危害之深均为历史罕见。全省38个市、县城区进水，43 779个村庄、892万人被洪水围困，4 400万人口受灾。

在特大自然灾害面前，安徽省各级统计部门认真贯彻落实江泽民总书记、李鹏总理视察安徽灾情时的重要指示，坚决服从地方党委和政府的统一指挥，成立抗洪抢险突击队，组织广大职工积极投入抗灾救灾斗争。广大统计工作者克服洪灾造成的困难，配合当地政府及时查清灾情，努力完成各项统计任务。如洪水期间，正值夏粮预产期和第一期人口抽样调查关键时期，为了搞准数据，广大统计人员克服交通中断、村庄被水围困等困难，不畏艰险，反复查询核实数据，千方百计获取第一手资料，胜利完成了调查登记任务。在抗洪抢险斗争取得初步胜利后，各级统计部门积极开展向灾区人民送温暖、献爱心活动。仅省统计局就捐款2万多元，粮票5 300公斤，衣被2 500多件。

洪水锻炼了统计队伍，也考验了统计队伍。事实说明，各级统计部门的领导同志和广大职工具有热爱统计、献身统计的崇高精神，具有热爱人民的可贵品德，这种精神和品德，永远值得继承和发扬。

回顾过去两年，安徽统计事业有了一定发展，但仍存在一些问题。突出的是：统计基础仍较薄弱；经费不足和任务繁重的矛盾日益突出，特别是遭到1991年特大洪灾的洗劫后，基层统计部门经费更加紧张；统计工作条件改善缓慢，全省仍有26个县局无微机，严重影响了统计现代化水平；职工生活待遇低、住房困难的状况没有根本改观。这些问题都有待于在今后统计改革中认真解决。

执笔：**章 勤** 审稿：**崔之康** 责编：**刘 恒**

福建省统计工作概况

福建省统计局

1991年，是执行“八五”计划的第一年，也是继续推进治理整顿、深化改革的重要一年。一年来，福建省各级统计部门认真学习贯彻李鹏总理的讲话精神，大力加强定量分析和系统分析，进一步加强基层统计与统计基础工作，继续狠抓统计数据质量，努力提高统计分析研究水平，充分发挥统计的整体功能，积极为各级党政领导科学决策、管理和调控经济运行服务。

一、重视定量分析和系统分析，努力提高统计服务水平

1991年，福建省各级统计部门充分利用占有大量统计数据和信息的优势，采取有效措施，加强统计分析研究工作，努力提高统计服务水平，重点抓了以下几个方面：

(一)加强经济形势分析，为治理整顿、深化改革服务。

我们一方面加强了进度分析，每月提供一篇国民经济发展情况的综合报告，及时反映经济运行的态势和出现的新情况、新问题；另一方面，针对经济生活中的突发性、苗头性问题，领导和群众关心的热点、难点问题，进行深入调查研究，提供了许多专题分析报告。全年省局共编写《统计资料》149期，《简明资料》89期，《参阅资料》25期，其中：

《去年福建省有26%农村少年儿童失学》、《外商投资企业为何“物多款少”?》、《“七五”时期福建省利用外资效益分析》、《1——4月份福建省旅游业发展势头下滑》、《“八五”期间福建省吸收外资国际条件不利》、《科技进步对福建省经济增长贡献分析》、《中外港台资金为主的外资结构对福建省经济发展的影响》、《上半年福建省农民货币增收比全国慢4.6%个百分点》等统计分析报告都得到省委、省政府领导的批示、表扬。

(二)搞好统计新闻工作，提高统计工作的知名度。

为加强对局机关各部门信息新闻工作的组织、协调和管理，1991年4月，省统计局成立了局机关信息新闻小组，制定了全年工作计划和各项工作制度及评比奖励制度，使信息工作向着更高的层次发展。在省局的支持下，永安市牵头召开了省内10个县级市信息交流会，制订了章程，组建了机构，建立了资料交流制度。1991年上半年，省局先后发布了《1990年福建省国民经济和社会发展统计公报》和《七五时期福建省国民经济和社会发展统计公报》，并在报刊、杂志、电台、电视台发表了大量的统计信息和新闻，提高了统计部门的知名度。据不完全统计，省局全年编发《福建统计信息》28期，统计信息一千多条。省统计局被省委、省政府评为全省信息工作先进单位。

(三)繁荣统计出版事业，扩大统计服务领域。

统计出版事业进一步繁荣。1991年仅省统计局就公开出版发行了《福建统计年鉴》、《福建商业统计资料》、《福建工业经济统计年鉴》、《福建农村统计年鉴》、《福建外商投资企业大观》等，内部发行了《福建科技统计资料》、《福建社会统计资料》、《福建劳工统计资料》等。这些年鉴资料与往年相比，质量有很大提高，内容与发行量有所增加，扩大了统计部门的影响。

(四)开展统计有偿咨询，为全社会提供统计服务。

年初，省统计局承接了省电视台委托开展的1991年电视收视率调查工作。该调查按一定的标志抽选分布在全省5个市、县的500名电视观众进行为期一年的电视收视率情况跟踪调查。6月份，第一次向全社会发布了上半年电视收视率的抽样调查结果。

二、加强基层统计与统计基础工作

(一)工商企业统计升级试点工作圆满结束。企业统计升级工作是加强企业管理的重要组成部分，1991年，福建省在上年同省经委联合制订工商企业统计升级标准的基础上，按照制定规划、分类指导、分步实施的原则，着手开展升级试点工作。3月、4月间，省企业统计升级评审委员会分别召开工商企业试点单位座谈会，布置试点工作，对试点企业提出了具体要求。此后，省企业统计升级评审委员会多次派人深入基层指导试点工作，举办统计升级培训班，使整个试点工作顺利进行。36个工业统计升级试点企业、16个商业统计升级试点企业，通过考核验收，达到省级先进企业的标准。通过试点，积累了一定的经验，为企业统计升级工作的全面展开打下了基础。年底，在福州召开了全省工业企业统计工作先进单位和个人表彰会暨统计基础建设经验交流会。至此，工商企业统计升级试点工作宣告圆满结束。省统计局还与省建委及有关建筑企业共同研究制订了《福建省建筑业统计基础工作规范办法》，并于1991年10月正式颁布执行，从而进一步加强了建筑企业的统计基础工作。

(二)城乡统计信息网络初步形成。福建省农村统计网络建设工作开展较早并已初具规模，全省9个地市已建立乡镇统计站855个，占乡镇总数的88.5%；配备乡镇统计员1105人。其中福州、厦门、三明、龙岩、南平等五地市的建站率达100%。全省已有一千多个村建立了统计组或配备了统计员，占全省行政村总数的78.3%。1991年福建省城市统计信息网络建设有新的进展，全部市辖区均已建立了独立的统计机构，街道统计站的试点工作在大部分城市积极展开。

(三)农村统计一套表试点范围扩大。推行农村统计一套表是农村统计的重大改革，也是一项加强农村基层统计建设的系统工程，任务重、工作量大、涉及面广。根据国家统计局的统一部署，1991年福建省农村统计一套表的试点范围由1990年的两个县扩大到南平、三明、龙岩等三地市。试点地区克服重重困难，开展了以下几项工作：1.各级成立了以分管副专员、副市长、副县长(区长)为组长，各有关业务主管部门领导参加的农村统计一套表领导小组，下发有关文件，召开部门协调会议，部署具体任务；2.召开所辖县(市、区)统计局长和农村统计干部会议，落实农村一套表实施方案；3.开展乡镇统计人员业务培训工作，强调推行农村统计一套表的重要性和必要性，讲解一套表实施方案和农村统计基础知识；4.完成一套表微机新程序的设计工作；5.检查、督促一套表贯彻落实情况，使试点工作由浅入深地顺利进行，为1992年全面推广农村统计一套表奠定了基础。

同时，作为1991年农业增加值试点省份之一，福建省根据国家统计局《农业增加值统计试点方案》的要求，组织力量，完成了布置、采确资料、计算、总结等各阶段的任务，对试点工作提出了一些独到的见解和处理方法，为改进和推行农业增加值统计方案提供了参考依据。

(四)地方统计法制建设取得重大突破。1991年3月9日，福建省七届人大常委会审议通过了《福建省统计工作管理办法》。作为《统计法》及其《实施细则》的补充，《管理办法》重点在于完善统计法规体系，强化执法手段，明确法律责任。针对福建省“三资”企业和租赁企业多，而《统计法》执法手段单一的状况，《管理办法》增加了经济制裁条款，授予统计机构直接处罚权，并作出了增强行政处分建议效力的具体规定。

为保证《管理办法》的顺利贯彻实施，省统计局作了大量工作：1.为解决实施《管理办法》可能引起的统计行政争议，加强对下级统计机构的执法监督，1991年3月省统计局成立了“福建省统计局统计行政复议、应诉委员会”；2.积极做好《管理办法》的宣传贯彻工作，印发了地方法规单行本四万册、布告4500张、致领导同志的信13200封、宣传提纲400份；省人大财经委、省统计局联合召开了全省贯彻实施《管理办法》大会，省直有关厅(局)、各地市统计局等单位近百名代表出席了会议；举办统计法规知识培训班，为全省统计法规检查员讲解统计法规、执法、行政复议诉讼知识。经多方努力，1990年底，省普法领导小组将《统计法》和《福建省统计工作管理办法》纳入福建省第二个全民五年普法教育规划，接着省统计局成立普法领导小组，并组织编写普法教材。各地随即也成立了普法领导小组。由于统计法制建设成效显著，1991年10月，全国统计法制工作座谈会上，省统计局法制处被授予“全国地方统计立法工作先进单位“。

(五)清理统计报表，防止报表多乱、数出多门。福建省是全国九个全面清理统计报表的试点省份之一，根据国家统计局的统一部署，1991年7月份，省局先后三次召集省商业厅、供销社、科委、经贸委以及省统计局各处(室)负责同志会议，就进一步加强统计报表管理，清理非法报表工作进行研究、部署，这项工作已于当年八月底结束。1991年8月初，省局派人前往三明市、沙县统计局、福州市食品公司对试点单位的报表清理工作进行抽查，从抽查结果看，各试点单位的清理工作是认真的，不仅按时完成了清理试点任务，加强了本单位的报表管理，还提出了许多建设性的意见，为逐步完善统计报表管理制度，提供了科学依据。福州市统计局严格加强统计报表管理，根据报表管理的有关规定，禁止市经委制定未经审批的《福州工业企业新产品、新品种、新花色、新包装月报表》和《福州市企业产品调查表》两种报表在该市范围内使用。现在，福建省有关主管部门在制订报表的过程中都能主动与统计部门联系，使福建省的报表管理工作走上了制度化、规范化的轨道。

此外，1991年福建省统计部门在抓好统计员资格考试和培训工作、开展统计科研与统计学术交流活动、推动统计信息自动化系统建设等方面做了大量的工作，促进了统计工作的进一步发展。

执笔：**陈志强** 审稿：**邵经方** 责编：**刘 恒**

江西省统计工作概况

江西省统计局

90年代以来，在改革开放的推动下，江西统计工作呈现出旺盛的生机和活力，进入了一个新的发展时期。主要有以下六个方面的特征。

一、统计力量充实加强，队伍素质不断提高

据统计，1991年底全省县以上统计部门(含城乡两队)有2000多统计人员，其中省统计局313人，分别是1980年的近10倍和3.7倍；省统计局机关处室(含两队)由1980年的8个增至24个；全省各县都建立了农调队(其中国家抽中县35个)，各市和部分重点县建立了城调队，共配备地方事业编制250个。统计人员的政治业务素质也有明显提高。1990—1991年，全省有近15000名基层统计人员参加统计员资格考试，及格率达70%以上；统计函授教育取得丰硕成果，有2000多人取得大专毕业证书。据统计，全省统计系统中专以上文化程度的比重占三分之二以上，省统计局占90%以上。这是江西统计工作健康发展的重要条件。

二、统计网络日益完善，统计基础更趋扎实

一是农村统计网络建设进入了完善阶段，在发挥作用方面取得了明显进展。据1991年底统计，全省1846个乡镇有1770个建立了统计站，建站率达96%；配备专兼职统计人员2424人；统计网络已向村组延伸，大部分村组建立了统计小组，配备了统计人员。二是城市统计网络建设也有较大发展。全省有13个城区建立了统计局，占城区总数的87%；58个街道办事处已有18个建立了统计站，企业统计网络进一步拓宽，为加强统计基础工作规范化提供了组织保证。三是进一步加强了各项

基础工作。全省县以上工业企业绝大多数已建立健全了原始记录和台帐。县(市、区)统计局建立了各专业统计台帐，并系统整理了建国以来的统计资料。三分之二的乡镇完成了建国以来历史资料的整理，90%以上的乡镇完成了1978年以来历史资料的整理。各级统计部门和业务主管部门还逐步开展统计基础工作规范化。四是建立健全各个层次、各个环节的统计数据质量保障制度，在加强统计数据质量管理方面，取得较好的效果。

三、统计法制不断健全，统计手段逐渐增强

通过艰苦细致的工作，地方统计法取得突破性进展，《江西统计管理条例》于1991年5月1日正式颁布实施，统计法制建设步入一个新阶段。《条例》颁布后，各级统计部门开展了前所未有的、声势浩大的学习宣传活动，同时充实加强统计执法力量，健全执法手段和措施，认真查处统计违法案件。到1991年底，全省11个地市统计局均明确了分管法规工作的主管局长，6个地市设置了法规科，14个县成立了统计法规检查所(或股)。全省现有统计检查员700人，初步形成了一支执法队伍。1991年，全省共立案查处统计违法案件13起，结案12起，基本上做到有告必理，有案必查，维护了统计法的权威。

初步建立起现代化的统计信息传输系统。到1991年底，全省县以上统计部门拥有微机230台，超级微机13台。省局与地市实现了微机远程通讯联网。省统计局和4个地市建立了微机维修站(点)，8个地市建立了轻印刷系统。一支以计算机技术人员为骨干，以统计专业人员为主体的计算机应用队伍已初步形成。微机的开发应用得到加强，越来越多的单位能够自编程序进行数据处理，月季年报普遍采用微机处理，各专业年报汇总程序已基本实现统一。

四、核算体系试点成效显著，制度方法逐步完善

一是对新国民经济核算体系的研究不断深入，并充分利用现行的各种核算制度资料进行试算，同时把试算方案积极推广应用到地、市、县(市、区)，为核算体系的转轨打下了良好基础，多次受到国家统计局的肯定和表扬。二是不断完善统计制度方法，广泛推行包括抽样调查在内的各种非全面调查。到1991年底，全省各地、市、县(市、区)普遍开展了农村经济简易抽样调查，部分县乡还把开展简易抽样调查与推行农村“一套表”结合起来，使农村统计逐步向正规化方向发展。一些地方各种报表改由各经济主管部门和街道办事处收集、审核、汇总后，上报县(市)统计局，提高了报表资料的及时性和准确性。从1990年起，部分地、县(市、区)实行村级简易抽样调查超级汇总，逐步完善社会商业统计指标体系，增加了集体商业统计、个体商业统计、外经外贸统计、工业销售统计和旅游统计等内容。

五、工作水平不断提高，整体功能进一步发挥

首先，运用多种形式对国民经济运行进行综合反映。除了按月编发月度综合统计资料，按季、半年、全年发布统计新闻外，还特别重视在一定会议上进行综合统计报告和定期开展综合统计分析，发挥了监测和预警作用。省局和大部分地、县(市)对主要经济指标和经济走势进行预计、预测分析，受到党政领导的重视。其次，对经济热点和党政领导关心的问题进行重点反映，实施“全过程”、“全范围”咨询，较明显地提高了咨询服务水平。1990年和1991年，主要围绕地区经济发展战略的制定和实施，“八五”计划和十年规划的制定和实施，“质量、品种、效益年”活动，控制人口和加快乡镇企业的发展，宣传形势和进行社会主义教育等方向，提出了不少有水平、有见地的统计分析资料。两年来，全省县以上统计部门提供的统计分析资料近15000篇，其中省局416篇。第三，充分运用各种新闻媒介，推进统计信息社会化。各级统计部门在信息发布的形式和内容方面都有新的发展，信息发布渠道增多，内容更加广泛，社会效果深远。省和各地、市统计局每年都按时发表统计公报，统计新闻发布工作已经走向经常化、制度化。

六、统计服务效果显著，统计地位日益提高

1990年以来，全省各级统计部门始终把优质服务作为统揽全局工作的总目标来抓，使统计服务不断向广度和深度发展：其一，服务范围迅速扩大。在不断加强为国家和地方党政领导服务的同时，积极为基层单位和社会各界服务。其二，服务内容更加广泛。在认真执行国家各项统计报告制度的同时，主动建立了反映社会经济运行、经济体制改革进展情况的专项统计调查制度，提供的信息更加全面、系统。其三，服务形式多种多样。既有统计数据，也有各种图表；既有各种形式的统计资料，也有各类经济论文；既有社会经济调查报告，也有多种多样的统计书刊。此外，适应社会需要，积极开展了统计咨询有偿服务活动。

随着优质服务的发展，统计在社会经济中的重要作用得以发挥，统计工作的地位日益提高。目前基本上做到了“报上有名、广播有声、电视有影”，

不少新闻宣传单位、党政机关信息部门和社会经济研究机构经常到统计局约稿、组稿。高质量的服务赢得了党政领导的重视，省委、省政府领导对省统计局的工作都给予了充分肯定的评价，统计在决策管理中发挥了越来越大的作用，与此同时，在上级和地方政府的重视和关怀下，各级统计部门的工作和生活条件也有了较大改善。

回顾几年来江西统计工作的实践，之所以能在一些方面有所进展、有所突破，主要有三条经验值得总结和借鉴。

1.善于抓住机遇，取得领导支持，是改善统计工作内部条件和外部环境的重要关键。几年来，全省各级统计部门抓住两个机遇，积极开展工作。一是借贯彻李鹏总理和姚依林副总理对统计工作指示的东风，争取各级领导的重视和支持，形成重视统计的社会意识；二是借《统计法》和《江西统计管理条例》的宣传贯彻，造成依法统计的社会舆论。由于抓住了机遇，取得了各级领导的支持，统计工作的外部环境有了明显改善，内部条件也有不同程度的改善。

2.进一步解放思想，开拓、求实、进取，是不断提高统计工作水平的思想基础。近几年来，统计工作任务繁重，各方面的矛盾和困难更加突出，各级统计部门普遍存在一种“负重爬坡”的感觉。面对这种形势，广大统计人员解放思想，实事求是，勇于开拓，积极开展工作，克服各种困难，使统计工作整体水平有了提高。

3.加强自身建设，保持良好精神状态，是全面、及时地完成统计工作任务的重要保证。几年来，全省各级统计部门在抓好业务工作的同时，狠抓了机关的组织建设、制度建设和思想建设，整顿机关作风，建立和健全各项规章制度，使广大统计人员始终保持良好的精神状态和正常工作秩序，进一步提高了工作效率，较好地完成了各项统计任务。

执笔：**何　勇**　审稿：**黄启曦**　责编：**刘　恒**

山东省统计工作概况

山东省统计局

1990—1991年，山东省统计工作紧紧围绕省委、省政府的工作中心，认真贯彻落实中央和国务院领导同志关于统计工作的重要指示，以提高统计服务水平为目标，坚持不懈地狠抓统计基础工作，强化统计分析研究，注重统计工作质量，较好地发挥了统计的信息、咨询、监督和导向作用。

一、抓基础工作规范化建设，促进统计数据质量的提高

在城乡统计信息网络逐步健全的基础上，近两年重点抓了各项统计基础工作规范化建设。在农村，已建立乡镇统计站2406个，其中实体型统计站1618个。乡镇专职统计员达4579人。59个乡镇配备了专用微机，1935个统计站建立了统计台帐，296个统计站创办了统计刊物，1233个统计站达到了省统计局制定的《农村基层统计基础工作规范化建设试行方案》的目标要求。在城市，全省34个市辖区全部建立了统计局，有51个城市街道办事处成立了统计站，并逐步建立和完善了各项规章制度。在部门统计和企业统计中，狠抓了以建立综合统计为中心内容的统计基础规范化建设。烟台、青岛、潍坊、淄博、泰安、济南、枣庄、临沂、德州、日照等地配合企业达标升级和企业规范化管理，较大规模地开展了企业统计基础工作规范化试点，有力地促进了基层统计工作的加强。在抓好网络建设的同时，加强对基层统计人员的业务培训，建立严格的统计数据审核、评估制度，层层推行统计工作质量责任制，并开展数据质量检查和年报工作评比等活动。通过采取多种措施，保证了源头数据的准确。两年来，先后有劳动工资、平衡、外经、科技等十几项上报国家的专业报表获得满分。

二、加强分析研究和信息加工，搞好统计咨询服务

(一)为会议服务：全省各级统计部门主动为各级党政部门召开的重要会议提供统计资料和分析报告，积极参与文件、报告的起草工作。1991年，省统计局向省委、省政府、省人大、省政协召开的全省性会议提供各类统计资料、会议材料8000多份，并向代表们提供统计咨询。

(二)为领导决策服务：近几年来，全省统计系统坚持把搞好定量分析和系统分析作为提高统计服务水平、促进决策科学化、民主化的方向性任务，并采取定期召开经济形势分析会、开展优秀统计分析报告评选等活动，提高统计分析水平，增强决策咨询能力。各级统计部门通过对统计信息的加工整理和调查分析，编写了一大批有情况、有观点、有咨询建议的统计报告，提供领导决策参考。1991年省统计局共提供各类统计分析报告和信息资料

245篇，其中《关于当前工业经济效益的分析》等重要统计报告在省政府常务会议上被列为专题发言，并作为会议文件印发全省政府工作会议。

(三)为中心工作服务：配合农村和城市社会主义教育运动的开展，各级统计部门协助各级党委宣传部门整理编写了建国40年来社会主义建设成就的资料，成为社教工作中有说服力的辅导材料；配合建党70周年宣传，省统计局参与主办了山东社会主义建设伟大成就展览综合馆，提供和审核了其余八个展馆、几十个部门的历史统计资料，配合对外开放，受省政府委托编印了中英文版的《山东省情概况》等资料近万册。

(四)为社会提供咨询服务：全省各地坚持大办开放式统计，除编印《统计年鉴》、《农村统计年鉴》、《城市统计年鉴》等21种综合和专业统计资料以外，还利用各种报刊、电台、电视台等新闻媒介定期向社会发布统计信息。如定期在《大众日报》、《山东经济报》和省电台、电视台公布工业经济效益考核指标、八项重要经济指标及市场物价等统计信息。1991年省统计局编写的新闻稿件被省级以上新闻单位采用545篇次。省统计局同省政府办公厅联合建立了新闻发布会制度，由政府秘书长主持，统计局长发布统计新闻。

通过开展各项服务工作，扩大了统计的影响，提高了统计的社会地位。省统计局作为五个经济综合部门之一，参加了山东省经济发展战略研究委员会；省委省政府研究"八五"计划和十年规划，明确要求统计局提出论证意见；省政府有关经济工作的常务会议，一般都要求统计局作专题发言或中心发言；省领导下基层调查研究，重要调查报告和重要政策措施的起草，都要求统计局派人参加。统计部门正由过去单纯提供数字的部门逐步成为重要的信息部、咨询部和参谋部。

三、适应决策需要，改革统计制度和调查方法

(一)适应形势发展和领导决策的要求，改革原有的工业评价考核统计指标，淡化总产值指标，注重经济效益统计，在全省乡及乡以下工业企业建立了以经济效益指标为主要内容的16项工业经济评价考核指标体系，分别对16个市地、133个县(市、区)、省直18个工交部门、公司和5个大型骨干企业按季进行检查考核，并在《大众日报》公布。这一改革尝试，为地方领导转变经济工作指导思想起了积极的推动作用，得到了国家统计局的肯定。

(二)推行农村统计一套表制度，积极争取省政府发文，并成立了由分管省长为组长的实施农村一套表领导小组，保证了这项工作的顺利进行。从而，改善了农村基层统计负担过重、报表繁杂、数出多门的现象。

(三)试行和建立全社会科技统计指标体系，会同经委、科委共同建立了科技统计制度，明确了各部门间的职责分工，补充完善了统计内容，弥补了全社会科技统计的空白。

(四)改进统计调查方法，除继续抓好全面统计外，在各专业统计中灵活地采用抽样调查、重点调查、问卷调查、典型调查、意向调查等多种调查统计方法，相互补充、相互验证，使各项统计数据更加准确。

四、加强统计法制工作

(一)抓统计执法机构建设，全省14个地市统计局建立了统计法制管理机构，县以上统计部门和业务主管部门都选配了统计法规检查员。两年来，编印各种统计法规宣传辅导材料60000多册，培训统计法规人员2000多人次。

(二)配合"二五"普法和"依法行政年"活动，开展了大规模的以提高统计数据质量为主要内容的统计法执行情况大检查。1991年的检查是规模最大的一次，参加人数达12万人，抽查单位8542个，从而大大提高了《统计法》的社会影响，有力地推动了统计法规的贯彻落实。

(三)加强统计报表的管理，依法清理和审批了一批统计报表，统计工作程序逐步科学规范。

五、统计信息自动化系统进一步壮大

按照"微机起步"、"多渠道筹资"的建设方针，经过近十年的艰苦努力，特别是通过承担工业普查、投入产出、第四次人口普查等大型调查的数据处理任务，全省统计信息自动化系统建设已初具规模。1991年末，全省县以上统计部门共配备各种型号的计算机700多台(套)。省统计局和各地市县统计局都建立了计算中心(站)，配备专职技术人员和管理人员207人。统计信息自动化系统建设本着"硬件配备与软件开发相结合、技术人员与业务人员相结合、处理常规数据与建立数据库相结合"的原则，立足于为统计业务服务，不断改善软硬件环境，为统计业务工作的开展提供了必要的保障条件和技术支持。1990年圆满完成了"四普"10%资料的数据处理，1991年又提前2个月完成100%资料的数据处理，并一次通过国家验收。1991年，省统计局在工业、投资、贸易三个专业主要统计指标同国家统计局初步实现点对点远程数据传输的基础上，建立了同地市统计局之间的传输网络；利用现有条件设计和编制了部分专业的年度或动态数据库，为统计咨询提供了方便；运用数据库系统设计

编辑《山东统计年鉴》获得成功。同时，全省县以上统计部门还利用现有条件，兴办了25家电子印刷厂，在探索统计调查、数据处理、信息存储、自动编辑、印刷出版、咨询服务一体化的道路上迈出了可喜的一步。

六、统计教育和统计科研工作取得新进展

到1991年底，全省第一轮统计干部电视函授大专毕业生累计达5729人，获大专专业证书的有4465人，获单科合格证书的96000人次；第二轮获大专单科合格证书的2300人次。统计中专毕业生1851人，获单科合格证书的31000人次。统计本科毕业生20人。此外，还对基层统计人员进行了岗位专业知识培训，有7188人考试合格。

统计科研工作初步开展，取得了一些成果。到1991年末，全省先后组织召开了8次统计科学讨论会，提交统计论文和研究成果1019项，其中有10项获省级以上科研成果奖。省统计局编印的《奋进的四十年》获山东省社会科学成果三等奖；《科技进步与经济效益综合分析方法研究》获中国统计学会优秀课题三等奖；《1987年投入产出及其应用模型》获省社会科学进步三等奖。

七、加强统计队伍建设，促进机关工作规范化

(一)加强政治学习，坚定社会主义、共产主义信念。组织广大职工认真学习马克思主义、毛泽东思想基本理论和党的十一届三中全会以来的各项方针政策，并结合苏联、东欧和平演变的事实，开展坚定共产主义信念的教育。

(二)突出思想教育，树立六个观念。1991年全省统计系统开展了以树立六个观念为主要内容的思想教育：一是树立改革创新观念，勇于改革，勤于实践；二是树立对工作严肃认真极端负责的观念，高标准严要求，一丝不苟；三是树立质量第一的观念，坚持原则，实事求是；四是树立主动超前服务的观念，重在有的放矢，强调时效性；五是树立雷厉风行的作风观念，立说立行，高质高效；六是树立全局和整体观念，提倡团结协作，增强整体效能。经过近一年的实践，省统计系统广大干部职工人人心思变，变消极为积极，变被动为主动，各项工作都有了新的起色。

(三)狠抓建章立制，促进机关工作的规范化。为了有效地调动干部的积极性，把机关工作纳入各项制度的规范和约束之下，省统计局建立了包括职责范围、工作程序、干部守则、考核奖惩、培训教育、机关管理等70余项规章制度，印发县以上统计部门参照执行，促进各级统计部门在机关工作制度化、规范化的道路上迈出了坚实的一步。在此基础上，各级统计部门普遍建立和完善了具体的工作目标管理责任制，层层分解落实到人，从而保证了各项工作有条不紊地开展。

执笔：**姜玉山** 审稿：**张义国** 责编：**刘 恒**

河南省统计工作概况

河南省统计局

党的十一届三中全会以来，河南统计工作走上了健康发展的道路。从1990年起，不失时机地抓整顿、理思路，打基础、上水平，抓机遇、求发展，大力推进各项统计改革和建设，进一步开拓了河南统计事业的新局面。

一、统计机构逐步加强，队伍不断壮大，素质明显提高

1991年底，全省17个市、地，118个县(市)，2135个乡镇，全部建立了独立的政府统计机构；各部门、各大中型企事业单位都有各自的统计网络。全省共有专职统计人员45421人，其中省局机关171人，省局事业单位316人。省局下设办公室、综合处、法规制度处、投入产出办公室、工业交通处、固定资产投资处、人口处、财贸处、物资处、社会处、人事处、机关党委、机关工会、监察审计室、计算中心、培训中心、咨询服务中心、科研所、农调队、城调队、劳动服务公司、计划统计学校。其中城乡两支调查队为副厅级单位。省农调队下设四处一室，在全省118个县(市)全部建立了农调队，并在全省11600个村民小组、21320个农户建立了调查网点。省城调队下设三处一室，在59个市县建立了城调队，其中35个队为市县自建。全省职工家庭调查发展到2200户(不含地方点)，零售物价调查商店1366个，农副产品价格调查点210个，工业品价格调查900多个企业。

二、统计改革取得初步成效

一是积极探索统计体制改革。为了适应新的经济运行机制，继1989年建立了全国第一个地级市统计委员会——三门峡市统计委员会后，相继在13个市、县(区)建立了统计委员会。二是积极探

索统计制度方法改革。近年来，积极开展新国民经济核算体系的试点、试算工作，在省、市(地)、县三级建立了国民生产总值核算制度，初步积累了宏观核算方面的经验；改进统计计算方法，积极探索多种调查方法的综合运用，初步形成了一套比较科学的调查方法体系；开展两个基层"一套表"试点，农村基层统计一套表已在全省推行，工业企业统计一套表在洛阳市试点成功；成功地完成了1987年河南省投入产出模型的编制及应用，此项成果获得了河南省科学技术进步二等奖，建立了一套包括12项统计内容40余种统计报表的对外经济贸易情况统计制度。为了适应有计划商品经济发展的要求，发挥统计工作对国民经济运行的导向作用，从1991年6月起，河南率先建立了"工业销售产值统计月报"，将工业销售产值指标作为考核工业生产的主要指标，引导企业根据社会需要生产适销对路的产品，为国家全面改进经济效益评价考核指标作了积极的探索。

三、采取综合配套措施，努力提高统计数据质量

随着有计划商品经济的发展，利益分配日益呈现出多元化的格局，搞准统计数据的难度越来越大，为了保证统计数据的准确性，省统计局在工作部署上始终把数据质量作为中心工作和头等大事来抓。一是建立统计数据监控机制。针对影响数据质量的各种因素，先后制订了《关于实行统计数据目标管理责任制的意见》、《河南省统计局数据质量管理办法》等规章制度，对关系国计民生的重点、难点、热点的统计数据实行全过程质量控制，建立健全统计调查各个环节的目标管理措施。把14种指标列为重点管理内容，对11种敏感统计数据实行全面质量评估。层层建立统计数据质量目标管理责任制，把数据质量与干部的考评、晋升、职称评定和奖惩挂起钩来。同时加强数据质量评估，利用专业报表资料和搜集部门资料以及历史统计资料进行纵横对比，利用全面调查、抽样调查和典型调查等方法进行相互验证，深入实际调查研究把握宏观和微观发展趋势。二是加强统计基础工作。1990年初，省统计局提出了打基础上水平的指导思想，把加强基层统计和统计基础作为提高统计数据质量的治本措施。重点放在抓乡镇统计站的巩固与提高上，开展达标升级活动；加强城乡社会经济调查队的建设，充分发挥抽样调查网络的作用；努力推进市辖区统计机构建设以及企业统计工作规范化。这些措施较好地保证了国民经济主要统计指标的质量，微观统计数据质量提高了，中观和宏观统计数据基本上能够反映经济运行趋势。在1990年和1991年全国统计数据质量评比中，获得国家优秀奖，有五个专业名列全国第一名。

四、统计咨询水平不断提高，在决策管理中较好地发挥了作用

全省各级统计机构坚决贯彻统计工作服从于、服务于经济建设这个中心的方针，紧紧围绕党和政府的工作中心，努力开发统计信息资源，不断深化统计咨询职能、强化统计监督职能。省统计局参加了省政府目标管理考评审计办公室、省政府物价调控监测小组、2000年河南省国民经济发展战略规划指导小组、"黄淮海"开发和农业经济区划领导小组等重要机构的工作和活动，提供决策咨询服务，省统计局、省农调队连续三年被省政府评为先进信息单位。省统计局、省农经委联合进行的"河南省粮食发展战略研究"，1990年获得省科学技术进步二等奖。省统计局撰写的《"七五"时期我省经济和社会发展状况的分析》、《全省17个市地主要宏观经济指标概述》、《我省国民经济形势分析和发展趋势展望》等统计分析报告，为省党政领导决策提供了科学依据。《当前河南国民经济发展形势分析》、《我省国营大中型工业企业的生产经营情况》、《我省人口控制工作的困境与出路》、《九十年代河南人口生产趋势及控制人口对策》、《对我省九十年代经济发展速度的认识》等统计分析资料，对河南"一高一低"发展战略的确定与贯彻，起了较好的导向作用。市、地、县统计机构也为当地党政领导提供了大量统计分析资料。统计部门编发的"统计报告"、"统计资料"、"统计内参"、"信息摘编"、"统计卡片"等，已成为各级主要领导案头的必备资料。省委书记侯宗宾说："省统计局为我们指导工作提供了很多资料和好的意见。统计部门的职能要进一步强化，要经常认真地搞好经济形势分析，积极参与省委、省政府的决策咨询。"

五、统计信息自动化系统建设取得较大突破

省统计局和17个市(地)统计局计算中心(站)，抓住第四次人口普查这个机遇，基本实现了"七五"期间的自动化建设目标。全省统计信息自动化建设初具规模，形成了一支定编155人的计算机专业队伍，已拥有微机585台、超级微机27台、小型机3台，全省统计系统计算机设备固定资产总值已达1710万元。统计报表基本上实现了县(区)、地(市)、省三级微机处理，省与市(地)点对点远程通讯初步开通。在全国"四普"录入人员竞赛中，河南获二等奖、三等奖各一名，并获最佳组织奖。在软件开发应用上，先后编制了投入产出制表程序、"四普"资料转换程序、计算机逻辑程序等应用软件，有的在全国推广。在硬件维修方面，基本上实

现了微机、打印机、UPS设备维修不出省。

为了加快统计工作现代化进程，省统计局决定以统计部门的计算机技术为基础，与提高印刷技术相结合，形成新的技术体系，自己完成报表和资料的印刷任务。经多方努力，实现了从数据录入、编辑、汇总、制表到数据转换、排版印刷一条龙程序化作业。1991年5月印出了第一本县级"四普"资料，仅用了7天时间。到1991年底，已完成了50个县的资料印刷任务。目前全省已有7个市地采取电子计算机与印刷技术相结合的办法节支创收，不仅大大提高了工效，降低了成本，而且也为职工的亲属就业、弥补经费不足创造了一定条件。

六、统计法制建设取得长足发展

经过艰苦努力，一支统计执法队伍已在河南形成。省成立了法规制度处，13个市、地成立了法规科，地、县两级已调配专职统计法规干部43人，全省已建立一支3800人的统计检查员队伍。同时，地方统计方法也有明显进展。继河南省人民政府颁布第一个地方统计法规——《河南省统计监督检查规定》后，全省县以上已制定15部地方统计法规和规范性文件，使统计法规检查工作得到不同程度的改善和加强，较好地保障了统计工作的"三权"、"两性"，维护了《统计法》的尊严。

总之，河南统计工作在国家统计局和省委、省政府领导下，取得了一些成绩。但与社会主义商品经济发展的需要相比，与各级党政领导和社会公众对统计信息的需求相比，仍有较大差距，在汹涌澎湃的改革大潮中，更需加倍努力、奋力拼搏、开创新的局面。

执笔：**黄长林** 审稿：**王光鹏** 责编：**李天渊**

湖北省统计工作概况

湖北省统计局

进入90年代，湖北统计工作以李鹏总理对统计工作的重要指示为指针，以提高统计数据质量和统计决策咨询水平为重点，综合配套地搞好统计改革和统计现代化建设，充分发挥统计信息、咨询、监督功能，为湖北经济持续、稳定、协调发展作出了贡献。与此同时，统计工作也取得了较大进展。

一、统计数据质量管理

从1990年起，湖北省各级统计部门和广大统计人员牢固树立质量第一的观念，采取各种有效措施，对统计数据质量实行综合治理，取得了显著效果。在1991年全国统计年报质量综合评比中，湖北省在前十名中排名第一。

(一)抓基础。开展统计基础工作规范化是提高统计数据质量的有效办法。到1991年10月底止，湖北省县级以上独立核算企业统计基础工作规范化合格单位，工业的达75%，建筑业的达56%，物资的达58.1%，商业(外经)的有2000多家，交通的有106家。1990年4月，省统计局拟定了《湖北省农村基层统计工作规范化实施方案》，省政府办公厅以正式文件将其转发全省。1991年，省统计局又制发了《湖北省农村基层统计工作规范化考核验收办法与评分标准》。到1991年7月底止，全省10个县(市)的232个乡镇开展了统计工作规范化的试点，占全省乡镇总数的15%。统计基础工作规范化建设逐步由企业、农村基层向业务主管部门和统计系统内部发展。

(二)抓制度。建立健全了各项制度，包括分层控制制度、局长把关制度、考核评比制度、质量评估制度和质量通报制度。

(三)抓网络。1990年，全省乡镇全部建立了统计站，90%的村建立了统计组；全省乡镇已配备专职统计人员1819人，站均1.2人，农村统计队伍得到了加强。到1991年10月底止，全省省辖市的27个城区有13个建立统计局，有36个街道建立了统计工作站，占全省街道总数的29%，其余的都配备了专职或兼职统计员。

(四)抓检查。湖北各级统计部门每年在年报之后和9月份开展两次统计数据质量检查。检查一般以自查为主，对违反统计法规的单位有的放矢的抽查，对群众举报的单位进行重点检查。1991年，全省共查处比较严重的统计违法行为160余起。

二、统计分析研究与决策咨询

湖北各级统计部门在决策咨询上，坚持一切为决策服务，积极支持决策，努力参与决策，扩大了统计工作影响，提高了统计在决策"智囊"班子中的地位。

湖北统计部门开展统计分析研究与决策咨询工作有三个主要特点：第一，在内容上，出现了"两个扩展"。即统计研究与咨询由以党政领导服务为重点，逐步向为业务主管部门、科研机构、企事业单位等社会各界服务扩展；由以经济问题的研究与咨询为主，已向社会、科技领域扩展。第二，在力量上，注意发挥多方积极性。一是在局内集中力量，共同攻关，搞好宏观的、重大的经济问题的研究与咨询，同时注意发挥城乡两支调查队的“轻骑兵”作用，搞好“短平快”的研究与咨询；二是利用离退休老同志的知识和经验，搞好中长期专题的研究与咨询；三是借用业务主管部门、高等院校和科研机构等外单位的力量，搞好区域性、边缘性问题的研究与咨询。第三，在方法上，做到“四个结合四个为主”。即把微观经济与宏观经济结合起来，以宏观经济为主；把长远战略与当前经济结合起来，以当前经济为主；把描述性与预测性结合起来，以预测性为主；把定性与定量结合起来，以定量为主。

为社会公众服务的领域得到拓展。一是利用统计部门掌握的较为丰富的统计信息，进行深度开发，编辑出版大量的综合统计资料；二是发挥统计部门计算机处理数据和文字的优势，扩大有偿服务的范围，开展录入和处理数据、电脑排版轻印刷等服务；三是将统计参与宏观决策行为引入微观领域，积极参与企业经营管理决策活动。

三、统计体制与制度方法改革

为适应经济改革的需要，进一步加强统计部门综合、协调、监督能力，湖北统计管理体制改革有新的突破。1990 年全省第一个统计委员会在仙桃市西流河镇诞生。不久，襄樊市成立了全省第一个省辖市统计委员会。随之，老河口市和枣阳市先后成立了统计委员会，谷城县撤销了全县乡镇统计站，成立了乡镇统计委员会。

随着改革开放和统计自身的发展，湖北统计制度方法改革，取得了较大成效。

(一)认真进行增加值统计全面试点。1991 年湖北省统计局在黄石市进行了增加值统计试点，对国家制订的工交、农业、贸易物资、建筑、社会增加值统计方案的可操作性和科学性进行了论证。为全国和全省推行新国民经济核算体系提供了经验。

(二)积极开展资金流量核算。根据全面推行核算体系的要求，1991 年 3 月至 10 月，省统计局与省财政、省金融部门合作，编制了 1988 年、1989 年、1990 年三个年度的资金流量表。通过资金流量表的编制，使全省新国民经济核算体系帐户由两个上升为三个。

(三)搞好工业企业统计一套表的试点工作。1991 年，省统计局在沙市市、南漳县和潜江市分别对工业年报、定期报表以及业务部门衔接等方面进行了试点，为全面推行工业企业统计一套表探索路子。其中，南漳县在前两年试点的基础上，进一步扩大了定期报表试点范围，不仅取代政府统计部门定期报表，而且也满足了业务主管部门管理需要，被国家统计局誉为“南漳模式”，认为具有全国推广的价值。

(四)推行村级抽样调查超级汇总。1991 年，荆州地区全区和襄樊市、咸宁地区、宜昌地区、孝感地区和鄂西州的一部分县(市)，开始实行村级抽样调查超级汇总；保证了基层统计数据的准确性。

四、统计信息自动化系统建设

湖北各级统计部门抓住第四次人口普查的契机，加快了统计信息自动化系统建设。全省统计系统拥有微机 365 台、HP 386 超级微机 17 台，机房总面积达 1180 平方米。1990 年省统计局建立的综合数据库经过试用，于年底通过国家统计局和省有关专家的鉴定。

1991 年，湖北统计信息自动化系统建设的重点有两个：首先是积极建立专业数据库。在完成全省综合数据库后，认真开展了工业月报数据库、人口数据库的研制工作，进一步完善了能源数据库全部。其次是加强数据处理程序的编制工作。在人口分析软件开发方面，设计了年龄分组和平均期望寿命计算程序，以及未来人口预测模型和计算的程序。另外，还编制了劳动工资年报处理程序和修改了投资年报处理程序。

五、统计宣传报道工作

近两年来，湖北各级统计部门的统计新闻意识进一步增强，统计宣传报道工作成效比较显著，较好地发挥了统计在社会主义、爱国主义教育和为社会公众服务中的导向作用。1991 年，仅省统计局通过报纸、电台、电视台等新闻单位发出新闻稿件就达 672 篇，日均发布量为 1.9 篇。湖北开展统计宣传报道工作的作法有 3 条：

(一)加强领导，建立网络。省统计局各处室指定专人负责宣传报道工作，并在综合处设立一个统计宣传报道组，专门负责局内和全省统计宣传报道的协调和组织工作。同时，全省各地市统计局设有宣传报道通讯员，形成上下贯通的统计宣传报道网络。

(二)培训人员，开展评比。1991 年初，省统计局举办了全省统计宣传报道通讯员培训班。为了推动这项工作的开展，各级统计局制定了统计宣传报道工作评比办法，一般采用计分法，既有量的要求，又有质的规定。

(三)抓住重点，搞好合作。湖北统计部门紧紧抓住党和政府的中心工作开展宣传报道工作。近两年来，配合“七五”计划检查和 80 年代成就总结，组织了两次系列报道，收到较好的效果。并在开展统计宣传报道工作的过程中，注意主动与新闻单位合作。1990 年，省统计局与省台电视台新闻部合作，拍摄了一组统计工作的电视新闻，系统地宣传介绍了湖北统计工作。1991 年，两家再次合作，摄制了电视述评《成功的启示》，为搞好国营大中型企业，引导企业走向成功之路起到了积极作用。

六、统计科研与统计教育

近两年来，湖北统计部门为经济建设和统计工作的发展，积极开展统计科学研究，取得了较大成果。从省统计局来看，统计科研活动有三种形式：一是与外单位合作，共同进行统计科学研究。如省统计局与省社科联、省委政研室和省体改委共同完成了“湖北在中部崛起”课题的总报告，并单独完成了一个子课题“基础产业：湖北在中部崛起之关键”。二是受党政领导和有关部门委托，认真开展统计科学研究。如受省科委委托研究的”“湖北宏观经济效益研究”课题取得阶段性初步成果；受省发展研究中心委托研究的“中部六省经济发展格局、态势及对策”得到有关专家学者的好评。三是根据统计工作发展的需要，积极搞好统计科学研究。如“湖北省综合统计数据库”课题获全国首届统计科研优秀成果三等奖。

1991年，湖北统计教育取得新成绩。全省有3600多基层统计人员参加岗位知识培训，有2569人参加统计员资格考试合格，有6000多助理统计师和统计师接受知识培训；省统计电视函授分院开办了第二届大专班，有2300人参加考试；省统计局还举办了200多人参加的知识更新培训班和150人参加的英语培训班。

执笔：**车建国** 审稿：**王文良** 责编：**李天渊**

湖南省统计工作概况

湖南省统计局

1990—1991年，湖南省各级统计机构和广大统计人员，认真学习领会中央领导同志关于统计工作的讲话精神，狠抓贯彻落实，促进全省统计改革和建设的全面发展，为开创90年代统计工作新局面奠定了较好的基础。

一、城乡统计信息网络进一步健全

近两年来，全省各级统计部门坚持不懈地抓统计基层基础建设，使城乡统计信息网络不断健全，巩固和发展了八十年代的工作成果。全省30个城市区，已有27个建立了独立的统计机构，城市区级统计部门的综合协调管理职能进一步加强。全省171个街道办事处，已有154个建立统计站，建站率达到88.3%。工作制度日臻完善，普遍实行了“三定”(定职责、定任务、定目标)，做到了“六有”(有牌子、有章子、有房子、有台帐、有活动制度、有工作成效)。全省已建立25个城市社会经济调查队(其中地方队14个)。随着企业统计基础规范化工作的不断深入开展，全省已基本上形成以政府统计部门为核心，纵贯市—区—街道—居委会及其企业，横联各业务主管部门及其基层单位和企业的、全方位、多层次、纵横相连、机动灵活、功能比较齐全的城市统计信息网络。在农村乡镇统计网络建设方面，1991年突破了近两年来徘徊不前的局面，全省3828个区乡镇，已建统计站3498个，建站率达到92%，所有乡镇均配备了综合统计员，其中专职达到1855名。统计网络向村级延伸进展较快，已有59%的村设立了统计组。全省所有县(市)和城市郊区均建立了农村社会经济调查队(其中国家队37个、地方队69个)。城乡统计信息网络的不断健全，统计队伍的不断壮大，为搞准统计数据，保质保量地完成统计工作任务奠定了组织基础。

二、统计服务跨上新的台阶，统计工作地位不断提高

全省各级统计部门遵照李鹏总理关于“准确、及时、全面、方便”的要求，在加强统计信息咨询服务方面，不断拓展服务范围，开辟服务渠道，更新服务形式，改进服务方法，提高了统计服务水平。1991年，省统计局共编发统计分析资料159篇，质量比过去大大提高。其中《决策咨询报告》37篇，专送省委常委、正副省长，采用率达到百分之百。其中一些重要分析报告得到了充分肯定。省统计局的信息服务工作，已连续四年夺得省政府的信息目标管理一等奖。1991年，在过去省直单位排名第一的基础上又前进一步，夺得全省(含各地州市)总分第一名，且分数遥遥领先。仅这一年，统计部门提供的信息稿件被中办、国办采用的有15篇，被国家级新闻单位和报刊采用的有144篇次。为此，省政府给省统计局以特别嘉奖。统计部门在信息咨询服务方面出色的工作，得到了各方面的充分肯定。1992年元旦前夕，省委、省政府领导寄语省统计局负责人，认为统计部门的信息服务和决策咨询基本上做到了要什么有什么，啥时要啥时有，与过去相比，上了一个台阶，表示十分满意，希望百尺竿头，更进一步。统计信息咨询服务水平的提高，有力地提高了统计工作的地位。现在，省政府在制定国民经济和社会发展规划，按月按季分析经济形势时，都指定统计部门参加并作专题发言，省人大咨询经济问题时，统计部门也是主要汇

报单位之一。

三、统计法制建设得到进一步加强

1990年以前，全省在贯彻执行《统计法》和省人大常委会1988年颁布的《湖南省统计管理条例》的过程中，已先后与法院、监察、银行、工商和省政府法制局等部门联合，制订了一系列统计执法的配套措施，使全省统计法制建设初步走上轨道。进入九十年代以来，又乘“二五”普法东风，于1990、1991年重点抓了以下四件事：一是由省统计局与省普法办、司法厅联合行文，向全省印发了统计普法的第二个五年规划和宣传提纲，为统计法制建设争取了位子。二是不断健全统计法制机构和提高执法队伍素质。到1991年底，全省14个地州市除大庸市外，都成立了统计法规科，有50多个县(市)设立了统计法规检查股(所)，未设机构的县(市)也安排了力量负责法规检查工作，基本形成了全省统计执法网络。在此基础上，重点抓了人员的业务培训，仅1991年，省统计局就举办了三次大型培训班，直接培训各地州市县和省直部门及大中型企业统计法规人员720人次。各地市县共办培训班163期，培训13821人次。三是在全省开展“统计法规宣传月”活动，历时近两个月。此次宣传月活动声势浩大，影响很广。全省各级共举行统计法规宣讲会571场次，印发宣传资料33万多份，出动宣传车270台次。各级电台、电视台配合宣传，及时报道宣传月活动情况共达472次，其中省电视台在新闻联播节目中以近5分钟时间播发了省统计局局长余柏青同志关于搞好统计法制宣传月活动的电视讲话，对全省活动的开展起到了很大的推动作用。四是严肃认真地抓了统计违法案件的查处。主要有：1990年，常德市与澧县统计局在全省也是全国的第一起统计诉讼案中胜诉，此事得到了国家统计局的重视，张塞同志对案例作了批示，给予了肯定，在全国产生了一定影响。1991年，结合法制宣传月活动，全省又检查了8027个单位，查出统计违法行为572起，立案312起，结案290起，其中经济处罚182起，行政处分2起4人。这一年的查案数量、结案率和经济处罚数额均比上年增长一倍多。1991年，全省统计法制工作在全国评比中获得金牌奖。

四、统计信息自动化系统建设取得新的突破

随着江华、桑植等6个老少边穷地区县统计局在1990年配备微机，至此，全省统计信息自动化系统建设实现了全部县(市)装备微机、建立计算站(室)的目标。在此基础上，根据李鹏总理关于统计工作计算机化的指示，1991年，全省重点抓了各地州市与省局之间的计算机通信联网工程。经过多方努力，于下半年成功地开通了所有地州市与省局之间的计算机通信网，经过各专业的报表传输实践，证明效果良好。该网络的建成，使省局对各地州市可以全天24小时接收报表，从根本上改变了过去长期靠电话、邮寄和人工报送报表的状况，节约了人力、物力、财力，大大提高了统计信息传输的时效性和准确性。

到1991年底，全省统计系统已拥有各类电子计算机441台，拥有计算机人员296人，软件应用开发技术水平也不断提高，实现了县以上统计部门均使用计算机进行所有报表数据汇总的宏愿，为我省统计信息自动化系统建设的进一步发展奠定了较好的物质技术基础。

五、进行了繁荣和发展统计事业新途径的探索

在改革开放的新形势下，统计部门如何增强自我发展能力，繁荣和发展统计事业？从1990年起，省统计局就开始进行这方面的探索，大家打破常规思维，沿着不断开辟信息咨询服务渠道、使统计不断走向社会的思路，大胆尝试，勇于创新。在深入研究、反复论证的基础上，利用统计部门独特的优势和有利条件，与香港嘉达公司合办了我国统计界也是我国缩微界的第一家中外合资企业——湖南通达数据有限公司，主要从事各种信息资料的缩微制作和提供该项工作的产品和技术服务。公司于1991年10月16日举行了隆重的开业典礼，省人民政府对此给予了重视，副省长储波及省人大两位副主任和省政协一位副主席参加开业典礼。在创建公司的过程中，还获得了省计委、财政、工商、银行、税务、外经委、海关等部门的大力支持。这一举动，有力地扩大了统计的社会影响，当人们得知一向被认为只埋头数字的统计部门也利用外资开办合资企业时，都感到惊奇，开业那天，前来祝贺和洽谈业务的单位和人数之多，超出了人们的预料。公司开业以来，已在社会效益和经济效益方面展示出良好的前景。这一尝试，为今后进一步搞活统计工作、搞好统计改革提供了一些有益的启示。

六、统筹兼顾，各项工作全面发展

1990年圆满完成了第四次人口普查各项工作。获得国家“金杯奖”。1991年进行的100%数据处理工作，高质量地完成，比国家规定时间提前70天，获得国家“优胜奖”。同时，积极着手开展了普查资料的开发应用工作。

在统计制度方法改革方面，一是抓了农村社会经济“一套表”的推行，二是进行了非物质生产部门增加值核算试点工作，为实行新国民经济核算体系

作了理论和实践上的准备。

统计教育和科研，统计队伍建设和统计后勤管理等方面，均有不同程度的进展，取得了一定的成绩，为保证统计工作的全面发展创造了条件。

1990—1991年全省统计工作之所以取得一定的新进展，是国家统计局、省委、省政府正确领导和全省各级统计部门及广大统计人员努力奋斗的结果，也是改革开放对统计工作要求之势所必然。从工作方法上回顾，主要是做到了抓住一根主线不放松。即认真贯彻国务院领导同志关于统计工作的讲话精神，促进统计工作的全面发展。每年的全国统计工作会议之后，省统计局及时抓住这个有利时机将国务院领导对统计工作的指示和全国统计工作会议精神向省政府领导汇报，并提出具体的贯彻意见和措施，得到了省政府领导的重视和支持。在省人民政府1990年1月15日以湘政办发(1990) 2号文件批转省统计局《关于进一步加强统计工作的意见》之后，两年间，为加强统计工作共发了三个文件。各地市县结合本地实际层层抓贯彻落实，收到了很好的效果。统计工作了出现了前所未有的形势。

执笔：**陈克祥** 审稿：**余柏青** 责编：**李天渊**

广东省统计工作概况

广东省统计局

广东省认真贯彻落实李鹏总理对统计工作的重要指示和广东省人民政府《关于加强统计工作的通知》精神，进一步加强统计基础建设，综合配套地搞好统计改革和建设，大力加强统计调查和统计分析工作，较好地发挥了统计信息、咨询、监督的整体功能作用。

一、统计基础建设

广东省统计局把提高统计数字质量作为头等大事来抓，采取有效措施，加强统计基础建设。各级统计部门在认真贯彻实施《广东省统计数字质量控制办法》的同时，进一步加强统计基础建设，建立健全城乡统计信息网络、逐步实现统计基础工作规范化。全省1 658个乡镇已有1 626个乡镇建立了统计组，其中有116个建立了实体型统计组。全省乡镇统计人员达11 396人，平均每组近7人。城市统计信息网络建设，正在组织实施《广东省城市统计信息网络建设试行方案》，计划到1994年建立健全广东城市统计信息网络。工业企业统计基础工作规范化成效显著，全省已有8 272个独立核算工业企业实现统计基础工作规范化，占全省县以上独立核算工业企业数的74.5%。商业、建筑业及农村的统计基础工作规范化工作，正由点到面逐步展开。

二、统计制度方法改革

广东省统计局围绕建立新国民经济核算体系，积极开展统计制度方法改革。两年来，省统计局和广州、深圳市统计局按国家统计局要求，完成了《1990年投入产出延长表》的编制任务，在东莞市和韶关市试点的基础上全省工业、基建、农业3个专业已于1991年年报全面执行增加值统计制度。开展国内生产总值的核算工作，省统计局会同省外汇管理局编制了《1990年广东省地方国际收支平衡表》，省统计局组织编制了《1990年广东省资金流量表》。农村统计，在省和各市组织试点的基础上，1990年开始全面实施《农村基层统计一套表制度》。工业统计在肇庆市四会县组织《工业企业统计一套表》试点的基础上，已在全县全面施行。省统计局与省科委、经委、计委、财政厅、高教局、国防科工委联合发出的《关于大力加强科技统计工作的通知》，建立了科技统计制度，组织了七大部门科技调查和小型企业科技抽样调查，极大地推动了科技统计工作开展。

三、统计信息自动化系统建设

广东省统计信息自动化系统建设已初具规模。省统计局和各市、县统计局相继建立了计算机应用处和计算机站(室)，全省县(区)以上政府统计机构拥有专职计算机技术、管理人员105人，兼职技术人员250人，初步形成了省、市、县三级政府统计部门计算机应用管理的组织系统。至1991年底止，全省县和县以上政府统计系统已拥有微机476台，超微机24台，小型机2台。各市、县统计局切实加强了计算机房的建设。省、市及部分县统计局还配备了传真机，已实现了国家、省、市政府统计机构统计数据的点对点远程传输和图文传真通讯。各专业的统计月、季、年报及专项调查都基本使用计算机进行数据处理，其中工业、农业、物资、外经、商业、城调、人口等专业的部分月、季、年报数据通过微机远程传输上报。

四、统计教育

广东省各级统计部门十分重视统计教育工作。目前，省及各市、县统计局都专门成立了统计教育工作机构或配备专人负责统计教育工作。全省参加统计员岗位培训达20 717人，参加统计员资格考试18 751人，有1 2631人考试及格并取得了统计员资格。全省第一轮统计大专班到1990年底，已有26 000人取得单科合格证书，有1 016人取得大专毕业证书。第二轮统计大专班有学员2 025人在读。统计中专班到1990年底，已有18 000多人取得单科合格证书，有966人取得中专毕业证书。

五、统计法制建设

广东省统计法制建设正在逐步加强，经省编委批准，省统计局正式成立了法规制度处，编制8人，现有6人。全省20个市，已有广州、湛江、汕头、茂名、肇庆、潮州、清远、惠州等8个市成立了法制科(处)。全省县和县以上政府统计部门和业务主管部门已配备统计检查员1 500多人。1990年初，省统计局局长代表省人民政府向省七届人大常委会第十一次会议作《我省统计法规大检查情况的报告》，委员们在审议中认为，统计部门近年来在组织实施《统计法》方面，取得了一定的成绩，应予肯定，并指出统计部门要继续做好法规宣传和实施工作。近两年来，全省共组织查处统计违法案件6起。组织了清理统计报表的试点工作，建立了统计报表审批(备案)制度。

六、统计科学研究

广东省统计学会和省统计局统计科研所积极组织各分会及统计部门开展统计科研工作。1991年省统计学会共有会员2 840人。1990年召开了全省第五次统计科学讨论会。1991年第一次全国统计科研成果评选，《广东科技统计指标体系研究》和《外向型经济统计指标体系研究》两项科研成果获三等奖。国际统计学术交流进一步加强。原省统计局局长、省人大财经委副主任龚鉴尧于1990年10月参加北京国际官方统计协会第二次会议，1991年9月又出席埃及开罗国际统计学会第48次会议，并在会上宣读题为《论多目的多标识抽样调查》论文。省统计局局长翟锦云于1990年12月赴港与香港中文大学亚太经济研究所会合作，开展对《广东改革开放成效与经验》的研究。1990—1991年，先后接待6批有联合国、美国、加拿大、印度、香港等5个国家和地区的统计专家和官员15人次，作学术报告达13次。

七、统计服务工作

广东省各级统计部门把为地方党政领导机关决策和管理服务放在统计工作的首位。在狠抓统计数字质量的同时，不断开拓统计调查分析领域。根据广东省治理整顿、深化改革和经济发展中的新情况和新问题，开展统计分析和预测，为当地党政领导及有关部门提供大量的统计信息和分析报告，较好地发挥统计信息、咨询、监督的整体功能。一是建立了定期提供统计资料制度。除定时提供月、季、年报统计信息外，各市统计局都建立了向党政领导机关提供宏观统计监测资料制度。二是围绕党和政府的工作中心，以短、平、快的形式，及时提供统计分析。重点是围绕搞好宏观经济运行调控问题，加强定量分析和系统分析；抓住经济发展中的重点、热点问题开展调查分析；配合“质量、品种、效益年”活动，搞活大中型企业、加强农业和农村工作等工作重点，开展专题调查分析，收到较好的成效。如1990年省统计局专门组织了利用外资的专题调查，写出了《广东300家利用外资超百万美元工业企业的调查报告》，客观地评价本省改革开放11年来工业企业利用外资的情况，并提出了解决问题的建议，引起了省领导的重视。该文被叶选平省长批示印发各市，省委的《广东调研》全文转载，《中国金报》、《中国统计信息报》、广东省电视台、广东电台等作了专门的报导，并获全国统计系统1990年度优秀统计分析报告二等奖。1991年，省统计局撰写的《广东国民经济治理整顿的回顾和启示》被列为省七届人大三次会议参阅文件。三是加强统计宣传和新闻报导工作。省统计局已与省内及中央驻粤新闻单位建立了统计新闻发布渠道，定期和不定期发布统计信息，在广东电视台开设《经济90》和《91年经济回顾》专栏。近两年来，省统计局平均每4天发布1条统计信息，其中头版或头条达38篇。省统计局编辑出版的《广东统计资料》、《简要统计》、《海外信息摘编》、《广东省统计工作简报》、《广东省统计年鉴》、《广东省七五时期科技发展统计资料》和《广东社会事业现状与发展》两本《统计与预测》等刊物和书籍，都受到社会的好评。四是积极做好统计咨询服务工作。广东省社会经济信息服务中心，1990—1991年，接受国内外客户委托调查共29项，其中香港地区委托的市场调查21项，国内单位委托调查8项。在为社会提供咨询服务方面迈出了可喜的一步。

八、第四次人口普查

广东省第四次人口普查工作，在各级党政机关的领导下，精心组织，广泛宣传，动员了26.5万人参加普查工作，严格按照国务院的要求，实现了人口普查登记一次成功。省市统计部门计算中心(站)园满完成了人口普查数据的处理任务，及时向社会公布人口普查的各类数字资料。省统计局计算中心，运用电子计算机完成了90年代广东人口发展状况的预测工作。为了做好人口普查资料的开发利用工作，省、市、县(区)都专门成立了人口普查资料分析应用领导班子和写作班子。省统计局组织编印了《第四次人口普查大事记》、《广东省第四次人口普查文件资料选编》(上、中、下册)、《广东省第四次人口普查手工汇总资料》、《广东省第四次人口普查的主要数据》、《广东省第四次人口普查资料应用实例》、《人口分析方法与技术》等书藉及《广东省第四次人口普查画册》，编印了《广东人口资料》刊物。完成了1990年、1991年人口变动抽样调查工作。

九、社会经济调查

城市住户调查，全省18个点全部实行了访户登记查询制度；物价调查，全省统一了零售物价调查工作流程；设立了农副产品采价记录和数量、金额台帐。省与市、县城调队之间已建立了报表查询、反馈、量化考核等工作制度。1991年各地城调队共进行了102项调查，及时、准确、全面、方便地向社会反馈大量的调查信息。

农村社会经济调查除按时完成常规的三大调查外，还完成了“农村食品消费、营养健康卫生调查”和“全省20家乡镇企业的追踪调查”“珠江三角洲农户状况及购买意向调查”“农资购买情况调查”。

执笔：**方世澄**　审稿：**翟锦云**　责编：**李天渊**

广西壮族自治区统计工作概况

广西壮族自治区统计局

1990—1991年，广西统计工作紧紧围绕治理整顿、深化改革和经济建设这个中心，按照自治区党委、政府和国家统计局的工作部署，进一步加强统计基础工作，狠抓统计数据质量，积极推进统计改革和建设，各项工作都取得了新的进展。统计信息、咨询、监督的整体功能作用得到进一步发挥。

一、加强统计分析和统计宣传工作，决策咨询水平进一步提高

各级统计部门根据李鹏总理指示精神，加强了定量分析和系统分析，提出了许多有份量的统计资料和分析报告，统计参与决策的水平有了新的提高。

(一)统计分析的水平有较大提高，统计在决策、管理中的作用增强。在分析中，注意紧密围绕“七五”计划完成情况和“八五”计划的制定这个重点，开展定量分析和系统分析，及时为各级党政领导加强科学决策、管理和制定“八五”计划提供了大量分析研究资料和对策建议。如自治区统计局撰写的《八十年代广西经济发展比全国慢，到底慢在哪里》的分析报告，得到了区党委、政府领导及有关部门的好评，并在1991年全国统计分析报告评比中获奖。由于各级统计部门编写的统计分析报告时效性、针对性、科学性明显提高，统计越来越受到各级党政领导和有关部门的重视。1991年自治区人民政府决定按季度召开经济分析会，指定自治区统计局为首席发言。仅1991年自治区县以上统计局参加各级党委、政府和有关部门召开的经济分析、战略发展、决策管理等会议217次，直接参与政府对经济形势的研究和决策。

(二)统计资料的加工整理和开发利用成果显著。在《1991年广西统计年鉴》顺利出版的同时，各地、市和大部分县(市)统计局及时编印了《1991年统计年鉴》或《国民经济统计年鉴》、《统计提要》，以及《第四次全国人口普查手工汇总资料》、《“七五”时期统计资料》、《奋起的广西》等。与此同时自治区统计局还圆满完成了《广西年鉴》、《中国改革大观(广西专辑)》、《中国统计发展之路》等资料书的部分编纂任务。

为适应自治区党委、政府决策的需要，各地、市、县统计局及时向区党委、政府提供了全区分地、市、县的国民生产总值数据，得到党委、政府的好评。

(三)统计宣传更加活跃，对外咨询服务取得新的成绩。1991年，广西县以上统计部门编写的各种统计分析、统计调查报告、新闻稿件，被各种新闻媒介和各级党委、政府采用的达2 250篇，有245篇得到各级党政领导批示。

二、统计基层基础工作进一步加强，综合治理取得较明显成效

(一)加强基层统计基础工作，为搞准统计数据提供了必要的条件。经过各级统计部门的努力，1991年自治区辖市已有7个城、郊区建立了统计局，有16个县、市新建了农村社会经济调查队，建队县市已达59个，占县市总数的72%。1个县新成立了城市社会经济调查队。经过几年的努力，全区已有98.7%的乡镇建立了统计站，其中实体型已达20%，96.59%的行政村建立了统计组或有兼职统计人员。与此同时，各地区和各部门还投入了相当大的力量，开展了城乡统计基础工作规范化建设。特别是从1990年开始在全区农村推行了基层统计“一套表”，强化了农村统计报表管理，初步改变了过去同一统计指标多部门、多渠道调查，造成农村报表多乱，指标重叠，数出多门的弊端。

**(二)改进统计调查方法，提高主要指标的准确

度。如对粮食产量指标县县开展了抽样调查，对人口、个体商业、农民人均纯收入、居民收入等点多面广、难以单纯用全面报表搞准的指标，灵活地运用多种调查方法和核查手段。1991年还受自治区科委的委托，研制了"广西全社会科技投入调查工作方案"，并圆满完成了这次调查任务。通过各种调查，使统计数字建立在科学、客观的基础之上。

(三)抓好主要统计指标数据质量的核实和评估。两年来，广西各级统计部门坚持对农业总产值、粮食、甘庶产量，农民人均纯收入，全社会固定资产投资中集体、个体部分，工业总产值中村及村以下部分等重要数据，进行评估和核实工作，做到心中有数。各地区、各部门为了保证统计数据质量，加强数据的质量审核把关，坚持层层开展数据质量评比活动，自治区评地、市，地、市评县(市)，县、市评乡、镇，乡、镇评行政村已形成制度，收到了较好的效果。

(四)加强统计业务培训。仅1991年，广西各级统计部门举办各种类型的业务培训班234期，共培训业务骨干9 323人(次)，提高了统计队伍整体的业务水平，减少了由于业务水平不高而造成统计数字出现差错的现象。

三、统计制度方法改革取得新进展

(一)举办有地、市、县统计局和有关部门参加的新国民经济核算知识培训班。通过这次培训班训练了骨干，使各级统计部门对新国民经济核算体系知识有了初步了解，为全区建立新国民经济核算体系做了一定的准备工作。同时，自治区统计局还试编了资金流量表，与自治区外汇管理局试编了国际收支平衡表。

(二)在研制推行农村基层统计"一套表"的基础上，草拟了"农村经济增加值和纯收入计算方案"。在武鸣、桂平、兴安、钦州等四个县(市)进行试算，并将这一成果运用到1991年年报。

(三)进行了工业统计一套表的研制和试点工作。1991年，自治区在桂林地区平乐县进行了工业企业统计一套表的研制和试点工作，并获得成功。在总结经验的基础上，1991年10月份，迅速将这项工作在该地区推广。

四、统计信息自动化建设和计算机的开发应用取得新进展

(一)计算机配备和队伍建设取得新突破。1990年，成立了计算中心，全区13个地、市统计局先后相继成立了计算站。经过几年的努力，全自治区统计信息自动化系统建设的硬件配备已取得突破性进展，到1991年底，县以上统计局已拥有各种类型的计算机385台套，县县配备了微机。

(二)统计数据计算机处理迈出了新步伐。一是高质量全面完成"四普"数据处理任务。二是圆满完成各种统计报表的数据处理任务。自治区、地、市统计局各专业和部分县(市)统计局以及城乡两支调查队的月、季、年报数据已基本实现计算机处理，部分专业还实现了超级汇总，而且数据处理的质量达到了较高水平。

(三)统计信息自动化系统建设正逐步向电子排印系统延伸。自治区统计局计算中心成功地运用激光排版方式编辑印刷了自治区及部分地、市的"四普"资料及有关资料。部分地、市统计局，也先后建起了电子排印系统，并开展了对外服务。

五、统计法制建设进一步增加

《广西壮族自治区统计监督检查规定》已通过自治区法制局等有关部门的审定，自治区王蓉贞副主席已作了批示，待主席办公会通过将可以于1992年出台实施。在法制建设方面，还抓了以下几项工作：一是在自治区建立了报表审批制度，明确规定自治区各部门、各单位和区统计局各专业处制发的统计报表制度，一律经审核批准后才能成为合法报表，从制度上初步杜绝了滥发统计报表的现象；二是在全区范围内开展了清理统计报表工作，收到了良好的效果；三是严肃查处了统计违法案件。各地区、各部门对本地区、本单位出现的一些统计违法现象进行了查处。自治区统计局根据一些地方和单位的举报，对几个重大的统计违法案件进行了调查处理，并配合国家统计局、纺织工业部联合调查组对南宁绢纺厂虚报产值一案进行了调查；四是组织近100名统计检查员参加国家统计局举办的统计检查员培训班，提高了统计检查员的办案水平。

六、统计教育和科研取得了新的成绩

(一)统计教育成绩喜人。1991年又有101名学员从统计电视函授学院毕业，有140多人取得大专层次的统计专业证书，有288人取得统计中专毕业证书；到1991年底止，全自治区获得统计电函大专毕业的人数达1 666人，大专层次统计专业证书的1 494人，使全自治区统计人员大专以上文化水平的人数比例由前几年的3%，提高到18.6%。此外，全区2 228人参加统计员任职资格考试，及格1 396人，及格率达62.7%，考试成绩名列全国第六。到1991年底，全自治区已有4 929人获得统计员上岗合格证书。

(二)统计科研取得进展。自治区统计局承担国家统计局列项的四个科研课题基本完成，其中两项已入选。《运用广西1987年投入产出表研究纯部门价格结构和价格指数》、《运用广西1987年投入产出表研究边际增加值经济指标》已通过省级鉴定，

并报自治区科委参加评奖。

七、统计系统的思想政治工作和后勤保障工作进一步加强

各级统计部门在当地党委、政府的领导下，注意加强思想政治工作和统计职业道德教育，特别是坚持开展了统计系统的争先创优活动，使统计队伍的社会主义精神文明建设结出了丰硕之果。据统计，仅1991年全区政府系统统计机构被地方党委、政府评为先进党支部或先进单位65个，先进工作者655人，优秀共产党员31人。各级统计部门多方筹集资金，解决了部分干部的住房困难。在一定程度上改善了统计部门的工作和生活条件。

执笔：**陈利丹**　审稿：**陆达生**　责编：**李天渊**

海南省统计工作概况

海南省统计局

海南是新建省，又是特区省。为了使统计工作尽可能适应经济发展的需要，发挥统计信息、咨询、监督的整体功能，1990年和1991年，海南省各级统计部门认真贯彻中央领导同志关于加强统计基础工作，加强定量分析和系统分析的重要指示精神，按照全国的统一部署，狠抓统计基础建设，千方百计提高统计数字质量，围绕经济建设这个中心，积极开展调查研究和统计分析，提供优质服务，取得了一定成效。

一、大力加强统计基础工作

(一)农村基层统计网络建设不断发展。1990年9月，省统计局在屯昌县召开了全省农村统计网络建设经验交流会，会议交流了16个典型经验。屯昌县乌坡镇、乐东县乐罗镇领导重视，建立制度、健全网络、协调行动、图表上墙，为乡镇经济建设服务的经验在会上引起了强烈反响。屯昌会议以后，全省农村乡镇统计网络建设不断巩固和发展，1991年底，全省乡镇统计组(站)已发展到273个，占全省乡镇总数的89.5%。部分乡、镇已将网络延伸到营区和村委会。共有人员1 900人，其中配备的乡镇专职统计员214人。

(二)海口市城市统计信息网络建设有了良好开端。1991年上半年完成了三个市辖区统计局的组建工作。在人员编制严格控制的情况下，各区政府仍优先分配给区统计局10至12人的编制。区统计局建立后，为了使各区的统计工作尽快运转起来，8月份，市统计局研究制定了《区统计机构职责范围划分的意见》，经过广泛征求意见和反复讨论修改，于10月份下发各区统计局实施，从而使海口市的统计信息网络建设有了良好的开端。1991年底3个区已配备干部20人，各项工作已进入正常运转，并在各区的经济管理中发挥了一定作用。

(三)工业、固定资产投资和建筑业统计基础工作规范化建设取得成效。一是工业企业基础工作规范化试点取得成功。1991年省统计局选定琼海县为全省工业企业基础工作规范化试点。琼海县统计局根据“海南省工业统计基础工作规范化试行办法”制定了“琼海县工业基础工作规范化试行方案”，并四次召开企业领导和统计人员会议进行讨论，最后通过县政府批准下发给各厂矿企业施行。各试点企业也相应成立了由厂(矿)长挂帅的领导小组，制定工作方案，按要求认真开展试点工作。在试点工作过程中，县统计局会同有关部门多次深入厂矿检查指导，组织经验交流，从而促进了试点工作的顺利开展。经过将近一年的试点，各企业均健全了内部统计机构，设置了与任务相适应的统计岗位，配备了人员，建立了企业内部的原始记录、台帐等一整套规章制度，从而使试点企业的统计工作走上了规范化的轨道。1991年下半年，省统计局召开了全省大中型工业企业统计工作会议，介绍了琼海县试点的作法，决定先在全省大中型工业企业中全面开展工业统计基础规范化工作。为配合企业统计基础规范化工作的开展，省统计局统一印制了“工业企业历年台帐”和“工业企业综合台帐”，发给每个市县和企业使用。二是建立了固定资产新开工和新竣工项目统计制度。除了海口、三亚市项目多，情况复杂，尚有少量小项目没有进行项目登记外，县级所有项目都进行了登记，并建立了台帐。三是推行建筑业统计基础工作规范化。1991年初，省统计局与省建设厅联合制定了《海南省建筑企业统计基础工作规范化办法》，下发给各建筑企业。6月份省统计局与省建设厅在三亚市联合召开全省二级以上建筑企业统计基础规范化工作会议，动员布置全省建筑企业统计基础规范化工作，并决定在海南农垦建筑公司先行试点。农垦建筑公司接到试点任务后，公司领导极为重视，成立了规范化工作领导小组，由经理负责，副经理具体组织检查落实，下属各厂、队、科室领导负责协调，制定了切实可行的工作方案。在省统计局与省建设厅的指导下，经过近半年时间的试点，建立了企业内部的各级统计机构，配备了相应的统计人员，制定了各级统计人员

的岗位责任制，建立了原始记录和统计台帐，实现了资料的集中管理，分类归档，开展了统计分析。基本上达到了试点工作的目标，为全省建筑企业统计基础规范化工作的开展提供了经验。

二、开展优质服务，提高统计工作水平

(一)切实加强统计分析工作，提高决策咨询水平。各级统计部门围绕经济建设这个中心，围绕党政领导关心的问题和特区经济发展中的“热点”、“难点”问题，深入进行调查研究，开展统计分析，提供了大量有情况、有问题、有对策建议和预计预测的统计分析报告。1991 年全省统计系统撰写的统计分析报告 450 多篇，提供统计快报资料 480 多期，有不少分析报告和快报资料被各级党政领导、决策部门和新闻单位所采用。省统计局在加强进度分析的同时，积极开展专题分析，取得了一定成效。根据 1991 年上半年经济运行情况撰写的《当前经济形势分析及全年展望》一文，针对经济生活中存在的突出问题，提出了对策建议，被省领导和决策部门所采纳。省人大常委会副主任缪恩禄亲自到省统计局表扬这个分析写得好，要求以后多写这样的分析。针对“七五”时期海南经济起伏波动较大的特点，组织开展了八个方面的专题分析，揭示了经济起伏的原因，提出了解决的办法，受到有关方面的关注。

(二)开发多样化统计产品，推进统计信息的社会化。以统计年鉴为代表的资料整理编印工作迈上了新的台阶。对 1991 年版《海南统计年鉴》大胆改革，从原来的大 32 开改为 16 开。改版后，不仅充实了资料的内容，规范了版式、指标、年份、条目的编排，而且在装帧设计上力求创新。该年鉴发行后，深受领导和各方面用户的好评。除了做好统计年鉴的编辑出版外，1990 年和 1991 年省统计局还根据各方面的需要整理编印了《1952—1989 年国民经济提要》、《“七五”时期统计提要》、《海南省国民经济主要指标与各省市比较》、《1987—1989 年、1990 年海南省民族自治地方国民经济统计资料》等，1990 年创办了《海南统计月报》。各市县的资料整理编印工作也取得了新的进展。海口、三亚市、东方县编辑出版了统计年鉴；大部分市县编印了年度或历史统计资料。陵水县统计局利用掌握的大量统计资料和搜集得来的其它有关历史资料，编写了一本 8 万字的《陵水县情》，对陵水县的历史和现状，政治、经济和文化作了全面系统的介绍，被县委、县政府指定作为全县进行社会主义教育材料，印发全县各基层单位，在全县引起了较大反响。

利用统计资料，宣传海南经济建设的成就。除了平时利用进度资料及时宣传经济建设的成就和为宣传部门提供素材外，1991 年 4 月，在海南建省 3 周年时，省统计局配合《海南日报》和海南电视台等新闻单位，采取统计资料与图表相结合的形式，在报纸和电视上生动地宣传了海南建省三年经济建设的成就，取得了很好效果。

三、统计信息自动化系统建设向前迈进了一步

1990 年上半年，海南省统计电子计算站经省编委批准成立，配合全国第四次人口普查工作的开展，当年配备了 3 台惠普 386 高档微机和 20 多台浪潮微机，1991 年为各市县配备了 11 台 386 高档微机和 2 台 286 微机，以及 23 台打印机和其它配套设备，1991 年底全省统计系统拥有各类微机 71 台，打印机 53 台，终端机 3 台，为统计信息自动化的建设打下了一定的基础。在加强设备配备的同时，软件应用工作也取得了新的进展。高质量完成了全省第四次人口普查和 1991 年人口变动抽样调查的数据处理任务，受到国务院人口普查办和国家统计局的表彰；完成了 1987 年全省投入产出表的数据处理和激光排版资料的转换输出，以及完成了工业、固定资产投资等专业年报的超级汇总任务。1991 年，在做好系统内设备维修的同时，还配备了轻印刷系统，开展打字、复印、印刷一条龙服务。

四、高质量完成了第四次人口普查任务

在各级党委和政府的领导下，经过广泛的宣传发动，层层组织培训，严格执行国务院人口普查办法、有关规定和工作细则，严格按照海南省人口普查工作总体方案和进度流程图开展普查试点、进行人口变动抽查、户口整顿、普查员选调培训和编码，落实普查经费和计算设备，做好人口登记和数据处理等各环节工作，高质量地完成了第四次人口普查任务。经验收，全省 19 个市县质量标准全部达标。在国务院人口普查办公室组织的人口普查工作评比中，海南省取得“优秀奖”和“组织奖”。

人口普查资料的开发应用也取得了成效。1991 年，各级人口普查部门利用人口普查的大量资料，积极开展分析研究工作，共撰写了 150 多篇人口分析资料。得到领导和社会各界的好评。

五、加强了统计队伍建设

各级统计部门注重加强党组织的建设，发挥党员在工作中的先锋模范作用，在机关中形成了“团结、廉政、求实、进取”的良好风气。部分市县统计部门开展了目标考核活动，把岗位目标完成情况和出勤情况与机关的各种补贴、奖金挂起钩来，对

在全省年报质量评比和优秀分析评选中得奖的专业和作品采取再奖励的办法，从而把工作质量与机关奖励结合起来，强化了机关的激励机制和约束机制。1990年和1991年，全省统计系统共培训2 000多人次，大大提高了统计队伍的素质。

执笔：**符国瑄** 责编：**李天渊**

四川省统计工作概况

四川省统计局

1990—1991年，四川省认真贯彻执行李鹏总理、姚依林副总理有关统计工作的重要指示，结合四川实际落实全国统计工作会议精神，注重基础建设，充分发挥统计整体功能，尤其在保证数据准确性，提高信息时效性，搞好决策服务和统计分析，强化计算机应用等方面取得了较大的进展。

一、严格实行质量控制，保证统计数据的准确性

(一)扎实做好基础工作。一是加强统计调查网络建设，保证统计调查能落到实处；二是搞好原始记录和台帐，加强基层基础工作。

(二)充分发挥计算机控制质量的优势。四川省在工业统计中，利用计算机校验平衡和非平衡关系，对每一页报表中的每一项指标和每册报表中的主要数据进行质量控制，取得一次成功的惊人效果，获得国家统计局颁发的质量全优奖。

(三)建立完善责任制，各个专业一般都建立了审表责任制、校对责任制、改错责任制。还建立了综合性的信息传递责任制。

(四)认真进行逻辑审查。一是对总的相互平衡关系进行审查；二是对历年指标变化关系进行审查；三是对地区、部门之间的指标变化关系进行审查，同时每年还布置自查、互查、交叉检查，对一些可疑指标还要一查到底；四是对指标之间的逻辑关系进行审查。

(五)多方协调搞好质量评估。一是利用多种统计调查渠道所取得的数据进行对比分析和评估。如粮食产量，利用农经统计、农产量抽样调查，农牧厅、粮食局、商业部门等有关资料以及粮价动向分析评估。尤其对于一些主要经济指标和年报数据，多年坚持实行综合处、平衡处、科研所及有关专业处会审评估，收到较好效果。二是算大帐，力求数据相吻合。比如生猪有关数据中，肉产量、存栏量、收购量、自宰量、总销量、外调量、库存量、城乡居民消费量等要互相衔接，大数要碰得上，基本数据方可定案。

二、采取各种有力措施，提高统计信息的时效性

(一)强化信息传递责任制。对凡是报送国家统计局、省委、省政府及其他领导机关的信息、快报、月报、月度主要指标、综合进度分析等资料，从原稿形成、审核、打印到发送之间的各个环节，都规定了谁处负责，谁人经办和严格的时限、质量要求，明确责任，衔接紧密，并且逐月检查登记，年终评比。

(二)建立了电子排版及轻印刷系统。扬计算机所长，适当添置电子排版、高速胶印机等设备，使统计书刊、资料、表格印制时间大为缩短，印刷质量大为提高。原来要10天半月才能打印完毕的文件资料，现在两三天即可完成，还大大地节约了办公经费。

(三)力求快捷传递资料。一是编制月快报，用计算机检索月快报中的主要数据，分送领导机关和综合部门，最迟的专业不超过月后9日；二是分送各专业月报资料给省级有关部门，完成时间为月后10日前；三是印制并分发月度主要综合指标小册子，完成时间为月后12日前；四是撰写综合分析资料，分析月度的经济运行特点和主要问题，送省领导及有关部门，完成时间为月后16日前。

三、紧扣国民经济和社会发展运行轨迹开展统计分析

(一)立足决策需要和国民经济全局开展分析。1990年，省局为领导决策撰写了不少有份量的分析资料。《我省农村劳动力转移的现状与出路》，省委书记杨汝岱阅后作了重要批示，并要求有关部门认真研究，拿出消化回流劳动力的具体办法。《关于农村社会阶层分化问题的调查与分析》的专题报告，省政府《川政要情》作为重大信息上报国务院，中央农研室《农村观察》全文登载，并写了长达2000多字的编者按，肯定了该文用马列主义理论和方法对当前农村社会变化作出的分析。

1991年，省局对四川大中型企业的情况，进行了专题研究，撰写了《深化改革，搞活大中型企业的意见》，这个材料适应了党政领导研究和决策

的需要，被列为全省城市工作会议的参阅文件。为了快速、灵敏地反映大中型企业的情况，省局建立了对150个定点企业和17户“双保”企业的跟踪调查制度，随时可以提供有关大中型企业的最新信息和分析，这一做法受到广泛赞誉，称为统计局的“专利产品”。

(二)客观准确地分析评价经济形势。1990年，省局跟踪全省工业生产情况撰写的4篇系列分析资料，为省委、省政府采用，并为新华通讯社《国内动态清样》采用。四川省1991年上半年经济形势怎样估价，各方面众说纷纭，省局对此问题进行了扎实细致的调研，先后撰写了几篇分析报告，并提出四川省工业、市场、物价、储蓄4个方面都将趋于稳定的观点，引起省级有关领导的高度重视，在省召开的高层会议研究经济形势和对策时，省局作了专题发言，会后省政府领导同志派人索取书面材料，并为省委有关内刊全文登载。

(三)敏捷地开展民情民意调查。省局撰写的《当前职工对社会生活有关问题的评价和看法》、《群众对实施“八五”计划和十年规划的看法》，分别为省委、省政府内刊登载。省农调队调查拟写的《四川700万农村人口无承包地》披露了农村社会经济生活中一个值得注意的问题，分别被国家统计局、农调总队、省委和省政府内刊采用。省城调队在1991年里开展民情民意调查20多项，撰写的材料受到党政领导及社会有关部门的重视。

四、着眼基础建设，强化计算机应用

(一)建立一套行之有效的筹资办法，解决计算机购置费用。通过国家、省、地、县共同努力，各方筹资，充分调动大家的积极性，尤其是鼓励地、县的积极性，到1991年底，全省已配备各类微机9百多台，其中高档机40多台，另外还有超级小型计算机1台，成为全省统计系统投资最大的项目。目前，全省200多个县全部普及了微机。

(二)培养和建立了一支有较高素质的计算机应用队伍。目前，全省计算机队伍已达到1 600人左右，成为计算机应用和维护、普及和提高的基本力量。

(三)以应用促发展，不断满足统计业务工作需要。通过召开计算机应用处理现场会、强制推行计算机汇总、开展应用竞赛和考核评比这一系列措施，有力地促进了各地的微机应用与开展。据1991年底统计，在全省各市(地、州)统计局中，43岁以下从事统计业务工作的人有540人，其中能上机操作的有511人，占94.6%；能编制程序的人员占能操作人员的37%。在县统计局中，43岁以下从事统计业务工作的有1 580人，能上机操作的有1 264人，占80%，能编制程序的人员占能操作人员的25%。

(四)充分利用计算机所长，严格控制数据处理质量。全国第四次人口普查数据处理任务是由统计部门的计算机系统承担的，在处理四川1亿多人口数据的过程中，充分发挥计算机的优势，对数据质量严格控制。譬如，适当扩大复录校验面，适当扩大质量抽查面，使用多种质量控制的程序和管理表格等。全省还编了质量抽查软件。这些措施使四川省四普数据质量达到了较高水平。三次检查结果加权平均的差错率为0.10‰，大大低于国家规定标准，在全国四普数据处理电话会议上作了经验交流，受到国务院人口普查领导小组的表扬。

五、动员组织社会各方面力量确保四普一次成功

经过全省社会各界和90多万人口普查人员艰苦卓绝的努力，圆满完成“四普”主要任务。

(一)提高认识，加强领导。在准备阶段，省、地两级就及时召开会议，要求各地立即解决人口普查工作所需的人、财、物问题。并由领导带队深入工作薄弱的地方检查督促，具体帮助，直到问题解决了才离开。在普查登记阶段，省人口普查领导小组主要负责同志深入调查登记点，检查登记质量。编码阶段，工作集中在县上，大多数县领导都出任编码队长，重点抓组织管理。数据录入阶段，工作集中到地区，市长、专员、州长们着重为录入工作创造条件。

(二)广泛动员社会力量，有关部门通力合作。四川省20多个部门共同担负起了人口普查的重任。省、地、县、区、乡的人普领导小组及其办公室的人员、设施基本上都由各单位筹集。普查员和普查指导员、编码员和数据处理人员的选调工作，人口普查各项任务的顺利完成，都与这些单位通力合作分不开。

(三)深入扎实地开展宣传工作，取得群众的支持配合。各级宣传部门和普查办公室统筹安排，充分利用各种宣传工具，采取“循序渐进，逐步展开，步步深入，形成高潮”的方式，使人口普查的宣传活动搞得轰轰烈烈，扎扎实实。

(四)层层试点，严格培训，组建了一支精干的普查队伍。一是层层进行人口普查试点，省、地、县三级试点217次，参加试点的干部达83 000余人。二是层层进行业务培训。省培训地、县普查教员1 200余名，县培训了乡(镇)、街道普查教员15 000余名。

(五)强化质量控制，严格把好各个阶段的质量关。在思想上要求各级政府和普查机构牢固树立质量第一的思想，并建立了严格的责任制。为了把责任落实到实处，部分市、地、州和绝大多数的县同

基层单位建立了责任制，签订了责任书，制订了考核奖励办法，达到了分级负责、层层把关的目的。在具体作法上，全省狠抓了事前、事中、事后质量控制。经检查验收表明，全省人口数净差率为0.01‰，人口数差错率为0.04‰，出生人口差错率为0.35‰，死亡人口差错率为0.41‰，均低于国家规定的允许误差率。21个市、地、州全部一次验收合格。

执笔：**熊祖镇** 审稿：**兰瑞华** 责编：**曾德权**

贵州省统计工作概况

贵州省统计局

1990～1991年，贵州省统计局认真贯彻落实国务院领导同志对统计工作的重要指示，按照全国统计工作的总体部署，结合本省实际，提出了加强统计队伍建设，加强统计基础建设，加强统计法制建设“三个加强”；提高统计队伍素质，提高统计数据质量，提高统计分析水平“三个提高”的工作方针。全省广大统计工作者紧紧围绕工作目标，解放思想，开拓进取，努力奋斗，贵州统计工作取得了新的进展，统计等整体功能得到进一步发挥。

一、大力开展分析研究工作，决策咨询水平有所提高

(一)分层建立了统计分析工作的岗位目标责任制，狠抓任务的具体落实。省统计局率先在内部制定了统计分析任务与质量的目标考核制度，按月组织对各业务处室统计分析任务完成情况的检查考评；其次按专业建立了对各州、市、地区统计局分析任务的考评制度，按季进行考核打分，通报各地区。在此基础上，各州、市、地区对所辖县统计局也相应建立了统计分析考评制度，按年进行考评。

(二)采取多种形式举办统计分析业务培训，提高各层次统计人员的分析写作能力。两年来，省统计局先后开展了地县统计局、大中型工业企业、商业与外经部门的统计分析优秀文章评选。与此同时，根据全省分析工作中缺乏骨干力量的实情，狠抓了专题培训工作。1991年，省统计局举办了有省级机关、地县统计人员参加的为期10天的统计分析专题培训班。

(三)为地方党政领导决策提供咨询服务，统计的知名度不断提高。一方面，为省人大监督经济运行提供咨询服务。坚持按季向省人大财经委员会汇报和提供季度国民经济运行情况材料；抓住一年一次人民代表大会的时机，提供大量的会议参阅材料，为参加会议的人民代表了解全省国民经济情况提供咨询。另一方面，为政府指导经济工作提供咨询。贵州省统计局按月参加省政府主持召开的工交生产调度会议，并提供了反映全省工业生产运行状况的资料；在政府重大经济活动中提供咨询建议和有关材料，如对“七五”全省经济发展的总体评价；在全省县级经济发展研究会上，省统计局组织地县统计局，整理了全省86个县、市、区、特区主要指标1980～1990年的情况，提交省政府，省政府对此专门印发了会议参阅材料，参加会议的县级领导对此给予极高的评价。

二、加强统计基层和基础建设，主要数据质量有新的提高

(一)抓城乡基层统计网络的建设、巩固与发展，从数据源头上确保统计数据质量。1991年，全省66个城市街道办事处已有47个建立了统计站，未建立统计站的19个街道办事处大多数配备了统计人员，全省城市网络建设有了新发展。农村基层统计网络，在1991年全省开展“建镇并乡撤区”工作中，一部分农村基层统计网络得以巩固和发展。从先行试点的8个县(市、特区)的情况看，有6个注重加强乡镇统计机构建设，充实了乡镇统计力量，普遍建立了实体型或联合型的统计站，配备专职统计人员1—4人。

(二)强化统计基础建设，改革统计调查方式，从内部消除影响数据质量的因素。省地县三级统计局都从不同角度，建立和健全统计原始记录和统计台帐制度，绝大多数专业制定了统计数据质量控制办法，对重大统计数据质量召开有关部门参加的质量审查、评估论证会议。对粮食产量统计方式进行了改革，由过去按播种面积推算改为按人均水平与播种面积两者结合并行推算。

(三)通过综合治理，主要统计数据质量提高，基本反映了全省经济的实际情况。

三、以法治统，统计法制建设迈出重大步伐

(一)制定了法制教育规则。制定了《贵州省统计法制宣传教育的五年规划》，省普法领导小组以黔法宣(1991)6号文件下发，并在全省范围内实施。

(二)狠抓了普法试点工作。贵州省统计局在铜仁地区开展了统计法规宣传教育的试点，在该地委、行署和司法机关的配合下，经过开动员会、培

训普法骨干、举办统计法律知识竞赛、编演统计法制文艺节目、进行统计法考试等形式，使“二五”统计普法既轰轰烈烈，又扎扎实实，具有广泛性和群众性，收到了较好效果。与此同时，全省其他各地、州、市也开展了各种形式的宣传活动。

(三)组织开展了法规检查。1991年5月开展的统计法规执行情况检查，共检查2 763个单位，重点核实7个主要统计指标数据质量，经检查验证准确率达97.3%。10月开展的统计法规检查，重点是检查各级统计局建立统计台帐的情况。在检查中，全省已有85个州、市、地、县(区)统计局的7个统计专业建立各种统计台帐1 479种。

(四)积极查处统计违法行为。据全省7个州、市、地区统计局初步统计，1991年共发现并纠正统计违法行为1 679件。对情节严重的15件立案查处并全部结案，其中行政处分3件，经济处罚5件，通报批评7件。

四、加速统计信息自动化系统建设步伐，大力开发运用计算机

1991年，在国家统计局和各级政府的关心和支持下，贵州省统计信息自动化建设有了新的起色，统计数据处理计算机化的进程日益加快。

(一)贵州省全省基本完成了县县配置计算机的目标。尤其是9个州、市、地区统计局，有8个已成立了地区一级计算站(或中心)，成为有编制、有人员、有经费的独立计算机构。由于人力、财力的全面落实，全省自上而下的统计信息现代化系统初步具备一定的规模。

(二)统计数据计算机处理得到较为广泛的运用。贵州统计自动化信息系统全部承担了第四次人口普查数据的处理工作，并在贵阳、六盘水两市和安顺地区部份县大胆使用了光电技术自动录入人口普查数据，此项技术经省科委组织鉴定，评为贵州省科技成果二等奖。在各专业年报、大多数专业月报数据处理基本实现了计算机化。

五、搞好学历教育与岗位培训，提高统计人员的业务素质

(一)再次开办统计大专学历教育，继续办好统计中专函授教育。1991年初全省开办了第二期统计大专函授教育班，共招生1 160余人，秋季开考了《政治经济学》和《哲学》两门课程；统计中专函授教育春季以来开考了《统计数学》和《统计学原理》等6门课程，及格率为56.1%。

(二)重视统计员岗位培训，狠抓专业统计培训。根据国家统计局和人事部的要求，在第一次统计员资格培训的基础上，全省又继续抓了第二次统计员资格培训与考试，共有2 547人参加培训，2 086人参加考试，合格率为40%，并对合格人员颁发了统计员资格证书。在抓好岗位培训的同时，各州、市、地、县采取多种形式，组织开展了各项业务培训。仅省统计局就组织了综合、建筑业、人口、法规等专业培训，受训人员200多人次。

六、健全财务管理，努力实现会计达标

1991年，全省统计系统认真贯彻全国统计财务工作会议精神，抓好财务达标的各项准备工作，先后制定和颁发了《贵州省统计系统财务管理责任制》、《贵州省统计系统事业经费的内部审计暂行办法》7项制度，逐步使统计系统财务工作形成制度化、规范化。1991年贵州省统计局在全省财务制度规范化检查评比中获全省会计先进单位。

七、注重机关精神文明建设，强化机关内部制度管理

1990年5月8日和1991年初，省委先后批准恢复了贵州省统计局党组。在此基础上，狠抓了职工的思想教育和机关的精神文明建设。1991年贵阳市委、市政府授予贵州省统计局“文明单位”的光荣称号，机关团委被评为省府工委先进团组织称号。1991年，除继续坚持机关岗位目标管理责任制考核制度，按月按季对处室和个人进行考核和奖励外，还根据国家统计局的有关规定，制定了《关于对好人好事实行表彰奖励和对个别违纪职工实行违纪警告的暂行规定》、《关于局机关评选“五好职工”和“先进工作者”的办法》等项规章制度，使机关管理工作进一步朝强化制度管理的方向发展。

八、统计科研、咨询、宣传等项工作也有新的进展

在全国首届统计科研成果评选中，贵州申报参选的《农村一套表理论与实践研究》课题获统计科研成果三等奖；《贵州省宏观经济短期监测预警系统》等三个课题获统计科研证书；统计咨询服务内容逐步拓宽，承接和完成了有关部门的调查任务和有偿提供统计信息咨询的任务；统计宣传由系统内部扩大到社会宣传，各种报纸发表的统计信息文章日益增多，如坚持按月在《贵州日报》上发布工业生产情况，按季在《贵州经济报》上发布国民经济季度运行情况等等。

执笔：**冯育毅**　审稿：**杨培成**　责编：**曾德权**

云南省统计工作概况

云南省统计局

1990—1991年，云南省各级统计部门和广大统计工作者在各级党委、政府的领导下，认真贯彻执行党中央的一系列方针政策，按照国家统计局的统一部署，在提高统计数据质量，大力开展定量分析和系统分析，加强统计基础工作，搞好各项统计改革和建设，充分发挥统计信息、咨询和监督的整体功能，为各级党政领导决策和管理，为云南省国民经济的持续、稳定、协调发展等方面做出了贡献。

一、采取切实可行措施，努力提高统计数据质量

一是结合宣传统计法规，开展数据质量检查。二是大力加强基础建设，着重抓了以规范化为中心的农村基层统计建设和开展企业统计基础工作规范化试点；进一步健全和完善统计数据的审核、查询、订正制度和检查评比制度；加强基层统计原始资料的管理，保证统计数据来之有源，用之有据；经常深入基层调查研究，对重要数据严格审核，健全、完善数据质量审核程序，把好质量关，保证各项统计数据能准确、及时上报。三是加强统计职业道德教育和业务技术培训，不断提高统计人员的业务素质。由于采取了以上措施，统计数据的质量普遍得到了提高。1990年云南省统计年报工作在全国评比中，获年报综合质量评比第2名。

二、大力开展分析研究，不断提高决策咨询水平

各级统计部门都能充分利用所占有的统计信息优势，根据各个时期党政领导决策和管理的需要，针对国民经济运行中出现的新情况、新问题，运用科学的分析方法和先进的技术手段，深入开展统计分析和专题研究，为各级党政领导提供了大量的决策咨询资料，起到了明显的效果。如：省局采取了：一是缩短进度分析间隔期，由季度分析向月度分析转变。二是由进度分析向进度分析与预测相结合转变，解决统计咨询“滞后”和领导指导工作“超前”的矛盾。三是由单纯提供信息向决策咨询方面转变，不断提高参与咨询决策水平，受到了省党政领导和有关经济主管部门的重视和好评。四是为省里召开的一些重要会议及时开展优质服务，如1991年2月份在召开省人大、政协会议前，省统计局突击编印了《云南省“七五”时期经济和社会发展新成就》统计分析资料汇编；7月份省委召开五届二次扩大会议讨论云南省十年规划和“八五”计划时，省统计局及时编写了《云南省“七五”经济发展情况》、《云南省改革十年的经济发展情况》、《云南省今年上半年经济运行简况》等，均被会议列为参阅材料。在统计为社会服务方面，省局与新闻出版局联合坚持每季度召开一次新闻发布会，向各新闻单位发布各个时期国民经济和社会发展情况，在社会上引起了较好的反响。省局咨询服务部先后承担了有关部门委托的五项调查，省农调队与省委宣传部合作，完成了《社会主义思想认识》万人意向调查，深受社会各界的好评。

三、加快了统计改革的步伐

统计制度方法改革：一是在部分地区进行了工业、农业、投资增加值统计的试点；二是有的地区为了解决个体工业、商业统计数据难收的问题，开展了抽样调查取得数据；三是大力推进农村基层统计“一套表”制度，并在全省50%的地、州、市推行；四是大力推行农产量抽样调查方法；五是将地方农村住户调查与全面统计相结合，逐步实现了一套调查网点的目标，丰富了农村统计信息量；六是进行了云南省1987年投入产出模型的编制和分析、应用，为加强云南省国民经济综合平衡，编制“八五”计划和十年规划，对宏观经济管理的决策科学化提供了可靠的依据。

统计体制改革：一是抓了城乡统计信息网络的建立与巩固，全省农村乡镇统计站建站率已达98%，村统计组已达70%，参加乡镇统计站和村统计组人员已达2.2万人。二是全省城市街道办事处(乡镇)56个，已建站35个，建站率为61.4%；曲靖地区9县1市统计部门已全部完成了撤局建委工作，并在统计职能的发挥上有了较大的转变。

四、统计法制建设逐步得到加强

各级统计部门都把加强统计法制建设作为推动统计工作发展的一项重要任务来抓。一是地方统计立法进展较顺利，通过几年的努力，《云南省统计管理条例》已经省人大常委会初议，预计可在1992年内得到审议通过。部分有立法权的地区也正在制定地方统计法规或民族自治地方统计单行条例。其中，德宏、楚雄两州制定的民族自治地方统计法规已正式颁布施行。二是统计法规检查基本形成经常化、制度化。各地、州、市基本上每年都要开展一次统计执法检查，并对查出的各类违法行为进行了

处理。三是抓了统计检查队伍的配备和业务培训。到目前为止，全省共配专（兼）职统计检查员500余人，统计检查特派员11人，省和部分地、州、市都举办了统计检查员培训班，共培训150余人。四是结合贯彻全国第二个五年普及法律规划，对搞好统计普法进行了部署。

五、加快了统计信息自动化系统建设的步伐

两年来，云南省统计局在集中力量抓好“四普”数据处理工作的同时，着重抓了计算机队伍的建设，建立健全各项管理制度，加强对计算机及其配套设备的使用、维修、管理及软件的开发等项工作，取得了一定的成效。全省拥有各种计算机472台，机房装修面积约2 000多平方米，有计算机人员350余人。统计系统各专业的月、季、年报汇总基本上实现了计算机化。各项大型调查的数据处理都能承担。省计算中心已配备了轻印刷设备，可以利用《科印》软件和其他排版软件进行统计年鉴、资料等排版印刷工作。省统计局订购的DEC——5810超级小型机已到货，即将安装投入使用。

六、加强教育和培训，不断提高统计干部的业务素质

通过几年来的教育和培训，已有961人获统计函授大专毕业，有795人获得统计专业合格证书，有144人获中专毕业，有290人参加函授本科学习。省局与昆明第一职业中学合办的统计中专班已有100余人毕业。1991年还组织了500多人参加了统计岗位知识培训及考试，合格率占40%左右。与贵州省统计局联合举办了8期粮农普查员培训班，参加人员280人。被中国粮农中心评为培训先进单位。通过以上培训，统计干部的业务素质得到了较大提高。

七、高质量地完成了第四次人口普查任务

按照国务院的统一部署，在省委、省政府的领导下，通过有关部门的通力合作和各级普查机构的精心组织，共动员了25万普查工作人员。圆满完成了普查准备、调查登记、手工汇总和编码等各阶段的任务，并开展了对普查资料的开发利用，编印出版了大量普查书籍。为国家和各级党政部门制定人口政策提供了可靠的依据。与此同时，还圆满完成了国家人普办交给的《中国1990年人口普查画册》的编辑出版任务。

八、认真做好后勤保障工作，进一步稳定统计队伍

为了逐步改变长期以来各级统计部门工作和生活条件较差的状况，遵照姚依林副总理关于“统计基础工作和基础条件要通盘规划，逐年改善”的指标精神，各级统计部门积极争取当地党政领导的支持，把改善统计部门的基础条件当作稳定统计队伍的一项重要措施来抓，取得了明显成效。全省有50%以上的县统计部门配备了工作用车。省统计局已建成了一幢面积为6 188平方米的办公楼，共投资305.9万元。新建职工宿舍102套，6 602平方米，共投资171.65万元。购买了49套商品房，投资153.5万元。建盖了一幢1 378平方米的培训住宅楼，投资70多万元。使局机关的工作和生活条件得到了较大改善。全省所辖17个地、州、市，已有9个基本解决了住房和办公问题，占53%。有40%左右的县的办公和住房条件有所缓解。玉溪地区统计处向当地党政部门先后争取了180万元投资，建成了一幢面积为1 121.6平方米的办公楼。全处人员编制共34人，建了40套2 342平方米的住房，同时，还建了车库、食堂等达630.51平方米。由于该地区重视抓了后勤保障工作，统计人员比较安心，统计工作上得快。

在改善职工办公和住房条件方面的主要做法和经验是：(1)解决领导的认识是改善办公和住房条件的前提。就是统计部门的领导同志必须认识到只有安居才能乐业的道理，要解除职工的后顾之忧，统计人员才能安心工作，统计工作才能搞上去。(2)争取和依靠地方党政领导的支持是解决建房问题的关键。这就需要一方面要经常向党政领导宣传统计工作的重要性，对统计工作中的困难和问题要及时汇报。但最重要的还是要通过认真做好统计优质服务来赢得领导的重视，使他们认为统计工作不可少，在他们心目中有位置。(3)多渠道集资是解决建房问题的重要途径。这就是在筹集建房资金时，要以各级财政安排投资为主，再从其他渠道争取补助，采取多方集资、吃拼盘的办法来解决。(4)发动群众多方协作配合是完成建房任务的重要措施。如在建房中遇到投资缺口、“三材”不足时，就要发动职工通过各种关系想办法，保证施工的顺利进行。(5)上下结合互相促进是解决建房问题的保证。在省局解决了建房问题的同时，还要积极推进地、州、市、县统计部门的建房工作。采取凡是当地政府给投资的，上级统计部门适当给予补助，从而调动各级建房的积极性，力争在几年内见成效。

执笔：**林世能**　审稿：**曾有琥**　责编：**曾德权**

西藏自治区统计工作概况

西藏自治区统计局

1990—1991年，西藏各级统计部门，紧密围绕党政部门的中心任务，积极开展统计分析，加强统计基础建设，努力提高人员素质，有力地促进了统计事业的发展。

一、圆满完成了第四次全国人口普查工作

在自治区党委、政府的领导下，根据西藏独特的自然地理环境和社会历史原因等实际情况，在普查填报项目、登记时间、编码工作的组织形式和普查资料的计算机数据处理等10个方面，都与国家《第四次全国人口普查办法》不同。特别是打破不通公路的墨脱县“禁区”，林芝地区人普办组织派遣人口普查工作组徒步爬过海拔5 000多米的嘎龙拉雪山，进入墨脱县进行了逐人逐项的直接调查登记，从而圆满地完成了西藏的第四次人口普查工作。

二、围绕党政部门的中心任务开展工作

1991年是西藏和平解放40周年。年初，自治区统计局号召全区统计战线上的同志积极参加当地党政部门的庆祝活动，充分利用现成的统计资料，采取不同的形式，广泛宣传40年来西藏革命和建设的巨大成就。为庆祝西藏和平解放40周年，4月份，拉萨市统计局在《拉萨晚报》第一版上，连载了《拉萨巨变》的统计资料；自治区统计学会在自治区科协举办的科普橱窗上，利用统计图表介绍了改革开放10年来西藏经济的发展变化；自治区统计局、城乡调查队和统计学会联合举办了西藏首次统计分析交流会和第二次统计知识竞赛。此外，米林县和日喀则市还编印了比较完整的统计年鉴式的《经济社会发展统计资料》。

三、加强了统计资料的编辑出版工作

按照李鹏总理“统计工作要做到准确、及时、全面、方便”的指示，在做好上年的统计年报和当年的各项定期统计报表的基础上，首先抓了编辑和出版《西藏社会经济统计年鉴》、《拉萨城市居民生活与物价资料》和《农村调查提要资料》等工作；其次抓了《西藏自治区经济和社会发展主要统计指标目录》的编制、研讨与审定工作；最后抓了城乡社会经济调查队城市和农村抽样调查户的换户工作。

四、重视提高统计人员业务素质

西藏统计人员数量少，流动性大，且不稳定。因此，采取灵活多样的形式，不断提高统计人员的业务水平和实际工作能力，显得尤为重要。西藏自治区统计局举办各种形式的业务培训班，除了利用一年一度的统计年报工作布置会和会审汇编会进行以会代训外，仅在1991年内：(1)组织20人参加了国家统计局在四川新都县举办的粮食测产训练班；(2)召开了全区农调队队长培训会；(3)山南地区计经委举办了统计知识培训班；(4)组织了西藏第一次统计员资格考试工作；(5)那曲地区计经委举办了两期乡镇统计员培训班；(6)成功地组织了两次《西藏统计知识竞赛》。此外，自治区统计学会还向全体会员赠发了《西藏社会经济统计年鉴》、《国民生产总值统计基本知识》等统计业务书籍。

五、统计分析工作迈开了新步伐

近两年来，西藏统计分析工作有了新的发展，具体表现在：1、加强了统计分析工作的宣传与知识的普及。利用《西藏统计通讯》转载了有关统计分析知识；并在农调队队长培训会和统计年报工作布置会上讲授统计分析知识。2、统计分析工作迈出了为党政领导服务，为改革开放、发展经济服务，为社会服务的步子。自治区和地市统计部门及业务主管部门都写出了不少有参考价值的统计分析文章，有的被地方政府或部门采用，有的被评为优秀统计分析或论文；还有的参加了全区性的科学讨论会、学术研究会，并受到了专家学者的好评。3、召开了首次全区统计分析交流会。为庆祝西藏和平解放40周年，自治区统计局、城乡调查队和统计学会于1991年7月在拉萨召开了统计分析交流会，共收到统计分析文章46篇。

六、统计科研工作健康成长

自治区统计学会成立后，开始了西藏的统计科学研究工作。1989年9月8日自治区统计学会二届六次理事会上，成立了自治区统计学会优秀学术论文评选委员会，并于1990年春选出第一届“学会级”优秀学术论文11篇，其中3篇被自治区科协选评为“自治区级”优秀学术论文。1991年冬，评委会又从近两年的70余篇统计论文、分析和调查报告中，评选出13篇“学会级”优秀学术论文，有力地促进了统计科研工作的进一步发展。

执笔：**王韶泉**　责编：**曾德权**

陕西省统计工作概况

陕西省统计局

陕西省的统计工作紧紧围绕党的基本路线，在各级党政领导的重视支持下，统计改革和建设的步伐明显加快，现已初步成为社会经济信息的主体部门，重要的咨询和监督机构，为振兴陕西经济做出了积极贡献。

一、健全统计机构，形成了集中统一的统计系统

1979年3月，陕西省统计局正式恢复。随后，各地、市、县的统计机构相继恢复或单独设置。至1991年末，全省117个省、市、县全部成立了统计局；除咸阳市杨陵区外，都是独立的统计机构。从1982年全国第一个农村统计工作站在陕西省商洛麻街乡诞生起，到1990年底，全省所有的农村乡镇都普遍成立了统计信息工作站，由乡、镇长兼任统计信息工作站站长，设专兼职统计员5—7人。农村的行政村普遍成立了统计组。1991年，省地分别制订了乡镇统计工作站达标升级标准，使农村统计基础建设进入了一个新的阶段，全省城市区辖街道办事处也先后成立了统计工作站20多个。业务主管部门与企事业单位都相继设置了综合统计机构。1990年以来，镇安、柞水、延川等县先后成立了由主管县长兼任主任的统计委员会，加强了对统计工作的领导。1990年12月，陕西省统计局召开了城市统计改革与建设座谈会，交流了城市统计改革经验，提出了城市统计改革目标和具体任务，加快了城市统计改革的步伐。现在，全省基本形成了以各级统计局为核心的上下成线、左右成网、纵横贯通、多元辐射、畅通灵敏的统计信息网络。

二、统计调查方式多样化，做到了数字准确、资料丰富、信息灵通

改革开放以来，我国社会经济生活发生了深刻的变化，打破了几十年的单一模式，各种层次上的多种经济成份、多种经济形式、多种经营方式互为补充、互相交织，异常活跃。全省各级统计部门及时地适应了这一历史性的变化，运用全面报表统计、抽样调查统计、重点调查、普查、科学估计等多种调查方式。1990年、1991年全省每年完成的全面报表增加到180多种，经常性的抽样调查，主要有农村城市社会经济抽样调查、物价抽样调查、工业品价格和建筑业价格指数抽样调查、人口抽样调查、粮食产量抽样调查，普查有人口普查、城镇房屋普查、工业普查等。此外，还广泛采用问卷调查的方式，对人们比较关注的社会治安、青少年犯罪、行业不正之风及党的方针政策的贯彻落实情况等重大问题进行调查。不但拓宽了统计信息的来源渠道，提高了统计信息的及时性和准确性，适时地满足了各级党政领导决策对统计信息的需求。

三、建立了比较完整的统计指标体系和新国民经济核算体系

改革开放以来，在加强改进完善原有专业统计的基础上，根据国民经济发展的需要，先后建立了第三产业、国民生产总值、国民收入、投入产出、横向经济联合、国际收支、外经、旅游、科技、效益、物价和增加值统计等，进一步完善了统计指标体系。从1990年年报开始，农村统计使用全省统一制定的一套表。1991年9月，省成立了推广农村统计一套表领导小组，并召开了电话会议，省政府副秘书长和省统计局的负责同志分别讲了话。1987年，开始进行新国民经济核算体系的试点工作。先后开展了国内生产总值及其使用表、资金流量表、投入产出表、资产负值表、国际收支表和国民经济帐户体系的试点试算工作。从理论与实践的结合上论证了新国民经济核算体系的科学性、实用性，取得了可喜的成绩，为在全国全面推行提供了宝贵的经验。1992年3月陕西省统计局做出了向新国民经济核算体系转轨试点。

四、统计服务不断优质化，发挥了统计的整体功能

1990、1991年统计部门提供的分析资料数量明显增加，分析领域不断扩大，质量也不断提高，社会效益不断增强。两年来，仅省统计局提供的统计分析、统计报告年平均百余篇，采用率60%以上。全省各地、市、县每年近千篇，采用率70%以上。省统计局连续3年被省委、省政府评为信息工作先进单位，受到表彰奖励。省统计局撰写的《社会分配不公初探》获全国1990年度优秀统计分析一等奖，填补了我省长期没有一等奖的空白。对各级领导和有关部门了解情况，进行决策，起到了参谋作用。1990年以来，省和一些地、市统计局设立了专门的统计咨询服务机构，配备了人员，承办了一些典型统计调查项目，利用占有丰富的统计资料的优势，编印和发售了不少满足社会各界所需要的统计信息、年度统计资料和书刊。

五、统计信息技术初步现代化，加快了信息开发和传递速度

为了向统计技术现代化进军，陕西省统计局采取了中央和省各补助一点，地县自已筹措一点，解决购买微机经费问题。1990年，全省拥有微机361台，还购进了比较先进的HP—9000中型机1台。县以上统计部门在数据处理上已由自动化逐步取代手工计算，省与各地市实现了微机联网，各专业基本上实现了省地统计数字超级汇总。建立了工业宏观经济和农业等数据库。为了加强微机管理和开发应用，省统计局成立了计算中心，各地、市成立了计算站，有了固定的符合条件的计算机房，这是统计工作一次划时代的变革。截至1991年末全省调配微机专业人员52人，其中高级工程师2人，工程师5人。可喜的是，一批年轻的统计专业人员经过培训和实际锻炼，学会了编程序，熟练地掌握了计算机技术，成为既精通统计业务，又懂计算机的统计业务骨干。

六、统计教育成绩显著，职称评聘工作全面铺开

各地把统计干部教育列入重要议事日程，省和地、市统计局都成立了专门的教育机构，采取委托培训、自办培训，开办电视函授教育相结合，举办了统计员、助理统计师、统计师资格考试培训，其规模之大、人员之多、效果之好是前所未有的，广大统计人员本着干什么、学什么，缺什么、补什么，坚持以工作为主、自学为主、业务为主的原则，使文化水平、业务知识水平迅速提高，走出了一条统计教育的新路子。通过多种培训和自学考试，截至1991年末，全省已有2 612人获得大专证书，22 688人获得大专单科和本科单科合格证书。1990年和1991年，全省又开展了统计员资格考试工作，以考代评，已有14 720人获得统计员和助理统计师合格证书。1991年，举办了首期地市统计局长研讨班，讲授了新国民经济核算知识和领导科学等，大家反映收效很大。

七、统计法制建设加强，进入了以法治统的新时期

1988年，陕西省人民政府公布了《陕西省统计检查暂行规定》，对《统计法》及《实施细则》作了重要的补充，引入了罚款制裁机制，成为陕西省第一部地方统计法规。各地市都先后成立统计检查机构，普遍加强了人员培训，提高统计执法人员素质。近两年来，在广泛开展学习宣传《统计法》的同时，重点狠抓了统计违法案件的查处工作和配备统计执法检查员工作。1990年，陕西省统计局下发了《陕西省统计法制检查监督工作制度》。1991年与陕西人民广播电台共同举办了《统计法知识讲座》，同时，开展多种形式的培训。到1991年末，受训人员5 000多人。另外全省有专兼职检查员700人，分布在各地、市、县、省级各部门和大中型企业，形成了一支力量强大的统计执法队伍。

八、统计科研硕果累累，统计书刊出版方兴未艾

近两年来，有百余项统计科研成果获省以上奖励。省统计局与省计委合作完成的《陕西省1985年投入产出模型》通过了国家级的鉴定，获得陕西省1987年科学技术进步二等奖。省统计局主持建立的《工业宏观数据库》通过了省级鉴定，获1988年陕西省科技进步三等奖。《国民经济总矩阵模型》、《工业经济效益评价方法》两项成果，1991年分别获全国首届统计优秀科研成果一等奖和三等奖，《陕西省农村统计数据库管理系统》，获陕西省1991年统计科研成果三等奖。通过统计科研，为繁荣陕西统计事业，发展有中国特色的社会主义统计做出了重要贡献。

统计书刊出版日益繁荣。据初步统计，截至1991年底省统计局编辑出版的各类统计书籍30多种。目前各地、市每年都出统计年鉴。大型工具书籍《陕西县情》获陕西社会科学成果二等奖，《红旗》杂志发表书评，称该书是“海内外人士认识陕西、建设陕西”的一部好书。《陕西四十年》获国家统计局地方统计年鉴一等奖。《陕西省地市县历史统计资料汇编(1949—1990)》以其资料丰富翔实，受到社会各界的欢迎。优秀统计论文数量剧增。仅1990年—1991年获全国统计分析优秀奖2篇，获省级优秀奖30篇，其中一等奖3篇，二等奖10篇，三等奖17篇。《陕西经济统计》公开发行，至1991年末已出刊41期，字数达330多万字。

九、统计工作和生活条件逐渐改善，调动了广大统计人员的积极性

近两年全省共建办公用房14 649.9平方米，住宅用房24 577.07平方米，拥有固定资产1 268万元，有80%的县添置了业务用车。绝大多数县用上微机。近两年还派出12批20人出国考察，学习、交流统计工作的经验。这对稳定统计队伍、调动广大统计人员工作积极性，是一个很重要的因素。

执笔：**杨文法　张晓光**　审稿：**杨永善**

责编：**李天渊**

甘肃省统计工作概况

甘肃省统计局

1990—1991年，甘肃统计工作认真贯彻落实国务院领导同志对统计工作的重要指示，在省委、省政府和国家统计局的领导下，在各部门的大力支持下，按照国家统计局的统一工作部署，结合本省实际，勇于开拓、努力进取，在基层基础建设，提高统计分析水平，推进统计体制改革等方面进行了有益的探索。统计整体功能得到充分的发挥，取得了显著的成绩。

一、继续加强基础建设和基础工作，不断提高统计数据质量

(一)完善机构，充实力量。到目前为止，全省建立乡镇统计站1 463个，占乡镇总数的96.5%，1 486个乡配备了专兼职统计员，占乡镇总数的97.8%，其中配备专职统计员的乡镇621个。在乡镇统计员中，高中以上文化程度的达到74.6%。全省已建立统计组或配备统计员的村委会达16 486个，占村委会总数的95%。同时在一些核算基础比较健全的乡镇企业中，都建立了统计小组或配备了综合统计人员。在城市基层统计建设上，采取以点带面、逐步推进、先组建后完善的办法，全省已有4个市区的18个街道办事处成立了统计工作站。有些地区和业务部门不仅统一了乡镇、车间统计台帐和原始记录，还建立了村级和工段统计台帐。部门统计的基础工作也有了明显的进展。各级政府统计部门加强同部门统计的联系和合作，组织人力，分别到主要产业厅局考察了解，交流情况、沟通工作，统一了认识，促进了统计基础工作的建设。

(二)基层统计工作向规范化目标迈进。目前，已建立了岗位责任书、定期例会制度、统计资料管理制度、考核评比奖励制度、目标管理制度等。拟定了《农村统计网络管理制度》、《甘肃省乡镇统计站达标升级考核办法》、《甘肃省工业企业统计工作达标升级试行办法》。

(三)开展了全省农村统计网络检查评比活动，树立先进，交流经验，促进一般。共评出受国家局表彰的1个先进县和6个先进乡镇统计站，受省级表彰的13个先进县、74个先进乡镇统计站。在全省农村统计工作会议上交流了这些单位的经验材料。在此基础上，1991年还进行了乡镇统计站达标升级工作，有10个乡镇统计站经省验收，达到一级站，并颁发了一级站牌。

(四)不断提高统计数据质量。针对影响统计数据准确性的各种因素，采取各种配套措施，进行综合治理，保证了统计数据的准确性。1、认真开展统计数据质量大检查，尽量减少人为干扰的因素和影响。1991年除省局统一安排在第三季度对重要统计数据质量进行大检查外，各地、各部门、各专业还对各自的统计数据质量进行了认真摸底调查、排队分析，抓弱点、抓重点，进行了各具特色的质量检查。甘肃为召集单位，成立了西北五省区商业统计数字质量互查小组，相互检查了西北五省区商业统计年报质量。对查出的各种违法情况进行了处理，在一定程度上遏制了人为干扰统计数据的现象。2、建立和完善统计报表制度执行情况考核奖励制度。从建立考核档案入手，开展数据质量评比工作，考核结果记入档案，作为考核干部工作实绩的重要依据，从而减少了技术性差错。3、对不同的数据运用不同的控制方法，提高主要指标的准确度。对劳资年报实行联审；对社会商品零售总额中的全民所有制商业和供销合作社零售额分别进行条条和块块验证；对人口、个体商业、乡村工业、居民收入等则运用多种调查方法和核查手段；对农民人均纯收入实行超级汇总；对农业总产值等则实行由基层报基础数据、由上一级统计部门用计算机计算再反馈的办法；对农产量则采用改变测产方法的办法。以上这些措施，都收到了较好的效果。4、坚持对主要统计数据进行质量评估。各地、各部门、各专业对关系国计民生的、敏感的重要统计数据都制定了相应的评估制度，主要领导亲自把关，定期进行检查评估。

二、加强定量分析与系统分析，提高统计咨询水平

据不完全统计，仅1990年，全省各级政府统计部门共撰写调查报告、统计分析2 068篇，其中被各级党政领导和有关部门采用617篇。与此同时，还向党政部门、社会各界提供信息1 071条，被采用642条，采用率达60%以上。省局、队向省政府办公厅提供信息被采用38条，在选送国务院办公厅的信息中，有12条被采用。

(一)针对我省深化改革和经济发展中的热点、难点，有针对性地开展分析、提出建议。贾志杰省长在省局提供的《我省实行承包经营责任制的情况和意见》材料上批示“有参考价值，请省体改委酌纳。”在制定全省第二轮企业承包实施方案时，采纳了省局提出的“用行业平均资金利润率作为测定承包基数”的意见，同时直接参与了领导小组工作。

在《以变应变，力争全年财政收支平衡》的报告上，常务副省长张吾乐同志批示："统计局的分析报告对平衡今年财政收支很有参考价值，望转财政厅、计委领导参阅。"在《关于我省地、县财政扭补调查报告》上，张吾乐同志批示"该报告所提建议很好，望财政厅认真加以研究。"《我省农业出现的新问题》提供后，主管副省长李萍指示省政府办公厅商贸工交办公室立即组织有关部门研究解决。在经过专题统计调查后，在《经济日报》上发表的《甘肃"双保"企业不负重望》，在全国最早反映了"双保"企业情况。

(二)专题调查，从多方位分析中反映社会经济动态。工作中主动围绕党政领导和社会各界关注的问题，有计划开展专题调查和系列调查，及时提供领导和有关部门决策参考。在"质量、品种、效益"年活动和"八五"计划及十年规划中都做了大量工作。在省委召开全委会、工作会议、省人大召开七届五次会议，全省计划会等大型会议前，省统计局都及时、积极、主动提供服务。

(三)积极进行统计科学研究，增强统计咨询深度。承担了省科委下达的《1989年甘肃农业投入产出表》的课题研究，通过由专家组成的鉴定委员会鉴定，达到国内同类课题研究的先进水平。还完成了国务院农村发展中心、农业部等部门布置下达的连续六年的《乡镇企业追踪调查研究》，与省农科院联合完成了《甘肃农村食物消费发展研究》，省局撰写的《经济、社会、科技、生态协调发展定量分析》获省次全国统计科研课题三等奖，《农村社会经济统计指标体系及其运用》获甘肃省第二次社会科学优秀成果奖。

三、不断推进统计制度方法改革，增强信息的灵敏性和准确性

为适应国民经济核算体系转轨的需要，在统计制度方法方面有了新进展，成立了以常务副省长张吾乐同志为主任委员的甘肃省新国民经济核算体系协调委员会，办公室设在省统计局。

(一)在对白银市和天水市秦城区进行了工业增加值的试点工作后，1991年年报正式编报了工业增加值。建立了大中型工业企业主要财务指标目标制度和主要工业产品单位综合能源消耗季报制度。

(二)由省统计局与省计委、省财政厅联合提出了《建立工业、商业、粮食、供销、外贸、旅游业综合考核指标体系的意见》。

(三)在全面推行农村"一套表"的基础上，对其计算机处理程序进行了修改、完善，并对"一套表"与新国民经济核算体系配套开拓了新的思路，使之更适应各部门研究和管理经济的需要。

(四)继续探索运用各种调查方法和计算方法，如劳动工资报表探索采用抽样调查，物价1989年年报中，采用翘尾巴因素计算方法。

四、统计信息自动化系统建设取得可喜成效

截止1991年底，全省政府统计部门已配备微机、超微机、小型机237台，在全省85个县、市、区中，有71个县配备了微机，省局成立了计算机维修站。各专业统计基本上已上机进行处理。

在微机的开发利用上，也有了新的进展。结合全面推行农村"一套表"，建立了由4 522个指标组成的农村经济统计数据库。这样，不仅减轻了数据处理的繁重手工劳动，而且对于数据进行深加工和进行高层次分析研究成为可能。另外，工业、商贸、城市住户等专业统计已实现了省级对国家的远程通信传输。

充分挖掘统计系统计算机的潜力，扩大应用范围，省局及时组织力量，对发展统计系统电子印刷进行了可行性研究及准备工作。

五、统计法制建设取得进展

1991年省政府第八次常务会议通过了《甘肃省统计工作管理暂行办法》，这是甘肃统计史上的第一部地方统计法规，对于保障我省统计工作正常发展具有重要的意义。我们利用有利时机，在全省各地采取各种方式大张旗鼓地开展了一场学习宣传活动，进一步加深了全社会的统计法制观念。在学习宣传《统计法》及《暂行办法》的同时，根据国家统计局的安排，1991年我省对9个单位的统计报表依法进行了清理，共清理报表1 245张，其中定期报表1 140张，一次性调查报表105张，清理出非法报表122张。

六、建立一支又红又专的统计队伍

为了不断提高广大统计人员的思想和业务水平，采取了一面抓思想政治工作，一面抓业务培训，使这支队伍基本满足了改革开放的要求。

(一)各级统计部门普遍开展了坚持四项基本原则，反对资产阶级自由化为主要内容的党的基本路线的教育。近年来，全省14个地、市、州的统计局(处)有10个被当地党委或政府评为先进单位、先进党支部、精神文明单位、扶贫先进单位，并获得表彰或奖励。省政府办公厅连续两年授予局、队信息先进单位称号。省统计局干部电视函授分院受到国家自考委的多次表彰，并授予"社会助学先进单位"称号。

(二)抓好统计员岗位知识培训和资格考试工作。全省1990年有4 009人参加了统计员资格统一考试，2 084人成绩及格；1991年2 644人接受培训，2 409人报名参加考试，1 312人取得资格证书。

同时，还开始了助理统计师的岗位知识培训工作。

(三)继续办好统计干部电视函授学历教育。经过几年的自学和考试，全省统计系统已有530人获得统计大专毕业证书，400余人获得统计专业证书，259人获得统计中专毕业证书。

(四)抓好日常的业务培训，根据现有人员业务结构和工作中的薄弱环节，采取工作中干什么学什么，缺什么补什么，学得到用得上，务求实效。据不完全统计全省1990年举办各类统计知识培训班123期，培训人员3 220名；1991年举办培训班300多期，培训人员达1万多人次。另外还举办了三期农业普查培训班，156人接受培训，考试合格后由中国粮农统计培训中心颁发了合格证书。经省政府和省局的共同努力，国家统计局正式批准在甘肃建立中国粮农统计培训中心兰州分中心，已列入1992年省建设计划，这是国际组织在甘肃建立的第一个培训机构，必将对扩大和促进甘肃的对外交流起到重要作用。

执笔：**刘　健**　审稿：**袁吉璋**　责编：**李天渊**

青海省统计工作概况

青海省统计局

适应改革开放的需要，青海省统计局从实际出发，大胆地进行机构和人事制度改革，调动了广大统计人员积极性，大办开放式统计，充分发挥统计信息、咨询、监督整体功能，主动参与宏观经济决策和调控，取得了很大成绩。

1991年，在省政府组织的50个厅局级单位领导责任目标考核中，省统计局获得了省政府颁发的“国民经济统计与分析成绩突出单位”奖牌；在国家统计局各项专业统计和专项工作评比中获得了8个单项奖。

一、大胆改革统计机构和人事制度

1985年，根据1984年天津会议提出的统计改革方针，经省政府批准，青海省统计局从实际出发，对内部机构和人事制度实行了改革。

(一)机构改革。在不增加人员编制的情况下，将原来的6个专业统计处合并为经济统计处和社会统计处，在全国省级统计部门中率先组建了经济信息处、重点调查处和计算机应用处(后又增设了人口调查处)。这一改革转变了省级统计机构的传统模式，不仅能保证完成国家统计局的各项专业报表任务而且加强了调查研究、综合分析和计算机应用等工作，为发挥统计信息、咨询和监督整体功能创造了良好条件。

(二)人事制度改革。首先，打破领导干部终身制，实行任期制。处室行政领导任期4年，制定“任期目标”，逐年考核，局党组根据考核结果决定留任、提升或解(降)职。其次，建立主任统计师技术责任制。各业务处室设主任统计师(副处级待遇)和副主任统计师(正科级待遇)作为行政领导的业务助手，负责本处室的统计业务技术工作。主任统计师(包括副职)为技术行政职务，由处长提名，按管理权限任命，任期2年，每年考核一次。再次，实行一般干部聘用制，聘期1年。工作人员有权选择处室，处长在编制内提出选聘人员，实行双向选择。落聘人员安排临时性工作，发80%的工资，另外20%实行浮动，允许自找单位调动。这些改革激发了领导和职工的进取心和责任感，工作效率显著提高，改革前多次想做而没有做到的许多事情，改革后做到了，并且越做越好。

(三)县(市)统计局统一管理县(市)调查队。两支调查队成立以来，在统计调查中发挥着不可替代的作用。但调查队和统计局在业务上存在着重复调查和互不衔接的情况，干部力量的安排和使用上局队忙闲不均，不尽合理。针对这些情况，在深入调查研究的基础上，于1990年制定并试行了《关于县(市)统计局统一管理县(市)调查队的若干规定》。在调查队机构、名称、编制不变的前提下，实现了县(市)统计局统一管理县(市)调查队。局队统一组织政治学习，统一建立党团组织，统一进行考核、奖晋和处罚，统一管理经费，统一安排统计和调查业务，统一使用统计调查干部，做到了人尽其力，提高了调查资料的准确性。通过这一改革，理顺了局队关系，凝聚了各方面力量，提高了统计工作的整体效益。

二、加强统计基础工作建设

(一)城乡统计网络建设。几年来，青海省统计局积极争取当地政府的支持，及时总结经验，表彰先进，检查指导，由此推动了城乡统计网络建设。1991年底，在农村牧区，已建立联合型的乡镇统计站270个，占全部乡镇总数的62.8%；建立村统计组510个，配备统计员的村达1 603个。在城市、全部市辖区都成立了统计局。

(二)健全数据质量评估制度。为了提高统计数据质量，在自下而上建立了一套统计数据搜集、整理、汇总和管理使用制度的基础上，实行了重要宏观指标数据评估会制度。省局坚持每月由局领导召集各处室负责人对主要指标进行联审评估，着重从宏观联系上进行逻辑检查和趋势评估，发现问题及时解决。月度评估会制度已坚持两年多，对提高统计数据质量发挥了重要作用。

(三)加强统计业务培训。截止1991年底，全省已有282人取得统计中专毕业文凭；718人参加第二轮统计大专考试；379人通过国家统一组织的统计员资格考试，获得国家统计局颁发的《统计员资格证书》。1991年还举办了农村统计调查、计算机应用等专业培训班，特别是深入边远艰苦的果洛州、玉树州办培训班，得到了有关方面的好评。

三、较好地完成各项统计调查任务

(一)专业统计报表的时效性和数据质量不断提高。在人员编制较少，经费比较困难的情况下，调动干部积极性，提高办事效率，准确、及时地完成了各项专业报表资料的搜集、整理和上报任务。1991年8项专业统计获得国家统计局有关专业司的奖励。其中工业统计、人口调查获一等奖，农业统计、科技统计获二等奖。

(二)圆满完成了第四次人口普查工作。经过精心组织，周密安排，克服困难，艰苦努力，高标准，严要求，完成了人口普查任务。各级普查机构抽调工作人员15 164人，选调普查员和普查指导员22 061人。普查登记工作于1990年7月10日结束，一次性通过国家验收；10%的数据处理工作于1991年3月20日上报国家，比规定时间提前7个多月，获得了国家第一号合格证书。在全国人口普查工作总结评比中，获得了国务院人口普查领导小组颁发的奖杯。

(三)抓紧建立新国民经济核算体系。1984年投入产出表通过了省级鉴定，获得青海省科学技术进步奖，1985年青海省投入产出调查获得了国务院投入产出调查协调小组颁发的二等奖；建立和健全了物价调查，在流通价格和消费价格调查的基础上，近年内新建立了工业品生产价格、原材料等购进价格指数、固定资产投资价格指数等统计调查制度；1991年在贵德县进行了农村一套表试点。

(四)统计调查内容扩大，方法灵活多样。适应改革开放以来客观情况的变化和宏观经济决策对统计工作的需要，改变了过去主要依靠全面报表逐级汇总的传统习惯，广泛应用非全面调查尤其是抽样调查。除完成国家布置的各项调查外，还结合青海实际，增加了畜牧业、非交通部门汽车货运量、残疾人状况、少数民族婚姻、妇女社会地位等抽样调查。一些调查报告受到了省委、省政府和有关经济决策管理部门的重视，对促进社会经济发展起到了一定的积极作用。

四、强化统计整体功能，开展优质服务

(一)月度经济形势分析会。从1990年开始定期举行月度经济形势分析会。分析会由局长主持，有关业务处室负责同志参加，研究分析全省经济发展的全面状况，注重反映存在的问题，提出相应的对策建议。《1991年1—4月份经济形势分析报告》被省委《青海信息》采用，摘报中央秘书局；《1—5月份经济形势分析报告》由省委办公厅《青海工作通讯》全文刊用，上报中央办公厅；上半年和1—10月份分析报告，被《青海快讯》摘要刊登，报国务院秘书局。

(二)季度统计新闻发布会。1985年7月17日举行了第一次统计新闻发布会，数年来坚持每季发布一次，收到了较好的社会效果。

(三)提供短平快信息服务。《每日信息》从1985年开始创办以来，坚持6年多没有中断。1991年编发358期，被省委、省政府及有关新闻单位采用258期，采用率达72.1%。《每日信息》的内容有进度统计资料，还有重点调查和信息网络提供的资料等，除法定节假日外，每天提供一篇，具有短、平、快的特点，深受各级领导和社会各界的欢迎。

《青海统计年鉴》1990年获得国家统计局三等奖。每逢党代会、人代会等重要活动，整理提交重要专题统计资料。1991年提供了"青海大中型企业基本情况"、"爱国主义专题教育材料"和"青海藏族地区经济发展欣欣向荣"等系列统计资料。信息数量在省政府名列第一名，被《青海日报》社、省电视台、省广播电台和《西宁晚报》等新闻单位评为先进报道集体。

五、统计自动化系统建设得到发展

1985年，青海省统计局在全国统计系统第一个建立计算机应用处，从两台微机起步，克服资金短缺等重重困难，1991年底已经拥有HP 386四台，3 B 2多用户机一台，各种型号微机28台，先后承担了全省1%人口抽样调查、第四次人口普查、各项专业统计报表和调查资料的数据处理任务。全省政府统计系统共有计算机116台，除个别县外都配备了微机。省与国家统计局及各自治州、地、市和部分县实现了点对点联网传输。

执笔：**徐学初**　审稿：**赵恒伦**　责编：**李天渊**

宁夏回族自治区统计工作概况

宁夏回族自治区统计局

1991年是宁夏统计工作蓬勃发展的一年。在这一年里，宁夏各级统计机构和广大统计人员，认真贯彻李鹏总理对统计工作的重要指示，结合自治区的实际全面落实全国统计工作会议精神，切实加强统计基础工作，为不断提高统计咨询服务水平奠定了基础，统计的整体功能得以进一步发挥。

一、基础工作得到加强，统计数据质量明显提高

(一)农村乡镇统计网络建设在巩固中不断完善、提高。继1990年在宁夏288个乡全部建立统计站，并配备了304名专、兼职统计人员，实现了县县建网、乡乡建站之后，为了使全区农村乡镇统计网络建设得到完善和提高，1991年重点抓了由宁夏统计局制定的《农村基层统计规范化方案》的推行工作。全区各市、县均制定了行之有效的措施，使这一方案得以顺利实施。银川市统计局根据三区两县的实际情况，制定了《银川市乡镇统计网络规范化建设细则》，并由银川市人民政府批转实施；同心、永宁、平罗和西吉等县，采取以点带面的方法，推行农村基层统计规范化建设，都取得了新成绩。目前，全区2 501个村民委员会，已有2 171个建立了村统计组，占全部村民委员会的86.8%。农村网络建设正向着以市、县统计局为中心，以乡镇统计站为纽带，以村、队及企业为幅射点，纵联千家万户，横联市、县各业务部门的方向发展。

(二)城市统计网络建设有了突破性进展。银川市新城区7个街道办事处全部建成了统计站，配备了统计人员，建立了统计工作制度和统计台帐，并对街道统计站的统计人员和街道企业的统计人员进行了工业、商业、建筑业统计和统计法规知识培训。经过一系列建站工作，并经验收，取得了经验。目前，全自治区4个市中已建成的6个市辖区统计局和9个街道统计站。

(三)采取综合配套措施，切实提高了统计数字质量。首先，把好统计资料审核关，强化制约机制。全区县以上统计部门均执行了三级或四级审核制度。其次，开展经常性的统计数字质量检查，推行监督机制。在每年年报工作大体结束后，县以上统计部门均组织力量，对上年年报和定期报表的数字质量进行认真检查。再次，对主要统计指标开展了数据质量评估。最后，完善了数字质量的评比、通报和奖励制度。由于常年坚持推行上述四项措施，1991年全区各项专业统计月、季、年报的质量和时效性均有提高，在国家统计局各专业司组织的评比中，工业年报获质量一等奖和综合奖；劳资、财贸年报获优秀奖；农业、科技、人口年报获二等奖；城调队的住户、物价两个专业和农调队的住户、产量、农经三个专业均获优胜单位奖。

(四)认真开展“培训年”活动，努力提高统计干部素质。在影响宁夏统计工作上水平的诸多因素中，人才问题是一个带普遍性的突出问题。为此，宁夏统计局在1991年的“培训年”活动中，有重点不间断地开展了各类培训，具体做法是：(1)领导重视。各级统计部门的领导亲自抓统计培训，带头学习统计理论和方法制度，在经费紧张的情况下，从人、财、物方面给予支持，保证了培训年活动的顺利进行。(2)层层培训，形式多样。一年来自治区统计局共举办统计写作、微机运用、农经调查、统计法规、增加值、财务达标、新国民经济核算和第四次人口普查资料开发等各种培训班14期，参加450人次；地、市级统计机构办学习班134天，参加563人次；县、区统计机构办培训班76天，参加1 087人次；组织到外地培训297人次。(3)突出重点，带动全面。一年来的统计培训突出了岗位培训这个重点，本着干什么、学什么，差什么、补什么的原则，把培训工作同实际工作需要紧密结合起来。(4)在抓好岗位培训的同时，还抓了大中专函授教育和统计员资格考试培训，全区共招收大专自学考试学员600名；组织541人参加了统计员资格考试。

(五)深化统计方法制度的改革。(1)研制了农村统计一套表，并在地势类型、经济状况以及统计力量不尽相同的四个市、县试点获得成功之后，开始在全自治区全面推行。(2)除继续在吴忠市进行国民经济核算的试点外，1991年又在青铜峡市进行了增加值统计的试点工作，探索出在一个地区计算国内生产总值的方法和途径。(3)在城市物价、住户调查工作制度方面，对消费规格品的更换、调查点的调整和调查员的采价记录等均作了有益的改进。(4)在劳动统计年报表方法制度方面，将年报基层表由原来的三套十张表改为一张通用表，改进后的表式删除了重复指标，方便了基层单位填报，提高了数据质量。

(六)加强统计法制建设。第一、成立了“宁夏统计法制建设领导小组”和“宁夏统计行政复议委员会”，制定了《宁夏统计法制宣传教育五年规划》，做到了统计法制建设任务落实、责任明确。第二、

经过两次认真地上岗培训和严格考核，全区各行署、市、县统计机构共配备了86名统计法规检查员，部门统计机构共配备43名统计法规检查员，初步建立了全区性的统计检查网络。第三、在抓好各市、县《统计法》学习和宣传的同时，认真查处了虚报、瞒报统计数字的违法行为和贺兰县粮食局饲料公司经理侵犯统计人员“三权”的案件。

二、统计服务领域不断拓展，服务质量向深层次发展

统计基础工作的加强，为宁夏提高统计咨询服务水平创造了必要条件。一年来宁夏各级统计部门充分利用这些有利条件，在咨询内容上，把保持我区国民经济的持续、稳定、协调发展作为咨询服务的基本内容，着力对深化改革和扩大开放进程中的难点和热点问题进行咨询研究；在领导组织上，局领导亲自抓、带头写统计分析，同时还规定处以上领导一年最少要写两篇统计分析；在工作方法上，为了提高咨询服务的力度，各专业统计人员和自治区许多专业厅、局开展了联合调查、共同研究了方法。这些有力的措施使1991年全区统计咨询服务水平跨上了新的台阶。

(一)统计分析数量和采用率比上年大幅度上升。一年来全区共写统计分析、报告1 103篇，60%是当前经济和社会中的热点和难点问题，一般性进度分析仅占21%。其中自治区统计局编发统计分析138期，比上年增加52%；发统计报告34期，比上年增加了1.6倍；发统计快报90期。被自治区党委、政府采用统计信息157条(篇)，其中政府采用114条(篇)，党委采用43条(篇)，国务院办公厅采用8条。

(二)统计咨询服务的质量显著提高，自治区党政领导越来越重视统计部门的材料和意见。自治区党委书记黄璜同志对统计分析报告每期必阅，并向有关部门批转了三份。黄璜同志在1991年8月召开的全区经济工作会议上说：“感谢统计局提供的很多分析报告，使我们及时发现了不少问题，使我们的决策有了依据。”自治区党委常委白振华同志让党委办公厅把统计局报送的材料列专卷快件传阅。自治区人民政府副主席杨惠云同志认为，近三年来区统计局提供的计划生育目标管理方案是比较可行的，每年考核的数据是接近实际的，统计局的配合工作是得力的。我局也因此项工作而被自治区党委、政府授予配合计划生育工作先进单位荣誉称号。

(三)统计咨询服务的层次提高，由间接发展到直接参与全自治区重大决策活动。自治区人民政府主席白立忱同志主持召开的两次搞活大中型企业会议，均让统计局参与研究讨论。自治区党委召开农村工作会议，特邀我局派员参加。在这些会上，我们都发表了见解新颖的咨询意见。我们还应自治区人大常委会要求，向人大常委会汇报了1990年和“七五”经济运行情况，并及时撰写了《宁夏八十年代经济的回顾与反思》、《七·五经济发展概况》等四份参阅材料印发全区人代会，均受到好评。

(四)统计咨询服务的范围逐步拓宽。一年来我们在提高咨询服务质量的同时，注重既抓综合性咨询，又抓专业性咨询。为了贯彻中央工作会议精神，落实搞活大中型企业问题，自治区统计局积极参与自治区政协组织的大中型企业调查，根据对22个大中型企业在经营中存在的困难和问题的调查情况，撰写了4篇工业方面的调查报告。其中《宁夏大中型工业企业现状及对策》一文，被区党委工作会议作为参阅材料印发给与会代表；自治区农调队与自治区党委政策研究室合作，完成了《我区农民收入现状分析》，该论文被列为自治区领导参加十三届八中全会的参阅材料；自治区统计局与自治区教育厅联合撰写的《宁夏地区教育发展水平分析报告》，对如何发展边远落后地区教育事业，提出了有益的建议。在专业性咨询取得成效的同时，自治区近半数的市、县统计咨询服务工作也有了较快进展。吴忠市农调队撰写的《吴忠市金积镇从推广农业新技术入手强化服务功能》的调查报告，被自治区政府办公厅的《参阅文件》刊登，并加按语要求各级政府学习借鉴；中宁县常委副县长曹宁安同志评价该县统计局咨询服务工作时说：“今年统计局的统计信息工作搞得好，《统计资料与信息》标题新颖，内容广泛，涉及面广，办的生动活泼，很有看头。”

回顾1991年宁夏的统计工作，各级统计机构之所以能从强化统计基础工作入手，努力提高统计咨询服务水平，使统计工作能适应自治区改革开放形势发展的需要，一是靠求真务实的工作作风。1990年以来自治区统计局组织广大统计人员，结合统计工作的实际，认真学习江泽民同志在建党七十周年大会上的讲话，深入持久地开展统计上水平的大讨论，使广大职工对自治区统计工作的现状有了一个真实估价，既找到了差距，又增加了斗志；二是靠领导重视。1991年初，自治区和各地市、县分别召开的统计工作会议，都是各级政府分管领导出席并作重要讲话，在充分肯定统计工作成绩的同时，强调和要求各级领导必须按照李鹏总理的指示，重视、关心统计工作，把统计工作列入政府的议事日程。各级领导的讲话不仅振奋了广大统计干部的精神，同时，对统计工作也是一个强有力的支持。

执笔：**周鸿恩**　审稿：**王德润**　责编：**李天渊**

新疆维吾尔自治区统计工作概况

新疆自治区统计局

1990—1991年，新疆各级统计部门和广大统计工作者，充分发挥统计信息、咨询和监督的整体功能，为自治区的经济发展和社会稳定做出了贡献。

一、始终把为党政领导服务，促进政治稳定、经济发展作为首要任务

(一)配合党政领导把“稳定压倒一切”做为统计工作的中心任务。1990年4月，自治区阿克陶县巴仁乡发生了反革命武装暴乱，一小撮民族分裂主义分子破坏民族团结，妄图分裂祖国。自治区统计局及时组织力量，编写了《国家对新疆的支援、新疆对祖国的贡献》一文，以大量事实和不容篡改的统计数据，介绍了新疆自解放以来，在党的关怀和全国各族人民的大力支援下，各项经济建设和社会发展取得的巨大成就，起到了教育人民孤立敌人的作用。自治区党委宣传部立即将此文印成宣传册，作为全区乡以上干部的学习材料，并将此文上报中宣部和作为全国宣传部长、讲师团长会议上的材料印发。新华社还发了专稿介绍此文的主要内容。《人民日报》、《新疆日报》、《乌鲁木齐晚报》等都刊登了“专稿”。在此基础上，自治区统计局又将该文改写为23篇短文，并配上插图，在《新疆日报》头版开设的“在祖国的大家庭里”专栏予以连载，宣传效果空前。

(二)增强参与意识，努力开创统计工作新局面。两年来，区各级统计部门围绕自治区经济发展和宏观调控，努力加强定量分析和系统分析，提供了一些质量较高的具有量化特点的咨询建议及对策。1991年7月，自治区党委组织各综合部门对上半年经济运行情况进行分析，自治区统计局作重点发言，提出了对棉花生产及棉纺工业、糖料生产及制糖工业的发展对策，经实践证明，其建议是正确的。在自治区党委召开的四届一次全委扩大会议上，统计局提出要增加对农业的投入，并应把投入的重点放在农业生产第一线和为农业生产服务的科研、良种培育及水利配套上来的建议，被会议形成的《决定》所采纳。

(三)围绕治理整顿和深化改革，充分发挥统计整体功能。两年里，自治区各级统计部门紧密围绕治理整顿、深化改革实际，从一般反映速度、讲成绩、摆问题，逐步发展到走出机关、深入基层进行实地调查，及时跟踪分析自治区经济发展中的“热点”、“难点”问题，反映党的方针、政策在具体实施中的正负效应，写出了一批质量较高的统计分析报告，提出了不少具有参考价值的咨询建议和对策。在撰写的《新疆与发达省区经济发展差距扩大的成因及对策》一文发出后，受到自治区领导的高度重视。金云辉副书记批示：这份材料分析得很好、很有参考价值，希今后多分析研究这样一些重大问题，以供领导决策。在清理“三角债”工作中，对在建的73个大中型项目和投资在3 000万元以上的基建项目、更新改造项目进行了一次性调查，为清理“三角债”提供了重要依据；为配合调查结构，提高经济效益，及时撰写了《“七五”时期新疆经济效益状况和“八五”时期应采取的对策》一文，受到党政领导的普遍关注，该文获全国优秀统计分析报告三等奖；1991年初，自治区城调队针对粮食消费中存在的浪费现象，组织撰写了“余粮的负效应”、“居民对目前粮、油供应中的意见和要求”、“当前居民对粮价改革的看法”等专题文章，《新疆日报》加按语进行了连载。此时正值国家调整粮油统销价格措施出台前后，有力地配合了形势，收到了良好的社会效果。自治区各地州市县的统计部门和农村乡镇统计站也撰写了一批短小精悍的统计分析，受到了当地领导的称赞。据统计，1991年仅乡(镇)统计站撰写的统计分析文章就有1 700余篇。由于加强了对分析研究工作的领导，连续两年在国家统计局优秀统计分析报告评选中获3个三等奖。

两年来，由于大办“开放式”统计，促进了统计信息的全方位开放。为自治区人民政府办公厅主办的“昨日要情”提供统计信息233条，采用160条，采用率为68.7%，居自治区各厅局之首。统计信息咨询又有新的进展，自治区统计局采取“走出去、请进来”的方式，向社会各界广泛宣传信息咨询项目，努力提高服务水平，不断扩大固定服务范围，使全区的“固定用户”由原来的50多户，扩大到1991年底的110户，取得较好的经济效益和社会效益。《新疆统计年鉴》自1989年出版以来，内容不断充实，质量逐年提高。现已成为自治区有权威的统计信息资料书。新疆人民出版社还出版了省统计局编辑的维文版《奋进的四十年》、《“七五”回顾、“六五”展望》和《新疆维吾尔自治区人口普查手工汇总资料》。

二、加快统计改革步伐

1990年初成立了自治区增加值普查试点领导小组，1990年4—6月在库尔勒市进行了各行业增加值统计试点，摸清了增加值统计的资料搜集渠道和计算方法并取得了经验。1991年又在乌鲁木齐地区3 983个单位进行了各行业的增加值普查试点工作。通过普查试点，为各地培养和锻炼了一批人才，为在自治区推行新国民经济核算体系奠定了基础。“农村一套表”的试点工作，1990年在阿勒泰市试点成功后，又将试点范围扩大到整个阿勒泰地区，取得了预期效果。

三、统计基础工作和基层组织建设进一步加强

(一)农村统计信息网络建设进展加快。两年来，自治区乡镇统计站已发展到489个，占现有乡镇建制数的61.2%，统计信息网络的人数共计4 004人，专(兼)职统计员863人，其中专职599人。全区建立统计组的行政村已达810个，占全部行政村数的21.3%。各地在狠抓乡镇统计网络组织建设的同时，业务建设、制度建设也逐步完善，并通过图表上墙、有线广播多种宣传途径，为当地党政领导指挥生产、安排好乡镇人民生活发挥了积极作用。

(二)统计信息自动化建设有新的进展。在13个地州市成立了统计局(处)计算站，配备计算机专门人员约70名。设备配备由原来的一台小型机和40台微机，发展到1991年底全系统拥有小型机一台，超级微机18台，微机约230台。县级统计部门全部配齐了微机，实现了自治区与各地、州、市两级各专业统计数据处理的计算机化和两级微机远程传输。

(三)统计法制建设有所突破，执法检查工作逐步走上正规。根据统计执法的需要，于1991年拟定了《新疆维吾尔自治区统计执法检查监督规定》，政府已经批准颁布实施，为自治区统计执法提供了法律依据和保障，弥补了《统计法》的不足。随着统计法制建设的不断加强，各地州市的执法机构由原来的1个增加到4个，检查员由200多人增加到418人。各级统计机构坚持每年五月开展执法检查已形成制度。两年来，仅自治区统计局组织人员进行统计执法检查的地州市有5个，县(市)22个，乡镇25个，企事业单位14个，商业企业5个。全区共查处各类统计违法案件58起，有的做了自我纠正，有的进行了通报，有的进行了罚款，收到了良好的社会效果。

(四)统计科研和对外交流初步展开。1990年自治区成立了统计学术委员会，建立了统计科研的立项，评审和奖励制度。两年来，共立统计课题11项，截止去年底已完成7项，鉴定4项。为了更好地为自治区党委制定的“向西倾科，东进西出”的经济发展战略服务，促进自治区的对外开放，自治区统计局与哈萨克斯坦共和国统计委员会鉴定了协议，接待了哈萨克斯坦共和国统计委员会的两次来访，交流了资料、技术和经验。

(五)统计教育培训不断发展，职称评聘得到落实。两年来，自治区各级统计部门在人事职改部门的密切配合下，统计员资格考试取得成功。全区累计参加岗位专业知识培训的人数达11 400多人，有9 600人获得了岗位合格证书，先后有3 960名民、汉统计员领取了《全国统计员资格证书》，合格率达55%，居全国中等水平。为了做好农业普查的准备工作，1991年完成了国家粮农中心新疆培训点的县级农业统计人员的培训任务，共有180名学员通过了粮农中心统一命题考试。1991年，自治区统计局首次举办了一期县(市)统计局长学习班，大家学习新知识，研究领导艺术和工作方法，探讨交流《如何当好县统计局长》的经验，通过学习，使基层领导的业务素质有了进一步提高。在职统计人员的再教育进一步发展。1991年开办了一个二年制大专进修班，一个大专证书班。经过两年来各种形式的统计教育培训，全区统计队伍的整体素质大大提高，专业知识结构发生了很大变化，现在全区具有大专以上学历的统计人员已由原来的5%左右上升到30%以上。职称改革工作，进一步完善聘任制度，为了建立竞争机制，对局属事业单位1987年以来任命的专业技术职务人员进行了一次“德、能、勤、绩”的全面考核。聘方和被聘方在明确聘期任职目标和岗位职责的基础上，正式鉴订了聘约，使职称评聘开始走向正规。

四、高质量地完成了第四次人口普查工作

1990年开始的第四次全国人口普查是统计部门的一项重要工作。两年来，在自治区各级人民政府的领导下，在各有关部门的通力协作下，圆满完成了全区人口普查的全部任务，并用维汉套印的方式，编印出版了《新疆维吾尔自治区第四次人口普查手工汇总资料》。人口普查资料的分析研究工作已取得成效，全区共撰写人口普查统计分析文章159篇，其中部分优秀分析文章分别被国务院人普办、《新疆统计》、《新疆日报》、新疆人民广播电台和全国人口科学讨论会采用。

执笔：**翟居彦**　审稿：**徐衍江**　责编：**李天渊**

沈阳市统计工作概况

沈阳市统计局

1990—1991年沈阳市各级统计机构和广大统计人员认真学习贯彻李鹏总理对统计工作的重要指示和国家统计局《关于加强统计工作，充分发挥统计监督作用的报告》，在市委、市政府和上级统计部门正确领导下，继续狠抓统计数据质量，加强定量分析和系统分析，努力搞好统计改革和各项建设，较好地发挥了统计整体功能作用，统计工作水平有了进一步提高。

一、继续狠抓统计数据质量，较好地完成了各项统计调查任务

全市各级统计部门坚持实事求是，树立"质量第一"思想，加强统计法制，排除人为干扰，建立统计数据质量保证体系和控制办法，坚持对统计数据进行逐级审核，实行数据质量查询订正、数据质量检查评比、统计报表通报反馈等项制度，同时进行质量抽查、验证分析和评估论证，实行统计人员持证上岗制度，保证了统计数据的准确性。1991年沈阳市汇总上报给国家、省统计局的年报和定期报表达410种，汇总数据量达8 738万余笔，技术性差错率为一千万分之一点三，大大低于国家规定的质量控制标准。

二、深入开展统计分析，统计咨询服务水平进一步提高

全市各级统计机构适应治理整顿、深化改革形势，紧密围绕国民经济、社会发展及市委、市政府的中心工作，深入基层调查研究，掌握"活情况"，充分利用统计调查数据，开展定量分析和系统分析，对现实情况和问题做出准确而客观的描述，并提出较为科学的咨询意见和对策建议，较好地发挥了统计咨询、监督作用。市统计局围绕搞活大中型企业，利用全面调查和问卷调查资料，写出了定量描述和定性分析的调查报告，就如何搞活大中型企业提出了操作性较强的对策建议。市委副书记董万德和副市长张瑞昌两位领导都作了重要批示，为市委、市政府制定有关政策提供了依据。市统计局还根据沈阳市情况和世界各大城市的发展经验，研究本市长远发展战略目标，撰写出《走世界城市经济发展的共同道路》报告，被市政府有关部门采用，为发展大流通提供了理论依据，取得了很好的效果。上述两篇分析分别被国家统计局评为优秀分析二、三等奖。1991年，全市各级统计机构共撰写统计分析2 300多篇；市统计局自身完成357篇，市级以上领导批示37篇。

三、充分发挥统计信息功能，统计宣传工作进一步发展

一方面，市统计局连续四年定期举行新闻发布会，发布统计公报；同时，通过新闻媒介发布统计信息的频率进一步提高。1991年，仅市统计局在报纸、杂志、电台、电视台刊登、播发的统计资料和统计新闻稿件504篇，其中国家级96篇，省级172篇。平均每天有1.4篇统计信息与社会公众见面。另一方面，各级统计机构还编辑了大量统计资料。市统计局除原有《统计信息快报》、《主要指标卡片》、《沈阳统计月报》、《沈阳统计手册》、《统计提要》、《沈阳经济统计年鉴》等定型产品外，1990、1991年又增加了《回顾与展望》、《沈阳农村发展十年》、《"七五"时期投资建设成就》等新产品，而且还坚持为市主要领导制做了宏观经济监测图版，及时更换数据，为党政领导和社会各界科学决策和管理提供了优质服务。

四、城乡统计信息网络建设和统计基础工作有新进展

在农村乡镇统计信息网络建设方面，1991年市统计局向市政府提交了《关于加强统计工作的报告》，同有关部门协商恢复了全市106个乡镇统计办，其中有39个统计办是实体型的；印发了《沈阳市农村基层统计基础工作规范化规程》，对农村统计工作实行目标管理、定期考核验收；在全市范围内重新修订印制了乡村两级历史资料台帐，统一印制了统计资料手册。在城市街道统计信息网络建设方面，一是巩固街道统计工作成果，总结推广和平区新兴街道建立统计办的经验；二是提出了《关于加强城市街道统计信息网络的意见》。东陵区统计局率先组织本区6个街道办事处学习"新兴经验"，组建了联合型的统计办公室，取得了较好的效果。为加快城市街道统计建设，市统计局首次召开沈阳市城市街道统计工作会议，推广和平区新兴街道和东陵区的经验。到1991年末，全市109个街道已成立统计办102个，这些统计办正在加紧制度、业务建设，积极开展工作发挥作用。

在统计基础工作方面，重点加强了企业统计工作。1991年，全市把统计基础工作规范化建设同

企业统计工作达标升级紧密结合起来，市统计局制定了工业、建筑业的统计工作达标升级标准和办法，开展了统计达标升级活动。有13个工业企业被国家统计局分别授予统计工作国家一、二级企业，有14个工业企业被省统计局评为先进集体。在统计工作一、二级企业中，均实行厂长领导下的“总统计师”或“主任统计师”负责制，打破了几十年来企业统计战线没有中层干部、统计负责人不干统计的怪现象，加强了企业统计工作的集中统一领导，有力地促进了企业统计改革。

五、统计制度方法改革迈出新步伐

为配合“质量品种效益年”活动，提高统计信息时效性，及时反映产品销售情况，将工业产品销售报表报告期改为月(快)报；建立了百种产品能源单耗考核制度；完善了工业企业财务指标统计；建立了固定资产投资项目新开工和峻工统计报告制度；增加了商业企业经营情况一览表和集体企业主要效益指标统计；改进完善了物资供销企业经济效益指标统计；积极推行农村乡镇统计“一套表”；征求改进完善工业企业“一套表”的意见，扩大了试点范围。

六、统计法制建设进一步加强

围绕落实全国第二个普法规划，制定了《沈阳市统计普法五年规划》。为更好地贯彻统计法规和适应《行政诉讼法》实施的需要，拟定了《沈阳市统计执法检查工作办法》、《沈阳市统计登记管理办法》。1991年末，全市共查处统计违法案件6起，结案4起。到1991年末，全市有统计检查员和特派员175名。市统计局积极开展检查人员业务培训，使全体统计检查员真正掌握办案程序和正确使用法律文书，提高了执法水平。沈阳市被国家统计局政策法规司评为“全国统计法制工作先进单位”。

七、统计信息自动化系统建设迈出新步伐

1991年末，全市政府统计系统拥有各种型号的计算机60台，其中县区23台；市直各部门也有相当一部分配上了微机，并与部分企业联网。全市计算机通用软件和专用软件的开发、研究和使用水平不断提高，保证了各种定期报表、年报、一次性调查、人口普查数据处理任务的完成。在数据库建设方面，市统计局改进扩充了综合指标数据库，建立了能源统计指标数据库，为县区和市直各局建立工业统计指标数据库编制的程序已完成并投入试运转。市统计局电子排版轻印刷系统更加完善。1991年末，拥有2台胶印机、3套电子排版系统，又配置了激光照排机、冲片机和仿真制表软件。计算机排版和胶印能力、质量明显提高。

除上述工作外，全市人口普查的年度任务已经完成；统计学历教育又结新硕果，全年又有260人获得大中专毕业证书，第二轮统计专业函授班又招生610人；统计学会和科研活动活跃，全市共撰写出统计论文200余篇；全市统计战线思想政治工作和社会主义精神文明建设也取得显著成就。

执笔：米志强　责编：徐晓海

大连市统计工作概况

大连市统计局

1990—1991年，大连市各级统计部门以提高数字质量和统计咨询水平为重点，狠抓统计基层和基础工作，加强法制建设，推进统计改革，使统计工作有了重要进展。

一、城乡统计网络日趋完善

全市127个乡镇在1987年全部建立统计办公室基础上，1991年乡镇实体型统计办发展到57个，配备乡镇统计人员167名；村级统计小组发展到1 530个，占全市村总数的99.35%。继经济技术开发区1989年成立统计处后，1990年市内三个区(中山、西岗、沙河口区)先后成立了统计局，使全市10个县(市)区和1个开发区的政府统计机构得到健全。全市72个街道办事处中，建立统计工作办(站)的28个；专职统计人员30名，兼职57名，已列为政府序例的综合统计员12名。企业统计信息网络有所发展。市机械局组建了综合统计信息室，部分县(市)区在主管部门确定了综合统计员，改变了主管部门长期无人做综合统计的局面。

二、统计服务水平进一步提高

其一，统计分析研究水平不断提高。一是针对经济运行中出现的新情况、新问题，提高统计分析的时效性，及时反映三项资金占用、大中型企业经济效益、农村生产需求、外向型经济出口结构、物价及人民生活等方面的情况，起到了预警作用。二是抓住经济发展中带有全局性、难点性、热点性的问题，进行重点课题分析，促进统计分析由单纯提供信息向咨询决策方向发展，增强了分析的深度和对策建议的份量。三是围绕“八五”计划和十年规划

开展战略研究，提高了宏观分析的预测性。1991年，全市各级政府统计部门提供的统计分析资料813篇，被采用473篇，采用率比1990年提高9%。其中市统计局提供199篇，采用212篇次，有10篇分析报告得到市领导批示。市统计局提供的《建立大连市宏观监测、预警系统初探》分析报告，为大连市运用数学模型进行宏观预测分析开拓了新途径，市领导批示："这标志着我市统计分析工作正在向新的高度冲击"。

其二，信息数量增加，两年中市统计局提供统计咨询数据7.5万笔。1991年全市县以上统计局向各级党委和政府提供的信息及被各级新闻单位采用的稿件，分别比1990年增加20%。市统计局按月加工整理的《大连市工业主要经济指标快报》，受到了市领导的称赞。

三、统计法制建设成绩显著

两年中，各级统计部门坚持以加强统计法制建设为契机，推动统计工作逐步走上法制轨道。一是强化了执法监督检查力量。9个县(市)区成立了统计检查科(股、室)，配备了专职统计检查员；全市发展了267名统计检查员和11名特派员。二是完善了统计法规制度。出台了《大连市统计工作管理规定》，制定了《关于重申制止滥发统计报表的通知》，市统计局与市财政局联合制定下发了《大连市违反统计法实行经济处罚试行管理办法》，并制定了《大连市查处统计案件暂行规定》、《大连市统计局各处(队)查处统计违法行为管理的几点意见》、《大连市统计行政复议试行办法》等。三是大力开展统计法制宣传。1990年，结合《统计法》颁布七周年，围绕贯彻《大连市统计工作管理规定》和辽宁省人大同年9月通过公布实施的《辽宁省统计监督检查条例》，在全市城乡开展了较大规模的宣传周活动，收效较好。1991年，市依法治市领导小组批转了《大连市统计普法教育第二个五年规划》，市人大常委会听取审议了大连市贯彻统计法情况的报告。四是开展统计执法检查，严肃查处统计违法案件，大力宣传表彰统计执法典型。1990年，全市查处统计违法案件17起，结案13起。

四、统计自动化系统建设进一步加强

两年中，市、县两级统计局、一些主管部门和单位，先后更新和配备了微机，其中市统计局1991年新购置386型微机9台，金州区已有5个乡镇配备了微机。软件开发应用进一步加强，各级统计部门相继完善和开发出一批统计报表程序，提高了各专业统计报表上机率。1991年，市统计局计算中心新编各种报表程序19套，使工交、财贸、社劳、外经等专业过去靠手工汇总的报表首次上机。

五、认真搞好统计业务培训教育和统计员资格考试工作

几年来，全市各级统计部门一直坚持走分层次、多内容、有计划培养统计人员道路。(1)抓好统计电大教育。办好电大本科班、大专班、中专班等。1990年大专班第一轮学历教育结束，统计专科共有2 500人取得了毕业证书，有2 300人取得了统计专业岗位专业证书。1991年开始第二轮电大教育，招生550人。统计中专目前有80人取得毕业证书。(2)办好专业培训。1991年，各级统计局举办各种类型统计业务培训班近百期，参加人员达8 000余人次。(3)结合职称评定开展业务培训。两年中，对"先评后补"统计人员经培训考试合格后，颁发学历证书2 560人。实行统计人员上岗证制度，对经培训达到规定专业知识的统计人员颁发上岗证已达8 000余人。1990年，全市有1 030人经培训参加了全国统计员资格考试；1991年，全市参加全国统计员资格考试培训者1 500名，应考1 235名，考试成绩居全省前列。

六、大连市考核企业经济效益指标快报出台

1991年，市统计局根据中央工作会议精神，为满足地方领导及时了解和掌握全市经济运行状况和企业生产经营情况，更好地加强宏观调控，进一步搞好大中型企业，在市政府领导主持下，与有关部门共同研制了一套《大连市考核企业经济效益指标快报》，于同年12月份开始试填，从此改变了考核工业企业经济活动以"产值"为主的做法。新出台的经济指标考核体系，首次借鉴了西方核算体系，运用了资产负债法，变过去考核以价值表现的实物运动为资金运动及效果，切实反映了投入产出的实际效益。

执笔：**朱元旦**　责编：**徐晓海**

长春市统计工作概况

长春市统计局

1990—1991年，长春市统计工作狠抓统计基础建设，在"准确、及时、全面、方便"上下气力，

为各级党政领导在科学化、民主化决策方面提供了大量统计信息与咨询，为振兴长春经济作出了应有贡献。

一、统计改革

两年中，长春市统计系统为适应经济发展的新情况、新问题，在统计工作中进行了大胆的改革，迈出了新的步伐。① 劳动工资统计实现了“一条龙”作业。面对劳动工资统计表式多，内容比较复杂的状况，长春市统计局从统一、简便、适用、效能等方面入手，将多表变一卡，将手工汇总全部纳入微机进行超收汇总，创造了“一条龙”式的系统作业，并获得了成功。实行“一条龙”作业后，在改革表式上将基层10种表式，改为全民所有制单位和集体所有制学位年报卡片，使63个一级综合统计部门汇总量各减少11张表、2 144笔数据；使1 600多个基层报表单位由原上报11张表减少为全民、集体各一张表，减少3 000笔计算。过去报年报时7人需用十几天时间方能完成，改革后1名统计人员只用10天时间即可完成数据录入、汇总任务。② 固定资产投资实行了“两帐六制”。所谓“两帐”就是计划项目统计台帐、综合统计台帐。所谓“六制”就是一级统计部门的投资项目收集、目标跟踪制；单位开、交工报告制；竹竣工验收消号报告制；单位月报送审制；统计基础建设规范化检查制；统计专业干部培训制。“两帐六制”的建立与实行，强化了统计监督职能，极大地提高了固定资产投资数据准确性。③农业统计全面推行了基层一套表。农村基层一套表是1989年在部分基层乡、镇试点并取得成功之后，1990年在全市农村统计中全面铺开的，至今这场工作正健康发展。这项改革，为加强农村统计基础工作和充分发挥农村统计信息、咨询、监督总体功能奠定了坚实基础。

二、统计分析

长春市统计局根据治理整顿与深化改革中出现的新情况、新问题，紧紧围绕党政领导极为关注的问题和社会、经济、生活中的热点、难点问题，重点加强了定量与系统分析，受到了各界普遍好评。1990、1991年共撰写各类统计分析报告1 000余篇，其中1991年515篇，定量分析占60%，系统分析占40%。统计分析报告的采用率为74.8%。在被采用的385篇统计分析报告中，市领导批示5篇，市机关部门采用87篇，省有关部门采用29篇，国家、省、市级新闻单位采用264篇。长春市统计局在搞好定量分析和系统分析中有三点做法：一是强化基础工作，二是抓好组织领导与协调工作，三是建立制度管理，健全考核监督机制。

三、城乡统计信息网络建设

1990—1991年，长春城乡统计信息网络建设步伐明显加快，一体化信息渠道初步形成。在农村，全市151个乡(镇)全部成立了统计工作站。1991年重点抓了由联合型、松散型向实体型过渡，不断增加实体型在全部统计工作站中的比重。到1991年末，实体型统计工作站已达到24个，统计人员增加到356人，其中专职统计员占10%以上。

在城市，长春市所辖4个城区1个郊区1987年全部成立了区统计局。经过4年的发展，县规模逐步扩大，干部业务水平不断提高，办公条件也有较大改善，人员编制均在8人以上。1991年各区统计局都向所在区政府递交了组建街道统计科的请示报告，多数被区政府常务会批准了。

执笔：**彭寿山**　责编：**徐晓海**

哈尔滨市统计工作概况

哈尔滨市统计局

1990—1991年，哈尔滨市紧紧围绕经济建设这个中心，加快统计改革步伐，加强统计基础建设；强化统计的信息、咨询和监督职能，为促进全市国民经济发挥了重要作用，统计工作水平显著提高。

一、为地方领导宏观决策及时提供科学依据

1990、1991年哈尔滨市共发出统计信息、分析资料、统计内参近700篇，统计分析报告被采用率达65%以上。这些分析报告紧紧围绕市委、市政府的中心工作，运用现代计量经济和数理统计的方法对国民经济的发展进行预测，为市领导进行中长期决策提供了依据。1990年，哈尔滨市统计局根据工业生产持续下滑的状况，以《我市总供给停滞的原因及对策》为题，提出哈尔滨市的经济问题主要是经济停滞。为此，从5月份开始，在原有月、季报表的基础上，增加了工业生产旬报，对工业生产中出现的问题及时报警，对遏制工业生产滑坡，发挥了重要作用。哈尔滨市城调队对乱涨价、乱收费等现象，通过新闻媒介进行曝光，引起了强烈反响，并组织成立了民情民意调查办公室，为市

委、市政府了解民意发挥了重要作用。

二、加快统计改革，开创统计工作新领域

按照实行新国民经济核算体系的要求积极开展工作。一是在原有国民生产总值表和1987年投入产出表的基础上，经过加工整理，初步建立起了国民经济循环总表，为国民经济核算体系的转轨工作迈出了重要一步。二是建立了价格统计体系，完成了1987年至1989年工业品价格历史资料的收集工作，工业品价格统计实行月报制度；建立和完善了哈尔滨市地区、城镇、市区、农民生活费的配套物价指数，试编了商品购进价格指数，为全面改革和完善价格统计指标体系奠定了良好的基础。三是积极推行农村一套表制度。在农村统计工作中，加强了基层统计机构的改革和建设。全市有91%的乡镇建立了统计信息办公室(站)，配备乡镇统计人员109人。呼兰县21个乡镇，全部建立了实体型统计信息办公室，被省统计局授予全省农村统计信息网络建设先进典型。在工业统计工作中，选择了90家大中型工业企业试行定点观测制度，对及时反映和研究工业经济问题起到很好作用。在商业统计工作中，一是改变集体商业统计的抽样调查方法，实行全面报表与抽样调查相结合的方法，对市属主管局的集体商业企业，全面实行定期报表制度，对中、省直单位办的集体商业企业，实行样本率为3.65%的抽样调查；二是加强对个体商业统计改革，按1%的比例，进行典型调查，准确地提供了集体商业和个体商业的统计数据。

三、加强统计基础建设，发挥统计整体功能

1.加强统计人员的培训工作，1990、1991年，通过学历教育和采取岗位培训、短训班等形式，共培训基层统计人员2万多人，大面积提高了哈尔滨市统计队伍的政治业务素质。2.加强了统计基础建设。在重点加强统计台帐建设的同时，实行了直报单位的各专业统计数据统一由其综合统计机构管理的方法，有效地避免了数出多门的弊端。对局内各专业的统计报表工作，实行目标管理，按季度公布各专业处完成各种统计报表情况，统计报表基本上实现了无迟报、无差错，及时、准确。3.加强了统计法制建设，认真贯彻执行《统计法》和《统计法实施细则》，聘用并培训了近百名统计法规检查员，每年都在全市范围内开展统计执法情况大检查，对违反统计法的行为依法给予严肃处理，使哈尔滨市的统计法制工作进一步提高。4.加强了统计现代化建设，建立了《综合统计进度库》和《全国22城市主要社会经济指标数据库》，为自动编辑有关资料和进行宏观经济预测创造了条件；实现了与辖县(市)统计局微机联网；编印《统计年鉴》实现了年报数据到年鉴数据再到印刷系统的自动转换。

四、开发各种统计信息，扩大统计信息职能

积极开发统计信息，所提供的信息资料种类多，质量好，服务范围广泛。按月提供《哈尔滨主要经济统计数字一览表》卡片，并编发了《1949——1990年哈尔滨经济统计资料汇编》、《哈尔滨“七五”时期国民经济及社会发展概况》；按年提供《哈尔滨统计年鉴》，并编写了《哈尔滨市科技统计资料》、《哈尔滨市农村经济手册》、《全国15城市建筑施工企业经济信息》等专业统计资料。统计咨询服务工作取得了成效，开发了市场调查领域。与上海庄臣公司合作，对哈尔滨市化妆品使用情况进行了调查，取得了大量的第一手资料，调查的组织工作和取得的效益得到了合作伙伴的好评。

五、高质量完成了第四次人口普查任务

我市第四次人口普查工作，在各级领导和广大人民群众的支持配合下，经过17 000余名普查指导员和普查员认真辛勤的工作，提前近8个月完成普查数据的录入工作，录入速度全省第一，各项数据经国家自检程序二次录入检查，差错率为零。还及时向市领导和社会公众提供了大量的人口普查数据资料和分析研究资料。

六、统计科研工作取得成效

对改进工业净产值的计算方法进行了积极的研究和探索，经过试点和论证，研究提出的《工业净产值的简便计算方法》，通过了哈尔滨科委的科研成果鉴定，确认该方法至少可以提高时效3倍以上。经部分工业企业的进一步试行表明，这种计算方法简单有效，取得了较好的社会效益。

七、机关管理工作进一步规范化

为了进一步提高机关工作效率，从1990年起，制定和实施了目标管理责任制，实行局、处长负责制，分级进行考核，实行打分制，年初确定目标，按季度进行考核，年底总考核，将考核工作与提职、晋级、奖金发放结合在一起，实行目标管理责任制，调动了广大干部的工作积极性。财会工作达到了国家规定的标准，进入了达标行列。

责编：**徐晓海**

南京市统计工作概况

南京市统计局

1991年南京市统计局在"以提高统计数字和统计咨询两大质量为中心，大力加强统计法制建设、统计基础建设、为上级服务、为地方党政领导服务，充分发挥统计的整体功能"的思想指导下，着重抓了三个方面的工作。

一、强化质量意识，提高统计工作水平

(一)狠抓统计报表质量。在统计报表质量方面，坚持严格的报表审核制度，从基层单位到各主管部门和各区、县，再到市统计局，进行分层次的自审、互审和对下一层次的检查，对出现的差错部分追根寻源，不允许以表改表，搞人为平衡。对一些主要指标，有重点地进行论证、验证，除了与上年同类指标进行对照外，还与相关指标甚至与其他部门的指标进行对照分析，看是否符合逻辑，是否符合发展趋势。

为搞好年报工作，组织基层单位参加年报工作的统计人员进行考试，对合格者发放"上岗合格证"，并直接到统计力量较薄弱的单位协助布置年报，予以具体的指导，对一些易出差错的单位，实行草表预审制度，以保证正表的质量。

(二)实行统计资料的"扎口"管理。为改变数出多门的状况，对外提供资料实行由综合处统一"扎口"管理的办法，由综合处把关，统一对外提供统计数据，以保证统计数据的严肃性。

(三)加强统计检查监督工作。统计法制建设重点放在宣传教育上，通过墙报、有线广播以及各种会议和业务培训，开展统计法规的宣传，收到了一定的效果。同时，在全市开展了大规模的统计质量检查活动，分层次地进行自查、互查，最后由市统计局各专业处进行抽查。在检查工作中突出了两个重点：一是检查重要的统计数字；二是检查统计工作薄弱的区街和乡镇工业企业。结果表明，1991年全市统计工作的整体水平较往年有了很大的提高。

(四)注重信息的时效性。1991年市统计局共编发《统计快报》118期。目前定期向各级党政领导和有关部门提供统计信息的工作已形成制度，每月4日前将上月主要经济指标完成情况用快讯的形式上报市党政领导，10日前将国民经济和社会发展的主要指标汇集成册上报。此外，坚持每月22日前对全市工业月度生产情况进行预测，为市领导超前掌握全市的工业生产状况、制定计划、采取对策赢得了时间。

二、深化统计咨询职能，拓展服务面

(一)采取切实措施，提高统计分析水平。

市局领导直接参与统计分析的选题、修改，并亲自动手为一些分析撰写编者按。一些县、区统计部门的负责人深入基层搞调查、写分析，起了表率作用。为改变过去那种各自为战的状况，市统计局充实了综合处的力量，由综合处组织和协调全局的统计分析工作，规定各专业撰写的分析一律先由综合处进行审核、修改后，由分管局长签发，使分析质量明显提高。此外，还举办了统计分析调研专题讲座，以提高专业人员的写作水平。

(二)发挥优势开展服务。市统计局本着适时、适需的原则，积极向社会各界提供各种形式的服务。如在1991年，开展"质量、品种、效益年"活动中，市统计局作为市劳动竞赛委员会成员单位，在"效益杯"、"质量杯"等竞赛中，根据自己掌握的资料，确定参赛单位，拟定考核评比办法，并定期反映名次排列变化情况；在《南京日报》上，将全市固定资产原值和产品销售收入、排列在前一百名的工业企业的名单予以公布，对企业触动很大。

(三)咨询服务形式多样化。1991年，市统计局编印出版了《南京市1990年工业产品不变价格》一书，作为国家和省的工业产品不变价格的补充。此书包括了全市25个工交门类、700多个工业产品，使全市98%的工业产品都有不变价格可查询，规范了工业产品产值的计算口径。市统计局还编写了南京市历史上第一部全面反映工业产品状况的《南京工业产品大全》，收录了全市的4000个工业企业生产的15000个品种的产品，从整体上介绍了全市工业产品的生产及构成状况。市委、市政府领导对此书的编辑出版极为重视，市长、副市长分别题词、作序。市统计局编印的《奋进的五年》一书，对全市1986—1990年五年来的社会经济发展作了较为全面、深刻的分析，被市委、市人代会分别列为会议基本材料，市委宣传部门用它作为政治宣传教材。

三、加强自身建设，搞好外部协调

(一)从提高统计人员的素质入手，加强队伍的自身建设。坚持每周的政治学习制度。开展处级干部述职活动，对处级干部的工作能力和实绩进行公开的评估。在全局开展热爱统计事业的教育，形成钻研业务的风气。

（二）加强外部协调，取得有关部门的支持和配合。为根本改变计划经济时期遗留下来的统计服从于计划做法，理顺部门之间的关系，市统计局与市计委在“配合、协调、支持、服务”的原则指导下，召开了由双方主要负责人及专业处处长参加的协调对话会，就数据提供的方式、渠道、范围等达成了一致意见。

执笔：**蒋 明** 责编：**刘 恒**

宁波市统计工作概况

宁波市统计局

近几年来，宁波市各级统计部门在“打基础、抓质量、上水平”上狠下功夫，努力适应宁波改革开放的新形势，注重发挥统计的信息、咨询和监督功能，全市统计事业有了较大的发展。

一、统计信息服务质量进一步提高

一是按时发布统计公报，编印月度国民经济和社会发展统计信息卡片和统计年鉴。根据党政领导在各个时期对经济工作的要求，及时编印了《宁波奋进四十年》、《沿海开放城市、计划单列市及经济特区主要统计指标汇编》、《宁波“七五”时期成就》、《宁波1949—1990年国民收入、国民生产总值统计资料汇编》等统计资料本。这些数据详实、内容丰富、图文并茂的统计信息资料，深受各级领导和有关部门的欢迎，成为领导必不可少的工具书。

二是通过统计数据的分析对比，及时捕捉国民经济发展和经济运行过程中苗头性、倾向性的问题，向党政信息部门及时反馈。两年中，被市、县（市、区）两级党务、政务信息刊物采用600多条，采用数量和得分均居政府各部门的前列。一批高质量的信息，为市委、市政府领导决策提供了重要依据。有些还被中央办公厅、国务院办公厅、省委和省府信息刊物所采用。

三是加强调查研究，积极开展统计分析。紧紧围绕深化改革、调整经济结构和提高经济效益等中心工作，以及领导关心的其他重点、难点和热点问题，组织力量进行定量分析和系统分析，撰写了“七五”系列分析文章，从不同角度反映宁波市“七五”期间国民经济和社会发展情况。其中《从全市1—5月份的产销情况析企业目前存在的问题》、《我市市场的走势思考》、《宁波外贸体制改革成就及存在的问题》，以及固定资产投资、大中型企业活力和经济效益等方面的分析报告，市党政主要领导都作了多次批示。

四是发挥统计咨询和监督职能，参与政府经济工作管理。市和县（市、区）统计局一般都在由政府召集的月度或季度经济形势分析会上作中心发言，在摆现状、找问题的基础上，向决策者提出国民经济和社会发展的建议对策。同时，通过参与基本建设投资项目立项审查、竣工验收、劳动工资统计联审、工业经济效益综合评价考核，以及岗位目标管理考核等工作，较好地发挥了统计的监督功能。

二、统计基础建设进一步加强

一是狠抓企业统计工作规范化。1991年在123家企业试点，经检查验收，有18家企业达到规范化标准，59家企业达三级（市级）标准。

二是加强农村统计网络建设。以市政府的名义下发了《关于加强农村统计工作问题的通知》，明确了在乡镇建立统计机构、落实专职人员等具体问题，使全市农村统计网络建设落后的状况有了一定的改观。

三是坚持各专业统计工作质量的评比考核制度。对县（市、区）和直报单统的统计工作及时性、准确性，统计分析情况的数量和质量以及完成一次性报表和调查任务的情况进行考核评比，不断提高统计工作整体水平。

四是在基层建立统计信息联系点，及时了解各方面情况。目前，商业、物资、建筑业、劳动工资、外经等 业共有联系点300多个，做到每年活动一、二次，交流研讨在新时期加强和改善统计工作的做法和经验，研究社会经济的热点和难点问题，为全面加强统计工作起到了积极的作用。

三、统计自动化建设迈出了新步子

统计自动化建设改变了无机构、人员少、设备差等局面。市统计局于1990年建立了计算中心，增加了人员力量。各级统计部门采取多渠道集资的办法，向地方财政争取了50余万元经费，购置了一批机器设备和轻印刷系统。现在，全市配备微机42台，有专职人员16名，市对县建立了点点传输，数据处理量和工作效率有较大提高，保证了统计工作的及时性和准确性

四、思想政治工作和业务培训成效明显

通过党员重新登记，机关思想作风整顿，组织学习《哲学》、《社会主义若干问题学习纲要》和反和平演变教育等形式的学习教育活动，坚定广大干部

的社会主义信念，进一步树立全心全意为人民服务思想。1991年上半年，在全市统计系统广泛开展了纪念“模范统计干部”邬兆定同志逝世五周年活动，并组织评选了全市统计先进工作者，激发了广大统计人员的荣誉感，调动了工作积极性。

业务培训和学历教育。中国统计干部电视函授学院宁波分院共培养了统计专业本科、大专毕业生360人，中专234人；统计员资格考试考前培训3 704人，有2 737人获得了统计员资格，合格率达74%。业务培训也多层次、多形式地开展，两年内，共举办各种业务培训班130多期，参加人数达5 500人。

执笔：孙长健　审稿：吕彬章　责编：刘　恒

厦门市统计工作概况

厦门市统计局

1990—1991年，厦门市各级统计部门认真学习贯彻李鹏总理有关统计工作的讲话精神，落实全国、全省统计工作会议提出的各项任务，全市统计改革和建设获得了进一步发展。

一、以提高统计数据质量为中心搞好综合治理

近年来，厦门市在深化经济体制改革中，原来的8个行政性公司进一步向经营实体转变，不再承担行政管理职能(包括各项统计的二级汇总)，这样就使厦门市统计局不得不直接面向近千个企事业单位搜集统计信息，同时外商投资企业和内联企业逐年增多，更增加了统计工作的难度，针对这些情况，厦门市统计局注意加强综合治理，努力确保统计数据的准确性。

(一)加强统计法制建设，认真宣传贯彻《福建省统计管理办法》。成立了厦门市统计行政复议、应诉委员会，配备了执法人员和统计检查员；同时成立了“二五”普法领导小组，在全市掀起了宣传贯彻《统计法》和《管理办法》的高潮。1991年，除召开了全市性大会进行宣传外，还通过报刊、电台等新闻媒介进行广泛的宣传报导。并深入县区、部门、涉外企业进行宣传，同时开展了统计执法大检查，取得了良好的成效。

(二)加强统计网络建设和统计基础规范化建设。首先，进一步健全农村乡镇和城市街道的统计网络，乡镇统计站在巩固中继续发展，村村设置了有兼职统计人员，县(区)统计局的力量得到不同程度的充实，街道也都配备了专(兼)职统计人员。其次，加强县(区)主管部门及集团公司综合统计机构建设，使其能够承担所属单位和外商投资企业的统计二级汇总任务，从而初步理顺了统计渠道。再次，抓紧统计基础规范化建设；结合“统计达标”工作，重点在工业和商业企业开展了统计基础规范化建设，取得明显成效。

(三)进一步密切与部门的关系，共同做好统计工作。几年来，厦门市统计局注意密切与各委、办、局及金融部门的协作，共同定期核对新开业的单位和新开建的项目，共同布置和审核年报数据，共同做好涉外统计工作，从而保证了全市全面、及时地完成各项统计报表任务。

(四)深入进行统计数据质量检查、监督，开展质量评比工作。一是，根据1990年国家年报制度要求，各专业统计都有新的变动，尤其是工业和农业实行新的不变价(90年不变价)计算方法，给年报工作带来一定的难度，市统计局除组织统计人员进行培训学习外，还帮助基层单位按照新的指标和报表要求建立统计台帐，健全原始记录，严格按新的不变价进行填报。二是，开展了全市性的统计执法大检查，重点对同安县、集美区和商业、粮食、物价部门的统计数据质量进行检查，取得了良好的效果。三是，配合市农委、农业局等部门对县区的农业生产责任状完成情况和推广杂优稻效益情况进行检查，发挥了统计的监督作用。市统计局和农调队分别被市政府评为“服务农业”先进单位。四是，建立了统计数据质量的评比奖励制度，大大增强了统计人员的工作责任心和积极性。1990年市城调队获报表质量综合优胜奖。1991年，平衡统计报表获质量第一名，外经统计报表获优胜单位，物价统计数据质量被国家城调总队通报表扬。

二、加强资料整理和分析研究，提高统计在决策和管理中的作用

(一)加强资料整理工作。为适应特区建设和制订“八五”计划及十年规划的需要，加强了经济效益统计和大中型企业统计，增加了指标数据的分类工作；全面整理了“七五”时期和特区十年建设的主要统计数据，编写了《“七五”时期经济特区、计划单列市和沿海开放城市主要经济指标对比情况》及《改革开放十年来厦门市主要经济指标与全国、全省水平比较情况简析》等分析文章，为各级领导制订“八五”计划和十年规划，提供了决策参考依据。

(二)加强调查研究和分析预测工作。市统计局规定局内每个专业人员每年要有两个月时间下基层

调查研究，利用计算机进行预测分析。经过全体同志的共同努力，两年来共编写各类统计分析材料300多篇，其中许多被《中国市场报》、《新华社内刊》、《八闽快讯》、《厦门日报》等刊物采用，有不少被国家统计局专业司评为优秀分析文章。

(三)对领导关心的重要课题和社会关心的"热点"问题，组织专题攻关。如：1991年初，为制订当年经济发展计划的要求，市统计局及时组织人员撰写了《1990年厦门市国民经济发展综述》一文，由于观点显明、分析透彻，得到市领导和有关部门的好评，不少观点被市人大和有关部门采纳。又如，为贯彻中央和省委关于进一步搞好国营大中型企业的精神，市统计局组织人员及时撰写了《厦门市大中型工业企业现状浅析》和《厦门市各类工业企业在国民经济中的地位》等文章，为市领导和有关部门提供了有益的参考。

三、紧跟形势，面向社会，拓宽服务领域

(一)配合形势教育，开展经常性的统计宣传。一是，以统计快报、统计资料等形式及时发布有关国民经济运行的信息。两年来共编写统计资料300多篇，印发8万多份。二是，向全社会广泛宣传特区建设的成就。两年来被刊登播发的统计报导材料达500多条。三是，结合建党70周年、国庆节等活动，为报刊、电台、电视台提供系列报导。由于工作出色被市委、市政府评为信息工作先进单位。

(二)开拓信息市场，开展形式多样的统计咨询服务。市统计局以"统计信息咨询服务中心"为窗口，积极开展市场调查，不断拓展服务领域。两年来先后为国内外客户有偿承担了商业企业、家用电器、汽车拥有量、燃料、洗发水、洗衣粉、饮料及香烟等市场调查，同时还承担了科技投入产出调查，电视收视率调查和社会主义教育问卷调查，取得了良好的经济效益和社会效益。

四、统计改革和建设步伐加快

(一)统计制度方法改革有了新的进展。试行了"农村统计一套表"制度，取得了良好的效果。《外商投资企业统计一套表》经过几年的研制，制订了一套较为完整的制度，已在外商投资企业中试行。根据新国民经济核算体系的要求，1991年对1990年全市国民经济情况进行了试算编报，完成了1952年到1990年全市国民经济核算平衡统计资料的填平补齐工作。

(二)统计信息自动化建设进一步加快。1991年，在国家统计局、市政府的关心支持下，及时解决了当年计算机更新经费；根据工作需要，新装备了4台微机，并对原有的计算机进行了全面维修，配齐了打印系统；筹建轻印刷系统，已投入使用。加强软件的开发应用，对原有的应用软件和计算机程序重新进行了编辑。

(三)统计教育取得显著的效果。两年来，在全市范围内举办了统计干部函授中专班、大专班、本科班；结合全国统计员资格考试，在市人事局的支持配合下，举办了为期半年的统计业务培训，接受培训的统计人员达400多人；配合中级职称评审工作，举办了两期英语培训班，并积极配合做好全市机关团体、企事业单位统计人员的职称评审工作，得到了各方面的好评。

(四)认真抓好第四次人口普查工作。在各级党政领导的重视和支持下，克服人手少、任务重、经费缺乏的困难，高质量地完成了人口普查的登记、汇总、分析工作，获得国家和省里的好评；认真做好普查资料的编印和开发使用工作，已写出一些有较高水平的研究文章。

执笔：**林永明**　审稿：**欧阳大千**　责编：**曾德权**

青岛市统计工作概况

青岛市统计局

1991年青岛市各级统计部门围绕强化统计整体功能这一中心，重点加强各项统计基础建设，强化统计数据质量和统计分析研究工作，各项改革与建设都取得了一定成绩。

一、认真贯彻李鹏总理的重要指示

为认真贯彻落实李鹏总理与全国统计工作会议上的重要指示精神，真正使统计工作做到"准确、及时、全面、方便"，3月下旬召开了全市统计工作会议进行了传达学习。秦家浩副市长参加了会议并作了重要讲话，对统计工作提出了3点要求：一是要进一步提高统计工作的效率和质量；二是要切实加强统计基础工作；三是要切实加强统计队伍的自身建设。参加会议的各县(市)、区和各部门统计机构的负责同志通过认真学习李鹏同志的重要指示，进一步提高了对统计工作地位、作用和职能的认识，为开创全市统计工作的新局面奠定了思想基础。

二、加强城乡统计信息网络建设，提高统计数据质量

农村统计信息网络建设取得突破性进展，全市有156个乡镇建立了实体型统计站，占全部乡镇的97.5%，在全国、全省处于领先地位。企业统计机构建设也有了良好开端，部分企业成立了综合统计机构并聘任了统计负责人，全市已任命统计负责人300多人。全市各级统计部门还广泛开展了统计基础规范化建设，取得了显著成绩，从源头上为提高统计数据质量提供了必要条件。全市数据质量有了较大提高，市统计局全年提供的大量统计信息资料没有出现一笔重大差错，在全省年报质量综合评比中被评为先进单位。

三、加强定量分析和系统分析，提高统计分析和咨询水平

根据李鹏总理关于加强定量分析和系统分析的指示，全市统计部门围绕宏观调控和经济运行中的各种情况和问题进行了广泛的调查研究。据统计，全市县以上统计部门共撰写各种分析报告近千篇，大部分被党政领导部门和有关方面采用。统计分析研究水平有了明显提高，进度分析和预测分析得到加强，宏观经济监测的灵敏度和预见度有所提高，市统计局1991年有两篇分析报告在全国、全省评比中获奖；国棉八厂提供的一篇分析也在全国工业企业优秀统计分析评比中获优秀奖。

四、更新观念，积极进行统计制度方法改革

为适应经济工作重点的转移和新国民经济核算体系的需要，对统计制度方法进行了大胆改革：一是开发研究了宏观经济监测和预警体系；二是按照国家统计局的部署，与全市进行了交通运输邮电业增加值试点；三是建立了以经济效益指标为主的统计考核制度；四是全面推行农村统计"一套表"制度。1991年还开辟了一些新的工作领域，召开了全市科技统计会议，科技统计作为政府统计的三大内容之一正在逐步开展；外经外贸统计已基本形成网络；胶南市1987年投入产出模型于5月份通过专家鉴定，填补了全省同类地区(县级)的空白；胶州市在全市率先进行了物价抽样调查工作。

五、统计队伍建设取得新成绩

统计科研和统计学术交流活动全面开展，1991年又先后成立了台东区统计学会、建材工业统计学会、省外贸计划统计学会立，目前市统计学会会员已达950人。1991年市统计学会被评为省先进统计学会。

统计干部教育工作成效显著。1991年根据国家统计局布置，重点进行了统计员岗位专业知识培训和资格考试工作，全市参考人数1 648人，及格率高达75.4%，大大高于全国平均水平。同时，统计专业自学考试又有30人获得大专毕业证书，截止1991年底全市共培养统计大专毕业生603人。各级统计部门广泛开展了社会主义教育、马克思主义基本理论学习和反和平演变教育，加强党的组织建设，提高了广大统计人员的政治素质。

执笔：**林玉森**　责编：**刘　恒**

武汉市统计工作概况

武汉市统计局

1990—1991年，武汉市统计工作以党的"一个中心，两个基本点"的基本路线为指针，在深化统计改革、充分发挥统计整体功能等方面取得了新的进展，为进一步开创统计工作新局面打下了较好的基础。两年来，在全面完成各项定期统计工作任务的同时，着重抓了以下几项主要工作：

一、积极开发信息资源，努力提高决策咨询水平

(一)统计分析是统计决策咨询的主体。两年来，围绕全市国民经济运行状况，针对经济生活中的"热点"、"难点"问题，进行定量、定性分析和专题分析，收到了显著成效。仅市统计局撰写的各类统计信息资料400余篇，采用率达40%以上。随着改革开放的不断深入，武汉市统计部门注意捕捉经济运行中的新情况、新问题，针对党政领导的需要，及时提供决策咨询。1991年，获悉市委召开七届十一次全会，研究全市经济问题，即时编写了《对当前经济运行状况的总判断与分析》，被列为会议材料；同年，国务院决定对武汉等老工业基地进行改造，特写了《加强武汉老工业基地改造刻不容缓》，获全省一等奖，全国二等奖；1991年7月，针对全市近十年来经济发展水平不高，与全国一些大城市相比，规模水平位次明显后移，领导非常重视和焦急，市统计局编写了《武汉与其他大城市发展比较研究》分析材料，材料抓住了领导最关心的

问题，提供及时，受到市委、市政府领导高度重视。原市委书记郑云飞认为："报告份量很重，说服力较强，对今后工作有重要参考价值"；市长赵宝江指出："你们的报告全面、系统，加深了我们对市情的认识，也更明确了武汉今后的发展方向，很值得一读。"1991年初，全市经济某些环节呈现出复苏苗头，这是否意味着经济就此跃出发展的"谷底"，步入发展的坦途？市委、市政府要求我们对此进行深入研究分析，写了《我市经济出现转机，走出谷底有望》，市委领导认为报告的观点和研究的问题十分重要，且较客观，对策建议适合市情，与领导所想所急相符。与此同时，还为中央领导考察和掌握武汉经济情况，写了《关于武汉市经济工作情况汇报》、《武汉市当前经济形势和下一步工作建议》等背景材料，初步完成了市委宣传部下达的《市情研究》中的8个专题。

(二)增强参与意识，积极发挥统计参与政策作用。一是参与政府经济形势分析会，通报国民经济运行状况，针对问题提出对策；二是把目标管理统计考核作为参与地方政府民主决策和科学管理的一项重要工作。1990年以来，针对工作中的新情况、新问题，主动与市目标管理办公室协商，并召开区、县统计部门和目标管理部门参加的专题会议，协调部门之间的关系，进一步完善目标管理统计考核方法制度，取得了较好的成绩。1990年被市人民政府评为目标管理立功单位。

(三)大力开展统计信息咨询社会服务活动。1991年对全市170家统计资料常年订户发送信息资料逾万份，承接了老年保健、近郊农村基本情况、商品广告、电子排版项目、烟草专卖等委托调查，取得了良好的社会效益。

统计科研与统计学术活动也取得新的进展。统计科研获市科委以上部门的奖励的课题有：《武术社会资金流量表编制与应用》、《国民经济多功能均衡增长模型及其应用》、《社会资金流量核算理论与方法研究》、《国民经济综合价格统计指数指标体系应用研究》和《国民经济"八五"计划及十年主要总量指标预测》等，《中国社会资金流量核算》一书已于1991年8月由中国财经出版社出版。

二、高质量完成人口普查和第三产业普查任务

在全面、高质量完成人口普查登记、手工汇总10%提前抽样资料的数据处理任务的基础上，1991年又高质量地完成了100%人口普查资料的计算机录入任务。同时，还充分利用手工汇总资料和10%抽样的计算机汇总资料，开展了分析研究工作，写出各类分析资料32篇，被各级领导机关和新闻单位广为采用。

及时完成第三产业普查任务。根据市政府和有关部门要求，组织专门力量，对武汉地区全部独立核算和非独立核算的企业、事业和机关团体所办的第三产业进行了一次性快速调查，清出新增加单位4 162，增加值8.37亿元，从而使全市第三产业占国民生产总值的比重由25.1%提高到28.9%。为有关部门编制第三产业发展规划提供较为全面、系统可靠依据。

三、进一步加强统计基础工作建设

(一)加速统计数据库建设进程。1991年经市政府和有关部门批准立项，现已完成了综合数据库的系统设计、通用工具设计、主体程序设计。其中，能源统计数据已经进库，其阶段性成果受到上级统计部门的肯定。

(二)加强基层单位统计基础工作规范化建设。市统计局工交、农业、能源物资、劳资、固定资产投资和建筑业、商贸等部门自编教材，分别举办不同规模的培训班15期，参加学习的统计人员1 820人次，培训的内容主要是基层单位的原始记录、统计台帐、方法制度、统计管理等，与此同时，进一步健全统计信息网络，加强企业管理。通过培训，基层统计工作有了明显的加强，工交统计方面，全市已有1000多家工业企业通过了验收；农村统计方面，组织了农产量、住户及农经的基础工作抽查和验收；城调方面进行了住户调查样本轮换，建立了《调查企业基本情况卡片》、《访户情况记录》、《综合价格台帐》等基础资料工作。

(三)进一步办好统计干部电视函授教育。为提高统计干部队伍的整体素质，1991年在继续办好中国统计干部电视函授学院武汉分院本科、大专、中专班的同时，为配合全国第二次统计员资格考试，举办了培训班，精心组织一千余人的资格考试，及格率达到50%，同时，还为助理统计师、统计师的评聘作了大量的准备工作。

(四)加强统计法制建设。1991年9月，市统计局在全市进行了以统计法规执行情况及数字质量为主要内容的大检查工作，从检查的情况看，大部分单位数字准确，统计基础工作及统计法制观念有所加强。

执笔：**陈学荣**　审稿：**杜宜男**　责编：**刘　恒**

广州市统计工作概况

广州市统计局

1990年以来，广州市统计工作面临国内外炼新形势和新任务，广州市统计局在当地党委和政府直接领导下，坚决贯彻执行党的基本路线和方针政策，认真落实上级统计部门工作部署，充分调动全市各级统计机构和统计人员积极性，团结协作，开拓前进，有效地发挥了统计信息、咨询、监督、管理、导向等方面作用，为广州市国民经济和社会发展作出了应有贡献，受到了党政领导的好评。

一、认真组织统计调查，为党政领导提供准确及时全面的统计资料

认真组织各项统计调查，完善各种调查方法。先后建立健全了广州经济技术开发区统计方法、广州天河高新技术产业区统计方法、广州境外企业统计方法、广州横向经济联合统计方法、广州个体经济抽样调查方法、广州人口抽样调查方法、广州居民家庭生活抽样调查方法，完善了"三资"企业统计方法和旅游事业、外贸出口统计方法等，试编了广州市对外经济往来综合收支平衡表、进出口商品物价指数等。从而保证了准确、及时、全面、方便地提供统计资料，为党政领导进行决策和管理提供了科学依据。市委、市政府所使用的全市性统计数字，均以广州市统计局提供的数据为准。为了提高统计数据的准确性，保证服务质量主要抓了五个环节：

(一)抓教育。通过多种形式，培训各级统计人员，特别是基层统计人员，提高他们的业务素质并使他们树立实事求是的思想作风。

(二)抓制度。建立健全统计数据质量管理制度，规定统计报表分级负责，层层审核，然后由统计部门负责人签字上报。

(三)抓评估。对主要统计指标数据进行评估，例如全市组织对国内生产总值指标评估等。

(四)抓检查。每年10月为全市统计数据质量检查月，在各基层单位自检和互检的基础上，由市统计局组织综合统计部门，进行重点抽检。

(五)抓评比。对区、县统计系统及工业、劳动工资等专业开展百分评比竞赛，把统计数据准确性和时效性列作主要内容。

二、加强定量分析和系统分析，从更高层次上发挥统计整体功能

广州市统计局在确保统计数据准确性和时效性基础上，运用所掌握的大量统计数据，开展统计分析。围绕各时期中心任务和领导所关心的问题，提供了大批有量化特点、针对性较强、短小精干、有可读性的分析资料，受到各级领导的好评。

两年来，广州市统计局共编印《统计资料》511期。市长黎子流对《1991年广州经济走势分析报告》一文批示："文短可读，具有数据和动态分析，并揭示了制约广州的主要矛盾不在于材料、资金(当然不是没有问题)而在于基础设施滞后。我从实践上看是赞同这个分析的。"广州市统计局与市计委、市经委联合建立了《宏观经济运行状况监测月报》，市统计局还及时提供《广州与国内九大城市对比》、《广州与珠江三角洲主要城市对比》等资料。新闻宣传和信息的提供渠道更加畅通，市统计局召开新闻发布会都邀请广州地区新闻单位参加，发布广州地区经济、社会发展情况信息。两年来共向新闻单位提供稿件513篇，为市领导及有关单位提供信息600多条。被中央广州市市委、广州市政府评为"信息调研工作先进单位"、"市政府系统政务信息先进单位"和"市政府系统调研工作先进单位。"

三、加强统计基础建设

广州市统计局努力争取各级党政领导支持，加强全市统计网络建设，目前已初步建成以市统计局为中心，纵向基本畅通，横向基本协调的多层次统计网络，并逐步向功能统计网络发展。与此同时统计基础工作规范化建设深入发展。到1990年底止，全市县以上独立核算工业企业统计基础工作规范化企业数已占企业总数79.31%。在商业企业、建筑施工企业也在分期分批开展统计基础工作规范化建设。

四、深化统计改革，加强法制建设

(一)按照国家统计局部署，不断改革和完善统计年报、定期报表制度以及指标体系。并建立了运输部门向广州市统计局报送报表制度；制定了全社会专业技术人员报表制度；改善了社会商业统计调查方案；改进了建筑业(施工部分)统计报表制度等等。

(二)围绕建立新国民经济核算体系框架的要求，进行必要的准备工作。主要建立了工业、农业、建筑业、交通运输邮电业增加值统计，按季试算国内生产总值，完善了以"支出法"计算国内生产总值；完成了投入产出表及其延长表的编制工作，完善了社会总供给和总需求核算等等。

(三)制定《广州市统计管理规定》，以市政府名义颁布实施。结合每年的统计检查，及时检查统计法实施情况。1989年8月28日市政府颁布了《广州市统计管理规定》；《统计法》纳入了普法教育范围，各区、县、主管局(总公司)的统计部门普遍配备了“法规检查员”并进行了培训，明确了工作职责；拟订了《1991年统计普法教育》和《统计法制宣传教育“八五”规划实施意见》，全市统计普法工作迈出新的步伐。1991年5月，广州市举办了全市性大型统计知识有奖竞赛活动，并通过广州电视台《大众娱乐城》节目向全市播两次，起到广泛宣传的作用；如统计报表管理，广州市各单位需要制发统计调查表，基本上能按规定报批；各级统计人员能坚持实事求是原则，对检查出来差错的数字及时纠正，两年来未发现要立案处理的案件。

五、加强统计信息自动化系统建设

广州市统计局积极贯彻落实李鹏总理关于加强统计自动化建设的指示精神。局内建立了计算中心，配备了一台王安VS—45小型机，配置微机63台，基本满足了统计数据处理的需要。两年来，出色地完成了第三产业普查、工业普查、人口普查等大型调查数据处理任务。

按照“人机结合”的原则，积极培训既懂计算机技术又懂统计业务的复合人才。到1991年底止，市统计局40岁以下的统计工作人员基本上都能操作微机，其中能编制初级程序的有22人。在这基础上，积极开展计算机的开发应用工作。除了研究成功的“广州宏观经济监测预警模型系统”外，还建立了综合数据库，该库先后获得了全国统计系统评比二等奖、广州市科技进步奖；先后在国内30多个省、市统计部门介绍推广使用。目前正在进一步研究人口库、住户库等数据库，并积极进行市统计局与县、区统计部门计算机联网工作。

六、加强精神文明建设

两年来，在人员少、经费不足、任务较重的情况下仍然抓紧了全局精神文明建设，保证了我局各项任务的顺利完成。近两年来，广州市统计局领导班子处于老新交替阶段，新建立的领导班子，努力加强自身建设，较好地团结了全局同志和各级统计部门，发挥了领导核心的作用。在工作中，坚持两手抓，一手抓业务工作建设，一手抓精神文明建设，建立了《工作目标责任制》和《思想政治工作目标责任制》、《为政清廉若干规定》等制度；在党员、干部中加强了社会主义教育、形势教育、马克思主义哲学教育、廉政教育、法制教育、国防教育等；开展经常性思想政治工作；坚持不懈地开展基层评议机关活动，促进机关作风的转变。逐步树立起“廉洁、高效、团结、务实、开拓、进取”的良好作风。与此同时，积极加强统计队伍建设。在国际风云幻变的情况，全市统计工作保持了团结、稳定局面。

责编：**李天渊**

深圳市统计工作概况

深圳市统计局

深圳经济特区的统计工作，在市委、市政府和国家、省统计局的领导关怀和支持下，坚持党的“一个中心，两个基本点”基本路线，紧密围绕党的各个时期发展经济的中心任务，结合深圳经济特区改革开放，发展外向型经济的新形势、新任务、新问题的特点和实际情况，在人员少、任务重的情况下，团结一致，克服困难，发扬“开拓、创新、团结、奉献”精神，做了大量卓有成效的工作，取得了显著成绩。

一、建立反映特区经济运行状况的统计指标体系和方法制度

(一)改革统计调查制度和方法。深圳市统计局根据国家统计局统字(88)15号《关于特区统计工作会议纪要》和统制字(88)205号《关于对经济特区的基本统计指标要求的通知》文件精神，对现行统计方法和指标体系作了改革。全市除农业仍执行原报表外，工业、基建、物资能源、商业、劳动工资、旅游、利用外资等专业从1988年开始，按新的统计方法制度方案执行。通过统计业务改革，删去了繁琐、重复、交叉、过时的指标，增加了反映外向型经济、多种经济类型、多层次和分国别(地区)的指标。总的报表量由原来的85张压缩、合并为40张，收到了良好的效益。为发挥城调队点多面广的特点，消费品物价调查品种由国家规定的361个扩大到467个，由原调查点报价变为直接采价，住户调查进行每年更换调查户1/3的改革试验。现在城市住户经常性联系调查户达2700户，物价调查点达440多个，健全了调查网络。几年来城调队被省和国家评为先进集体。

(二)加强部门合作，做好宏观监测。为做好宏观监测和克服“数出多门”的弊病，深圳市统计局会

同财政、银行、外汇管理局、经发局、劳动局、海关等部门共同做好主要统计数据的审核工作，按月定期为市党政领导提供统计资料。1989 年 7 月根据特区经济发展和宏观调控的需要，遵照市领导的指示，研究设置了宏观经济监测月报的表式和指标体系，这一制度经过 1990、1991 年的执行，市领导和部门反映满意。市委李灏书记说“这份宏观月报指标比较全面，看后能了解全市经济和社会运行状况，‘心中有数’，为及时作出决策提供了依据”；市长郑良玉说“我在北方未见到这样全面的宏观监测月报”。

(三)为健全和加强综合平衡工作，更好地为宏观和微观管理提供系统的决策基础数据。1984 年起按照国内生产总值计算初步方案，进行国内生产总值计算，同时完善了计算创办特区以来的历史资料，并为开展国际对比和香港地区对比提供了数据，使外商更好地了解特区经济发展的动态。

二、加强了统计法规建设和监督检查制度

1990 年以来，经过了深入的调查，广泛听取各部门、各区县和企业的意见，提出了《特区统计管理规定》，已五易其稿，现根据进一步扩大改革、开放的要求，再作修改后送审。

深圳市统计部门对《统计法》及《实施细则》每年都进行检查。特别是 1989 年根据国家和省大检查领导小组的部署，深圳市成立了有统计、监察、法制等部门领导参加的大检查领导小组，各区县和市属各有关单位领导亲自挂帅，广泛宣传和检查，学习法规人数达 1.26 万人，发送《统计法规文件汇编》4 000 本，《统计法》500 张，并进行了总结表彰，收到了显著的效果。通过检查，进一步落实了《统计法规检查暂行规定》和《统计违法案件通告制度》。有 66 个单位配备了统计检查员 122 名，经报省局批准发了检查证，并进行了培训。从而使统计法规建设和检查逐步走上制度化、经常化。

三、抓好基础建设，保证数字质量

一是抓好工业企业基础规范化。经验收已发合格证的企业 80 家。二是抓城市统计信息网络建设。罗湖、南山、福田区 23 个街道办事处，全部建立了统计组，配备了专职统计员。三是抓好台帐建设和建档工作，使统计资料科学、系统、完整、规范化。四是狠抓了统计资料的整理编印出版工作。五是各专业处几年来坚持了“百分制”考核制度，每年实行评比奖励，大大提高了广大统计人员的积极性，保证了数字质量。通过抓好上述五个方面的建设工作后，既统一了数据口径，克服了数出多门现象，又提高了工作效率。现在做到查阅资料方便，准确即时，为做好优质服务打下了良好的基础。

四、加强定量分析和系统分析，提供优质统计信息服务

紧密围绕市委各个时期提出的发展国民经济的中心和“八五”计划及十年发展规划的战略目标，努力抓好统计定量分析和系统分析，加强对宏观经济发展运行状况、发展趋势和存在影响经济发展的关键问题提出分析报告；充分发挥《统计快报》、《统计月报》、《深圳统计资料》、《深圳内部统计资料》、《深圳城调》和《深圳宏观经济监测月报》等六个刊物的作用。各区县和各集团分司都写了不少报告，得到领导和社会的好评。除此之外，还定期向社会公布信息，同时，也开展了有偿统计信息咨询服务，有力地发挥了统计主体信息和咨询作用，大大提高了统计部门的社会地位和知名度。

五、出色完成了第四次人口普查任务

在市委、市政府的领导下，有关部门密切配合，经过全体同志艰苦努力，圆满完成普查登记任务，经省验收质量合格。并编印出版了《深圳市单位名录大全》1 万册和编印出版了《深圳市第四次人普手工汇总资料》，写出了《宏观简析深圳人口增长与社会经济发展关系》、《潜在的人口问题》等分析文章 16 篇。

六、加强了信息自动化系统的建设

遵照国家局“以微机起步，由小到大，逐步完善”的精神，在上级和市委的支持下，全市的自动化发展很快，到目前为止，全市县区以上统计系统已拥有微机 50 台，其中市统计局 27 台。各大集团公司统计系统也多数配备了微机和专职或兼职人员。

经过几年的实践提高，由 1985 年开始实行工业超级汇总以来，到 1991 年又对工业、劳动工资专业实行分布式的超级汇总；基建实行国家局提供的标准软件进行数据处理。现在各专业的统计定期报表和年报都由计算机进行处理，并担任了人口普查和投入产出等大型数据的处理工作。

七、抓好教育培训，做好接待工作

为了提高全市统计人员的业务素质和工作水平，在教育培训的渠道、层次、内容和形式上，创出了多样化的新路子。几年来在认真抓好本市统计人员的培训工作的同时，还与湖南、云南、内蒙、天津、湖北、武汉、陕西等省市加强了横向办学。几年来，全市举办了业务培训班 24 期，参加人数 2 107 人；办大专班一个，参加人数 76 人次；中专班一个，参加人数 503 人次；与外省市联办 20 个

班，参加人数1 800人次；全国统计人员资格培训班，1990年556人，参加考试人数485人，合格率达到68%；1991年参加培训人数372人，参加考试人数299人，合格率达到60.5%（国家调整合格标准）。

执笔：**陈元金** 审稿：**詹兰芳** 责编：**李天渊**

成都市统计工作概况

成都市统计局

1990年以来，成都市紧紧围绕发挥统计信息、咨询、监督整体功能的目标，按照李鹏总理"准确、及时、全面、方便"的要求，充分运用行政手段来开展统计工作，使统计基础工作进一步强化，统计优质服务水平明显提高。

一、发展情况

(一)统计基础和基层工作进一步加强。

1、加强了统计基础工作规范化建设。为提高企业统计基础工作，成都市统计局先后制订推行工业企业和商业企业统计基础工作规范化方案，印发了《工业企业统计工作手册》，开展行业统计片区互助活动，拟定了《工业统计一套表》，开展了工业企业统计工作达标升级活动；全市统一印制，并已在80%的企事业单位推行了工业、商业、劳动工资、物资能源统计标准化台帐；建立了严格的数据审核把关制度。这些工作有效的开展，从源头上保证统计数字准确性。

2、部门统计日益加强。针对部门统计工作分散，基础簿弱的情况，经市府同意，以成府发〔1991〕110号文发出了《关于加强部门统计工作的通知》，明确要求各部门应设立综合统计机构，配备与任务相适应的综合统计人员。

3、加快了城乡统计信息网络建设。在总结前几年试点经验的基础上，由点到面，在全市普遍开展了建立乡镇统计站的工作。两年共建站380余个，占统计站总数的94%；配专职统计员200余人，占总数的84%。在此基础上，各级政府重视，有关部门配合，成功地在全市推行了"农村统计一套表"。为使乡镇统计站健康发展，实施了国家统计局制发的《农村基层统计规范化方案》，制订了《乡镇统计站工作流程图》，开展了农调基础工作达标考核活动，大大加强了农村统计调查基础工作。在城市主要是抓了县区统计局及其内部建设。经过努力，7区12县均建立了统计局，有的完善了二级机构；按块统计在青白江区试点取得了成功；为配合各级政府物价三重目标管理，经编委批准，逐步在各区（市）县建立相当于地方调查队的物价指数监测站，已有15个区县建立起来，编出了物价指数。在此基础上，市局尝试改变住户调查方式，将市的300户住户调查逐步划给区，并首先在金牛、青白江取得成功，约有半数的区县建立了城镇住户调查，与农村住户调查配套，全面反映城乡人民生活水平。

4、加强了法制建设，健全了法制检查网络。市局在89年建立法规处的基础上，逐步在全市建立起了260余人的统计法规检查员队伍，委派了20名统计法规检查特派员，结合数字质量检查和"二五"普法教育广泛宣传《统计法》，认真查处了统计违法案件；严格报表审批程序，制订了《成都市制发和审核统计报表规定》，把统计活动置于统计法规的监督之下。

5、为顺利推行新国民经济核算体系，建立、完善和巩固了财政、税务、银行、工商等部门向统计局报送财务资料的制度。

6、周密组织、优质高效地完成了第四次全国人口普查登记、10%手工汇总和100%机器汇总以及编码、排版、印刷和人口分析等工作。普查工作获国务院表彰，并以耗资少、质量高受到市领导好评。

7、灵活运用各种调查方式，完善调查方法。一是运用行政手段搞调查，从1990年起，在政府的支持下和有关部门的配合下，建立起了劳动工资统计联审制度。通过联审，有效杜绝了迟漏、拒和瞒报现象。二是运用其他调查方法，在全市推行了粮食生产简易抽样调查；开展了10%个体工商业户的调查。还根据需要及时开展了各种专题调查、重点调查等。

(二)改变传统观念，增强参与意识，开展调研分析，搞好优质服务。

一是参与了政府的目标管理，建立统计制度，定期对政府行政管理活动实施统计监督。增强了统计对行政管理活动的发言权，提高了统计的地位和知名度。市局为此自1989年以来连续被评为市目标管理先进单位。此外还参与了市委党群部门目标考核工作。

二是积极主动为地方党政部门服务。为适应地方党政部门宏观决策需要，各级统计部门注意改变统计主要是完成统计报表的传统观念，加强了为党政领导宏观决策提供统计咨询服务。根据需要，及时主动整理提供统计月度主要指标、年度提要、年鉴、横向对比数据和发表统计公报。围绕社会经济的热点、难点、疑点深入开展定量分析、深层次分析和重点分析以及预测分析。两年来，全市统计部门每年提供的分析资料都在700篇以上，采用率在60%以上，其采用的数量和质量在各级政府部门中名列前茅。还主动配合搞活大中型企业编印了《大中型企业分类排队名录》，起到了很好的决策参谋作用，深受领导好评。

三是称极开拓统计信息咨询服务。除了提供数据外，还对外承担了打字复印业务，承接了企业的市场调查，发挥统计在微观管理中的作用。

(三)加强了自身建设。

一是按照“统一领导、业务垂直、经费独立”的原则，顺利实现了对城市农村社会经济调查队的统一领导和归口管理以及市农调队和市局农经处的合署办公，对全市农村统计和调查工作实施了统一领导。

二是争取各级领导的重视和支持，运用行政手段保证统计工作开展。两年来，仅市局通过市政府下发的文件达12件，并抓住贯彻李鹏总理重要指示之机，利用开统计工作会和到区县检查等方式，在全市掀起了宣传统计、认识统计，为统计办实事的高潮。还主动找市长汇报工作，请市长来现场办公，当场解决问题。如拔400万元支持市局建成都粮农分中心；以1990年财政实拔地方统计事业费为基数，纳入财政预算，并从1991年起3年每年递增10%，并解决了必要的交通、通讯和职工住房困难等。市长还指示市监察局和市电视台到统计局拍摄了市局勤政务实的电视片，在电视台播放后，引起较好的反响。

三是加快了统计信息自动化建设步伐。在政府的支持下，市局计算中心基地圆满解决；微机数量逐年增多，全市已有100余台，报表全部实现了微机处理；配合人口普查数据录入，以招工方式举办录入员培训班，积累了大型调查数据处理经验，“四普”数据处理系统获市新技术应用二等奖；建立统计数据库取得了突破，已建工业统计数据库，与市委、市府微机联网也开通运行。

四是注重长远发展，争取建立粮农成都分中心，并获国家统计局批准定点。征地8.6亩，市财政拔款400万元，用于前期建设。分中心具培训、接待等综合功能，为市统计事业发展的基地，建成后，将大大改善统计的服务功能。

五是重视人才培养，继续办好了统计学历函授教育，精心组织了1990、1991两年统计员资格考试，还通过以会代训、短期进修、岗位轮换、挂职锻炼等，广泛大量培训统计人员，培养和选拔统计干部，使干部素质日益提高。

六是建立健全规章制度，明确岗位职责，强化内部人财物管理；加强思想政治工作，经常组织干部学习政治理论和文件，参加创建卫生城市劳动和文体活动；市局还设立党群办，专司思想政治工作；党外还成立了党章学习小组，互帮互学；关心职工的疾苦，尽力解决实际困难。这些都大大提高了职工的思想觉悟，凝聚成奋发向上干工作的活力。

二、主要成就

两年来，由于抓住机遇，转变观念，扎实做好上述工作，使市统计工作步入良性循环。表现在：一是报表的准确及时性和数字质量明显提高。二是获国家和省局奖励增多，达45项次。乡镇统计站建设有1县2乡评为全国先进，市局和4县、40乡镇还被评为省先进。三是统计的影响扩大，社会地位提高。各级党政领导在决策和管理中愈觉得离不了统计，研究经济工作都要求统计部门参加，党政信息刊物和新闻单位都大量采用统计部门的信息。四是壮大了统计队伍，改善了统计工作条件。通过两年的工作，全市统计系统新增编制61个，新增人员50余人，新增调查经费60余万元。办公、交通、通讯条件和职工住房等也大大改善，稳住了队伍，奠定了统计事业进一步发展的基础。

责编：**曾德权**

重庆市统计工作概况

重庆市统计局

重庆市统计工作在业务体制上，采取“条块”结合方式，并实现了五个转变，即：服务方向由“封闭式”转变为“开放式”，信息来源由单一渠道转变为多渠道，调查方式由过去依靠报表为主转变为灵活运用各种调查方式，计算手段由手工与算盘转变为运用计算机为主，服务方式由单纯无偿服务转变为无偿服务与有偿服务相结合，统计工作水平得到提高。

一、进一步发挥统计参与决策的作用

全市各级统计部门充分利用信息优势，深入分析各种经济活动，向党政领导提供了大量次策参考意见和政策思路，受到决策层的高度重视。每年，市统计局撰写并向市委、市府提供统计分析报告100多篇，在深化改革、调整结构、加强管理、提高效益、增收节支、搞好大中型企业等多方面提出了恰当、可行的对策建议。如针对经济“热点”、“难点”进行宏观分析，市统计局向市委、市府提供了《扭转当前经济效益继续下滑的几点建议》、《经济和效益状况渡过最困难时期》、《市属预算内工业经济效益分析及对财政收入的影响》等关于重庆经济形势、对策的系列分析，其中建议组织干部下派，帮助企业扭转不利局面，整顿企业管理现状；加速“四放开”措施在工业领域的推广；加快企业技术改造步伐、限制落后生产、加快结构调整等对策措施被市委、市府采纳，对重庆市经济发展和宏观决策产生了重大影响。市统计局已经成为重庆市宏观经济形势分析与判断的权威部门，成为党政领导决策必不可少的助手之一。

二、城乡统计网络建设卓有成效

到1990年，重庆市各区县已全部建立了统计局。1991年，重庆市又在城市统计信息网络建设方面开创出新局面。市、区统计局在城区统计信息网络建设方面，重点抓了统计人员的配备和街道建立统计站的工作。全市9区65个街道办事处全部设置了专职或兼职统计员；已有15个街道建立了统计站，建站率达23%，其中，双桥、北碚、南岸3个区的街道全部建立了统计站，做到了机构、编制、人员、经费、任务、培训、考评等具体落实，并按职能要求，完成国家和地方的统计任务。农村统计信息网络建设也取得突破性进展。市各级人民政府和统计部门认真贯彻落实重庆市人民政府发(1990)22号、113号，(1991)71号文件关于抓紧区、乡、镇统计人员的配合和农村统计网络建设的精神。1991年，全市9 349个区、乡、镇全部建立了统计站，并全面推行了农村一套表制度，为农村基层统计工作的进一步发展提供了组织保证。

三、统计信息技术自动化达到更高水平

统计信息自动化建设是提高统计信息传递速度，增强信息处理功能的技术保障。重庆市统计局在第四次人口普查中大胆地开创性地采用重庆大学研制的AV—100表格自动阅读机(又称“光电录入机”)，成功地处理完全市1 500万人口的“四普”的全套资料，大大提高了数据质量，为“光电录入机”获得美国第七届世界发明与新产品博览会3项奖励提供了实践的证明。市统计局专业处室统计人员，90%以上能上机操作，已有一些专业如工业、投资等相继实现计算机超级汇总，市统计局计算中心已拥有两套《华光》电脑排版系统，配以激光打印机和胶印机以及相应的管理办法，形成了特色鲜明的“重庆模式”，在全国城市统计系统自动化建设中，继续处于领先地位。

四、统计信息咨询、科研拓展新领域

1991年，重庆市统计信息咨询工作拓展新领域，全年完成各项专题调查18个。统计信息咨询服务项目由一般层次发展到较高层次；信息服务的范围由本市扩大到西南地区和全国各省、市；服务内容由单位的生活消费资料调查发展到生产资料领域的调查；调查的对象由家庭、个人，发展到调查单位或集体。1991年，市统计局完成了10多项调查咨询任务，有西南纸箱包装市场调查、家庭空调器需求调查、八五期间重庆市家电需求调查与民用家电发展趋势预测调查，等等，为企业决策提供了详实的信息咨询。

五、统计基础工作进一步加强

市统计局和各区县统计局结合实际，制定了微机维护保养、操作规程、安全保密等规章制度。区县统计计算站的技术人员经过培训和实践，三分之一已达到市级水平。市统计局在未增加人员、经费的情况下，与全市247个大中型企业建立了直接联系，将大中型企业主要指标由半年报送改为季报，对于市里抓好大中型企业的工作提供了强有力的决策基础信息。针对重庆商业“四放开”，工交企业“五自主”和转换经营机制等改革新情况，各区县统计局根据区县情况和实际，也建立了适应决策、分析研究需要的统计制度。1991年，部门统计在抓好企业统计基础工作规范化方面大作文章。全市开展了声势浩大的工业企业统计工作规范化宣传和落实工作，推动了全市工业企业基础管理的加强。全市乡以上全部独立核算工业企业推行了由市统计局制定的《工业企业历史资料统计台帐》、《工业统计台帐》。

六、统计信息服务再上新台阶

每年新春伊始，市统计局和各区县统计局都要向全社会发布关于本地区《国民经济、科学和社会发展的统计公报》，同时还向新闻单位发布有关统计信息，举行新闻发布会，通报年度国民经济运行和社会发展的主要情况，形成制度。

为方便党政领导和社会人士使用统计资料，市统计局和各区县统计局每年还编印年度统计年鉴。市统计局已连续3年公开出版统计年鉴。《重庆统计年鉴——1991》首次采取激光制版印刷，增大了信息容量，使之成为一本规范的，具有史料价值，信息高度密集的工具资料书，具有投资指南的鲜明特点。1991年，市统计局还及时编印了《“七五”时

期的大西南》的资料书，对于研究和开发大西南提供了有力帮助。市统计局作为全市统计业务的指导部门，继续出版发行了《重庆统计》杂志月刊，对于指导全市统计工作，传达上级统计部门的工作安排和制度建设以及宣传统计等起到了积极作用。

全市各级统计部门之间进一步加强了信息资料传递的联系，区县统计局之间建立了定期资料交换制度。市统计局与全国40多个大中城市、沿海开放城市、计划单列市、经济特区和部分省、区建立了资料交换网络关系，形成了通联八方的比较灵通的信息网络。

七、统计法制建设进入经常化轨道

从1989年，重庆市人民政府批准开展统计法规大检查以来，重庆市统计法制建设工作已进入经常化轨道。全市接受《统计法》教育与再教育的人数达25万人，不仅增强了领导干部、职工的统计法律意识，还使企事业单位、组织的核算工作基础加强，规章制度更加健全，统计工作制度化、规范化、法制化有机结合，齐头并进，统计监督纳入了法制化轨道。

执笔：**刘允端**　责编：**曾德权**

西安市统计工作概况

西安市统计局

1991年，西安市统计局认真贯彻落实全国和全省统计工作会议精神，紧紧围绕改革开放和经济建设，按照“准确、及时、全面、方便”的要求，积极开拓，不断进取，使统计的整体功能得到进一步发挥。

一、围绕“质量品种效益年”活动做出快速反应

抓质量、品种、效益，决不仅仅是各级领导部门和生产部门的事，也是统计部门的重点工作。元旦一过，市局在集中力量完成年报的同时，根据省市委领导部门的决策需要，及时组织了包括2名局领导、6名处级、8名科级干部在内的16人课题组，深入全市34个重点工业企业，对30多种产品进行了深入细致的调查。到春节前，已初步整理出西安市具有竞争力产品的资料近10万字。经过反复研究论证，向市委提交了《西安市20种具有竞争力产品的调查报告》，为该市产品开发和合理布局及调整提供了重要的咨询意见。市委政策研究室对这一专项调查十分重视，并结予很大支持，称赞统计局在“质量、品种、效益年”中给全市带了一个好头。

二、在“方便”上做文章，大胆创新

(一)建立重要党政部门联络员制度。为了跟踪市里中心工作，熟悉党政领导的工作脉搏，主动并超前提供各种适用的资料，方便各级领导部门，市局选派综合处一名副处长，作为与市委、市人大和市政府的联络员，随时出入秘书、主要领导之间，及时了解和掌握领导部门的工作侧重点、研究的主要问题和需要什么统计资料，有针对性地提供适用的统计信息资料，使领导部门感到特别方便。

(二)从领导携带方便着手，整理编印系统化成套袖珍统计资料。自1990年以来，在继续编好各类统计年鉴、城市交换资料、历史资料汇编等重要文献资料的同时，根据领导和研究部门的需要，编印出一批便于携带、使用方便的袖珍式系列化统计资料。已连续编印了《领导干部统计手册·1990特辑》、《西安市十年经济社会发展成就》、《统计主要指标解释》和《“二五”统计普法问答》等10余种袖珍资料，在市委工作会议、市人代会、市党代会期间发放后，受到代表和领导的好评。

(三)建立经济形势分析座谈会制度，方便领导和科研部门了解全市经济形势。自1990年以来，定期、不定期地召开全市经济形势分析研究会，对全市国民经济运行状态进行宏观监测和预警分析，到今年6月底，已召开各类经济形势分析会10多次，为市党政领导科学决策提供了客观依据。

(四)围绕党政领导关心的问题，建立课题组，进行专题调研。局领导亲自挂帅，围绕经济发展中的若干重要问题，集中有关处、室负责人和业务骨干，组织课题组深入基层调查，撰写有分析、有观点、有数据、有对策的统计分析报告，为党政领导提供决策依据。《西安统计信息》、《农村调查》、《物价与生活》等刊登了大量的统计信息与分析报告，内容涉及各个方面，质量进一步提高。对此，市委书记程安东认为很好，要求“各级领导都要重视研究统计资料”。许多统计分析报告还被国家统计局《统计资料》(内参版)、《中国统计信息报》和多家地方报刊采用。

三、推行目标管理取得成效

1991年，西安市统计局在近年来推行目标管理责任制的基础上，认真总结经验，并从实际出

发，强化目标管理体系。根据国家统计局、省统计局、中共西安市委、市政府下达的具体任务，重点落实了总体目标的制定和目标分解，制定了包括六个方面的全局总目标，各学位按所分任务逐级分解到岗，落实到人。经过广泛征求意见和集思广益，先后收集了68条意见和建议，制定出36条考核指标，其基本内容为以定量考核为核心、量化为主、定性为辅，突出了统计数据准确率、统计分析、优质服务和出勤四个方面的量化内容，使"软"系统有了"硬"指标。运行结果表明，推行目标管理责任制，使全局凝聚力大增，工作热情高涨，一个团结稳定，比实绩比贡献的新局面已经形成。全局出现五大变化。

(一)统计分析报告质量提高，数据增加为改革开放以来最好的一年。截止年底，共撰写统计分析报告489篇，比1990年增长87.6%；

(二)新闻报道发布量为改革开放以来最多的一年，全年被各级报刊、电台、电视台采用的统计信息搞件234篇，为1990年的两倍，稿件被新闻媒介采用率达88.3%；

(三)各级各类统计分析报告上等次是改革开放以来最高的一年，其中获国家级三等奖、全省一、二等奖多篇；

(四)优质服务在方便上做文章是有史以来成效最显著的一年。主要反映在统计信息量增大，范围广，提供面宽，质量提高等多方面，出现了市委、市政府召开工作会议、专项讨论会和起草重要报告等都要统计局准备和提供资料的可喜局面；

(五)统计数字质量是历史上上等次最高的一年，其中劳动工资、科技统计和农业统计年报均获全省第一名，商业、外经、外贸、旅游年报综合评比获全省一等奖，城调数字质量评比达标，综合年报获省优秀奖。全局先后获国家、省、市级部门以上奖励的单位32个(次)、个人92人(次)，各项工作均取得突破性进展。

四、圆满完成全市统计员资格考试工作

根据全国统一部署，成功地组织了1991年西安地区第二次全国统计员资格考试。此次报名参加统计员资格考试的共1 416人，实际考试1 364人，经考试全格656人，合格率为48.9%。

五、农村网络建设取得新突破

一是在全市194个乡镇建立统计站的基础上，全面开展了"达标升级"活动，乡镇统计站和村统计组进一步巩固和完善，90%以上的村民小组和乡镇企业成立了统计组，任命了正副组长和辅助统计员(或兼职统计员)，统一了统计资料管理和报表审批制度；80%以上的村建立了村级(1978～1990年)统计台帐；60%的村整理建立起村级(1949～1990年)历史资料台帐；80%的乡镇统计站编印了1990年统计年鉴；40个乡镇统计站补编了1987年至1990年统计年鉴；30个乡镇统计站出版了《统计信息》。二是农村调查基础工作得到加强。对西安市6个国家调查县(区)农调基础工作的检查表明，西安市农村抽样调查基础工作整体水平迅速提高。

六、理顺了局内建制，加强了领导力量

1991年，市统计局在完成各项主要业务工作的同时，加强了以理顺局内建制为主要内容的内设体制改革。完成了内设机构调整及编制改革，共设处级单位(含处、室、队、中心、站)18个；理顺了人员编制：行政编制97人，国家事业编制144人，地方事业编制42人；相应进行了待遇、所在处室的调整以及西安市社会经济调查队内设机构的调整。

在调整局内机构的同时，也加强了局级领导班子建设。先后有两名处级干部进入局领导班子，使其年龄结构由原来平均57岁降至53岁，在领导干部年轻化方面，迈出了可喜的一步。截止目前，已有两名局级领导分别进入西安市人大和政协领导班子。

执笔：**师爱平**　审稿：**王书勋**　责编：**李天渊**

典型经验选编

重要统计工作文献
第四次全国人口普查
专　题
专业统计工作概况
地方统计工作概况
典型经验选编
统计法规制度选编
统计论坛
附　录

省级统计工作典型经验

北京市建立商业经济调查队

北京市统计局

北京市商业经济调查队是在“对外开放，对内搞活”，商业管理体制改革不断深化的情况下，为了适应形势发展的需要，经北京市人民政府同意，市编制委员会批准成立的。

前几年为了发展第三产业，北京市人民政府提出“国营、集体、个人一起上”的方针，调动了社会各部门的积极性。1990年末，全市商业服务网点已由1978年的1.47万个，发展到12.4万个，城乡集贸市场发展到480多个，个体商业发展到9万多个。面对商业体制改革飞速发展的形势，商业统计任务日趋繁重，而当时区县统计局的商业统计力量只有一个或半个商业统计人员，街道一级政府设有配备商业统计人员，无法承担起各区县的商业统计调查任务，市统计局更无法直接负责全市12.4万个商业服务业企业的统计调查工作，各级统计部门的商业统计力量已很难适应工作的需要。

为了适应商业改革开放的需要，发挥统计整体功能，北京市统计局分别于1989年6月和10月向国家统计局和北京市人民政府递交了《关于成立商业经济调查队申请编制的报告》，报告得到市计委、市商委的支持，市人民政府常务副市长和主管商业工作的副市长相继作了重要批示，从而为商业调查队的成立奠定了基础。1991年3月市编委以(1991)京编字第015号文批复，同意成立北京市商业经济调查总队，各区县成立分队，增编170人，加原有人员共230多人，市总队下设4科1室：市场调查科，经济效益调查科，商品流转调查科，抽样调查科，办公室。1991年8月区县商调队相继建立，并招收了部分调查人员。

北京市商调队成立以来，注意加强各项基础建设和内部管理，大力开展商业调查工作，在北京市商业经济改革中发挥了作用。为了提高商调人员的业务素质，市总队于1991年11月对全市150名商调人员进行业务培训。北京市商业经济调查队在较好地完成了国家统计局和北京市政府各有关部门交办的各项定期统计调查任务的同时，还进行了全市私营企业调查，1.5万人流动购买力调查，全市商办工业普查，8 000多户批发商业年检登记资料汇总工作，120个大中型商业企业经营月度考核评比，抽出2/3人力参加了全市第三产业普查工作，建立450个大中型商业商品销售分类旬报制度，为每月提前预测社会商品零售额提供了可靠依据。为了配合搞活大中型商业服务业，从宏观上加强管理，商调队正在对2 000多个大中型商业服务业基本情况进行调查，通过调查建立起大中型商业服务业经营基本情况卡片，以便随时反映市场的发展变化。

责编：**徐晓海**

河北省建立三级人口调查队

河北省人口调查队

为贯彻中共中央、国务院《关于加强计划生育工作，严格控制人口增长的的决定》，对人口增长实施指标管理，目标考核，落实责任制，1991年4月27日河北省委常委会议决定，在省、地(市)、县(市、区)统计局内成立三级人口调查队。为此，省政府于1991年6月14日下发了《批准省编委等四部门关于组建省、地(市)、县三级人口调查队意见报告的通知》，明确规定人口调查队的主要任务是：通过巡回调查和抽样调查等方法，对各级人口计划和计划生育目标管理责任制的执行情况进行调查，并依照统计法规，实行考核、检查和监督，为严格控制人口增长和实施奖惩提供可靠的依据。同时，还明确规定了人口调查队的机构编制和管理体制：省队相当处级，编制15人；地、市队相当副县(处)级，编制10人，下设的科、室规格与统计局相同；县(市、区)队相当副科(局)级，编制4人。各级人口调查队列同级事业机构编制，受同级统计局领导，在上级人口调查队的指导下开展业务工作。在随后的省政府常委会上又确立：为贯彻落实省委、省政府的指示精神，河北省统计局于7月召开人口调查队组建大会，提出了“边工作，边组建，以工作促组建”的建队方针。经过各级统计局的努力，组建工作进展很快，截止到1991底，省、地两级已全部建队。在173个县、市(区)中已建队170个，达98%。对全省计划生育工作实行分级考核的方法，费用分级负担，即省考核地、市费用每年50万元由省负担；地、市考核县(含县级市)、区，费用由各地、市负担；县、区考核乡镇，费用由各县、区负担。

按照省政府的要求，各级人口调查队在人员少、经费紧、无经验的情况下，进行了上半年人口抽样调查工作，对年终人口目标考核任务的顺利完成起了很重要的作用。一是锻炼队伍，进行了一次实战练兵；二是为年终和今后的考核摸索了经验；三是为完善调查方案奠定了基础，提供了条件。上半年采取省直接考核县、区的办法，全省抽查总规模为400万人左右，平均每个县2.5人左右。

在总结上半年调查经验的基础上，按照省政府常务会议研究意见，年终人口目标考核实行分级考核的办法，即省只考核各地、市人口目标责任制的完成情况；各地、市考核各县、区人口目标考核工作由各地、市自行确定。其方法以各地、市为总体进行抽样设计，采取分层、分阶段、随机等距整群抽样。为保证调查万无一失，各级统计部门在整个调查过程中始终贯彻以质量为核心坚持实事求是的指导思想，采取了一系列的保证措施。这些措施主要是：①划小调查区域。打破以整个村(居)委会为调查群体的方法，根据基层调查人员的力量，确定只抽取调查每个自然村(居)委会的700人左右。对该村(居)委会，既无代表性，又无可比性，有利于解除干部的思想顾虑，提高调查质量。②样本点实行严格保密。全省样本点的抽取工作直接由省人口调查队抽取，调查开始前实行严格保密，以排除外界对调查点的各种干扰。③快速出击，尽快取得第一手原始材料。为避免调查数据失真。采取集中力量，突然进村，迅速入户，快速获取可靠资料。④实行超级汇总。为避免层层汇总、层层上报、层层修改的弊端，采取由省直接运用计算机超级汇总的办法，取消逐级手工汇总，以保证数字的真实可靠性。⑤多次质量抽查。为确保调查质量，省直接组织有各地、市法规科长、人调队长、业务骨干参加的质量核查组，深入到全省18个地、市直接入户核查调查质量。⑥全封闭式数据处理。省人口调查队借用微机20台，录入人员40名，用8天的时间完成了1 340万字符的数据处理工作量，出表40余种，园满地完成了机器汇总任务，赢得了领导和社会各界的好评。省长程维高在1992年3月14日的省政府常务会议上对人口目标考核结果予以充分肯定地说：“考核比较科学、合理、公正，公开见报公布。”顾二熊副省长在1992年2月28日晚全省计划生育工作电话会议上代表省政府指出：“通过一年的工作看，人口调查队的工作是富有成效的，对推动全省计划生育工作起到了很大作用，对于数字求实起了很大作用。”

执笔：**王建岭** 责编：**徐晓海**

天津提前实施新国民经济核算体系

天津市统计局

按照全国的统一部署，天津作为全面试点省市之一，利用1990年资料，以《中国国民经济核算体系》(试行方案)为蓝本，在1992年3月编制出天津市的国内生产总值及使用表、投入产出表、资金流量表、资产负债表、国际收支表等5种基本核算表和8种附表，并编制了全套国民经济循环帐户，从而提前实现了向新体系的初步过渡。

一、国民经济核算工作的发展历程

(一)1989年下半年参加全国试点前，基本上是新体系的准备阶段。市局在1981年末建立平衡处，抽调局内部分骨干组成，后来编制由9人扩大到14人。在工作上培养锻炼了干部，主要工作有：1982年用WV表方法编制投入产出表、1983年天津宏观经济模型、1984年投入产出软课题、1984年全市国民生产总值普查、历年国民生产总值的测算及社会总供给与总需求统计等。

(二)1989年参加全国试点后，进入建立基本框架的实施阶段。这个阶段又先由部分试点发展到后来的上下结合全面试点。天津1989年接受国民经济第二层次核算表(即经济循环帐户)、资金流量表、机构部门分类标准、工业企业价格指数4项试点任务。完成试点后积极扩大战果，先后完成了1990年国民生产总值普查、1986~1990年资金流量表、1988~1990年国际收支表、1987年投入产出表及1990年延长表、1988—1990年全部大中型工业企业经济循环帐户等，以上这些都为完成全面试点，初步建立起新核算体系的框架创造了条件。

二、建立新体系的几点做法

(一)加强组织领导。由各有关部门组成的市国民经济核算协调小组，在第一次全体会上就受市政府委托批准了1990年国民生产总值普查方案，抽调了干部，安排了调查经费，后来又多次听取汇报，有力地加强了对普查工作的领导。同时市统计局还就资金流量核算、国际收支核算向市政府顾问做专题汇报，取得支持。在市统计局内，试点工作始终是由局长亲自挂帅，总统计师牵头，组织专门班子或责成有关处室负责进行的。局外主要是争取有关部门的支持。普查、调查、专项核算编表多是组织局内外有关人员成立临时的或松散的机构进行。国民经济核算资料要大量取自财会部门，利用会计信息。在这方面市财政局给予大力支持，与市统计局共同开会动员，联合发文布置，从而减少了阻力，增加了助力。

(二)聘请专家指导。为加快建立新体系的步伐，聘请国家统计局专家和市财经学院教授为技术顾问，有力地促进了试点工作的进行。在投入产出调查和企业经济循环帐户调查中，聘请若干高级会计师和高级统计师作顾问，协助制订方案，解决资料取材和计算方法的难题，收到很好的效果。

(三)转变观念，自找压力。对统计改革的重要性和紧迫性天津市认识比较明确，因此，能够较快地接受全国试行方案的内容与方法。不断扩大试点，自觉加大工作量，把雪球越滚越大。当全面试点一旦来临则有水到渠成之感。天津市的做法是看准了方向，上马后不下马，例如资金流量表和国际收支表试点年度编出后，从此坚持年编表，纳入正常任务，一方面积累动态资料，另一方面积累工作经验。又如工业企业经济循环帐户，从最初23个企业扩大到全部400多个大中型工业企业，在积累了三年连续资料后，从1991年年报起纳入工业正式年报，交由工业处负责。这样，在建立新体系上，天津市是年年有新任务、新进展，在稳步前进中达到积极过渡到新体系的目的。

(四)从实际出发，独立思考，大胆探索。在实践中的主要做法有:

其一，在核算模式上主张以SNA为目标，以GNP为主体指标。强化机构部门统计，淡化产业部门统计；强化增加值，淡化净产值。

其二，在计算方法上确定以销售收入为基础计算总产出，以实际实现的利润和税金来计算增加值，作为增加值构成项目向下布置搜集资料，没有直接采用“生产税净额”与“营业盈余”。

其三，在投入产出编表方法上采用国际上通行的WV表法，便于与核算体系衔接，与国民经济循环矩阵对接。

其四，在基层核算上设计了“对号入座”的取材于会计的调查表式，解决了基层会计人员一般不熟悉统计业务，而统计人员又不熟悉会计业务，彼此都不熟悉新核算体系的问题，大大减轻了基层填报的难度。

其五，在统计方法上除必要的普查(象国民生产总值普查)外，特别重视掌握重点推算一般的方法。新体系的基本框架主要依据现有统计资料进行，原则上不向基层单位布置报表，对于必须从基层取得资料的部分，参考本市全部大中型工业企业(产值占60%左右)的经济循环帐户及1990年国民生产总值普查资料，使试点工作有了基层资料的依托。

(五)培训干部，普及知识。在市统计学会和会计学会召开大会和市顾问委员会举行核算知识报告会。为计划系统干部和统计系统干部举办多期国民经济核算培训班。在普查时曾培训全市10万名统计和会计工作人员，是一次增加值知识的大普及。并编印了3本培训教材，作为普及核算知识的一般读物，受到大家的欢迎。

三、实施新体系的初步效果

(一)得到市领导的重视。由于每年都从不同侧面开展国民经济核算，市领导曾多次听取汇报，认为对宏观决策很有用。1990年普查结果得到市委书记的肯定并在市委扩大会议上采用，认为统计局的资料是实事求是的，是科学可信的。每前进一步都得到市政府的直接领导与支持。国民生产总值和增加值在全市上下逐渐被人们所接受，作为评价考核的主要指标。

(二)宏观决策咨询水平得以提高。国民经济核算体系为进行定量分析和系统分析提供了一套较为理想的数据，天津市统计局在《天津市社会经济科技投入产出分析》软科学课题中，以投入产出表和新体系资料为基础，写出的研究报告，经专家鉴定处于国内领先水平，此课题在研究过程中为计委制订“八五”和十年规划及最近研究加快发展第三产业问题时所采用，专家认为统计局的定量分析很有说服力，提供的经济参数对市里宏观决策有较大的参考价值。天津市统计局在资金流量专题分析中提出资金运动的6大特征和需要理顺的4个关系，关于大财政、大金融的观点市领导认为这是其他综合部门从来没有提出的看法，要加强宏观管理有必要考虑这些问题。新体系的许多总量指标在全市还是首次计算，为宏观经济分析丰富了新的素材。

（三）**统计改革得到促进**。在实施新体系过程中发现目前专业分割的统计体制与机构设置，很不适应建立新体系的需要，应该大胆地对统计方法制度进行改革，天津市统计局1992年首先从国民生产总值季报开始按各专业处归口的局（机构部门）进行布置审核，汇总测算各次产业的增加值。正在研究把工业企业经济循环帐户与大中型工业卡片合起来；对三资企业制定了统一的一套表，大大减轻了基层负担。天津市统计局认为统计改革中应该强化机构部门统计，强化增加值统计，在增加值基础上调整出净产值，而不是相反。

（四）**与统计科研互相促进**。在推行新体系的实践中，不断总结经验上升到理论，几年来写出数篇有关国民经济核算中资金流量、社会会计矩阵、经济循环帐户、总供需平衡的论文，在全国统计科学研讨会、国民经济核算研讨会或统计杂志上发表。同时，也锻练和造就了一批懂国民经济核算的统计人才，出现了一批能独挡一面的青年干部，有人还出版了专著《企业经济循环帐户体系》。

实施新体系取得一些效果的同时，也还存在一些问题：首先是基本框架只是初步的，数据还比较粗糙，开发应用还很不够。其次是统计改革进展不快，现行指标体系和机构设置还很不适应新体系的要求，财务统计与价格统计都很薄弱。三是新体系的宣传工作还要加强，对新体系的看法还要进一步统一，有的专业处仍有抱残守缺，视核算体系为额外负担的情况。

执笔：**杨保民** 责编：**徐晓海**

以信息自动化为先导推动统计配套改革

内蒙古自治区统计局

1991年，内蒙古自治区统计局在认真贯彻落实李鹏总理对统计工作的重要指示和全国、全区统计工作会议确定的主要任务的同时，紧紧围绕统计改革和建设如何适应有计划商品经济发展和各级领导宏观决策需要这一主题，实施了以信息自动化建设为先导的统计整体配套改革。经过近半年的组织实施和初步运行，已取得了一定成效，从中摸索出一些经验并得到有益的启示。

一、配套改革的必要性

改革开放以来，随着经济和政治体制改革的不断深化，内蒙古自治区的统计工作也同全国一样进行了许多相应的改革和探索。特别是统计信息自动化系统建设从1984年起步经过7年多的努力，已初步形成了自治区一盟（市）一旗（县）三级计算机应用和管理组织系统。截至1991年底，全区统计系统已配备各类微机389台；多用户386超微机16台；yax 6310超小型机1台；打印机260台；传真机28台；调制解调器113台；计算机专、兼职技术人员240多人。呼盟的旗县已平均拥有微机2.4台。计算机在全区统计系统内的普及，使统计工作手段有了根本性的变革。全区旗县以上统计局的年报、月报和专项调查都基本上实现了微机处理，大大提高了统计工作的效率。但是必须看到，随着改革开放的深入进行，党政领导和决策部门对统计信息的需求量越来越大，而且要求更加准确、及时、全面、方便。而建立在微机处理基础上的统计工作方式已不能适应新形势的要求。主要表现在：一是微机的使用还限于单一的报表数据处理，把计算机基本上当做“大算盘”用，使计算机没有得到很好地开发利用；二是计算机的应用和统计标准化工作相脱节，各专业指标代码自成体系，数据文件格式不一，给数据的综合利用造成不少障碍，影响了计算机效能的发挥；三是综合数据库、经济运行模型、分析预测模型还没有建立，统计信息的综合加工还没有形成，大量信息开发利用还没有展开；四是传输统计信息的远程和近程通讯网络还没有形成，影响了统计信息提供的及时性。特别是建立新国民经济核算体系、开展定量分析和系统分析，需要搜集、整理、加工和存贮非常庞杂的数据资料，如果微机使用还停留在初始阶段，再不加快统计信息自动化建设，不仅直接影响新国民经济核算体系的建立和统计整体功能的发挥，造成难以挽回的失策，而且很可能在以信息革命为先导的世界新技术革命中和世界各国拉大距离。这种严竣的形势迫切要求统计部门必须加快统计信息自动化建设的进程，搞好以统计信息自动化为先导的统计配套改革。

二、改革方案的总体设想、目标模式和进展情况

内蒙古自治区统计整体配套改革的总体设想是打破过去各专业界限，将统计工作划分为调查方案设计、数据处理、数据分析研究三大块。通过计算

中心承担各专业的数据处理任务，促进方法制度与现代化数据处理技术手段之密切结合，逐步探索统计数据处理新流程。并以此为契机，搞好统计综合配套改革，使统计工作由报表处理自动化到主要过程计算机化，实现更高层次的“人机结合”。与此同时，相应转变、强化各专业处的职能，集中力量搞好以“一套表”和“增加值”为主要内容的统计方法制度改革；加快建立新国民经济核算体系的进程；加强统计基础工作和统计分析研究。从根本上提高统计信息、核算、咨询、监督整体功能。

统计整体配套改革的目标模式是：调整数据上报渠道，改进上报方式，采取远程传输及传真上报，从应用微机逐步转向利用超小型计算机集中处理各专业统计报表和各项统计专项调查，形成一套新的数据处理工作制度和工作流程。以增强自治区、盟市、旗县三级统计自动化系统功能，建立起以区局超小型机为网络中心的旗县—盟市—自治区三级以及对直报单位和大中型企业的远程数据传输系统。实现全区统计数据接收、传输、存贮、加工、整理、提供、编辑出版一体化。此外，与此相配套的改革工作也抓紧进行。搞好方法制度和计算机程序的衔接。统一软件环境、统一编码规则、统一数据格式、统一文件命名规则、统一通讯规程等。在超小型机上逐步建立综合和各专业数据库。并和本局各业务处室以及自治区党委和政府信息部门联接终端，以实现统计专业人员与计算机的高层次人机结合和数据资料的综合开发利用。

统计整体配套改革作为内蒙古自治区“八五”统计改革的总体规划，分三步实施：第一步是数据处理向计算中心转移，理顺计算中心与专业处室及各盟市的衔接关系，实现微机、超小型机统一数据处理和软件标准化；第二步是以转变专业处室职能为中心，搞好统计方法制度、数据处理方式和现代计算手段的衔接，加强统计基础工作，加快新核算体系和“一套表”的试点及数据库的建库工作，并相继进行机构改革，加强方法制度研究和综合平衡职能，提高宏观调控监测能力；第三步是在上述改革的基础上，进一步完善各项改革措施，建立起经济、社会、科技统计为一体，统计、会计、业务核算相统一，调查方法、数据处理、分析研究相衔接的新的统计体制。逐步实现统计工作计算机化，统计方法制度科学化，机构运行高效化的新机制。到1985年末，使传统的与产品经济相适应的统计方法制度彻底转变到以国民经济核算体系为中心的轨道上来。

围绕上述总体设想和目标，在国家统计局的指导下，内蒙古统计局采取“统一思想、协调关系、积极稳妥、分步推进”的办法，从1991年7月份开始，多次召开局务会议，统一思想，研究论证这一改革方案的科学性、可行性和具体实施办法，成立了主要领导挂帅、各专业处室和计算中心负责同志组成的实施领导小组。制定了《信息自动化建设改革试点规划纲要》、《方案第一阶段实施意见》、《过渡阶段统计报表数据处理实施细则》、《关于认真做好1991年统计年报数据处理工作的通知》等文件，建立了计算中心集中处理报表数据的规则和程序。在制定实施细则的同时，积极筹备计算中心信息自动化设备和人员配备。新增了8部电话，2台调制解调器，扩建机房120 m²，增设了报表科和系统通讯科。远程传输和传真传输已基本实现。

在此基础上，于1991年10月份实行了“人员、设备、报表”三转移，将原在各专业处室处理软件及从事数据处理工作的8名同志和原配备的专业处室的8台微机集中到了计算中心。目前移交计算中心处理的年报101张，定期报表46张。并从1991年10月份起，定期统计报表的报送和数据处理已集中在计算中心进行。通过这一阶段的试运行，理顺了上报渠道，各盟市向区局计算中心的远程和传真上报渠道基本疏通。在适应数据统一处理方面形成了一套工作制度，为集中处理1991年年报工作奠定了基础。

在集中处理1991年年报数据处理工作方面，内蒙古统计局以统一软件程序为核心，由局计算中心集中各盟市举办了年报软件程序培训班。已有6个专业使用统一的 sarp 软件。为确保转移后的定期报表和1991年年报数据质量，在汇总上报期间由各专业处派人到计算中心负责数据的审核和查询，共同完成数据处理、上报任务。

内蒙古统计局在加紧实施信息自动化的同时，还抓紧与此配套的统计改革工作。一是加快了新核算体系试点的进程。二是抓紧了“一套表”的试点工作。三是建立了综合经济效益考核指标体系。四是加快了综合统计数据库的建设。

三、下一步改革的基本思路

实施以信息自动化建设为先导的统计配套改革，势必牵动局内的方方面面，以至国家局的各专业司，不可避免地会产生新的矛盾和问题。下一步改革面临的主要任务：一是如何搞好各专业处室职能的转移；二是如何处理好统计专业与计算机在更高层次上的人机结合；三是在统计制度上如何适应新的数据处理方式和现代化计算手段，如何向新核算体系转轨。针对上述新情况和新问题，内蒙古统计局下一步改革的基本思路是：

在各专业处室职能转移方面：一是加强方法制度研究，使现在的统计制度与数据处理方式和计算机手段相适应。并在此基础上逐步改变专业分割、自成体系的旧格局、旧模式，为新国民经济核算体系的建立铺平道路。二是加强统计基础工作，协助基层搞好统计基础和规范化建设，提高源头数据质量。三是加强统计分析调查研究工作，在搞准统计数据的基础上，把统计工作的重点放在决策咨询上。四是在搞好由微机向超小型机数据处理过渡和建立数据库的基础上，与各专业处联接终端，加强统计信息的深度开发和加工，实现高层次的人机结合。

在信息自动化建设方面：一是抓好计算机软件开发。重点是完善报表处理程序、统计数据和统计分析预测软件的开发与应用，逐步实现计算机人员和统计专业在更高层次上的密切结合。二是加强通讯传输网络建设，实现各盟市、旗县的远程联网传输，进而实现超小型机对超微机的自动传输。三是统一解决方法制度与计算机程序之间衔接和协调问题。自上而下全面推出 sarp 软件汇总处理系统。使方法制度的改革与计算机手段现代化的进程有机结合，推动统计指标代码标准化建设。

在机构改革方面：按照“方案设计、数据处理、分析研究、行政管理”四大块的总体设想，在机构设置和人员配备上从这四方面考虑。根据这一指导思想，定出切实可行的方案，以适应配套改革的需要。

内蒙古统计局从1991年10月数据集中处理以后，经过近半年的试运行，初步建立了统一的规则和工作程序。推广统一的数据处理软件容易了，采用远程数据传输方便了，建立数据库也顺手了，切实解决了过去长期存在的统计业务和计算中心“两张皮”现象。并为解决过去各自为政、程序多乱，充分发挥现有计算机效能、加强内部科学管理提供了良好的环境和条件。可以说，这一改革是符合时代潮流的，是把握住大方向的。

撰稿：**阎丕臣** 审稿：**陈元涛** 责编：**徐晓海**

建立地区新国民经济核算体系的实践

辽宁省统计局

建立新的国民经济核算体系是个庞大的系统工程，把设计的方案付诸实施是一项极为艰巨复杂的任务。近几年来，在国家统计局和全国国民经济核算协调委员会的统一组织下，辽宁省从本省实际情况出发，突出地区性特点，遵循“既要积极，又要稳妥，全面试算，重点突破，编表先行，配套改革，总体设计，专业实施，技术求精，组织求实”的原则一步一步推进。总体上，以试编国民经济五张基本核算表为重点；基础上，以建立增加值统计为突破口，统筹规划，循序渐进地开展新国民经济核算体系的建设工作。

一、以搜集和利用现有专业统计资料和有关业务部门的核算资料为主，结合进行必要的专项调查，试编了国民经济的五张基本核算表。1988年，结合全国第一次投入产出调查，辽宁省完成了118×118个部门的辽宁地区投入产出表的编制。1988年7月至12月，以全省平衡统计年报和财政、税务、银行业务核算资料为基础，以1 648家企业资金来源和资金占用的重点调查资料和城乡住户抽样调查资料为补充，试编了全省地区资金流量表和地区资产负债表。1989年，依据现行的国民收入、国民生产总值统计年报，非物质部门主要财务指标统计年报和固定资产投资统计年报，以及基层试点单位增加值统计资料，试编了全省地区国内生产总值及其使用表；并依据省外经委、外贸局、海关、外汇管理局和各外贸进口公司现有的会计核算和业务核算资料，试编了地区对外经济往来综合收支平衡表(国际收支平衡表)。在连续几年内按新国民经济核算体系方案先后完成试编五张基本核算表的基础上，1990年又试编了7个国民经济综合帐户，并组织编写了《地区新国民经济核算指南》和《新国民经济核算与增加值统计》两本对辽宁省新国民经济核算体系试点工作进行全面技术理论总结的书籍。

1991年10月，国家统计局和全国国民经济核算协调委员会，又选定辽宁省按照新国民经济核算体系实施方案要求进行全面综合试点，编制1990年度的五张基本核算表和经济循环帐户。目前，这项试点工作正在抓紧进行。

二、以增加值统计试点为突破口，把建立健全财务收支统计作为重点，改革和完善专业统计制度方法，强化国民经济核算的基础工作。如何把宏观的国民经济核算主要总量指标，建立在可靠的微观核算基础上，把宏观核算与微观核算衔接起来，这是建立我国新国民经济核算体系所面临的一个重大问题。为此，辽宁省在强化国民经济核算的基础工作方面开展了一系列的试点。

1988年，根据全国首批试点工作部署，在沈阳市选定12个金融企业，在锦州市选定11个商业、物资供销企业进行会统协调试点工作，重点研究了生产和收益分配核算方法，探讨了会统核算协调的可能性。

1989年，在沈阳市选定50个不同类型的工业、运输邮电业、商业、饮食业、居民服务业、物资供销业和行政事业单位，进行增加值统计试点。同时在铁岭市法库县进行农业增加值统计试点，重点研究了增加值核算与现行的统计、会计核算协调配合的途径。

1990 年，按照国家的统一方案和要求，在鞍山市开展了增加值统计的全面试点。这次全面试点涉及调查单位 4766 个。通过试点证明，只要各级领导重视，基层会计和统计人员经过短期培训，疏通资料来源渠道、搞好会统协调，开展增加值统计是可行的。增加值统计不仅能为准确计算国民生产总值提供可靠的基础数据，而且有利于提高和改善企业经营管理水平。

1991 年，按照国家统计局新修订的各行业增加值统计方案，辽宁省又以各专业统计为主在一定范围内组织了本专业增加值统计试点，重点研究增加值修订方案的可行性和操作性问题。在总结试点经验的基础上，进一步充实和完善各专业增加值统计方案，并由各专业分别纳入 1991 年统计年报制度进行试填。由各专业统一核算本专业全省增加值统计数据，最后再由平衡统计合成全省国民生产总值，并与用原有方法计算的国民生产总值进行比较研究，探索最佳的资料搜集途径。

辽宁省经过几年来的一系列试点证明：我国新国民经济核算体系方案分两步实施的设想是基本可行的，它具有理论基础的科学性，总体设计的系统性，核算功能的实用性和组织实施的可行性。

(一)地区新国民经济核算体系的建设必须与国家方案相匹配，从地区的角度验证全面推行它的可信性和可能性。地区新国民经济核算体系必须具有地区特点和功能，适应地区党政领导宏观决策与管理的需要。由于国家与地区两级经济监测、调控与管理既有相同点，又有不同点，因此两级核算在范围、重点、分组、指标设置与功能考核方面也不能完全一致。地区新国民经济核算在与国家方案基本一致的前提下，应特别注重地方管理范围内的核算，象辽宁的省属、计划单列市、中央直属各块的分别核算；与全国和外地区的经济往来核算；省内重点经济部门与行业的核算等等。这样，地区新国民经济核算体系的推行就更能作到扎扎实实，确有成效。

(二)新国民经济核算体系建立既要注重横向收集资料，又要组织必要的专项调查，二者要有机结合。把横向收集现有统计、会计、业务核算资料与必要的基础建设及专项调查结合起来，尽可能把反映经济循环的主要总量指标建立在基层核算的基础上，使国民经济核算与部门经济核算、基层单位核算有机衔接起来。这样，既能充分利用横向资料起到事半功倍的作用；又能提高核算的深度、精度。

(三)加强会统协调，是彻底解决核算资料来源，使新国民经济核算体系长期稳定运行的基本保证。由于会统核算各自核算的侧重点不同，在解决会统核算协调问题时应包括三个层次内容：其一是从上层由国家一级解决会计核算和统计核算制度之间的协调配合。国家统计局和财政部应通力合作，加快现有统计和会计制度方法的改革，为新国民经济核算体系的顺利实施创造必要的条件。其二是从中层解决各级统计与财政、银行、工商、税务、外汇等部门之间的协调配合。其三是从基层单位的原始凭证作起解决会统核算的衔接。几年来，辽宁省的试点做法是：1. 为加强对计划、统计、会计和业务等有关核算方式的协调，省内六个有关职能部门下发文件，要求中央、省直属企业事业单位，以及省市两级财政、银行、税务、工商等部门向所在市统计局提供核算资料；2. 按新国民经济核算体系方案要求，修改完善财务统计制度和各市向省报送资料制度；3. 市一级建立非物质部门财务收支统计制度，由基层单位填报；4. 编制较详细核算表式所需结构性资料由省统一下发必要的一次性专项调查表解决；(5)从源头抓起，选择若干企业进行试点，制订统一原始凭证记录，由计算机处理，分别生成能满足会统各自核算所需要的资料，探索从基层起就使会统核算在范围、口径、时间上统一的可能性。

(四)进一步完善统计调查体系，在调查方法上既要做到科学、严谨、规范，又要体现灵活、方便、弹性的原则。由于国民经济核算是对国民经济整体的全面核算，是把社会各个经济部门的活动，按照其内在联系组成的相互关联的系统核算。因此实施新国民经济核算体系，不同于传统的专业统计调查，不能单纯采用一种调查方法，而应发挥我国统计调查的优势，采用多种方法相结合，多种调查相交叉，多种渠道相配套，多种资料相集成的调查方法。而且在整个调查、汇总、编表过程中，要把科学统计与科学的推算相结合，从而取得覆盖全社会的资料。

(五)编制经济循环帐户是提高国民经济核算水平，促进国民经济核算科学化的重要措施。我国新国民经济核算包括社会再生产的基本核算和国民经济综合帐户体系两大部分内容，是互相照应的一个整体。辽宁省在试编五张基本核算表时注意到，虽然每张基本核算表自身都是平衡的，但是用综合帐户把五张平衡表联结起来，就发现有很多不一致的地方，需要用科学的评估、必要的调整保证五大基本核算中各项关键性指标的准确性和一致性。产生不一致的主要原因是，编制各个核算表的基础资料要求各异，而我国现有的统计、会计、业务核算又缺乏基础的一致性，不能适应建立新国民经济核算体系框架的统一需要。因此，为编制某张基本核算表，组织专项调查和搜集资料时往往就会出现各表之间数字的不衔接，从而影响各基本表之间的一致性要求。为了弥补这一不足，编制循环帐户把五张基本核算表组成相互联系的有机整体，完整地描述社会再生产过程以及国民经济各部门之间的有机联系，就易分析和解决国民经济核算中相关数据之间的矛盾。这对提高国民经济整体核算水平具有重要意义。

审稿：张本勃 责编：徐晓海

锲而不舍地完成地方统计立法工作

黑龙江省统计局

黑龙江省地方统计立法工作，起步较早，出台较晚，步履艰难，历经曲折，经过近3年的不懈努力，终于取得了突破性进展：《黑龙江省统计检查监督条例》，经省七届人大常务委员会第23次会议于1991年10月30日通过，从1992年1月1日起施行。

一、制定经过

（一）起草修改。1989年3月，省统计局在借鉴山西、湖南、吉林等省地方统计立法经验的基础上，完成了《黑龙江省统计管理条例》的初稿，于5月报省政府法制局。7月，针对省统计执法大检查中暴露出的问题，向省七届人大常委会第10次会议报告了《统计法》的贯彻实施情况，提出了加强地方统计立法的建议，得到了委员们的支持。10月27日由省人大财经委员会牵头，召开了有省政府法制局、统计局参加的联席会议，研究讨论了地方统计法规的修改问题，立法题目改为《黑龙江省统计违法处罚条例》。11月完成修改稿，报省政府法制局征求意见，被列入省政府的立法计划。

（二）上报审批。为了在地方统计立法中统一思想，取得共同语言，1990年4月省统计局邀请省人大财经委、省政府法制局的同志到山西、湖南、河南三省考察学习。回来后，在消化吸收外省经验的基础上，结合黑龙江省实际情况，对条例草案做了进一步修改，于7月9日正式上报省政府。省政府于7月21日召开第13次常务会议进行审议，原则上予以通过。8月省人大常委会第79次主任会议鉴于全国人大法工委就地方统计立法罚款问题已对湖南、吉林、山东等省作过答复，于是又向全国人大作了请示。得到的答复是：“制定实施《统计法》的地方性法规，不宜再作罚款的规定”。随后，省统计局为争取一个回旋余地，以使达到立法目的，向省人大常务委员会提出不撤消议案的要求，常委会同意保留待审。

（三）起死回生。《条例》（草案）搁浅以后，省统计局积极寻求解决问题的出路。

1. 锲而不舍，多方疏通。一是发挥组织力量“磨”。主管局长找人大汇报几次不见效，党组成员就做出分工，根据每人对人大有关负责同志的熟悉程度，分工包干，逐个进行汇报，反复说明理由。在人大常委当中，凡是我们熟悉的，一遇到机会，就向他们宣传我们的主张，逐个争取同情者或支持者。二是“搬兵”帮助“磨”。请老局长张维华同志出马，给人大主任、副主任写信，陈述加强地方统计立法和增加经济处罚条款的必要性。有的同志原来对罚款问题很有反感，经过反复做工作之后，由反对转为支持。三是摸清底数后有针对性地“磨”。我们得知真正不同意搞经济处罚的常委为数并不多。经过有针对性地做工作以后，使这些同志逐渐转变了态度。在省人大常委会议分组审议时，主持会议的同志做了引导性发言，对统一全组人员的思想起到了重要作用。

2. 与人大、法制局具体经办人员经常切磋，取得共识。我们邀请人大、法制局的同志一起到辽宁、吉林考察，并一起就罚款问题到京当面向全国人大法工委请示汇报。由于同他们长时间接触，相互间增进了友谊，能够经常沟通信息，互相出“点子”。比如应当重点找哪些常委做工作，就是人大参加起草的同志向我们提供的信息。这对我们有针对性地做工作，提供了很大帮助。

3. 原则问题不让步，具体问题灵活对待。在要不要罚款的问题上，我们从来没有动摇过。但是，在坚持罚款的前提下，罚多少，对谁罚和对谁不罚，不过多地坚持。当初我们把罚款的最高限额定为1万元，在几次讨论中有的同志提出不同意见，我们就降到5千元。在适用范围上，在省政府常务会议讨论中，有些同志提出对国家机关、社会团体、事业单位的工作人员只能给行政处分，不宜搞罚款；罚款只适用于企业，我们也接受了。后来，在人大财经委员会审议时，有的同志提出对个体工商户也不要搞罚款，我们也同意了。对统计员无证上岗问题，我们原来的想法是对单位处以罚款，以此作为稳定统计队伍的一项措施，但在审议中有的同志提出时机还不够成熟，我们就放弃了。类似这些除了罚款之外的非原则性问题，我们都有一点灵活性，能坚持的就坚持，有困难的就暂时放弃，待以后修改时再争取，目的是为了便于通过。

由于积极努力，《条例》终于于1991年10月30日在省人大常委会第23次会议上一致通过。

二、主要特点

《黑龙江省统计检查监督条例》是为了保证《统计法》及其实施细则的贯彻实施，结合本省具体情况制定的地方性统计法规。它主要是通过明确法律责任，强化执法手段，完善制裁机制，来提高法律约束力。从总体上说，具有以下几个特点：

(一)突出了检查监督的主题，赋予统计部门较大的检查监督权。检查是国家授权的机关行使监督权利的一种手段。统计执法检查，是用法律手段管理统计工作、规范统计行为的重要措施，是加强统计法制建设的重要环节。通过检查，可以督促和监督人们依法办事，查处和纠正统计违法行为，保障统计人员的正当权利和合法权益不受侵犯。所以必须把检查监督这一主题突出出来。为了保障政府统计部门依法独立行使统计检查监督职权，本条例规定：统计检查机构和统计检查员有权代表本部门对任何单位执行统计法规和统计制度的情况进行查询；有权对一切统计违法行为进行立案调查；有权责令统计违法的当事人作出书面检查或对其进行通报批评；有权决定并执行对统计违法的当事人进行经济处罚；有权对统计违法的当事人提出给予行政处分的建议；有权对未按《违反统计法规处理通知书》执行的案件报请人民政府处理；有权对下级统计部门处理的统计违法案件进行复议裁决；有权对模范执行统计法律、法规的单位和个人给予表彰和奖励。

(二)完善了制裁机制，增强了统计法规的适用性。针对《统计法》关于法律责任的规定过于原则，处罚手段适用性差的问题，对处罚条款作了如下调整和增补：区别违法情节轻重。情节较轻的，责令作出书面检查，并给予通报批评。情节较重的，对国家机关、社会团体和事业单位，给予当事人以行政处分，由有关部门和单位按照统计部门提出的建议，依照干部管理权限处理；对企业单位(包括全民企业和非全民企业)，给予单位主管负责人和承办人以行政处分(全民企业)或处以50——500元罚款(非全民企业)；对单位处以200——5 000元罚款。同时不规定因统计违法而给国家、集体造成的直接经济损失应予以补偿；所骗取的荣誉称号和奖品、资金应予以追回。

(三)强化了执法手段，提高了统计法规的法律约束力。针对《统计法》对统计部门的行政执法权没有明确规定和具体保障措施之不足，本条例第三条规定：“县以上人民政府统计部门是统计执法机关，依法独立行使统计检查监督职权”。第4条规定：“被检查单位对统计检查员执行职务应予以支持，据实提供有关资料，介绍情况，不得拒绝、隐瞒和阻挠。”并规定“如罚款逾期不缴的，每日加收罚款数额3‰的滞纳金”。

(四)明确了法律关系，强调了部门间的相互制约作用。针对《统计法》对领导人员约束力不强的缺陷，本条例规定“各级人民政府、企业事业主管部门和社会团体的负责人，要模范地遵守和执行本条例，支持统计机构、统计人员依法独立行使统计调查、统计报告、统计监督职权。”同时明确了统计执法当中的几项相互制约的关系：一是统计部门与企业事业主管部门在实施统计检查监督的工作中既分工协作，又相互制约。具体规定了哪一类社会组织的统计活动，由哪一级统计部门或主管部门实施检查监督。二是对统计违法作出处罚决定的机关、执行机关和监督机关的相互制约关系。如第20条规定：“对应按本条例处理的案件，各级人民政府统计部门应向有关部门、单位和个人发出《违反统计法规处理通知书》，有关部门、单位和个人接到通知书后，应按规定时限执行；有关部门、单位和个人未按规定时限执行的，执行处罚的统计部门可报请同级人民政府处理；统计部门不报的，应追究统计部门负责人的责任。案件结案后，执行处罚的统计部门应报当地人民政府和上级统计部门备案。”明确这些部门的职权，有利于各有关部门按照各自的职责及时处理违法案件。三是违法当事人、作出处罚决定的机关和监督机关的相互制约关系。第23条规定：“当事人对行政处罚不服的，可在接到通知书之日起15日内，向作出决定的上一级机关申请复议或向人民法院起诉，期满不申请复议或不起诉又不履行的，作出处罚决定的机关可申请人民法院强制执行。”四是统计部门上下级之间的相互制约关系。第15、16条规定：“政府统计部门的统计活动由上一级政府统计部门检查监督”。“上级统计部门有权纠正下级统计部门处理不当的统计违法案件”。这些制约性条款，都是保障统计部门独立行使职权必要措施，有助于统计违法案件的查处逐步实现规范化。

(五)从本省实际情况出发，具有地方特色。针对统计执法当中遇到的难点和迫切需要解决的问题，黑龙江省着力在完善制裁机制、强化执法手段、明确法律责任等方面对《统计法》及其《实施细则》加以突破。1. 扩大了适用性。即法律责任条款覆盖面全，适用于不同情节(情节较轻或情节较重，有无造成结果)、不同对象(不论是不是国家工作人员)和不同范围(不论是全民企业还是非全民企业)。2. 增强了程序性。条例具体规定了统计检查机构或统计检查员行使职权的程序，也就是检查、办案程序，如从统计检查员执行检查任务时出示检查证，到被检查单位如何接受检查；从统计部门接受举报案件，到调查取证，到向举报人证明情况；从对违法案件作出处理决定，到发出《违反统计法规处理通知书》到有关部门、单位和个人具体执行；从当事人申请复议或起诉，到最后裁决，都按照规定程序办理，具有可操作性。3. 突出了制约性。如上面列举的四个方面的制约性条款。

责编：徐晓海

加强软件开发 提高应用水平

江苏省统计局

江苏省统计信息自动化系统建设从“微机起步”，经过几年的发展，开始进入全面提高计算机应用开发水平的新阶段。几年来，江苏省统计局坚持以改革为动力，在加强应用软件开发的同时，积极进行统计数据库建设的尝试，取得了可喜的成果。1991 年，“江苏省大中型工业企业统计信息管理系统”、“江苏省经济景气循环监测系统”、“江苏省三资企业信息咨询系统”和“江苏省第四次人口普查县级资料排版系统”等 4 个软件通过了省科委组织的成果鉴定。

一、统一软件环境，为信息系统发展铺平道路

统计信息自动化系统建设，要求在统一的硬件环境支持下，建立起良好的软件环境，而开发规范化的统计年、季报数据处理软件，又是解决软件环境的首要问题。

为了在全省范围内彻底解决统计报表应用软件的问题，1988 年和 1989 年，我们按照“统一组织，联合开发，共享成果”的原则，运用软件工程的方法，组织开发全省规范化的统计年、季报处理软件。

(一)调动全省力量。江苏省各市计算站大都有八、九年的建站历史，在长期的软件开发工作中，培养了一批既熟悉统计业务、又精通计算机技术的骨干力量，开发了许多具有较高水准的统计应用软件。为充分发挥这一软件技术优势，消除软件开发工作中的重复劳动，我们集中了部分市县的软件开发力量，统一组织开发规范化的软件，收到了节省人力、缩短开发周期的良好效果。

(二)改变封闭开发方式，走联合开发道路。为了使软件开发具有较高的起点并保证软件的可用性，在软件开发的组织、研制、测试及优化各个过程，我们都尽可能联合各方面人员共同实施。一是在组织上，每个软件课题组都由两级四方(即省市两级计算站和专业处、科)人员参加。二是在开发形式上，由单兵作战转变为群体联合作战，打破地区界限，联合几个市县共同开发。对程序各模块的功能及其实现的技术方法，集思广益，集体讨论决定。三是统一组织力量对软件研制的每个阶段的结果进行严格复查、测试，进而提出改进意见。经反复修改、优化，直到满足技术规范、用户需求为止。

由于坚持联合开发，使每个软件都能博采众家之长，充分运用先进技术和群体的程序设计经验，保证了统一开发的规范化软件具有较完善的功能和较高的水平。在全国统计系统首次软件评比会上，江苏省有六个软件项目获奖，其中“通用报表处理软件 TBCL”荣获二等奖。

(三)运用软件工程方法，做好技术规范工作。我们参照国家标准，结合本系统的实际情况，经反复研究讨论，广泛征求意见，制定出《统一开发软件技术规范》。在开发过程中，我们严格按照技术规范组织实施、复查和测试验收，注重各阶段标准化文档资料的建立，使软件开发工作逐步走上了科学化、系统化的轨道。

一年多的工作实践，充分显示出统一开发规范化软件的必要性和优越性：

第一、解决了统计报表处理程序多乱的问题，统一了基础软件环境，为实现“由小到大”的战略性转变奠定了基础，为计算机应用工作的进一步发展铺平了道路。

第二、消除了软件开发中大量的低水平重复劳动，使计算机技术人员从低效、繁重的编程工作中解脱出来，集中精力搞好计算机应用，提供更强的系统支持，为数据库系统建设做好技术准备工作。

第三、为广大专业统计人员提供了良好的业务处理环境，减轻了大批量数据处理工作对统计人员的压力，使其有精力在专业统计工作中拓展内容，增加深度，提高水平。

二、探索数据库系统建设道路，提高统计信息应用水平

为了尽快实现管理信息系统(MIS)目标，提高统计信息应用水平，满足社会各界对统计信息日益增长的需求，从 1989 年开始，我们着手进行统计数据库建设试点工作。经过两年多的努力，取得了突破性的进展。

(一)结合统计改革，确立数据库建设的目标、构想和指导原则。统计数据库系统建设是一项庞大

的系统工程，必须有明确的目标、模式和指导原则。为使统计数据库系统建设少走弯路，我们坚持从实际出发，紧密结合统计改革，充分考虑需求与可能、当前与长远的关系，确立了建设的目标、新构想和指导原则：

1. 统计数据库建设的目标。总目标是为实现统计管理信息系统(MIS)，为充分发挥统计的整体功能提供全面支持。具体目标为：(1)提高统计数据管理水平与处理水平；(2)增强对统计信息的查询检索功能，实现统计信息全社会共享；(3)增强统计分析、预测功能，提高统计研究水平；(4)促进统计改革，为实现统计工作全过程的一体化创造条件。

2. 统计数据库建设的新构想。为使统计数据库系统具备完善的数据采集、管理和应用等多种功能，在没有现成模式可套用的情况下，确立了既能较好满足统计整体功能需求，又能实现统计工作全过程一体化的新构想：(1)在数据采集方面，将统计年、季报或统计调查的数据直接做为数据库的基本信息源，无须重新采集数据；(2)在数据管理方面，做到灵活高效、安全可靠、维护方便，适于“分布式”结构分层次管理，确保信息资源共享；(3)在数据应用方面，面向全社会，满足各方面用户多层次查询检索、报表处理和定量分析的需求。

3. 统计数据库建设的指导原则。(1)系统性原则。坚持省级数据库置于国家数据库系统之中，专业统计数据库置于综合统计数据库建设的系统之中，使系统的软、硬件环境及各个子系统的功能、结构等保持一致；(2)可行性原则。通过分析系统的环境条件及发展前景，对数据库建设的目标、功能、结构、规模进行可行性研究，制定切实可行的实施方案；(3)规范性原则。坚持数据库的指标及代码设置、各类文档等的规范化，符合国家或行业的相应标准；(4)典型性原则。集中力量建立一、二个具有典型指导意义的专业数据库，取得成功经验后，以点带面，逐步推开。

(二)选择最佳突破口，精心组织实施。

1. 树立超前意识，不失时机地进行技术准备工作。我们采取“超前准备，交叉实施”的办法，不失时机地进行数据库建设的前期技术准备工作。在四普数据处理工作十分繁忙的情况下，抽调4名技术骨干从事数据库的技术准备工作。(1)优选数据库管理系统软件。经反复调研和论证，在订购小型机时，选择了兼容性、可移植性强，国内外应用广泛的ORACLE RDBMS作为数据库建设的软件环境；(2)先在微机上安装ORACLE，熟悉并掌握该软件系统及其应用开发工具，积累经验；(3)探讨统计数据库的建库模式及设计原则。

2. 选择最佳突破口，通力协作攻关。为了积累数据库建设的经验，我们首先选择“江苏省工业经济统计数据库”、“江苏省综合统计月度数据库及经济景气循环监测系统”和“三资企业统计数据库”做为突破口。

为了保证建库试点工作顺利进行，我们成立了由局领导挂帅的“数据库试点领导小组”及由计算站和有关专业处的技术业务骨干组成的若干个项目课题组。为了完善应用系统的功能，对于统计专业人员不断提出的功能需求意见，想方设法予以满足，并从多方位不同层次用户的角度考虑，主动增加许多原方案中未提出的功能，提高了各应用系统的适用性，扩大了服务对象的范围。

3. 精心组织实施。

为了使三个试点项目符合数据库建设的新构想，我们严格按照软件工程方法，精心组织实施。

(1)系统分析及总体方案设计。在对统计业务环境、用户需求进行充分调查研究和科学分析论证的基础上，根据客观需要和现实可能，进行了总体方案设计。考虑到建库工作量大、周期长，为使各项工作协调开展，总体方案中强调工作的阶段性和可实施性。如先加载近二、三年的数据，再逐步整理历史数据；先满足常规应用要求，再进行深层次的应用开发。

(2)逻辑设计及开发实施。在逻辑设计过程中，我们综合权衡指标应变能力、数据独立性、系统效率等诸项因素，反复优化，达到最佳设计。同时通过数据库的模拟试建，进一步掌握ORACLE RDBMS的各项性能指标，为完善设计方案及实施物理建库提供性能参数和依据。在应用开发中，我们把增加查询检索、统计计算、制表输出等常规应用和提供面向多层次用户的良好人机界面作为重点，广泛征询各方面的意见，反复修改，严格测试，使各项功能不断完善。

经过两年的实践，我们深深地体会到，要切实搞好数据库系统建设，必须搞好以下几方面工作：(1)加强对统计数据库系统建设的领导；(2)必须坚持统一规划、统一组织的建设原则；(3)必须与统计改革配套进行；(4)强调统计人员与计算机人员的协作配合；(5)加强数据库开发应用和管理人员的培训工作；(6)注重统计历史资料整理和报表数据磁介质管理工作。

责编：**刘　恒**

建立工业销售产值统计　促进经济工作转轨

河南省统计局

为了适应发展有计划商品经济的要求，发挥统计工作对国民经济运行的导向作用，促使经济工作切实转移到调整结构和提高经济效益的轨道上来，根据李长春省长指示，经过近一年的调查研究、准备工作，从1991年6月份起，我们正式建立了工业销售产值统计月报，并将其纳入了1991年工业年报。经过半年多的试行，收到了较好的效果，发挥了积极的作用。

一、建立工业销售产值统计的必要性

建立工业销售产值统计是经济体制改革对统计工作的要求，是发挥统计信息、咨询、监督职能的重要手段。四十年来，在经济管理工作中一直把总产值及其增长速度作为考核企业的主要指标，但随着企业管理由单纯的生产型向生产经营型转变，总产值指标与有计划商品经济的发展越来越不适应，其弊端日益显露，已难以全面评价和考核企业的生产经营状况，各级领导亦难以据此作出正确决策。为此，李长春省长指示，要求建立工业销售产值统计，并按月公布和考核。将工业销售产值与其他统计指标结合起来，能够比较全面地反映工业生产经营成果，促使企业面向市场，调整产品结构，由过去片面追求产值和速度转向重视提高产品质量和效益上来。

二、建立工业销售产值统计的做法

（一）深入企业调查研究，制订科学的、可行的实施方案。1990年下半年，省政府下发了豫政(1990)77号文件，要求省统计局建立工业销售产值统计，局领导亲自挂帅，研究措施，组织力量，制定方案。为使工业销售产值统计方案制订得科学而又可行，我们首先查阅了一些工业统计和工业会计材料，深入到20多个不同类型、不同行业的企业，了解生产、销售、财务核算情况，摸清了企业内部科(室)及车间(分厂)的核算方法，制定出初步方案。在征求各地、市意见的基础上，对方案进行了研讨，作了修改和补充。同时，在部分企业进行了试填，并认真听取企业同志的意见，再次作了修改。随后省政府办公厅以豫政办(1991)22号文《转发省统计局关于建立工业销售产值统计的意见的通知》，要求全省各市地及省直有关部门认真贯彻执行。

（二）认真做好开展工业销售产值统计的宣传工作。省政府的文件发出后，省统计局下发了豫统工字(1991)第83号《关于开展工业销售产值统计的通知》，要求各级领导给予高度重视，加强组织领导，充实统计力量，确保工作的顺利进行。

同时在《河南日报》、《河南统计》、《奋进》、《政府快报》、《金融信息》等报纸和杂志上，刊登了《工业产值统计改革势在必行》、《谈谈建立工业销售产值指标统计》、《工业销售产值的概念及其计算》等文章，系统地介绍了统计部门建立工业销售产值统计的重要意义，报导后社会各界反映强烈。

（三）精心组织，做好布置和检查落实工作。

1. 召开专门会议，认真贯彻落实。1991年5月份，省统计局召开了各市地统计局长、省直工业厅(局)的统计负责人和部分企业同志参加的全省工业销售产值统计工作会议，省政府刘书祥副秘书长亲自到会，做了重要讲话。代表们认真学习了省政府文件，结合领导讲话进行了认真、深入的讨论，统一了思想，提高了认识，纷纷表示要克服困难，保证完成任务。

各地区领导对这项工作都很重视，给予了大力支持。许多市地以政府名义召开会议进行贯彻，并请各工业局的局长和主管工业的县长、企业厂长、统计科长参加会议，主管统计工作的市长或秘书长亲自到会并讲话，要求层层抓落实，确保工作的顺利进行。各市地统计局都把这项工作列入重要议事日程，指定专人抓贯彻落实。

2. 做好业务培训工作。采取层层培训，分级负责的办法狠抓了业务培训工作。各级统计人员认真学习工业销售产值的概念、统计范围、计算方法及指标之间的联系与区别等，从而使全省工业统计人员在短时间内熟悉了工业销售产值指标，为保证数字质量打下了良好基础。

3. 抓好检查、落实工作。省统计局为了使此项工作顺利进行，及时组织力量，分赴全省各地检查全省会议贯彻落实情况，帮助解决工作中存在的问题，促使各市地扎扎实实地开展工作。

7月上旬，各市地都按要求报出上半年的工业销售产值统计数字，省统计局及时将工业销售产值统计汇总报表报送李长春省长，正在参加全省经济工作会议的李长春省长指示:“此表立即见报”，并在会议总结报告中，根据提供的资料，专门讲了产品积压的问题。

河南省已将工业销售产值指标做为考核工业生产的主要指标，这从思想上根本改变了人们长期以来片面追求总产值增长速度的现象，从而促使企业生产更多的满足社会需要的产品。目前，全省每月的工业生产、销售完成情况都在《河南日报》上公布，工业销售产值统计指标已被社会各界所接受和使用。

执笔：李明清　鞠　华　审稿：崔振乾
责编：刘　恒

应用手写字符计算机自动识别技术的实践

贵州省统计局

1990年5月，经国务院第四次人口普查办公室审核批准，贵州省组织贵阳市、六盘水市和安顺地区的部分县采用重庆大学研制的计算机自动识别技术，进行第四次人口普查登记表的数据录入（简称光电录入）处理试点。先后经过舆论酝酿，试点报批，登记复查，集中编码，10%数据录入以及100%数据录入，汇总审核等7个阶段的努力工作，到1991年6月上旬为止，提前5个月圆满完成全部任务，经贵州省第四次人口普查办公室质量检查，达到国家规定的要求。此项技术经省科委组织鉴定，荣获贵州省科技成果二等奖。

贵州省经济文化落后，交通、通讯条件差，普查人员业务素质偏低，实施光电录入这一国内外较为先进的技术，工作难度大，任务十分艰巨，所担风险更大。试点地区统计部门，勇于探索创新，精心组织协调，首次运用新技术处理人口普查的大量数据并获得成功，不仅为加快新技术在贵州统计工作中的运用作出了示范，而且为全国在重大普查活动中推广和使用数据处理先进技术提供了经验。

一、使用光电录入，技术性能强、经济效益高

人口普查中，调查登记只需10天左右，但普查资料的数据处理往往需要1年以上的时间，其"瓶颈"在于落后的手工击键录入方式。采用光电录入技术，在技术指标、经济效益等方面均比手工录入优越。

（一）技术性能强。主要体现在两个方面：一是数据处理精度高。据贵州省普查办对各地数据录入进行的3次质量抽查结果表明，手工录入地区抽查的10 999人，总差错率0.28‰，年龄项差错率0.72‰，民族项差错率0.18‰；光电录入地区抽查的1 809人，均未发现差错。镇宁布依族自治县将光电录入处理的26.6万人的表格，再按手工录入重新处理，两种方式录入的结果与原始表核对，手工录入项目差错率0.17‰，光电录入项目差错率仅为0.084‰。无论是抽查还是大面积核查，其结果，光电录入处理数据比手工录入的精度更高。二是数据处理速度快。据试点地区8个月的工作情况看，1台光电机（不包括复录，且工作一班制）1个月录24万人，一个中等水平的录入员可录4万人，也就是说，1台光电录入机1个月所完成的工作量要相当于同时间内6个录入员的工作量。

（二）经济效益高。仅以处理1个500万人口地区的普查数据为例，在录入阶段，采用手工录入方式，需用录入人员43名，管理人员8名，对其培训90天，完成数据录入240天。采用光电录入方式，只需录入人员12人，比手工录入减少31人；管理人员6人，减少2人；对其培训3天，减少培训时间87天；完成数据录入65天，减少175天。将这些节约量换算成价值形态，光电录入所需经费比手工录入节省得多，成本耗费大大降低，由此带来的经济效益也相对较高。除此之外，由于光电录入处理数据速度快，能尽早提供出丰富的反映人口状况的大量数据，不仅能促进普查资料的开发运用，而且对社会经济发展所带来的效益是难以用价值来度量的。

二、使用光电录入技术的几点体会与经验

按照全国第四次人口普查办公室的部署，贵州省首次在部分地区运用光电录入技术处理人口普查的大量数据并一次成功。作为试点省区之一，在其工作过程中，体会深刻，经验也多，归纳起来主要有：

（一）领导重视和支持是前提。贵州省在试点过程中，国务院普查办、国家统计局计算中心多次给予大力帮助，特别是计算中心的同志调来原试点用的光电机给予物质支援，并进行业务指导，帮助工作。与此同时，贵州省、贵阳市、六盘水市政府积极支持，使得试点工作得以正常运行。

（二）科学管理是关键。要获取运用新技术的成功，不仅需要勇于创新的开拓精神，更需要严肃认真的科学态度。采用光电录入，在登记阶段要求普查人员注意保持表格的整洁；在编码阶段，要求编码人员对10个数据的书写必须规范化；在其他方面，如表的印制、笔墨选择等均要按规程办事，否则影响工作进程和质量。

（三）多方配合是基础。在省这一中间环节组织地市大范围的新技术推广工作，要注重协调好上下

左右方面的关系，调动各方面的积极性，把上级的要求与本省的实际结合起来，制定工作规划，明确工作规范，具体指导帮助，加强经验交流和督促检查，以此推动试点工作的开展。

(四)要冲破神秘观念的束缚。使用光电录入技术采用双机对比复录是十分必要的。但根据试验的结果，只要光电机稳定正常，录入一遍即可达到精度要求。如贵阳和六盘水两市在10%数据录入期间，在双机复录的279个村中，比较一次通过的有148个村，占80%，而未通过的，其主要因素是机器不稳定造成的。安顺地区录一遍经后处理未复录的数据，项目差错率为0.094%，100%复录比较修改后项目差错率为0.045%，两者都远低于国家规定的差错标准。

(五)要大胆改进工作方式。如使用光电录入，目前的编码工作采取完全由人工自查、抽查、互查，比较落后，特别是靠人工判断其字符的书写是否合格更难以达到理想的效果。我们认为只要加一个逻辑检查程序，通过光电机检查其编码以及字符的书写，省时、省力、效果好。

总之，贵州省在部分地区采用光电录入技术，闯出了一条路子，这条路子包括动员、组织、管理、协调物质、技术准备、设备维护、人员选调、培训、规则、方案、制度、质量检查、控制等各方面的具体内容和工作，并为短时间内，用国产高技术设备完成大规模数据的表格自动录入提供了典范。

执笔：**郝家伍、冯育毅**　　责编：**李天渊**

研制推行农村统计一套表的实践及效果

甘肃省统计局农村处

甘肃省研制农村统计一套表，始于1987年。经过多年的完善和提高，以一套表为核心的农村社会经济统计指标体系已经建立。通过一套表的研制推行，全省农村统计工作无论是在方法制度改革、基层基础建设和业务建设上，还是在发挥统计整体功能上都取得了显著的成绩。

一、加强了统计部门的综合管理职能，疏通了统计部门与业务部门的统计衔接渠道。多方伸手、数出多门、重复劳动、力量分散、制度方法不统一，是一套表要解决的关键性问题。从一开始我们就给予了足够重视，采取了部门共同协商、联合发文、政府统一发文强调部门关系等一系列措施，使这个问题的解决超出了一般性业务范围，也超出了前些年强调的基层网络建设范围。由于统计部门发挥了强有力的综合协调作用，使得全省各部门、各系统从上到下形成了纵横交错的统计信息网络，在统计工作上形成了良好的运行机制。

(一)乡镇企业统计纳入政府统计。乡镇企业统计作为农村统计不可缺少的部分，基本囊括了农村第二、三产业，多年来都一直未纳入政府的综合统计部门，在推行一套表时虽然也纳入了，但由于两家都伸手，未能从根本上消除数出多门、减轻基层负担、减少工作量等问题。自1989年起我们将乡镇企业统计全部纳入农村社会经济统计指标体系制度方法，由两家制定下发，统一指标口径、上报时间。乡镇及乡镇以下报表制度、调查表由乡镇企业局印发，并与县统计局共同布置，资料的搜集以乡镇企业为主，统计站统一把关，报县乡镇企业局，经专业审核汇总后，将基本情况表和主要财务表报县统计局，由县统计局录入、审核，上报统计部门。县、地、省统计部门汇总后及时提供给同级乡镇企业部门使用。乡镇企业统计的其它内容，由乡镇企业局系统上报。

(二)全社会的营林生产情况统计渠道作了必要的理顺。全社会的营林生产情况前几年一直由统计部门统计，而其中国营部分则由林业部门统计，长期形成脱钩和不配套现象。自1989年起，全社会和国营部分营林生产情况统一纳入一套表制度中共同下发，国营部分仍由林业系统统计上报，但经层层共同审核，严格把关，保证了资料的衔接完整。全社会营林生产情况在县以下共同布置、共同收集、共同审核，县以上由统计部门汇总上报，林业部门不再上报，各级林业部门所需资料均由统计部门提供。

(三)建立了农机管理部门和水产部门向统计部门报送报表的制度。1989年起，有关农机具拥有情况、现代化情况、渔业生产情况部分指标纳入一套表制度之中，共同布置、统计站统一审核、主管部门负责汇总，按制度方法规定报县统计部门。

我们经过近几年的工作，坚持一家伸手，统一制度，从根本上解决了数出多门，报表多乱等问题，充分发挥了统计综合管理职能，也进一步调动了业务部门的积极性。

二、为加强基础业务建设，制定科学的取材方法，搞准基础数据奠定了扎实的基础。一套表的内容涉及到农村社会、经济、科技领域的各个方面。有经常变动的指标，也有相对稳定的指标；有统计指标，也有会计指标；有以农户为单位收集资料的，也有以乡、县为总体抽样调查取得资料的。如何结合我们的现行体制，动用各方力量采用科学方法及时、全面地取得各项基础数据，是推行一套表的目的所在。这促使我们狠抓了以下几项工作。

（一）建立健全农村统计台帐。我省的农村统计台帐通过近几年的努力，已有较好的基础，但缺乏规范化、标准化。在推行一套表的过程中，全省各地都根据一套表的需要，统一制定了基层统计台帐，促进了农村统计台帐规范化、正常化。

（二）明确培训重点，抓紧基层业务培训。为了搞好基层统计人员的培训工作，我省联合西北五省区编写了以一套表为主要内容的《农村社会经济统计指标体系及其运用》一书，作为培训基层人员教材。各地就如何搞准一套表中的基础数据对基层人员进行了各种形式的培训，收到了良好效果。

（三）制定科学统一的取材方法。1989 年，省统计局与省级有关部门组成联合调查组，深入基层、调查研究，完善制度方法。特别是对联办、个体办企业、农机具折旧、农村固定资产、分乡村农产量、商品量、价格、单位物质消耗等有关指标的取材方法作了深入细致的调查研究，取得了较切合我省实际的取材方法，为搞准一套表中的数据奠定了科学依据。

三、巩固、完善、扩大农村统计信息网络，为推行一套表建立可靠的组织保证。为保证农村社会经济统计一套表及指标体系顺利实施，提高数据质量，提高整个农村统计工作水平，就必须为农村统计工作的良性循环和必备条件的改善创造前提，因而大力加强和巩固农村基层统计信息网络建设这一深化农村统计配套改革的课题摆在了全省农村统计工作者的面前。对此我省组织以农村处为主体、各方面的力量协同配合来抓此项工作。1990 年全省进行了农村统计信息网络建设大检查，通过检查进一步发现全省农村基层统计网络发展不平衡，有些党政领导对建立统计站的必要性认识不足，缺乏一套行之有效的对乡镇统计站和统计人员进行管理和约束的机制，有的统计站有名无实，制度建设不完善，系统化管理不配套，规范化建设很不够，在一定范围和一定程度上影响一套表的及时性、准确性，妨碍一套表作用的发挥。针对农村统计信息网络建设的这些问题，我们结合甘肃实际，做了以下几项工作。

（一）制定统一的系统管理办法。具体制定颁发了《农村基层统计信息网络规章制度》和《乡镇统计站达标升级考核办法》，以及《牧业县及半牧业县乡镇网络系统化管理办法》，把乡镇统计网络纳入到正常化、规范化的建设轨道。

（二）组织试点，取得经验，巩固完善，推动全面。为了使制定的乡镇统计站各项制度更加符合实际，并使《乡镇统计站达标升级考核办法》达到分类、分层指导，量化管理的目的，全省在酒泉地区进行了扎实、细致的试点工作。通过充分的准备，周密的安排，认真的检查验收，在酒泉地区统计处的努力工作下，这次达标升级试点工作达到了预期的目的，取得了很好的经验。为下一步农村统计工作的发展探索了努力方向。

（三）对农村基层统计网络达标升级进行了检查验收。省局《关于做好乡镇统计站达标升级验收工作的通知》发出后，地、州、市及时转发了通知，并成立相应的检查验收领导小组。各地坚持高标准，实事求是，严格把关，认真检查验收，使全省乡镇统计站建设进入了一个新的发展阶段。

四、信息、咨询、监督多方位、多层次提高了统计整体服务水平。一套表在全省推行并经过多年实践和完善，横向满足了国民经济各部门对农村社会、经济、科技各领域信息的需要，纵向满足了各级政府部门的决策和研究的需要。全省范围内各层次信息量达 730 万笔数据，分别贮存在省地两级的计算机数据库中，比原农业统计年报拥有的信息量大百倍以上。加强信息处理、反馈和提供，重点在于计算机的开发应用，近两年根据全省经济的发展，领导和有关部门的需要，设立了十余种提供统计信息模块。各地区也已在建立台帐的基础上，初步对提供统计信息资料，建立数据库作了尝试。并对地、县、乡各级统计分析资料从数量和质量上严格要求，认真把关，得到了领导和社会的好评。

维护统计数字的严肃性，如实反映农村经济发展情况，是现阶段统计监督的一个重要方面。由于我们有了一套系统的、严密的、科学的一套表及指标体系，从而为有效地发挥统计的监督职能奠定了扎实的基础。1990 年在全国范围内进行的“丰收杯”和“兴牧杯”评比活动中，我们对省有关厅局上报的参评地县资料认真逐一审核，有效地行使了统计监督的权力，并在省内各有关部门中树立起了很高的威信，产生了良好的效果。

五、开展定量、系统分析，提高了统计决策咨询水平。甘肃省农村统计工作在经过几年的努力和实践后，已基本实现农村统计“转轨变型”的阶段性任务。农村统计工作正朝着强化统计整体功能，提高决策咨询水平的方向迈进。1990 年 8 月份承担了省科委下达的“甘肃农业投入产出研究”课题。经过一年多的辛勤努力，终于完成了1989 年甘肃农业投入产出模型的建立和经济研究任务。在编制的 1989 年甘肃农业投入产出流量表（实物量和价值量二套）的基础上，利用计算机计算出实物量和价值量等共 18 种系数矩阵的资料。利用编制出来的 1989 年甘肃农业投入产出表对本省农业内部结构，农、林、牧、副、渔业之间的相互依存、相互联系，对种植业、畜牧业内部的规律，对农业投入产出效益及特点，对农产品供需平衡等方面的问题进行了有一定深度的定量分析研究。通过分析研究，对甘肃农业产业结构的调整方向、投入重点、农业及各业发展重点等提出了论点和建议；我们还利用投入产出模型对1995年和2000年的粮食产量进行预测；对甘肃省"八五"计划和"十年"规划目标中的农业总产值和粮食总产量进行定量分析和论证，提出论证意见；并撰写了课题总报告和7篇统计分析文章。

课题研究成果在1991年12月27日的农业经济投入产出成果鉴定会上通过了省级鉴定。由全国投入产出专家组成的鉴定委员会认为："课题提供的技术路线设计科学，结构合理。编制的1989年农业投入产出表和分析符合实际，有较强的实用性。"达到了国内同类课题研究的先进水平。部分成果已被决策部门所采纳。

开展定量分析、系统分析的源泉和基础是统计信息和大量的基础资料。农业投入产出表中使用的关键性总量控制指标，大量的分品种分部门的资料，大部分来源于一套表及由一套表加工后派生出来的资料。

一套表的推行为编制投入产出表提供了重要数据。反过来投入产出表的编制也是对一套表数据质量的检验。我们从国民经济运行的多个侧面和环节上可以看出农村社会经济指标体系中数据质量的问题和不足，从而为进一步搞好数字质量控制提供思路。例如：编制1989年农业投入产出表，我们对粮食中的产品产量、农村自留产品流量进行分析，从生产、流通、积累、消费四个环节入手核实，最终得到结果：1989年甘肃省粮食总产量为778.5万吨，比1989年年报数639.2万吨大21.8%。投入产出表的分析测算结果，使我们对甘肃实有粮食情况有了一个更为符合实际的定量认识，做到心中有数。这也得到了省里领导的高度重视。总之，从农业投入产出表的编制过程中，我们看到一套表在搞好定量分析和系统分析，发挥统计整体功能，提高参与决策的能力中日益显示出它的作用。

执笔：**李 强** 责编：**李天渊**

地(市)级统计工作典型经验

认真抓好街道的微机配备工作

北京市海淀区统计局

为了贯彻落实北京市统计信息自动化建设规划和市政府、市领导同志关于三年内本市乡镇、街道统计科全部配齐微机并先搞好试点工作的指示精神，市统计局确定海淀区为第一批试点单位。经过近一年的努力，海淀区统计局于1991年底为全区28个街道、乡统计科一次全部配齐了微机。为提高统计信息自动化水平，更好地发挥统计整体功能，打下了良好的基础。

一、积极抓好购机经费的筹集

配备微机首先面临的是筹集资金的问题，按照北京市统计局的要求，这次乡镇、街道统计科配备微机，经费由市、区(县)、乡镇各负担三分之一。根据这一原则，海淀区统计局在征得了区政府确认和支持的基础上，区统计局主要领导亲自下到各个街道和乡做宣传、动员，向其讲明这次全市统一配备微机的意义和目的，有的一个街道甚至跑上五六次。在广大乡镇、街道领导的大力支持下，在短短两个月时间里就筹集了56万元资金，加上市里拨给的28万元，共84万元。对于确有困难暂时一下拿不出钱的单位，区财政予以补贴。最后终于在市里规定的日期前将购机资金筹集完毕，使得这次配备微机有了资金上的保证。

二、努力抓好技术人员的培训

为了配合全市搞好配机工作，根据海淀区统计人员掌握微机知识的实际情况，海淀区统计局举办了全区28个街、乡统计科程序员参加的初级计算机知识培训班，各单位都选派了优秀人员参加学习，他们当中大专以上文化程度的有14人，高中文化程度的有14人。培训班上，区统计局局长周建华同志讲了话，强调了微机的配备与使用对统计工作的发展所起的积极作用和实现统计信息自动化的重要意义，鼓励学员们认真学习，尽快掌握微机操作技能，提高微机的应用水平，以适应统计信息现代化的需要。

海淀区统计局计算站的同志针对学员中50%以上的人从来没有接触过微机的具体情况，详细讲述了计算机基本知识，磁盘操作系统的常用命令，汉字的输入方法，以及汉字编辑软件的使用等项内容。结合上机实习，手把手地一个学员一个学员地进行辅导，直到大家都能很好地掌握为止。通过这次培训，取得了较好的学习效果。

三、认真抓好配机、验机工作

为了做好这次配机工作，海淀区统计局按照市里的要求专门成立了验机培训领导小组，由局长周建华同志亲自担任组长，全面负责这项工作。为使各乡镇、街道能够熟悉机器性能，保证配机后尽快开展统计业务，市统计局及时在海淀区举办了乡镇街道第一期微机配机验机培训班，各单位都积极参加了学习。

结合验机配机工作，海淀区统计局制定了完整的培训计划，挑选了若干名业务骨干担任辅导员，实现了5名学员配备一名辅导员的要求。在教员、学员、辅导员的共同努力下，用了短短的8天时间，完成了28台微机显示器、键盘、鼠标器、小键盘(数字键盘)和28台彩色打印机的逐一开箱验机工作。学习了计算机硬件设备、打印机的基础知识、设备的安装操作、日常维护保养和使用注意事项等方面知识。这次配机工作做到了领导重视，组织严密，效果明显。

海淀区的微机配备工作圆满结束了，迈出了实现统计信息现代化的第一步。目前国家统计局推广的SARP软件和工业48项指标的月报录入工作已经在乡镇配备的微机上开始运行，第三产业普查的数据录入工作也将使用这些微机。海淀区统计局计划1992年要实现三分之一以上的街、乡同区统计局的微机联网，在两年内全部实现联网。

执笔 **张广智** 责编：**徐晓海**

抓住重点　充分发挥统计整体功能

山西省临汾行署统计局

临汾行署统计局紧紧围绕统计的三大职能，在搞好多层次、多环节、全方位的服务上狠下功夫，推动了统计工作水平的提高。

一、优化统计信息职能，大力加强统计资料编辑出版工作。为了增强统计信息透明度，扩大信息发布量和辐射面，使统计信息成为社会共享的财富，行署统计局在加强同新闻单位联系，利用各种新闻媒介发布反映全地区经济建设和区情的新闻稿件的同时，积极创办了《临汾统计》、《经济形势》、《统计信息》、《临汾地区统计资料提要》等8种刊物，编辑出版了《临汾四十年巨变》、《“七五”临汾经济》和《山西省第四次人口普查手工汇总资料(临汾分册)》等3本大型资料书。所有这些都为人们认识临汾经济的发展提供了依据。

二、深化统计咨询职能，认真开展投入产出研究应用工作。为提高统计咨询水平，临汾行署统计局应用投入产出技术，解决了许多传统统计方法所不能解决的问题。《临汾地区1987年投入产出模型编制及应用研究》首次揭示了全区两大部类的比例关系和按产品部门划分的农、轻、重比例关系，搞清了产业关联等重大问题。借此模型，行署统计局就全区产业结构、产品结构、经济发展因素等9个重大问题进行了深层次的定量分析和预测，提出了许多宏观经济管理方面的建议，其中一些建议被地区制定“八五”计划、十年规划所采纳，受到了地区领导和用户单位的高度评价。副专员侯建华称赞该模型“使我们进一步认识了临汾、了解了临汾。”由国家统计局张塞局长任主任的鉴定委员会认为：“该成果达到了国内先进水平，并在劳务调入、流通费用的技术处理等方面居国内领先地位。”1991年9月，该成果经全国统计科学研究成果奖励委员会评审，被评为全国统计科学研究获奖成果。

三、强化统计监督职能，积极承担全区农业生产成果考核工作。为了推动农村经济的全面发展，临汾地区从1989年开始推行统计考核制约机制，由地委、行署授权统计局全面考核农业生产主要成果，用来考核评价下属各县(市)领导班子的政绩。所谓统计考核制约机制，就是在实行经济责任制的同时，由上级政府统计部门代表政府，采取以抽样调查为主，其它调查为辅的办法，对下级政府主要经济指标完成情况的上报数进行核查，并以调查结果作为考核下级政府政绩的主要依据。为了保证考核任务的顺利完成，行署统计局在全区组建了地、县两级农村社会经济调查队，制定了一整套行之有效的考核制度和方法，取得了客观的数据。据此，地委、行署对各县(市)主要党政领导进行了奖惩，增强了领导决策的科学性，促进了干部使用的合理性和社会风气的好转，焕发了各级干部的责任心和事业心，进一步推动了农村经济的发展。经过三年多的实践，统计考核制约机制已取得初步成效，较好地解决了统计监督软弱无力的问题，大大增强了统计监督的有效性，统计的社会地位显著提高。

责编：**徐晓海**

承担目标管理考核 发挥统计监督职能

内蒙古巴盟行署统计处

为了保证以经济建设为中心，改革行政管理方法，转变领导作风，提高管理效益，内蒙古巴盟行署从1987年开始，在全盟各级全面推行了目标管理责任制，并把考核工作交由统计部门独立承担。实践证明，承担对目标管理的统计考核，从根本上扭转了统计监督软弱无力的状况，使多年来统计部门千方百计想要解决，但又一直苦于无方的这一重要问题得到了解决。

一、使统计监督由弹性监督变为刚性监督

多年来，统计监督落不到实处，有些统计违法事件即使被发现、被揭露，也难以处理，使统计监督在很大程度上有其名而无其实，缺乏应有的强制性。承担目标管理考核以来，由于考核结果与责任单位及其领导者的政治荣誉、经济利益直接挂钩，其奖金、晋级处罚都由考核结果决定，所以对考核结果谁也不敢等闲视之。这对维护统计数字的严肃性、真实性不但起到了保障作用，而且也树立了统计部门的监督权威。目标管理考核前，统计部门对有关部门用领导机关发文否定按国家统一口径进行生猪死亡率统计毫无办法，只能听任两套数字在社会上并行。实行目标管理考核后，统计部门借助于统计法规，据理力争，不仅维持了统计考核结果，而且使发文机关否定了原发的有关文件，使统计监督具有了明显的强制性。统计部门在考核中发现，近年来巴盟农业生产连年丰收，而商品油料的收购却不够理想，其重要的原因之一是一些业务部门为了追求行业利益，不能共同做好收购工作。巴盟统计处及时向行署反映了这一情况，并提出了具体的改进建议，使统计监督通过行署采用的行政手段得以实现，发展成为一种刚性监督，1991年全盟油料收购达到了最好水平。统计数字难要、报表难催这是统计部门和其他业务部门之间长期存在的一个问题，实行目标管理考核以后，对不能按要求报送报表的责任单位，采取了扣发奖金的惩罚措施，使统计报表的时效性明显地增强。

二、使统计监督由间接监督变为直接监督

传统的统计监督，实质上是一种间接的监督，往往不能及时地达到改进管理措施的目的。承担目标管理考核以后，要求统计考核必须服务于各责任单位及全盟各项目标的全面完成，这就对统计工作提出了更高的要求，那种单凭报表来了解各部门的情况，只管发现问题而不管是否解决了问题，不管不恰当的工作措施是否得到了改进的间接监督，已显得远远不够了。为此，统计部门根据各责任单位所承担的目标的内容，经常深入各部门和基层调查研究，了解报表所反映的各种问题的实质及其原因，从而对本地区经济、社会运行情况有了更全面、更客观的了解，在向领导机关报告的同时，也向各责任单位反馈，并提出改进建议，使各责任单位的工作措施得到及时的修正。有时还用强制性手段，促使责任单位改进措施，以提高管理的经济效益和社会效益。正如许多责任单位所讲的，“现在我们的一举一动都在统计部门眼里，功过是非、奖励惩罚，都由统计部门说了算，使我们真正体验到了统计的监督作用”。

三、使统计监督由事后监督变为对全过程的监督

传统意义上的统计监督是通过对各部门成果的统计，发现存在的问题，这种监督对本期工作措施的改进和优化不起什么作用，只能作为下一期工作的借鉴，只能是事后监督。随着经济建设步伐的加快，这种事后监督已不能适应新形势的要求。对目标管理的统计考核，由于实行的是跟踪考核，所以使得原来对管理结果的统计，发展成为对管理全过程的监督。从目标的分解落实直至目标的完成，以及实施过程中所采取的措施，全部纳入考核内容之中，发现问题及时反馈、及时提出合理建议、及时修正措施，使完成目标的保证程度大为提高。例如建设“吨粮田”、“小麦千斤田”等，是巴盟地区为提高粮食亩产所采取的农业科学技术攻关项目。为了加强考核，统计部门在播种之后，就对农技部门确

定的攻关地块，逐块建档登记，对生产资料的投资、农业技术的实施等，进行跟踪调查，农作物收割时再进行产量测算，最后得出目标是否完成的考核结论。这种考核办法，使得承担目标的责任单位，时时感到统计监督的存在，任何一个工作环节上出现纰漏，都会在考核中被发现，整个工作过程都处于统计监督之下。变事后监督为对全过程的监督，无疑给统计部门增加了工作量，但使统计监督的效益大为提高。

四、使统计监督由局部、抽象的监督走向全面、具体的监督

多年来的统计监督，主要是着眼于经济活动领域，对社会活动领域关注极少，即使对经济领域的监督也不是很全面的。而且这种监督不是具体针对某个单位或某个个人，只是对全社会而言。因此，这种监督既是局部的，又显得很抽象，监督效果自然也是很微弱的。对目标管理的考核，因为是一种全方位、分层次的考核(即所有纳入目标管理体系的责任单位都要接受考核，各级统计部门都要承担考核任务)，所以，首先使统计监督的范围扩大到了经济、社会活动的各个领域，真正实现了对党的路线、方针、政策、国民经济和社会发展计划、统计方法制度的全面监督。例如对审计工作质量、医风医德、警风警纪、工商管理人员的工作作风的监督等，都是统计工作过去所从未涉足的领域。其次，使统计监督有了具体的对象，某项目标落实到某个单位，该单位及其领导人就成了被监督对象。而考核结果又直接关系到他们的荣誉，使他们感到统计监督是一种实实在在的监督，从而增强了工作的责任感和紧迫感，提高了工作效率和效益，也使统计监督的目的和意义得到了较为充分的实现。例如巴盟统计处在1990年的目标管理年终考核中，发现某单位多报利润370多万元，在1991年的年终考核中，发现另一责任单位多报亏损近1 700万元，这些都是在考核中通过核查会计账目暴露出来的。这些问题要是在过去，统计部门是难以发现的，或者发现了也是难以解决的。但是现在不但很快被发现了，而且盟统计处要求他们作了检查并及时予以纠正。在这一年的考核中，还发现某单位的统计报表有问题，通过反复核实，原来该单位没有完成目标而编制虚假报表，企图骗取荣誉和利益。查实之后，在全盟目标管理兑现大会上，宣布给该单位主要领导人以扣发一个月工资和全年奖金的处罚。这种监督无论是内容还是效果，都是前所未有的。

执笔：**张兆仁**　责编：**徐晓海**

依靠改革推动统计事业发展

长治市统计局

近几年来，长治市的统计工作，坚持以面向社会经济发展客观需要为目标，通过不断改革统计传统的管理体制，调整和理顺统计数字来源的管理渠道，转换政府统计工作内部机制，使统计数字质量进一步得到提高，统计整体功能进一步发挥，开创了统计工作的的局面，写下了精彩的篇章。长治市统计局曾先后受到国家统计局、山西省人民政府、长治市市委、长治市人民政府等各方的表彰和奖励。

把农村统计改革进一步引深

长治市的农村统计改革起步较早，1983年长治县王坊乡就成立以乡镇统计员为主的松散型统计办公室，吸收了林业技术员、农业技术员、水利技术员、计生员等成员，及时适应了农村经济体制改革带来统计资料来源渠道的变化需要，并为全市乃至全省、全国农村统计工作改革转轨定向，成立乡镇统计工作站配备专职统计人员探索出一条成功之路。但是，随着农村经济改革的进一步深入发展，社会各个部门对农村统计信息的需要，不仅仅是对农业生产的最终结果而是要对农村经济生产、流通、消费等方面了解和掌握宏观信息，原来已经建立起来的那种农村松散型统计管理体制、农村统计靠报表的全面统计很不适应于也无法满足于社会各方面的需求。为此，长治市统计局首先在认真总结前几年农村统计改革经验的基础上，再度找准农村统计工作薄弱环节与改革方向，在大力扩展农村统计信息兼容量上进行了这方面的体制改革。从1989年起，长治市统计局对农村统计改革以增设农村经济调查机构为突破口，先后新组建市级和县级8支农村经济调查队，基本上每个县区都有一支农调队，新增加农产调查点800多户，逐步完善了农村统计功能，构成了一个覆盖于全市的国家、市、县三级属有管理的相互补充、验证的农村经济统计调查网络，将农村全面统计与抽样调查两者有机地结合起来。市、县两级组织农村经济调查点是一种紧密结合的农村双层统计运行机制，它使农村统计数字质量加以分级控制、验证和使用，特别是一些社会灵感性比较强的数字如粮食总产量、农民人均纯收入质量都有了较大的提高。1991年又把

农村统计改革的触角再一次地伸向各乡镇统计工作站，各县区统计局根据各个乡镇的具体实际情况，分类指导，把一部分条件已经成熟或基本上具备条件的松散型统计工作站转为实体型统计工作站，再新增加一名统计专职人员。象黎城县、襄垣县县政府发文一步到位把所有乡镇统计工作站全部转为实体型，分别由8个部门管辖人员组成，工资、编制、组织管理全部划拨给由县统计局掌握，实行垂直领导下的乡镇委派制管理办法，500人以上的村委会都配齐了1—2名专职或兼职统计人员。

这些深化农村统计改革的措施，都是紧紧围绕农村经济建设发展的主战场展开的，在扩大农村经济统计范围和内容上，变以往“等米下锅”为“找米下锅”，农村统计规模和水平逐年提高，统计数字质量和服务水平也明显提高，出现县、乡、村统计人员增加，综合协调能力增强的良好局面。目前，县级统计机构新增加人员34名，乡镇统计工作站统计人员186人，村委统计人员244人。

完善城市统计网络建设

实践证明，改革能解放生产力，促进生产力的发展。社会经济统计作为生产力的一个组成部分，也只有通过改革才能求得自身的发展。长治市统计局抓住千载难逢的改革机遇，在深化城市统计网络建设的整体配套改革上进行大胆尝试，把农村统计改革的成功经验和做法引入城市。针对城市街道办事处已经由过去单纯行政事务管理转向开办工业、商业、服务业等的经济行政混合型单位，各种所需统计报表没有人具体负责和管理，成为社会经济统计环节上的一个被遗记的角落。长治市统计局从1989年起，经与各方多次协商在城区、郊区13个街道办事处陆续建立了松散与实体型并举的以农村统计工作站为模式的街道统计工作站及城区村委农工商联合公司的统计工作站，配备了专职统计人员，城郊两区人民政府增拨经费和编制。建站以来，街道统计工作站在不断完善、提高的基础上很快进入统计“角色”，并使街道的各种统计资料实现了档案化，各项主要经济指标表示实现了图表化，统计工作实现了规范化，统计服务也初步实现了优质服务化，受到街道领导和区委、区政府的表彰。城市统计工作中这一个承上启下街道统计工作站的改革，使街道统计与郊区统计的“断头”被连接成纽带，组成一个城市统计信息网络，由此也带动和促进了城、郊各区的统计工作迈上一个新的台阶。

强化部门和企业统计工作

部门与企业统计是政府统计工作中一个重要组成部分，其统计基础工作建设程度的好与坏直接关系到整个统计工作的发展。因此，部门与企业的统计工作改革也是统计管理体制改革上一个不可缺少的环节。1989年5月份长治市统计局在全市部门与企业开展“四化”(统计工作规范化、统计资料档案化、统计指标图表化、统计服务监督经常化)达标活动，1991年10月份又选择了统计工作起步较高，统计参与企业管理、决策等方面较为突出的大型企业清华机械厂作为全市部门和企业学习的榜样，专门组织各部门、各企业统计负责人在清华机械厂召开现场会，进一步推广了该厂的经验和做法，靠典型引路再次有效地推动了部门与企业统计工作基础建设向纵深发展。根据各自本部门企业的实际情况，从有利于部门企业统计工作、促进生产力和提高经济效益出发，将部门企业统计改革不断深化，主管部门和大中型企业组建单独的统计机构，小型企业配备持证上岗的专职统计人员，建立健全了部门企业统计岗位管理办法，从而避免了企业内部改革减少或削弱企业统计力量，基本上形成了一套比较可行的对部门企业的统计机构与人员管理的方案，并由长治市人民政府写入《关于加强统计工作的决定》条款里。1991年9月份长治市人民政府办公厅发文，在全市乡镇企业中开展了实现统计“四化”达标活动，市政府组织有关人员到搞得比较好的襄垣县王桥镇企业、村企业进行统计基础工作建设参观学习，以促进全市各乡镇企业的统计基础工作建设蓬勃展开。这些统计工作管理的改革都有效地使部门、企业统计与政府统计工作之间的联系更加密切、主动。

几年来，长治市统计事业依靠改革取得了前所未有的成就，得到了市委、市政府的重视和支持，得到社会各界的赞誉。从1988年起市政府对统计事业的财政投入及用于现代化办公设备的拨款已超过100万元，使统计整体功能的作用在为经济建设服务的过程中日益显示出越来越重要的作用。各级领导对统计的认识也在逐步深化，统计改革已经具备了一个良好的社会环境。我们决心不失时机地抓住机遇，迎接挑战，靠改革给统计事业插上腾飞的翅膀，为建设具有中国特色的社会主义统计事业做出积极的贡献。

执笔：**张传春　周卫平**　责编：**徐晓海**

深化统计改革 为地区经济服务

本溪市溪湖区统计局

随着改革开放的深入发展，本溪市溪湖区经济建设发生了深刻的变化。为使统计工作在社会经济发展中起到应有的作用，溪湖区统计局按照国家统计局的统计改革思路，在省、市统计局和区委、区政府领导下，不断进行配套改革，使全区统计工作体系完整、科学，统计整体功能有很大发展。

一、改革的措施

溪湖区统计管理实行的是集中垂直领导的体制。经区委、区政府批准，把区级行业管理部门的统计职能转移到区统计局，由区统计局直接对乡、镇街道办事处和区属企事业单位实行汇总后，统计局通过印发《统计信息》的方式向有关领导和部门提供服务。乡镇建立统计办公室，是乡镇政府的职能部门，独立开展工作，并对村委会和乡镇级直属单位实行垂直管理。在街道办事处设立综合统计组，其职能同乡镇统计办公室相似。在区属企业建立综合统计机构。对统计队伍管理，实行定岗、定员、定人、定职的"四定"管理办法。统计局根据工作需要，与所属单位协商后确定所属单位必须承担的统计工作任务和必须设立的统计岗位，下发"统计组织建设呈报表"，要求所属单位按任务设岗、定员，并确定人选，报区统计局审核认定后由区统计局向单位发出"统计工作设岗定员通知单"，并建立责任制，使队伍建设纳入了行政和法制轨道。

为了更好地为社会经济发展服务，溪湖区统计局实施了以一套表为中心的方法制度改革，对工业、物资、劳资三个专业的17张定期报表进行分组，优化组合制定出4张报表，即：生产销售月报、职工人数及个人收入情况月报、净产值与财务指标月报、物资收支与库存月报。这4张报表较原17张报表相比，基层只填当月数，大量核算指标、重点指标以及历史指标由统计局在已报过的资料中进行提取核算。报表经加工后，具有满足上级统计部门要求定期上报的22张报表和地区经济管理需要的综合能力。这项改革不久被列入省统计局试点计划和本溪市软科学研究项目，而且也是全国首次在一个地区成功运行一套表的新尝试，打破了国家不动，地区就无法改革的说法。试验成功以后，经省统计局、本溪市科委鉴定，认为：该项改革对实现统计基础工作规范化，统计指标体系完整化的目标是一个推动，为县区统计应用电子计算机技术展示了广阔的前景，为县区统计体制改革和其它配套改革提供了比较清晰的思路，具有普遍的指导意义。并获本溪市科技进步二等奖。省统计局在充分肯定的基础上于1990年在省内10个县区扩大试验，又于1991年在30多个县区进行试验。为国家一套表试点工作首次提供了有参考价值的在一个地区取得成功的实例。

为了实现计算手段现代化，溪湖区统计局建起了计算机室，配备了2台286型计算机。自己动手建立起一套表数据管理系统。为增强计算机处理的数据面和综合能力，为全区各单位编制了单位代码、行业代码、主管部门以及有关专业数据处理代码，这些代码在区内各级统计机构以及各专业之间通用，提高了计算机数据加工和分析能力。这些措施办法使计算机应用有了突破性进展，实现了对全区乡街以上全部企业数据进行超级汇总。

二、改革的效果

(一)突出了统计部门的整体作用和权威性。统计局直接对基层开展统计工作，解除了行业主管部门对数据的调整权，煞住了不少不正之风。统计人员直接接受统计局指导，提高了地位，方便了工作。新报表制度逻辑关系强，数字以及表式之间联系紧密，通过计算机进行综合检查，能发现企业内部核算不协调等问题，使深层次的检查经常化、现代化。统计部门用新报表制度开展统计法大检查，使检查监督内容延伸到企业综合经营情况，突出了统计部门对经济管理的整体作用和权威性。

(二)提高了效率，强化了信息功能。新制度把各专业协调为一个系统，对基层进行统计调查、搜集资料，内容不重复，口径、范围、标准完全一致。以4张表为例，比原来少设60个重复指标，少核算80多笔数字，可减轻基层工作量20%以上，很受基层欢迎。报表数字呈系统性、规律性，各基层单位报表都存入计算机，建成了系统完备的数据库，可满足各种数字查询、加工、分析、处理需要，充分体现了信息功能。统计局用计算机对4张表重新组合分类，很快加工出上级要求的报表和区内经济管理需要的有关综合分析资料，不但减轻手工汇总工作量，而且可以消灭多次传递数字时产生的差错，各专业报表和区内综合分析出自一个报表系统，并由计算机自动检查，改正逻辑差错，消除了各专业数字之间的矛盾。

(三)有利于提高统计分析水平。改革后基层基础资料高度集中，使分析服务面宽且灵活。统计报表按企业经济运行规律设指标，能系统地反映企业的产、供、销，人、财、物。当某个表种用机器进行数据整理时，相应的专业分析和综合分析指标就已加工完毕，因而能及时提供给区级领导，使深层次服务制度化、经常化。两年内为领导提供内部参考资料800余份次(不包括正常发布统计信息)。这些资料系统性强、质量高、速度快，特别受欢迎，成为各级领导下基层检查指导工作必不可少的资料，真正实现了统计工作“准确、及时、全面、方便”的八字方针。

(四)统计基础建设得到加强。报表取消专业界限以后，由综合统计员统一对上报表，基层统计人员的综合业务水平在日常工作中得到提高，报表把生产量值统到一张表上，使企业加强了对台帐的管理。打破专业界限以后，统计局工作人员专业知识面加宽，综合能力和计算机应用能力得到加强，工作中互相辅助，有利于发挥整体作用。同时，也为统计工作今后深化改革奠定了基础。

执笔：**程指军** 审稿：**张本勃** 责编：**徐晓海**

开展统计执法大检查 开创统计工作新局面

公主岭市统计局

1989—1991年，公主岭市统计局在市委、市政府及上级统计部门的领导下，对统计法规执行情况进行了三次较大规模的检查，共检查了913个单位，对286个违反统计法规的单位和5名个人进行了处罚。通过检查，增强了依法统计意识，提高了统计部门的声望，推动了统计工作全面开展。在四平市统计局组织的统计工作竞赛活动中，公主岭市统计局连续3年荣获第一名，多次在全省统计工作会议上进行大会发言，并被评为全省先进执法单位。

一、提高认识，坚定信心

《吉林省统计管理条例》颁布后，针对统计执法人员存在的怕得罪人，走过场和认为统计法是个“软”法的思想，公主岭市统计局始终把学习文件、提高认识、坚定信心作为搞好检查的关键问题来抓。并着重从3个方面提高对大检查的认识：一是从统计数据现状看开展统计执法检查的迫切性，增强紧迫感；二是从统计部门的职责看开展统计执法检查的重要性，增强责任感；三是从法制的总体要求看开展统计执法检查的必要性，增强权威感。从而认识到，虽然现在统计工作不断得到加强，但依然存在着以数谋私现象。有的领导为了得到上级重用、提拔、晋级或奖励，在重要数据上拍“脑门子”，骗取个人荣誉。如果不查处虚假、瞒报、篡改、伪造统计数据行为，不但使基层单位以数谋私的问题得不到制止，而且会使虚假数字通过统计部门而合法化，给领导科学决策带来影响。

二、明确界限，端正态度

(一)针对在检查中可能遇到的问题，提出需要正确处理的“七个关系”，使检查人员有章可循。一是认真检查与走过场的关系。统计执法检查事关重大，检查成功了，会促进各部门重视和支持统计工作；检查失败了，对统计部门和统计工作更加不利。因此只能认真检查，不能走过场。二是正面经验与反面典型的关系。统计执法检查是对全市统计工作的一次大检阅、大推动，不仅仅要检查问题和违法行为，更重要的是总结好经验，给予表扬和推广。三是职能监督与法制监督的关系。对于统计机构不健全，统计人员是否持证上岗，统计台帐是否完整等属于职能监督的，不能视为违法行为，要给予指导，一般不予处罚；对虚报、瞒报、篡改、伪造等以数谋私的，作为检查的重点，必须查个水落石出，一追到底，坚决给予处罚。四是一般数字质量问题与违法行为的关系。主要作到三个区分，即区分计算失误与人为造成的数字质量问题的界限；区分迟报、因故某次未报与拒报的界限；区分虚报、瞒报与伪造篡改、以数谋私的界限。五是处罚与不处罚的关系。对有违反统计法规行为的单位是要处罚的，但不是为了处罚而检查，目的是进一步实行以法监督，以法治数，把统计工作真正纳入法制轨道上来，树立并坚持实事求是的原则，对于虚报、瞒报、伪造、篡改统计数字的必须处罚，不能手软，做到有法必依、执法必严、违法必究。六是多罚与少罚的关系。凡是应罚款的单位和个人，前提是事实清楚，证据确凿，并根据情节轻重进行处罚，罚款额度为300—3 000元，重点是处罚单位，一般不处罚个人；对亏损企业及社会福利性企业给予照顾，一般不采取罚款的办法；对自查出来的问题并写出自查报告的从轻处罚，被查出来的一定从严处理。一句话，要做到宽严适度。七是自身建设与完成任务的关系。统计法规检查是一项十分重要的工作，要做好这项工作，必须加强自身建设，每个检查人员要有过硬的本领和作风。

(二)对在检查中可能出现的问题，规定“五不准、五坚持”，对参检人员提出了具体要求。一是不准走过场，坚持按要求认真检查。二是不准感情用事，坚持违法必究的原则，不能因人而异，因接待好坏而异，坚决做到以事实为依据，以法律为准绳，既执法，又守法。三是不准个人说了算，坚持民主集中制的原则，是否处罚，处罚多少，一律经过检查组集体讨论。四是不准大吃大喝，坚持为政清廉的原则，在市区检查，不准在被检单位就餐。五是不准留后遗症，坚持一事一结。

(三)在检查过程中，加强指挥调度，发现问题随时解决。检查中规定，参加农村检查，远离机关的，遇到困难或问题要及时与局里沟通，局领导或与检查组共商解决办法，或赶赴现场帮助解决难题。对在市区检查的，要求参检人员定期或不定期回局汇报，掌握进度，了解情况，交流经验，发现问题，纠正失误。每年的检查，这样的汇报都进行多次，从而保证了检查的顺利进行。

由于在检查中摆正了"七个关系"，做到"五不准、五坚持"，勤于调度，及时纠正偏差，使检查人员有所遵循，在检查中按照"工作要细、事实要清、定性要准、执行要严、处罚要当、作风要廉"的要求开展工作，不但使被罚单位和个人心悦诚服，而且参检人员都能严格要求自己，不徇私情，不感情用事，树立了良好的执法形象。

三、精心组织、依法查处

为了搞好统计执行情况检查，公主岭市统计局采取了如下措施：

(一)充分准备，胸中有数。首先，局内各专业人员深入基层调查研究或召开座谈会，选准"突破口"；其次，制定检查方案，明确检查范围、内容、方法步骤；第三，向领导汇报，取得市政府支持或以市政府名义下发文件，增强检查的权威性和影响力；第四，组织好检查队伍，抽调各级统计业务骨干组成检查团；第五，印刷好各种法律文书和有关用品。检查前，在思想上、组织上、方法上、物质上做较为充分的准备，打有准备、有把握之仗。

(二)结合实际，搞好培训。培训好检查队伍是搞好检查的组织保证。一是统一培训，由主管统计工作的副市长做动员报告，对参检人员和被检单位提出明确要求，统一思想认识，强化执法意识。二是分专业培训，由局农业、工业、财贸、劳资和建筑业等专业统计人员讲业务课，明确检查的指标、方法、时间等问题，重点搞清楚检查什么，怎样检查两个问题。三是对参检人员分专业单独组织，对本专业的理论和实际问题深入研究探讨，并搞好战前练兵，进行实际试检。然后找出症结所在，抓准检查的要害，人人献计献策，共同制定检查实施计划。四是合理配备专业人员，组织检查小组，保证每组5—7人，以便于工作的开展。

(三)统一指挥，灵活掌握。在市政府的领导下，统计法规执行情况检查团在组织方法上，实行统一指挥分线作战，即把整个检查团分成农业、工业、财贸、建筑业四条线，每条线均由专业科长和专业人员担任"线长"或"副线长"，以便发挥专业人员的作用；在检查顺序上，采取分线推进，一线一段，和线自为战，战则到底的方法。农村分五片单独进行，其他专业则采取了灵活多样的方法进行检查。1990年采取集中所有检查人员，先检查工业，工业结束后转为财贸，财贸结束后转为其他专业，即一条线一条线地分段进行检查。1991年在总结了正反两方面经验的基础上，针对重检单位和新检单位并存的特点，采取了按专业组织检查组，工业组只检查工业企业，财贸组只检查财贸企业，线自为战，不搞交叉，一查到底。在处罚上，做到区分情况，灵活掌握，凡是违法事实清楚，被检单位没有异议的，罚款一律当场兑现，有现金的给现金，没有现金的给支票，银行没钱的，支票只填金额不写日期，待有钱时再填上日期支取。遇有异议的当即由复查组进行复查，并作出结论，做到检查结束，罚款收缴结束，有效地避免了赖帐或说情等较为棘手问题的发生。

四、检查推动了统计工作的全面开展

(一)增强了统计工作的法制观念。统计法规执行情况大检查，是一次统计法规的再宣传、再普及、再贯彻、再落实，提高了有关人员学习统计法规，遵守统计法规，执行统计法规的自觉性，初步形成了以法治数的小气候。在检查中，边检查，边宣传，边处罚，一些按需报数的决策者受到触动，授意者不敢了，乱报者不干了。通过统计执法情况大检查，提高了统计部门的社会地位，也给基层统计人员鼓了气，撑了腰，消除了自卑感，增强了自信心，从而为建立以法监督统计工作的机制提供了条件。

(二)推动了统计工作的基础建设。主要表现是：①机构建设、人员配备得到了加强。通过检查，市区有5个单位自动建立了统计机构。城区企业新配备综合统计人员44名；农村413个村普遍配上了专、兼职统计员。②重视统计工作的意识不断增强。通过几次检查，使企业领导更加了解统计，更加重视和支持统计工作，积极安排统计人员参加各种培训班学习。③统计业务基础建设进一步完善。一些未设立统计台帐的单位，纷纷到统计局购买台帐。一些基层单位过去迟报现象现在基本没有了。

(三)提高了统计干部执法业务素质。通过统计执法情况大检查，进一步提高了统计人员的业务素质和执法能力。每次检查，参检人员不仅熟悉本专业业务，而且对其他专业的主要部分也必须了解和掌握；不仅要熟悉统计指标，还要掌握统计指标和财务指标的关系。肯定地说，通过检查，多数同志成了统计工作的多面手，普遍达到了会检查、会执法、会处理。

责编：**徐晓海**

改革指标体系　向生产经营型统计转变

无锡市统计局

建国40多年来，我国工业进度统计一直沿用以不变价工业总产值计算的发展速度为核心的工业生产统计指标体系，这在过去的管理体制和价格体制下是能够基本反映工业生产发展的实际情况的。但是，随着改革开放的不断深入和经济运行机制的变化，现行的工业统计和考核评价办法越来越不适应计划经济与市场调节相结合的新经济运行机制和加强宏观调控的需要。1988、1989年无锡市统计局在数据质量检查和大量调查研究基础上，向市政府报告、反映了工业总产值统计及运用该指标中存在的问题，市府采纳了“工业总产值不宜作为考核指标”的建议。1990年市统计局与市经委联合制发28项工业企业经济指标月报，目标管理考核也逐步转向以销售收入为核心的指标。1991年市领导下决心切切实实地把经济工作转移到以经济效益为中心的轨道上来，8月在全市工业系统率先出台了新的经济指标体系及考评办法。

一、工业经济效益指标体系的内容及特点

围绕反映产出水平、经营水平、效益水平、发展水平，建立四大总量指标和五个相对(平均)指标，组成了新的工业经济效益考核体系，包括销售收入、工业净产值、利税总额、资产增加额、产销率、资金率(全部资金)、产值利税率、全员劳动生产率(以净产值计算)及全部流动资金周转天数等。

新考核指标体系的核心是全面、及时地反映工业经济效益状况，其最重要的特点(或突出的作用)是对经济工作和工业发展具有很强的指导性和导向性，引导与激励企业依靠技术进步，开拓新产品、调整结构，以尽可能少的投入，获得尽可能多的产出，不断提高经济效益水平。此外还具有这样几个特点：(1)淡化产值。工业产值再次不列为考核指标；(2)注重增值。将工业净产值和资产增加额首次列入考核体系；(3)强化销售。产品销售收入作为新指标体系的首要指标，并且还单列了新产品销售收入和出口商品供货总额两项子指标；(4)重视考核全部资金运行状况。鼓励用尽可能少的资金，获得尽可能多的效益；(5)具有较强的时效性。销售收入、利税总额的统计公布时间提前到次月6日，全部经济效益指标的公布时间提前到次月14日，改变了以往次月下旬才能提供资料的状况；(6)范围扩大。工业经济效益指标考核公布至乡及乡以上工业企业，月度统计范围扩大至村及村以上全部工业企业。

二、主要做法

围绕“运行畅通、反馈及时、考核检查”，主要抓了以下几项工作：

1.动员发动。全市动员，层层发动，统一认识，贯彻落实市政府文件精神，努力做到从思想上到具体工作上实现生产型向生产经营型的转轨。

2.加强协调。全市成立了由主管工业市长领导的以市经委、市统计局为核心的综合部门协调小组，前后召开协调会议5次，随时磋商与解决运行中出现的矛盾与问题。

3.提前结算期。为适应改革需要，满足领导对资料的时效性，企业各类核算的结算期作了相应的改革，月度结算截止期提前至月前25日(年度结算仍为12月31日)，同时将企业内部三大核算与传统管理方式作了调整与变更，使企业内部统计、会计、业务等三大核算的结算期一致。

4、精简表式。鉴于经济效益指标均寓于原经济指标体系之中，故新考核指标体系不制发新表，而在原表式中稍加修改，并全部采集原始(绝对量)指标，相对(平均)指标由市统计局采用计算机生成，全市考评指标均以统计局提供的数字为准。不仅统一了全市数据，而且减少报表，减轻了企业负担。

5.培训与提高。加强会计核算、统计核算的协调配合，提高统计人员对财务统计指标的业务水平。

6.归口统计、分工包干。为确保新指标体系按时保质运行，市统计局内部人员组织分工改革，打破专业分工分家格局，实行综合归口负责与分工包干统计相结合的办法，每人分工包干范围内报表，做到及时催报、审核、录入、汇总，一包到底。

7.通报检查。每月6日、22日由市统计局在全市生产调度例会上通报各县(市)、区、局报表执行情况并纳入考评依据。

8.考核评比。为强化工业经济效益指标的运行，市对各县(市)、区、局、直属企业的经济效益实行双百分考核评比办法。首先考核工业企业的产出水平、经营管理水平和发展水平，由核心指标、总量指标和工作评估指标三部分组成，其中核心指

标为利税总额，作为否决指标考评，总量指标和工作评估指标按双百分的办法进行考评。结合实际指标超缺程度，工作难易程度，以及质量、安全、迟缺报等情况，每年考评两次。

三、体会

工业经济考核指标的改革无疑是经济生活中的一项大事，不仅仅是统计部门或经委部门两家的事情，因此，要做好这项工作，各级领导思想观念的转变是关键，其中市政府领导转变观念、思想明确是首要的。这次无锡市工业经济指标体系改革首先是市政府领导提出来的，并亲自指挥协调，各地区、各部门领导广泛动员，迅速行动，从上到下，层层分解落实任务，直到企业的车间班组，并纳入目标管理考核。在体制不顺、三大核算不够协调的情况下，统计部门之所以能做到反馈畅通，每月提前10天公布工业经济效益指标完成情况，首先就要归结为各级领导的强有力的组织领导。其次全市上下统一认识，密切配合，是确保新指标体系运转成功的保证，尤其综合部门的协调配合是重要一环。如三大核算的结算期统一提前问题就涉及统计、财政、税务、银行、供电、供水、邮电等综合部门，需要上面统一思想、统一步调、下面才能层层贯彻落实，坚决执行，确保顺利地运转。

执笔：**任逸芬**　责编：**刘　恒**

夯实基础　大胆探索　开创统计工作新局面

淮南市统计局

近年来，淮南市统计局遵照中央改革、开放、搞活的方针、抓住机遇，打好基础，扎扎实实推进统计事业的发展，在服务、改革、建设等方面均取得显著成绩，多次受到国家统计局、省统计局和市委、市政府的表扬和奖励。自1988年获得全国统计系统先进集体后，该市统计工作又连续3年跨了三大步：1989年建立了完善的统计轻印刷系统，在全国和全省统计系统中居领先地位；1990年全市5个市辖区全部建立统计局，并迅速开展了业务工作，在全省名列榜首；1991年所辖5区1县的城乡统计网络建设实现了两个100%，在全省名列前茅。

一、开拓进取，搞好统计信息自动化系统建设

加强统计部门业务建设，必须首先实现统计计算技术现代化和办公自动化。早在1988年，淮南市统计局就根据国家统计局提出的“微机起步、人机结合、由小到大、逐步完善”的原则，在业务经费十分困难的情况下，积极争取国家统计局和市政府的支持，多方筹措资金，解决设备、机房等问题。经过几年的艰苦努力，统计信息自动化系统已初具规模。除第四次人口普查国家统一配置的微机外，已拥有设备29台(套)，固定资产原值56万元，成为安徽省拥有设备最多的市局之一。同时，基本形成了一支人机结合的专业技术队伍，基本上实现了各种月报、季报、年报数据的微机处理。与计算技术现代化相配套的统计轻印刷系统，也于1989年初投入使用，通过优质服务，创造了良好的社会效益和经济效益。

为搞好优质服务，市统计局十分注意练好内功，建立了一套严格而健全的内部管理制度，如岗位责任制、财务管理制度、设备维护维修管理制度、原材料领发制度、安全防火制度等，做到职责明确，管理有序。在优质服务中，始终坚持三个面向：

一是面向自己。运用自行设计编制的统计报表通用程序和“四普”数据转换程序，编排印刷统计年鉴和“四普”资料，既解决了历年年鉴去外地印刷费用大、周期长的问题，又缓解了统计系统业务经费不足的困难。平时局内的文件、简报、资料都是自己排印，既美观大方，又方便及时。

二是面向党政机关。以“服务第一、快速高效、科学规范”为宗旨，优先保证市委、市政府的重要文件印刷，同时为市人代会、政协会、党代会、计划会等大型会议做好服务，经常加班加点赶印会议文件和材料。特别是1991年特大洪涝灾害期间，江泽民总书记两次亲临淮南市视察灾情，省委、省政府的汇报材料因时间紧、交通受阻，只能在淮南市赶印。淮南市委、市政府将这一光荣而艰巨的任务交给了市统计局。经过20多小时的连续奋战，高质量地完成了任务，受到了省、市领导的表扬，市委、市政府领导几次登门看望统计轻印刷工作人员。市人大和市政协的同志称赞说：统计局先进的印刷技术和认真负责的工作态度我们很满意，解决了过去每年为会议材料印刷发愁的问题。市委秘书长杨春光同志还要求市委所有文件都要由市统计局排版印刷。这不仅提高了统计工作的知名度，而且增强了统计部门的责任感。三年来，市统计局先后承印了《淮南工作》、《淮南组织工作》、《淮南人事》、《淮南政报》、《淮南纪检》、《人大会刊》等定期刊物10多种，编排技术和印刷质量均优于同行

业水平。

三是面向社会各界。在做好对内、对党政机关服务的同时，千方百计地扩大为社会服务，任务紧张时，实行分班作业，尽最大能力满足客户需要。通过承印科技资料、中小学教材、薄本、试卷等，赢得了社会各界的赞誉。

几年来，通过强化统计信息自动化系统建设，不仅提高了工作效率，完善了服务手段，而且通过有偿服务，改善了工作条件，缓解了统计事业经费的不足。

二、艰苦创业，搞好城乡统计信息网络建设

为加强对全市统计信息网络建设的领导，1990年淮南市政府决定成立以分管统计工作副市长为组长的城乡统计基础建设领导小组，并在市统计局设立临时机构——统计基础工作办公室，负责统一组织协调全市统计网络建设。

首先，抓组织建设，建立完善的城乡统计网络。为加快市辖区统计局的组织建设，市统计局一方面反复多次地向市、区领导进行宣传，争取支持，帮助解决区统计局组建过程中干部、房子、经费等一系列问题；另一方面组织力量到统计基础工作比较薄弱、难度较大的区住点帮助工作。经过多方努力，1990年底前各区全部建立了统计局。市辖区统计局成立后，把主要精力放在抓区局业务建设和街道、乡镇统计站的建设上。市、区统计局密切配合，深入乡镇、街道工作，率先在八公山和大通两区的4镇3乡5街道建立了统计站(科)，并及时召开会议交流城乡统计网络建设的经验，稳步推进统计网络的发展。到1991年底，市辖区28个乡镇和18个街道办事处全部建立了统计站，基本上形成了上联市统计局，下联乡镇、街道、企业，横联各部门的城乡统计信息网络。

其二，抓业务建设，逐步完善职能。随着市辖区统计力量的充实和基础工作的加强，市统计局把完善市辖区统计局的职能提到了重要的工作日程，要求各区统计局量力而行，以积极的态度逐步开展和接受统计任务。各区局先后派出业务人员参加国家、省统计局举办的工业、商贸、劳资等专业培训班，市统计局也举办了乡镇、街道专职统计员培训班。同时，通过台帐建设和制度建设来规范业务工作，使区、乡、镇、街道的统计工作有章可循，逐步走上制度化、规范化的轨道。到1991年底，各区统计局已普遍开展了工业、农业、商业和固定资产投资统计，有的还接受了劳资、物资能源和科技等报表任务。

其三、抓优质服务，发挥城乡统计网络的整体功能。市辖区和乡镇、街道统计站建立后，积极开展各种优质统计服务。部分区统计局相继发表了年度统计公报，搜集、整理、编印了“七五”统计资料和年度统计资料，统计信息和统计分析被各级领导采用的在50%以上，较好地发挥了统计局决策咨询作用。大通街道统计站撰写的《金属构件厂效益为何低下？》一文提出的对策建议被该厂采纳后，当年增加利润5万元，受到了党政领导的好评。

执笔：**王中德 章 勤** 审稿：**崔之康**
责编：**刘 恒**

改革的生机与活力

福州市统计局

1990～1991年随着福州市地方统计法规的颁布和实施，福州市加速了大办开放式统计进程，在提高两个质量(数据质量、分析质量)、实现两化(统计信息社会化、新闻化)、搞好两个服务(为党政领导宏观决策和社会公众服务)方面迈上新的台阶。

一、制定地方统计法规，加强统计监督

从1987年起，我们着手制定《福州市统计工作管理条例》。为了使《条例》切合福州开放城市的实际情况，弥补《统计法》的不足，增强可操作性，在市人大财经委员会、法制委员会的支持下，我们走访了市工商局、银行、财政、法院、司法局等部门，广泛征求意见，反复讨论修改，经市人大常务委员会通过后，终于在1989年9月15日经省人大正式批准，成为全国省会城市最早批准的一部地方统计法规，统计工作开始走上法治轨道。1991年，借贯彻实施《福建省统计工作管理办法》的东风，我们与市人大、市监察局联合在全市开展统计执法大检查。除对严重违反《统计法》的案件进行重点查处外，把基层统计基础建设也做为一项重要检查内容，如有无专职统计人员，统计人员是否经过培训，有无原始凭证和台帐等。全市自查单位8704个，互查单位2142个，抽查单位756个，共查出各种问题525起，并妥善处理了470起违反《统计法》的问题。对一些问题严重的单位依法进行了经济处罚或通报批评。如立案查处了9起重大违法案件，共罚款6700元，在全市震动很大，引起了各

级领导的重视，增强了人们的统计法制观念，也促进了基层的统计建设。

为了有效地实施统计监督，使之规范化、制度化，我们致力于建立和健全各县、区的统计执法检查站，要求各县(市)、区统计局、市直主管部门和市统计局各业务科相应配备专、兼职统计执法检查员，使统计法制工作真正落到实处，有人抓、有人管，做到随时发现问题，随时查证处理。

二、开展优质服务，提高统计信息的社会化程度

优质服务贵在讲求实效性，注重针对性，形式多样化，满足多层次、多方面的需要。为了提高统计分析和信息报导水平，我们主要采取了以下几项措施：一是将统计分析、信息编写数量列入局长目标责任状中，并把目标分解到专业科室的每一个人；二是成立信息报导组，指定专人负责信息报导工作，局领导也常亲自率领信息报导人员走访市委、市政府信息部门了解“行情”；三是局领导亲自出题目，制定调查课题，督促各科室开展调查研究和撰写分析文章；四是建立了全局统计分析由综合科统一会稿制度，以便由综合科将比较重要的情况分析摘编成新闻信息，提高统计信息的时效性；五是建立报刊、内部信息刊物采用情况登记，掌握统计信息的采用情况，以便及时调整力量搞好信息报导工作。通过以上措施，统计分析和信息报导工作有了长足的进展，数量不断增多，质量也有较大提高。1991年全局在各种刊物上发表信息723条，平均每天二条，其中国家报刊采用的14条(篇)，省级报刊、电台采用97条(篇)。信息稿件的采用率提高到80%以上。1991年市统计局分别被市委、市政府办公厅授予“信息工作先进单位”称号。

三、抓好岗位培训工作，提高统计人员素质

大力提高统计人员的政治和业务素质，是推进开放式统计，搞好优质服务的重要保证。近几年来，我们在注重学历教育的同时，把岗位培训摆上了重要的位置，多层次、多方式地举办各种统计业务培训班。对基层和其他部门统计人员进行岗位培训，一个很大的难点就是这种培训主要是以提高业务技能为目的，与培训人员自身利益(如获得学历)无关，而且其所在单位还要负担培训费。我们认真分析了进行岗位培训可能出现的问题，本着“干什么、学什么”，“缺什么、补什么”的专业培训原则，采取短期培训，以会代训、互助学习等形式和授课、自学、讲评、实习等方法，培训在职统计人员。实践证明，这种教育形式花钱少、时间短、针对性强、效果好，又不影响正常工作，受到广大统计人员的欢迎。1991年全市共举办各种专业统计培训班160期，参训人员达1300人。与此同时，在市统计局内部也开展了专业知识培训，由局长、各专业科长上讲台，组织全体专业人员学习计算器速算法等专业知识，从而提高了全局干部的理论水平和业务技能。

四、搞好统计自动化系统建设，提高数据处理现代化水平

市统计局1984年建立了电子计算站，1987年在承包全省1%人口抽样调查三分之一资料的超级汇总后，又增购了微机，扩建电子计算站。到目前为止，市统计局已配置计算机24台，在此基础上，建立了轻印刷系统，力争做到表格、资料、信息报的排版工作不出本局，提高统计资料印刷的时效性，并对外开展排版服务。市辖8个县(市)、3个区统计局也都配齐了微机，有的县配置了三台。1988年市局计算站自行设计的“城市居民住户生活调查”和与厦门市统计局计算站合作设计的“城市物价调查”两个计算机程序，被国家统计局有关部门吸收采用，获国家统计局成果三等奖。由于我们比较重视计算机的开发利用，工作效率不断提高，统计数据加工、传递速度大大加快，不仅保证了统计数据的质量，而且为统计数字深加工，开展多层次、多角度分析研究创造了条件。

五、主动承担全市目标管理责任制的考核工作

目标管理责任制是现代化管理的一种手段，其量化指标必须以统计数据为准，统计部门应该主动承担起这项工作，做好服务，取得各级领导对统计工作的重视和支持。另一方面，若能相应建立目标管理统计网络，对于加强城乡统计组(站)建设，提高数据质量都具有重大的意义。基于以上考虑，1991年我们主动向市政府要求，承担目标管理中量化目标的考核工作，得到市政府的批准。同年9月，以市统计局为主，组成了福州市目标管理考核办公室，负责政府系统责任目标的考核工作。随后，市政府办公厅发文，要求各县(市)、区都要组建以统计部门为主的目标管理考核办公室；各主管部门由专门科室指定专人负责目标的统计考核工作；乡镇、街道应设立综合统计人员，负责统计工作及考核工作。同时规定，基层目标考核统计数字必须由统计人员填报，经乡镇、街道统计站(组)认可方为有效，县、区目标完成情况必须由县、区统计局认可方为有效。通过这些措施，使统计部门从被动服务开始转为主动监督，从而提高了统计的社会地位、增强了统计部门的权威性。

责编：刘　恒

开拓统计信息咨询服务的新局面

厦门市统计局

近几年来，根据国家统计局大办开放式统计的要求，厦门市统计局针对全市不断深化改革、扩大开放，外向型经济发展较快，尤其是台商投资热潮一波接一波的形势，充分利用拥有丰富统计信息资源的优势，大力加强统计信息网络建设，面向国内外众多的生产企业和经营单位，不断拓宽统计信息咨询服务领域，提高统计信息产品质量和服务水平，在开拓前进的道路上迈出了可喜的步伐。在强手如林的信息咨询业竞争中站稳了脚跟，打出了牌子，提高了社会知名度。

一、建立和发展一个灵活高效，具有较强凝聚力的统计信息咨询网络。为改变以往统计信息咨询单纯服务于党政领导部门的做法，更好地开发利用统计信息资源，服务于社会各阶层，促进统计信息的社会化、商品化，1988年以来，统计信息咨询服务部门先后在民主党派、社会团体、行政管理部门、商贸公司、财政金融、大中型企业等部门、单位以及6区1县建立了信息联系点，形成了一个拥有近百名统计信息联络员的纵横交措的网络系统，沟通了信息渠道，为厦门市统计信息咨询服务领域的不断拓展奠定了基础。网络运行两年来，显现了高度的灵活性和高效性，近年来组织的一些市场调查都是直接或间接地通过网络进行的。统计信息咨询服务部门还定期邀请网络单位的办公室主任、信息咨询员座谈，邀请部分商贸公司、工矿企业、驻厦的国外及港澳地区金融机构和其他外商投资企业人员座谈，互通情况，了解信息市场需求。同时组织信息咨询员到外地参观学习，开阔视野，吸取经验。通过这些活动，使整个网络系统保持了较强的凝聚力。

二、理顺统计信息咨询服务中的前店后厂关系，实现一个窗口对外。几年来实践证明，要强化统计信息咨询服务职能，就必须理顺统计信息咨询服务机构与统计部门各专业机构的关系。1989年以来，厦门市统计局改变了以往资料管理上多头对外的状况，规定局及局以下单位的统计资料提供统一由统计信息咨询服务部门负责，同时各专业处(室、队)指派一名信息员与信息咨询服务部门联系。由此理顺了前店后厂关系，实现了承接项目、收费、人员组织等方面的统一对外。

为了巩固这一良好的工作关系，统计信息咨询服务部门以健全规章制度，特别是财务制度为基础，进一步妥善处理好与各统计专业处(室、队)的关系。因此，在统计信息咨询服务工作中，各统计专业处(室、队)都能热情支持，遇任务重、时间紧时均能加班加点，体现了良好的协作精神，保证了统计信息咨询服务工作的顺利开展。

三、拓展统计信息咨询业务，提供多样化的统计信息产品。统计部门是社会经济信息之主体，拥有独一无二的统计信息资源。多年来，厦门市统计信息咨询服务机构正是利用这一优势，不断拓展服务领域，为客户提供了大量的服务。近年来，广泛开展面向企业的服务，与各有关部门及行业统计合作，进一步开发统计信息源，提供了大量的形式多样的微观和宏观统计信息，进一步满足了信息市场不同层次客户日益增长的需求。

多样化的信息咨询服务还表现在承担了大量统计资料书的出版、发行工作。特别值得一提的是，1991年是厦门经济特区建设十周年，统计信息咨询服务部门与有关处室协作，编辑出版了《厦门经济特区年鉴(1991)》，与厦门市经委、外资局合编了《厦门经济特区工业概览》，与厦门市计委、建委合编了《厦门经济特区建设概览》，向特区十周年献上一份厚礼，赢得了社会各界的好评。《厦门经济特区建设概览》还被市委宣传部指定为特区建设十周年系列宣传书刊之一。

四、积极开展市场调查，树立了良好的信誉。随着经济体制改革的不断发展和对外开放对内搞活政策的逐步实施，经济信息越来越引起社会各界的重视。尤其是生产企业和经营单位十分关注国民经济生活中的热点、难点，迫切需要大量市场行情与市场需求方面的信息。这既成为统计信息咨询服务的一个大有可为的天地，同时也把统计信息咨询服务推入了激烈的信息咨询业竞争中。

几年来，厦门市统计信息咨询服务部门以信、诚、勤奋、吃苦耐劳的良好服务精神，树立了良好的信誉，争取了大量的国内外客户。1990年，分别为申美饮料公司、感光材料公司等10多家中外客户提供了厦门投资环境、房地产开发情况、饮料市场情况、大理石开发情况等市场调查与分析预测资料。1991年又开展了全社会1990年科技投入、电视收视率、饮料、全市汽车拥有情况、香烟市场、洗衣粉、全市家电、全市商业企业、洗发水、燃料等市场调查，在开拓信息咨询市场中迈出了坚实的步伐。

五、坚持有偿服务与无偿服务相结合，努力提高统计信息咨询服务的社会效益。厦门市统计信息咨询服务工作始终坚持为改革开放服务、为现代化建设服务、为统计事业服务的宗旨，在开展有偿服务的同时，努力开展有益于社会的无偿服务。如，引进美国柯达公司先进工艺的厦门感光材料有限公司，市场尚未打开，就受到进口胶卷的冲击，产品销路受阻，生产经营遇到困难。针对这种情况，1990年厦门市统计信息咨询服务部门无偿协助该公司进行市场分析，积极提供有关资料数据，受到公司的高度评价。又如，厦门市社会主义教育领导小组办公室在全市布置了近万份问券调查，但在运用计算机数据处理时却遇到了困难，统计信息咨询服务部门及时组织力量，加班加点，仅用10天就完成了汇总任务。

执笔：**包　通**　审稿：**钟将材**　责编：**刘　恒**

建立农村统计一套表的实践

福建省南平地区统计局

农村一套表，是指为适应国家、地区、部门了解农村基层情况，掌握农村社会、经济和科技活动概貌的需要，在国家农村统计一套表的主体框架下，由统计部门统一分解出一系列的农村统计分支，形成许多具有地方(部门)特色的、各有侧重点的农村统计一套表。实践证明，搞一套表不等于一家搞，而要以政府综合统计部门为主，业务部门密切合作，共同完成，才能把一套表搞好。

一

实行农村统计一套表对深化农村改革，加强农村经济的组织与管理有着重要意义。1.适应深化农村改革的需要。随着农村经济体制第一步改革的成功和农村商品经济的发展，各级领导研究农村经济、社会、科技问题的广度和深度比过去大大提高了，不仅要研究第一产业，而且要研究第二、三产业；不仅要研究经济，而且要研究科技进步、社会发展；不仅要研究生产领域，而且要研究流通、分配、消费和积累，以全面观察农村经济的全貌及其内在的联系。

2.有效地提高统计部门对农村统计的组织与管理，更好地发挥统计的服务与监督作用，推动农村基层建立农村统计管理制度，变农村统计“多轨制”为“单轨制”，有利于逐步消除和防止农村统计报表多、乱、差现象，确保农村基层统计指标口径、计算方法和统计范围的统一性和正确性。

3.有利于巩固和发展农村统计信息网络、更新统计内容和完善方法制度。没有农村统计信息网络，就不可能推行农村统计一套表，要研制、推行农村统计一套表，就必须进一步强化农村统计基层力量和发展农村统计信息网络。

4.进一步加强统计部门与各业务部门的横向协作。在实行农村统计一套表的具体实践中，统计部门离不开各业务部门的大力支持，而各业务部门更需农村统计一套表数据的大量反馈。

5.促进新国民经济核算体系的建立。农村统计一套表的建立与实施，将加速统计、会计、业务核算的统一，从而将促进新国民经济核算体系的建立。

6.锻炼统计队伍，提高干部素质。农村统计一套表，内容新、指标多、知识面广、科学性强，具有一定的难度。广大农村统计工作者在搜集、整理、汇审统计一套表的过程中，可以增加知识，积累经验，提高工作能力。

二

科学设计农村统计一套表，力求达到“改革、创新、开放、科学、实用、高效”。

农村统计一套表必须以马列主义再生产理论为指导，按照社会主义经济统计学原理，结合我国有计划商品经济的具体情况，以国民经济核算体系为中心，逐步设计出能推动农村从产品经济核算过渡到商品经济核算，促进宏观核算与微观核算相互衔接、相互统一的新模式。

1.设计思路要体现以下几点：

(1)改革：要体现改革的精神，顺应当前改革的新趋势，建立起现代化的，统计、监督、管理相结合的，能全面反映农村经济运行规律的农村统计新体制。

(2)创新：主要指观念要新、范围要新、制度要新、方法要新。

(3)开放：要增强开放意识，突破“封闭式”统计圈子，设计出“全方位、开放式”的农村统计新体系。

(4)科学：要把一套表看作一个大的系统，全面理顺表与表之间、指标与指标之间千丝万缕的关系，设计出的一套表模式，要能科学地反映农村经济、社会、科技全貌及其内在的联系。

(5)实用：要符合农村社会经济实际情况，切实可行，具有较大的推广价值。

(6)高效：对原有统计范围和指标体系的取舍与扩展，都要考虑到新的一套表是否能高效地运行。

2.设计内容

(1)形式结构设计。根据农村统计一套表的定义和性质，设计结构时，既要突出一套表的县、乡、村三级分布呈“倒三角形”，又要突出农村的社会、经济、科技统计，从内容上突出实物、价值、效益等方面的统计。

(2)指标体系设计。随着农村经济形势的变化，越来越暴露出新的矛盾和缺陷，急需加以改进和充实，构筑成新的能全面反映农村生产、分配、消费和积累全过程的农村统计一套表指标体系。

农村经济统计包括：农村生产条件变动统计指标系列，农村生产现代化的指标系列；农村生产过程及成果统计指标系列；农村财政、金融、保险、资金等方面的指标系列；农村产品流通和价格方面的指标系列；农村财务、成本效益方面指标系列；农村产值及产业结构方面的指标系列；农村经济形式和经营方式方面的指标系列；农村自然灾害及其防治方面的指标系列。

农村科技统计包括：科技机构；科技人员；科技活动与成果；科技推广示范户；农业科技工程。

(3)录入程序设计。运用微机录入、审核、计算、汇总、储存、打印具有手工无可比拟的高效率，设计微机一套表录入、分组、审核、打印程序是研制农村统计一套表的一项重要内容。要做到程序设计与表格设计相配合、相适应，根据试点要求，较理想的程序是能分段录入、分段审核、分段打印，既方便上机操作，又可提高效率。

三

推动农村统计一套表，要做到：领导“搭台”，业务部门“伴奏”，统计部门“唱戏”。

1.领导“搭台”。农村各级党政部门要高度重视农村统计一套表的研制、推行工作，要把一套表列入农村经济体制改革中去，摆上议事日程，各地要建立出当地党政领导牵头的农村统计一套表的研制、推广领导小组，要从人力、物力、财力上大力扶持一套表；要大力宣传农村统计一套表的重大意义，为它的健康发展创造良好条件，为农村统计一套表的出台而搭好舞台。

2.业务部门“伴奏”。研究、推行农村统计一套表离不开各业务部门的大力支持，必须遵守“统一组织、共同完成、经费分摊、成果共享”的原则，做到有钱出钱，有力出力。科学分工，协调配合，群策群力，各献其能，共同“演奏”好统计改革的新生事物——农村统计一套表的新乐章。

(3)统计部门“唱戏”。

统计部门是“唱好”农村统计一套表这出“戏”的主角，必须全力以赴担负起研制、试点、推行一套表的光荣使命。要狠抓三件事，处理好三种关系：一是要加强农村统计信息网络建设，从组织形式上保证一套表的贯彻执行；二是要加快微机的开发利用；三是要建立一支掌握现代统计科学和多方面业务技能的农村统计干部队伍。要处理好综合统计部门与业务主管部门的关系；处理好原始数据与加工数据的关系；处理好一套表与年报的关系。

责编：刘　恒

深化农村统计改革　完善基层统计网络

福建省龙岩地区统计局

龙岩是著名的老革命根据地，也是贫困地区。为了振兴地区经济，加快改革开放步伐，各级党政领导十分重视统计工作，狠抓基层统计网络建设，深化农村统计改革。1985 年，全区 127 个乡镇都建立了统计站。目前，全区乡镇统计站有专职统计员 141 人，统计站成员有1 016人，还有村级统计小组1 803个。经过 8 年的实践，乡镇统计站已逐步成为农村经济信息的中心，较好地发挥了统计的整体功能，为农村经济发展做出了应有的贡献。

一、领导重视，部门配合，统计部门积极主动工作是关键。1985 年，地委书记林开钦同志(现任福建省委副书记)、行署专员郑霖同志(现任地委书记)亲自主持召开了专题会议，研究决定成立乡镇统计站，解决了组建乡镇统计站的一些重大问题。林开钦同志亲自写文章介绍推广乡镇统计站，在《福建日报》上发表，影响很大。郑霖、黄小晶、官清等地委、行署主要领导同志在不同场合多次强调统计工作的重要性，要求把各级统计机构建设好，切实解决机构建设、人员编制、经费来源、统计资料搜集和开发利用等重大问题。领导的高度重视，各部门的密切配合，统计干部积极工作使全区乡镇统计站走上了健康发展的轨道。随着农村一套表、新国民经济核算体系的实施，统计工作面临着许多新情况、新问题，乡镇统计站由松散型向实体型转化已是不可避免。为此，黄小晶专员亲自主持召开了专员办公会议，专题研究统计工作，作出了《关于深化统计制度改革，进一步搞好统计工作的决定》，地区编委、人事、财政、统计等部门联合发出贯彻《决定》的通知，明确指出：(1)乡镇统计站属股级事业单位，受乡镇政府和县(市)统计局领导。

(2)重点乡镇增配一至二名事业编制的统计员，经费由县(市)财政解决；上杭、长汀、连城、武平四个贫困县的乡镇统计站，原则上每个站增配一名事业编制的统计员，由地区财政给予每个增配人员每年1 000元的定额补贴，其余经费由各县(市)、乡镇两级财政解决。(3)选调进乡镇统计站的人员必须坚持德才兼备的原则，具备中专或职业高中统计专业毕业以上文化程度。

乡镇统计站建设大体有三种模式：(1)一垂三统模式。武平县把全县乡镇统计站划归县统计局垂直领导，业务、人员编制、经费由县统计局统一管理。(2)垂直领导，分级管理模式。永定县把乡镇统计站的业务划归县统计局垂直领导，人员、编制、经费归乡镇政府管理。(3)双层领导管理模式。由县统计局和乡镇政府共同领导管理乡镇统计站。

二、建立制度，加强培训，搞好统计调查分析，发挥整体功能，提供优质服务，是乡镇统计站赖以存在的生命线。8年来，全区乡镇统计站得以健康发展的一个重要原因是抓了各种制度建设。如年度目标管理责任制度，执法检查制度、定期提供动态信息制度、定期发布国民经济和社会发展统计公报制度、编印年鉴制度、整理资料、档案管理制度、统计台帐制度、统计站成员对行政村统计小组分片包干岗位责任制、村统计小组岗位责任制度、检查评比制度等。这些制度强化了统计目标管理，健全了岗位责任制，促进了各项工作的开展。据统计，全区乡镇统计站发表统计分析文章和提供统计信息共8 001篇条。长汀县大同乡统计站还把29个村分平原、山区、半山区建立了三个信息联系点，提供产前、产中、产后的信息服务，对提高经济效益和发展商品生产起了积极作用。永定县抚市乡(亿元乡)统计站不定期出版《抚市统计》刊物。龙岩、武平等县(市)统计局开展农村稻谷产量简易抽样调查，漳平市统计局组织乡镇统计站开展乡乡农村住户简易抽样调查，连城县文川乡统计站开展专题调查，为当地党政领导决策提供了优质服务。

各县(市)统计局还制定了乡镇统计站管理制度和检查评比办法，乡镇统计站组织机构健全、活动制度化，报表正常化，资料规范化，调查分析经常化。1988年8月成立了由地、县统计局领导和业务人员参加的检查团，对124个乡镇统计站进行全面检查。检查结果表明：一类型站39个，占31.5%；二类型站66个，占53.2%；三类型站19个，占15.3%。各县根据检查情况，认真总结经验，提出整改措施，进行分类指导，努力把乡镇统计站提高到一个新的水平。

在加强乡镇统计站建设中，我们积累了三条重要经验：一是各级党政领导对统计工作的重视和支持与统计站的工作成效是相辅相成、相得益彰的。二是乡镇统计站成员必须增强四个观念：全局观念、法制观念、服务观念、时效观念，充分发挥统计的整体功能。三是要加强乡镇统计队伍建设，切实抓好基层统计人员的培训工作。

三、全面推行农村一套表，是巩固和发展农村统计信息网络的必由之路。1991年我们决定推行农村一套表。地区、各县(市)、乡镇都建立了推行农村一套表的领导小组及办事机构；地区统计局制订了《龙岩地区实行农村一套表制度的实施方案》，由行署批转执行。首先在漳平市全面试点，然后在连城、永定、上杭、龙岩等县(市)扩大试点，年终全区推行都获得了园满成功。

为保证农村一套表制度的顺利实施，各乡镇统计站紧紧抓住三个主要环节开展工作：一是加强组织领导，制定具体的实施方案和周全的工作计划。二是搞好部门之间的协调，配合作战，成果共享。三是加强业务培训，提高统计人员的业务水平，掌握部门统计的指标、报表、范围、制度、调查方法、计算口径等。

各乡镇统计站经过一年的摸索，取得了六条主要经验：(1)建立领导小组及办事机构，乡镇领导亲自抓，是实施一套表的组织保证。(2)根据本地区的实际，结合先进经验，设计符合区情的一套表指标体系，制定实施方案，建立工作制度，是实施一套表的关键。(3)部门协作，紧密配合，是实施一套表的重要途径。(4)点面结合，以点带面，逐步推开，是实施一套表的有效办法。(5)定期检查，及时反馈，是保证一套表数据质量的前提；(6)狠抓统计基础，加强统计站的设施建设，是实施一套表的重要条件。

执笔：**连　鸣**　审稿：**马先富**　责编：**刘　恒**

加强基础建设　发挥统计整体功能

烟台市统计局

1990、1991年，烟台市统计局不断加强统计基层基础工作，积极开展统计分析研究，较好地发挥了统计的整体功能。全市统计工作一年上一个新台阶，局领导三次被特邀参加全国统计工作会议并作典型发言，受到上级领导和与会代表的好评。

一、狠抓统计数据质量，准确及时地完成各项

统计调查任务。统计数据质量是统计工作的生命。烟台市各级统计部门把提高统计数据质量放到重要位置来抓，采取有力措施，落实工作责任，实行岗位职责与工作任务、质量挂钩，与工作实绩挂钩，并作为年终考评的重要依据，从而激发了统计人员搞准统计数据的积极性和责任感，统计数据质量稳定提高。在山东省统计局报表质量评比中，1990年有9个专业被评为第一名(或一等奖)，4个专业获二等奖；1991年有11个专业被评为第一名(或一等奖)。

二、积极开展统计分析，努力提高统计咨询服务水平。按照李鹏总理关于加强定量分析和系统分析的重要指示，以提高统计咨询服务水平为目标，扎扎实实地开展统计分析工作。一是以岗位责任制形式规定责任目标。规定专业科室每人每年撰写较高水平的统计分析不得少于3篇，被市领导或有关单位采用不得少于30%。以此作为考核全年工作成绩的主要依据之一。二是实行严格的奖励办法。1991年制定了《烟台市优秀统计分析评选奖励办法》。该办法下发后，引起了全市统计工作者的强烈反响，产生了积极的作用。三是发挥政府统计和部门统计两个积极性，自上而下地开展半年经济形势分析。两年中先后组织了三次大型的半年经济形势分析会，各县市区统计局，市直工业、财贸系统各部门和单位，市区大中型工业企业积极踊跃参加，收到了良好效果。

由于采取了以上三项措施，统计分析的数量增多，质量不断提高。两年中，市统计局编写统计分析254篇，市领导采纳、有关部门和新闻单位采用276篇次，市委书记、市长多次在统计分析上作批示，对统计决策咨询给予了高度评价。

三、全面开展统计基础工作规范化建设。统计基础工作规范化是从源头上搞准统计数据的重要条件。1990年4月，市政府批转了市统计局《关于加强工业企业统计基础工作规范化建设意见的报告》。随后，市统计局与市财办联合下达了《关于加强商业企业统计基础工作规范化建设的通知》；市建委、市计委联合下达了《关于加强建筑施工企业统计基础工作规范化建设的通知》。此后，全市工业、商业、建筑、交通、物资企业按照上述文件的要求，全面扎实地开展了统计基础工作规范化建设活动。为推动这项活动的顺利开展，先后两次召开全市统计规范化建设会议，国家统计局、山东省统计局的领导同志亲自到会讲话。市统计局还组织力量深入1000多个企业进行咨询指导2000余次，发现问题及时纠正。在此基础上，严格标准，一丝不苟地进行验收，符合标准的，发给合格证书，不合标准的，限期改正。到1991年底，全市80%的企业通过了达标验收，为保证统计数据的准确性打下了坚实的基础。

农村统计基础工作规范化建设，以乡镇统计站“变型入列”为突破口全面地开展起来。经过两年多的努力，全市98%的乡镇建立了实体型统计站。在建站的基础上，全面实行统计员持证上岗制度，保证了乡镇统计站机构、组织、人员三落实。

四、高质量完成第四次人口普查工作。为确保“四普”的顺利进行，重点抓了以下几方面的工作：一是设立普查机构，建立规章制度。市、县、乡、村成立人口普查机构和组织916个，工作人员29 065人。二是抓业务骨干的培训工作。三是认真贯彻上级指示精神，严格掌握标准要求。四是狠抓宣传发动，利用多种渠道，采用群众喜闻乐见的形式，广泛深入地开展“四普”宣传。五是抓检查指导，在普查员培训、户口整顿、入户摸底登记、手工汇总编码等关键阶段，组织骨干力量到县、市、区检查指导，发现问题及时予以纠正。这些有力措施，保证了“四普”的圆满成功。全市普查登记各阶段质量经省级验收全部合格。普查登记后，抽查结果标明：人口净差率、人口差错率、出生人口差错率、死亡人口差错率均为零；总记录项目差错率为0.1492‰，低于国家3‰的标准。1991年6月，数据录入工作比原计划提前两个月完成任务，并对已录入的数据进行了全面复查。乡级、县级编辑、制表工作业已完成。至此全市“四普”工作圆满结束。

五、统计信息自动化建设取得突破性进展。一是于1990年4月底完成了市统计局计算机室的装修工程和附属设备的配套工作，于6月底投入使用。二是组织力量开发软件，充分发挥计算机的作用。1990年研究开发出报表处理程序生成软件。该软件已推广到全省使用，收到良好的效果。三是加强对全市微机人员的技术培训，使他们掌握了计算机的基础知识和维护保养基本技术，为自动化系统的进一步发展打下了良好的基础。

六、统计法制建设进一步加强。一是结合《行政诉讼法》的贯彻实施，进一步开展了《统计法》及实施细则的宣传教育，1990年印发宣传材料3 750份，办各种培训班33期，举行报告会和座谈会20场，电视广播讲话6次，从而增强了广大统计人员和全社会执行《统计法》的自觉性；二是两年里进行了3次全市性的以统计数据质量为核心的统计执法大检查，查处违法违纪案件21起。

七、统计干部教育成绩显著。两年中，克服学员分散、师资力量不足等困难，积极组织面授辅导活动。1990年两次全省统考，取得了综合及格率92.86%的好成绩。全市3 940人参加统计员培训，3 900人获得了培训合格证；3 500人参加统计员资格考试，3 100人获得统计员职称。由于成绩突出，烟台市被山东省统计局授予“统计员资格考试工作先进单位”称号。

执笔：**巴信崇** 审稿：**吕厚兰** 责编：**刘 恒**

努力把统计部门建设成为多功能 智力型机构

景德镇市统计局

统计向多功能、智力型转变的必然性，来之于社会、经济、科技日益发展的多方面需求，来之于决策科学化、民主化水平的不断提高。近几年来，我们不断健全城乡统计网络，开发信息资源，提高统计信息编发的系统性和完整性；广泛深入调查，研究热点、难点，提高决策咨询的针对性和科学性；强化统计科研，研究周期规律，揭示发展趋势，提高监测预警的及时性和准确性，统计优质服务不断跨上新台阶，逐步把统计部门建设成为多功能、智力型机构。

一、开发信息资源，提高信息服务水平

开发信息资源是搞好信息服务的基础。最近几年我们将健全统计网络作为统计改革的重要内容来抓，并取得了明显成效。在农村，一个以乡镇统计站为核心，上接县(区)，下联村组，横通乡镇各部门的乡镇统计网络已基本建成。100%的乡镇统计站均达到了完善标准，66.7%的乡镇统计站达到了初见成效标准；42.9%的乡镇统计站已进入大见成效阶段，有47.6%的乡镇统计站已转为实体型。在城市，一个以市统计局为核心，向区、街道政府统计部门、经济主管部门、社会科技主管部门、财务信息主管部门、重点企业和省内外兄弟城市统计部门等四周辐射的城市统计网络趋向健全。日益完善的城乡统计网络源源不断地提供了丰富的统计信息。

为了提高信息服务水平，多年来，我们在开展信息服务时一直注意从五个方面进行配套：1.在时间上不同档次配套。对于国民经济综合发展情况，每年都做到提供一个系列三个档次的信息，第一档次突出一个“快”字，元月20日左右提供“简要资料本”；第二个档次突出一个“准”字，3月10日前后提供“提要资料本”；第三档次突出了一个“全”字，8月底提供全面“年度资料”。三个档次满足三个时期的不同需要。2.在内容上“一般”与“特殊”配套。即在提供国民经济发展常规信息时，针对“瓷都”特殊性，及时提供全国主要陶瓷产地的陶瓷生产经营信息。3.在方向上“纵”与“横”配套，除了在重要历史年度编印反映发展的纵向历史资料外，每年还编印中等城市、区域城市的横向对比资料。4.在层次上“宏观”与“微观”配套，在编印综合资料时，我们都注意到了保持“宏观”总体信息、“中观”部门信息、“微观”企业信息三个层次的内容。5.在体系上“经济”与“社会”配套，在提供大量经济信息的同时，从1984年以来，年年编印《社会统计资料》。反映两个文明建设的情况。现在市统计局每年要提供84本月度资料、13本年度资料，从1986年来年年被评为市委、市政府信息服务先进集体。

二、深入调查，加强研究，提高决策咨询水平

咨询是为决策提供依据、参考或思路。为了提高决策咨询水平，我们在广泛深入调查的基础上，重点研究了那些为各级领导所重视、为全社会所关注的热点、难点问题，收到了明显效果。

这几年，经济效益是各方面所关注的热点问题。我们组织力量对74户重点集体工业企业进行了调查，深入研究了经济效益问题，指出“集体工业效益回落呈现落差大、波面广、渗透深等三大特点。实现利润下降73%；在调查的7个系统中效益下降率为100%，74户企业中效益回落的有53户，占71.6%；效益下降波及到每一个角落，渗透到企业的各环节和生产三要素”。并据此提出了三项对策建议：“有关主管部门组织力量，深入调查研究，一个企业一个企业，一个产品一个产品地确立调整方案”；“强化原燃材料消耗管理，强化产品质量管理，强化劳动管理，强化设备管理”；“国内重点开发省外市场和农村市场，国外应采取巩固已占领的市场，恢复已失去的市场，开辟新的市场的方针”。这篇咨询报告得到了市政府领导的高度重视，市长舒圣佑(现常务副省长)在写给各城区和工业主管局领导的信中指出：“市统计局《关于我市集体工业经济效益调查分析》是一份好调查分析报告……，请各位领导亲自看，认真阅，并组织有关人员深入研究”。不久，市政府印发了这封信和调查报告。各工业主管局(公司)、各城区主要领导普遍反映“市统计局的调查报告是一篇帮助集体工业企业振奋精神，渡过难关，争取发展的好材料”。市工业经济综合部门据此提出了“一厂一策”、“一品一策”的对策。

调整结构是经济生活中的一大难点，我们对这一重大课题进行了调查研究，提出了《我市经济结构现状及对我市经济结构的思考》调查报告。该报告分析了景德镇市三次产业、社会生产两大部类、

工业、农业、流通领域、固定资产投资等六个方面的结构状况，并对工业、农业、第三产业结构调整提出了咨询建议。市委书记将材料批转给市委政研室负责同志，批示说“市统计局对我市经济结构的思考，提出了一些有益的建议，请你们找几位同志再作进一步论证，广泛讨论一次”。市社联刊物《瓷都论苑》转载了这篇文章。

三、强化科研，重视规律性研究，提高监测预警准确度

多年来，我们编发了大量统计资料，对国民经济运行中存在的问题，对社会发展中产生的矛盾，对执行党的方针政策中出现的偏差，进行了有效监督。为了提高监测预警准确度，近几年我们非常重视统计科研，集中力量对一些深层次问题进行了研究，取得了两项软科学成果。一是工业经济周期性规律研究，我们深入研究了建国以来景德镇市工业经济的发展，发现“工业经济一直遵循着”高峰——回落——低谷——复苏——高峰的发展周期，周期一般为7—9年”；“经济的主体——日用陶瓷工业也有自身周期性规律，每个周期约为7—10年，且趋同于整个工业经济的周期，但随着经济结构的变化，逐步出现离异。研究成果还论述了周期高峰、低谷的明显反差及周期规律对经济生活的影响。利用这项成果我们预测“1990年经济将在低谷徘徊”；测定“1990年2月工业经济落入谷底，此后将会进入缓慢波动回归阶段”。以后经济的发展证实了这些预测。这项研究成果获得省统计系统一等奖。二是市场周期性疲软研究。1990年秋，在国家采取一系列启动措施后，长达一年之久的市场不景气状况仍未缓解，为此，我们研究了市场疲软的深层原因，对广为流传的市场疲软“四论”(即“结构失衡论”、“储蓄分流论”、“抢购滞后论”、“心理效应论”)提出了不同看法，认为市场销售不畅属周期性波动，论证了市场疲软的直接诱因是“消费基金连续下降引起的即期需求不足”，并确立了市场疲软三个档次(轻度、中度和高度)的量的界限。研究成果表明，“从1953年至1989年，共出现市场疲软11次，其中4次属轻度疲软，4次属中度疲软，3次属高度疲软”。“轻度疲软基本上对国民经济不产生影响，中度疲软有清晰显象，高度疲软影响深远”。这项研究成果也在省统计系统评比中获奖。

几年来，通过不断深化改革，强化科研，促进统计工作向多功能、智力型转变，取得了明显成效。市统计局连续七年获省统计系统先进集体称号。

责编：刘　恒

三门峡市构造新的统计运行机制

三门峡市统计委员会

一、统计改革逐步深化，初步形成适应改革开放和经济发展的统计运行机制

随着经济体制改革的逐步深化和对外开放的不断扩大，充分发挥统计信息、咨询、监督的整体功能，从根本上解决统计体制中的问题和弊端，重新构造与经济体制和运行机制相适应的统计管理体制、统计制度方法和统计信息运行方式，具有重要的现实意义。

统计体制改革的总体目标是建立集中统一的统计管理体制，形成一个强有力的、有权威的，实行统一领导和管理、依法独立运行的国家统计系统和上下左右贯通、呼唤灵敏的，覆盖全社会的统计信息网络，使统计工作能够准确、及时、全面、方便地反馈信息、提供咨询、实行监督，以适应建设有中国特色的社会主义现代化国家的需要。其构造模式是以市统计委员会为中心，从纵向上加强对县(市)区统计委员会、乡镇统计站和企业统计工作的统一管理；从横向上按照“统管不包揽”的原则加强对各业务部门统计工作的统一管理。形成符合三门峡实际情况的统计运行机制。围绕着这个改革的总体目标，主要从四个方面去组织实施。

一是建立市、县、区统计委员会，强化其信息、咨询、监督职能，提高各级政府统计机构对统计工作的组织领导综合协调能力，使之成为领导全市统计工作和国民经济核算的中心，成为全市社会、经济、科技信息的主体和政府重要的咨询、监督机构。1989年5月，撤销市统计局，建立了实体型的市统计委员会。市政府同时拟转了《三门峡市统计委员会工作职责》，明确规定市统计委员会在市政府和河南省统计局的双重领导下，实行主任责任制，全委实行工作目标责任制。赋予市统计委员会依照《统计法》在全市范围内独立行使统计调查权，统计报告权和统计监督权，对全市统计资料的及时性和准确性负责，组织领导全市政府统计部门、城市和农村社会经济调查队、各业务主管部门、农村和企事业单位的统计工作。从组织形式上，统计委员会实行委员制，由原统计局长任统计委员会主任，主持日常工作，各项统计资料由主任审核、签名后上报或公开发布。统计委员会下设八

科二室二队一站，人员编制由原来的38人增加到63人。市统计委员会成立后，灵宝县、湖滨区、卢氏县和义马市也相继建立了实体型的统计委员会。从组织上建立起了全市统计信息网络的中心。三年来，新的统计体制运转正常，各项改革措施逐步实施到位。统计委员会已成为独立的、功能齐全的政府综合管理部门。一个独立的实体型的统计体系和覆盖全社会的统计信息网络已初步形成。

二是按照“统管不包揽”的原则理顺政府统计部门和业务主管部门的关系。“统管”就是统计委员会要行使对全市统计工作的领导职能、统一管理、统计工作、统计数字、统计方法制度。统计报表，并对全市的统计数字质量负责；“不包揽”就是理顺关系，合理分工，共同完成国家和部门的统计任务。1990年元月市政府批转了市统计委《关于对全市各业务主管部门统计报表进行统一管理的意见》，实施了对全市51个业务部门的57种年报、18种定期报表和8种财务资料的统一管理，并建立了银行、税务、财政向统计部门提供资料的制度；明确规定各业务部门统计必须接受市统计委的管理、监督和审核，各业务部门的报表数据必须经政府统计部门核准后方可上报，有效地整顿了统计秩序，实现了在“统管不包揽”的原则下，对全市统计报表、统计数据的统一管理。理顺了统计渠道，为新国民经济核算体系的实施创造了条件。

三是对统计干部实行统一管理。1990年2月，市统计委和市委组织部联合下发了《关于加强统计干部管理的通知》，明确规定统计干部的流动、使用、任免、奖惩由党委组织部门和统计委共同研究批准。有力的组织措施，从队伍上保证了全市统计工作的集中统一。

四是进行了统计方法制度的配套改革。以逐步推行新国民经济核算体系为重点，成功地编制了《1987年三门峡市投入产出数学模型》，通过专家鉴定，获得了市科技成果二等奖。开展了国民生产总值、奖金流量的试算，为实施新国民经济核算体系积累了一定经验。从1989年起，全市全面推行农村统计一套表，统一制发了村级基层表式，有效地整顿了农村统计秩序，克服了基层报表多乱、数出多门等混乱现象，提高了农村统计数字质量。建立了工业销售产值统计、外经和科技统计，发挥了统计的导向作用。同时，改进调查方法，积极探索各种调查方法的综合运用。在全市开展了农产量、农民和城镇居民收入、物价、农村工业产值、人口、集体和个体商业、交通运输等项抽样调查，并逐步完善形成制度，成功地探索了适应新的经济体制的统计信息运行方式。

二、全方位开展统计工作规范化建设，努力形成覆盖全社会的统计信息网络

几年来，坚持把加强基础建设，健全城乡统计信息网络，开展全方位的统计工作规范化作为全市统计工作的重点，在政府统计部门、农村和企业全方位组织实施，取得了明显成绩。

1991年5月市统计委员会发出了《关于实施〈三门峡市政府统计部门基础工作规范化标准和考核办法〉的通知》，明确了规范化的重点：一是建立健全各项规章制度、责任目标和工作程序，规范人的思想意识和行为准则，提高工作效率；二是制定统计数字质量控制程序，在统计信息的各个生产环节，都规定明确的时间标准、空间标准和质量标准，以提高统计数字质量，优化信息产品；三是强化各项基础工作，制定规范化的统计报表目录、原始记录目录、调查单位一览表，健全统计台帐，按档案化要求整理历史统计资料。市统计委按照规范化方案的要求，制定和完善规章制度64项，制定工作程序和数字质量控制程序358个，建立台帐158本，整理历史统计资料1 179卷，全委13个单位统计工作全部达到规范化标准，走上了科学化、制度化、标准化和程序化的管理轨道。各县(市)区统计工作规范化也已普遍展开，至1991年底，已有35%的专业达到规范化标准。统计工作规范化促进了政府统计力量的加强，全市县以上政府统计部门人员比五年前增加了57.6%，6个县(市)区全部建立了农调队、城调队，陕县、卢氏还把各乡镇的统计人员编制、经费划归县统计委统一管理，实现了县对乡的垂直管理。“一体两翼”的国家统计调查体系已经形成并在发展中不断状大和完善。

在农村，以建立实体型的统计工作为中心的农村统计信息网络建设、各项基础工作建设和统计职能发挥等方面都有了较大进展。全市76个乡镇全部建起了统计站，30.3%的统计站通过达标验收，5个统计站达到省二级标准。企业的统计工作规范化达标升级活动也在全市蓬勃展开，强化了企业综合统计机构及其职能，明确了企业统计负责人，形成了以综合统计为中心的企业统计信息网络。

三、全面推行目标管理，实行全员聘任优化组合，强化内部激励机制

统计队伍的自身建设是统计工作的内在动力。1986年原市统计局率先在局机关推行目标管理，通过六年来的实践完善，取得了显著成效。摸索和总结出了一套具有统计部门特色的目标管理的理论和方法。在实行目标管理的过程中，重点抓好了“建立科学的目标管理体系；制定检查考核制度，监控目标的正常运行；正确评价目标，严格奖惩措

施”三个重要环节；正确处理了“领导与群众、岗位职责与目标管理、业务目标与政治思想目标”三个重要关系。

在此基础上，进行了机关内部的管理体制改革。从1989年开始在全委实行“四定”(定内设机构、定编制、定职责、定工作目标)，在干部问题上，引入竞争机制，贯彻公开、平等、竞争、择优和双向选择的原则，实行干部能上能下，能进能出。把目标完成情况与奖励工资挂钩。4年来，每年结合目标管理，进行一次考评和续聘。这一改革极大地调动了职工的积极性，提高了工作效率，加强了统计队伍建设，探索了一条机关干部人事制度改革的新路子。

四、积极参预决策和经济管理，努力发挥统计整体功能

统计改革促进了统计整体功能的发挥，强化了统计的信息、咨询、监督职能，为促进三门峡市经济和社会的发展起到了积极作用。

1991年全委统计报表及时率达到100%，统计数据准确率达到99.9%。统计信息质量的提高，树立了统计信息的权威。市政府明文规定：检查计划、考核目标、实施奖惩一律以统计部门数字为准；市政府文件、领导讲话、新闻报道和宣传材料引用统计数字，必须经统计部门审核后方可印发。市统计委已成为全市经济社会信息的中心和主体。

统计咨询水平不断提高。紧紧围绕党和政府的中心工作，针对经济发展中的热点、难点问题，开展系统的统计分析研究。1991年就为各级领导提供统计分析资料185篇，专题调查报告72篇，领导决策采用率达到97.3%。统计部门已成为市委、市政府决策的“咨询部”和“智囊团”。

统计信息的社会化程度逐步提高。统计新闻发布会已形成制度，通过新闻媒介播发统计信息的频率进一步增高。1991年市统计委在市以上新闻单位播发统计信息192条，采用率达到103.8%。

统计的监督职能得到有效地发挥。从1988年起，市统计委承担了全市政府系统的目标管理考核，市政府将目标管理办公室设在统计委，由市统计委主任兼任办公室主任，围绕目标管理，对全市国民经济的宏观运行情况实行统计监督。市统计委员会同有关部门确定全市的总体目标和向各责任单位分解子目标，负责对6个县(市)区政府和60个职能部门的903项责任目标进行监控分析，定量考核，并实施奖惩。由于分析反馈及时，数字准确可靠，评价客观公正，得到了领导和社会的公认，促进了全市各项责任目标的实施和社会经济的全面发展。

执笔：巩镇肃　责编：李天渊

大胆改革开拓　实行目标管理

沙市市统计局

在现行体制下，政府机关的统计人员都是吃“皇粮”的，可说是旱涝保收，既是“大锅饭”，也是难以打破的“铁饭碗”，干与不干，照样拿钱吃饭；另一方面，行政人员工资低，福利薄，收入少，特别是作为“清水衙门”里的统计人员可说是劳动量大而报酬少，任务多而条件差，在攀比风盛行下，有人还不安心统计工作，这些都是影响群众积极性的大问题。为了解决这个问题，局党组织研究决定在岗位责任制的基础上，实行全面目标管理，把竞争机制和激励机制引入机关，使机关面貌大为改观。

一

沙市统计局《目标管理方案》的要点可概括为：“五定”、“四化”、“三改”、“两突”、“一参”，简称为“54 321”管理方案。

“五定”。即职定岗，岗定人，人定责，责定分，分定奖惩。所谓职定岗是根据各科室职能任务的需要而设置相应的岗位，是因事设岗，而不是因人设岗，是一条精兵简政的好路子。以前有些科室争吵自己的人少，力量与任务不相适应，矛盾很大，“五定”以后，平息了争吵，解决了矛盾。

“四化”。(1)目标任务定量化。把每个人的目标任务按劳动量大小和质量等级，运用模糊数学隶属度的方法，折合成相应的目标值，全部加以量化。(2)统计基础工作规范化。统计台帐、资料档案等统计基础工作都要按上级的要求，达到规范化；(3)统计操作规程标准化。对统计信息的收集、汇总、计算、审核、传送都要严格按照统计操作规程操作；(4)精神文明活动管理统一化。如义务劳动、清洁卫生、各种学习、文明办公等都要按照目标管理方案，统一管理，行动一致。

“三改”。(1)改干部委任制为聘用制，局长聘科长，科长聘科员，科员挑科室，实行优化组合，不称职的科长可随时解聘，优秀科员可随时聘为科长；(2)改变职工基本工资以外收入的平均主义分配制，基本工资以外的部分，按达到目标的程度支付；(3)改变了工作对象的重点，过去以上级报表为主，现在以发挥统计整体功能为主，并集中主要

力量满足地方领导决策的需要。

"两突出"。就是突出两个重点，一个是突出统计信息的准确性；另一个是突出统计分析，准确的信息只有通过统计分析，才能提出建议，才能有利于发挥统计的整体功能。

"一参"。就是参与决策，这是发挥统计整体功能的最佳期望目标，只有达到这个目标，才能提高统计工作的社会地位。

严格考核。这是实现管理目标的一项必要手段，对达标程度高者及时给予鼓励，对达标程度低者进行指导和帮助。严格考核的方法有：(1)坚持按月考核，按月公布，年终总结。(2)全面考核，凡纳入《管理方案》的考核内容，都要考核，不许遗漏一项。(3)面对面的考核，每到考核日期，领导小组成员全体出动，下到各个科室把每个人的达到程度与实际完成的工作和成果，一一核对落实。凡经报刊发表、上级转发和市领导批示的统计成果都要与原件核对。报出报表的质量，还要向省局受表单位征求意见，严格认真，一丝不苟。(4)赏罚分明。自执行目标管理两年多以来，在人事方面，解除科长职务的 3 个，受行政处分记大过的科员 1 人；在分配方面，达标程度高的收入要比平均数高出 4—5 倍，而低的只有平均数 50%，真正拉开了分配的差距。由于严格考核以量化指标为事实依据，以《管理方案》为准绳，就使考核基本公平合理。

二

沙市统计局把运用于企业的目标管理加以改进，成功地移植到统计机关的管理中来，这是大胆的创新，具有自己的显著特色。

1. 目标管理以人为主。因为统计产品是智力产品，统计机关是智力机构，根据统计机关的这一性质，必须把以事物(包括工作任务、业务建设等)为主的管理，转到以人为主的管理上来，尊重知识、尊重人才、重视人才的心理活动，什么样的任务选用什么样的人才，什么样的人才分配什么样的任务，实现人才与任务的优化配置，做到人尽其才，才尽其用，充分发挥每个人的潜能。

2. 推行"自主管理"和"自我控制"。过去统计机关实行传统的经验管理，管理的手段主要靠强制和监督，忽视了群体力量；现在实行目标管理，必须充分发扬民主，用目标引导群众，由群众按照目标的要求，进行"自主管理"和"自我控制"，增强了职工当家作主的责任感，使每个职工的积极性、主动性和创造性得到充分发挥。

3. 建立约束机制，引进竞争机制。在干部目标管理上，改委任制为聘用制，搬建了"铁交椅"，废除了干部能上不能下的用人制度。在分配上，在一定范围内，基本上打破"大锅饭"。使干部聘用制和新的分配制成为目标管理的两个硬约束，使大家感到在实现目标中既有压力，更有动力。

4. 目标任务定量化，为目标考核提供了科学依据。机关工作比较抽象，要把许许多多各不相同的具体工作任务加以比较，这可以说是一种模糊现象，必须采用模糊数学方法，把目标任务全面量化，折算成目标值，才能为目标管理的考核，提供科学依据。

5. 配合目标管理加强思想政治工作。思想政治工作不能光说大道理，而是理解人，关心人，沟通思想，安定情绪，理顺人与人的关系，对职工的工作、学习、住房、婚姻、家庭、孩子等，事事都要关心，要尽力帮助职工解决一些实际存在的困难。只要思想政治工作做好了，就会出现一种团结紧张的工作气氛，有力促进目标管理，提高达标程度。

三

沙市统计局自 1989 年实行目标管理以来，促进了统计工作的迅速发展，健全了城市统计网络，建立了统计数据库，敞开大门，向社会提供了大量统计信息。1991 年，共提出统计分析报告 182 篇，被各级采用的 186 篇次，其中国家级采用 49 篇次，省级采用 67 篇次，市级采用 70 篇次，另外通过新闻媒介发表的统计新闻 267 篇次，不仅充分发挥了统计的信息功能，而且提出了许多有价值的咨询建议。沙市市长在一次政府全体扩大会议的报告中说："要保证政令畅通，要完善和坚持机关工作制度，把任务落实到人，市统计局作得比较好，他们对统计工作实行目标管理，订立了领导、科室和个人的岗位目标责任制，谁承办的事，由谁负责到底，作到事事有交待，件件有结果，并定期进行考核评比，这种作法值得推广。"

执笔：**欧 扬 关绪珩**

审稿：**程全发 马名树** 责编：**李天渊**

抓住时机 转变职能 推进统计管理体制改革

黄石市统计局

黄石市地处鄂东南，位于长江中游南岸，水陆交通便利，矿产资源丰富。改革开放以来，它集采掘、冶炼、建材、服装、商贸于一体，从单纯的重工业城市向多种经营并举的工贸型城市转变。

1987年7月，黄石市作为全国16个机构改革试点城市之一，进行了以撤局强委主要形式的城市机构改革。在这一进程中，黄石市统计部门以“无锡会议精神”为指导，本着实事求是、因地制宜的原则，不断探索统计管理体制改革的路子，取得了初步成效。具体表现在：通过建立集中统一、分级管理的统计管理体制，由政府统计部门直接面向基层企事业单位组织统计工作，采集统计信息，强化了政府统计系统的实力；加速了市辖区统计局和街道统计站的建立和完善，加强了基层企业的统计基础规范化建设，逐步形成了以政府统计为中心的完整灵敏的城市统计信息网络；较好地发挥了统计信息、咨询、监督整体功能。

一、实施“一步到位”，做好部门统计职能的分解转移

黄石市机构改革是按照“撤局强委、转变职能”的模式进行的。工、农、财三个口所属的各主管局撤销，成立相当的行业办公室，分别归口各委管理。对原主管局的职能进行分解转移。过去各工业主管局一般都有几十至近百人，搞统计的就有四到六人。机构改革后，行业办公室只有八至十五人，一般只有一名专职统计人员，有的还是兼职，行业办公室已根本不可能承担原主管局的全部统计工作。针对这种情况，按照国家统计局《十六个机构改革试点城市统计改革座谈会会议纪要》精神，市统计局决定将被撤销的专业管理部门的政府统计任务接过来，由市统计局直接面对企业收集统计信息。

为保证第一步改革的顺利实施，全局同志做了大量艰苦细致的工作，使实施“一步到位”改革后的所有月报、季报、年报都按时上报了。基层报表质量有所提高，传递速度加快，信息反映更为及时、准确。

在统计改革过程中，市统计局按照《纪要》的要求，在分解转移部门统计职能的同时，努力实现编制、经费、办公用房等条件的改善。在机构改革中，全市机关人员减少近三分之一，但市领导考虑到市统计局的任务加重，特地为市统计局增加了行政编制。此外，省统计局也给市统计局增加了四个事业编制；微机由三台增加到四台，并配齐了机房和其它辅助设备；办公用房由216平方米增加到421平方米；职工住房也有较大改善。

实践表明，由市统计局直接面对企业组织统计工作，收集统计信息，具有明显的优越性：一是减少了中间层次，报表的传递速度加快，统计信息的及时性提高了。二是减少了过去某种程度存在的人为干扰统计数据的情况，保证了统计数据质量。三是提高了统计部门的服务水平。直接对企业收集统计资料，统计信息源扩大了，统计部门能更直接、更全面地掌握情况，能及时发现企业生产经营中存在的问题，有利于提高统计分析水平。四是有利于提高企业统计工作水平。直接面对企业，使政府统计部门能经常直接对企业统计人员进行工作指导和业务培训，及时纠正统计工作中存在的问题，使企业统计工作水平有了明显的提高。五是有利于加速计算手段现代化建设。由市局直接面向企业收集、汇总统计信息，工作任务成倍增加，迫使统计部门必须采用现代化手段处理统计信息。

统计管理体制改革的第一步，显示出新机制的较高效能，证明了无锡会议提出的统计管理走集中统一之路的决策是可行的，而且这种效应影响至今。在改革不断深化的今天，黄石市各行业办公室恢复了以前主管局的大部分职能，但是统计“一步到位”的改革并没有因此而倒退，而是照常运转，不仅企业与市统计局的关系紧密融洽，而且各行业办公室还主动与市统计局交换信息、加强协作，上级统计部门和地方党政领导对“一步到位”的统计管理体制改革也都给予了充分肯定。

二、加速城区统计局和街道统计站建设，健全政府统计信息网络

直接面对企业进行统计，市统计局的工作量成倍增加，仅汇总单位就比改革前增加了1.64倍，统计任务和统计力量的矛盾进一步加剧。另一方面，随着城市社会经济的发展，企事业单位不断增加，统计任务随之逐步加重。不论从工作的实际出发，还是从深化改革、发展统计事业的长远着眼，迫切要求成立区统计局，建立街道统计站，加强政府统计系统的力量，使城市统计信息网络建设不断巩固、提高、发展。

经过努力争取，市编委于1988年6月下达了《关于各城区成立统计局的通知》，确定城区统计局为各区政府的独立职能部门。至1989年4月，四个城区都成立了统计局，定编20人。由于各区区委、区政府的支持，各区统计局办公用房、人员、经费等都得到很好的解决，配备了微机，建立了机房。省统计局还专门给区统计局拨了业务经费。

在组建区统计局的过程中，市统计局注意从实际出发，不搞一刀切，而是因地制宜，摸索城区统计属地管理的路子。有的将辖区内副县级以下单位的工业、财贸、劳资等专业下放给区局；有的将辖区所有的单位的工业、财贸、劳资专业下放给区局；有的采用松散型管理办法，一部分专业由区统计局负责，个别专业由区有关部门负责，每月集中办公，共同完成报表任务。在进行属地管理的进程中，市局采取了先过渡，后正式交接的稳妥办法，第一步是实行“双轨制”，下放属地管理的企业，不

断向区统计局上报各类报表，还保留向市统计局报送报表，并由市局汇总，区统计局也进行汇总。在此期间，各区统计局主要对各单位疏通关系，共同商定统计报表报送的具体问题，加强与基层统计员的联络，取得单位领导的支持。第二步是正式运行，经过试运行后，区统计局直接收集、审核、汇总向市局上报属地管理单位的各类统计报表，同时建立属地管理单位的各类报表制度和质量考核制度。从几年的实践看，区统计局的成立，为实行分级管理、报表分流创造了条件，增强了政府统计部门的基层力量，初步缓解了市统计局汇总单位过多的压力。

在城区统计属地管理的基础上，市统计局积极推动了街道统计站的建设。至1991年6月，全市14个街道都建立了统计站，站长由办事处主任兼任，组成人员有会计及工业、商业、物资、固定资产投资、劳资劳务、计划生育、民政、城管等部门的统计人员和派出所户藉员，使“纵向一条线，横向一张网”的城市基层统计网络成为现实。

三、搞好统计基础规范化建设，加强企业统计基础工作

针对黄石市企业统计工作基础薄弱、存在问题较多的情况，几年来，各级统计部门致力于统计基础规范化建设，着重采取了以下几项措施：

(一)加强企业统计机构和队伍建设，建立健全企业综合统计工作。要求大型企业建立综合统计机构，中小型企业配备专人搞综合统计，并将其列入规范化验收标准中。从1986年底以来，全市统计人员由1 700余人，增至3 100多人，规范化建设已验收合格的242家企业中，有27家企业建立了综合统计机构，没有专门机构的也全部配备了专职综合统计人员。

(二)努力提高企业统计人员的业务素质。直接面向企业，使市统计局能更清楚地了解企业统计人员的情况，并有针对性地对企业统计人员进行业务培训。各专业每年都对基层统计人员进行培训，利用年报会“以会代训”，举办短期培训班及统计新知识和统计分析提高班，深受基层统计人员欢迎，也提高了他们的业务水平。几年来，上报各种报表，基本上没有差错。

(三)健全企业统计工作制度。经过几年努力，市统计局帮助企业建立健全了各种统计工作规章制度和原始记录等，使企业统计工作有章可循。

黄石市的统计改革和建设在市委、市政府和上级统计部门的关怀和指导下，多年来一直稳步前进，不断向前发展，全市统计工作面貌发生了可喜变化，连续7年被评为全省统计系统先进单位。由统计部门直接面向企业采集统计信息、减少了中间层次，为提高统计信息的可靠性和科学性，创造了良好的条件。区统计局和街道站的建立，进一步健全了政府统计信息网络，初步实现了政府统计部门“集中统一、分级管理”的目标。企业基础工作的加强，使整个统计工作建立在扎实的基础上。这一切为全面发挥统计整体功能提供了广阔的舞台。

责编：**刘　恒**

强化统计整体功能　为地方党政领导服务

南宁市统计局

两年来，南宁市统计局按照国家统计局和自治区统计局的要求，认真贯彻李鹏总理在1991年全国统计工作会议上的讲话精神，积极探索，勇于实践，常抓不懈，在充分开发统计信息资源，加强定量分析和系统分析，参与市政府决策咨询等方面取得了一定的成效。统计工作日益受到各级领导的重视。

一、紧密围绕党的中心工作，积极参与领导层的决策咨询

南宁市统计局在开展定性分析的基础上，紧密围绕全市经济工作，特别是经济生活中的热点、难点、疑点进行定量分析、系统分析，收到了明显的效果。如对于“七五”时期全市经济和社会发展情况进行系统分析，编写了《团结奋斗结硕果，改革开放成效大》及《南宁市“七五”时期第三产业发展特点》等文章，为市领导和经济决策部门研究制定“八五”计划和十年规划发挥了重要作用。又如我市去年遇到百年未遇的严重旱灾，经过反复调查了解，市统计局及时编写出《农业受灾严重，粮食约减产四成》一文，引起自治区和市各级领导和有关部门的关注。对当时指导全市抗旱救灾，起到了重要的作用。为配合“质量品种效益年”活动，南宁市统计局编写的《南宁市工业生产调整产品结构，增长2.71亿元，节能一万多吨》的统计分析报告，立即被市政府《内参》采用。去年还接受了自治区政协交给的“钦州湾和桂西南地区经济发展战略研讨会”的课题任务，在深入调查研究的基础上，向自治区政协会议提交了《在桂西南经济开发中南宁市的中心辐射作用》的论文，受到与会者的好评。与此同时，

还积极主动地参与房改的研讨工作，对1 000户居民进行了问卷调查，为全市房改方案的出台提供了重要依据。由于统计工作能够紧密围绕党的中心工作，统计在决策管理中的重要作用得到了发挥，统计部门越来越受到各级党政领导的重视，统计的地位和知名度日益增强。

二、积极扩大统计信息发布量，充分发挥统计信息库的作用

两年来，市统计局把统计宣传工作，开发信息资源，当做整个统计工作的一个重要组成部分，在为社会公众服务、配合社会主义形势教育，宣传南宁市社会经济发展方面做了大量工作，提供的统计资料在广度和深度上都不断提高，形式更加多样。去年被市政府评为信息报道先进单位。这主要反映在如下三方面：

一是建立了统计新闻发布会和统计公报发布制度。去年市统计局首次与市政府联合召开南宁市“七五”期间社会经济发展执行情况和南宁市上半年国民经济运行情况的新闻发布会，效果较好，受到普遍欢迎。每年发表的统计公报由于提高了时效性，越来越受到各级党政领导的重视和社会各界的关注。《1991 年南宁市国民经济发展情况统计公报》在去年召开的市政治协商会议上作为会议指定文件发给各位代表。今年的市长政府工作报告也一改过去由统计局提供数据和核对数据的做法，统一使用《公报》中发表的数据，大大减轻了工作负担，提高了工作效率。此外，1991 年统计公报所提供的信息，在市民讨论修改南宁市住房改革方案中发挥了积极的作用，反响强烈。

二是通过各种新闻媒介播发统计信息的频率进一步提高。两年来先后有 242 篇统计信息被新华社、南宁电视台、市广播电台、《西南工商报》、《广西经济信息报》、《南宁晚报》等十余家新闻单位采用，使统计信息工作有声有色、生动活泼。为了扩大宣传，市统计局还组织编撰《南宁在开拓前进——“七五”时期社会经济发展成就》一书，作为宣传材料，印发社会各界。民运会前夕，为宣传提高南宁的知名度，还积极配合市政府和宣传部门编写《首府南宁》的宣传书籍，得到市领导的高度评价，社会反映较好。

三是统计资料的编辑出版工作迈出了新的一步，品种不断增加。除了继续搞好统计《提要》和《年鉴》的编辑出版外，还出版了综合性统计书籍《南宁在开拓前进》。完成了《南宁市国内生产总值统计资料汇编 1978—1990 年》的编印工作。为了使各级领导正确了解统计指标含义，提高统计数据使用效率，整理编印了《社会经济统计指标解释》的小册子，不少领导反映既方便又实用。总之，随着统计资料出版品种不断增多和统计信息咨询服务领域的扩大，对外公布的统计资料越来越全，越来越细，加深了社会各界对统计工作的认识。

执笔：**孟 剑** 审稿：**陈利丹** 责编：**李天渊**

争取政府支持 抓好统计站建设

广西钦州行署统计局

1991 年，在地委、行署的领导和支持下，我们突出抓了乡镇统计站的建设，把全地区 93 个乡镇统计站，由联合型转成实体型，并配备了 186 名专职统计员，将统计站经费纳入地方财政预算。目前全地区已形成了乡镇有站、村有小组、生产队有统计人员的统计网络。

一、积极争取政府重视，是组建工作的保证

1991 年 1 月上旬，我们召开了各县市统计局长会议，统一部署在全地区范围内将乡镇统计站转为实体型统计站的工作，行署主管统计工作的专员到会作了专题讲话，强调组建实体型统计站的重要性和必要性。会后，地区行署以钦署办[1991] 43 号文件指示各县市政府，要求把组建实体型统计站工作列入议事日程，要解决统计站活动经费和人员编制问题等等。接着全地区各县(市)政府、乡(镇)政府也都发了文件并主持召开了各乡镇主管统计工作的副乡(镇)长和统计助理会议，专门部署组建实体型统计站工作。由于各级政府领导重视，全地区组建实体型统计站工作进展十分顺利。

二、抓联系点，树立典型

为了把组建实体型统计站的工作落到实处，从三月到五月间，地区统计局领导先后深入到钦州市抓统计站建设工作，在总结点上经验的基础上，于七月中旬召开组建实体型统计站经验交流会，会上钦州市统计局介绍了经验。会后地区行署办下文转发了钦州市政府关于建立实体型统计站的做法，有力地推动了各县市实体型统计站组建工作。

三、坚持标准，严格验收

根据国家统计局关于组建实体型乡镇统计站的标准，钦州行署统计局讨论制定了《关于验收实体

型乡镇统计站的规定》，并以钦署统字[1991]09 号文发各县市执行，文件统一规定乡镇统计站机构主要做到：由一名乡镇领导兼任站长，一名专职干部任副站长，每个乡镇要配两名以上专职统计干部，并经乡镇政府用红头文件任命。根据文件精神，在各县市对乡镇进行验收的基础上，地区统计局采取随机抽样的办法，在全地区抽取 20%乡镇共 19 个统计站进行县与县之间交叉验收。验收结果表明：全地区 93 个乡镇站都经乡镇政府用“红头文件”重新任命了统计站正、副站长，并明确了 186 名专职统计干部。各乡镇把任命文件报县市统计局备案。与此同时，各乡镇政府用红头文件，任命各村公所统计组组长，并报县市统计局备案。从而全地区形成了纵横交错的农村统计网络。统计站经费也根据文件精神纳入了各级政府财政预算。保证了统计工作的正常开展。

四、抓好干部培训工作，提高乡镇统计人员业务素质

全地区各乡镇统计站由联合型转为实体型，配备的统计员大多数是新手，缺乏统计专业知识，不能适应农村“一套表”和正常统计工作的开展。为了建设一套与农村社会经济发展相适应的统计队伍，在地区行署领导的支持下，1991 年 10 月办了全地区乡镇、场(国营农林场)的统计员培训班。通过这次培训，大大提高了基层统计人员的业务技能，为全地区推行农村“一套表”和统计业务工作的开展打下了良好的基础。

执笔：**林家德**　审稿：**陈利丹**　责编：**李天渊**

准确的统计数据得益于扎实的基础工作

四川省南充地区统计局

近年来，南充地区统计工作坚持以深化改革为动力，狠抓基础建设和精神文明建设，使全区统计基础工作进一步得到夯实和发展，统计工作连续迈上了两个新台阶。继 1988 年被评为全国统计系统先进集体后，1989 年局机关党支部又获“全国先进基层党组织”光荣称号。统计业务年年被评为全省第一名。全区统计工作始终保持着良好的发展势头。

一、狠抓基础，努力提高统计工作水平

南充地区近些年所取得的成绩，主要得益于扎实的基础工作。

(一)城乡统计网络建设获得突破性的发展。截止 1992 年 2 月底，全区 794 个区乡镇已全部建立了统计站，在仅仅 1 年半的时间内，全区行政序列内的专职统计人员由零配备到 738 人，占区乡镇总数的 92.9%，其中专职 387 人；全区 8 170 个村，已有7 002个村建立了统计组和配备了兼职统计员，占全区村总数的 85.7%。全地区 3 个市统计局统计机构、人员均得到加强，4 个街道办事处全部建立了综合统计站，每站配有专职统计人员 1—2 名。地、县(市)主管部门分别配备专职综合统计人员 1—3 人；大中型、重点企业配有综合统计人员 3—5 人。目前，全区以政府统计部门为核心，纵联区、乡镇(街道)和基层企业，横联各业务主管部门的条块结合、集中统一、全方位运行的城乡统计网络已基本形成，为进一步促进全区统计工作建设与发展奠定了坚实的基础。

(二)统计规范化建设取得了显著成效。南充地区统计局会同地区“七家”部门制定了南充地区农村基层一套表方案和实施细则，由县市统计部门和统计站分别实施，目前 12 县、市已普遍执行了此方案，不仅避免了数出多门，而且提高了工作效率，减轻了基层负担，节省了大量资金，收到了良好的社会经济效益。

全区有 30%以上的企业实现了基础工作规范化。1989 年，南充地区于全省率先在重点工交企业开展统计基础工作规范化试点，制定了切实可行的规范化建设方案，对企业的原始记录、统计台帐、主要报表、统计机构和人员、统计分析、参与决策管理、实施监督和统计工作的程序与管理制度作了具体规定。接着，又相继将工业、物资、能源、劳资、建筑业、商业等统计基础工作规范化纳入企业上等升级的标准；以及对投资统计实行了“以帐代表”制度。通过两年多的积极努力，经过检查验收现已有 30%以上的企业达到规范化的标准，使统计数字从源头就开始奠定了较为可靠的基础。

(三)灵活科学的统计调查方法广泛形成。为了搞准农产量和农村经济情况，通过积极努力，争取行署批准组建了“四川省南充地区农村社会经济调查队”，落实了 5 名编制，并解决了一定经费。在全区建立了 18 万多户的农产量简易抽样调查和 1 270户的住户抽样调查；为了搞准个体商业数字，全区建立了1 000多户每年 1—2 次的重点调查；为了搞准大中型工商企业数字，对全区 138 户重点工商企业进行定点调查；为了准确掌握物价指数，地县建立了物价统计调查队(股)，开展了物价统计工作，并按期公布物价统计信息和综合物价指数。

(四)**综合统计职能得到强化**。全区主管部门和企业成立综合统计科(股)后，进一步加强了对生产、供销、劳资、物资、基建、技改等部门的数字管理。凡对外的各项统计数据均由统计机构统一审查、统一上报、统一公布。农村统计站已普遍向实体型过渡。城乡综合统计机构均对辖区内的所有单位行使其信息、咨询、监督的职能和统计调查、报告、监督的职权。

(五)**原始记录和统计台帐已普遍建立并日趋完善**。地县统计部门率先建立了统一印制的标准化、规范化的统计台帐。各业务主管部门、全民企业、较大的集体企业和区乡镇统计站基本建立或健全了统计原始记录和台帐。其中有40%以上的企业和近30%的区乡镇实现了台帐标准化。

二、几点体会

(一)**提高认识，加强领导**。针对一些同志对抓统计网络建设等基础工作的片面认识，统计局利用各种机会宣传其重要意义，学习《统计法》和国家、省上有关文件，组织县、区、乡的部份领导和统计人员100余人赴重庆、内江等地考察学习，使大家对这一工作提高了认识，形成了地县区乡镇领导共抓统计网络建设的大好局面。

(二)**以点带面，狠抓落实**。为把“双基”工作落到实处，局、科、专业层层确定了2—3个基层固定联系点，局长每年下基层3个月以上，科长和一般干部均在3个月左右，把点上的经验及时推广到面。

(三)**建章立制，科学管理**。为了巩固统计站的建立，各地因地制宜，结合实际和工作特点，建立了一系列的制度，如学习制度、岗位目标制度、联合办公制度、统计调查制度、统计资料及报表管理制度、工作考核制度等。为了大力提高数字质量，全局建立了严格的3级质量控制制度，质量检查制度、集体会审制度、报表反馈制度等，对年报的全部数据和定期报表的大数、要数实行专业负责人初审、科长复审、局领导终审的3级质量控制体系。并严格岗位责任制，规定哪个层次出现差错，就严格追究其责任，确保了统计数据质量的稳步提高。

(四)**培训队伍，提高素质**。为改变基层统计队伍新手多、业务素质差、人员流动性大的状况，地区统计局采取正规化教育和短期培训相结合的方法，办好统计函授教育，参训学员达1 200余人。先后举办了各类专业培训班10余期，参训学员逾千人。通过函授和各种培训以及送入大中专学校学习的人员共占全区在岗统计人员的80%以上，区乡镇、街道及广大企业的基层统计人员普遍参加了岗位培训，从而大大提高了统计人员的业务水平。

(五)**大力加强基层计算技术自动化建设**。通过地县努力，各县市统计局现已配有微机2台以上，其中386微机1台，全地区统计部门共配置了65台微机。与此同时，还举办了200余人的微机人员培训班。通过上述努力，使基层基础工作进一步得到夯实，使今年工业经济效益考评的微机处理数字全部做到了及时、准确上报；近两年全局以微机处理上报省局的10套专业近200万笔数据，创造了未出现一笔技术差错的新纪录。

责编：**李天渊**

开拓进取 不断提高城市统计管理水平

西昌市统计局

1990年以来，西昌市统计局在巩固前10年取得的成绩基础上，坚持改革开放、锐意进取，使城市统计管理水平提高到了一个新的层次。

一、建立集中统一的统计管理机制

随着城市多元化经济格局的形成，给城市统计的组织、管理提出了更高的要求，根据形势和任务的需要，西昌市统计局首先在城市工作委员会及所辖的4个街道办事处建立起了联合型的统计站。从根本上改变了长期以来街道统计无组织的状况。然后又针对部门和企事业单位统计工作的薄弱环节，调整和充实了各级统计机构和组织，强化了部门和企事业单位综合统计的职能，促进了专业统计由生产型向经营管理型转变。为了确立市统计局的中心地位，通过市人民代表大会立法，确定了市统计局对全市统计工作的领导权、管理权和监督权，并通过“梳辫子”。使各业务主管部门和企事业单位明确了本单位在全市统计工作中的位置、分工和职责，理顺了统计报表报送的渠道，从而在全市范围内形成了以市统计局为中心，纵贯街道，乡村和企事业单位，横联各级业务主管部门的集中统一、分级负责、条块结合的统计管理机制，实现了全市统计工作的有序化管理。

二、全面加强统计基础工作规范化建设

提高城市统计管理水平必须立足于统计基础规范化建设，西昌市统计局把培训和提高统计人员素质放在首要地位，以统计员上岗培训为重点，对企

事业和乡镇的统计人员进行了统计职业道德的教育，统计专业基础知识，统计报表和统计资料管理基本操作技能的训练，使基层统计人员的政治、业务素质进一步得到了提高。同时，建立健全了规范化建设的多项规章制度。市统计局先后制订了工业、农业、商业、劳动工资、物资和固定资产投资等专业的规范化实施方案和达标条件，使各部门、各基层单位有了明确的目标和遵循的依据。各部门、各单位在市统计局的组织和监督下，都针对本身的薄弱环节。制订了从原始记录、计量检测、凭证转输、数据收集、报表审核、台帐、资料管理等各个程序的岗位责任制和操作规范。两年来，49个城乡统计站，分别建立起了1978年以来的城乡经济社会发展的统计台帐840个，工商企业分别建立起了月报和年报主要指标为主的统计台帐、统计资料，初步实现了档案化管理，各部门、各单位的统计报表质量和及时性也有了明显的提高。

三、围绕改革开放，发挥统计整体功能

1990年，西昌市社会经济发展进入了治理整顿的关键时期。西昌市统计局从改革开放的需要出发，积极推进农业、工业、财贸、物资、固定资产投资、个体工商业、市场物价、城乡居民消费结构等方面调查方法的改革。按月编辑公布了《月城统计》、《统计快报》和《西昌市经济快报》等重要统计资料，为市委、市政府及各部门了解经济发展动态提供了方便及时的重要信息。针对治理整顿中出现的热点和难点，市统计局积极组织市统计学会广泛开展统计学术活动。发动广大会员调查研究，撰写了400多篇专题调查报告。对西昌市经济运行和结构调整中的深层次问题进行了分析和探讨。提出了许多可行的对策和建议。受到市委、市政府领导的高度重视。1991年以来，直接参与了1991年至2 010年西昌市经济社会发展战略和西昌市十年规划和“八五”计划的研究与制定，为形成这一重大软科学科研成果，提供了大量的统计分析和统计预测资料。

四、推进统计法制建设，强化统计监督职能

继1988年《西昌市统计管理暂行规定》颁布实施后，西昌市统计局又根据改革开放中统计法贯彻执行的新情况和新问题。经市政府批准下发了《进一步加强全市统计工作的通知》，并建立了由分管副市长任组长，市人大常委副主任为副组长，统计、司法和监察三部门主要领导为成员的统计执法领导小组。设立了统计特派检查员，各部门、各单位也设立了统计执法检查机构，初步形成了统计执法网络。从1990年5月统计执法大检查开始，市统计局每年都坚持5月统计法宣传月活动，广泛发动和组织各部门各单位利用广播、电视、墙报、会议等各种形式宣传统计法律法规。对统计基础规范化建设和统计报表数据质量进行全面的检查，处理各种违反统计法的案件，表彰统计执法先进单位，使各级干部和广大统计人员的统计法制观念得到了加强，遵纪守法的自觉性进一步提高。市统计局还针对劳动工资管理和工业经济管理中存在的薄弱环节，建立起了定期的年度劳动工资联审制度和按月工业经济效益综合考核制度，使统计监督的职能作用在实际工作中真正发挥出来。

五、加强机关作风建设，促进各项任务的圆满完成

西昌市统计局为了把全市统计管理水平提高到一个新的层次，不断加强机关党组织的建设、廉政勤政建设和作风组织纪律建设。局党支部认真贯彻党的十三届四中、五中、六中、七中和八中全会的精神，对党员和干部经常进行马列毛主席著作基本原理、党的基本路线和社会主义基本理论的教育，进行廉政勤政的检查和作风组织纪律性的整顿，组织党员和干部职工参加“党的知识竞赛”、“法律知识竞赛”、“创建文明单位”和“学雷锋、树新风”等各项活动，进一步提高了全体党员和干部职工的理论政策水平，增强了组织纪律观念，树立起了社会主义的统计职业道德风尚，调动了各项工作的积极性。

执笔：**黄祖俊** 责编：**曾德权**

应用计算机技术推动统计的发展与改革

贵州省毕节地区统计局

毕节地区统计系统在国家统计局“微机起步、人机结合、由小到大、逐步完善”方针的指导下，微机由1台发展到38台。现在地区统计局有超级微机1台，其它微机24台，8个县统计局都配备了微机。1989年，地、县统计系统实现了计算机联网。毕节地区统计局在加强计算机应用方面，开

发出《BDT》统计报表处理软件，并在此基础上，配合国家统计局有关部门，先后开发出《SDP》、《SARP》等通用统计报表数据处理软件。1989年，实现了用统一的统计数据处理软件，处理所有统计专业的统计数据。电子计算机应用水平的不断提高，不仅加快了毕节地区统计工作的现代化步伐，还有力地推动了统计改革，促进了统计工作的发展。

一、由于加强了计算机应用，推动了对统计方法制度的改革。毕节地区农村经济统计基层一套表，就是随着计算机应用水平的不断提高而形成、发展、逐步完善的。1986年，地区统计局从当时的投资统计卡片超级汇总的计算机处理方法中得到启发，在1986年的农村统计年报工作中设计了一个分乡的农村经济统计卡片，将若干分散的年报改为三张基层统计卡片，取消了所有的价值量指标，由地区统计局进行分乡超级汇总，并计算出所有的价值量指标和派生指标。这一改革大大减轻了基层统计负担，满足了国家统计制度和各级党政部门对统计数据的需要，受到了各级党政部门和基层统计人员的欢迎。国家统计局农村司的领导实地考察后，认定为小口径的农村基层一套表。毕节地区因此被列为全国农村一套表的试点地区。在此基础上，1988年地区统计局正式研制出毕节地区农村社会经济统计基层一套表试行方案；并于1989年发展为中口径的农村基层统计一套表。由于地区统计局研制的农村基层统计一套表对数据的收集、审核、计算、分组规范、程序严谨、分乡的产值、收入等重要经济指标均按实物量同步、同口径计算，效果很好，因而1991年荣获全国统计科研成果三等奖。

二、由于加强了计算机应用，促进了统计机构的改革。地区统计局在计算机应用过程中逐渐感到原来的专业型科室结构不能适应现代化计算技术的应用。为了使机构设置与计算机应用相得益彰，地区统计局将原来的专业型科室机构改革为阶段型科室机构。按照信息处理特点，划分为统计信息收集，统计数据计算处理，统计信息分析和研究与提供，统计数据质量监督，科室协调管理和后勤保证等，相应成立了调查科和城调队、计算中心、综合科、法规科、办公室等机构。由调查科负责基层统计数据的收集、审核、整理；由计算中心运用统一的统计报表处理软件对所有专业的统计报表数据进行计算汇总；由综合科根据计算机处理的统计数据进行分析研究，撰写统计分析报告，编制统计年鉴和向外提供统计资料；由法规科检查统计执法情况，对是否依法统计进行监督，确保统计数据准确无误；由办公室协调各科室工作，为全局工作提供可靠的后勤保证。机构改革后，由于分工合理、责任明确、符合信息处理程序，使统计机构更加适应统计现代化系统管理的需要。

三、由于加强了计算机应用，加强了统计基础建设工作。使用计算机处理统计数据，要求上报表式统一、代码统一、统计指标统一、计量单位统一。为适应计算机处理统计数据的要求，地区统计局编印了统一的基层统计报表，编制了统一的代码，设置了统一的统计指标，制发了统一的基层统计台帐，从各个方面加强了统计基础工作。

四、由于加强了计算机的应用，提高了统计信息的准确性和时效性。1991年，地区统计局在农产量乡乡抽样调查中对3万多调查户进行分户录入，超级汇总，处理近5百万个数据，由于采用电子计算机进行超级汇总计算，确保了实物量和价值量指标之间的平衡关系，避免了中间环节的计算错误，有效地防止了统计数据在层层汇总上报过程中的人为干预和篡改，提高了统计信息的准确性。同时，计算机的应用又使数据处理、传递的速度大大加快。如全区年初召开三级干部会议都需要提供分乡的农村经济统计指标，在传统手工汇总的情况下，根本无法提供。用计算机进行超级汇总，地区统计局每年都能及时满足地区行署的需要，有效地提高了统计信息的时效性。

五、由于加强了计算机应用，丰富了统计数据的信息量。用统一的计算机软件进行统计数据处理，掌握了基层的原始统计数据，避免了层层手工汇总造成的原始统计数据在汇总中消失。有了丰富的原始统计数据，计算机可以进行多种分组和多层次、多产量的加工处理，丰富了统计数据的信息量，基本达到社会各界需要提供什么样的统计信息就提供什么样的统计信息。

六、由于加强了计算机应用，减轻了基层统计负担。在统计任务重，统计人员少的情况下，加强计算机应用是解决力量与任务不相适应，减轻基层负担的有效途径。毕节地区的农村经济统计，需要处理8百个单位的统计数据、劳动工资、基建投资、工业交通等专业统计，需要处理4百多个单位的统计数据。用传统的手工汇总，往往需要动员大量人力物力用1个月以上的时间才能完成。采用计算机进行超级分组汇总，如劳资统计只需1人10天左右就能较好地完成任务，减少近80%的工作量，加强计算机应用工作量大为减轻，使广大统计人员有更多的时间加强基础工作，进行统计调查和统计分析，提高了统计工作效率。

执笔：**刘永新** 审稿：**冯育毅** 责编：**曾德权**

建设信息管理系统提高决策咨询水平

云南省玉溪地区统计处

一、建立统计信息管理系统的重要性

党的十一届三中全会以来，党重新确立了实事求是的思想路线，随着全党、全国的工作重点转移到以经济建设为中心的轨道上来，统计工作的建设和发展有了一个良好的社会环境，统计工作日益受到各级党政领导的重视，真正成为党政领导决策民主化、科学化不可缺少的重要手段。但是统计部门大量现有的经济、社会信息还没有充分开发利用，应有的作用得不到发挥，有用的统计信息甚至是沉淀。形势发展对统计的需要与统计自身任务，迫切要求加速综合统计信息管理系统的建设，以提高统计决策咨询水平，强化统计整体功能。1990 年 4 月，玉溪统计处开始了地区级《政府统计系统综合数据库》的编制。经过 1 年多的努力，《数据库》基本建成，试运行后，1991 年 8 月玉溪地区科委邀请了由云南科委等有关部门的计算机专家、经济界教授组成的鉴定委员会进行鉴定，专家们认为该项成果已超过数据库的范围，改为按《国民经济综合统计信息管理系统》鉴定验收，鉴定委员会的鉴定结论是：该项建设成果程序设计先进，指标体系科学，功能较齐全、社会效益明显，应用前景广阔，属我省首创，建议在全省政府统计系统推广应用。被确认为玉溪地区 1991 年科技成果，并被玉溪地区科委列为向省科委申报云南省科学技术进步奖的项目。

二、统计信息管理系统的特性

在《国民经济综合统计信息管理系统》(以下简称“系统”)研制中，玉溪统计处始终围绕着提高统计决策咨询水平、强化统计整体功能这个总目标，坚持和遵循“科学、全面、实用、效益”的原则，较好地解决了统计信息自动化系统建设中的关键性问题。

(一)综合主导作用体现了“系统”的科学性

专业统计是综合统计的基础，综合统计是专业统计的主导。综合主导作用的发挥，能够激化各专业统计的活力，可以使各专业统计形成一个完整的体系，根据这一辨证关系，确立的“系统”建设的框架结构是保证综合主导作用能够充分发挥，在综合主导作用的科学组织下，调动各专业统计的数据进行多因素、多结构组合，能对全区国民经济重大比例关系，产业结构，城乡经济情况，所有制结构，物价，宏观经济运行态势等进行分析研究。由于综合主导作用的发挥，使得一般只能满足既定的使用目的所取得的、单一的专业统计数据得到了综合利用。

(二)统计指标的全面、完整体现了“系统”的全面性。

“系统”的信息内容，是以玉溪地区《四十年发展纪实》统计资料为依据设置的。它包括全区 8 县 1 市国民经济和社会发展的主要统计数据：(1)区划、人口；(2)综合；(3)农村经济；(4)工业；(5)交通运输、邮电；(6)固定资产投资、物资；(7)财政、金融、保险；(8)商业；(9)物价；(10)人民生活；(11)文化、科技、教育、体育、卫生、计划生育等各专业的初始指标数据，将条的统计和块的统计密切结合起来，构成了全区国民经济和社会发展主要指标体系。这个有机的指标体系，能够对全区或各市县、各时期、各年度的经济发展情况进行系统的分析研究，可以准确地描述各个历史发展过程的经济概貌。

(三)信息存储空间大，体现了“系统”的实用性。

信息容量，在 20 兆硬盘上，能够处理2 990多个统计指标，在时间上可以管理 76 个年度的数据。现在“系统”内已存储了全地区 8 县 1 市，11 个专业统计，1949—1990 年的1 657个指标，11 万多笔数据。而且系统还具有数据指标容纳的无限性，具有长期维护、使用数据的能力，在不同时期发生变化的指标仍然具有清楚的关系，保障了数据的一致性与可比性。

(四)“系统”经过试运行效益明显。

“系统”的所有程序采用 Turbo-Pascal 3.01 语言编写，不借助任何运用软件包，操作方便。整个“系统”共研制了 9 个模块，具有以计算功能为核心的，计算、预测、制图三大功能。其中统计预测功能有 23 种方法。从试运行的效益来看，归纳起来主要有：①建筑在手工或半手工劳动基础上的传统统计工作方式将有可能发生根本性的改变。②加快了数据处理的速度，提高了统计信息的时效性。③提高了数据加工的深度和精度，降低了统计信息的费用。④为应用现代数学方法进行统计分析、预测，提供了广阔的前景。⑤“系统”对统计指标体系完整化、标准化，对统计报表的规范化具有十分严格的要求，有利于加快统计工作现代化建设的进程。

统计信息管理系统的效益在提供统计资料的时

效、准确、利用率、规范等方面与传统的手工或半手工操作提供资料方式进行对比测试中得到了证明:

1、加工整理一张16开表格的指标数量相同,数据容量相同的统计资料。手工处理2—8小时;"系统"处理5—20分钟。工作效率提高24倍。

2、加工整理一张全地区分县市的1980年、1985年、1990年工农总产值绝对数、环比增长速度、"六五"、"七五"期间递增速度、1990年人均工农业总产值内容的统计资料,手工处理需2小时,"系统"处理只需15分钟。工作效率提高8倍。

三、统计信息管理系统的作用

玉溪地区是全国著名的"云烟之乡",经济发展在全省17个地州市居于前列,各级党政领导和社会对统计的需要增长很快,仅1991年,据地区统计处不完全统计,编发《统计快报》《统计宏观监测指标》等信息资料108期,对外提供统计信息268批,信息量达3.6万笔,提供统计分析报告43篇,有11篇均属通过"系统"分析的"七五"回顾材料,受到了有关部门的赞誉。统计信息管理系统的投入使用,有效的缩小了社会对统计信息的期望差。

统计信息管理系统的使用,逐步改变了区统计工作上分散、孤立的分析研究传统方式,使统计部门内部各专业的协作关系得到了加强,统计分析有了新的深度和广度,促进了统计决策咨询水平的提高,使统计工作在为各级党政和社会服务方面避免了"马后炮"、"雨后伞"的现象。

责编:**曾德权**

统计管理体制改革的新成果

云南省曲靖地区行署统计处

统计委员会是随着政治经济体制改革应运而生的新生事物,是建设具有中国特色的社会主义统计事业的一种大胆尝试。它的诞生,对于深化统计改革,强化统计职能,提高统计的社会声誉,增强全民族的统计意识,有着重要的推动作用。曲靖地区行署统计处针对当时全区农村统计信息网络已经形成,乡镇建立了统计站,村级建立了统计组,各级党政领导对统计工作比较重视的实际,提出了在全区县、市一级全部建立统计委员会的方案报告,及时得到地委、行署的鼓励和支持,并为此专门召开了地委委员、行署党组成员参加的联席会议,对撤局建委工作中的有关问题作出了明确要求,批转了曲署办(1988)47号文件。行署统计处于1988年9月在寻甸回族彝族自治县进行了建立统计委员会的试点工作,同年先后有曲靖、师宗相继建立,至1991年5月,全区1市8县全部建成统计委员会。4年的实践表明,新建立的县、市统计委员会已初步显现出旺盛的生机和活力,在社会主义现代化建设中发挥了积极作用,赢得了领导的好评和社会的公认。新建立的市、县统计委员会主要有以下5个方面的特点:

一是统计委员会成为政府部门的实体型机构。由原统计局长直接担任主任,增设1名政府办公室副主任兼任统计委副主任,有利于统计工作的协调统一,避免"婆婆多了管不好事"的现象。全区8县1市统委正副主任共27人,比原来的正副局长净增11人。同时,在统计委员会内部机构的设置上,逐渐趋向正规化、合理化、专业化。一般都设置了1室3股。即:办公室、农村社会经济统计调查股、城市统计股、综合平衡股。许多基层的同志反映说,现在的统计委员会比原来的统计局确实增加了一些"新招法",使人们从实践中真正感受到建立县市统计委员会不仅仅是牌子的简单更换,重要的是职能的转变。

二是强化了统计职能。由于统计委员会实行的是委员制和定期例会制,从组织到业务工作的管理上都得到了加强,全区8县1市共配置了统计委员会成员117人,每县平均13人。其中:除统计部门本身的22名委员外,其余95名委员均为县、市直单位分管统计工作的领导,这是过去的统计局所不能办到的,现在有这么多各部门的领导参与管理统计工作,已成为曲靖地区统计史上一项前所未有的伟大事业。寻甸回族彝族自治县统计委员会,由于坚持了每季1次例会,增强了每一成员管好本单位统计工作和关心重视全县统计工作的责任感。富源县统计委员会建立后重视加强县直各有关业务部门的统计力量,仅在1990年内就有16个单位配齐了统计人员,有8个单位新建了统计股室。据各县市初步总结,自统计委员会建立以后,广大基层单位的统计机构和统计人员得到了充实和加强。

三是克服了数出多门现象。由于管理体制方面存在的种种弊端,长期以来实际存在的各自为政,数出多门,数字打架的现象已在统计委员会的协调统一下得到了纠正和克服。尤其是把农村经管站和乡镇企业的大量业务统一起来,实行联合办公,统一审定,有条件的地方实行人员、经费合并,做到一只手向下,一个口径向上,提高了统计数字质量。寻甸回族彝族自治县统计委员会与县农业局协商后，由农业局划拨人员2名，经费5 000元，归统计委员会统一安排使用，并把原来两个部门各自选定的两套农村调查网点统一起来，既加强了领导，又方便了工作，深受基层的好评。近年来，县市统委和农村乡镇统计站共同把关，基层报表有所减少。据马龙县统计委员会提供的资料表明。自推广农村基层一套表后，发往基层的报表由1989年的1 290个减为1990年的893个，比上年净减了44.5%。

四是调动了各方面的积极性，共同为统计事业出力。曲靖市统计委员会把市直各部门的协调统一工作提到了统委工作的议事日程，坚持每年1次协调会，每年1次培训会，每季召开1次统委成员碰头会，做到任务统一布置，资料多途使用，经费共同负担。自1988年建立统委以来，全市各专业的业务培训费分别由市统委、农业局、乡镇企业局、计生委、公安局按比例承担。(每年约计2万余元)，一些基层的同志形象地总结说："现在统计委员会的工作确实做到了九牛爬坡，个个出力"。

五是决策咨询能力和优质服务水平有了明显提高。随着经济建设的飞速发展，各级党政领导和社会各个方面对统计信息的需求越来越高，这就迫使县、市统计委员会把搞好优质服务列入了目标管理责任制，曲靖、师宗、富源、会泽等县，还把具体工作职责落实到专业或个人，促进了广大统计工作者撰写分析资料的积极性，经综合1市8县的资料获悉，1990年全区共撰写各种资料832篇，比上年增32.1%，1991年，上升到1 502篇，采用率达33.8%。

执笔：**杨兴成**　审稿：**林世能**　责编：**曾德权**

“输血”与“造血”并举实力和活力增强

汉中市统计局

近年来，汉中市统计局大办开放式统计，在“难”字上想办法，在“活”字上做文章，在“实”字上下功夫，不断拓宽统计服务领域，生财聚财，有力地推动了各项改革和建设，使统计工作逐步步入良性发展轨道。全局已发展到44人，年龄在35岁以下的占70%，文化程度在中专以上的占60%，经过专业培训的占68%，党团员占68%。全年业务经费预算19.1万元，现有复印机1台，计算机4台，汽车2辆，自购职工宿舍18套，固定资产达35万元。先后同省内、西北、全国四个统计信息网近百个统计部门建立了横向联系。多次受到省、地统计局表彰奖励，连续多年被市政府评为先进单位，连续四年在市政府机关目标考核中被评为优秀部门。

改革开放搞活后，给统计提出了新课题。统计工作由过去的“三靠”(任务靠国家下达，经费靠财政解决，工作、生活条件靠政府包办)、“三不问”(不问对象、不问需要、不问经济效益)，转变为“三要”(一要增强商品生产意识，实现统计信息的商品化和社会化；二是树立价值观念，搞有偿服务和无偿服务相结合；三要树立为社会全方位服务的观念，不断拓宽服务领域，提高信息利用率)。使统计工作从单一的计划经济中走出来，从报表中走出来，从八小时中走出来。统计局一没权，二没钱，但有得天独厚的信息资源优势，有功能完备的技术设备优势，有门类齐全的知识优势，有充满朝气的人才优势……

统计工作要开放搞活，关键在于争主动、抓机遇、搞改革。利用统计信息优势，采取承担专项调查、预测和对统计资料进行深加工的方式向社会服务。几年来先后为商业、供销部门调查预测商品消费量和购买力情况，为地市纺织品、五金、食品、生产资料、石油公司等单位预测了商品的拥有量和消费量。还为市物价局承担经常性市场零售商品价格调查，并定期为地区物价局提供综合物价指数和市场物价分析。

利用技术设备优势为社会服务。市统计局利用现有设备边服务，边滚动式发展，由少到多，由弱到强，不断完备。先后有偿为市房改办处理12万份房改调查资料，为市公安局处理制作39万份居民身份证，证件质量受到徐山林副省长的表扬和公安部的嘉奖。

发挥人才优势，造就一支训练有素的统计队伍，统计事业才有活力。政治上培养，几年来，先后有10名同志被发展为党员，9人评定了职称，14人提为副主任科员或局内中层领导，还为市政府输送了3名中层干部；学习上支持，舍得智力投资。先后支出培训费一万多元，12人已取得大、中专毕业证书，26人正在参加大学本科、党校、电大、自学考试学习；工作上帮助，培训统计人员的公关意识，将每个人由“专才”变为一专多能的“通才”；生活上关心，切切实实为大家办实事。从而创造了一个催人向上的生活和工作环境，为人才的脱颖而出创造了条件。

努力融洽部门之间的关系。一是主动与有关部门交往。邀请部门领导参加年终总结、春节团拜会等活动，增进他们对统计工作的认识和了解，取得同情与支持；二是尽力为兄弟部门办事。兄弟部门无论是在用车、用人、索取资料等方面满腔热情地为兄弟部门提供帮助；三是利用业务工作的协作关系，做到资料共享、经费分担，以弥补经费不足。主要通过与农牧、乡企、林业、水利、土地、多经、区划、政研等部门的交往求得支持。

这些作法，一是提高了统计知名度，扩大了统计的社会影响；二是减轻了国家财政压力，缓解了统计业务经费不足，有了自我积累，自我改造，自我发展的能力；三是充分发挥了全局同志的聪明才智和主观能动性，大家的心往一处想，劲往一处使，精神状态好，民主风气浓；四是改善了工作、生活条件，稳定了统计队伍。为此，主管副市长牛耿同志在统计局举行的1992年迎春座谈会上说道：统计局有“四浓”：一是团结味浓，二是温暖味浓；三是人情味浓；四是未来味浓。统计局有“四顺”：一是工作顺；二是关系顺；三是人心顺；四是舆论顺。

拓宽统计服务领域，汉中市统计局走上这条路的时间不算很长，但已可以看出统计信息咨询服务大有作为。从这个“窗口”，社会可以更多地了解统计，统计则更充分地体现了自身的价值。从这个“窗口”，已透露出希望的曙光，必将迎来满天朝霞。

责编：**李天渊**

大办开放式统计　发挥统计整体功能

陕西省商洛地区统计局

近几年，商洛地区统计局坚持走统计改革之路，大办“开放式”统计，优质服务，取得了显著成绩。1984年至1991年间，有6年被地委、行署和机关党委评为“岗位责任制先进集体”、“创业立功先进集体”、“目标管理先进集体”和“先进党支部”，多次被省统计局评为“全省统计工作先进集体”、“农村统计改革先进集体”和“法制建设先进集体”。统计数字质量连续三年获全省综合评比优秀奖。农村统计体制改革的经验得到了国家统计局的肯定。

“开放式”统计在一个统计意识薄弱，人员、经费不足，办公条件极差的环境下进行，难度是非常大的。1984年底，全区七县加上地区统计局的统计人员总共只有52人，全区的统计经费每年仅七、八万元。有人说：“别独出心裁，没事找事！”也有人说：“有多大精成多大能，人家财政局没有搞什么‘开放式’财政，谁都向人家磕头”。不少人认为，事物的价值和使用价值是两回事，统计工作在经济建设中是一座未开采的“金矿”，要实现其自身价值，就必须依靠自身的努力，引起各级领导和社会各界对统计工作的重视。针对这种情况，我们在全区范围内开展了三项活动：一是宣传活动；二是塑造社会形象活动；三是优质服务活动。

一、加强统计宣传，增强统计意识

“开放式”统计要获得成功，必须抓好“开放式”统计宣传。一是对各级领导的宣传，每次省统计局召开重要会议，我们都及时把会议精神向地委、行署主要领导和行署常务会作专题汇报。地区召开各部门领导会议时，也抓住机会向部门领导宣传。每年召开地区统计工作会议，都邀请各县、市主管领导参加，要求各县、市必须向县、市常委会汇报，并通报汇报结果。为了增强宣传效果，对地、县领导，主要采取上门宣传、印发统计工作材料和统计分析资料等方式，并急他们所急，想他们所想，征求他们对统计信息和统计分析的意见和要求。对区乡和各单位领导，则尽量让他们亲自参加统计工作实践。1990年人口普查试点，行署通知区、乡长亲自参加，经过培训、登记、复查、手工汇总等过程的实践，许多区、乡长深有感触：“原以为统计只是加加减减，没有想到统计的学问还这么深”。二是对统计人员的宣传。统计人员是统计工作的直接参与者，统计人员的思想素质、业务素质和工作责任心，决定了统计工作水平和质量的高低。在对统计人员的宣传上，首先大讲统计工作在国家管理和决策上的重大意义和作用，增强统计人员的职业荣誉感；其次是大讲“开放式”统计对统计人员的要求和责任，增强统计人员的责任感；再是对统计人员进行业务知识宣传，使统计人员熟练地掌握统计业务。三是对社会各界进行广泛深入的宣传，通过报刊、电台、电视等新闻媒介，及时地向社会公众介绍统计知识、统计信息和《统计法》。

二、加强职业道德教育，塑造统计工作良好的社会形象

《商洛地区统计职业道德规范》明确提出了“坚持原则，实事求是，热爱统计，优质服务”的要求。几年来，按照《规范》的要求，全区上下开展了塑造统计工作良好的社会形象活动。在这一活动中，一是抓了人生观和世界观的教育，以树立全心全意为人民服务的思想；二是抓了评选和学习先进人物活

动，开展了“精神、形象、政绩”大讨论；三是抓了党员评议工作，开展了“三个为什么”(当初入党为什么？现在为党干什么？一生为党留什么？)的大讨论；四是开展了“八比八赛”活动，多次进行统计系统整风。在开展这些活动的基础上，建立健全了各项规章制度，用制度建设保证职业道德教育的经常化、规范化，形成了“比、学、赶、帮、超”的良好局面。据统计，地区统计系统被评为国家级先进个人的有11名，被评为省部级先进个人的有23名，被评为地区级先进个人的有86名，11名同志光荣地加入了中国共产党，38名同志走上了乡以上领导岗位。

三、开展优质服务，为领导决策和社会公众服务

1、充分发挥统计部门信息主体优势，向领导和社会各方面提供、发布丰富的统计信息。

为了提供优质服务，做到“要什么给什么”、“什么时候要什么时候给”，我们采取了许多措施。一是立足本部门，系统地整编资料；二是立足本地区，系统地搜集整理和交换外部门资料，做到“信息共享”；三是买资料，即每年从国家和省统计局购买国内外、省内外的资料；四是交换资料，在建立地、市交换资料基础上，建立了“四省九地市信息网络年会”，形成了经常性的交换协作关系；五是抄资料，即从报纸、杂志上摘抄整理资料，以备使用。目前，统计局存储了大量国内外、省内外的统计资料，并整理了《统计资料》、《统计提要》、《四十年国民经济统计资料》、《四十年国民经济提要》、《工业分行业经济效益主要指标》等资料，基本上满足了社会各方面的需要。

2、发挥咨询职能，为科学决策和科学管理提供咨询建议和对策。

近年来，全区县以上统计部门撰写的咨询性分析报告1 200多篇，被各级采用的有800多篇，区乡的咨询性分析报告正在步入正轨。统计部门和统计人员被邀参加各种经济分析会和研究活动已有难以应付之势。地委、行署和各县市研究重大决策，都要求统计部门参加并听取统计部门的意见。1990年，地区统计局参与了“八五”规划的制定并提供了各种主要经济和社会发展指标的可供选择方案。1986年全国经济过热，要求关、停、并、转工业企业，降低发展速度，统计局根据商洛地区工业底子薄、基数低、原材料供应和产品纳入国家计划少的实际情况，撰写了《多并转、少关停，进一步加速我国工业发展速度》的分析报告，受到了地委、行署的高度重视。地委、行署向省委省政府汇报后，省政府领导讲：商洛工业经济基数低，不宜限制工业发展速度。因此，商洛地区工业发展速度在“七五”期间一直高于陕西省平均速度。

《计划生育难搞的症结何在》一文，曾在各级领导中引起强烈的震动，国务院有关领导批示后转送国家计生委，在商州市召开了计划生育工作会议。《农村买卖婚姻屡禁不止，彩礼越要越多》、《县长、乡长的苦处和难处》等分析报告，反映了目前存在的许多综合性社会问题，被《陕西日报》、《陕西农民报》、省广播电台、省电视台采用，产生了强烈的反响，收到了很好的效果。宁长珊专员以统计资料为依据，写出了许多高水平文章。杨永年书记曾指示地委办、行署办，刊物要精减，但绝对不能减《统计资料》。1992年行署机关刊物整顿，停刊65种，保留了包括《统计资料》在内的13种刊物。

3、发挥监督职能，及时、准确地反映经济运行状况，促使国民经济按照客观规律的要求持续、稳定、协调发展。

为了发挥统计监督职能，对年度计划执行情况实施监督，统计局按月搜集整理国民经济主要指标，编成《月报卡》发送各级领导。每年整理编辑年度《国民经济主要指标》，发布《统计公报》。除了编印各种资料外，还对各项指标完成情况进行系统的分析，讲成就，寻差距，找问题，谈对策，提方案，深受各级领导和各部门欢迎。1990年商洛地区工业受全国大气候影响，速度下降，效益滑坡。为了迅速扭转被动局面，统计局于上半年撰写了《我区工业上半年完成任务》、《工业经济效益大幅度下滑，应引起重视》等分析报告，引起了行署和工业主管部门的重视，并采取有效措施，完成了全年任务，减少了损失。

责编：**李天渊**

县级统计工作典型经验

昌平县农村统计网络建设成果显著

昌平县统计局

昌平全县辖11个镇，22个乡，1个区，3个街道办事处。昌平县统计局建立于1984年10月。建局以后，狠抓了农村统计机构网络建设，1988年初，各区、乡、镇全部成立了实体型综合统计科。1991年底，乡镇统计人员总数达104人，平均每个乡镇3.3人。其中，专职统计人员97名，占93.3%，高中以上文化程度的83人，占80%。为了巩固农村统计基础建设成果，县统计局由一名副局长(兼农村社会经济调查队专职副队长)协同农经科长，专门抓乡镇统计机构及乡镇统计人员的政治业务素质。采取了稳定统计人员，完善考核制度，延伸统计网络，理顺统计渠道等综合性措施。

一、建立新的体制

为了稳定乡镇统计人员，县统计局坚持了"三个统一"。即统一管理人事关系；统一管理人事档案；统一进行调资和实行公费医疗。由于掌握人事调动权，从而能够合理调配统计人员，使全县乡镇统计机构平衡发展。配合"三个统一"，注重对乡镇统计科长的配备工作，各乡镇在任命统计科长时，注重选择政治素质好、有较强组织协调和综合领导能力及业务水平的专业统计人员，并由县统计局拿主要意见。1991年底，在38名正副统计科长中，中共党员31人，占其总数的82%，高中文化程度以上28人，占74%，且统计工龄都在5年以上。

二、延伸统计网络

为了完善统计机构，适应经济发展的需要，在乡镇建立实体型统计科之后，从1989年开始，县统计局提出了延伸统计机构网络的设想并积极组织实施。在对6个乡镇进行试点之后，全县318个行政村，至1991年底，相继成立了以村党支部书记或村长为组长，村统计员为副组长，各专业队(生产队)、村办企业统计为成员的村统计组，共配备统计员732名，村均2.3人。乡村两级企业配备统计人员1 368人，一些骨干企业还设立了统计组。从而形成了纵连县、乡、村、企、户，横连各级业务部门的农村经济统计调查网络和信息反馈体系。

三、健全各项制度

在形成县、乡、村三级统计网络的基础上，昌平县统计局狠抓了各项制度建设。主要有：按季召开的各乡统计科科长例会制度；半年一次的工作报告制度；以时间、差错率和报表说明为量化标准的统计报表报送制度；基础建设制度，包括统一印制《昌平县农村社会经济统计历史台帐》、《昌平县农村社会经济统计资料》(月刊)以及统计分析报告和业务培训等制度。1991年，制发了《乡镇综合统计科双达标考核制度》，把达标制度延伸到村统计组。通过每季度一次的乡镇统计科长例会，听取情况汇报，安排布置工作，力争使乡镇统计科工作满负荷运转，防止抽调做其他工作。为了使乡镇统计科、村统计组有名有实，讲求工作实效，在基础建设制度上，每年定期组织拉练验收检查，即由乡镇统计科科长参加，县统计局主管农村统计网络建设的副局长带队，对乡镇统计科逐一检查，对村统计组进行逐乡、逐镇抽查。

四、调整上报渠道

为保证数出一门，昌平县统计局及时抓了乡、村统计渠道的调整。首先以乡镇统计科为主，按不同行业设置乡镇统计人员，要求上报统计报表，必须经过乡镇统计科把关并盖章，或直接由统计科进行填报。其次，村办企业及村级各行各业，均以统计组名义报送报表，由主管统计(村统计员)过目审查把关，加盖村统计组印章，方可报乡镇统计科及有关科室。

五、狠抓培训

为了提高乡镇乃至村统计人员的业务素质，并适应从单纯农业统计向农村社会经济统计转移的要求，昌平县统计局除积极组织乡镇统计科长参加全市的业务培训外，还自行采取多种形式对农村基层统计人员进行业务培训，特别是由各业务科室定期深入到乡镇去讲授专业统计知识及统计分析报告撰写技巧。几年来，已累计培训乡镇、村、企业统计人员达2 000多人次。除此之外，还通过分片培训、集中培训等方式，使350名乡村统计员取得了由国家统计局颁发的《统计员资格证书》。

经过几年努力，昌平县农村统计网络建设取得了显著成果。一是使各种统计资料基本上实现"档案化"、"规范化"管理。全县统一制发的农村社会经济统计台帐已普及到村，统计图表上墙不但普及到村，其水平也不断提高。二是统计的职能作用得到充分发挥。乡镇统计工作已从服务型向参与决策方面转化，即从给领导提供《社会经济统计月刊》、《统计调查资料》等数据、资料、信息，转向参加每月一次的经济分析会，参加制定各项事业发展计划，从而拓宽了统计工作范围，并提高了知名度。

乡村统计队伍的调查研究水平逐年提高。1988年，乡镇统计科共撰写统计分析报告445篇，1989年撰写722篇，到1991年，全年撰写统计分析报告达820篇，提供统计信息219篇，乡镇统计科人均撰写统计分析和信息近10篇。村统计组1989年撰写统计分析报告300多篇，1990年526篇，1991年达992篇，比1990年增长89%。由于乡村统计人员提供的统计分析和统计信息取材广、信息灵、数量多、时效性强，有不少被北京市统计局或北京市农村社会经济调查队采用并提供给市政府领导。如1991年的南邵乡的《商品猪收购无几，供应肉全靠外调》、《农业管理新动向》、上苑乡的《乡党委支持统计科购买微机》、《京苑食品厂生产发展效益提高》等均被《北京市农调信息》采用。除此之外，乡村统计人员所提供的分析和信息资料，还为本地区发展经济及个体饲养、种植、运输专业队(户)等，起到了多层次的服务作用。如崔村乡统计科撰写的《蔬菜播种面积比去年大幅度下降，应引起重视》和《老果园管理，应引起注意》两篇分析得到了乡党委高度重视，问题得到了及时解决。还有不少乡镇提供的信息，被昌平县委、县政府信息部门采用。

进入1992年，昌平县统计局开始探索并逐步实施农村统计体制的深层次改革，有关专业部门的统计人员开始并入乡镇综合统计科，使乡镇统计科的力量进一步加强。同时，在11个乡镇统计科配备微机的基础上，决定于1992年底，在乡镇统计科全部配齐电子计算机，跟上全市微机联网步伐，为农村统计网络建设注入新的活力。

执笔：**于桂谦**　责编：**徐晓海**

深化统计改革　促进经济发展

柏乡县人民政府

几年来，柏乡县人民政府把统计改革作为全县综合改革的重要内容。经过多方努力，摸索出了一个与目前经济社会发展比较一致的"集中统一型"的统计管理体制，有效地发挥了统计部门的宏观调控、监督和服务功能，进一步促进了领导决策的科学化，有力地保证了两个文明建设的健康发展。

一、改革统计的决策，来自于对统计认识的不断深化

改革开放后，党的工作重点转移到以经济建设为中心上来，建立了有计划的商品经济和计划调节相结合的经济运行机制。面对新的形势，如何进行宏观监测与调控，遏制微观经济活动偏离宏观决策轨道等诸多问题，不仅给统计工作带来了新课题，而且为各级领导如何科学决策，实施有效领导提出了新的要求。过去的统计工作在新的经济运行机制中越来越多地暴露出缺陷和不足。一是统计覆盖率低，影响决策，加之统计人员不固定，责任不明确，造成数字不准、统计失实。二是数据失控，利益矛盾突出。有的怕挨批，有的想升迁，不是如实上报进度，而是先串通情况，再作数字游戏，欺骗领导，败坏党风、政风。三是下情不清，造成考评失准，由于数据不准确，难以进行科学的量化分析和正确判断。1986年，柏乡县在进行年终总结时，有一个企业虚报盈利30万元，县里给这个厂记了功，评了奖。群众举报后，经查实净亏70多万元，后来，虽然对这个厂子作了重新处理，但在群众中影响很大，这些问题给县政府以很大触动，迫使其对统计工作进行重新认识和反思。县委、县政府一致认为，统计工作在国民经济发展中具有重要地位，它是科学管理的基础，是决策的耳目，是实行正确领导的参谋。统计部门不代表任何部门和单位的利益，比较超脱，最能体现真实情况，提供准确的数据。而原统计体制，已不适应已经发展了的经

济形势，权力上缺乏相对的独立性，编制已存在着缺陷，统计局统不住基层统计员。在此基础上，县委、县政府形成决议，要决策必须先有数，要搞准数，必须抓统计，要认识统计、加强统计、改革统计，要建立一个比较越脱的统计管理和运行机制。这不仅是统计部门的事，各级领导都要抓统计，全党抓统计，才能把统计工作搞好。

二、逐步到位，强化职能，在实践中不断完善

统计工作牵涉社会的方方面面，统计数据如同晴雨表一样，印证着各部门、各单位生产进度的快与慢，工作业绩的优与劣。因此，统计改革必须慎重。柏乡县统计改革是从1986年开始的，几经筛选，本着“精简、效能、统一、节约”的精神，选择了“集中统一”型的统计改革方案，于1989年9月份正式出台。

(一)领导重视，政策保驾。为确保统计体制改革顺利实施，县委、县政府专门印发了《关于统计体制改革的决定》、《柏乡县统计工作管理暂行办法》、县长令和《工商企业承包、考核、分配暂行办法》等文件，从政策上为改革保驾护航。在方法上，先试行《农村社会经济一套表》；在完善配套基础上，对工商企业实行《工商企业一套数》。从纪律上明确规定，凡虚报、瞒报数字及违反《统计法》，靠虚假数字营私舞弊，给领导决策和经济运行造成失误的，要给予党纪、政纪处分。通过强化纪律，保证实施。

(二)定编定员委任委权。为消除部门、基层领导对统计人员的干扰权，在人员编制上，实行“一垂三统”，即：所有统计人员一律为垂直领导，人权、财权、物权划归统计委；行政事业部门的，收入、收编、收经费，对大系统的部门划归后，作为派驻人员到部门工作；编制中的人员不足部分由编委调剂解决。这样，虽然统计局编制扩大，但从全县总体角度看，集中统一管理比分散使用可节约编制14人，每年节约经费11万元，减少了财政开支，符合精减、效能、综合、统一、节约的原则。在方法上不搞“一刀切”，而是先协调，后收归，因情制宜，注重实效办法，使其自然衔接，平稳划转，并规定统计局对所有统计人员有任免权、奖惩权、职称评定权，以保证统计队伍的稳定和统计人员业务素质的提高。

(三)机构升格，强化职能。为提高统计队伍的地位，便于开展工作，将统计局的3股1室，变为1室3队(后来又增人口调查队)，各队室升格为副局级单位，业务上上对一个口，下对一条线，横向可直接对平行部门布置工作，实施监督。最近，为适应社会经济的客观要求，进一步完善统计体制，根据近几年的统计体制改革的实践，经县五套班子联席会议研究，将原柏乡县统计局改为“柏乡县统计委员会”，柏乡县第十届人大常委会第十次会议研究通过了县政府提请成立县统计委员会的报告，从法律上保证了改革的顺利实施，县政府印发了《关于成立统计委员会的决定》。统委下设机构，由原四队一室改为四局一室，即农村统计调查局、工业统计调查局、商业统计调查局、人口统计调查局和综合统计研究室(均为二级局单位)，又增设了计算中心、统计检查科、办公室(股级单位)，统计力量进一步加强。为发挥统计部门智囊团、信息库作用，保障领导决策的可行性和科学性，县委、县政府明确规定，统委会主任必须列席县委、县政府有关工作会议，各局室必须参加各口的工作会议。一方面为领导决策提供依据；另一方面及时了解领导意图，扩大调研范围和重点。改革抽样调查方法，丰富信息资源，将住户调查点由原来的100户，扩大到500户。

(四)增置装备，提高待遇。县政府在财力十分紧张的情况下，为提高计算手段，专门为统委配备了4台微机，在交通设备上，破例批准统委配备两部汽车，为县统委追加经费3万元，另外再给县统委划拨10亩地皮，拟筹建柏乡统计大楼。各乡镇统计站再增加一名财经核算员，人员经费由县统委管理。原来乡镇统计人员属招聘性质，工资待遇较低，为解决他们的后顾之忧，县政府决定把乡镇统计人员全部转为合同制职工，纳入正式编制，工资经费由县财政负担，有力地稳定了统计队伍。

三、统计改革实际效果显著

(一)理顺了渠道，抓住了源头，解决了数出多门的问题。改革后，对统计人员实行一垂三统，任何单位和部门无权干扰统计数字，使一些靠做数字游戏文章的人无路可走，不仅使领导掌握了真实数据，而且从制度上强化了实事求是的作风。在工作中，不是闻喜则喜而是通过真实的数字，奖勤评优，鞭打慢牛。如1990年年终总结时，有两个企业为获得奖励，几次找到统计局要求改数字，都被拒绝。还有一企业，统计部门进行统计监督，推脱三次才让检查，县政府马上进行了通报，并对该厂负责人提出严肃批评，保证了统计人员正常开展工作。要说现在有些部门有意见，主要是因为剥夺了他们对数字的干扰权，不能再用数字搞鬼了，这正是统计改革的关键和出发点。现在凡国家指定的统计指标，全部由统委会一口向下，一口对外，其它部门用数，全部由统委会提供，大大增强了数字的真实性。

(二)发挥了参谋作用，增强了决策科学性。这几年，柏乡县整个经济决策，经济运行，可以说与

统计部门的参谋作用是分不开的。利用他们提供的准确数字和分析，县政府在经济结构上综合布局合理调整，逐步形成了以农业为优势，工、贸、种、养、加并举的良性循环圈。同时，县政府利用统计部门对社会、经济情况的调查，在施政过程中，坚持每年都有一个新思路，都有一个主攻点，以促进经济工作全面发展。如 1989 年定为"劳动竞赛年"，1990 年定为"科技教育年"。其中，1990 年 9 月份，统计部门根据企业管理粗放，质量下降，产品积压等问题，提出 1991 年应主攻质量管理的建议，被政府采纳，并拟定 1991 年为质量管理年。这与中央后来提出的 1991 年为"质量、品种、效益年"的方针是基本吻合的。

(三)增强了参与意识，促进了社会稳定。企业实行承包经管机制以后，由于缺乏严格的考评统计核算制度，在一部分企业出现了厂长经营工资高于职工工资六、七倍的现象。职工的积极性受到严重挫伤，社会反映十分强烈。针对存在的问题，如何对企业进行科学测评，真正体现按劳分配原则，解决分配不公问题，县委、县政府多次研究，认为只有统计部门能超脱部门利益。统计委员会根据县政府决定工商企业管理条例和县委、县政府的年度计划，制定了 11 项标准和《工商企业管理考核办法》，从制度上对各企业进行综合约束评估收到了明显效果。1989 年以来，厂长(经理)同职工工资基本保持在 1.7:1 的比例，基本体现了国家、集体、个人三者利益的合理分配。这不仅调动了职工的积极性，而且有效地遏制了部分企业滥发奖金，短期行为等不良现象。为保证科学决策，县长除负责政府全面工作，还主抓统计委员会，这样可保证统计改革工作的顺利开展，也可使他们更好地参与决策。

(四)发挥了咨询监督作用，提高了统计地位。过去人们对统计部门的看法是："一年只识十个数，无钱、无权、无出路"。实行统计改革后，统计委员会把数搞实了、功能齐全了、规格升高了、效能增大了，促进了领导工作的科学性。他们不再置身于数字的孤岛，而能游弋于社会的海洋。快速准确的信息咨询和统计月报，使各部门可及时掌握全县经济运行状态，从中查找原因，制定措施。大量的统计分析为领导决策减少失误所形成的经济效益和社会效益已被人们共识。现在各部门用数字需要统计委员会，企业内部考核依赖统计委员会，领导决策离不开统计委员会。正县长主管统计工作，县委书记经常过问统委的情况，县五套班子研究经济工作的会议都让他们参加，在人们的心目中树立了统委的形象，相应地提高了统计的地位。

1991 年 12 月，国家统计局张塞局长在认真考察了柏乡县的统计体制改革情况后，认为柏乡统计改革的方向是非常正确的，统计体制在县级找到了解决的途径。河北省政府叶连松副省长在 1992 年 1 月考察了柏乡统计体制改革时称柏乡县的改革确实体现了"精减、效能、综合、统一、节约"的原则，改革是成功的，效果是好的，很有推广价值，很有意义。新的统计职能基本实现了李鹏总理提出的"准确、及时、全面、方便"，和"向党政机关提供咨询，同时对经济运行情况进行监督"的要求，显示出强大的生命力。

执笔：**马明占(柏乡县县长)** 责编：**徐晓海**

实现"三划一统"的统计体制改革

准格尔旗统计局

一、统计管理体制改革的动因

准格尔旗统计局自 1979 年从计委分出来后，统计机构逐步健全，人员不断增加。到现在旗局下设 10 个股，编制 25 人。几年来，在各级党政和上级业务部门领导下，做了大量工作，取得了可喜成绩。但是，随着改革开放的深入，经济的发展，乡镇企业的兴起和个体经济的增加，目前乡镇统计工作和管理体制已不适应经济的发展和宏观经济调控的需要，难以满足各级党政领导对统计工作越来越多的要求。主要表现在：一是统计队伍不稳定，统计人员专职不专用。乡镇统计工作站有其名无其实，统计工作不受重视，不能发挥应有的作用。1987 年 6 月，伊盟盟委组织部、编委、统计处发了配备乡(苏木)、镇专职统计干部的联合通知。规定每个乡、镇在乡行政编制中配一名专职统计干部，并要保持相对稳定，专职专用。但是直到 1991 年 3 月改革前，全旗 28 个乡镇，有 19 个乡镇有专职统计人员，但名为专职实为兼职，他们在乡镇政府兼文书、会计、财税干事和生产干事等。二是行政干预过多，领导意志代替统计数字。估报、迟报、少报、虚报、瞒报、拒报现象时有发生，三是各乡镇报表乱，重复劳动，数出多门，部门与部门之间不协调。四是乡镇统计人员用 90% 时间去搞乡镇中心工作，缺乏岗位业务培训，部分统计人员业务水平低，难以胜任本职工作。上述情况，严重影响了统计部门职能作用的发挥，急需对统计管理体制进行改革。

二、改革内容

准格尔旗旗委、政府确定的统计体制改革的基本原则是：以提高统计数据质量和信息、咨询、监督职能为目的，强化统计部门管理权限，将乡镇统计干部编制、人员、经费上划到旗统计局统一管理。做到乡镇统计工作站统计人员专职专用，统计经费专款专用，统计数据一律以统计站为准。以此原则，旗委、政府经过多次研究制定下发了《准格尔旗乡镇统计管理体制改革方案》(以下简称《方案》)，其主要内容是：

(一)**乡镇统计编制上划**。每个乡镇必须建立统计工作站并配备一名专职统计人员，人员编制上划旗统计局。

(二)**人员管理上划**。对乡镇统计工作人员实行双重领导，即业务工作受旗统计局领导，行政工作受乡镇政府领导。统计系统内人员的任免调动、调整、评聘等工作由统计局决定，直接行文通知，抄报旗组织人事部门备案。调入、调出统计系统人员，须经旗统计局同意后方可由组织人事部门办理手续。

(三)**统计经费上划**。各乡镇的统计经费(包括人员公务费、工资、业务费、医疗费等)，由旗统计局做出预算，旗财政局根据预算拨到乡镇财务所代发，其行政奖励工资直拨旗统计局，由旗局根据统计人员完成任务情况分发。并决定旗财政每年增拨2万元统计事业费给旗统计局。

(四)**业务管理**。各乡镇统计工作人员有独立行使统计调查、报告的权力，任何单位和领导不得干预上报的统计数字。规定各乡镇范围内的统计数据，一律以统计站为准，未经统计站审核同意的不准上报，任何部门不得采用。

(五)**改善工作和生活条件**。乡镇统计工作站办公用房、家属住宅、办公设施、交通工具由所在乡政府统一解决，统计工作人员的生活福利、子女就业、招工、招生、转干、家属户口农转非等问题同所在乡镇其他职工一样对待，由乡镇统管，统计部门积极协助。

方案下达后，经旗统计局的督促、检查和指导，全旗28个乡镇全部建站，每个站由3—5人组成，站长由1名乡镇长兼任，其中20个站配备了专职统计人员，并办理了任职手续。

三、改革的效果

准格尔旗统计管理体制的改革刚刚开始，不少改革措施还没有到位，但从1991年到位措施来看，其效果显著：

(一)**有利于稳定统计队伍，保证了统计人员专心搞业务**。乡镇统计干部由旗统计局直接管理，做到了既管工作又管人，消除了统计人员搞统计的“短期思想”，保证了统计人员专职专用，集中精力搞好统计工作。

(二)**有利于搞准、搞全统计数据**。现在，统计人员责任心强了，严格控制统计数字的质量。估计代替统计和数出多门的现象减少了。

(三)**奖罚分明，充分调动了基层统计人员的积极性**。各乡镇统计工作站的工作由旗统计局统一用目标管理方案进行考评，行政奖金由族统计局统一掌握，年底根据评比结果进行分配，做到奖优罚劣，从而调动了工作积极性。

(四)**有利于基层统计人员业务水平的提高**。旗统计局有计划地组织乡镇统计人员进行培训，加强业务学习，提高业务水平，逐步实现了基层统计工作的规范化和现代化。

准格尔旗旗委、政府在统计系统实行的这种统计管理体制的改革在内蒙古自治区尚属首创，实践证明是行之有效的，改革的步骤也是积极稳妥的，切实解决了当前乡镇统计工作中存在的一些问题，从而为加强基层统计建设，巩固乡镇统计工作站踏出了一条成功之路。

执笔：**阎丕臣** 审稿：**王 镇** 责编：**徐晓海**

实施“一套表”制度 深化农村统计改革

海林县统计委员会

为了适应农村经济体制改革和商品经济不断发展的需要，几年来，海林县统计委员会始终坚持以提高统计工作整体功能为目标，从建立健全农村统计信息网络入手，以全面实施农村统计“基层一套表”制度为中心，分步骤、有重点地对农村统计管理体制、调查方法、指标体系等进行了全面系统的综合配套改革。到1991年底，海林县所有乡(镇)都已建立了实体型统计信息办公室，并由乡(镇)主管农村的领导兼任统计信息办公室主任，下设综合、农业、社企3个专职统计员负责组织管理全乡(镇)的统计工作。全县201个村，村村建立了统计工作领导小组，其中超过150户的村配备了专职统计员，不足150户的村由会计兼统计员。

建立了以实现统计工作制度化，统计资料档案化，统计台帐正规化，统计图表标准化，统计调查经常化为内容的各项规章制度；制定了乡镇统计信息办工作流程图和《农村统计工作目标考核方案》。在加强网络建设的同时，认真实施一套表制度，全面推动了农村统计工作的发展。

一、推行农村统计一套表制度是农村统计改革不断深化的客观要求

（一）实行农村统计一套表制度是深化农村统计改革的重要内容。 党的十一届三中全会以来，农村经济和社会发展都发生了深刻的变化，各级领导和各部门从加强管理和科学决策的需要出发，要求统计部门提供更加准确、丰富灵敏的统计信息。而统计部门从管理体制、报表制度、指标体系到调查方法都和当前的形势不相适应，特别是农村基层（主要是乡镇）统计业务繁重，力量薄弱，很难行使统计的综合管理职能，与此同时，各部门又从各自的需要出发，争相向农村印发报表，造成报表多乱，数出多门。既加重了基层工作负担又干扰了国家统计任务的完成，给各级领导进行科学决策造成了许多麻烦。为此，必须建立一套具有健全指标体系、多种科学调查方法和单轨制统计调查体制的农村统计一套表制度。

（二）推行农村统计一套表制度是巩固农村统计改革成果的重要措施。 一是通过实行一套表制度实现了农村统计工作的集中统一领导，使统计信息网络的综合、服务、监督作用融为一体，充分发挥了农村统计网络的综合作用；二是一套表制度的调查体制是由统计办公室一只手向下，一套数对上，同时满足了国家、部门和当地党政领导各方面的需要，使部门联系更加紧密，关系更加协调，为方便统计网络工作的开展创造了条件；三是一套表制度指标体系全面，调查方法多样、科学，任务经常，为提高农村统计人员素质，稳定队伍提供了良好的外部环境。

总之，推行一套表制度不但拓宽了农村统计改革的领域，同时也推动了其它改革措施的巩固和提高，与其它改革措施是互为补充，相互作用的。

二、实施农村统计一套表制度是为提高农村统计工作的整体水平

（一）严格执行一套表制度，确定统计部门的信息主体地位，发挥农村统计工作的信息职能。 严格执行一套表制度，使海林县的农村统计工作，实现了集中统一领导，理顺了各方面关系，提高了数据质量，丰富了统计信息的内容，缩短了统计调查过程，加快了统计资料运行反馈速度，从根本上解决了报表多乱、数出多门的问题，受到了各方面的欢迎和支持，达到了统计人员、各业务部门和各级领导满意。从而确立了统计部门的社会经济信息主体地位。

（二）运用一套表汇总的数据，为领导决策、农民致富提供咨询服务。 实行农村统计一套表制度以前，由于农村统计体制混乱，数出多门、数字不准、资料不全面，给领导决策带来麻烦。研究决策一些问题时，你说一个数，他说一个数，严重影响了经济工作的开展。实施一套表以后，各乡（镇）统计信息办掌握了全面、系统、准确的统计数字，为各乡镇制定经济计划和长远规划提供了可靠依据，使领导决策更方便了，决策水平也随之大大提高。

1990年海林镇统计办通过农机报表发现小四轮拖拉机减少较多，把情况及时报告给镇领导，镇领导责成统计办深入调查，查明原因。统计办组织人员调查，马上写出了《海林市场小拖拉机销售为何减少》的分析报告，说明原因和危害，引起了乡（镇）领导和县农机局的注意，及时采取了有力措施，控制了这一反常现象的继续发展，对农业机械化在农村的发展起到了积极作用。

为农民脱贫致富传播信息是乡镇统计站的一项重要工作。多数乡（镇）都能够从报表中捕捉经济信息，搜集致富经验，及时传播给农民，并主动搭桥帮助农民解决问题。新安镇统计办通过"一套表"反映的情况发现后备猪源少，经过实际调查发出了《养母猪获利大》的信息，北崴子村民曹长林，发现这一信息及时花高价购买1头母猪，1年半时间，出售3窝仔猪共41头，净获利5 000元。

（三）以一套表的数据为依据发挥统计工作的监督职能。 一是对经济运行情况进行预警监测。以一套表数据为依据，深入调查研究开展统计分析，对社会经济运行情况进行监测预警是发挥统计监督职能的主要内容。在实际工作中，海林县坚持了定期（每月、季、半年、全年）反映乡（镇）全面经济发展情况，根据乡（镇）经济运行情况和改革中的新问题、新情况进行分析研究，提出建议供领导和各部门参考。同时深入实际调查研究，撰写统计分析报告，在问题发生前向领导提出预警信号，以保证经济工作正常运行。1990年初春耕生产在即，但农资下摆尚未到位，统计委农业统计员经调查了解后撰写了一篇题为《春耕生产在即，农资下摆未到位》的分析文章，得到了县委书记的关注，立即召开农委、农机局、政研室等有关部门会议，认真研究了物资下摆问题，使广大农民解决了燃眉之急，保证了春耕生产正常进行。

二是加强法制建设，强化统计秩序。农村统计处于源头地位，搞准统计数据至关重要。而要搞准数据必须加强法制建设。每个乡（镇）都依据一套表的数据进行执法检查，首先村、企业自查，联查，其次联查、点抽查，最后信息办成员深入企业对查出的问题按"自查从宽，被查从严"的原则列入全年工作的考核内容。海林镇统计信息办到目前为止已

坚持了三年，效果很好。树立了统计信息办的权威，提高了信息办在村、企业及乡(镇)领导和社会公众心目中的地位。

三是强化监督职能，参与目标管理。统计部门参与目标管理的考核，具有不受人为干扰，而且数据全面、准确、客观、公正的优势。县委、县政府利用统计部门的这一优势，于1987年做出决定，由统计部门负责全县各级“目标管理”考核工作。并把“目标管理”的内容，充实到“一套表”之中，以此作为考核的依据。这样使统计部门具有检查、发现、解决、处理问题的权力，可以独立依照《统计法》的规章，更好地发挥检查、监督作用。发现弄虚作假、篡改统计数字的，就依法处理，对净化社会风气起到了重要作用。在进行目标完成情况检查时，发现一个乡畜牧业生产由于没有完成规定的“目标”，统计助理就把数字做了改动，虚报家禽2 400只，生猪322头，考核小组当即决定取消这个乡2 230多元的畜牧业单项奖金，并撤换违反统计制度的统计助理，乡党委书记也做了检查。1989年粮食是我县大丰收之年，当时采取的粮食产量测算方法是以村“实割实测”数字为依据，由县统计委把各村的实测原始数据表录入微机，然后把总数反馈给乡(镇)的产量为定产数字。由于受目标考核的制约，有两个乡(镇)人为地调高或压低了产量数字，导致全县粮食产量不准。当时统计委组织了调查组，经核实发现他们都是从本单位的私利出发，人为上调数据是为了获取荣誉和奖金，人为压低数字是为了留有余地，给下年补缺。所查事实他们都心服口服，不仅改正了数字，并主动写了检查。由于统计委直接参与“目标管理”的考核工作，有权查处违反《统计法》的问题，使弄虚作假的人无隙可乘了。县政府在1991年7月25日颁发的《海林县人民政府目标管理实施方案》的文件里，要求统计委派一名干部参加县“目标管理”办公室工作。并在目标的运行与监控一条中明文规定，“建立以县统计委为中心的目标完成情况的统计系统，调整统计指标体系，以统计月报、季报、年报为手段，及时为县政府目标管理委员会提供目标进度情况。乡(镇)统计机构和职能部门、单位都要指定专人负责目标完成情况的统计工作。”

责编：**徐晓海**

练好基本功　发挥统计整体功能

青浦县统计局

随着改革的深入和开放的扩大，青浦县统计局在上海市统计局和地方政府的领导下，立足统计，服务“四化”，大胆探索，勇于实践，统计工作搞得有声有色、红红火火，在发挥统计整体功能方面取得了可喜的成绩。1988年，荣获“上海市统计工作先进集体”和“全面统计工作先进集体”光荣称号。青浦县统计整体功能之所以发挥得比较好，关键在于苦练五项基本功，做好五个方面的工作。

一、确保统计数据准确、及时树立权威性

80年代初，农村实行家庭联产责任制后，县统计局根据变化了的情况，将粮食产量统计由过去的全面统计转变为抽样调查统计。1984年以来还开展了以乡为总体，乡乡开展粮食产量抽样调查，以取代全面统计。在具体方法上，坚持做到县统计局(包括农调队)、农业局、粮食局三局四方统筹安排，密切协作，各有侧重，互为补充，形成了一个统一的抽样调查整体。抽样调查的准确率日益提高，1991年以乡为总体的全县粮食总产量抽样调查统计结果，与农调队以县为总体的抽样调查统计结果仅相差0.2%，与农业局基点理论测产相比多1.1%。与当年交售商品粮、商品率及当年农民口粮人均水平等相验证，也是符合实际的。时效性也显著提高，夏熟产量6月15日前，晚秋粮食产量11月15日前即可取得准确数字，都比“老方法”提前一个月左右。既省时、省力，又省财、省物；既满足市县领导部门需要，又满足乡镇党政领导及部门需要。近10年的抽样调查实践表明，统计数据已在当地树立了权威，目前，无论是考核乡镇主要领导政绩，还是业务部门安排收购资金、仓储、运输、饲料等方面，均以抽样调查的农产量数为准。

二、加强统计宣传

加强统计宣传，是由“封闭型”统计转变为“开放型”统计的重要条件，是统计更快走向社会、社会更好了解统计的必由之路。基于这一认识，近几年着重抓了“三个结合”：

一是统计宣传与提高统计资料利用率相结合。1987年以来，每年根据各项年报资料，编印《青浦之最》专集，并举行信息发布会，既宣传了全县“状元”单位的“政绩”，为宏观、微观经济服务，又提高了统计资料利用率，扩大了统计的社会影响。

二是统计宣传与提高统计工作透明度相结合。为了让领导、社会、群众更多地了解统计工作，青浦县统计局通过多种途径广为宣传。以画廊形式在

街头宣传《统计法》，向各级领导干部巡回讲解主要社会经济统计指标，将每年的《青浦县国民经济和社会发展统计公报》作为人代会参阅文件，发给人代会、政协会的代表。

三是统计宣传与报刊、电台等新闻单位相结合。青浦县统计局经常主动与报刊、电台、电视台、杂志社等新闻单位取得联系，争取这些部门的重视和支持。1986 年至 1991 年 6 月间，县统计局所撰写的各种统计分析、统计信息、统计工作新闻等材料被各种报刊、电台、电视台采用就达 940 篇次，其中被省市以上 56 家报刊、电台、电视台采用 529 篇次，占全部采用数的 56.3%。

三、搞好统计优质服务，多渠道筹集统计经费

随着经济体制改革的深化，统计业务量成倍增加，而统计业务经费相对不足，如何解决这一日益突出的矛盾？青浦县统计局的做法是改变过去"吃皇粮"的单一渠道，采用多渠道筹集经费的办法，解决这一矛盾。县统计局在完成上级统计业务的同时，充分发挥掌握大量社会经济数据的优势，为地方党政领导服务，为基层企业服务，在开展优质服务中筹集经费。如 1991 年，仅编印《91 青浦之最》一项就创收数万元。既用活了统计数据，又扩大了财源；既鼓励了先进，促进劳动竞赛的开展，又扩大了统计影响，巩固和提高了统计的权威性，一举数得，使统计工作走上良性循环之路。

四、加强统计队伍建设，提高统计人员素质

改革、开放新形势对统计工作提出了新要求，统计任务日益繁重，如何使统计队伍不断适应这一新形势、新要求，是一项长期艰巨的任务。青浦县统计局的做法是，在提倡奉献精神前提下，加强统计队伍建设，提高统计队伍整体素质。

1. 加强《统计法》宣传，增强法制观念。联系实际，经常开展《统计法》及其实施细则的宣传，增强统计人员及有关干部的统计法律意识。

2. 充实统计力量，完善统计网络。在乡级政府原有一名计划统计助理基础上，普遍建立了计划统计室，"条""块"结合更加紧密。

3. 定期开展评比，表彰激励先进。从 1984 年开始，坚持一年一次的统计先进评比，每年评出 30 多位先进工作者、3 个先进集体，并给予精神和物质鼓励。每年还开展优秀统计分析评比活动，分别评出优秀统计分析报告一、二、三等奖若干篇，不断提高全县统计分析水平。

4. 组织外出学习，安排休养、疗养。根据评比考核结果及工作需要，不定期地选送统计骨干到兄弟省市的先进单位学习取经；向县有关部门争取疗休养名额，安排统计先进工作者疗休养，较好地调动了广大统计工作者的积极性。

5. 狠抓统计专业学习，慎重评定统计职称。广泛发动，分层次地组织在职统计人员学习统计知识。还认真组织全国统一的以考代评的统计员、助理统计师资格考试和考前培训。

6. 开展富有特色的统计活动，进一步提高统计的社会知名度。1990 年上半年在全县范围内开展"青浦县统计界八十年代新闻人物"评选表彰活动，1991 年筹划开展了上海郊区最年轻的 10 位统计师（青浦 2 名）评选活动。通过举行有关新闻发布会、座谈会、出人物专集以及电台、报刊宣传等形式，进一步扩大了统计的社会影响。

7. 普及微机应用，大力培养专业人才。在各乡镇加快普及微机步伐的同时，县统计局于 1991 年与县教委联合举办了一期学制两年的计算机专业职业班（31 人），各乡镇政府推荐，定向培养乡镇计算机专业人才，为乡镇普及微机应用，逐步实现计算手段现代化打下了坚实的基础。

五、加强横向联系，为领导决策服务

经济上的各种横向联合，客观上要求统计工作加强横向联系，建立统计信息交流网络。青浦县统计局根据这一要求，采取多种方法，从过去单纯向下要数据、向上报报表的"封闭型"纵向关系，转为向基层单位、左右省市地区广集信息，向上级业务部门、地方党政领导、基层企业、社会公众等全方位提供服务的"开放型"纵横关系。尤其注意完善横向统计协作网络，加强统计信息横向交流。县统计局于 1985 年 9 月倡议建立了全国大中城市 12 个郊县统计信息网，1991 年又完善调整为京、津、沪、粤、辽 10 个县统计协作网。这个网络提供的经济信息，不仅受到地方党政领导和省市统计局的重视，而且还得到新闻单位的高度评价。1987 年首次提供的全国范围的十大"财神"县的统计信息，"1990 年华东地区十大农村商业市场"，"1990 年全国人均国民生产总值最多的 10 个县"、"1990 年全国十大外贸出口基地县排序表"、"1991 年华东地区 10 个财政收入大县"、"全国十大财政县阵容变化表（1987～1991 年）"等重要统计信息，都是这个网络中收集整理的。沪郊 10 个县（区）统计工作过去也是"鸡犬之声相闻，老死不相往来"。现在每月定期交流主要统计信息，年度交流较为系统详细的统计指标，汇编资料，日常工作交流更是常事。近年来，横向交流内容日益广泛，联系正向纵深发展。1990 年 10 月青浦县统计局与上海市统计联合事务所共同举办了有 18 个省市的 35 位县统计局长参加的"搞活县级统计工作研讨班"，1991 年 4 月

倡议并举办了“华东地区县级统计之光经验交流暨深化改革研讨会”，等等。一系列的横向联系、交流、研讨活动，得到了各方面的好评，收到了良好的效果。

执笔：**王春进**　责编：**刘　恒**

搞好搞活县级统计工作的体会

临安县统计局

一、做法

怎样搞好搞活县级统计工作？经过几年的实践，我们觉得，要搞好搞活县级统计工作，必须走自立更生、艰苦创业之路，必须走智力型和权力型相结合这条必由之路。归根到底，必须要有实力和活力。

什么叫活力？简而言之，就是工作的生命力，即要在工作上不断创新，不断登上新台阶。具体体现在：一要不断改革自己、提高自己、完善自己，以适应变化的新形势；二要紧跟时代步伐，不做“背时事、背时人”；三要有开拓意识，动脑筋，想点子，不断进取，不停留在一个水平上。

几年来，我们力求年年有创新，年年上一个新台阶。

1984年是建局的第一年，当时只有二间房子七个人。面对这种情况，我们不是消极叫苦，而是用搞好服务去感动“上帝”。当年我们就恢复了中断20多年的《统计资料》，全年共出刊18期。同年发布了《统计公报》。针对农村体制改革后出现的资料断档现象，我们重点抓了抽样调查体系的建立，实现了农村统计工作的转轨。

建局第二年——1985年，狠抓统计优质服务。按照天津会议大办“开放式”统计的要求，我们狠抓资料加工和统计分析研究，多出资料，出好资料，为县委、人大、政府、政协提供优质服务。当年写出各类分析资料108期，多数为县领导采用，获得社会各界好评。从此，县统计局不再那么默默无闻了，而是开始步入新的发展阶段。

建局第三年——1986年，新建了县城调队。伴随着经济体制改革，出现了物价不断上涨的情况，物价成了人民群众和各级领导共同关心的焦点。1985年底和1986年初，县里连续召开工作会议、人大代表会等，急需要物价资料，但由于城调体系未建立，只能用杭州市的物价资料代替。为此，我们向县政府打报告，要求建立城市抽样调查队，并获得了批准。由此城市调查体系开始建立起来。

建局的第四年——1987年，抓地方法规建设。《统计法》和《统计法实施细则》的颁布实施，给统计工作提供了法律依据。但由于在某些条款方面没有具体规定，特别是缺乏经济制约手段，给统计法制建设带来了难度。针对这一情况，在吸收外省经验的基础上，根据本县实际，县人民政府制定了《临安县统计工作管理暂行规定》，重点补充了经济处罚手段，从而增强了统计法制的威慑力和可操作性，弥补和完善了国家统计法规的不足。

建局第五年——1988年，抓农村统计网络建设，实现新突破。由于在经费和人员上没有可靠的保证，农村统计网络一直处于不稳定的状态中，给农村统计工作带来了困难。为改变这种状况，我们一方面搞好优质服务来感动县委、县政府；另一方面，坚持不懈地做领导的说服工作，县政府终于同意在全县54个区、乡、镇配备专职统计员，并给每人每年800元包干经费，列入地方财政。

建局第六年——1989年，积极开展统计咨询服务。主要抓了两点：一是继续做好为县领导的决策咨询，开展多方面的专题分析；二是创办《临安统计信息通报》半月刊，向全社会发行，每月定期公布工商企业经济效益和全县经济运行情况。闯出了一条开展统计咨询、监督的新路子。

经过几年的努力，全县统计工作建立了扎实的基础，开始走上良性循环轨道。在此基础上，县统计局提出了五年内基本建立三大中心即计算机中心、轻印刷中心、信息传递中心的设想，并着手实施。1991年三大中心的建设迈出了实质性的一步，经县政府批准，成立了由统计局管理的临安县信息中心，下设两个经济实体，一个是临安电脑中心服务部，一个是轻印刷厂。1990、1991年还进行了农村一套表的试点、推行工作以及乡以上独立核算工业企业经济效益的综合评价、考核指标体系的试点、推行工作。

总之，这几年我们县统计局在“活”字上做了一些文章，并取得比较显著的成效。

统计是个信息产业，要搞好搞活，必须有必要的支持条件，也就是需要实力。多年来，为增强统计部门的实力，我们主要抓了二个方面。

一是充分开发利用统计信息资料出版发行书、刊。如《临安统计信息通报》自1989年6月出刊以来已发行59期，订户达800多家。每年编辑发行《人口普查手工汇总资料》、《社会·人口、家庭》等书，都收到良好的经济效益。发行大型资料书《奋进中的临安》，有偿服务收入达五千余元。同时，我们还接受委托调查项目，如残疾人调查、农业区划调查等，也都收到较好的效果，为兴办经济实体积累了一定的资金。

二是扩大计算机应用服务领域，建立轻印刷所（现扩展为轻印刷厂）。1988年办起轻印刷所，三年来收到了较好的经济效益和社会效益。

由于具备了活力和实力，全县统计工作较之以往有了很大改变：(1)搞好业务工作有了主动权。不仅对上级布置下来的任务能够应付自如，还可以根据地方政府及统计工作需要，尽力开拓调查项目。如1991年，我们举办了“爱我临安，兴我临安”统计知识大赛，推行了经济效益考核一套表，没有实力是很难办到的。(2)增强了干部职工的向心力和凝聚力，几年来在上级统计部门的帮助下，加上我们自己的一些力量，为7位在职干部解决了住房。同时为全体干部职工搞了一些其他福利，使大家不仅在事业上有所建树，在待遇上同样得到了补偿。(3)为实现办公自动化提供了条件。一方面有能力购置计算机等现代化办公设备；另一方面，为岗位目标责任考核奖罚挂钩提供了经济实力。(4)为进一步开拓信息产业积累了一点资金。

综上所述，活力和实力是搞好搞活县级统计工作的出发点和落脚点，是搞好搞活的根本之路。

二、几点体会

（一）要有不断开拓进取的精神，要有“自找压力，自出题目，自找麻烦，自讨苦吃”的精神，不断开拓统计新领域，使统计工作永远充满着活力。在这方面要处理好三个关系：

一是完成上级统计调查任务和满足地方党政需要的关系。国家统计任务理所当然要不折不扣地完成，但地方党政领导的需求更要满足，否则就得不到地方领导的支持，更谈不上搞好搞活。

二是合理继承和积极发挥的关系。合理的统计制度方法我们当然要继承。但仅凭这一点还不够，因为经济的发展是不断变化的，为了开展高质量的统计服务，还要“自出题目，自找麻烦”。要开展多种专题调查，弥补报表内容的不足，要紧跟经济形势和中心工作，开辟统计工作新天地。

三是发挥统计整体功能和搞好搞活的关系。统计整体功能发挥得好，就可以搞好搞活统计工作；反过来统计工作搞好搞活了，又将促进统计整体功能的更好发挥。因此，我们要把发挥统计整体功能这篇文章做好，搞好搞活才能收到事半功倍的效果。

（二）搞好搞活县统计工作，必须走智力型和权力型相结合的路子。统计部门无疑是智力型机构，但也拥有法律赋予的权力，为增强统计部门的权威，几年来我们坚持做到：(1)在统计填平补缺上牵头，在考核公布上拿权。1989年，县统计局联合县委组织部、人事部、计委、经委、农委、财税局、人民银行等8个部门向县委、县府提交报告，建议推行考核以经济效益为主的《国民经济发展信息一套表》，把部门、乡(镇)、公司、企业的经济活动都置于统计考核范围之内，按月在《临安统计信息通报》上公布，实行全社会、全方位的监督。这个报告被县委、县政府批转执行。1991年县政府又下通知，考核实绩不仅要在《通报》上公布，还要定期在电视里公布，使这项工作进一步制度化，更具权威性。(2)每年评选全县工业企业十面流动红旗、十佳企业，由县统计局根据年报资料提出名单，由县政府予以表彰。(3)县委、县政府对各部门、各乡镇的责任目标考核由县统计局提出考核依据，县委、县政府据此作出奖惩处罚。

（三）要有抢先一步、占领制高点的精神。现在是个竞争的时代，你不去占领，就会有人去占领；你不抢先，人家就会抢先。如兴办印刷所、建立计算机中心、经济信息中心，对手如林，竟争激烈。我们就是靠“抢先一步”才占领了制高点。最佳的选择，是开垦处女地。不如此，就难有一片绿洲。

责编：**刘　恒**

深入学习邬兆定精神　开创统计工作新局面

奉化市统计局

奉化市统计局，坚持统计工作为经济建设、为领导服务的方向，继承和发扬邬兆定同志精神，克服任务重、人员少、新手多等困难，全局同志团结奋斗，努力工作，在业务工作和精神文明建设方面都取得了较好的成绩。局机关干部岗位责任制考核分连续三年名列计委口前茅，局机关党支部也连续三年被奉化市委评为先进党支部，1991年度被评为省级先进集体。

一、邬兆定精神仍然具有强大的生命力

邬兆定同志生前曾担任过奉化市统计局的领导职务，他为发展奉化市统计事业，几十年如一日，兢兢业业，埋头工作。在身患癌症以后，他仍念念不忘统计工作，顽强地与病魔拼搏。逝世后，还把

自己的躯体无私地奉献给祖国的医学教育事业。1986年6月，国家统计局追授他为“模范统计干部”。如何继承和发扬邬兆定同志的精神，这是摆在我们奉化市统计局全体同志面前的一个重要问题。

在新形势下，是否还要学习邬兆定精神，一些同志一度认识模糊。对此，局党组专门进行了认真的讨论和研究，认为学习邬兆定，不是学形式，而是学他的精神，学习他努力学习马列主义、毛泽东思想，树立远大的共产主义理想，为实现共产主义奋斗终身的精神；学习他把实现共产主义远大理想同自己的本职工作结合起来，忠于职守，踏实工作，刻苦钻研，开拓进取的精神；学习他实事求是，坚持原则，秉公办事，敢讲真话，“数不准确死不休”的精神；学习他一心为公，清政廉洁，只讲奉献，不求索取，严于律己，艰苦奋斗的精神。这些精神在当今仍然具有强大的生命力。特别是在社会上过多地强调物质利益，而统计部门又比较清苦的情况下，这种精神不但没有过时，而且更加需要。通过讨论，党组统一了思想，决定把学习邬兆定作为全局工作的一项重要任务来抓，用邬兆定精神来统一全局的思想和行动。

二、注重实效，把学习邬兆定精神引向深入

近几年来，奉化市统计局把学习邬兆定作为各项工作的突破口，并把学习活动逐步引向深入，赋予新的内容，具体抓了以下四方面工作。

1. 把学习邬兆定列入“双争”目标管理和年度工作规划。从1989年开始，我们在制订争先进党支部、争优秀党员和年度工作这两项规划时，把学习邬兆定精神作为重要内容之一，并要求每个党员干部根据局里规划，结合自己的思想、工作实际，制订出个人学习邬兆定的计划。在年中开展对照检查，在年底进行总结评比，把学习邬兆定的情况作为年度评比优秀党员、先进工作者的重要依据之一。

2. 把学习邬兆定作为开展职业道德教育的重要内容。我们不但经常组织本局干部学习邬兆定事迹，而且号召和组织全市统计工作人员进行学习。每次举办统计人员培训，讲课的同志都把邬兆定同志的精神渗透到辅导内容之中，特别是对分配和调入我局的新同志，包括来我局实习的学生、我们都要求他们学习和发扬邬兆定同志的精神，兢兢业业做好本职工作，为统计工作作出贡献。

3. 把学习邬兆定与学习雷锋、焦裕禄、反和平演变教育活动有机地结合起来。1990年，电影《焦裕禄》在奉化市上映时，我们积极组织全局干部观看学习。1991年4月30日是邬兆定同志逝世五周年纪念日，我们结合建党七十周年，结合学习雷锋、焦裕禄，开展了纪念邬兆定系列活动，如组织全局同志观看以邬兆定同志生前先进事迹为原型的电视连续剧《风流两代人》，召开纪念、学习邬兆定座谈会，到省级文明村滕头村过党日活动等。1991年下半年，我们又结合学习邬兆定，开展了对全局同志的“拒腐蚀、反演变”的教育，并举办了一些专题讨论。

4. 把学习邬兆定与开展统计工作竞赛活动相结合。为了提高学习邬兆定活动的效果，我们还在全市范围内开展了“学习邬兆定，我与老邬比”的活动，提出了“六比”、“六个想一想”的口号，即一比工作作风，想一想谁的作风实；二比工作条件，想一想谁的条件苦；三比工作态度，想一想是谁的态度好；四比业务水平，想一想谁的业务专；五比工作干劲，想一想谁的干劲足；六比工作成绩，想一想谁的工作成绩大。“学习邬兆定，我与老邬比”的活动起到了鼓励先进，鞭策后进的作用，促进了全市的统计工作。

三、全局面貌更上一层楼

几年来，在邬兆定精神的鼓励下，全局同志在业务上刻苦钻研，锐意进取；工作上积极负责，埋头苦干；作风上深入实际，脚踏实地。同志之间互相关心，团结协作，全局同志的精神面貌，局风和统计基础工作有了较大的改观，收到了较好的学习效果。具体表现为三个“新”。

1. 全局上下出现新面貌。过去，局机关存在着干部间不团结，工作扯皮，迟到早退等一些问题，深入开展学习邬兆定活动以来，出现了“三多三少”的新气象：一是积极进取多，消极落后少。1990—1991年有一位青年光荣地加入了中国共产党，一位青年填写了入党志愿书，两位同志申请入党。二是团结协作多，工作推诿少。各专业之间都能互相帮助，不分份内份外，不计较苦累争着完成工作，三是苦干实干的多，清淡闲散的少。全局干部早上班迟下班，加班加点，在市级机关大院内已出了名。如副股长鲍飞海同志，以邬兆定同志为榜样，发奋学习，刻苦钻研，干一行爱一行专一行，他虽患严重胃病，但工作起来有一股犟劲。1991年初受到奉化市委、市府的通报表彰，被评为91年度市级优秀党员。

2. 统计工作有了新发展。近几年来，由于我们把开展学习邬兆定同志活动与加强统计业务建设紧密地联系起来，学习活动落到了实处。

一是拓宽了统计范围。从1988年开始，先后开辟了城市、农村住户和物价指数调查业务，并开展了外经统计。这些项目的开展，较好地满足了各级政府和有关部门对这方面资料的需要。

二是加强了业务培训。在培训中做到重点培训与一般培训相结合，学历、资格培训与岗位培训相结合，请进来与走出去相结合。近三年中，我们举办了各类培训班26期，有1 260多人次参加。通过培训有28人获得了大专、中专学历，159人获得统计员资格。

三是提高了服务质量。仅1991年，我们就编印《奉化统计》67期，整理其他统计资料三本计35万字，为市领导、上级业务部门和有关新闻单位提供了大量的经济信息和工作经验，其中90多篇被录用。同时为各级各部门提供统计咨询服务300多条次。《"建房热"带来的思考》，《今年我市冬种生产前景如何》等分析文章，受到市委章孟进、汤能忠书记的批示表扬，还有2篇文章分别被宁波市统计局评为一、三等奖。去年8月，我们又被省委党校确定为信息联系单位。

四是工作条件得到改善。目前，我局有办公用房10间，计177平方米，微型计算机2台，复印机1台，小车1辆，在生活福利上，我们除了解决液化气供应以外，还千方百计筹集资金，购买了三套房子，暂时解决了职工的住房困难。

3. 全局干部素质有了新的提高。在组织人事部门的支持下，全市19个乡、镇和主要业务局全部配上了专职统计员。市统计局12名正式干部中，中专以上文化程度有7人，其中研究生1人。在邬兆定精神的激励下，全局同志无论在政治上、思想上，还是在业务上、作风上，都比过去有了较大进步。近几年来，全局共发展新党员4名，提拔到副股长以上干部7名，其中副局级以上干部4名。

由于许多同志表现好，进步快，因此有关部门纷纷要调用市统计局的干部，到目前为止已先后向外输送了六位副股长以上干部到更重要的岗位上去工作。同时，我们也先后迎进了五位新同志。这些新调入的同志通过学习邬兆定同志先进事迹，政治思想觉悟、业务水平都进步很快，有的已成为业务骨干，有的已走上了局中层领导岗位。

执笔：**董满永** 审稿：**周德良** 责编：**刘 恒**

适应商品经济发展 搞好统计服务工作

义乌市统计局

1980年以后，义乌在改革开放搞活的方针指引下，紧紧抓住商品流通环节，发扬义乌人的经商传统（早在清朝初年，义乌就有一批"敲糖换鸡毛"的货郎在全国各地走村串巷，这种经商传统一直延续了下来），从搞活流通入手，确立"兴商建市"的指导思想，建立了闻名遐迩的义乌小商品市场，带动和促进了商品经济的迅猛发展。从1981年到1991年的11年间，义乌市工农业总产值年均增长18.8%，国民生产总值增长13.8%，财政收入增长17.7%，农民人均收入增长17.8%，经济发展速度居金华地区各县市之首，成为全省商品经济比较发达的县份之一。1991年，全市社会生产总值30.7亿元，国民生产总值12.9亿元，财政收入1.07亿元，农民人均纯收入1209元，国民经济主要指标已提前十年实现了翻两番的目标。经历了四代发展的义乌小商品市场，1991年实现成交额10.33亿元，提供税收3 000万元，名列全国十大小商品市场之首。巨大的市场使义乌成了名副其实的商城。

义乌市统计局由1980年恢复以来，积极发挥政府统计部门的综合协调作用，组织全市的统计工作，适应商品经济的发展，努力搞好统计服务工作，为义乌市商品经济的发展作出了积极贡献，受到上级统计部门和当地党委、政府的好评，先后被评为国家和省级统计工作先进集体，被市委、市府授予文明单位。义乌市十多年的统计工作实践表明，统计工作要适应商品经济的发展，为发展商品经济服务，必须把握好以下四点：

一、在商品经济迅猛发展的情况下，必须加强部门统计工作，充分发挥部门统计的作用。部门统计是国家统计系统三大组成部分之一。充分发挥部门统计的作用，是提高一个地区统计工作整体水平的重要环节。随着商品经济的不断发展，统计源面广量大，情况千变万化，统计工作任务不断增多。在这种形势下，义乌市统计局认识到光靠政府统计部门是不可能完成繁重的统计工作任务的，必须加强部门统计工作，充分发挥部门统计的作用。因此，近年来，在不断总结以往经验的基础上，建立健全了部门统计工作和活动制度。全市54个区、镇、乡全部建立了统计工作站，配备了统计人员。各部门和企业设立综合统计机构或综合统计人员，建立健全了统计网络，充实了统计人员。如市工商局在全市10个集市配备统计人员达50多人，使集市贸易统计工作有了很大加强。与此同时，义乌市统计局还加强了对部门统计工作的指导和督促检查。一年内先后召开了6次部门统计工作会议。年初向各业务主管部门的统计人员通报全市一年统计工作的总体安排，落实部门统计工作任务；年中进行工作进展情况检查，促进各部门的统计工作平衡发展；年末结合布置统计年报，对一年的工作进行总结，肯定成绩，找出差距，推动统计工作的全面发展。1991年，还牵头组织有关部门建立了统计年报大系统联合贯彻等六项制度，协调了部门之间的统计工作，有效地提高了部门统计数据质量。

二、在商品经济迅猛发展的情况下，必须加快统计改革，建立一套适应商品经济发展的统计方法制度，搞准统计数据，为发展商品经济服务。商品经济的特点是面广量大，发展变化快，不可能采用全面统计的方法。因此，义乌市在城乡各个方面普遍采取了以抽样调查为主的统计方法。例如为了取得集市贸易统计数据，就由市工商局牵头，建立了抽样调查制度。在拥有14 000多个摊位的义乌小商品市场，配备4名基层统计人员，按各个摊位经营商品分成6大类，在每月上、中、下三旬中各确定一天对各类商品的经营情况进行抽样调查，从而推算出小商品市场的每月总成交金额。租赁商业企业统计是商业统计搜集资料的难点，市供销社就采用“依据推算法”进行统计。具体做法是以年上交利润基数为依据，参照不同部门的不同利润率，分析近三年的平均销售实绩，预测市场发展趋势，再按季节变动比率推算全年销售额。实践表明，这种方法简便易行，得到的数据基本上能反映趋势。又如在农村个体工业统计中，义乌市统计局与乡镇企业局一起做好典型调查，确定分析依据，建立“月审、季查、年算”制度，即月份产值审核确定，季度产值实地查定，年度产值联系银行、工商、财税等部门测算确定。这样做既提高了数据的准确性、克服了随意估报的现象，又促使基层按时上报统计报表。

三、在商品经济迅猛发展的情况下，必须加强统计队伍建设，不断提高统计人员的素质。随着商品经济的发展，城乡居民迅速富裕起来，处于清苦岗位的统计人员，人心浮动，特别是基层统计人员，变动频繁。针对这种状况，义乌市统计局在加强统计队伍建设，稳定统计队伍方面，进行了深入细致的工作。一是对全体统计人员进行理想和职业道德教育，树立、发扬“后天下之乐而乐”和无私奉献的精神，在政治上关心统计人员，开展评选先进等活动，使他们获得更多的政治荣誉。二是根据德才标准，及时给统计人员评定职称，使广大统计人员有较多的成才机会，并得到应该得到的待遇。三是关心统计人员，加强感情联络，在政策允许的情况下认真做好生活福利工作。为了提高统计人员的业务素质，义乌市统计局还十分重视对广大统计人员的业务培训工作，仅1990年和1991年两年，就先后组织进行了8次统计业务知识培训，全市850余名统计人员基本上轮流一次。同时，还帮助指导有关业务部门举办了9次统计业务培训，使330多名统计人员接受了培训。此外，义乌市统计局还组织本局和基层统计人员到外地参加学习培训，以增长见识，开阔眼界，打开统计工作的思路。

四、在商品经济迅猛发展的情况下，统计工作必须在为上级统计部门、当地党政部门和领导服务的同时，积极面向市场、面向社会开展有偿服务，加速统计信息商品化、社会化。统计部门必须完成上级统计部门布置的任务，及时向当地党政部门和领导提供统计信息，为领导决策提供依据，同时，还要把统计信息推向社会，为社会公众服务，更好地为发展商品经济服务。义乌市统计局除及时组织撰写统计信息、分析文章，满足党政领导和新闻单位需要外，还尝试对社会提供有偿服务，根据服务的内容不同，向农业银行、商业局、劳动服务公司等单位收取统计信息服务费。从1985年编印“六五”统计资料开始，每年编印统计年鉴。年鉴除了向当地党政部门、领导及有关单位无偿提供外，还向社会各界实行有偿销售，每年占总数的二分之一强。既达到了为社会公众服务的目的，又为统计部门本身增加部分收入，弥补了经计经费的不足，促进了统计事业的发展。1991年，义乌市统计局还编写出版了《义乌农村四十年》和《人口·社会·经济》二本资料书，前者为全省首创，后者得到了市领导和社会各界的好评。

改革开放十多年来，义乌市迅猛发展的商品经济浪潮，推动义乌统计工作水平不断提高，反过来，统计工作又为义乌市商品经济的发展作出了自己的贡献。义乌市常务副市长骆族法同志是这样评价统计工作的：“回顾过去十年义乌市经济建设和社会发展的巨大变化，我们市委、市府的每位领导都深切地感到，无论是每项改革的实施，每项工作任务的完成或是每项重大决策的正确作出，都离不开统计部门提供翔实的资料作依据。”

执笔：**楼初阳**　责编：**刘　恒**

加强自身建设　提高统计工作水平

岱山县统计局

岱山县是由406个岛屿组成的海岛县，总面积5 242平方公里，交通极为不便，给统计工作带来许多困难。1987年初县统计局只有8名干部，其中具有大专学历的2人、2间办公室，2部电话机，几张破旧办公桌，几条凳子也是从兄弟部门的会议室拿来的，既没有党团组织，又没有内设机构，统计力量不足和办公条件差与统计工作任务不相适应的矛盾十分突出。五年来，为改变这种落后面貌，岱山县统计局以改革进取的精神，勇于克服各种困难，扎扎实实地抓好自身建设，积极创造和改善发挥统计整体功能的内部条件和外部环境，取得了明显成效。1991年底，全局16名干部职工具有大专以上学历的10人，中专4人，初步形成了一支平均年龄30岁，专业文化知识结构较高的年富力强的统计队伍。

1987年2月成立了局党支部，先后发展了4名党员，目前有党员4人(4名党员因工作需要调到有关部门)，尔后成立了局团支部，现有团员8名，87年12月建立了办公室、综合股、城镇专业统计股、农村专业统计股。87年4月，统计局行政经费从县政府行政科划出，实行了单列。同年5月办公用房增加到7间，实际使用面积150平方米，每人有一张新写字台，一只新公文橱等较齐全的办公用具，全局现有8部电话机，一辆菲亚特轿车。先后购置了M 24、VST 486等3台电子计算机和一台RM 550高速油印机等办公自动化设备。已开始新建投资40万元，650平方米的办公楼。由于加强了统计局的自身建设和统计局基础建设，岱山县统计工作年年有新起色。工业、劳动工资、综合平衡等4个统计专业连续3年被市统计局评为第一名；县统计局于1990年和1991年被市统计局评为县(区)统计工作优胜单位，并先后获得1991年度浙江省统计工作先进单位，1989年度省统计电视函授先进办学单位、1990年度省统计员岗位专业知识培训资格考试先进集体。

一、建立健全统计局内部组织机构

近几年来，县统计局着重抓了建立健全内部机构、改善办公条件等工作，为从组织上保证全局同志贯彻执行党的路线、方针、政策和各级领导对统计工作的指示，加强对党、团员的管理教育，发挥他们在统计工作中的模范骨干作用，经县委同意成立了局党支部，尔后又成立了局团支部。为了使各项统计工作有条不紊地开展起来，经县编制委员会批准建立了与统计业务范围相适应的内设机构，配备了各股室负责人。1992年5月，为了适应统计工作发展形势，对原设内部机构进行了改革，农村、城镇专业统计股合并为调查股，因统计咨询服务工作不断增加，新设立了咨询股。各股室根据自己的工作范围和职能，既分工负责，又相互配合，使全县各项统计工作有机协调地全面运转起来。

二、花大力气改善统计工作条件

面对改革开放不断深入，统计工作任务越来越重，而办公条件差严重制约全县统计工作开展的现实情况，统计局要求增加办公用房，引起了县政府领导的重视，县政府为统计局解决了办公用房拥挤问题。统计局行政经费从县政府行政科划出实行单列后，我们合理使用办公经费，装修了办公用房，新购置了写字台、档案橱等办公用具，陆续安装了6部电话机，改变了通讯困难的问题。

为了便于开展统计工作，1990年经过多方筹集资金，购买了一辆菲亚特轿车，在县府和上级统计局的支持下，先后购置了M 24、VST 486等3台电子计算机，已与市统计局联网，实现了统计手段现代化。1991年，为适应统计事业的发展，我们又向县政府提出了建造统计办公楼的要求，经县政府领导同意，投资40万元，650平方米的统计办公楼已着手建造。

三、坚持不懈提高统计业务水平

岱山县既没有城调队，又没有农调队，为了解决统计工作任务重与力量不足的矛盾，我们主动向县领导要求加强与有关部门联系，争取充实统计人员。5年来，我们从大中专毕业生和有关单位统计专业毕业的人员中挑选工作责任心强、懂统计业务的11名同志调入统计局，加强了统计力量，使每个专业统计有专人负责，其中综合、工业等工作量大的专业统计，均安排2名同志负责，改变了以往一人兼几个专业的局面，保证了各项统计工作任务的顺利完成。我们还开展了城镇住户调查和渔农村住户调查。由于统计力量的加强，有力地加强了各专业统计的组织领导、业务指导和培训、统计基层规范化建设，提高了统计数字质量和统计服务质量。

统计干部的业务水平高低，直接影响统计工作质量。充实人员的同时，我们致力于提高全局干部的统计业务水平。一方面大胆放手让他们在统计工作实践中练兵，熟悉本专业统计的范围、口径及汇总、报送等方法制度，尽快胜任本专业统计工作。另一方面积极鼓励同志们参加电大、函授学习和上级举办的业务培训班学习，使他们全面掌握统计理论知识。经过几年的努力，全局共有7名同志获得了大专自学考试文凭，3名同志正在参加统计自大学习，多门课程的成绩名列全省第一。统计业务素质的不断提高，促进了我县统计工作上新水平。

四、建立健全各种规章制度

我们从各方面规范全局干部职工的行动，把建立健全各种规章制度作为重要内容来抓保证统计工作的顺利开展。在不断增强大家统计法制意识，自觉执行统计法规的前提下，制订了“政治学习制度”、“统计人员岗位责任制”、“撰写统计分析奖罚制度”、“财务管理制度”、“财物领发制度”、“廉政建设制度”等18个行之有效的规章制度，使全局同志做到有章可循，初步实现了统计工作规范化。

五、持之以恒抓思想政治工作

几年来，我们始终围绕因统计工作繁忙清苦，地位低待遇差而产生的不同思想情况，有的放矢、持之以恒地抓好思想政治工作，调动全局同志的工作主动性和积极性，保证高质量完成各项统计工作任务。

1. 加强对各个时期中央文件和上级统计部门关于做好统计工作指示的传达学习，使全局同志坚定社会主义信念，坚持党的“一个中心，两个基本点”的基本路线。树立统计工作只有不断改革，才能不断发展的观念，树立统计工作为经济建设服务的观念，树立统计工作既要抓基础建设，又要注重业务建设的观念；树立提高统计工作效率的观念，树立事在人为，自强不息的主人翁观念，树立统计工作真抓实干的观念，增强加快县统计局自身建设的紧迫感、使命感、责任感。

2. 开展多工作、多贡献竞赛活动。我们反复向全局同志进行为政清廉和统计部门“清水”作风的优良传统教育，树立统计工作虽清苦，但苦中有乐，其乐无穷的思想。同志们自觉放弃节假日休息时间，任劳任怨地做好统计工作，有的同志带病坚持工作，有的同志正确处理家庭事务和个人婚姻问题，尽力完成统计工作，为发展我县统计事业多作贡献的好人好事不断涌现。

3. 经常进行集体荣誉教育，增强全局同志的集体荣誉感。我们在不同场合反复进行各种形式的集体荣誉教育，树立依靠集体的力量来克服困难、做好统计工作的思想。使全局同志认识自己是统计局的一员，要齐心协力为提高统计地位、完成统计任务而出主意、想办法。几年来，在全市开展的各统计专业考核评比中，各专业统计人员不甘落后，积极做好本职工作，工业、劳动工资、综合平衡等4个统计专业连续3年被市统计局评为第一名。

4. 积极开展谈心互助活动，我们建立了局领导上、下半年找每个同志谈一次话制度，以高标准，严要求肯定同志们所取得的成绩，指出存在的问题，指明努力的方向，并互相交换意见，融洽感情，振奋精神，搞好工作。我们在抓思想政治工作中，主要做到五个结合：一是定期谈心与不定期谈心相结合，使思想工作经常性；二是领导谈心与骨干谈心相结合，使思想工作普遍性；三是思想工作大道理与小道理相结合，使思想工作坚持原则性；四是普遍教育与个别谈心相结合，使思想工作针对性；五是思想工作与解决实际问题相结合，使思想工作现实性。如四位同志无住房，思想情绪波动较大，在做好思想工作的同时，局领导东奔西跑千方百计给这几位同志解决了住房，使他们安居乐业。

5. 加强思想作风教育整顿。我们坚持每年进行两次以上的思想作风教育整顿，把它作为思想政治工作的一项经常性工作，在思想作风教育整顿中，以批评与自我批评为武器，开展自我教育，从而树立正气，不断克服歪风邪气，增强了同志们的工作责任感。

执笔：**管晓军** 审稿：**张盛华** 责编：**刘 恒**

坚持改革 团结奋进 搞好统计基础工作

砀山县统计局

砀山县位于黄淮海平原，著名的“砀山酥梨”就产在这里。改革开放以来，县统计局坚持四项基本原则，积极推进统计改革，认真落实《统计法》，深入进行定量分析和系统分析，及时为党政领导科学决策和科学管理提供统计信息和咨询建议，对全县国民经济和社会发展起了积极作用，受到广泛的好评，从1984年起，连续8年被县委、县政府授予先进集体荣誉称号。

一

1984年机构改革后，县统计局积极改革统计体制，完善统计网络，推进各项统计改革和建设，充分发挥统计的职能作用，开创了统计工作的新局面。

一是统计体制改革初见成效。为了搞准全县农产量和农民收支情况，消除全面统计中的“估报”现象，经县政府批准成立了农产量简易抽样调查队，进行360户农产量调查和120户住户调查，取得了较为准确的统计数据，受到县领导的好评。在此基础上，1989年经县编委批准，普遍成立了乡镇统计站，定编定员，挂牌办公，经费列入乡镇财政预算。同时，县编委批准把农产量简易抽样调查队正式定编为县农产量抽样调查队，增编6人，调查农户增加到1 630户，住户调查点增加到57个，住户调查增加到550户。随着统计调查范围扩大和内容增多，为加强统计协调和管理，1989年初县委、县政府决定成立县统计委员会，由分管副县长兼主任，统计局长任副主任，计委、农委、财委、经委、计生委、乡镇企业局主要负责人为委员，统计局副局长兼委员会办公室主任。由此逐步形成了全县上下贯通、指挥灵便、覆盖面广的统计网络。

二是统计制度方法改革逐步深化。在进行全面调查的同时，在全县开展了住户调查和农产量简易抽样调查，并把两项调查数据与全面调查的数据进行比较分析，报送县委，县政府和有关部门。随着住户调查和农产量抽样调查户的广泛布点和调查力量的增强，每年按照实际情况增加调查内容，并对调查人员进行培训，坚持一月一次例会，把小麦、玉米、山芋、大豆、棉花等主要农作物的统计数据搞得实实在在。同时，对水果、蔬菜集中产区的产量和收入情况进行全面调查，走出了一条由抽样调查推算代替全面统计的新路。由此所得的数据，不仅满足了县委、县政府进行决策、指导工作的需要，而且在全县范围内树立了统计数据的权威。

为了进一步深化统计制度方法改革，在省、地统计局指导下，于1991年进行一套表的改革试点。采取上下结合的办法，按照突出国家、兼顾地方的要求，依据现行的统计制度，经过几上几下反复修改，形成35个表种、71张报表，共计1 544个指标。其中，由行政村承担的16个表种、20张表、485个指标；由县统计站和县业务部门综合填报的10个表种、20张表、485个指标；由县统计局承担调查的7个表种、31张表、574个指标。一套表的推行，改变了农村基层统计工作中数出多门、报表多乱的状况。

三是统计基础工作不断完善。全县195个乡镇全部建立了实体型统计站，配备专职统计人员75名，兼职统计人员76名，460个行政村全部配备了统计员。在全面建立乡镇统计站的基础上，为实现规范化管理，先后制定并由县政府颁布了《农村基层统计工作规范化实施方案》和《乡镇统计站管理暂行办法》，从职责范围、管理制度、工作流程、资料档案、咨询服务、统计监督、奖惩办法等六个方面提出了明确的要求，使统计站逐步走上了规范化、科学化管理的轨道。1990年曹庄统计站被评为全国基层统计先进单位，6个统计站被评为县先进统计集体。

二

砀山县统计工作之所以多年来在全省处于先进位置，关键是有一个团结实干的领导班子和一支政治业务素质较高的统计队伍。

(一)领导带头，团结实干。局长王伯启同志，从1956年起一直从事统计工作，30多年如一日，勤勤恳恳，任劳任怨，繁重任务领着干，突击任务带头干，加班加点拣重担，被全局同志誉为“老黄牛”。1989年他的大儿子因农药中毒不幸身亡，爱人和儿媳因过度悲伤住进了医院，尽管遭此大难，但他仍坚持正常工作，表现出了一个老同志的高度组织纪律性和对工作的极端负责精神，赢得了全局同志的信赖。副局长杜法杰同志，爱人瘫痪，生活不能自理，他却总是一心扑在工作上，从未因此而影响工作。督导员李步席同志虽退到二线，但思想没有退，责任没有退，坚持战斗在第一线。他参与人口普查的领导工作，出色地完成了任务，被评为全国“四普”先进工作者。由于局领导带头，克己奉公，使全局上下形成了团结一致、互相协作、努力实干的好风气，多次受到县委、县政府的表扬。

(二)抓培训、重育才，提高全局人员的政治和业务素质。局领导带头学习马列主义理论，学习党的路线、方针、政策，同时鼓励全县统计人员认真学习政治经济理论知识，坚定正确的政治方向。激发职工奋发进取精神。近年来，全县300多人的统计队伍中(不含行政村)，有63人光荣地加入了中国共产党。在抓政治素质提高的同时，局领导注重抓业务培训。每年坚持举办统计员、助理统计师、大专电教学习班，采取集中短训的形式进行统计基础理论知识教育，培养出了一支热爱统计事业的专业队伍。现在全县已有26人晋升为统计师，80人晋升为助理统计师，83人获得统计员职称。

(三)抓奖惩、严管理，建立岗位责任制。从局领导班子成员到每个统计人员，都实行严格的岗位目标管理，明确岗位职责、任务要求、考绩标准、奖惩办法，并用责任书的形式将岗位目标落实到岗到人。半年初评，年终总评，由局长负责，抽调各专业处室和重点部门、重点企业统计人员组成考评小组，按工作实绩进行考核。凡被评为先进集体的单位和先进工作者的统计人员，县统计局都予以通报表扬，从而激发了统计人员的主动性和创造性，在全系统形成了争先创优的良好风尚。

执笔：**章　勤　王伯启**　责编：**刘　恒**

不断深化统计改革 充分发挥整体功能

如东县统计委员会

如东县地处长江与黄海交汇处北岸，总面积1 872平方公里，人口110万，有51个乡镇，806个行政村。1987年以来，县统计部门积极探索，不断改革，大胆创新。1988年，成立了县统计委员会，并在人事制度、统计制度方法等方面进行了配套改革。统计体制改革给全县统计工作带来了勃勃生机，增强了统计的整体功能。在南通市统计局开展的专业考核评比中，连续5年获总分第一名。1990年被江苏省统计局评为"农村统计网络建设先进县"，全县有4个乡统计站被评为"省级先进统计站"，洋口乡统计站还被国家统计局授予"全国农村统计网络先进乡镇统计站"的荣誉称号。

一

作为江苏省统计体制改革试点单位，1987年以来，如东县进行了一系列统计改革，其中最主要的包括以下三个方面。

(一)改革机构设置。1988年，我们以强化管理职能，增强综合、协调、监督能力为主旨，对县、乡两级和有关部门的统计机构进行改革。在县级，撤局建委。改革后的县统计委员会由一个业务部门升格为一个综合性的职能机构，成为县统计工作的中心，县统委会设主任一名，由原统计局长改任，副主任二名，兼职委员六名(后调整为八名)，兼职委员由县委农工部、县计委、经委、城建委、财政局、电力局、司法局、乡镇企业局的正(副)职担任。统委会内设三科一室二队(综合统计科、工交财贸科、农业科、办公室、农村调查队、城市调查队)，编制由23人增至27人。县直有关部门，供销总社、商业局、建工局设置了综合统计股，其它部门也根据统计任务情况配备了一定数量的专职统计员；在乡镇一级，统计站由乡镇综合统计、工办统计、农经站统计等组成，合署办公，站长由乡(镇)长兼任，其业务经费列入乡财政预算(每年1 000～3 000元)，实现了由松散型向联合型的转变，部分乡镇建立了实体型统计站。乡镇各所属部门统计工作也得到了加强，乡工办配备了专职统计人员，所有乡镇企业和村民委员会都配备了专兼职统计员。

(二)改革内部用人制度。县统委会副主任，实行面向社会公开招聘，由组织人事部门考察，公开答辩，择优录用。至今已招聘两批，竞聘人数44名，有4人通过公开竞争先后担任了统委会副主任；中层干部任用中，同样引入竞争机制，在单位内部公开聘任。凡参加选聘的人员，都要写书面应聘报告，经民主测评后，由选聘委员会考察审定，报人事局审批，签订招聘合同，任期一年。每年进行述职，称职的继续聘用，不称职的解聘。5年来，先后有12人次被聘任为科室领导；对区乡统计人员也实行聘任制。统委会配合县组织人事部门对应聘人员进行全面的考察，择优录用。

(三)改进统计制度方法。一是探索报表体系的改革。在省、市统计局的指导下，1988年下半年，着手对农村基层统计一套表进行研制试点。经过一年多时间的实践，两次修订方案，三次改进报表体系，将原来19个部门发往农村的100个表、115张统计报表规范统一成56个表种、70张报表。二是推行分乡(镇)国民生产总值计算法。开展乡镇国民收入、国民生产总值的试算，为乡镇领导及时掌握本地区的经济实力及发展水平，逐步调整产业结构提供了重要数据。三是改革粮食产品、水产品、蚕茧产量方面的统计调查方法，用抽样调查代替全面调查。在26万农户中，抽选26 319个样本户，抽户样本面达10%。调查方式的变革，不但节省了人力、物力和财力，而且保证了调查资料的准确性，几年来，农产量点面调查资料验证误差率仅为±2%。

二

统计体制的改革，促进了工作的开展，增强了统计的整体功能。主要表现在以下四个方面：

(一)提高了县统计部门的协调能力。撤局建委后，县统计部门机构升格。兼职委员分布于县各重要部门，按照分工履行职责，既有利于所属系统和部门统计工作的开展，也为协调系统之间、部门之间、单位之间的工作架起了桥梁。

一是过去难以协调的关系得以理顺。改革前，政府统计与部门统计之间、部门与部门之间、统计核算与业务核算、会计核算之间的关系较难协调。改革后由于兼职委员的作用，这些问题却获得了较好的解决。如在改进工业指标体系过程中，县财政局副局长(兼职委员)主动出面协调，确保了基层企业会计与统计在取得数据、上报时间上的一致。

二是统计工作的薄弱环节得到加强。农水口属下的5个局过去统计工作无人管，比较混乱。农工部副部长(兼职委员)从调查研究入手，在较短的时间内解决了人员编制，在这些单位配备了专职统计员，统计工作逐步走上了轨道。城建委系统和县属国营场圃原来的统计力量薄弱，工作基础差，尽管作了不少努力，但一涉及具体问题就“搁浅”，城建委主任兼职委员走马上任后，头一件事就是调整充实统计力量，扫除统计“死角”。

三是许多棘手的问题得到了解决。有段时期，马塘镇商管会下属的20多个单位实行柜组核算，统计工作无人问津，报表经常迟报、漏报。这个问题因牵涉面广，解决的难度也大。县财办副主任(兼职委员)知道后，立即约请商业局的负责同志到马塘镇现场办公，使问题得到圆满解决。

四是统计部门的地位得到了提高。改革带来了工作的飞跃，出色的工作成绩，使得原来“名不见经传”的统计部门变得让人刮目相看。县政府明确规定，各级、各部门和各单位的上报数据或在报告材料中出现的数据，一概以统计部门提供的为准。同时还授予统计委员会对各种数据行使审核检查的权力，对企业升级、先进单位评定所需的有关数据，未经统计部门审核、把关的，一律不予承认。每年对乡镇的考核，要统委会参加。

(二)增强了县统委会的内部活力。由于在用人制度上搬掉了“铁交椅”，引入了竞争机制，内部活力大为增强。

一是培养了一种蓬勃向上的精神风貌。聘任制打破了“不讲能力凭资历，一个文件定终身”的老框框，创造了平等竞争的环境，有利于人才的脱颖而出。全委上下呈现出工作思进取、争上游、创一流的浓厚气氛；另一方面，由于聘任工作公开进行，透明度强，“德、能、勤、绩”成为衡量被聘干部是否称职的唯一标准，卖乖取巧失去了市场，正气占了上风。被聘干部在行使职权的同时又能自觉接受监督，密切了同志间的关系，增强了集体凝聚力。

二是造就了一批素质过硬的“精兵强将”。我们以“勤政、自强、务实、开拓”为目标，加强领导班子建设，形成了工作标准高、讲团结、快节奏、高效率的领导作风。在工作上，领导成员都有独特的建树，二人获得过国家级表彰，一人曾被评为拔尖人才。在用人、育人中，我们鼓励大家学知识、钻业务、施展才华。首先，要求统计人员掌握一技之长，对所从事的专业有深入的研究，有所创新，这些努力，使我们单位在统计调查制度、方法上的一系列改革得以突破，并顺利展开推行；其次，形成内部专业岗位交流制度。这几年已进行了5次内部交流，使统委会内的每一位同志都拥有从事两个以上专业的经验，既拓宽了知识面，又增强了工作适应能力；其三，边使用、边提高，拓展视野，提高素质。尽管我们经费少，但我们在智力投资方面却十分大方。先后送4位同志脱产到大专院校深造，有8人取得自学考试大专文凭。统计委员会的工作被认为是一流的，统计委员会的人被认为是素质强的，出现了许多单位争着要统计委员会的干部的局面，先后有7人被输送到县委办、县政府办、计委、劳动、物资、乡镇企业局等部门，3人从普通干部走上局级领导岗位。

(三)提高了统计服务水平。以县统委会为“龙头”的全县统计信息网络的形成，为统计服务向更高层次发展创造了有利条件，统计整体功能得到了充分发挥。

一是发挥了“参谋部”作用。我们根据统计工作的特点，努力在被动中求主动，充分利用处于经济工作“前沿”，掌握情况及时的优势，积极有效地为领导决策服务，使统计部门成为领导者不可缺少的“参谋”。如1990年，县里实施“倾斜政策”，确定必保企业时，政府分管领导专门到统计局委员会了解情况，听取意见，最后以统委会提供的38家重点企业为准。

二是发挥了“气象站”的功能。我们定期对全县的投资规模、工农业投入和发展速度、财政收入等进行预测，对经济运行作出准确的“预警”。1987年，如东县农村棉花播种面积有下降的趋势，我们及时组织了“棉农为什么不愿种棉”的调查，引起各级领导重视，国务院领导同志对此也作了重要批示。1988年春蚕上市，苏北地区发生了一场蚕茧价格大战。针对这种反常现象，我们及时进行了调查，并对由此可能出现的后果作了透彻的分析，提出了相应对策，县委、县政府立即采取措施，避免了大的经济损失。

三是发挥了“信息库”的效用。为满足社会各界对统计信息的需求，我们以“资料重质量、服务创水平”为指导思想，不断改进服务方法。开设了对外服务窗口，累计对外提供各种统计咨询服务1 000人次以上；《如东国民经济主要指标月度快讯》由隔月公布改为当月公布，发送范围由原来的各主管部门扩大到60个区乡镇、51家工业重点企业和必保企业；增加了《工业经济效益月度快讯专刊》，把以公布速度为主改为以公布效益为主；增加横向对比内容，在6县(市)对比分析的基础上扩大为苏中8县情况交流；《如东统计》创刊4年来，办得活泼新颖，资料可信、信息及时、分析有份量、建议有价值，批评有针对性，成为县内读者最多的刊物之一。几年来，累计被国家、省、市以上报刊、电台采用统计分析63篇，采用率达13.9%。1991年，《如东县外来婚姻调查》被新华通讯社《内参选编》全文转发，取得了很好的社会效应。

执笔：**刘新华　张洪宾**　责编：**刘　恒**

在改革服务中求发展

安丘县统计局

安丘县位于山东半岛西陲，1988年经国务院批准列入山东半岛经济开发区。1991年全县社会总产值达到43.13亿元，国民收入达到15.56亿元，国民生产总值达到17.94亿元。在国家统计局和国务院发展战略研究中心开展的“中国农村综合实力百强县”评定中，位列第65位。

作为承担全县经济建设和社会发展统计任务的安丘县统计局，几年来在县委、县政府的领导下，认真贯彻中央和国务院领导关于统计工作的重要指示，以提高统计服务水平为目标，坚持不懈地抓统计基础工作，努力提高统计数据质量和统计分析水平，加快统计自动化建设步伐，抓好统计人员的思想业务建设，努力发挥统计整体功能，在改革和服务中求得了统计工作的发展和进步。连续7年被市局评为先进集体，连续两年获综合一等奖，1990年9月被国家统计局评为“全国农村统计网络建设先进县”。

一、适应形势的需要，不断把城乡统计基础规范化建设推向前进，促进统计数据质量的提高

(一)农村统计网络建设，在1989年全县32个乡镇统计站全部由联合型转变为实体型的基础上，参照《山东省农村基层统计基础工作规范化建设试行方案》的目标要求，主要抓了以下五个方面：

1.抓组织建设。县编委下达文件，要求2万人以上的乡镇统计站配备3—5人，不足二万人的乡镇配2—3人；统计站列入镇政府序列，经费由县财政负责，人员和经费不足部分，由乡镇自己补充。到1991年底，全县32个乡镇共配备专职统计干部84人，达到了小乡镇2人，大乡镇3人以上。

2.抓信息、数据管理。明确规定：乡镇统计站承担辖区内农、林、牧、副、渔、工、商、建、运、服、劳动工资、固定资产投资等全部统计任务，积极推行农村一套表制度，乡镇的所有统计报表和统计数字，由乡镇统计站集中统一管理，做到数出一门、一家对上。初步扭转了过去长期存在的农村统计数字多、乱、杂的局面。

3.抓计算手段。根据农村统计工作任务和统计事业发展的要求，县统计局积极争取乡镇领导的支持，采取“因地制宜、多方筹资、典型引路、以点带面”的做法，促进统计站的信息自动化建设。全县26个乡镇统计站配备了27台微机，并做到了报表汇总资料整理、信息提供全部用微机处理，不仅节省了人力，而且提高了工作质量。

4.抓基础网络建设。乡镇直属部门、企业、村及村办企业都配齐统计人员，并制定了明确的岗位责任制和严格的考核标准。各乡镇统计站还建立了一月一次例会、半年一次培训制度，坚持持证上岗。同时落实统计人员的待遇：村统计员待遇不低于村长的95%，企业统计员每月补助15元，助理统计师每月补助20元，统计师每月补助30元，从而稳定了农村统计队伍，调动了统计人员的工作积极性，促进了各项统计工作的开展，培养和造就了一大批农村骨干。几年来，全县先后有80多位统计员被提拔为村长、村支书、企业厂长、经理。

5.抓服务求发展。乡镇统计站能否在当前改革的大潮中不断巩固、提高、发展，关键在于是否真正发挥了作用。安丘县统计局的做法：一是严要求。全县统一制定了统计站规范化建设的标准和做好统计工作的制度、措施、目标、要求，定期检查，督促落实。二是压任务。除文件规定统计站要做好的工作外，对不管是县委、县政府还是上级业务部门交给县统计局的工作，凡需要乡镇搞的，全部压到乡镇统计站，并适当增加一些定期任务，保证统计工作有人干，统计人员有事干。同时要求统计站积极开展乡镇党委和政府所需要的统计调查，搞好统计服务。由此赢得了乡镇领导的支持、信任，在机构改革中站稳了脚跟，得到了进一步巩固和发展。

(二)城市统计网络建设，主要抓了三方面工作：

一是在部门和企业中建立持证上岗制度，要求企业统计人员具有合格的素质。到1991年末，全县累计，有300多人接受了培训，取得了上岗合格证。

二是抓企业综合负责人的配备。采取由企业厂长、经理推荐提名，主管局审查，统计局批准公布的办法，先后在工业、商业、供销、粮食、外贸、建筑、电力、物资等200多个部门和企业配备了综合统计负责人。每年还组织一次检查考核，使企业综合统计负责人制度落到实处。

三是开展统计基础规范化建设。在试点基础上，全县各业务主管部门和工业、商业、基建、财贸、交通等部门的所属企业全面开展了统计基础规范化建设。到1991年底已有10个大中型企业、35个基层单位通过了规范化达标验收。

城乡统计基础规范化工作的开展，健全了基层信息网络，壮大了统计队伍，为保证源头数据的准确、提供统计优质服务奠定了坚实的基础。

二、搞好统计资料的加工、分析，为领导和社会提供多层次多方位的服务

1. 为领导服务。(1)按年度整理编印统计年鉴，提供各级领导和各部门。在年鉴未印出前，先将重要指标整理成简易资料发给有关领导和部门使用。(2)从领导使用方便着眼，每月将各专业的统计资料，包括银行贷款、外贸进出口、利用外资、财政收支等主要指标于月后10日前编印出综合月报，发给县乡党委政府、县直部门领导参考。(3)利用《统计内参》、《统计信息》两种刊物随时向县委、县政府、人大、政协等重要部门提供统计信息。(4)建立新闻发布会制度，不定期地通过县电视台发布全县经济和社会发展统计资料。(5)及时汇总每月召开的经济形势分析例会上所反映的有关经济运行中的新情况、新问题，向县委、县政府提出预测、预警。

2. 为会议服务。(1)每年的人代会、政协会期间，将国民经济和社会发展统计公报连同主要经济指标解释发到各位代表和委员的手中，并到会议上解答有关问题。(2)为县委、县政府召开的有关经济工作会议提供咨询。(3)为全县外经外贸会议、涉外洽谈会提供全套的县情资料。

3. 为党的中心工作服务。(1)配合建国40周年和建党70周年，整理了安丘县建国以来国民经济和社会发展的小册子，发到领导、部门及企业，成为爱党爱国教育的教材。(2)配合党的基本路线教育和城乡社会主义教育，整理编印了全面反映社会主义建设伟大成就的统计资料，作为社教工作中的宣传辅导材料。(3)围绕县委、县政府制订的全县农村奔小康的规划，运用农经调查材料，参照有关小康标准，系统整理了全县经济和社会发展概况，并分析了安丘县实现小康的有利条件、现实水平及不足方面及应注意的问题，受到县委、县政府领导的重视和好评。

两年来，安丘县统计局共向领导和社会服务提供统计资料10种、1300册，提供《统计内参》、《统计信息》等160期，其中63期被县以上领导部门采用，较好地发挥了统计的信息、咨询、监督作用。

三、以统计自动化建设为先导，促进统计事业的发展

安丘县的统计自动化系统建设从1985年开始起步，以一台微机起家，几年来依靠不断扩大服务和承接大型统计调查项目，自动化系统有了迅速发展。目前，县统计局已配备多种型号微机10台。各项专业统计全部采用微机进行数据处理，并与市统计局建立了联网通讯。1990—1991年，除去承担各项定期报表和年度资料的汇总加工外，还圆满完成了第四次人口普查的数据处理任务，10%和100%资料的汇总上报均一次通过省市级验收。

县统计局充分利用自身计算机配备早、硬件维修和软件开发早、技术掌握早、技术力量较强的优势，一方面注重做好乡镇统计站微机的购置、安装、人员培训和开发应用等，加强规范化管理；另一方面对县直部门和企业统计应用微机进行培训指导，帮助他们选型、安装、调试和掌握应用技术，促进了基层企业统计的微机化。到1991年底，全县县直部门和企业已配备微机60余台。

在统计信息自动化系统不断壮大的基础上，安丘县统计局从统计工作实际出发，把统计数据的汇总、整理、编辑、印刷融为一体，从最初的单纯为统计服务，逐步扩大到为全社会服务。服务范围从印制名信片、信封、稿纸、表格、发展到印刷有关院校的教材、小说和精装资料，尤其是保证了县委、县政府的领导报告、会议材料的印刷时间和质量，从而赢得了县委、县政府及县直各部门的一致好评。

随着有偿服务的进一步扩大，安丘县统计局在原微机技术服务部的基础上，成立了"电脑总公司"，目前已发展成为一个拥有职工38人、固定资产60万、流动资金20万、年创利润15万元的全民企业，走出了一条"围绕统计办实体、办好实体促统计"的健康道路，不仅解决了经费不足和职工福利差的问题，改善了办公条件，而且为统计事业的进一步发展积累了资金。

执笔：**王德信** 审稿：**姜玉山** 责编：**刘 恒**

健全统计网络 搞好优质服务

淄博市张店区统计局

张店区是淄博市委、市政府所在地、全市政治经济文化的中心，同时也是山东省经济最为发达的地区之一。1986年3月，被国务院列为沿海对外开放区。党的十一届三中全会以来，张店区的统计工作得到了迅速的恢复和发展，特别是近几年，紧紧围绕为国民经济持续、稳定、协调发展提供优质统计服务这个中心，较好地发挥了统计的整体功能。先后两次受到国家统计局表彰，五次被山东省统计局命名为全省统计系统先进集体，连续五年获得全市统计工作评比竞赛第一名，在区委、区政府

1987年以来开展的政绩考评工作中连续四年被评为先进集体，被区领导称为“模范局”。

一、疏通信息渠道，健全统计网络

畅通的信息渠道和健全的统计信息网络是国民经济发展的客观要求，也是充分发挥统计整体功能的必由之路，为此，我们下大力气抓了以下几方面的工作。

(一)狠抓“双基”工作。基层统计网络建设是影响统计部门信息主体作用能否充分发挥的关键环节。在1986年全区各乡镇建立松散型统计站的基础上，1988年我们又根据经济发展和强化基层政权建设的需要，提出了建立实体型统计站的要求。到1989年9月，全区11处乡镇，4个城区街道办事处全部建成实体型统计站，并较好地解决了统计站的人员、经费等问题。全区72个居民委员会，178个行政村均设置了专兼职统计员。为了发挥统计站的作用，以使其不断得到巩固和完善，我们在统计站推行“满负荷”工作法，制订了《乡镇办事处统计站工作流程》和《达标考核办法》等一系列工作制度，特别是坚持每月七日的统计站长例会制度，使各项工作做到了有布置，有检查，落到实处。

企业是统计工作的最基层单位，是统计信息网络的“神经末稍”。为改变长期以来企业统计基础工作相对薄弱的状况，1991年5月，区政府召开了全区企业基础统计工作达标会议，在全区乡镇以上企业中开展统计达标活动，促进了企业统计基础工作质量的提高。

(二)注意理顺与区直有关部门的关系。区统计局建立初期，在开展工作中经常遇到的一个问题是，与区直各部门统计业务指导关系和任务分工不明确，少数部门认为都是同级部门，没有给区统计局报送报表的义务，虽经多次做工作，报表仍不及时，给工作带来困难。为此，我们向区政府作了汇报，由区领导出面进行协调，同时制定了《张店区统计报表资料管理办法》，由政府批转各单位执行。目前，横向关系已基本理顺，区财政、工商、银行、税务、公安等部门主动地向区统计局报送报表。区统计局也及时向区直各部门反馈信息，做到“共识、协力、互补、共享”。

(三)与全国有关区县建立资料交换关系，进一步形成全方位、大跨度、纵横交错的统计信息网络。1988年5月，我们与全国有关的350余个区县进行了联系，从中选择了40个区县作为定期资料交换点，并与全省15个地市的市辖区建立起资料交换关系，进一步拓宽了信息来源渠道，达到了相互沟通信息的目的。

二、发挥信息主体作用，开展统计优质服务

为提高统计优质服务水平，几年来，我们始终坚持“三前四要”，即：工作想在前，干在前，服务在前，服务内容要快、要精、要新、要准。由此逐步走上了通过优质服务，赢得领导的重视和支持，而领导的重视和支持，又进一步促进了工作开展的良性循环。

(一)准确及时地提供各种统计信息。自1985年起，我们筛选出能够反映全区经济情况的主要指标，以卡片的形式按月向领导和有关部门提供。为了达到方便、实用的目的，先后对指标内容和提供方式进行了4次改进，既增强了资料的及时性，又提高了资料质量。对来索取资料的人，全局同志热情主动，周到服务，据统计，自区统计局成立以来，每年接待外来索取资料的上千人次，涉及指标近万个。

(二)坚持定量分析和定性分析相结合，为领导决策提供咨询。统计分析是统计成果的集中体现。几年来，我们紧紧围绕区委、区政府的工作重点，坚持不懈地开展专题调查和统计分析工作。1984年以来，共组织各种大型调查20余项，撰写统计分析300余篇，95%以上的资料被各级领导和部门采用。其中有不少调查报告和分析资料被省统计局转发，有些被区委、区政府评为优秀信息。

如1990年5月，区委、区政府提出了全区90年代第一年工业总产值超10亿的奋斗目标。我们及时组织全区统计力量从投入和产出两方面对其可行性进行了调查论证，提出了具有量化特点的措施建议，起到了较好的效果。又如，我们利用所建立的资料交换网络，先后整理出全国40个区县和省内15个地市的市辖区国民经济主要指标的对比分析资料，找出了张店区的优势和薄弱环节，为指导全区社会经济发展提供了重要的参考依据。

(三)积极参与对乡镇、街道、区直部门的政绩考评。1987年区委、区政府决定在全区部门和单位开展政绩考评。考评第一年，由于指标不是出自统计部门，因此，计算口径和统计范围不一致，标准不统一，部门之间意见较大。针对这一状况，1988年，我们及时向区政府提出《关于参与政绩考评的报告》，区政府批转了这一报告，并确定区统计局为全区政绩考评成员单位。由此树立了统计数据的权威性，进一步提高了统计部门的社会地位。

责编：刘 恒

强化统计法制建设　提高统计工作水平

衡南县统计局

近年来，衡南县统计局认真学习宣传贯彻《统计法》和《湖南省统计管理条例》，紧紧握住这个"尚方宝剑"，为统计工作保驾护航，坚持走依法治统之路，统计执法已在全县初步形成气候，从而提高了统计工作的地位，提高了统计人员的素质，提高了统计报表数据质量，改变了统计工作长期后进的局面。在1991年全市统计工作评比竞赛活动中，有7个单项工作进入前三名，综合评比首次排列第二位，并荣获全市统计工作先进单位称号。

一、狠抓了宣传发动，扩大了统计法规的影响。一是召开各种会议进行宣传，两年里，县统计局先后召开了各区镇乡和各部门各企业的统计工作会议8次，各种座谈会10次，学习宣传《统计法》及其《实施细则》和《湖南省统计管理条例》，提高了大家对统计法律法规的认识。二是开展了统计法规宣传月活动。统计法被列为"二五"普法的专业法规后，县统计局主动会同司法部门进行统计法规的宣传，在宣传月活动中，共书写各种宣传标语、横幅2000多幅(条)、宣传栏10处，出黑板报53期，印发宣传资料8600多份，出动宣传车11辆次，到全县各区、乡和厂矿企业进行了为期15天的巡回宣传。使30多万干群受到了一次统计法律法规教育，扩大了统计法在社会上的影响。三是举办统计法规学习班，仅1991年，县统计局分期分批举办了机关、企业、事业单位统计人员培训班5期，培训骨干530多人。

二、建立健全了统计法制机构。为了适应统计执法的需要，县里成立了统计法制领导小组，由主管副县长唐冬生同志兼任领导小组组长，局长张光书同志任副组长，亲自主管统计法制工作。成立了统计法制检查所，配备一名专职、三名兼职检查员。统计法制机构的建立，为顺利开展统计执法奠定了组织基础。

三、建立和完善了法制工作制度。他们结合统计工作实践，制定了统计法制的8项工作制度，制度规定了统计执法的办案原则，明确了办案程序。对统计违法案卷的整理、归档作了明确具体规定，对检举揭发、办案有功人员，规定了必要的奖励。确定了"领导带头，分片包干，全员办案"的工作方针，成立了四个执法小组，四位正副局长为小组组长。定期召开统计法制工作会议，规定每个月15号为执法检查日。这些制度和措施的制定，使全县统计执法检查走上了制度化、经常化的轨道。

四、坚持有法必依，执法必严的原则。近一年多来，县统计局坚持做到一经检查发现问题，及时查处，先后检查了56个机关、企、事业单位，其中立案查处统计违法案件19起，已结案19起，结案率100%，依法向法院申请执行的4起，累计罚款金额41900元，及时足额地上交县财政。树立了统计法律的权威。人们都说："统计执法也是动的真家伙"。

五、争取部门配合，坚持协同作战。衡南县统计局在统计执法过程中，善于争取各方面的重视和支持，不搞单枪匹马、孤军作战。一方面坚持经常向县人大、县政府汇报统计执法情况，争取领导重视，主动堵住"说情风"。一方面，加强与法院、监察、司法、银行、工商、审计等部门的联系，先后专门召开这方面的座谈会4次，理顺了关系，取得了配合和支持。如统计部门申请强制执行的统计违法案件，县法院全部给予大力支持，及时作出处理，使统计执法有了坚强的后盾。

在统计执法的实践中，衡南县统计局逐步摸索出了"三结合"的办案方法，即经常检查与突击检查相结合，自查与抽样相结合，重点检查与全面检查相结合，及时查处各类违反统计法规的行为，突破重点，解决难点，带动了统计执法工作的全面展开，为统计工作打开了新局面。

责编：**李天渊**

求实 创新 搞活　开拓统计工作新局面

罗定县统计局

1989年以来，罗定县统计局在县委、县政府和上级统计部门的领导下，紧紧围绕治理整顿和深化改革，坚持求实、创新、搞活，开拓统计工作的新局面，取得了较好的成绩。

一、求　　实

统计数字的准确性是统计工作的生命，搞准统计数字是统计工作的基本要求。几年来，我们积极宣传、贯彻、执行《统计法》，切实抓好统计基础建设，坚持实事求是，确保统计数字质量。

(一)开展全民的统计法规宣传教育，增强统计数字意识。为了有效地、科学地组织统计工作，保障统计资料的准确性和及时性，充分发挥统计在了解县情县力、指导全县经济发展的作用。三年多来，采取大会、小会、下基层、下厂等形式，对全县各级干部和广大人民群众广泛宣传《统计法》及其实施细则，使领导和群众，尤其是主管统计工作的单位领导和统计人员，了解《统计法》，学习《统计法》，遵守《统计法》和维护《统计法》，使他们增强观念，及时、准确地提供统计资料，更好地发挥统计在经济建设中的服务和监督作用。县委、县政府领导同志也十分重视《统计法》的宣传，县委书记梁伟发同志多次在大会强调各单位的领导要重视统计工作，掌握好统计数字。

(二)强化基础工作，加强农村乡镇统计网络建设。目前，农村乡镇的统计人员变动比较频繁，这对搞好农村统计工作带来一定的困难。为了使农村统计网络活动正常开展，我们十分重视农村乡镇统计网络的组织建设、制度建设和业务建设，使农村乡镇统计工作做到十有：①有领导，由一名副乡镇长担任统计组长；②有组织，乡镇政府和各管理区都建立健全了统计组和统计小组；③有聘书，对统计组成员和统计小组长发给聘书；④有办公地点；⑤有印章；⑥有牌子；⑦有工作制度；⑧有台帐；⑨有图表上墙；⑩有活动经费。

(三)切实抓好城乡统计基础规范化工作。三年多来，在抓好工业企业统计基础规范化工作的同时，我们重点抓好农村统计基础规范化工作，取得了良好的效果。目前，县以上工业企业全部验收合格，乡镇办工业企业统计基础规范化工作也全面铺开，到目前为止，全县40家骨干企业已验收28家，占70%。农村统计基础规范化工作已在全县23个乡镇铺开，到目前止已有12个乡镇验收合格，占50%。

(四)加强业务培训，不断提高统计队伍的业务水平。为了提高统计干部专业知识水平，以适应统计改革的需要。几年来，县统计局先后派出近20位同志脱产学习，10多位同志参加大专函授学习，在全局掀起一个学习热潮。为了保证数字的准确性，市统计局重点抓好对各乡镇及管理区统计人员的业务培训。如在实施农村基层统计一套表过程中，对全县320多个居委会和管理区的统计人员全部集中培训一次，并把实施一套表的指标解释印发到各乡镇、各管理区和居委会，使他们进一步适应统计改革的需要。

(五)加强统计法规大检查，确保统计数字质量。为了更好地贯彻执行《统计法》，我们每年都开展一次统计法规大检查，与有关单位组成检查组，深入到企事业单位、工厂以及各乡镇，对统计数字进行质量检查，对能坚决执行《统计法》，实事求是填报统计数字的单位给予表扬和奖励，对弄虚作假的个别单位给予批评教育。

二、创　新

随着改革开放的纵深发展，我国的国民经济在迅速发展，作为统计部门，也应不断进行统计改革，才能适应形势发展的客观要求。

(一)率先研制和推行《农村基层统计一套表》。1987年前，县统计局派出人员，深入到乡镇和有关单位进行调查研究，收集情况，反复讨论，拟订出《农村基层统计一套表》，于1988年年报开始时在全县各乡镇全面实施。1989年，在总结实施经验的基础上，广泛征求各方意见对一套表作了修改、补充，使它更加符合基层的实际和改革的需要。一套表实施对进一步搞好农村社会经济统计发挥了极为重要的作用，收到良好的效果，得到了省、市统计局的赞扬，为全省推行农村一套表起到了引路的作用。

(二)在乡镇开展计算国民生产总值。为了适应县经济管理体制和运行机制的需要，按照市统计局的要求，从1989年开始，以乡镇为单位进行计算国民生产总值，坚持不懈，并列入劳动竞赛评比内容。这一做法，已发挥了它的作用，并为今年开始实行新的国民经济核算体系打下了良好的基础。

(三)拟定和实施工业统计一套表。今年初，县统计局与经委合作在广泛听取企业和有关部门意见的基础上，拟定出工业一套表方案，并从四月份开始首先在经委系统的国营企业实施。实施一套表，企业的产、供、销，人、财、物及经济效益等情况得到集中反映，大大地促进了企业管理和领导决策。

(四)全面开展水稻抽样调查。随着农村体制改革的深入，抽样调查工作越来越显得重要。从1986年开始，在全县各乡镇开展水稻抽样调查。由于采用科学的抽样方法测出的稻谷产量数字准确可靠，得到县领导和各乡镇领导的好评。

三、搞　活

1989年以来，我们在搞好统计报表的同时，把做好优质服务当作是搞活统计工作的重要任务来抓。根据形势的发展，围绕县委的中心工作，积极开拓专题调查研究，捕捉社会经济信息，写好统计分析和专题调查报告，为上级、为领导和社会提供优质服务。几年来，全局共写统计分析和信息930篇，其中被省级刊物刊登37篇，被市级刊物刊登64篇，被县领导批示采用和县委刊物采用21篇，被市电台采用148篇，被县电台采用359篇，大大提高了县统计局的社会知名度。

一是对统计报表进行深加工，变死数字为活材料；

二是开拓专题调查，提高服务水平；

三是紧跟形势，为社会提供服务。

近年来，罗定县的统计工作取得显著的成绩，其主要体会是：

1、**抓好班子建设是搞好统计工作的关键**。几年来，按照干部的“四化”标准，选拔和推荐了一批德才兼备的干部，充实局、股的领导力量。这批同志上任后，工作积极肯干，发挥了聪明才智，起到了业务骨干的作用。

2、**抓思想政治工作建设是搞好统计工作的重要条件**。随着改革开放的扩大，统计工作面临的任务越来越繁重。因此，抓好统计的队伍建设非常重要。前几年，部分同志产生两种不良思想，一种认为统计工作辛苦，经济待遇差，社会地位低，一些人产生了“跳槽”的思想；另一种认为统计局年年先进，荣誉是集体的，而个人得不到什么益处，若再坚持先进，实在难顶了。产生松一口气的思想。针对这些思想，在局内开展党员与非党同志的“一帮一”活动。使全局同志不断提高了思想认识，增强了统计工作的光荣感和责任感，安心统计工作，同心协力地开拓全县的统计工作新局面。

3、**领导带头是搞好统计工作的前提**。火车跑得快，全靠车头带。几年来，局几位领导事事处处以身作则，严于律已，起到了模范带头作用。局的主要领导经常深入到乡镇、管理区和农民中去，开展农村社会经济调查，掌握第一手材料，了解农村统计网络建设和指导农村统计基础规范化工作，每年下乡达80多天。主管业务的副局长已接近退休年龄，他人老干劲足，有一股老黄牛的精神，经常加班、加点。在领导的带动下，全局干部职工克服怕困难、怕下乡吃亏和怕辛苦的思想，确立艰苦创业的精神，积极为统计工作做贡献。

4、**全面实施干部岗位责任制是搞好统计工作的有力措施**。一个单位要搞好工作，单靠做思想教育工作，而没有行之有效的规章制度去约束是不行的。为了逐步实现管理工作科学化、充分发挥每个干部的工作主动性、积极性和创造性，县统计局制定了“以岗定责、以责定标、以标定绩、以绩定分、以分定奖惩”的“五定”制度，把岗位责任制奖金与德、勤、能、绩岗位考核分相挂钩，克服干多干少一个样的弊端。由于有了严明的考核制度，使每个同志在思想、工作、作风、组织纪律、学习等方面都严格要求自己，在全局中形成一个“比、学、赶、帮、超”的热潮。全局九大专业连续3年获市统计局奖励，1991年有5个专业获得第一名。

5、**做好本职工作，才能取得县领导的重视和支持，才能使统计工作实现良性循环**。实践使我们深深体会到，要取得领导对统计工作的重视和支持，首先就要做好本职工作，给领导有一个好的印象。几年来，在为领导服务方面我们始终做到“准确、及时、全面、方便”。1991年6月份县委梁伟发书记专门邀请统计局副局长陈才同志，对县五套班子、县直有关单位和乡镇委书记、镇长上统计专业知识辅导课。梁书记在会议上强调，要求各级领导要重视和支持统计工作，要懂得统计、学习统计，抓好统计、用好统计。由于县统计局尽职尽责、做好工作，得到县领导的重视。近年来，统计局在交通、人员、住房、微机等大的经费开支，以及办公用房等方面都得到了县委、县政府的大力支持，使统计工作实现了良性循环。

责编：**李天渊**

坚持以法开路　改善统计环境

陇川县统计局

陇川县，是一个傣族、景颇族、阿昌族、栗粟族、德昂族等少数民族杂居的边疆县，又是云南边境贸易的窗口之一。商号林立，情况十分复杂。县统计局过去收集统计资料十分困难，迟报、缺报现象累有发生，统计人员要经常上门乞讨数字，统计工作处于被动局面。为了改变这种状况，1991年县统计局决定，坚持以法开路，改善统计环境，依靠执法来理顺统计关系，保证统计工作的三大职能得以正常发挥。为此，采取了5项措施：

一、积极争取人大、政府的支持和有关部门的配合。1991年5月，县人大第十届八次会议听取和审议了统计工作，并作出了《关于在全县认真贯彻执行〈统计法〉加强统计工作的决议》，明确提出了建立县统计法规检查机构，改善统计部门工作生活条件和稳定统计队伍的规定。同年7月，县政府又作出了《强化统计执法、严格统计管理的决定》。这两个重要文件的制定，使统计执法被广泛认可、统计法制建设正式纳入了人大和政府工作的议事日程，为统计执法开辟了道路，奠定了良好的基础。1991年5月，经县人大批准，成立了由县统计局、县司法局、县监察局3个部门组成的统计检查室，并明确了职责和任务，定期召开碰头会，使统计检查工作有了组织保证。

二、建立健全有关规章制度。为了使统计执法走上程序化、规范化，陇川县统计局统一规定了统计报表的报送时间和内部审核登记制度，要求各专业每收到一份报表，都要作登记，并由经收人向报送单位出具凭证，作为考核的依据。同时，还制定了各类法律文书，使办案从线索的取得、初查、立案审批、立案、调查、结案等各个环节都有一整套完备的手续，有据可查。

三、增添设施，改善工作条件。法规检查室成立后，为了便于开展工作，县统计局在经费比较困难的情况下，为检查室专门刻制了公章，挂了牌子，印制了专用信笺、信封、资料袋等，还配备了小型录音机和照像机等办案工具。

四、抓清理整顿，治理统计环境。1991年5月，县统计局针对统计报表难收，迟、缺报现象严重，而统计人员多次苦口婆心地做工作都无济于事的状况，组织了两个检查组，由局长带队对县城五、六月份迟报、拒报的10多个单位逐个进行了清理整顿。通过上门做工作，了解情况，宣传《统计法》，并向这些单位发了《查询通知书》，责令限期答复，作出保证。对于地处边境贸易窗口、商号林立、情况复杂的章凤地区，专门下发了“关于全面治理章凤地区公司、商号统计环境的四个阶段实施计划要点”的文件，在县边贸局协助下，两次召开该地区各商号有关人员会议进行学习整顿。通过整顿，成效十分显著，到10月份，全县100多家劳资报表全部收齐，创历史最高记录。

五、敢于执法。陇川县统计局始终本着对一般违法者进行批评教育，对严重违法者不姑息迁就的原则，查处了一些违法案件。如1991年，对县某粮管所连续3次迟报粮油统计月报，一次缺报季报，粮食平议价数字差错107.8万斤的违法行为，进行立案调查后，依照《统计法》和德宏州实施统计法的有关规定，分别对粮管所负责人和直接责任人给予30元和50元的经济处罚，不仅使当事人受到了教育，而且使社会上也知道《统计法》的严肃性。

陇川县统计局在总结统计执法经验时，归纳了4个方面的成绩，即：一是通过宣传统计法规，广大干部、职工和法人组织普遍认识到了报送统计资料是公民和法人应尽的义务。二是通过清理整顿、外部统计环境大为改观。三是通过对统计违法案件的查处，统计的“软弱”形象正在向“权威”转换。四是统计检查机构的成立，使查处统计违法案件有了较强的组织保证。

执笔：**林世能** 审稿：**李寿昌** 责编：**曾德权**

乡(镇)级统计工作典型经验

适应形势 开拓统计改革新局面

武清县汉沽港乡统计科

天津市武清县汉沽港乡统计科自1987年建立以来，适应改革开放和经济发展的需要，努力建立健全农村基层统计网络，加强统计基础和业务建设，积极发挥统计职能作用，强化统计优质服务，取得了显著成绩，连续几年被县局评为先进单位，1990年被评为国家级先进乡镇统计站。

一、抓住时机，因势利导，建立乡政府统计机构。随着经济体制改革的深化和农村经济的发展，统计工作任务繁重，但力量不足，难以适应形势发展需要。在乡党委、乡政府的大力支持下，汉沽港乡于1987年底建立了实体型统计科。统计科由5人组成，综合统计员为科长，由乡长主管。统计科受统计局和乡政府的双重领导。综合统计员(科长)的工资由县财政直接拨付，其余人员工资及办公费由乡政府统筹解决，纳入乡财政预算。为此，乡政府专门下发了《关于建立统计科，加强统计工作通知》，并召开了乡直各部门、各单位以及各村、厂负责人及统计人员参加的成立大会。

二、狠抓基层建设和基础工作，形成上下贯通的农村统计信息网络。根据统计工作任务，乡统计科从抓组织管理入手，建立健全网络。首先着手抓了乡直各部门和村级统计队伍组织建设，目前已配备了62名专兼职统计人员。根据村级统计工作任务重、内容多、范围广的特点，把过去的一级会计兼统计改为村统计兼会计，从组织形式上强化了统计工作的地位，有效地纠正了一些村重会计轻统计的做法。乡政府还要求各村统计工作由村长直接负责，并把统计工作列入政绩考核的内容。村综合统计员享受村长级工资和奖金待遇，年度奖金由统计科发放，从而提高了统计人员的地位，增强了光荣感和责任感。乡政府还规定统计人员不得随意调换，因工作需要调换必须经乡统计科批准，从而稳定了统计队伍。

其次，理顺统计渠道，加强数字管理。乡政府规定乡统计科是全乡统计工作的综合管理部门，依法负责组织领导，协调和管理本乡区域内乡直各部门、各单位、各村、厂的统计工作。凡上级各主管部门的报表要统计科审核批准后方可上报，并由统计科备案。还规定乡主要经济指标数字均由统计科搜集、整理，统一对外提供。

目前，乡统计科对各业务部门和全乡的统计工作都能较好地组织协调起来，业务部门统计人员也能主动积极配合，从而形成了以统计科为轴心，上下融通的统计网络，进一步强化了农村基层统计工作的集中统一领导，有效地扭转了过去那种部门统计不协调，数字管理混乱和领导要数无人汇总的现象，做到了数出一门，提供及时，大大提高了统计数据质量。

三、抓好基础建设，健全统计管理制度。两年来，乡统计科根据本地区的实际情况和工作特点，建立了一套比较科学的规章制度，并在实践中逐步完善，如《统计任务和职责》、《统计例会制度》、《汉沽港乡统计工作制度》、《统计人员工作守则》、《统计科目标管理责任制》、《统计考核评比制度》等。这些制度的建立与实施，使乡统计科和全乡统计人员做到了职责明确，任务具体。同时，统计科还建立健全了各种基层台帐，如历史台帐、进度台帐、企业台帐以及主要经济指标的台帐，并将各种资料分门别类保存起来，因陋就简地建立了各种卷宗，设立档案柜，并确定专人管理，统计科定期进行检查。

四、充分发挥统计网络的作用，为乡领导和社会提供优质服务。乡统计科在发挥网络职能作用，开展优质服务上做了大量工作。一是建立了综合服务制度。每月月初向乡领导提供经济发展和计划完成情况，便于领导指导工作；二是创办了《统计资料》，每年出40期，同时按年编制本乡国民经济和社会发展情况的资料提要；三是撰写统计分析，围绕乡国民经济运行状况，分析领导关心的热点问题，并提出建设性意见，供领导决策参考。乡统计科的分析文章多次被县、市统计部门采用；五是积极开展统计预测。为了对经济发展做到心中有数，使计划建立在切实可行的基础上，乡统计科利用数学模型，对经济和社会发展状况、市场发展前景进行科学预测。为制订乡“八五”计划和十年规划提供了科学依据。

两年来，为适应统计改革需要，汉沽港乡统计科不断拓宽统计服务领域，改进和完善统计工作，使统计工作的整体功能得到了较好的发挥。

第一，优化了信息职能。现在，只要领导需要的政治、经济、文化等各方面的情况和数据，统计基本上都能满足。同时，大大提高了统计信息的科学性、指导性、准确性和时效性。1990年，为配合县、乡开展形势教育，统计科在全乡采取随机抽样的方法，抽选了53户，用无记名方法对农村生产结构和经济发展、农村生活状况、农民社会意向和最关心问题进行了问卷调查，这一调查引起全乡强烈反响，受到乡领导的高度重视。

第二，深化了咨询职能。统计科利用综合统计信息，在深化分析研究工作的基础上，为乡镇经济发展和农民致富献计献策，取得了明显的经济效益和社会效益。比如，汉沽港乡土地条件不好，盐碱地和荒滩地较多，过去片面强调粮食作物，致使农业生产结构不合理，统计科在大量调查研究和科学论证的基础上，提出了因地制宜调整种植业结构的建议，促使乡党委下决心，要实现“三个一万”即：一万亩小麦、一万亩瓜菜、一万亩果园。目前，已初步取得经济效益。

第三，强化了监督职能。一是利用统计手段，通过对乡经济和社会发展的运行状况进行监测、预警，提出警界线，为领导当好参谋。二是直接参与对全乡主要经济指导完成情况的检查和考核，对各村、各乡办企业、乡直有关部门进行量的打分，审批定包奖的发放，从而有效地强化了统计监督。

乡统计机构的建立和农村统计信息网络职能作用的发挥，提高了服务水平，也得到了党政领导的重视、信任和支持。乡领导明确表示，统计科作为一个组织机构，不能因领导调换而取消或削弱。1990年初，乡政府共精减乡机关人员20多人，统计科未减1人。在财力紧张的情况下每年仍拿出2万元用于统计经费。全乡只安装了3部程控电话，除书记、乡长之外，给统计科1部。乡党委、乡政府领导开会，经常请统计科的同志列席，乡里发放奖金，统计科的同志每年都是最多的。1990年乡机关评选先进科室，十几个科室中统计科得选票最多。

责编：**徐晓海**

紧紧围绕街道的特点 发挥统计站的基本功能

四平市北沟街统计站

吉林省四平市铁西区北沟街统计站是1989年8月建立起来的，现在共有统计人员11人，其中专职2人，兼职9人。统计站的统计范围是：全街经济工作方面的工业、商业、物资、劳资、基建五个专业和党务、青年团、妇联、劳动就业、民政、司法、城市卫生、计划生育等党建、街政建设的全口径统计。3年来统计站以国家、省、市有关统计工作精神为指针，以加强统计监督，完善统计基础工作，实现统计工作规范化为内容，以提供咨询、服务为重点，以提高统计数据质量为目的，认真贯彻执行《统计法》及《吉林省统计管理条例》，不断提高统计队伍素质，为街道经济建设做出了贡献。

一、抓统计工作规范化。要提高统计数据质量，必须抓好企业统计基础工作。统计站于1989—1991年对基层企业进行了3次大规模的统计法规执行情况检查。检查中针对基层单位原始记录不健全、统计基础差、统计人员兼任不合理、企业领导统计法制观念淡薄等问题，提出了增补建议和改进措施。统计站还专门召开了基层企业厂长、经理和统计员会议，一起学习了《统计法》及《吉林省统计管理条例》，帮助其提高法制观念和守法意识，同时要求工业企业尽可能设专职统计员；小企业兼职必须合理，尽量给统计员减轻负担，使之有充足的时间和精力用于统计工作。随后，统计站又深入到基层单位指导和帮助几家企业补充整理了原始记录，建立了统计台帐，同时帮助整理了专业档案。现在有5家较大企业建立了档案室、档案柜，保证了原始资料的完整和数字来源的可靠。

二、抓统计业务培训经常化。要提高统计数据质量，就必须在提高统计人员的业务素质和专业水平上下功夫。3年中，统计站总是借统计例会之机，采取以会代训形式，对基层统计人员进行培训，讲解报表中主要指标概念和简单的统计指标计算方法等。每次市、区组织的业务培训班，统计站都要求并带领基层企业的统计人员积极参加。通过经常性的培训和学习，使基层统计人员的业务水平有了较大提高。现在，基层单位的报表中基本杜绝了逻辑性差错。

三、抓统计服务优质化。要发挥街道统计工作的作用，就必须搞好统计优质服务。1990—1991年，统计站在全街开展了统计业务竞赛活动，赛前制定方案，下发到基层单位，要求基层统计人员都积极参加。采取的办法是在报表的同时，根据上报时间和质量当面打分，年末按累计分数评出优胜，予以表彰和奖励。这种竞赛形式极大地调动了统计人员的积极性。1990年末，经过综合评比，工业口各单位不但全部按时上报了各种报表，而且保证了报表质量，达到了全年无一笔差错。为了更好地反映街道经济发展状况，统计站还主办了《统计简讯》，以此传递经济信息，通报全街生产形势及进度完成情况，宣布有关的决定决议，表彰先进人物和先进单位。《统计简讯》以其文字简洁明了、语言通俗易懂、内容新鲜具体、形式新颖活泼、消息及时可靠的特点，在全街影响很大，为领导决策提供了信息服务。

四、抓统计资料保管档案化。过去由于统计人员调动频繁，又没有严密的交接手续、制度，一些历史资料已残缺不全。统计站建站后，组织全街有关人员积极提供，多方寻找，到目前为止，已整理出工业类档案25卷，商贸类14卷，劳资类23卷，人口类20卷，人事类1卷，社会劳动力就业类2卷，基建类2卷，物资类1卷，按业务档案的整理方法立卷归档，全部符合档案局的立卷标准。对历史台帐，也都登记造册存档备查。对当年全街经济发展的主要统计指标，统计站则以图表的方式显示出来，使人一目了然。

五、克服困难，完成国家重大国情国力调查任务。1990年，统计站克服专职人员少的困难，毅然承担了北沟街范围内第四次全国人口普查和户口整顿两项工作的组织领导、业务指导及综合汇总工作。经过半年的努力，按照市、区统一要求，全面完成了户口整顿和普查期间的宣传动员、普查员业务员培训、调查摸底、普查、检查验收、非专项编码、手工汇总等各个阶段的工作任务。在1990年8月，北沟街人口普查资料及一、二级手工汇总资料全部如期上报。在这次人口普查中，北沟街人口普查办公室被铁西区评为先进普查办公室。

北沟街统计站自1989年建站以来，之所以能够不断完善和发展，主要有两个方面的积极因素：

一是来自领导上的关心、重视与支持。首先是上级统计部门的关心与扶持。市、区统计局的领导时刻关心着统计站的工作情况，经常深入到站内检查指导工作，无论有什么疑难问题，只要提出来，就马上给予帮助和解决。同时，街党委、办事处对统计站工作也是高度重视，全力支持，用于统计站的经费比其他科室要多，给予统计站的政策较同类科室要宽。

二是统计站本身的自信、自重和自强。现在，统计站之所以受到街内各科室、基层各单位，乃至街道各方面的承认和支持，完全是由于统计站在参与中寻同舟，在协作中求共济的结果。所谓参与中寻同舟就是参与街内企业的人、财、物、产、供、销各个方面，实行全方位控制。统计站从掌握的劳资、财务、物资、产值、销售、利润等各项指标中，分析企业生产经营情况，找出企业在经营中的有利或不利因素，适时提出合理化建议，使统计监督职能得到充分的发挥，使之真正为生产经营服务，为经济建设服务；所谓协作中求共济，就是在和各部门密切配合中，本着无论哪个部门工作中遇到困难，只要有能力帮助的，就一定帮助。1989年10月份，区里下达给企业公司一项大型企业现状调查任务，统计站主动承担了这项工作，尽管遇到了很多困难，但还是保质保量，按时地完成了任务。1990年，山东省潍坊市计划生育部门来街道计划生育部门了解有关情况，统计站及时提供了人口档案资料，满足了需要。

通过自身的不懈努力和与各部门的协作，使人们能正视统计、真正认识统计劳动的价值。可以说，正是由于统计站始终以较高的工作效率、较佳的工作效果拼搏进取，才赢得街道领导和各部门的认可，从而发挥了统计在街道经济建设中的作用。

执笔：**赵守勤**　责编：**徐晓海**

强化基础工作　发挥综合功能

沈阳市北陵乡统计办公室

近几年来，北陵乡统计办公室在乡领导的重视支持下，围绕为全乡经济建设服务这个中心，以统计数据为依据，紧扣乡各个时期工作重点，采取多种灵活形式，开展统计分析，进行统计咨询，实施统计监督，为经济发展做出了贡献，乡领导曾两次出席了全国农村统计基础建设经验交流会和表彰大会。

一、充分发挥统计工作的参与、指导、监督、导向作用

(一)统计的参与决策作用。北陵乡统计办积极为领导决策提供咨询服务。乡统计办在对各村几年来的经济发展情况进行调查中发现：沙河子村1980年以来工业产值增长10倍；农业产值增长3倍的主要原因，除党的政策外，是依靠科技进步。由此，进一步分析全乡的经济状况，发现每年用于工农业的贷款高达3200万元，每年得拿出500万元的利息。高贷款、高利息、低效益来维持经济的增长，不仅困难，而且是难以持久的。据此，乡统计办向政府提出了依靠科技才是振兴经济的根本之路。乡政府根据这个建议提出了“科技立乡”三年发展规划，经过实施，全乡净增产值近3亿元，其中科技进步份额占48%。

1990年初，乡统计办对全乡各种经济成份进行对比分析，发现集体经济的逐年削弱，必然导致乡村财力的萎缩，及时向乡长提交了一份《必须重视发展和壮大集体经济》的报告。乡政府根据此报告，在1990年的经济计划和承包合同中明确规定，每个村集体工业占总产值的比重，必须比上年提高10个百分点，并采取一些措施壮大集体经济，使乡村集体经济得到了明显的发展。到1991年集体经济占全乡的比重由46%上升到57.1%。

(二)统计的指导作用。北陵乡统计办把领导非常关心的反映生产规模、增长速度的产值、产量，反映经济效益的利润、税金等28个主要指标，编印成小影集式的活页手册，按月、按季制成卡片，分发给主要领导。这一创新被推广到全市，沈阳市各乡镇统一搞起了“活页服务手册”。同时利用自办的《北陵经济信息》、《北陵统计资料》及时刊登和提供信息，为全乡社会经济发展服务。闯出了统计面向基层，面向社会，面向市场的一条新路。

(三)统计的监督作用。北陵乡的统计监督，不仅限于数据和情况的反映，更主要的是与乡村领导的政绩、奖励和承包责任制有机地结合起来。

乡政府每年制定的经济计划、承包合同，年末都由统计办会同有关部门进行审核，拿出准确数据后，乡里以此为进行分配兑现的依据。例如，沙河子村粮食单产计划为510公斤，实际为491公斤，一些人找到乡统计办，要求按照计划兑现奖金。统计办坚持实事求是，没搞人情数，仅此一项使该村领导少拿报酬1000元。

(四)统计信息的导向作用。北陵乡统计办采取多渠道、多形式，积极主动搜集、提供信息资料。近两年写出的统计分析和信息资料先后被《沈阳日报》、《沈阳统计》、市政府《沈阳快讯》及区统计局刊载近30篇；编印出版了5本《北陵乡国民经济统计资料汇编》；坚持每年发布《北陵乡社会经济发展公报》；《北陵经济信息》自1987年创办以来，共出版67期，被市政府办公厅列为信息直属点；连续四年编印出版了《北陵乡年鉴》。

二、开展统计工作的五点做法

(一)完善统计组织，建设一支过硬的统计队伍。北陵乡统计办公室配备专职统计人员3人，基层设立9个统计领导小组，各村各厂配备了专兼职统计人员共有200多人。其中，统计师5人，助理统计师16人，统计员51人。根据乡政府文件，不同职称享受不同的技术补贴。全乡初步形成了以乡统计办为核心，纵横交错的统计网络和信息反馈体系。

(二)建立健全各项规章制度，形成一套规范的工作程序。建立了较为科学的岗位责任制度，并制定了数据管理提供和报表管理、例会、学习培训、百分评比竞赛7项制度，实行了目标管理。

(三)狠抓业务建设，为开拓统计工作创造条件。一是坚持年报完成后，把乡、村两级统计人员集中起来，进行资料搜集整理上帐。二是对乡村两级企业的各种报表资料进行了整顿归档，设立统计资料专柜，建立统计资料档案室。三是对统计办及各村企业的图表统一进行科学设计和规范制作。几经努力，统计工作基本实现了“三化”：历史资料搜集整理台帐化，统计报表资料保管档案化，指标图表上墙规范化。

(四)坚持法制，维护统计的严肃性。在乡政府专门下发文件建立了统计法规领导小组的同时，采取多种形式，组织培训统计人员，举办统计法规考试和知识竞赛，宣传学习统计法规，认真开展统计数字和法规执行情况的检查。例如，乡统计办在检查中发现有11个企业产值计算方法有误，多算工业产值4728.4万元。如果拿掉，全年计划将落空，位居全市农村乡镇工业产值榜首的桂冠将摘掉。但是，为了维护统计数字的真实性，乡政府果断地把多算得的产值拿掉。

(五)强化计算手段，实现计算技术的现代化。为减轻劳动强度，提高统计工作质量，北陵乡政府在资金比较紧张的情况下，为统计办购置了微机，装修了机房，选送人员培训。目前，北陵乡年报、工业月报、住户抽样调查、农村基层统计一套表全部采取微机汇总，并建立了工业统计资料数据库。

执笔：**姚昭文、杨洪祺** 审稿：**张本勃**
责编：**徐晓海**

一个名副其实的实体型街道统计站

湘潭市统计局

湘潭市雨湖区雨湖街道办事处地处湘潭市区中心，面积0.89平方公里，人口3.1万，下辖10个居委会，拥有28家工商企业。自1988年成立街道统计站以来，经过3年的不断完善，以其健全的统计网络，规范化的资料整理，全方位的统计咨询服务，在湘潭市城市街道统计建设中，独领风骚，对全省乃至全国城市街道统计建设起了示范作用。

一、健全的实体型统计站

随着改革开放的不断深入，城市区、街经济迅速发展，社会经济生活内容更加丰富，统计对象也随之日益增加，过去街道工业办公室一个人兼搞统计工作的状况已适应不了形势发展的需要。1988年，《湖南省统计管理条例》颁布后，雨湖街道率先成立了湘潭市第一个城市街道联合型统计站。经过3年时间的努力，基本实现了街道统计工作管理的制度化和统计队伍的网络化，并完成了由联合型向实体型的过渡。

1988～1991年，雨湖街道统计站根据《统计法》和《湖南省统计管理条例》的有关规定，逐步制订了《街道统计站章程》，明确了统计站的性质、工作原则、职责和权限，先后制定了《统计站成员分工负责制》、《统计站活动制度》、《统计报表制订、调查、管理、上报、公布制度》、《统计资料质量检查制度》、《统计人员考核评比制度》、《统计业务培训制度》、《街道企事业统计人员岗位责任制》、《居委会统计人员岗位责任制》等八项规章制度。并狠抓落实，初步实现了统计工作的制度化，使全街道统计工作步入了正轨。

街道统计站成立后狠抓了统计队伍网络建设。一是在明确街道原统计人员为专职综合统计人员并兼职统计站专职副站长的基础上，增配了2名中专生为统计站专职统计员。二是在2个居委会和3个街道办事处骨干企业建立了统计室，延伸街道统计网络，配备专门统计人员，做到了统计室“五有”，即有房子牌子、有专门人员、有统计制度、有资料台帐、有统计图表。其他居委会和企业、业务部门亦配备了统计人员。到1991年底，全街道统计网络共有35名统计人员，其中专职5人。三是加强统计人员业务知识培训，35名统计人员全部进行了短期业务培训，组织2人参加了统计员岗位培训和函授大专学习，目前，该街道已有统计员以上职称计11人，其中2名助理统计师。

二、完善的社会经济数据库

在建立制度、健全网络的同时，街道统计站不断深化统计改革，在短短的三年时间里，实现了统计工作的三步跨越：改统计报表搜集制为报送制度，对街道所属企业法定报表进行评分考核；疏通统计管理渠道，改联合型为实体型；扩大统计范围，增加社会统计项目，改单一的生产统计为搜集全面的社会经济情况。

在实现三步跨越的基础上，该站加强了对资料的整理归档，健全了各种原始资料档案。无论是企事业单位的原始报表，还是归口部门的原始资料，都实行统一管理，分门别类整理成册，做到有据可查。建站以来，统计站整理装订各种统计资料52卷，达1.3万余页。还设立了一整套的社会经济统计台帐，包括人口、计划生育、民政、劳动就业、商业、物资、劳资、职工素质及综合等10个方面台帐。同时，统计站搜集整理了1970年以来的全街道企业的会计报表和统计报表，汇编了1970～1990年20年来的街道社会经济情况资料。统计的触角超越了常规报表，伸向了企业的经营承包考核、基建技改投资、企业整顿验收、生产设备购置等各个方面，工会、教育、卫生等一些社会统计项目也在统计站落户。从而大大丰富了统计站资料内容，使统计站初步成为街道较为完善的社会经济数据库。

三、全方位的经济建设咨询服务台

雨湖街道统计站作为经济发展的产物又反过来努力服务于经济建设，推动全街道经济不断向前发展。它利用数据库资料，积极拓宽统计服务渠道，且以全方位的咨询服务形式和良好的服务质量而备受青睐。

按时按量按质完成上级统计部门的报表任务，每月每季准确、及时向街道领导提供工商企业生产经营情况和综合分析资料，建立综合月报卡片提供制度，这是雨湖街道统计站最基本的服务工作，也是服务的主要途径。

直接参与街道生产经营管理，当好领导的参谋，这是该站为经济建设服务的又一途径。1988年与1991年，街道进行第一、二轮经营承包，统计站分别提供了46万多笔准确可靠的统计数据，确保了承包指标的科学可行。

第三条途径是为基层经济建设服务，积极承担企业、统计、财务、会计咨询，经常深入企业帮助解决具体困难和业务问题，做好支、帮、促工作。1990年统计站副站长陈炳坤同志积极参与街道软轴机具厂统计指标核算，健全原始记录，整理统计资料及文书档案，确保了该企业顺利晋升为市级先进企业和省级先进预备企业。

第四条途径是为社会发展服务。通过承担市劳动力源调查等各类社会调查，写出调查报告，为社会各界了解雨湖，认识雨湖，为街道各部门全面掌握雨湖情况，振兴雨湖提供了参考资料，为街道进行社会主义爱国教育提供生动的教材。

同时，主动运用统计法律武器，实行统计监督。1990年街道统计站在审核企业财务指标时，发现有个厂三季度的工资总额比上季度少几万元，统计站人员马上下厂查对，终于查出根源，及时更正了有关数据。

由于统计站资料丰富，服务得力，街道领导、各部门的负责人、企业的领导有事就到统计站来咨询，要求提供服务，统计站都做到了有求必应，成了街道经济发展的咨询服务台。

1988～1991年雨湖街道统计站连续四年被区政府授予“先进街道统计站“光荣称号，副站长陈炳坤同志连续4年被区政府授予“先进统计工作者”光荣称号。

责编：李天渊

加强基础工作规范化建设为发展农村经济服务

新乡市七里营乡统计站

随着社会经济体制改革的不断深入，农村经济状况发生了深刻的变化。为了使统计工作进一步适应形势发展的要求，七里营乡政府于1984年设立统计组，1987年建立了农村经济统计工作站。几年来，乡统计站在不断加强统计信息网络建设的同时，勇于创新，大胆尝试，本着自我发展，自我完善的方针，创立经济实体，引起了乡党委、乡政府的高度重视和大力支持。乡领导这样说：“统计站是国民经济的数据库，是领导决策的参谋部，是发展农村经济的服务处”。

一、顺应形势发展，加快统计改革

党的十一届三中全会以来，农村经济形势发生了很大变化，统计工作也相应的出现了许多新情况、新变化。一是统计范围在统计农业实物量的基础上，增加了计算农村第一、二、三产业的价值量；二是统计对象由过去比较规范的村组变成了零星分散的千家万户；三是服务对象由单纯完成国家统计报表任务，变成了为各级党政领导和全社会服务；四是工作质量要求“基本数据出一门”，真实可靠。这些新的变化，使农村统计工作量成倍增加，报表种类由大包干前的50种增加到146种，这些报表分别由乡经联社、农经管理站、工业办公室、农技推广站等部门填报，互不通气，各自为政，出现了各吹各的号，各定各的调，各报各的数，各填各的表的混乱局面。村里统计人员反映：上面报表一大片，各个部门都来要，手忙脚乱理不清，就是神仙也头疼。真假难辨的数据，使得领导工作十分被动。因此，积极改革农村统计工作，加快农村统计网络建设，已成为各级党政领导急需解决的问题。

1984年，在县统计局和乡镇领导的大力支持下，五月份依照本乡实际成立了综合统计组，实行集中办公，统计报表多口归一，基层报表统一设计，集中管理，数字统一发布：上对局、下对村，明确分工，各负其责；工作秩序稳定，克服了混乱被动局面。1987年，为了进一步适应农村经济改革形势，根据上级指示精神，由原来的统计组改为农村经济统计工作站。统计站建站之后，为了“全面、系统、及时、准确”地反映农村经济发展情况，在县局和乡党政领导的支持下，积极进行乡村两级统计信息网络建设。新组成的统计人员工作事业心强，业务素质高，在加强统计基础工作规范化建设中起到了积极主导作用，目前已形成一个遍布全乡四面八方，信息反馈灵敏准确，工作富有成效的统计信息网络。

二、根据工作需要，加强统计信息网络建设

建立实体型统计工作站。1984年5月成立综合统计组，截止目前乡统计站已发展到17人，其中有大专文凭的2人，中专2人、高中文化程度的12人，平均年龄37岁，有中级职称3人，初级职称8人；房屋五间，彩电一台，录放机一部，有公章，有牌子，办公用具齐全。根据统计站工作需要，乡里给站里摩托车一辆。统计站由乡镇副主任董纯德同志(副乡级)担任站长，实行站长负责制，主持组织协调全乡统计工作。下设一队六组：农调队、农业组、乡办企业组、村以下企业组、标准组、咨询服务组和资料保管分析组，人员分工明确，各负其职，各负其责。

村村建立统计组。统计站一建立，就把建设基层统计信息网络当做大事来抓。全乡43个行政村，村村设立了统计信息组，每组由3—5人组成，村委会主任担任组长，村委会会计担任副组长，在全乡还设立了110个调查点，在乡镇各企事业单位设置了15个组，聘任专职、兼职信息工作人员15名，共选聘了105名专职、170名兼职统计信息工作人员，其中具有中专文化程度并取得毕业证书的40名，中级职称13人，初级职称32人。就这样，全乡形成了一个上接局、下联村、横挂乡直各单位的一支上下一致，左右协调，精明强干的统计队伍，为开创全乡统计工作新局面奠定了组织基础。

三、加强基础建设，实行规范化管理

(一)增加智力投资，提高业务素质。统计工作是一门严密的科学，统计人员必须具备较高的专业知识。为此，我们十分重视对有关工作人员的业务培训工作。1988年站里投资6000余元，购进了彩电及录像设备，专门用于电化教学。定期举办业务培训班。如1989年就举办了三期，参加人员达180多人次。多次的业务培训，使统计工作人员的业务素质大大提高，为顺利完成各项任务打下了坚实的基础。

(二)建立健全各项制度，走规范化道路。

为了保证统计工作顺利开展，制定了以下制度：

1.学习制度；
2.数据质量管理考核制度；
3.实行岗位责任制；
4.档案管理制度；
5.统计台帐建设；
6.加强报表管理制度；
7.建立升级达标制度；
8.图表上墙系列化制度；
9.巡回检查制度；
10.奖惩制度。

四、发挥统计职能，服务农村经济的发展

(一)改进统计调查方法，提高数据准确性。统计站除了沿用传统的全面统计方法外，为了更好地提高数据的准确性，又对统计方法作了进一步改进。一是向乡机关和乡直单位“一头沉”干部(家属在农村)进行调查，询问他们的产量、产值、收入等情况；二是典型调查：对全乡按照产量收入等情况，分别选取上、中、下不同情况的110个组进行典型调查；三是抽样调查：在全乡抽选10个村，分别设立农村经济情况调查点，站里每年补助各点100元。与此同时，在15个村选取150个记帐户，平均每户每年补贴40元。根据10个调查点、150个记帐户的调查情况，再参照其他调查材料，科学计算全乡的产量、收入等。每项工作，统计人员都积极主动，任劳任怨。通过科学的调查方法，加上统计人员的共同努力，准确率达到97%以上。

(二)积极进行统计分析，当好领导参谋。统计工作的生命力在于把死的数字变为活的信息。我们利用自身资料优势进行分析，为领导决策提供依

据。几年来，共写出各种分析报告200余篇，被国家刊物采用的2篇，省级采用的3篇，市县级采用的20篇，领导采纳100余篇，取得了良好的社会经济效益。

(三)发挥统计信息网络优势，创办经济实体，更好地为农村经济发展服务。统计站依据统计调查数据准、网络面大、信息灵通等优势，由咨询服务组与乡农经统计站试办了农业生产资料服务部、农民合作基金会、微型鞭炮厂。1988年，统计站根据基层统计人员的信息反馈，了解到农民对农药、化肥的需求量缺口较大，抓住有利机遇，由咨询组试办了生产资料服务部，四年来经营农药30吨，化肥1.5万吨(含碳铵)，营业额达150万元。尤其是1990年与1991年春夏之交，小麦白粉病、条锈病大面积严重发生，我们及时从郑州等地购进一批粉锈宁农药，为全乡农民的群防群治提供了可靠的保障，防治率达80%以上，农民减少损失达300万元以上。乡党委、乡政府对此高度评价说："统计站这两年在小麦病虫害防治中立了大功。"统计站办经济实体，立足点是为农业生产服务，为经济建设服务，为农民排忧解难，不以盈利为目的，只提取少量的服务费。1989年统计站创办了内部资金融通的农民合作基金会。基金会把农村集体提留、乡统筹款和个人部分闲散资金集中起来，统一管理、有偿使用，从中收取少量的服务费。到目前为止，可融通资金300万元，累计投放1000万元，创社会效益200万元。

通过加强统计信息网络建设，创办经济实体，以统计促经营，以经营促统计，走自我发展、自我完善的道路，提高了农经统计站在群众中的威望，同时发展壮大了站内的经济实力，增强了发展后劲。实践证明，这种办法是切实可行的。

责编：**李天渊**

企业统计工作典型经验

夯实基础工作　做好优质服务

天津市汽车制造厂

天津市汽车制造厂是年产轻型汽车2.3万辆的中型企业，是全市创利税大户之一。作为企业管理重要工具的统计工作，在厂领导的重视和支持下，注重基础建设，搞好优质服务，积极主动向领导提供厂情和生产经营进度，对市场变化进行分析和预测，取得了较好成效。1989、1990年连续被评为全国工业系统统计工作先进单位。

一、加强基础建设，充实统计力量

在改革不断深化，商品经济不断发展的新形势下，离开统计信息进行经营决策是寸步难行的，把统计工作附设于其他部门之中已不适应当前形势。为此，厂领导于1984年年初，决定建立统计科，配备了科长、综合统计、生产统计、信息员、微机员和打字员等岗位人员，并配备了微机和打字机等设备。在全厂设置13个统计岗位，使厂内统计工作形成了网络。在加强组织建设的同时，建立健全了统计工作制度，制定了全厂统计工作管理制度、健全了统计科和统计人员的岗位责任制，使厂统计工作步入了规范化。针对厂统计人员缺乏统计的专业知识的情况，组织了培训班，对统计工作基本知识、统计分析、统计法和微机应用等进行系统讲解，提高了统计人员的业务素质。

二、积极开拓，为厂领导经营决策提供优质服务

第一，制定并实施了"厂内统计一套表"，装订成册，每月一期，提供给厂领导。内容包括反映全厂8大指标(产值、产量、财务、产品质量、劳动工资、设备、物资、能源、安全等)的计划数和实际完成情况共157项指标数据。同时提供简要的文字分析，使厂领导能够及时地了解全厂的生产进度和经营情况，作为管理和决策的依据。厂长说："《企业内部一套表》是一本反映全厂经济动态情况

的好材料，是积累全厂统计资料的好办法，是企业经营决策的好参谋，它全面、方便、实用。”

第二，建立历史台帐，整理历史资料。历史台帐内容包括企业概况、生产销售、生产能力、劳动工资、物资消耗、设备状况、财务成本、经济效益等常用指标，还有文教卫生、计划生育、福利设施、文明建设、技术开发等方面的内容，共设置516个指标。除此之外，还建立了月生产进度台帐、同行业对比台帐、“一套表”台帐。这样，一方面保存了历史数据，另一方面也提高了统计工作效率和服务质量。现在，只要领导需要，就可以随时提供。

第三，开展同行业间的统计信息交流。为了及时了解全国轻型汽车经营情况，调查研究国内市场需要，1987年，和全国41家轻型汽车厂建立了统计信息网，按月交换统计资料，并及时整理提供给厂领导。使厂领导能够及时了解兄弟厂家的生产经营情况和市场动态，在行业竞争中做到知己知彼，以便总结差距，改进经营管理。

第四，搞好分析研究工作，向领导提供有情况、有建议、有预测和有措施的分析报告。两年来，厂统计科围绕以下几个方面积极开展统计分析：一是月度生产进度分析；二是按月进行同行业产、供、销对比分析；三是季度主要经济指标执行情况分析；四是年度综合分析；五是搞好预测；六是就市场问题、“产、供、销各环节的问题”等热点、难点和领导关心的问题开展专题分析。分析研究定量与定性相结合，不仅交待了“什么情况”、“为什么会产生”，还提出“怎么办”，因此有利于领导了解和使用，深受领导欢迎，被领导誉为“参谋部”和“智囊团”，同时也提高了统计工作的地位。

第五，创办了《统计信息》快报。每月出刊10—15期。自1986年创刊，现已出刊共计395期。内容主要有月度、季度、年度主要经济指标完成情况、同行业兄弟厂家的生产情况、市场动态等，既有数据，又有简要的分析和预测。由于信息内容丰富，报导及时，受到领导的高度重视。

责编：**徐晓海**

在深化企业改革中充分发挥统计整体功能

国营渤海造船厂

渤海造船厂是中国船舶工业总公司所属的大型军工企业。

几年来，随着企业改革的不断深入，企业统计工作得到很大发展。广大统计人员转变传统观念，发挥统计集中管理的优势，突出综合统计部门的核心作用，开辟了以加强企业生产经营管理为主的服务与监督领域，使统计工作上升到参与企业生产经营全过程的重要位置。先后被国家和省统计局、中国船舶工业总公司、省机械委、市政府等单位命名为“统计工作先进单位”和标兵单位，6年时间21次受到上级单位的表彰。

一、强化统计机构，健全统计网络

统计工作是企业管理中不可缺少的基础工作，加强统计网络建设是企业进行深化改革的重要内容之一。在加强企业管理、全面提高企业素质的改革中，围绕“四个提高”来强化统计机构，健全统计网络建设。

(一)提高对统计职能的认识。统计职能是通过“认识”和“管理”两个层次发挥出来的。

过去，由于工厂产、供、销的统保性，统计工作只能是以报表为主的报告式统计。随着有计划商品经济的发展，企业开始由生产型向经营型转变。企业的决策、管理越来越复杂，这些决策的制定以及管理的各个程序又都需要统计提供准确数据、灵通信息、定量的分析以及跟踪反馈，这势必要求统计工作领域扩大，要求统计在企业管理的高层次中参与决策，实行统计服务与监督。因此，必须建立一个适应企业生产经营管理需要的独立统计机构以承担日益突出的企业统计管理职能。

(二)提高统计机构的级别，强化统计网络建设。按照统计工作的性质、特点和企业生产经营管理的需要，不断为统计负责人和统计机构升格。1981年在生产计划科设两名统计人员，1984年为适应企业管理需要，在计划科成立了与计划室平级而独立工作的综合统计室(股室级)。为进一步发挥企业统计整体功能，给统计参与管理决策创造良好的外部环境，又成立了综合统计科负责全厂统计工作的综合机构，其业务直接受主管厂长领导，其科长是企业副处级、行使总统计师职能的企业统计负责人。综合统计科对各分厂统计人员均实行派驻制。并规定，对统计人员的增减和调换必须由统计部门申请，人事部门考核，各单位无权自用自设统计人员。因而统计人员由原来的34名逐年增加到现在的44名，其中专职38名，在专职统计人员中，统计师11名、助统16名、统计员9名、未定职称2名，形成了一个有机的独立统计网络。

(三)提高统计人员素质，坚持以法治统计。为提高统计人员的业务文化素质，尽管工厂经费比较紧张，仍要给统计队伍一定的智力投资。每年都派出统计人员参加上级举办的各种学习班，累计达144人次，使统计人员文化素质大专以上毕业人员由过去的2名，增加到现在的16名，大专单科结业的14名，两项共占统计人员的75%。在不断提高人员素质的基础上，工厂依据《统计法》的规定，在原来各级各类统计人员岗位责任制的基础上，制定并实施统计工作管理标准8项，统计人员工作标准18项，并把统计工作纳入工厂工作标准进行考核。不仅实现了统计管理制度的科学化，而且使统计的运行机制建立在法制的轨道上，保证了统计工作职能的发挥。

(四)提高统计工作地位，强化统计职能。首先给统计负责人和统计人员创造一个参加厂各级生产经营会议的条件，提供参与决策的市场，工厂规定各级统计人员每周固定参加厂、分厂现场的生产调度会议，厂综合统计部门的领导有权参加厂长办公会，参与工厂生产经营等重大决策。同时创造条件让他们经常在会议上进行定量分析和对生产经营决策提出咨询。

其次，建立统计独立调查和报告制度，充分发挥统计揭示研究企业全面运行及其内外部情况的数量关系方面的独特功能，推动企业生产向前发展。例如，每年必须进行下年度企业能力、负荷和消化能力的调查分析，生产紧张时的劳动力使用情况调查，企业固定费用调查，全国造船同行业经济指标水平调查汇编，企业动力、能源消耗的调查分析等等，作为企业领导决策的依据；同时规定，统计人员有权对危害国家和企业利益的现象和有害企业经济效益的现象，直接向厂长报告。

最后要维护统计资料的权威性。一切对外统计资料由综合统计部门统一审核报出。工厂各单位所用统计数据和企业内部承包指标核算、立功评比等指标一律以综合统计部门提供的数据为准，任何单位和个人不得修改和自行设置，从而维护了统计资料的权威性和真实性，保证了《统计法》的贯彻实施。

二、发挥统计整体功能，推进企业不断发展

统计信息、咨询和监督是统计工作的整体功能，企业统计工作只有参与生产经营管理活动中，才能发挥其功能。参与经营管理，要处理好三个关系。

(一)经营决策与统计信息的关系。企业发展是高层次的战略决策。最佳决策的产生，首先取决于信息，这里包括对大量信息的收集、整理和分析研究工作。“七五”计划开始时，工厂发展面临两大难题，一是几十年军品生产的封闭性，企业与社会隔绝，在市场竞争中处于不利地位；二是企业从事单一军品生产，固定费用较高。面对这一形势，厂统计部门经过二个多月的努力查清了工厂生产能力；整理出工厂几年固定性费用开支情况；收集了国内26家造船企业的生产经营指标。把这些统计信息和分析资料提供给领导，使厂部能够在核实本厂消化能力的基础上，了解到同行业的水平，为制定工厂“七五”规划，进行产品开发、结构调整等重大决策提供了可靠的依据。

产品报价和调价是企业能否在市场竞争中既拿到定单，又保证企业有一定经济效益的主要环节。工时费率是谈价的一项主要参数，只有确定正确的工时费率，才能实现合理的产品报价，才能取得市场。厂统计部门每年都计算出不同的产品工时费率，并揭示平均增长因素，同时通过上级统计部门了解有关材料、设备的涨价指数。这不仅为企业产品订货和价格调整提供了可靠依据，也为企业取得良好的经济效益做出了贡献。

(二)企业管理与统计咨询的关系。在加强企业管理提高综合管理水平的过程中，厂统计部门开始时只是用一些数据反映管理中的一些问题，很少提出咨询意见，对此，厂长要求统计部门不要只当学生，也要当先生，要大胆提出自己的咨询意见。随后，统计科在劳动力使用、能源管理等方面提出的管理建议均被采纳。1990年底厂统计科在总结了几年来工厂实行承包经营的几种模式和实践，结合工厂实际情况，提出了“我厂内部承包的设想”咨询意见，为厂部确定1991年“五包一挂”的承包形式所采纳。由于“五包”的内容(产品、产值、进度实现率、费用、利润)绝大部分是统计核算指标，这些承包指标值的测算和考核又都是统计本身的工作，所以就把统计部门做为厂内承包经营合同的制定、考核、跟踪管理的部门之一，其跟踪管理办公室主任由统计负责人担任，从而使统计服务更为具体，统计监督更为实际。

(三)企业内部承包与统计监督的关系。企业内部承包经营工作是深化企业改革、增强企业活力的有效方法。内部承包经营的核心就是解决投入(职工收入分配)和产出(为工厂创造价值)的量比关系。而合理的工资分配，劳动效率的提高又必须使承包指标建立在科学基础上。这些指标值的核算，和工资总额的控制，必须要有一套严格核算程序来保证。由于统计工作的客观性，使统计在各项管理中处于比较公平的地位，所以在企业承包中实行统计监督是比较实际的。厂统计部门能够严格进行统计核算，每月进行检查，发现问题及时纠正，使厂内部承包经营机制不断完善。1991年全厂实行的“五包一挂”承包形式，是产量、效益指标直接与工资

性开支挂钩，开始时基层单位执行出现偏差，统计部门及时向厂长报告了问题实质和解决的建议，使厂部能够及时采取措施，进而保证了承包工作的正常进行。

执笔：**毛景盛** 审稿：**张本勃** 责编：**徐晓海**

发挥综合统计作用 搞好企业统计工作

沈阳黎明发动机制造公司

几年来，沈阳黎明发动机公司为适应经济体制改革和企业经营管理的需要，积极发挥综合统计部门的作用，公司统计工作取得很大成绩。

一、建立强有力的统计系统，设置与统计任务相适应的机构和人员。黎明公司于1982年在综合计划处设综合统计科，负责管理全公司的统计业务。公司领导对综合统计部门的人员配备要求很高，要求从以下5个方面组合：在文化程度上，必须具备大专以上学历；在专业技术职务上，要求高级、中级和初级职务相结合；在统计工作技龄上，要求老中青结合呈梯次互补；在知识结构上，要求兼顾企业管理、会计、计算机知识、实际工作经验；在配备新毕业人员时，要坚持劳动锻练和基层实习。

目前综合统计科设有6名统计人员，其中：高级统计师1人，统计师2人，全部是大专以上学历，从事统计工作平均技龄14年以上。同时还配备了1名计算机专业人员。

在统计系统中，根据每个岗位的工作量，设专职或兼职统计人员共180人。其中：专职统人员107人，兼职统计人员73人，大、中专以上学历人数占64.4%，中级技术职务及以上人员占16.1%。统计队伍基本稳定，4年内稳定率达83%。

二、建立健全各项统计管理制度。为使统计工作顺利开展并做到有法可依、有章可循，我们根据《统计法》和统计工作达标及升级标准的要求，建立健全了10项统计管理制度。其中，纳入企业管理标准的有7项：统计工作管理规定、原始记录管理规定、统计台帐管理规定、统计报表管理规定、统计资料管理规定、经济活动分析管理办法、经济技术指标管理规定。列入企业管理制度的有3项：原始记录质量检查办法、统计报表资料审核订正制度、统计资料供应关系制度。

还有1项每年以文件形式下发，即《计划、统计、劳资、财会系统同业务竞赛办法》。另外，还制订了《统计科科长岗位任职标准》、《综合统计员岗位任职标准》。综合统计员岗位任职标准中又分为：《高级统计师岗位任职标准》、《统计师岗位任职标准》、《助理统计师岗位任职标准》和《统计员岗位任职标准》。目前，公司根据统计管理制度和岗位任职标准来考核统计人员的业绩及评聘统计专业技术职务。

三、狠抓统计基础规范化建设。统计基础工作整顿，按“统一管理、分工负责”的原则进行。通过近两年时间的整顿，对原始记录、统计台帐和厂内统计报表实行了统一规格、统一编号并汇编成册，达到规范化、标准化、制度化。已汇编成册的有《原始记录汇编》生产经营部分194种，《统计台帐汇编》94种，《统计报表汇编》123种。统计基础工作的规范化、标准化、制度化，保证了统计数字质量。

四、扩展综合统计内容，将企业统计信息源由“狭窄型”变为“宽广型”。充分发挥综合统计部门涉及面广、信息量大、基础资料全、外界信息灵活的作用，重视统计资料的反馈，搞好“开放式”统计。经过几年的努力，统计工作逐步由生产型向生产经营型转变。由过去那种重生产统计、实物量统计，扩展到人、财、物、供、产、销等全过程统计。这样，综合统计部门的统一管理功能得到了加强和完善，所需的统计资料无论从来源上、速度上、质量上都能满足需要。与此同时，统计科还积极开拓市场和同行业的信息资料，及时提供领导参考。从1991年开始，利用与部生产调度系统进行微机远程通讯的机会，迅速处理获得同行业乃至全国的经济信息并报送公司领导。

五、搞好经济活动分析，及时发布统计资料，提供优质服务。经过几年的努力，统计科转变单纯提供数字的单一职能，充分利用现有统计资料进行科学加工，定期撰写经济活动分析报告，每季组织召开公司经济活动分析会，提出问题、分析问题、解决问题。各分厂、车间也定期召开分析会。同时每季向全公司发布公司总体生产经营情况，每月向各级领导及有关部门提供生产经营成果。

统计科还针对公司整体生产经营活动中发生的热点、难点问题，及时进行调查研究，运用统计资料，通过定量分析，帮助领导决策。如：《流动资金占用大的原因在哪里》、《一线生产工人比重下降的原因及措施》、《某分厂产成品积压严重》等统计分析就对改善企业管理和经营状况起到了很好的作用。

六、认真执行《统计法》，强化统计监督职能。

统计科非常重视《统计法》的宣传、学习和贯彻。为使《统计法》深入人心，采取了多种形式学习《统计法》，在举办统计人员学习班时，首先就是学习统计法，在召开统计工作会议时，结合执法中存在的问题宣传《统计法》。同时还利用厂报、广播等形式进行宣传，提高了企业统计人员和有关人员执法、守法的自觉性。

为更好地执行《统计法》，统计科结合公司实际制订了《黎明公司统计法规执行情况检查办法》，对违法单位或个人进行了严肃处理。如每月检查各厂产品入库情况时，曾发现有个别分厂将未完工产品上报为完成品。对此，统计科对违法单位或个人进行通报批评，并实行经济处罚，使违法者受到了教育，同时也教育了广大统计人员。几年来，统计科共发布此类通报4次，避免了玩忽职守、人为干扰统计数字事件的发生，充分发挥了统计监督的作用。

七、加强统计业务学习，提高统计人员素质。为提高统计人员的素质，在公司领导重视下，综合统计部门积极组织基层统计人员参加上级统计部门举办的各类学习班。1985年以来，参加国家统计局的电视函授大专班30人，各类短训班40人。此外，公司内部还经常举办统计人员岗位培训班，如在1989年举办的计划、统计人员学习班，为丰富知识，开阔视野，聘请辽宁大学统计教研室副教授讲课，还特请工商局的同志，讲授经济合同法、商标法、企业管理登记等知识，提高了统计人员的创新能力和竞争能力。同时统计科还结合本单位实际，由有多年统计工作经验的高级统计师有针对性地进行讲课，提高了统计人员的实际工作水平。

几年来，黎明公司圆满地完成上级机关交给的各项统计任务，连续7年被省、市评为“统计工作先进单位”和“统计工作标兵单位”。1991年6月，通过部级评审，统计工作达到二级标准。

责编：**徐晓海**

努力开创新形势下企业统计工作的新局面

吉林化学工业公司

1983年以来，随着有计划的商品经济的发展，企业被逐步推向市场。在这种新的经济形势下，吉林化学工业公司的统计工作向更高的层次迈出了一步。

一、建立统计机构，完善管理体制

为进一步理顺信息渠道，及时反映企业经济运行情况，公司领导决定，在全公司范围内组建全方位的统计管理体系。

一是在公司设立统计处，作为统一管理全公司统计工作的职能部门。二是纵向方面，在公司所属各厂设置综合计划科，在科内设置专职或兼职统计员岗位；在车间设置专职或兼职统计员岗位；在班组设置兼职核算员。三是横向方面，在公司和各厂的专业管理部门设置专职或兼职统计岗位。形成完整的纵横交错的统计机构和统计信息网络。

公司的统计工作实行统一领导，分级负责，专业归口，统一对外的管理体制。其核算程序是：四级核算、两级综合、公司统一报出。具体步骤是：第一步由班组、车间、二级厂进行核算，经厂计划科综合后上报公司；第二步由公司各专业管理部门进行核算，经统计处综合核算后分别上报国家统计部门和主管部门。

二、加强基础工作，建立健全各项统计规章制度

(一)完善规章制度。1990年，根据现代化管理的要求，公司对过去的统计工作制度进行了修订，同时制定了统计管理标准和统计工作标准。管理标准系统地规定了公司统计管理的基本原则、机构设置与人员配备，进一步明确了管理体制、主要职责和管理范围、专业统计构成与报表传递，以及统计工作纪律、统计检查等。工作标准对各个岗位统计人员的基本职责、工作内容与要求、权限以及检查考核作出明确的规定。

通过加强基础工作，完善统计管理制度，使公司整个统计工作达到了制度化、程序化、标准化，达到“二定”、“四按”、“四干”的要求，即定岗位、定职责；按程序、按制度、按时间、按标准进行工作；使统计人员明白干什么、怎么干、什么时间干、干到什么程度。

(二)稳定和壮大统计队伍。一是定岗、定编、定工作；二是进行专业培训，开展岗位练兵；三是每年从经过一线锻炼的大中专毕业学生中充实部分统计专业干部；四是切实做好统计干部专业职称的评定；五是从组织上对统计人员的调动工作作出具体规定，即统计人员不经批准不得随意调动工作岗位；高级统计师、统计师和统计负责人的调动必须经过公司人事处和统计处的同意；助理统计师以下

的调动必须经过工厂人事科和综合计划科的同意。现在，全公司拥有一支作风硬、素质高的统计队伍。现在专职统计人员600余人。其中高级统计师5人，统计师47人，助理统计师132人，统计员195人。

(三)整顿、健全了原始记录、报表和台帐。公司和各厂对原始记录、凭证、报表、台帐的填写、编号、归档作了统一的规定，使之达到规范化、标准化、档案化。

(四)采用现代化计算手段，实现微机管理。公司统计处、各专业统计部门、各厂综合统计普遍应用计算机计算产量、产值、质量、消耗、劳动工资等，并打印报表。目前正在着手做公司内部以及与化工部、省、市统计局联网工作的准备。

三、实现"三个转变"，为企业生产经营和管理服务

(一)由生产型统计向生产经营型统计转变。增加了新产品开发、原材料储存、产成品库存及销售、经济效益及利益分配等一系列指标，使统计能够及时掌握生产经营全过程静态与动态的情况；掌握生产经营的薄弱环节；掌握销售滞畅品种及趋势，产品市场占有率、分布率、合同执行率等。另一方面，积极开展全行业评价跟踪反馈统计。

(二)由上报型统计向管理型统计转变。一是加强预警统计。公司生产统计每旬都要结合市场，通报生产总水平和总进度，预测全月生产完成的趋势；物资供应统计、销售统计、铁路运输统计通报原材料进货、产品发运、产成品库存情况及趋势；财务统计通报三项资金占用情况和经济效益预测。大大方便了领导及有关管理部门掌握生产经营动态，起到了预警、信息、调控的作用。二是强化定量方面的统计。强化了设备统计、优质产品统计、事故伤亡率统计、设备完好率、百元固定资产大修理费用率、计量器具完好配备率统计等，为公司创全面质量管理奖、创无事故工厂、设备管理优秀奖、一级计量单位等提供了大量的有价值的数据。为企业管理上水平做出了贡献。

(三)由单一的统计数据中心向统计信息中心转变。过去统计机构只是收集汇总数字的中心，未能充分发挥统计数据对企业生产的信息导向功能。现在统计数据和资料已经成为生产经营的宝贵信息，统计机构由单纯的统计数字中心转变为统计信息中心，发挥了统计在企业中的特有作用。

四、采取各种形式，提高统计服务水平

(一)建立统计分析程序。长期以来，统计分析处于初级阶段，满足不了生产经营和管理的需要。化建公司制定了"计划、实施、检查、处理"四个分析程序，改变了过去描述式的分析方法，使定性分析与定量分析相结合。实践证明，这种分析程序，大大促进了建设工程优质率的提高，加速了资金周转，提高了企业经营效益。

(二)深入实际，主动服务。为了使统计人员掌握企业的生产经营动态，公司规定统计人员有权参加企业各种生产经营会议，比如调度会、计划排产会、经济分析等专业会议，使其从中领会决策意图，掌握生产经营和管理中出现的问题。之后根据生产经营计划实施情况，有目的的下去搞调查研究，搜集整理有关资料，有针对性地提出建议，主动参与服务，积极开展综合分析和专题分析。

(三)把数理统计运用到生产实践。化建公司组织统计人员结合建筑业实际，开展统计基础理论研究，探讨数理统计理论在建筑业中的应用。高级统计师张立君同志在公司有关方面的支持下，通过总结土建打桩退实际数据的积累，利用相关分析理论，写出了关于打桩合格率的计算公式。这项研究成果运用于实际打桩工作，起到了明显的提高工程质量的作用。

(四)实现统计服务成果多样化。为了达到统计服务的优质化，公司统计工作不断开拓服务新领域，实现统计服务成果多样化，方便了企业领导决策和管理。一是为方便领导及时掌握本厂生产经营情况和主要经济技术指标完成进度，填写了统计手册，供领导随身携带，随时查找；二是搞好旬报、调度日报、生产经营日报、资金流动报表等，及时反映产供销、收支贮情况，使领导及时掌握生产经营信息，调度生产经营管理各环节；三是制定统计图表，在工厂会议室、车间和工厂门前宣传栏设置统计图版，公布工厂和车间生产指标的完成进度和经营趋势。四是整理出版统计年鉴或统计资料汇编，供领导或有关管理部门制订技术开发规划和生产经营计划作参考。

责编：**徐晓海**

加强统计网络建设 发挥统计整体功能

齐齐哈尔车辆工厂

齐齐哈尔车辆工厂是铁道部直属的大型企业。企业统计工作在加强统计网络建设，完善统计

基础工作规范化，促进统计工作向多功能智力型方向发展，充分发挥统计信息、咨询、监督功能方面做了一些扎实的工作，积累了一些经验，连续二年被评为国家统计工作先进单位。

一、建立统计信息系统，推进统计基础工作规范化

(一)整顿完善统计信息组织网络。根据统计工作的职能及其工作的性质，在厂经营计划处设置了综合统计室，负责全厂统计管理工作。在生产、财务、劳资、物资、质办、工艺等14个专业职能处室设置了专职统计员。在17个生产和辅助车间设置了专、兼职综合统计员，形成了工厂、专业系统和车间“三级”统计网络，并在工厂建立了统计信息中心，专业职能处室和车间分别建立了数据库。同时，规定统计人员的调动必须经工厂统计部门的同意，否则不允许随意调动、调整统计人员，使统计队伍处于相对稳定的状态。

(二)整顿完善统计信息流程网络。在进一步修订完善统计规章制度和统计指标计算方法以及对原始凭证、报表和台帐实行统一集中管理的基础上，按照统计信息满足生产经营需要和满足上级部门需要的原则，结合物流的流向和统计信息流的生成渠道，从信息源开始，逐层次地绘制统计信息传递网络图，共绘制了工厂、专业系统和车间及车间系统员四个层次的统计信息网络图，进一步理顺了统计信息传递内容、程序、时间、期别，有效地保证了统计信息的及时性和全面性，减少了不必要的传递程序，形成了较系统的、完整的传输体系。

二、坚持“四制”做法，严格控制统计数字质量

(一)坚持数出一门制。规定各种统计数据的输出，均以工厂综合统计部门统计的数据为准，凡是未经综合统计部门认证和许可的数据一律不生效。

(二)坚持质量审核制，实行了条块结合的“三级”审核程序。所谓“三级”审核，就是车间、专业职能部门和工厂综合统计部门三个层次的审核。通过实行“条块结合”的“三级”统计数字质量审核办法，较好地把住了统计数字质量关，使监督的职能不断增强。

(三)坚持定期检查制。实行了“两级三检”的定期检查制度，成立了包括专业系统在内的工厂级检查组和车间级检查组，实行车间自检、专业系统专检和工厂抽检，车间和专业系统每季进行一次自检，工厂每半年进行一次抽查和不定期的对专项指标统计数据抽检。

(四)坚持严格考核制。坚持对统计数字质量的考核，是严格控制统计数字质量的保证手段。我们在具体工作中把统计工作纳入经济责任制的考核内容，并严格地进行考核。

三、发挥统计整体功能，促进企业经营管理工作的发展

充分发挥统计信息、咨询、监督的整体功能，促进统计管理工作向多功能智力型方向发展，既是企业经营管理工作和社会经济发展的需要，也是统计工作自身发展的需要。一是定期发布统计信息。结合企业的实际，编制了《综合统计信息简报》，每月向领导和主要职能部门公布一次；结合巩固国家一级企业成果，以质量、物耗、效益和安全指标为重点，每季向厂领导及有关部门提供一份《企业升级指标对比分析表》，把工厂的重点指标及时反映出来，达到改进管理工作的目的。二是建立了微型《资料手册》。为了使工厂党政工领导外出携带资料方便，设计了从1949年起始的主要指标历史资料和反映当期主要指标资料为内容的64开绝密《资料手册》，统一编号，落实到每一位持用人，按月填写数据，定期发送和收缴。三是定期开展统计分析。每个季度根据统计资料开展一次统计预计分析和综合统计分析。四是坚持了厂际资料交换。与35家工厂建立了统计信息资料交换关系，为统计数据对比、分析提供和积累了大量的资料。五是利用资源优势，扩大统计工作知名度。利用手中占有的资料优势，适时的为工厂年度方针目标、生产经营计划和中长期发展规划的制订提供及时、准确的统计信息资料，为工厂经营决策实行优质服务，从而扩大了统计工作的知名度。

通过上述工作的实践，车辆二厂统计工作得到了明显的改善，促进了统计信息向多功能、智力型的综合处理和系统化处理阶段发展，促进了企业经营管理工作的发展和生产经营活动的顺利进行。

(一)为企业经营决策提供了科学的依据。为工厂年度方针目标、生产经营计划、“七五”后三年承包、厂长任期目标和中长期发展规划的制订，提供了科学的依据。

(二)为改善企业管理工作提供了有价值的建设性意见。通过各种综合统计资料，为企业内部经济责任制考核打下良好基础，定期对企业经营管理成果做出了客观的评价，提出了改善企业管理工作的建议。如结合企业升级工作，开展了对指标找差距活动，提出了101项经济技术指标全面升级达标建议，工厂采纳后全面促进了指标水平的提高；尤其是针对重点能源消耗指标实行了月监控、预警制度，为工厂采取管理措施提供了及时的信息和建议，保持了一级企业指标水平。

(三)为企业提质降耗增效做出了较大的贡献。结合质量品种效益年活动，工厂开展了统计调查工

作，确定了62项“一提两降”(提高一次交检率，降低废品率和返修品率)质量目标，配合专业处室制定了30项156条质量改进措施。铸钢车间结合达标活动，开展了一次投入产出合格率活动和“百炉钢水无废品”竞赛，减少钢件废品和返修品损失近11万元。物资系统依据1990年物资储备统计资料，及时处理了积压超储物资93笔，活化资金6.4万元。通过对大宗原材料降耗的统计监控，仅P62(N)、C62A(N)两个主要产品的钢材单耗，1990年比1980年分别降低了128公斤和69公斤，两个产品年节约钢材405.6吨，节约价值68.9万元。

责编：**徐晓海**

开展达标升级工作 提高统计管理水平

株州市自来水公司

株州自来水公司的统计工作，是在领导的关怀和支持下，由小到大，由弱到强，由不完善到逐渐完善起来的。目前，统计队伍已逐步得到了充实壮大，统计人员的业务素质和工作水平在实践中得到了不断的提高，科学的统计工作体系业已形成，现代的综合统计管理能力均有了明显的提高，具体表现在以下7个方面：

一、统计队伍基本实现专业化

公司现有统计人员27人，其中专职统计员17人。在专职统计人员中具有中级职称的4人，初级职称的11人。在全部统计队伍中，大学本科1人，大专11人，中专5人；已有14人获统计员资格证，另有7人正在市统计局统一组织的资格培训班学习。公司综合统计部门编制5人，其中综合统计员3人，计算机管理人员1人。这5人中，统计师1人，助理统计师2人；大学本科1人，大专3人。

二、统计机构趋向网络化

公司的统计组织机构是由1名高级工程师、副经理分管领导，实行公司、厂、班组三级管理,公司档案馆为统计信息储存中心；各厂、所、站及专业科室根据其性质设专职或兼职统计员，生产班组设专职记录员；单位主管统计的领导为本部门统计负责人。从上到下，形成了一个层层有人抓，层层有人管的严密统计管理网络体系。

三、统计工作制度实现系统化

建立健全规章制度是与统计工作的好坏相辅相成的。公司在这方面主要把握了两个重点：第一，狠抓制度的完善和配套。根据统计法规和有关的规章制度，结合公司的具体情况，采取“增、测、补”的办法，组织专门人员，在原有的基础上，从统计信息网络的形成到统计人员的岗位责任制，从原始记录、统计台帐、统计报表、统计数据、考核标准到各种各样的工作程序，均进行了一次全面系统的修改和制定，共15条90款，基本上做到了人人有标准，岗岗有职责，项项有考核的制度体系。第二，狠抓制度的贯彻落实，严格按照制度和奖惩条例，把统计工作纳入季度和年度的考核范围之一，使之经常化和持久化。在统计数据管理中，公司还把数据的控制办法和数据资料的保管，按照档案馆的管理程序进行硬性规定，并奖罚兑现，使制度落到实处。

四、统计基础工作逐步走向规范化

任何一项工作成功的背后，都离不开扎实的基础工作，统计工作尤其不能例外。这几年，公司结合企业内部各项管理的达标升级，在夯实统计基础建设方面，花了一定的力气，也收到了较好的效果。具体是：

(一)原始记录抓统一真实。目前，公司生产经营的各个环节，均设置了原始记录和凭证，在现有241种原始记录中，都按其生产和经营两个方面将公司所属各单位分为九种类型，从设计、修改到审核均实行统一编号、统一印刷、统一保管、统一采用碳素墨水和仿宋体书写、统一制定原始记录点的考核标准和记录员的责任制，做到了内容齐全、书写工整、数据真实、记录及时。公司综合统计部门每月末下基层考核检查，并把优劣与当月当季的目标管理奖金挂钩，奖罚分明。

(二)统计台帐抓完善健全。统计台帐是一项细致复杂的工作，公司本着严细求实的工作宗旨，根据本部门的需要和行业性质，组织专业人员，分4个层次对统计台帐进行了归纳整理和增补。一是综合统计部门已建立了反映生产经营及经济效益综合进度台帐、主要指标完成情况的当年、月台帐，历史台帐，同行业指标季、年台帐及全市各单位自来水销售台帐等；二是各专业科室建立了适合本专业性质的历史台帐和当月台帐；三是3个水厂建立了生产进度台帐和各项质量、消耗综合指标台帐；四是档案馆重点建立了生产、水质、原材料消耗、能源、设备、运输、劳资、基建、安全、职教、工会、后勤等多项历史台帐。全公司现共有台帐75本，内容广泛，种类齐全。

(三)统计报表抓及时准确。根据上级统计报表制度规定，努力完成各种统计报表的填报任务，这是企业统计工作的主要内容之一。公司现有对外报表70种，内部报表42种。为保证这些统计报表的及时性和准确性，公司制定了统计报表管理制度，在建立日快报、日报和月报的基础上，对全公司统计报表既实行统一管理，又做到分工负责，较好地防止了数出多门。公司计划统计科除定期完成各种综合报表外，还建立了统计报表内外目录汇编，其中对部分重要的专业报表编制工作程序标准，并严格按程序进行会审。据市统计部门反映，自来水公司所有对外报表填写质量基本符合国家统计报表的规定。

五、统计服务力求优质化

统计为经营决策服务，这是公司一贯遵循的统计工作原则。由于指导思想比较明确，因此，统计工作已越来越成为公司生产经营的好参谋，企业管理的好帮手，统计与企业的发展形成了密不可分的血肉联系，其主要表现有：

(一)统计图表直观化：为了能更好地显示公司生产经营的发展状况，各统计部门系统地绘制了简单、明了、直观的统计图表，制作了图表栏，把广大职工最关心的统计资料形象地反映出来。公司现已绘制图表58幅，其中综合统计部门4幅，生产厂、所10幅，各专业科室44幅。图表栏规范统一，内容丰富。较好地反映了公司生产经营情况和企业发展进程。

(二)统计分析经常化：进行经常性的统计分析，不仅对企业管理大有裨益，而且也是提高统计工作地位和作用的有效方法。为了吸引大家投入统计分析的行列，我们采取了三条途径：一是制定了统计分析制度，并规定每季各单位至少写出一份专题或综合分析，好坏情况直接列入年度统计考核评比的重要内容之一；二是每年组织一次评选活动，适当给予物质奖励；三是经常选派专业统计员到外地进行培训，较好地提高了统计分析水平。

(三)数据资料档案化：长期以来，公司的综合统计部门与档案馆已结成了亲密的伙伴，在统计数据资料方面，做到信息、统计、档案三位一体，实行一条龙管理。通过精心整理加工，科学分类，系统地立卷成册，现已建立统计档案198卷册，各种数据343 649个。公司建立以来，历史管理台帐和当年每月填写的领导生产统计手册，各项指标齐全，极大地提高了统计资料的利用率。

(四)综合服务多向化：公司的统计服务，主要表现在4个方面：一是日常应用服务。首先我们将生产进度按五日报表报送给有关职能科室和公司领导，以便大家对近期生产经营情况和原材料消耗等各项指标做到心中有数；其次是按有关制度由综合统计部门提供各项统计数据，为企业各级机构以及领导用数据说话提供可靠依据。二是预测服务。就是将定期编写的统计分析论文，送发给公司领导和科室，为编制计划、降低消耗、提高质量提供第一手参考资料，以便领导做出正确决策。如三水厂取水头部，过去经常因洪水后的杂物被堵住，常常出现进水量减少，单位电耗上升。水厂和公司专职统计员及时将这个信息反馈给生产主管领导和有关部门，并立即请潜水员下水打捞杂物，从而使生产和单位电耗恢复到正常状态。三是社会服务。在开展统计为企业内部服务的同时，我们还十分注重拓宽服务渠道，向社会扩散。综合统计科每年均按月填登全市各行业、区域用户售水台帐，建立为社会服务档案，开展为用户咨询活动，取得了良好的社会效益。近5年内，公司向市环保局和各用水大户提供各类数据11 800多个，重点帮助用水量较大的株州冶炼厂治理废水，每年取得经济效益170万元，赢得了用户的高度评价。四是为上级机关服务。凡是国家规定有编号的报表，我们基本上做到了及时报出。其程序是：综合统计部门的统计员负责送发市内报表，以防迟报和漏报，省和部的统计报表一般均用挂号信邮寄，以防遗失和误期。长期以来，公司的统计报表多次受到上级有关统计部门的好评。

责编：**刘　恒**

强化企业统计职能　为创优秀企业尽力

海南省国营八一总场

海南省国营八一总场是个以橡胶生产为主，农、工、商、运、建综合经营的国家大型企业。

为配合搞活大中型企业，深化改革，八一总场在统计台帐设置、建立健全统计工作制度，搞好资料立卷归档，提高统计数字质量等方面做了大量的工作，为企业的规范化管理打下了坚实的基础，积累了许多好的经验。因此，多次受到上级表扬，多次被评为海南省农垦系统的统计工作先进单位。

一、加强统计基础建设，向规范化管理迈进

八一总场拥有土地面积89万亩，橡胶面积26万亩，总人口7.9万人，在职职工3.5万人，基层单位314个，主要经营天然橡胶、机制蔗糖、水泥，内部实行三级管理二级核算，主要经济指标层层承包。统计工作渗透于企业生产的各个方面，工作量大任务繁重，但是全场的统计工作在各级领导的大力支持和统计人员的努力下，秩序井然，各种统计报表都能按“及时、准确、完整”的原则按期完成。做法是：

(一)重视统计工作业务培训。近年来由于企业内部加强管理的需要，相当一部份统计人员走上了各级领导岗位，严重地困扰着全场的统计工作。后经领导研究，决定选拔一批具有高中文化程度的青年，通过系统的统计业务培训，考试合格后充实到统计岗位任职，较好地解决了统计人员缺乏的问题。1990年以来，八一总场通过场部职工培训中心，先后举办了五次在职统计人员培训班，参加学习人员达355人次，使在职统计人员业务素质不断得到提高。为了进一步提高统计人员的理论水平和专业知识水平，八一总场组织了35名在职统计人员参加国家统计局主办的“中国统计干部电视函授学院”的学习，到1991年度全场已有2人取得统计专业大专毕业证书，11人取得统计专业证书。国家统一组织统计员资格考试，八一总场亦十分重视，聘请教员统一组织辅导学习，目前已有25名在职统计人员取得国家颁发的统计员任职资格证书。对上级统计业务部门和大专院校开办的业务培训班，广大统计人员积极参加学习，近三年来参加人员达175人次，为进一步开展统计工作打下良好的基础。

(二)落实设备配置和统计经费。生产企业的统计报表是企业经营活动的重要信息，统计工作的现代化对于提高统计工作效率和实现企业经营目标管理有着十分重要的作用。近年来八一总场的统计部门随着经济的发展，工作条件得到明显改善：1.有完善的通讯网络。不但统计部门电话畅通，而且从总场到各二级企业统计人员家里都安装了电话，方便了业务联系。2.有电脑计算工具。八一总场及部份农场的统计部门都配备了电脑，并主动与高等院校联合开发统计应用软件，使月报表、年报表、月份干胶分析表等实现了电脑汇总和计算。3.有专项经营经费。总场和各二级企业统计经费每年统一纳入农场的财务计划，使开展各项统计调查、统计业务建设和竞赛活动等都有可靠的资金保证。

(三)建立健全激励机制。为加强统计人员工作责任心，认真贯彻落实《统计法》，搞好自身思想和统计业务建设，把统计工作引导到法律化、规范化管理的轨道，八一总场制定多项机制：1.制定岗位职责制，明确考核标准。2.完善统计工作制度，做到有章可循。3.报表、图表规范化，做到“六个统一”(即：统一设计、印制农场和生产队的生产进度表；统一农场和生产队的收胶台帐；统一橡胶开割树和中小苗抚管的帐表；统一农场和生产队的统计历史台帐簿；统一农场和生产队的统计图表；统一农场和生产队的年报报表)。4.开展统计工作百分制评比竞赛活动。每年检查评比一次。

二、围绕企业中心工作，积极提供统计服务

准确的统计数据，是企业编制发展规划，年度计划和制定各项改革措施的重要依据。八一总场的统计人员几年来紧紧围绕农场各个时期的中心任务作了积极的有益的尝试。

(一)1990年9月海南省农垦总局决定组建八一总场，这是管理体制上的一次重大改革。在将近一年的组建期间，八一总场的统计人员孜孜不倦，努力工作，为海南省农垦总局工作组提供了十二个二级企业的详细统计资料，对配合组建八一总场发挥了应有的作用。

(二)近两年来，八一总场内部广泛开展干胶生产劳动竞赛，场领导和各基层单位对干胶生产进度十分关心，总场计划经管处的统计人员不仅搞好数据公布，做到每旬定期公布一次，从不间断。而且积极参加全场干胶生产检查评比，深入实际了解情况，主动搞好生产形势分析，较好地配合全场干胶生产的组织指挥和监督控制。

(三)1991年第11号强台风袭击八一总场，致使工农业生产遭受严重损失。八一总场的统计人员在风后的灾情调查、抗灾自救、落增产措施工作中，废寝忘食、勤奋工作，不但按上级规定三天内及时上报受灾数据，而且做到数据准确可靠。

三、搞好统计资料分析，为提高效益献计献策

八一总场统计人员深入基层调查研究，为深化农场的各项改革开展优质服务，促进了经济的发展。

农场统计人员在搞好统计数字的同时，深入调查研究，撰写了《八一农场产业结构的调整与设想》一文，农场做为内部文件下发所属单位组织职工学习，使广大职工大体明确了农场的发展方向。

为了推动科技进步，提高企业经济效益，在总结橡胶小苗行间间种甘蔗所取得的成功经验的基础上写出了《在橡胶中小苗行间间种甘蔗经济效益探讨》一文，为提高职工自费经营能力，提高土地利

用率，提高企业经济效益指明了方向。这一成功经验先后被广东《热作科技通讯》、福建《热作科技》、海南《农垦工人报》、《南方日报》、《海南日报》、热作两院《科技报》等刊物报纸刊登采用。广东省的海鸥农场、海南省热作两院的试验农场等单位闻讯曾到八一农场实地考查参观，采纳推广了在橡胶小苗行间间种甘蔗这一经验，深受职工欢迎，并取得了较好的经济效益。

总场统计人员为了推广橡胶单产高产的经验，在充分研究的基础上，，写出了《八一农场橡胶大面积高产原因浅析》一文，总结了八一农场4万多亩橡胶开割树，多年来亩产在90公斤以上，单产在4公斤以上的经验。对八一农场橡胶的管、养、割做了充分的分析研究，此文先后被广东《热作科技通讯》、海南《热带作物》、广东农垦管理干部学院《管理与教学》等刊物采用刊登。

为了加大改革开放力度，促进第三产业的发展，撰写了《浅谈国营农场商品流通》一文，浅析了八一总场发展第三产业，进一步搞活商品流通的经验与作法，受到农场领导的好评。此文被1992年6月在广州市农场局召开的中南六省(区)经济研讨会作为大会论文交流材料选用。

八一总场的统计工作在全体统计人员的积极努力下，取得显著的成绩，为全场圆满完成各项生产、经济指标，创造优秀企业作出了积极贡献。同时，通过工作实践也锻炼了广大统计人员，使统计人员的政治思想觉悟和业务素质不断提高。自1990年以来八一总场从统计人员中提拔担任各级领导干部的有89人，入党的有44人，入团的有52人，评为农场优秀党员的有36人，评为优秀团员的有43人，评聘为农场统计师的有5人，聘为助理统计师的有45人，聘为统计员的有163人。

执笔：**李箕云、彭石坚、陈振德、刘品源**
责编：**李天渊**

强化统计基础管理　提高统计服务质量

上海港务局

上海港务局现有各类统计人员609人，占全局职工总入数的1.1%。全局已建立了在局长领导下，以综合统计机构——计划统计处为核心，各职能处室、局属基层企业统计人员组织的三级统计网络。近几年来，上海港务局抓住改革开放的有利时机，积极探索统计改革，加快统计建设步伐，取得了初步成效。1991年，作为上海市企业统计工作达标升级首批试点单位之一，通过了上海市统计局组织的考评验收，被评为统计工作国家二级企业。

一、强化统计机构，完善管理网络

建立一个健全的统计网络是企业加强统计管理、发挥统计职能的组织保证。上海港务局的统计管理实行两级综合统计机构管理机制，即局综合统计机构(计划统计处)向局长负责，基层生产单位综合统计机构(计划统计科)向局统计负责人和公司经理负责。计划统计处负责全局统计管理和统计业务的组织、指导和协调。局本部现有统计人员37人，组成局机关的统计工作网络。计划统计处设了3名专职综合统计员。生产、劳资、人事、安全质量、物资、能源等职能处室都配备了专职统计人员，各个专业统计都建立了自己的统计网络，由各基层单位相应的专业统计人员组成。这样就形成了条块结合、层次分明、职责落实的统计管理体制。全局建成了一个完整有效、上下成线、左右成行的双向型统计管理网络。

二、狠抓统计基础工作，提高规范化水平

统计基础工作是企业开展统计业务、提高统计质量的根本保证。要夯实统计基础，首先必须抓好制度建设。上海港务局逐步制定了一系列统一的管理制度，如原始记录管理制度、统计报表管理制度、统计分析制度、统计数据管理制度、统计工作竞赛制度等。近年又增发了统计检查制度、统计资料管理制度、统计人员管理制度、计算机运行管理制度等，从而促进了统计管理工作的制度化、标准化、规范化。根据制度规定，全局的统计原始记录、台帐、报表和各种统计资料、数据均由各级综合统计部门统一管理。

为了确保统计工作质量，上海港务局制定了统计工作质量保证体系，分为六大类十三项，在此基础上对企业统计工作实行了全面全员全过程管理。全局各个统计专业都建立了各自的规范工作流程，每个统计岗位都有明确的岗位责任制，使每个统计环节都纳入了标准化管理中。

统计检查是保证统计数据质量的有效手段。上海港务局建立了一支由25名经企业任命的统计检查员组成的统计检查队伍，负责组织和实施统计检查工作。在几年的统计检查实践中，通过摸索，取得了一些经验。如与承包考核关系密切的重大指标重点查；统计薄弱环节的指标经常查；质量相对稳

定的指标不忘查。通过统计自查、互查和重点抽查，及时发现问题，做到“有疑必究，有错必纠”。对报表质量由过去的事后发现逐步转化为事前控制，把统计数据误差消灭在报表的生成过程中，使全局的统计数据质量有了明显的提高。1987年以来，在上海市和交通部组织的统计报表质量评比中，连续多年获得优胜。

上海港务局对全局的统计报表建立了样本册，每年还对报表进行一次清理整顿，及时废止过时的、内容重复的报表。目前局内注册编号的统计报表共计170种，其中61种报送局外，109种在局内使用。每种报表都明确报送部门、程序和期限。对无统一编号的非法报表，支持统计人员依法拒报，并及时向上级部门举报。

三、加强培训考核，提高统计队伍素质

针对近几年统计工作量急剧上升和统计人员素质不高的现状，上海港务局认真抓了充实统计力量和提高统计人员素质两项工作。目前，全局统计岗位人员基本配齐，1990年末全局统计人员609人，比1985年增长34.4%。在统计专业培训方面，强调先培训后上岗，把统计人员的培训列入企业培训计划。现在全局统计人员中大专及以上文化程度的占34.0%，中专文化程度占了42.3%；有中级专业职称的占9.7%，初级职称占65.9%，其中助师级为38.3%；高级统计师2名。

在加强培训的同时，还建立了统计人员业务考核制度，从遵纪守法、工作态度、业务能力、工作实绩等方面对统计人员定期考核，并建立考绩档案，作为统计人员先进评比、职称评定、晋升奖励的依据。此项工作经过两年试点已在全局普遍实行，收到了很好的效果。

四、统筹规划，分层次推进统计手段现代化

1984年以来，上海港务局在开发电子计算机应用于统计工作方面投入了大量的人力和财力。全局已累计投资5 000万元，购置了10台中、小型机和200多台微机。几年来开发了近300个统计应用项目。作为港口最基本的统计——装卸生产统计系统已全面实现微机处理、盘片报送汇总统计，按照三级汇总方式的要求(基层公司→港务局→交通部)，将上海港的吞吐量统计、集疏运统计、船舶在港停时统计、集装箱统计等16种主要生产报表，通过一次输入和数据共享形式，分别完成基层装卸单位和局级报部的生产统计报表。正在研究中的吞吐量和统计预测课题，将进一步完善吞吐量统计数据库，为企业生产管理、分析预测和经营决策提供方便的服务。同时还建立了综合统计指标的初级数据库，局领导可通过终端直接查询所需资料。已建立的历史资料数据库，可直接显示生产经营动态趋势，并可开展简易的统计分析。

五、开展思想教育，搞好精神文明建设

在搞好各项统计改革和建设的同时，上海港务局注重抓好统计队伍的思想建设。先后组织统计人员学习统计标兵邬兆定、胡慧娟等的先进事迹。针对部分统计人员中存在的“统计地位低、统计工作苦”的思想，积极开展谈理想、讲奉献活动，举办《我爱海港计划统计》专题演讲比赛，品味统计工作的辛苦甘甜，抒发对海港统计事业的热爱，培养为社会主义统计事业的献身精神。全局统计系统还开展了统计职业道德讨论活动，以强化统计人员的工作责任感和业务规范意识。同时十分重视在本系统中树立先进典型的工作，定期表彰先进个人和集体。每次重大统计业务活动后，都积极开展评比表彰，调动和激发统计人员的工作积极性。

执笔：**谢时霖　杨泽德　任越明**

责编：**刘　恒**

统计法规制度选编

重要统计法规选编

国家统计局　人事部
关于统计员资格考试暂行规定

1990 年 1 月 10 日

第一条　为提高基层统计人员素质，保证统计基础数据的质量，根据国务院办公厅转发国家统计局《关于加强统计工作，充分发挥统计监督作用的报告》的有关规定和人事部关于完善专业技术职务聘任制的精神，特制定本规定。

第二条　凡是准备进入统计岗位的人员，都应先参加统计员资格考试，合格者才有资格从事统计工作。已经在岗的统计人员，未评定统计员任职资格的，也应参加考试，取得统计员的资格。中专、大专毕业生，可直接到统计岗位工作，其中，统计中专、大专毕业人员，见习期满，经过考核认定统计员职务资格；非统计中专、大专毕业生，应通过考试确定统计员统格。

第三条　参加统计员资格考试人员，应具备以下条件：

1. 坚持四项基本原则，拥护党的改革开放政策，遵纪守法；

2. 热爱统计工作，积极钻研本职业务，具备统计人员应有的职业道德；

3. 身体健康；

4. 高中以及非统计中专、大专毕业；

5. 应考人员中凡未经过系统的统计专业知识学习的，应在培训的基础上参加考试。

第四条　统计员资格考试合格，获得《统计员资格证》。此证由人事部和国家统计局联合印制，省、自治区、直辖市、计划单列市人事厅(局)或职改部门和统计局颁发。《统计员资格证》是上岗从事统计工作的证明，在全国范围内均有效。各机关、企事业单位的专职或以统计工作为主的兼职统计岗位出现缺额，可从持有《统计员资格证》的人员中录用上岗从事统计工作。

第五条　经考试获得统计员资格的新进入统计岗位人员，见习期满，经考核合格，可聘任统计员职务；经考试获得统计员资格的在岗统计人员，可直接聘任统计员职务。受聘担任统计员职务人员，领取统计员的职务工资。

第六条　统计员资格考试，主要是测试从事统计工作必须具备的一些基本知识，内容包括：社会经济统计学原理、专业统计和统计法规。

第七条　统计员资格考试由人事部和国家统计局共同负责，人事部负责审批考试规定，审定考试大纲和对考试进行监督。国家统计局负责编写考试大纲，建立题库和考试的组织工作。

第八条　本规定适用于国家机关、企业、事业单位。

第九条　本规定自颁发之日起试行，过去有关规定与本规定有矛盾的，以本规定为准。

国家统计局　人事部关于
统计员岗位专业知识培训试行办法

1990 年 1 月 11 日

第一条　统计是对国民经济和社会发展情况提供信息、咨询和监督的一项重要的基础工作。为了贯彻《国务院办公厅转发国家统计局关于加强统计工作，充分发挥统计监督作用报告的通知》(国办发[1989]39 号)精神，逐步落实国家统计局制定的《统计专业人员岗位专业知识培训暂行办法》和实施方案[统培字(1989)184 号]以及国家统计局和人事部制定的《统计员资格考试暂行规定》[统人字(1990)8 号]，加强统计干部队伍的业务建设和统计法制建设，进一步提高统计工作水平，根据《中华人民共和国统计法》的有关规定，特制定本办法。

第二条　统计员应当具备从事统计工作所需的岗位专业知识。对不具备统计岗位相应知识技能的人员，必须进行培训。在国家机关、人民团体、企事业单位所设的专职或以统计工作为主的兼职统计岗位上工作，以及准备进入上述统计岗位的人员，凡未获得统计专业职务资格、又未进行系统的统计专业知识学习的人员，都应参加统计员岗位专业知识培训及统计员资格考试。

第三条 统计员岗位专业知识培训的内容以统计员岗位专业知识规范和统计员资格考试大纲为依据，并按此要求编写教材。培训的课程主要有：社会经济统计学原理、专业统计、统计法规(含统计人员的职业道德和职责)。

第四条 统计员岗位专业知识培训由国家统计局统计干部培训中心制定培训计划，组织编写统一的教学大纲和教材，主要利用电视函授的教学手段和面授办班进行教学、辅导。各地统计局的培训(教育)部门具体组织实施。凡有人员参加培训的单位要予以支持和协助。

第五条 统计员岗位专业知识培训结束时，进行统计员资格考试。合格者颁发《统计员资格证》。

第六条 统计员岗位专业知识培训工作，以各级统计部门为主，各级人事部门应积极配合，参与检查培训情况，认真做好有关方面的协调工作。

第七条 各省、自治区、直辖市和计划单列市统计局可根据本办法的规定精神，制定具体的实施细则，报国家统计局备案。

第八条 本办法适用于国家机关、人民团体和企事业单位。

第九条 本办法自颁发之日起开始执行。

国家统计局关于全国统计科学研究成果评选奖励条例

1990 年 9 月 20 日

第一条 为奖励在统计科学研究中作出贡献的集体和个人，调动统计工作者从事统计科研的积极性和创造性，推动统计改革与现代化建设的发展，国家统计局和中国统计学会特制定本条例。

第二条 凡集体或个人在统计科学、社会经济问题的统计分析和电子计算机在统计中的应用等方面的研究成果，均可参加评奖。

第三条 全国统计科学研究成果，设科研课题奖、论文奖和统计专著奖。凡获奖成果均授予荣誉证书和奖金。其中科研课题奖和论文奖均分为四等，统计专著奖不分等级。

获奖项目的数量和奖金金额由评选奖励机构确定，奖金由全国统计科学研究成果奖励基金中支付。

第四条 国家统计局和中国统计学会统一领导全国统计科学研究成果的评选奖励工作。

国家统计局和中国统计学会聘请有关方面的专家组成全国统计科学研究成果评选奖励委员会，负责评选奖励工作。委员会下设办公室，处理有关日常事务。省级统计局、统计学会及部门专业统计学会(或统计机构)也应设立相应组织，负责本地区、本部门参加评选项目的申报、推荐工作。

第五条 统计科研成果奖，属于个人的，荣誉证书和奖金授予个人；属于集体的，对获奖项目的主要完成单位授予集体荣誉证书，并对项目研究者授予个人证书。

第六条 各级评选奖励机构(组织)在项目推荐评选过程中，应严肃认真，实事求是。对营私舞弊、弄虚作假者，要根据情节轻重，严肃处理。

第七条 本条例由国家统计局和中国统计学会负责解释、制订细则，并组织实施。

第八条 评奖活动每两年举行一次。如有特殊情况，经国家统计局和中国统计学会批准，可提前或延期举行评奖活动。

第九条 本条例自发布之日起实施。

国家统计局　财政部关于统计部门计算机更新经费管理办法

1990 年 9 月 24 日

为保证统计部门计算机正常运转，及时准确地提供统计信息，更好地为中央和地方各级政府决策服务，特制订计算机更新经费管理办法：

一、更新经费的来源

计算机更新经费采取多渠道筹集的办法，以地方财政为主，中央补助为辅，经费的主要来源：

1. 地方财政补助。

2. 各省市统计局(含城市、农村社会经济调查队)按计算机原值(或现值)的一定比例从统计事业费预算中集中提取或统一从事业费预算中扣除机构经费以外按照不低于2%的比例扣缴。

3. 从统计专项经费中按照不低于5%的比例提取。

4. 从开展计算机有偿服务收入中提取的事业发展基金。

5. 计算机报废残值。

6. 国家统计局专项补助。

二、更新经费的使用

1. 计算机更新经费坚持先筹后用，量入为出，统筹安排、专款专用的使用原则。

2. 计算机更新经费，主要用于微机主机、打印机的更新和局部更新(微机指主板、硬盘、软盘驱动器；打印机指主板、打印头)。不得用于计算机的增配、一般维修、机房维修或改扩建、机房空调等设备器具的购置以及消耗性材料和操作人员个人待遇等方面的开支。

3. 计算机更新经费的使用要贯彻有奖有惩的原则。对于保养好、超期服役的可优先更新，对于未达到规定更新或报废期限的，应分别不同情况采取推迟更新或减拨补助。属于责任事故的除进行批评教育外，还应给予一定的经济惩处。

三、更新经费的管理

1. 各省级统计部门成立管理小组，集中管理计算机更新方面有关事宜。

2. 更新经费的日常财务工作，由省级统计局财务部门负责并按专项资金管理。年终应将经费的筹集、使用情况编制年度决算，报国家统计局。

3. 各省(市、区)根据计算机更新经费的筹集情况，制定本省(市、区)计算机更新计划和实施方案。

四、建立健全各项使用管理制度

1. 各省(市、区)统计部门要制定计算机、打印机管理使用制度和操作技术规程，确保计算机系统的安全运转。

2. 加强各省级计算机维修站的管理工作，制定统一的维修收费标准，建立定期巡回检修和实行计算机登记档案管理制度。

3. 严格执行计算机、打印机使用年限和更新技术标准。更新前要进行技术鉴定，填制报废更新处理表一式两份报省级管理小组审批。更新机器的选型由国家统计局确定，近一、二年更新机型应选“286”档次以上的微机。

4. 计算机局部更新，应由使用单位开列更换项目清单一式两份，报省级管理小组审批。由省级计算机维修站负责更换。

本办法未尽事宜由国家统计局修改补充。

国家统计局 国家保密局 关于统计工作中国家秘密及其密级具体范围的规定

1990 年 12 月 20 日

第一条 统计工作中国家秘密的范围包括：

(一)军事工业的生产、建设、科研、资金以及军用物资的运输、消费、储备、战备通信和边、海防通信设施等国防实力方面的数据和统计资料，一旦泄露，对我国家安全造成危害的；

(二)对外经济贸易、文化、科学技术等方面往来的数据和统计资料，一旦泄露，对我同外界联系造成被动或对我经济和社会发展造成损害的；

(三)统计部门向党中央、国务院等领导部门报告的重大经济社会情报和提出的重要建议，以及全国性商品物资库存储备、价格变动、财政金融等经济方面的数据和统计资料，一旦泄露，会引起生产、市场和金融波动不利于改革和经济发展的；

(四)灾情、瘟情、社会消极面等社会方面的数据和统计资料，一旦泄露，会引起人心和社会动荡，不利于社会安定的；

(五)通讯加密机、密码，计算机信息系统的安全保密措施。

第二条 统计工作中国家秘密的密级具体范围如下：

(一)绝密级事项

1、国防军工方面的生产、建设、科研、资金的统计数据；

2、国家重要战备物资的生产、消费、库存和进出口的统计数据；

3、国防军工方面重要物资的运输量、吞吐量和装卸量；

4、出口和援外的军工产品的品种、数量和去向的统计数据；

5、通过特殊渠道进口的禁运物资、军需装备的品种、数量；

6、国家储备资金数量和重要战略物资储备的数量与分布；

7、固定通信加密机、密码。

(二)机密级事项

1、铀、铍、金、银、稀土和涉及军工生产的稀有金属的全国矿产储量和产量、库存的统计数据；

2、统计部门向党中央、国务院等各级党政领导部门报送的重大经济社会情报和重要建议；

3、财政信贷中有关国防方面统计资料和未公布的财政赤字；

4、全国及国务院各部门，各省、自治区、直辖市，计划单列市对外贸易中的大宗出口商品成本数据及库存情况；

5、未经批准公布的全国及国务院各部门，各省、自治区、直辖市，计划单列市的大宗出口产品的工业生产成本、全国货币发行量、国家债务和国家外汇结存；

6、特种运输和黄金出口的数量、金额及去向；

7、战备工程、战备通信和边、海防通信设施统计资料，战备通信广播电台的数量和发射功率；

8、计算机信息系统的安全保密措施。

(三)秘密级事项

1、正式发表前的全国月度、季度和年度国民经济和社会发展的主要指标数据；

2、铀、铍、金、银、稀土元素大型矿区的矿产储量和产量；铂及铂族元素、石油矿产的全国和大型矿区的矿产储量；

3、容易引发国内市场波动的商品物资供求、库存和价格变动统计资料；

4、容易引发国际市场价格波动的大宗进出口商品、物资的品种、数量和价格变动统计资料；

5、公开后容易引起人心不稳和社会动荡的重大灾情、瘟疫、事故、社会消极面统计资料；

6、国家对外援助的总额及分类、分国别援助金额。

第三条 本规定自一九九〇年十二月二十日起施行。

国家统计局关于农村基层统计工作规范化方案(试行)

1990年12月29日

统计工作规范化，是统计工作现代化建设的一项重要内容。农村基层统计工作包括组织建设、制度建设和业务建设。它的规范化是搞好农村基层统计工作的基础，是保证和提高全国农村统计数字质量、发挥农村统计整体功能的根本环节，也是强化乡镇经济管理所必须。为了加强我国农村基层统计工作规范化建设，特制定本方案。

一、实施范围

以乡镇统计站为核心的农村统计信息网络。

二、内容与标准

根据目前我国农村统计工作的现状，农村基层统计工作规范化的内容与标准包括九个方面：

(一)组织建设完善

1. 按照《统计法》和地方政府有关规定在乡镇、村配备统计人员，并保持相对稳定。统计人员的条件是：坚持四项基本原则，思想作风好，身体健康，具有中专或高中以上文化程度，并懂得一些经济统计知识，有志于农村统计工作。

需要调动乡镇专职统计人员，须事先征求县(市)统计局的意见。

2. 乡镇建立统计站(或称统计委员会、统计办公室、统计科，下同)。目前乡镇统计站有两种形式：

(1)联合型统计站：在乡镇政府领导下，以乡镇统计员为骨干，联合乡镇有关业务部门的统计人员组成的乡镇统计联合体，行使乡镇政府的综合统计职权，业务上受县(市)统计局领导，负责组织领导和协调全乡镇统计工作。

(2)实体型统计站：由2名以上专职统计员组成的乡镇政府直属机构，是乡镇政府的综合统计职能部门，业务上受县(市)统计局领导，负责组织领导和协调全乡镇统计工作。

乡镇统计站要有牌子、有章子、有班子、有制度、有固定的办公室。联合型统计站要逐步创造条件向实体型转换。

3. 健全农村基层统计信息网络，形成一个以乡镇统计站为核心，上接县(市)统计局，下联村、组、农户、企业，横联乡镇各部门的农村统计调查体系和信息反馈体系。

(二)任务职责明确

1. 乡镇统计站的基本任务

(1)组织学习宣传贯彻《统计法》和《统计法实施细则》，监督其执行情况，并依法检查数字质量。

(2)在县(市)统计局的领导下，全面、准确、及时地完成国家和地方统计调查任务，做到三个“统一”，即统一向下布置统计报表；统一搜集、整理、管理统计数据、信息；统一审核上报和向外提供统计数据、信息。

(3)监督乡镇政府各部门、企事业单位的经济活动情况，为乡镇政府制定本乡镇的社会经济计划提供信息和咨询，定期向乡镇政府报告社会经济计划的完成情况。

(4)组织指导村、村民小组和乡村企事业单位的统计组或专(兼)职统计人员搞好统计，有计划地对乡镇各级统计人员进行业务培训。

(5)建立健全统计台帐和统计档案管理制度，定期将当年各种统计资料整理装订归档。

(6)搞好统计优质服务，开展统计分析和专项调查，绘制统计图和统计表。

2. 乡镇统计人员的职责范围

(1)坚持实事求是原则，认真完成上级布置的统计报表和有关统计调查任务，严格遵守有关统计法规、统计报表制度和统计标准。

(2)参与并组织在本乡镇范围内开展的农产量、农村住户和农村社会经济等调查活动，并围绕党政领导的中心工作，搜集、整理统计信息，研究农村经济运行中的新情况、新问题，开展统计分析，为党政领导的决策管理提供可靠的统计数据和经济信息。

(3)认真管理和对外提供本乡镇的基本统计资

料，统一管理发往本乡镇的统计调查表。

(4)组织本乡镇各有关部门、人员加强农村统计基础工作建设，认真填写整理本乡镇的统计台帐和统计档案。

(5)努力学习有关的业务知识，提高自身素质，并组织领导本乡镇的统计业务学习，培训统计人员。

(三)管理制度健全

1. 以乡镇统计站为核心的农村统计信息网络要有切实可行的规章制度，保证工作有章可循。其内容包括：

(1)建立健全组织管理上的岗位责任制度、联合办公制度、定期例会制度，保障农村统计信息网络的正常运转。

(2)建立健全报表管理制度、资料审核报送和管理制度、业务学习制度，保证统计业务工作的正常开展。

(3)建立健全统计人员的考核评比制度、目标管理制度，使工作成果同奖惩挂钩。

2. 以上制度既是活动内容，又是活动纪律，也是活动保证，必须持之以恒地认真贯彻落实。每年至少要开展一次制度执行情况的检查，并将检查情况报告上级统计部门。

3. 明确记分达标考核标准，分层定期开展考核评比活动，实现层次化管理。

(四)工作流程规范

1. 乡镇统计站应根据县(市)统计局年初制定的工作计划，把各项工作任务按月份作出规划，并在乡、村两级明确，同时以工作流程图的形式来体现，用于提示、监督。其内容包括：

(1)向县及县以上统计部门报送的各种统计报表工作。

(2)开展统计调查和统计分析活动。

(3)自身巩固完善的建设工作。

2. 乡镇统计站组织开展统计调查工作的一般程序为：承接上级统计部门和有关业务部门的合法报表，统一布置到村、组、企业和有关部门调查填报，组织有关人员会审汇编，核实无误后，由乡镇统计站盖章上报。

(五)方法制度科学

1. 参加网络的统计人员，在搜集、整理、汇总和编报统计数据时，必须严格遵守统计制度和上级统计部门及有关业务部门规定的方案和计算方法，不得任意修改。

2. 乡镇统计站按上级统计部门的制度规定完成农村基层统计一套表的调查任务，灵活运用全面调查、重点调查、典型调查、抽样调查和行政登记等方法，分层次地搜集、整理、汇总统计数据。

3. 统一协调上级有关部门布置到乡、村的各种统计任务，统一管理报表，理顺调查渠道，避免重复，减轻基层负担，提高数字质量。

(六)资料档案完整

1. 建立健全各项经济统计的原始记录、进度台帐和历史台帐。

2. 原始记录和各种台帐的印制规格统一，要做到指标齐全、计算准确、数据真实、字迹清晰。

3. 配备统计资料档案柜，在档资料要编号登记、填好目录、贴明标签，以便查用。

(七)统计服务优质

1、经常深入调查研究，并结合统计定期报表和当地党政领导的中心工作，积极开展统计分析，提供统计报告。

2. 开办乡镇统计综合经济月报，定期提供本辖区农村经济统计资料。

3. 整理编印全乡镇社会经济统计资料，向社会提供统计咨询服务，并积极参与当地经济开发论证活动。

4. 利用统计手段，积极开展对乡镇经济和社会发展状况的监测、预警。

(八)业务培训经常

1. 培训对象：主要是参加统计网络的乡村统计人员，也包括临时雇用的辅助调查员。

2. 培训内容：应根据农村统计工作的实际需要，本着做什么学什么的原则，学习《统计法》和《统计法实施细则》、统计学原理、现行农村统计报表制度以及农村经济政策等。

3. 培训方式：以实用为目的，灵活多样。可以组织参加统计讲座，也可以通过开会布置工作进行培训，还可以通过建立例会制度进行培训，或是集中分期分批办班培训。

4. 培训师资：可以由本系统有实践经验的在职人员担任，也可以请有关院校的统计教员讲授。

5. 组织领导：一般采取分级组织、层层培训，即县(市)培训乡镇、乡镇培训村统计人员的办法进行。

(九)执法监督严格

1. 依据《统计法》和《统计法实施细则》，抵制干扰统计工作、弄虚作假和篡改统计数字的违法行为，维护统计数据的真实性和严肃性。

2. 定期开展统计数字质量检查活动，对违反统计制度的错误做法要立即予以纠正。

三、检查考评

农村基层统计工作规范化检查考评办法由各省、自治区、直辖市统计局具体制定，建立检查考评制度，规定各项分数，实行量化管理。

四、本《方案》由各省、自治区、直辖市统计局组织实施，根据统一的原则、要求和内容，结合本地实际情况，制定各项实施细则，并报国家统计局备案。

关于统计部门认真贯彻中央关于在公民中开展法制宣传教育第二个五年规划的实施意见

中共中央宣传部、司法部
1991年5月4日批准
国家统计局1991年5月21日发布

中共中央、国务院批准的《中央宣传部、司法部关于在公民中开展法制宣传教育的第二个五年规划》(以下简称《规划》),是我国加强社会主义民主和法制建设的一件大事,各级统计部门必须认真贯彻落实。为此,特结合统计部门的实际情况,提出以下实施意见:

一、统计法制宣传教育的指导思想

各级统计部门,要按照"统一管理,分别实施,条块结合,以块为主"和"各部门、各系统根据业务工作需要,有重点地学习同工作、生产相关的法律知识"的要求,采取切实措施,广泛开展统计法律知识的宣传普及活动,增强全社会的统计法制观念,为依法办统计创造良好的法制环境,使统计工作进一步走上法治轨道。

二、统计法制宣传教育的对象和内容

(一)统计法制宣传教育的重点对象是全体统计人员,尤其是统计法规检查人员。要通过五年的统计法制宣传教育,使统计法规检查人员比较全面、系统地掌握社会主义法的基本知识,熟悉统计法规及与统计工作有关的法律知识。

各级统计部门除了学习和掌握本地区普法宣传领导部门所要求的内容之外,还要有计划、有步骤、分期分批地组织统计法规检查人员重点学习和掌握好下列两方面的法律知识:

第一方面,《统计法》及其实施细则、《行政诉讼法》、《行政复议条例》、《行政监察条例》;

第二方面,《社会主义法制理论若干问题讲话》、《法学概论》、《行政诉讼法讲座》、《统计普法宣传教材》。

各级统计机构的领导干部和上述统计法规检查人员以外的其他统计干部,要重点学好第一方面所列的主要法律、法规,能够正确行使统计人员的职权,自觉履行统计人员的职责,并能运用统计法规与各种统计违法行为作斗争。

(二)统计工作覆盖面广,涉及各个领域、各个部门、各个单位,不断增强全社会的统计法制观念才能确保统计资料的准确性和及时性,适应社会主义现代化建设的需要。各级统计部门要积极主动地与党委宣传部门和司法部门联系,力争把《统计法》纳入当地普法主管机关统一组织的普法宣传教育规划中。还要充分利用报纸、刊物、广播电台、电视台等各种宣传渠道,通过多种宣传形式,积极主动地宣传《统计法》,增强全社会的统计法制观念。

三、统计法制宣传教育的实施步骤

根据中央宣传部、司法部的《规划》要求,从统计部门的实际情况出发,统计法制宣传教育大体分三步进行。

(一)积极做好准备工作。在1991年底前,要做好四个方面的工作:

1、做好统计法制宣传教育的动员工作。各级统计机构要按照分级动员的原则,采取多种形式,动员各级统计干部特别是领导干部和法规检查人员积极参加普及统计法律知识的学习。

2、做好统计普法宣传材料的编写工作。国家统计局政策法规司拟编写《统计普法宣传教材》,作为统计普法统一读本。各省、区、市和各部门统计机构,根据各自的情况和条件,积极编写一些统计普法宣传资料。

3、做好试点工作。为了推动面上的工作,国家统计局拟选择辽宁、山西两个省进行普法宣传试点,各省、区、市也要搞一些试点,并做好总结经验工作。通过试点,为1992年全面组织实施统计法制宣传教育工作提供经验。

4、做好普法宣传骨干的培训工作。普法宣传骨干,要按照分级培训的原则,采取多种形式进行培训。国家统计局主要培训省一级的骨干;地(市)县骨干原则上由省(区、市)负责培训。1991年至1992年的培训内容主要是对几个主要法律、法规进行介绍性的讲解;1993年至1994年的培训内容,主要是讲解法学概论等法学基本知识。

(二)认真组织实施。1992年至1994年,根据不同对象,分期分批地组织实施统计法制宣传教育。

1、统计法规检查员,是统计法制宣传教育的重点对象。要依靠各级普法宣传骨干,办好培训班,并对考核合格的发给结业证书,使每个检查员不仅能较好地掌握统计法律、法规的基本内容,还具有一定的法学基本知识,统计执法水平有较大的提高。

2、对其他统计人员,采取分期、定时、自学、开卷答题检查相结合的形式组织学习。分期,就是对《统计法》及其实施细则、《行政诉讼法》与《行政复议条例》、《行政监察条例》,分三次组织学习。定时,就是每次学习要集中时间,规定期限,一般每次学习的总时数不得少于24个小时(即3个整天或6个半天)。自学,就是以个人自学为主,骨干辅导为辅。开卷答题检查,就是每次学习都要出题目,让参加学习的同志开卷答题,认真检查学习质量。

3、对社会公众，采取举办专题讲座，利用电视、广播、宣传材料等方式比较广泛地进行宣传。

（三）搞好考核验收工作，根据统计部门的实际情况，拟在1995年上半年组织考核验收。考核验收工作采取组成抽查组自上而下逐级抽查验收的办法（国家统计局抽查省级统计部门，省级抽查地（市）、县级）。

考核验收要区分不同对象提出不同要求。对统计检查人员的要求是：(1)是否进行了定期培训；(2)是否掌握了统计法律、法规的基本内容，相关的其他经济、行政法规的基本内容及法学基本知识；(3)是否进行了考试并取得结业证书。对一般统计人员的要求是：(1)是否学习了统计法律、法规及相关的法律知识；(2)是否进行了开卷考试；(3)是否熟悉统计法律、法规的基本内容。

抽查中发现普法宣传走过场或不合格的地区和部门，要采取措施在1995年下半年进行补课。

四、经费

各级统计部门要根据中宣部、司法部《规划》中关于"普及法律知识所需经费和必要的宣传设备，由各级党委、政府尽可能予以解决"的精神，积极筹集经费，解决宣传设备。同时，各级人民政府统计机构也应从人力、物力、财力方面为普法工作创造必要的条件，从统计事业费中划拨适当的经费用于统计普法宣传工作。

五、组织领导

各级统计部门要加强对统计普法工作的领导，定期检查普法工作的进展情况，并及时给予督促、指导；各级统计部门要指定专门机构负责统计普法工作，并在一九九一年七月份之前将机构落实情况报上一级统计部门备案。

国家统计局关于公布现行有效的及自行失效和废止的统计行政管理规章及规范性文件目录的通知

1991年5月8日

各省、自治区、直辖市统计局，计划单列的省辖市统计局，国务院各部门：

根据《国务院关于贯彻实施〈中华人民共和国行政诉讼法〉的通知》（国发〔1990〕2号），我局对1978年至1990年间制定发布的134件统计行政管理规章及规范性文件（不含批复、函复、内部授权、委托及制度）进行了清理。现将继续有效的统计行政管理规章及规范性文件93件；自行失效和应予废止的统计行政管理规章及规范性文件41件。公布如后。

现行有效的统计行政管理规章、规范性文件

001　国家统计局关于统计有关民族自治地方国民经济主要数字的通知

统综字(1979)19号　1979年3月31日

002　国家统计局关于自1979年7月按调整后的行政区划汇总报送统计月报的通知

统办字(1979)38号　1979年6月15日

003　财政部、商业部、劳动总局、中国人民银行、全国总工会、国家统计局关于恢复职工家庭生活调查工作的通知

统贸字(1980)62号　1980年5月22日

004　国家经委、国家统计局关于加强挖潜、革新改造措施项目统计的联合通知

统基字(1980)171号　1980年11月15日

005　国家统计局关于认真贯彻执行国务院批转的《关于加强统计报表管理的报告》和《关于统计报表管理的暂行规定》的通知

统办字(1980)194号　1980年12月13日

006　国家统计局、工商行政管理总局关于统计上划分经济类型的暂行规定的通知

统制字(1980)199号　1980年12月17日

007　国家统计局关于贯彻执行《关于统计报表管理的暂行规定》若干问题的通知

统制字(1981)93号　1981年5月8日

008　国家计委、财政部、国家统计局关于向统计部门抄送年度会计报表的通知

统综字(1981)111号　1981年6月4日

009　国家统计局、国家经委关于改进和加强建筑业统计工作的通知

统基字(1982)173号　1982年9月18日

010　国家统计局关于工业统计中几个方法问题的通知

统工字(1982)230号　1981年11月2日

011　国家统计局、国家经委、中国人民建设银行关于试编建筑安装工程价格指数的联合通知

统基字(1982)262号　1982年12月30日

012　国家统计局关于布置经济特区综合统计报表制度的通知

统制字(1983)11号　1983年1月22日

013　国家统计局、国家计委、国家经委下达《关于固定资产投资统计范围、口径的几项暂行规定》的通知

统固字(1983)172号　1983年9月7日

014　国家统计局关于统计数字更改期限的通知

统制字(1983)263号　1983年12月13日

015　国家统计局关于下达《农村抽样调查网点抽选方案(试行)》的通知

统农字(1984)240号　1984年7月5日

016　国家统计局关于供销合作社改按集体所有制统计的规定

统制字(1984)350号　1984年10月12日

017　国家计委、国家经委、国家统计局、国家标准局关于发布《国民经济行业分类的代码》国家标准的通知

统制字(1984)405号　1984年12月1日

018　国防科工委、国家统计局关于军工企业、事业单位向所在地城市统计局报送统计资料的联合通知

统制字(1984)453号　1984年12月14日

019　国家统计局关于上划统计事业费的通知

统基字(1985)33号　1985年1月24日

020　国家统计局关于印发《中央级统计事业费财务管理暂行办法》的通知

统基字(1985)81号　1985年2月25日

021　国家计委、国家统计局关于印发修订后的《按合理工期组织建设的大中型项目直接报告制度》的通知

统固字(1985)110号　1985年3月20日

022　国务院办公厅转发国家统计局关于建立第三产业统计的报告的通知

国办发29号　1985年4月5日

023　国家统计局关于黄金饰品不变价格及其工业总产值计算方法的规定

统工字(1985)172号　1985年5月30日

024　国家统计局关于对外加工装配及用进出口原材料零部件加工装配产品产量、产值统计的有关规定

统工字(1985)260号　1985年7月

025　国家计委、国家经委、国家统计局关于加强运输邮电统计工作的通知

统工字(1985)462号　1985年11月19日

026　国家统计局关于制发经济联合组织统计方法的暂行办法的通知

统制字(1986)105号　1986年3月25日

027　国家统计局、财政部关于县和县以上统计局几项经费问题的通知

统财基字(1986)140号　1986年4月10日

028　国家统计局关于加强对统计事业费管理的通知

统财基字(1986)166号　1986年4月28日

029　国家计委、国家经委、国家统计局、财政部关于加强固定资产投资统计工作的通知

统固字(1986)324号　1986年8月16日

030　国家统计局关于印发《关于各部门报送统计资料的几点要求》(修订稿)的通知

统制字(1986)342号　1986年8月26日

031　国家统计局关于印发村及村以下工业与农业、商业、饮食服务业划分范围的规定的通知

统制字(1986)441号　1986年10月14日

032　国家统计局关于加强工业品价格统计的通知

统工字(1986)442号　1986年10月15日

033　国家统计局、劳动人事部、财政部关于贯彻国务院对人口普查工作批复的通知

统人口字(1986)454号　1986年10月21日

034　国家统计局、财政部关于固定资产投资财务拨款统计的暂行规定

统固字(1986)536号　1986年12月23日

035　国家统计局关于商品房屋统计的补充规定

统固字(1987)17号　1987年11月7日

036　国家统计局关于发布《中华人民共和国统计法实施细则》的通知

统制字(1987)43号　1987年2月2日

037　国家统计局关于印发《统计部门固定资产管理暂行办法》的通知

统财基字(1987)84号　1987年3月10日

038　国家统计局关于印发《统计部门预算外资金管理试行办法》的通知

统财基字(1987)85号　1987年3月10日

039　国家统计局关于印发《国家统计信息自动化系统总体规划》的通知

统计中字(1987)108号　1987年3月21日

040　国家统计局关于认真贯彻国务院办公厅《关于进行全国投入产出调查的通知》的通知

统平字(1987)153号　1987年4月18日

041　国家统计局关于开展乡镇工业统计数字质量检查和消除村及村以下工业总产值价格变动因素的通知

统工字(1987)246号　1987年6月17日

042　国家统计局关于重申停止使用折标法计算化肥产量的通知

统工字(1987)252号　1987年6月25日

043　国家土地管理局、国家统计局关于健全和执行土地统计报表制度的通知

统农字(1987)305号　1987年8月5日

044　国家统计局关于印发《国家统计系统干部管理暂行规定》的通知

统人字(1987)353号　1987年9月5日

045　国家统计局关于进一步提高农村固定资

产投资统计工作数字质量的通知

统农调字(1987)529号 1987年12月28日

046 国家统计局关于认真执行国家统计制度规定提高工业总产值数字质量的通知

统工字(1988)111号 1988年3月26日

047 国家统计局关于实行"重点城市社会集团消费品分类零售额"统计的通知

统贸字(1988)183号 1988年5月19日

048 国家统计局印发《关于建立工业行业统计的意见(试行)》的通知

统工字(1988)193号 1988年6月9日

049 国家统计局关于印发商业、外经统计报表数据联网传输实施办法的通知

统贸字(1988)274号 1988年7月25日

050 国家统计局关于暂缓执行重新修订的《大中小型工业企业划分标准》的通知

统制字(1988)346号 1988年8月22日

051 国家统计局关于印发《对集体商业和个体商业采用多种调查方法的意见》的通知

统制字(1988)371号 1988年9月8日

052 国家统计局关于新生儿不报户口情况的通知

统人口字(1988)442号 1988年10月17日

053 国家统计局关于颁发《中华人民共和国统计检查证》的通知

统政字(1988)448号 1988年10月31日

054 国家统计局关于颁发《统计检查特派员委派办法》的通知

统政字(1988)491号 1988年11月24日

055 国家统计局关于建立《统计违法案件通告制度》的通知

统政字(1988)492号 1988年11月24日

056 国家统计局关于加强社会集团购买力统计的通知

统贸字(1988)497号 1988年11月19日

057 国家统计局关于颁发《统计法规检查暂行规定》的通知

统政字(1988)498号 1988年11月21日

058 国家统计局、国家计委、财政部、中国人民银行《关于定期公布若干重要经济指标的暂行规定》

统制字(1988)513号 1988年12月1日

059 国家统计局关于编制城镇职工基本生活费用价格指数的通知

统城调(1988)516号 1988年12月6日

060 国家统计局关于认真做好按季公布"工业能源消耗降低率"指标的通知

统工字(1988)535号 1988年12月16日

061 国家统计局关于各部(委)所属外贸公司按期向我局抄送财会报表资料问题的通知

统制字(1989)11号 1989年1月13日

062 国家统计局关于定期公布若干重要经济指标的暂行规定的补充通知

统制字(1989)36号 1989年2月15日

063 国家统计局关于按月报送基本建设和更新改造当月新开工项目一览表的通知

统固字(1989)39号 1989年2月18日

064 国家统计局关于做好定期公布若干重要经济指标有关资料衔接工作的通知

统制字(1989)41号 1989年2月18日

065 国家统计局关于印发外资企业主要经济指标季报表的通知

统工字(1989)69号 1989年3月18日

066 国家统计局关于加报一季度"分行业工业总产值"报表的通知

统工字(1989)69号 1989年3月18日

067 国家统计局关于重申固定资产投资规模若干统计方法的通知

统制字(1989)101号 1989年4月17日

068 国家统计局关于贯彻《国务院关于清理固定资产项目严格实行指标控制和考核通知》有关指标、口径的若干规定

统制字(1989)161号 1989年6月13日

069 国家统计局关于印发《统计人员岗位专业知识培训暂行办法》及实施方案的通知

统培字(1989)184号 1989年7月8日

070 国家统计局关于下达农村抽样调查样本轮换方案的通知

统农字(1989)240号 1989年7月15日

071 国家统计局印发关于做好农产量调查统计工作等文件的通知

统制字(1989)381号 1989年12月6日

072 国家统计局关于农村固定资产投资统计年报上报问题的通知

统农字(2989)361号 1989年11月25日

073 国家统计局关于请认真执行公开发表统计数字有关规定的通知

统综字(1989)383号 1989年12月7日

074 国家统计局关于经济体制改革中新组建的实体型联合企业(公司)的统计资料报送办法的暂行规定

统制字(1989)385号 1989年12月9日

075 国家统计局关于按季报送主要产品工作量能耗指标的通知

统制字(1989)398号 1989年12月26日

076 《关于工资总额组成的规定》

国家统计局令第1号 1990年1月1日

077 国家统计局关于认真贯彻执行《关于工资

总额组成的规定》的通知

统制字(1990)第1号　1990年1月3日

078　国家统计局关于印发《统计员资格考试暂行规定》以及《实施办法》的通知

统人字(1990)8号　1990年1月10日

079　国家统计局关于印发《统计员岗位专业知识培训试行办法》的通知

统培字(1990)11号　1990年1月11日

080　国务院人口普查领导小组办公室关于印发第四次全国人口普查表的填写说明和有关工作细则的通知

人普办字第8号　1990年2月20日

081　国家统计局关于建立月度社会商品零售总额预测统计制度的通知

统制字(1990)143号　1990年5月23日

082　国家统计局关于在部分地区建立工业产值月度预测报告制度的通知

统制字(1990)144号　1990年5月23日

083　国家统计局、国务院生产委员会关于对234户"双保"重点骨干企业建立跟踪预测统计系统的通知

统制字(1990)179号　1990年6月25日

084　国家统计局关于修订1990年统计年报和1991年定期统计报表制度的通知

统制字(1990)240号　1990年5月23日

085　国家统计局、人事部、劳动部、国家计委关于颁发《关于在劳动计划和统计中划分企业、事业、机关单位的暂行规定》的通知

统制字(1990)304号　1990年9月29日

086　国家统计局关于印发《国家统计信息自动化系统计算机系统安全及病毒防治工作暂行规定》的通知

统计中字(1990)281号　1990年9月11日

087　国家统计局、国家计委、国家物价局关于印发《1990年工业产品不变价格》的通知

统工字(1990)307号　1990年9月30日

088　国家统计局关于印发《1990年农业产品不变价格》的通知

统农字(1990)368号　1990年11月15日

089　国家统计局关于修改农村五种加工业总产值计算方法的通知

统制字(1990)375号　1990年11月22日

090　国家统计局、国家计委、建设部关于改进商品房屋统计办法的通知

统制字(1990)377号　1990年11月24日

091　国家统计局关于印发《关于统计系统举办短期培训班的暂行管理办法》的通知

统培字(1990)404号　1990年12月14日

092　国家统计局关于印发《统计工作中国家秘密及其密级具体范围的规定》的通知

统办字(1990)405号　1990年12月20日

093　国家统计局关于印发《农村基层统计工作规范化方案》的通知

统农字(1990)428号　1990年12月29日

自行失效和应予废止的统计行政管理规章、规范性文件

001　财政部、国家统计局关于各级统计部门所需经费问题的通知

统办字(1979)1号　1979年1月3日

002　国家统计局关于做好评定统计干部技术职称工作的几点意见

统办字(1980)71号　1980年6月5日

003　国务院环境保护领导小组、国家统计局关于建立环境保护统计制度的通知

统社字(1980)185号　1980年12月1日

004　国家统计局关于编制1980年工业产品不变价格的通知

统工字(1981)63号　1981年4月4日

005　国家统计局、国家劳动总局关于加强奖金统计的通知

统社字(1981)97号　1981年5月21日

006　国家统计局关于直接向我局报送按轻重工业分组的劳动生产率等统计资料的通知

统社字(1981)132号　1981年7月4日

007　国家统计局关于1980年工业产品不变价格的使用和管理办法的通知

统工字(1981)148号　1981年7月27日

008　国家统计局关于布置1981年工业统计年报和1982年工业定期报表制度的通知

统工字(1981)184号　1981年9月11日

009　国家统计局关于布置重点企业报送一至十月工资奖励情况的通知

统社字(1981)211号　1981年9月29日

010　国家统计局关于布置1981年物资统计年报和1982年物资统计定期报表制度的通知

统物字(1981)214号　1981年10月4日

011　国家统计局关于布置1982年农业统计年报和1983年农业定期报表制度的通知

统农字(1982)169号　1982年9月8日

012　国家统计局关于布置固定资产投资1982年公报和1983年定期报表的通知

统基字(1982)172号　1982年9月9日

013　国家统计局关于布置1982年物资统计年报和1983年物资定期报表的通知

统工物字(1982)181号　1982年9月20日

014　国家统计局关于保守国家经济机密、严

格管理公开发表经济计划统计数字的报告

统综字(1983)120号 1983年6月15日

015 国家统计局关于1983年农业年报和1984年定期报表的通知

统农字(1983)164号 1983年9月6日

016 国家统计局关于布置1983年工业、交通运输统计年报和1984年定期报告制度的通知

统工字(1983)165号 1983年9月6日

017 国家统计局关于布置1983年物资统计年报和1984年物资定期报表的通知

统工物字(1983)182号 1983年9月20日

018 国家统计局关于1983年统计年报和1984年定期统计报表修订情况的通知

统制字(1983)209号 1983年10月14日

019 国家统计局关于搞好1983年人口变动情况和儿童情况抽样调查的联合通知

统社字(1983)242号 1983年11月23日

020 国家统计局、人事部关于严格按照国家统一规定的工资总额统计范围进行统计的通知

统社字(1985)475号 1985年12月4日

021 国家统计局关于认真搞好1986年人口变动情况抽样调查工作的通知

统人口字(1986)296号 1986年8月2日

022 国家统计局关于认真执行公开发表数字有关规定的通知

统综字(1987)16号 1987年1月16日

023 国家统计局关于布置大中型企业技术开发统计年报制度的通知

统社字(1987)413号 1987年10月6日

024 国家统计局关于在商业年报表中增加承包经营责任制补充资料的通知

统贸字(1988)27号 1988年1月20日

025 国家统计局关于主要副食品价格补贴统计办法的通知

统社字(1988)162号 1988年5月9日

026 国家统计局关于布置运输企业体制改革意向性调查的通知

统工字(1988)178号 1988年5月16日

027 国家统计局关于印发《国家统计局对经济特区的基本统计指标要求》的通知

统制字(1988)205号 1988年6月9日

028 国家统计局关于执行1988年土地统计报表制度的通知

统农字(1988)257号 1988年7月13日

029 国家统计局、建设部关于报送1988年城建系统外单位市政公用设施统计年报的通知

统制字(1988)357号 1988年8月31日

030 国家统计局关于布置工业企业横向联合组织情况的通知

统工字(1988)382号 1988年9月17日

031 国家统计局关于布置全民所有制工业企业改革情况调查的通知

统工字(1988)388号 1988年10月8日

032 国家统计局关于向各省、自治区及单列统计局布置1988年全国大中型企业技术开发统计年报制度的通知

统科字(1988)425号 1988年10月8日

033 国家统计局关于1988年人口变动情况抽样调查样本设计修正方案的紧急通知

统人口字(1988)489号 1988年11月19日

034 国家统计局关于进行1989年1至5月和1至8月人口状况调查的通知

统人口字(1989)134号 1989年5月16日

035 国家统计局关于1989年统计月报和1990年定期统计报告修订的通知

统制字(1989)242号 1989年8月17日

036 国家统计局关于防止计算机病毒传播的规定

统计中字(1989)267号 1989年8月26日

037 国家统计局关于编制1990年工业产品不变价格目录的通知

统工字(1989)269号 1989年9月12日

038 国家统计局关于印发1989年人口变动情况抽样调查方法的通知

统人口字(1989)283号 1989年9月25日

039 国家统计局关于布置农业统计报表制度的通知

统制字(1989)285号 1989年10月17日

040 国家统计局关于编制1990年农业产品不变价格目录的通知

统农字(1989)342号 1989年11月14日

041 国家统计局关于逢例假与节日报送统计报表的规定

统办字(1978)33号 1978年12月17日

国家统计局关于
全国统计系统荣誉称号暂行办法

1991年9月9日

第一章 总则

第一条 为了表彰在统计改革和统计现代化建设中做出突出成绩和重大贡献的个人和集体，调动全国统计系统工作人员的积极性和创造性，根据

《中华人民共和国宪法》以及《中华人和共和国统计法》有关规定，制定本暂行办法。

第二条 荣誉称号分为个人和集体两种。

个人荣誉称号为：全国统计系统模范工作者、全国统计系统先进工作者。全国统计系统模范工作者为部级荣誉称号。

集体荣誉称号为：全国统计系统先进集体。

第三条 为了加强对授予荣誉称号工作的领导，国家统计局成立荣誉称号管理工作领导小组，负责评选、审批、授予、表彰工作，并研究解决荣誉称号管理中的重大问题。领导小组下设办公室，设在国家统计局人事司，并吸收有关业务部门的同志参加，负责荣誉称号的资格评审及日常管理工作。

第二章 条件和标准

第四条 获得全国统计系统先进工作者荣誉称号的个人，必须是坚持四项基本原则，热爱社会主义祖国，贯彻党的路线、方针、政策，遵纪守法，并具备下列条件之一者：

1、热爱统计事业，勤奋好学，刻苦钻研业务，及时准确完成本职工作，并做出优异成绩的；

2、对统计工作提出重要改革建议或创新意见，推动统计工作发展并收到良好效益的；

3、坚决执行《统计法》，坚持实事求是，在反对弄虚作假等不正之风中表现突出的；

4、在其他方面成绩重大、贡献突出的。

第五条 获得全国统计系统模范工作者荣誉称号的个人，必须是符合本办法第四条所规定的条件，工作成绩特别显著，在全国统计系统内堪称楷模者。

第六条 获得全国统计系统先进集体荣誉称号的，必须具备下列条件：

1、坚持四项基本原则，坚持改革开放，认真贯彻执行党的路线、方针、政策和国家的法律、法令，注重两个文明建设，取得显著成绩；

2、在所担负的各项统计工作中做出突出成绩，并受到上级领导部门及社会各界的一致好评；

3、积极宣传、模范执行《统计法》，坚持实事求是的原则，敢于和善于同违反《统计法》的行为做坚决的斗争；

4、领导班子团结一致，作风扎实，联系群众，廉洁奉公。

第三章 荣誉称号的授予

第七条 全国统计系统模范工作者、全国统计系统先进工作者称号，授予符合条件的统计系统工作人员。

全国统计系统先进集体一般授予全国统计系统处级以下(含处级)的单位、机构或部门。

第八条 全国统计系统授予荣誉称号一般每四年进行一次，在特殊情况下，可提前或推后授予。

第九条 授予全国统计系统先进工作者、全国统计系统先进集体称号，由国家统计局统一部署并向各省、自治区、直辖市统计局分配名额，各省、自治区、直辖市统计局在广泛征求群众意见的基础上，经评选、审核后按分配的名额报请国家统计局批准授予。

授予全国统计系统模范工作者称号，由各省、自治区、直辖市统计局在报请授予全国统计系统先进工作者称号的人员中择优推荐人选，由国家统计局评选、审批、授予。

在特殊情况下，国家统计局可直接授予荣誉称号。

第十条 已获得国家级、省级荣誉称号者，仍为同一先进事迹，一般不再重复授予统计系统的荣誉称号。

第十一条 对生前有突出事迹或重大贡献者，牺牲或去世后可追授荣誉称号。

第四章 表彰和待遇

第十二条 对荣誉称号的获得者，由国家统计局发布嘉奖令，并采取下列形式进行表彰：

1、召开表彰会，为荣誉称号的获得者颁奖；

2、建立荣誉称号薄，记载荣誉称号获得者的先进事迹；

3、举办荣誉称号获得者先进事迹展览会；

4、组织荣誉称号获得者先进事迹报告会；

5、国家统计系统举办重大活动时，邀请部分荣誉称号获得者参加。

第十三条 对获得荣誉称号的个人，颁发奖章、证书，给予一定的物质奖励，并记入本人档案。全国统计系统模范工作者享受国家规定的省、部级劳动模范(先进工作者)待遇。

对获得荣誉称号的集体颁发奖状，并发给一定数量的奖品或奖金。

第十四条 表彰奖励经费，由国家统计局专项列支。

第五章 荣誉称号的剥夺

第十五条 荣誉称号获得者有下列情形之一，剥夺其荣誉称号：

1、伪造事迹，骗取荣誉的；

2、受到行政开除留用察看以上处分的；

3、受劳动教养的；

4、受刑事处罚的；

5、其他严重有损于荣誉称号的。

第十六条 剥夺荣誉称号，由原申报单位报请国家统计局批准。在特殊情况下，国家统计局可以直接予以剥夺。

第十七条 对被剥夺荣誉称号者，收回其奖章、证书、奖状，并记入本人档案。

第六章 附 则

第十八条 本暂行办法由国家统计局人事司负责解释。

第十九条 本暂行办法自发布之日起施行。

国家统计局关于国家统计局机关和直属事业单位机构、编制及地方各级统计局人员编制管理暂行规定

1991 年 9 月 9 日

第一章 总则

第一条 为加强国家统计系统机构、编制管理，根据《中华人民共和国统计法》、《国务院关于加强统计工作的决定》和原国家机构编制委员会批准的《国家统计局“三定”方案》及有关文件规定，结合统计系统的实际情况，特制定本暂行规定。

第二条 国家建立集中统一的统计系统，实行统一领导，分级负责的统计管理体制。

第三条 机构、编制管理工作，必须贯彻精简、统一、效能的原则。实行政事分开，明确职责，理顺关系，减少层次，提高工作效率。

第四条 机构、编制管理工作，必须按照国家规定的机构序列、职务序列和编制使用范围，确定机构级别，规定领导职数，核定人员编制和人员结构比例，并严格按规定的程序和权限报批。

第五条 根据统计改革和统计现代化建设的需要，及时对各级统计部门的机构、编制进行相应调整。

第六条 要充分发挥现有行政、事业机构的职能作用，严格控制增设机构和扩大编制。

第七条 严格控制设立临时性机构，凡属于职能部门的任务，应由有关职能部门办理。确需设立不增加编制的协调性临时机构，任务完成后，应随即撤销。

第八条 国家统计局人事司和省、自治区、直辖市统计局及计划单列省辖市统计局、直属统计院校人事处(科)是负责管理局机关和直属事业单位机构、编制及县以上统计局人员编制的主管部门。

第九条 本规定适用于国家统计系统。

第二章 机构序列及级别

第十条 国家统计局机关内设行政机构一般实行二级制。司、室下设处(室)，处(室)内原则上不设科。

第十一条 国家统计局京内直属事业机构(北京市统计局下设事业机构及城市、农村社会经济调查队按京外事业机构对待，下同)一般实行二级制。所、社、中心、总队下设处(室)，处(室)内原则上不设科。

第十二条 省、自治区、直辖市统计局及计划单列省辖市统计局下设的事业机构(所、中心、站)和地(市、州、盟)、县(市、旗)统计局下设的事业机构(中心、站)与同级统计局的下设行政机构级别相同。

第十三条 省、自治区、直辖市城市、农村社会经济调查队相当于副厅(局)级机构；计划单列省辖市和抽中的省辖市城市、农村社会经济调查队相当于同级统计局副局级机构；抽中的县(市、旗)调查队相当于局级机构。各级调查队下设机构与同级统计局下设机构级别相同。

第三章 领导干部职数和人员结构比例

第十四条 国家统计局机关行政机构及京内直属事业机构领导干部职数和人员结构比例规定如下：

(一)司、室、所、社、中心、总队的领导干部职数为：一般配正职一名，副职一至二名，个别任务较重，人数较多的单位可增配一名副职，但不超过原国家机构编制委员会批准的总职数。

(二)处(室)领导干部职数：正副处长与一般干部按 1:3 比例配备。干部编制在四人以内的配备一名；干部编制为五至八人的可配备二名；干部编制为九人以上的可配备三名。

(三)正副主任科员同科员、办事员的比例一般按 1.5:1 掌握。工勤人员占编制总数的 15%左右。

第十五条 国家统计局驻京外直属事业机构领导干部职数规定如下：

(一)省、自治区、直辖市城市、农村社会经济调查队每队可配备正职一名(正职也可由统计局局长或副局长兼任)，副职二名；计划单列省辖市及抽中的省辖市城市、农村社会经济调查队每队可配备正职一名(正职也可由统计局局长或副局长兼任)，副职一至二名；抽中的县(市、旗)城市、农村社会经济调查队每队可配备正职一名(正职也可由统计局局长兼任)，副职一名。

(二)西安统计学院、四川统计学校各级领导干部职数分别按国家教委(87)教干字 005 号和(85)教

职字008号文件规定执行。

（三）京外直属事业机构处及处以下领导干部职数比例，可参照所在地政府规定比例配备。

上述设科的处级单位不设正副主任科员。

第十六条 院校编制总数及各部门分配比例分别按国家教委(85)教计字090号和(85)教职字008号文件规定执行。

第十七条 在核定各单位编制总数的同时，根据国家关于干部和工人岗位的规定及单位承担的任务与实际情况，划分干部和工勤人员编制，工勤人员比例占本单位编制10%左右。

第十八条 各单位必须在主管部门核定的领导干部职数内配备领导干部。凡未经批准，自行设立的领导职务和超过限额规定配备的领导干部职务一律无效，并要追究单位主要领导和人事工作主管部门负责人的责任。

第四章 机构、编制管理

第十九条 国家统计系统的机构、编制管理，是国家机构、编制管理的有机组成部分，业务上受国家机构编制主管部门的指导，并接受地方机构编制部门的监督。

第二十条 国家统计系统编制，经中央机构编制委员会审核批准后，由国家统计局统一管理，其编制分为行政编制和事业编制。

第二十一条 各地行政区划变动及机构改革中，要大力加强和完善统计监督部门，各级统计机构和力量只能加强，不能削弱。

第二十二条 要加强编制的管理，保持编制的严肃性。在人员编制总额内，下达劳动计划和干部计划，核定工资总额，确定各级职务限额。各单位接收大中专毕业生，招聘、调配、吸收录用干部及招收工人等均不得超出核定的编制人数。

第二十三条 凡未经机构编制主管部门审批的机构、编制一律无效。

第二十四条 机构、编制审批权限

（一）国家统计局机关行政司（室）和京内的直属（司级）事业机构的设立、调整、合并、撤销和编制的增减及司级领导干部职数的确定；国家统计系统编制总数的确定或调整，由国家统计局报国务院或国务院授权部委审批。

（二）国家统计局机关行政司（室）和京内直属事业机构下属各处（室）的设立、调整、合并、撤销；司与司之间职能、任务、编制的调整；处以下干部职数的确定；局机关临时性机构的设立和撤销；京外直属事业单位机构级别的确定；本规定的修改及有关机构编制的其它重大问题，由人事司提出报告，报局长会议审批。

（三）城市、农村社会经济调查队各市、县调查点的选定、调整、撤销；各省、自治区、直辖市和计划单列省辖市城市、农村社会经济调查队以及抽中的市、县调查队编制数的确定、调整，由城市、农村社会经济调查总队提出意见，经人事司审核后，报局长会议审批。

（四）各省、自治区、直辖市统计局及计划单列省辖市统计局下设事业机构的设立、调整、合并、撤销以及编制数、领导干部职数的核定，由省、自治区、直辖市统计局及计划单列省辖市统计局提出报告，经国家统计局人事司审核后，报局长会议审批。

（五）各省、自治区、直辖市及计划单列省辖市所属辖区内统计系统编制总数和各省、自治区、直辖市统计局及计划单列省辖市统计局编制数的确定和调整，由国家统计局人事司提出方案，征求省、自治区、直辖市及计划单列省辖市编委意见后，报局长会议审批。

（六）各省、自治区、直辖市及计划单列省辖市城市、农村社会经济调查队队内机构的设立、调整、合并、撤销以及编制数、领导干部职数的确定，由省、自治区、直辖市及计划单列省辖市调查队提出建议，经同级统计局同意并提出报告，送国家统计局人事司审核，征求总队意见后，报局长会议审批。

第二十五条 地（市、州、盟）以下统计局的行政、事业编制，科及科级以下事业机构；抽中的市、县城市、农村社会经济调查队科及科级以下机构，委托各省、自治区、直辖市统计局审批。并参照本规定制定管理办法，报国家统计局备案。

第二十六条 直属统计院校的机构管理与审批按下列规定执行：

（一）西安统计学院党政管理体制实行院、处（部、室、系）、科三级制；四川统计学校实行校、科（室）二级制。

（二）根据教学需要，院校教学、科研机构的设立、调整、合并、撤销，由院、校提出意见，报国家统计局审批。

（三）西安统计学院党政机构实行限额管理，党政职能机构可设十二个处（室）。在限额内设处级机构以及在行政职能处（室）内必须设科的，其设立、调整、合并、撤销由学院决定，处级机构报国家统计局备案。

（四）西安统计学院在限额之外确需增加副处级以上机构，由学院提出意见，报国家统计局审批。

（五）四川统计学校党政科（室）机构，由学校提出意见，报国家统计局审批。

（六）院校的纪律检查委员会、工会、团委按中共中央、国务院的有关规定配备干部。国家统计局在核定领导干部职数时按规定列入各院校领导干部职数总额内，其机构不定级别。

第五章　附　则

第二十七条　本规定由国家统计局人事司负责解释。

第二十八条　以往有关文件凡与本规定不一致的，以本规定为准。

第二十九条　本规定自下发之日起执行。

国家统计局　人事部关于助理统计师资格考试暂行规定

1991 年 10 月 18 日

第一条　为完善专业技术职务聘任制，加强统计队伍建设，提高助理统计师的素质，特制定本规定。

第二条　在经常性的专业技术职务评聘工作中，实行助理统计师资格考试办法，通过国家统一组织的考试确定其资格。助理统计师资格考试每年进行一次。从本规定下发之日起，不再进行助理统计师职务任职资格的评审工作。获得助理统计师资格的人员，表明其已具有担任相应职务的专业技术水平。资格不与工资待遇挂钩。单位行政领导在岗位需要时，应根据德才兼备的原则，从获得资格的人员中择优聘任助理统计师职务。受聘担任助理统计师职务的人员，领取助理统计师的职务工资。

第三条　参加助理统计师资格考试人员应具备以下条件：

1. 坚持四项基本原则，拥护党的改革开放政策，遵纪守法；

2. 积极钻研本职业务，具备统计人员应有的职业道德；

3. 符合下列规定条件之一：

(1)大学本科毕业从事统计工作 1 年；

(2)大学专科毕业从事统计工作 2 年；

(3)中专毕业担任统计员职务 3 年；

(4)高中毕业担任统计员职务 4 年；

(5)国家机关工作人员获得统计员资格四年。

第四条　具备下述条件之一的担任统计员职务或国家机关获得统计员资格的人员，虽不具备本规定第三条规定的学历、资历，经县团级以上机关和企事业单位推荐并经考试管理部门批准，也可参加助理统计师资格考试：

1. 近 3 年内在统计业务工作方面曾被评为地(市)、厅(局)级以上单位先进工作者；

2. 近 3 年内统计分析研究和调查报告被省级以上单位或报刊采用不少于两篇。

第五条　助理统计师资格考试内容为：社会经济统计学原理、政治经济学、专业统计、会计学基础知识、计算机基础知识。

第六条　参加助理统计师资格考试由本人提出申请，单位审查批准，到当地考试管理机构报告，经资格审查合格后，领取准考证。考生凭准考证参加指定时间、地点的考试。

第七条　助理统计师资格考试合格，授予人事部统一印制的《专业技术资格证书》，全国范围有效。资格证书有一定的有效期，有效期满，持证者需主动到发证机构注册登记。

第八条　助理统计师资格考试由人事部和国家统计局共同负责。人事部负责审批考试规定，审定考试大纲和试题，并对考试进行指导、监督。国家统计局负责编写考试大纲、建立题库和考试的组织工作。各地的考试工作在省、自治区、直辖市及计划单列市职称改革工作领导小组领导下进行，日常工作由统计局职改办负责。计划单列市助理统计师资格考试是否单独组织实施问题，由各省职称改革工作领导小组确定。中央单位需参加助理统计师资格考试的人员，参加当地的报名和考试。

第九条　助理统计师资格考试考场原则上只在地(市)级及省会城市设置。有关考场设置的要求和考试纪律参照统计员资格考试的规定执行。

第十条　对在首次专业技术职务聘任工作中受聘助理统计师职务的人员，经严格考核合格，可续聘助理统计师职务。

第十一条　本规定适用于国家机关、企业、事业单位在统计工作岗位的人员。

第十二条　本规定自颁发之日起试行，过去有关规定与本规定不一致的，以本规定为准。

国家统计局关于统计违法案件查处工作暂行规定

1991 年 10 月 31 日

第一条　为适应统计法规检查工作的需要，逐步实现统计违法案件查处工作的规范化，提高办案质量，根据《中华人民共和国统计法》及其实施细则的有关规定，制定本规定。

第二条　有关部门转办的材料和信访材料，是查处统计违法案件的重要材料来源。统计法规检查机构应对案件材料进行统一登记和编号，并将所反映的主要问题及处理意见，报主管领导审批。

信访材料，依照统计违法案件管辖权限进行处理。不属于统计法规检查机构职权范围或不属本级管辖的，由接受案件材料的单位填发《统计法规检查信访转办单》，交由有管辖权的下级统计法规检查机构或有关部门处理。下级统计法规检查机构应按上级要求，及时报告办理情况。

对于统计违法行为的举报，应坚持有告必理的原则，对举报材料的处理情况应及时告知举报人。

第三条 凡《统计法》第二十五条、《统计法实施细则》第三十一条所列行为，需要追究法律责任的，均属统计法规检查机构的立案范围。

第四条 立案查处的统计违法案件，必须同时具备下列条件：

(一)有明确的行为人(包括公民、法人或有关组织)；

(二)经初步审查，有违反统计法律、法规的行为，情节较重应依法追究其法律责任的；

(三)按照职责与分工规定，属于管辖范围内的。

第五条 县以上各级人民政府统计机构是统计违法案件的查处机关。查处统计违法案件，按照统计部门统一领导、分级管理的原则，根据统计工作关系，分工立案。

各省、自治区、直辖市统计局有权立案查处在本地区有重大影响的统计违法案件；国家统计局有权立案查处在全国有重大影响的和认为应当由国家统计局立案查处的统计违法案件。

各级业务主管部门的统计法规检查机构或统计检查员，负责立案查处本部门内的统计违法案件，并向同级统计部门备案。

统计部门立案查处统计违法案件，有关的业务主管部门应予协助。

上级统计局有权纠正下级统计局或同级主管部门处理不当的统计违法案件。

第六条 办案人员必须对案件来源所依据的材料的可靠性和真实性，进行初步审查，确定是否立案。初步审查的内容包括：

(一)案件材料所反映的情况是否可靠；

(二)案件的违法性质和情节是否应追究法律责任；

(三)是否应由本级、本部门管辖等。

第七条 拟定立案查处的统计违法案件，由主办单位写出立案报告，填写《立案审批表》，报送主管领导审批同意后立案。

第八条 有下列情形之一，不予立案：

(一)不属于本单位管辖或分工范围的；

(二)没有违法事实，或者违法情节轻微，不须追究法律责任的。

第九条 确定立案查处的案件，应根据案件所涉及的范围及难易程度，组成调查组(或联合调查组)进行调查。调查组由三人以上单数组成，实行集体办案，领导负责的工作制度。

在实施调查前，调查组应制定调查方案，报经主管领导批准后实施。

第十条 调查统计违法案件，首先应找知情人或被调查人所在单位了解案发情况及有关线索，也可直接听取当事人意见；对严重违反统计法规的当事人，必要时建议有关部门令其停职检查。

第十一条 调查统计违法案件，必须取得与本案有关的证据，包括书证、物证、视听资料、证人证言、当事人陈述、鉴定结论和勘验笔录等。

调查取证人员不得少于二人。调查人员在调查时必须持有政府统计部门或主管部门的证明文件，统计检查员应出示《统计检查证》。

调查取证过程中，调查人员应注意做好调查笔录。

统计法规检查机构可以使用党的纪律检查机关、行政监察机关、司法机关以及与本案有关部门提供的证据。

调取证据时，调查人员对证人提供的情况不得当面肯定或否定。涉及国家秘密和个人隐私的证据，必须保密。

搜集物证要取得原物。不能取得原物的，应拍照、影印或复制，同时注明出处和原物保存单位。

收集证言时，要事先了解证人与被调查人的利害关系、证人对案情的了解程度等。取证时，要向出证人讲明出证要求和出证责任。出证人要求部分或全部更改证言时，应当允许，但同时要写明更改原因，不退还原证。

对于有争议的问题，调查组有权指派或聘请具有专门知识的人进行分析、鉴定和判断，作出鉴定结论。鉴定人应在鉴定结论上签名、盖章。有关统计专业问题的鉴定，应由具有统计师以上职称的自然人担任。

第十二条 任何人不得涂改或毁弃证据材料。故意出具伪证或毁弃证据材料的，查处机关应建议有关部门严肃处理。

第十三条 调取证据必须做到充分、客观，经查证属实方可作为定案的依据。证据不足的应予补充调查。

第十四条 调查组应将认定的事实同被调查人见面，认真听取被调查人的申辩，然后写出调查报告。调查报告的内容包括：

(一)立案依据；

(二)违法事实；

(三)案件性质；

(四)有关人员责任；

(五)被调查者态度;

(六)处理意见;

(七)调查组成员和报告时间等。

第十五条 主管领导应及时召开有调查组全体成员参加的会议对调查材料进行讨论。案件性质和处理意见，根据少数服从多数的原则提出，不同意见应记录在案。

主管领导与多数同志意见不一致时，应提交局长办公会议讨论，以少数服从多数的原则作出处理决定。

作出的处理决定，应填写《统计违法案件处理意见审批表》，报主管领导审批，履行审批手续。

第十六条 用于定案的证据必须经过查证属实。

在审议中如发现案件事实不清、证据不足或手续不全的，应责成调查组补充调查。

第十七条 统计违法案件，经调查确认违反统计法规事实清楚、证据确凿、情节较重尚未构成犯罪的，由查处机构依法处理:

(一)需给予行政处分的，统计法规检查机构应提出处理意见，签发《统计违法行为处理意见通知书》，连同案件材料(副本)交由主管部门处理。属于国家监察对象的，可同时移送同级监察机关处理。

有关部门应在接到《统计违法行为处理意见通知书》之日起三十日内，根据《统计违法行为处理意见通知书》提出的处理意见处理，并将处理结果告之签发《统计违法行为处理意见通知书》的统计部门。对处理意见有异议的，应在此期限内提出书面意见。

统计部门有权查询或建议有关部门督促执行。

(二)依照地方统计法规、规章的规定给予行政处罚的，应签发《统计违法行为处罚通知书》。当事人拒绝执行的，统计部门可申请有关部门协助执行，或申请人民法院强制执行。

(三)统计违法案件，经调查确认违反统计法规证据不足或虽有违法事实但情节显著轻微，不需追究法律责任的，应写明情况，予以销案。

第十八条 当事人对所受行政处罚不服，应向做出处罚决定机关的上一级机关申请复议或向人民法院起诉。

对复议决定仍有异议的，可按有关规定向人民法院提起诉讼。

第十九条 统计法规检查机构签发的处理意见或处罚决定，应由被送达当事人或单位在《送达证》上签名盖章，并注明签收日期。

如当事人不在或拒绝签收，可由单位领导代为签收，或在其他有关人员见证下由送达人、见证人签名或盖章，并注明拒收原因。

第二十条 统计法规检查机构对查处的统计违法案件，在处理决定得到完全执行后，应写出结案报告，报经主管领导同意，予以结案。同时，要报上一级统计法规检查机构和有关部门备案。

第二十一条 查处统计违法案件实行谁办案谁立卷的原则，办案人员及所在部门应将办案过程中所形成的材料，按照“材料齐全，排列有序，装订整齐，便于查阅”的原则进行立卷归档。

调查组整理的案卷，必须具备下列材料原件:

(一)立案审批表;

(二)调查报告及有关证据;

(三)被调查单位领导的意见;

(四)被调查人的检查材料及其对核查事实的意见;

(五)审查结论及处理决定;

(六)结案报告及其他与本案有关的重要材料。

第二十二条 本办法由国家统计局负责解释。

第二十三条 本办法自发布之日起实施。

国家统计局关于“八五”期间开展县统计局长岗位培训工作的意见

1991年11月4日

县级(包括县级市、区，下同)政府统计机构是我国国家统计系统的重要组成部分，县级统计工作是整个统计工作的基础。县统计局长作为县政府统计机构的领导者，其政治与业务素质的高低对于本县的统计工作具有重要影响。近年来，全国的县统计局长的文化、年龄结构有了较大变化，一大批具有较高文化程度、年富力强的统计干部走上了县统计局的领导岗位。一些地方根据统计改革和统计工作发展的需要，对县统计局长进行了以岗位需要为主要内容的业务培训，“七五”期间，全国有近三分之一的县统计局长参加了培训，取得了明显的效果。但是，也应该看到，随着统计改革和统计工作的不断深入发展，我国县统计局长的政治与业务素质，从整体上看还不能完全适应统计事业发展的需要，县统计局长的培训还不够广泛，在培训内容、培训形式以及培训效果考核等方面都有待改进和完善。

为了进一步提高统计工作水平，加速统计改革和统计现代化建设的步伐，“八五”期间，国家统计局把开展县统计局长的岗位培训作为加强统计基础建设，提高基层统计工作水平的重要措施之一，使培训工作逐步走上了制度化、经常化和正规化的轨道。为此，特对县统计局长的培训工作提出如下意见：

一、指导思想和总体要求

县统计局长的岗位培训是整个统计干部岗位培训工作的一个重要组成部分，要认真贯彻党中央、国务院关于干部培训工作的指示精神，把马列主义理论和岗位所需要的业务知识技能作为培训的主要内容。通过培训，使县统计局长达到岗位规范的要求，从而提高基层统计工作的水平，推动统计改革和统计现代化建设。

"八五"期间，要对全国的县统计局长普遍进行一轮培训。各级统计部门的领导对此项工作要予以高度重视，并做出计划。培训的具体组织工作由省、自治区、直辖市及计划单列市统计局的教育培训部门承担。

二、培训对象

县统计局长、副局长，地(市)统计局的正副科长，抽中县(市)城市、农村社会经济调查队队长、副队长，地(市)调查队的正、副科长。

三、培训内容

县统计局长岗位培训的内容主要依照县统计局长岗位规范的要求，以提高培训对象的理论知识水平和实际工作能力为宗旨确定。设置四门基本课程：1、经济理论概述；2、统计学概论；3、计算机基础知识；4、行政管理知识。四门课程的总学时(包括课堂讲授、自学、研讨等)为250小时。

各省、自治区、直辖市及计划单列市统计局在对县统计局长进行上述四门基本课程的培训之外，还可以根据培训对象的不同知识结构和各地统计工作的实际情况，有针对性地补充一些内容，及时进行知识更新和补缺。

四、培训办法

县统计局长的岗位培训由国家统计局统一制定岗位规范和要求，并负责编写四门基本课程的培训教材。培训形式以脱产学习为主，由各省、自治区、直辖市及计划单列市统计局教育机构负责举办培训班，时间为一个半月左右。培训班应针对县统计局长实际工作经验较丰富、分析理解能力较强的特点，注重理论联系实际，教学方法灵活多样，将课堂讲授、自学、研讨等形式有机地结合起来，以提高培训效果。

五、培训经费

县统计局长参加岗位培训所需交通、住宿、住勤补贴等费用，按差旅费列支，教学费用由主办单位在当年统计事业费预算中统筹安排。

六、培训考核

建立严格的县统计局长岗位培训考核制度是使培训工作制度化的一项重要内容，也是保证培训质量的必要措施和手段。县统计局长岗位培训规定的四门基本课程，在培训结束时，要对学员进行认真的考核。考核的形式可根据课程本身的特点，采取闭卷考试和撰写论文、分析报告相结合的形式来综合评定总成绩。对经培训考核合格的县统计局长，由各省、自治区、直辖市及计划单列市统计局颁发县统计局长岗位培训合格证书。考核未通过者，应继续参加今后组织的培训。

七、加强组织领导

加强县统计局长岗位培训工作的组织领导是做好这一工作的重要保证。各省、自治区、直辖市及计划单列市统计局的领导应从提高统计工作水平，推动统计事业发展的需要出发，将其列入重要议事日程，予以高度重视。要根据本地的实际情况，组织制定出切实可行的培训计划；要在人力、物力、财力等方面为培训工作的开展创造必要的条件，要建立和完善各项培训制度，认真进行督促检查，定期分析培训工作情况，搞好质量评估，要建立县统计局长岗位培训档案，并将他们参加培训的情况抄报当地的组织、人事部门备案，作为对干部进行考核的依据之一。

监察部　国家统计局关于转发河北省人民政府《关于省粮食局违反〈中华人民共和国统计法〉问题的通报》的通知

1991年11月26日

各省、自治区、直辖市监察厅(局)、统计局，各计划单列市监察局、统计局，驻国务院各部委、直属机构监察局、监察专员办公室：

根据领导同志的批示，监察部、国家统计局组成联合调查组，对群众举报河北省粮食局1988年违反《统计法》，虚报1亿公斤农业饲料粮销售量，修改1987粮食年度全省粮食销售统计数字等有关问题进行了核查。为严肃纪律，河北省人民政府已对省粮食局的错误在全省通报批评，现将河北省人民政府的《通报》转发给你们。

河北省粮食局违反《统计法》，虚报粮食销售量、修改全省粮食销售统计报表，其错误性质是严重的。应当指出，在统计工作中，类似的问题决不是个别的，这种弄虚作假的错误做法，不仅违反了《统计法》，违背了统计职业道德，也背离了党和政府一贯提倡的实事求是的原则，任其发展下去，后果十分严重。各级统计部门对此要引起高度重视，要从河北省粮食局的错误中吸取教训，严格依法办事，严格遵循统计职业道德，坚持实事求是，忠于职守，千方百计地保证统计数据的客观性、真实性，维护统计工作的严肃性。对那些置国家法律于不顾，“以权定数”，“以数谋私”，虚报、瞒报统计数据；篡改统计报表；对敢于坚持原则的统计工作人员刁难、压制，甚至打击报复等严重违法违纪的人和事，各级行政监察机关要会同统计部门依法严肃查处。

附：

河北省人民政府关于省粮食局违反《中华人民共和国统计法》问题的通报

1991 年 10 月 17 日

1987 年 11 月 18 日，省政府根据国务院办公厅有关文件精神，决定在已安排 1 亿公斤饲料粮的基础上，在 1987 粮食年度再安排 1.35 亿公斤饲料粮。1987 年 12 月 8 日，省粮食局向省政府报告了安排计划。但到 1988 年 3 月底(即 1987 粮食年度末)一直未安排。全省 1987 粮食年度粮食统计数字于 1988 年 4 月 6 日汇总，共实现粮食销售 27.74 亿公斤，比商业部核定的计划销售指标 29 亿公斤少 1.26 亿公斤。省粮食局便议定在实际销售数量的基础上，增加 1 亿公斤农业饲料粮销售量(实际未销)，以 28.74 亿公斤向商业部报告。1988 年 4 月 8 日，省粮食局领导签发了向全省各地、市分配 1 亿公斤饲料粮的电话通知，明确要求此项粮食数量统计在 1988 年 3 月份销售表中。5 月 28 日，省粮食局又以冀粮计调字[1988]第 111 号文件下达通知，进一步明确要求各地、市及有关县(市)将未销售的 1 亿公斤饲料粮统计在 1987 年度粮食销售表中。根据省粮食局的通知精神，全省粮食系统按照实际并未销售的粮食分配数字修改了 1988 年 3 月份和 1987 粮食年度粮食销售统计数字。

省粮食局虚报 1987 粮食年度饲料粮销售数量，并通知全省粮食系统修改粮食销售统计数字，违反了《中华人民共和国统计法》的有关规定，造成了不良影响。省粮食局已为此做出检查。省政府决定予以通报批评。青龙满族自治县粮食局统计员耿艳荣同志认真执行《中华人民共和国统计法》，抵制修改粮食销售统计报表，是完全正确的，应当予以表扬。青龙县政府要妥善安排耿艳荣同志的工作。原青龙满族自治县粮食局局长樊玉奎同志对耿艳荣同志的正确做法采取公开指责和不予报销差旅费等刁难、压制的行为，是极其错误的。青龙满族自治县监察局已给予樊玉奎行政警告处分。

各级人民政府和粮食部门都要从省粮食局违反《中华人民共和国统计法》的错误中认真吸取教训，进一步提高法制观念和依法行政的意识，支持统计部门和统计人员依法履行职责，决不允许对他们坚持《中华人民共和国统计法》的正确做法进行刁难、压制或打击报复。统计部门和统计人员要敢于坚持实事求是的原则，坚决抵制弄虚作假、任意修改统计数字的违法行为，确保统计资料的准确性、客观性、科学性。

重要统计制度方法选编

关于工资总额组成的规定

1989年9月30日国务院批准
1990年1月1日国家统计局发布

第一章 总 则

第一条 为了统一工资总额的计算范围，保证国家对工资进行统一的统计核算和会计核算，有利于编制、检查计划和进行工资管理以及正确地反映职工的工资收入，制定本规定。

第二条 全民所有制和集体所有制企业、事业单位，各种合营单位，各级国家机关、政党机关和社会团体，在计划、统计、会计上有关工资总额范围的计算，均应遵守本规定。

第三条 工资总额是指各单位在一定时期内直接支付给本单位全部职工的劳动报酬总额。

工资总额的计算应以直接支付给职工的全部劳动报酬为根据。

第二章 工资总额的组成

第四条 工资总额由下列六个部分组成：

(一)计时工资；

(二)计件工资；

(三)奖金；

(四)津贴和补贴；

(五)加班加点工资；

(六)特殊情况下支付的工资。

第五条 计时工资是指按计时工资标准(包括地区生活费补贴)和工作时间支付给个人的劳动报酬。包括：

(一)对已做工作按计时工资标准支付的工资；

(二)实行结构工资制的单位支付给职工的基础工资和职务(岗位)工资；

(三)新参加工作职工的见习工资(学徒的生活费)；

(四)运动员体育津贴。

第六条 计件工资是指对已做工作按计件单价支付的劳动报酬。包括：

(一)实行超额累进计件、直接无限计件、限额计件、超定额计件等工资制，按劳动部门或主管部门批准的定额和计件单价支付给个人的工资；

(二)按工作任务包干方法支付给个人的工资；

(三)按营业额提成或利润提成办法支付给个人的工资。

第七条 奖金是指支付给职工的超额劳动报酬和增收节支的劳动报酬。包括：

(一)生产奖；

(二)节约奖；

(三)劳动竞赛奖；

(四)机关、事业单位的奖励工资；

(五)其他奖金。

第八条 津贴和补贴是指为了补偿职工特殊或额外的劳动消耗和因其他特殊原因支付给职工的津贴，以及为了保证职工工资水平不受物价影响支付给职工的物价补贴。

(一)津贴。包括：补偿职工特殊或额外劳动消耗的津贴，保健性津贴，技术性津贴，年功性津贴及其他津贴。

(二)物价补贴。包括：为保证职工工资水平不受物价上涨或变动影响而支付的各种补贴。

第九条 加班加点工资是指按规定支付的加班工资和加点工资。

第十条 特殊情况下支付的工资。包括：

(一)根据国家法律、法规和政策规定，因病、工伤、产假、计划生育假、婚丧假、事假、探亲假、定期休假、停工学习、执行国家或社会义务等原因按计时工资标准或计时工资标准的一定比例支付的工资；

(二)附加工资、保留工资。

第三章 工资总额不包括的项目

第十一条 下列各项不列入工资总额的范围：

(一)根据国务院发布的有关规定颁发的创造发明奖、自然科学奖、科学技术进步奖和支付的合理化建议和技术改进奖以及支付给运动员、教练员的奖金；

(二)有关劳动保险和职工福利方面的各项费用；

(三)有关离休、退休、退职人员待遇的各项支出；

（四）劳动保护的各项支出；

（五）稿费、讲课费及其他部门工作报酬；

（六）出差伙食补助费、误餐补助、调动工作的旅费和安家费；

（七）对自带工具、牲畜来企业工作职工所支付的工具、牲畜等的补偿费用；

（八）实用租赁经营单位的承租人的风险性补偿收入；

（九）对购买本企业股票和债券的职工所支付的股息（包括股金分红）和利息；

（十）劳动合同制职工解除劳动合同由企业支付的医疗补助费、生活补助费；

（十一）因录用临时工而在工资以外提供劳动力单位支付的手续费或管理费；

（十二）支付给家庭工人的加工费和按加工订货办法支付给承包单位的发包费用；

（十三）支付给参加企业劳动的在校学生的补贴；

（十四）计划生育独生子女补贴。

第十二条 前条所列各项按照国家规定另行统计。

第四章 附 则

第十三条 中华人民共和国境内的私营单位、华侨及港、澳、台工商业者经营单位和外商经营单位有关工资总额范围的计算，参照本规定执行。

第十四条 本规定由国家统计局负责解释。

第十五条 各地区、各部门可依据本规定制定有关工资总额组成的具体范围的规定。

第十六条 本规定自发布之日起实施。国务院1955年5月21日批准颁发的《关于工资总额组成的暂行规定》同时废止。

国家统计局 国务院生产委员会关于对234户“双保”重点骨干企业建立跟踪监测统计系统的通知

1990年6月25日

各省、自治区、直辖市、计划单列市经委（或计经委、计委）、统计局、国务院各有关部门：

国务院国发（1990）25号文件决定，今年开始国家对234户重点骨干企业试行“双保”，即国家向企业提供主要生产条件，企业保证向国家上交利税和统配产品。为了保证“双保”办法的组织实施，要求统计部门建立统计检查制度，定期通报企业完成国家统配产品合同，上交利税和外部生产条件合同完成情况。并要求有关部门和地区都要负责对“双保”企业进行跟踪服务，及时研究试行过程中遇到的新情况，解决新问题。根据国务院文件精神，经研究决定，在全国建立“双保”企业跟踪监测统计系统。现将具体事项通知如下：

一、关于统计信息的采集、审核、报送及汇总

各“双保”企业是统计信息的直接来源，必须有一位厂长（经理）负责组织领导，由综合统计部门负责具体实施。各企业必须按《国家“双保”重点骨干企业跟踪监测统计系统实施办法》的要求和规定日期，及时准确地将统计信息上报省、区、市和计划单列市统计局，并同时报送省、区、市和计划单列市经委（或计经委、计委）及国务院主管部门。各省、区、市统计局应会同各省、区、市经委（或计经委、计委）及有关部门，按国家计划、企业隶属关系和物资供应渠道进行审核。月报于月后10日前、季报于季后15日前由省、区、市统计局负责上报国家统计局；国务院有关主管部门在季后18日前上报国家统计局，并提出意见，逾期不报，视为同意企业上报资料。国家统计局负责全国“双保”企业统计信息的汇总工作。

二、关于统计信息的传递和处理

“双保”企业统计资料采取快速采集和处理。为此，国家统计局将与各省、区、市统计部门及国务院各有关部门建立微机网络系统，各部门及各省、区、市、计划单列市统计局也应相应直接与企业建立微机联网，整个系统以远程传输为主。地方联网所需设备、人员培训、远程传输、印制报表等经费，由地方经委（或计经委、计委）及当地政府协助解决；部门联网所需经费，由部门解决；企业联网所需设备经费由企业自行解决。在微机联网传输系统尚未建立前，暂采取软盘或报表报送。

三、关于“双保”办法执行情况检查、考核和通报

“双保”企业统计资料经国务院生产委员会与国家统计局审核汇总后，定期公布或通报“双保”办法执行情况。对上交国家统配产品和利税完成好的企业，给予通报表扬；对国家基本保证生产条件而完成国家合同较差的个别企业，在核实情况后，要点名通报，并责成主管部门帮助企业采取措施，保证完成国家指令性合同计划。对“双保”办法执行中遇到的困难和问题，有关部门和地区要各负其职，及

时帮助企业排忧解难，按"双保"要求创造好的外部生产环境。

四、对"双保"重点骨干企业实行跟踪监测是一项政策性很强的工作，请各部门、各地区加强领导，认真组织、配备必要的人员，切实抓紧抓好。

本监测统计系统从今年七月份开始运行，上报上半年资料。为确保"双保"企业数据的一致性，避免报表多乱，减轻企业负担，任何部门不得向"双保"企业布置雷同的报表。

国家统计局 人事部 劳动部 国家计委关于在劳动计划和统计中划分企业、事业、机关单位的暂行规定

1990年9月19日

第一条 为了统一劳动工资计划和统计口径，满足劳动工资计划管理的需要，特制定本规定。

第二条 企业、事业、机关的划分应以独立核算单位作为划分的基本单位。独立核算单位的条件是：行政上有独立的组织形式，具有法人资格；会计上独立核算盈亏，独立编制资金平衡表或财务预算、决算表；有权与其他单位签订合同，并在银行设有独立的户头。非独立核算单位应随其主管的独立核算单位加以确定。

第三条 企业、事业、机关的划分应以单位的职能和工作性质加以确定。

第四条 企业、事业、机关的定义和范围是：

一、企业 指从事商品生产、流通、经营和服务性经济活动，以营利为目的并在工商行政管理部门登记的独立核算单位。包括：

1. 农业企业；
2. 工业企业；
3. 建筑企业；
4. 交通运输和邮电通讯企业；
5. 商业企业、公共饮食企业、物资供销和仓储企业；
6. 房地产开发企业、居民服务企业和市内公共交通企业；
7. 文化企业；
8. 金融、保险企业(不包括中国人民银行总行)；
9. 其他企业；

二、事业 指从事为生产和生活服务以及为提高人民科学、文化水平和素质服务的独立核算单位。包括：

1. 农、林、牧、渔、水利事业；
2. 地质普查和勘探事业；
3. 勘察、建筑设计事业；
4. 交通运输事业；
5. 房地产管理、公用事业和咨询服务事业；
6. 卫生、体育和社会福利事业；
7. 教育、文化艺术和广播电影电视事业；
8. 科学研究和综合技术服务事业；
9. 其它事业；

三、机关 指具有代表国家权力和行使国家行政、检察、审判职能，组织协调社会、政治、经济、科技等活动的独立核算单位。包括：

1. 国家机关；
2. 政党机关；
3. 社会团体；
4. 经济管理机关；

上述企业、事业、机关的具体范围详见附件。

第五条 本规定只适用于劳动工资计划管理和统计在划分企业、事业、机关时使用，不作为其他管理工作的依据。

第六条 本规定由国家统计局负责解释。

第七条 本规定自1990月10月1日起实行，凡过去有关规定与本规定相抵触的，一律以本规定为准。

国家统计局 国家计委 国家物价局关于印发《1990年工业产品不变价格》的通知

1990年9月30日

国务院各有关部门，解放军总后勤部，各省、自治区、直辖市统计局、计(经)委、物价局(委员会)，计划单列的省辖市统计局，新疆生产建设兵团：

1980年工业产品不变价格已经执行了9年。几年来，我国的工业生产结构和产品的价比关系发生了很大变化。为了准确计算工业发展速度、分析经济形势和满足现实经济管理的需要，组织编制了1990年工业产品不变价格，现印发你们，请认真

组织贯彻执行。

一、1990年工业产品不变价格，从编报1990年工业统计年报起开始执行。

二、1990年工业产品不变价格的执行范围是：乡及乡以上全部工业企业(单位)。村及村以下工业和城乡个体经营工业不执行。

三、为保证和便于1990年工业产品不变价格的执行和管理，各工业企业、各级政府统计部门，各级工业管理部门均应备有所需的《1990年工业产品不变价格》。

附

1990年工业产品不变价格的使用和管理办法

编制工业产品不变价格，是为了剔除价格变动因素，进而计算工业发展速度和分析研究工业经济结构问题。因此，工业产品不变价格必须保证严格的横向上的统一性和纵向上的可比性。目前，我国的经济管理体制已发生了很大变化，工业品价格形式错综复杂。为了确保1990年工业产品不变价格的严格贯彻执行，特制定1990年工业产品不变价格使用和管理办法。

一、属于工业产品不变价格执行范围内的各工业企业(单位)，在编报各种统计报表时，必须严格执行1990年工业产品不变价格，不得用现行价格代替或以任何理由拒不执行。各级政府统计部门和企业主管部门要认真组织贯彻，并要经常进行检查。对不执行者，要依据《统计法》及《实施细则》追究有关人员的责任。

二、乡镇企业点多面广，各级政府统计部门和乡镇企业主管部门应把这类企业作为重点来抓。乡镇企业主管部门要根据本系统的实际情况，制定具体的措施和办法，以确保执行不变价格范围内的乡镇工业企业认真、准确地执行1990年工业产品不变价格。

三、1990年工业产品不变价格，原则上是用1989年第四季度的综合平均出厂价格确定的，与企业的产品实际价格不尽一致，这是正常现象，企业必须按规定的不变价格执行。许多工业产品的不变价格是按类编制的，没有列具体规格型号，凡属此类产品，不论本企业生产的产品是什么型号，其实际价格与该类产品的不变价格有多大差异，均要按该类产品的不变价格执行。

四、1990年工业产品不变价格包括以下两大部分：

1. 全国目录。由三部分组成：全国通用部分，共计45册；军工部分，在军工系统内部执行；特殊部门部分，在各该系统内执行，计有7册。均经国家统计局审核，在全国范围内执行。

2. 省级补充目录。由各省、自治区、直辖市统计局会同本地区有关部门，在全国目录基础上补充编制(须报国家统计局和国务院有关部门备案)，在本地区范围内执行。

省级补充的目录不得与全国目录重复或矛盾。如果出现这种情况，以全国目录为准。

五、各工业企业(单位)不得自行补充工业产品不变价格，如果需要应按第六项的有关规定执行。

六、今后工业产品不变价格的补充问题。

1. 1990年工业产品不变价格目录(包括第四项中两大部分)中找不到完全吻合的产品(不是指企业掌握的目录中查找不到的产品。属于这种情况应由企业提出，由当地政府统计部门查找后提供)不变价格的补充。这里主要是指企业生产的某些产品与目录中所列的产品规格型号对不上。这种情况由企业向当地政府统计部门提出报告，由统计部门按下述公式确定后反馈企业：

$$\text{补充产品的不变价格}=\text{最接近该补充产品实际售价的产品的不变价格（同类产品中实际售价）}\times\frac{\text{该补充产品的实际销售平均价格}}{\text{同类产品中实际售价最接近该补充产品实际售价的产品的实际销售平均价格}}$$

2. 1990年工业产品不变价格中没有这类产品(指品种、种类，不是规格、型号，也就是不管产品规格、型号、功能、材质等的变化，只要过去已有同类产品，而不论其差异多大，均不属此列，而应按上述第一条规定补充)的不变价格补充。这类产品一般都是在全国第一次生产，它的不变价格补充以实际售价为基础，由国务院归口部门负责确定，并通知各省(区、市)统计局和企业主管部门，在全国范围内执行(企业得到通知之前，经当地统计局批准，可暂使用第一次出厂价)。各地区和企业无权补充。

3. 1990年工业产品不变价格中没有列出的各种零配件的不变价格补充。按下述公式由企业计算后，报当地政府统计部门审核确定补充：

$$\text{零配件的补充不变价格}=\text{该零配件对应的整机不变价格}\times\frac{\text{该零配件的现行价格}}{\text{该零配件对应的整机现行价格}}$$

4. 1990年工业产品不变价格中没有列出的各种工业性作业的不变价格补充。原则上按下述公式由企业计算后，报当地政府统计部门审核确定补充：

$$\text{工业性作业不变价格} = \text{工业性作业活动加工对象(即产品)在目录中所列的成品全价不变价格} \times \frac{\text{工业性作业的现价单位(或单位收入)}}{\text{目录中所列的该工业性作业活动加工对象(即产品)的成品现价全价}}$$

如果企业确实难以取得工业性作业活动加工对象(即产品)全价的不变价格和现行价格资料，也可按下述公式计算，但必须征得当地统计部门同意。

$$\text{按不变价格计算的工业性作业价值} = \text{工业性作业现价收入} \times \frac{\text{本企业其他产品按不变价格计算的产品价值}}{\text{本企业其他产品按现行价格计算的产品价值}}$$

对于不能按上面两个公式补充计算工业性作业不变价格的专业修理厂等，由省(区、市)企业主管部门每年测定一个换算系数，在1月底前通知有关企业执行。

5. 所有产品(包括现行实际工作中的新产品)的不变价格补充，原则上均按上述四项规定执行。如有个别产品存在特殊情况，也应上报省(区、市)统计局确定，并报国家统计局审批。

不变价格在今后执行中的补充工作直接关系到统计数字的质量，因此，各地区、各部门必须高度重视这项工作，认真执行上述几项规定。

七、全国工业产品不变价格目录，未经国家统计局同意，不得自行修改；省级补充的工业产品不变价格目录，未经省(区、市)统计局同意，不得自行修改。在使用中遇有不清楚的问题，涉到全国不变价格目录的，请与国务院各有关部门联系；涉及到省级补充不变价格目录的，请与省(区、市)统计局联系。

八、凡过去有关规定与本办法矛盾的，一律以本办法为准。本办法由国家统计局负责解释。

国家统计局　国家计委国家物价局关于印发《1990年农业产品不变价格》的通知

1990年11月7日

国务院各有关部门，解放军总后勤部，各省、自治区、直辖市统计局、计(经)委、物价局(委员会)，计划单列的省辖市统计局，新疆生产建设兵团：

1980年农业产品不变价格已经执行了9年。几年来，我国的农业生产结构和产品的比价关系发生了很大变化。为了准确计算农业发展速度、分析经济形势和满足现实经济管理的需要，我们根据有关部门和各地提供的资料，经过反复研究，编制了《1990年农业产品不变价格》，现印发你们，请认真组织贯彻执行。

一、《1990年农业产品不变价格》，从编报1990年农村统计年报起开始执行。

二、《1990年农业产品不变价格》为全国通用的农业产品不变价格，未经国家统计局同意，不得自行修改。

三、为适应农村商品经济发展，使农民自产自用的农副产品计价趋向合理，对现行农业总产值、农村经济收入、农民纯收入中农民自产自用农副产品按国家统购价格计算，改为按新的计价标准计算。新的计价标准是：(1)凡是有合同定购价的采用合同定购综合平均价(即合同定购中统购价和超购价的加权平均价)；(2)没有合同定购价的，采用大量上市时的综合平均价。

四、为保证和便于《1990年农业产品不变价格》的执行和管理，各级政府部门、农村管理部门、农场等均应备有所需的《1990年农业产品不变价格》。

国家统计局关于对外公布国民生产总值指标统一用人民币为计算单位的通知

1990年11月2日

各省、自治区、直辖市统计局，计划单列的省辖市统计局：

国民生产总值是反映一个国家(地区)经济发展水平的综合性指标。我国到2000年的经济发展战略以国民生产总值翻两番作为标志，国际经济对比中也把国民生产总值作为最重要、最基本的指标。近几年，国家先后几次调整了人民币外汇比价，但在人民币折合美元方面没有规定统一办法，因而，用不同时期的人民币外汇比价可以折合成不同的以美元为单位的国民生产总值数额，公布出去后会引起一些争议，甚至会影响我国正常的国际交往。为此，请你们今后对外提供和公布国民生产总值指标时，一律用人民币为计算单位。

国家统计局关于修改农村五种加工业总产值计算方法的通知

1990年11月22日

各省、自治区、直辖市统计局，计划单列的省辖市统计局和新疆生产建设兵团，国务院各有关部门：

现行工业统计制度中，农村缝纫、碾米、磨粉、轧花、屠宰五种加工业(简称五种加工业，下同)总产值的计算方法，是根据50年代我国农村工业的状况制定的，即均按加工费计算工业总产值，不包括原材料的价值。近十年来，农村五种加工业得到迅速发展，其规模和水平与50年代相比，发生了很大变化，与城市这几种加工业的规模和水平逐渐接近。因此，这一规定与农村工业发展现状越来越不相适应，使城乡工业不可比的矛盾愈加突出。为真实反映农村工业的发展规模，经征求有关部门意见，决定对农村五种加工业的总产值计算方法进行如下修改：

一、农村工业中的缝纫、碾米、磨粉、轧花、屠宰五种加工业原则上同城市工业一样，按全价计算工业总产值，包括原材料的价值。考虑到农村工业的实际情况，仍存在简单加工和复杂加工的较大差别，为便于与会计核算方法的协调，农村五种加工业中，凡在会计上以加工费作为结算形式的，按加工费计算工业总产值。

二、本规定从1990年统计年报时开始执行，全部工业统计年报表中的1980年不变价总产值和现价总产值仍按原方法计算，1990年不变价总产值按新方法计算，请各省、自治区、直辖市统计局，在国工年综01表的表末附报分列缝纫、碾米、磨料、轨花、屠宰按新方法计算的1980年不变价格和现价总产值资料。1990年各月进度统计仍按原计算方法执行，不作改变。1991年的进度统计从1月份开始执行新的计算方法。各地上报“按1990年不变价格计算的1990年分月产值”资料时，也按新的计算方法执行。

三、根据农村工业的四个条件(见国家统计局1987年7月印发的《工业统计主要指标解释》)确定农村工业调查单位，对于不同时具备四个条件的单位，不列入工业统计范围。

四、严格区分五种加工业与其他行业的统计范围。农村中家庭兼营工业，即以从事农业为主的农民家庭所兼营的工业生产活动，如棉衣兼轧花加工，非专业性的碾米、磨粉，均不纳入工业统计范围；农村中走街串巷、逢场赶集，流动性屠宰、缝纫，以及从事现杀现卖、鲜肉不储存也不调运的屠宰供销社或副食店，也不列入工业统计范围。

改变农村五种加工业总产值的计算方法，是为了使总产值的计算方法更科学、更合理，绝不允许借机扩大工业统计范围，片面追求产值，各地统计部门要严格检查，发现问题，及时纠正。

国家统计局　国务院生产委员会　劳动部关于取消工业及其他统计月快报报送时间逢节日顺延的通知

1991年4月20日

各省、自治区、直辖市、计划单列的省辖市统计局、生产委员会、劳动(劳动人事)厅(局)、国务院各有关部门：

国务院和地方各级领导对经济发展变化情况都十分关注。为及时反映经济发展情况和有关问题，以便及时研究对策，国家统计局1978年12月27日《关于逢例假与节日报送统计报表的规定》中关于工业及其他统计月快报报送时间逢国务院规定的节日(元旦1天、“五一”1天、国庆节2天、春节3天)顺延的规定，现决定取消。基层单位统计人员为报送月快报遇节日加班时，应按国家关于节日加班的规定处理。

本通知从1991年5月1日起开始执行。

国家统计局关于提前报送部分定期统计报表的通知

1991年4月24日

各省、自治区、直辖市统计局，计划单列的省辖市统计局，国务院各有关部门：

根据国务院领导同志必须进一步提高进度统计分析报告及时性的要求，我局各专业司有关的进度数据要提前到次月八日前提出。为此，要求各地区、各部门相应提前有关报表的报送时间。现将有关问题通知如下：

一、凡国家统计局制发，各省、自治区、直辖市统计局，国务院有关部门填报的部分统计月报表，由月后7日以后报送国家统计局的统一提到月后7日18时以前报送。从六月份报五月份月报开始执行，遇节假日不顺延。提前报送的统计报表具体目录见附表，其他各种统计报表仍按现行统计制度规定执行。

二、各省、自治区、直辖市统计局，国务院各有关部门应根据部分定期统计报表提前报送的要求，布置地(市)、县统计局或直属企业及有关方面提前报送。具体上报时间由各省、自治区、直辖市统计局和国务院各有关部门自行确定。

三、“全民所有制单位全部职工人数和工资”月(季)报(国劳定综01表)和“城镇集体所有制、其他各种所有制单位全部职工人数、工资和城镇个体劳动者人数”月(季)报(国劳定综03表)为季、月报通用表式，季报、月报均需季、月后7日18时以前报送。

四、固定资产投资统计报表中，全民所有制“其他固定资产投资统计表”(国固定综13表)，“城镇和工矿区私人建房情况”(国固定综14表)和“城镇集体固定资产投资统计表”(国固定综15表)，为了同月报配套及时汇总，均需季、半年后7日18时以前报送。

(附表略)

国家统计局关于提高粮油统销价格后发给职工提价补偿的统计方法的通知

1991年4月27日

中央、国务院各部门，各省、自治区、直辖市统计局，计划单列的省辖市统计局：

根据《国务院关于调整粮油统销价格的决定》(国发〔1991〕18号文)的精神，经研究对由于粮油统销价格变动后，支付给职工提价补偿的统计方法做如下规定：

1. 由于此项提价补偿纳入职工的基本工资，因此将发给职工的每人每月6元的补偿额计入工资总额中的“计时工资”和“计件工资”项内。

2. 从事特殊工种的职工享受的工种补助粮，因提价而增加的补偿计入“津贴和补贴”中的“物价补贴”项内。

财政部　国家统计局关于进一步加强企业会计报表统计报表管理的通知

1991年8月14日

国务院有关部委，各省、自治区、直辖市、计划单列市财政厅(局)、统计局：

随着治理整顿的深入进行和改革开放的深入发展，各有关部门和各级领导都十分重视会计工作和统计工作，注意利用会计信息和统计信息。会计报表和统计报表提供的信息在加强经营管理和经营决策中发挥着重要的作用。但是，随着各方面需求的不断增加，多头布置会计、统计报表，随意要求企业报送报表和增加报送份数，随意增删报表项目，项目内容解释口径不一等问题也十分突出，使企业会计、统计人员负担越来越重，同时也严重影响了报表的质量。

为了尽快改变这种不正常状况，现根据《中华人民共和国会计法》、《中华人民共和国统计法》的规定，对进一步加强企业会计报表、统计报表管理的有关问题通知如下：

一、根据现行会计、统计法规的规定，财政部、国家统计局分别负责全国各类企业会计报表、统计报表的统一管理工作，国务院各企业主管部门财会、统计机构负责所属企业会计报表、统计报表的管理工作，各级人民政府财政、统计部门负责本地区会计报表、统计报表和管理工作。

二、财政部、国家统计局分别负责全国统一的企业会计报表、统计报表的设计和布置工作。各级人民政府和国务院各企业主管部门的财政(财会)、统计部门根据本地区、本部门实际情况，可在全国统一的企业会计报表、统计报表的基础上进行必要补充。财政部门、统计部门在设计、布置会计报表、统计报表时，尽量考虑有关综合部门的要求，有关综合部门一般不得向基层单位布置会计报表和统计报表，所需会计资料和统计资料，应从财政部门、统计部门和企业主管部门现有会计报表和统计报表中搜集；需要增加少量必要指标的，应提请财政部门、统计部门解决；确需下发会计报表、统计报表的，应报经同级财政部门、统计部门审批同意，并在报表右上角标明制表机关名称、表号、批准机关名称及批准文号。未标明上述字样的会计报表和统计报表(包括以搜集数字为主的调查提纲)为非法报表，任何单位或者个人均有权拒绝填报，各级财政、统计部门有权废止。

三、各级财政(财会)、统计部门布置企业会计报表、统计报表时，其指标应尽量消除重复。使用部门管理中需要的分析指标，应由使用部门通过报表计算分析求得，不应向企业布置；不属于会计、统计核算范围的指标，不应在会计报表、统计报表中布置。

四、企业会计报表、统计报表报送时间、单位、份数等，均应严格按现行会计制度、统计制度的规定执行。需要更改的，通过修订制度解决。有关部门临时需要企业会计报表、统计报表的，应通过各级财政部门、统计部门解决。未经财政部门、统计部门同意，任何部门不得擅自向企业索要会计报表、统计报表，企业有权拒绝提供。

国家统计局　农业部　林业部　水利部　民政部关于布置农村统计一套表制度的通知

1991 年 9 月 11 日

各省、自治区、直辖市和计划单列的省辖市统计局、农业(农林、农牧、农牧渔业)厅(局)、林业厅(局)、畜牧厅(局)、水产局、农机局、农垦局、水利(水电)厅(局)、民政厅(局)和新疆生产建设兵团：

农村统计一套表制度(1991 年农村统计年报和1992 年农业统计定期报表)，业经国家统计局、农业部、林业部、水利部、民政部共同修改定案。现发给你们，请你们认真贯彻执行。

今年农村统计一套表制度修订的主要内容如下：

一、根据建立农村基层统计一套表的要求，将现行农业统计报表制度和农村经济综合统计报表制度改为农村统计一套表制度，布置全国执行。内容包括：1、乡镇调查统计报表(即原农业统计报表制度)，采取与有关部门“联合制定，统一表式，分工合作”的办法布置实施。2、县、市或省计算统计综合报表(即原农村经济综合统计报表制度)，仍由国家统计局下达(根据统制字〔1991〕66 号文农业部布置的“农村经济收益分配统计表”继续执行)。这两部分报表制度的编码和微机操作程序在政府统计系统内由国家统计局统一制定，指标解释按报表制度中的实施办法执行。3、属于农村统计一套表内容，但暂不具备条件纳入制度的报表，作为参考表式，由国家统计局布置，供各地参考。

二、为理顺政府统计部门与部门统计之间的关系，消除重复矛盾，减轻基层负担，与农业、林业、水利、民政等部门联合制发有关报表，按照现行报送渠道，由县级共同审核，分别上报。

1、将“渔业生产情况”(国农年综 15 表)改为与农业部联合制发“水产品总产量和养殖面积”、“淡水产品产量”、“淡水养殖面积和产量”、“海水养殖面积和产量”及“海洋捕捞产品产量”等统计报表。

2、将“农村电气化和农业化学化情况”(国农年综 06 表)中的乡办、村和村以下办“水电站个数”和“发电能力”等四个指标改为乡村及村以下小水电站个数、装机容量和发电等三个指标，与水利部联合布置。

3、为全面反映农村自然灾害情况，与民政部联合制发“农村自然灾害情况”统计报表。

4、与林业部联合制发的“林业生产情况”统计报表，在村及村以下合作组织和农民“木材采伐量”指标项下增列“培殖业用材采伐量”和“其他用材采伐量”等指标。在营林情况项下增列“当年造林作业面积合计”及细分组指标。

5、对畜牧业统计报表和全年农作物预计产量表中的目录进行了个别调整。

三、根据建立国民经济核算体系的要求，将农业增加值统计内容纳入农村统计一套表制度。农业增值由省、自治区、直辖市统计局根据有关部门业务资料和农村住户调查资料计算。

四、将“农村基层组织情况”(国农年综 01 表)改为“农村基层组织情况”和“农村劳动力资源及实有劳动力构成情况”两张表，并增加乡镇、村级干部人数和农村劳动力资源等指标。

五、统一贯彻执行国家法定计量单位及各种分类标准。

1、将现行土地、耕地、种植面积及单位面积产量等的计量单位由“亩”改为按“亩”与“公顷”复合单位进行统计。1991 年农村自然灾害情况统计的计量单位，仍按(民综函〔1991〕 312 号)文民政部《关于作好农村自然灾害情况统计工作的通知》执行。

2、根据《全国工农业产品(商品、物资)分类与代码》国家标准，统一有关农业产品和农机的名称和计量单位。

六、修订后的农村统计一套表制度，第一部分“乡、镇调查统计报表制度”由国家统计局、农业部、林业部、水利部、民政部联合制发。其中有关林业、水产、农机、水利、热带、亚热带作物和自然灾害方面的年报，基层报表的用纸和印刷由业务主管部门负责。有关集体和农户的资料，由县统计局和有关业务主管部门共同制定调查表式，统一布置，统计站或综合统计员负责组织有关业务主管单位或人员调查统计填报，经统计站盖章后，上级各业务主管部门；有关全民所有制资料，县有关业务部门要及时提供各主管部门汇总；而主管部门也应向有关业务部门反馈资料。县农机局要把所搜集的集体和农户排灌机械资料和县水利局所搜集的全民所有制排灌机械资料互相及时提供。县和县以上单位汇总上报程序是：由各主管部门分别审核汇总，主要数字经与统计部门共同审定后，双方盖章一式四份，各留一份，并上报上一级主管部门和统计部门各一份。有关种植业、牧业基层报表，由县统计局和农牧业局共同制发，调查方法各地可因地制宜，一般由乡镇统计站和综合统计员组织或联合业务单位或人员共同调查后，填写一式二份，分别上报县统计局和农牧业局，两家对其共同审核，分别上报上一级部门。有关全民所有制部分资料，由县统计局搜集并及时提供给农牧业局。

今年修订的《农村统计一套表制度》变动较大，统计部门和农业、林业、水利、民政等有关部门要加强协作，分工负责，共同努力完成今年的农业统计报表任务，把好统计数字质量关。在报表制度执行过程中的经验、问题和意见，请及时告诉我们。

国家统计局　国家计委　劳动部　人事部　财政部　中国人民银行关于贯彻实施《劳动统计年报联合审核暂行规定》通知

1991 年 9 月 11 日

各省、自治区、直辖市及计划单列的省辖市统计局、计委、劳动厅(局)、人事厅(局)、财政厅(局)、人民银行：

1990 年劳动工资统计年报期间，大部分地区认真贯彻了《关于对 1990 年劳动工资统计年报实行联合审核的通知》(统社字〔1990〕342 号)，组织了联合审核工作，由于各级领导的重视，各部门的大力支持和协作以及参加联合审核具体工作人员认真细致的工作，从而取得了多方面的显著成效。实践证明，组织联合审核对于提高劳动统计工作效率和数据质量、加强基础工作以及增强部门之间的协作配合，都具有十分重要的意义和作用。

根据《中华人民共和国统计法》第三条规定和各地有关部门的普遍要求，我们共同拟定了《劳动统计年报联合审核暂行规定》，自 1991 年劳动统计年报起贯彻实施。

联合审核工作涉及面广，政策性强，希望各地区根据本通知和暂行规定的要求，结合本地区的实际情况制定具体实施办法。暂行规定执行中的情况和问题，望及时报告我们。

附

劳动统计年报联合审核暂行规定

1991 年 9 月 11 日

第一条：为严格财务制度，加强现金和劳动工资计划管理，严肃统计法制，提高劳动统计数据质量，特制定本暂行规定。

第二条：凡我国境内的全民所有制、城镇集体所有制、各种合营和外资经营及私营的全部独立核算单位报送的劳动统计年报表均应接受所在地有关部门的联合审核。

第三条：联合审核工作由统计部门牵头，计划、劳动、人事、财政、银行等部门共同组织实施。在劳动统计年报期间应设立临时联合办公机构，具体组织对辖区内全部单位的联合审核。

第四条：联合审核办公机构应做好联合审核的各项准备工作，主要有：

(一)清查辖区内全部单位，确定统计年报报送范围和报送渠道。具体包括：

1．确认非独立核算单位是否已由所属的独立核算单位负责统计。

2．确认、理顺在本地区有主管部门和无主管部门单位的报送关系和渠道。

3．对跨地区的单位、外地驻本地或本地驻外地的单位，应按制度规定和不重不漏的原则，确认报送关系。

(二)清查单位在银行的户头，掌握一单位多户头支取工资的情况。

(三)做好联合审核宣传动员工作，通过发通知、会议动员、张贴布告等形式，宣传联合审核的目的、要求，做到“户户皆知”。

(四)确定联合审核的对象。有主管部门的基层单位，联合审核办公机构可委托主管部门进行审核。

(五)确定联合审核地点，并提前通知各被审核单位。

(六)培训参加联合审核的工作人员。

第五条：在规定的劳动统计年报报送期间，各独立核算单位应按照《统计法》和劳动统计报表制度》及指标解释的要求，认真填报并携带劳动统计年报和有关资料到指定的联合审核办公机构接受审核。

第六条：联合审核办公机构应从以下几个方面对劳动统计年报进行审核：

(一)单位的所有制性质、行业(包括国民经济行业和企业、事业、机关)的划分是否符合国家有关部门的规定。

(二)年报资料是否齐全，指标口径范围、计量单位等是否符合统计制度的要求，主要指标数据与统计台帐记录的出入情况，统计数据是否如实反映了本单位的情况。

(三)年报主要指标与劳动工资计划要求的出入情况。

(四)工资支出是否符合有关财务制度和现金管理制度的要求。

第七条：在联合审核时，各独立核算单位应就以下情况向联合审核办公机构作出说明：

(一)单位性质、行业分组变动原因。

(二)年报主要指标与劳动工资计划、统计台帐记录出入过大的原因。

(三)工资支出不符合有关财务制度和现金管理制度要求的原因。

第八条：联合审核办公机构在对劳动统计年报审核无误后，应向被审核单位出具有关证明，被审核单位凭此证明方可到开户银行领取工资。

第九条：各专业银行及所有能支付工资的金融单位在发放次年元月份(在不影响统计年报汇总上报时间的前提下，有的地区可规定为二月份)工资时，应负责检查支取工资的单位是否报送了统计年报。对尚未报送统计年报的单位，应采取通知联审办公机构等措施促其报送年报。

第十条：审核中对严重迟报、瞒报、漏报、错报、拒报和违反财务制度、现金管理制度、工资基金管理制度的行为，有关部门应对其批评教育，情节严重的按有关规定予以处理。

第十一条：各地联合审核办公机构可根据有关政策法规要求，制定有关奖励和惩罚的措施细则。

第十二条：本暂行规定由国家统计局负责解释。

国家统计局关于在划分工业企业类型工作中做好统计数据审核的通知

1991 年 10 月 18 日

各省、自治区、直辖市统计局：

根据全国划分企业类型协调小组《关于申报(审批)第二批和核实第一批大型工业企业的通知》(划企〔1991〕1 号)的规定，划分工业企业类型要以统计数据为依据，统计部门对企业申报划分类型所使用的统计数据负有审核、认定的责任。最近，各地反映在核实和审批大型工业企业中有关统计数据审核的规定不够明确、具体，在执行中遇到一些问题。为做好这项工作，确保划分企业类型所依据的统计数据真实可靠，特作如下规定：

一、对申报第二批大型企业和核实第一批大型企业统计数据的审核，采取分级负责的办法，国务院各部直属企业由省、自治区、直辖市统计局会同企业主管部门进行审核，省属企业由省、自治区、直辖市统计局负责审核；省以下各级所属企业由地区、省辖市统计局负责审核。

二、省、自治区、直辖市统计局和地区、省辖市统计局组织对《大型工业企业申报表》所附 1990 年“工业企业基本情况表”和“独立核算大中型工业企业年报基层表”进行认真审核、确认数据无误后，除在这两张附表上加盖统计局公章外，还应审核确认《大型工业企业申报表》中所填的有关统计数据与年报数据一致、在《申报表》中的“企业基本情况表”末加盖统计局公章。对企业填报的《第一批大型工业企业核实表》中的统计数据，经审核无误后，须在“1990 年末生产用固定资产原值”处加盖统计局公章，以示负责。

三、审核工作必须严肃认真，对统计数据严格把关。审核第二批大型工业企业和核实第一批工业企业的统计数据，一律以 1990 年工业统计年报数据为准，不允许任意变更年报统计数据。如企业确因上报的年报统计数据有误必须更正时，应以书面报告申述理由，经省、自治区、直辖市统计局调查核实认可后报我局备案。工业企业划型必须严格坚持行业划分标准，严格区分工业和其他产业，凡不属于工业企业的公司，一律不予审核；对《大中小型工业企业划分标准》中未包括的行业，暂不予以审核。

四、对1984年后新组建的公司(总厂)的企业规模认定，仍按现行工业统计制度的有关规定执行，分别按公司(总厂)和所属各分厂确定其规模。

五、在审核划分企业类型有关统计数据工作中要随时与我局沟通情况，遇到重要问题，要及时请示报告。有关这方面的日常工作由我局制度方法司和工业交通司负责。

六、各地在审核中型企业划型的统计数据时，可参照本通知精神办理。

此外，鉴于划分工业企业类型工作正在进行，企业类型尚未批准和认定，今年统计年报仍按原统计标准执行，请各地作好准备从1992年年报起执行新的《大中小型工业企业划分标准》。

国家统计局　财政部关于提供计算国民经济评价考核指标所需财政、财务核算资料的通知

1992年3月23日

各省、自治区、直辖市统计局、财政厅(局)，国务院各部门：

最近，国务院批转了国家计划委员会、国务院生产办公室、国家统计局《关于改进工业生产经济评价考核指标的报告》，国务院领导同志批准了国家统计局《关于改进经济评价考核指标的报告》，要求按季测算全国和分省(区、市)的国内生产总值，建立工业企业经济效益评价考核指标，加强全社会库存统计和监测分析等，这是计划、统计工作和宏观经济管理工作的一项重要改革，对于促进经济工作的重点切实转移到调整结构和提高效益的轨道上来，实现速度和效益的统一是至关重要的。

测算国内生产总值、统计工作增加值和销售产值、改进工作经济效益评价考核指标、加强全社会库存统计，都需要以财政及各有关部门和基层单位的财政、财务资料为基础数据，迫切要求各方面密切配合，相互协作。根据国务院批转的国家计委等单位《关于改进工业生产评价考核指标的报告》中“有关财务资料提供的实施办法，由国家统计局会同财政部制定”的要求，在财政部有关司局提供所需资料满足国家级测算需要的同时，特作如下通知：

一、请各省、自治区、直辖市财政厅(局)按现行表式和内容，在向财政部报送有关报表的同时，向同级统计机构于月后10日前，季后20日前抄送月，季度预算执行情况以及有关财务报表。

12月份及全年预算执行情况，在次年3月底前提供初步预计数，仅供统计部门计算当地国民经济评价指标使用，不作任何其他使用。各级人代会审核年度预算执行情况后，如果执行数字有所调整，可补充提供调整后有关数据。年度决算在次年6月份提供。

二、请国务院各部、委、局(包括各公司)财务部门于月后十五日前、季后25日前向财政部、国家统计局提供月、季度财务报表，次年4月之前提供年度初步预计数，6月份提供决算数；请各省(自治区、直辖市)有关厅(局)财务部门于月后10日前、季后20日前向本省财政厅(局)和统计局报送月、季度财务报表，次年3月底前报送年度初步预计数，6月份报送决算数。

三、请地、市、县财政及业务主管部门和基层企业、事业、行政单位、社会团体的财务机构按规定要求及时向同级统计机构或上级统计部门提供财务核算资料。

现行财务会计制度不适应计算国民经济考核指标和国民经济核算要求部分，以后要逐步改进并统一规范会计核算制度，具体改革方案和实施步骤，由财政部商同国家统计局提出，并组织实施。

统计论坛

重要统计工作文献
第四次全国人口普查
专　　　　题
专业统计工作概况
地方统计工作概况
典型经验选编
统计法规制度选编
统　计　论　坛
附　　　　录

全国政协副主席钱学森

要用从定性到定量的综合集成法，最后要定量，要有一个飞跃，从整体上考虑问题

人认识客观世界是一个无穷无尽的过程。客观世界是不以人的意志为转移的客观存在。人是要通过实践来逐步认识这个客观世界的。复杂性的问题在这一点上就特别突出。任何人通过实践得到的认识是不全面的，要尽量地把许多人的认识综合起来，把它形成一个整体的东西。……我们应该用开放的复杂巨系统的观点，用从定性到定量的综合集成方法来研究整体性的问题。

复杂性的问题，现在要特别地重视。因为我们讲国家的建设，社会的建设，都是非常复杂的问题。我们现在要重视复杂性的问题。而且我们要看到解决这些问题，科学技术就会有很大很大的发展。我们要跳出从几个世纪以前开始的一些科学研究方法的局限性。我们是辩证唯物主义者，在这方面，我们是居于优势，千万不要妄自菲薄。实际上，毛泽东思想的核心部分就是从整体上来认识问题，把握住它的要害。我想这也可以说是我们党这么多年来领导中国人民进行革命所积累的经验。也可以说，中国革命所取得的这样一个巨大的成绩确实是了不起的。

（摘自1990年12月31日《人民日报》
《要从整体上考虑并解决问题》一文）

我们的观点是：1.从定性出发。这是人们对社会经济问题的感性认识，不能脱离这个实际；2.只定性是不够的，不能停留在感性认识，要上升到理性认识，要努力达到定量；3.什么量？我们认为对社会经济问题来说，量就是国家统计局的统计数字，参量有几百个，甚至一千个以上。这是实实在在的数字；4.一方面是定性认识，即社会经济专家的经验之谈，专家的见解。这很重要、很宝贵，但属感性认识。另一方面是实实在在的统计数字。二者要联系起来，这是最难的，是综合，是辩证的统一，哲学名词叫“扬弃”。

我们是中国共产党领导的社会主义国家，今天我们一定要用综合集成技术，综合集成工程。这是我们取胜的“尖端武器”。这套方法实际上也是在广泛民主基础之上的科学集中，是我们党倡导的相信群众、尊重群众、民主集中制的科学方法，有广泛应用的可能性。专家的意见以及文献资料信息是我们通过实践的感性认识，定性的素材，是基础，但还要上升到理性认识，要定量。完成这一转化工作是复杂的，是一项系统工程——综合集成工程。这需要有一个专业班子，即为党和国家领导作咨询服务的总体设计部。总体设计部靠：

1.各行各业的专家；

2.文献资料信息；

3.电子计算机，目前至少是每秒1百万次(FLOP)，将来是每秒1亿次，甚至100亿次；

4.统计数据信息；

5.系统学(系统理论)和知识工程。

何谓国家社会主义建设？我们考虑最多的是社会主义物质文明建设。这是对的，以经济建设为中心嘛。但必须认识到社会主义物质文明建设、社会主义精神文明建设、社会主义民主和法制建设(似可称为社会主义政治文明建设)必须协调地发展。我们现在对前一个比较重视，而对后两个的重视程度就差得多了。

国家统计局的认识也如此。以1989年《中国统计年鉴》为例，以所占页数计，属社会主义物质文明建设的占全部资料的88.20%，属社会主义精神文明建设的占11.36%，属社会主义民主与法制建设的只占0.44%。所以国家统计工作也要有发展，这是从定性到定量综合集成技术对统计工作的反馈。

科学技术是第一生产力。所以最后我想提出以科学技术为主导，建设中国社会主义，战胜资本主义，走向共产主义。

（摘自1991年3月8日《向中央领导同志
汇报国家总体设计问题提纲》）

中国社会科学院副院长刘国光

统计体制改革作为国家管理体制改革的重要组成部分，对于整个国家的社会主义现代化建设，关系很大

统计体制改革是国家管理体制改革的重要组成部分，我国的统计体制是不是适应经济体制和政治体制改革的客观要求，是不是符合社会主义统计现代化、科学化、法制化的需要，对于整个国家的社会主义现代化建设，关系很大。这是因为统计是认识社会、管理社会、教育社会的强有力的武器之一，是党和政府了解国情国力、调查民情民意、监督社会经济发展、预测未来变化的必不可少的科学手段。

（1991年11月16日在统计体制改革理论
讨论会上的发言摘要）

国务院发展研究中心顾问马宾

统计是信息产业的雄厚基础，是科学管理、科学决策的依据和保证，是改革客观世界和主观世界的巨大力量

要从三个方面加深对统计改革迫切性的认识：一要看到在人类历史的长河中，统计是伴随着生产活动和国家管理的需要而产生和发展起来的，并逐步形成一门重要的软科学，它与现代高科技结合，构成了信息产业的雄厚基础；二要看到统计学是在经济、社会、科技等诸多领域得到广泛运用的新型学科，成为科学管理、科学决策的依据和保证；三要看到统计的威力在于从实际出发，实事求是，它能够对社会政治活动和经济运行状况提供经常不断的令人信服的信息反馈，起到准确及时的预警、激励和监督作用，成为改造客观世界和主观世界的巨大力量。目前和今后有必要从加强领导、健全组织、充实编制、完善设备、提高干部素质等方面，加强统计工作，特别是要在兼顾地方、部门、企业统计的基础上，着力加强国家统计系统的建设。

（1991 年 11 月 16 日在统计体制改革理论讨论会上的发言摘要）

全国人大常委会常委杨纪珂

统计体制改革作为政治体制改革的一部分，是政治体制改革的先行者

深化体制改革，是党中央的既定大政方针。但是如何有效而妥善地把改革深化下去，确实也值得认真研究。从我国的国情和目前的改革深度来看，切实进行统计体制改革可能是第二步经济体制改革必不可少的先行步骤。经济体制改革如果在决策的过程中，仍然以陈旧而有众多弊端的统计体制为其提供不科学而不可靠的定量依据，那么非常明显，就不可能得到理想的改革成果和效益。对我国经济的宏观控制也就无法施展其应有的功能。大量事实说明了统计体制已经到了非改革不可的时候了。我自己认为，鉴于统计体制改革对经济体制改革的带头作用，其本身应当列入到政治体制改革的范畴中去，作为政治体制改革的一部分，而且也应当是政治体制改革的先行者。

（摘自 1991 年 11 月 8 日给统计体制改革研讨会的书面发言）

江西省人大常委会副主任王仲发

各级人大要加强对统计法制建设的领导

建立计划经济与市场调节相结合的经济运行机制，发展社会主义有计划的商品经济，就必须强化经济监督。加强法制建设则是强化经济监督的重要组成部分。统计监督，就是一项重要的经济监督。《江西省统计管理条例》是依据国家法律、法规、根据我省社会经济发展的客观需要而制定的，是规范统计工作和强化统计法制的具体措施。它的颁布与实施，对于保证统计资料的准确性、全面性、及时性和科学性，充分发挥统计的信息、咨询和监督职能将起到十分重要的作用。

统计法制由不完善到比较完善，需要经历一个过程，要使我省的统计工作逐步纳入法制轨道，保证统计法律、法规的贯彻落实，需要广大干部和统计工作者共同努力。当前、特别需要做好以下工作：

首先，要提高对统计工作和实施统计法规的重要性的认识，进一步加强对统计法制建设的领导。近年来，随着改革的深入和建设的发展，人们对统计工作重要作用的认识逐步有所加深，但仍有一些同志，特别是有少数担任领导工作的同志，至今不重视和不了解统计工作，需要提高认识，更新观念。要依法管理和组织统计工作，学会善于运用统计这一手段来进行科学决策和管理。

各级人大作为行使国家权利的机关，有责任保障法律、法规在本行政区域内的贯彻实施。要加强对统计法制建设的领导，督促人民法院、普法、司法、统计部门抓好《条例》的学习宣传和贯彻实施，把《统计法》和《条例》的宣传学习列入第二个五年普法规划；要支持统计部门和统计人员依法独立行使三大职权，保障统计资料的准确性、及时性和全面性；要在实际工作中积极支持统计部门解决统计执法中的实际问题，定期听取统计部门关于开展统计执法大检查及其《条例》执行情况的汇报。

其次，统计部门和统计人员要做贯彻执行统计法规的表率。广大统计工作者应当兢兢业业，全力以赴地承担和履行法律赋予的神圣职责，依据法律、法规独立地行使统计调查、统计报告、统计监督的职权。要严格依法办事，克尽职守，深入实际，调查研究，解决问题，树立统计法制权威。要进一步强化统计的监督职能，通过提供和发布统计信息，深入进行定量分析和系统分析，来肯定成绩，揭露问题，查找原因，提出建议，督促人们按客观经济规律办事。我们相信，只要全省统计工作

者能够做到带头执法、守法，统计法制建设就会大踏步地向前迈进，统计工作也就可以随之得到更大发展。

第三，要坚决做到有法必依，执法必严，违法必究。法律不是一般号召，不是想不想执行的问题，而是必须执行且要执行好的问题。对于《统计法》及其实施细则和《江西省统计管理条例》的各项条款，全社会必须严格执行。为此，各级人大、政府及其有关部门必须支持，并监督统计部门依法办事。各级统计部门必须建立健全统计检查机构，充实统计检查力量，使统计法规执行情况的检查经常化、制度化、规范化，发现问题及时处理解决。凡违反统计法规的行为，不论是哪一个部门，也不论是哪一级干部，都必须追究责任，决不能姑息迁就。只有这样，才能维护法律、法规的严肃性，保障国家和人民的利益，促使统计工作走上法制的轨道。

（摘自1991年5月3日在实施《江西省统计管理条例》电话会议上的讲话）

河南省委书记侯宗宾

统计部门要加强思想作风建设

统计工作是各级领导决策的重要依据，怎样正确认识形势，要用统计数据；经济工作如何组织和安排，更离不开统计。我今年两次到统计局，就是要听你们反映一些情况，要你们多提供一些决策咨询建议。李鹏总理对统计工作提出的“准确、及时、全面、方便”的要求，要体现到你们的思想作风建设中去，作为思想作风建设的重点，落实到实际工作中，这也是开展统计职业道德教育的重要内容。

（摘自1991年5月13日在河南省统计局听取全省经济情况和局机关思想作风建设汇报时的讲话）

湖南省副省长汪啸风

各级领导干部，如果想要一双明亮的“眼睛”，想要一副清醒的“大脑”，就必须重视统计，加强对统计工作的领导

我们每作出一项符合人民利益的决策，都必须对国情、省情、县情有一个深刻的了解，必须对经济和社会发展的历史和现状进行透彻的研究，还要有科学的预测。而要做到这一点，不重视统计，不懂统计、不用统计是不行的。各级领导干部必须充分认识统计的地位和作用。关于统计的地位和作用，过去我的形象理解是：统计是宏观调控的“眼睛”。既然是“眼睛”就不是你想不想要的问题，而是非有不可的。随着形势的发展，我看光是理解为“眼睛”还不够，统计还应是决策“大脑”的一部分，即我们通常所说的“决策外脑”。我们在宏观调控中，无论是总结过去，还是分析现状；无论是肯定成绩，还是剖析问题；无论是研究政策，还是制订具体的措施，都离不开统计。如果没有统计，或者是统计信息失真，那么我们的决策者就会成为“瞎子”，什么也看不清，有些问题就想不透。我在组织制定全省十年规划和“八五”计划时就有这方面的深刻体会。我们各级领导干部，如果想要有一双明亮的“眼睛”，想要有一副清醒的“大脑”，就必须重视统计，加强对统计工作的领导，在工作中自觉学会善于运用统计进行科学决策和管理。要特别强调的是，我们的各级领导，对于统计地位和作用的认识，不要只是跟着别人喊，而是自己要真正想通其中的道理。对统计工作的重视和支持，更不能只是嘴上说说，而要付诸实际行动。

（摘自1991年5月23日在与湖南省统计工作会议代表座谈时的讲话）

统计的权威
——醴陵市亩产过吨粮采访札记

经济日报记者　徐德火　钟　劲

湖南最近出了一个新闻——醴陵市46.54万亩双季稻平均亩产达到1 024.3公斤，成为长江流域中下游双季稻区第一个过吨粮的市(县)，也是全国过吨粮面积最大的县级市。

“大跃进”年代放“卫星”所代表的浮夸风，至今人们仍记忆犹新。那么，现在这个统计数字是否可靠呢？

“湖广熟，天下足”，可多少年来一直没出过“吨粮县”，湖南省领导也是态度明确，要实事求是，求增产实效，不求表面虚荣。

醴陵是个典型。1954年农业部就曾在这里召开过第一次全国双季稻现场会，那以后它一直是湖南的高产县(后改市)。1983年醴陵双季稻亩产达978公斤，到1985年达992公斤，只差8公斤了，有没有人想“四舍五入”凑成“过吨粮”？对记者提的这个问题，省吨粮开发办公室主任、高级农艺师覃明周回答说，当时省里领导没有一点这样的意思，下面也没听说有人动过这样的脑筋。

今年9月上旬，醴陵市向省里汇报：有把握过吨粮。省农业厅厅长周新安表示，一、态度要积极；二、认真对待，数据必须可靠。

9月下旬，在没有吸收当地农业部门参加的情况下，省、株洲市、醴陵市统计、科委等部门组成验收小组来到醴陵，采取理论测产、经验估产和实际测产相结合的办法，实行抽签定点，田间测产。10月初，省里一批农业专家和统

计人员又在醴陵召开现场评议会，进行田间测产。

两次测产加上早稻统计数据，超过了吨粮，按统计经验，已经有把握了，有的新闻记者已经写好报喜新闻。但稿子被主管部门压了下来。这时，省委书记熊清泉、省长陈邦柱经过考察，最后还是说，过了吨粮，欢迎，祝贺，没有过，也实事求是，不要急于报喜，最后以统计局的报表为准。直到省统计局复核了测算方法，操作程序都符合规定，才认可，并由醴陵市人民政府公布。至此，醴陵才成了实实在在的吨粮市(县)。

覃明周告诉我，湖南讲过吨粮不光是产量过没过吨粮，而是衡量农业综合生产能力是否达到了过吨粮的条件。醴陵市就达到了这个条件：醴陵农民在湖南是有名的“作田里手”，出现过全国水稻劳模，有的还被国际水稻研究所命名为“国际稻农”。近年来，该市确定了“提高单产，扩大复种，增加总产，亩产吨粮”的方针。市里每年要用自己的留成外汇进口千吨尿素用于粮食生产；全市近几年改造中低产田9万多亩，使低产田比原来增产10—20%；新建扩建小型水利工程540处，使稻田旱涝保收面积达45.95万亩，占水田面积的89.7%；全市良种覆盖率达90%。

据记者了解，湖南双季稻亩产过900公斤的县市已有六七个，省、地、县领导都强调，要在改善生产条件，采取增产措施上鼓实劲，而不要在数字上“玩把戏”。

(原载《经济日报》1990年11月29日)

经济工作要注意定量研究

经济日报评论员

最近一个时期，许多同志都感到，随着治理整顿的重心转移，经济工作的难度越来越大。这个难度不是方的目标不明确，也不是政策措施不对头，而是对各项措施的力度如何把握难于确定。

现在很少有人说紧缩政策错了，但执行过程中怎样把握其力度就看法不一。有人把紧缩喻为“泻药”，剂量小了无济于事，剂量太大经济躯体又经不住。最明显的是，停产企业过多、待业人员过多，将会影响经济稳定和社会稳定。消费也是这样，高消费会引发经济过热，低消费又不利于市场繁荣和经济增长。诸如此类的问题，近几年越来越多，如货币发行过多不好，少了也不好；银根过松有害，过紧也有害；生产发展快有不好，慢了也不行；某些产品的价格偏低使企业亏本，调高了又卖不动或者导致轮番涨价。可以说，经济工作从生产、流通、分配到消费，从宏观经济、中观经济到微观经济领域，都有一个“度”的问题。只要“度”把握好了，工作往往就顺利；否则，便会出现“按下葫芦起来瓢”或者负效应过大等等现象。

怎样把握好“度”？一般来说，于任何经济问题都有相互统一的、能够转化的质和量两个方面，对其认识总是按照质、量、度的顺序进行的，所以在工作中就应该是从质的研究出发，通过量的分析，达到对度的把握。

在以往的一些年代里，人们往往只注重质的研究或曰定性分析，凡事首先研究其性质，界定大的方向，但是对定量分析却有所忽视。从“大跃进”到“洋跃进”，就当初的愿望来说，没有多少值得怀疑的，可是为什么愿望与效果之间有那样大的反差呢？原因固然是多方面的，但指标过高、步子过大太急不能不说是很重要的一条。正如毛泽东同志所指出，我们有许多同志不懂得注意事物的数量方面，不懂得注意基本的统计和主要的百分比，不懂得注意决定事物质量的数量界限，结果就不能不犯错误。

近些年定量分析开始受到了各方面的重视。在基层单位，许多同志常常喜欢用数字说话；在各级部门，无论是了解情况、研究工作，还是下达文件、数量分析或引用数字亦是越来越多。为取得全国人口数字，国家不惜投入大量的人力、物力和财力进行人口普查。同时，原先被打上“机密”、“绝密”字样的统计资料，现在每年、每个月甚至每星期都能见诸于报端。统计部门定期公布的工业增产比率和物价指数，是人们普遍关心的。

但由于种种原因，我们在定量研究方面还做得很不够。比如，有的同志依然习惯于用传统的定性方法去看问题；有的偏重于典型调查、“解剖麻雀”，于是“只见树木，不见森林”，或者是以偏概全的事常有发生；还有的胸中无“数”，仅仅凭大概、凭感觉“拍板”；更有人对干巴巴的数字压根儿就不感兴趣。

任何事物的发展都是由量变到质变，没有定量分析，定性分析也就无从谈起。定性与定量分析之间是相互依赖而又不可以彼此替代的。现代科学技术的发展，要求各项经济决策必须建立在科学的基础上。而在决策中广泛采用定量分析的方法，则是决策科学化的重要标志。经济工作应该越做越细致。眼下经济工作越是复杂，越是有难度，则越是要求我们更加重视定量研究，细致地剖析经济现象和经济过程的数量表现、数量变化、数量关系和联系，以及数量方面的规律性。同时，只有把定性与定量分析很好地结合起来，对实际情况的了解才能更加具体、更加精确，决策才能更加符合实际，经济工作才能更加主动，并取得更好的效果。因此，我们希望搞经济工作的同志都来重视和加强定量研究。

(原载《经济日报》1990年7月18日)

附　　录

统计大事记

1990 年

1月1日 国家统计局局长张塞签发《国家统计局第1号令》，发布《关于工资总额组成的规定》。

1月1日 中央电视台在《新闻联播》节目中开办《看今朝》专栏，宣传十年改革成果。专栏中有关资料系国家统计局提供，与中央电视台共同制作。

1月10日 国家统计局、人事部联合印发《统计员资格考试暂行规定》及其实施办法，定于1990年11月在全国举行统计员资格首次考试。

1月11日 国家统计局、人事部联合印发《统计员岗位专业知识培训试行办法》。

1月19日 国家机构编制委员会通知国家统计局，同意增加地方统计部门编制2 000名。

1月22日 国家统计局副局长孙兢新以观察员身份出席在日本东京召开的东盟和日本统计局长会议。

2月2日 国家统计局局长张塞在国务院总理办公会上提出调整1990年宏观调控操作力度建议，被国务院采纳。

2月20日 国家统计局召开新闻发布会，发布1989年国民经济和社会发展情况统计公报。

4月10—15日 全国统计工作会议在北京召开，国家统计局局长张塞、副局长郑家亨在会上作重要讲话。

4月14日 姚依林副总理听取全国统计工作会议情况汇报并作重要讲话，强调统计基础工作要常抓不懈。

4月19日 国务委员李铁映在全国人口普查电话会议上讲话，要求全民动员，首长负责，团结协作，确保人口普查质量。

5月21日 国务委员李铁映视察北京市人口普查准备工作情况并作重要讲话。

5月29日 江泽民总书记在科学家座谈会上讲话，要求研究提出科技投入的科学计算办法。

6月22日 国务院常务会议听取全国人口普查准备工作的情况汇报。

6月29日 李鹏总理发布《国务院关于进行第四次全国人口普查登记的命令》，国务院决定从7月1日零时至7月10日24时在大陆进行人口普查登记工作。

7月1日 江泽民总书记、李鹏总理、万里委员长以普通公民身份在中南海参加人口普查登记，江泽民、李鹏并作重要讲话。

7月9日 国家统计局印发《关于开展助理统计师岗位专业知识培训实施方案》，决定从1991年开始在全国开展助理统计师岗位专业知识培训。

7月11日 李鹏总理在国务院全体会议上提出要重视定量分析和系统分析。

7月29日—8月2日 全国统计制度方法工作会议在北京召开，国家统计局副局长郑家亨到会讲话。会议提出了统计制度方法改革的目标、原则和第一阶段任务。

8月31日 国家统计局编印的《奋进的四十年》资料书获“中国图书奖”二等奖。

9月11日 联合国粮农组织和意大利、中国政府三方代表组成评估团，对中国粮农统计中心项目执行情况进行评估，并提出今后的发展设想。

9月15日 国家统计局局长张塞在中共中央和国务院召开的全国经济工作座谈会上发言，发言材料列为会议参阅文件。

9月19日 李鹏总理在全国经济工作座谈会结束时，赞扬国家统计局为科学决策发挥了作用，强调从中央到地方都应重视统计工作。

9月30日 国家统计局、国家计委、国家物价局联合印发《1990年工业产品不变价格》，决定从1990年工业统计年报开始执行。

10月16—19日 国际官方统计协会第二届会议在北京召开，国务委员王丙乾在会议开幕时到会并致词。

10月28日 国家统计局副局长于广沛赴日本东京参加亚太统计研修所20周年年会及项目评审会。

10月30日 国家统计局发布《关于1990年人口普查主要数据公报(第1号)》。经普查，全国总人口为1160017381人。此后，陆续发布了第2—10号公报。

11月7日 国家统计局、国家计委、国家物价局印发《1990年农业产品不变价格》，决定由编制1990年农村统计年报起开始执行。

1991 年

1月5日 新闻出版署批复国家统计局，同意创办《统计译丛》季刊。

1月24—28日 全国统计工作会议在北京召开，重点研究进一步提高统计咨询水平问题。国家统计局局长张塞、副局长郑家亨在会上作重要讲话，国务院副秘书长安成信出席了会议。

1月26日 李鹏总理在中南海与全国统计工作会议代表座谈并作了重要讲话。国务委员李贵鲜以及国务院有关部门领导参加了座谈会。

2月22日 国家统计局召开新闻发布会，发布1990年国民经济和社会发展情况统计公报。

3月5日 国务院第四次全国人口普查领导小组决定，授予30个单位人口普查工作优秀奖，18587名普查工作人员"国家级先进个人"。

3月8日 江泽民总书记主持中央政治局常委会，听取钱学森关于科学决策问题的汇报。钱学森在汇报中强调统计数据具有重要作用。

3月13日 国家统计局发布《关于"七五"时期国民经济和社会发展的统计公报》。

3月15日 国家统计局、国务院第四次全国人口普查领导小组召开第四次全国人口普查总结表彰电话会议，国务委员李铁映在会上讲了话。

4月1日 国家科委复函国家统计局，同意创办《中国国情国力》期刊。

4月16日 邹家华副总理在"质量、品种、效益年"全国电话会议上，要求国务院生产委和国家统计局研究制定统一的质量、品种、效益的考核指标。

4月19—23日 中国统计学会在湖南岳阳市召开第六次全国统计科学讨论会。

6月4日 评出首届全国统计科研优秀成果84项。

6月18日 全国人大财经委员会听取国家统计局关于修订《统计法》的汇报，并表示同意和支持修改《统计法》。

7月10日 根据国务院决定，国家统计局、国家计委、财政部、中国人民银行联合发出《关于布置基本建设项目和更新改造项目的资金落实情况快速调查的通知》。此项调查于当年9月初完成。

7月15—19日 全国城市统计信息网络建设和统计改革经验交流会在大连召开。国家统计局局长张塞、副局长于广沛在会议上作了重要讲话。会议重点研究提出了城市统计信息网络建设和统计改革的目标和措施。

8月10日 邹家华副总理主持会议，听取国家统计局关于加快实施新国民经济核算体系工作情况的汇报。

8月20—24日 全国科技统计工作会议在北京召开。国务委员宋健作重要讲话；国家统计局局长张塞、副局长孙兢新及国务院有关部门负责人分别在会上讲了话。会议部署了1991、1992年科技统计工作的主要任务。

9月9日 国家统计局局长张塞率团参加在埃及开罗召开的国际统计学会第48届会议。会上，我国驻埃大使代表中国政府宣布国际统计学会第50届会议1995年在北京召开。

9月11日 国家统计局、农业部、林业部、水利部、民政部联合布置农村统计一套表制度。

9月27日 江泽民总书记在中央工作会议上讲话指出，今后衡量经济工作成绩，要采取综合性效益考核指标。

10月4—9日 农业普查国际专家咨询研讨会在北京召开。

10月15日 国家统计局决定，1992年8月举行政府统计机构建立40周年纪念活动。

10月31日 国家统计局颁发《统计违法案件查处工作暂行规定》。

11月6日 国家统计局平衡司承担的国家科委软科学研究项目《中国1987年投入产出模型研制及应用》通过国家级鉴定。国务委员宋健向鉴定会发了贺信。

11月11日 中共中央纪律检查委员会办公厅印发《关于纠正统计数据虚假现象的通报》。

11月12日 国务院总理办公会议决定，要改进和完善国民经济统计工作，包括改进工业经济效益评价考核指标，发挥好统计对国民经济运行的导向作用。

11月 国家统计局等单位编制的《中国国家农业地图集及其编制研究》获国家科技进步二等奖；国务院工业普查领导小组等单位的《全国工业现状普查、分析及政策建议》研究报告获国家科技进步三等奖。

12月3日 邹家华副总理在全国计划会议上提出，要淡化总产值指标，强化经济效益指标。

12月10日 李鹏总理批示同意"八五"期间增加统计信息自动化系统建设投资，并在1991年一次性补助部分专项经费用于统计系统购置大型计算机。

12月27日 中国国情研究会在北京人民大会堂召开成立大会，国务委员王丙乾等领导同志出席，全国政协主席李先念为大会题词。国务委员李铁映任该研究会名誉会长，国家统计局局长张塞任会长。

国家统计局机构设置及其负责人

(1991 年底)

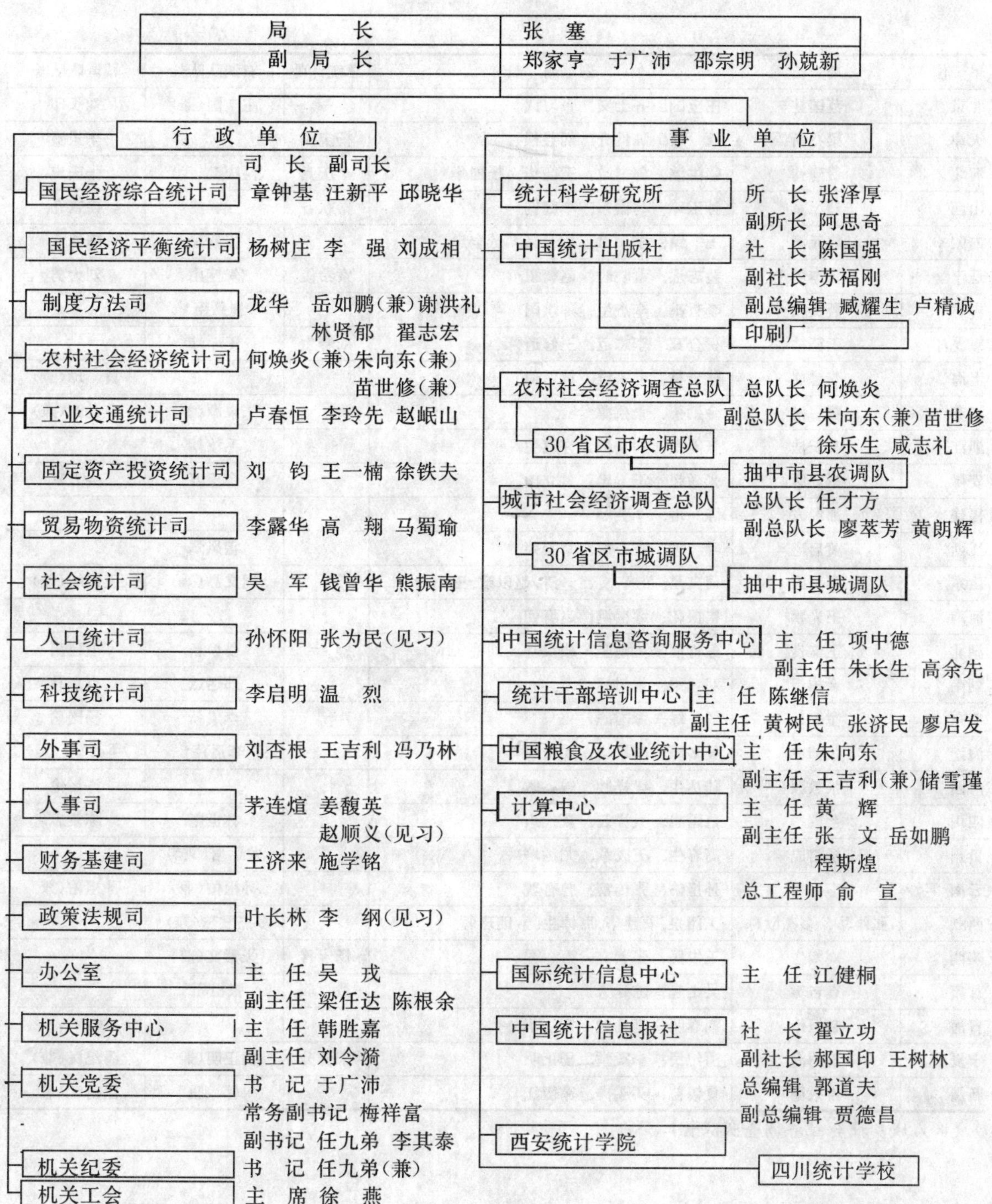

各省 自治区 直辖市统计局和城乡调查队负责人名单

（1991年底）

单 位	局 长	副 局 长	总统计师	农调队队长	城调队队长
北京	范国柱	庄宝国、齐士文、张习武		庄宝国(兼)	刘长印
天津	梁兆新	董 瑛、陈世介、刘芸根	杨宝民		李景贤
河北	费建钧	赖洪溪、郭书政、王征华、杨国华	李庆真	侯庆义(代)	张庆申
山西	薛 军	孙玉璋、马振东、李庭钧	秦跃普	武喜清	魏富仓
内蒙	陈元涛	王 镇、李 斌、杨 晶、孙全忠		张新民	陈修太
辽宁	张本勃	裴志远、董晓时、赵毓正	索希俊	朱桂山	刘大勇
吉林	聂文权	李哲禹、李杰生、郝洪国		崔跃臣*	
黑龙江	王德祜	贺全宾、李志范、王修道	刘春生	王 炜	
上海	李懋欢	陈步林、毛宗维、黄 璋			黄 璋(兼)
江苏	曹 楷	金勤德、张泉源		张泉源(兼)	金勤德(兼)
浙江	叶长法	张能信、刘关根、许道生		毛汝熠	
安徽	崔之康	张尚超、王学忠、黄立山		金玉言	吴万富
福建	邵经方	陈 琳、李英标			
江西	黄启曦	叶 震、王心宸、章国荣		霍风翠	
山东	张义国	周文昌、翟焕波、吕 涛、赵以政、王慎岭		周文昌(兼)	王慎岭(兼)
河南	王光鹏	崔振乾、缪盛鸿、赵喜朝			
湖北	王文良	彭竹清、吴勉坚、赖汉基、刘都庆		晏焕新	但建南
湖南	余柏青	邓 平、雷树标		邱运斌	肖春林
广东	翟锦云	杨 绿、谭国源		李成新	杨国瑜
海南	张沛中	吴多琛、李培均、周庆民		李运芹*	
广西	张敦颢	陆达生、梁祥胜、曾 敏			许自伦
四川	兰瑞华	范国忠、吴祥云、夏代川		林世彪	陈复忠
贵州	杨培成	高春生、王成章、龙运培		龙运培(兼*)	
云南	李寿昌	孙祖佑、张传富、曾有琥		孙祖佑(兼)	孙祖佑(兼)
西藏	张维华、多杰欧珠	王韶泉、石建华、席津生、索朗班蓉		多杰欧珠(兼)*	
陕西	刘陶生	王俊民、张紫文、万 程	杨永善	张紫文(兼)	
甘肃	袁吉璋	吴士起、陈廷芳	潘 琛	张祖韬*	
青海	赵恒伦	刘春明、李凡夫、智 华			
宁夏	王德润	潘纪民、李殿堂、杨正明	宋传升	杨正明(兼)	潘纪民(兼)
新疆	吉效德	夏锡益、买买提、徐衍江		韩 骏	徐衍江(兼)

（*为城乡社会经济调查队队长）

部门统计机构和统计负责人名单

部　门	统计机构名称	统计负责人	职　务
国家教委	计划建设司统计处	李仁和	副司长
国家科委	综合计划司科技统计处	李学勇	副司长
国防科工委	计划局综合处	廖承铿	副局长
国家民委	经济司统计处	郭承康	副司长
公安部	办公厅统计处	吕伯涛	副主任
监察部	办公厅案件管理处	杨五湖	副主任
民政部	综合司统计处	李荣时	副司长
司法部	办公厅调研处	张　耕	副主任
财政部	综合计划司统计研究处	谢旭仁	副司长
人事部	综合计划司统计处	牛越生	副司长
劳动部	综合计划司统计处	王东岩	副司长
地质矿产部	地勘行业管理司统计处	曾绍金	司长
建设部	综计财司统计处	戴霞辉	副司长
能源部	计划司统计处	冉　莹	副司长
机械电子部	信息统计司	黄康仕	副司长
航空航天部	计划司信息统计处	张宏显	总工程师
冶金部	计划司统计研究处	谭承栋	副司长
化工部	计划司统计处	赵永武	副司长
轻工部	信息统计司	顾　滔	副司长
纺织部	计划司统计处	刘春年	副司长
铁道部	统计信息中心	赵纯豪	副司长
交通部	计划司统计处	刘　鹏	副司长
邮电部	综计统计处、信息中心	戴　爽	副司长
水利部	计划司统计处	路孝平	司长
农业部	综合计划司统计处	姜道日	副司长
林业部	综合司统计处	程庆礼	副司长
商业部	规划调节司统计处	邸建凯	副司长
经贸部	综合计划司统计处	钱国安	副司长
物资部	统计办公室	邓杞荣	副主任
文化部	计财司统计处	曾祥集	司长
广播电影电视部	计财司统计处	刘以纯	副司长
卫生部	卫生统计信息中心	陈育德	主任
国家体委	计划司计划处	张　昊	副司长
国家计生委	规统司统计处	陈胜利	副司长
中国人民银行	调统司统计处	陈耀先	司长
审计署	综合司统计处	张德山	副司长

续表

部 门	统计机构名称	统计负责人	职 务
国家物价局	信息中心统计处	王淑珍	副主任
国家技术监督局	计划司综合处	肖德明	副司长
国家工商行政管理局	政法司统计处	余豫东	副司长
国家环保局	计划司信息处	石自平	副司长
新闻出版署	计财司统计处	吴江江	司长
国家土地局	地籍司统计处	向洪宜	副司长
海关总署	综合统计司	吴家煌	副司长
国家旅游局	计统司统计处	邱毅勇	副司长
国家民航局	计划司统计处	李 军	副司长
国家建材局	信息统计司统计处	赵大亭	副司长
国家医药局	计划司统计处	黄金富	副司长
国家海洋局	综合计划司统计处	王锦康	司长
国家气象局	计财司统计处	嵇启武	副司长
国家地震局	计财司统计处	戎绍昌	副司长
国家档案局	综合科教司综合处	郭树银	司长
国家专利局	办公室计统处	胡佐超	副主任
国家税务局	计划会计司统计处	范 魏	副司长
国有资产局	综合司综合统计处	吕燕纯	副司长
国家中医药局	综合计划司统计处	宋文义	司长
国家测绘局	综合信息处	卢乾坤	副局长
国家黄金局	综合计划处	崔德文、崔岚	副局长、副总经理
国家外汇管理局	综合计划司综合统计处	戚坤兰	司长
最高人民检察院	办公厅统计处	张德利	副主任
最高人民法院	研究室统计处	张泗汉	副主任
全国总工会	研究室信息统计处	陈 骥	副主任
中国科学院	计划局统计处	郭传杰	副局长
中国工商银行	计划部统计处	武捷思	副主任
农业银行	信息部统计处	庞建邦	主任
中国银行	综合计划部统计处	安 瑞	副总经理
建设银行	计划部统计处	侯建杭	副主任
保险总公司	计划部统计处	粟建国	经理
船舶总公司	计划局统计信息处	朱华璋	副局长
石化总公司	计划部统计处	姚木超	副主任
统配煤矿总公司	计划局统计处	王成龙	局长
石油天然气总公司	计划局统计处	郑国平	总经济师
核工业总公司	计划局综合统计处	曾明昆	副局长
兵器总公司	计划局综合统计处	刘铁平	副局长
电子总公司	规划局综合统计处	向德芳	副局长
有色金属总公司	计划部统计处	赵祖德	副主任

续表

部门	统计机构名称	统计负责人	职务
中建总公司	计财部计划统计处	陈镜辉	经理
国家烟草专卖局	综合计划司统计处	张 辉	司长
汽车总公司	生产司统计处	刘国昌	副司长
包装总公司	计划部综合处	李文虎	部长
海洋石油总公司	计划部统计处	周青松	经理

国家统计局历任局长副局长名单

姓名	职务	任期
薛暮桥	局长	1952.8—1958.11.28
孙治方	副局长	1952.8—1958.11
贾启允	副局长	1954—1958.11
王思华	副局长	1955—1958.11
李超伯	副局长	1955.7.14—1957.3.26
陶 然	副局长	1955.7.14—1958.11
贾启允	局长	1958.11.28—1961.6
孙治方	副局长	1958.11—1961.7
王思华	副局长	1958.11.25—1961.6
陶 然	副局长	1958.11—1961.6
孙揆一	副局长	1959.8.25—1961.6
王思华	局长	1961.6—1969.12
陶 然	副局长	1961.6—1969.12
孙揆一	副局长	1961.6—1966.2
常 诚	副局长	1961.6—1969.12
王一夫	副局长	1961.6—1969.12
陈化争	副局长	1963.7—1969.12

1969年12月，国家统计局机构被撤销。
1978年2月，国家统计局恢复。

姓名	职务	任期
陈 先	局长	1978.2—1981.10
李成瑞	副局长	1978.2—1981.10
常 诚	副局长	1978.2—1981.10
许 刚	副局长	1978.2—1981.10
刘国光	副局长	1980.11—1981.10
卢曙天	副局长	1981.4—1981.10
李成瑞	代局长	1981.10—1983.2
李成瑞	局长	1983.2—1984.5
常 诚	副局长	1981.10—1983.5
许 刚	副局长	1981.10—1984.5
岳 巍	副局长	1982.11—1984.5
李林书	副局长	1983.5—1984.5
张 塞	局长	1984.5—
李林书	副局长	1984.5—1985.5
岳 巍	副局长	1984.5—1987.7
郑家亨	副局长	1985.5—
于广沛	副局长	1985.5—
邵宗明	副局长	1987.7—
孙兢新	副局长	1987.7—

1990年年报质量优秀奖名单

湖北省统计局　　吉林省统计局
辽宁省统计局　　安徽省统计局
山西省统计局　　广东省统计局
黑龙江省统计局　　河南省统计局
云南省统计局　　广西壮族自治区统计局

城乡调查队1990年年报工作优秀奖名单

湖北省城市社会经济调查队
安徽省城市社会经济调查队
黑龙江省农村社会经济调查队
山西省农村社会经济调查队

1990年度全国优秀统计分析报告获奖名单

一等奖

从科技进步的影响看北京工业的发展途径　北京
"治整目标　综合实现值"评价及建议　河北
社会分配不公的初步分析　陕西
回顾、思考、判断、选择　辽宁
粮食产后处理——一个值得重视的领域　江苏

二等奖

关于上海交通与经济、社会协调发展的若干思考　上海
中国城市规模与布局初探　西安
对天津市部分大中型工业企业活力状况的定量评价　天津
对当前经济生活中若干问题的思考　山西
对上海失业人员现状的思考　上海
关于我省水的危机思考　辽宁
八十年代的前五年和后五年——对稳定发展江苏

经济的探讨 江苏
关于农村社会阶层分化问题的调查与分析 四川
广东300家利用外资超百万美元工业企业的调查报告 广东
浙江省十年(1979—1988)经济增长的周期分析 浙江

三等奖

当前福建吸收台资制约因素和存在问题 福建
南疆童工泛潮成因及其他 新疆
“气象不凡，诸多不便”下的隐思 北京
关于我省经济形势及宏观对策探讨 吉林
关于启动当前国民经济的分析与思考 河南
调整产品结构，优化产业结构——我市工业发展的抉择 沈阳
农业总体开发势态下江西工业的取向 江西
湖北工业经济效益现状的深层透视与对策思考 湖北
产业结构的现状及优化分析 广州
试论理顺猪粮比价的必要性与可行性 安徽
试论影响湖北儿童发展诸因素问题 湖北
略论市场降温给浙江经济发展带来的挑战和机遇 浙江
抓住机遇，积极应变，走出困境，促进乡镇企业健康发展 山西
对我省土地规模经营问题的观察与思考 江西
广西宏观经济效益研究 广西
国家对新疆的支援，新疆对祖国的贡献 新疆
我市承包企业的效果、问题和对策 武汉
对我区城镇居民生活费收入在全国位次后移的分析与对策 内蒙古
当前社会分配不公的表现原因及解决办法 湖南
山东省“八五”期间投资、消费、积累与经济增长优化模型研究报告 山东
合理使用农村提留统筹款项是发展壮大农村集体经济的重要途径 黑龙江

1991年度全国优秀统计分析报告获奖名单

省(自治区、直辖市)组

一等奖

财政补贴大幅度增长应引起高度重视 北京
摆脱“病态”运转走向良性循环的战略抉择 河北
我省调整投资方向的重点和对策建议 辽宁
上海人民生活研究 上海

二等奖

谨防资金再度膨胀 江苏
外商投资企业为何“物多款少” 福建
改善企业外部环境的思考 山西
我省大中型工业企业在新形势下的作用及其搞活的措施 辽宁
农业剩余劳动力逆向转移的调查与思考 江苏
解决“卖粮难”途径的探讨 湖北
制止效益滑坡是当前经济工作的一项重要任务 上海
遏制剪刀差扩大势在必行 陕西

三等奖

减少我市价格补贴的对策研究 天津
现阶段我省农村社会各阶层的分析 山西
我省外向型农村经济在治理整顿中的态势与近期走向发展的思索 江西
我省农村集体经济的现状分析与对策思考 四川
加快转轨——现实的呼唤 江苏
吉林省大中型工业企业的困境与出路 吉林
试析科技进步对农业产出的影响 安徽
四川省城市经济发展之我见 四川
棉价宏观调控抉择 河北
湖北科技发展的基本状态及在全国的格局与对策思考 湖北
我市青少年消费偏高浅析 北京
我省经济的主要薄弱环节及对“八五”计划的几点意见 湖南
山东第三产业历史、现状及未来发展的研究 山东
八十年代广西经济发展比全国慢，到底慢在哪里 广西
新疆“七五”时期经济效益状况与“八五”时期应采取的对策 新疆
少数农户拥有多数结余资金的倾向十分明显 浙江
关于工业消费品市场占有情况的调查报告 黑龙江
“八五”计划定量测算研究报告 内蒙古

计划单列市组

一等奖

我市工业经济效益现状分析与对策 哈尔滨

二等奖

加快老工业基地改造刻不容缓 武汉
关于搞活我市大中型企业的调查报告 沈阳
从FOF表看资金紧张与资金流向 武汉

三等奖

走世界城市经济发展的共同道路 沈阳
繁荣艺术表演路在何方 西安
哈尔滨市出口商品结构分析及其优化 哈尔滨
重庆工业经济效益的定量分析 重庆
我市大中型工业企业技术开发的现状、问题及对策 青岛

厂长：伏全民
地址：北京市西城区阜外北营房东里 13 号
电话：8318345　8323740　邮编：100037

诚恳欢迎全国各地兄弟单位来厂洽谈印刷业务

国家统计局印刷厂创建于1953年。现在已发展成为一个拥有激光照排、照相制版、彩色胶印和小胶机印刷、装订（平装）门类齐全的印刷厂。1990年经国家新闻出版署批准为“书刊印刷国家定点企业”。

由于我厂近几年设备的更新，新工艺的投产，职工技术的培训，使生产能力大大加强，产品质量不断提高。目前不但能承印书、报、杂志，尤其擅长表格排版，排表技术全国首屈一指，印出表格清晰美观。由我厂排印的91、92年《中国统计年鉴》受到广交会客户好评。

我厂是国家一级保密单位。具备承接各大部委、机关、企事业单位的保密资料、文件印刷的条件。我厂有家纳主机系统，出片快、出片质量高。

我厂以北京市的计价标准为参考，采取议价经营，价格合理。结帐方式灵活，用支票和现金均可。为了加强合作，我厂决定凡在我厂印刷，按加工费的 3 %左右支付联系人劳务费。对长期合作者价格优惠。

科印照排室

胶印轮转机

小胶印机

国家二级企业

沈阳薄板厂

厂长吴中平向广大用户致意

沈阳薄板厂是国家重点支持的大中型骨干企业之一，是东北地区企业中最大的板材生产厂家之一。1989年被评为省级先进企业，同年晋升为国家二级企业。工厂占地面积13.9万平方米，建筑面积7.9万平方米。1990年末固定资产原值11472万元，职工人数3918人。拥有各类设备1925台（套），具有较强的加工能力。主要设备有∅800mm×1200mm二辊周期式热叠薄板轧机一组；∅1200mm四辊可逆式冷轧机一套；热浸镀锌生产线两条。主要产品有热轧普板、镀锌板、油桶板、热轧电工用硅钢片、高分子涂层、55#锯片钢、65Mn刀片钢及各种碳结板等，年总产薄钢板15万吨。其中，热轧普板、电工用硅钢片、热浸镀锌板分别创部、省、市优质产品，油桶板获沈阳市第二届“金星杯”三等奖。

我厂产品销往27个省、市、自治区。出口创汇的平光、镀锌垫圈30余种，远销美国、加拿大、日本、澳大利亚、沙特等国家，年创汇额达30万美元。

沈阳薄板厂全体职工竭诚为广大用户热情服务！

酸洗生产线

主轧机

厂址：沈阳市铁西区
重工街16号
邮编：110026
电话：520318
电挂：5093
电传：520556

天津石油化工公司炼油厂

厂长：王清余

天津石油化工公司炼油厂是个具有年加工原油250万吨能力的大型燃料型炼油企业。该厂生产的15种石油产品已有8种获部市级以上优质产品称号，其中3#航空煤油于1984年荣获国家银质奖，并一直保持至今；该厂产品A重油出口日本，90#汽油出口蒙古等国，在国际市场享有盛誉 在质量万里行活动中，国家技术监督总局对该厂主要大宗产品进行抽查，其结果完全符合国家质量标准

建厂17年来，该厂为国家和天津市的经济发展作出了重大贡献。至1991年底，该厂共加工原油2922万吨；创工业总产值（90年不变价）107亿元；实现利税总额31亿元；累计向全国提供各类油品2697万吨；出口油品61万吨，创出口产值2.5亿元

该厂在管理方面曾获各种殊荣：1988年晋升为国家二级企业，并先后成为国家一级计量合格单位、国家级环境保护先进企业；连续两年被评为“全国工业企业统计先进单位”等等

The Refinery TPCC, is a larger fuel-type Refinery with the processing capacity of 2.5 million tons a year.

In the 15 kinds of products by the Refinery ,there are 8 kinds won the title of high-quality products (ministrial and municipal level),of which , 3# jet fuel has won the national silver-quality reward since 1984 and kept it up to now ;the "A" heavy fuel produced by our refinery exports to Japan , 90# gasoline to Mongolia etc. These products have won the reputation in the international markets.

During the "Act of products quality exams in China",the main mass products by the Refinery were selectively examined. As a result ,all of them are in accord with the national stardard.

Since the set up of the Refinery in 1975,it has made a great contribution to the economical development of country and Tian jin city .By the end of 1991,the Refinery had processed crude 29.22 million tons ;brought about industrial production value 10. 7 billion Yuans (RMB),realized total profits and taxs 3.1 billion Yuans (RMB),accumulatively provided all kinds of oils 26.97 million tons and exported all kinds of oils 610 thousand tons , creating export production value0.25 billion Yuans (RMB).

The Refinery has won a special title in management :Since 1988 it has been promoted as national grade -2 enterprise ;It has become the first class messurement "up to standard "enterprise and the national-level enviromental protective advanced enterprise ,and it has been the industrial statistics advanced enterprice for two years.

气体分馏烷基化装置

常减压催化裂化装置

邹家华副总理视察上钢五厂

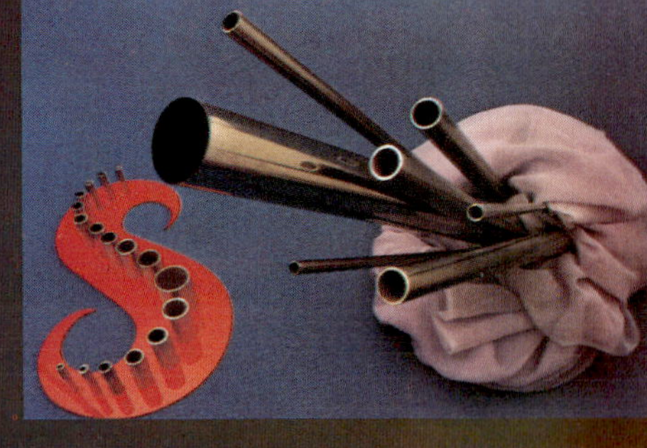

获国家银质奖的化工用不锈长钢管

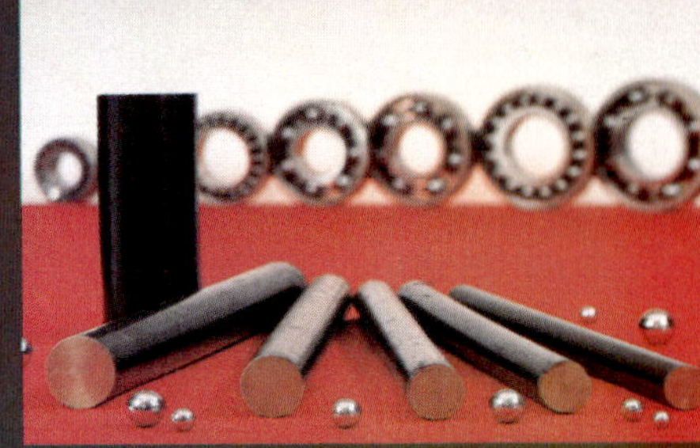

获国家金质奖的精炼轴承钢垫轧圆钢

从德国引进的30万吨合金钢棒材生产线

辽阳石油化纤公司

厂区夜景

锦纶生产线

辽阳石油化纤公司（简称辽化）是以石脑油为原料，生产合成纤维单体、合成纤维和塑料原料的特大型现代化石油化工化纤联合企业。厂址位于文化古城辽阳市东南8公里处。一期工程总占地面积12平方公里，1974年动工兴建，1983年正式投产。主要技术设备分别从法国、德国、意大利等国引进。主要产品有聚酯、尼龙66盐、聚乙烯、聚丙烯、涤纶、锦纶、丙纶等。年创产值22亿多元，利税5亿多元。1991年按固定资产净值和销售额，列中国500家最大工业企业的第36位和第44位。

本公司拥有固定资产原值35亿元，生产流动资金3.8亿元，职工4万人。辖属19个生产厂，设有生产经营、科研设计、制造安装、联营开发和发展建设等机构，形成了油、化、纤系列生产，产、供、销综合配套的经济实体，已晋升为国家二级企业。

经过“七五”期间建设，本公司已成为我国涤纶、锦纶、丙纶三大生产基地之一。由于毗邻沈阳、鞍山、本溪等重工业城市和辽河油田，地理优越，交通便利，投资环境得天独厚，发展扩建有明显的依托优势，二期工程项目已列入国家十年发展规划和“八五”计划纲要，将于近期开工建设。本公司愿与海内外企业界同仁广泛地进行技术交流、贸易往来和投资合作，共图繁荣和发展。

第一套国产化乙烯裂解炉投产

厂长　李德英

辽阳锻压机床厂

辽阳锻压机床厂是国家机械电子工业部生产锻压设备的重点企业，是我国生产锻压设备的较大工厂之一。

工厂始建于1936年，从1954年开始设计和成批量生产锻压设备至今已有近 40 年的制造历史，现有职工 1230 人，工厂占地12.3万平方米，工厂设备完善，工艺，工装先进，技术力量雄厚，检测手段齐备。主要生产 J 53系列螺旋压力机， J 67系列摩擦式压砖机， J 58系列电动螺旋压力机， D 65系列卧式径向锻机， D 21系列热模锻压力机， W 11系列非对称式三辊卷板机，软铝双槽连续挤压机等15个系列50多种规格的产品，每年可为机械、汽车、冶金、军工、工具、耐火、餐具、陶瓷、石油、化工、造船、有色金属加工等行业提供产品500 台左右，产品畅销国内28个省、市、自治区，远销30多个国家和地区。

工厂曾于1988年荣获省质量管理奖并晋升为省级先进企业，1989年晋为国家二级企业。“八五”期间，工厂加速技术改造，扩大生产规模，大力开发新产品，将为国内外用户提供更精良的产品。

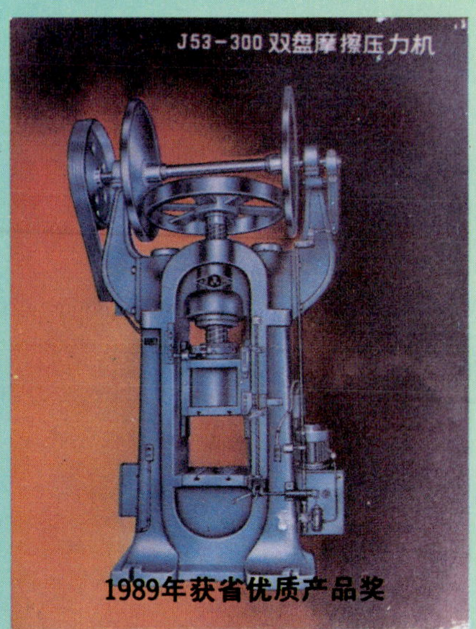

董事长　许术芝

本公司系天津与香港顺和兴开发有限公司合资经营的中合资企业　公司拥有在日化包装中最关键的居世界一流水平喷雾器、分配器的制造技术和国际最先进的精密模具工艺技

主要设备有从香港引进的新型电脑控制注塑机组，吹瓶混色机和意大利挤管机及精密弹簧制造机等先进设备　制品有成套装配系统和先进检测系统　车间采取全封闭，净化从而对产品质量和卫生要求有可靠保证

喷雾器采用抽水机原理的机械装置，替代了充填氟里昂有害气体为载体的高压喷雾器　解决了氟里昂对人类生态环的危害及易燃、易爆、不易运输等弊端　因而受到国内外各家的赞誉

产品可广泛用于美发用品、香体用品、药用品、香水、龙水等　如配上金银色套装，将使您的产品变成价值倍增的艺品，是贵厂提高产品形象和经济效益不可缺少的必备包装

为了配套，我公司还生产各种高档塑料容器和包装装璜印刷

本公司经营宗旨：质量第一、客户至上、在国内外广泛展与各界朋友的贸易往来

欢迎来人来函洽谈业务

厂址：天津市武清县汉沽港　　邮编：301713

电话：931226转417　　电传：932608　　电挂：1381

天津市汽車工業公司

夏利

夏利 TJ100U型轿车，优美的流线型车身，空气动力学结构，舒适宽敞的内部，冷暖可调的空调系统，操纵轻便省油。设有行李箱，可与中级轿车媲美，选用夏利是您最精明的决断。

天津市汽車工業公司銷售服務公司

也址：天津市南開區張自忠路169號 電話：220531・225048・753355 電報掛號：6508 郵政編碼：300090

廣西南丹縣有色金属冶炼厰

始建于1988年8月的广西南丹有色金属冶炼厂，利用本县丰富的有色金属资源发展生产，年产值、税利、产量、人均税利名列广西同行业之首。主要产品是国标（GB1599—79）二级精锑，经对外口岸销往日本、美国、德国和澳大利亚等国家。还兼营钨、铜、锌、锡、镍矿产品及半成品、戈品。生产设备配套、齐全、先进，技术力量雄厚，愿与各界朋友通力合作。

厂长：杨寿南　　厂址：广西南丹县城

邮编：547200　　电话：32276　　电挂：3550

厂长：陈荣森
厂址：江西省抚州市纤东土道110号
电话：223637　223988　222488
电挂：2151　邮编：344000

江西纺织机械厂

江西纺织机械厂建于1965年，是江西省生产纺织机械的重点骨干企业，产品畅销28个省市自治区。厂区占地面积6万m^2，固定资产1020万元，职工600人，工程技术人员70人，其中具有中高级职称的45人。主要产品有PK_2、PK_2E、PK_3型涤纶长丝高速纺丝机，A454E粗纱机。近年来，工厂又成功地开发了片梭织机用的片梭、织机用外侧式送经装置、粘胶纤维设备及其废气回收装置等。13G441型熔喷机已列省火炬计划项目及国家级重点新产品计划项目，填补了国家空白。最近又与一科研单位合作开发复合超细纤维设备等高新科技产品。1989年工厂跨入省先进企业行列（各项超过国家二级企业指标），并连续多年被评为省地效益显著单位、双增双节优胜单位、省改革优胜单位，陈荣森厂长连续多年被评为优秀企业家，"五一"劳动奖章获得者。

纺织工业部部长吴文英同志来厂视察时听取陈荣森厂长汇报工作

纺织工业部技术装备司司长凌宝银来厂视察时听取陈荣森厂长汇报工作

长丝高速纺丝设备，用于纺制涤纶、丙纶、锦纶等长丝产品。主要技术参数如下：

成品丝纤度（旦）　50－150
纺丝速度（米/分）　3200－3500
机械速度（米/分）　最高4000米/分
部位数：分2部位　4部位
每部位喷丝头数　8
卷装最大重量　15kg
产量（吨/年）以150旦计　2部位600、4部位1200

13G441型熔喷机是纺织部"七五"期间重点科研项目之一，为纺织部"八五"期间第一批新技术推广项目，1992年国家科委列为国家级重点新产品项目，主要技术参数如下：

产品在重范围：　10－250g/m^2
接收机线速度范围：　3－80m/min
部位数：　二部位喷头
喷头宽度：　1000mm
产量：　80－300t/a
螺杆直径形式：　∅65特种螺杆
噪声：　≤90dB（A）
最大加热功率（预过滤器除外）　133KW
电机总功率（空气压缩机除外）　30.25KW
机器外形尺寸（长×宽×高）　6.5×5.9×4.0m

向各界朋友致以诚挚问候

厂长：孟庆龙

白城电工电缆总厂是军转民综合制造生产厂，是机电部电线电缆、电工机械定点生产企业。占地面积18.7万平方米，设七个分厂，现有职工1680余人，各类专业技术人员296人，拥有固定资产3333万元，是国家中型一档企业。

我厂生产的主导产品有电线电缆、成套电工机械、实型铸造、压力容器等四大类产品，具备完善的检验测试手段，产品性能可靠，质量上乘，赢得了广大用户的信赖和好评。交联电缆荣获机电部优质产品称号，成套电工设备以替代进口、优质价廉独占市场鳌头，高技术、新工艺的实型铸造是国家"八五"期间新产品推广项目。评。交联电缆荣获机电部优质产品称号，成套电工设备以替代进口、优质价廉独占市场鳌头，高技术、新工艺的实型铸造是国家"八五"期间新产品推广项目。

"管理求严、产品求新、质量求精、服务求好"是我们的企业精神；"重合同、守信誉、竭诚为广大用户服务"是我们的经销原则。

广结天下友，诚招八方客。我们热切地欢迎和期盼您光临白城电工电缆总厂。

白城电工电缆总厂厂长：孟庆龙

厂址：吉林省白城市明仁北街三十号
邮编：一三七〇〇〇
电报：一一[illegible]九
电传：[illegible]二五六四八
电话：二三五一一九　二三三九九一

❶交联聚乙烯电缆，1991年机械电子工业部优质产品

❷成套电工机械产品、1＋2（90挤出机＋150挤出机×90挤出机）生产线

❸为中国第一汽车厂"解放"牌汽车制作的冲模

❹为啤酒行业制造的3万吨啤酒设备——100m³不锈钢锥形发酵罐

厂长：李恩祥

辽阳热电厂

辽阳热电厂是1982年经国家、省计委批准建设的压油节能重点项目，是隶属于辽阳市管理的地方热电联产企业，目前还下辖华能原材料经销公司辽阳分公司、辽宁省热电技术培训中心、辽阳市轻体建筑材料厂、辽阳市磁化肥厂等单位，经几年的建设和发展，现已成为辽阳市热电联产、粉煤灰综合利用研究与生产、省内外热电技术培训的综合性企业。

我厂总装机容量为3万千瓦，五台75吨/小时中压锅炉，同时备有调峰备用炉（蒸发量130吨／小时）。承担辽阳铁西工业区43个大中型企业的工业用热和居民生活区的冬季采暖。

我厂投产后，使铁西地区减少小锅炉68台，砍掉烟囱50个，每年节约标煤7.3万吨，压缩烧油4.9万吨，减少了粉尘排放量，减轻了污染，美化了市区环境，提高了人民健康水平。

为了减少粉煤灰污染，成立了粉煤灰综合利用研究所，兴建了一座年产加气块3万立米，低标号水泥3万吨，免蒸免烧砖1200万块的轻体材料厂，年耗粉煤灰近5万吨。今年又建一座年产3.5万吨的磁化肥厂，年耗粉煤灰3万吨。

几年来全厂职工发扬“团结拼搏、服务奉献、求实高效”的企业精神，在两个文明建设中取得了丰硕的成果，先后获得省级思想政治工作先进企业、省级先进企业等58个荣誉称号。

美月啤酒

伴您度过美好岁月

25届巴塞罗那奥运会中国
体育代表团唯一专用啤酒

辽阳啤酒厂

厂长：高广铎　　厂址：辽宁省辽阳市中华大街七段230号

电话：0419－33355　邮编：111000　电挂：0802　传真：0419－33408

王首道、陈丕显、廖汉生、王光英、程思远等
领导参加在首都人民大会堂举行的新闻发布会

程思远当场挥毫题字

南丹书画纸厂位于广西西北。由于地质缘故，本地的造纸原料及地下水均含有适量的碳酸钙成分，具有生产高档书画纸得天独厚的条件。多年来我们与上海造纸公司联营，有科研部门和国内造纸专家的技术依托。我厂生产的“南丹牌”书画纸，是以新原料、新配方、新工艺研制出的新产品，洁白细密、绵韧而润、折而不损、细薄均匀，经轻工部检验，各项指标均达到部颁标准。我厂占地3万多平方米，职工300多人，固定资产550万元，年生产书画纸250吨(及长纤维板2000多吨)，有棉料、净皮、特净皮三大类三尺、四尺、五尺、六尺、八尺、丈二等不同尺寸的单夹层、双夹层、各种规格书画纸。投入市场后，得到书画界和书画装裱行业的欢迎和好评。南丹书画纸厂竭诚为国内外书画界朋友服务，欢迎书画界专家和朋友光临我厂指导。

厂长：阮元忠
厂址：广西壮族自治区南丹县县城(火车、汽车直达)
电话：35331转87616(厂部)
87246(厂长)
邮编：547202

中国书协副主席刘炳森题字

著名书法家欧阳中石题词

广西南丹——投资开发的宝地

南丹县城一角

南丹县人民政府关于利用外资引进人才技术的若干规定(摘要)

一、在县城至火车站间划定3000亩连片经济开发区，搞好"三通一平"，优先安排国外、县外投资者并按开发后不低于基准价的当地出售价给予20%的优惠。中外客商也可在开发区外另选区域投资办厂搞开发。

二、利用外资项目企业实行五优先，即：煤、电、水、油等能源优先；运输优先；通讯安装优先；基建项目审批及施工优先。

三、凡来我县投资办厂的，除国家规定不能减免的产品外，免征产品税、增值税一年，免征所得税三年。

四、凡引进无偿资金的，给予引进资金总额3%的一次性奖励，凡引进有偿资金的给予引进资金总额0.5%到1%的一次性奖励。

五、凡引进新技术开发新产品的，3年内按新产品新增纯利润的10%计奖。凡外地科技人员到我县企业进行技术承包，也按新增经济效益给予一定奖励。

六、国外侨胞、港澳同胞和台湾同胞到我县兴办企业的(含合资、合作企业)，除按国家规定的有关政策给予优惠外，投资30至50万美元的，在县城奖给一套70平方米的住宅；投资50万美元以上的，奖给一套120平方米住宅。房产权归投资者所有。

七、允许外商投资者到我县成片开发土地和进行房地产开发，在依法取得国有土地使用权后，可以独资或吸引国外投资者到开发区内投资兴办工业、农业、商贸和旅游业等建设项目。并均情享受优惠待遇。

八、鼓励外商承包、租赁、投资入股改造我县原有企业，所投股金按股平等分红。所获得的利润再在我县投资的，可免交纳所得税。

南丹县人民政府办公室电话：32095　32692

南丹历史悠久，宋代建县，至今已有1000多年。

南丹具有独特的地理位置，世人冠之以"避暑山庄"，被誉为"广西一绝"，山青水秀，气候宜人。黔桂铁路穿越县境85公里，连通全国各地；西南主要干道公路自南纵北；红水河流经本县进入珠江奔向大海；现水电站装机容量1.6万千瓦，装机容量520万千瓦的国家重点工程龙滩电站即将上马；2000多门程控电话可直拨全国及海外各国家地区。

南丹地下宝藏丰富，是全国著名的有色金属之乡，锡藏量居全国之首，被誉为中国未来的锡都。近几年，南丹各项事业取得了显著的成绩，投资环境大为改善。南丹县委书记黄德举、县长黎文代表全县人民，热诚欢迎海内外客商前来投资。

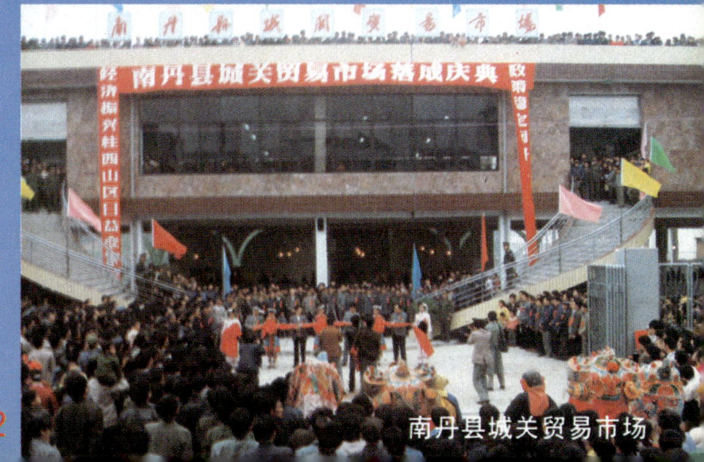

南丹县城关贸易市场

中国科学院计算技术研究所技术服务公司积30余年计算机研究之经验，以全所千余名科技人员为后盾，可研制、开发、经营计算机高技术产品和承接计算机网络工程及应用系统的开发，计算机机房工程设计和施工。1988年公司被批准进入了北京市新技术产业开发试验区，成为高技术企业。

公司专业技术力量雄厚，有正副研究员、高级工程师20余名，工程师50余名。按照以技术开发为支柱，将科研成果转化成为技术产品的指导思想，公司积极开展技工贸一体的业务活动。

总经理：覃正烈　地址：北京市海淀区中关村科学院南路4号

邮编：100080　信箱：北京2704信箱201分箱

传真：2564007　电话：2564007　2563843　电挂：北京4615

中国科学院计算技术研究所技术服务公司

辽阳造纸机械厂

厂长：赵均泰

辽阳造纸机械厂是中国造纸机械工业的大型骨干企业，四十年来为国内外用户提供了大量制浆造纸设备。名优产品层出不穷，烘缸、真空伏辊、削片机等产品，先后获国家及轻工部优质产品奖。

引进、吸收、消化是近年来技术改造的成功之路，分别与英国、奥地利等造纸设备专业公司建立了技术合作关系，引进了一系列造纸先进技术，从而使产品升级换代，在同行业中居于领先地位。产品具有较强的竞争力，再度打入国际市场，出口东南亚国家。

主要产品有各种规格纸板机（新技术含量达90%）、文化纸机、卫生纸机、浆板机、薄页纸机等造纸机械以及各种辅助机械设备，共七个系列，八十多种产品。“八五”期间，该厂将列入国家主要投资改造单位，将在设备能力、产量、产品品种等各方面有大的飞跃。

引进国外新技术设计生产的3200叠网纸板机，已通过国家验收投产